文物保护科技优秀青年研究计划
“基于传统材料与工艺科学认知的土遗址保护工程技术研究”
（编号：2014225）

国家科技支撑计划
“干旱环境下土遗址保护成套技术集成与应用示范”
（编号：2014BAK16B02）
资助出版

干旱环境下土遗址保护成套技术集成与效果评价研究

郭青林　裴强强　谌文武　孙满利
张景科　王彦武　赵林毅　杨善龙　编著

科学出版社
北京

内 容 简 介

土遗址是我国文化遗产的重要组成部分，是华夏文明悠久历史及丰富内涵的实物例证，是中华民族优秀传统文化的重要历史根脉。本书针对我国干旱环境下土遗址的建筑材料与建筑工艺、保护调查、保护加固技术和效果评价等研究内容进行了系统论述，深入探讨了我国土遗址的历史起源、建造工艺及分类、传统材料的特性，形成了土遗址快速测绘、现状调查、室内外物理性质快速测试的方法体系，集成研发了一整套以支顶加固、锚固、裂隙灌浆和表面防风化等内容组成的土遗址保护成套技术，形成了可用于干旱环境下土遗址保护加固效果评估的技术及装备。

本书可供从事土遗址保护加固勘察、设计、施工的专业技术人员，从事土遗址保护加固研究的科研人员和科研院所文物保护专业的师生阅读、参考。

图书在版编目（CIP）数据

干旱环境下土遗址保护成套技术集成与效果评价研究 / 郭青林等编著. —北京：科学出版社，2021.5

ISBN 978-7-03-068741-8

Ⅰ. ①干… Ⅱ. ①郭… Ⅲ. ①土质-文化遗址-文物保护-研究-中国 Ⅳ. ①K878.04

中国版本图书馆CIP数据核字（2021）第086239号

责任编辑：樊　鑫 / 责任校对：邹慧卿
责任印制：肖　兴 / 封面设计：金舵手

科学出版社 出版
北京东黄城根北街16号
邮政编码：100717
http://www.sciencep.com

中国科学院印刷厂 印刷
科学出版社发行　各地新华书店经销

*

2021年5月第　一　版　开本：787×1092　1/16
2021年5月第一次印刷　印张：42　插页：2
字数：995 000

定价：358.00元

（如有印装质量问题，我社负责调换）

前　　言

一、背景及目的

土遗址是指人类历史上以土为主要材料建造的具有历史价值、艺术价值、科学价值以及社会价值和文化价值的文化遗产。干旱环境土遗址主要分布在我国西北地区，是我国文化遗产的重要组成部分。截至第八批全国重点文物保护单位名录，在5315处全国重点文物保护单位中，位于我国干旱地区被列为全国重点文物保护单位的土遗址就有300余处。干旱环境下土遗址是我国众多文化遗产中大量存在的遗址类型，土的自身物理力学性质和建造工艺决定了土遗址的脆弱性，加之自然营力及人为等多重因素影响，绝大多数土遗址病害发育，保存状况不断恶化，处于濒危状态，亟待保护。

21世纪以来，以敦煌研究院、兰州大学、西北大学等为主的单位，在西北地区开展了大量土遗址保护工程的勘察设计和试验研究，在干旱环境下土遗址保护加固方面已经取得了很多的研究成果。特别是2006年国家文物局组织开展的国家科技支撑计划课题“土遗址保护关键技术研究”，针对土遗址锚固技术、灌浆加固技术、表面防风化技术等，在材料与工艺等方面进行了较为深入的研究，取得了丰富的研究成果。然而随着文物保护工程的不断开展和深入，对于土遗址加固技术和装备集成与规范化的程度越来越高。因此，针对我国土遗址保护现状和工程需求，本书设置了干旱环境下土遗址建筑材料与工艺的调查与认知、土遗址保护调查技术研发与集成、干旱环境下土遗址保护加固成套技术研发与集成、土遗址保护效果评价及干旱环境下土遗址保护加固成套技术适用性及可靠性验证等方面的研究内容展开技术攻关，以达到提升我国干旱环境下土遗址保护加固工程化和标准化水平的目的。

二、主要研究内容

（一）干旱环境下土遗址建筑材料与工艺的调查与认知

通过历史文献考证、现场考察和走访传承至今的土遗址建造材料配方与施工工艺，本书梳理和研究土遗址的发展轨迹与营造史，并利用现代土质学、土力学、岩土工程学、分析化学、考古学等学科的理论和方法，通过现代科技手段，甄别和定量表征土遗址材料组成，解读不同类型土遗址的材料配方与施工工艺，实现对土遗址材料与工艺的科学认知。

（二）干旱环境下土遗址保护调查技术研发与集成

土遗址现状测绘、病害调查是土遗址保护基础的工作之一，目前对于土遗址的测绘主要采取拍照和简单测量相结合的手段，但由于土遗址的几何形状大多都不规则，加上相机镜头边缘畸变的原因，采用摄影的方法无法真实地反映出遗址形态的变化。对于土遗址的病害主要依靠肉眼观察和工作人员经验来判断，缺乏科学性和准确性。因此，基于小型无人机及数码相机联合对土遗址本体进行快速测绘方法，基于高密度电法、工程综合物探仪及探地雷达的综合物探对土遗址载体调查与评估方法，土遗址本体病害的现场调查及室内统计方法，基于色度仪、微波测湿仪、电导率仪、高密度电法仪、改进砂浆回弹仪及改进砂浆贯入仪等无损和微损检测设备的本体现场物理力学性质快速获取方法，针对土遗址土微观结构、成分及基本物理力学性质的室内试验，本书通过改进和二次研发出适合于土遗址野外无损快速现状调查成套装备，对土遗址的现状调查和价值挖掘具有十分重要的作用。

（三）干旱环境下土遗址保护加固成套技术研发与集成

针对干旱环境下土遗址局部悬空、开裂、风蚀、雨蚀、酥碱等典型病害，按照文物保护的基本原则与理念，通过野外大型模拟试验，本书研发和集成锚固技术、灌浆加固技术、夯筑支顶加固技术、表面防风化技术和贯穿于土遗址保护全过程中的监测技术所需材料与工艺、装置与方法等。具体研究内容如下：

（1）土遗址锚固技术研发与集成

基于裂隙切割状态下土遗址濒危体锚固需求分类，通过调研干旱环境土遗址已有的研究成果和工程案例，结合现场调查工作，综合考虑遗址的赋存环境、建造工艺、建造材料的物理力学性能、裂隙切割后濒危体的规模与特征、力学稳定性定量评价结果等因素，对濒危土遗址锚固的需求运用多因子层次方法进行科学分类。基于锚固需求分类体系，确定不同需求类型下的锚固材料与施工工艺，包括杆体材质与规格、浆液材料与配比、锚孔直径、斜插角、锚具材质与规格、成孔工艺、锚杆制安工艺、成孔方式与工艺、灌浆工艺、养护工艺等。基于以上研究，最终形成包括木锚杆、玻璃纤维锚杆、楠竹复合加筋锚杆等可提供不同锚固力的多种形式的系列土遗址锚固注浆材料与工艺，研发集成与之相匹配的锚固装置与设备，实现干旱环境下土遗址锚固加固技术的规范化和工程化。

（2）土遗址灌浆加固技术研发与集成

基于不同裂隙特征的土遗址灌浆需求分类，通过收集干旱环境土遗址已有的研究成果和工程实践，开展针对性的现场调查，综合遗址赋存环境、建造工艺、建造材料物理力学性能、裂隙的发育机制、裂隙的规模与特征等因素，运用多因子层次方法科学分类土遗址裂隙灌浆需求。基于灌浆需求分类体系，确定不同灌浆需求类型下的灌浆材料与施工工艺，包括浆材组分与配比、灌浆压力、浆液的和易性、浆液的流动性、浆液的可灌性、浆液的初凝与终凝时间、灌浆工艺等。基于以上研究，最终形成包括针对土体微裂隙、中等裂隙和大裂隙的灌浆材料与灌浆工艺，研发集成与之匹配的灌浆装置与设备，实现干旱环境下土遗址灌浆加固技术的规范化和工程化。

（3）支顶加固技术研发与集成

基于不同悬空危土体的支顶需求分类，对土遗址悬空病害进行详细调查，评价悬空区与坍塌危险度之间的关系，研发不同掺量烧料礓石和烧阿嘎土的系列改性土，用于不同补强需求和外观色泽匹配的遗址土体加固，评估系列改性土的物理力学性能、水理性质、环境适应性、与遗址土体兼容性等相关性能和指标。研发针对不同遗址需求的夯筑支顶加固工艺，制订不同遗址的最优夯筑工艺的确定方法。基于以上研究，形成一套干旱环境下土遗址悬空区支顶材料与工艺，研发集成与之匹配的支顶设备与装备，实现干旱环境下土遗址支顶技术的规范化和工程化。

（4）表面防风化技术研发与集成

通过大量调查西北干旱环境下土遗址表面风化程度，开展土遗址表面风化类型与风化程度评价方法与标准研究。通过建立模拟遗址，对不同风化类型遗址，通过遗址表面防风化加固程度、施工工艺、加固后长期效果评价、极端天气适应性等，开展加固材料的最佳使用环境和使用条件研究。通过调查西北干旱环境土遗址盐害类型及分布，利用模拟遗址进行模拟试验，探索无机材料加固遗址土体后激活加固土体易溶盐并导致遗址产生盐害的机制和作用过程，研发无损、快速、便捷取样的电极芯片、机械式取样笔和一套基于电导率测量的便携式快速盐分分析表征系统，初步开展易溶盐的监测方法、遗址土体脱盐材料与相关工艺研究，最终形成一套土遗址表面防风化技术及装置。

（四）干旱环境下土遗址保护加固效果评估方法研究

鉴于土遗址保护的特殊需求和岩土工程大量设备无法满足文物测试需求的现状，本研究开展干旱环境下土遗址加固效果评价方法与装置的研发，分别针对不同类型的土遗址保护加固技术，开展二次研发和技术改进，研发加固效果相应的定量（半定量）评估方法、程序和技术标准，初步建立我国土遗址保护加固效果的评估体系与相关装置。具体内容如下：

（1）土遗址锚固与灌浆技术加固效果评价方法与装置研发

通过模拟遗址测试，确定土遗址锚固的杆体质量、浆体密实度、裂隙变形、锚固区观感，土遗址灌浆浆体密实度、浆体强度、结合程度等评价指标参数，二次研发和改进现有设备量程过大或过小、对遗址而言精度不足并针对性差、不能适用于野外恶劣天气、使用时对遗址土体伤害大等缺陷，达到科学表征锚固灌浆质量相关指标的要求。通过在模拟试验墙和永泰古城保护工程中进行的适用性测评和验证研究，制订相关测试方法，形成锚固灌浆效果评价方法与装置。

（2）土遗址支顶技术加固效果评价方法与装置研发

确定支顶加固土体的级配、易溶盐含量、有机质含量、最优含水率、黏土矿物含量、色度等备土基本性质指标，夯筑遍数、夯层厚度、夯筑后强度、干密度、夯层密度差、最优含水率等工艺控制指标，风蚀、雨蚀、硬度、贯入阻力等性能评价指标，养护时间、收缩沉降缝等养护评价指标，厚度、角度等修整指标，色度、与原遗址兼容性等外观评价指标，通过以上指标体系开展土遗址加固效果的评价。通过研发和改进土遗址专用风蚀雨蚀设备、微型回弹仪、微型贯入仪、色度计等设备，使其具备无损（微损）、携带方便、量程符合土遗址测试要求、可在野外恶劣气候条件使用，并能较好地表征支顶质量的相关指标等特征。通过在模拟试验墙和示范加固工程中进行适用性测评和验证研究，本研究制订了相关测试方法，形成支顶加固效果评价方法与装置。

（3）土遗址防风化加固效果评价方法与装置研发

确定土遗址表面防风化加固后土体的微观结构、透水性、透气性、表面强度、抗风蚀雨蚀能力等评价指标，通过研发和改进便携式显微镜、高密度电法仪、热红外影像仪、透水仪、土遗址专用风蚀雨蚀设备等，使其具备无损或微损、携带方便、量程符合土遗址要求、可在野外恶劣气候条件使用，并能较好表征土遗址防风化效果的相关指标等特征。通过在永泰古城加固工程中进行的适用性测评和验证研究，本研究制订了相关测试方法，最终形成防风化效果评价方法与装置。

（五）干旱环境下土遗址保护加固成套技术适用性及可靠性验证

以景泰永泰古城为干旱环境下土遗址的典型实例，开展不同建造工艺的土遗址锚固技术、灌浆加固技术、夯筑支顶加固技术、表面防风化技术等保护技术及加固效果评价方法的野外大型模拟试验，验证所研发成套技术及评价方法的适用性与可靠性。

目　　录

第 1 章　干旱环境下土遗址建造材料与工艺的调查与认知 ······ 1
1.1　我国土遗址的建造工艺及分类 ······ 1
1.2　夯土遗址建筑的认知 ······ 14
1.3　土遗址中夯筑技术的起源及发展 ······ 21
1.4　干旱环境下土遗址建造工艺基本情况 ······ 26
1.5　传统材料的特性研究 ······ 34
第 2 章　干旱环境下土遗址保护调查技术研发与集成 ······ 73
2.1　土遗址快速测绘成像技术 ······ 73
2.2　土遗址载体调查与评估技术 ······ 88
2.3　土遗址本体物理性质现场调查技术 ······ 92
2.4　土遗址本体物理性质室内试验研究 ······ 182
2.5　干旱环境下土遗址保护调查技术研发与集成 ······ 236
第 3 章　土遗址锚固技术研发与集成 ······ 238
3.1　土遗址锚杆锚固系统需求分析 ······ 238
3.2　土遗址锚杆锚固系统 ······ 240
3.3　土遗址锚杆锚固系统的设计方法 ······ 242
3.4　土遗址锚杆锚固系统施工工艺 ······ 245
3.5　干旱环境下土遗址锚固技术的集成与研发 ······ 277
第 4 章　土遗址裂隙灌浆加固技术研发与集成 ······ 280
4.1　土遗址裂隙分类 ······ 280
4.2　裂隙灌浆材料研究 ······ 283
4.3　裂隙灌浆试验研究 ······ 301
4.4　裂隙灌浆工艺 ······ 352
4.5　土遗址裂隙灌浆技术的集成与研发 ······ 355
第 5 章　土遗址支顶加固技术研发与集成 ······ 357
5.1　悬空区与坍塌危险度的关系研究 ······ 357
5.2　夯筑支顶材料研究 ······ 383
5.3　夯筑工艺的现场试验研究 ······ 437
5.4　夯筑支顶加固工艺 ······ 501

5.5 土遗址支顶加固技术集成与研发 …… 506
第 6 章 土遗址表面防风化技术研发与集成 …… 508
6.1 表面风化的程度及类型 …… 508
6.2 表面防风化技术 …… 509
6.3 土遗址防风化加固技术的集成与研发 …… 549
第 7 章 土遗址锚固技术加固效果评价方法 …… 553
7.1 土遗址锚杆系统检测需求分析 …… 553
7.2 土遗址锚固技术加固效果评价指标的确定 …… 554
7.3 土遗址锚固技术加固效果评价 …… 555
7.4 小结 …… 580
第 8 章 土遗址裂隙灌浆技术加固效果评价方法 …… 581
8.1 土遗址裂隙灌浆技术加固效果评价指标的确定 …… 581
8.2 土遗址裂隙灌浆技术加固效果评价方法 …… 582
第 9 章 土遗址支顶技术加固效果评价方法 …… 585
9.1 土遗址支顶技术加固效果评价指标的确定 …… 585
9.2 土遗址支顶技术加固效果评价方法 …… 586
第 10 章 土遗址防风化加固效果评价方法 …… 604
10.1 土遗址防风化加固效果评价指标的确定 …… 604
10.2 土遗址防风化加固效果评价 …… 604
第 11 章 土遗址保护加固成套技术适用性及可靠性验证 …… 627
11.1 锚杆锚固的适用性及可靠性验证 …… 628
11.2 裂隙灌浆的适用性及可靠性验证 …… 637
11.3 支顶加固的适用性及可靠性验证 …… 638
11.4 表面防风化加固的适用性及可靠性验证 …… 641
第 12 章 结论与展望 …… 651
12.1 结论 …… 651
12.2 展望 …… 652
参考文献 …… 654
后记 …… 660

第1章　干旱环境下土遗址建造材料与工艺的调查与认知

中国传统建筑以土木建筑为主，遗憾的是在长期的历史进程中木质结构大多损毁殆尽，留下了大量以残垣断壁为主的土遗址。与世界其他地区相比，中国现存的土遗址具有地域分布广、建筑类型全、时代连续性好、风格差别大等特征，为土遗址建筑材料与工艺调查研究提供了系统的实物标本。另外，中国古代的历史记载也为土建筑技术考证提供了翔实的文献资料。遗存至今的土遗址，实际上是历代先民建造技术与保护技术不断发展的产物，浓缩了前人的保护智慧和经验，而土遗址保护技术体系的构建基础应当是对古代土遗址建筑技术的改进和提升，研发更应该从传统材料与传统工艺出发，通过现代科学技术与手段将传统工艺与传统材料科学化，形成以传统材料与工艺为基础的现代土遗址保护技术。因此，开展传统材料与工艺的科学认知，梳理中国土建筑技法的发展脉络，可以帮助我们更好地理解和评估保护遗址的价值，使得保护方法和措施更加符合"最小干预"和"尽可能使用传统材料与工艺"等文物保护原则。

1.1　我国土遗址的建造工艺及分类

1.1.1　土遗址的分类与营造技法演化

中华几千年的文明中，土作为主要建筑材料一直沿用至今。从奴隶社会开始，随着社会集团规模扩大、氏族部落首领权利的加强和战事的频繁发生，逐步促使建造工艺由自然挖造、泥土堆筑到夯土技术成熟，并衍生出了不同类型的营造工艺。土工建筑中的夯土版筑技术曾在很长时期内得到了大量的应用，在完善建筑营造技术、满足空间功能需求以及承载能力等方面推进了建筑营造技术的整体发展。同时，土坯的出现更促进了建筑结构的多样性发展，它方便搬用、可以多形制组合大大提高了施工效率，尤其因此催生的"砖"成为我国古代至今最重要的建筑材料之一，影响深远。另外，受时代生产力、赋存环境、水文地质、地形地貌等影响，不同区域形成了形制各异、营造技法多样、特点鲜明的土建筑遗址。比较有代表性的如大地湾的木骨泥墙、交河故城的垛泥墙体，长城中形式多样的夯土墙体，以及土坯、石块砌筑的烽火台。

1.1.1.1　类型划分

长期以来，学界按照使用功能将土遗址分为古人类居住遗址，古城，长城，关隘，土塔，陵墓，出土的坑、穴、窑、窖、古化石地层遗址，革命遗址及革命纪念建筑物及其他，相关学者针对不同类型营造技法均有阐释，其中景爱、袁润、毛筱霏、孙满利等分别对长城夯土版筑技法、焦山古炮台建造工艺、高昌故城构筑技法，古城建筑形制等均有研究。张虎元等将土质建筑遗址归纳为挖余法、夯土法、垛泥法、土坯砌筑法和生土块法 5 类。针对我国境内从石器时代延绵至近代类型多样的土质建筑遗址，为更进一步厘清其营造技法发展脉络和结构特征，本研究基于对文献记载的整理和现存土质建筑遗址材料、工艺、使用工具、结构特征等的深入调查，按照营造技法将土建筑遗址分为生土挖造、泥土堆筑、生土夯筑、土坯砌筑和湿泥垛筑等 5 种基本类型，并按照建造工艺及结构特征分为 15 亚类（表 1-1、图 1-1）。

表 1-1　古代生土营造的工艺类型

方法名称	生土挖造（减地法）	泥土堆筑（木骨泥墙）	生土夯筑	土坯砌筑	湿泥垛筑
图示					

1.1.1.2　营造技艺的演化

旧石器时代的原始人以自然洞穴和树上居住的经验，借助简陋的工具开挖洞穴和搭建巢穴，逐步开始营造活动。由于受环境影响，在黄河流域和长江流域形成典型的两大建筑体系，即“穴居”和“巢居”，以此为滥觞，逐渐形成南北方建筑迥异的风格和特征。随着生产力的进步，人类从借助大自然容易开挖且具有一定强度的黄土开始，不断创新适合人类居住的地穴，直至地面建筑的产生，人类才真正意义上利用土的可塑性、胶凝性等基本物理特征形成一定体量的泥土堆积，俗称“堆筑”（木骨泥墙），虽然这个时期的泥土堆积不作为承重墙体，但已经能够封堵木构件搭建房屋的缝隙，能够遮挡风雨和应对保温、隐蔽的需要。由于对土基本性质掌握的局限性，决定了这一时期土建筑体量较小，并主要依附于木结构。

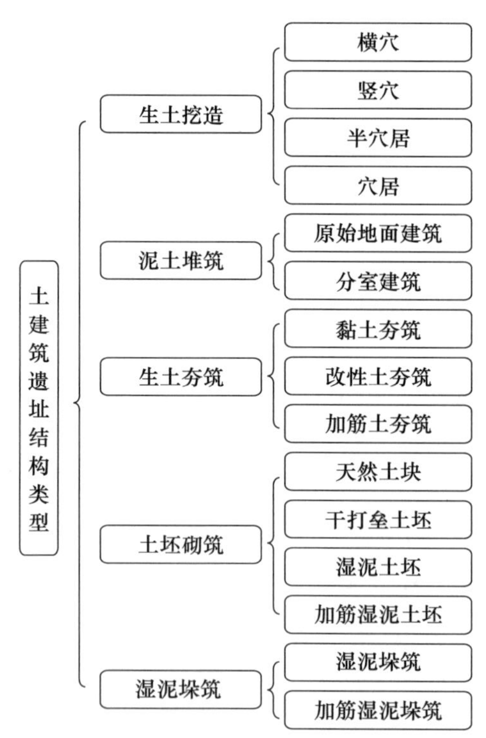

图 1-1　土建筑遗址结构类型划分

直至龙山文化早期，我国出现了夯筑技术，这一技术随着生产力的进步不断发展与成熟，为创造大体量、大空间的公共活动场所提供了可能。《易·系辞》:“上古穴居而野处，后世圣人易之以宫室，上栋下宇，以待风雨，盖取诸大壮”和《孟子·藤文公》“下者为巢，上者为营窟”都从文献的角度提到了这一巨大转变的证据。夯筑技术的发展为土木结构建筑的进一步发展创造了条件，到了春秋时期已达到成熟阶段，在建筑史上具有深远的意义。夯土建筑是中国古代土质建筑最典型的代表，在我国先秦时期即获得了巨大的发展，商代便可以使用模板进行夯筑；到了春秋时期，夯土版筑技术走向成熟；秦汉时期的大兴土木促进了夯土技术的应用发展，这一时期不仅建造了诸多宫殿，连浩大的长城工程也是夯土技术的结晶；隋唐时期在之前的基础之上将夯土技术推向高峰，在敦煌莫高窟唐代壁画中存在大量的夯土城址、佛塔、院墙等建筑画面（图1-2）；五代到北宋时期编制和颁布了工程技术专著《营造法式》，其中明确界定了筑墙、筑城之制；明清时期夯土技术有了更高的成就，在宋元时期发展的基础上，夯土建筑的造型、高度和体量都有所增加，最具代表性的为世界文化遗产“福建土楼”（图1-3）。

a. 莫高窟第45窟壁画（盛唐）　　b. 莫高窟第85窟壁画（晚唐）

图1-2　壁画中夯土城址形制

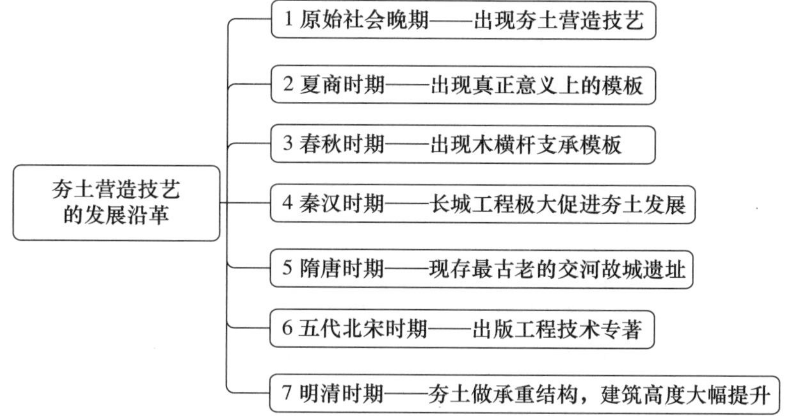

图1-3　夯土营造技艺的发展沿革

土坯砌筑技术是土质建筑遗址重要类型之一，随着人类对大自然认知，从一开始借用自然形成的土块、石块混合垒砌搭建所需建筑，到后来随着夯土技术的发展，新石器时代发明了土坯，仰韶时期出现的土坯大小不一、垒砌方式也比较随意，大部分建筑仍然遵循木骨加土坯配合使用，这一时期并没有成熟的模具和夯具。汤阴县白营遗址等后岗二期文化遗存内发现的土坯，以圆形、椭圆形居多，且土坯间隙中已经有黄泥填充；造律台土坯建筑的形制、草拌泥、模制土坯以及错缝垒砌技术标志着土坯砌筑营造技法的进一步成熟，并逐渐将土坯灵活地应用于不同的建筑中，形成了更多类型的建筑形制。后来古代先民在偶然发现高温处理的土坯能够克服其耐水性差、强度低等缺陷，为“砖”的出现奠定了基础。虽然，秦汉时期出现了烧制砖，但由于制作工艺复杂、昂贵，土坯依然很流行，直至今天土坯在我国农村仍然在使用。

基于西北地区泥土坯制作工艺技术，含水较高的湿泥垛筑是先辈们在生土建筑上的又一创造。目前发现最早的是我国西周时期的陕西岐山凤雏垛泥墙建筑，沿用甚久。这种工艺技术20世纪初勒柯克认为“可能是使用了晒到一定程度的土坯砖，由于砖坯还保存有一定的湿度，随着墙壁增高在自重应力作用下，砖坯便逐渐地自动黏合在一起”。其实，垛筑又称“板筑泥法”，每一层垛泥的厚度是相对均匀，但层与层之间略有差异。从现存的情况看，每层的厚度在50～90cm左右，以60～90cm左右的层高为多见，层与层之间有一层厚约0.5～1cm水平间隔层，立面裂痕呈人字形，显然是往返垛筑时形成，且每一垛泥大小不一，较为随意。垛泥建筑普遍存在于新疆塔里木盆地周缘地区，至今尚流行这种建筑技法。

1.1.2 土遗址营造技法分析研究

中国古代建筑历史脉络的追寻需要法式和文献研究相互印证和补充，而文献是基础，尤其对于早期建筑遗址工艺技术的考证更是如此。正如梁思成所言“创造新的既需要对旧有的有认识，他们需要参考资料，犹如航海人需要地图一样，……”古代中国未对建筑单独设类，大量的建筑史实均散存于经、史、子、集中，对相关文献的查找形成了一定的障碍。新中国成立前，侧重文献研究的“中国营造学社”的朱启钤、阚铎、刘敦桢等先后搜集整理了散落文献和图纸，出版了《梓人遗制》、《工段营造录》和《哲匠录》等营造专业书籍，为中国古代建筑营造技法探索与传承奠定了基础。近年来，研究人员从不同角度整理了关于古代建筑的经典文献，最具代表性的是刘雨亭从《四库全书》的经、史、子、集角度系统论述了建筑文献的复杂程度和广度；冷霜等从档案学角度探讨了中国古代建筑文献的发展历程。另外，有学者从《营造法式》、《考工记》、《营缮令》和《清代工部则例》以及相关古代经典文献中梳理出古代建筑营造技法和建筑艺术的发展，特别是程国政等编写的《中国古代建筑文献集要》，甄别和归纳了藏于文献海洋中的建筑规划、理念、技法、材料、工艺等多方面的散落篇章，为进一步厘清中国古建筑发展的脉络提供了宝贵的文献资料。

1.1.2.1　相土验土

在土建筑发展过程中，古代劳动人民掌握了夯实土层可以增加土的承载力，能够提高建筑物的稳定性，创造了夯土基础，并在基础夯打之前，重视地质条件的影响，注重土质特征的选择，发明了“相土”、“验土”等传统方法。

据《吴越春秋・阖闾内传》记载：“子胥乃使相土尝水，象天法地，造筑大城。”“相土尝水”就是对基地土壤的土质和水文进行调查，“象天法地”则是指观天象、看风水。《相宅经纂》中记载：“于基址中掘地，周围阔一尺二寸，深亦如之，将原土筛细，复还坑内以平满为度，不可按实，过一夜，次早起看，若气旺，则土拱起，气衰，则凹而凶。”其吉凶观念的本质是指土壤的密实性和坚固性，以此来推断地基透气渗水性的优劣和承载能力的大小，并非迷信。《天工开物》中记载：“皆以粘而不散，粉而不沙者为上。”清代袁守定在《地理啖蔗录》卷七中云：“夫穴之有土，犹人之有脏。既禀五行之精，亦随八卦之气。”从五行及八卦两方面提出了土地中有五气行走，所以土有五种颜色。提出五土成形，各自随八卦之气的概念：“坤，土质柔而不粉；乾，土质刚而不燥；艮，土质细而不轻；巽，土质实而不散；离，土质腻而不糁；兑，土质紧而不干；震，土质硬而不松；坎，土质软而不濡。”由此可见，“相土”、“验土”是古代建筑营建过程中的首要工作，不仅对择地取土的技巧总结了成熟的技术经验，提出了科学有效的评判方法，而且科学地分析了不同颗粒土、不同形态土的物理性质、水理性质、赋存环境等系统的评价筛选方法。

1.1.2.2　结构特征与工艺

随着营造技法在各地的传承使用，古代先民在生活实践中结合各地区域环境、土质和自然条件等因素，形成不同形制、不同工艺的土质建筑，并逐渐向高品质、复合化发展。就民居建筑而言，《前秦录・十六国春秋》“张忠，字巨和，中山人也。永嘉之乱隐于泰山，……依崇山幽谷，凿地为窑，弟子亦窑居。”相较于最早的“巢”、“穴”而言，窑洞的建筑材料和建造技术和居住品质有很大提升。《史记・五帝本纪》记载：“舜耕历山……一年而所居成聚，二年成邑，三年成都”，描述了聚落的发展，由“聚”而“邑”至“都”的发展历程。随着聚落的逐渐发展壮大，结成了多氏族聚落的联合体，从而需要更大的生存和控制空间，功能需求的增加大大促进了夯筑技术的发展。《大雅・绵》记载“……其绳则直，缩版以载，作庙翼翼。捄之陾陾，度之薨薨。筑之登登，削屡冯冯。百堵皆兴，鼛鼓弗胜”生动地刻画了宏大的筑墙场面。《公羊传・公羊高》记载：“……五板而堵，五堵而雉，百雉而城。……”可以窥见春秋时期夯筑墙体大体布局及建筑规模，与之同时也出现了不同体量的土坯砌筑、生土挖造及垛泥墙体。最为主要的夯筑工艺在《营造法式》中详细描述：“筑基之制，每方一尺，用土二担，隔层用碎砖瓦及石扎等亦二担，每次布土厚五寸，先打六杵（二人相对，每窝子内各打三杵），次打四杵（二人相对，每窝子内各打二杵），次打两杵（二人相对，每窝子内各打一杵）"，更为系统地阐释了夯筑工艺技法。

土作为传统建筑材料，广泛应用至今。然而随着建筑规模的不断扩大、建筑形式的丰富多样以及建筑功能需求的提高，人们逐渐开始通过添加石灰、植物秆茎、糯米浆等方法提高夯土体的黏聚力和整体性。《天工开物》中记载了"防水灰土"的制法："用以襄墓及贮水池，则灰一分，入河砂黄土二分，用糯米粳（粥浆），羊桃藤（一种藤木植物）汁和匀，经筑坚固，永不隳坏。"仰韶晚期宁县阳坬遗址中的白灰面，燕下都遗址中的三合土，秦咸阳宫遗址地面的石灰、料礓石和猪血，敦煌一带碎石、细沙、芦苇和红柳建造的长城墙体都是具体见证。土坯建筑、垛泥墙体、混合结构遗址均是劳动人民在不同赋存环境生活实践中对土的性质认知创造。生土建筑标本交河故城、西部长城遗址、古城址均蕴含着更多的智慧和工艺，更是先辈们优化营造工艺和技法、扩大土质建筑使用范围的突出表现，是我国建筑史学、结构学、材料学和考古学等诸多学科需要深入研究的重要历史文化遗存。

1.1.2.3 施工工具

在古代社会建筑营建过程中，伴随居住条件的改善和生产力的发展，逐渐产生了不同用途的建筑施工工具（见表 1-2，夯筑工艺见图 1-4）。土质建筑墙体的营造主要采用夯筑和土坯砌筑，除了夯筑模板，还有拐子、铁拍子、搂耙、椽子、打墙板、立柱、插竿、绳、横杆、大绠、扁担、抬筐和簸箕等辅助工具，夯打土坯主要是墼母子、杵子等。夯杵是最主要的夯打工具，一般由一人操作，由杵头和杵把组成，根据杵头材质的不同可分为木夯、石夯和铁夯三种。这些施工工具的创造与应用，对于降低人们的劳动强度，提高建筑施工效率，发挥了重要作用。

表 1-2 古代生土营造工艺的主要工具

序号	营造工艺	器具名称	资料来源
1	生土挖造	鍤	①《释名》载："鍤，插也，插地起土也。" ②《农书》载："锸，颜师古曰：锹也。"
2	泥土堆筑	椽木、斧、凿	①《周礼·考工记》："五分其金而锡居一，谓之斧斤之齐。" ②《说文》："凿，所以穿也。"
3	生土夯筑	拐子、铁拍子、搂耙、椽子、打墙板、立柱、插竿、绳、横杆、大绠、扁担、抬筐、簸箕、鹰架；荆条梅花夯、平底木夯、圆底石杵和多人提举的平底石夯、碓	①《尚书·费誓》载："桢、翰皆筑具，桢在前，翰在两榜"在汉代，桢又名牏，《说文·片部》中曰："牏，筑墙短板也。" ②《史记·黥布列传》："项王伐齐，身负板筑，以为士卒先。"裴骃集解引李奇曰："板，墙板也。筑，杵也。"
4	土坯砌筑	墼母子、墼挂子、杵	①《说文解字》：墼，"瓴適也。一曰未烧也"。 ②《营造法式》："筑基之制……，先打六杵；次打四杵。"
5	湿泥垛筑	垛泥铲、板	①《仓颉篇》："铲，削平也。" ②《玉篇》："板，木片也。"

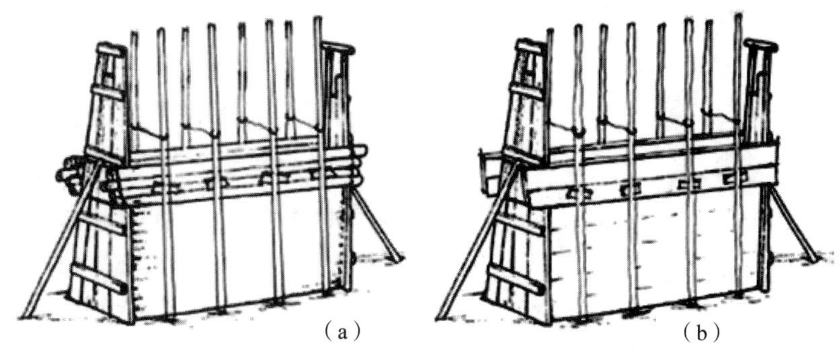

图 1-4　夯筑工具展示（a 椽筑；b 版筑）

1.1.3　土遗址建造工艺分类

1.1.3.1　生土挖造

生土挖造是原始社会人们挖穴而居，在原来地貌形态基础上形成的建筑形制。它采用挖去天然材料以取得地下空间的方式为人们提供居住空间，主要分为横穴、袋形竖穴、半穴居、原始地面建筑这 4 种建筑空间形态，具体见表 1-3。①横穴是利用坡地削出崖壁，横挖窑室，居住面呈马蹄形，顶面为穹隆顶，入口作筒拱门洞；②竖穴摆脱了横穴必须依靠断崖或坡地的限制，将之扩展到平原地带，直接从土面垂直向下挖掘洞穴，穴形呈袋状；③半穴居是先挖一地穴，室内呈方形或圆形，低于室外平面，穴四周围以土墙，在穴中央立木柱，以草盖顶；④原始地面建筑的围护结构分化为墙体和屋盖两大部分，出现了分室。

表 1-3　生土挖造的穴居演变序列

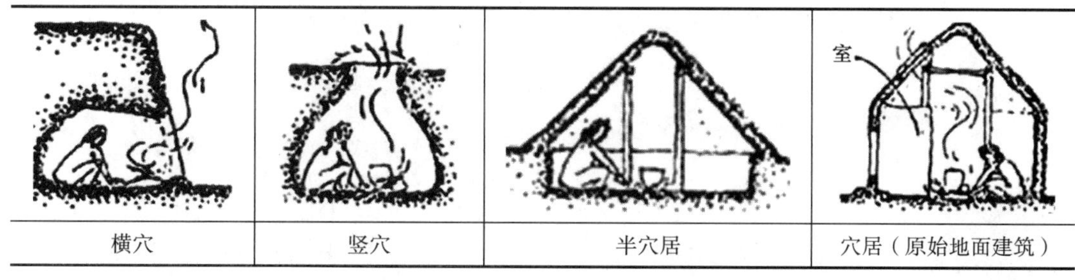

横穴	竖穴	半穴居	穴居（原始地面建筑）

1.1.3.2　泥土堆筑（木骨泥墙）

湿泥堆筑是一种类似于垛泥的建筑形态，它标志着人类的居住方式从穴居向平地居住形式迈进，逐渐发展成为原始的地面建筑。同时平面布局也经历了从圆形、圆角方形、长方形，最终向分室建筑的发展变化，后来发展形成木骨泥墙（图 1-5）。然而，受人类对土的基本性质掌握的局限性影响，就地取土直接使用，堆筑的泥土往往搅拌不是太均匀，这一时期墙体依托于木结构建造，俗称木骨泥墙。木骨泥墙是在挖好的基槽内埋设成排的柱子，柱子之间用植物藤条连接，将木柱绑扎成木骨架，骨架

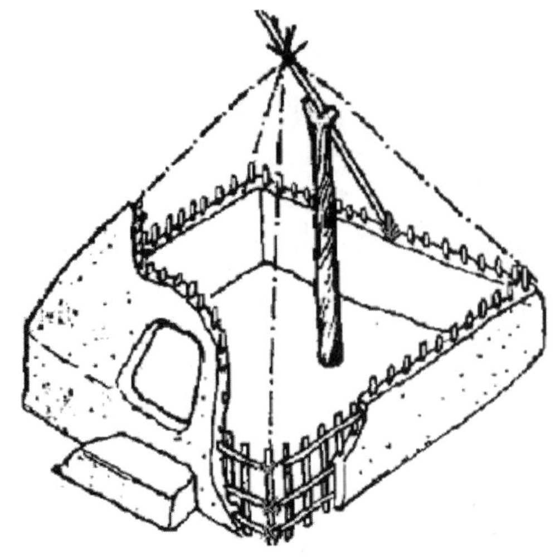

图 1-5　秦安大地湾木骨泥墙建筑方法示意图

内外涂抹混有草的泥土，然后用火烧烤墙体表面，从而形成坚固的墙体。这种墙体相对较薄，墙体不易倾倒，泥浆的强黏结性使得墙面比较结实，但建造需较多木材和植物藤条，其承重能力有限，一般不做承重墙，故在古代建筑中使用较少，但其土木合构的建造方式却是中国传统建筑的开端。

1.1.3.3　生土夯筑

生土建筑依托于自然原状土体，其稳定性很大程度受制于原状土体本身的物理力学性质。对此，人类很早以前使用夯土来解决原状土体强度低的问题，早在仰韶晚期就发现了夯土的痕迹。河南偃师市二里头时期的宫殿遗址发现了使用夯土筑成的台基和墙体（图 1-6），台基的夯土采用倒梯形基坑填土进行夯实，夯土层与素土中间有一层较薄的灰土，墙体现存夯土厚 20cm，夯土使用范围相对较小。

图 1-6　河南偃师市二里头时期的宫殿夯土遗址

陶寺遗址区发现陶寺文化晚期遗留的大型夯土建筑，夯土所筑的台基面积超过 10000m^2，现存台基厚约 0.7～1.0m，局部边缘厚度约 5cm。郑州商城遗址夯土墙体建于夏商时期，夯土墙体的建造方式是先将灰坑中的土清除，然后在灰坑上进行逐层夯实，夯层的厚度约 10cm，夯层上可以看到明显的圆形夯窝，夯窝直径 4～6cm，深 3～5cm，灰坑形状与二里头时期相比变化不大。秦代宫殿开始大量使用夯土，阿房宫遗址、雍城遗址、商邑遗址等都发现夯土痕迹，现存秦代夯土墙体的最大高度为 12m，夯层普遍厚度为 5～13cm，夯窝直径 5～8cm，相较于此前发现的夯土墙体，夯窝直径变大，墙体高度明显增高，表明人们对夯土技术的掌握更加成熟。汉长安城长乐宫四号遗址发现夯土墙外包土坯的建造方法，并在土坯外抹 3cm 左右的草泥墙皮，草泥皮外刷白灰面使墙体干燥、美观。夯土作为取材方便、制作工艺简便、强度相对较高的建筑材料，在秦汉以来还曾广泛用夯土建造长城，直到明清时期，夯土所筑长城依然发挥着重要的军事作用。大量调查发现，早期遗址夯层相对较薄，逐渐增厚，直至明代部分遗址夯层厚 22cm，受地域环境特征等诸多因素影响，随着夯筑技术的发展，工匠们因地制宜、就地取材，最大程度优化夯土技法、提高夯筑质量。土颗粒较细的区域一般直接夯筑，对于含沙量较高、缺少黏土的区域，分别采用网状加筋（草绳），夹杂红柳、胡杨、梭梭木、芦苇和罗布麻等物，以粘接固络，坚固程度得到很大提升（表 1-4）。部分区域仅有沙土，无法夯筑固结，一般采用红柳、芦苇加砂土互层堆筑，现存敦煌汉代长城为其典型代表。

表 1-4　生土夯筑工艺与模板图示

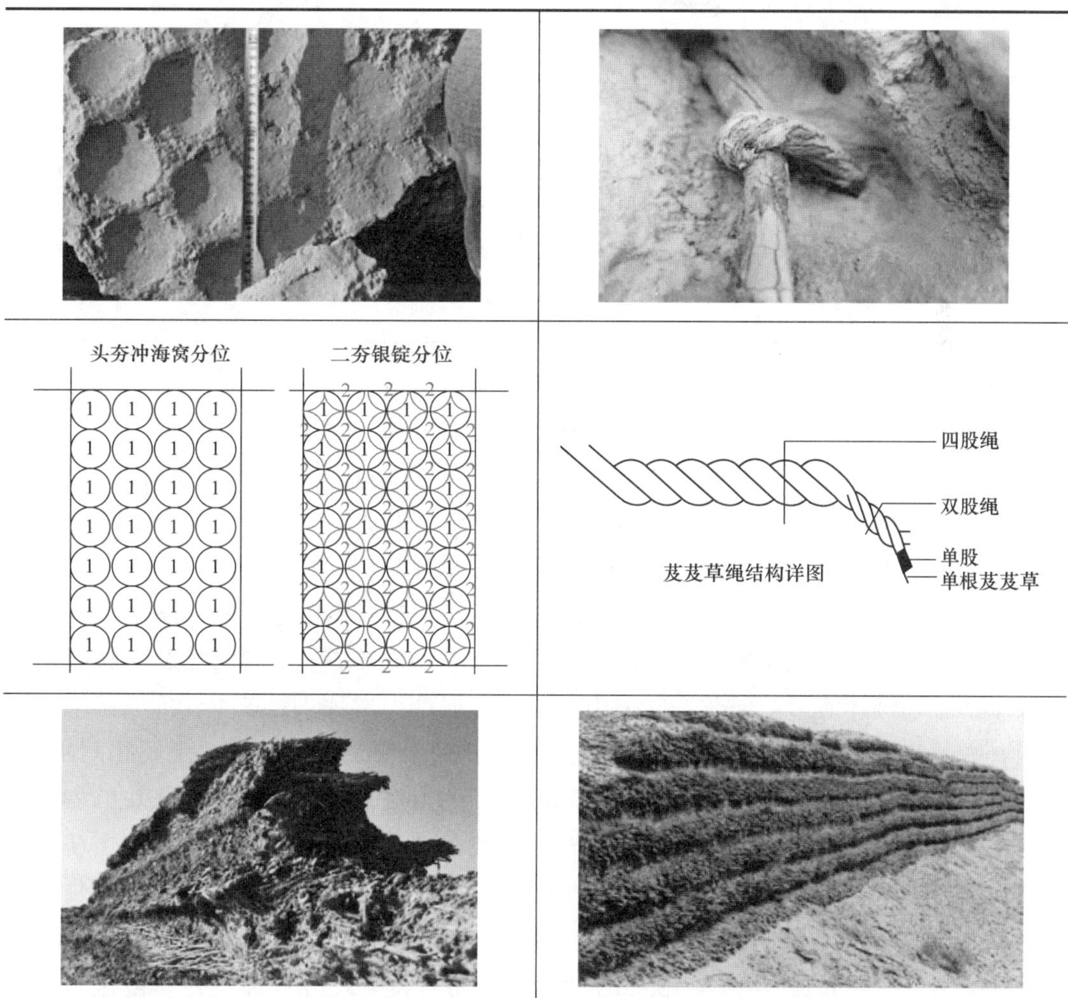

续表

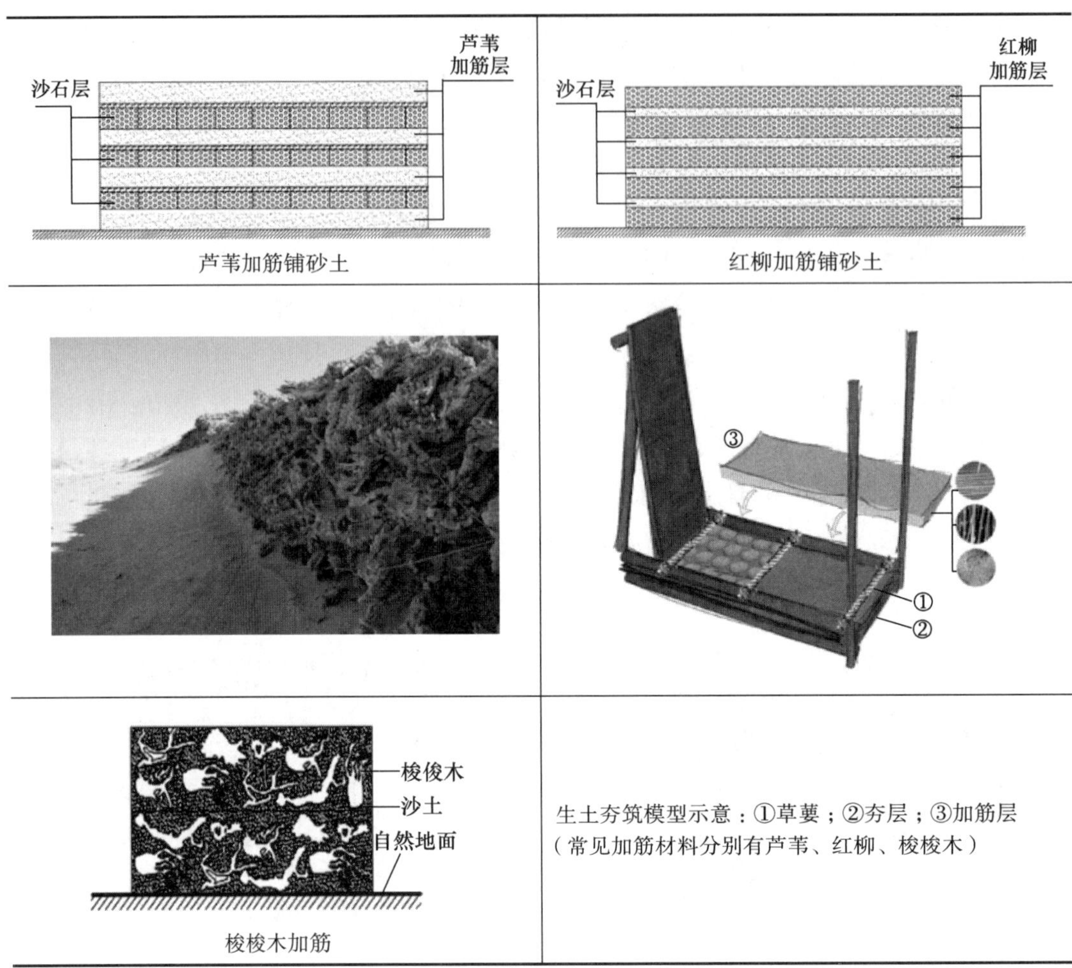

芦苇加筋铺砂土

红柳加筋铺砂土

生土夯筑模型示意：①草蔓；②夯层；③加筋层
（常见加筋材料分别有芦苇、红柳、梭梭木）

梭梭木加筋

1.1.3.4　土坯砌筑

作为“秦砖汉瓦”前身的土坯，是中国建筑材料史上不可忽视的重要组成部分。《后汉书·周牙纡传》载“纡廉洁无资，常筑墼以自给”，其中“墼”就是土坯，汉代的土坯墙也叫做“土墼墙”（墼，地区叫法也成为“胡墼”，胡是古代汉人对北方边地及西域各民族的称呼，从叫法上推测墼是从西域少数民族传入内地，并广泛使用）。在郑州大河村四期遗址中发现了龙山时期早期土块砌成的墙壁，这是迄今为止我国发现最早的土坯墙体雏形。同时期的河南辉县孟庄遗址中发现三处技术较为成熟的土坯建筑，并且土坯建筑墙体内存在柱洞，土坯墙体采用完整土坯与半块土坯相间砌筑，表明当时人们已经掌握木材与土坯共同建造墙体的方法，然而从所用土坯块的大小不均、土坯表面有夯窝可知，墙体为湿泥土坯砌筑，并且此时并没有使用模制土坯，土坯中也没有添加其他物质。湖北应城门板湾遗址中保留着较为完整的屈家岭文化时期的土坯砌墙，土坯层间有黏土铺设，砌筑方式采用条砌和侧砌相结合的方法错缝砌筑，土坯长 35～44cm，宽 17～25cm，厚 5～7cm，表面没有夯窝，为非模筑干打垒土坯墙体；值得一提的是土坯墙体表面有稻草和谷壳拌泥抹面。良渚文化时期的大观山果园遗址发现使用烧过的土坯建造土台，土坯夯筑紧密，厚度为 15～20cm，采用错缝式层层相接，夯层中有灰烬和炭末；同时期的仙坛庙遗址采用生土切割方法制造土坯，土坯层间使用灰泥填充。直到龙山文化晚期土坯建筑逐渐开始大规模建造，并且出现模制土坯，永城王油坊遗址土坯长 40cm、宽 20cm、厚 10cm，尺寸非常相近，推测此类土坯为模制土坯，同时期北漂县丰下遗址出现尺寸相近的模制土坯，模制土坯的出现极大地推动了土坯建筑的兴起。不同时代、不同地区的土坯尺寸、制备方法和砌筑工艺各不相同。受赋存环境、生产力水平和功能需求，衍生出了天然土块、模制土坯、干打垒土坯、湿泥土坯和湿泥加筋土坯等诸多土坯加工方式，当土坯开始模具化、模数化生产时，土坯砌筑方式也发生了巨大的变化，总体呈现多为顺丁交替式砌筑，上下两层有错分，相互错缝搭接，搭接长度不小于土坯长度的三分之一。砌筑方式按不同时期分为平砖顺砌错缝、平砖丁砌错缝、侧砖顺砌错缝、平砖顺砌丁砌错缝、侧砖平砌丁砌（席纹式）、平砖顺砌＋侧砖丁砌、空斗式 7 大类（表 1-5）。受地域环境限制，高山或难以到达的区域，有采用片石、块石等垒砌，也有多种材料砌筑方法结合，通过立柱、桩木、草蒌和木楔等加筋方式，提高建筑遗址的整体强度和稳定性。

表 1-5 土坯砌筑方式列表

砌筑名称	平砖顺砌错缝	平砖丁砌错缝
示意图	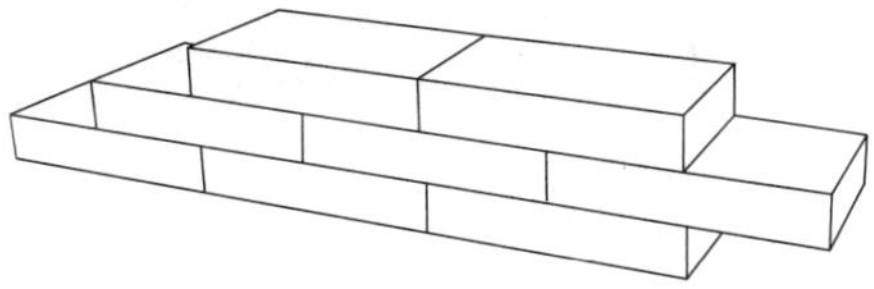	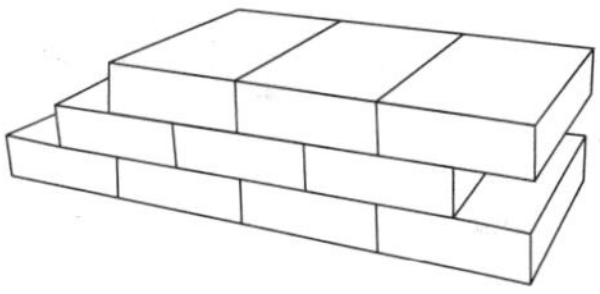

砌筑名称	侧砖顺砌错缝	平砖顺砌丁砌错缝	侧砖平砌丁砌（席纹式）
示意图	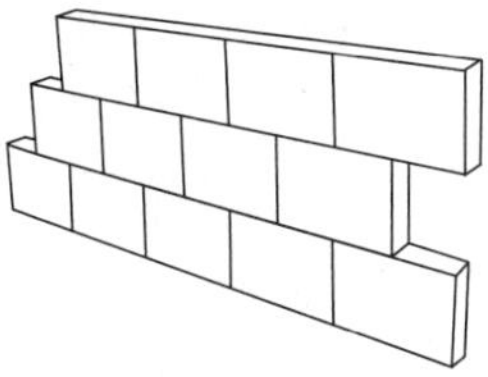	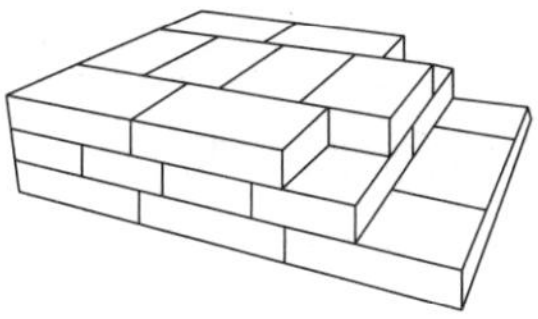	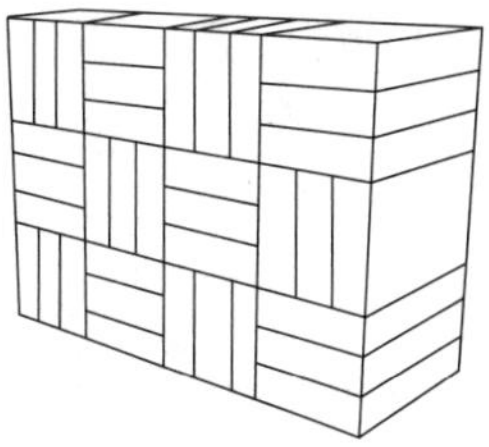

砌筑名称	平砖顺砌＋侧砖丁砌	空斗式
示意图	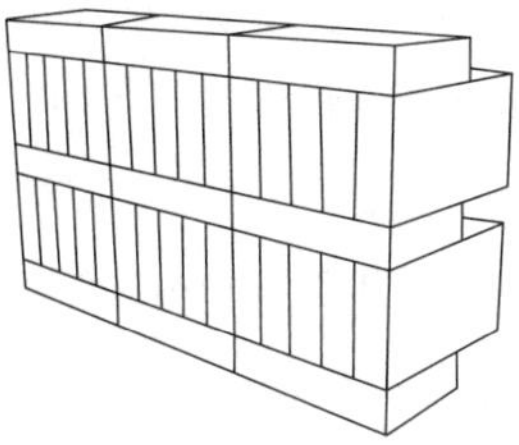	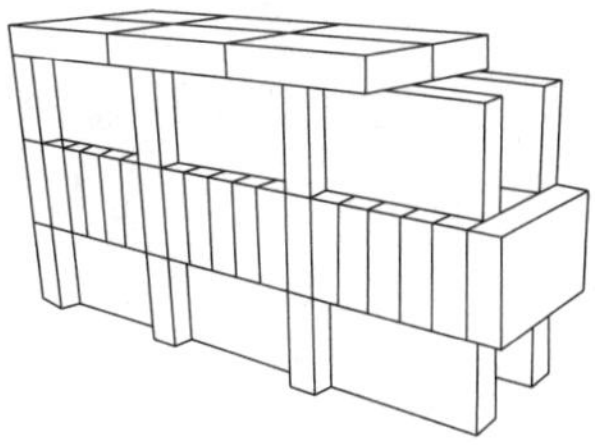

1.1.3.5 湿泥垛筑

垛泥建筑是比较简单的生土建筑，又称“板筑泥法”，主要分布在新疆库车、喀什、塔什库尔干及中亚地区。维吾尔语言中称垛泥墙为“anjiangtam（音：安江提姆）”，其中“安江”是乌兹别克斯坦的一个地名，而“提姆”是墙的意思。湿泥垛筑是用沙子和灰泥，再加上稻草麦秸和水，混合之后堆砌成墙的一种建造方式，它主要包括湿泥垛筑、加筋湿泥垛筑两种建造工艺形式。①湿泥垛筑是将泥浆混合物堆砌到预定高度，即完成一垛的堆砌，如此反复接着下一垛堆砌，在垛下一层泥土之前，要预留时间待上一层泥土干燥，完成垛墙后再用草泥抹面（图 1-7）；②加筋湿泥垛筑是在垛筑过程中，加入一些辅助的加筋材料，在完成一垛的堆砌后，在泥土顶部加入一些稻草或麦束等，以增加遗址体的抗拉强度及整体稳定性。

图 1-7 新疆湿泥垛筑墙体

1.1.4 地域环境影响分析

生土作为古代建筑的主要材料，在人类生息演化的过程中一直扮演着重要的角色。现存的生土建筑都蕴含着劳动人民的营造智慧，囊括了劳动人民对地质条件、地域环境、历史人文生存环境的理解和诠释。因我国各地地貌类型迥异，土的颗粒成分、粒径等存在较大差异，直接决定了各地区土建筑遗址工艺技法的选择。经调查发现（图 1-8），丝绸之路以黄河为分界线，黄河以东大部分地区地处黄土高原，黄土经过长距离的搬运和分选，其物质组成具有高度的均一性，颗粒粒径在 0.05～0.005mm 之间占 58%～85%，主要以粉粒为主。黄河以北大部分地区为第四纪冲洪积扇，戈壁和沙漠广泛分布，细粒土含量逐步减少，砂、砾石逐渐增加，随着黏土含量的逐渐减少，夯筑工艺也逐渐发生变化，总体呈现随着细颗粒的减少，夯层也逐渐减薄，且逐渐由素土夯筑至单向加筋夯筑、网状加筋夯筑至芦苇、红柳和梭梭木加沙土铺筑，在丝绸之路沿线形成不同风格的土质建筑遗址。

生土挖造建筑遗址主要分布于黄河中上游地区，即现在的陕甘宁等地区，这些地

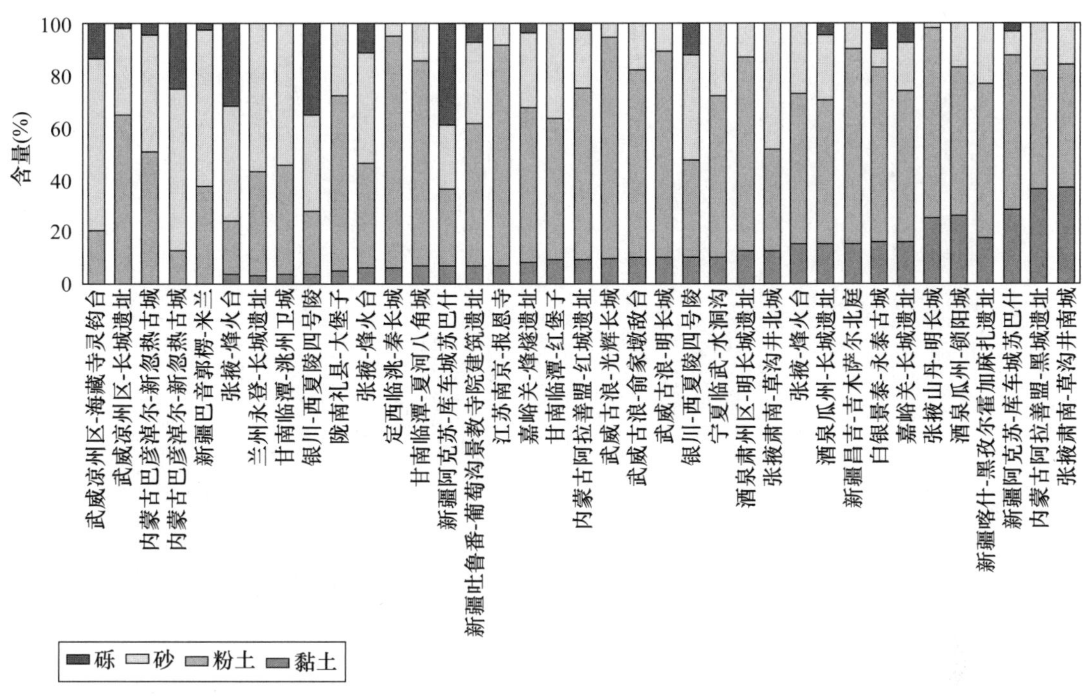

图 1-8　我国局部地区遗址土粒径分布

区地貌属于黄土丘陵类型，拥有广阔而丰厚的黄土层，土质均匀，垂直节理发达，直立性很强，有壁立不易倒塌的特点，这为当地居民提供了凿窑洞而居的便利条件。黄土高原区域遗址土含有大量的粉粒，高达 80% 以上，具有湿土可塑性大，黏聚力强，干燥后强度大的特点（图 1-9）。因此分布于此的战国秦长城、城址和其他建筑均采用直接夯筑的方式，形成承重、不承重构筑物。

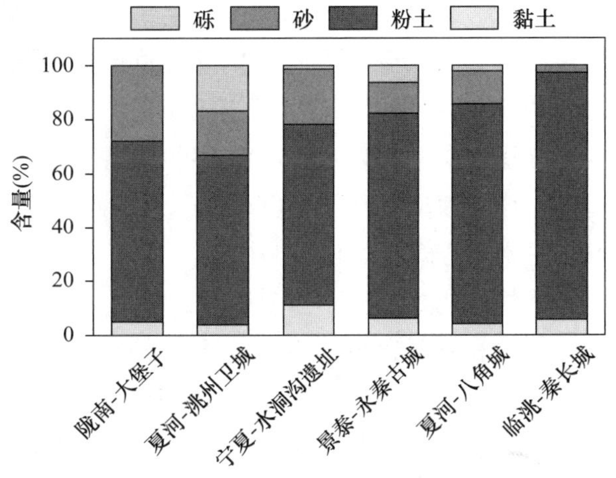

图 1-9　黄土地区遗址粒径分布

除黄土地区外，西北地区绝大多数土遗址位于第四纪冲洪积扇，山区河流搬运而来的物质堆积于山前，形成相互毗连的山前倾斜平原，甚至分布有冲洪积平原，由山麓口向冲积平原堆积体粒径逐渐减小，尤其平原区黏土含量高达 50% 以上。因此，丝绸之路中国段分布大量建造工艺各异的土质建筑遗址，所用材质和工艺随地形、地貌变化而有所不同，山坡区域多采用石块砌筑、加筋夯筑等，平原区域基本为直接夯筑。以河西走廊张掖甘州区烽燧分布为例（图 1-10），硗金沟烽火台、平山湖烽火台到甲子 2 号烽火台，其砾石、砂含量占总重量的 75% 以上；马家墩，酥油口 1、2、3

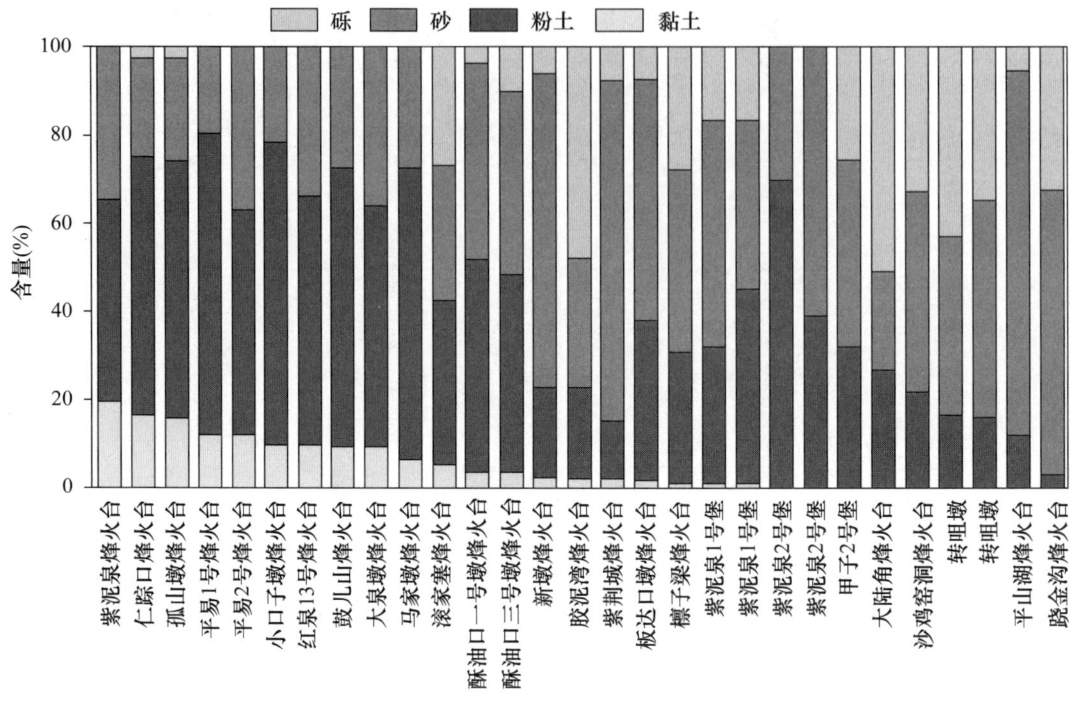

图 1-10 甘州区烽燧粒径分布

号烽火台，其砾石、砂含量占总重量的 50% 左右，砾石含量明显减少；紫泥泉、仁踪口烽火台，其砾石、砂含量仅占总重量的 20% 左右，其黏粒含量明显提高，高达 20% 以上。由图可知，越靠近山麓口，砾石与砂的含量越高，烽燧以砾石堆砌或者砂石堆积加筋夯筑为主，越靠近冲积扇下游，粉粒与黏粒含量越高，随着细粒含量的增多，烽燧逐渐由砾石（块石）砌筑、砂砾土加芦苇、芨芨草夯筑，向网状加草绳夯筑、重素土夯筑等变化。

另外，地处戈壁、沙漠边缘的遗址，先民根据实际取土的难易程度，土中黏粒、粉粒、砂和砾石含量的不同，选择素土夯筑，单向加筋夯筑，网状加筋夯筑，芦苇、红柳和梭梭木加沙土铺筑等适宜的建造技法。这种做法在酒泉、嘉峪关和敦煌的汉代长城更为明显。此外，受区域环境需求的影响，古人在营造时逐渐在夯土中加入了灰土、糯米粳（粥浆）、羊桃藤、红糖水、桐油和料礓石等材料，提升了地基、地面、墙体的防渗、防潮和耐侵蚀作用。

1.2 夯土遗址建筑的认知

古代涉及长城建造工艺方面的文献并不是很多，大多数都是关于城址、宫殿的施工记载。但是不同类型建筑在建造工艺方面又存在着相通性，这使得大型建筑基址与长城墙体在建造工艺上存在着一定的相似性，因此对于古代建筑方面的工艺梳理，也能进一步辅助证明长城墙体建造工艺在不同时期的发展状况。本节主要整理明之前经典著作中关于墙体建造工艺的相关文献，梳理建造工艺的历史发展过程，为夯土遗址建造工艺的研究提供相关的文献证据。

1.2.1　建筑名词阐释

《尔雅》中关于宫室建筑的介绍并不是很多，但在其文献记载中却有对建筑名称的详细说明。文中记载："宫谓之室，室谓之宫……牖户之间谓之扆，其内谓之家。东西墙谓之序。西南隅谓之奥，西北隅谓之屋漏，东北隅谓之宧，东南隅谓之窔。株谓之阈，枨谓之楔，楣谓之梁，枢谓之椳。枢达北方谓之落时，落时谓之戺。垝谓之坫，墙谓之墉，镘谓之杇，椹谓之榩。地谓之黝，墙谓之垩。樴谓之杙，在墙者谓之楎，在地者谓之臬，大者谓之栱，长者谓之阁。阇谓之台，有木者谓之榭。鸡栖于弋为榤。凿垣而栖为埘。植谓之传，传谓之突。宊廇谓之梁，其上楹谓之棁。牟谓之榱，栭谓之築，栋谓之桴，桷谓之榱，桷直而遂谓之阅，直不受檐谓之交，檐谓之楠。"通过这些名词的阐释，可以对当时建筑的各个部分有清楚的了解和认识。

古代文献中还出现对建筑名词的定义和解释。在《尚书》与《诗》中，有关于对墙体的解释，但涉及墙体建筑工艺这方面的内容还是相对较少。比如《尚书》："既勤垣墉。"以及《诗》："崇墉仡仡。……天子贲墉，诸侯疏杼。"

《释名》中记载："墙，障也，所以自障蔽也。……垣，援也，人所依止以为援卫也。……墉，容也，所以隐蔽形容也。……壁，辟也，辟御风寒也。"主要对建筑名词包括墙、垣等进行了解释，并对其基本作用进行了说明。

《博雅》对墙体基本建筑名词的音进行了解释，并且对建筑名词的基本定义进行了解释。如"壈、力雕切。隊、音篆。墉、院音桓。……廦，音壁，又即壁切。墙垣也。……础、碢，音昔。磌，音真，又徒年切。梔也。……鑱，音谗。谓之铍。……镌醉全切，又予兖切。谓之鏨。"《义训》提到："厇，音乇。楼墙也。……穿垣谓之腔。音空。……为垣谓之厽。音累，周谓之壈。音了。壈谓之寏。音垣。"

这些内容简明扼要，但充分说明了古代建筑过程工序清晰、环节明确，各个建筑部分作用分明。

1.2.2　建造工艺及制度

中国古代不论从建筑构件到单体的建造，还是从宫殿组合到城市的布局均有统一的比例关系，即模数的控制。建筑的模数制度从实用价值来看，它主要促进了古代建筑营造的规范化和标准化发展，使得房屋的大小等级包括造价都有了严格的控制，同时这种标准化的生产为实现大规模营造建筑的活动提供了可靠的科学依据。

《营造法式》是北宋时期由官方颁行的一部建筑设计学著作，内容涵盖建筑学上的各种问题。这部中国古籍中最完整、最具有理论体系的建筑设计学经典，融人文与技术为一体，代表了中国古代建筑新的水准，是中国建筑史上的里程碑。在此著作中，有关墙体建造工艺的内容非常丰富。很多对于大型宫殿基址建造工艺的记载以及一般墙体工艺的描述，都从侧面反映出在墙体建造方面的建造流程与技术工艺。因此，本节以《营造法式》为基础，结合其他古代经典文献对涉及的有关地基、房屋、墙体等建造的内容进行总结和梳理。

1.2.2.1　城址墙体建造方面

1.2.2.1.1　取正

取正之制：先于基址中央，日内置圜版，径一尺三寸六分。当心立表，高四寸，径一分。画表景之端，记日中最短之景。次施望筒于其上，望日星以正四方。望筒长一尺八寸，方三寸。用版合造。两罨头开寰眼，径五分。筒身当中，两壁用轴安于两立颊至地高三尺，广三寸，厚二寸。昼望以筒指南，令日景透北；夜望以筒指北。于筒南望，令前后两窍内正见北辰极星。然后各垂绳坠下，记望筒两窍心于地，以为南，则四方正。若地势偏衺。既以景表、望筒取正四方，或有可疑处。则更以水池景衷较之。其立表高八尺，广八寸，厚四寸，上齐，后斜向下三寸。安于池版之上。其池版长一丈三尺，中广一尺。于一尺之内，随表之广，随表之广，刻线两道；一尺之外，开水道环四周，广深各八分。

用水定平，令日景两边不出刻线。以池版所指及立表心为南，则四方正。安置令立表在南，池版在北。其景夏至顺线长三尺，冬至长一丈二尺，其立表内向池版处，用曲尺较令方正。

1.2.2.1.2　定平

定平之制：既正四方，据其位置，于四角各立一表，当心安水平。其水平长二尺四寸，广二寸五分，高二寸；下施立桩，长四尺；安镰在内。上面横坐水平，两头各开池，方一寸七分，深一寸三分。或中心更开池者，方深同。身内开槽子，广深各五分，令水通过。于两头池子内，各用水浮子一枚，用三池者，水浮子或亦用三枚。方一寸五分，高一寸二分；刻上头令侧薄，其厚一分，浮于池内。望两头水浮子之首，遥对立表处，于表身内画记，即知地之高下。若槽内如有不可用水处，即于桩子当心施墨线一道，上垂绳坠下，令绳对墨线心，则上槽自平，与用水同，其槽底与墨线两边，用曲尺较令方正。

凡定柱础取平，须更用真尺较之。其真尺长一丈八尺，广四寸，厚二寸五分；当心上立表，高四尺，广厚同上，于立表当心，自上至下施墨线一道，垂绳坠下，令绳对墨线心，则其下地面自平，其真尺身上平处，与立表上墨线两边，亦用曲尺校令方正。

1.2.2.1.3　立基

立基之制：其高与材五倍。材分，在“大木作制度”内。如东西广者，又加五分至十分。若殿堂中庭修广者，量其位置，随宜加高。所加虽高，不过与材六倍。

此外，在《义训》以及《淮南子》中，对于建筑的柱础也进行了说明。如“础谓之碱”。仄六切。“碱谓之础，础谓之碣，碣谓之磉”，音颡，今谓之“石碇”，音顶。《淮南子》中有“山云蒸，柱础润”。

1.2.2.1.4　筑基

筑基之制：每方一尺，用土二檐；隔层用碎砖瓦及石札等，亦二檐。每次布土厚五寸，先打六杵，二人相对，每窝子内各打三杵。次打四杵，一（二）人相对，每窝子内各打二杵。次打两杵。二人相对，每窝子内各打一杵。以上并各打平土头，然后碎用杵辗躡令平；再攒杵扇扑，重细辗躡。每布土厚五寸，筑实厚三寸。每布碎砖瓦及石札等厚三寸，筑实厚一寸五分。

凡开基址，须相视地脉虚实，其深不过一丈。浅止于五尺或四尺，并用碎砖瓦石札等，每土三分内添碎砖瓦等一分。

除上述对筑城工艺、建筑名词阐释的记载外，在古代文献记载中，有部分内容关于建筑加工工程中的基础水平问题，古代在建筑技术方面的取平应用上已经有了相对成熟的方法。《考工记·匠人》“水地以县，置臬以县”,《庄子》中记载“水静则平中准，大匠取法焉”。《管子》“夫准，坏险以为平”。再如所谈的借助水准仪和线坠来测量场地、定测平直的方法至今仍在使用，充分说明了当时建筑技术方面的高深之处。

1.2.2.1.5　城

筑城之制：“每高四十尺，则厚加高二十尺；其上斜收减高之半。若高增一尺，则其下厚亦加一尺；其上斜收亦减高之半，或高减者亦如之。城基开地深五尺，其广随城之厚。每城身长七尺五寸，栽永定柱，长视城高，径一尺至一尺二寸、夜叉木径同上，其长比上减四尺，各二条。每筑高五尺，横用纴木一条，长一丈至一丈二尺，径五寸至七寸，护门瓮城及马面之类准此。每膊椽长三尺，用草蔞一条，长五尺，径一寸，重四两，木橛子一枚，头径一寸，长一尺。”步骤流程演示见表 1-6。

表 1-6　“筑城之制”步骤流程演示

原文	① 城基开地深五尺，其广随城之厚	② 每城身长七尺五寸，栽永定柱	③ 每筑高五尺，横用纴木一条
图示	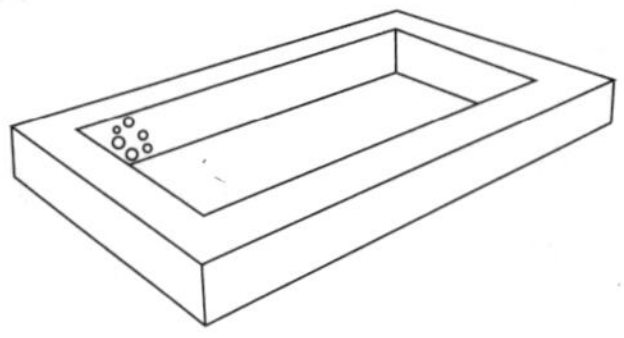	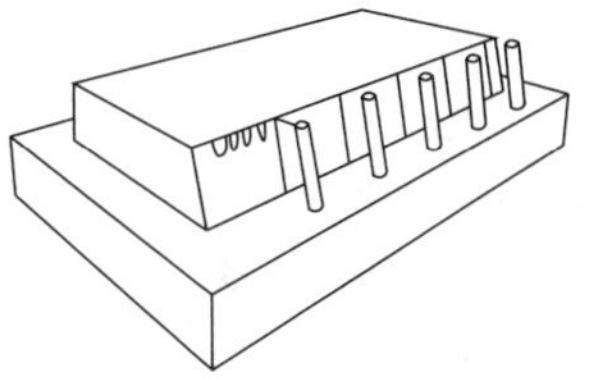	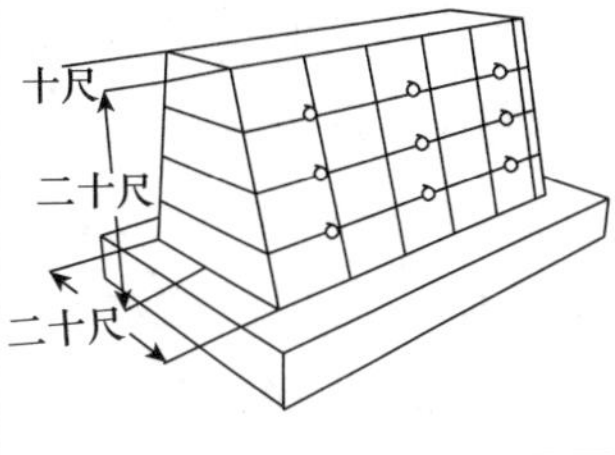

1.2.2.1.6　墙

墙其名有五：一曰墙，二曰墉，三曰垣，四曰墂，五曰壁。

筑墙之制：“每墙厚三尺，则高九尺；其上斜收，比厚减半。若高增三尺，则厚加一尺，减亦如之。凡露墙：每墙高一丈，则厚减高之半；其上收面之广，比高五分之一。若高增一尺，其厚加三寸；减亦如之。其用蔞、橛，并准筑城制度。凡抽纴墙：高厚同上；其上收面之广，比高四分之一。若高增一尺，其厚加二寸五分。如在屋下，只加二寸。划削并准筑城制度。”各类墙体示意见表 1-7。

表 1-7 “筑墙之制”各类墙体图示

名称	① 筑墙之制	② 凡露墙	③ 凡抽纴墙
原文	每墙厚三尺，则高九尺；其上斜收，比厚减半。若高增三尺，则厚加一尺，减亦如之	每墙高一丈，则厚减高之半；其上收面之广，比高五分之一。若高增一尺，其厚加三寸；减亦如之	高厚同上；其上收面之广，比高四分之一。若高增一尺，其厚加二寸五分
图示	三尺 四尺 四尺	三尺 十尺 五尺	一尺半 九尺 三尺
备注	墙体宽：高：斜收＝2：6：1	墙体宽：高：斜收＝5：10：2	墙体宽：高：斜收＝4：4：1

除上述专业的文献记载外，还有很多文献都是对墙体建造时热闹场景的描述，从侧面反映了当时墙体建造工艺的形式与特点。

《大雅·绵》是周部族史诗之一，叙述太王古公亶父迁居岐周的伟大业绩。本诗第六章部分内容为：“乃召司空，乃召司徒，俾立室家。其绳则直，缩版以载，作庙翼翼。捄之陾陾，度之薨薨。筑之登登，削屡冯冯。百堵皆兴，鼛鼓弗胜。”生动地刻画了筑墙的动作和场面，其中对筑墙场景形象的描述为研究筑墙人员配置及夯筑方式提供了直接证据。

《小雅·斯干》是周天子宫室落成的颂歌，其中记载“约之阁阁，椓之橐橐。风雨攸除，鸟鼠攸去，君子攸芋。如跂斯翼，如矢斯棘，如鸟斯革，如翚斯飞，君子攸跻。殖殖其庭，有觉其楹。哙哙其正，哕哕其冥，君子攸宁。”通过鸟虫都不能穿入的表述，反映出墙体的坚固程度。很多早期建筑遗址的墙体都异常坚固，但现代模拟夯筑试验却很难达到古代墙体夯筑的质量，目前没有确切的方法可以探明这种差异的主要原因，但文献记载的内容确实是为古代墙体的质量提供了直接证据。

春秋之际，王室衰微，在建筑方面也是如此。《公羊传·公羊高》中记载“（定公二三年）……子行乎季孙，三月不违，曰：‘家不藏甲，邑无百雉之城。’于是帅师堕邱，帅师堕费。雉者何？五板而堵，五堵而雉，百雉而城。……”其引言宣公六年晋灵公派勇士刺杀赵盾等事件中，可见春秋时期贵族住宅的大体布局及建筑结构，包括文中对墙体长度的说明都反映出这一时期建筑规模、风格形式的情况。

《淮南子》中关于筑墙情景的描述为“舜作室，筑墙茨屋，令人皆知去岩穴，各有室家，此其始也”。此文是附属于基本的建造场景描述中，并不影响通过文献观察当时筑墙的基本情况。从文献可以得出，人们在筑墙时对墙基的重要性以及夯筑的坚实性都有了很清楚的认识。

《说文》中记载：“堵，垣也；五版为一堵。墩，周垣也。垺，卑垣也。壁，垣也。垣壁曰墙。栽，筑墙端木也。……梔，之日切。柎也。……柎，阑足也。……楮，章移切。柱砥也。古用木，今以石。”详细地描述了墙体建造工艺中有关夯筑时墙体的长度问题，以及在夯筑时墙体内部要加入木头等材料。通过对典型墙体建造工艺的介绍，反映出当时一般墙体建造的基本情况。

1.2.2.1.7　垒墙

垒墙之制：高广随间。每墙高四尺，则厚一尺。每高一尺，其上斜收六分。每面斜收白上各三分。每用坯墼三重，铺襻竹一重。若高增一尺，则厚加二尺五寸；减亦如之。

1.2.2.1.8　用泥

用泥，其名有四：一曰垷，二曰墐，三曰涂，四曰泥。

用行灰等泥涂之制：先用粗泥搭络不平处，候稍干，次用中泥趁平；又候稍干，次用细泥为衬；上施石灰泥毕，候水脉定，收压五遍，令泥面光泽。干厚一分三厘，其破灰泥不用中泥。

合红灰：每石灰一十五斤。用土朱五斤，非殿阁者用石灰一十七斤，土朱三斤。赤土一十一斤八两。

合青灰：用石灰及软石炭各一半，如无软石炭，每石灰一十斤，用粗墨一斤或黑煤一十一两，胶七钱。

合黄灰：每石灰三斤，用黄土一斤。

合破灰：每石灰一斤，用白篾土四斤八两。每用石灰十斤，用麦麸九斤。收压两遍，令泥面光泽。

细泥：一重作灰衬用。方一丈，用麦一十五斤。城壁增一倍。粗泥同。

粗泥：一重方一丈。用麦八斤。搭络及中泥作衬减半。

粗细泥：施之城壁及散屋内外。先用粗泥，次用细泥，收压两遍。凡和石灰泥，每石灰三十斤，用麻捣二斤。其和红、黄、青灰等，即通计所用二朱、赤土、黄土、石炭等斤数在石灰之内。如青灰内，若用墨煤或粗墨者，不计数。若矿石灰，每八斤可以充十斤之用。每矿石灰三十斤，加麻捣一斤。

1.2.2.2　壕寨功限

1.2.2.2.1　总杂功

诸土千重六十斤为一担。诸物准此。如粗重物用八人以上。石段用五人以上可举者，或琉璃瓦名件等，每重五十斤为一担。诸石每方一尺，重一百四十三斤七两五钱。方一寸，二两三钱。砖，八十七斤八两。方一寸，一两四钱。瓦，九十斤六两二钱五分。方一寸，一两四钱五分。诸木每方一尺，重依下项：

黄松，寒松、赤申松同。二十五斤。方一寸，四钱八分。

白松，二十斤。方一寸，三钱二分。

山杂木，谓海枣、榆、槐木之类。三十斤。方一寸，四钱八分。

诸于三十里外般运物一担，往复一功；若一百二十步以上，约计每往复共一里。

六十担亦女如之。牵拽舟、车、槭，地里准此。诸功作般运物，若于六十步外往复者，谓七十步以下者。并只用本作供作功。或无供作功者，每一百八十担一功。或不及六十步者，每短一步加一担。

诸于六十步内掘土般供者，每七十尺一功。如地坚硬或砂礓相杂者，减二十尺。诸自下就土供坛基墙等，用本功。如加膊版高一丈以上用者，以一百五十担一功。诸掘土装车及蓑篮，每三百三十担一功。如地坚硬或砂礓相杂者，装一百三十担。诸磨褫石段，每石面二尺一功。

诸磨褫二尺方砖，每六口一功。一尺五寸方砖八口，压阑砖一十口，一尺三寸方砖一十八口，一尺二寸方砖二十三口，一尺三寸条砖三十五口同。

诸脱造垒墙条墼。长一尺二寸，广六寸，厚二寸。干重十斤。每二百口一功。和泥起压在内。

1.2.2.2.2　筑基

诸殿、阁、堂、廊等基址开掘，出土在内，若去岸一丈以上，即别计般土功。方八十尺，谓每长、广、方、深各一尺为计。就土铺填打筑六十尺，各一功。若用碎砖瓦、石札者，其功加倍。

1.2.2.2.3　筑城

诸开掘及填筑城基，每各五十尺一功。削掘旧城及就土修筑女头墙，及护墙崄者亦如之。

诸于三十步内供土筑城，自地至高一丈，每一百五十担一功。自一丈以上至二丈每一百担，自二丈以上至三丈每九十担，自三丈以上至四丈每七十五担，自四丈以上至五丈每五十五担。同其地步及城高下不等，准此细计。

诸纽草萋二百条，或斫橛子五百枚。若划削城壁四十尺，般取膊椽功在内。各一功。

1.2.2.2.4　筑墙

诸开掘墙基。每一百二十尺为一功。若就土筑墙，其功加倍。诸用萋、橛就土筑墙，每五十尺一功。就土抽纴筑屋下墙同；露墙六十尺亦准此。

从以上可知《营造法式》中对城墙等建筑的建造顺序以及建造工艺等都进行了详细的说明，包括在用人用料等方面也阐释得比较具体。作为中国历史上最专业的建筑工程用书之一，其对建造流程以及细节的详细把握，说明了当时建筑工艺水平的精湛以及制度的完善。同时通过《营造法式》中关于墙体建造工艺的内容可以发现，此时的建造工艺已经非常成熟。在此后历代长城墙体修建过程中，所依据的建造方式应该与《营造法式》中所阐述的建造方式基本相似。

1.2.3 筑城管理制度

古代关于墙体建造记载的文献中，有部分文献在记录墙体建造工艺的同时，对墙体建造背后的用人制度、组织形式等进行了详细的描述，现将其单独罗列如下，以研究其最基本的发展变化。

在《考工记·匠人》中对建筑工艺的描述内容较为丰富，其中关于城址的选择原因以及墙体的建造方式等都做了详细的介绍。其内容为："匠人建国，水地以县，置槷以县，眡以景。为规，识日出之景与日入之景。昼参诸日中之景，夜考之极星，以正朝夕。……茸屋参分，瓦屋四分。囷、窌、仓、城，逆墙，六分。堂涂十有二分。窦，其崇三尺，墙厚三尺，崇三之。"此段对于墙体建筑的记载非常全面地反映了春秋战国时墙体建造工艺的基本流程以及严格的建造制度，在建筑形式上已经形成了一定的规范。此文献中对国家组织基本建设的制度设置、人员选择等也进行了说明，对于我们研究早期建造制度有着非常重要的意义。

春秋时期，筑城即成为防守的一项重要措施，筑城技术与组织水平也有很大提高。《左传》中既有多处诸国筑城的记载，还记载了春秋时期的城市等级制度。如"（宣公十一年）……令尹蒍艾猎城沂，使封人虑事，以授司徒，量功命日，分财用，平板榦，称畚筑，程土物，议远迩，略基趾，具餱粮，度有司，事三旬而成，不愆于素……"

"（昭公三十二年）……己丑，士弥牟营成周，计丈数，揣高卑，度厚薄，仞沟洫，物土方，议远迩，量事期，计徒庸，虑材用，书餱粮，以令役于诸侯，属役赋丈，书以授帅，而效诸刘子。韩简子临之，以为成命"。

以上文献对早期筑城工艺进行记录的同时，细致地描述了筑城过程中的人员构成以及组织形式。通过从技术到社会组织这种逐层深入的记载，反映出早期筑城技术已经相当先进，已经形成了从地基修建到城墙建造的一套完整体系。同时，关于筑城的社会组织形式，也几近完善，充分说明在春秋战国时期筑城制度就已经形成较为完备的理论体系。

1.3 土遗址中夯筑技术的起源及发展

1.3.1 夯筑技术的起源

夯筑技术伴随着人类发展而逐步出现，它的出现是人类文明进程中重要的标志，预示着人类改造自身居住环境的能力逐渐加强。受制于生产力，人们在最初进行夯筑时所使用的工具主要是来自于自然界的卵石，特别是长柱形、两头椭圆的卵石，很适合作为夯筑工具。澧县城头山屈家岭文化城址墙基采用平夯法叠筑而成，表面铺一层白灰，然后用一端突出，长 30～40 厘米的大而重的河卵石作夯锤，密集夯筑，夯层约厚 20 厘米。东海峪遗址在发掘中，曾在这种台基的层面上，发现过不规则形状的夯窝，其形状有圆形、梯形和不规则形等。显然，这些凹窝就是人们夯筑时所留下来的夯窝。从这些夯窝的形状来看，当时人们所使用的夯具还是天然石块。打夯的办法可能是人们手握石块、逐层夯打填上，使之紧密，这表明这里的夯筑技术正处在萌芽阶段。龙山文化以前，我国境内已经出现夯筑遗存，在半坡遗址就发现了带有夯层迹象的建筑遗存，功能应该属于厨灶之类。虽然对其夯窝等情况不是很清楚，但从目前我国夯筑工艺发展的情况来看，应该是使用了天然的长条石块作为夯筑工具。在王城岗遗址中，西城和东城基础槽与夯土两座城堡筑法相同，都是在建造墙体之前，先挖好基槽，基槽底部一般较为平整。在基槽内逐层填土，进行夯打。由于各条探沟中基础槽的残存情况不同，所以各面城墙基础槽的残存口宽、底宽及深浅也不一致。基础槽内的夯土层的表面一般较平，部分基础槽内两侧夯土层略高于中部。夯层的厚度多为 10～20 厘米，也有 6～8 厘米的。可能为防止夯具与黏土粘结，在每夯层表面铺垫厚约 1 厘米的细砂层，每层细砂面上多留有夯痕。夯痕的形制和大小极不一致，有圆口圜底、椭圆形圜底和不规则形等数种。有少数夯痕相邻近或数个夯痕重叠的现象。从探沟 T23 内所见到的夯痕看，口径为 4～10 厘米，窝深 1～2.5 厘米。根据夯痕形制和有些夯土层上堆放直径 8～18 厘米卵石的现象，推知当时可能是利用就地拣来的卵石作夯具的。这显然是较原始的做法。

自然石块作为夯筑工具的使用，是人类对于改变自然环境的一种本能反应。在龙山文化以前，很多大型考古遗址中都会有夯土建筑的存在。这种技术的运用应该可以看作是后来夯筑技术的雏形，甚至是起源。因为目前学者们根据夯层的基本情况，推断当时人们所使用的工具，自然界可取的最简单的工具应该就是石头。而且通过对部分夯层上面夯窝形状与大小的研究，可知其特征与使用石头进行夯筑的特征是吻合的。因此，目前的考古证据可以表明使用石块进行夯筑是我国境内最早的夯筑形式，这也是后期使用木夯和石夯的起源阶段。

1.3.2　夯筑技术的发展

1.3.2.1　龙山时期

随着生产力的发展，夯筑技术水平得到不断的提高，在城址等建筑中夯筑技术使用的频率也越来越高。夯筑工具从天然卵石到经过人工加工夯具的转变大约在龙山文化前后，此时夯筑建筑中夯窝形状已经从不规则逐渐向小而密集的圆形转变。在距今 6500 年前北辛文化晚期，就发现有经过夯筑的柱坑，夯筑技术已经在住房建筑中应用。河南淮阳平粮台龙山文化城址夯土墙为棕黄色花夯上和褐色花夯土。土质坚硬，夯层清楚，一般厚 0.05～0.25 米，夯痕为圆形圜底。夯土墙现高 3.5 米。根据土色编为一至六层，实际是一次夯筑，并无时间早晚关系。六层是小版筑夯土墙，褐色花夯土，宽 0.8～0.85 米，高 1.2 米，夯层厚 0.15～0.2 米，其上为斜堆夯土或平铺夯土层。而到了大汶口文化时期，夯土的应用范围逐渐扩大，大汶口文化晚期，不仅有一些墓葬填土经过夯打，还出现了规模较大的夯土台基，比如在呈子遗址发现一座方形地面房基，约 20 平方米，门向南，平地挖槽筑基，槽内竖柱，填土后锤打，夯层的厚度在 0.1～0.4 米之间，夯窝痕迹不清晰。在汤阴白营龙山文化房址的发掘中，居住面可分涂白灰面、硬土面和烧土面三种。普遍存在着居住面数层相叠压的现象，最多达十层。在叠压的居住面上，我们发现有用圆棒和窄长条形两种工具夯打的印痕。

1.3.2.2　商周时期

商代中期夯土开始采用木模板，模板的发明是夯筑技术一大进步。郑州商城和盘龙城商城经历了几千年的侵蚀破坏，一些地面遗存仍然保存有两三米左右。商城报告认为郑州商城南城墙的筑法和东城墙是基本一样的，提出南墙的筑法：先平地面，然后在“主城墙”内壁相应地面处挖一条与城墙走向一致的基槽，从这基槽内开始层层夯筑。当夯土与基槽口平齐时，便开始用横列木板相堵，夯筑出内壁垂直的“主城墙”。西城墙筑法是先将城墙相应的地面整平，继而在地面上直接版筑出宽达 19 米以上的墙体。突出特点是不筑“护城坡”，墙体本身也没有内、外或中间、内、外之分，而是自下而上通体夯筑的。

在东城墙墙体两侧还有遗存腐朽木板的痕迹，表明两侧采用木模型板，中间填土夯打，木板每块长约 2.5～3.3 米。城墙主体的夯筑是分段进行的。其筑法是将两侧壁及一个横头用木板相堵，在这一段内分层夯筑，然后拆除横堵板和两侧壁板，以此逐渐向前。

郑州商城夯层较为清晰，每层厚度在 8～10 厘米，也有部分夯层厚度达 20 厘米或薄到 3 厘米，在每层夯土面上分布有密集的圆形尖底和圆形圜底的夯窝，夯窝直径为 2～4 厘米，夯窝深 1～2 厘米，城墙中部夯窝夯打较厚且松软，四周夯层较薄且坚硬。从夯打的压力判断，至少需要两人或多人合作完成。

城垣的营筑方法，采用郑州商城的版筑技术。比如：城垣由墙基与墙体构成，墙基的营筑方法与郑州商城相似，先平垫地基后版筑城垣。盘龙城的墙基建筑在原有二里头文化层之上，采用填洼，或在生土上略加平整；墙体由“主城垣”与“护城坡”构成，主城垣横剖面呈梯形，采用层层夯筑，夯层呈水平分布，墙身分段版筑，两侧用斜夯土层顶住城墙主体。

西周、春秋时期，关于土遗址建造的版筑技术又有了新的发展。利用草绳、圆木、立杆等固定木板，在分段夯筑的基础上进行方块夯筑。新技术的创新与应用，使大型土遗址的建设更加规范、效率更高。洛阳东周王城在夯筑墙体时，里外两侧夹有木板，木板的下部有木棍等承托，周围有草绳等进行捆绑。木板的另一侧固定于已经夯筑完成的墙体上。在城墙内侧面普遍发现有使用木板或插竿的洞眼痕迹，洞口直径在 7～15 厘米之间，上下行交错排列。从墙体遗迹可以判断，每组夹板使用两块木板，木板下侧使用两根或三根木棍进行承托，每次夯打一层将木板重新向上固定再进行夯打，直至顶部。

经过现场对遗存的判断，洛阳东周王城城墙在夯筑时，没有采取一般的整体夯筑方法，而是采用分块夯筑的方式。因为东周王城城墙不仅长而且宽度较大，对其表面进行夯打时，不能同时进行。因为夯打过程中，人员会占用一定的空间面积，如果对夯层面进行整体的夯筑，容易使墙体密度不一，影响墙体质量。因此，在东周王朝修建过程中，采用方块夯筑的方法，以扩大工作面，增加工作效率。方块夯筑法是在夯筑面用木板将其隔成方块状，然后进行夯筑，夯筑的高度一般与木板的高度一致。在一块夯筑完成后，接替进行第二块的夯筑。每个夯筑方块的大小并不一样，有 1 米 ×0.4 米的，也有 1.7 米 ×0.8 米的，可见在夯筑大小上应该是按实际情况进行。但是在夯块的厚度方面，基本上保持在 20 厘米左右。在进行夯筑过程中，方形夯块的棱角非常清晰，有圆角和方角两种。在进行夯筑时，上下的方块并不是一样的夯筑顺序，而是交错进行。东周王城在修建过程中，夯层与夯层之间会铺设一些草，可能是为了增加墙体的坚固性。

东周王城的夯层薄厚不一，一般为 6 厘米左右，土质纯净。夯窝为半球状，直径为 1.5～4 厘米，深 1 厘米左右，夯窝分布较为密集，其深浅基本相同，可以判断，夯筑的方式为集束夯。

从东周王城的墙体工艺可以判断，东周时期夯筑工艺已经有了很大的发展，夯筑技术越来越精细，夯筑方式越来越科学。夯筑墙体的坚固程度也比以前增加很多，稻草加入夯筑墙体的方法使得土遗址在建筑时减少了墙体两侧护坡的使用，也是夯筑工艺进步的明显表现。

从上述关于土遗址的夯筑工艺描述可以得出，在史前时期至夏商周阶段，夯筑工艺是不断发展进步的。首先从夯筑方式上讲最初的夯筑方式就是选用长度在 30 厘米左右的卵石，直接用卵石的一端对虚土进行夯打，一般都是单人操作。后来逐渐出现将很多木棍捆绑在一块，进行夯打。周代薛国故城城垣夯筑就采用集束棍夯法，夯窝圆形圜底，直径约 3～4 厘米，深约 0.5 厘米。而集束夯筑法在操作时，要根据捆绑木棍的多少采用单人操作或多人操作。这种夯筑工艺的进步，使夯筑遗存在本体坚固程度上不断提升，同时也促进了土遗址在夯筑效率上的提高，使集束夯成为土遗址时代划分的科学依据。

在夯筑过程中可以发现，工序的完善性使土遗址的建造更加科学。最早时期土遗址在建造过程中，只是对地面进行取平然后夯筑，到后期则挖槽修正，然后进行地基夯筑，逐渐增加夯筑墙体的倾斜度。在墙体的夯筑过程中，加入木棍、稻草等具有加筋作用的材料，使墙体更加坚固且不易被破坏。这些都说明了在历史发展过程中土遗址夯筑方式的不断进步与提升，为我国进入春秋战国后，大量夯筑建筑拔地而起起到了非常重要的作用。

从目前考古发现可以判断，史前到夏商周时期夯层的厚度在逐渐缩小。从使用卵石夯具时一般夯层厚度在20～25厘米，到使用集束夯以及单独木质夯具时的20厘米左右，都印证了随着夯筑方式的变化，夯层的基本形态也在发生变化。夯筑方式的不同使夯层在密度和夯窝形态上差异较大，但是从目前考古基本遗存判断，史前时期以及夏商周时期由于夯筑技术的总体相似性，夯层所蕴含的年代性质是不明确的。从夯筑特点来讲，商周时期夯筑建筑的基本特点已经形成，除了在夯筑流程上有所不同外，在墙体、地基建设方面更加规范，总体的建筑形式与流程也基本成形。在夯筑建筑的基本结构上面变化较大，如商周时期夯筑墙体的整体宽度增加，墙体倾斜度增加，地基建造更加普遍。

1.3.3　墙体夯筑技术及方法

在进行夯筑之前，首先要进行地基的修建。在平原地区，一般将地面进行平整，或下挖露出生土，然后进行取平夯打，再进行夯筑。长城的地基在地表面下0.9米起夯筑，基宽约6米，以上逐层内收。地基一定要坚固平整，其表面不能有浮土的存在。以地基为基础，在其上进行架版夯筑。为了使墙体更加稳固，一般地基的宽度要比墙体宽出40～50厘米。在山地或沟壑地带，修筑墙体一般因地制宜，直接依据地势进行夯筑，沿地势将墙体夯筑平实，墙体高度一定要保持一致。据记载，宋代夯筑34立方厘米的夯层需要土两担，相当于现在的240斤。

长城墙体在夯筑时，要先做好外框，然后在框内进行夯打。墙体逐渐收分，所以在修筑之前，先用木板做好墙体断面的模型，在两个断面模型之间用椽进行固定，然后在椽与断面模型内侧进行夯层修筑。椽的宽度决定了夯层的厚度，因为工匠们一般以椽的宽度为标准对土层进行夯打。当一层夯打完毕后，再加木椽进行夯打。但在古代墙体夯筑史上没有统一的木椽使用规格，所以墙体的夯层厚度各有不同。我国古代大部分夯筑墙体都逐渐收分，断面呈梯形，因此在搭建木椽的时候也会特意收分，一方面是为了降低夯筑的难度，另一方面则是为了防御的必要性。

由于长城墙体高度的不断增加，墙体建到一定高度时需要搭建脚手架，一般的脚手架都是在墙体两侧搭建木椽，木椽之间横架木板，用绳子固定。部分运输工人站在木板上，向夯筑墙体的工人运送建材，起到周转的作用。在宁夏的一些地方，有时会将圆木直接插入墙体，留出一小截上面搭建木板。

长城一般是分段夯筑，郑州二里冈商城城墙就是采用分段夯筑而成，每段长3.8米左右，经^{14}C检测城墙夯筑的时间为公元前1620年前后，距今已有3600余年。以版为计量单位进行夯筑，《诗经》记载一丈为一版，五版为一堵。一版的长度大约在3.3米，修筑一堵墙应该在16米左右。在修筑完一版墙体后，再接着墙体的另一端进行一版长度的修筑，如此连贯夯筑，就形成现在我们见到的长城墙体。不同历史时期夯筑墙体标准不同，因此一版的长度也不同，从我们实地调查发现陕西明长城一版墙体的长度维持在3米到3.5米之间。

在墙体夯筑完毕之后，墙体顶部会建有防水设施，一般是撒上石灰、沙子、石子等，形成硬结面。一方面是防止雨水对墙体造成的侵蚀，另一方面则为了保持墙体顶部的完整性，不会因为雨水冲刷影响顶面的平坦，从而保持士兵应战时的战斗力。

1.4　干旱环境下土遗址建造工艺基本情况

干旱环境土遗址主要分布在我国西北地区，是我国众多文化遗产中大量存在的遗址类型。本节以甘肃、宁夏、陕西和新疆为例，来分析说明大型土遗址建造工艺的基本情况。

1.4.1　甘肃省土遗址建造工艺基本情况

甘肃省境内的大型土遗址主要从春秋战国开始修建，目前保留规模较大的土遗址遗存也主要为战国秦昭襄王长城及其以后的遗存。因所处地理环境的原因，甘肃夯筑建筑资源丰富，以汉长城以及明长城等大型遗址为代表。因此，可以将甘肃境内的长城墙体作为重点研究对象，分析说明甘肃大型土遗址建造工艺。

1.4.1.1　春秋战国

根据景爱先生的调查以及考古资料的收集，秦昭王长城在甘肃省庆阳地区遗迹比较多，镇原县孟庄村白草狐原畔长城墙体夯土层厚 7～11 厘米，其附近城郭黄土层厚 8 厘米，高嵝岘烽燧黄土层厚 11 厘米。环县白渠头长城墙体夯土层厚 8～10 厘米，晴天渠长城墙体夯土层厚 8～10 厘米，半个城长城墙体夯土层厚 7～9 厘米，城子岗长城墙体夯土层厚 7～9 厘米，长城塬长城墙体夯土层厚 7～9 厘米。华池县乔川乡王边台长城墙体夯土层厚 7～13 厘米，营盘山城郭夯土层厚 7～8 厘米，营盘梁城郭夯土层厚 15～20 厘米，胡前庄烽燧夯土层厚 9 厘米，拐沟梁烽燧夯土层厚 15～17 厘米，营盘山烽魅穷土层厚 8～10 厘米，乔川乡廖山村烽燧夯土层厚 7～15 厘米，乔川乡南湾林烽燧夯土层厚 15 ～ 20 厘米，元城林沟梁烽燧夯土层厚 15～20 厘米。

甘肃定西地区临洮县水泉湾战国秦长城墙体夯土层厚 10 厘米，川子乡长城岭墙体夯土层厚 8.5 ～ 10.5 厘米，夯窝直径 13.5 厘米，长城梁烽燧夯土层厚 10 厘米。陇西县长城梁墙体夯土层厚 8～14 厘米。通渭县长城坡墙体夯土层厚 8～13 厘米，长城湾墙体夯土层厚 8 厘米，夯窝“略呈方形，四角稍圆，似为木夯之印”。贾家沟长城墙体夯土层清晰，厚 8 ～ 10 厘米。

战国时期甘肃境内长城墙体、城郭、烽燧夯土层厚度多在 7～10 厘米之间，夯窝直径为 3～4 厘米，从其直径来判断，应是荆条夯或细木夯。夯土较为纯净，包含物较少。

1.4.1.2　汉代

甘肃汉长城遗址始建于汉武帝元狩二年（前 121 年），止于太初四年（前 101

年），西起今敦煌市西端的湾窑墩，沿疏勒河经后坑子、玉门关、大月牙湖，由三个墩入安西，过西湖、望火堡、布隆吉、桥湾，穿玉门市北石河沿岸，进金塔后沿弱水北通居延。

汉长城建造时因地制宜、就地取材，起沙土夯墙，并夹杂红柳、胡杨、芦苇和罗布麻等物，以粘接固络，坚固异常。外侧取土处即成护壕，壕内平铺细沙，以检查过境者足迹，称作“天田”。内侧高峻处，燧、墩、堡、城连属相望，所谓“五里一燧，十里一墩，卅里一堡，百里一城”。烽燧有夯土版筑，芦苇、胡杨、红柳等夹砂土夯筑，夯土外包土坯构筑，土坯垒砌等多种形式，高者达 10 米。

甘肃境内汉长城目前保存情况较差，最为著名的夯土建筑为玉门关遗址。玉门关又称小方盘城，耸立在敦煌城西北 90 千米处的一个沙石岗上。关城呈方形，四周城垣保存完好，为黄胶土夯筑，开西北两门。城墙高达 10 米，上宽 3 米，下宽 5 米。夯层厚度在 7～12 厘米之间，夯土中夹杂有少量砂砾石以及芦苇，夯层分布较为均匀。

甘肃境内汉代土遗址相对于战国时期建造工艺较为丰富，除了传统的夯筑工艺外，在夯土中加入芦苇、砂石等已经广泛应用。夯土的胶结性较强，因为里面加有米浆等利于胶结的液体，使得墙体更加坚固结实，抗风沙侵蚀的能力加强。敦煌市西北当谷隧附近的汉代塞墙遗迹就属于草墙，除了用芦苇进行框架的构造外，还会使用红柳条作为加固工具，起到支撑框架的作用，这种墙体属于典型的“红柳长城”。在汉代，这种工艺的草长城较为多见。

因此，甘肃境内的汉代土遗址夯层厚度相对于战国时期变化不明显，主要维持在 7～12 厘米之间，夯筑技术除了集束夯之外，已经开始使用石质夯具，夯窝直径在 4～7 厘米之间。夯层的包含物增多，除了芦苇杂草、砂砾石之外，墙体使用的米浆作为胶凝材料也是其最大的特点。

1.4.1.3　明代

明长城墙体及其附属的城堡、烽燧的夯土层逐渐变厚，今以甘肃明长城为例，加以说明。甘肃明长城东段古浪县裴家营至大靖龙哨河的墙体使用黄土夯筑，夯土层厚度为 11～12 厘米，从哈家台至黄家墩的烽燧夯土层厚度为 11～14 厘米。甘肃明长城的西端嘉峪关附近，夯土层稍厚一些。嘉峪关罗城用黄土夯筑，夯土层厚 16 厘米。闸门北的烽燧俗称闸门墩，黄土夹砂夯筑，夯土层厚 12 厘米。城南的烽燧南墩，也是黄土夹砂夯筑，夯土层厚 20 厘米。又有烽燧旗墩，用黄土夯筑，夯土层厚 20 厘米。嘉峪关左翼长城，用黄土夯筑，夯土层厚 13～19.5 厘米。明长城线上有烽燧 3 座，用黄土夹石夯筑，夯土层厚 10～15 厘米。嘉峪关城向北的一段明长城俗称暗壁，墙体用黄土筑者夯土层厚 15～20 厘米，用黄土与石片分层修筑者夯土层厚 10～15 厘米，石片层厚 10～15 厘米。从新腰墩至野麻湾堡的东长城，为黄土掺沙夯筑，夯土层厚 13.6～19 厘米。从野麻湾堡至新城堡的墙体是用黄土夯筑，夯土层厚 30 厘米。沿线有烽燧 4 个，为白胶土夯筑，夯层厚 25 厘米。嘉峪关城以南的卯来泉城堡，为黄土所筑，夯层厚 20 厘米。野麻湾堡用黄土夯筑，夯层厚 15 厘米。横沟村城堡黄土夯筑，夯层厚 14 厘米。

在嘉峪关墙体上，夯土层之间用杨松木桩和芨芨草以十余厘米的距离排列夯打在其中，至今还能清晰地看出。类似的现象在东长城从新腰墩到野麻湾堡的墙体上也有所发现：墙内也有松、杨、柳木桩和芨芨草。在卯来泉堡也有此种现象，更为明显可观：夯土墙上遍插直径 8～10 厘米的圆木桩，以瓮城东墙为例，横排每层十六桩，共五层，层距 1～1.3 米，排列不甚规则。

1.4.1.4　总结

从上述可以看出，明代甘肃镇、城堡、烽燧的夯土层厚度，多为 15～20 厘米，少数有 20～25 厘米，个别的达 25～30 厘米。这比战国的夯土层厚度多为 8～10 厘米要厚 1 倍以上。夯窝也有所变化，战国时代的夯窝直径为 3～4 厘米和 5.5 厘米，而明代夯窝直径为 14～16 厘米，比前者要大 3 倍左右。

显而易见，明代长城夯土层的变厚和夯窝的变大有一定关系，是打夯工具的改进所致。只有打夯力量加大以后，才能使夯土层变厚。宋代以后，地基和墙体的夯筑，改用双人提举的木夯，即将粗壮的树干截断，做成木夯，由于木夯很重，需两个人同时操作。随着夯具的变化，甘肃境内土遗址在夯筑过程中，也发生了比较明显的变化。总体上讲，夯层的厚度从厚变到窄再到厚。夯具直径基本上延续了从小到大的变化规律。

从明代及其以后，甘肃地区的夯筑工艺基本确定并流传下来，除了少数的工艺方式有所改变外，基本都维持了明代所有的特点。因此，对于甘肃境内土遗址的研究主要集中在明代之前。

1.4.2　宁夏回族自治区土遗址的基本情况

宁夏境内分布的土遗址建筑相对较少，主要以秦昭王长城、西夏陵、明宁夏镇为主要代表。因此，对于其境内的夯筑工艺研究主要集中于三大土遗址。

1.4.2.1　秦昭王长城

战国秦昭王长城，宁夏南部固原境内一段保存比较完好。考古人员在平村对长城墙体进行发掘，发现其是黄色、褐色之土相间夯筑，夯土层厚度为 8～13 厘米，夯窝直径 3～4 厘米，附近烽燧用黄、褐色土混筑，夯土层厚 6～10 厘米。

1.4.2.2　西夏陵

西夏陵三号陵夯土分析表明，其使用了两种不同的土：一种为精配土，它需要先把黄土筛选，达到土质纯净细腻，再往土中掺入一定量的细沙土和较多的白灰（土色发白），这种土可以夯打成较薄的夯土层，厚 7～10 厘米，夯土密度大，土质坚硬，主要用于大型建筑的陵塔和建筑基础部位，利于承重，不易被水渗透和冲刷；另外一种土，就是一般的黄土，未经加工，土中含有一定的沙土并掺入较少的白灰，这种土质较粗，土色发灰。夯打的硬度稍差，夯层较厚，约 15～20 厘米，这种土主要用于基础以上建筑的实体部分。

1.4.2.3　明长城

宁夏镇河东长城内线墙体分为三部分，基础为灰白色含沙土，夯层厚 25～30 厘米，夯窝圆形，直径 14 厘米；其上为浅红色黏土，夯土层厚 20～26 厘米；再上为红色黏土，夯层厚为 12～24 厘米，夯窝为圆柱形，直径 14～16 厘米。长城沿线的烽燧，夯土层厚 8～20 厘米。河东长城外线墙体为含沙黄土，夯土层厚 13～25 厘米，以厚 21 厘米居多。墙体附近的烽燧，夯土层厚 11～21 厘米，以厚 17 厘米居多。大同镇边墙，黄土夯筑，夯土层厚 18～20 厘米。

1.4.2.4　总结

从宁夏境内的土遗址可以判断，战国秦汉时期，夯土的厚度在 6～13 厘米之间，夯窝一般在 3～7 厘米之间。但随着时间的推移，明代夯土建筑的夯层厚度达到 15～25 厘米之间，夯层厚度明显增大。明代之后，宁夏境内夯土建筑总体上沿袭了明代的基本特点。

1.4.3　陕西省土遗址的基本情况

1.4.3.1　战国时期

秦昭王长城在陕西延安遗迹比较多。吴起县阳台板村锋链夯土层厚 9～12 厘米，白土沟台村烽燧夯土层厚 10 厘米，杨脚台脑畔城郭夯土层厚 8～10 厘米。高油房（石柏湾）城郭夯土层一般厚 6～9 厘米，最薄 2 厘米，最厚 40 厘米；周嵎峪村长城墙体夯土层厚 5.5～8.5 厘米，夯窝系圆形，直径 5.5 厘米。志丹县李家畔烽燧夯土层厚 10～12 厘米。

目前在陕西韩城南马凌庄附近遗留的魏长城有两道，全部为土长城，当地人称为内长城，两城相距 160 米，城墙已塌落，高度不详。南城墙基部宽 7 米，顶部宽 4 米，残存高度 4 米。北长城体形略小，城墙下部宽 5 米，上部宽 3.5 米，残存高度 4 米左右，全部用黄土夯筑。内城墙往南约 270 米有一个烽火台。烽火台平面方形，每边长 7 米，总高 10 米，做出侧脚，上下收分很大。从烽火台底部到中间的夹角梁高度为 4.5 米。全部城墙和烽火台都用夯土筑成，夯层厚度 7～8 厘米，它的规模远比汉代、明代长城烽火台小。

咸阳故城遗址的夯土墙，在第三层部分就有 70 多个夯层，最大宽度为 7.6 米，现存的夯土高 4.9 米。它的夯筑办法是首先将生土挖开基槽，深 90 厘米，然后用平夯夯实，再逐层夯筑。秦代一般城墙，如雍城（陕西凤翔）遗址等亦是采用同样方法。秦始皇陵园围墙和陵体全部使用夯土筑成。秦代历史较短，但夯土工程量之巨大是空前的。

1.4.3.2　汉唐时期

汉长安城墙用黄土夯实，最厚处为 16 米，夯层大致 8～10 厘米，夯打时插竿分粗细两种，还有两竿并用的痕迹。汉代一般的建筑工程，以河南县城为例，用夯土建造，城基埋入地下，残存最高部分为 2.4 米，城基宽度 6.3 米左右，夯土层较厚，夯窝直径较大。

以汉长安城南郊礼制建筑为例，中心的高大台基夯土土质纯净而坚实，层次非常分明，夯层 5～9 厘米。中心建筑外围亦用夯土筑造，高出厅堂地面 50 厘米，后缘由矮墙版筑而成。其他如扶荔宫遗址等，亦用夯土筑造，夯层 9 厘米左右。西汉帝王陵墓用夯土，以汉武帝茂陵为代表，陵园和门墙的夯土皆用平夯。

隋代古城夯土版筑的实例，以崇正镇古城为代表，南墙残址宽 4.6 米，高 7 米，由柞夯而成，夯窝直径为 12 厘米，夯层为 10 厘米。

唐代经济繁荣，手工业和商业都超过了前代水平，土木工程技术也随之进一步提高。就唐长安城而言，内外城墙全部是用夯土版筑而成的。长安城的宫城（太极宫、东宫、掖庭宫）的夯土遗址，地面以下大部分还保存完好，从中可以看出当时夯土版筑的工程质量，土质坚硬，十分耐久。长安城内西市遗址，还发现圆形建筑，采用分层夯筑的方法，至今夯层明显。至于隋唐东部（河南洛阳）的夯土状况，从右掖门可以看出，在东门道东的夯土墙上，有插竿洞眼，非常清晰。至于唐代一般中小城池用夯土版筑者随处可见，例如交河城、中工城、高昌城、锁阳城等均是，并且还间杂土坯夯筑。直到盛唐，开始在墙外面包砖，但唐代宫殿建筑用夯土的例子也是不少的，已发掘的长安城兴庆宫西面和南面的两座墙均系夯土筑造，勤政务本楼也采用夯土台基。翔莺阁与栖凤阁亦存长方形的夯土台基，高出地面 1.5 米多。

1.4.3.3　明朝时期

明代城垣建设数量之多是我国历史上最突出的，夯土版筑也得到了极大的发展。明代城池建筑，质量也达到历史上的高峰。今日全国所存在的大小城池的城墙，绝大部分都是明代所筑，或在明代补砌包砖。城心内部夯土，有的是纯黄土，有的是以黄土为主，夹杂一些砖料、石块与灰沙，分层夯筑成灰土或三合土，外皮包以青砖。

目前陕西境内保存着明代规模最大的长城遗存，也是陕西最具代表性的明代建筑。陕西明长城主要分布于陕北地区，夯土墙体是其主要组成部分。陕西明长城墙体夯层厚度较厚，一般在 10～15 厘米之间，夯层质地坚硬，部分墙体包含有少量料礓石，夯窝大小不一，但多数直径在 7～12 厘米之间。

1.4.3.4　总结

从上述陕西境内具有代表性的土遗址研究可以发现，陕西境内土遗址的建造工艺是逐步发展的。在战国时期夯筑工具主要使用的为木夯以及石质夯具，这一时期的石质夯具经过打磨，已经形成木柄石夯头的形式。但夯具总体体积较小，自身重量较轻，在操作时对夯层造成的压力较小。所以战国时期陕西境内的土遗址建筑中夯层的厚度较薄，一般维持在 4～10 厘米之间。而战国时期陕北地区的秦昭王长城夯层厚度相对于关中地区魏长城较厚，主要是因为两地区土质的不同，陕北地区土壤中含沙量较大，因此土质松软，在进行夯打时，匠人会将自然土壤堆积较厚，然后进行夯打，所以其夯层的厚度较大，夯层的密度相对较低。而陕西关中地区土壤含沙量较小，土壤质地本身就比较坚硬，因此在进行夯筑时，匠人堆积的自然土壤较少，所以夯层的厚度较薄，夯层的密度相对较大。此为陕西境内战国土遗址建筑在各个区域内不同的特点，对于其详细特点的研究，还需在日后大量资料收集的基础上进行。

陕西境内最为著名以及最具代表性的土遗址为秦咸阳遗址和汉长安城遗址，两处遗址为我国历史上著名的夯土宫殿建筑，其夯筑形式应该是该时期最为先进的。经现场调查，秦咸阳宫遗址与汉长安城遗址夯土密度大，土壤纯净，夯窝直径维持在 4～8 厘米之间，夯层厚度在 6～10 厘米之间。秦咸阳城遗址与汉长安城遗址因相差时间较短，所以在基本的夯筑工艺上比较相似。与宫殿建筑外的夯土遗址相比，其密度要大，土质更为纯净，工艺更加讲究。

唐、宋、元时期陕西境内夯土建筑基本沿袭了秦汉时期的夯筑方式，在夯层特点上变化不是很大，真正的夯筑集大成时期为明代，特别是明长城的修建。陕西明长城相对于前期夯土建筑，夯层厚度大，密度基本接近，夯层包含物多。此时期属于我国历史上夯筑技术最成熟阶段，夯筑工具最为先进多样，夯筑技术也有所改进，对于土壤的要求也更加科学、合理。因此，明代夯土建筑是我国历史上最有代表性的。

综上所述，陕西境内土遗址发展历程中，夯筑技术从简单到复杂；夯具从原始木棍到石质以及后来的铁质；操作从单人夯筑到多人合作夯筑，这些都体现了夯筑工艺的飞速发展。陕西境内土遗址中，夯层厚度总体变化规律为从战国时期的 8～12 厘米之间到秦汉时期的 6～10 厘米，再到明朝发展到 12～20 厘米之间，其变化规律为由厚到薄再到厚。这样的变化规律主要取决于夯具的变化，战国时期，夯具基本上以木夯和石夯为主，夯头较小，直径一般在 3～6 厘米之间，所以在夯打时给土壤造成的压力较小。明代夯具多样，且重量较大，夯头直径一般在 6～10 厘米之间，还出现了很多体积较大的夯块。因此，在夯打时压力较大，一次夯打的土壤较多，夯层厚度就较大。而夯窝也是随着时间的推移越来越大，夯窝的深度不断增加。从夯层包含物方面讲，战国时期夯层较为纯净，秦汉时期夯层中会夹杂少量瓦片，明代夯层中除了瓦片之外，料礓石也不断增加，有的地段夯层中砂石较多。

从横向对比上可以看出，在战国时期陕西、甘肃、宁夏地区土遗址基本上保持了相同的建筑特点。因为受制于生产力，所以此时期三地夯土建筑在夯层厚度、夯窝特点以及夯层包含物等方面比较接近。但是从秦汉开始，地域间的差别逐渐体现出来。陕西境内秦汉土遗址建筑夯层较厚且比较规整均匀，夯土密度增大，土质纯净，夯窝较大且比较密集。而甘肃、宁夏地区夯土建筑厚度增加，但是夯层厚度不一。同时，夯层密度小，土壤砂石含量较大，夯窝大小不一。但进入明代后，随着夯筑技术的成熟稳定，陕西、甘肃以及宁夏在夯筑工艺上差异不大，差异主要集中在夯土材料上。这一时期甘肃土遗址在夯筑过程中，会加入一些芦苇或插入木棍，起到支撑固定作用；宁夏明代土遗址中含砂石比较多；陕西境内土遗址建筑中含有料礓石，土壤含沙量降低。

1.4.4 新疆维吾尔自治区土遗址基本情况

新疆地区自古以来就是一个多民族聚居、地域辽阔的区域，境内的土遗址以古城、佛寺、烽燧等类型为主。由于古代新疆地区地理环境的原因，新疆境内的土遗址建筑工艺类型众多。本节以新疆地区不同时期的典型遗址为代表对其工艺基本情况进行简单的梳理。

1.4.4.1 两汉时期

新疆境内早期的土遗址以高昌故城、交河古城和楼兰遗址等古代大型遗址和克孜尔尕哈烽燧等单体建筑为典型代表，这些遗址的建造工艺包含了生土挖造、生土夯筑、木骨泥墙、土坯砌筑和湿泥垛筑等。

交河故城大量使用了生土挖造工艺，即通过在原生黄土面上开挖洞穴形成整体建筑群。最典型的代表就是交河古城中的官署遗址及民居窑洞建筑。高昌故城的外城城墙主要以夯筑工艺为主，呈近似方形，城墙底部最宽 11 米，顶部最宽 7 米，夯层厚 8～12 厘米，城墙中还夹杂着土坯和夹棍眼；克孜尔尕哈烽燧现存高度 16 米，底面边长 4～6 米，夯层厚 15 厘米左右。高昌故城和交河故城等遗址均存有大量的土坯建筑，如佛塔、佛寺建筑等，这些土坯的大小不一，有 40 厘米 ×20 厘米 ×10 厘米、42 厘米 ×34 厘米 ×5 厘米、30 厘米 ×20 厘米 ×10 厘米、50 厘米 ×25 厘米 ×10 厘米、45 厘米 ×20 厘米 ×13 厘米、40 厘米 ×20 厘米 ×15 厘米、30 厘米 ×20 厘米 ×12 厘米等多种规格。交河故城的湿泥垛筑墙每层厚度在 0.5～0.9 米之间，以 0.7 米左右的层厚居多，垛宽 45～60 厘米，泥皮厚 3～5 厘米，而墙体底部宽一般不超过 1 米，墙壁收分 8%～10%，现存墙体最高 6 米。而楼兰遗址的木骨泥墙现多以木骨的形式存在，泥墙部分大多风化殆尽。

1.4.4.2 南北朝时期

新疆境内始建于南北朝时期的土遗址主要以丹丹乌里克遗址、苏巴什佛寺遗址、热瓦克佛寺遗址和达玛沟佛寺遗址为代表。

丹丹乌里克遗址是古代于阗国下辖的一个边镇遗址，该遗址的房屋建筑大小不一，30 处房屋遗址均残损不堪，残存墙体最高 1.5 米左右，但这些房屋建筑多为木骨泥墙，多以胡杨木作为房屋主要柱子，红柳条以及灰泥、芦苇等作为墙体内部木骨，外敷泥土作为墙体。

苏巴什佛寺遗址的建造工艺主要以夯筑、砌筑和夯筑砌筑互层为主，其中夯筑含有纯土夯筑和砂砾土夯筑。夯土和土坯互层的墙体较多，夯土厚 8～15 厘米为主，土坯厚 8～12 厘米；砂砾层和土坯互层次之，砂砾层厚 10～30 厘米为主，土坯厚 10 厘米左右；夯土和沙砾互层的墙体较为少见，夯土厚 10～17cm，砂砾层厚 10～20 厘米。苏巴什佛寺遗址的土坯中，主要有 40 厘米 ×20 厘米 ×10 厘米和 40 厘米 ×40 厘米 ×108 厘米两种规格为主，偶见 40 厘米 ×25 厘米 ×9 厘米和 50 厘米 ×50 厘米 ×15 厘米规格的土坯。

热瓦克佛寺遗址主要由土坯砌筑而成，院墙东西宽 40 米，南北长 49.4 米，残高 3 米；佛塔由塔基和塔身构成，佛塔高 9 米，台基边长 15 米，高 5.3 米，佛塔直径 9.6 米，高 3.6 米。

1.4.4.3　唐时期

新疆地区唐时期的遗址以北庭故城、通古斯巴西城址、唐朝墩古城遗址等为典型代表。

北庭故城为唐朝政府设置的北庭都护府府城，分内外两重，平面均呈不规则的南北向长方形。内外城均系夯筑，其形制基本一致，外城和内城的构筑方法也有明显的区别。外城的城墙、马面、敌台、角楼和羊马城基本上都是薄夯层（厚 6～15 厘米），圆夯窝，坚硬结实；内城的城墙、马面、敌台和角楼都是厚夯层（厚 8～20 厘米），平夯、无夯窝，比较松软。

通古斯巴西城址是一处唐代安西大都护府统治下的军屯中心遗址，城址平面呈方形，墙体建造工艺不统一，基部为夯筑，中部为夯筑和土坯砌筑相结合。墙体厚约 3 米，残高 6.5 米左右，夯筑部分夯层厚 50～60 厘米，砌筑部分的土坯有 45 厘米 ×24 厘米 ×10 厘米和 35 厘米 ×10 厘米 ×7 厘米两种规格。此外，该城址部分墙体为红柳加筋的土坯和垛泥砌筑，即一层红柳枝一层土坯或垛泥垒叠，有六层红柳，间厚 20～35 厘米。

1.4.4.4　宋及以后时期

新疆地区宋代及以后的遗址以达勒特古城、道尔本厄鲁特古城、齐兰古城等土遗址为典型代表。

博乐市的达勒特古城以干枯的河床为界，分为东西两部分。西部遗址东西长约 500 米，南北最宽处约 400 米，总面积约 19 万平方米。遗址分内外两重城，外城南墙东西长约 450 米，墙基宽约 3 米，残存最高处约 3 米，建造工艺为夯筑，每层厚

10～12 厘米不等。内城位于遗址北部偏西，为四方形，边长约 80 米，残高约 3～5 米，结构与外城相同。

道尔本厄鲁特古城为方形，城墙高 5.2 米，底宽 8 米，顶宽 5 米左右，分为墙皮和墙心两部分。其建筑形制为夯筑和土坯砌筑相结合，墙皮为土坯砌筑，尺寸为 40 厘米 ×25 厘米 ×11 厘米，墙心为夯筑，夯层厚度约 15 厘米，整体较为密实。

齐兰古城城墙南北长 122 米，东西宽 110 米。东墙保存较好，东墙南北端有较为宏伟的碉堡遗迹。南部碉堡平面呈长方形，东西长 20 米，南北宽 9 米，残高约 5 米，顶部建筑物坍塌无存；建筑工艺为夯筑，夯层厚约 25～30 厘米。北部碉堡保存较好，基座长 13 米、宽 8 米；顶平面呈方形，高约 6 米，长 12 米、宽 7.5 米。城墙仅现存一道，南北向，长约 80 米，高约 5 米，墙头上规则地筑有近 30 个雉堞。雉堞间距 0.5 米，残高约 3.9 米，构筑法是基部为夯筑，其上为土坯砌筑，并含有麦秸秆加筋以增加墙体坚固性。

1.4.4.5　总结

新疆境内的土遗址建造工艺较为多样，建筑材料较为丰富。建筑工艺囊括了生土挖造、夯筑、湿泥垛筑、土坯砌筑和木骨泥墙等多种类型，建筑材料除黄土外，还有砂砾石、胡杨、红柳、芦苇等。此外，各时代的建造工艺表现出了早期类型丰富，晚期工艺较为单一的特点。

1.5　传统材料的特性研究

在中国古代建筑中，应用最多的材料是“土”和“木”，在土木材料中，“土”是使用最早、最多和最基本的材料，也是使用最广泛、延续时间最长的建筑材料。在《天工开物》记载，“五行之内，土为万物之母”。在人类的进步发展中，人们逐步掌握了土的各种性能和特点，然后衍生出一些与土相关的建筑材料，创造了诸如大地湾、半坡遗址、长城、交河故城等举世闻名的土质建筑。

建筑上的胶凝材料是指有一定的机械强度并经自身一系列物理作用、化学作用，能将散粒状或块状材料粘接成整体，且具有一定强度的材料。传统凝胶材料包括糯米灰浆、血料灰浆、蛋清灰浆和糖水灰浆等。其中糯米灰浆由于来源广泛、价格低廉、性能高而备受关注。因此，本书以糯米灰浆作为主要研究对象，对其特性进行研究，科学认知糯米灰浆的作用机制。

1.5.1　糯米灰浆在中国古代建筑史上的作用

据文献记载，我国早在南北朝时期已经出现了比较成熟的糯米灰浆技术，其利用糯米浆粘接强度高、韧性好、防潮防水、耐湿热、耐老化等特性，适用于承受强力的结构件粘接，在我国古代建筑中广泛使用，并发挥了重要的作用。考古发现，南北朝时期河南邓州的画像砖墙是用含有淀粉的胶凝材料衬砌；河南登封少林寺北宋宣和二年、明代弘治十二年和嘉靖四十年等不同时代的塔，在建造时都采用了掺有糯米粉的石灰作胶凝材料。《宋会要》记载，南宋乾道六年（公元 1170 年）修筑和州城，“其城壁表里各用砖灰五层包砌，糯米粥调灰辅砌城面兼楼橹，委皆雄壮，经久坚固”。明代修筑的南京城是世界上最大的砖石城垣，以条石为基，上筑夯土，外砌巨砖，用石灰作胶凝材料，在重要部位则用石灰加糯米汁灌浆，城垣上部用桐油和土拌和结顶，非常坚固。采用桐油或糯米汁拌和明矾与石灰制成的胶凝材料，其黏结性非常好，常用于修补假山石，至今在古建筑修缮中仍在沿用。

用有机物拌和“三合土”作建筑物的工法，在史料中屡有所见。明代《天工开物》中记载：“用以襄墓及贮水池，则灰一分，入河沙，黄土二分，用糯米粳、羊桃藤汁和匀，经筑坚固，永不隳坏，名曰三合土。”在中国建筑史上看到，清康熙乾隆年间，北京卢沟桥南北岸，用糯米汁拌“三合土”建筑河堤数里，使北京南郊从此免去水患之害。在石桥建筑史中记载，用糯米和牛血拌“三合土”砌筑石桥，凝固后与花岗石一样坚固。糯米汁拌“三合土”的建筑物非常坚硬，还有韧性，用铁镐刨时会迸发出火星，有的甚至要用火药才能炸开。

古代墓葬、城建和水利工程等中也用糯米灰浆，用于墓葬最早可见于南北朝时期。河南邓县有一座南北朝的砖墓，其石灰胶结材料中就使用了糯米淀粉类物质。宋、元、明、清的墓葬也广泛采用了糯米灰浆等浇铸墓室，这种墓室被称为“灰隔”结构。其墓室材料黏性大，不透气，且“其坚如石”。如南京明代徐埔夫妇墓系用糯米灰浆浇筑，坚固异常，1978 年发掘时推土机都无可奈何。糯米灰浆还用于修筑城墙和寺庙建筑等。始建于隋开皇年间，重修于南宋建炎二年的台州国清寺塔，使用糯米灰浆为砌筑沙浆，异常坚固。唐代开元寺石经幢的粘接材料也是糯米灰浆。建于唐宋的泉州古塔、寺、桥的抗震性能好，甚至能抵御 1604 年 7.5 级大地震，这和使用糯米灰浆做胶结材料是分不开的。湖北当阳玉泉铁塔，北宋嘉祐六年（1061 年）铸造，塔基底部青石板之间用糯米灰浆封实。河南登封少林寺墓塔群中的几座宋塔、明塔，对其砌筑的胶泥标本通过“碘 - 淀粉”实验，也发现沉淀物中有糯米淀粉存在。始建于元代至大年间的上海嘉定法华塔，其地基砖用糯米浆白灰泥勾缝。最让人称奇的是重庆荣昌县包河镇的一座清代石塔，该塔已有 300 余年历史，高 10 米，倾斜度达 45°，却至今未倒塌。该塔也是采用了糯米灰浆为黏合材料，这种糯米灰浆黏结材料的韧性比现代水泥要好。20 世纪 20 年代和 80 年代，考古专家在南昌市区发现大段唐代城墙和一段唐代城墙墙基，经考证发现该遗址建于唐太宗贞观十四年（公元 640 年），城墙用青砖垒砌，以糯米石灰勾缝。宋代海洲（今连云港）的城墙用加了铁渣的糯米灰浆勾缝，至今依然坚固。明南京城用糯米汁石灰浆砌筑墙身。明代商丘归德府古城城门也是用糯米灰浆砌筑，至今基本完好。湖北明代荆州糯米浆城墙已有 500 年历史，城池构筑十分坚固，易守难攻，至今仍如“混凝土般坚不可摧”，因而有“铁打荆州”之说。此外，由于有防水作用，糯米三合土还用于兴修水利。明祖陵邵公堤和城墙系用糯米灰浆砌筑，虽在水下浸泡 300 多年仍然牢固，一点没疏松，要十几个青壮年动用几种工具才能撬开。修筑于清代的浙江余杭鱼鳞大石塘，抵御海浪侵蚀，至今 300 余年，依然坚固。糯米灰浆还被用来砌筑石桥。此类现存的古石桥有江苏的南宋本善桥、武汉元代南桥、陕西三原古龙桥、云南护国桥等。

从材料科学的角度讲，糯米灰浆可能是世界上最早规模化使用的有机 / 无机混合建筑凝胶材料。直到近代，糯米灰浆作为凝胶材料还在使用，如太和镇古城、闽西土围楼、开平碉楼等。后世对糯米灰浆的评价很高，宋代江修复在《邻几杂志》说它"其坚如石"；李绪生等认为糯米石灰浆"使建筑的稳固性有了历史性的突破"；检测表明糯米灰浆的黏结性堪比现代水泥。中国许多古代建筑历经沧桑存留至今，糯米灰浆功不可没。因此，可以说糯米灰浆是中国古代建筑史上的一项重要科技发明。但是，由于近代西方水泥的传入，糯米灰浆这一中国传统技术逐渐淡出了历史舞台。

糯米的主要成分为支链淀粉。碘与淀粉的显色反应非常灵敏，直链淀粉遇碘变蓝色，而支链淀粉遇碘变紫红色。利用这一特性，近年来，中国台湾成功大学陈俊良和浙江大学张秉坚等相继对糯米灰浆进行了"碘 - 淀粉"实验，发现部分古建筑灰浆中有糯米支链淀粉存在，且大都在城墙、墓葬、水利设施和古塔砌体结构中。如陈俊良应用"碘 - 淀粉"实验对修建河南登封少林寺墓塔群中宋代与明代塔的胶泥进行测试，发现其中含有糯米淀粉。浙江大学文物保护材料实验室对西安和南京的明代城墙、绍兴的清代牌坊等砌缝中的胶泥进行了热重和红外光谱分析，均有糯米成分的发现。图 1-11 为张秉坚课题组对西安明城墙灰浆样品所做的"碘 - 淀粉"实验，反应结果显紫红色，由此表明西安明城墙灰浆中的有机物含有仍未完全降解的糯米支链淀粉成分。

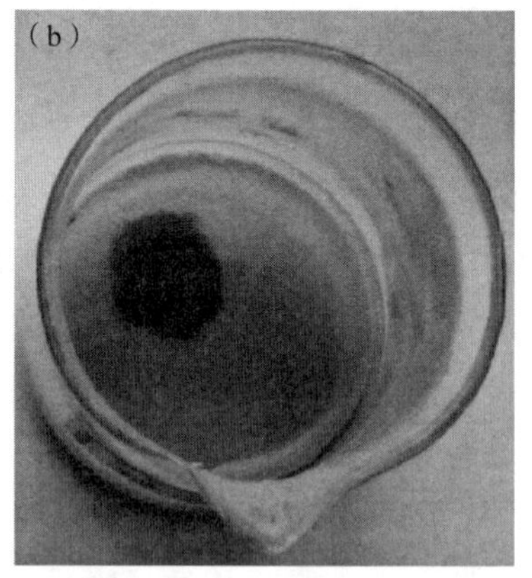

图 1-11　西安明代城墙灰浆样品碘 - 淀粉实验前后比较

"碘 - 淀粉"实验的结果为古代砖砌体建筑材料中加入糯米浆来提高性能提供了有力的证据，这一成果也为土质文物的保护工作提供了一个新思路。最近研究发现，糯米灰浆主要以糯米石灰三合土处理地面和糯米灰浆砌筑的砖砌体应用于古代建筑的营建工程。杨富巍等为了寻找一种可用于古建筑修复的灰浆材料，对糯米灰浆技术进行研究，发现由糯米浆和碳酸钙组成的有机 - 无机复合灰浆材料对于古建筑的修复具有重要意义。糯米浆作为一种天然多糖物质，在宏观上表现出能够增强灰浆强度和韧性的作用，且它与珍珠层的组成成分（多糖与蛋白质）相类似，但是目前关于糯米浆用于土遗址加固的研究还未见报道。

1.5.2　糯米浆加入石灰浆的科学意义

灰浆中掺入的糯米浆——这种易于腐败的天然多糖类物质为什么历经千百年而不腐呢？研究表明，这和糯米灰浆的制造和固化过程有关。在糯米灰浆的制作过程中，石灰发生了下述化学变化：

$$CaO + H_2O = Ca(OH)_2 \quad \text{（式 1-1）}$$

$$Ca(OH)_2 \longrightarrow Ca^{2+} + 2OH^- \quad \text{（式 1-2）}$$

式 1-1 是生石灰与水的消解反应，生成消石灰，即 $Ca(OH)_2$，同时放出大量的热。研究表明，生石灰消解过程会产生活性氧，而活性氧对细菌有极强的杀灭作用。式 1-2 是 $Ca(OH)_2$ 的电离反应，该反应产生了 2 种离子：Ca^{2+} 和 OH^-。研究已经证实，强碱性环境能抑制和杀灭细菌，其作用机理在于强碱能溶蚀细菌的细胞膜，$Ca(OH)_2$ 饱和溶液的 pH 值在 12.4 左右，几乎没有细菌能在如此强的碱性环境下生存。在糯米灰浆的固化过程中，消石灰发生了下述化学变化：

$$Ca(OH)_2 + CO_2 = CaCO_3 + H_2O \quad \text{（式 1-3）}$$

在该反应中，消石灰 $Ca(OH)_2$ 和空气中的二氧化碳（CO_2）反应生成方解石晶型的碳酸钙（$CaCO_3$）。随着式 1-3 的进行，生成的碳酸钙越来越多，糯米灰浆逐渐固化，强度也越来越大，直到 $Ca(OH)_2$ 完全转化为碳酸钙为止。在糯米灰浆内部，CO_2 的渗入量受到限制，完全固化是一个长期过程，在 $Ca(OH)_2$ 全部转化为 $CaCO_3$ 之前，式 1-2 一直存在，它维持了抑制细菌滋生所需的强碱性环境。腐生细菌难以滋生是糯米灰浆中的糯米成分得以保存的主要原因。由此看来，糯米灰浆巧妙地利用了石灰的防腐作用。

进一步的研究表明，糯米等有机成分和石灰是传统灰浆中的关键组分，它们对于灰浆粘接强度的提高起到了主要作用；而对于糯米成分来讲，土和砂子是惰性组分，它们基本上只起填料的作用。那么，糯米浆加入石灰浆中有什么科学意义呢？比较糯米浆加入石灰浆之后形成的糯米灰浆的性能就可以找到答案。浙江大学文物保护材料实验室在研究石质文物的生物矿化保护材料时发现，石灰中加入 3% 的糯米浆以后，它的抗压强度提高了 30 倍，表面硬度提高了 2.5 倍，耐水浸泡性大于 68 天以上。进一步的研究发现，糯米浆加入之后灰浆的性能之所以提高，是因为糯米浆至少有如下两个科学作用：

1）糯米浆对石灰的碳酸化反应有调控作用。糯米是一种多糖，现代科学研究表明，生物多糖类物质往往可以作为生物矿化过程的模板剂，约束和调控无机物离子在结晶过程中形成的结晶颗粒的大小、形貌和结构。例如，杨林等发现，在葡聚糖作为模板参与的碳酸钙矿化过程中生成了菜叶状的文石型碳酸钙晶体，而没有葡聚糖参与时生成的则是多层重叠的块状方解石晶体；张秀英等研究了 β- 环糊精作为模板剂的矿化体系，发现生成的碳酸钙也是文石型的晶体，不过形貌为奇特的鹿角状；浙江大学文物保护材料实验室直接研究了糯米浆作为碳酸钙矿化过程的模板剂的调控作用，发现在糯米浆的参与下，$Ca(OH)_2$ 矿化反应生成的碳酸钙是纳米尺度的方解石晶型的细小颗粒，比不加糯米浆的结果要细小和致密得多，这种细密结构正是前面所述的糯米灰浆抗压强度和表面硬度会大大提高的微观解释。

2）糯米浆和生成的碳酸钙颗粒之间有协同作用。浙江大学张秉坚课题组在对灰浆取样和仿制灰浆分析后发现，在固化的糯米灰浆中，糯米浆成分和碳酸钙颗粒分布均匀，它们之间互相包裹，填充密实，形成了有机 / 无机协同作用的复合结构，这种结构使得糯米灰浆具有较好韧性和强度。

综上所述，在一定程度上，糯米浆参与的生石灰灰浆的硬化过程实际上就是天然生物多糖（糯米浆）参与的碳酸钙的生物矿化过程。在此过程中，糯米浆既起到了调控碳酸钙结晶过程和微结构的作用，同时还与生成的碳酸钙紧密结合，形成了有机物 / 无机物相互搭配、密实填充的复合结构，这应该就是糯米灰浆强度大、韧性强等优良力学性能的微观基础。

从历史文献和考古证据来看，出现于至少 1500 年以前（从南北朝算起）的以糯米灰浆为代表的中国传统灰浆确实是我国古代的一项重大发明，它具有耐久性好，自身强度与粘接强度高、韧性强、防渗性好等优良性能。糯米灰浆耐久性好的原因在于石灰成分的防腐作用；糯米灰浆强度高、韧性强等性能则和灰浆固化过程形成的类似生物矿化物的微结构有关；防渗性好与生成的纳米级碳酸钙和包裹的糯米浆膜之间的无机 / 有机物的协同作用有关。糯米灰浆的发明和应用使建筑物的牢固程度和持久性有了历史性的突破。从科技史角度，中国是最早利用生物矿化原理和有机 / 无机物协同作用制作建筑材料的国家，今天挖掘糯米灰浆的科学价值不仅是弘扬中华文化的需要，它对于传统技术的科学利用，特别是为古建筑的维修和修复服务也具有重要意义。

1.5.3　冻融和盐作用对糯米粉的结构和糊化特性的影响

糯米又称江米，属于稻米的一种，其中含有丰富的淀粉、脂质、蛋白质、糖类等物质，具有很高的营养价值，是制造黏性小吃，如粽、八宝粥、各式甜品的主要原料。糯米的主要成分为淀粉，淀粉是由葡萄糖组成的多糖类碳水化合物，化学结构式为 $(C_6H_{10}O_5)_n$，式中 $C_6H_{10}O_5$ 为脱水葡萄糖单位，n 为组成淀粉高分子的脱水葡萄糖单元的数量，即聚合度。

淀粉的分子主要呈直链和支链两种结构，分别称为直链淀粉和支链淀粉。支链淀粉为分支状结构，其通过 D- 葡萄糖聚合而成，主链中每隔 11～12 个葡萄糖残基就有一个分支，每个分支包含平均约 20～30 个葡萄糖残基，其数均聚合度为 18500 左右，支链淀粉分子由于其高度的分支结构，其分子不能排成一条直线，并且其氢键稳固，因此相比较线性的直链淀粉，支链淀粉的老化过程要比直链淀粉缓慢得多。支链淀粉难溶于水，形成稳定的胶体，静置时溶液不会沉淀，与碘作用产生紫红色；支链淀粉加热糊化后，分子中的链较为松散，因此具有较高的黏度。直链淀粉为无分支的螺旋结构，直链淀粉遇碘呈蓝色。淀粉与碘的显色并非是淀粉与碘发生了化学反应，而是淀粉螺旋中央空穴恰能容下碘分子，通过范德华力，两者形成一种蓝黑色络合物。

挖掘糯米灰浆中糯米的科学价值，研发基于传统工艺的保护材料，对土遗址的保护也具有十分重要的意义。本研究对糯米浆的作用机制进行了科学认知，利用石油醚对糯米粉进行脱脂，采用双波长法对糯米粉中的直链淀粉和支链淀粉进行测定，用 FT-IR、XRD、TG/DTG 和 SEM 分析了糯米粉脱脂前后的结构和形貌，同时用 XRD 和 SEM 分析了冻融循环、Na_2SO_4 加入对糯米淀粉结构、晶型和形貌劣化过程的变化，用布拉本达黏度仪研究了不同条件下的糊化特性。

1.5.3.1　淀粉的糊化和回升

1.5.3.1.1　淀粉糊化原理

淀粉粒在适当温度下（不同来源的淀粉所需温度不同，一般 60～80℃）在水中溶胀、分裂、形成均匀糊状溶液的作用称为糊化作用。糊化是淀粉的基本特性之一，糊化特性也是反映淀粉品质的重要指标。在传统加热方式下，淀粉的糊化机理研究比较成熟，糊化历经无定形区吸水膨胀、小分子聚合物溶出、结晶区逐渐消失、大分子聚合物溶出、淀粉颗粒破裂的过程。糊化作用的本质是淀粉粒中有序及无序（晶质与非晶质）态的淀粉分子之间的氢键断开，分散在水中成为胶体溶液。糊化作用的过程可分为三个阶段：

1）可逆吸水阶段。淀粉处在室温条件下，即使浸泡在冷水中也不会发生任何性质的变化。存在于冷水中的淀粉经搅拌后则成为悬浊液，若停止搅拌淀粉颗粒又会慢慢重新下沉。在冷水浸泡的过程中，淀粉颗粒虽然由于吸收少量的水分使得体积略有膨胀，但却未影响到颗粒中的结晶部分，所以淀粉的基本性质并不改变。即水分进入淀粉粒的非晶质部分，体积略有膨胀，此时冷却干燥，颗粒可以复原。处在这一阶段的淀粉颗粒，进入颗粒内的水分子可以随着淀粉的重新干燥而将吸入的水分子排出，干燥后仍完全恢复到原来的状态，故这一阶段称为淀粉的可逆吸水阶段。

2）不可逆吸水阶段。淀粉与水处在受热加温的条件下，水分子开始逐渐进入淀粉颗粒内的结晶区域（微晶间隙），这时便出现了不可逆吸水的现象（亦称结晶“溶解”）。这是因为外界的温度升高，淀粉分子内的一些化学键变得很不稳定，从而有利于这些键的断裂。随着这些化学键的断裂，淀粉颗粒内结晶区域则由原来排列紧密的状态变为疏松，使得淀粉的吸水量迅速增加（亦称结晶“溶解”）。淀粉颗粒的体积也由此急剧膨胀，其体积可膨胀到原始体积的 50～100 倍。处在这一阶段的淀粉如果把它重新进行干燥，其水分也不会完全排出而恢复到原来的结构，故称为不可逆吸水阶段。

3）颗粒解体阶段。淀粉颗粒经过第二阶段的不可逆吸水后，很快进入第三阶段——颗粒解体阶段。因为这时淀粉所处的环境温度还在继续提高，所以淀粉颗粒仍在继续吸水膨胀。当其体积膨胀到一定限度后，颗粒便出现破裂现象，颗粒内的淀粉分子向各方向伸展扩散，溶出颗粒体外（淀粉分子全部进入溶液），扩展开来的淀粉分子之间会互相联结、缠绕，形成一个网状的含水胶体。这就是淀粉完成糊化后所表现出来的糊状体。糊化特性可以通过布拉本达黏度曲线和糊化过程中的峰值黏度、回生值、糊化温度等表征。

1.5.3.1.2　淀粉的回生

淀粉的回生是经完全糊化的淀粉在较低温度下自然冷却或缓慢脱水干燥，使在糊化时被破坏的淀粉分子氢键再度结合，分子重新变成有序排列的现象。短期回生主要是由直链淀粉的胶凝有序和结晶所引起（由直链淀粉分子的缠绕有序所引起），该过程可以在糊化后较短的时间（几小时或十几小时）内完成，发生在淀粉回生的前期；而长期的回生（以天计）则主要是由支链淀粉外侧短链的重结晶所引起，该过程是一个缓慢长期的过程，糊化后的淀粉凝胶在储藏过程中会逐步变硬、发脆，凝胶的保水能力逐步变差，这主要是由于支链淀粉分子外部短链缓慢结晶所引起的淀粉长期回生所致。

1.5.3.1.3　淀粉在糊化和回生过程中的相转变行为

图 1-12 为淀粉在糊化和回生过程中的相转变行为。在水分存在的情况下，淀粉颗粒的结晶结构在加热过程中被破坏。当淀粉 / 水的质量比达到 30/70，颗粒中的直链淀粉和支链淀粉由于不相容而部分解离。糊化的直链淀粉初期仍保持无定型状态，短的支链形成双螺旋结晶结构，并由于相邻短链之间的有序排列而形成所谓“凝胶球（Gel-ball）”的结构。随着温度降低和冷却时间的延长，直链淀粉和支链淀粉先后形成 V 形点螺旋晶体。由淀粉在糊化和回生过程中的相转变过程可以看出，糯米淀粉在糊化之后到回生之前这一时段是糯米 - 石灰浆有机 - 无机复合结构形成的关键阶段，对材料的宏观性能具有重要的影响。在没有外力作用的情况下，淀粉的糊化主要依赖于含水量和温度条件。在无外力作用的情况下，淀粉完全糊化需要充足的水，一般认为水分含量应大于 63%。水分含量足够高时，淀粉的结晶结构会由于淀粉颗粒的膨胀而完全解离。如果水分含量较低，膨胀力有限，淀粉在通常的温度下难以完全糊化。但是当温度升高时，淀粉颗粒的流动性增加，结晶区也可以被熔融，并表现出普通的黏弹性行为。

1.5.3.2　试验部分

1.5.3.2.1　仪器与试剂

试验所用糯米由黑龙江五常市鑫禾源厂提供，其成分主要为水、淀粉、蛋白质和脂肪，糯米晒干后粉碎过 100 目筛，烘干，得到糯米粉。碘化钾（KI）、碘（I_2）、直

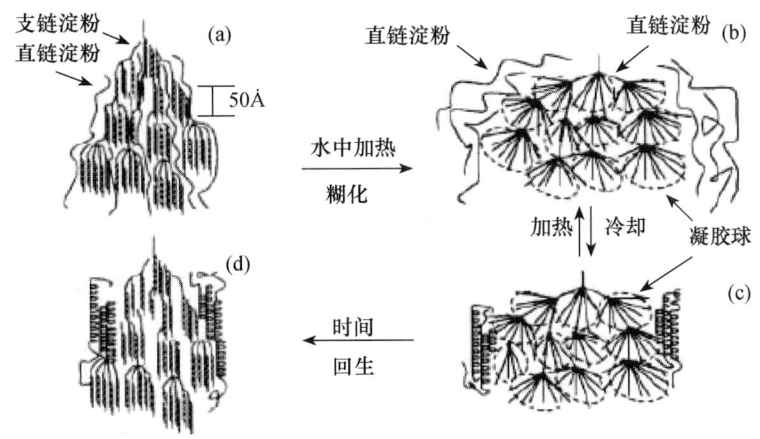

图 1-12　淀粉的糊化和回生

链淀粉和支链淀粉标准品、浓盐酸、氢氧化钾、硫酸钠、石油醚（沸程 30～60℃）等试剂均为分析纯试剂。

试验所用设备为：BS224S 型电子天平（北京塞利多斯仪器系统有限公司）；DZF2150 数显小型恒温真空干燥箱，郑州长城科工贸易有限公司；DF2101S 集热式恒温加热磁力搅拌器，巩义市予华仪器有限责任公司；PHS-211 型酸度计，意大利哈纳公司；索氏脂肪抽提器；UV 757CRT Ver 2.00 紫外 - 可见分光光度计（上海科恒）；FTS-3000 型傅里叶变换红外光谱仪（美国地吉拉布公司），扫描范围 400～4000cm^{-1}，KBr 压片；Ultra Plus 场发射扫描电镜（德国蔡司），观察前样品在 60℃真空干燥后喷金；D/max-2400 型 X 射线粉末衍射仪（日本理学公司，辐射源为 Cu K_α，40kV，150mA，λ=0.15406nm）；TG/DSC-6 型热重 - 差示扫描量热分析仪（美国珀金埃尔默公司），温度为 20～800℃，升温速度为 10℃ /min。德国 Viscograph-E 型布拉本达黏度仪，测量扭矩为 700cmg，转子速度为 250r/min，升（降）温速率为 3℃ /min。配制干基 7% 的淀粉乳 480mL，混匀后移入黏度仪测量杯中，从 35℃开始升温，以 3℃ /min 速率升温到 90℃后保温 15min，再以 3℃ /min 的速率降温到 50℃后保温 15min，得到布拉本达黏度曲线。

1.5.3.2.2　淀粉的提取

将烘干后的 5.000g 糯米粉末放入索氏提取器的抽提筒内，连接接收瓶，由抽提筒冷凝管上端加入石油醚至瓶内容积的 2/3 处，于 50℃水浴上加热，使石油醚不断回流至抽提筒内，直到溶液无颜色为止（4～6h）。过滤，固体于 50℃烘箱中干燥 4h，得到 4.842g 粉末。计算得到糯米粉的脱脂率为 3.16%。

1.5.3.2.3　淀粉中直链淀粉和支链淀粉含量的测定

（1）碘试剂制备

称取碘化钾 1.0g，溶于少量蒸馏水，再加碘 0.1g，待溶解后用蒸馏水稀释定容至 50mL，摇匀，得到碘溶液，避光保存。

（2）直链（支链）淀粉的标准工作液

称取直链淀粉 0.1000g 于 100mL 烧杯中，加 10mL 0.5mol/L KOH，将烧杯置于 60℃水浴中充分搅拌 10min，然后全部转移到 50mL 容量瓶中用蒸馏水定容，摇匀、静置。支链淀粉标准工作液的配制方法同上。

（3）淀粉扫描液的配制

分别取直链和支链淀粉标准工作液 1.3mL、2.0mL 各置于 100mL 烧杯中，加蒸馏水 25mL，以 0.1mol/L 盐酸溶液调节 pH 值至 3.5，加 0.5mL 碘试剂，并用蒸馏水定容至刻度。摇匀，室温静置 30min。

（4）直链（支链）淀粉标准曲线的绘制

分别取直链淀粉标准工作液 0.3mL、0.5mL、0.7mL、0.9mL、1.1mL、1.3mL 于 100mL 烧杯中（分别取支链淀粉标准工作液 2.0mL、2.5mL、3.0mL、3.5mL、4.0mL、4.5mL、5.0mL 于 100mL 烧杯中），加蒸馏水 25mL，以 0.1mol/L HCl 溶液调 pH 值至 3.5，将溶液全部转移至 50mL 容量瓶中，加 0.5mL 碘试剂，再加蒸馏水至刻度，静置 30min，然后在紫外光谱仪上测定溶液的吸光度。

（5）直链淀粉和支链淀粉含量的测定

称取脱脂糯米淀粉 0.1000g 于 100mL 烧杯中，加 10mL 0.5mol/L KOH，将烧杯置于 60℃水浴中充分搅拌 10min，然后转移到 50mL 容量瓶中蒸馏水定容，摇匀后静置。取上清液 2.5mL 于 100mL 烧杯中，加蒸馏水 25mL，以 0.1mol/L HCl 溶液调 pH 值至 3.5，将溶液全部转移至 50mL 容量瓶，加 0.5mL 碘试剂，加蒸馏水至刻度，静置 30min，在紫外光谱仪上测定溶液的吸光度。

1.5.3.2.4 淀粉布拉本达曲线的测定

采用德国 Viscograph-E 型布拉本达黏度仪测定糯米淀粉的黏度曲线，黏度单位为 BU。

（1）糯米粉和脱脂糯米粉的布拉本达黏度曲线

应用布拉本达黏度计分别将糯米粉和脱脂糯米粉乳加热并连续记录黏度随温度变化的全过程。

（2）冻融次数对对糯米粉布拉本达黏度的影响

称取 100g 糯米粉，按糯米粉与水比例 1∶1.5 加入 150mL 水，混合均匀密闭平衡 3h，将上述样品置于−30℃冰箱预冻 30min，后转移至−20℃冷冻柜冷藏 24h，再解冻至室温，冻融次数分别为 1、3、5、10，解冻后的样品在通风处干燥 24h，干燥后研磨，过 100 目筛。应用布拉本达黏度计将淀粉乳加热并连续记录黏度随温度变化的全过程。

（3）4%Na_2SO_4 对糯米粉布拉本达黏度的影响

称取 100g 糯米粉和 4g Na_2SO_4 混合，按糯米粉与水比例 1∶1.5 加入 150mL 水，混合均匀密闭平衡 3h，然后在通风处干燥 24h，干燥后研磨，过 100 目筛。用布拉本达黏度计将淀粉乳加热并连续记录黏度随温度变化的全过程。

1.5.3.3　结果与讨论

1.5.3.3.1　糯米粉中支链和直链淀粉的测定

采用双波长法测定糯米粉中支链和直链淀粉的含量。用蒸馏水做空白，用紫外分光光度计对淀粉扫描液进行扫描得吸收光谱，得到直链淀粉测定波长 598nm，参比波长 483nm；支链淀粉测定波长 525nm，参比波长 714nm。

（1）直链淀粉标准曲线的绘制

用蒸馏水做空白，使用紫外分光光度计在测定波长 598nm、参比波长 483nm 下分别测定吸光度值。以直链淀粉浓度为横坐标，以 $\Delta A=(A_{598nm}-A_{483nm})$ 为纵坐标绘制标准曲线（图 1-13）。经线性回归处理，得到标准曲线方程为 $y=0.0022x-0.0399$，线性相关系数 $R^2=0.9800$，线性范围为 10～50mg/L。

（2）支链淀粉标准曲线的绘制

用蒸馏水做空白，UV-2100 分光光度计分别在测定波长 525nm 和参比波长 714nm 处分别测定吸光度值。以支链淀粉浓度为横坐标，以 $\Delta A=(A_{525nm}-A_{714nm})$ 为纵坐标绘制标准曲线（图 1-14）。经线性回归处理，得到标准曲线方程为 $y=0.0018x+0.0044$，线性相关系数 $R^2=0.9850$，线性范围为 80～200mg/L。

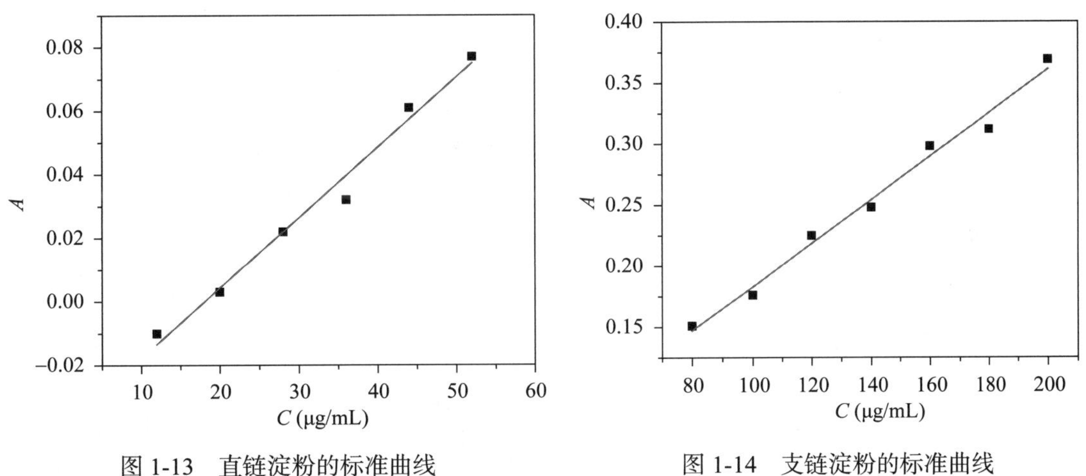

图 1-13　直链淀粉的标准曲线　　图 1-14　支链淀粉的标准曲线

（3）直链淀粉 / 支链淀粉含量的测定

使用 UV 光谱分别测定样品在 598nm、483nm、525nm、714nm 处的吸光度值。淀粉含量按照下列公式计算。

$$\text{直链淀粉含量}=\frac{(A_{598nm}-A_{483nm})+0.0399}{0.0022\times0.1\times1000}\times100\% \qquad (\text{式 1-4})$$

最终得到直链淀粉含量＝9.46%

$$\text{支链淀粉含量}=\frac{(A_{524nm}-A_{714nm})-0.0044}{0.0018\times0.1\times1000}\times100\% \qquad (\text{式 1-5})$$

最终得到支链淀粉含量＝81.12%

由此计算出糯米粉中直链淀粉的含量＝9.46%×0.9684＝9.16%，支链淀粉的含量＝81.12%×0.9684＝78.56%。

1.5.3.3.2　糯米粉、脱脂糯米粉和糊化后糯米粉的特性

1.5.3.3.2.1　结构分析和表征

1）FT-IR 分析。糯米粉末、糯米淀粉和糊化糯米粉末的红外光谱见图 1-15。

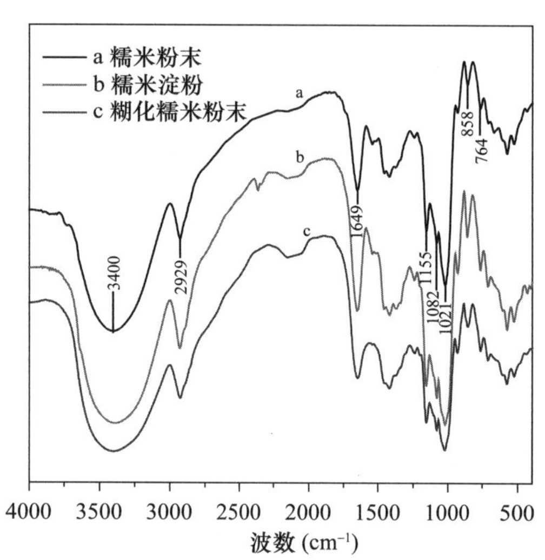

图 1-15　糯米粉末、糯米淀粉和糊化糯米粉末的红外光谱

从图 1-15 可以看出，糯米粉末、糯米淀粉和糊化糯米粉末的特征峰几乎没有发生明显的变化，说明脱脂和糊化过程不会改变糯米的特征官能团，其中，3400cm^{-1} 处是—OH 的伸缩振动吸收峰，2929cm^{-1} 处是饱和 C—H 的伸缩振动吸收峰，1649cm^{-1} 处是淀粉吸附水分子后 2 个—OH 键的剪切（变形）振动吸收峰，1155cm^{-1} 和 1082cm^{-1} 处为仲醇羟基和伯醇羟基的弯曲振动吸收峰，1021cm^{-1} 处是醚键的伸缩振动吸收峰，858cm^{-1} 和 762cm^{-1} 处是淀粉的糖环骨架伸缩吸收峰。

2）XRD 分析。糯米粉末、糯米淀粉和糊化后糯米粉末的 X 射线衍射谱图见图 1-16，从图 1-16 可以看出，糯米粉末的 X 射线衍射图谱上有 4 个较明显的特征衍射峰，分别位于 15.32°，18.06°，23.00°，34.28° 处，其中 15.32°，18.06°，23.00° 处为糯米中含有的淀粉的特征衍射峰。从糯米粉末中提取淀粉后（糯米淀粉），4 个特征峰仍然存在，这说明脱脂过程只是脱除了糯米粉末中的蛋白质和脂肪，不会对糯米粉的晶体结构产生根本性破坏。但是，糯米粉经糊化处理后，4 个特征峰几乎完全消失，这表明在糊化过程中，淀粉颗粒中有序及无序（晶质与非晶质）态的淀粉分子之间的原有氢键断裂，淀粉颗粒内结晶区域由原来排列紧密的状态变为疏松状态，晶体结构被破坏。

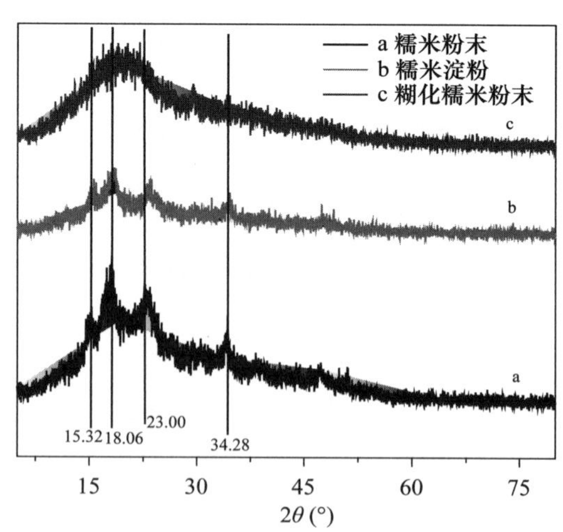

图 1-16　糯米粉末、糯米淀粉和糊化糯米粉末的 XRD 谱图

3）TG/DSC 测试。图 1-17 分别为糯米粉末、糯米淀粉和糊化糯米粉末的 TG（a）、DTG（b）和 DSC（c）曲线。

从图 1-17A 和 B 可以看出，糯米粉末、糯米淀粉和糊化糯米粉末的 TG 和 DTG 曲

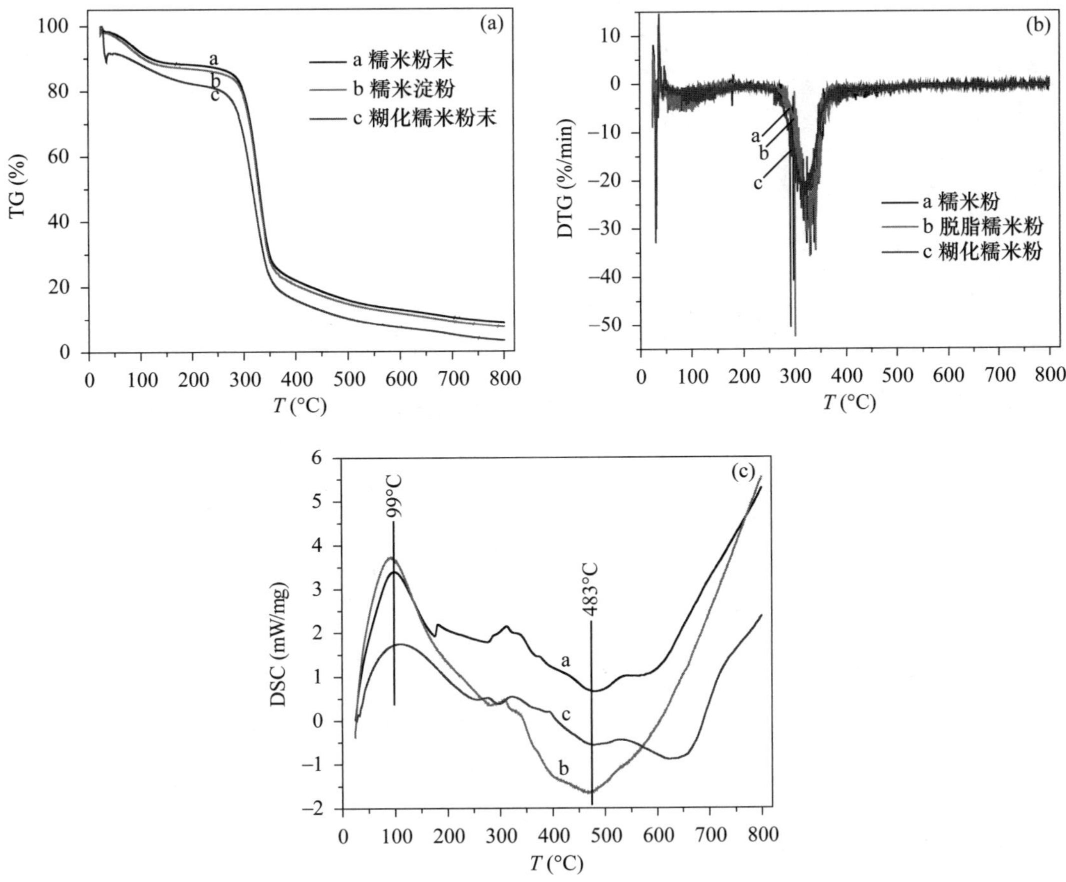

图 1-17　糯米粉末、糯米淀粉和糊化糯米粉末的 TG（a）、DTG（b）和 DSC（c）曲线

线几乎没有发生明显的变化。然而，从图 1-17C 可以看出，糯米粉末有两个主要的特征峰：99℃的放热峰和 483℃的吸热峰；糯米淀粉的这两个特征峰无明显变化；糯米粉末糊化后，99℃的放热峰向右移至 109℃，483℃的吸热峰仍然存在，但在 637℃左右出现一个新的吸热峰。说明糊化会改变糯米粉末的原有结构，导致热稳定性发生变化。

4）SEM 分析。图 1-18 分别为放大 30000 倍下的糯米粉（a）、脱脂糯米粉（b）和糊化糯米粉（c）以及放大 70000 倍下糊化糯米粉（d）的 SEM 形貌。从图可以看出，糯米粉（a）表面粗糙，且长有大小不一的乳状凸起，这些小凸起的数量和在表面上的分布都不一致，有的连续分布在一个部位，有的散落在各处，且凸起与凸起之间界限模糊，呈海岛状结构，团聚相当严重，这主要是由于糯米粉末中含有的淀粉是 D- 葡萄糖残基连接的高聚体，分子之间存在一定的氢键和范德华力，且糯米粉末中还存在蛋白质和脂肪等小颗粒。糯米中提纯的糯米淀粉（b）颗粒表面凸点变小且均匀，表面颗粒由于没有扩展开来，仍然紧密地堆积在一起。

糯米粉糊化后（c，d），颗粒呈现尺寸均匀的小球，小球直径约为 20～25nm，颗粒与颗粒之间界限分明，颗粒均匀、整齐、有序排列。这是由于糯米粉与水在加热糊

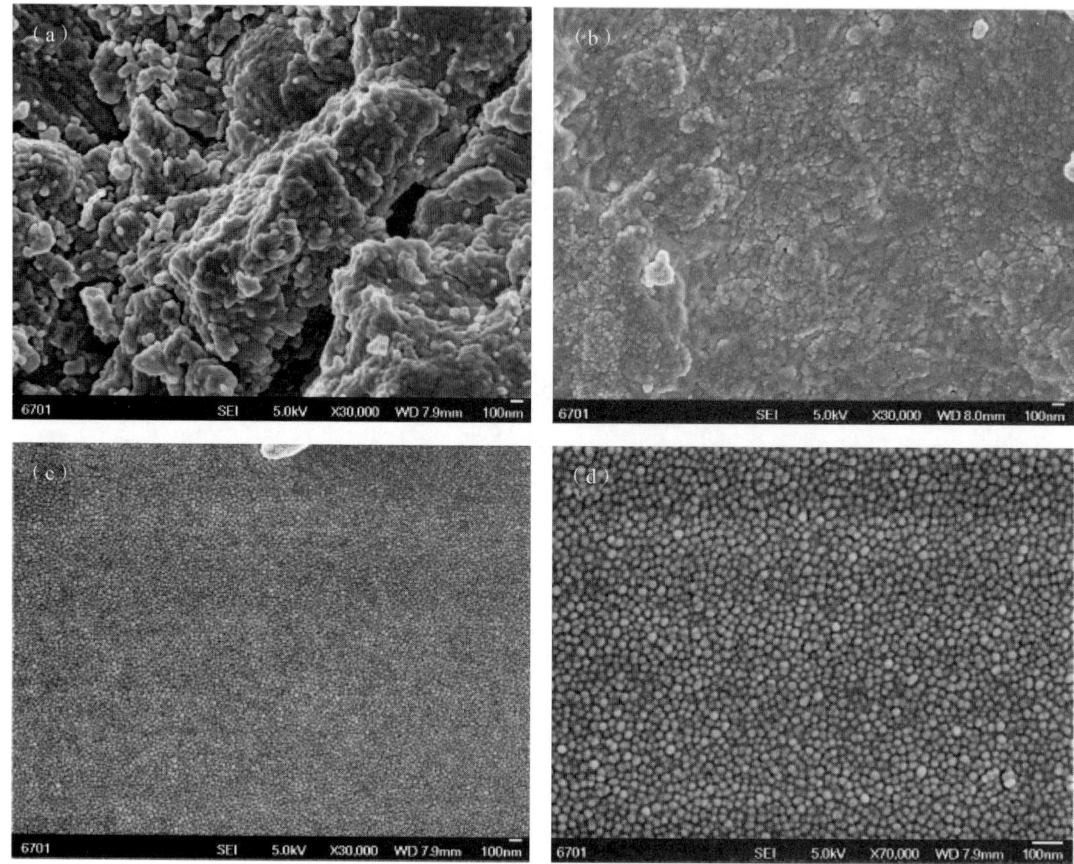

图 1-18　（a）放大 30000 倍下的糯米粉末、（b）脱脂糯米粉、（c）糊化糯米粉末、（d）糊化糯米粉末放大 70000 倍下的扫描电镜

化的过程中，水分子逐渐进入糯米粉中淀粉颗粒内的结晶区域，淀粉分子内的氢键和一些化学键断裂，淀粉颗粒内结晶区域则由原来排列紧密的状态变为疏松状态，使得淀粉的吸水量迅速增加且在水溶液中得到充分的扩散，淀粉颗粒的体积也由此急剧膨胀，当其体积膨胀到一定限度后，淀粉颗粒出现破裂现象，颗粒内的淀粉分子向各方向伸展扩散，溶出颗粒体外，扩展开来的淀粉小球分子之间会互相联结，形成一个由含水的球状淀粉分子胶体组成的网。

1.5.3.3.2.2　糯米粉和脱脂糯米粉的布拉本达黏度曲线

在较低温度下，淀粉通过氢键作用结合部分水分子而分散，淀粉的结构不发生变化；当温度上升到一定程度后，淀粉分子大量吸收水分而急剧膨胀，分子结构伸展，水分子进入微晶束结构，拆散淀粉分子间的缔合状态，造成有序结构的破坏，分子内和分子间的氢键断裂，淀粉颗粒表层被胀破，内部直链淀粉分子溶出，悬浮液成黏稠状，淀粉糊化。

图 1-19 为糯米粉和脱脂糯米粉的布拉本达黏度曲线，此曲线有 A、B、C、D、E、F 六个特征点。其中，A 点为糊化开始，也称糊化温度；B 点为峰值黏度；C 点为恒温阶段开始；D 点为冷却阶段开始，也称谷峰黏度；E 点为冷却阶段结束，也称

终值黏度；F 点为最终恒温阶段结束；B－D 为崩解值（峰值黏度和谷值黏度之差），可以反映淀粉糊热稳定性和淀粉糊在高温时的抗剪切能力，此值越小，热稳定性越高；E－D 为回生值（终值黏度减去谷值黏度），表示淀粉冷却时的重结晶能力，回生值越高，重结晶能力越强，淀粉越容易老化。由图 1-19 可以得到布拉本达黏度数据，结果列于表 1-8。

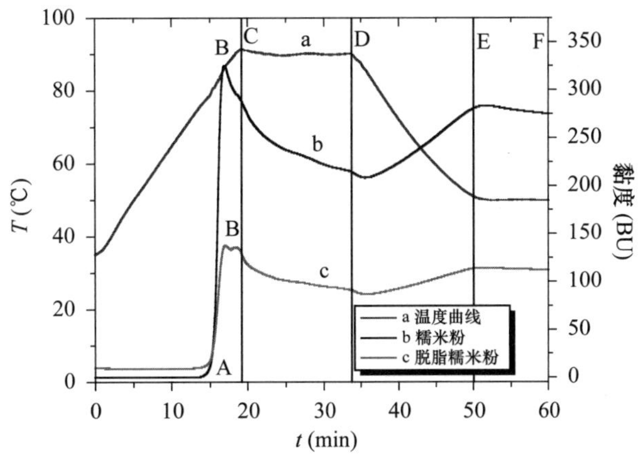

图 1-19　糯米粉和脱脂糯米粉的布拉本达黏度曲线

表 1-8　糯米粉和脱脂糯米粉的布拉本达黏度数据

样品	黏度数据	A（糊化开始）	B（峰值黏度）	C（恒温阶段开始）	D（冷却阶段开始）	E（冷却阶段结束）	F（最终恒温阶段结束）	B－D（崩解值）	E–D（回生值）
糯米粉	扭矩（BU）	10	325	297	216	262	273	109	46
	温度（℃）	78.6	85.9	89.9	90.1	56.2	50		
脱脂糯米粉	扭矩（BU）	20	138	136	92	107	111	46	15
	温度（℃）	79.4	86.5	89.8	90.1	56	50		

从图 1-19 可以看到，糯米粉和脱脂糯米粉的温度曲线完全重合。由表 1-8 也可以看出，糯米粉的最佳糊化温度为 78.6℃，糯米粉脱脂后起始糊化温度有少许升高（79.4℃），说明糯米粉脱脂后不会改变原有淀粉颗粒的晶体结构；C 点与 B 点的差值表示糊化的难易程度，差值越大，表示越易于糊化，可以看出糯米粉脱脂之前的差值为 28BU，脱脂后为 2BU，说明糯米粉脱脂前更易糊化。C 与 D 点的差值表示淀粉糊的热糊稳定性，差值越大，则糊的热稳定性越差，脱脂前差值为 81BU，脱脂后为 44BU，说明脱脂后更稳定。脱脂前的崩解值为 109BU，脱脂后的崩解值为 46BU，表示脱脂前淀粉糊的破裂强度高于脱脂后。糯米粉回生值为 46BU，脱脂后回生值为 15BU，糯米粉凝胶性强于脱脂糯米粉，说明糯米粉比较容易老化。另外，淀粉的回生值跟淀粉中直链、支链淀粉含量等有关，直链淀粉越高，冷却过程中淀粉分子越容易通过氢键发生再聚集，回生值也就越高。由此可见，糯米粉脱脂的过程中，同时会使一部分直链淀粉溶出，导致脱脂糯米粉中直链淀粉含量减小，回生值下降。总之，糯米粉的降解过程是当温度升高到起始糊化温度，支链淀粉微晶束首先熔融，淀粉颗

粒大量膨胀吸水，分子间作用力和氢键作用加强，黏度曲线迅速升高，形成黏稠的胶体溶液；当温度到达最高黏度时的温度，高温使氢键断裂，结晶度降低，黏度下降，糊化的过程是水和温度协同的作用，就是破坏糯米晶体结构的过程。脱脂糯米粉虽然直链淀粉含量少，但由于分子量大，且支链淀粉外链较长，也可能形成较紧密的双螺旋结构，所以其糊化温度稍有提高。

1.5.3.3.3 冻融次数对糯米粉特性的影响

1.5.3.3.3.1 冻融前后样品的 XRD 和 SEM 分析

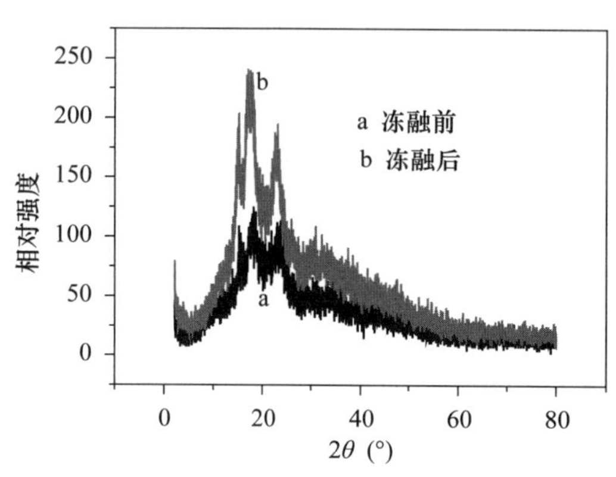

图 1-20 冻融前（a）后（b）糯米粉末的 XRD 谱图

图 1-20 为糯米粉和冻融 10 次后糯米粉的 X 射线衍射（XRD）图谱，从图 1-20 可以看出，糯米粉末上有 4 个较明显的特征衍射峰，分别位于 15.32°、18.06°、23.00°、34.28° 处， 其 中 15.32°、18.06°、23.00° 处为糯米中含有的淀粉的特征衍射峰，冻融 10 次后糯米粉的 XRD 图谱与原糯米粉的图谱基本一致，这是由于反复冻融过程中没有改变淀粉颗粒的晶型。冻融后，样品的 SEM 见图 1-21，仍呈现海岛状，但结构严重破坏，凝胶表面变得粗糙，断裂较多，孔洞较大，淀粉基质变得疏松，说明冻融可以改变糯米粉原有的形貌。

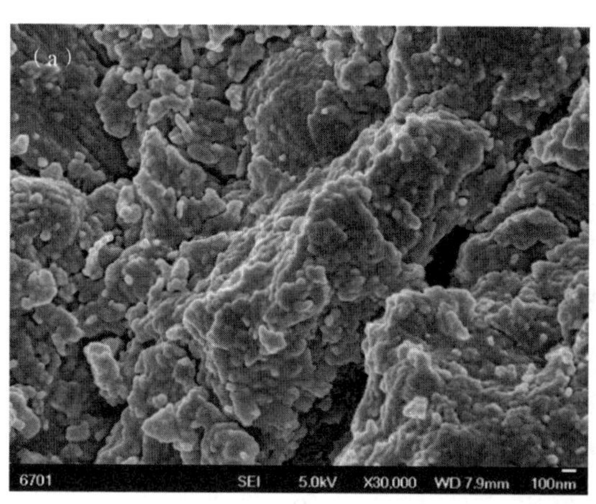

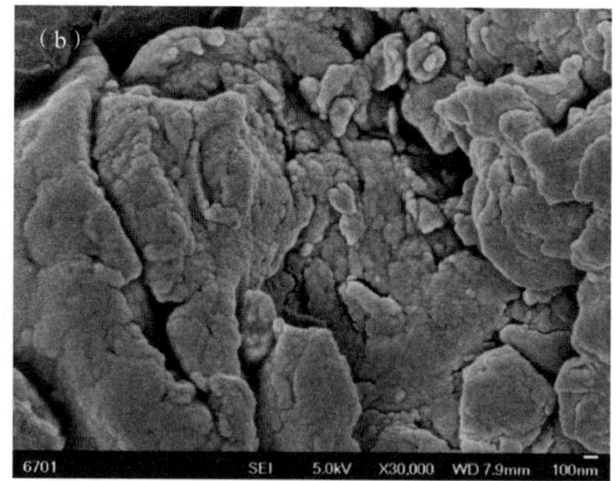

图 1-21 冻融前（a）后（b）糯米粉末的 SEM 形貌

1.5.3.3.3.2 布拉本达黏度曲线的影响

由图 1-22 和表 1-9 可知，冻融 1 次、3 次、5 次、10 次后糯米粉的糊化温度无显著性差异，但峰值黏度、谷值黏度、终值黏度、崩解值和回生值均有降低，多次冻融，其黏度降低幅度较小，这可能是反复冻融过程中糯米晶体吸收水分，然后失去水分，导致失去的水分中顺带溶出一部分可溶性直链淀粉，使糯米淀粉中可溶性直链淀粉含量减小，弱化了淀粉的双螺旋结构，从而相比于原淀粉使分子排列较为无序，最终导致糊化性质改变。由于冻融前后糯米粉的 XRD 图谱基本一致，说明冻融过程没有改变淀粉颗粒的晶型，所以糊化温度曲线变化不大。

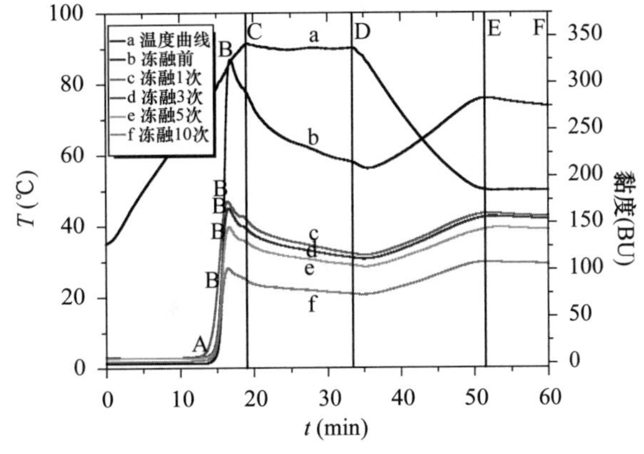

图 1-22　糯米粉和冻融糯米粉布拉本达黏度曲线

表 1-9　脱脂糯米粉布拉本达黏度数据

样品	黏度数据	A（糊化温度）	B（峰值黏度）	C（恒温阶段开始）	D（谷值黏度）	E（终值黏度）	F（最终恒温阶段结束）	B−D（崩解值）	E−D（回生值）
糯米粉	扭矩（BU）	10	325	297	216	262	273	109	46
	温度（℃）	78.6	85.9	89.9	90.1	56.2	50		
冻融 1 次	扭矩（BU）	17	174	158	118	148	156	56	30
	温度（℃）	75.6	84.6	89.5	90.1	56.7	50.0		
冻融 3 次	扭矩（BU）	16	166	147	113	144	153	53	31
	温度（℃）	78.0	83.8	90.0	90.0	57.1	50.0		
冻融 5 次	扭矩（BU）	17	146	132	105	132	142	41	27
	温度（℃）	78.4	84.3	90.1	90.1	57.8	50.0		
冻融 10 次	扭矩（BU）	13	102	93	74	99	106	28	25
	温度（℃）	78.2	83.6	90.0	90.1	56.0	50.0		

1.5.3.3.4　盐作用对糯米粉的影响

1.5.3.3.4.1　盐作后糯米粉的 XRD 和 SEM 分析

图 1-23 为盐作用前后糯米粉的 XRD 图谱，可以看出，作用后糯米粉的 4 个特

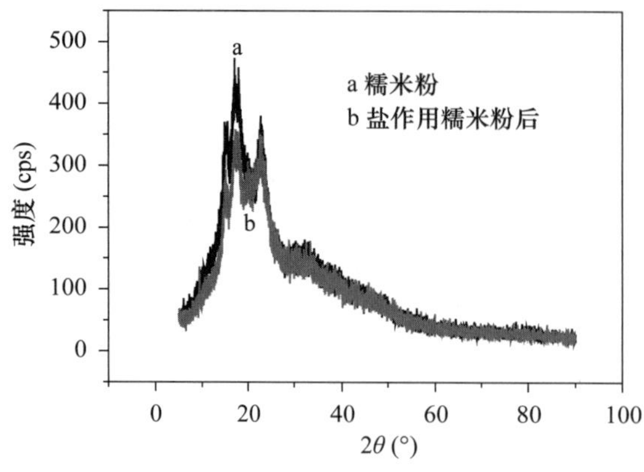

图 1-23　盐作用前（a）后（b）糯米粉的 XRD

征衍射峰仍然存在，说明 4% 的硫酸钠不会破坏糯米粉中淀粉的原有结构。图 1-24 为盐作用前后糯米淀粉的 SEM 形貌，可以看出盐作用后形成的网络结构较为清晰，网孔更加致密整齐，表面凸点增多，这些增多的凸点可能是硫酸钠掺杂而导致糯米淀粉体系形成连续相，使糯米淀粉凝胶形成更加致密的结构，从而显著提高了淀粉凝胶的稳定性。

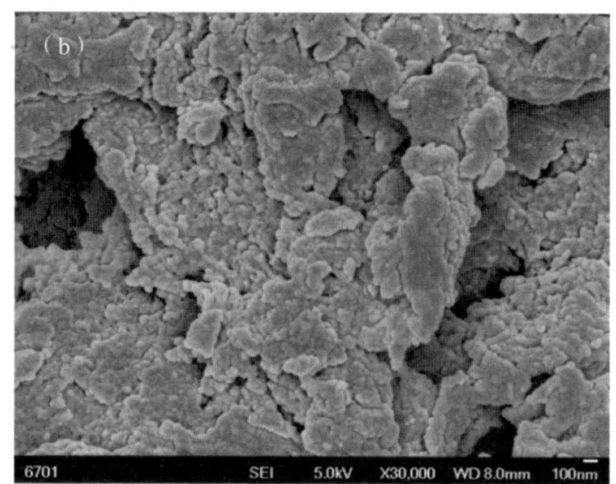

图 1-24　盐作用前（a）后（b）糯米粉的 SEM 形貌

1.5.3.3.4.2　盐作用对糯米粉布拉本达黏度曲线的影响

如图 1-25 可以看出，盐的加入，改变了糯米粉的糊化特性，糊化温度和峰值黏度都有较大改变。表 1-10 为糯米粉和 4%Na_2SO_4 糯米粉的布拉本达黏度数据，由表 1-10 可知，在加入 4%Na_2SO_4 溶液之后，起始糊化温度从 78.6℃升高到 86℃，这是因为 Na_2SO_4 为强电解质，溶于水后完全电离，所以盐离子与糯米粉争夺水分，使体系水分子自由度降低，从而抑制糯米粉淀粉颗粒吸水膨胀，离子强度增大，糯米粉的热稳定性提高，进而导致糊化温度升高。从表 1-10 可以看出，峰值黏度从 325BU 升高到 501BU，这是因为盐离子可引起糯米粉具有较强

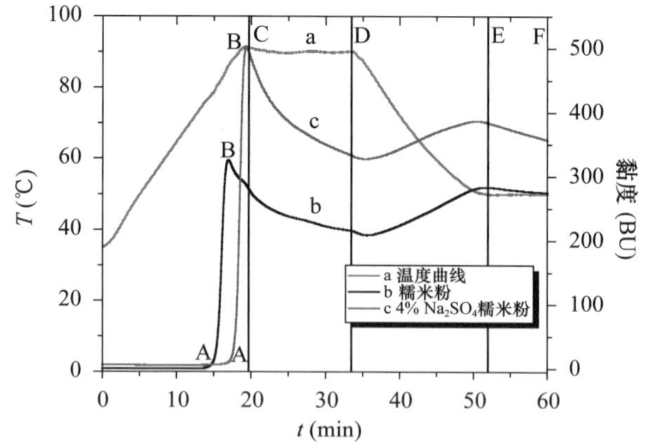

图 1-25　4% Na_2SO_4 糯米粉和糯米粉布拉本达黏度曲线

的渗透压使吸水膨胀的淀粉粒相互摩擦程度加强，且淀粉颗粒渗漏的直链淀粉与盐离子之间的相互作用力增强，增加了糯米粉的连续相浓度，因此峰值黏度提高。

表 1-10　糯米粉和 4%Na_2SO_4 糯米粉的布拉本达黏度数据

样品	黏度数据	A（糊化开始）	B（峰值黏度）	C（恒温阶段开始）	D（谷值黏度）	E（终值黏度）	F（最终恒温阶段结束）	B－D（崩解值）	E－D（回生值）
糯米粉	扭矩（BU）	10	325	297	216	262	273	109	46
	温度（℃）	78.6	85.9	89.9	90.1	56.2	50		
4% Na_2SO_4 作用糯米粉	扭矩（BU）	15	501	195	333	376	352	168	43
	温度（℃）	86.0	91.8	89.2	90.0	55.8	50.0		

从表 1-10 还可以看出，Na^+大幅增加了糯米糊的崩解值，较大程度地降低了糊化糯米粉的抗剪切性能，降低热稳定性，导致崩解值升高，这可能是由于 Na^+与糯米糊的结合形成了弱凝胶，提高了复配体系的脆性所致。盐加入后回生值下降，这是因为盐离子的加入可以破坏糯米中淀粉分子之间的氢键，阻止淀粉结构重新有序化排列形成微晶束，从而抑制糯米糊的短期回生，使糯米糊不易老化。

总之，由于盐在水溶液中解离的离子对水分子氢键网络的加强，降低糯米中淀粉的—OH 之间的静电排斥作用，使淀粉的结构从原本的无规则结构变成了有规则的结构，从而稳定了淀粉的规则构象，分子间更易积聚，进而阻止了淀粉晶体结构的破坏，淀粉难以糊化，所以糊化温度升高；当形成淀粉胶体溶液后，盐与淀粉颗粒中渗出的可溶性直链淀粉分子间作用力加强，增加了体系流动相浓度，使得黏度增大，峰值黏度有较大升高。

1.5.3.4　小结

通过本研究，得出结论如下：

1）用石油醚提取后，得到糯米粉的脱脂率为 3.16%，采用双波长法测定糯米粉中直链淀粉和支链淀粉的含量分别为 9.16% 和 78.56%。

2）脱脂过程只是脱除了糯米粉末中的部分蛋白质和脂肪，不会对糯米粉的晶体结构产生根本性破坏。但是，糊化过程会破坏糯米粉中淀粉的晶体结构，导致糯米粉形貌由糊化前的海岛状结构变为糊化后的表面呈现均匀、整齐、有序的小球，小球直径约为 20～25nm。

3）糯米粉和脱脂糯米粉的温度曲线完全重合，且糊化温度基本相同，进一步说明糯米粉脱脂后不会改变原有淀粉颗粒的晶体结构；糯米粉脱脂后，布拉本达黏度曲线变化较大，其峰值黏度、崩解值和回生值下降，说明脱脂会改变糯米粉的糊化特性。

4）冻融循环不会改变糯米粉中淀粉颗粒的结构和晶型，因而糊化温度曲线无显著性差异，但峰值黏度、谷值黏度、终值黏度、崩解值和回生值均有降低，可能是反复冻融过程中糯米晶体吸收水分，然后失去水分，导致失去的水分中顺带溶出一部分可溶性直链淀粉，使糯米淀粉中可溶性直链淀粉含量减小，弱化了淀粉的双螺旋结构，从而相比于原淀粉使分子排列较为无序，最终导致糊化性质改变。

5）加入 4%Na_2SO_4 后，会使糊化温度升高，崩解值升高，回生值下降，这是因为 Na_2SO_4 在水中电离出的 Na^+ 与 SO_4^{2-}，影响水分子与淀粉分子之间的相互作用，导致了淀粉糊化特性发生改变。

1.5.4　糯米浆改性遗址土的作用机制研究

本研究基于碘 - 淀粉试验的结果以及传统糯米浆胶凝材料特性，探索糯米浆改性土的传统工艺工法及作用机制，按照 20℃水拌制糯米浆、100℃水拌制糯米浆和完全糊化糯米浆三种不同方法改性遗址土，通过基本物理性能和力学性质测试，综合评价传统糯米浆改性土的特性。用 X 射线衍射（XRD）、红外光谱（FT-IR）、热重 - 差热（TG/DSC）、扫描电镜（SEM）对糯米浆改性土的结构和形貌进行表征，通过宏观和微观相结合的方式，探讨糯米浆和遗址土之间的作用机制。

1.5.4.1　试验部分

1.5.4.1.1　原料的基本性质

1.5.4.1.1.1　遗址土

试验用土为遗址土，取自甘肃省甘南州临潭县的红堡子遗址坍塌堆积物，含有少量片状碎石。其遗址土矿物成分及颗粒含量分布结果见表 1-11 和表 1-12。

表 1-11　矿物成分

成分	SiO_2	Al_2O_3	CaO	Fe_2O_3	MgO	K_2	Na_2O	MnO	TiO_2	P_2O_5
含量（%）	62.03	10.92	6.48	3.96	2.18	2.02	1.53	0.79	0.55	0.19

表 1-12　颗粒分布

粒径 *d*（mm）	≤10	≤5	≤2	≤1	≤0.5	≤0.25	≤0.1	≤0.075	≤0.05	≤0.04	≤0.03	≤0.02	≤0.01
百分数（%）	97.9	94.5	89.5	88.1	83.7	81.7	74	63.3	48.6	29.03	22.51	6.2	2.94

1.5.4.1.1.2　糯米

糯米其成分主要由水、淀粉、蛋白质和脂肪组成，其中蛋白质的含量在 10% 左右。糯米粉的粒径约 50μm，形成的团粒约 100μm，糯米淀粉颗粒的粒径一般在 4.5～6μm。一般情况由糯米煮沸形成的糯米浆随着温度的升高，黏度系数下降，随着浓度的升高，黏度系数增强。韩文芳等认为糯米淀粉的结晶度为 16.4%～25.3%，糊化温度为 71.1～87.2℃，淀粉的晶体结构主要由支链淀粉分支的外链经氢键所形成的双螺旋结构组成，结晶度大小主要受直链淀粉含量、支链淀粉链长分布等因素所影响。

1.5.4.1.1.3　糯米浆

试验所用糯米由黑龙江省五常市鑫禾源米，采用百分比浓度相同的方法控制糯米的加入量，确保土样中含糯米的质量相同，相对误差不超过 0.5%。糯米浆制备方法分为：20℃水调和糯米浆、100℃水调和糯米浆，糊化糯米浆三种，具体如下：

1）20℃水调和糯米浆：将 300g 糯米粉加入 2760g 凉水中搅拌均匀后备用。

2）100℃水调和糯米浆：将 300g 糯米粉加入 2760g 100℃热水中搅拌均匀，降至室温备用。

3）糊化糯米浆：将 300g 糯米粉加入 3000g 水中加热，煮沸后小火煮 30min，最后煮成糯米浆的重量为 3060g，降至室温备用。

1.5.4.2　糯米改性土的制备

测定风干土样的含水率，然后称取三份 30kg 的土样分别加入不同方法配制的糯米浆，拌制均匀后适当加入一定量的水，使土样的含水率为 13.8%，且确保糯米粉与遗址土质量比为 1∶100，将土样拌匀后润湿一昼夜，每组试样的含水率与要求的含水率之差不得大于 ±0.2%。扰动土试样制备用压样法。原状土压实度 95% 的干密度为 1.7g/cm^3，根据不同的试验要求计算制样所需湿土的质量，平行试样数量不少于 3 个，视试验项目而定应有备用试样 1～2 个，各组试样的密度与要求的密度之差不得大于 ±0.01g/cm^3。为试验方便分别简称未改性土为 A，20℃水调和糯米浆改性土为 B，100℃水调和糯米浆改性土为 C，糊化糯米浆改性土为 D。

1.5.4.3　试验方案及试验设备

待制备试样在实验室含水率稳定后，采用 TST-55 型渗透仪，测试试样标准温度下（20℃）的渗透系数，采用 WDW-200 型微机控制电子万能压力实验机测试试样的抗压强度，采用 ZJ 型应变控制式直剪仪，测试试样的抗剪强度（Q）参数；将样品完全浸没在水中，直至其坍塌，以样品保持成型、不坍塌的时间长短来表示样品的耐水性，从而研究水崩解速率。针对突显的未改性土、不同改性土的基本物理力学的特性，采用用 FTS-3000 型傅里叶红外光谱仪（美国地吉拉布公司）、SM-6701F 冷场发射型扫描电镜（日本电子光学公司，观察前样品在 60℃真空干燥后喷金）、D/max-2400 粉末 X 射线衍射仪（日本理学公司）、STA449C 同步热分析仪（德国耐驰公司）测试未改性土、不同改性土的结构、热稳定性和形貌的变化。

1.5.4.4　结果与讨论

1.5.4.4.1　糯米浆改性土的基本性质分析

1.5.4.4.1.1　基本物理性质

糯米浆改性土的液限和塑性指数见表 1-13。可以看出，糯米改性土后其液限、塑限和塑性指数相比未改性前整体上升，其中糊化糯米浆改性土的三项指标最高，分别达 27.4%、17.7% 和 9.7。100℃水调和糯米浆改性土次之，20℃水调和糯米浆改性土的液限接近未改性土。试验结果表明，糊化糯米浆改性土小于 0.075 的黏粒增多，其黏性更强，100℃水调和糯米浆改性土次之，20℃水调和糯米浆改性土黏性较差，几乎接近于未改性土；其渗透系数逐渐减小，糊化糯米浆改性土渗透系数（0.0644×10^{-5}cm/s）最小，糯米浆改性土渗透性整体降低，糊化糯米浆改性土渗透性最差，100℃水调和糯米浆改性土次之，20℃水调和糯米浆改性土和未改性土试样的渗透性相似，其糊化糯米浆改性土和 100℃水调和糯米浆改性土与未改性土和 20℃水调和糯米浆改性土渗透系数相差两个数量级。

表 1-13　糯米改性土的基本物理性质

类型	含水率（%）	比重（Gs）	颗粒分析试验		界限含水率试验			渗透系数（10^{-5}cm/s）
			不均匀系数 C_u	曲率系数 C_c	液限 WL（%）	塑限 WP（%）	塑性指数 I_P	
A（未改性土）	5.8	2.70	3.1	1.1	24.8	16.6	7.7	1.833
B（20℃水拌制糯米浆）	5.8	2.70	3.1	1.1	25.3	16.6	8.2	2.90
C（100℃水拌制糯米浆）	5.8	2.70	3.1	1.1	26.1	16.7	9.4	0.0653
D（糊化糯米浆）	5.8	2.70	3.1	1.1	27.4	17.7	9.7	0.0644

1.5.4.4.1.2　基本力学性质

糯米浆改性土的基本力学性质见表 1-14。抗剪试验结果表明，在矿物成分、密度、含水率相同的情况下，糊化后糯米浆改性土的无侧限抗压强度（2.82MPa）和 C 值（328.28kPa）最大，而 φ 值（45.82°）最小。上述结果说明，糯米胶束得到完全分散，其中含有活性胶结物质较 100℃水调糯米浆改性土、20℃水拌制糯米浆改性土更多。另外，研究发现糊化后糯米浆改性土内聚力增加 8 倍，100℃水调制的糯米浆改性土黏聚力增加 5 倍，20℃水调制的糯米浆改性土黏聚力增加了 2 倍。不同调制方法内摩擦角的影响相对较小（图 1-26），充分说明经糊化后糯米浆改性土的土颗粒经活性胶结物质包裹后，较 100℃水调和糯米将改性土、20℃水拌制糯米浆改性土更加均匀，性能最优。

表 1-14　基本力学性质

名称	最优含水量（%）	最大干密度（g/cm^3）	无侧限抗压强度（MPa）	抗剪强度	
				C（kPa）	φ（°）
A	13.4	1.70	0.89	41.04	49.49
B	13.4	1.70	0.91	110.92	49.42
C	13.4	1.70	2.56	227.24	48.09
D	13.4	1.70	2.82	328.28	45.82

1.5.4.4.1.3　改性土崩解试验

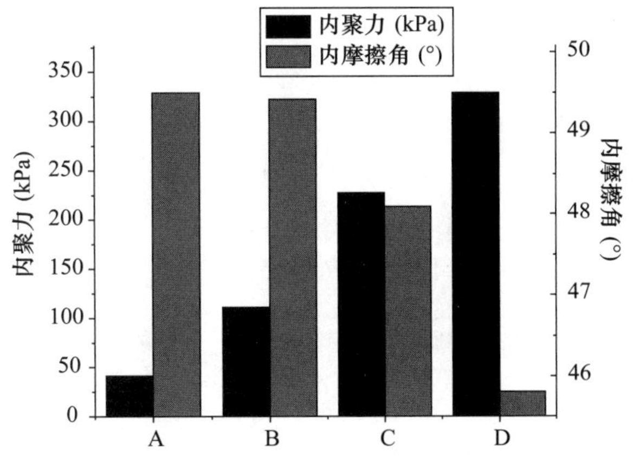

图 1-26　糯米浆改性土的 C-φ 曲线

不同方法制备的改性土的耐水性差异较大。首先，所有糯米浆改性土水崩解后均有块状体存在，而未改性土重塑样完全崩解为状糊。同时糯米浆改性土的崩解时间相对延迟，未改性土试样一放到水中就开始崩解，糯米浆改性土的一般1.5min 中后开始崩解，20℃水调糯米浆改性土最早，100℃水调糯米浆改性土和糊化糯米浆改性土约在3min 后才开始崩解，且糊化糯米浆改性土的结构更稳定。未改性土试样起初沿着边缘出现小裂隙，并逐渐由边缘向试样中心形成贯通的圆弧状裂隙，随着局部崩解脱落直至糊状。糯米浆改性土试样起初从四角形成较为明显的裂隙，裂隙不随着时间向中间延伸，四角随着时间局部崩解块状脱落，并逐渐向里层推进，20℃水调糯米浆表现更为明显，而 100℃水调和糯米浆改性土试样次之，糊化糯米浆改性土相对比较稳定，试验稳定后，糯米浆改性土试样一般残留约 1/3 以上成形试样，糊化糯米浆改性土残留成形约 1/2 以上试样，说明糊化糯米浆改性土试样的耐水性最优。

1.5.4.4.2　微观结构分析和表征

宏观物理测试表明，糊化糯米浆改性土的强度最大、渗透系数最小，耐水性最优，为了从微观上进一步说明糊化糯米浆改性土性能最优的原因及作用机制，结合前文对原材料物质的研究，采用 XRD、FT-IR、SEM、TG/DSC 对改性试样进行了对比分析。

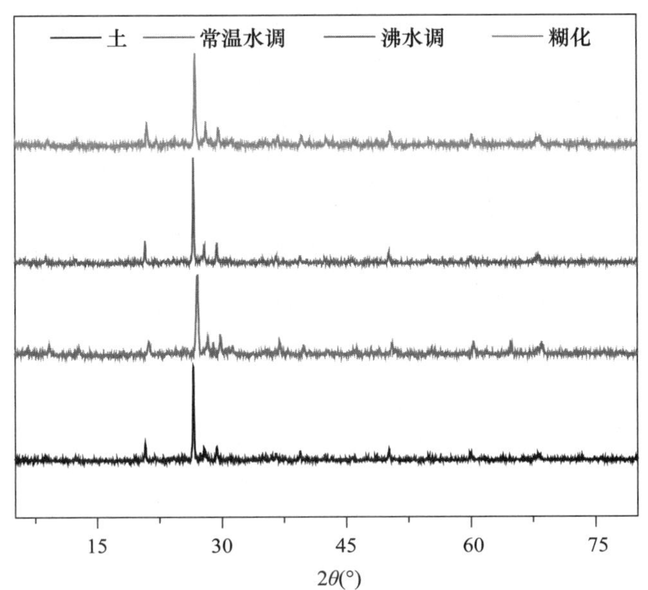

图 1-27　土样和所有糯米改性土样的 XRD 谱图

（1）XRD 测试

土样和所有糯米改性土样的 X 射线衍射谱图见图 1-27，土样的成分及其含量见表 1-15，从图 1-27 可以看出，土样在糯米改性前后特征衍射峰几乎没有发生变化，这表明糯米粉的加入没有改变土样的晶体结构，只是简单的物理黏合作用。从表 1-15 可以看出，土样中的主要成分是石英和方解石。

表 1-15　土样成分

成分	云母	坡缕石	石英	蒙脱石	方解石	高岭石
含量（%）	0.72	4.44	79.20	2.13	10.32	3.18

（2）FT-IR 测试

土样和所有糯米改性土样的红外光谱图见图 1-28，从图 1-28 可以看出，土样在糯米改性前后特征峰几乎没有发生变化，这表明 1% 的糯米的掺入不会影响土的官能团结构。这种改性只是分子间的黏合作用。

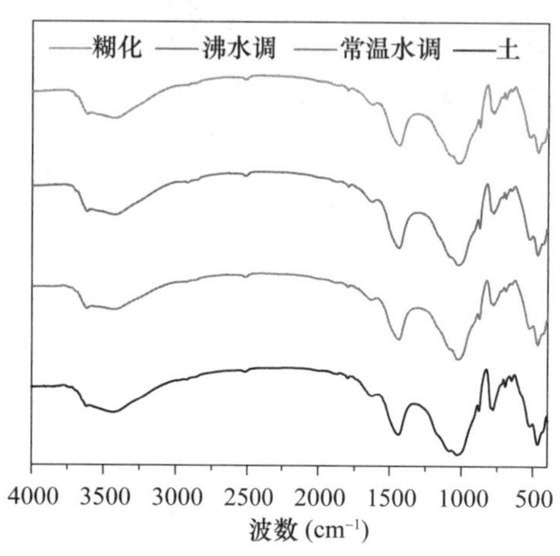

图 1-28　土样和所有糯米改性土样的红外光谱图

（3）SEM 微观形貌观察

图 1-29 分别为放大 30000 倍下的土样（a）、常温水调糯米改性土（b）、沸水调糯米改性土（c）、糊化糯米改性土（d）以及放大 50000 倍的糊化糯米改性土（e）样品的扫描电镜图。从图可以看出，未改性土样（a）呈片层状和棒状结构且表面光滑。土样层与层之间主要以分子间作用力（范德华力）结合，且结合具有取向性，只能发生在层间，结合面积有限，各个方向的抗压强度不均。20℃水调糯米改性土（b）的表面只有极少部分被淀粉胶体颗粒网包裹，由于糯米粉中的淀粉几乎没有糊化，淀粉分子在水溶液中溶解度较低，几乎没有扩散，土层与层之间的取向力仍然存在，仅有被淀粉胶体颗粒网包裹的土颗粒之间才形成较强的黏结力。100℃水调糯米浆改性土（c）的表面只有局部被淀粉胶体颗粒网包裹，且淀粉胶体颗粒不均匀，沸水只使得部分淀粉糊化形成淀粉胶体网。糊化糯米浆改性土样后（d，e），土样光滑的表面被较小的淀粉颗粒小球网包裹。这种特殊的结构改变了土样层与层之间的结合方式，消除了土样层与层之间的结合取向性，增加结合面积，在外力作用下淀粉胶体颗粒通过氢键作用相互黏结形成更强的内聚力，结合得更均匀。然而，不同方法制备的糯米浆改性土试样的微观形貌结构有一定差异。糊化糯米改性土的表面淀粉胶体颗粒分布均匀且尺寸均一，这是因为糊化过程中淀粉分子内的一些化学键断裂，淀粉分子在水溶液中得到充分的扩散，扩展开来的淀粉分子之间会互相联结、缠绕，形成一个淀粉胶体组成的网状结构，与土拌制后均匀地包裹在土颗粒的周围，形成微纳米复合材料，在外力作用下形成致密的类似荷叶表面的微乳凸结构。这种微乳凸结构可以用来防雨雪、防污染、抗氧化。当水落到土表面上时，微乳凸结构之间的空隙都被空气占据，水滴无法快速渗透而起到保护墙体的作用。

（4）TG/DSC 测试

图 1-30 分别为土样和所有糯米改性土样的 TG（a）和 DSC（b）图，从图可以看出，土样在糯米改性前后的 TG 和 DSC 曲线几乎没有发生变化。热分析说明，改性

只是一个物理过程。

a．放大 30000 倍下的土样

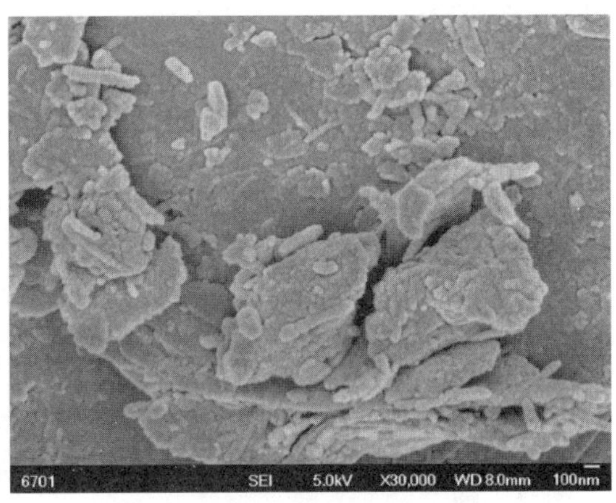

b．放大 30000 倍下的常温水调糯米改性土

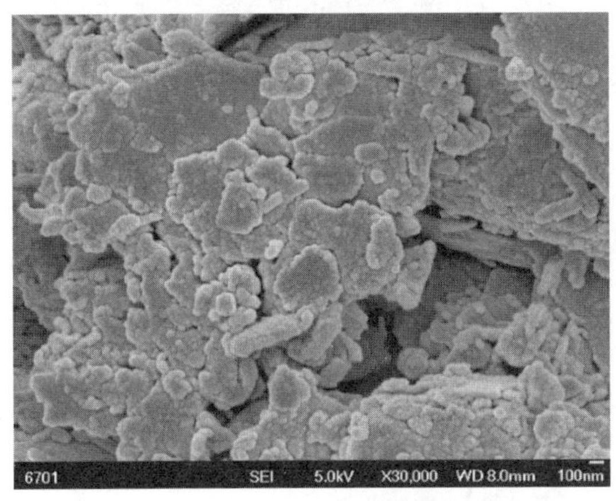

c．放大 30000 倍下的沸水调糯米改性土

d．放大 30000 倍下的糊化糯米改性

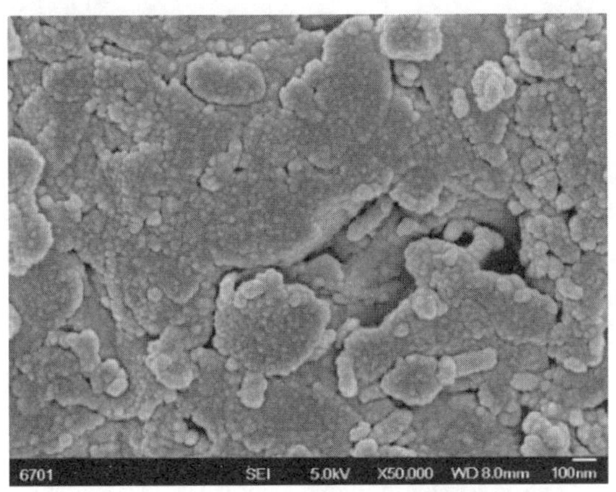

e．放大 50000 倍的糊化糯米改性土

图 1-29　糯米浆改性土扫描电镜图

1.5.4.4.3　糯米改性土的作用机理分析

室温下糯米淀粉在水中部分溶解（低于 20%），类似于乳液状态，固化的过程慢

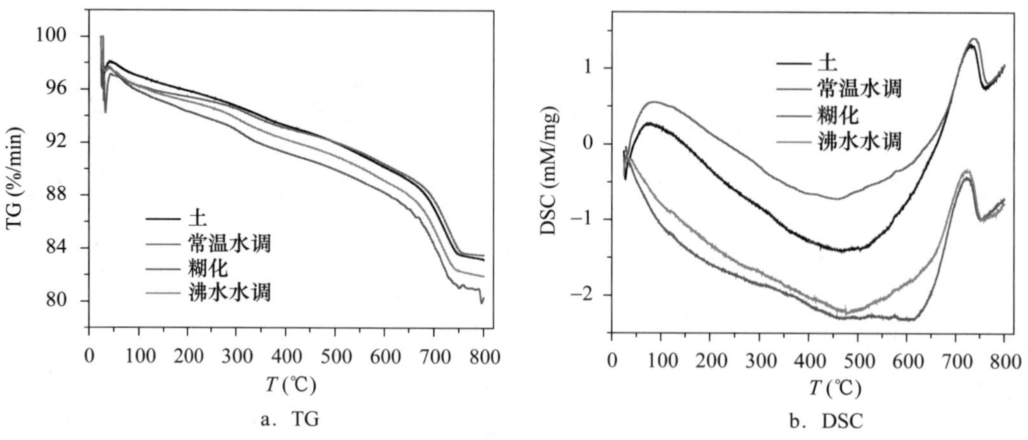

图 1-30　土样和所有糯米改性土样的 TG（a）和 DSC（b）图

且程度低，消耗的糯米多。室温水调制糯米浆是一个可逆吸水的物理过程，此过程中糯米淀粉颗粒由于吸收少量的水使得体积略有膨胀，但却不会影响到颗粒中的结晶部分，所以糯米淀粉的基本性质不会改变。而糯米在水中加热糊化的主要目的是提高糯米中淀粉的溶解度和黏度，该过程是一个不可逆吸水的化学过程。糯米糊化以及改性土的作用机制见图 1-31，糯米糊化时淀粉吸水溶胀（可膨胀到原始体积的 50～100 倍），淀粉颗粒解体、分裂（结晶相与非晶质态无定形相的淀粉分子之间的化学键和氢键断裂），破坏了淀粉分子之间的缔合状态，使淀粉胶束结构全部崩溃而溶出颗粒体，由于糊化淀粉分子是链状甚至分支状，分子之间彼此互相交联、缠绕以及通过分子间作用（范德华力）和氢键作用，结果形成具有黏性的、均匀的胶体溶液而使其具备了流动性。糯米浆作为黏结剂，主要是因为该天然高分子含有很多羟基可以用于形成分子间氢键，从而加强了黏着作用力。

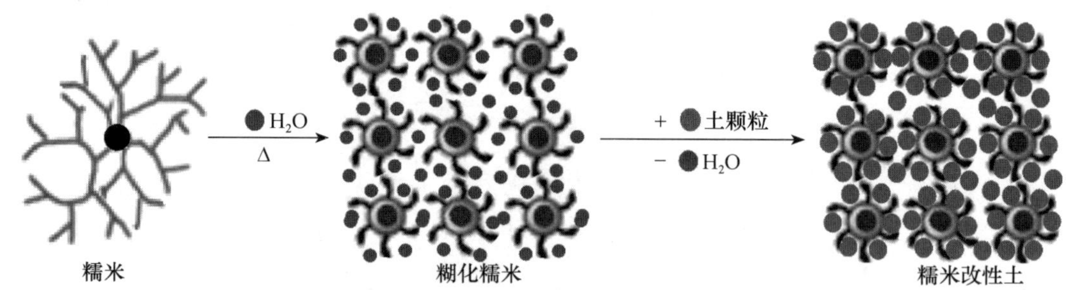

图 1-31　糯米糊化及改性土的结构示意

从 SEM 可以看出，糊化后糯米浆的高分子体都呈球形粒子，该粒子的直径约为 20～25nm。黏度测试表明，糊化糯米浆的黏度为 682cps，该黏度值位于胶水的黏度（300～30000cps）范围之内，糊化糯米浆能够改性土的主要原因是分子间作用力、氢键作用以及静电作用。未改性土样呈片层状和棒状结构且表面粗糙，土样层与层之间主要以分子间作用力结合，且结合具有取向性，只能发生在层间，这种分子间作用力较差。糊化淀粉改性土后，强度增加，渗透性减小，主要是靠糊化后糯米浆中的高分子球体间的拉力来实现。在糊化糯米浆中，水是高分子体的载体，水载着高分子体慢慢地润湿土并浸入到土颗粒内。当糯米浆中的水分消失后，糯米浆中的高分子体就依靠相互间的内聚力，将土颗粒和糯米高分子颗粒通过分子间力紧紧地结合在一起，形成胶合层。另外，土颗粒分子与糯米浆中的淀粉分子之间也可形成交联的三维网络结构。同时，糯米浆本身脱去溶剂水后，使糯米浆分子之间也形成了牢固的交联结构。土颗粒表面与糯米浆之间是黏着力，是分子间作用力，这是一个物理作用，但是拉断却需要破坏化学键。所以古人用糯米天然材料做灰浆黏合剂显然更合适，因为其本身带有分子间作用和氢键，从而加强作用力。同时，微小的糯米颗粒还可以填补土颗粒之间的所有细小空间。固化后，淀粉内部之间存在内聚力，赋予了黏结强度。对于黏着力来源于分子间作用力的认知基本是统一的（静电理论认为来源于静电，但测量发现，静电力在黏合力的贡献度远小于 10%）。糯米和土之间的作用除分子间作用（范德华力）和氢键，还包括分子间缠绕的摩擦力，这是高分子特有的现象。因为淀粉与水发生化学反应，淀粉通过糊化和水解产生足够的羟基，所以水的作用不仅是增加流动性，而且水在其中参与化学反应并固化的作用比流动性更大。糊化糯米浆和土混合均匀，随着黏土水分的流失，土颗粒固化更加均匀而彻底。当然如果糯米只是在水中部分溶解，类似于乳液状态，这个方法改性土性能如同 100℃调和糯米浆改性土一样其基本物理力学性能不好。总之，糊化糯米改性土后，黏结强度和抗压性高，硬度较好，韧性佳，防潮防水性能优，耐湿热提高，主要是因为糊化糯米浆具备了胶体和溶液流动性的特质，并含有大量羟基，通过润湿性、范德华力、氢键、交联包裹等黏着力作用使土颗粒表面与糯米浆分子之间互相锁扣所致。

1.5.4.5　小结

1）未改性土颗粒相对较为松散，且大部分成片状；1% 糯米浆改性黏土后，糊化糯米浆改性土较常温水拌制、100℃水拌制的基本物理性质和力学性质提高显著，糊化糯米浆改性土的液限、塑限和塑性指数比未改性前整体上升，无侧限抗压强度增加 3 倍，渗透系数下降 2 个数量级，耐水性更佳。

2）XRD 测试发现，糊化后糯米的特征衍射峰消失，说明糯米糊化是一个化学变化过程。SEM 表明，未糊化的糯米表明长有大小不一的乳状凸点，这些小凸点分布不均匀，且凸点与凸点之间界限模糊，呈海岛状结构，团聚相当严重；糯米糊化后呈现分散均匀的纳米级小球，小球粒径约为 20～25nm。

3）XRD、FT-IR 和 TG/DSC 研究发现，糯米浆和土之间的作用是一个物理过程；SEM 观察发现，纳米级糊化糯米浆支链分子很好地渗透至黏土颗粒的表面并包裹黏土颗粒，形成质密的类似荷叶表面的微乳凸结构胶凝体。这种微乳凸结构可以用来防潮防水、防污染、抗氧化。

4）糊化糯米浆具备了纳米材料的特性和胶体、溶液流动性的特质，并含有大量羟基，通过润湿性、范德华力、氢键、交联包裹等黏着力作用使土颗粒表面与糯米浆分子之间互相锁扣，相互黏结形成较为质密的结构和更强的内聚力，从而提高糯米改性土的强度，降低水的崩解性。

5）1% 糊化糯米浆作为一种胶凝材料，有望用于古代土建筑遗址的修复和保护工作中。

1.5.5 糯米浆改性遗址土的劣化机制研究

针对土遗址保护材料的研究现状和存在问题，基于传统糯米浆胶凝材料特性，以土遗址的原址、无损加固保护为目标，采用不同方法将糯米浆加入遗址土中，即20℃水拌制糯米浆（S-R20）、100℃水拌制糯米浆（S-R100）和100℃糊化糯米浆（S-RG）三种不同方法改性遗址土，研究冻融循环、温湿循环、盐腐蚀、水崩解等不同行为对糯米改性遗址土的抗压强度的影响规律，用扫描电镜（SEM）对糯米改性土的结构和形貌进行表征，进而阐明糯米浆改性遗址土的劣化机制。本研究为传统工艺的科学认知进行解读，也为土遗址文物的科学化修复和文化遗产的保护提供理论依据。

1.5.5.1 试验部分

1.5.5.1.1 试验原料

试验所用土样取自甘肃省甘南州临潭县红堡子遗址坍塌堆积物。该遗址土为细粒土，含水量在 1%～3% 之间，干密度在 1.66～1.80g/cm^3 之间，比重约 2.70。试验所用糯米由黑龙江五常市鑫禾源厂提供，糯米晒干后粉碎过 50μm 的筛，得到糯米粉末。Na_2SO_4，分析纯试剂，购自莱阳化工实验厂。

1.5.5.1.2 糯米浆的制备

1）20℃水调和糯米浆（S-R20）：将 300g 糯米粉加入 2760g 20℃水中搅拌均匀后备用。

2）100℃水调和糯米浆（S-R100）：将 300g 糯米粉加入 2760g 100℃水中搅拌均匀，降至室温备用。

3）100℃水煮糊化糯米浆（S-RG）：将 300g 糯米粉加入 3000g 100℃水中，然后持续用小火煮 30min，最后煮成糊化的糯米浆的质量为 3060g，降至室温备用。

1.5.5.1.3 糯米浆改性遗址土的制备

测定风干土样的含水率，按照试验测得最优含水率为 13.8% 加入定量的水分。称取 3 份 3kg 的土样分别加入不同方法配制的糯米浆，确保糯米粉末与遗址土质量比为 1∶100，拌制均匀后。将遗址土样与糯米浆拌匀后密封放置一昼夜，最后将养护后的糯米浆改性土装入 50mm×50mm×50mm 方形模具中，采用压样法制备模块试样。原状土压实度为 95%，干密度为 1.70g/cm^3，平行试样数量不少于 3 个，视试验项目而定应有备用试样 2～3 个，各组试样的密度与要求的密度之差不得大于 ±0.01g/cm^3。为试验方便分别简称遗址土模块为 S，20℃水调和糯米浆改性遗址土模块为 S-R20，

100℃水调和糯米浆改性遗址土模块为 S-R100，糊化糯米浆改性遗址土模块为 S-RG。试样在自然条件下放置 28d，结果见图 1-32。

图 1-32　部分测试试样照片

1.5.5.1.4　试验设备及试验方案

采用 SM-6701F 型冷场发射扫描电镜（日本电子光学公司，观察前样品在 60℃真空干燥后喷金）测试不同劣化条件下试样的形貌；采用 D/max-2400 型 X 射线粉末衍射仪（日本理学公司，辐射源为 Cu Kα，40kV，150mA，λ=0.15406nm）测定试样成分；采用 WDW-200 型微机控制电子万能压力实验机测试试样的抗压强度。将室内自然风干的 S、S-R20、S-R100、S-RG 试样完全浸没在水中，直至其坍塌，以样品保持成型、不坍塌的时间长短来研究试样的耐水性；用自制的水崩解仪测定各试样的崩解速率；将室内自然风干的 S、S-R20、S-R100、S-RG 试样在温度 25℃、相对湿度 90% 条件下放置 12h，然后在−30℃低温下冷冻 12h，继续在温度 25℃、相对湿度 90% 条件下放置 12h，如此反复融、冻 50 个循环后对试样进行抗压强度测试来研究冻融循环；温湿循环试验采用 ETH-1980-20-CP-AR 型恒温恒湿试验机，方法为室内自然风干的试样在恒温恒湿机内 100℃下加热 12h，然后在温度 25℃、相对湿度 90% 的条件下放置 12h，如此反复 50 个循环后进行抗压强度测试。将试样埋入 Na_2SO_4 含量为 10% 的土中不断进行干湿循环 4 次，其含水率用电子天平控制，最后通过观察试样的剥落量和测试试样的强度来评估盐对试样的破坏程度。

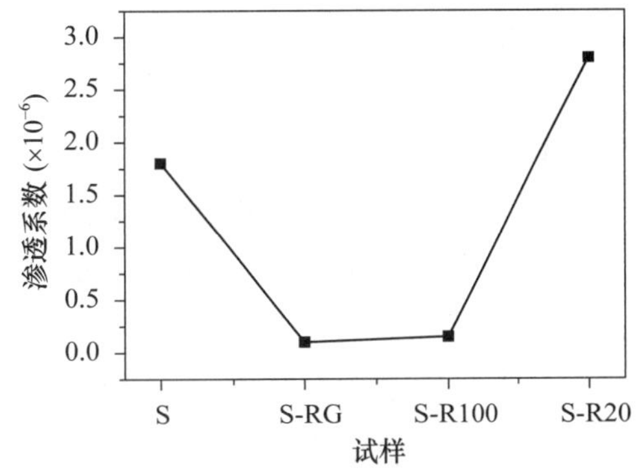

图 1-33　不同试样的渗透系数

1.5.5.2　试验结果分析

1.5.5.2.1　渗透系数测定

图 1-33 为 S、S-R20、S-R100、S-RG 四种样品的渗透系数，由图可以看出，渗透系

数由大到小的顺序为：S-R20＞S＞S-R100＞S-RG，即糊化糯米粉改性土后的渗透系数最小，说明遗址土被糊化糯米浆改性后结构更密实，相较其他方法，水很难渗透到内部去，因而性能更优良。

1.5.5.2.2 试样的耐水性测试

耐水性可有效评价试样的孔隙状态以及亲水性。图 1-34 为试样的耐水性测试，3 种试样在 1min 内都有一定的形貌，正方体结构清晰可见；而浸水 10min 后，S-R20 和 S-R100 两种试样有轻微的塌陷，S-RG 试样保持良好的正方体；浸水 30min 后，S-R20 试样完全塌陷，S-R100 试样有一定的塌陷，而 S-RG 试样保持良好。由此进一步说明糊化糯米粉改性土后，相比其他两种方法（S-R20 和 S-R100），结构更密实，渗水性更差，因而耐水性显著提高。

S-R20、S-RG、S-R100
（a）浸水 1min

S-R20、S-RG、S-R100
（b）浸水 10min

S-R20、S-RG、S-R100
（c）浸水 30min

图 1-34 不同时间内试样在水中的形貌变化

1.5.5.2.3 试样的水崩解测试

水崩解的主要反应机理是水分进入土样中，黏土矿物遇水发生膨胀而产生了膨胀力，黄土中具有亲水性的颗粒引起水膜楔入力在土颗粒表面的法向分力以及崩解颗粒的浮重力产生并增大。当三者的合力大于土颗粒之间的胶结力时，土样则发生崩离作用。随着气泡的逐渐增多，内部气泡溢出过程中由于压强减小，气泡体积增大，外部土颗粒之间的胶结力弱，气泡的膨胀力增长较快，就会发生迸离现象。随土样逐渐被充分软化，土样则呈黏塑或黏流态，在重力作用下试样向天然休止角过渡，则发生大块黄土解离现象。图 1-35 为不同试样的崩解速率随时间的变化，可以看出，100s 后崩解速率由大到小的顺序为 S＞S-R20＞S-R100＞S-RG，说明糊化糯米粉与土颗粒之间结合最牢固，结构更密实，空隙最小，水分子渗入内部的速率更慢，崩解速率最慢。

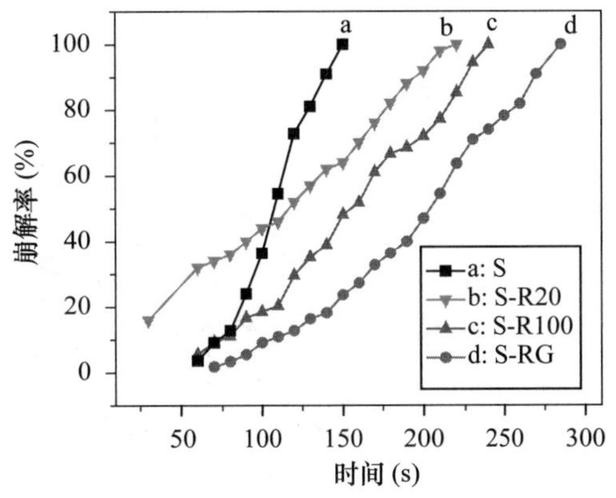

图 1-35　崩解率随时间的变化

试验发现，在每组试验刚开始，崩解发生得并不明显，此阶段是水分子进入试样内部与土颗粒接触的过程，水分子的进入多发生在微观过程，以毛细拉伸的形式使土内部微裂隙扩展，为宏观现象创造条件。在大约 1min 的时候，试样的崩解速率明显提升，S 以小块（或大块）形式开始从土样上掉落，而大块的掉落物在掉落后仍然持续分解成小块体。第 150s 左右，S 大幅度散落，崩解率迅速升到 100%，最先完成崩解过程。这是因为未改性的 S 在土样层与层之间主要以分子间作用力（范德华力）结合，且结合具有取向性，只能发生在层间，结合面积有限，各个方向的抗压强度不均。糯米浆改性土样之后，土样光滑的表面被较小的淀粉胶体颗粒网包裹。这种特殊的结构改变了土样层与层之间的结合方式，消除了土样层与层之间的结合取向性，增加结合面积，在外力作用下淀粉胶体颗粒通过氢键作用相互黏结形成更强的内聚力，结合得更均匀，所以试样 S-R20、S-R100、S-RG 随后依次崩解。由上述分析可知，土样崩解过程分为：土样水分饱和之前，土样吸水使自身重量增加；水分进入土内部后对内部气体产生的驱逐力和土颗粒在水的浸润作用下发生膨胀的过程导致土样局部崩解的发生；土样水分饱和之后土样内部非水稳性胶结键在水分浸润下削弱和断裂。

1.5.5.2.4　试样的无侧限抗压强度

无侧限抗压强度是评价试样力学性能的重要指标，是试样物理力学性能的集中体现，能够准确反映试样的力学性能与加固材料掺量的关系，而且又便于操作。因此，选择无侧限抗压强度作为试样力学性能的表征。

（1）温湿循环对抗压强度的影响

图 1-36 为不同样品在 50 次温湿循环后的无侧限抗压破坏情况，图 1-37 为温湿循环对抗压强度的影响，可以看出，循环 50 次后，抗压强度由小到大的顺序为：S＜S-R20＜S-R100＜S-RG，说明糊化糯米改性土的抗压强度最大。与最初的抗压强度相比，循环后各种改性土的抗压强度稍有增大，说明适当的温湿循环有助于提高糯米改性土的抗压性能。

（2）冻融循环对抗压强度的影响

由图 1-38 可以看出，冻融 50 个循环后，糊化糯米浆改性土的抗压强度最大；另外，由图还可以看出，冻融循环后抗压强度相比冻融前下降极大。这是因为改性土在冻融环境下发生的损伤与其层理结构密切相关，随着冻融次数的增加，冻胀力的作用

图 1-36　样品 S（a）、S-R20（b）、S-R100（c）和 S-RG（d）在 50 次温湿循环后的抗压试验

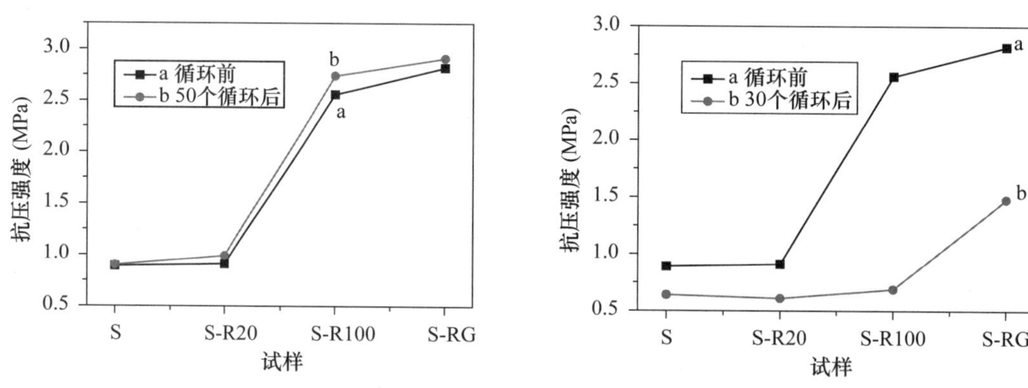

图 1-37　不同试样在温湿循环前（a）和 50 次温湿循环后（b）的抗压强度变化

图 1-38　不同试样在冻融循环前（a）和 50 次冻融循环后（b）的抗压强度变化

不断显现，冻结过程中冰晶冻胀力破坏土体结构，融化时结构不可恢复，反复冻融导致土孔隙中冰 - 水相变体积膨胀，局部微孔隙应力集中，造成试样骨架连接方式发生转变，由面 - 面接触转变为点 - 面、点 - 点接触，导致改性土表面剥落、开裂现象明显。多孔材料的孔隙度越小、结构越致密，其力学性能也就越好。致密的结构使水分很难进入到改性土的内部，使糊化糯米改性土具有较低的吸水率，提高了试样的耐冻融性。

（3）Na_2SO_4 盐害腐蚀对抗压强度影响

耐盐性是评价改性土的重要指标。水与易溶盐对试样的破坏作用主要是由于盐分反复溶解结晶造成的体积变化，进而对试样产生破坏作用。硫酸钠随毛细水迁移至试样内，经过反复的吸盐—干燥，使盐分在试样内反复溶解结晶，通过观察测试试样的变化情况，进而评价不同配比糯米浆加固黄土的耐盐破坏性。图 1-39 为试样埋入 Na_2SO_4 含量为 10% 的土中不断进行干湿循环 4 次后形貌的变化。可以看出，盐分的循环溶解结晶对试样的结构有严重的破坏作用，不仅使试样有一定的质量损坏，同时破坏了土颗粒的结构。糊化糯米浆改性土（S-RG）在 4 个循环后形貌基本保持不变，说明糊化糯米浆改性土受盐腐蚀相对较小。这是因为试样经过循环盐析试验后其破坏特征具有一定的规律。S-R20 试样在循环盐析试验时试样在吸盐水后被软化，底部发胀，结束后试样轻微掉土，表面有盐分析出结晶，表面硬壳鼓胀，如图 1-39B 所示。S-R100 试样破坏形式相似，表面硬壳脱落，棱角被盐结晶破坏，土呈粉状脱落，如图 1-39C。S-RG 试样破坏最小，如图 1-39。试样的破坏形式说明盐分的溶解与结晶破坏了土颗粒之间的胶结能力，使土呈粉末状破坏。由于在干燥时试样的水蒸气从试样表面蒸发，所以试样上部破坏严重，这与土遗址的掏蚀病害形成原理类似，毛细水只能上升一定的高度，在土遗址底部蒸发，使土遗址底部盐分聚集结晶，然后又经过

A. 试验前

B. 试验中

C. 循环 4 次试验后

图 1-39　不同试样在 Na_2SO_4 作用前（A）、作用中（B）和 Na_2SO_4 作用循环 4 次后（C）的形貌变化

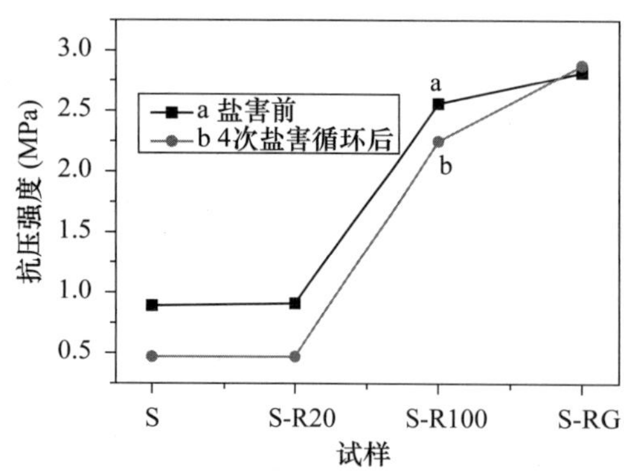

图 1-40　不同试样在盐作用前（a）和盐作用腐蚀循环 4 次后（b）的抗压强度变化

循环结晶与溶解，从而产生底部的破坏。

图 1-40 为经过 4 次反复的吸盐干燥后，试样的无限抗压强度的变化。可以看出，糊化糯米改性土抗压强度最大。这是因为盐分在循环盐析的过程中经过反复的溶解与结晶，由于盐分结晶时造成盐胀，溶解时体积减小，经过反复作用破坏了试样颗粒间的胶结能力，使试样的结构遭受破坏，抗压强度大幅度减小。对于糊化糯米浆改性土由于硬度较大，强度增加，结构更加紧密，空隙较小，盐分很难进入试样内部，盐分的反复溶解结晶仍然破坏不了糊化糯米改性土的颗粒结构，使试样的抗压强度较大。由此说明糊化糯米改性土具有耐盐性。

1.5.5.3　讨论

为了进一步说明糊化糯米浆改性土的性能最优的原因，对不同劣化后的试样进行了 SEM 形貌表征。图 1-18 分别为放大 30000 倍下遗址土（a）、糯米粉末（b）、糊化糯米粉（c）以及放大 70000 倍下糊化糯米粉（d）的 SEM 形貌。从图可以看出，遗址土（a）颗粒较大，表面光滑；糯米粉颗粒（b）表面粗糙，且长有大小不一的乳状凸起，这些小凸起的数量和在表面上的分布都不一致，且凸起与凸起之间界限模糊，呈海岛状结构，团聚相当严重。糯米粉末糊化后（c，d），颗粒呈现尺寸均匀的小球，小球直径约为 20～25nm，颗粒与颗粒之间界限分明，颗粒均匀、整齐、有序地排列。这是由于糯米粉末与水在加热糊化的过程中，水分子逐渐进入糯米粉末中的淀粉颗粒内的结晶区域，淀粉颗粒内结晶区域则由原来排列紧密的状态变为疏松状态，使得淀粉的吸水量迅速增加且在水溶液中得到充分的扩散，淀粉颗粒的体积也由此急剧膨胀，当其体积膨胀到一定限度后，淀粉颗粒出现破裂现象，颗粒内的淀粉分子向各方向伸展扩散，溶出颗粒体外形成单分子，并为水所包围而成为溶液状态，由于淀粉分子是链状甚至分支状，彼此牵扯，结果形成具有黏性的糊状溶液扩展开来的淀粉小球分子之间会互相联结，形成一个由含水的球状淀粉分子胶体组成的网。

图 1-41 分别为放大 30000 倍下的 S-R20（a）、S-R100（b）、S-RG（c）以及 S-RG 放大 50000 倍（d）试样的扫描电镜。从图可以看出，S-R20（a）的表面只有极少部分被糯米中的淀粉胶体颗粒网包裹，由于糯米粉末中的淀粉没有被糊化，淀粉分子在水溶液中溶解度较低，几乎没有扩散，土层与土层之间的取向力仍然存在，仅有被淀粉胶体颗粒网包裹的土颗粒之间才形成较强的黏结力。S-R100（b）的表面只有局部被淀粉胶体颗粒网包裹，且淀粉胶体颗粒不均匀，说明沸水只能使一部分糯米中的淀粉糊化形成淀粉胶体网络结构。糯米糊化后改性遗址土 S-RG（c，d）中，土样光滑

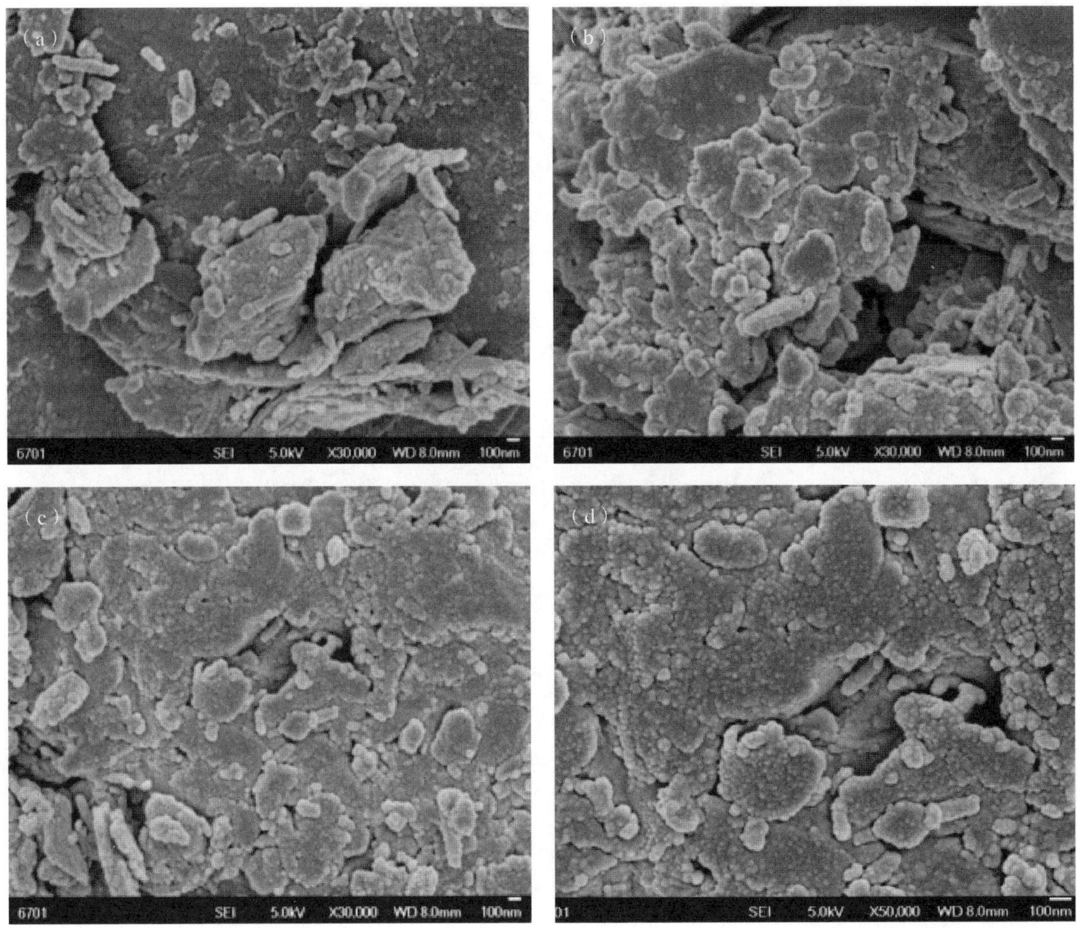

图 1-41　放大 30000 倍下的 S-R20（a）、S-R100（b）、S-RG（c）以及 S-RG 放大 50000 倍（d）的扫描电镜

的表面被糊化扩散开来的、分布均匀且尺寸均一的淀粉胶体小球颗粒被网状结构包裹，它们互相联结、缠绕，形成一个微纳米复合材料。这种特殊的结构，消除了土样层与层之间的结合取向性，增加结合面积，形成更强的内聚力。

图 1-42 为 50 个温湿循环后 S（a）、S-R20（b）、S-R100（c）和 S-RG（d）的 SEM 形貌，可以看出，S（a）、S-R20（b）和 S-R100（c）试样循环后，颗粒呈现片状结构，分布杂乱无章，颗粒之间存在较大的空隙。而 S-RG（c）试样循环后颗粒之间比较密实，颗粒之间的空隙较小，颗粒与颗粒之间的界限模糊，说明糊化糯米粉的加入可以与遗址土生成更加紧密的结构，而这种结构的兼容性、机械强度和柔韧性增大，是糊化糯米改性土强度增大、空隙减小的原因。正是这种结构，导致在温湿循环时式样破坏最小的原因。另外，与原试样相比，50 个温湿循环后三种试样的抗压强度略微上升，原因可能是温湿循环给糯米试样创造了更好的黏合条件。

图 1-43 为冻融循环 50 次后 S（a）、S-R20（b）、S-R100（c）和 S-RG（d）的 SEM 形貌。可以看出，50 个冻融循环后，S（a）、S-R20（b）、S-R100（c）颗粒表面松散，分布均匀，空隙较大，而 S-RG（d）试样颗粒与颗粒之间较密实，空隙较

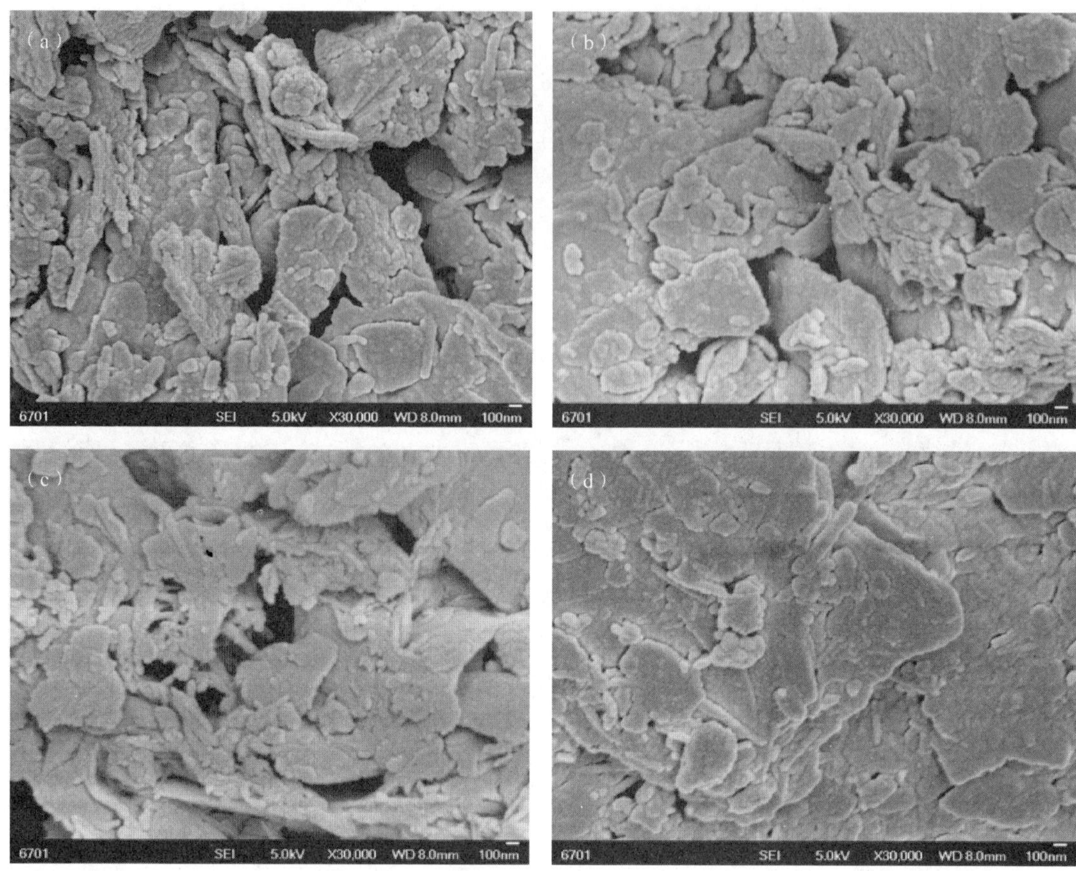

图 1-42 温湿循环 50 次后 S（a）、S-R20（b）、S-R100（c）和 S-RG（d）的扫描电镜

小，说明冻融循环对 S-RG（d）破坏较小。另外，图 1-38 发现，S-R20、S-R100 的抗压强度下降明显，这是因为冷冻过程中冰晶冻胀力破坏土体结构，融化时结构不可恢复，反复冻融导致土孔隙中冰 - 水相变体积膨胀，破坏了土颗粒之间的黏聚力，导致空隙增大，抗压强度下降。而 S-RG 由于结构密实，致密的结构使水分在冻融循环中很难进入到改性土的内部，导致试样破坏较小，因而使糊化糯米改性土具有较高的抗压强度。

图 1-44 为 Na_2SO_4 和 S、S-R20、S-R100、S-RG 以及盐腐蚀干湿循环四次后（土样分别表示为 S′、S-R20′、S-R100′、S-RG′）的 XRD 图谱。从图可以看出，相比较于 S，经硫酸钠干湿循环过的 S′ 在 19.12°、32.22°、33.90°、48.83°、54.70°、55.27° 出现 6 个新峰，这些峰与 Na_2SO_4 特征衍射峰相同。另外，相比较于 S-R20，经硫酸钠干湿循环过的 S-R20′ 在 19.12°、32.22°、33.90° 处出现 3 个新峰，这些峰与 Na_2SO_4 特征衍射峰相同；在 S-R100 和 S-RG 经硫酸钠干湿循环后并没有出现有硫酸钠的特征峰。上述结果说明，S 和 S-R20 更容易受到盐的侵蚀，可能是因为 100℃ 拌制和糊化改性土中糯米的加入使得试样中孔隙增密并且分布更加均匀，阻止了 Na_2SO_4 的迁移和扩散，提高了改性土的抗硫酸钠侵蚀能力。

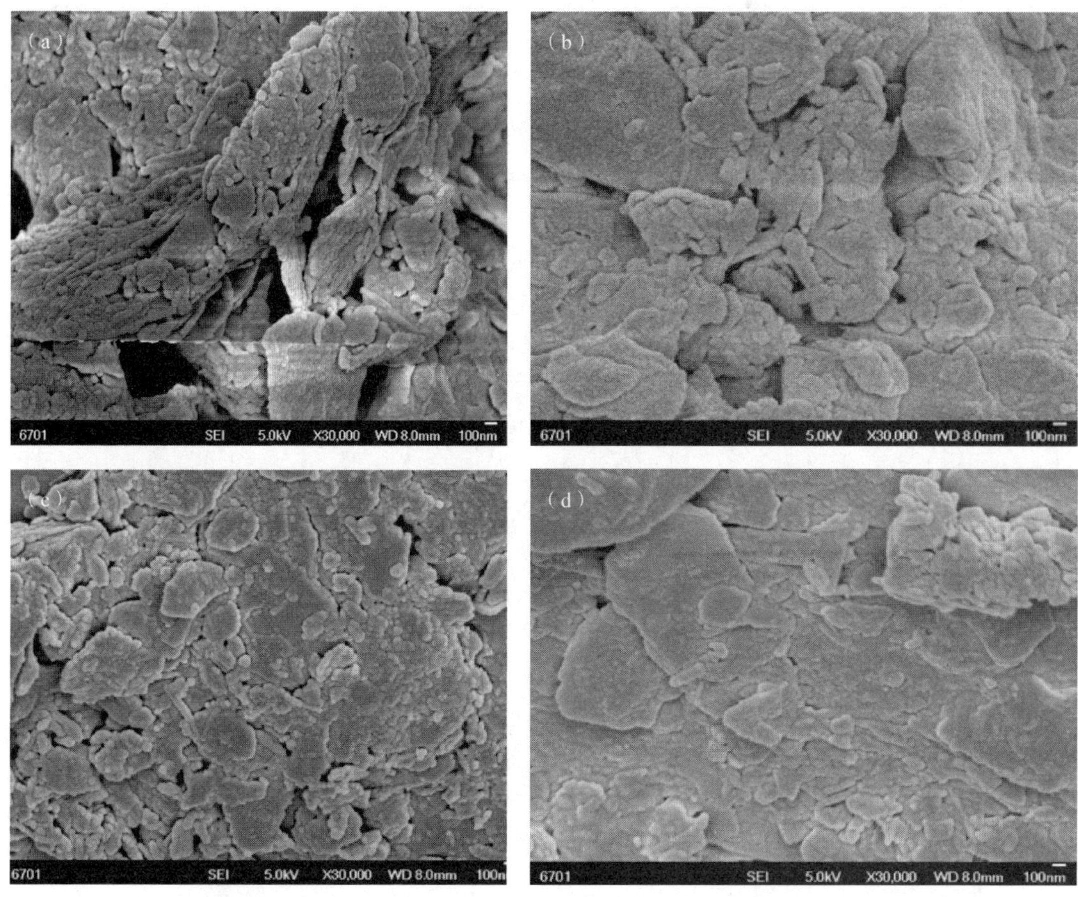

图 1-43　冻融循环 50 次后 S（a）、S-R20（b）、S-R100（c）和 S-RG（d）的 SEM 形貌

研究证明，硫酸盐对试样的侵蚀主要是物理侵蚀，侵蚀破坏的实质是硫酸盐从外部环境中通过毛细孔和裂缝扩散或渗透并进入土样内部，土样孔隙如果既致密又均匀可以提高抗硫酸盐侵蚀能力。而土样的孔隙率及其分布与试样原料及其配比、试样密实成型工艺、养护制度等多种因素有关。此外，土样所受的荷载及干湿循环、流水冲刷等其他因素都可以通过影响土样的孔隙结构而间接地影响土样的抗硫酸盐侵蚀能力。盐腐蚀土样的 SEM 谱图见图 1-45。可以看出，与硫酸钠未处理前相比，S′、S-R20′ 和 S-R100′ 试样呈现明显的海岛状，颗粒与颗粒之间有很多空隙，且空隙较大，表面松散；S-RG′ 试样表面密实，表面有很小的凸点，结构更加致密，加上糯米淀粉的黏结和协同作用，使改性土整体密实而导致强度大为提高。另外，从图 1-39C 可以看出，4 次盐作用循环后，只是给试样表面造成腐蚀性破坏，试样并未开裂，说明盐腐蚀只能由表及里逐渐破坏。而 S-RG 由于结构密实，盐离子很难在短时间内进入到试样内部去，因而破坏较小。从图 1-18 也可以看出，S-RG 糊化糯米浆改性土结构更加紧密，空隙较小，盐分很难进入试样内部，盐分的反复溶解结晶仍然破坏不了糊化糯米改性土的颗粒结构，使试样的抗压强度较大。这主要是因为在 10% 的高质量分数 Na_2SO_4 侵蚀环境中，当含硫酸钠的掩埋土处于干状态时，掩埋土中的水分迅

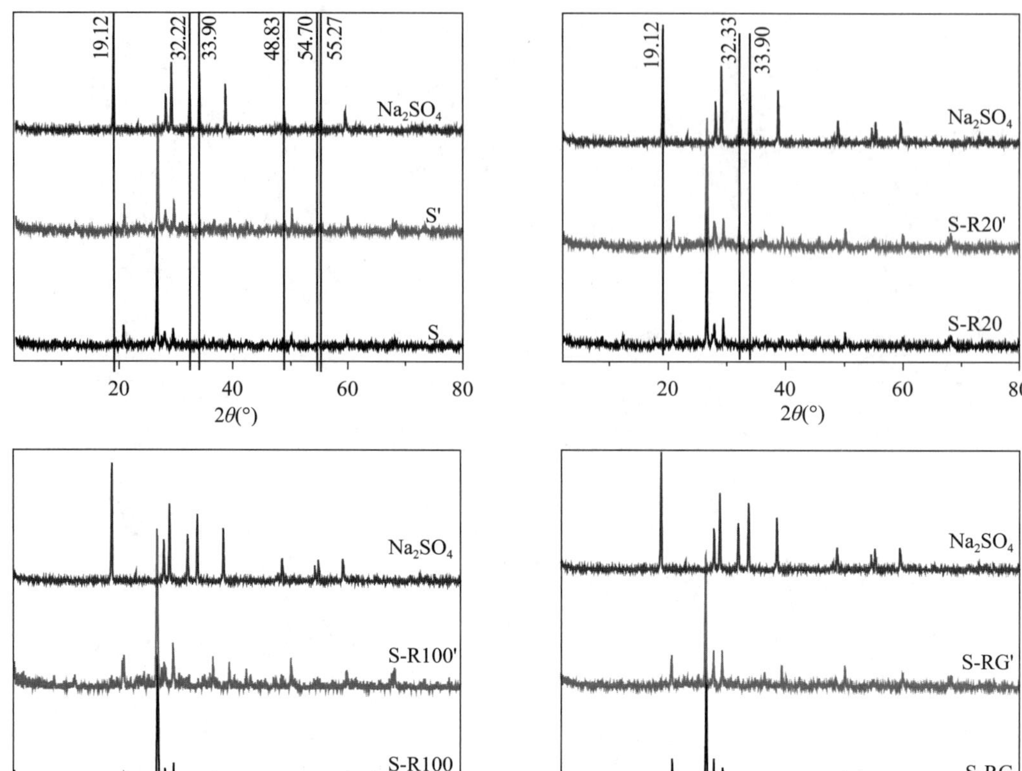

图 1-44　Na_2SO_4 和 S、S-R20、S-R100、S-RG 以及 4 次盐腐蚀干湿循环后四种土样（分别表示为 S′、S-R20′、S-R100′、S-RG）的 XRD 图谱

速蒸发，掩埋土内的盐溶液达到过饱和便会有盐析出，同时发现测试样品的四个侧面也有盐附着，可能在掩埋循环过程中硫酸钠侵蚀进入了试样内部，一旦达到过饱和便在试样周围表面有盐分析出，再吸水后形成 $Na_2SO_4 \cdot 10H_2O$，体积膨胀，在试样内部形成结晶压力，会引起试样膨胀开裂，而干湿循环作用使得试样中侵蚀损伤反复进行并不断累积。盐类的破坏类型分为三类：结晶压力、水合压力和微分热膨胀。有证据表明，在表面附近结晶压力是主要的危害因素。

糯米浆改性土样之后，土样光滑的表面被较小的淀粉胶体颗粒网包裹。这种特殊的结构改变了土样层与层之间的结合方式，消除了层与层之间的结合取向性，增加结合面积，在外力作用下淀粉胶体颗粒通过氢键作用相互黏结形成更强的内聚力，结合得更均匀。也正是这样的结构导致土块对盐侵蚀的抵抗力增强，可以看到图片 S-R20′ 相对于 S-R20、S-R100′ 相对于 S-R100、S-RG′ 相对于 S-RG 基本保持了原来的微观形貌，说明在不断的干湿循环中硫酸钠并没有像 S 那样对改性土 S-R20、S-R100、S-RG 造成较大的侵蚀。

总之，糊化糯米浆改性土后，材料的抗压强度增加，兼容性、机械强度和柔韧性增大，渗透性减小，导致其改性土后的耐水性增大、水崩解速率降低，温湿循环、冻融循

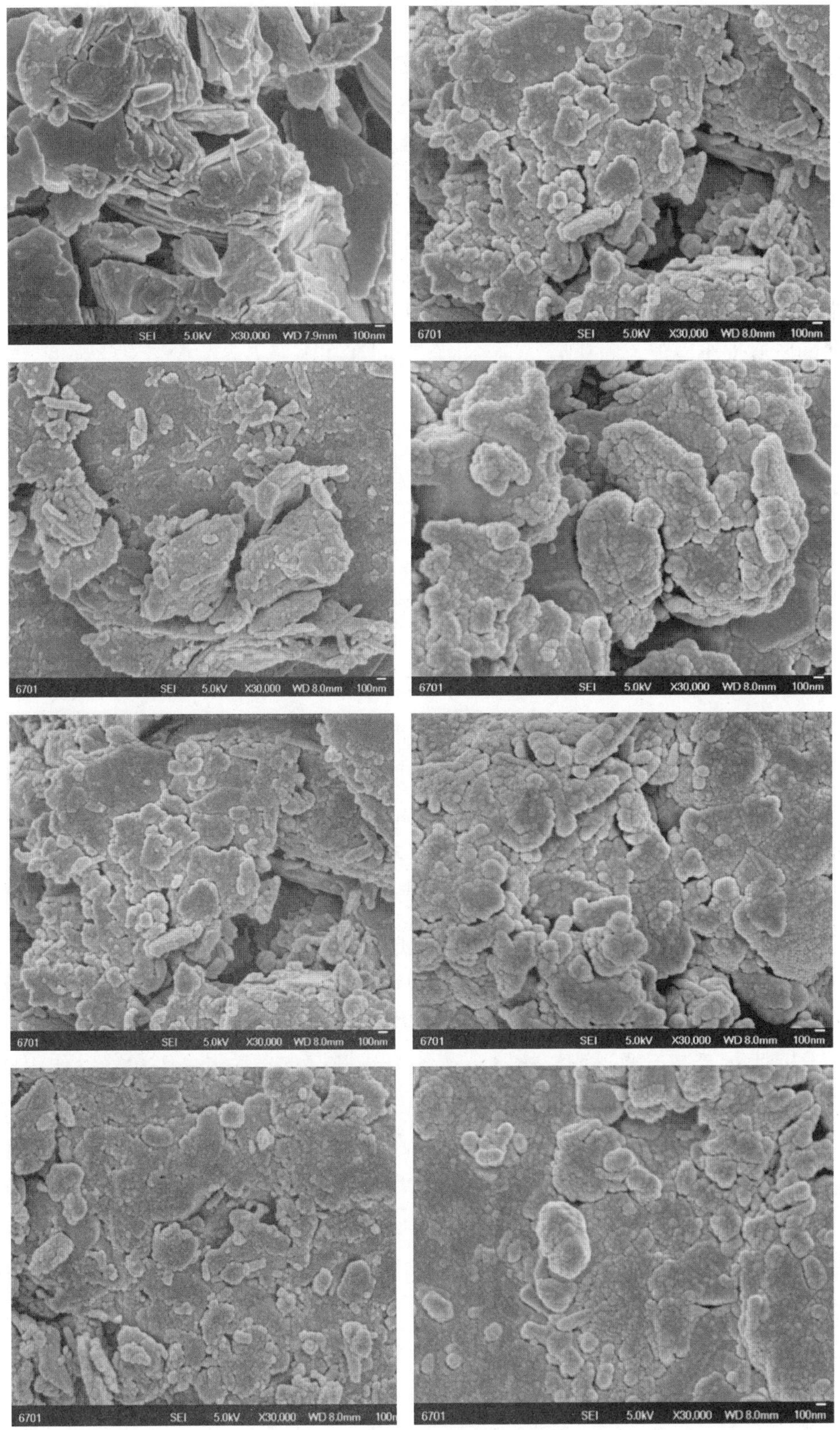

图 1-45　S、S-R20、S-R100、S-RG 以及 4 次盐腐蚀干湿循环后四种土样（分别表示为 S′、S-R20′、S-R100′、S-RG）的 SEM 形貌

环和盐腐蚀能力显著提高。这主要是因为在糊化糯米浆中，水是载体，水载着一些物质慢慢地润湿土并浸入到土颗粒内。当糯米浆中的水分消失后，糯米浆中的高分子体就依靠相互间的内聚力，将土颗粒和糊化糯米后的高分子颗粒通过分子间作用力紧紧得结合在一起，形成胶合层。另外，土颗粒分子与糯米浆中的淀粉分子之间也可形成交联的三维网络结构。同时，糊化糯米浆本身脱去溶剂水后，糯米浆分子之间也形成牢固的交联结构。土颗粒表面与糯米浆之间是黏着力，是分子间作用力，这是一个物理作用，但是拉断却需要破坏化学键。所以古人用糯米天然高分子做灰浆黏合剂显然更合适，因为其本身带有分子间作用和氢键，从而加强作用力。同时，微小的糯米颗粒还可以填补土颗粒之间的所有细小空隙。固化后，淀粉内部之间存在内聚力，赋予了黏结强度。糊化糯米和土之间的作用除分子间作用（范德华力）和氢键，还包括分子间缠绕的摩擦力，这是高分子特有的现象。因为糊化过程中，糯米中的淀粉与水发生化学反应，淀粉通过糊化和水解产生足够的羟基，所以水的作用不仅是增加流动性，而且水在其中参与化学反应并固化的作用比流动性更大。糊化糯米浆和土混合均匀，随着黏土水分的流失，土颗粒固化更加均匀而彻底。当然如果糯米只是在水中部分溶解，类似于乳液状态，这个方法改性土性能如同 100℃调和糯米浆改性土一样，其基本物理力学性能不好。

1.5.5.4　小结

针对我国西北干旱环境土遗址快速损毁消失且缺乏科学有效保护的现状，基于传统糯米灰浆对古城墙进行修复的原理和土遗址建筑的特殊性，我们提出了用糯米浆原位改性遗址土来修复和加固被破坏的土遗址的方法。本研究采用不同方法将糯米浆加入遗址土中制备得到糯米浆改性土，测试了耐水性和水崩解速率，考察了冻融循环、温湿循环、Na_2SO_4 盐害腐蚀对糯米改性土抗压强度的影响，并用 SEM 对土颗粒的形貌、孔隙特征和颗粒间的接触关系进行分析比较。结果表明，糊化糯米浆改性土的耐水性能最好，在 50 次冻融循环、温湿循环和 4 次 Na_2SO_4 盐害腐蚀循环后，糊化糯米浆改性土的强度最高。糊化糯米浆具备了纳米材料的特性和胶体、溶液流动性的特质，并含有大量羟基，通过润湿性、范德华力、氢键、交联包裹等黏着力作用使土颗粒表面与糯米浆中淀粉分子之间互相锁扣，相互黏结形成较为质密的结构和更强的内聚力，从而提高遗址土的强度，降低其在水中的崩解性。SEM 观察发现，糊化糯米中的纳米级淀粉支链分子很好地渗透至土颗粒的表面并包裹土颗粒，形成致密的微乳凸结构胶凝体。这种微乳凸结构可以用来防潮防水、防污染、抗氧化。由于纳米级的糊化糯米浆很好地分散至土颗粒的表面并包裹土颗粒，形成易黏结的胶凝体，水蒸发后从而固化土颗粒，使得结构更加致密。

第2章　干旱环境下土遗址保护调查技术研发与集成

土遗址保存现状调查是土遗址保护加固的必要过程和前提条件。土遗址本体的测绘和载体地质情况的调查，是开展后续保护工作的基础，本体病害的发育统计调查是评估遗址保存状态的基本手段，也是后期加固设计的主要对象；而遗址土体的物理力学性质参数的获取，将为保护加固设计提供必要的参数。

依据土遗址现状调查中的难点和瓶颈问题，本章研究主要集中于如下几个方面：一是小型无人机及数码相机联合对土遗址本体进行快速测绘方法的研究；二是基于高密度电法、工程综合物探仪及探地雷达的综合物探对土遗址载体调查与评估方法的研究；三是基于色度仪、微波测试仪、电导率仪、高密度电法仪、改进砂浆回弹仪及改进砂浆贯入仪等无损和微损监测设备的本体现场物理力学性质快速获取方法研究；四是针对土遗址土微观结构、成分及基本物理力学性质的室内试验；五是基于以上研究的土遗址保护调查技术的集成。

2.1　土遗址快速测绘成像技术

2.1.1　技术原理

基于多视图立体匹配的三维重建技术通过两张或多张图像中的匹配像素来计算三维空间中文物表面的点的位置信息。其技术流程如图 2-1 所示，在相机标定部分解决相机的内外参数求解的问题，通过相机内外参数将图像空间中像素点和三维空间中的点关联起来，为后续的几何坐标计算提供必要的信息。图像空间特征提取过程是在图像的强纹理区域提取出特征明显的像素，有效地实现图像间的像素匹配，匹配的像素是三维空间中的同一个点的成像，利用标定好的相机的内外参数即可计算出与匹配像素相对应的三维点的位置。通过特征提取的过程只能计算出数量有限的三维点，利用点云扩充过程对已经计算出的点云进行扩充，来计算出更多的三维点云，同时过滤过程则对扩充过程产生的点云进行滤除。文物表面计算过程将点云数据转换成面片模型。

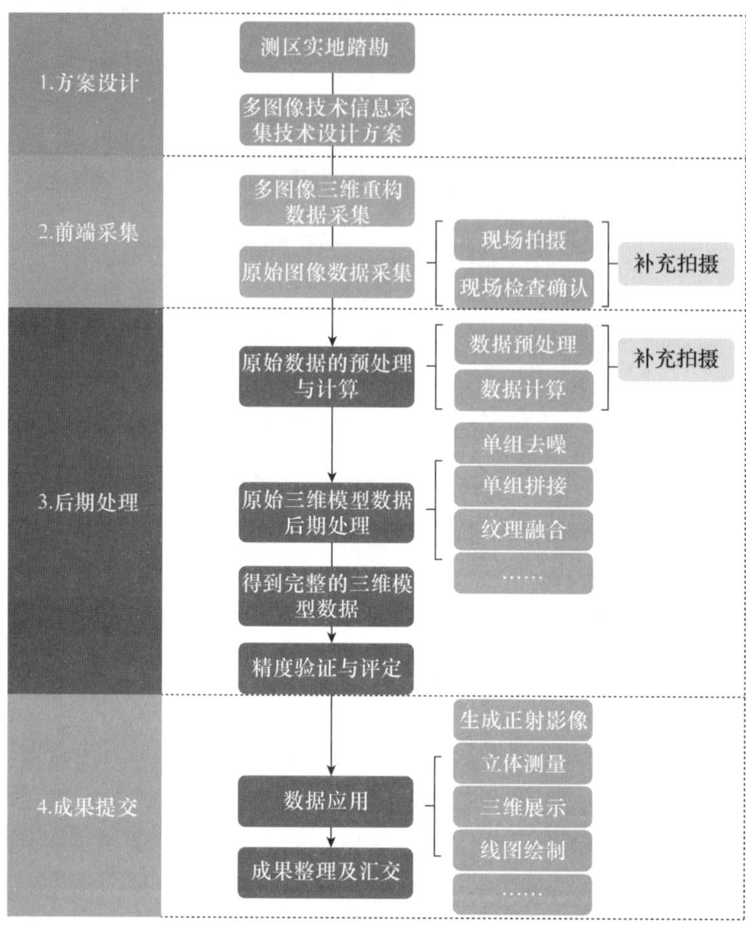

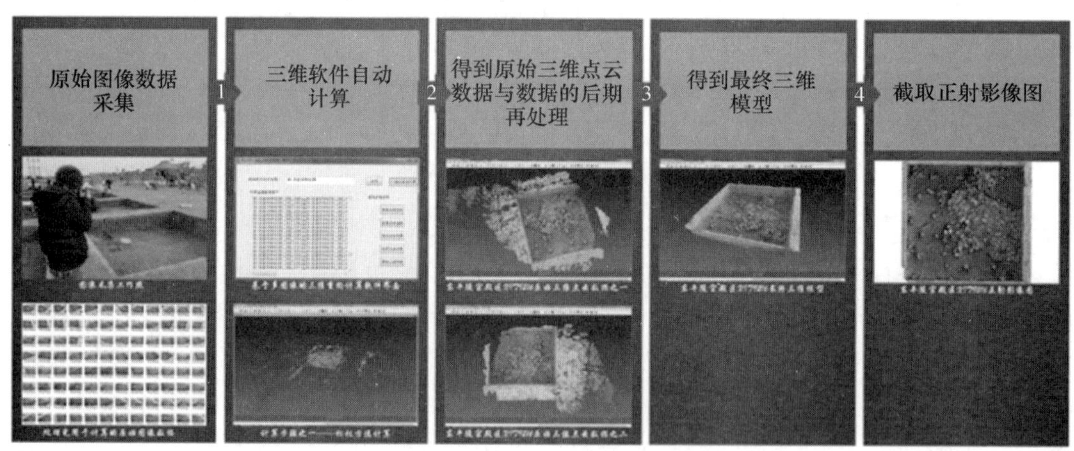

图 2-1　技术原理与技术路线图

2.1.2　原始图像数据的获取方法

2.1.2.1　地面照片采集

在理想状态下，基于多图像的三维重构数据宜围绕整个需要采集的场景均匀地拍摄若干照片，使整个场景中的相关内容能多角度、全方位地在图像上予以采集，确保数据除了客观因素的影响外，能尽可能重建整个场景的三维模型（图 2-2）。

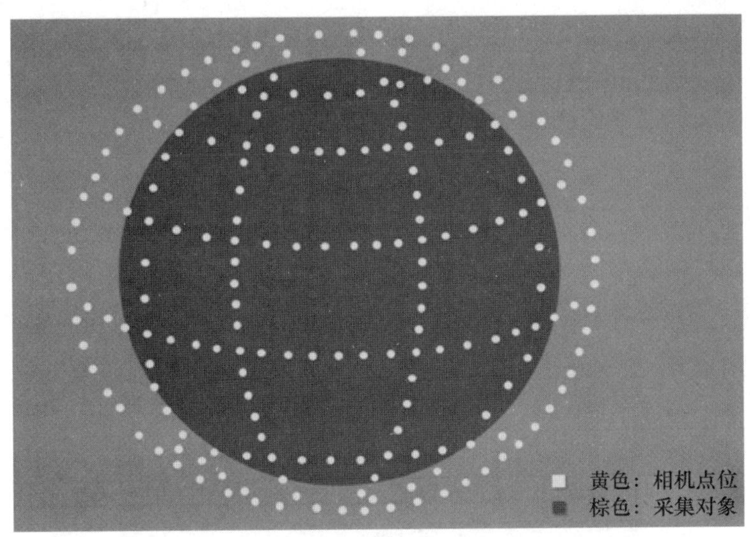

图 2-2　理想状态下相机点位的分布与扫描对象之间的关系

为了保证地面照片相对定向及绝对定向的精度，在照片拍摄过程中需要注意如下几项：

1）需要在光照良好的阴天进行拍摄，避免阳光直射；

2）在拍摄对象首尾插上测量标杆，并测量标杆之间的距离；

3）利用数码相机围绕对象拍摄一周，如图 2-3。每个点拍前角度、正角度、后角度三张照片，如图 2-4，前角度、正角度、后角度三个方向之间夹角约为 45°。相邻拍摄点之间正视拍摄重叠度大于 60%。

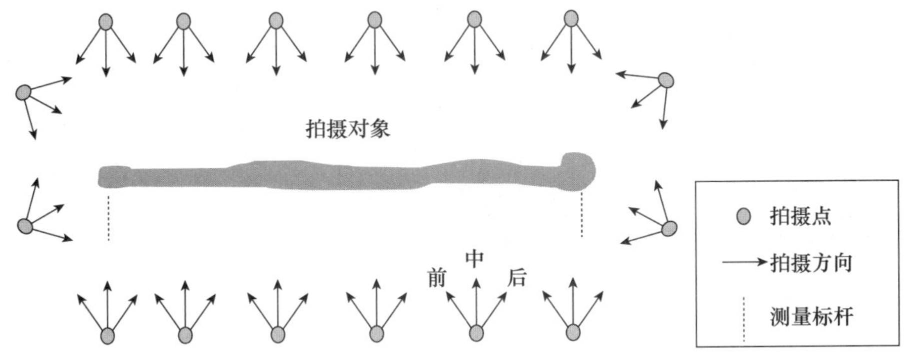

图 2-3　拍摄点与拍摄方向示意图（俯视图）

2.1.2.2　无人机航空影像采集流程

采集路线的设计需结合对象的实际情况灵活考虑，没有硬性规定。但总的原则是：更系统、有效、方便地采集相关数据，并且利于后期数据的检查（图 2-5）。

A. 前角度

B. 正角度

C. 后角度

图 2-4　拍摄相片样例

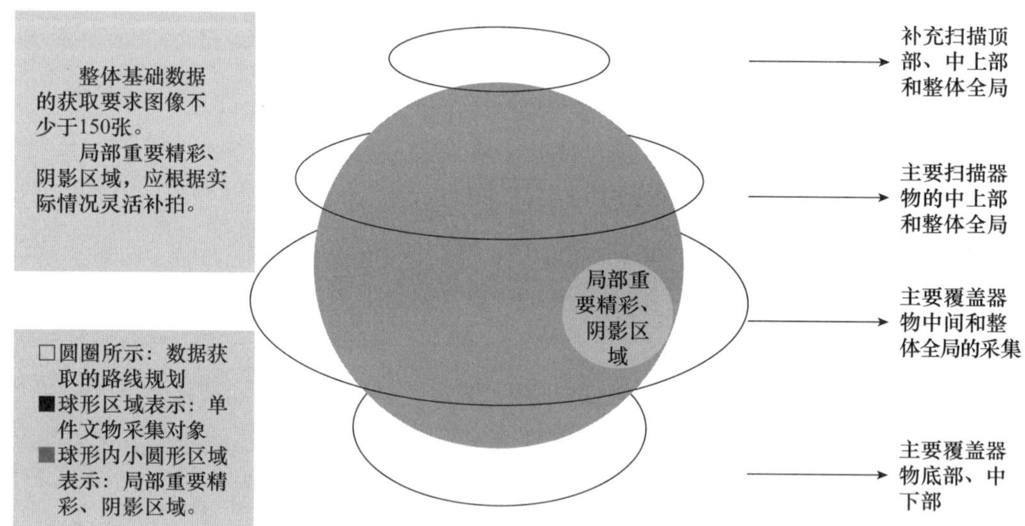

图 2-5　单体遗址整体基础数据获取路线规划

无人机航拍需要根据摄影测量中关于航空拍摄已经影像匹配和建模的精度要求，同时还要保证和地面影像的重叠。因此需要绕土遗址三圈进行采集，除了传统的垂直拍摄采集顶面数据以外，还需要补充采集遗址内外侧，无人机拍摄航线如图 2-6 所示。采集时需要注意：

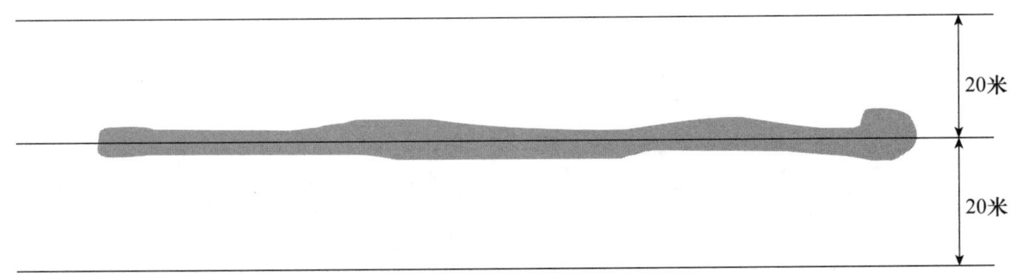

图 2-6　无人机影像获取航线示意图

1）相机倾角保持在 45° 角，如图 2-7 所示。

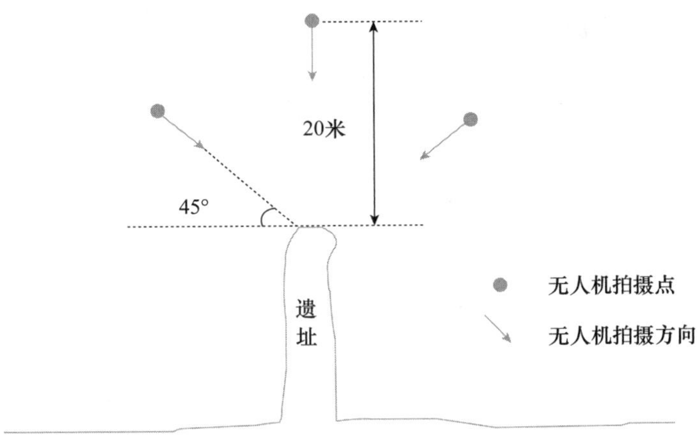

图 2-7　无人机影像获取拍摄点与拍摄方向示意图（侧视图）

2）连续拍摄的两张照片具有 50% 以上重叠。

3）同时应保证拍摄范围完整涵盖遗址的顶部和底部，如图 2-8 所示。

4）在外侧转角位置需要增加拍摄角度和密度。对于地面拍摄采集困难区域，可以通过无人机多角度拍摄以补充纹理。

5）内外侧飞行航线的高度和距离土遗址的宽度应根据拍摄对象的高度进行确定。根据经验，需要超出拍摄对象高度的 2 倍以上。航线距离遗址也应保证 2 倍以上的高度。

如在瓜州破城子土遗址的影像采集中，遗址主体高度为 8 米，因此使用的参数为航高超过土遗址 20m，两侧航线距离土遗址 20m。

2.1.3　应用实例

2.1.3.1　景泰龟城烽燧

2.1.3.1.1　数据的预处理

数据的预处理主要包括数据格式的转换和计算机自动预处理（图 2-9～图 2-12）。

2.1.3.1.2　数据后处理

数据的后处理主要包括点云去噪、网格化处理、网格医生精细处理和根据实体模

A．内侧

B．外侧

C．顶部

图 2-8　无人机数据采集图片示意

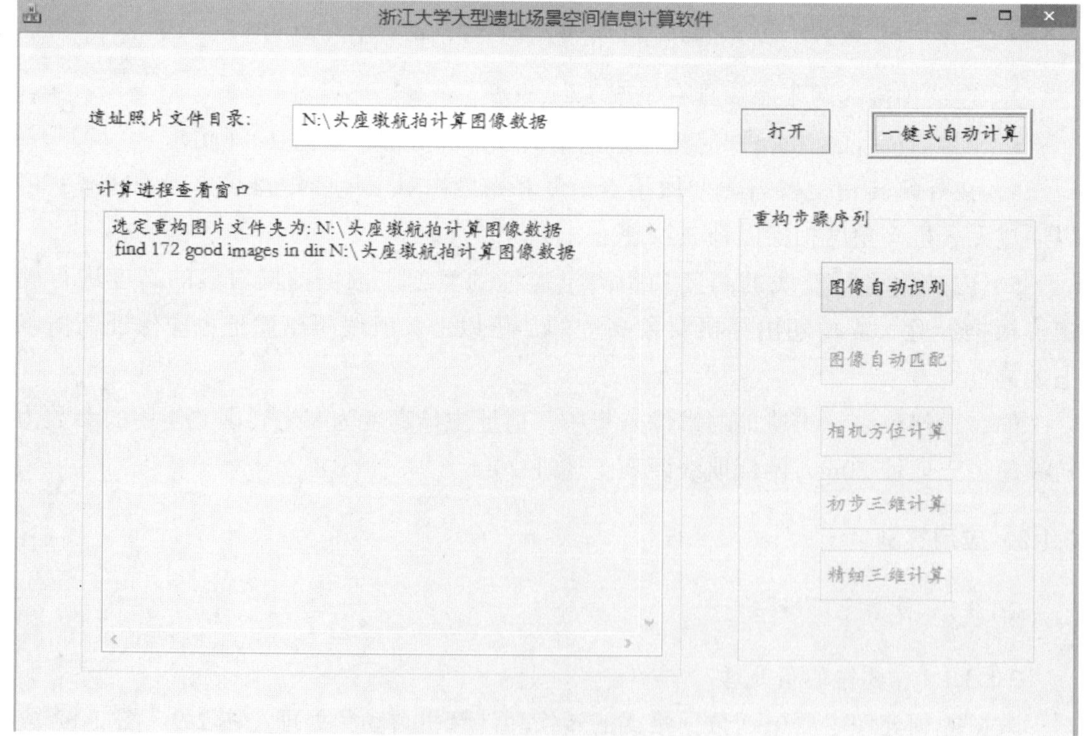

图 2-9　浙江大学一键式自动计算软件

models	2015/10/16 12:00	文件夹	
txt	2015/10/16 12:00	文件夹	
visualize	2015/10/16 12:01	文件夹	
bundle.rd.out	2015/9/24 14:00	OUT 文件	41,104 KB
cameras_v2	2015/9/24 14:00	文本文档	79 KB
centers-0000.ply	2015/9/24 14:01	PLY 文件	2 KB
centers-0001.ply	2015/9/24 14:01	PLY 文件	1 KB
centers-0002.ply	2015/9/24 14:01	PLY 文件	2 KB
centers-all.ply	2015/9/24 14:01	PLY 文件	7 KB
list	2015/9/24 14:00	文本文档	5 KB
option-0000	2015/9/24 14:01	文件	1 KB
option-0000-pmvs	2015/9/24 14:10	文本文档	5 KB
option-0001	2015/9/24 14:01	文件	1 KB
option-0001-pmvs	2015/9/24 14:15	文本文档	4 KB
option-0002	2015/9/24 14:01	文件	1 KB
option-0002-pmvs	2015/9/24 14:24	文本文档	5 KB
pmvs	2015/9/24 14:01	Windows 批处理...	1 KB
ske	2015/9/24 14:01	媒体文件(.dat)	1 KB
vis	2015/9/24 14:01	媒体文件(.dat)	10 KB

图 2-10　计算中间过程（计算出的三维模型在 models 文件夹中）

option-0000.patch	2015/9/24 14:11	PATCH 文件	173,374 KB
option-0000.ply	2015/9/24 14:10	PLY 文件	76,539 KB
option-0000.pset	2015/9/24 14:11	PSET 文件	63,985 KB
option-0000texture.ply	2015/10/8 15:26	PLY 文件	18,364 KB
option-0001.patch	2015/9/24 14:15	PATCH 文件	71,356 KB
option-0001.ply	2015/9/24 14:15	PLY 文件	34,854 KB
option-0001.pset	2015/9/24 14:15	PSET 文件	29,116 KB
option-0001texture.ply	2015/10/8 15:26	PLY 文件	8,331 KB
option-0002.patch	2015/9/24 14:25	PATCH 文件	183,373 KB
option-0002.ply	2015/9/24 14:24	PLY 文件	78,002 KB
option-0002.pset	2015/9/24 14:25	PSET 文件	65,253 KB
option-0002texture.ply	2015/10/8 15:27	PLY 文件	18,505 KB

图 2-11　计算结果格式为 ply 格式彩色点云文件

型提取文物正射影像图及相关剖面图（图 2-13～图 2-17）。

2.1.3.2　瓜州破城子

2.1.3.2.1　阴影影响测试

2.1.3.2.1.1　数据获取

使用尼康 D7100 配备 16～85mm 变焦镜头，将镜头焦距固定在 28mm，拍摄距离 20m，拍摄间隔 7～8m，每个拍摄位置拍摄三张（后、中、前），地面拍摄照片共 1331 张，分两天拍摄，未进行航拍。天气较好，因太阳的影响，造成阴影比较严重（图 2-18）。

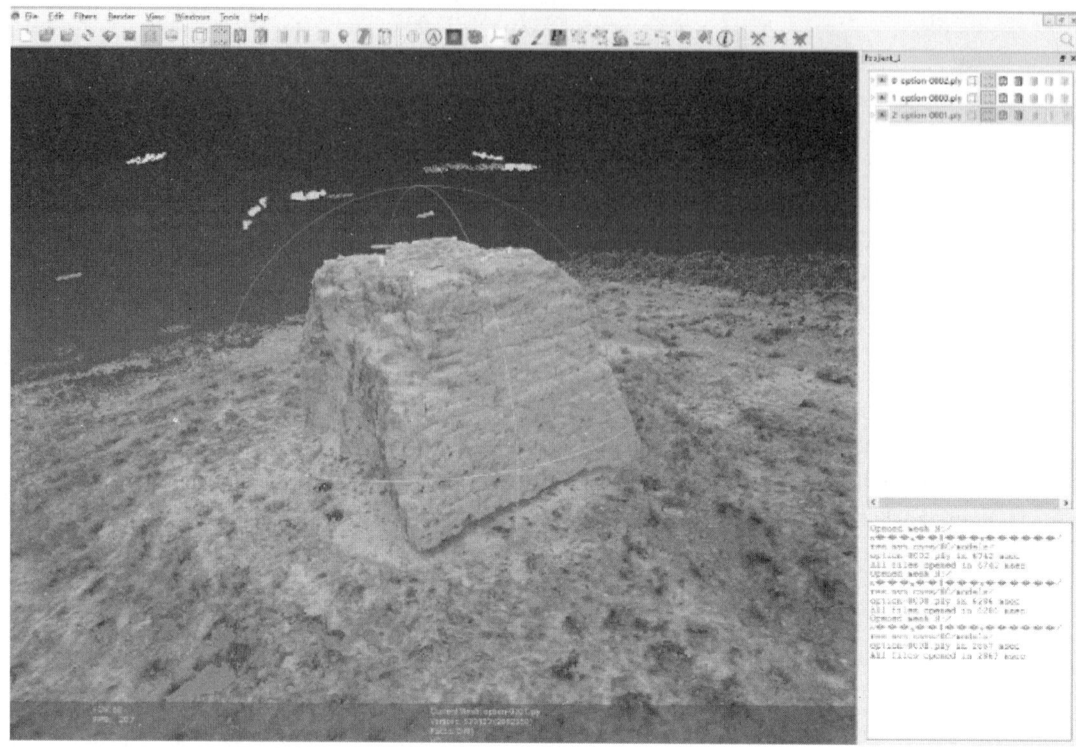

图 2-12　将计算文件导入到 meshlab 中可以查看到原始结果

图 2-13　点云去噪处理（去除周边多余噪点及非联接性点）

图 2-14　网格化处理（point_mesh）由每个点相互联接构成统一完整曲面模型

2.1.3.2.1.2　数据处理

使用 Photoscan1.2.5 软件对数据进行处理，得到空中三角测量（简称“空三”）结果如图 2-19 所示，其空三结果中缺失 3 区内墙、4 区内外墙，后用将精确度（Accuracy）调整为“中等（Middle）”后效果仍旧未改善。

由此可见，阴影部分导致整体空三结果中出现影像匹配错误，整体影像匹配失败，但是单个墙面匹配效果可用。

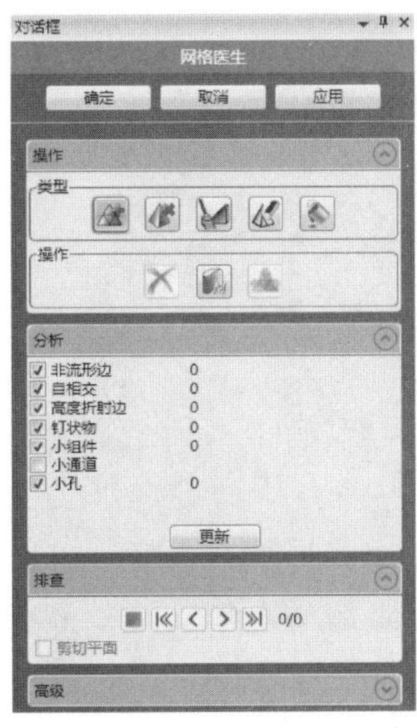

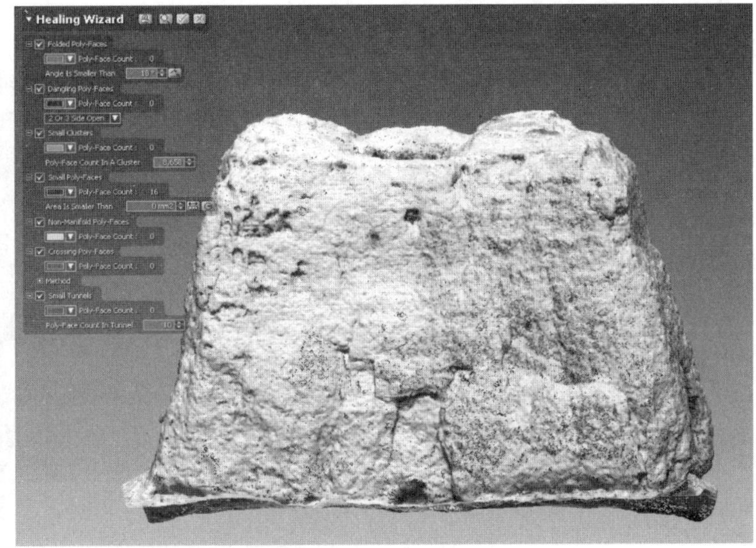

图 2-15　网格医生精细处理，得到的每个曲面都是规则完整模型

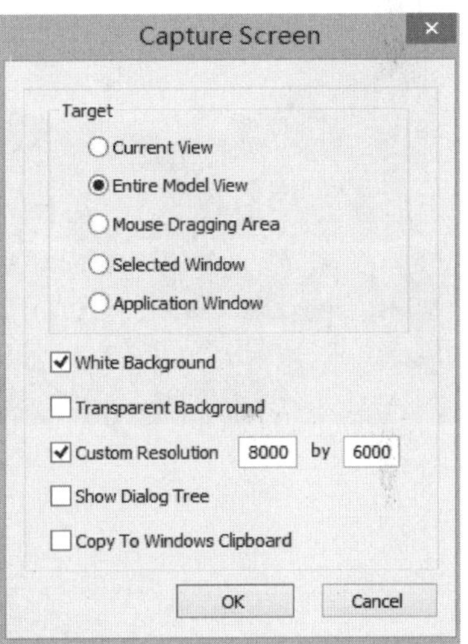

图 2-16　根据实体模型提取文物正射影像图及相关剖面图

2.1.3.2.2　多角度拍摄测试

2.1.3.2.2.1　数据获取

拍摄使用尼康 D7100 配备 16～85mm 变焦镜头和大疆精灵 3，将镜头焦距固定在 28mm，拍摄距离 20m，拍摄间隔 7～8m，每个拍摄位置拍摄三张（后、中、前），转角等位置进行多次拍摄。航拍正射一个航线，城墙内外两侧各倾斜 45° 两个航线。

地面拍摄照片共 2207 张（去除旁边小城后为 1632 张），地面拍摄时间 2.5 小时，航空拍摄照片约 486 张，航拍时间约 1 小时。天气多云，光照条件好，基本无阴影。

2.1.3.2.2.2　数据处理

2.1.3.2.2.2.1　地面照片处理

利用 Photoscan 软件单独对地面拍摄照片进行处理，其空三结果完整（图 2-20）。

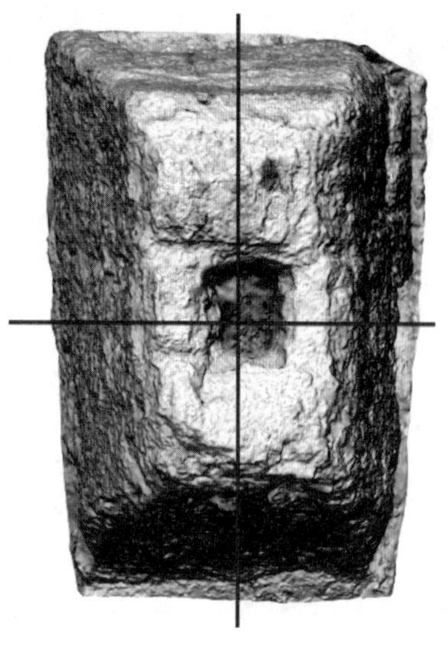

图 2-17　相关剖面图、正射影像图及剖线位置

图 2-18　有阴影照片

后利用 4 节点进行空三处理，三台计算机速度提升约 1 倍，精确度（Accuracy）设置为“低（Low）”，配对预选（Pair preselection）设置为“普通（Generic）”（图 2-21、图 2-22）。

通过软件处理后得到的三维纹理模型中可以看出，地面拍摄的照片由于受拍摄高度限制，对于墙顶表现较差。因此，下面结合航空拍摄的影像对地面缺失的部分进行补充。

图 2-19　第一次试验空三结果

图 2-20　第二次试验地面照片空三结果

2.1.3.2.2.2.2　航飞照片处理

如图 2-23 和图 2-24 所示，其空三结果完整，同时还补充了地面拍摄中墙顶和地面部分（图 2-25、图 2-26）。

可以从航飞模型中看出，航飞照片建模结果较为完整，但是由于相机及拍摄距离的影响，模型的纹理分辨率并不高。

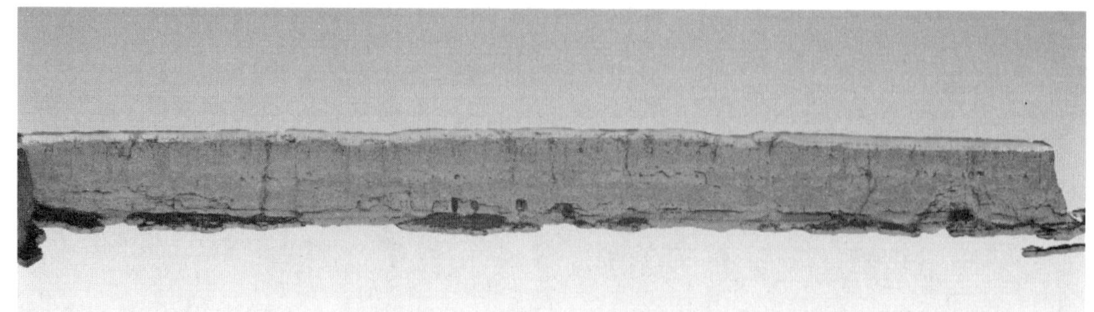

图 2-21　地面照片三维建模成果

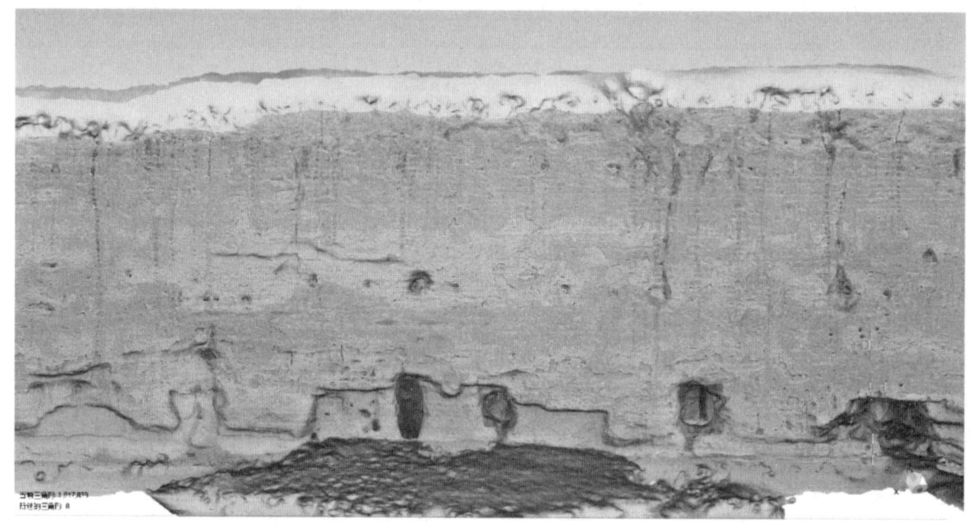

图 2-22　地面照片三维建模成果（局部）

Align Photos

General

Accuracy: Low

Pair preselection: Generic

Advanced

Key point limit: 40,000

Tie point limit: 4,000

Constrain features by mask

Adaptive camera model fitting

OK　Cancel

图 2-23　第二次试验航飞照片空三参数设置

图 2-24　第二次试验航飞照片空三结果

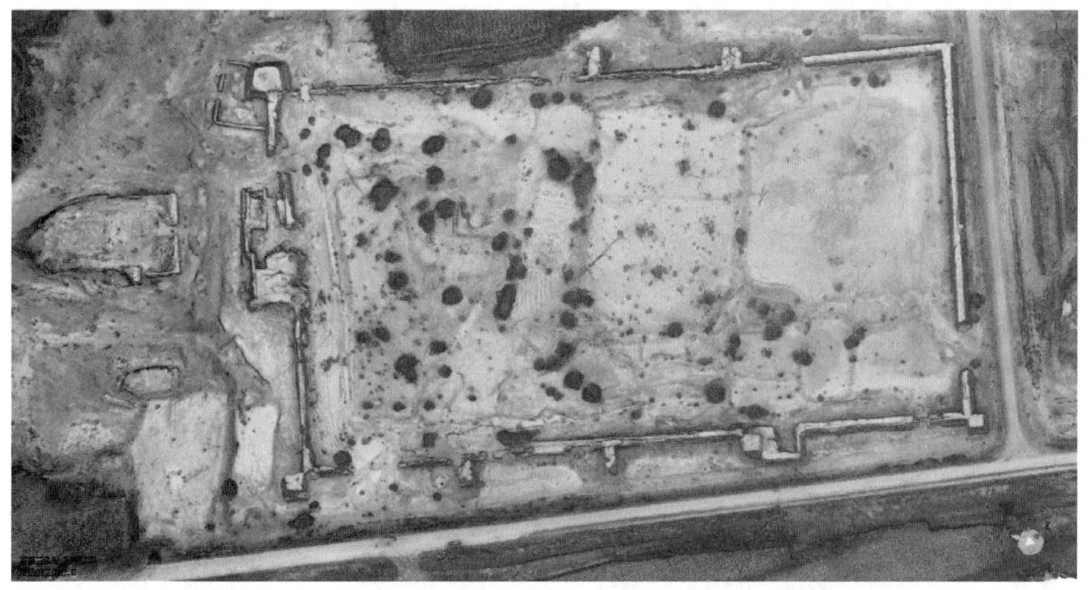

图 2-25　航飞影像三维建模成果

2.1.3.2.2.2.3　空地联合处理

地面拍摄容易丢失立面顶部的细节，而空中拍摄由于拍摄距离、拍摄角度和相机的原因，导致立面的分辨率较差。因此，为更好地利用两种数据的优点，利用photoscan 中的联合空三进行处理。建议在进行联合处理前人为删除各分组中照片匹配后空三点云中的噪声点。

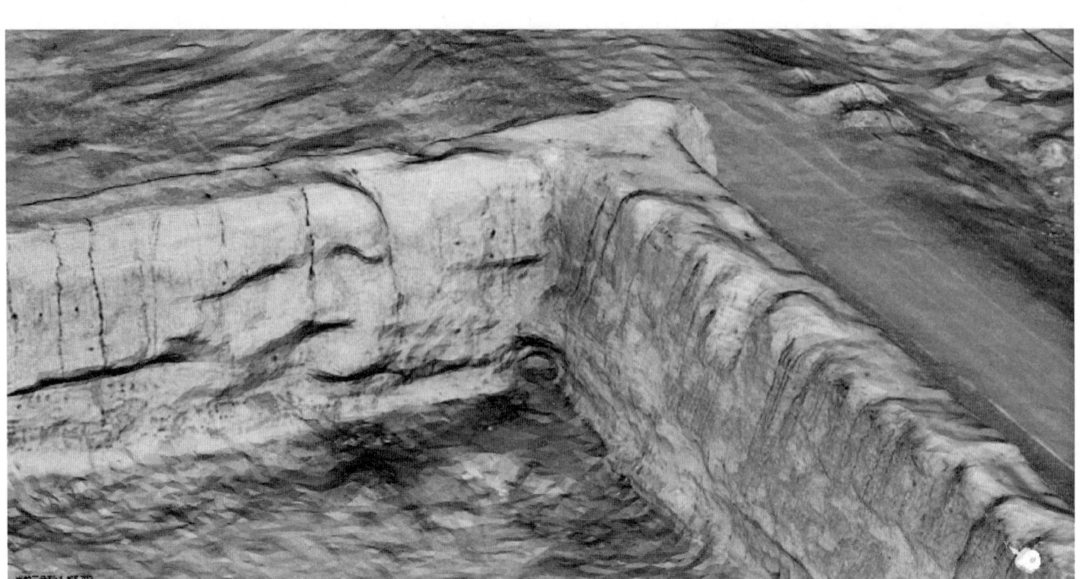

图 2-26　航飞影像三维建模成果（局部）

联合空三的处理，主要是利用软件中多组照片已有的控制点或特征点进行点云拼接（本例中使用各组中空三后的点云），将多个分组的影像对齐并合并到一个照片组中，结果如图 2-27 和图 2-28 所示。

图 2-27　空地联合空三处理结果

2.1.3.2.2.2.4　绝对尺寸的导入

前文处理得到的模型，在空三后都必须进行绝对尺寸的约束，以保证建立的模型大小符合真实尺寸，同时也是在进行联合空三处理前所必须做的准备工作（图 2-29）。

2.1.3.2.3　成果输出

最终结果输出如图 2-30～图 2-33 所示。由图可知，处理结果较为理想。因此，

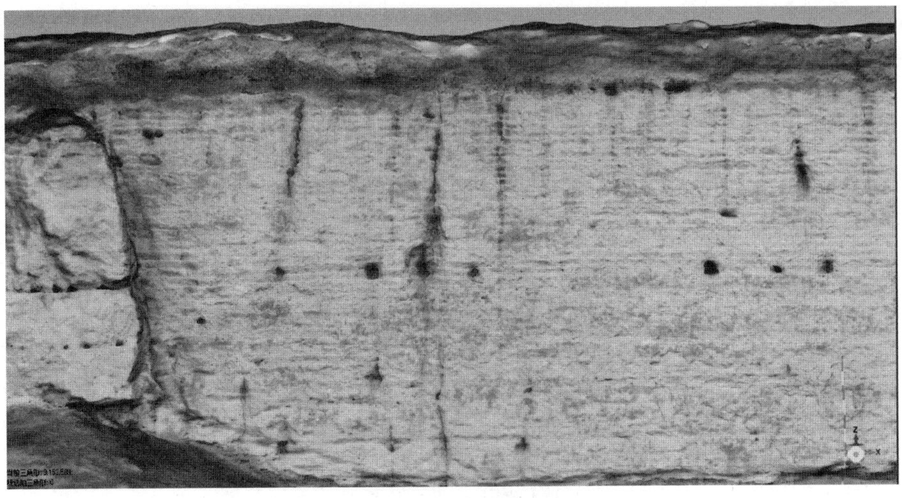

图 2-28　三维纹理模型（局部）

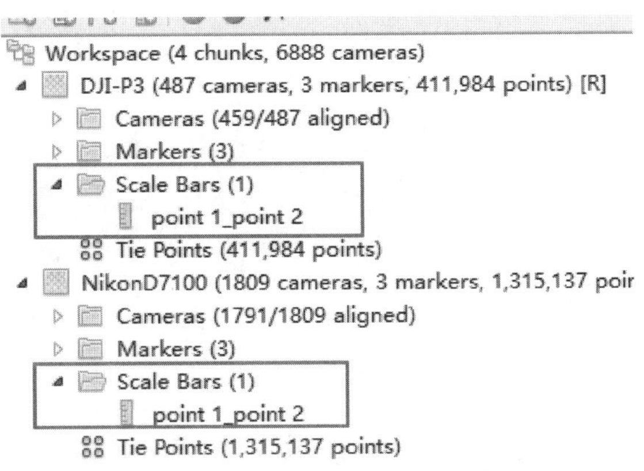

图 2-29　对各分组照片进行尺度约束

图 2-30　破城子正射影像

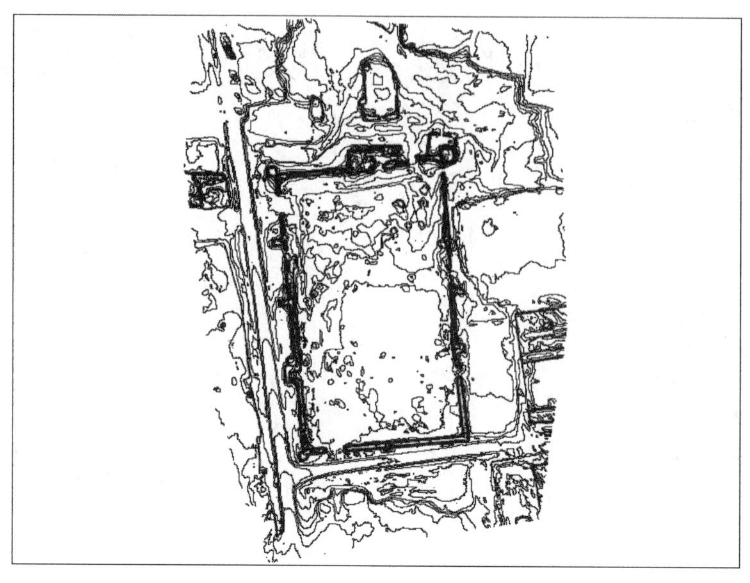

图 2-31　破阵子等高线（0.5 米等高距，Geomagic 生成）

图 2-32　立面正射影像（局部）

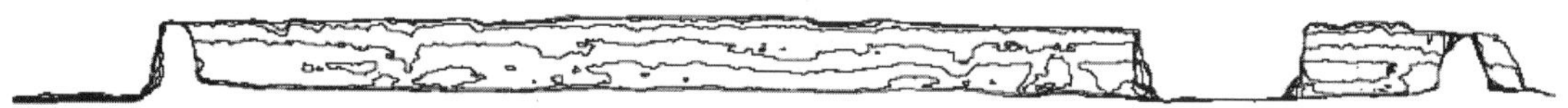

图 2-33　立面等深线

地空联合快速测绘对遗址快速成图的方案是可行的。

2.2　土遗址载体调查与评估技术

2.2.1　高密度电法调查

高密度电阻率法是集电剖面和电测深为一体，采用高密度布点，进行二维地电断面测量的一种电阻率法勘查技术，以研究地质体的电阻率差异为基础的物探方法。电阻率层析成像利用探测区周围各个方向观测的直流电场来研究地下介质电阻率分布。在介质中发射一次电流，介质的不均一性使得一次电流的分布发生变化，这一变化又引起电位的改变。介质中空间变化的电位，在地面可观测到，将多方位观测得到的电转换成电阻率，用以进行电阻率层析成像。理论上控制直流电场的数理方程是拉普拉斯方程，观测电位受流经所研究地下介质电流线的控制，而影响地下介质电流线的主要因素是介质的导电性。

和常规电法一样，它通过 A、B 电极向地下供电流 I，然后在电极 M、N 之间测量电位差 ΔV，从而求得 M、N 两点之间的视电阻率 $\rho_s = K\Delta V/I$。

电阻率层析成像即是把目标区域用电极部分或全部包围起来，利用一定的电极装置获取数据，然后用反演方法来反投探测区内某种电性参数（如电阻率）的图像分布。广义地讲，只要能获得足够数据的区域，都可以应用层析成像技术。把电极置于地表的高密度电阻率法可以看作是一种特殊的层析成像数据采集方法，高密度电阻率法的层析成像问题实质上就是直流电阻率法点源二维反演问题。高密度电阻率法仅仅利用覆盖地面的一条测线，但它通过密集的电极布置获得了地下丰富的地电信息，这就为成像提供了前提条件。在高密度电阻率法中，剖面是视电阻率断面。一般情况下一维反演的前提条件已不存在，因此必须进行二维反演，进而重建地下介质真电阻率的分布。

高密度电阻率法适用于探测载体中裂缝、洞穴、土质不均匀及同一岩体和土体中含水、含盐量等不同引起的异常，电阻率大小与地质体的差异和含水量的多少有密切的关系。

图 2-34 为横穿北庭故城北墙的高密度电法测试结果。由图可知，北庭故城地表 1m 范围内地层含水率较高，同时城外深度比城内深度略浅。

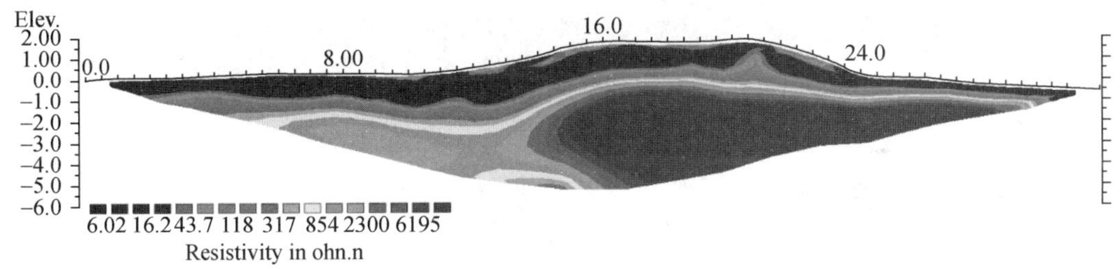

图 2-34　北庭故城北墙高密度电法测试结果

2.2.2　工程地震仪调查

地震勘探是利用地下介质弹性和密度的差异，通过观测和分析大地对人工激发地震波的响应，推断地下岩层的性质和形态的地球物理勘探方法（利用人工激发产生的地震波在弹性不同的地层内传播规律来勘测地下的地质情况）。地震波在地下传播过程中，当地层岩石的弹性参数发生变化，从而引起地震波场发生变化，并发生发射、折射和投射现象，通过人工接收变化后的地震波，经过数据处理、解释后即可反演出地下地质结构及岩性，达到地质勘查的目的。地震勘探是一种利用地层岩石弹性参数差异进行勘探的地球物理方法，该方法在油气勘探、煤田勘探和工程地质勘探及地壳和上地幔深部结构探测中发挥着重要作用。

而浅层地震勘探主要是利用反射波法和瑞利波法探测浅部地层覆盖层界面形态、基岩风化分带及起伏情况、场地内构造的发育状况及展布方向及场地内不良地质情况调查、测定岩土体的力学参数等。

北庭和交河故城载体瑞利波勘察的测试结果如图 2-35 和图 2-36 所示。

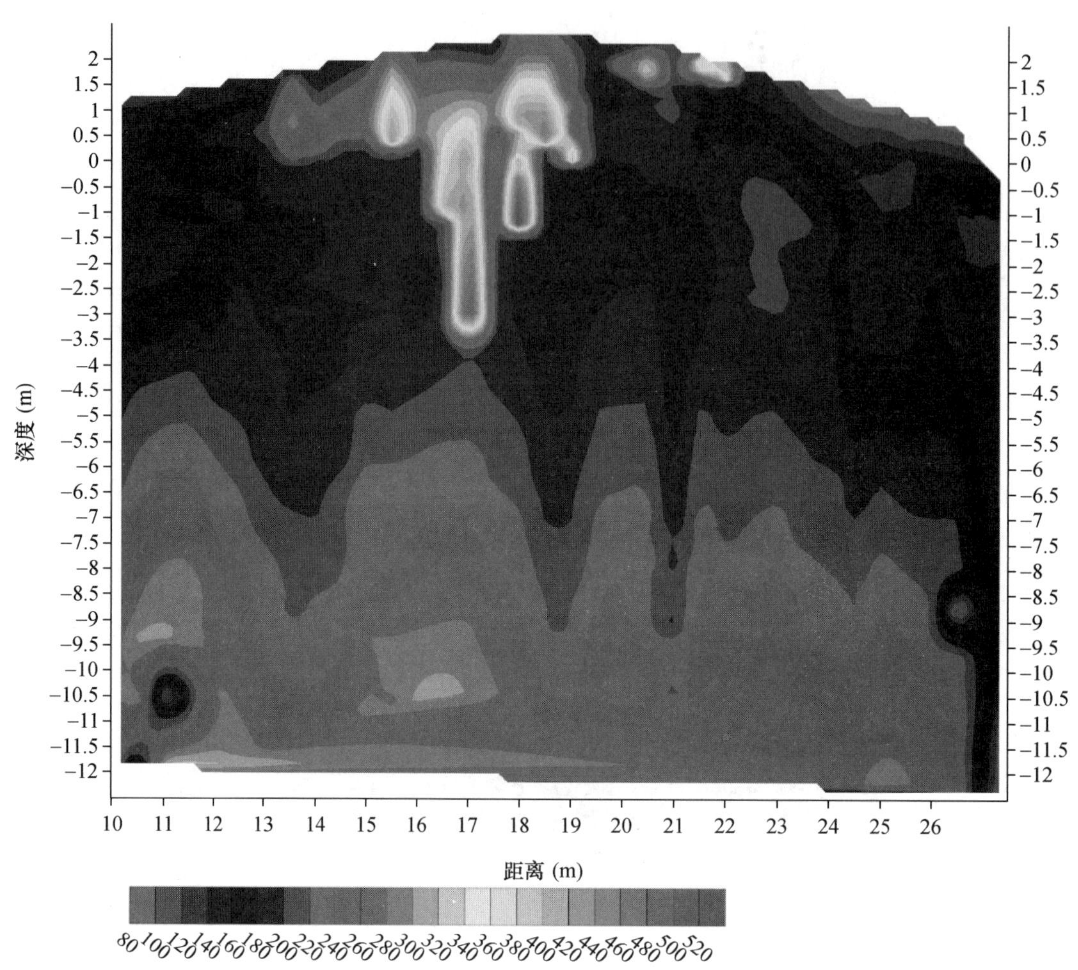

图 2-35 北庭故城地震勘察测试结果

2.2.3 探地雷达调查

探地雷达法是利用探地雷达发射天线向目标体发射高频脉冲电磁波，由接收天线接收目标体的反射电磁波，探测目标体空间位置和分布的一种地球物理探测方法。其实际是利用目标体及周围介质电磁波反射特性，对目标体内部的构造和缺陷进行探测。

当雷达系统利用天线向地下发射宽频带高频电磁波，电磁波信号在介质内部传播时遇到电差异较大的介质界面时，就会发生反射、透射和折射。两种介质的介电常数差异越大，反射的电磁波振幅能量也越大；反射回的电磁波被与发射天线同步移动的接收天线接收后，由雷达主机精确记录下反射回的电磁波的运动特征，再通过信号技术处理，形成全断面的扫描图，工程技术人员通过对雷达图像的判读，判断出地下目标物的实际结构情况。探地雷达工作示意图见图 2-37。

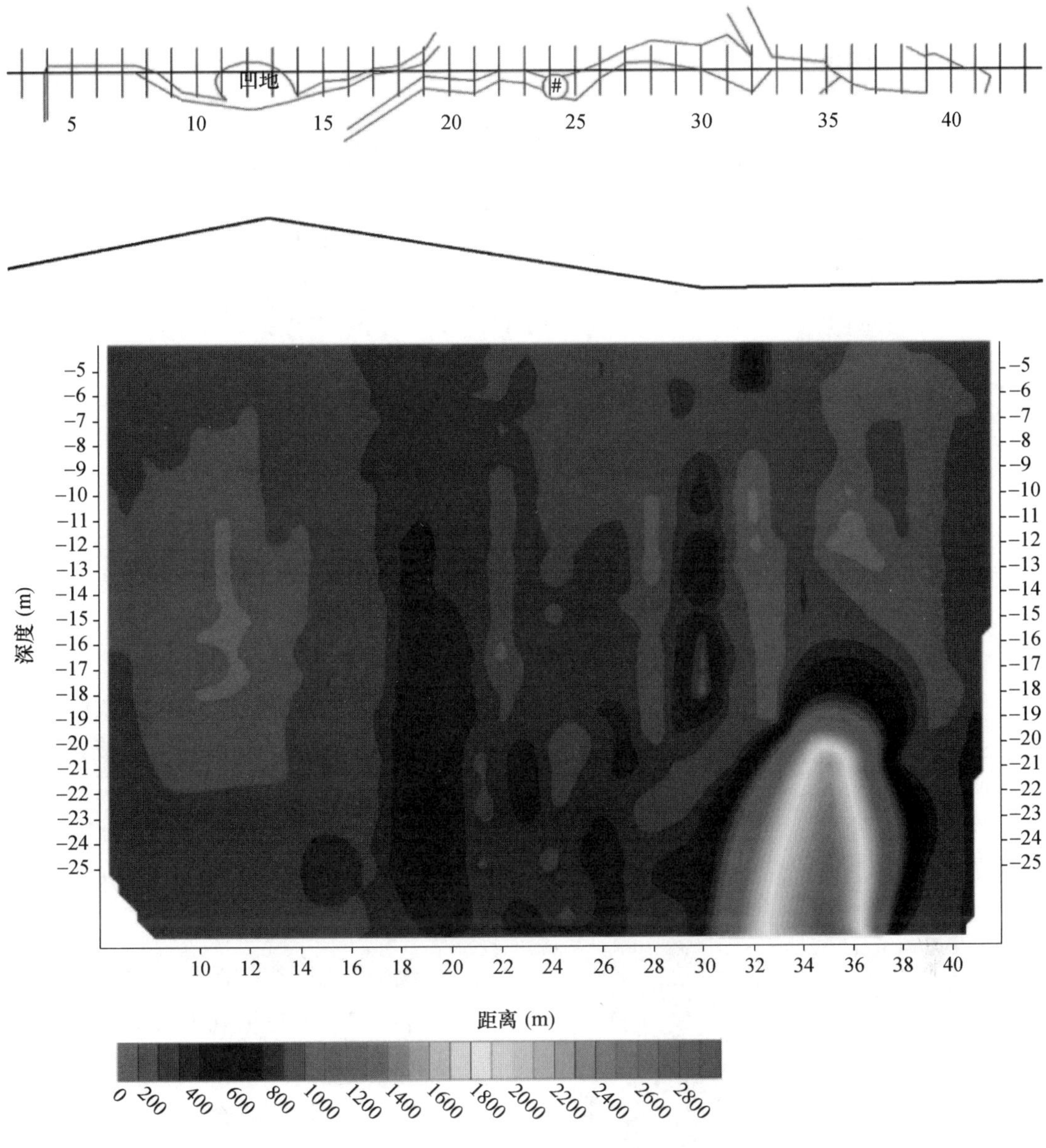

图 2-36　交河故城载体地震勘察测试结果

图 2-38 为武威白塔寺佛塔南侧基座的探地雷达探测反演结果。从反演结果看，台基顶部铺设的青砖层在剖面中有所反映，厚度约 0.2m；同时剖面中 4.4m 附近存在一层地层分界线。该层分界线的具体性质须配合其他勘探手段验证。此外，在剖面 15m 的位置存在一根管线。

2.2.4　小结

土遗址载体调查的主要目的是查明遗址载体的地下水文条件、地层分布情况、不良地质现象等工程地质条件。而传统勘探方法对地质体的破坏性，决定了不适宜在遗址载体上使用。因此，物探手段的无损性为其在遗址及载体上使用提供了得天独厚的

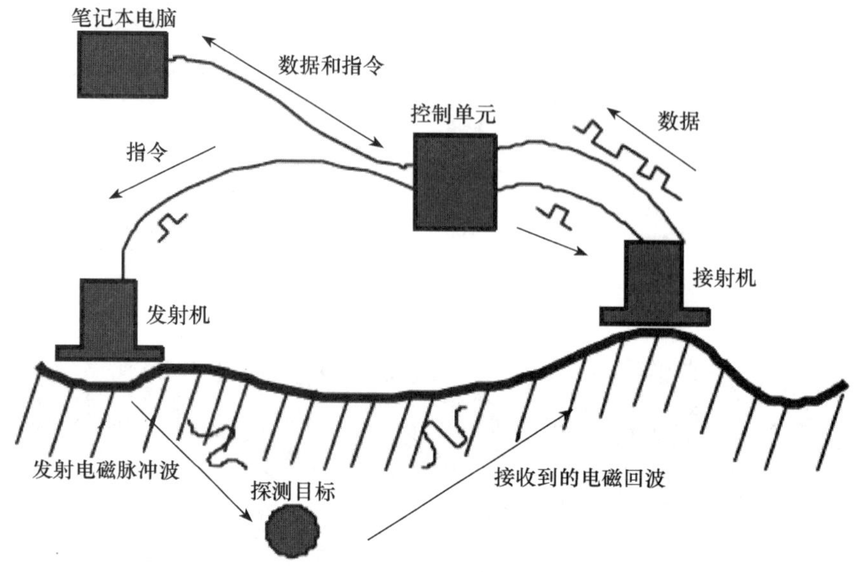

图 2-37　探地雷达工作示意图

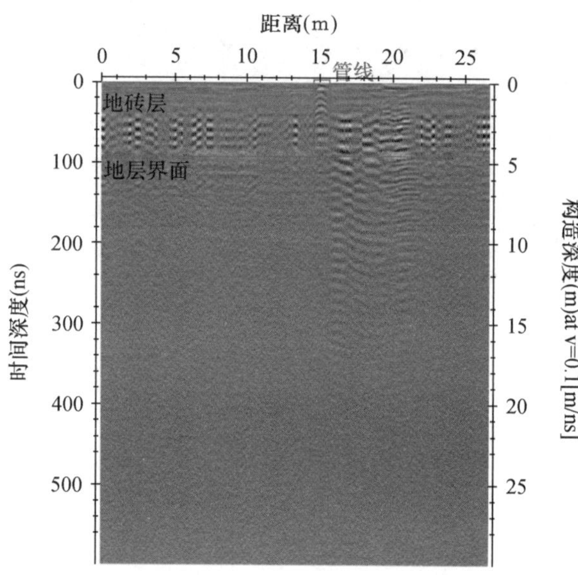

图 2-38　武威白塔寺基座探地雷达探测结果

优势条件。

高密度电法、浅层反射波法、面波法和探地雷达等手段，由于其工作原理各不相同，决定了不同的探测对象和适用条件。基于岩土体的电阻率特性，高密度电阻率法在土遗址保护中主要用于遗址载体中地下水和水分分布情况的调查，但是该方法要求勘探对象表层没有极高或极低阻值的介质屏蔽层；而浅层反射波法可以用于载体地层分布的调查，面波法既可以用于载体底层分布的调查，还可以用于调查载体中的不良地质现象，但二者均对环境噪音的要求较高，环境噪音对勘探结果的影响较大；探地雷达可以用于调查载体中的不良地质现象，但受电磁波特性的影响，测试对象表面不能存在极低阻的屏蔽层和电磁场源的干扰。

2.3　土遗址本体物理性质现场调查技术

2.3.1　色度调查

为了查明 NR20XE 色差仪在遗址色度调查中的适用性及仪器使用的影响因素，

本研究选取了交河故城三处不同类型的墙体进行测试，分别为肉眼观察色泽较为一致的风化较为轻微的四号小寺南墙的北立面及风化较为严重的西北小寺，肉眼观察色泽差异较大的交河故城细微裂隙较为发育的墙体和北庭故城易溶盐较为发育的墙体作为测试对象，以检验仪器在土遗址本体色度调查中的适用性、确定土遗址加固前后色差的阈值、筛选影响土遗址上使用色差仪时的影响因素。

2.3.1.1　仪器原理

CIE1931RGB、CIE1931XYZ、CIE1960UCS 和 CIE1976LAB 都是评价色域空间的系统，CIE1931XYZ 色域空间只是采用简单的数学比例方法，描绘所要匹配颜色的三刺激值的比例关系；CIE1976LAB 色域空间与颜色的感知更均匀，并且给了人们评估两种颜色近似程度的一种方法，允许使用数字量 ΔE 表示两种颜色之差，现在已成为世界各国正式采纳、作为国际通用的测色标准，它适用于一切光源色或物体色的表示与计算。CIE1976LAB 色域空间可以用笛卡尔坐标系来表示（图 2-39），在坐标系中，$+a^*$ 表示红色，$-a^*$ 表示绿色，$+b^*$ 表示黄色，$-b^*$ 表示蓝色，L 表示色彩的明暗程度，由百分数来表示。本研究采用 3NH 公司 NR20XE 色差仪进行色差比较，其测量口径为 20mm，能准确测量有表面纹路的物品，且能够排出微小颗粒造成的色差影响，该仪器采用的是 CIE1976LAB 色域空间系统。

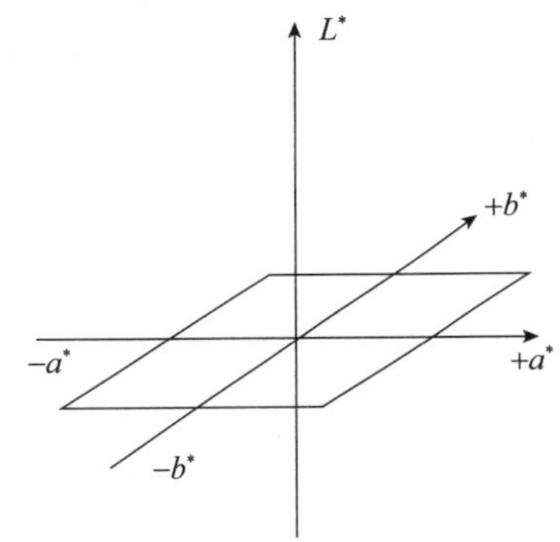

图 2-39　CIE1976LAB 色域空间

总色差 ΔE^*ab 以及各项单项色差可用下列公式计算：

明度差：

$$\Delta L^* = L^*1 - L^*2 \quad \text{（式 2-1）}$$

色度差：

$$\Delta a^* = a^*1 - a^*2，\ \Delta b^* = b^*1 - b^*2 \quad \text{（式 2-2）}$$

总色差：

$$\Delta E^*ab = [(\Delta L^*)^2 + (\Delta a^*)^2 + (\Delta b^*)^2]^{\frac{1}{2}} \quad \text{（式 2-3）}$$

2.3.1.2　适用性及阈值的确定

选取交河故城四号小寺南墙北立面作为研究对象，首先在南北墙圈定一定范围的区域，并在次区域内用小铁钉和细绳索将其划分成 30×7 的网格，每隔网格 10cm×10cm（图 2-40），然后选取墙体上某一点作为基准点，测得标准点 Lab 值为 L：58.44，a：7.93，b：16.11，并用 NR20XE 色差仪在每隔网格内较为平整的点位进行测试，并保存测试数据，最后在室内整理数据得到如表 2-1 至表 2-4 所示的结果。

对上述结果进行处理，得到明度差、色度差和总色差在墙体上的分布图（图 2-41）。

由以上结果可以看出，图 2-41B 色差的分布于墙体上的坑洼和裂隙存在一定的对

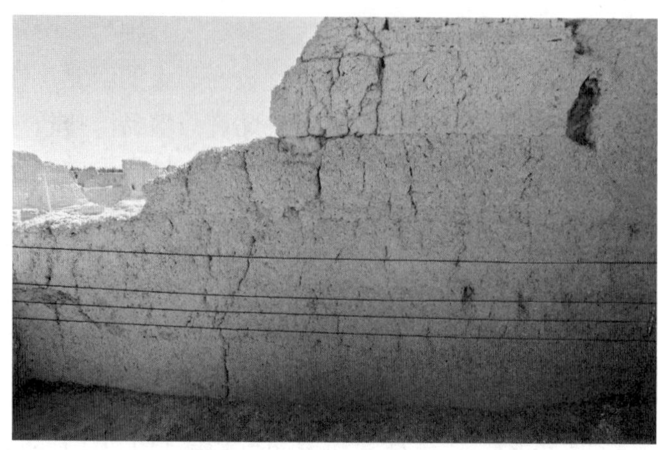

图 2-40　交河故城四号小寺南墙北立面色度调查区域

表 2-1　交河故城四号小寺南墙北立面ΔE 总色差调查结果

	1	2	3	4	5	6	7	8	9	10	11	12	13	14	15
1	0.00	3.62	2.58	3.08	1.38	2.29	3.23	1.03	3.34	1.70	2.64	2.60	2.82	2.42	3.85
2	2.19	1.79	2.89	2.02	3.23	2.97	1.93	3.61	2.29	2.27	1.45	2.23	2.76	2.00	1.33
3	2.17	2.03	3.02	2.92	3.36	1.29	2.41	2.28	3.21	2.91	3.43	1.44	1.37	2.66	1.92
4	1.58	2.52	2.64	2.72	2.26	2.39	1.73	2.68	2.19	1.92	2.92	1.89	1.81	1.89	1.83
5	3.29	4.22	2.23	3.50	2.51	1.68	2.70	2.49	2.08	2.47	2.34	1.89	1.44	2.41	2.05
6	3.57	2.91	1.78	1.97	1.72	2.85	1.91	3.29	2.29	2.34	1.86	3.72	2.27	3.20	2.03
7	2.51	2.53	2.66	0.90	2.50	1.95	2.70	2.80	2.71	3.41	2.89	2.49	1.83	1.73	1.25

	16	17	18	19	20	21	22	23	24	25	26	27	28	29	30
1	3.60	1.58	1.83	2.18	1.04	1.49	1.94	2.28	1.79	2.30	2.34	3.63	1.94	1.41	2.23
2	2.94	1.12	2.47	2.77	1.07	1.07	2.75	1.18	1.67	1.42	1.04	2.27	2.40	3.03	1.36
3	1.53	1.87	1.55	2.25	2.50	2.77	2.37	1.86	1.77	2.33	2.31	1.25	2.14	3.29	3.21
4	2.14	1.08	1.14	2.12	2.63	1.95	2.01	3.42	3.05	2.77	1.98	3.38	2.59	2.55	2.36
5	3.16	3.09	3.18	2.68	2.19	3.60	2.06	2.63	1.75	2.71	2.96	2.09	1.74	1.01	2.81
6	2.67	1.99	1.73	2.91	2.82	1.85	2.13	2.92	2.91	3.09	1.03	2.98	2.24	2.43	2.40
7	2.03	1.79	2.39	2.19	2.94	2.88	2.46	2.71	2.85	2.67	1.85	2.34	1.59	2.47	2.33

表 2-2　交河故城四号小寺南墙北立面ΔL 明度差调查结果

	1	2	3	4	5	6	7	8	9	10	11	12	13	14	15
1	0.00	2.89	0.87	0.71	0.27	−0.40	1.88	−0.61	2.50	1.33	1.63	1.67	1.27	1.73	2.23
2	0.29	0.84	−2.60	1.48	0.03	1.92	1.92	2.35	1.32	1.81	0.22	0.89	2.65	1.48	0.79
3	−1.83	−1.37	−2.05	−3.13	−1.32	0.90	1.27	1.57	2.03	1.93	2.69	0.51	−0.78	−1.78	−0.06
4	−1.09	−1.53	−1.36	−2.62	−1.32	−1.08	0.54	−1.76	−0.80	0.11	0.52	−1.05	−0.40	0.64	0.24
5	−4.05	−3.61	0.36	−3.01	−1.21	−0.77	−0.31	0.95	−0.83	−0.30	0.70	−1.11	−1.63	0.08	−0.26
6	−3.93	−1.57	−0.54	−1.56	0.44	−1.41	−2.29	−1.36	0.21	−1.23	−0.45	−2.01	−1.93	−1.47	−0.28
7	−0.27	−0.99	−1.60	−0.54	−1.15	−1.25	−1.08	−1.88	−1.98	−0.27	−2.11	−1.62	−1.28	0.67	−0.86

续表

	16	17	18	19	20	21	22	23	24	25	26	27	28	29	30
1	2.55	0.59	−0.28	1.33	0.45	1.25	1.28	0.15	−0.11	−0.28	1.73	−0.88	−0.64	0.20	0.07
2	2.05	0.41	−0.72	0.14	−0.49	−0.19	0.14	−0.81	−0.86	0.09	0.59	−1.06	−1.43	−0.39	−0.96
3	0.03	1.45	−0.30	−1.81	−2.01	0.50	−1.62	−0.37	−0.17	−1.75	0.91	−0.14	−1.51	−2.49	−1.81
4	0.01	0.11	−0.45	−1.48	−1.45	−0.94	0.40	−2.00	−2.52	−2.15	−1.36	−2.38	−1.73	−1.66	−1.95
5	−2.32	0.71	−1.44	−3.05	−0.38	−3.04	−2.95	−1.17	−1.26	−3.02	−2.24	−2.00	−2.20	0.04	−1.60
6	−2.96	−0.54	−1.07	−0.67	−1.81	−0.81	−2.04	−1.92	−1.65	−2.95	−0.05	−2.02	−2.68	−1.75	−2.07
7	0.29	−0.11	−1.77	−1.22	−1.43	−2.28	−0.49	−2.08	−1.88	−1.82	−1.05	−1.89	−0.53	−0.44	−1.52

表 2-3　交河故城四号小寺南墙北立面Δa色度差调查结果

	1	2	3	4	5	6	7	8	9	10	11	12	13	14	15
1	0.00	0.54	0.64	0.20	0.44	0.41	0.32	−0.19	0.68	0.19	0.42	0.35	0.31	0.19	0.16
2	0.25	0.00	0.27	−0.48	−0.02	0.71	0.58	0.17	0.66	0.40	0.27	0.38	0.13	0.04	0.08
3	0.09	0.00	−0.03	0.00	−0.28	0.40	0.78	0.05	0.16	−0.04	0.10	0.13	−0.37	−0.38	−0.38
4	−0.55	−0.63	−0.14	−0.27	−0.10	−0.02	−0.09	−0.79	−0.84	−0.02	0.02	−0.66	−0.50	−0.43	−0.31
5	0.70	0.11	0.38	0.05	−0.39	0.08	−0.01	−0.12	−0.38	−0.22	−0.08	−0.31	−0.84	−0.90	−0.84
6	−0.15	−0.02	0.14	−0.19	−0.04	−0.88	0.13	−0.87	−0.63	−0.65	−0.57	−0.97	−0.78	−0.74	−0.71
7	−0.26	0.08	−0.05	0.16	−0.44	−0.12	0.36	−0.37	−0.53	−0.36	−0.68	−0.68	−0.01	−0.23	−0.34

	16	17	18	19	20	21	22	23	24	25	26	27	28	29	30
1	0.38	0.03	−0.14	0.16	0.18	−0.14	−0.35	−0.32	−0.16	−0.37	−0.22	0.42	−0.14	−0.50	−0.29
2	−0.01	0.25	−0.03	−0.39	0.24	0.03	−0.43	−0.05	0.16	−0.27	−0.37	−0.63	0.00	−0.70	0.05
3	−0.03	−0.10	−0.56	−0.65	0.08	−0.24	−0.53	−0.82	−0.22	−0.80	−0.80	−0.30	−0.14	−0.44	−0.47
4	−0.53	−0.49	−0.74	−0.75	−0.63	−0.52	−0.28	−0.61	−0.71	−0.77	−0.67	−0.73	−1.18	0.23	−0.22
5	−0.75	−0.52	−0.89	−0.68	−0.58	−0.68	−0.71	−0.43	−0.48	−0.20	−0.73	−0.44	0.94	−0.43	−0.44
6	−0.44	−0.75	−0.67	−0.59	−0.73	−0.65	−0.49	−1.23	−0.69	−0.97	−0.39	−0.75	0.02	0.26	−0.89
7	−0.31	−0.60	−0.79	−0.67	−0.59	−0.56	−0.89	−0.65	−0.66	−0.80	−0.67	−0.50	−0.23	0.61	−1.16

表 2-4　交河故城四号小寺南墙北立面Δb色度差调查结果

	1	2	3	4	5	6	7	8	9	10	11	12	13	14	15
1	0.00	0.44	0.12	−0.23	−0.13	−0.88	−0.24	−0.30	0.38	−0.02	0.16	−0.41	−0.62	−0.48	−0.42
2	−0.13	−0.07	0.19	−0.39	−0.11	0.71	0.48	−0.26	0.60	−0.32	−0.25	−0.48	−0.88	−0.67	−0.75
3	−0.10	−0.12	−0.72	−0.77	−0.73	0.24	0.32	−0.49	−0.37	0.03	−0.35	−0.08	−0.62	−0.89	−0.88
4	−0.90	−0.75	−0.79	−0.85	−0.65	−0.17	−0.74	−1.25	−1.53	−0.51	−0.73	−1.23	−1.57	−1.40	−1.22
5	−0.15	−0.67	−0.15	−0.74	−0.96	−0.15	−0.88	−0.67	−1.25	−0.98	−0.74	−0.88	−1.16	−1.99	−1.61
6	−0.71	−0.46	−0.77	−1.12	−1.32	−1.67	−0.04	−1.64	−1.13	−1.24	−1.31	−2.04	−1.44	−1.59	−1.22
7	−1.18	−0.91	−0.77	−0.42	−1.25	−0.98	−0.66	−1.32	−1.39	−0.97	−1.51	−1.21	−0.97	−1.08	−0.95

续表

	16	17	18	19	20	21	22	23	24	25	26	27	28	29	30
1	−0.12	−0.23	−0.31	−0.35	−0.05	−0.33	−0.81	−0.64	−0.31	−0.95	0.28	−0.09	−1.34	0.10	−0.38
2	−0.52	−0.06	−0.15	−0.70	0.00	−0.31	−0.41	−0.24	0.05	−0.11	−0.14	−0.59	−0.32	−0.77	0.07
3	−0.65	−0.04	−0.78	−0.82	−0.39	−0.94	−0.84	−0.56	−0.53	−0.54	−0.70	−0.50	−0.47	0.72	−0.33
4	−1.50	−0.82	−0.76	−1.26	−1.78	−1.49	−0.81	−0.80	−0.88	−1.03	−1.06	−1.36	−1.09	0.67	−0.63
5	−1.40	−1.33	−1.60	−1.53	−1.45	−1.63	−1.09	−0.69	−0.04	−0.98	−1.31	−0.61	1.08	0.10	−0.80
6	−1.20	−1.40	−1.19	−1.22	−1.54	−1.41	−1.28	−1.04	−1.37	−1.81	−0.76	−1.50	0.12	0.22	−0.76
7	−0.71	−1.38	−1.49	−1.51	−1.76	−1.72	−1.51	−1.06	−1.51	−1.62	−0.65	−0.14	0.68	0.81	−1.14

A．测试区域图

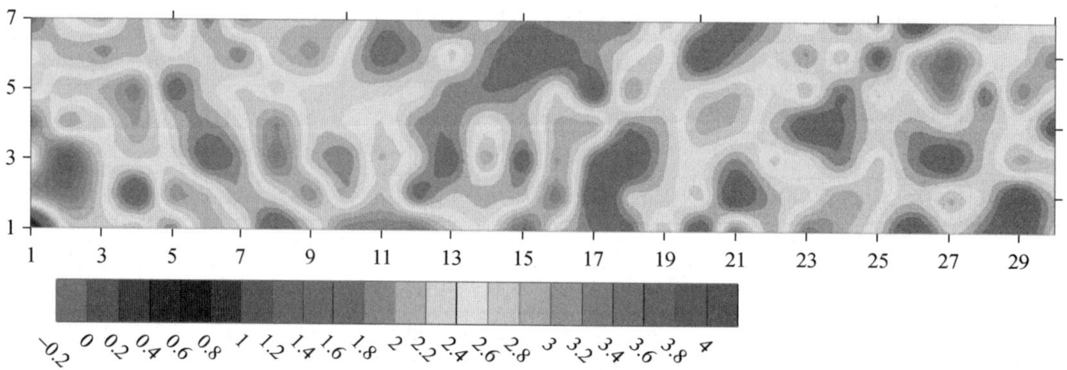

B．总色差ΔE分布图

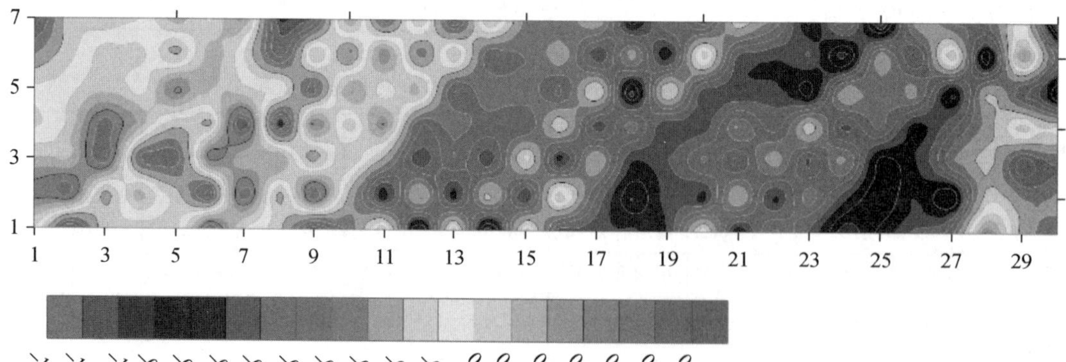

C．色度差值Δa分布图

图 2-41　交河故城四号小寺南墙北立面色度测试结果

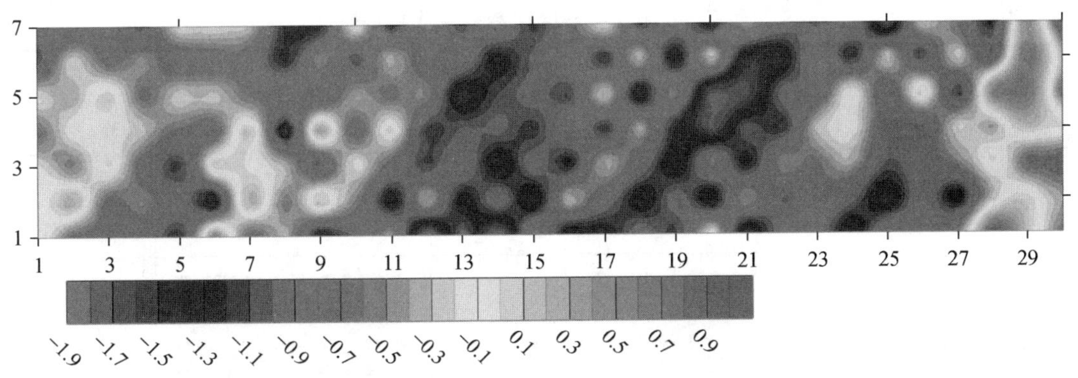

D. 色度差值Δb分布图

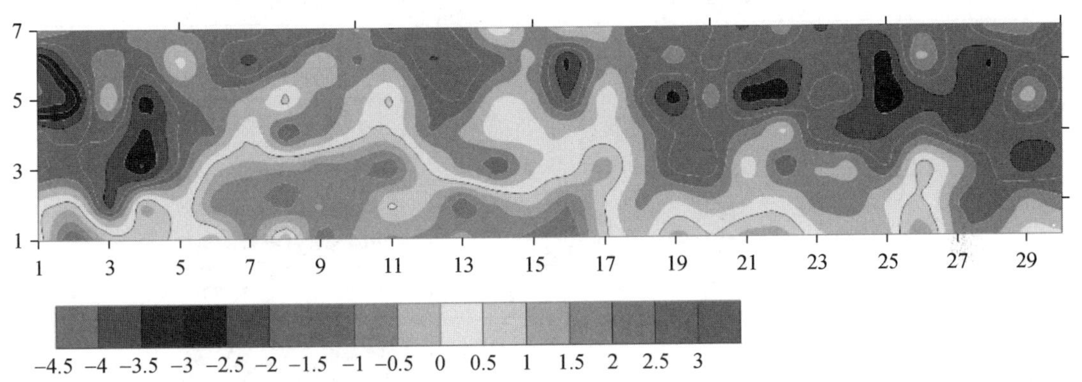

E. 明度差值ΔL分布图

图2-41 （续）

应关系，这说明该仪器在土遗址上是具有一定的适用性的。

此外，根据现场观察，四号小寺南墙北立面肉眼判断色差很小，肉眼很难观察到太大的色差，可以认为该面墙体色度一致，而根据测试结果，可以看出最大总色差值为4，因此判断一面墙体或一处遗址色度是否一致的阈值为4。若大于4，则认为该面墙体色度差异较大，即对应的工程检验不合格；若总色差值小于4，则认为该面墙体色度差异小，对应的工程检验合格。然而，该阈值的大小暂未经过其他遗址和其他环境的检验，需进一步修正或划定。

2.3.1.3　影响因素筛选

2.3.1.3.1　裂隙对测试结果的影响

为了查明遗址表面裂隙对测试结果的影响，选取交河故城表面细微裂隙较为发育的四号小寺南墙北立面表面作为研究对象，以白板作为标样进行测试，并对每一个测试点进行微距拍照和便携式显微镜拍摄，以便后期统计测试点的裂隙面积比，所得色差参数、微距照片、显微照片及裂隙面积比如表2-5所示。

表 2-5　表面裂隙区域色差变化趋势表

	L	a	b	C	H	描述	
标样	89.34	2.85	4.62	5.43	58.29	白板为标样	
试样号	ΔL	Δa	Δb	ΔC	ΔH	ΔE	描述
T001	−35.75	4.09	8.18	9.13	0.5	36.9	裂隙部位
	微距照片			显微照片			面积比：13.4%
T002	−34.42	4.42	8.44	9.52	0.41	35.71	裂隙部位
	微距照片	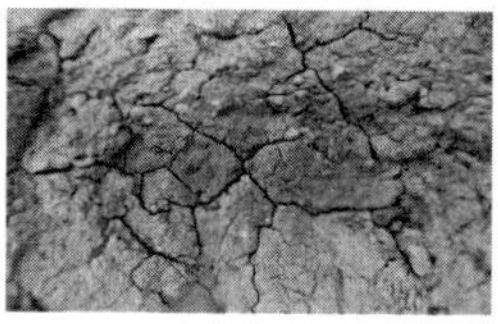		显微照片	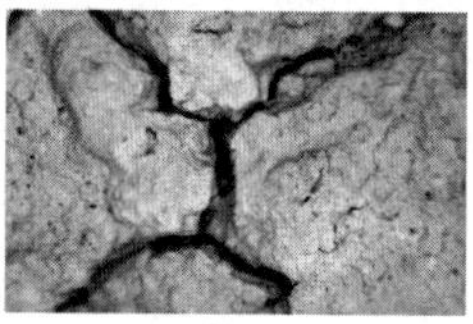		面积比：17.3%
T003	−31.2	4.64	8.74	9.89	0.38	32.73	平坦部位
	微距照片			显微照片			面积比：0%
T004	−40.56	3.56	7.76	8.51	0.66	41.45	中部洞
	微距照片			显微照片	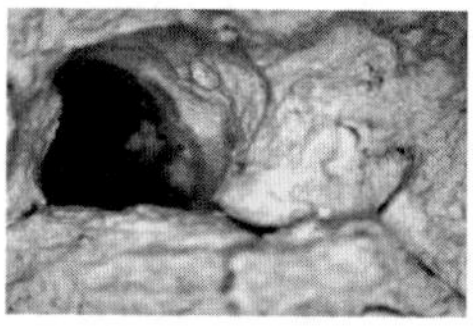		面积比：29.1%
T005	−28.81	5.24	9.39	10.75	0.27	30.75	底部平坦
	微距照片			显微照片			面积比：2.6%
T006	−36.8	4.28	8.44	9.45	0.48	38	顶部裂隙
	微距照片			显微照片	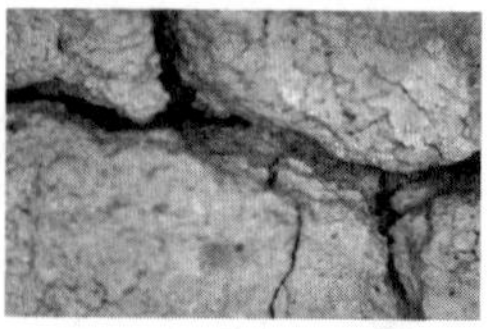		面积比：20.9%

续表

	L	a	b	C	H	描述	
标样	89.34	2.85	4.62	5.43	58.29	白板为标样	
试样号	ΔL	Δa	Δb	ΔC	ΔH	ΔE	描述
T007	−29.54	5.19	9.32	10.67	0.28	31.41	底部平坦
	微距照片		显微照片		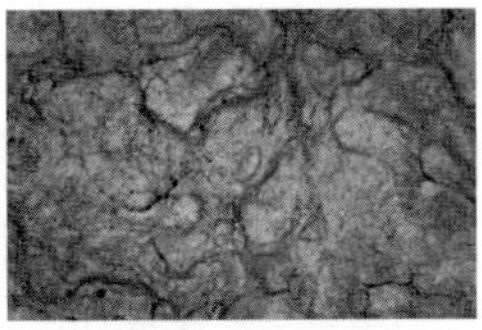		面积比：0%
T008	−33.89	4.49	8.65	9.73	0.43	35.26	中部平坦
	微距照片		显微照片				面积比：7.3%
T009	−36.31	4.39	7.78	8.93	0.22	37.4	偏红裂隙
	微距照片		显微照片		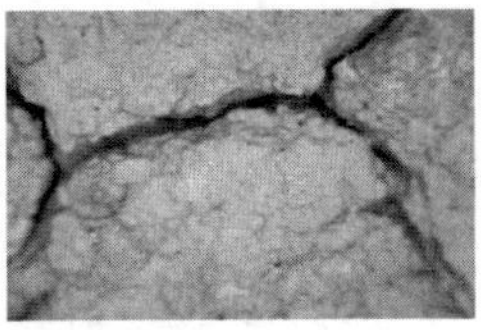		面积比：12.4%
T010	−36	4.49	8.41	9.53	0.36	37.24	小型裂隙
	微距照片		显微照片		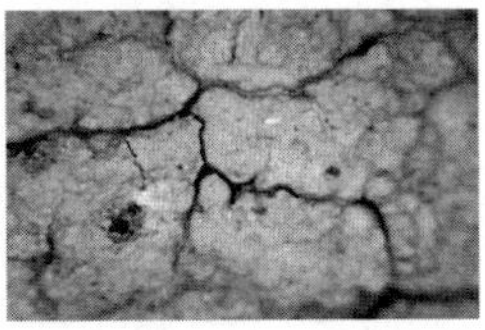		面积比：10.0%
T011	−35.92	4.58	9.11	10.17	0.52	37.34	下部平坦
	微距照片		显微照片		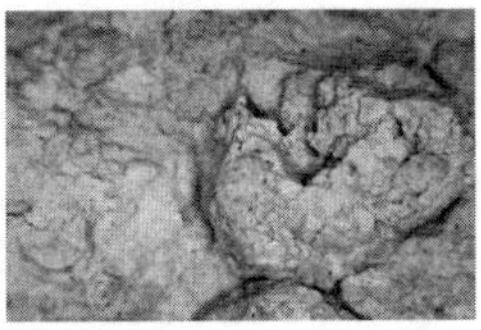		面积比：4.0%
T012	−32.22	5.84	10.33	11.87	0.26	34.33	右部凸起
	微距照片		显微照片		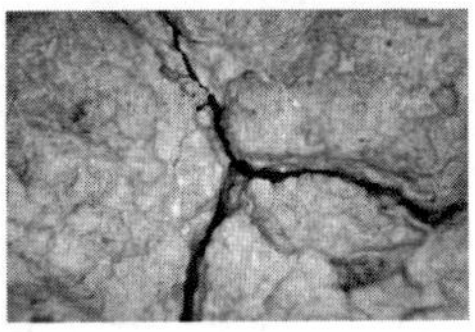		面积比：5.2%

续表

	L	*a*	*b*	*C*	*H*	描述	
标样	89.34	2.85	4.62	5.43	58.29	白板为标样	
试样号	Δ*L*	Δ*a*	Δ*b*	Δ*C*	Δ*H*	Δ*E*	描述
T013	−33.32	4.94	9.51	10.7	0.46	35	左侧裂隙
	微距照片			显微照片			面积比：11.4%
T014	−30.42	4.96	9.86	11.03	0.55	32.36	下部裂隙
	微距照片			显微照片	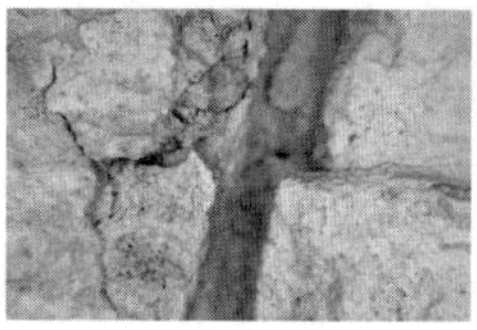		面积比：23.4%
T015	−30.03	5.14	9.28	10.6	0.3	31.85	上部草皮
	微距照片	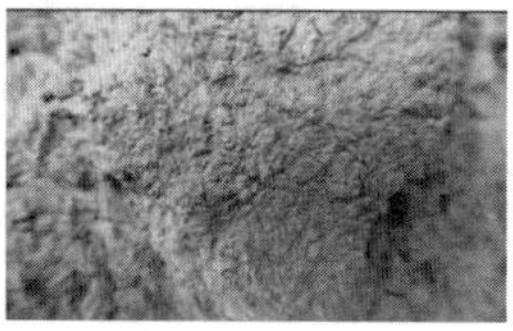		显微照片	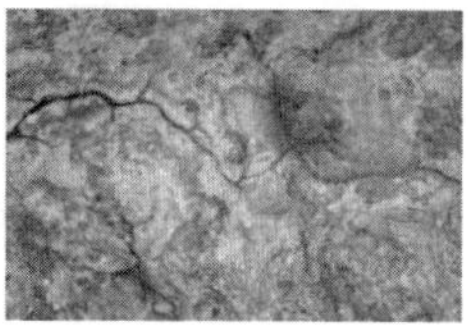		面积比：0.8%
T016	−32.9	4.68	9.7	10.75	0.65	34.62	右上平坦
	微距照片			显微照片	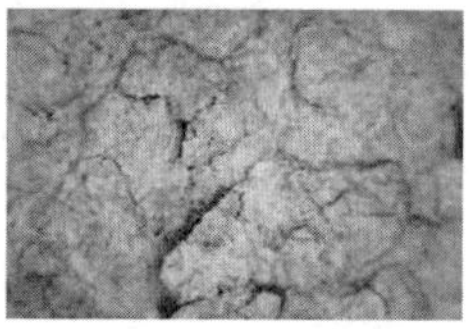		面积比：3.3%
T017	−33.31	4.29	8.76	9.73	0.57	34.7	左侧裂隙
	微距照片	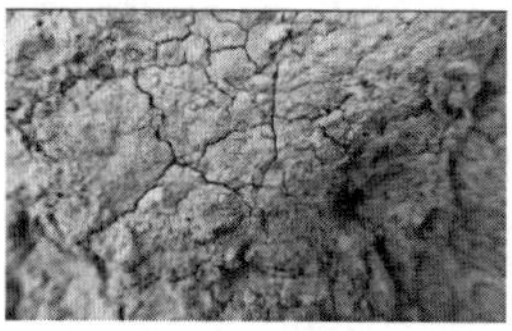		显微照片	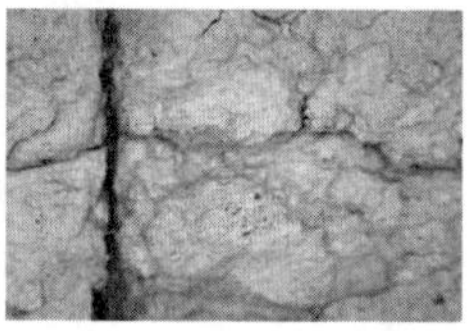		面积比：12.6%
T018	−32.19	4.27	8.42	9.34	0.45	33.52	中部裂隙
	微距照片	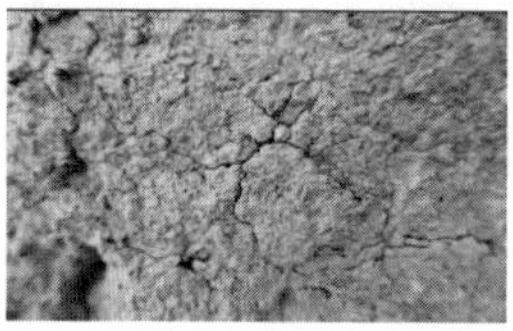		显微照片			面积比：16.4%

续表

	L	a	b	C	H	描述	
标样	89.34	2.85	4.62	5.43	58.29	白板为标样	
试样号	ΔL	Δa	Δb	ΔC	ΔH	ΔE	描述
T019	−34.31	4.13	8.83	9.73	0.68	35.67	右上裂隙
	微距照片			显微照片	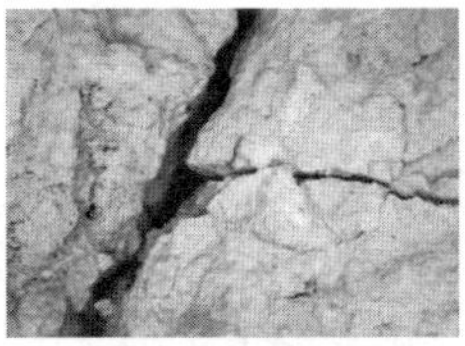		面积比：7.5%
T020	−38.65	3.97	7.81	8.75	0.45	39.63	中上裂隙
	微距照片	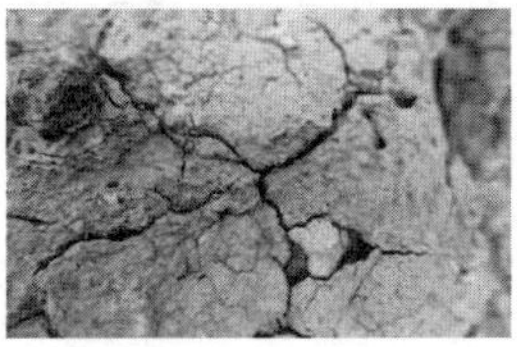		显微照片	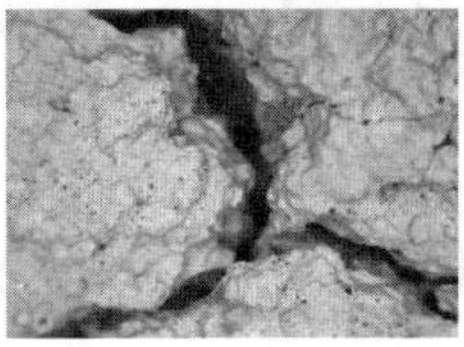		面积比：17.5%
T021	−30.28	4.88	10.06	11.17	0.65	32.28	中部平坦
	微距照片			显微照片	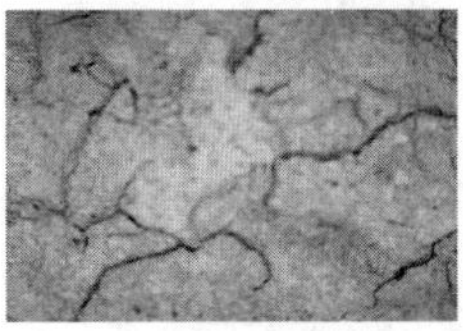		面积比：6.5%

根据表 2-5，做出裂隙面积比与总色差 ΔE、明度差 ΔL 的关系图，如图 2-42 所示。

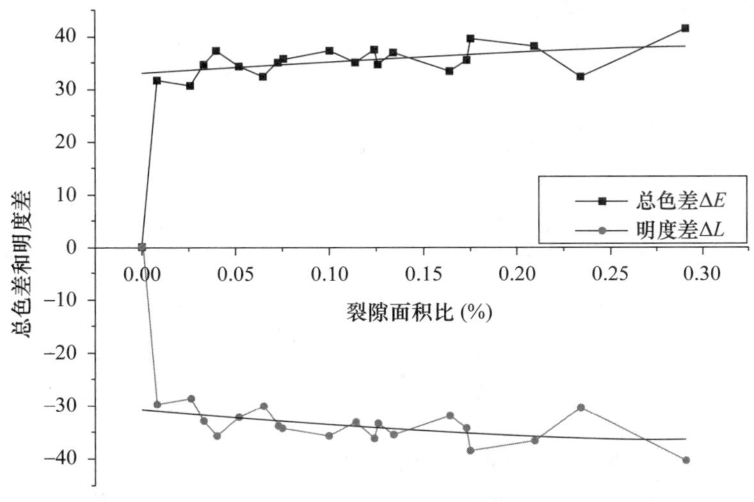

图 2-42　裂隙面积比与总色差 ΔE、明度差 ΔL 的关系图

由图可知，基于白板的测试，随着裂隙面积比的增加，总色差总体呈增大趋势，而明度差总体在负方向增大，裂隙面积比从 0.8% 增至 30%，总色差和明度差均增大

10左右，这说明当遗址体上裂隙增多时，对遗址色度的影响为色差增大，同时明度降低，即遗址色彩变暗。由此可见，遗址表面裂隙的存在，对遗址表面色泽有着较大的影响。

2.3.1.3.2　表面凹凸对测试结果的影响

为了调查表面平整程度对色度测试结果的影响，本研究选择东北小寺中间北墙北立面和西北小寺东侧南墙北立面未加固的垛泥表面进行测试（图2-43），测试点主要选取表面凹凸不平的点位进行。

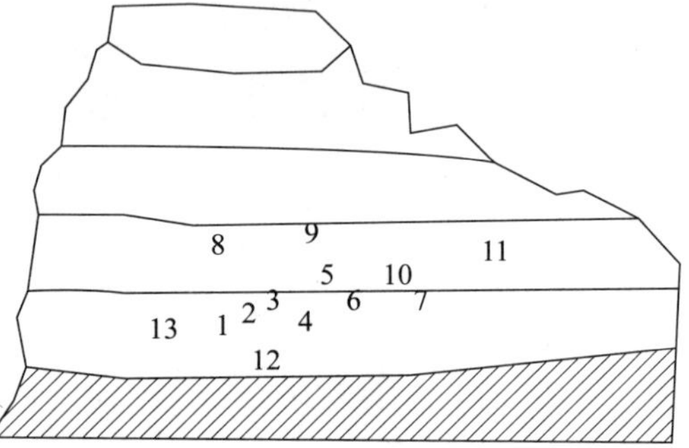

A．东北小寺中间北墙北立面及测试点位图

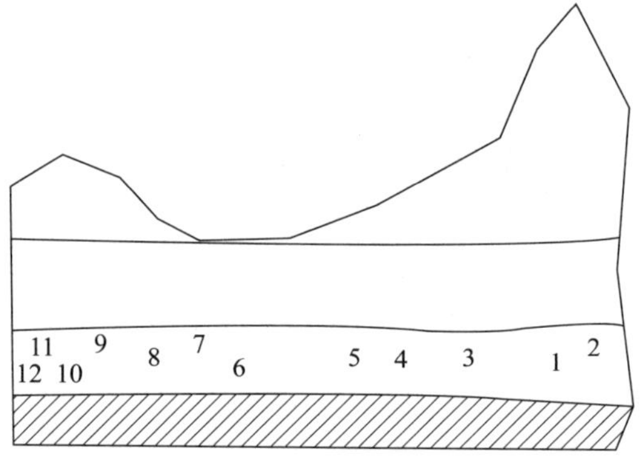

B．西北小寺东侧南墙北立面及测试点位图

图2-43　表面凹凸不平测试区域图

表2-6　表面凹凸不平垛泥表面色差测试表

编号	*L*	*a*	*b*	△ *E*	备注
1	53.42	6.31	13.12		1号试样设置为标准
	微距照片		显微照片		

续表

试样号	△*L*	△*a*	△*b*	△*E*	备注
2	3.2	0.66	1.05	3.43	表面较平坦
	微距照片		显微照片	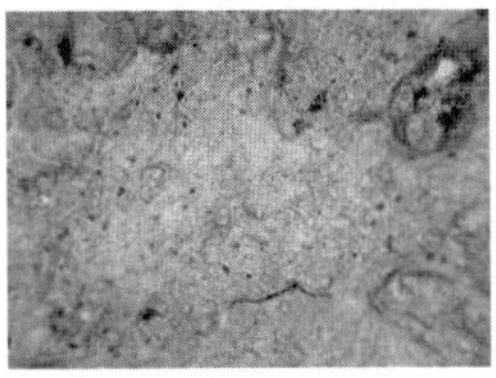	
3	2.07	−0.32	−0.08	2.1	表面凹凸不平
	微距照片		显微照片		
4	1.59	−0.39	−0.13	1.64	表面凹凸不平
	微距照片		显微照片		
5	−2.66	−0.58	−0.3	2.74	表面凹凸不平
	微距照片		显微照片	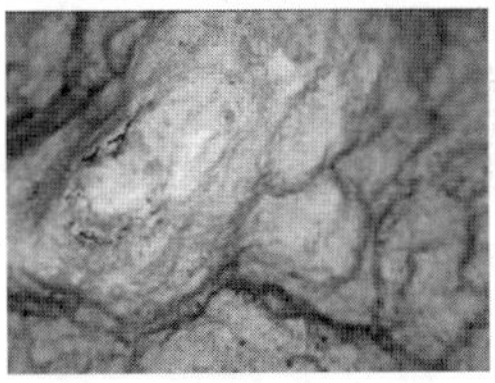	
6	−0.39	−0.58	−0.43	0.82	表面较平坦
	微距照片	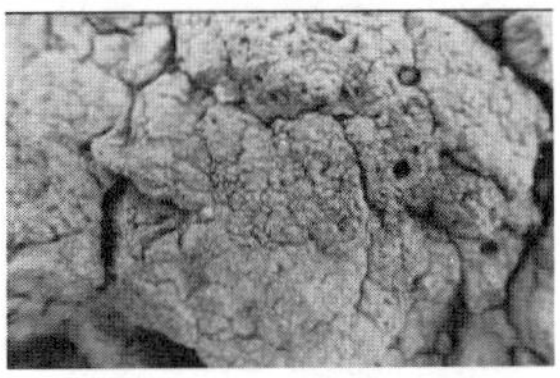	显微照片	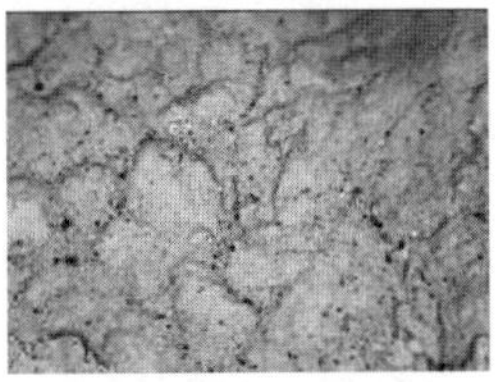	
7	2.64	−0.65	−0.09	2.72	表面凹凸不平
	微距照片		显微照片		

续表

编号	L	a	b	△E	备注
8	52.03	6.78	14.52		1号试样设置为标准
	微距照片		显微照片	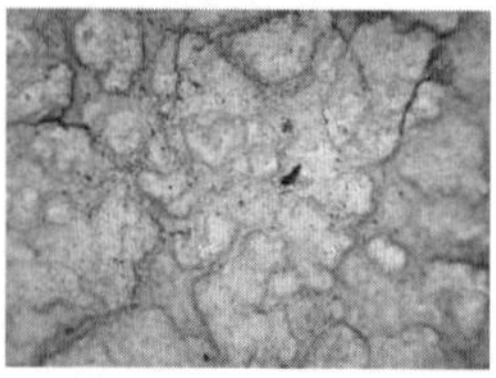	
9	3.75	−0.03	0.81	3.83	表面凹凸不平
	微距照片		显微照片		
10	2.98	0.21	0.2	2.99	表面凹凸不平
	微距照片	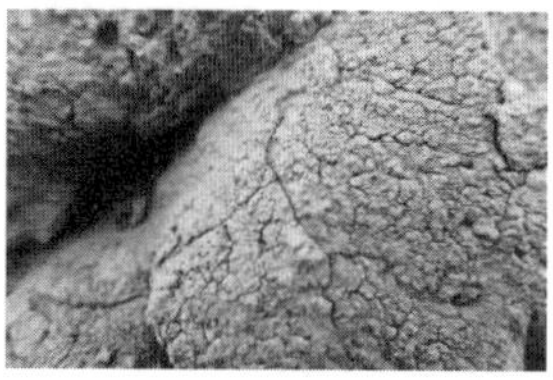	显微照片	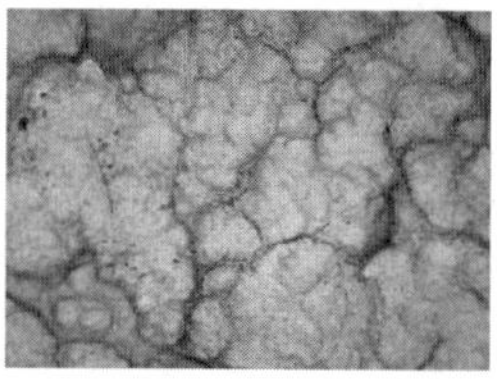	
11	4.35	−0.2	0.52	4.38	表面较平坦
	微距照片		显微照片	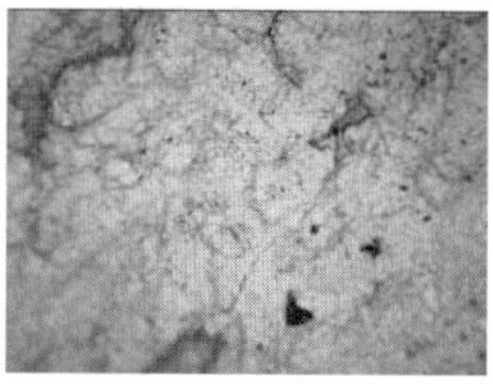	

根据表2-6可以看出表面凹凸不平的程度对色度具有一定的影响，但由于表面凹凸程度没有具体量化，其规律并不明显，因此不能定量化分析。

2.3.2 含水率调查

2.3.2.1 仪器原理

微波也是一种电磁波，其波长在1cm～1m之间，频率在300MHz～300GHz之间。电磁波在电介质材料中传播时，其传播常数$\gamma=\alpha+j\beta$，可由材料的介电常数$\varepsilon_r=\varepsilon'(1-j\tan\delta)$的特性来表示。在自由空间：

$$\alpha=\frac{2\pi}{\lambda}\sqrt{\frac{\varepsilon'}{2}\left[\sqrt{1+\tan^2\delta}-1\right]}$$
$$\beta=\frac{2\pi}{\lambda}\sqrt{\frac{\varepsilon'}{2}\left[\sqrt{1+\tan^2\delta}+1\right]} \qquad （式 2-4）$$

然而电磁波通过厚度为 d 的介质材料时，其衰减量和相移量分别为：

$$A=\int_0^d \alpha(1)\,\mathrm{dl}=\alpha\,\mathrm{d}$$
$$\psi=\int_0^d \beta(1)\,\mathrm{dl}=\beta\,\mathrm{d} \qquad （式 2-5）$$

由于水是强极性分子，在外加电场作用下，将产生很强的取向极化，与此同时还将产生位移极化。极化的结果将外加电场的能量转化成水分子的势能，结果将从外电场获得的能量储存起来，可以用复介电常数的实部 ε' 来表示。由于分子的运动有惰性，取向极化运动相对于外电场的变化有一段时间上的滞后，这就是弛豫现象。弛豫的宏观效果使水分子产生损耗，这一损耗可以用复介电常数的虚部 ε'' 来表示。

在外加电场作用下，水的极化程度远大于其他物质。在微波波段，水的复介电常数要随频率而变化。蒸馏水是一种单纯的介质，在任意微波频率的照射下，它的复相对介电常数的实部和虚部分别表示为：

$$\varepsilon'=\varepsilon'_\infty+\frac{\varepsilon'_s-\varepsilon'_\infty}{1+(\omega\tau)^2}$$
$$\varepsilon''=\frac{\varepsilon'_s-\varepsilon'_\infty}{2}+\frac{2\omega\tau}{1+(\omega\tau)^2} \qquad （式 2-6）$$

式中，ε'_s 和 ε'_∞ 分别是水在极低频率和极高频率时的复相对介电常数的实部；τ 代表弛豫时间。在频率为 ω 的正弦交变电场作用下，电介质的极化弛豫现象通常可以近似地由德拜方程 $\left[\varepsilon'=-\frac{1}{2}(\varepsilon'_s+\varepsilon'_\infty)\right]^2+\varepsilon''^2+\frac{1}{4}(\varepsilon'_s+\varepsilon'_\infty)^2$ 来描述。

在 X 波段，水的复相对介电常数约为 $\varepsilon'\approx 60$，$\varepsilon''\approx 30$。水的介电常数比其他物质的介电常数大得多，一般基质的 $\varepsilon'\approx 1.5:6$，$\varepsilon''\approx 0.01$。

材料含有水分后，它的相移和衰减将会明显增大。因此通过测量含水物质在微波场中的介电常数，就能间接测得该物质的含水量。尽管如此，但微波测湿往往不是测量复介电常数，而是通过测量微波通过物料时的衰减常数、相移常数或相移量、谐振频率等来进行间接测量。水分子极化的宏观效果使微波电场能量发生衰减，检测信号相对变小，拾取表面波附近电场分量的变化就能够反映物质含水量的多少。这就是微波测湿的物理基础。

值得注意的是，水被吸入材料中后，其本身特性也将发生显著的变化，不再与蒸馏水相同。水对材料的影响程度，与水在材料中的状态有关。水在生物机体中呈现束缚状态。

测试所用的仪器为德国 nf Sensor Moist B350，该仪器拥有 4 个编号为 PM、DM、

R2M 和 R1M 的测试探头，测试深度分别为 30cm、11cm、7cm 和 3cm，测试微波由于水分子的影响而造成的能量损失，同一探头能量损失越大，说明测试对象中的含水量越大。

2.3.2.2　微波探头的标定

由于 Sensor Moist B350 生产于德国，其主要测试对象包括砖、旧砖、木头、旧木头、混凝土等，并不包含土。因此，为了更好地利用 B350 测试遗址土中的含水率，选取了锁阳城的土样在室内对 DM、R1M 和 R2M 三个探头进行了标定。

具体标定方法为：①取锁阳城土样 1500g 过 0.5mm 筛，并加水至含水率为 13%左右，封存 24h；②利用敦煌研究院研制的制样机压制两块直径为 70mm，高为 120mm 的土样，并测量剩余土的含水量；③用保鲜膜包裹好样品并转移至温度较为恒定的实验室；④用三种探头和天平对样品进行监测，监测结果如表 2-7 所示。

表 2-7　微波测试监测记录表

编号	质量（g）	测试参数			含水率（%）	土质量（g）
		R1M	R2M	DM		
1	835.11	1190	2450	1158	12.1	734.06
2	834.57	1182	2453	1148	12.1	733.59
1	834.79	1180	2450	1173	12.1	734.06
2	834.26	1172	2453	1173	12.1	733.59
1	831.02	1116	2383	1166	11.7	734.06
2	830.41	1110	2374	1165	11.7	733.59
1	827.63	1075	2324	1131	11.3	734.06
2	827.14	1071	2309	1134	11.3	733.59
1	820.22	1005	2180	1014	10.5	734.06
2	819.79	1000	2163	1024	10.5	733.59
1	809.9	908	1976	963	9.4	734.06
2	809.59	900	1960	966	9.4	733.59
1	801.96	847	1796	993	8.5	734.06
2	801.72	841	1799	980	8.5	733.59
1	775.38	665	1180	713	5.3	734.06
2	775.34	667	1181	709	5.4	733.59
1	762.04	605	962	753	3.7	734.06
2	762.09	607	958	784	3.7	733.59
1	756.85	592	902	627	3.0	734.06
2	756.77	592	901	686	3.1	733.59

续表

编号	质量（g）	测试参数			含水率（%）	土质量（g）
		R1M	R2M	DM		
1	753.99	587	866	621	2.6	734.06
2	753.92	585	873	653	2.7	733.59
1	752.07	581	858	590	2.4	734.06
2	751.95	582	861	598	2.4	733.59
1	750.17	579	848	603	2.1	734.06
2	750.01	581	837	577	2.2	733.59

根据上表，做出不同含水率下三个探头的能量损失量的关系图，如图 2-44 所示。

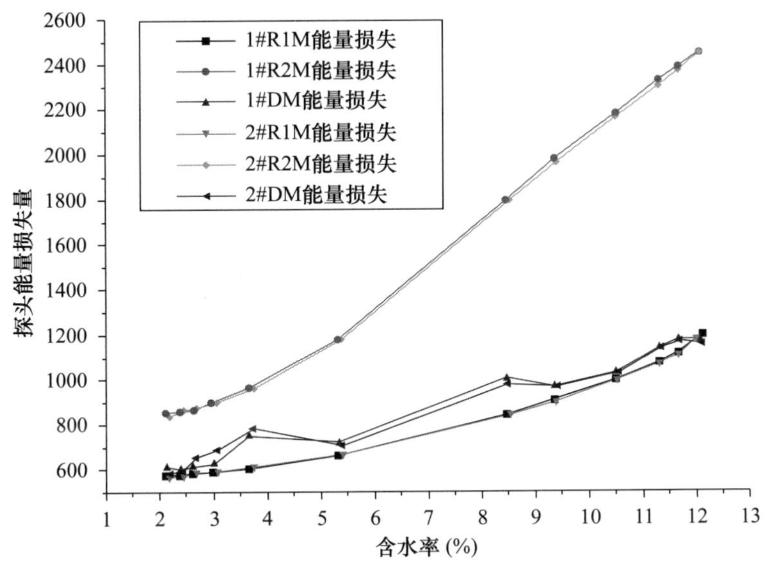

图 2-44　不同含水率下不同探头的能量损失量关系图

由图可知，在相同条件下，两组样品的测试结果较为相似，说明试验结果可靠。为了进一步探明含水率与探头能量损失之间的关系，取含水率和能量损失量的平均值，作图拟合二者的对应关系，如图 2-45 所示。

通过上图可以得出不同探头含水率与能量损失量的关系曲线：

R1M：

$$\omega = -20.1 + 0.05\Delta - 2\times10^{-5}\Delta^2\ (\omega > 0) \quad (式 2\text{-}7)$$

其中，Δ为能量损失量，ω 为含水率（下同）。

R2M：

$$\omega = -4.1 + 0.009\Delta - 8.3\times10^{-7}\Delta^2\ (\omega > 0) \quad (式 2\text{-}8)$$

DM：

$$\omega = -8.1 + 0.02\Delta\ (\omega > 0) \quad (式 2\text{-}9)$$

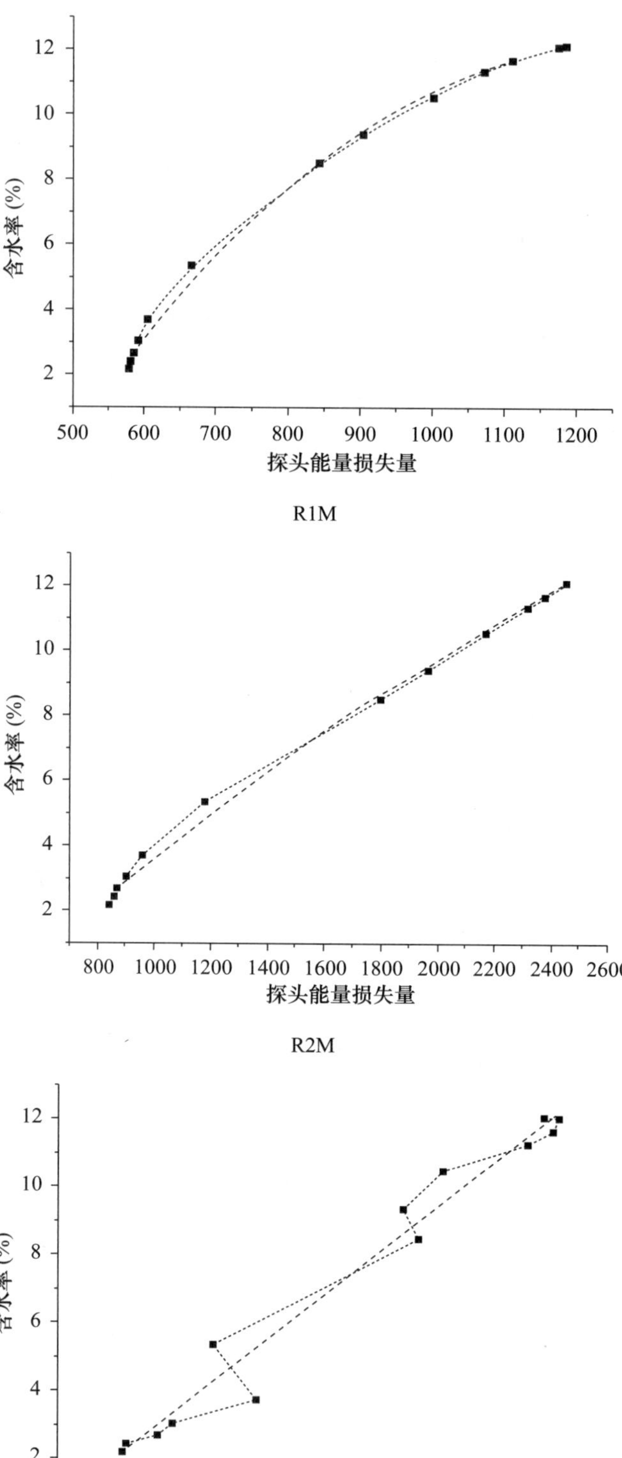

图 2-45　不同探头含水率与能量损失量关系图

2.3.2.3　调查方法

为了调查微波测湿仪器及电导率测试仪器在土遗址上的适用性、注意事项及操作流程，本研究特选取北庭故城盐害较为严重、盐害较为轻微、表面凹凸不平及未加固区段进行测试，测试方法为在指定的区域内，将其划分为若干个网格，并在网格内墙体上每隔 30min 喷水，喷至出现面流为止。分别测试未喷水、30min 和 60min 时各个小网格内的含水率及电导率。

2.3.2.4　测试结果

2.3.2.4.1　盐害严重区

选取北庭故城北墙盐害严重区域 0.4m×1m 的区域，并每隔 10cm 划分一个网格，将该区域划分为 5×8 个小格进行测试（图 2-46）。测试结果如表 2-8～表 2-10 所示。

A. 未洒水

B. 洒水后

图 2-46　北墙盐害严重区域洒水前后图

表 2-8　盐害严重区未洒水时湿度测量结果

试点号	坐标	湿度测量结果（未洒水）			试点号	坐标	湿度测量结果（未洒水）		
		R1M	R2M	DM			R1M	R2M	DM
1	X1Y1	833	1146	587	13	X3Y3	911	1370	604
2	X1Y2	770	1045	725	14	X3Y4	861	1105	672
3	X1Y3	776	1271	789	15	X3Y5	772	1241	681
4	X1Y4	759	1104	785	16	X4Y1	865	1631	781
5	X1Y5	870	1388	688	17	X4Y2	791	1346	805
6	X2Y1	849	1428	684	18	X4Y3	764	984	758
7	X2Y2	782	1129	639	19	X4Y4	789	1173	751
8	X2Y3	820	1097	854	20	X4Y5	785	1017	770
9	X2Y4	762	1293	751	21	X5Y1	812	1325	773
10	X2Y5	860	1179	690	22	X5Y2	803	1271	754
11	X3Y1	834	1359	759	23	X5Y3	869	1290	620
12	X3Y2	979	1259	877	24	X5Y4	717	954	686

续表

试点号	坐标	湿度测量结果（未洒水）			试点号	坐标	湿度测量结果（未洒水）		
		R1M	R2M	DM			R1M	R2M	DM
25	X5Y5	764	1015	654	33	X7Y3	758	1591	710
26	X6Y1	862	1271	737	34	X7Y4	771	1109	733
27	X6Y2	802	1265	722	35	X7Y5	779	1070	772
28	X6Y3	752	1034	783	36	X8Y1	770	1351	784
29	X6Y4	780	1218	773	37	X8Y2	763	1156	750
30	X6Y5	748	1132	770	38	X8Y3	788	1157	750
31	X7Y1	785	1241	803	39	X8Y4	763	947	681
32	X7Y2	765	1047	630	40	X8Y5	780	1091	854

表 2-9　盐害严重区洒水 30min 湿度测量结果

试点号	坐标	湿度测量结果（洒水 30min）			试点号	坐标	湿度测量结果（洒水 30min）		
		R1M	R2M	DM			R1M	R2M	DM
1	X1Y1	1442	2508	1069	21	X5Y1	928	1699	1079
2	X1Y2	1149	2492	1040	22	X5Y2	1065	2118	1176
3	X1Y3	1370	2434	1176	23	X5Y3	1113	2403	1092
4	X1Y4	1441	2880	1127	24	X5Y4	966	1699	1032
5	X1Y5	1099	2441	1057	25	X5Y5	1159	2128	1101
6	X2Y1	985	2171	1560	26	X6Y1	906	1627	909
7	X2Y2	1280	2212	1337	27	X6Y2	951	1964	1095
8	X2Y3	1152	2787	1076	28	X6Y3	920	1619	1265
9	X2Y4	1215	2400	1083	29	X6Y4	1016	1884	1113
10	X2Y5	1491	2122	830	30	X6Y5	1028	1879	1122
11	X3Y1	967	1701	1061	31	X7Y1	986	1918	1035
12	X3Y2	954	2060	1119	32	X7Y2	953	2126	1747
13	X3Y3	1327	2385	1009	33	X7Y3	905	1986	1073
14	X3Y4	1090	2812	933	34	X7Y4	1046	2022	992
15	X3Y5	1061	2490	1096	35	X7Y5	944	2158	1184
16	X4Y1	1065	2219	1028	36	X8Y1	1303	2520	1187
17	X4Y2	1099	1784	1014	37	X8Y2	1493	2599	1258
18	X4Y3	965	2115	1209	38	X8Y3	1514	2263	1215
19	X4Y4	1069	2299	769	39	X8Y4	1052	2053	1066
20	X4Y5	1765	2182	1236	40	X8Y5	965	2244	1367

表 2-10　盐害严重区洒水 60min 湿度测量结果

试点号	坐标	湿度测量结果（洒水 60min）			试点号	坐标	湿度测量结果（洒水 60min）		
		R1M	R2M	DM			R1M	R2M	DM
1	X1Y1	1128	2029	955	21	X5Y1	883	1480	943
2	X1Y2	1725	2028	761	22	X5Y2	908	1614	893
3	X1Y3	1661	2529	796	23	X5Y3	967	1742	835
4	X1Y4	1628	2439	1152	24	X5Y4	877	1423	1126
5	X1Y5	1228	2419	970	25	X5Y5	1167	1785	883
6	X2Y1	885	1801	895	26	X6Y1	852	1412	854
7	X2Y2	932	2674	974	27	X6Y2	892	1405	942
8	X2Y3	1027	1970	827	28	X6Y3	872	1820	1062
9	X2Y4	1039	1830	1041	29	X6Y4	826	1550	1425
10	X2Y5	1143	1789	1064	30	X6Y5	1030	1608	1021
11	X3Y1	905	1633	963	31	X7Y1	916	1682	965
12	X3Y2	1433	1855	964	32	X7Y2	935	1660	1018
13	X3Y3	1022	1796	955	33	X7Y3	890	2039	910
14	X3Y4	1060	1859	95	34	X7Y4	1015	1774	897
15	X3Y5	1047	1917	1096	35	X7Y5	1102	2175	1080
16	X4Y1	1022	1741	1011	36	X8Y1	887	1997	1950
17	X4Y2	909	1461	911	37	X8Y2	997	2949	1144
18	X4Y3	931	1849	1218	38	X8Y3	966	1707	959
19	X4Y4	1061	1764	995	39	X8Y4	846	1723	1171
20	X4Y5	1159	1862	1172	40	X8Y5	936	1553	980

根据室内标定结果，结合以上测试结果，计算出不同时间内各点的含水率，如图 2-47 所示。

根据上图，可以看出，未洒水状态时，表面 0～3cm 范围的含水率要高于 0～7cm 和 0～11cm 的平均含水率，总体趋势是从表及里含水率降低，这与北庭故城所处的潮湿气候环境有关；而洒水 30min 后，含水率的变化趋势为由表及里依次增高，60min 时亦如此，不同的是，60min 时各深度的含水率总体低于 30min 时，这说明随着时间的推移，不同深度的含水率是在减小的。

2.3.2.4.2　盐害轻微区

在北庭故城北墙盐害轻微区选择 10 个大小相同的区域，进行自然状态及洒水 30min 后墙体含水率的测试（图 2-48），结果如表 2-11、表 2-12 和图 2-49 所示。

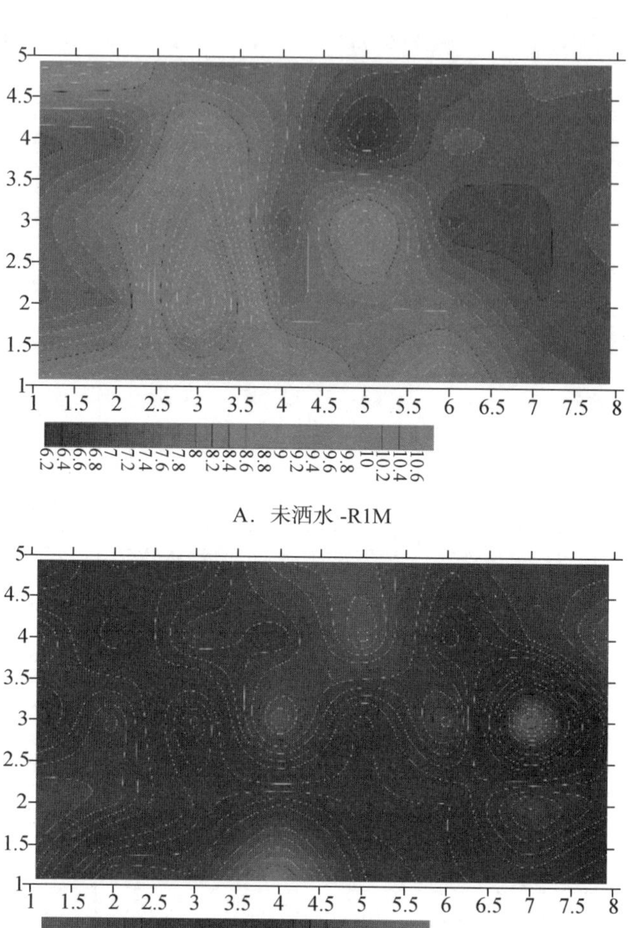

A．未洒水 -R1M

B．未洒水 -R2M

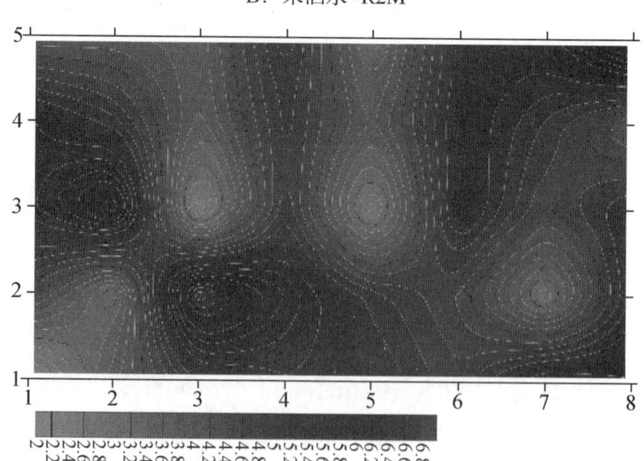

C．未洒水 -DM

图 2-47　北庭故城北墙盐害严重区微波测湿结果

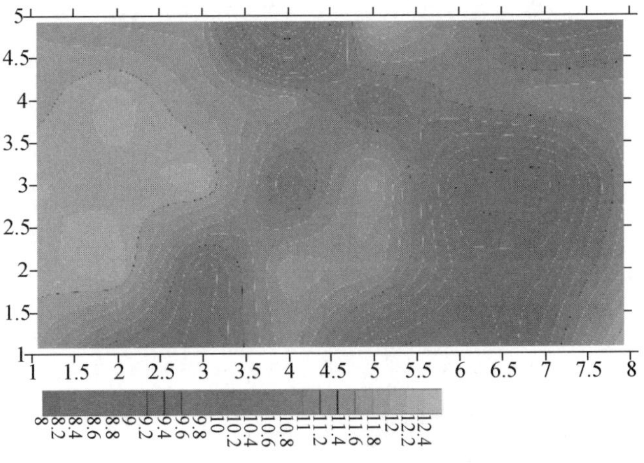

D．洒水 30min-R1M

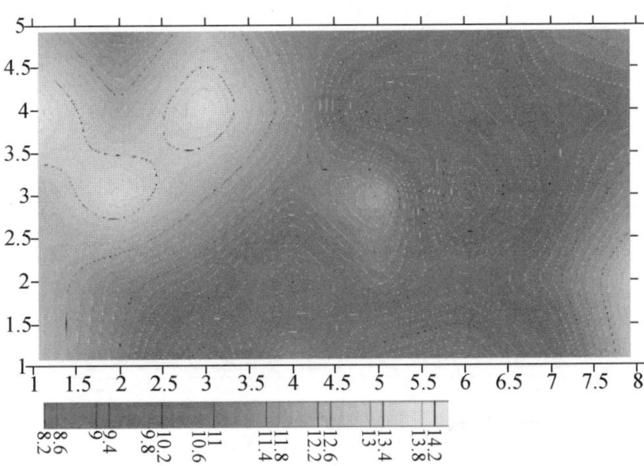

E．洒水 30min-R2M

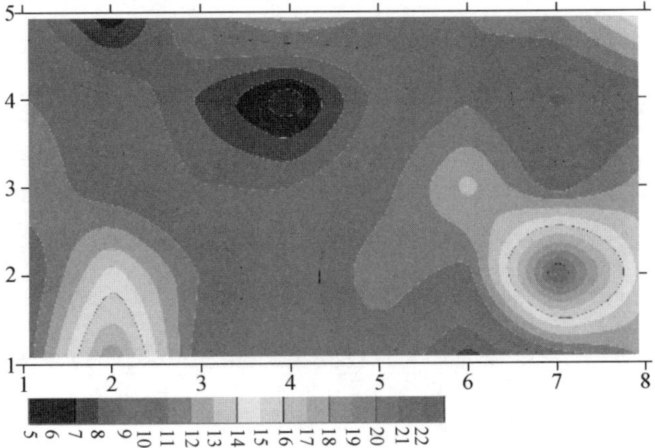

F．洒水 30min-DM

图 2-47 （续）

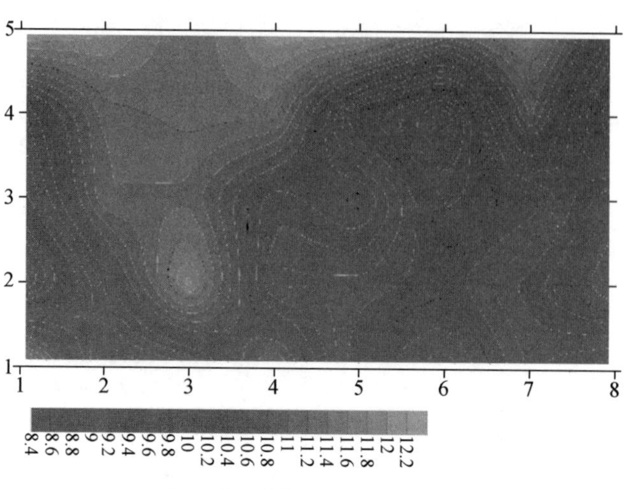

G．洒水 60min-R1M

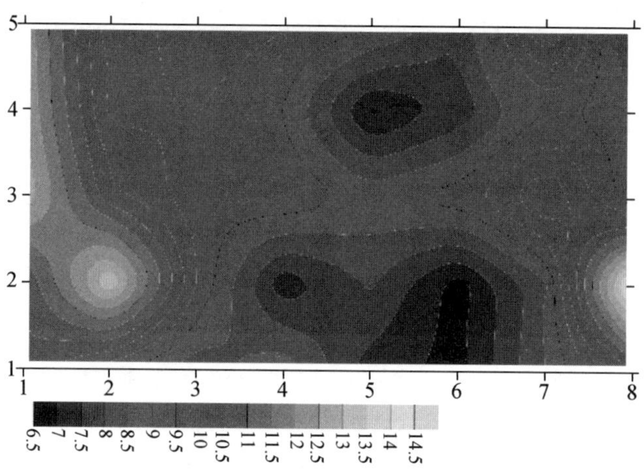

H．洒水 60min-R2M

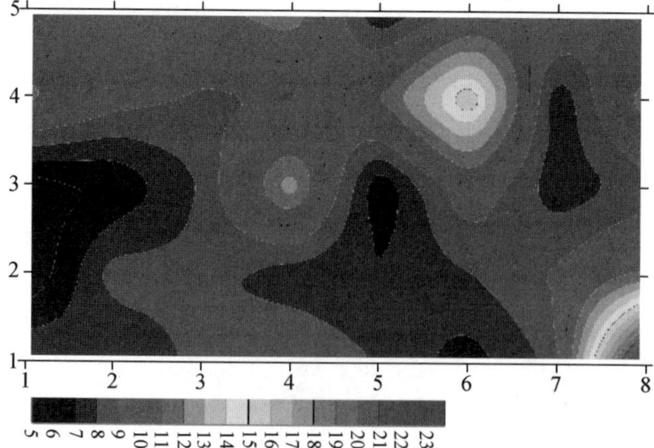

I．洒水 60min-DM

图 2-47 （续）

A．洒水前

B．洒水后

图 2-48　北庭故城盐害轻微区洒水前后图

表 2-11　盐害轻微区自然状态微波测湿结果表

试点号	坐标	湿度测量结果（未洒水）		
		R1M	R2M	DM
1	X1Y1	857	1151	834
2	X1Y2	751	995	654
3	X1Y3	759	1072	720
4	X1Y4	810	1105	750
5	X1Y5	776	1113	790
6	X2Y1	739	994	620
7	X2Y2	746	1126	608
8	X2Y3	802	1218	647
9	X2Y4	707	1009	630
10	X2Y5	767	984	567

表 2-12　害轻微区洒水 30min 后微波测湿结果表

试点号	坐标	湿度测量结果（洒水 30min）		
		R1M	R2M	DM
1	X1Y1	1278	1649	1155
2	X1Y2	1077	2059	1261
3	X1Y3	1031	2036	1073
4	X1Y4	882	1713	1013
5	X1Y5	863	1579	891
6	X2Y1	1023	2322	1214
7	X2Y2	1144	1820	999
8	X2Y3	1319	2134	1254
9	X2Y4	1207	1817	948
10	X2Y5	1061	2216	1208

由图可知，在自然状态下，墙体由面向墙体内部含水率逐渐降低，但是在洒水30min后，墙体不同深度的含水率均有所增加，但依旧表现出表面含水率高于内部含水率的趋势。此外，自然状态下，墙体从上到下含水率分布比较均匀，而洒水30min后，墙体含水率表现出上小下大的趋势。

2.3.2.5　表面凹凸不平区

为了查明表面平整程度对微波测湿结果的影响，在北庭故城选择自然墙体表面凹凸不平区与人为处理的凹凸不平区用微波测湿仪进行测试。

2.3.2.5.1　自然墙体凹凸不平区

在北庭故城选择一面墙体临近的三个表面凹凸不平区进行测试（图2-50），每个区域均选择5个由平到凹的点进行测试，测试结果如表2-13和图2-51所示。

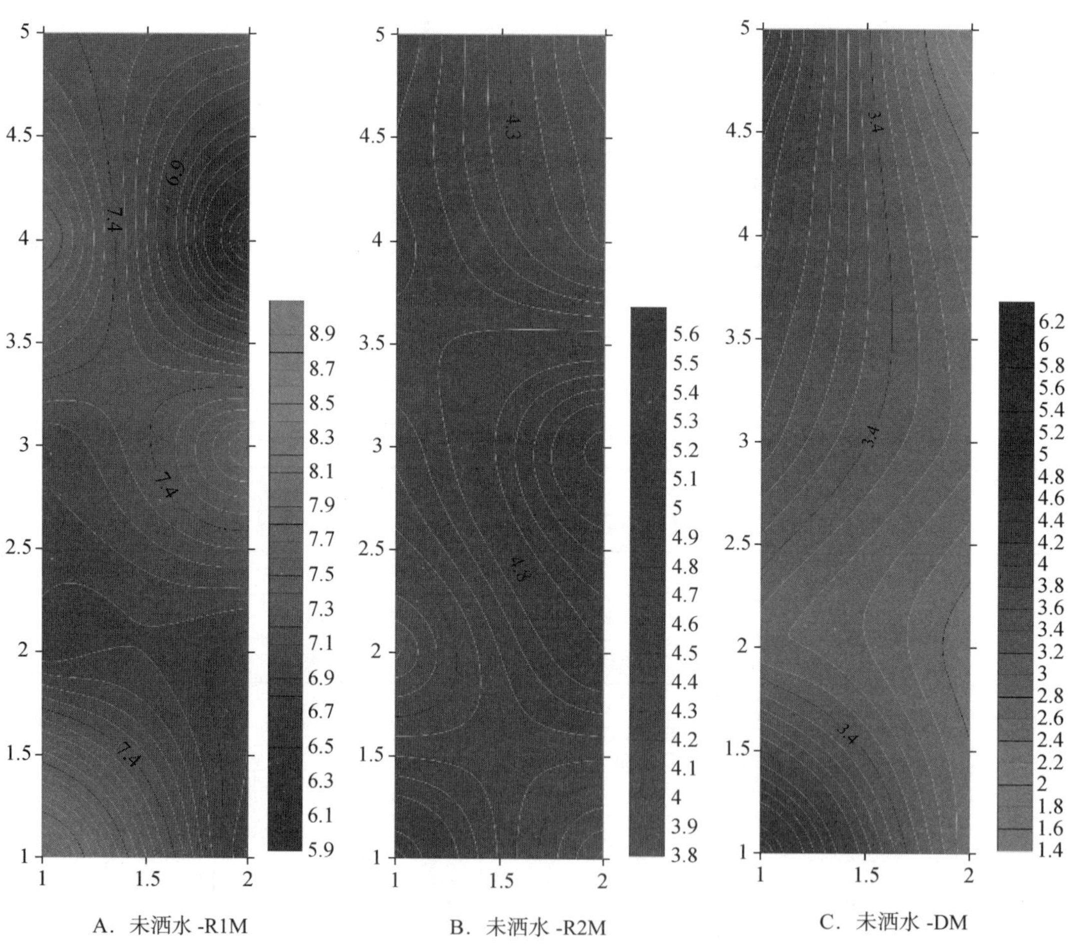

A．未洒水-R1M　　B．未洒水-R2M　　C．未洒水-DM

图2-49　盐害轻微区微波测湿结果

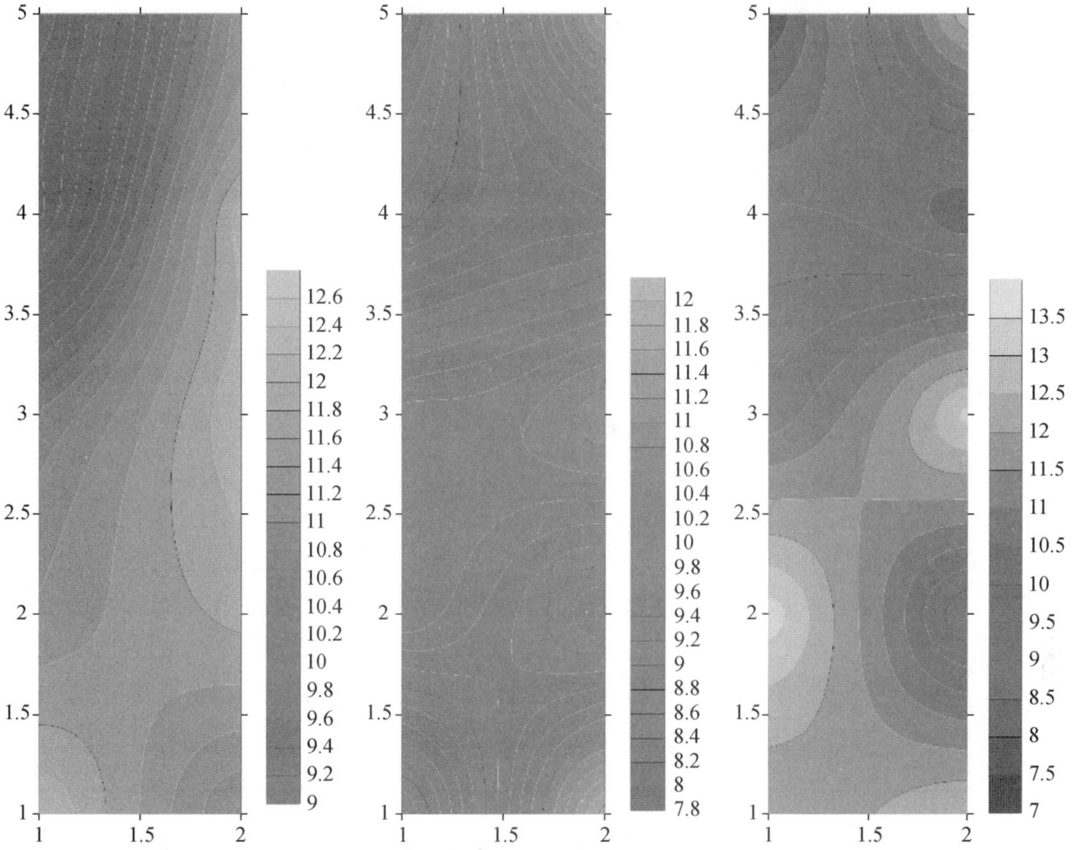

D．洒水 30min-R1M　　E．洒水 30min-R2M　　F．洒水 30min-DM

图 2-49 （续）

图 2-50　自然墙体凹凸不平区测试区域

表 2-13 自然墙体凹凸不平区微波测湿结果表

试验区域	试点号	湿度测量数据		
		R1M	R2M	DM
1	最凸点	650	1095	691
	较凸点	617	1281	654
	较平点	628	1228	660
	较凹点	732	1059	539
	最凹点	706	945	458
2	最凸点	660	1039	687
	较凸点	598	1036	684
	较平点	734	1057	602
	较凹点	737	995	596
	最凹点	723	950	521
3	最凸点	642	1109	621
	较凸点	716	1048	587
	较平点	755	1007	601
	较凹点	716	991	593
	最凹点	725	960	576

由图 2-51 可知，从最凸点到最凹点，整体规律性并不明显，这可能与测试时的操作选点有关。

2.3.2.5.2 人为处理的凹凸不平区

为了更加直观地查看遗址体表面的平整程度对微波测试结果的影响，本研究人为在

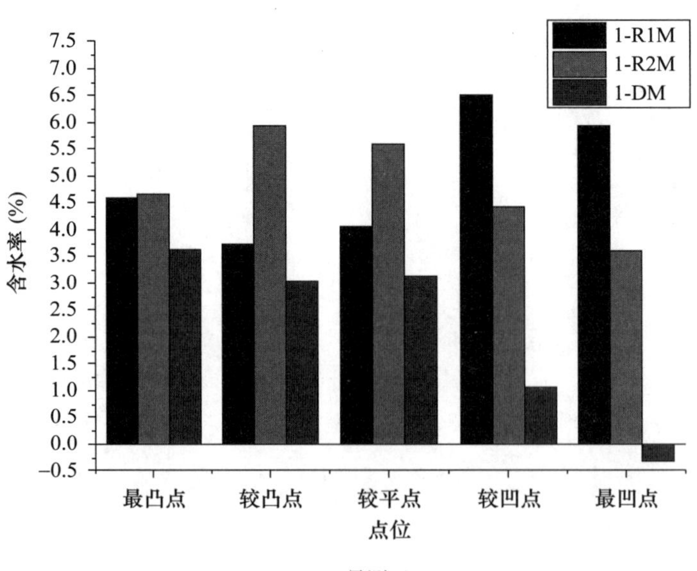

A. 1 号测区

图 2-51 自然墙体凹凸不平区微波测湿结果

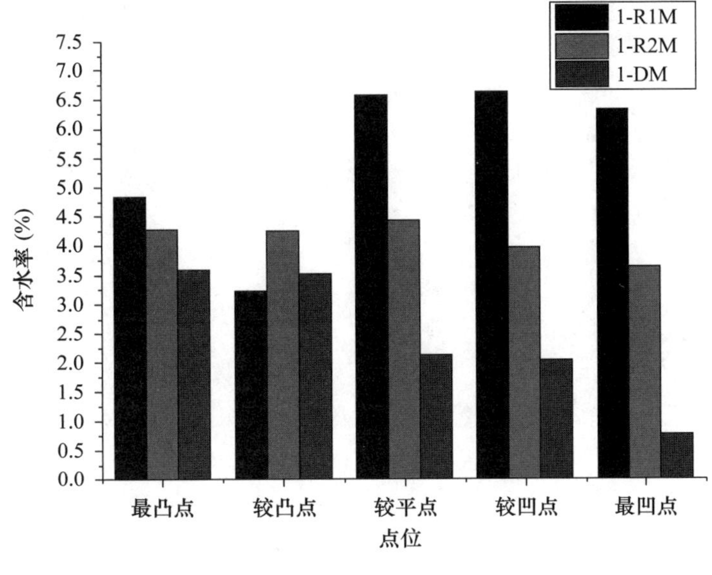

B．2 号测区

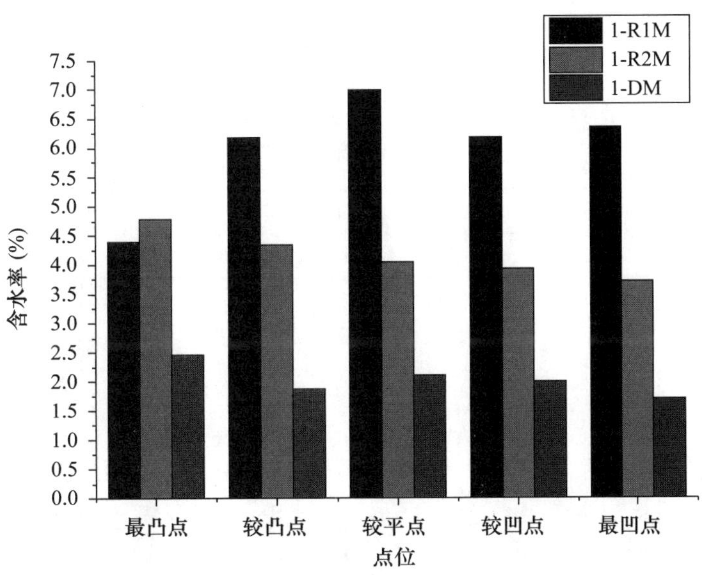

C．3 号测区

图 2-51 （续）

北庭故城地面上选取较为平整的地面，用地质锤在地面上依次砸出 4 个深浅不同的小坑，并与原始地面组成较平点、稍凹点、较凹点、很凹点和最凹点，如图 2-52 所示。处理完成后分别用 R1M、R2M 和 DM 探头测三遍，测试结果如表 2-14、图 2-53 所示。

由图可知，从较平点到最凹点，三个测试区均表现出含水率降低的规律，同一测试对象其含水率理应相同，出现这个结果的原因为不同凹进程度，探头测试时均测了一段空气，而空气的介电常数为 1，测试过程微波能耗较小，因此导致测试结果偏小。此外，从很凹点开始，DM 测得的含水率为负值，导致这个结果的可能原因有二：其一为探头的标定结果有误，其二为测试了一段空气的原因。

图 2-52　人为处理凹凸不平区

表 2-14　人为处理凹凸不平区测试结果表

试点号 / 测量次数	R1M			R2M			DM		
	第 1 次	第 2 次	第 3 次	第 1 次	第 2 次	第 3 次	第 1 次	第 2 次	第 3 次
较平点	731	727	742	1129	1138	1143	747	740	745
稍凹点	725	743	747	1053	1058	1050	656	658	648
较凹点	710	714	708	968	949	936	549	530	523
很凹点	696	716	693	913	896	891	456	458	470
最凹点	672	682	679	844	832	853	380	410	396

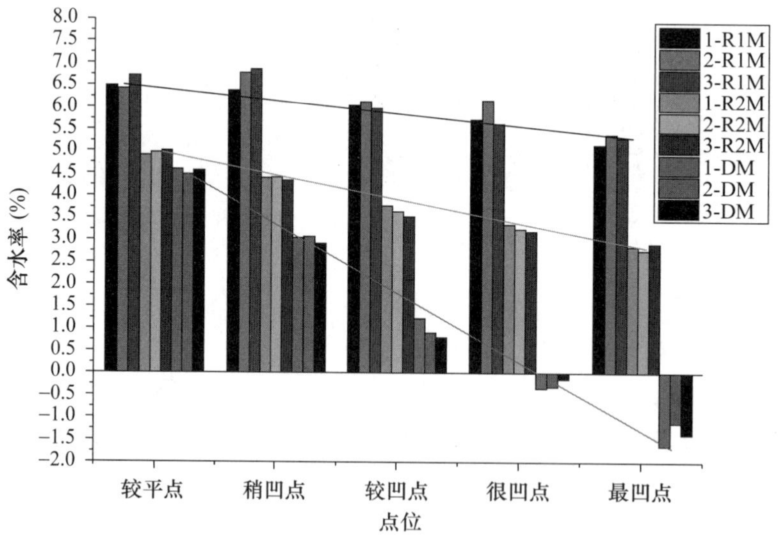

图 2-53　人为处理凹凸不平区测试结果

2.3.3　易溶盐测试

易溶盐是我国西北地区土遗址破坏的主要诱因之一，酥碱、片状剥离、表面泛白和酥碱掏蚀等是土遗址常见的盐害表现形式。因此，一定范围内，遗址土体内易溶盐的含量严重影响着土遗址的保存和有效保护，常见测试遗址土体含盐量的方法有溶液滴定法、烘干质量法、离子色谱仪法和溶液电导率法。现行常用的溶液滴定法、质量烘干称重法和离子色谱仪法具有准确、可靠性高的优势，然而这些方法均需要使用去离子水制作土体的浸出液，操作过程复杂，测试周期长，测试地点一般局限于室内，无法满足现场快速测试的目的，并且运输过程中由于水分散失会引起土体盐分的不均匀变化，进而导致室内含盐量测试结果的偏差。

依据西北地区典型土遗址盐分调查，以 NaCl 和 Na_2SO_4 为研究对象，基于盐渍土体溶液导电原理，使用哈纳 HI98331 微电脑笔式土壤电导率测定仪实施现场直接测试和室内标定土体溶液电导率与含盐量的关系试验，以期得出一种操作简便快捷、节省时间、满足现场快速检验土体含盐量要求的方法。

2.3.3.1　测试原理

试验使用哈纳 HI98331 微电脑笔式土壤电导率测定仪，通过测试土水混合溶液电导率标定遗址土体中的含盐量。测试时 A 端、B 端和外界溶液共同构成闭合回路，在一定条件下，当外界导电介质本身变化不大时，介质的电导率稳定，通过电流大小确定土水溶液的电导率，进而标定土水溶液中离子的含量（图 2-54）。

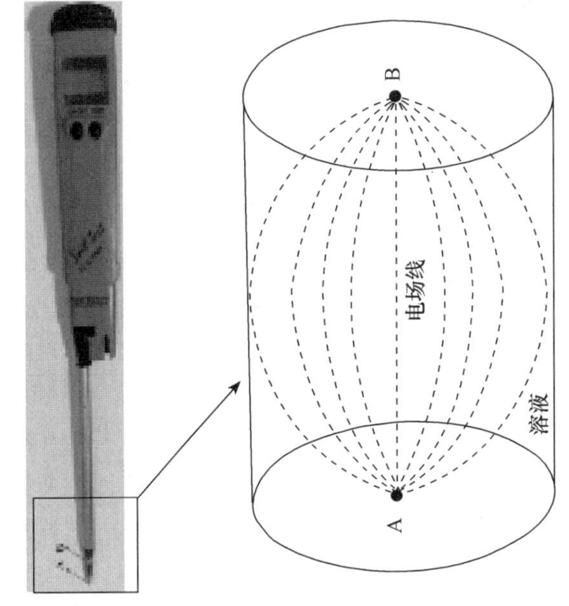

图 2-54　电导率测试原理

2.3.3.2　现场直接测试试验

利用意大利哈纳 HI98331 笔式土壤电导率测定仪对北庭故城北墙 2 段盐害严重的区域和盐害轻微区域，选取与前节微波测湿区域相同的区域，使用相同的网格划分方法对该区域的电导率进行测试，每个测试点均测试两次，以验证仪器现场直接测试的适用性。

盐害严重区电导率测试结果如表 2-15 所示。

表 2-15　盐害严重区电导率测试结果及其相对偏差表

试点号	坐标	未洒水（S/m）		洒水 30min（S/m）		洒水 60min（S/m）		相对偏差		
								未洒水	30min	60min
		第 1 次	第 2 次	第 1 次	第 2 次	第 1 次	第 2 次			
1	X1Y1	0.9	0.21	1.26	1.32	1.08	0.91	62.16%	2.33%	8.54%

续表

试点号	坐标	未洒水（S/m）		洒水 30min（S/m）		洒水 60min（S/m）		相对偏差		
								未洒水	30min	60min
		第 1 次	第 2 次	第 1 次	第 2 次	第 1 次	第 2 次			
2	X1Y2	0.15	0.99	0.81	0.65	0.35	0.62	73.68%	10.96%	27.84%
3	X1Y3	0.62	0.16	0.68	0.49	0.54	0.76	58.97%	16.24%	16.92%
4	X1Y4	0.24	0.07	0.6	2	1.21	1.02	54.84%	53.85%	8.52%
5	X1Y5	0.32	0.63	0.72	1.53	0.81	0.51	32.63%	36.00%	22.73%
6	X2Y1	0.36	0.23	0.44	0.72	1.05	1.43	22.03%	24.14%	15.32%
7	X2Y2	0.4	1.19	0.93	0.34	0.19	0.61	49.69%	46.46%	52.50%
8	X2Y3	0.56	0.52	0.74	2.52	0.74	0.34	3.70%	54.60%	37.04%
9	X2Y4	0.29	0.17	0.11	0.73	0.81	0.19	26.09%	73.81%	62.00%
10	X2Y5	0.8	0.55	0.94	1.27	1.41	0.83	18.52%	14.93%	25.89%
11	X3Y1	0.58	0.56	0.29	0.32	0.92	0.43	1.75%	4.92%	36.30%
12	X3Y2	0.71	0.2	0.87	2.02	0.54	0.68	56.04%	39.79%	11.48%
13	X3Y3	0.89	0.38	1.25	0.87	0.71	0.44	40.16%	17.92%	23.48%
14	X3Y4	1.45	0.11	0.74	0.57	0.82	0.13	85.90%	12.98%	72.63%
15	X3Y5	1.79	0.32	0.3	0.37	0.24	0.51	69.67%	10.45%	36.00%
16	X4Y1	0.76	0.14	0.1	0.35	0.43	0.61	68.89%	55.56%	17.31%
17	X4Y2	1.02	0.89	1.29	1.07	1.04	0.84	6.81%	9.32%	10.64%
18	X4Y3	0.36	0.68	0.47	0.74	0.81	0.65	30.77%	22.31%	10.96%
19	X4Y4	1.1	0.31	1.39	1.54	0.35	0.64	56.03%	5.12%	29.29%
20	X4Y5	0.43	0.21	0.51	0.39	0.21	0.29	34.38%	13.33%	16.00%
21	X5Y1	0.62	0.29	0.19	0.1	1.11	0.82	36.26%	31.03%	15.03%
22	X5Y2	2.43	2.6	0.97	0.48	0.71	0.6	3.38%	33.79%	8.40%
23	X5Y3	1.23	0.14	0.91	0.1	0.43	0.58	79.56%	80.20%	14.85%
24	X5Y4	0.54	0.93	0.33	0.28	0.74	0.35	26.53%	8.20%	35.78%
25	X5Y5	1.08	0.47	0.14	0.34	0.62	0.77	39.35%	41.67%	10.79%
26	X6Y1	1.94	0.36	0.16	0.41	1.45	1.62	68.70%	43.86%	5.54%
27	X6Y2	0.39	0.78	0.21	0.13	0.44	0.59	33.33%	23.53%	14.56%
28	X6Y3	1	0.42	0.1	0.07	0.13	0.34	40.85%	17.65%	44.68%
29	X6Y4	0.29	0.54	0.2	0.05	0.39	0.25	30.12%	60.00%	21.88%
30	X6Y5	1.11	0.33	0.16	0.01	0.91	0.76	54.17%	88.24%	8.98%
31	X7Y1	0.23	0.12	0.19	0.17	0.24	0.46	31.43%	5.56%	31.43%
32	X7Y2	0.28	0.2	0.08	0.1	0.95	0.79	16.67%	11.11%	9.20%
33	X7Y3	0.48	0.36	0.44	0.07	0.25	0.43	14.29%	72.55%	26.47%
34	X7Y4	1.08	0.97	0.4	0.03	0.85	0.71	5.37%	86.05%	8.97%
35	X7Y5	0.36	1	0.31	0.14	0.62	0.69	47.06%	37.78%	5.34%

续表

试点号	坐标	未洒水（S/m）		洒水 30min（S/m）		洒水 60min（S/m）		相对偏差		
								未洒水	30min	60min
		第 1 次	第 2 次	第 1 次	第 2 次	第 1 次	第 2 次			
36	X8Y1	0.41	0.27	0.05	0.03	0.31	0.35	20.59%	25.00%	6.06%
37	X8Y2	0.19	0.13	0.05	0.03	0.39	0.12	18.75%	25.00%	52.94%
38	X8Y3	0.26	0.16	0.09	0.06	0.22	0.1	23.81%	20.00%	37.50%
39	X8Y4	0.31	0.25	0.12	0.13	0.09	0.26	10.71%	4.00%	48.57%
40	X8Y5	0.66	0.43	0.08	0.12	0.24	0.38	21.10%	20.00%	22.58%

由表 2-15 可知，电导率测试仪在自然状态下，两次测试结果的相对偏差极大，相对偏差小于 20% 的占总数据的 75%，洒水 30min 后的结果相比自然情况要好一些，相对偏差大于 20% 的占 60%，而洒水 60min 后的测试结果较好，相对偏差占总数据的 50%。

表 2-16 为盐害轻微区电导率测试结果。

表 2-16　盐害轻微区电导率测试结果及其相对偏差表

试点号	坐标	未洒水（S/m）		洒水 30min（S/m）		相对偏差	
						未洒水	30min
		第 1 次	第 2 次	第 1 次	第 2 次		
1	X1Y1	0.02	0	0.04	0.03	25.00%	3.57%
2	X1Y2	0	0	0.05	0.74	0	21.84%
3	X1Y3	0	0	0.08	0.14	0	6.82%
4	X1Y4	0	0	0.01	0.59	0	24.17%
5	X1Y5	0	0	0.04	0.03	0	3.57%
6	X2Y1	0	0	0.04	0.16	0	15.00%
7	X2Y2	0	0	0.24	0.14	0	6.58%
8	X2Y3	0	0	0.08	0.05	0	5.77%
9	X2Y4	0	0	0.16	0.01	0	22.06%
10	X2Y5	0	0	0.07	0.08	0	1.67%

由表 2-16 可知，在盐害轻微区，自然状态下由于墙体坚硬，电导率测试仪并未能够很好地插入墙体，因此并未测得数据，而在洒水 30min 后，测试结果较为理想，相对偏差大于 20% 的占总数据的 30% 左右。

由以上两组测试结果可以看出，该设备在土遗址保护中具有一定的适用性，但其测试结果与遗址中是否含有较高含量的水有关，因为含水率较低时，土体中的盐分并未被激活，导致仪器无法测得相应的电导率值。因此，该设备在现场直接在遗址体上测试的方法不可行，需基于室内试验标定后间接测试。

2.3.3.3　室内标定试验

2.3.3.3.1　土水比对溶液电导率的影响

考虑到不同浓度溶液对电导率的影响，根据现场测试方便、快捷的操作要求，采用250mL的烧杯作为溶液电导率测试的容器，量取200mL的去离子水，分别向去离子水中加入10～100g的含盐土体，所加土体均为烘干土体，土体所加质量梯度为10g，土体中易溶盐含盐量为0.1%，使用电导率测试笔分别测试不同土水比溶液的电导率，测试时溶液温度为20℃，测试结果如图2-55所示。

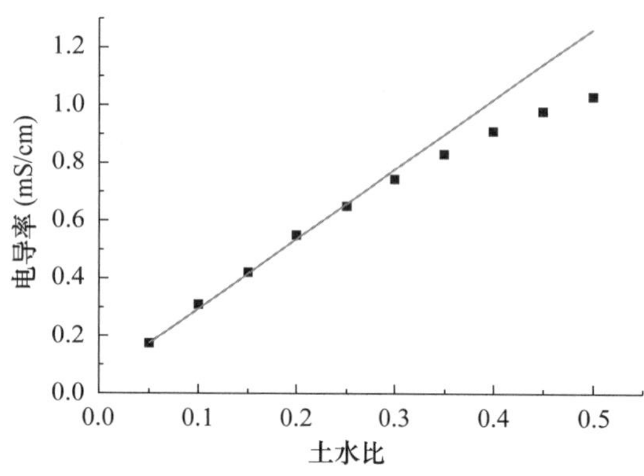

图2-55　不同土水比对溶液电导率的影响

2.3.3.3.2　测试方法

根据西北地区典型土遗址盐分的调查情况，选取NaCl和Na_2SO_4作为土体添加的易溶盐，使用脱盐烘干土配制不同盐分和不同混合比例的盐渍土，模拟不同类型的盐渍土，按照盐渍土中NaCl、Na_2SO_4单盐和NaCl、Na_2SO_4混合质量比为1∶1、1∶2和1∶3的复合盐五种不同比例易溶盐，以及质量比1%、2%、3%、4%、5%和6%分别测试其电导率。

采用250mL量程的烧杯量取200mL去离子水，称取烘干的盐渍土50g，将50g烘干土体溶于200mL去离子水中，充分搅拌5min，待溶液基本稳定不再转动时进行电导率测试。为保证数据的可靠性，测试时电导率测试笔置于溶液的中间位置，禁止将测试笔探头与烧杯底部和侧壁接触（图2-56），同一溶液测量不小于3次，3次所得电导率差值不超过0.1mS/cm。

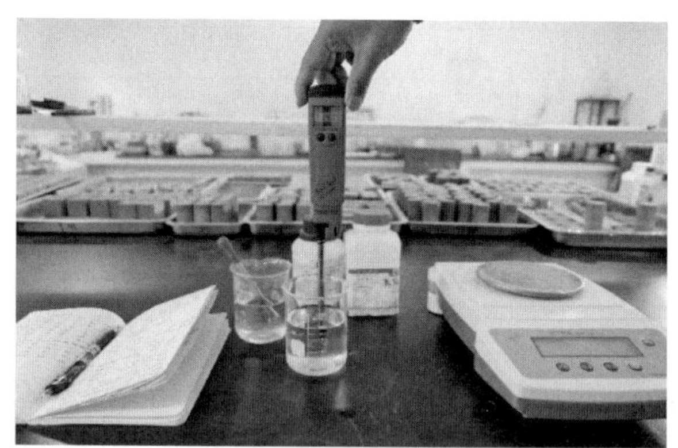

图2-56　易溶盐含量测试图

2.3.3.3.3　试验标定

根据已知类型盐渍土溶液电导率与含盐量的曲线（图2-57），对含盐量与电导率关系进行分区，当溶液电导率在0～8mS/cm时，各盐渍土溶液含盐量与电导率具有较好的线性关系，随着含盐量的增加，土体电导率线性增加，将0～8mS/cm电导率称为土体含盐量测试的线性区段。当溶液电导率在8～12mS/cm时，土体电导率与含盐量具有较好的指数关系，将该段称为土体含盐量测试的指数区段。当电导率超过12mS/cm时，含盐量对电导率的影响较小，即便大幅度增加易溶盐的含量，溶液电导率的变化范围依然有限，该区段根据电导率只能获得土体含盐量的下限，对土体含盐量的多少具有指导意

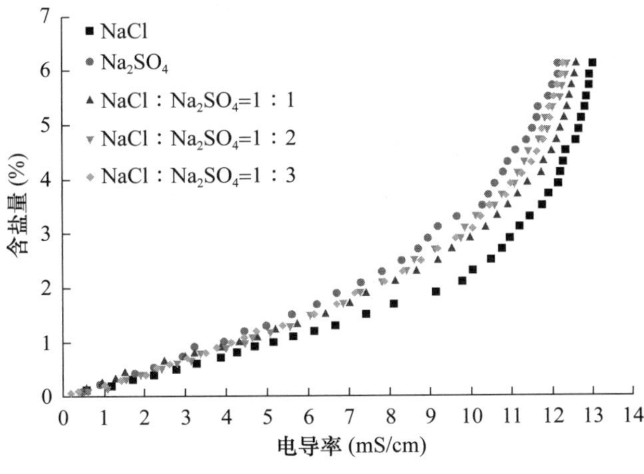

图 2-57　含盐量测试分区图

义，因而将该段称为土体含盐量测试的参考区段。

将不同类型和不同混合比例的盐溶液测试数据汇总，分析未知类型盐渍土溶液电导率与含盐量的关系（图 2-58）。

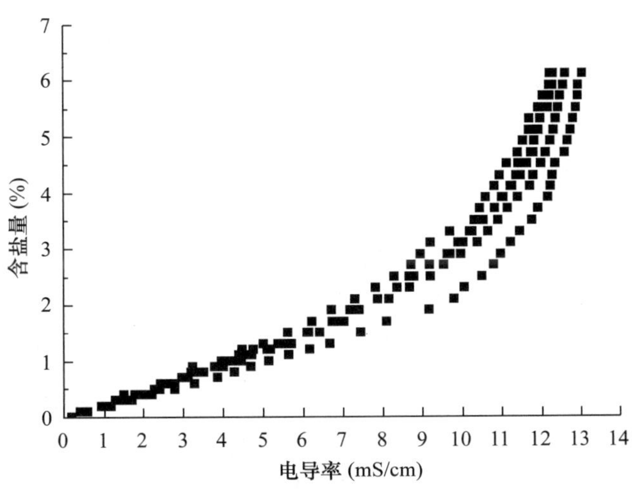

图 2-58　未知盐溶液电导率与含盐量的关系

对未知的混合盐溶液电导率进行回归分析，根据未知盐溶液电导率与含盐量的关系，对曲线进行分区。当电导率在 0～6mS/cm 时，含盐量与电导率呈线性关系，且该区段溶液电导率与含盐量相关性较好，所有土体易溶盐含量的实际值与拟合公式的计算值最大差值均小于 0.2% 的土体含盐量，表明该测区使用拟合公式可获得较高精度的土体含盐量测试结果。当电导率在 6～10mS/cm 时，含盐量与电导率呈指数关系，该区段所有土体易溶盐含量的实际值与拟合公式计算值的差值均小于 0.5% 的土体含盐量，该区段测试精度低于线性区段测试精度，对易溶盐含量的测试具有一定的指导意义。当电导率超过 10mS/cm 时，溶液含盐量与电导率的相关性较差，此时依然可粗略得到该测区盐渍土含盐量下限。根据图 2-58 获得未知混合盐溶液电导率与含盐量的分段经验公式（表 2-17），依据图 2-58 和表 2-17 绘制未知比例盐溶液电导率与含盐量的快速对照表（表 2-18）。

表 2-17　不同种类的盐溶液电导率经验公式

盐分类型	分区	拟合公式	相关系数	误差
未知比例混合盐	线性区	$y=0.2404x-0.0427$	0.962	0.2%
	指数区	$y=1.9402\exp(x/10.6007)-1.9883$	0.845	0.5%

表 2-18　未知比例盐溶液电导率与含盐量测试结果

电导率（mS/m）	含盐量（%）	电导率（mS/m）	含盐量（%）	电导率（mS/m）	含盐量（%）
0	0	4.5	1.039	9	2.547
0.5	0.078	5	1.159	9.5	2.766
1	0.198	5.5	1.275	10	2.995
1.5	0.318	6	1.429	10.5	3.236
2	0.438	6.5	1.594	11	3.488
2.5	0.558	7	1.767	11.5	3.753
3	0.679	7.5	1.948	12	4.030
3.5	0.799	8	2.138		
4	0.919	8.5	2.338		

2.3.3.3.4　实例验证

为验证本试验结论的可靠性，依据额济纳旗大同城遗址保护工程对水源含盐量进行验证性试验，并指导工程加固用土的土源选址，进一步验证电导率法在低含水率夯筑土体中易溶盐含量测试的可靠性。

对低含水率夯筑墙体的南北两侧土体易溶盐含量进行取样测试，1、2、3 号样品为墙体阳面不同高度的面层土体，4、5、6 号样品为墙体阴面不同高度的面层土体。按电导率分区方法，1、2 号测点为线性区，由测试结果可知，1、2 号测点两种测试方法误差为 0.09% 和 0 的土体含盐量，测试误差低于 0.1% 的土体含盐量，满足测试要求；3～6 号测点为指数区，测试误差在 0～0.49% 的土体含盐量，测试误差仍小于 0.5%。

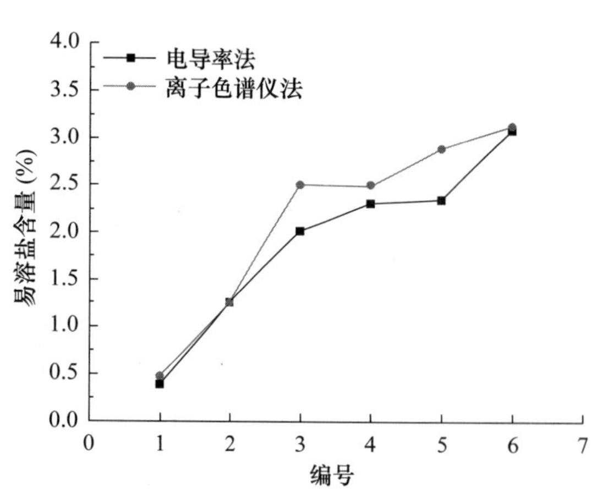

图 2-59　夯墙土体含盐量测试方法对比图

由图 2-59 可知，离子色谱仪的测试结果略高于电导率法测试结果，根据上述分析可知电导率测试与离子色谱仪测试结果相差不大，电导率法在低含水率夯筑墙体易溶盐含量测试中，当易溶盐含量低于 1.5% 时（线性区），具有很好的测试效果；当易溶盐含量在 1.5%～3.5%（指数区）时，电导率测试法的测试结果对指导工程施工仍具有重要现实意义。因而，电导率法在低含水率墙体的含盐量测试中具有较好的测试效果。

2.3.3.4　小结

通过现场直接在遗址体上测试和室内标定试验，验证笔式电导率测定仪的使用条件的方法。结果表明：

1）笔式电导率测定仪在遗址体上直接测试的方法不可行，须使用固定类型的烧杯和土水比建立稳定的溶液导电介质，使用笔式电导率测定仪测试混合液的电导率。

2）对同类盐渍土，一定范围内溶液电导率随含盐量线性增加；当含盐量超过一定范围时，电导率与含盐量呈指数关系；当盐浓度增大到一定程度时，电导率变化规律不明显。根据电导率与含盐量的变化关系，将电导率含盐量曲线分为线性区段、指数区段和参考区段。

3）该操作方法条件下，获得电导率与含盐量的经验公式，并且该经验公式在指导工程实际施工中获得很好的效果。在土源选址中具有可靠的指导作用，在含水率较低的夯筑墙体易溶盐含量的测试中获得较高的测试精度，在指导工程加固水源选择的应用中，具有很高的精度。

4）一定范围内，盐溶液电导率与土体含盐量具有很高的相关性，且可重复性较好，具有明显、稳定的规律性，因而电导率测试法在快速测定遗址土体、土源土体和水源含盐量的应用中是可靠的。

2.3.4　表面硬度调查

2.3.4.1　改进砂浆贯入仪

2.3.4.1.1　仪器原理

砂浆贯入法检测是根据测钉贯入砂浆的浓度和砂浆抗压强度间的相关关系，采用压缩式作弹簧加荷，把一测钉贯入砂浆中，由测钉的贯入深度通过测强曲线来换算砂浆抗压强度的一种新型现场检测方法。测强曲线与使用仪器和砂浆有关，一般情况下，在现场检测前测强曲线已经经过实验室内标准试验标定完成。现场测试时，需根据现场情况设定贯入点分布浓度，并由贯入测钉的深度与测强曲线配合，得到被测砂浆的抗压强度值。

2.3.4.1.2　改进原理

由于砂浆本体抗压强度较大，而土体抗压强度较小，原砂浆贯入仪的量程过大，对于大部分土体（夯土等）测量时，测钉贯入深度过大，基本贯入完全，无法得到土体表面的科学抗压强度值。砂浆贯入仪对土体没有标定的测强曲线，因此需对原砂浆贯入仪进行改进，并在室内对试验进行标定，以使得仪器与测强曲线适合于土体表面抗压强度的测定。

对原砂浆贯入仪的改装方式为：使用 SJY-800B 型砂浆贯入仪进行改装，更换贯入仪的弹簧，降低弹簧的弹性系数，以此降低贯入仪使用时的冲击功，使测量值适合于夯土体表面强度范围。更换弹簧的具体系数见表 2-19。

表 2-19　砂浆贯入仪更换弹簧系数表

弹簧系数	直径（cm）	线径（cm）	长度（cm）	弹性系数（N/m）	加荷贯入力（N）
原弹簧	35	4	7	40000	800
替换弹簧	35	2.5	7	5000	100

2.3.4.1.3　测强曲线的室内标定

由于对原砂浆贯入仪进行了改进，因此原砂浆测强曲线不适用于土体表面抗压强度的测定，需在实验室内对改进后的砂浆贯入仪重新测强和标定。

室内试验发现，夯土体的含水率与密度均影响其表面的抗压强度值，因此选择不同含水率与密度的标准样块，以测定不同已知抗压强度夯土体的贯入值，并在不同含水率区间测定贯入值与抗压强度的标准测强曲线。

在含水率和密度的设定方面，通过整合甘肃、内蒙古、青海等干旱地区土遗址的勘察报告和工程报告，干旱地区土遗址的含水率及干密度分布情况如图 2-60、图 2-61 所示。从分布范围可以看出含水率在 14% 以下，其中 0～2% 分布最多，2%～4% 分布较多，4%～10% 分布多，10%～14% 分布较少；干密度主要分布在 1.3～2.0g/cm³，其中大多分布在 1.5～1.9g/cm³ 区间。因此，根据分布情况，设置 10% 以下含水率，

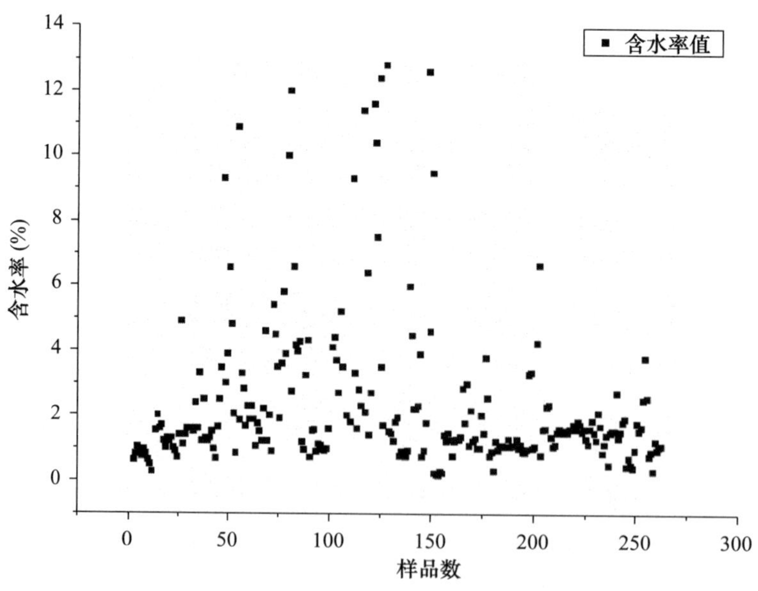

图 2-60　干旱地区遗址含水率分布散点图

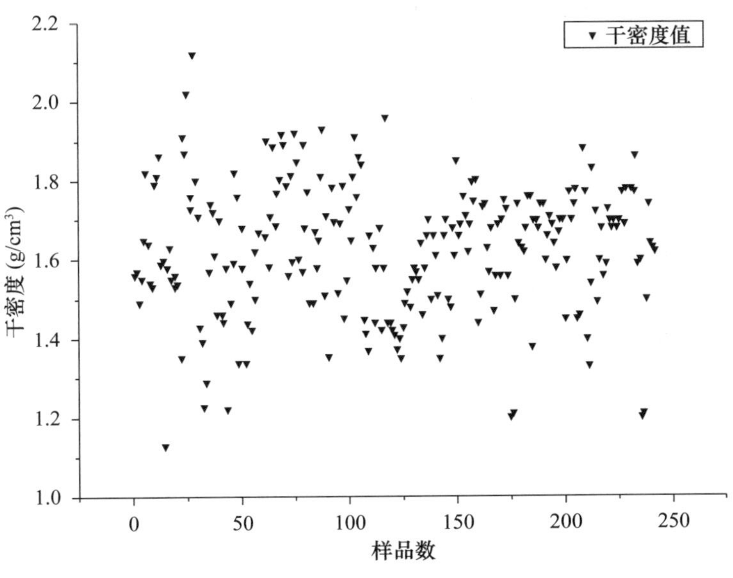

图 2-61　干旱地区遗址干密度分布散点图

1.5～1.9g/cm³ 密度梯度的标准样块进行贯入仪的标定。由于土的质量与含水率有关，根据其质量计算其含水率，反之亦然，因此计算需要测量时样块的质量，可得到相应的含水率。试验过程中由于 1.5g/cm³ 的样块密度太小，室内夯筑失败，因此密度梯度为 1.6、1.7、1.8、1.9g/cm³。

2.3.4.1.3.1　初步试验

使用土遗址专用制样机制作 5cm×5cm×5cm 的小样块（图 2-62），制作干密度为 1.6、1.7、1.8、1.9g/cm³，计划含水率为 0.5%、1%、2%、3%、5%、8% 时进行测量，各组设置三个平行样，测其贯入值和抗压强度（图 2-63），为确定其含水率，同时对压碎的土进行含水率的测定。

试验结果见表 2-20。

图 2-62　制作 5cm×5cm×5cm 样块

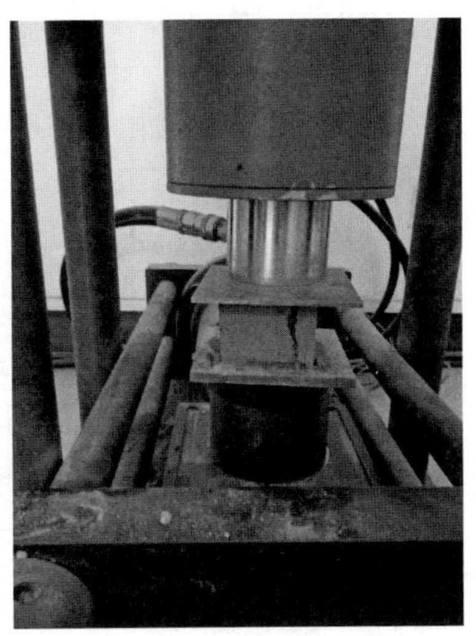

图 2-63　抗压强度的测定

表 2-20　不同密度不同含水率贯入值及强度值分布表

密度（g/cm³）	含水率（%）	贯入深度（mm）	贯入均值（mm）	抗压强度（MPa）	强度均值（MPa）	密度（g/cm³）	含水率（%）	贯入深度（mm）	贯入均值（mm）	抗压强度（MPa）	强度均值（MPa）
1.9	0.3	5.25	3.82	1.16	1.16	1.7	1.7	4.27	5.33	0.78	0.71
1.9	0.3	2.89		1.11		1.7	1.7	4.31		0.70	
1.9	0.3	3.33		1.23		1.7	1.9	7.4		0.65	
1.9	0.9	3.6	4.55	0.78	0.78	1.7	2.4	7.6	7.02	0.88	0.90
1.9	1.0	4.42		0.78		1.7	2.6	7.35		0.93	
1.9	1.2	5.64		0.78		1.7	2.9	6.12		0.90	
1.9	1.5	4.64	5.84	0.73	0.70	1.7	4.2	14.5	12.83	0.73	0.67
1.9	1.8	8.65		0.70		1.7	4.4	10.59		0.60	
1.9	1.9	4.24		0.65		1.7	5.6	13.4		0.68	
1.9	4.1	6.66	6.96	0.63	0.68	1.7	7.7	13.72	13.88	0.60	0.62
1.9	4.8	7.23		0.73		1.7	7.7	13.72		0.60	
1.9	5.0	6.99		0.68		1.7	7.8	14.2		0.65	
1.9	8.0	8.7	10.22	0.65	0.70	1.6	0.4	8.65	7.69	0.83	0.90
1.9	8.6	8.99		0.75		1.6	0.5	7.21		0.95	
1.9	9.2	12.96		0.68		1.6	0.5	7.22		0.90	
1.8	0.3	3.75	3.74	1.16	1.12	1.6	0.7	6.28	6.56	0.63	0.64
1.8	0.3	2.87		1.08		1.6	0.8	6.94		0.63	
1.8	0.3	4.59		1.13		1.6	0.8	6.46		0.65	
1.8	0.8	4.8	4.72	0.80	0.78	1.6	1.8	7.52	7.02	0.50	0.46
1.8	0.8	4.78		0.75		1.6	1.8	6.24		0.50	
1.8	0.8	4.58		0.78		1.6	1.8	7.29		0.38	
1.8	1.4	3.12	2.71	1.23	1.11	1.6	1.8	7.29	7.32	0.50	0.46
1.8	1.4	2.6		1.06		1.6	2.4	7.34		0.50	
1.8	1.4	2.4		1.06		1.6	2.4	7.33		0.38	
1.8	4.2	4.01	4.47	0.85	0.85	1.6	2.5	7.3	7.64	0.50	0.50
1.8	4.7	4		0.85		1.6	2.7	7.79		0.50	
1.8	4.9	5.4		0.85		1.6	2.9	7.83		0.50	
1.8	7.9	7.96	8.73	0.83	0.79	1.6	3.5	10	10.17	0.63	0.42
1.8	7.2	8.94		0.77		1.6	3.9	12.36		0.00	
1.8	7.8	9.29		0.76		1.6	4.0	8.14		0.63	
1.7	0.5	4.74	4.67	1.23	1.17	1.6	4.2	14.16	11.87	0.38	0.38
1.7	0.5	4.93		1.03		1.6	4.7	13.1		0.38	
1.7	0.6	4,33		1.26		1.6	5.3	8.36		0.38	
1.7	0.8	3.37	3.64	1.03	0.95	1.6	5.5	12.6	13.69	0.38	0.38
1.7	0.8	3.66		0.83		1.6	6.0	13.47		0.38	
1.7	0.9	3.9		1.00		1.6	7.2	14.99		0.38	

根据含水率的实际测量结果发现与预期值相近，但存在小范围的误差，因此在处理数据时，根据一定含水率区间进行分类处理。根据所得的含水率值，将区间分为：0～0.5%、0.6%～1.0%、1.1%～2.0%、2.1%～4.0%、4.1%～7.0%、7.1%～10.0%，然后根据相同含水率区间的贯入值与抗压强度值制作相对应的贯入值—抗压强度趋势图，见图 2-64～图 2-69。

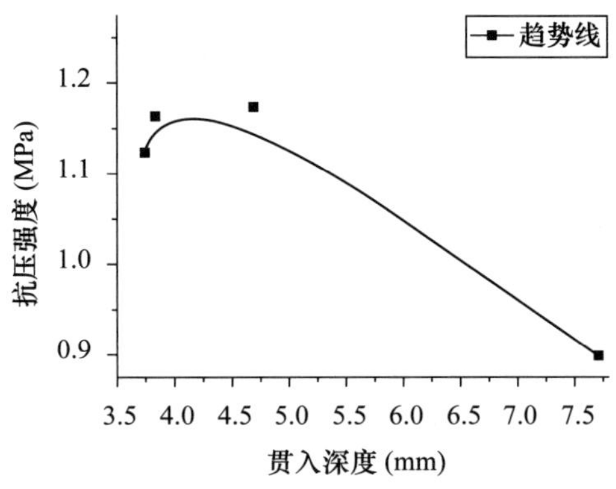

图 2-64　含水率区间：0～0.5% 贯入深度 - 抗压强度趋势图

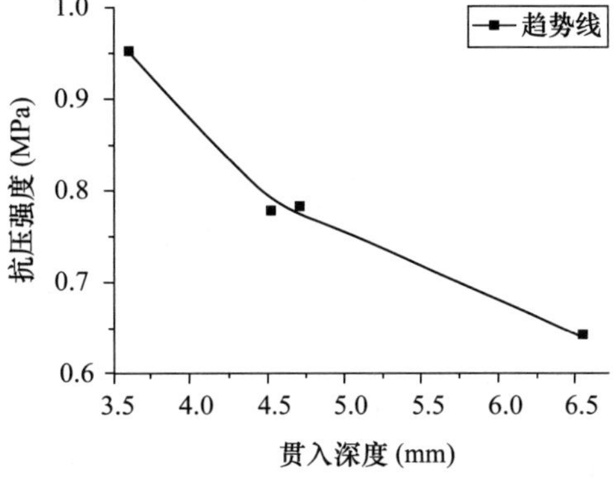

图 2-65　含水率区间：0.6%～1% 贯入深度 - 抗压强度趋势图

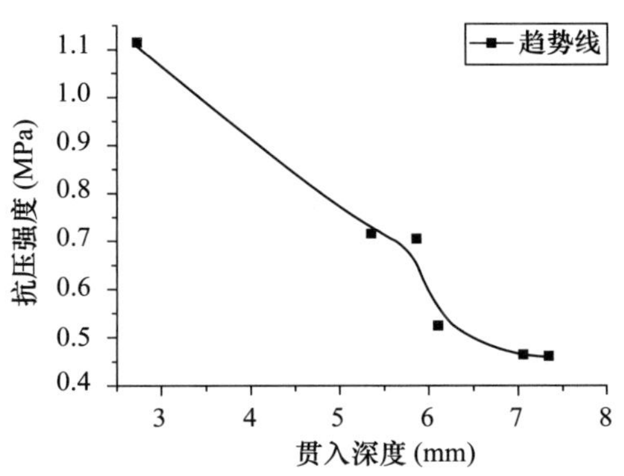

图 2-66　含水率区间：1.1%～2% 贯入深度 - 抗压强度趋势图

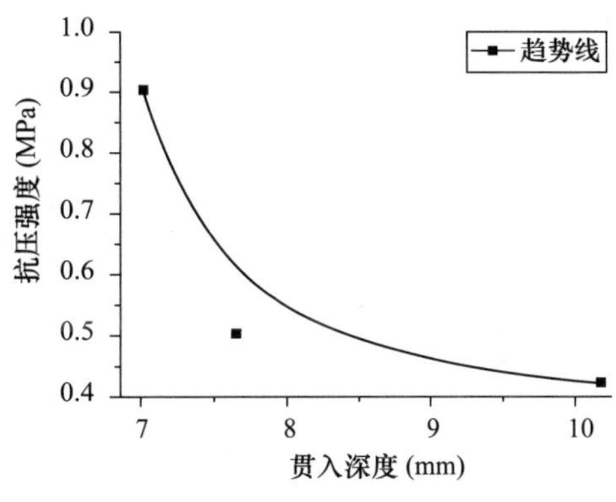

图 2-67　含水率区间：2.1%～4% 贯入深度 - 抗压强度趋势图

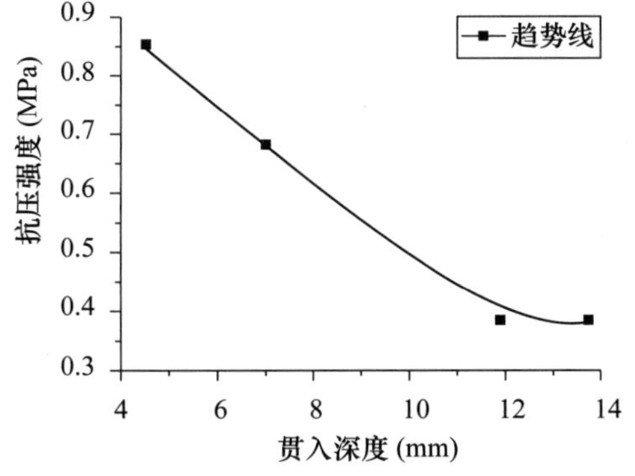

图 2-68　含水率区间：4.1%～7% 贯入深度 - 抗压强度趋势图

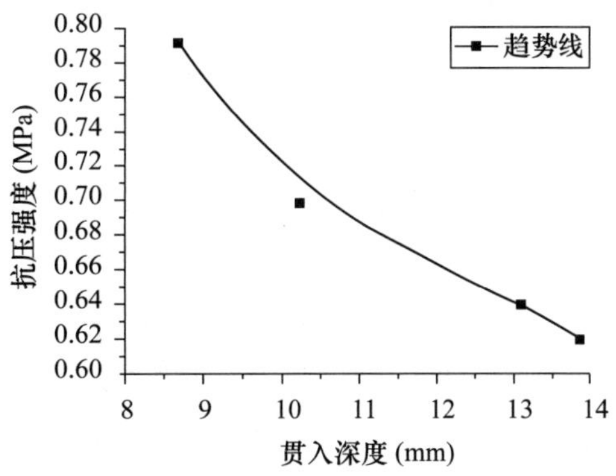

图 2-69　含水率区间：7.1%～10% 贯入深度 - 抗压强度趋势图

从所得贯入值 - 抗压强度趋势图可以看出，在一定的含水率区间，随着贯入深度的增加抗压强度呈明显的减小趋势，在知道含水率的情况下，可以通过贯入仪的贯入值得到目标夯土的抗压强度。

此次初步试验由于样块较小，部分含水率高的样块不足以承受贯入钉打入时产生的应力，会造成样块产生裂隙：一方面可能会造成贯入值偏大，另一方面会影响下一步的抗压强度测定。因此，下一步试验采用大样块测贯入值，同批小样块测抗压强度的方式。

2.3.4.1.3.2　试验改进

用 10cm×10cm×10cm 的模具，夯制干密度为 1.6、1.7、1.8、1.9g/cm³ 的大样块，同时用制样机制作 5cm×5cm×5cm 的小样块，含水率设置在 0.5%、1%、2%、3%、4%、5%、6%、7%、8%、9%、10%，计算其预计含水率时的质量，待质量达到对应值，对大样块进行贯入值的测量，对小样块测其抗压强度，建立不同含水率区间的测强曲线。

由于夯土多为垂直向下的力夯筑而成，考虑到贯入仪测量时不同方向可能会得到不同数值，在试验过程中分别从垂直和水平方向对大样块进行贯入测量。

2.3.4.1.3.3　测量结果及分析

测试结果数据见表 2-21。

表 2-21　不同干密度的大样块在不同含水率时的贯入深度

贯入深度（mm）＼干密度 含水率（%）	1.6g/cm³			1.7g/cm³			1.8g/cm³			1.9g/cm³		
	垂直	水平	差值	垂直	水平	差值	垂直	水平	差值	垂直	水平	差值
10	7.93	8.91	−0.98	5.60	5.14	0.46	5.13	4.18	0.95	4.77	4.02	0.75
9	6.95	6.99	−0.04	5.08	5.20	−0.12	4.51	4.44	0.07	4.17	4.22	−0.05
8	5.45	6.53	−1.08	4.56	5.13	−0.57	3.89	4.53	−0.64	3.57	3.99	−0.42
7	4.75	4.17	0.58	4.76	3.98	0.78	3.73	3.75	−0.02	3.49	3.29	0.20
6	3.99	3.92	0.07	3.21	3.06	0.15	2.69	2.96	−0.27	2.41	2.33	0.08
5	3.45	3.26	0.19	3.18	2.38	0.80	2.71	2.77	−0.06	2.68	2.03	0.65
4	2.71	4.59	−1.88	2.83	2.76	0.07	2.73	2.7	0.03	2.40	2.43	−0.03
3	2.73	2.57	0.16	2.78	2.12	0.66	2.84	2.07	0.77	2.32	1.94	0.38
2	2.83	2.41	0.42	2.39	2.8	−0.41	2.05	2.10	−0.05	2.09	2.02	0.07
1	2.7	2.51	0.19	2.31	2.6	−0.29	2.01	2.09	−0.08	2.01	2.03	−0.02
0.5	2.42	2.52	−0.1	2.33	2.41	−0.08	2.03	2.01	0.02	2.02	1.98	0.04

表 2-21 所示为不同干密度的大样块在不同含水率时水平方向、垂直方向贯入深度。计算其垂直和水平方向的贯入差值，可以看出除密度为 1.6g/cm³ 时出现两个大于 1mm 的差值外，其余差值均在 1mm 以内，可以认为方向与贯入值无关，因此求其平均贯入值进行下一步分析。试验结果见表 2-22。

表 2-22　不同干密度的大样块在不同含水率时的贯入深度及抗压强度

干密度（g/cm³）	含水率（%）	抗压强度（MPa）	贯入值（mm）	干密度（g/cm³）	含水率（%）	抗压强度（MPa）	贯入值（mm）
1.6	10	0.25	8.42	1.8	10	0.64	4.655
1.6	9	0.35	6.97	1.8	9	0.74	4.475
1.6	8	0.35	5.99	1.8	8	0.78	4.21
1.6	7	0.46	4.46	1.8	7	0.80	3.74
1.6	6	0.45	3.955	1.8	6	0.78	2.825
1.6	5	0.53	3.355	1.8	5	1.00	2.74
1.6	4	0.53	3.65	1.8	4	0.75	2.715
1.6	3	0.78	2.65	1.8	3	0.78	2.455
1.6	2	0.65	2.62	1.8	2	0.65	2.075
1.6	1	0.70	2.605	1.8	1	0.80	2.05
1.6	0.5	1.06	2.47	1.8	0.5	1.20	2.02
1.7	10	0.30	5.37	1.9	10	0.78	4.395
1.7	9	0.56	5.14	1.9	9	0.83	4.195
1.7	8	0.64	4.845	1.9	8	0.90	3.78
1.7	7	1.06	4.37	1.9	7	0.80	3.39
1.7	6	0.95	3.135	1.9	6	1.06	2.37
1.7	5	0.78	2.78	1.9	5	0.83	2.355
1.7	4	0.53	2.795	1.9	4	0.88	2.415
1.7	3	0.53	2.45	1.9	3	1.08	2.13
1.7	2	0.65	2.595	1.9	2	0.88	2.055
1.7	1	0.75	2.455	1.9	1	0.83	2.02
1.7	0.5	1.18	2.37	1.9	0.5	1.30	2.00

含水率区间设置为 0～0.5%、0.6%～1%、1.1%～2.0%、2.1%～4.0%、4.1%～7.0%、7.1%～10.0%，制作不同含水率区间的贯入深度 - 抗压强度趋势图、贯入深度 - 干密度趋势图，如图 2-70～图 2-81 所示。

可以看出，含水率在 0～0.5%、0.6%～1.0%、1.1%～2.0% 区间时，贯入深度 - 抗压强度、贯入深度 - 干密度关系曲线呈相似的趋势，即随着贯入深度的增加，抗压强度、干密度对应值下降迅速，随后下降趋势趋于平缓。通过对比可知，贯入深度一致时，含水率低的抗压强度相对较高。

含水率在 2.1%～4.0% 区间时，贯入深度 - 抗压强度曲线先下降迅速，随后下降趋势趋于平缓，而贯入深度 - 干密度关系曲线呈下降趋势，观察数据点在贯入值为 2.8mm 时的抗压强度过低，可以考虑是否为误差的存在所导致。

含水率在 4.1%～7.0%、7.1%～10.0% 区间时，其贯入深度 - 抗压强度、贯入深

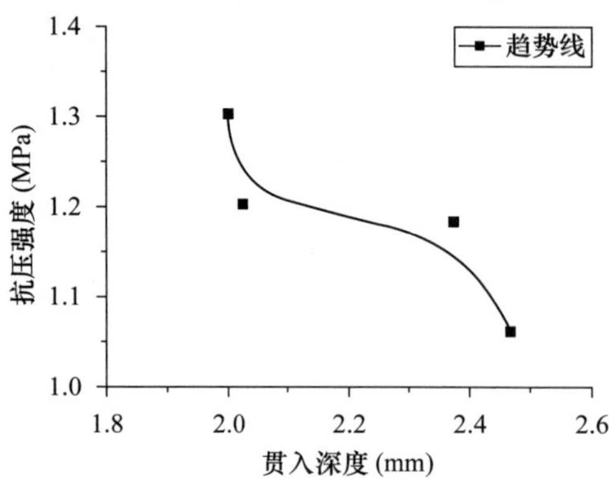

图 2-70　含水率区间：0～0.5% 贯入深度 - 抗压强度趋势图

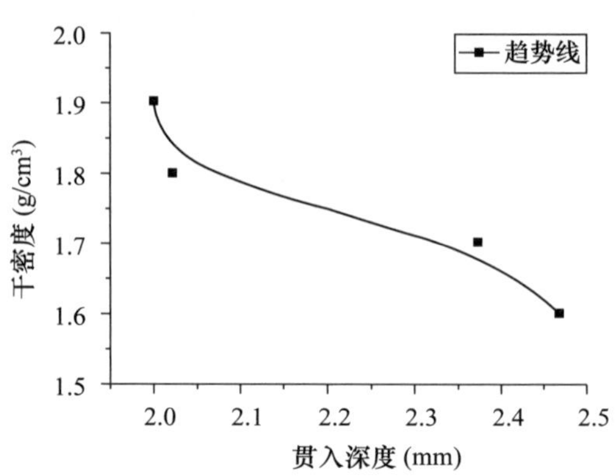

图 2-71　含水率区间：0～0.5% 贯入深度 - 干密度趋势图

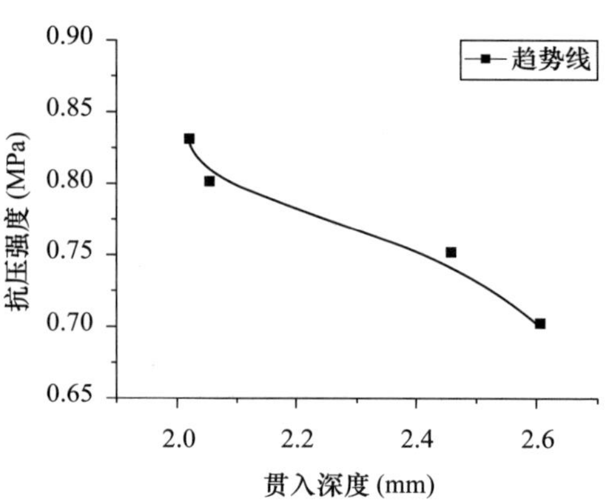

图 2-72　含水率区间：0.6%～1% 贯入深度 - 抗压强度趋势图

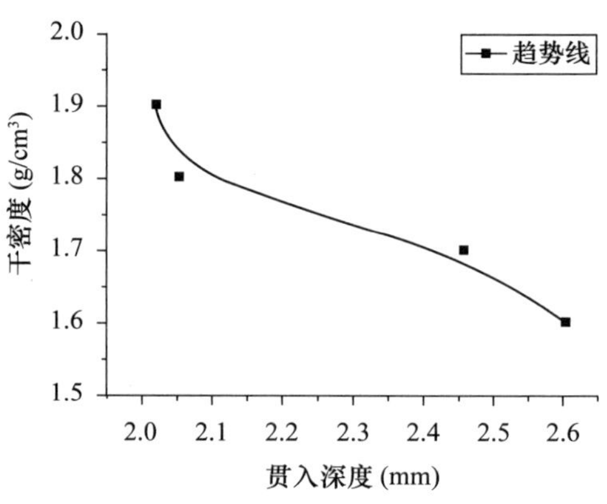

图 2-73　含水率区间：0.6%～1% 贯入深度 - 干密度趋势图

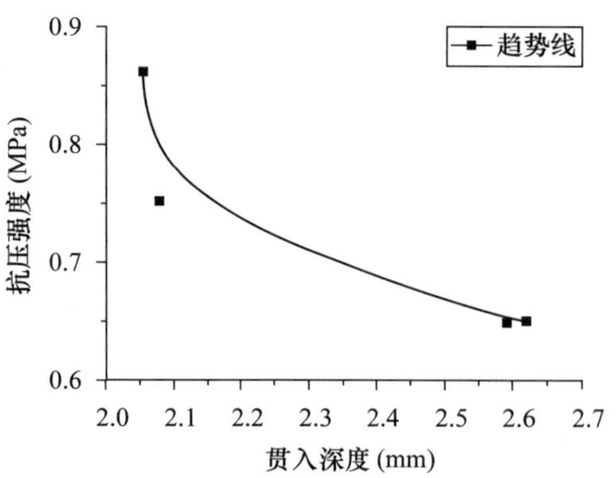

图 2-74　含水率区间：1.1%～2.0% 贯入深度 - 抗压强度趋势图

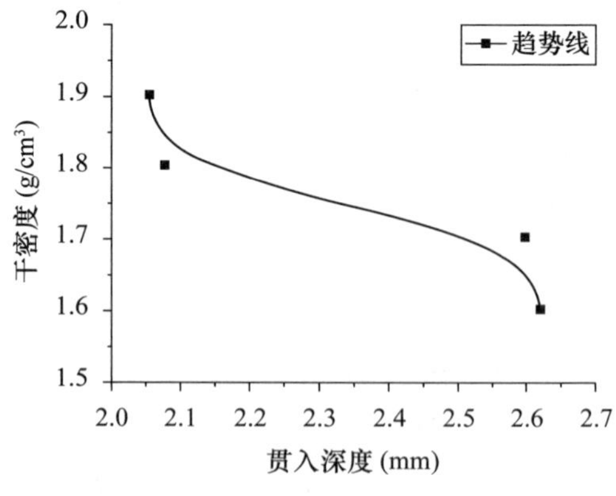

图 2-75　含水率区间：1.1%～2.0% 贯入深度 - 干密度趋势图

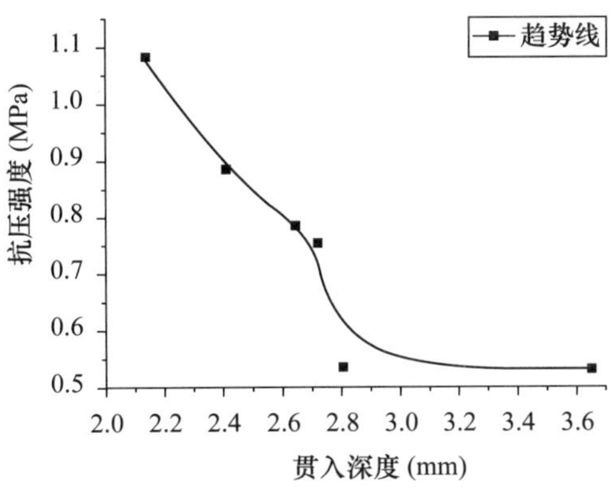

图 2-76　含水率区间：2.1%～4.0% 贯入深度 - 抗压强度趋势图

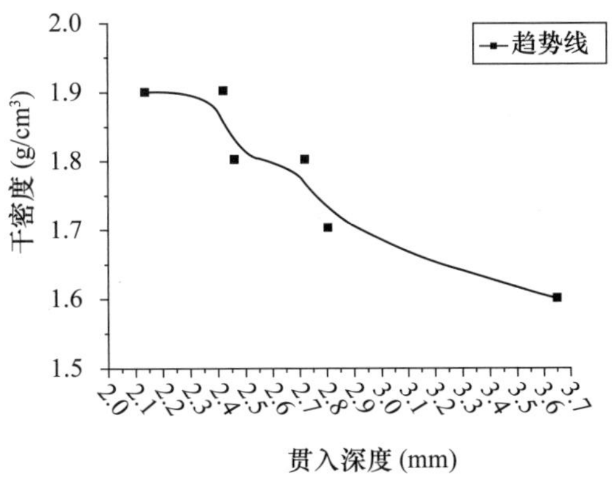

图 2-77　含水率区间：2.1%～4.0% 贯入深度 - 干密度趋势图

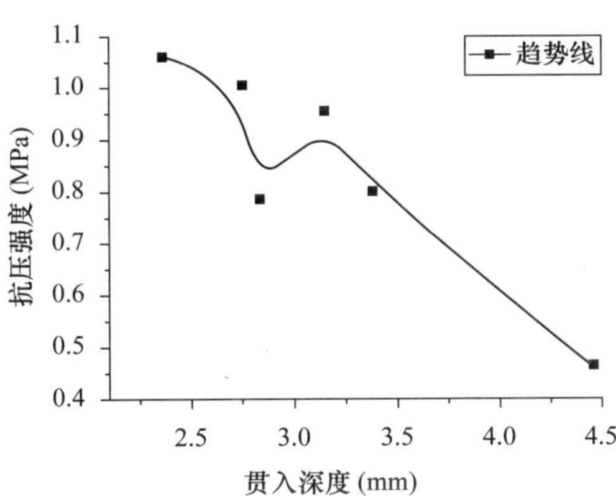

图 2-78　含水率区间：4.1%～7.0% 贯入深度 - 抗压强度趋势图

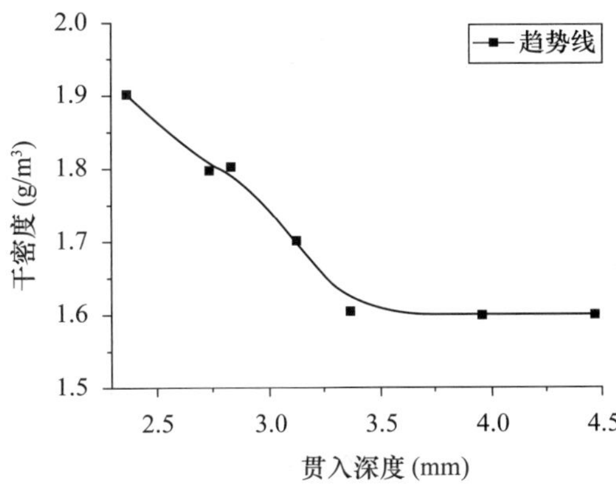

图 2-79　含水率区间：4.1%～7.0% 贯入深度 - 干密度趋势图

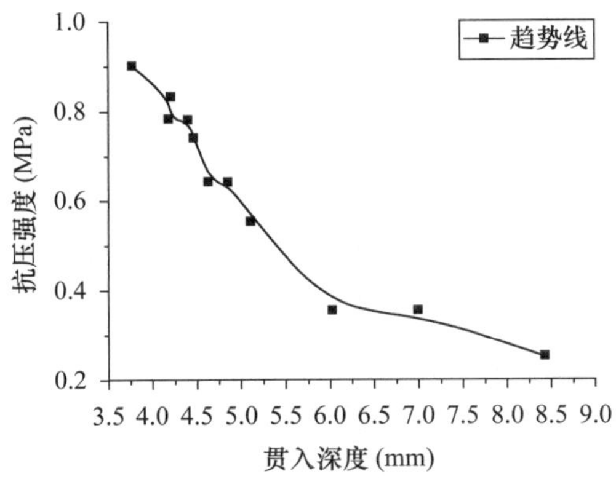

图 2-80　含水率区间：7.1%～10% 贯入深度 - 抗压强度趋势图

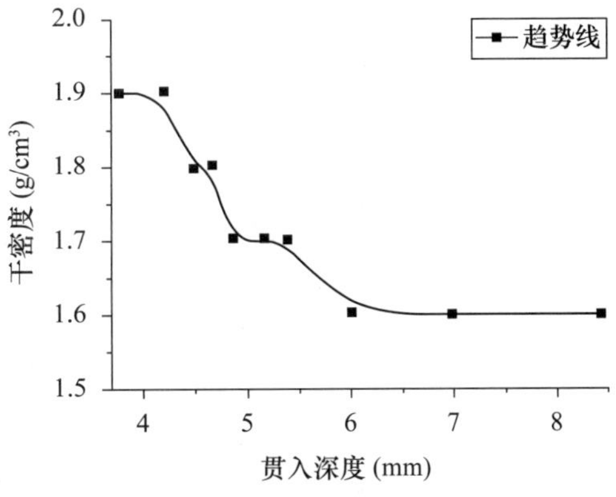

图 2-81　含水率区间：7.1%～10% 贯入深度 - 干密度趋势图

度 - 干密度关系曲线呈下降趋势，且存在小波动，分析后认为小波动是因为在相近贯入值时，测量其强度产生误差，或贯入时的贯入误差所致。

从直观上看，含水率区间为 2%～10% 的趋势图较之 0～2% 更为理想。分析后发现在后几个区间的点数据更多，分布更广泛：如含水率在 7.1%～10.0% 时，贯入深度在 3～9mm；含水率在 0～0.5%、0.6%～1.0% 区间时，试验贯入值均在 3mm 以下，得不出更宽泛数据，但其趋势是没大问题的。总的来说，在知道其含水率的情况下，测得其贯入深度，可以依据含水率对应区间的趋势图，得出抗压强度及干密度值。

2.3.4.1.3.4　阈值的初步设定

由于现场试验贯入数据不在室内试验所得数据范围内，因此未能将其换算为抗压强度值。在阈值的确定上，规定抗压强度差值在 0.25MPa、0.5MPa 为强度均匀、较均匀、不均匀阈值点。根据所得贯入深度 - 抗压强度趋势图，在不同含水率区间，对应不同贯入深度差阈值点，即在含水率区间为 0～0.5% 时，贯入深度绝对差的阈值为 0.5mm，1mm；含水率区间为 0.6%～1.0% 时，贯入深度绝对差的阈值为 0.6mm，1.2mm；含水率区间为 1.1%～2.0% 时，阈值为 0.6mm，1.2mm；含水率区间为 2.1%～4.0% 时，阈值为 1mm，1.5mm；含水率区间为 4.1%～7.0% 时，阈值为 1.5mm，2mm；含水率区间为 7.1%～10% 时，阈值为 3mm，4mm。

具体来说，即在含水率区间为 0～0.5% 时，若同一片区域测量贯入值值域小于等于 0.5mm，则认为该区域表面土体强度均匀；若同一片区域测量贯入值值域大于 1mm，则认为该区域表面土体强度不均匀。若两块不同区域的贯入平均值差的绝对值小于等于 0.5mm，则认为此两个区域表面土体强度较一致；若两块不同区域的贯入平均值差的绝对值大于 0.5mm，则认为此两个区域表面土体强度相差较大。支顶加固区域的贯入值应与与之位置相近的原夯土区域贯入值对比。若满足支顶加固区域贯入值值域小于等于 1mm，且该区域贯入平均值与原夯土区域贯入平均值差的绝对值小于等于 1mm，则认为支顶加固区域土体表面强度满足要求。

在含水率区间为 0.6%～2.0% 时，若同一片区域测量贯入值值域小于等于 0.6mm，则认为该区域表面土体强度均匀；若同一片区域测量贯入值值域大于 1.2mm，则认为该区域表面土体强度不均匀。若两块不同区域的贯入平均值差的绝对值若小于等于 0.6mm，则认为此两个区域表面土体强度较一致；若两块不同区域的贯入平均值差的绝对值若大于 0.6mm，则认为此两个区域表面土体强度相差较大。支顶加固区域的贯入值应与与之位置相近的原夯土区域贯入值对比。若满足支顶加固区域贯入值值域小于等于 1.2mm，且该区域贯入平均值与原夯土区域贯入平均值差的绝对值小于等于 1.2mm，则认为支顶加固区域土体表面强度满足要求。

在含水率区间为 2.1%～4.0% 时，若同一片区域测量贯入值值域小于等于 1mm，则认为该区域表面土体强度均匀；若同一片区域测量贯入值值域大于 1.5mm，则认为该区域表面土体强度不均匀。若两块不同区域的贯入平均值差的绝对值小于等于 1mm，则认为此两个区域表面土体强度较一致；若两块不同区域的贯入平均值差的绝对值大于1mm，则认为此两个区域表面土体强度相差较大。支顶加固区域的贯入值应与与之位置相近的原夯土区域贯入值对比。若满足支顶加固区域贯入值值域小于等于1.5mm，且该区域贯入平均值与原夯土区域贯入平均值差的绝对值小于等于1.5mm，则认为支顶加固区域土体表面强度满足要求。

在含水率区间为4.1%～7.0%时，若同一片区域测量贯入值值域小于等于1.5mm，则认为该区域表面土体强度均匀；若同一片区域测量贯入值值域大于2mm，则认为该区域表面土体强度不均匀。若两块不同区域的贯入平均值差的绝对值若小于等于1.5mm，则认为此两个区域表面土体强度较一致；若两块不同区域的贯入平均值差的绝对值若大于1.5mm，则认为此两个区域表面土体强度相差较大。支顶加固区域的贯入值应与与之位置相近的原夯土区域贯入值对比。若满足支顶加固区域贯入值值域小于等于2mm，且该区域贯入平均值与原夯土区域贯入平均值差的绝对值小于等于2mm，则认为支顶加固区域土体表面强度满足要求。

在含水率区间为7.1%～10.0%时，若同一片区域测量贯入值值域小于等于2mm，则认为该区域表面土体强度均匀；若同一片区域测量贯入值值域大于3mm，则认为该区域表面土体强度不均匀。若两块不同区域的贯入平均值差的绝对值小于等于2mm，则认为此两个区域表面土体强度较一致；若两块不同区域的贯入平均值差的绝对值大于2mm，则认为此两个区域表面土体强度相差较大。支顶加固区域的贯入值应与与之位置相近的原夯土区域贯入值对比。若满足支顶加固区域贯入值值域小于等于3mm，且该区域贯入平均值与原夯土区域贯入平均值差的绝对值小于等于3mm，则认为支顶加固区域土体表面强度满足要求。

2.3.4.1.4　现场调查目的

首先，为了确定改进的SJY-800B型砂浆贯入仪在土体表面测强的布点浓度和影响测量因素，本研究在甘肃瓜州锁阳城内城西南角第二马面支顶加固区与第二段墙体原夯土体各选择三个区域进行布点测试，测试加固区域的夯土表面贯入值。

其次，为了测试、对比原夯土区域、表面风化层以及支顶加固区域表面强度，以确定检测支顶加固土体强度阈值、评价支顶加固效果，在甘肃瓜州锁阳城内城南墙第四个马面西墙与北墙与宁夏银川西夏陵一号、二号、五号、七号陵园进行测试，得到不同测试区域的贯入值，并根据测强曲线转换为抗压强度值。

最后，得到现场使用改进贯入仪的标准步骤与相关规范。

2.3.4.1.5　贯入仪布点密度与操作规范的确定

选取锁阳城内城西南角第二马面南立面加固面与第二段墙体原夯土体作为测试面，选择平行的三个区域，每个区域面积为60cm×60cm，划分为4×4的网格线，每条测试线测试4个点，共计测试16个点，以此测试这种布点的科学性。锁阳城内城西南角第二马面南立面加固面布点图见图2-82。

图中，三个方框即为指定加固三个区域，自西向东分别命名为区域A、区域B、区域C，三个区域的测试贯入值（mm）见表2-23～表2-25。

图 2-82　贯入仪测试布点位置图

表 2-23　区域 A 贯入值与平均值（mm）

行列	1	2	3	4
1	5.68	4.8	3.47	4.16
2	4.15	3.28	4.08	3.49
3	4.02	5.44	7.07	4.73
4	3.88	4.06	3.5	5.28
平均值				4.44

表 2-24　区域 B 贯入值与平均值（mm）

行列	1	2	3	4
1	3.96	3.25	3.96	3.33
2	4.6	3.35	3.71	3.92
3	4.25	3.49	3.73	4.91
4	5.27	4.21	3.37	3.11
平均值				3.90

表 2-25　区域 C 贯入值与平均值（mm）

行列	1	2	3	4
1	4.67	4.7	3.91	4.12
2	3.54	4.15	4.51	5.02
3	5.27	3.46	6.25	6.91
4	2.21	3.97	4.35	2.94
平均值				4.37

对上述结果进行处理，得到贯入值在以上三个区域内的分布情况如图 2-83～图 2-85 所示。

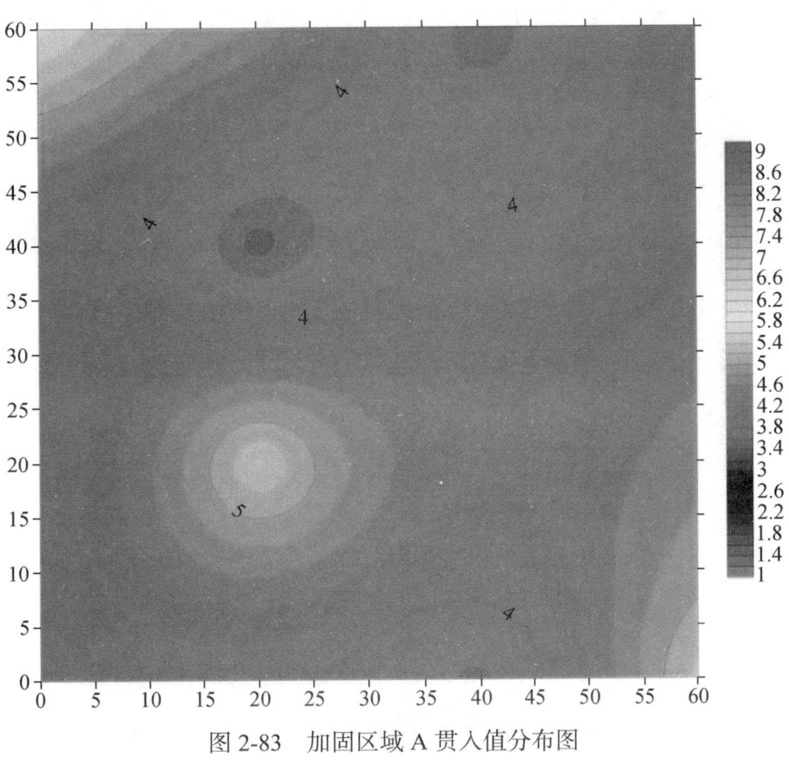

图 2-83　加固区域 A 贯入值分布图

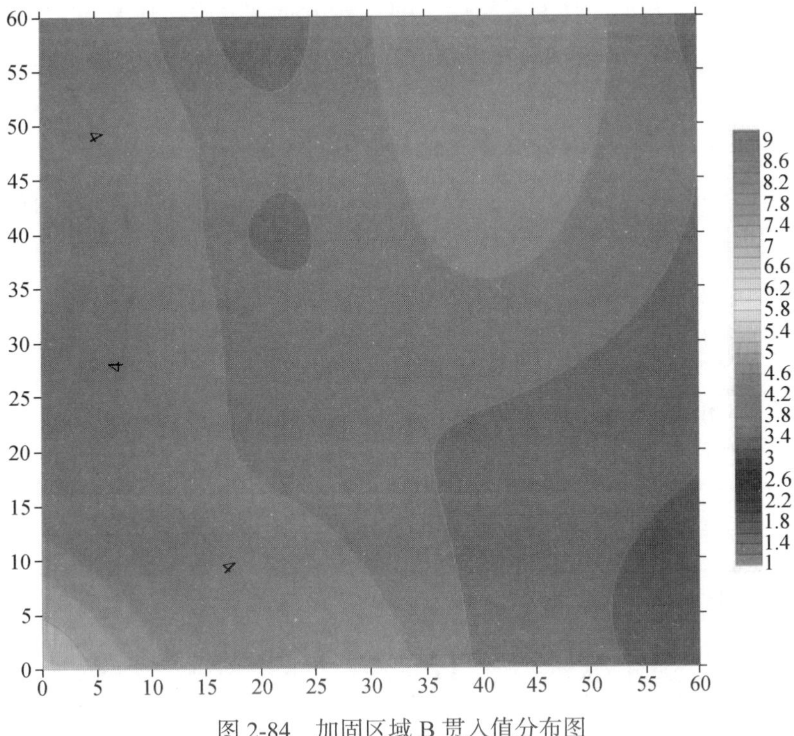

图 2-84　加固区域 B 贯入值分布图

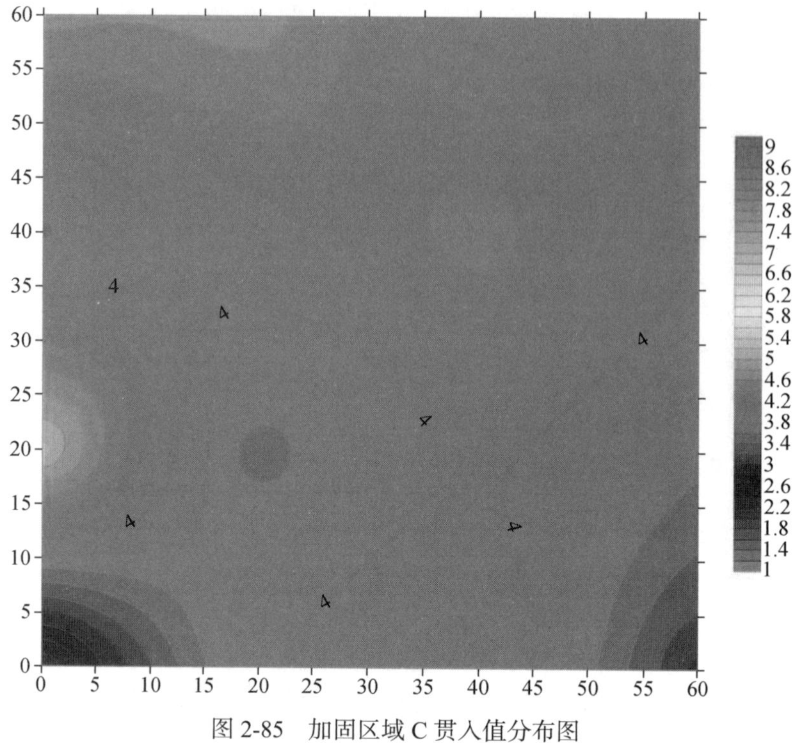

图 2-85　加固区域 C 贯入值分布图

由以上三张分布图可以看出，以 60cm×60cm 为选择区域，每个区域选择 16 个点进行测量，可以得到较为合适的区域强度分布图。此种选择测试区域与布点浓度设计是较为合理的。

由于贯入值与抗压强度值关系相反，即贯入值越大，则抗压强度越低。图 2-83～图 2-85 可以看出，每个区域的土体表面强度较均匀，且一个区域的中心部分抗压强度值相对较高。

测试结果显示，该加固区域表面强度较高且均匀，这应与使用均匀、致密原土材料，科学、可靠的夯补与砌补技术有关。支顶加固所使用的材料与工艺决定了支顶加固效果，而贯入仪的测试结果又从支顶加固的效果印证了此点。

锁阳城内城西南角南墙第二段墙体南立面原夯土体布点图如图 2-86 所示。

图 2-86 中三个方框即为指定原夯土体三个区域，自西向东分别命名为区域 A、区域 B、区域 C，三个区域的测试贯入值（mm）见表 2-26～表 2-28。

表 2-26　区域 A 贯入值与平均值（mm）

行列	1	2	3	4
1	1.25	4.59	5.73	3.06
2	2.48	4.03	4.04	1.76
3	2.83	4.45	2.98	2.08
4	3.94	3.8	4.8	1.11
平均值				3.30

图 2-86　贯入仪测试布点位置图

表 2-27　区域 B 贯入值与平均值（mm）

行列	1	2	3	4
1	4.86	5.49	2.73	4.29
2	4.05	5.52	3.8	4.01
3	3.58	3.62	3.33	4.8
4	2.4	2.06	2.37	4.98
平均值				3.86

对上述结果进行处理，得到贯入值在以上三个区域内的分布情况如图 2-87～图 2-89 所示。

表 2-28　区域 C 贯入值与平均值（mm）

行列	1	2	3	4
1	3.18	2.6	2.69	3.04
2	1.92	3.62	4.17	4.19
3	1.37	4.64	2.45	2.46
4	2.88	1.7	2.9	4.49
平均值				3.01

由图 2-87～图 2-89 可以看出，以 60cm×60cm 为选择区域，每个区域选择 16 个点进行测量，可以得到较为合适的区域强度分布图。此种选择测试区域与布点浓度设计是较为合理的。

此外，与加固区域相比，原夯土体表面贯入值相对更小，即墙体整体的表面抗压强度值更大。同时，每个原土体区域内抗压强度低的区域分布不均，应是夯土表面遭

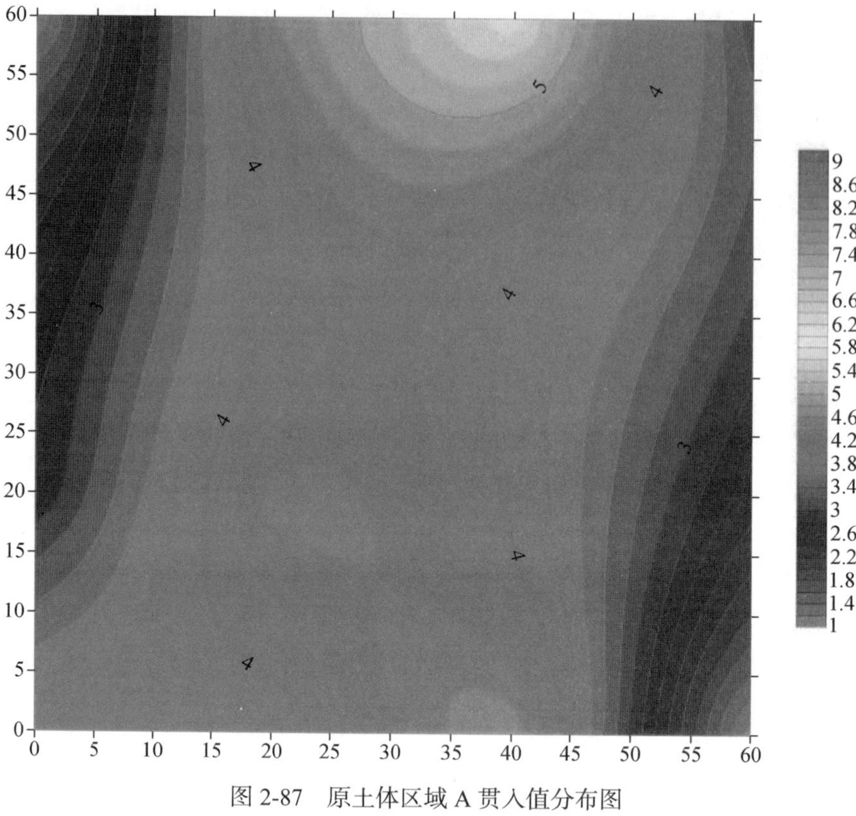

图 2-87　原土体区域 A 贯入值分布图

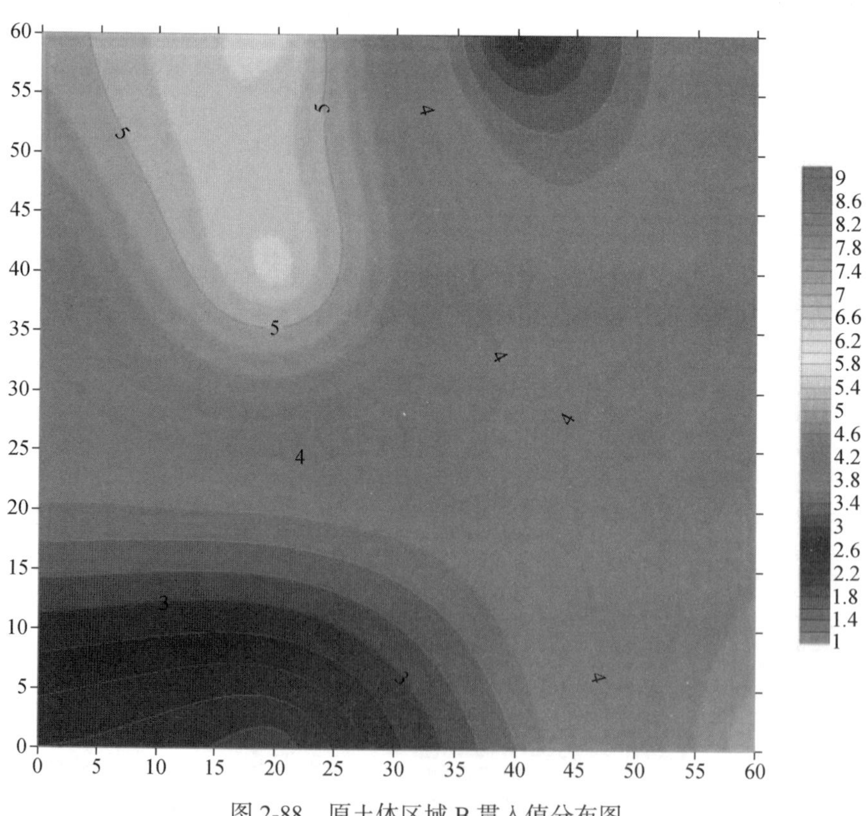

图 2-88　原土体区域 B 贯入值分布图

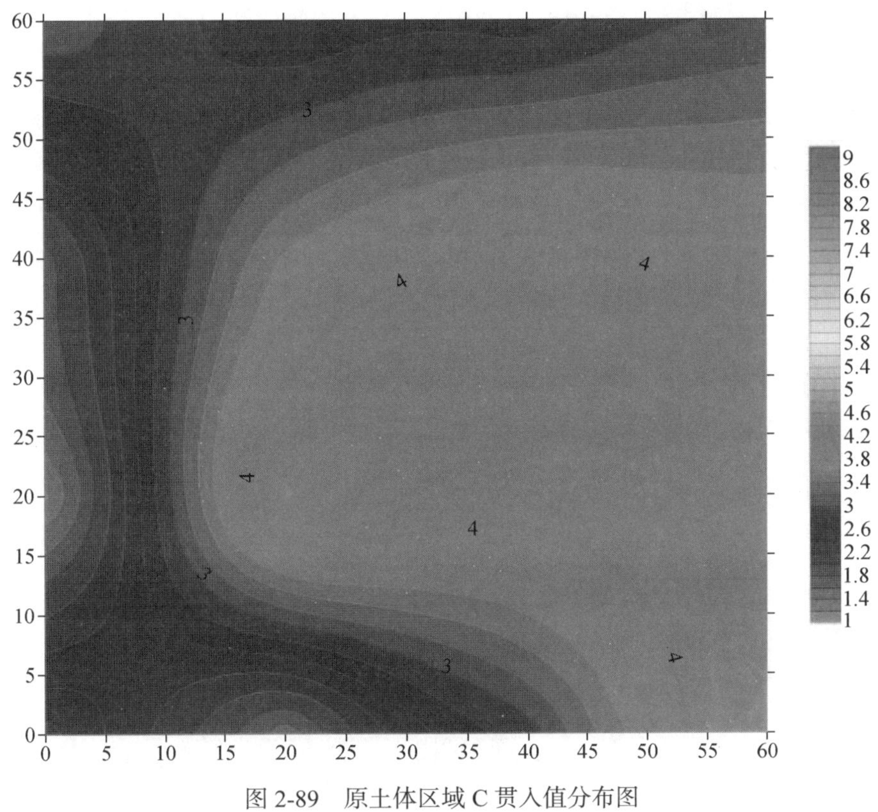

图 2-89　原土体区域 C 贯入值分布图

受风蚀雨蚀等的结果。

此原土体区域位于土体表面风化层下层，常年风蚀雨蚀后土体表面风化层脱落，裸露出坚实的原土体区域，从照片显示出该区域明显的夯筑层面，而贯入仪测试结果显示，该原夯土体区域的强度相对于支顶加固区域更高，证明该区域土体在原始夯筑时就更加坚硬。

由于测试对象均为夯土表面，墙面较平整，也少有裂隙存在。因此，现场使用贯入仪的操作规范参考砂浆贯入仪的使用规范，稍加改动即可。具体使用规范如下：

1）用砂轮片将砌缝表面打磨平整。

2）将测钉插入贯入杆的测钉座中，测钉尖端朝外。

3）左手水平托住贯入仪，右手使用扳手扳动贯入仪顶部，使贯入仪头部的测钉进入激活状态，贯入仪便可进入下面的检测了。

4）检测时，一手水平托住贯入仪，让贯入仪的扁头与打磨平整的砌缝表面接触上，另一手扣动扳机，贯入仪自由释放能量，这样就完成了一次检测；移开贯入仪及测钉，去除钉口周边的浮土与尘土，便于测量测钉深度值。

5）最后用深度测量表测量深度，从表盘上直接读取测量表显示值，即深度值。

2.3.4.1.6　不同土体表面贯入测量与对比

本研究确定了改进贯入仪的现场使用规范与布点方式后，对锁阳城与西夏陵建筑的原夯土表面、风化层表面与支顶加固表面贯入值进行测量，对比不同土体表面贯入值，并以此初步确定检测支顶加固土体强度值的阈值范围。

2.3.4.1.6.1　锁阳城内城南墙第四马面表面土体测量

选择锁阳城内城南墙第四马面西墙和北墙的原夯土区域、风化层区域与支顶加固区域 3 个区域进行测量贯入值，由于此三个区域均在马面墙体上，且水平位置相近，因此测量结果有对比意义。每个区域选点与布点设计同上，即每个区域面积为 60cm×60cm，划分为 4×4 的网格线，每条测试线测试 4 个点，共计测试 16 个点。

三个区域选点位置图见图 2-90～图 2-92。

图 2-90　风化层表面选点区域

图 2-91　原夯土体表面选点区域

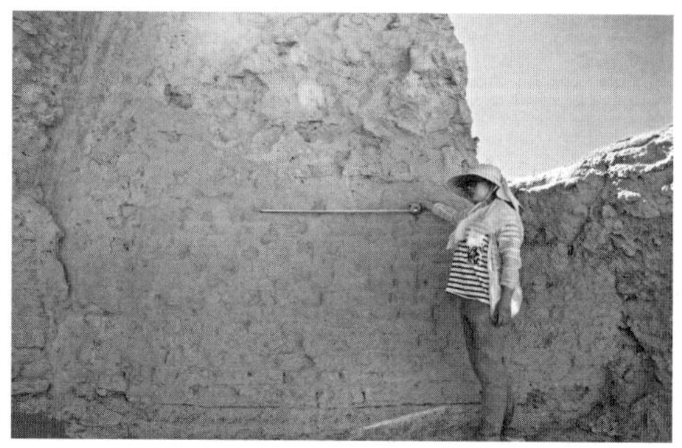

图 2-92　支顶加固选点区域

每个区域的测试贯入值见表 2-29～表 2-31。

表 2-29　风化层表面贯入值与平均值（mm）

行列	1	2	3	4
1	6.38	13.84	7.99	22.31
2	9.33	13.67	14.51	7.64
3	7.68	10.61	13.06	14.3
4	11.47	11.8	12.84	6.1
平均值				11.47

表 2-30　原夯土体表面贯入值与平均值（mm）

行列	1	2	3	4
1	7.65	3.73	4.54	6.08
2	3.93	4.42	3.85	2.76
3	4.26	4.28	7.35	4.46
4	2.23	3.59	2.35	4.23
平均值				4.36

表 2-31　支顶加固表面贯入值与平均值（mm）

行列	1	2	3	4
1	3.05	3.79	3.05	3.95
2	4.89	1.97	3	3.26
3	4.04	5.97	4.42	3.01
4	4.49	4.61	6.24	2.47
平均值				3.88

对上述结果进行处理，得到贯入值在以上三个区域内的分布情况，如图 2-93～图 2-95 所示。

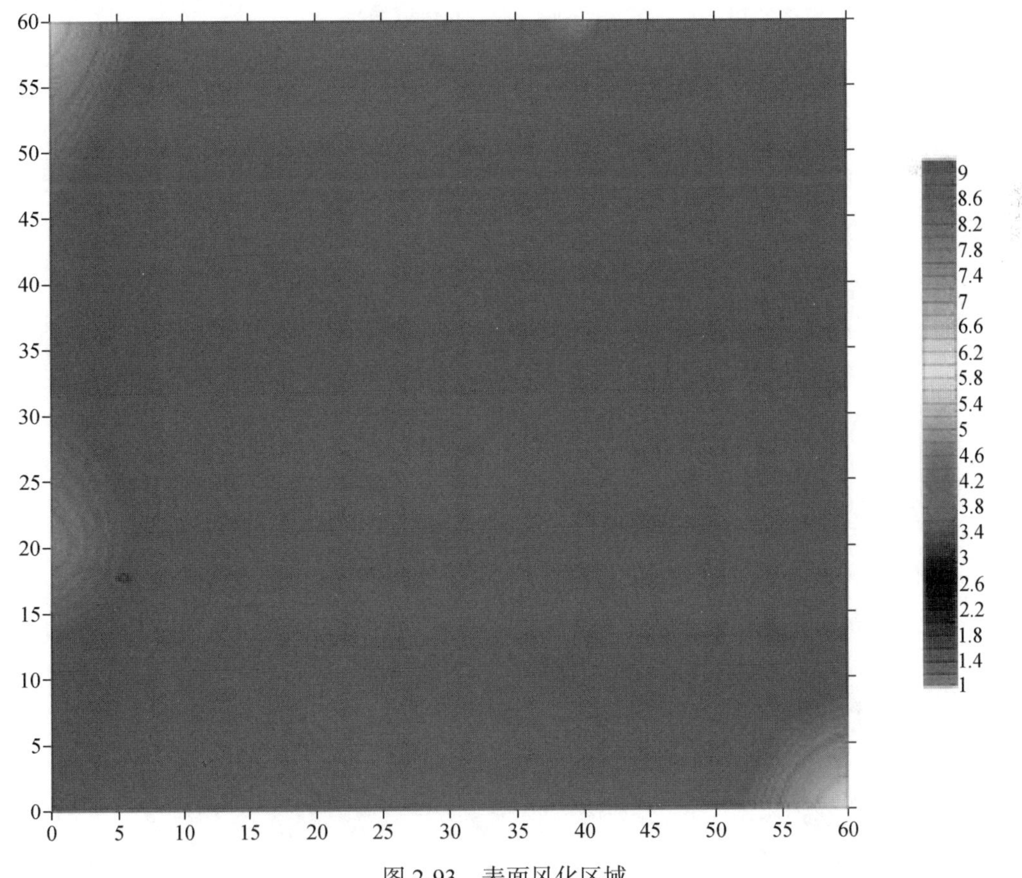

图 2-93　表面风化区域

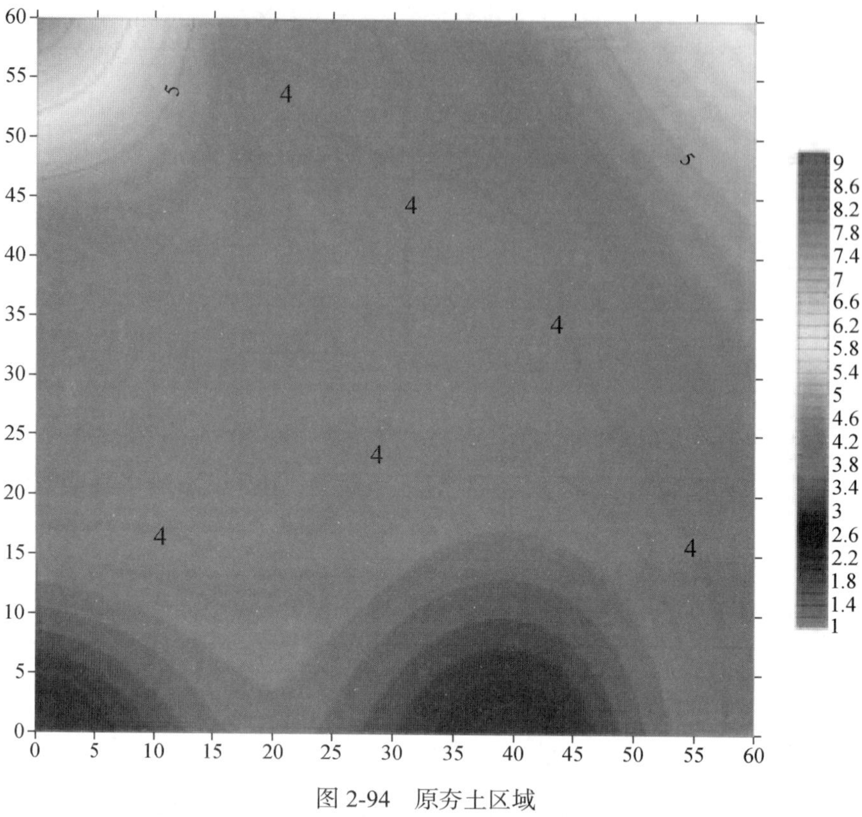

图 2-94　原夯土区域

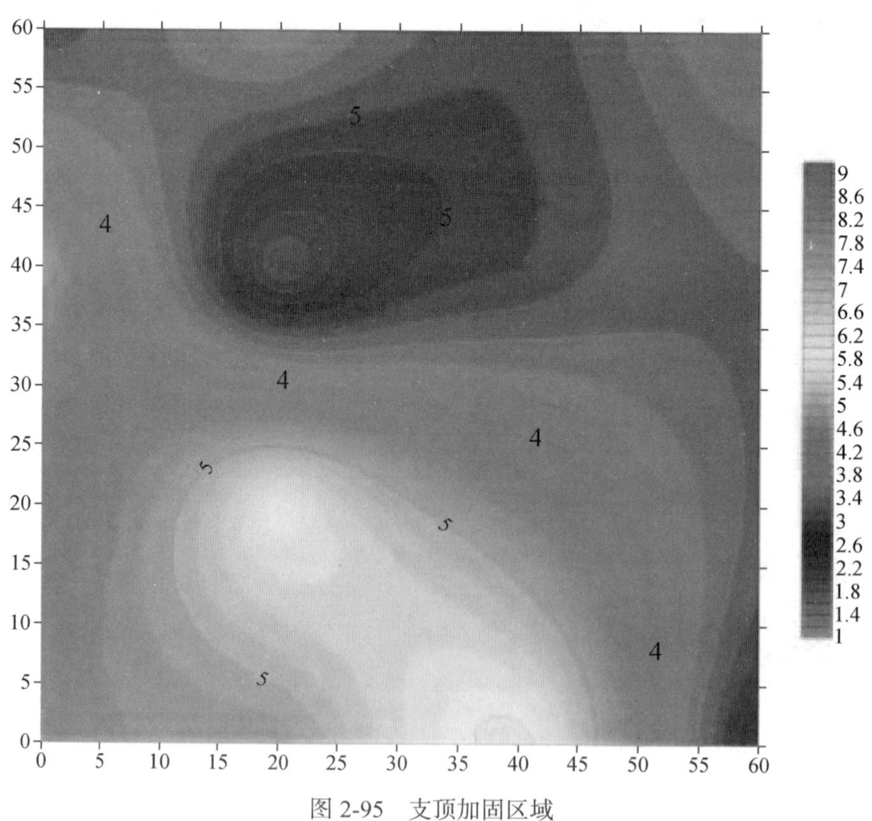

图 2-95　支顶加固区域

由图表所知，表面风化区域贯入值较大，平均值达到 11.47，说明相对其他两个区域，风化区域表面抗压强度极低；原夯土区域与支顶加固区域表面贯入值相对稳定、相近，且原夯土体表面贯入平均值（4.36）略大于支顶加固区域贯入平均值（3.88）。总体而言，支顶加固区域与原夯土区域贯入值相差较小，由于支顶加固土体强度应与原夯土体强度相近或略高之，因此从现场检测数据得到，该区域支顶加固效果较好。

此三种不同土体区域的测试结果表明，表面风化土体强度最低，而原夯土区域与支顶加固区域土体强度相当。结果证明两点：第一，该段土体支顶加固效果良好，支顶加固土体的强度趋近于原夯土强度；第二，表面风化土体的强度远低于原夯土强度，这是由于最外层土体经历了多年的风蚀雨蚀，表面已形成较为疏松的硬壳，且极易脱离于内层的夯土，基本不具备有表面抗压强度，而风化层的厚度与该土体的建筑年代与该区域环境的特性均有较大关系。

2.3.4.1.6.2　西夏陵七号陵陪葬陵北墙南立面加固土体测量

本研究选择西夏陵七号陵陪葬陵北墙表面加固区域进行测量，测量同一墙体不同加固区域支顶加固后土体表面的贯入值。

两个加固区域选点见图 2-96。

图 2-96　支顶加固选择的两个区域

以上两个方框区域自西向东分别为区域 A 与区域 B，两个区域的贯入值测量结果见表 2-32、表 2-33。

表 2-32　区域 A 贯入值与平均值（mm）

行列	1	2	3	4
1	3.85	3.6	4.98	3.3
2	2.49	5.75	5.27	4.23
3	2.13	3.47	2.88	6.11
4	4.84	3.31	4.82	2.6
平均值				3.97

表 2-33　区域 B 贯入值与平均值（mm）

行列	1	2	3	4
1	4.56	3.12	4.35	3.49
2	4.85	3.4	4.23	3.8
3	2.5	2.84	4.34	2.24
4	3.86	4.03	2.04	3.14
平均值				3.54

对上述结果进行处理，得到贯入值在以上两个区域内的分布情况，如图 2-97、图 2-98 所示。

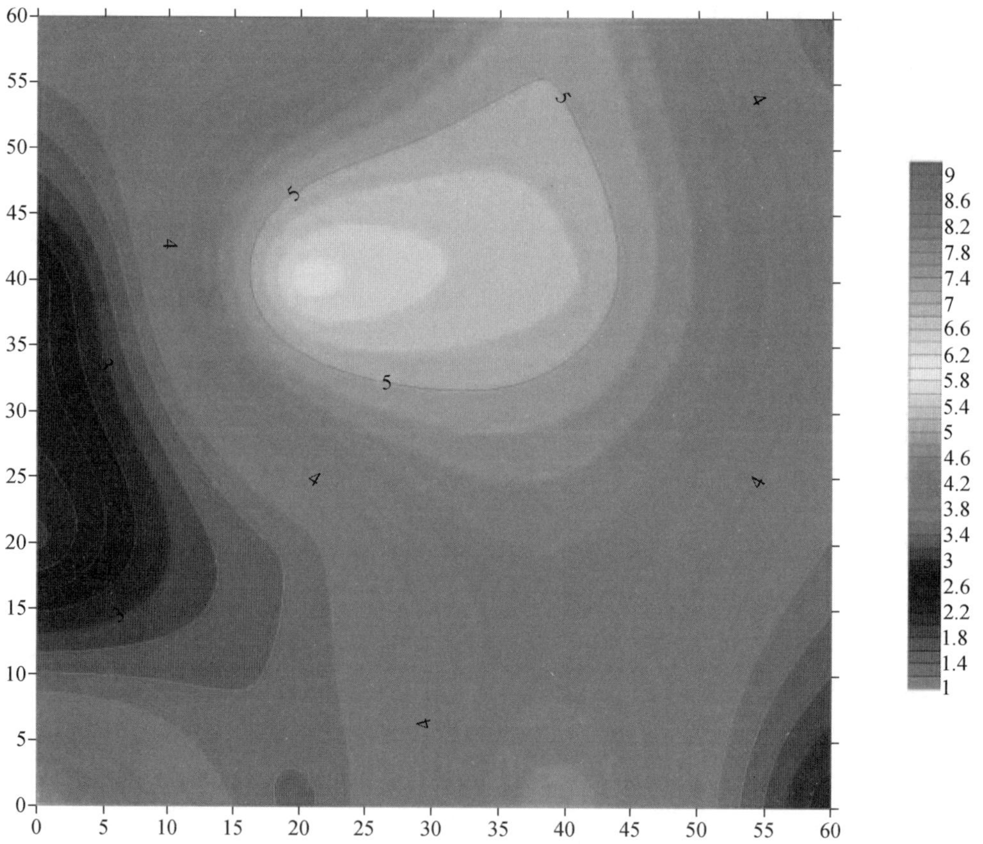

图 2-97　区域 A 贯入值分布图

从图 2-97、图 2-98 得知，西夏陵七号陵陪葬陵北墙南立面加固两个区域贯入值均较小，即抗压强度较大。其中，区域 A 贯入值跨度相对较大，而区域 B 贯入值均匀度较好，表明加固区域土体表面强度较平均，且加固后土体表面强度较密实。

从贯入仪测试结果得到，西夏陵七号陵支顶加固区域的土体强度较高，从现场检测照片看该加固区域较为致密，土体表面较少地受到风蚀的影响，保存状况良好，保障了该区域土体较高的强度。

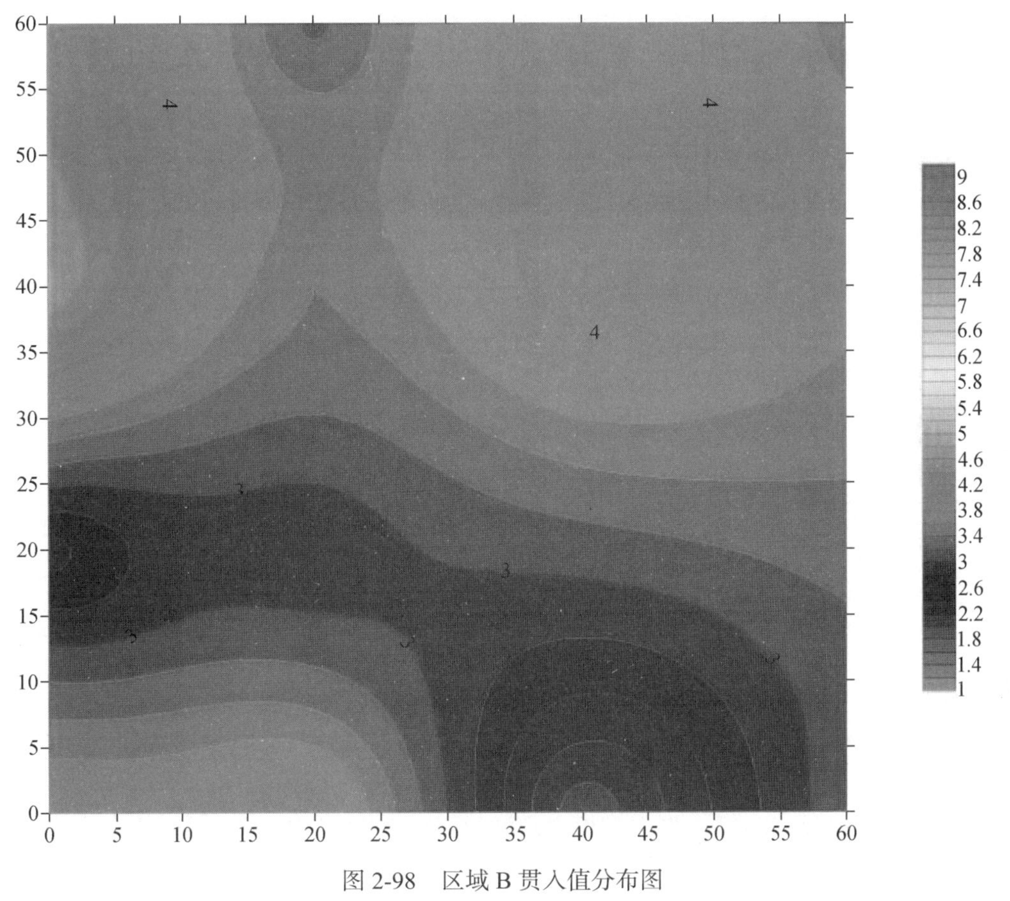

图 2-98　区域 B 贯入值分布图

2.3.4.1.6.3　西夏陵五号陵西南角方形阙台表面土体测量

选择西夏陵五号陵西南角方形阙台表面土体表面的风化层与原夯土体表面测量贯入值。

两个区域选点位置见图 2-99、图 2-100。

以上两个区域测试贯入值及平均值如表 2-34、表 2-35 所示。

图 2-99　原夯土体表面选点区域

图 2-100　表面风化层选点区域

表 2-34　原夯土体区域贯入值与平均值（mm）

行列	1	2	3	4
1	3.84	5.7	4.15	3.7
2	6.42	5.59	6.58	3.34
3	3.89	5.13	5.1	4.59
4	5.11	4.16	6.63	4.98
平均值				4.93

表 2-35　表面风化层区域贯入值与平均值（mm）

行列	1	2	3	4
1	10.14	13.8	6.96	11.69
2	9.39	13.42	9.63	13.72
3	10.79	10.79	9.9	9.19
4	5.09	13.58	13.67	9.28
平均值				10.69

对上述结果进行处理，得到贯入值在以上两个区域内的分布情况，如图 2-101、图 2-102 所示。

由图可知，五号陵西南角方形阙台加固区域与表面风化层区域土体强度差别巨大。其中，支顶加固区域贯入值较小，均小于 7mm，表明其强度较大；而表面风化区域贯入

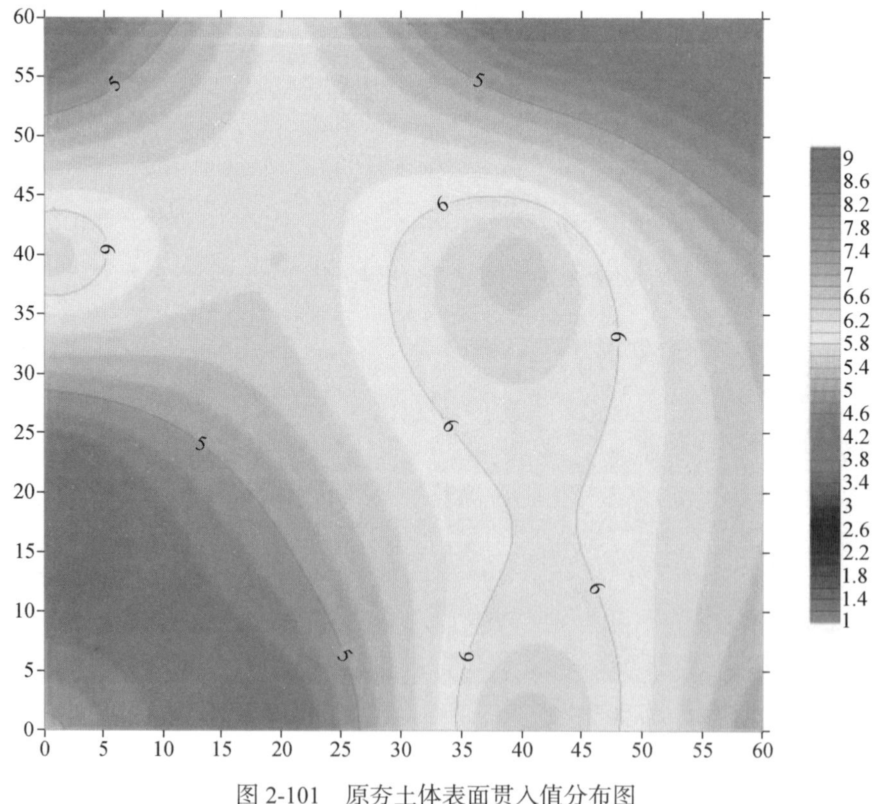

图 2-101　原夯土体表面贯入值分布图

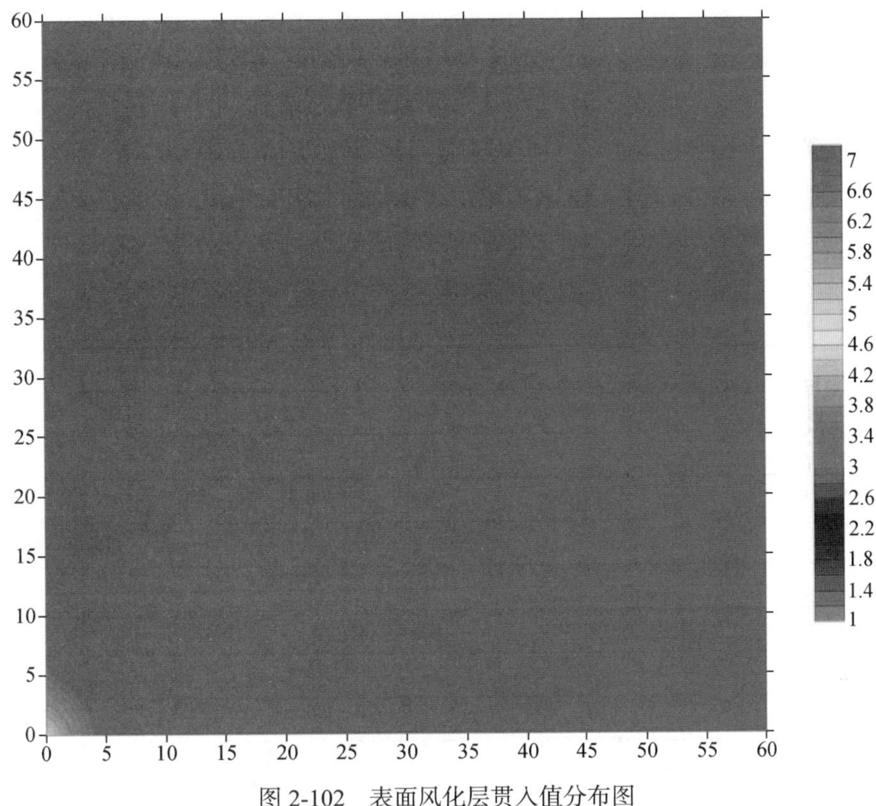

图 2-102　表面风化层贯入值分布图

平均值高达 10.69mm，远远大于支顶加固区域的贯入值，表明风化层表面土强度很低。

该区域的风化墙体与锁阳城风化墙体的测试结果相似，其表面强度均远低于原夯土区域的土体。从现场照片可以看出，表面风化区域土体不致密，且表面有较多的孔洞、裂隙等病害，较多的表面土体部分更是龟裂，形成硬壳。这决定了该风化区域表面强度极低的表征。

2.3.4.1.6.4　西夏陵一号陵内城南门东阙台土体测量

选择西夏陵一号陵内城南门东阙台东南立面的原夯土区域与支顶加固区域进行贯入值测量。

两个区域的选点位置见图 2-103、图 2-104。

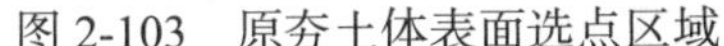
图 2-103　原夯土体表面选点区域

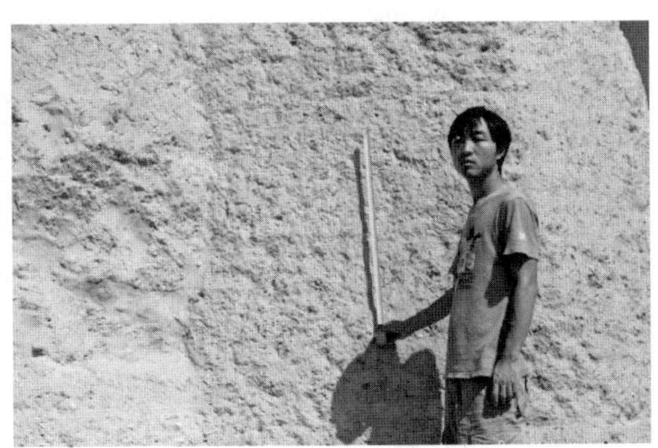
图 2-104　支顶加固选点区域

以上两个区域测试贯入值及平均值见表 2-36、表 2-37。

表 2-36　原夯土区域贯入值与平均值（mm）

行列	1	2	3	4
1	9.59	11.75	15	7.71
2	5.96	3.51	7.23	5.28
3	6.78	10.56	3.09	6.2
4	5.92	12.85	4.83	7.16
平均值				7.71

表 2-37　支顶加固区域贯入值与平均值（mm）

行列	1	2	3	4
1	3.69	3.81	4.13	3.32
2	3.67	6.96	3.8	2.95
3	2.63	3.74	3.38	4.16
4	5.35	3.54	3.26	4.98
平均值				3.96

对上述结果进行处理，得到贯入值在以上两个区域内的分布情况，如图 2-105、图 2-106 所示。

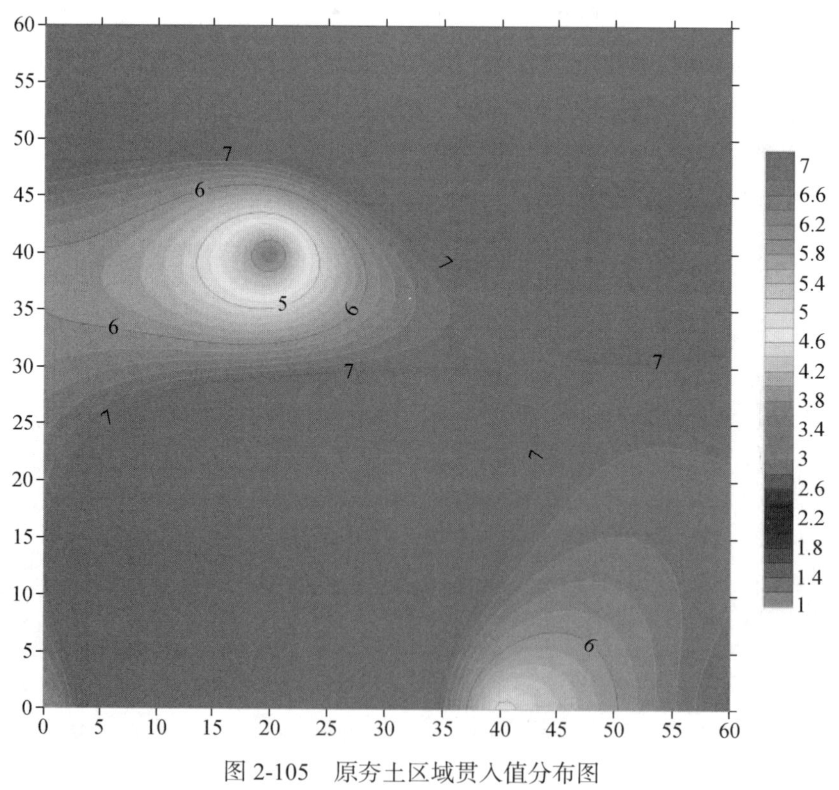

图 2-105　原夯土区域贯入值分布图

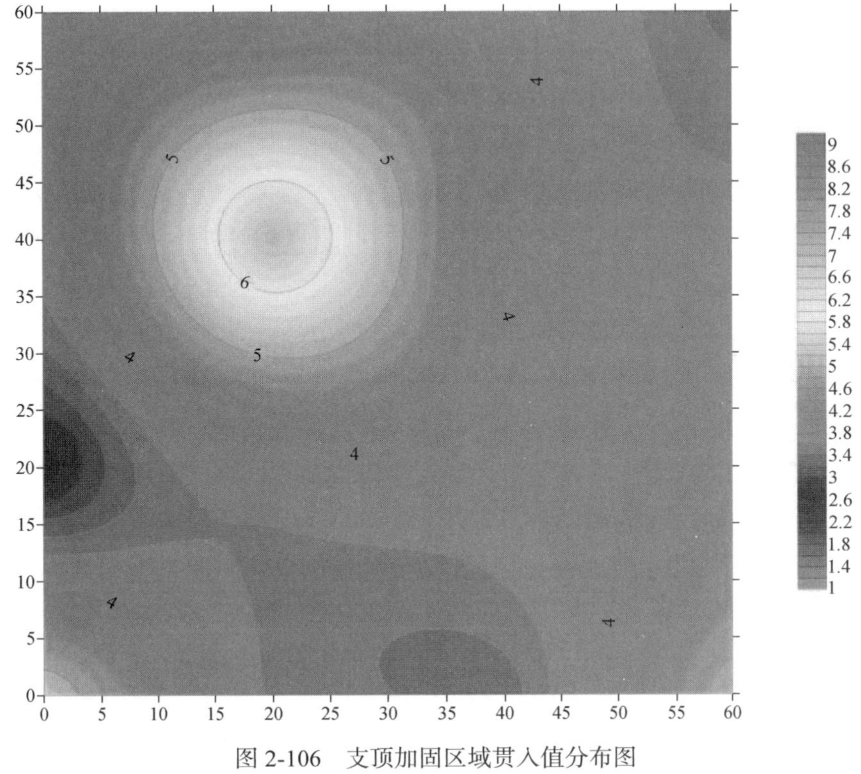

图 2-106　支顶加固区域贯入值分布图

由图可知，西夏王陵一号陵园内城南门东阙台原夯土区域与支顶加固区域贯入值相差较大。其中，原夯土区域贯入平均值为 7.71mm，而支顶加固区域贯入平均值为 3.72mm，说明支顶加固后土体表面强度增加很大。另外，原夯土体区域贯入值跨度较大，而支顶加固区域贯入值较平均，说明支顶加固后土体较均匀。

该区域原夯土土体强度相对较低，应与该区域表面附着有一层风化层有关，因此贯入仪贯入的深度受到表面风化层的影响，从数据表征上即可验证这点。

2.3.4.1.6.5　西夏陵二号陵园中心陵塔东北立面土体测量

选择西夏陵二号陵园中心陵塔东北立面土体原夯土区域与支顶加固区域进行贯入值测量。

两个区域选点位置见图 2-107、图 2-108。

图 2-107　原夯土体选点区域

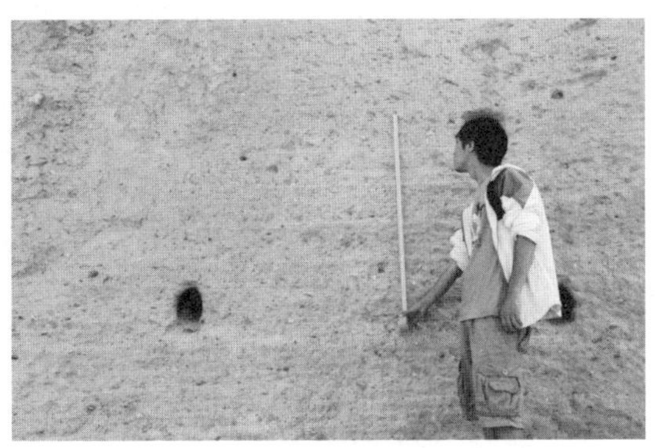

图 2-108　支顶加固土体选点区域

以上两个区域测试贯入值及平均值见表 2-38、表 2-39。

表 2-38　原夯土区域贯入值与平均值（mm）

行列	1	2	3	4
1	6.74	9.28	7.91	6.03
2	8.13	5.52	5.55	6.82
3	5.07	4.07	5.93	4.67
4	3.81	3.59	8.37	7.40
平均值				6.18

表 2-39　支顶加固区域贯入值与平均值（mm）

行列	1	2	3	4
1	3.04	5.13	4.18	3.97
2	3.43	1.86	1.90	2.94
3	4.77	1.14	2.74	2.12
4	2.19	3.26	4.79	2.56
平均值				3.12

对上述结果进行处理，得到贯入值在以上两个区域内的分布情况，如图 2-109、图 2-110 所示。

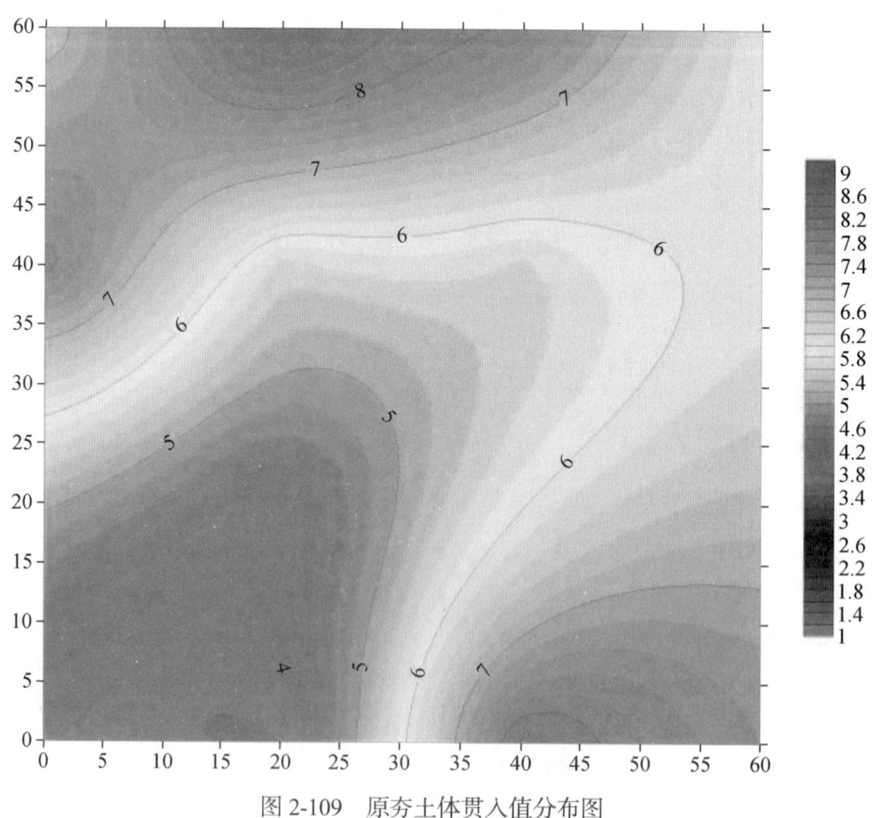

图 2-109　原夯土体贯入值分布图

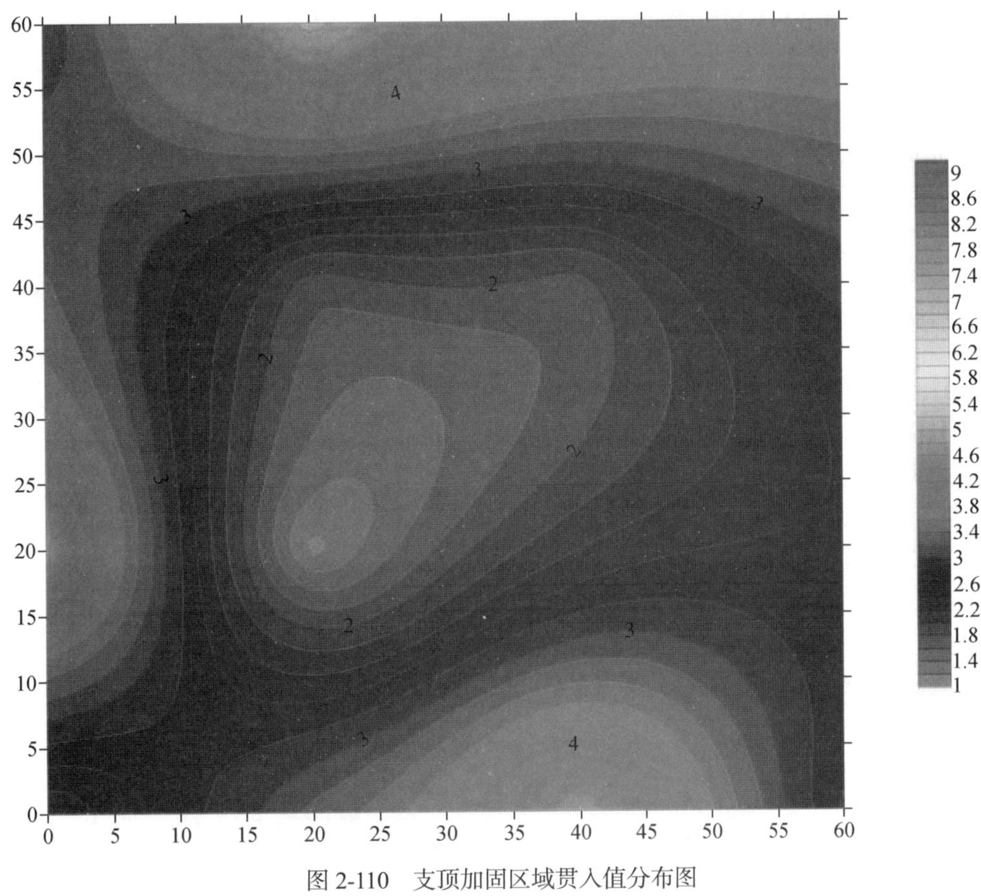

图2-110 支顶加固区域贯入值分布图

由图可知，西夏王陵二号陵陵园中心塔原夯土区域与支顶加固区域土体表面强度不同，支顶加固区域土体表面强度高于原夯土区域，且均匀度也较高。

以上两个区域的测试结果证明，支顶加固区域的土体强度既高于原土体的强度，同时又相对均匀，证明支顶加固效果良好。而原土体的数据图表明，原土体区域的强度值域较大，且不同部分强度的均匀度不一，这应与其裸露于表面，每个部分风化程度不一有关。

2.3.4.1.7 贯入仪现场测量阈值的初步确定

根据在锁阳城与西夏陵的现场测试，可提出贯入仪现场测试数据的一些初步阈值。

1）若同一片区域测量贯入值值域小于等于3，则认为该区域表面土体强度均匀；若同一片区域测量贯入值值域小于等于5，则认为该区域表面土体强度较为均匀；若同一片区域测量贯入值值域大于5，则认为该区域表面土体强度不均匀。

2）若两块不同区域的贯入平均值差的绝对值小于等于2，则认为此两个区域表面土体强度较一致；若两块不同区域的贯入平均值差的绝对值小于等于3，则认为此两个区域表面土体强度较像；若两块不同区域的贯入平均值差的绝对值大于3，则认为此两个区域表面土体强度相差较大。

3）支顶加固区域的贯入值应与与之位置相近的原夯土区域贯入值对比。若满足支顶加固区域贯入值值域小于等于 3，且该区域贯入平均值与原夯土区域贯入平均值差的绝对值小于等于 3，则认为支顶加固区域土体表面强度满足要求。

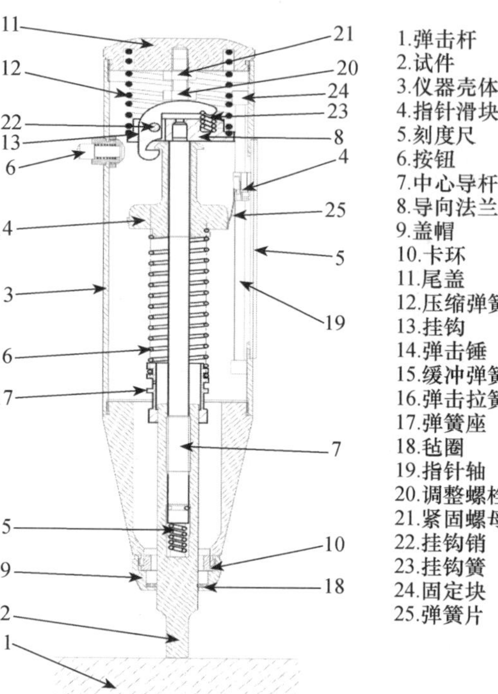

图 2-111　砂浆回弹仪构造图

2.3.4.2　改进砂浆回弹仪

2.3.4.2.1　仪器原理

ZC5 型回弹仪的构造原理是利用砂浆表面硬度与其抗压强度之间的相关关系，建立砂浆强度与回弹值和碳化深度值的回归方程和曲线并用来评定砂浆的强度。

ZC5 型回弹仪主要由弹击系统、示值系统和仪壳部件等组成，其构造如图 2-111 所示。

弹击系统中的弹击杆 1 主要是将弹击锤 14 的动能传给被测砂浆试件 2，并将冲击后的回弹能量传给弹击锤，使其回弹一定的距离，弹击拉簧 16 主要是储存能量并赋予弹击锤 14，而弹击锤 14 既是能量的携带件，又是弹击系统与示值系统间的联系元件。即示值系统中指针滑块 4 所指示的回弹值，是弹击锤 14 冲击弹击杆 1 后回弹时带动其移动的距离。

示值系统均固定在仪器壳体 3 上，保持其与弹击系统的相对位置和运动关系。示值系统指针回零是通过压缩弹簧 12 驱动导向法兰 8 致使弹击系统恢复非弹击状态的同时，将其带到设定的位置而实现的。

仪器尾盖 11 上的调整螺栓是用来控制弹击锤 14 的冲程（脱钩点）和起跳点，因此，一旦调整螺栓的高度经确定，则不允许随意改变。

2.3.4.2.2　改进原理

选择能量为 0.196J（ZC5）的砂浆强度检测的回弹仪用于夯土材料检测试验。对于夯土材料而言，其作用在单位面积上的冲击能量如果过高，就会使夯土材料产生的塑性变形过大而导致消耗较多的功，弹击锤获得回弹的能量过低则会造成回弹仪上的回弹值读数太小，导致测读精度过低的问题。因此，为了提高夯土材料的测读精度，需要增大回弹值读数，这样就需要减少在夯土材料产生塑性变形上所消耗的功，从而使弹击锤获得更高的回弹能量。

为减少夯土表面所发生的塑形形变，本试验采取增大弹击杆端面积的方法。考虑到之后现场试验将用于遗址检测，为避免遗址表面不平整带来的误差，本试验将弹击头设计成圆片状。对于弹击能量相同的同一台回弹仪而言，在相同的冲击力下，弹击

杆前段半径 R 越大，其杆端与受检材料表面的接触面积越大，作用在单位面积上的冲击能相应地减小。单位面积受检材料表面所发生的塑性变形较小，而因塑性变形消耗的能量 N_1 也随之减少，与其相对应的弹击锤获得回弹的能量 N_3 增加，因此 R 值越大回弹值越大。可见，增大回弹仪弹击杆端的面积能增大回弹仪在检测夯土材料时的回弹值，提高其测读精度。

更改回弹仪的弹簧与表面弹击头的系数，如表 2-40 所示。

表 2-40　砂浆回弹仪更换试件系数表

弹簧系数	直径（cm）	线径（cm）	长度（cm）
原弹簧	35	3	15.6
替换弹簧	35	2	15.6
弹击头系数	直径（mm）	曲率半径（mm）	厚度（mm）
原弹击头	4	25	1
替换弹击头	40	0	5

2.3.4.2.3　测强曲线室内标定

由于原砂浆回弹仪进行了改进，因此原砂浆测强曲线不适合用于土体表面抗压强度的测定，需在实验室内对改进后的砂浆回弹仪重新进行测强和标定。

室内试验发现，夯土体的含水率与密度均影响其表面的抗压强度值，因此选择不同含水率与密度的标准样块，以测定不同已知抗压强度夯土体的回弹值，并在不同含水率区间测定回弹值与抗压强度的标准测强曲线。

整合各种土遗址（夯土建筑）的勘察报告和工程报告，将不同遗址夯土的含水率与密度值进行归类和分组，以此为标准建立相似含水率、密度值的标准样块。在实验室内进行标准养护，并测量对应标准样块的回弹值与抗压强度，并建立不同含水率区间的测强曲线。

本试验整合了西夏陵 4 号陵、北庭西大寺、山丹境内明长城（新河段）、青海省境内明长城门源段、青海西宁境内明长城湟中段（二期）、青海明长城互助段一期、青海省境内明长城乐都段（青海省境内明长城贵德段）、青海省大通县苏家堡故城、内蒙古新忽热古城址、元上都园子沟 1#、内蒙古凉城县明代长城次边烽火台 F1—F5、红城 1#、黑城、内蒙古城川城址、青海省民和回族土族自治县喇家遗址、甘肃临洮战国秦长城、西夏陵、玉门关、八角城、大堡子、沙州故城、甘肃白银会宁县郭蛤蟆城、锁阳城、甘肃古浪境内明长城、甘肃凉州境内长城、甘肃省民勤县明长城、甘肃省境内明长城临泽段、甘肃嘉峪关境内长城、甘肃瓜州境内长城、拜寺口塔林、北庭、汉长城、甘肃省境内明长城天祝段松山新城、尕哈烽燧本体、嘉峪关这些遗址的勘察报告，得出西北地区土遗址的含水率以及土体密度范围，作为标定试验选取土样含水率及密度的基本依据。整合的结果如下：遗址土体的含水率大多数分布在 0.5%～10% 的范围内，土体的干密度大多数分布在 1.5～2.0g/cm^3 的范围内。因此本标定试验设置土样的含水率依次为 0.5%、1%、2%、3%、4%、5%、6%、7%、8%、9%、10%，设置土样的干密度依次为 1.6、1.7、1.8、1.9、2.0g/cm^3。由于改装后的回弹仪弹击头直径为 4cm，为保证回弹仪读数精度，需要制作较大规格的土块，因此回弹仪测试土样的规格设置为 10cm×20cm×5cm 的长方形土块，抗压强度测试土样的规格设置为 5cm×5cm 的正方形土块。在回弹仪测试土块的 10×20cm 表面上选取 6 个点，用回弹仪测试之后记录回弹值，测试相同参数土块的抗压强度值并记录。

在预试验过程中，我们发现改造后的回弹仪在土块含水率为 6% 以上时，由于土样强度不够无法得出有效数据，因此在后续试验中，我们设置含水率均在 6% 及 6% 以下，保证在使用回弹仪测试土样抗压强度时可以得到有效数值，得出不同含水率下平均回弹值与抗压强度值的数据表格，如表 2-41、表 2-42 所示。

表 2-41 含水率 - 密度 - 回弹值对应关系表

平均回弹值 / 密度（g/cm^3）/ 含水率（%）	1.6	1.7	1.8	1.9	2
10					
9					＜10
8					10
7			10	10.8	11.2
6	＜10	＜10	10.4	10.4	11.16
5	10	10.5	10.4	10.8	11.33
4	10.25	10.75	10.85	11.33	13.5
3	10.63	10.83	11	11.6	12.67
2	10.5	11.4	12.33	12.65	13.33
1	10.84	13	12.75	12.75	13.67
0.50	11	12.33	13.33	14.33	16.17

平均回弹值与抗压强度关系曲线如图 2-112～图 2-119 所示。

根据平均回弹值与抗压强度的关系曲线可大致确定在试验区间内土样的抗压强度，平均回弹值与密度的关系曲线可以从侧面反映土的硬度。随着含水率的增加，各个密度土样的抗压强度值也呈现下降的趋势。除在含水率区间 2%～4% 内的平均回弹值与抗压强度值不呈现正相关外，其他含水率区间平均回弹值与抗压强度值均呈现正相关的趋势，平均回弹值与密度均呈现正相关趋势。在含水率区间 2%～4% 内，在平均回弹值为 11.75 之后，随着仪器值的增加，抗压强度有下降趋势，但根据此仪器的原理可知，回弹仪值越大，抗压强度也越大，出现这种现象的原因可能是抗压强度测试出现误差。

根据平均回弹值与抗压强度值的关系曲线可以看出，本试验中各含水率区间内的

表 2-42　含水率 - 密度 - 抗压强度对应关系表

含水率（%）＼抗压强度（MPa）＼密度（g/cm³）	1.6	1.7	1.8	1.9	2
10	0.25	0.3	0.64	0.78	0.8
9	0.35	0.56	0.74	0.83	0.78
8	0.35	0.64	0.78	0.9	0.81
7	0.46	1.06	1.05	0.8	
6	0.45	0.95	0.78	1.06	0.84
5	0.53	0.78	1	0.83	0.9
4	0.53	0.53	0.75	0.88	0.88
3	0.78	0.53	0.78	1.08	0.86
2	0.65	0.65	0.75	0.86	0.91
1	0.7	0.75	0.8	0.83	0.95
0.50	1.06	1.18	1.2	1.3	1.27

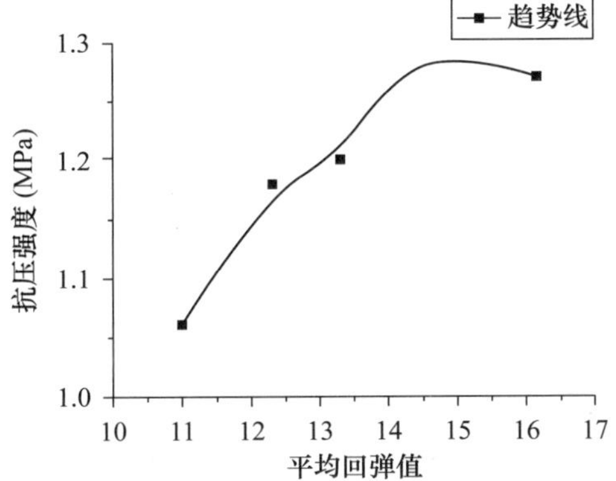

图 2-112　含水率区间：0～0.5% 平均回弹值与抗压强度关系曲线

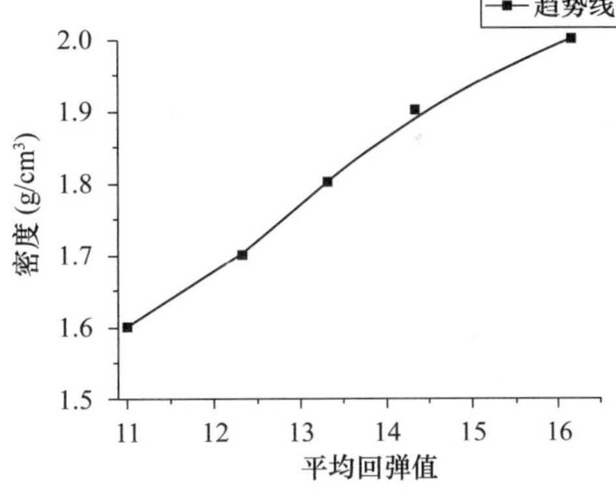

图 2-113　含水率区间：0～0.5% 平均回弹值与密度关系曲线

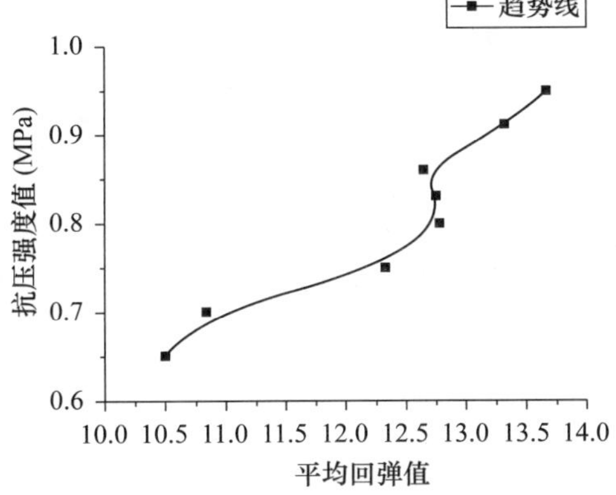

图 2-114　含水率区间：0.5%～2% 平均回弹值与抗压强度关系曲线

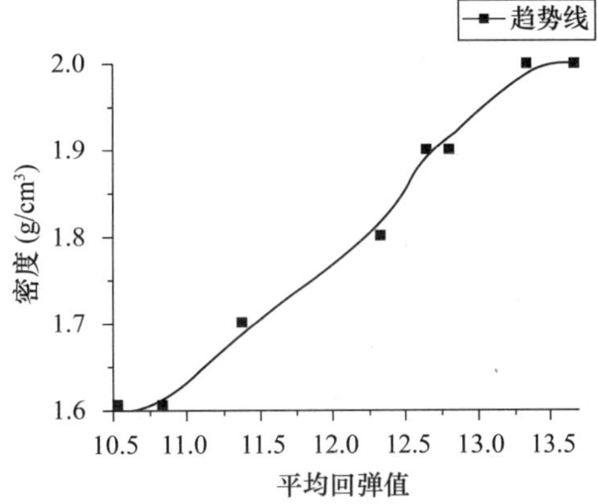

图 2-115　含水率区间：0.5%～2% 平均回弹值与密度关系曲线

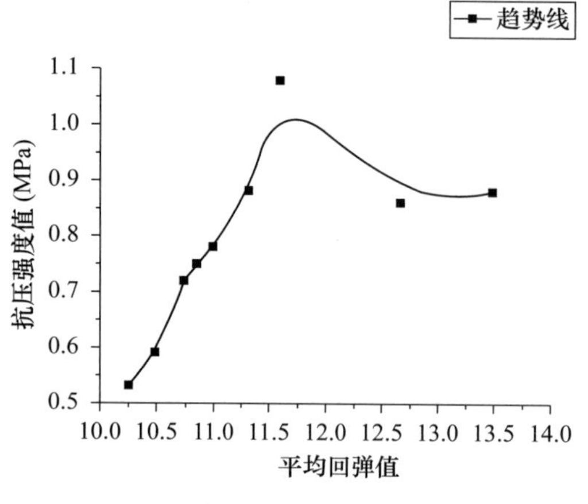

图 2-116　含水率区间：2%～4%
平均回弹值与抗压强度关系曲线

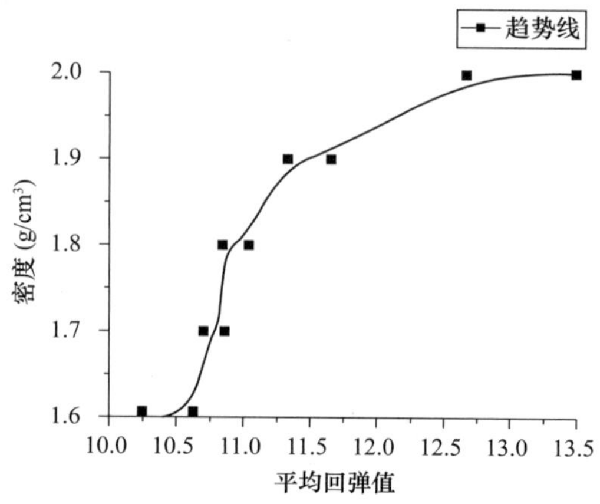

图 2-117　含水率区间：2%～4%
平均回弹值与密度关系曲线

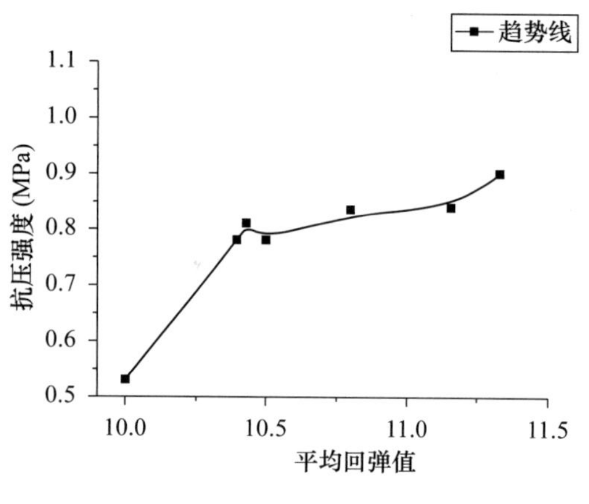

图 2-118　含水率区间：4%～6%
平均回弹值与抗压强度关系曲线

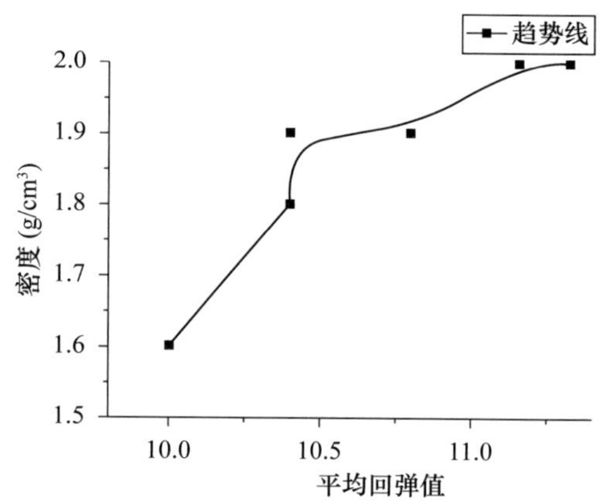

图 2-119　含水率区间：4%～6%
平均回弹值与密度关系曲线

回弹值阈值均小于 5，在制作夯土样的过程中，利用夯土机以及模具保证其强度分布均匀，故认为仪器阈值在 5 以内时，夯土强度分布均匀。

2.3.4.2.4　现场调查目的

首先，为了确定改进的 ZC5 型砂浆贯入仪在土体表面测强的布点浓度和影响测量因素，在甘肃瓜州锁阳城内城西南角第二马面支顶加固区与第二段墙体原夯土体各选择三个区域进行布点测试，测试加固区域的夯土表面回弹值。

其次，为了测试、对比原夯土区域、表面风化层以及支顶加固区域表面强度，以确定检测支顶加固土体强度阈值、评价支顶加固效果，在宁夏银川西夏陵一号、二号、七号陵园进行测试，得到不同测试区域的回弹值，并根据测强曲线转换为抗压强度值。

最后，得到现场使用改进回弹仪的标准步骤与相关规范。

2.3.4.2.5　回弹仪布点密度与操作规范的确定

选取锁阳城内城西南角第二马面南立面加固面与第二段墙体原夯土体作为测试

面，选择平行的三个区域，每个区域面积为60cm×60cm，划分为6×6的网格线，每条测试线测试6个点，共计测试36个点。由于回弹仪测试结果浮动较大，因此设计每个测试点测试6次，以6次数值的平均值为该点的回弹测试值。

锁阳城内城西南角第二马面南立面加固面布点如图2-120所示。

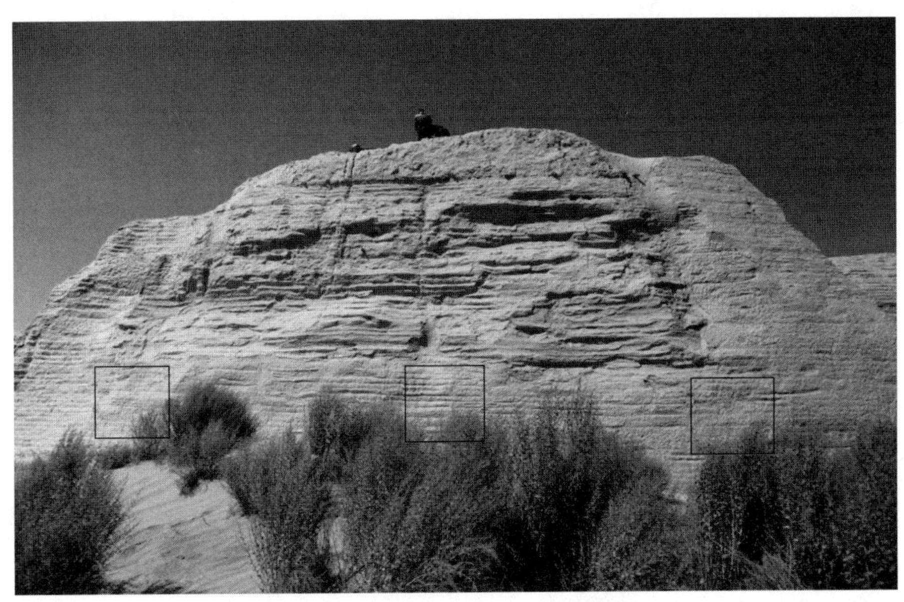

图2-120　回弹仪测试布点位置图

上图中，三个方框即为指定加固三个区域，自西向东分别命名为区域A、区域B、区域C，三个区域的测试回弹值见表2-43～表2-45。

表2-43　区域A回弹测试值与平均值

行	列	测试值						平均值
A1	1	14	16	16	18	18	20	17.00
	2	18	20	22	22	18	18	19.67
	3	12	18	16	18	16	18	16.33
	4	12	18	16	18	16	18	16.33
	5	16	18	16	18	20	20	18.00
	6	20	18	20	18	18	20	19.00
A2	1	14	16	18	14	18	18	16.33
	2	16	16	20	20	18	18	18.00
	3	16	20	18	16	20	16	17.67
	4	16	14	20	18	20	20	18.00
	5	20	20	22	18	22	20	20.33
	6	20	20	18	20	18	20	19.33

续表

行	列	测试值						平均值
A3	1	16	16	16	16	14	18	16.00
	2	18	16	16	20	20	20	18.33
	3	16	16	18	20	20	14	17.33
	4	10	18	20	18	20	20	17.67
	5	18	22	18	22	22	18	20.00
	6	16	22	24	24	18	22	21.00
A4	1	16	16	14	18	14	16	15.67
	2	18	18	22	22	22	22	20.67
	3	18	18	20	20	18	12	17.67
	4	16	18	20	20	16	14	17.33
	5	16	14	18	18	18	20	17.33
	6	20	16	16	16	20	20	18.00
A5	1	16	14	18	18	20	20	17.67
	2	18	16	20	20	22	26	20.33
	3	16	14	18	20	22	18	18.00
	4	16	22	20	22	16	18	19.00
	5	16	22	20	18	14	18	18.00
	6	16	20	18	20	20	20	19.00
A6	1	14	16	14	16	18	14	15.33
	2	16	20	22	18	20	20	19.33
	3	14	16	18	18	20	22	18.00
	4	22	18	24	20	22	18	20.67
	5	20	22	24	22	20	22	21.67
	6	10	18	20	22	18	24	18.67

表 2-44 区域 B 回弹测试值与平均值

行	列	测试值						平均值
B1	1	14	18	18	20	18	10	16.33
	2	18	18	18	16	16	20	17.67
	3	16	18	28	26	20	18	21.00
	4	16	16	18	22	22	24	19.67
	5	14	16	18	18	18	18	17.00
	6	14	16	18	14	18	18	16.33

续表

行	列	测试值						平均值
B2	1	22	18	22	18	22	18	20.00
	2	10	14	14	14	18	20	15.00
	3	14	12	16	20	20	22	17.33
	4	12	14	16	14	14	18	14.67
	5	18	20	22	22	20	22	20.67
	6	18	20	18	20	22	20	19.67
B3	1	14	16	18	22	18	22	18.33
	2	14	16	16	20	20	18	17.33
	3	16	18	18	22	20	16	18.33
	4	18	20	22	20	18	14	18.67
	5	18	20	20	22	18	22	20.00
	6	22	22	24	18	18	24	21.33
B4	1	14	18	16	16	20	18	17.00
	2	18	20	18	18	16	18	18.00
	3	14	18	22	22	20	20	19.33
	4	14	16	18	18	22	20	18.00
	5	18	20	20	22	24	20	20.67
	6	16	18	20	18	20	14	17.67
B5	1	20	18	20	18	22	20	19.67
	2	16	14	18	20	22	28	19.67
	3	14	14	16	16	16	20	16.00
	4	14	20	22	22	20	22	20.00
	5	14	20	20	18	18	18	18.00
	6	22	18	20	22	18	20	20.00
B6	1	14	14	12	16	20	18	15.67
	2	20	22	18	18	16	20	19.00
	3	20	22	18	16	16	20	18.67
	4	22	20	16	14	18	16	17.67
	5	20	18	16	14	14	16	16.33
	6	18	14	20	22	22	18	19.00

表 2-45　区域 C 回弹测试值与平均值

行	列	测试值						平均值
C1	1	12	10	10	10	10	16	11.33
	2	13	12	12	16	18	28	16.50
	3	16	20	18	22	22	20	19.67
	4	16	18	18	22	18	24	19.33
	5	16	18	18	16	16	20	17.33
	6	18	18	20	20	20	22	19.67
C2	1	14	16	20	20	22	18	18.33
	2	18	18	18	22	20	22	19.67
	3	18	20	16	14	18	20	17.67
	4	18	16	16	20	22	22	19.00
	5	16	18	16	18	22	22	18.67
	6	16	20	20	20	14	22	18.67
C3	1	12	12	14	10	14	14	12.67
	2	14	16	16	20	16	16	16.33
	3	16	20	18	18	20	14	17.67
	4	18	16	16	14	16	14	15.67
	5	18	18	18	20	20	18	18.67
	6	12	10	18	18	22	22	17.00
C4	1	12	16	12	12	14	14	13.33
	2	20	24	26	26	32	24	25.33
	3	18	18	16	22	28	20	20.33
	4	18	16	16	18	18	20	17.67
	5	18	20	18	16	16	18	17.67
	6	16	16	18	14	16	16	16.00
C5	1	16	20	22	22	22	22	20.67
	2	22	20	28	26	24	26	24.33
	3	18	22	22	26	22	24	22.33
	4	18	16	16	20	18	20	18.00
	5	16	14	24	16	22	20	18.67
	6	16	14	18	16	22	22	18.00
C6	1	16	14	14	14	16	16	15.00
	2	16	16	16	20	18	22	18.00
	3	16	18	20	18	18	18	18.00
	4	12	18	18	20	22	22	18.67
	5	16	16	18	18	18	20	17.67
	6	16	14	14	16	20	20	16.67

对上述结果进行处理，得到回弹值在以上三个区域内的分布情况，如图 2-121～图 2-123 所示。

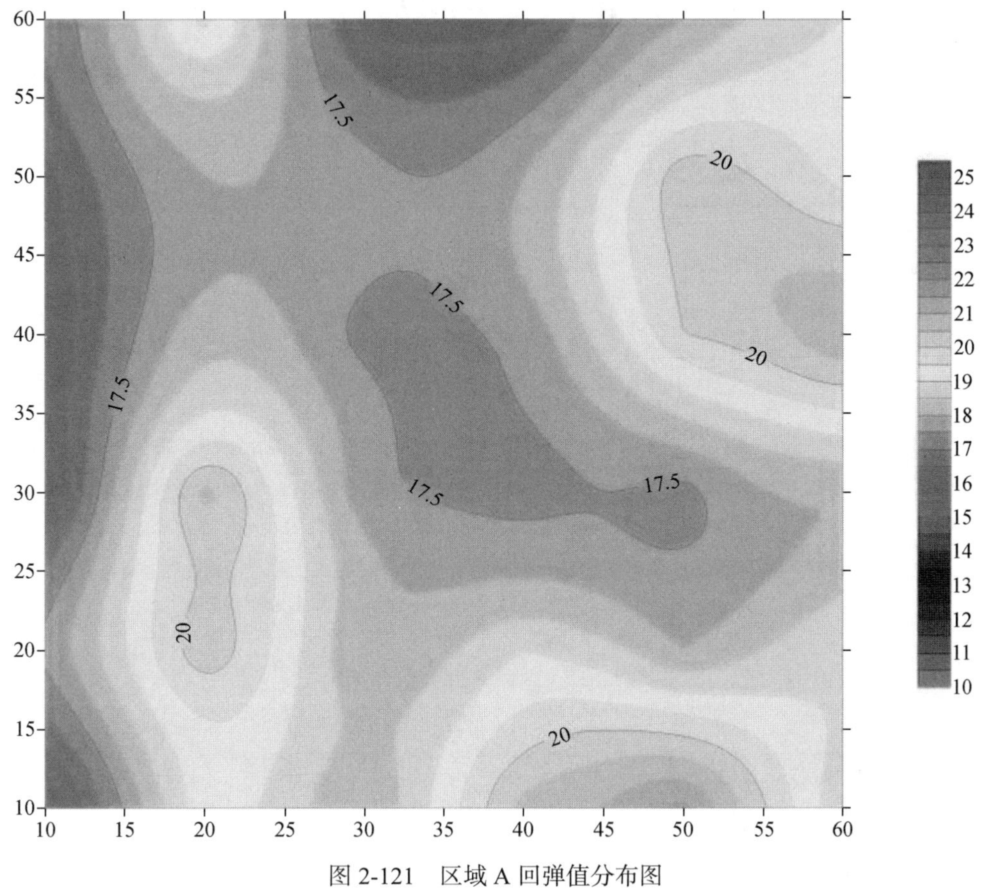

图 2-121　区域 A 回弹值分布图

由于回弹值与抗压强度值关系相反，即贯入值越大，抗压强度越高。从图 2-121～图 2-123 可以看出，区域 A 和 B 抗压强度分布比较均匀，区域 C 中间深色区域抗压强度更高，而边缘部分抗压强度较低。三个区域整体回弹值为 17～20 区间，说明整体区域抗压强度较高。

回弹仪与贯入仪测试结果较为一致，且测试结果显示，该加固区域表面强度较高且均匀，这应与使用均匀、致密土材料，科学、可靠的夯补与砌补技术有关。支顶加固所使用的材料与工艺决定了支顶加固效果，而贯入仪的测试结果又从支顶加固的效果印证了此点。

锁阳城内城西南角南墙第二段墙体南立面原夯土体布点图如图 2-124 所示。

图中，三个方框即为指定加固三个区域，自西向东分别命名为区域 A、区域 B、区域 C，三个区域的测试回弹值见表 2-46～表 2-48。

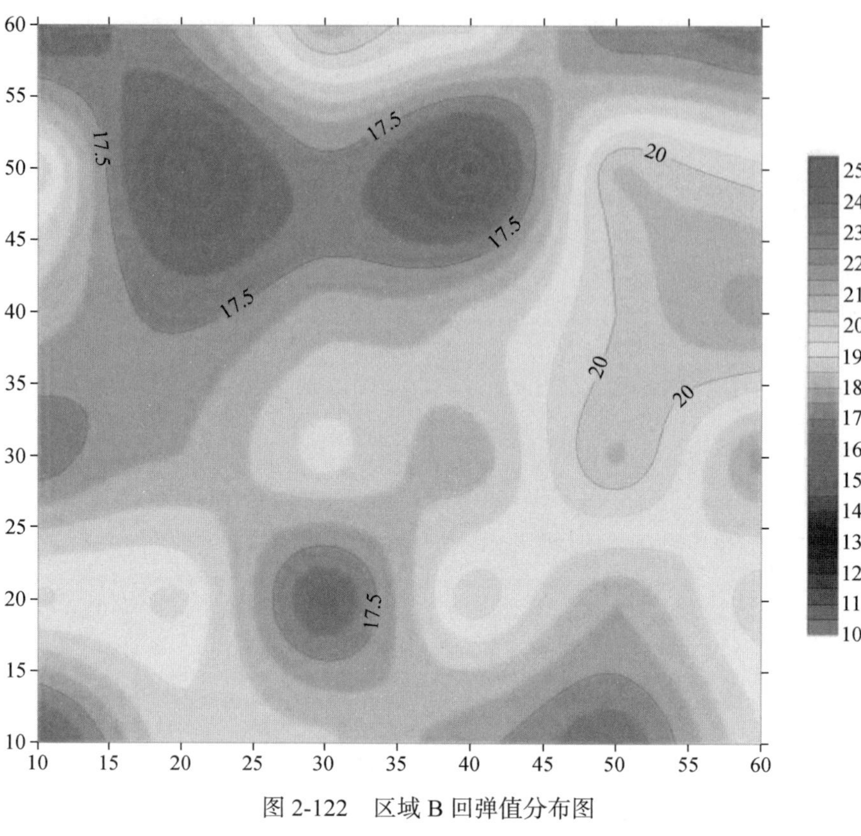

图 2-122　区域 B 回弹值分布图

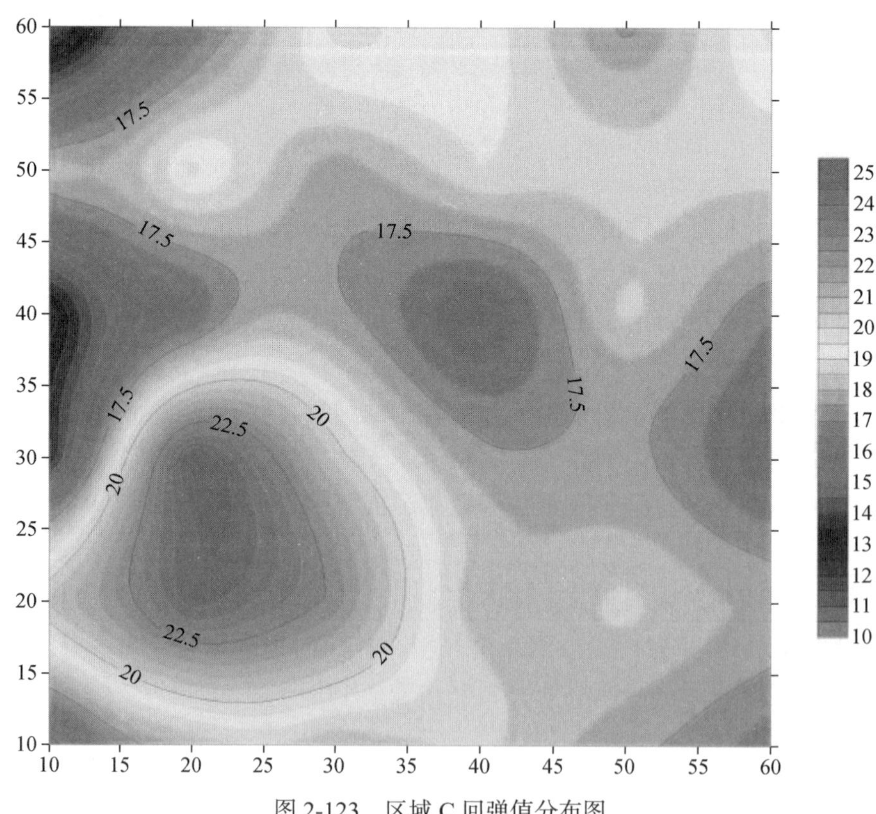

图 2-123　区域 C 回弹值分布图

图 2-124　回弹仪测试布点位置图

表 2-46　区域 A 回弹值与平均值

行	列	测试值						平均值
A1	1	10	10	12	18	16	16	13.67
	2	10	12	14	12	20	20	14.67
	3	16	14	18	20	18	16	17.00
	4	12	20	18	20	24	20	19.00
	5	14	18	22	20	22	24	20.00
	6	24	26	24	22	24	26	24.33
A2	1	12	14	12	22	10	14	14.00
	2	14	12	18	18	16	14	15.33
	3	16	16	18	12	22	20	17.33
	4	12	20	20	22	24	18	19.33
	5	12	10	20	22	18	18	16.67
	6	12	18	16	20	18	18	17.00
A3	1	14	14	18	22	18	28	19.00
	2	18	18	18	18	16	22	18.33
	3	16	16	20	20	22	18	18.67
	4	16	16	18	16	24	20	18.33
	5	18	18	24	22	22	22	21.00
	6	18	20	20	20	20	17	19.17

续表

行	列	测试值						平均值
A4	1	12	14	20	17	19	18	16.67
	2	12	10	12	10	16	15	12.50
	3	12	17	18	22	23	20	18.67
	4	14	18	12	22	26	20	18.67
	5	16	20	22	18	16	26	19.67
	6	14	13	20	22	26	13	18.00
A5	1	14	18	17	15	12	18	15.67
	2	11	12	14	18	17	15	14.50
	3	11	18	21	24	24	18	19.33
	4	13	12	15	18	16	12	14.33
	5	14	15	17	23	15	17	16.83
	6	16	18	22	19	20	20	19.17
A6	1	12	14	20	19	19	28	18.67
	2	12	13	16	15	17	19	15.33
	3	12	13	12	16	15	12	13.33
	4	16	18	20	25	26	22	21.17
	5	13	13	15	16	15	15	14.50
	6	13	13	16	12	15	17	14.33

表 2-47　区域 B 回弹值与平均值

行	列	测试值						平均值
B1	1	15	22	20	20	26	24	21.17
	2	16	17	16	20	18	22	18.17
	3	12	15	18	16	17	22	16.67
	4	18	21	36	28	20	24	24.50
	5	15	16	20	20	23	25	19.83
	6	14	21	18	20	27	20	20.00
B2	1	12	21	17	20	22	20	18.67
	2	16	22	28	24	28	29	24.50
	3	14	26	25	23	21	26	22.50
	4	20	21	26	28	16	22	22.17
	5	16	18	22	21	26	26	21.50
	6	16	22	20	21	20	26	20.83

续表

行	列	测试值						平均值
B3	1	15	22	25	21	22	31	22.67
	2	16	17	20	24	23	24	20.67
	3	16	22	20	20	22	25	20.83
	4	16	17	26	23	22	24	21.33
	5	23	28	26	25	25	25	25.33
	6	14	18	24	22	20	22	20.00
B4	1	16	18	17	14	16	16	16.17
	2	16	18	16	20	20	25	19.17
	3	16	18	21	18	20	20	18.83
	4	16	22	25	26	26	23	23.00
	5	15	17	20	20	23	24	19.83
	6	14	16	16	15	19	14	15.67
B5	1	14	20	22	30	32	25	23.83
	2	18	20	20	20	22	24	20.67
	3	16	24	23	20	24	22	21.50
	4	16	12	13	14	18	18	15.17
	5	16	16	23	18	22	17	18.67
	6	16	14	14	15	17	17	15.50
B6	1	16	16	15	15	16	17	15.83
	2	14	16	20	21	22	20	18.83
	3	14	20	25	34	26	22	23.50
	4	20	30	26	20	24	25	24.17
	5	16	18	20	18	20	20	18.67
	6	16	20	20	18	20	22	19.33

表 2-48　区域 C 回弹值与平均值

行	列	测试值						平均值
C1	1	17	19	20	25	16	18	19.17
	2	16	24	22	17	28	20	21.17
	3	22	16	23	18	20	20	19.83
	4	21	28	21	20	27	22	23.17
	5	22	19	18	20	24	20	20.50
	6	14	22	16	22	24	32	21.67

续表

行	列	测试值						平均值
C2	1	15	23	22	23	24	16	20.50
	2	16	19	27	28	29	32	25.17
	3	18	20	17	21	18	16	18.33
	4	20	22	19	20	22	29	22.00
	5	16	20	24	22	18	24	20.67
	6	32	38	32	26	29	42	33.17
C3	1	22	19	22	38	26	26	25.50
	2	24	30	25	25	32	31	27.83
	3	16	18	19	20	22	27	20.33
	4	19	29	26	32	27	31	27.33
	5	22	19	19	23	22	18	20.50
	6	26	21	26	24	19	26	23.67
C4	1	18	22	22	20	12	24	19.67
	2	18	20	20	18	22	24	20.33
	3	18	18	14	20	22	23	19.17
	4	20	22	18	24	25	15	20.67
	5	12	14	14	19	20	18	16.17
	6	18	22	23	25	19	17	20.67
C5	1	14	24	19	31	19	26	22.17
	2	15	19	19	24	23	26	21.00
	3	19	23	32	24	29	19	24.33
	4	17	18	19	17	24	25	20.00
	5	19	17	22	18	24	14	19.00
	6	20	22	28	26	18	32	24.33
C6	1	14	16	18	22	32	16	19.67
	2	31	28	19	23	22	26	24.83
	3	18	18	22	19	19	17	18.83
	4	18	21	17	21	22	18	19.50
	5	14	22	26	28	27	29	24.33
	6	19	15	14	24	18	33	20.50

对上述结果进行处理，得到回弹值在以上三个区域内的分布情况，如图 2-125～图 2-127 所示。

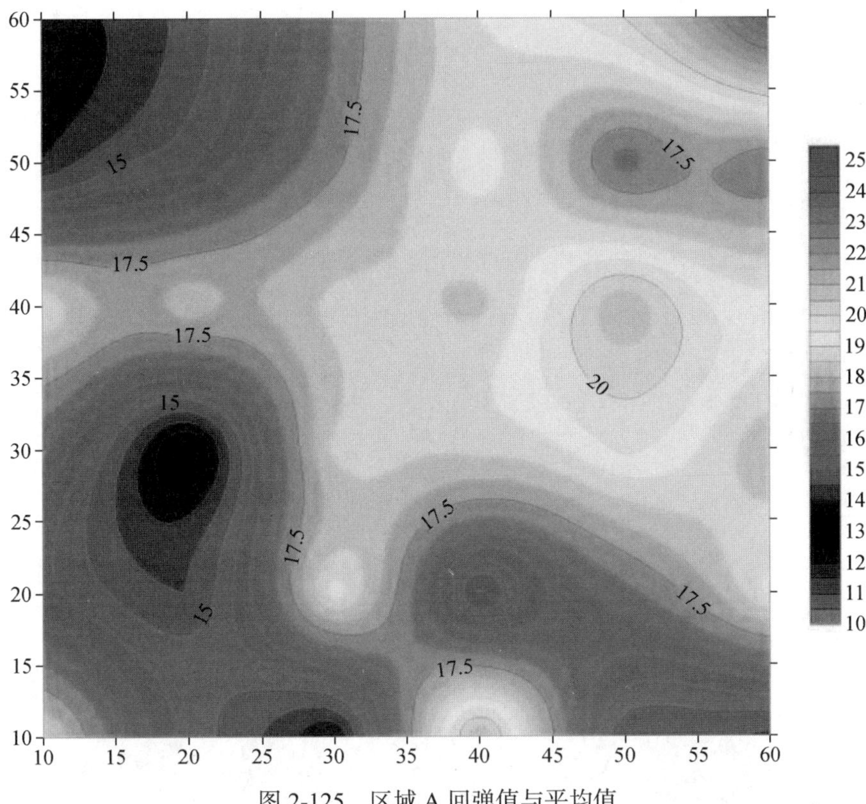

图 2-125　区域 A 回弹值与平均值

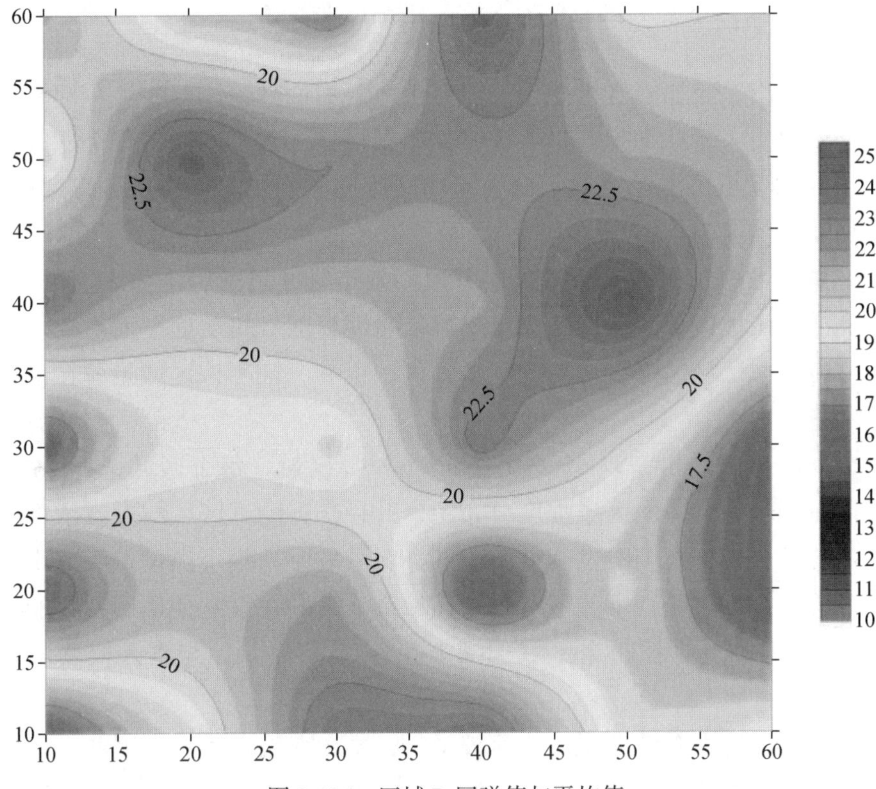

图 2-126　区域 B 回弹值与平均值

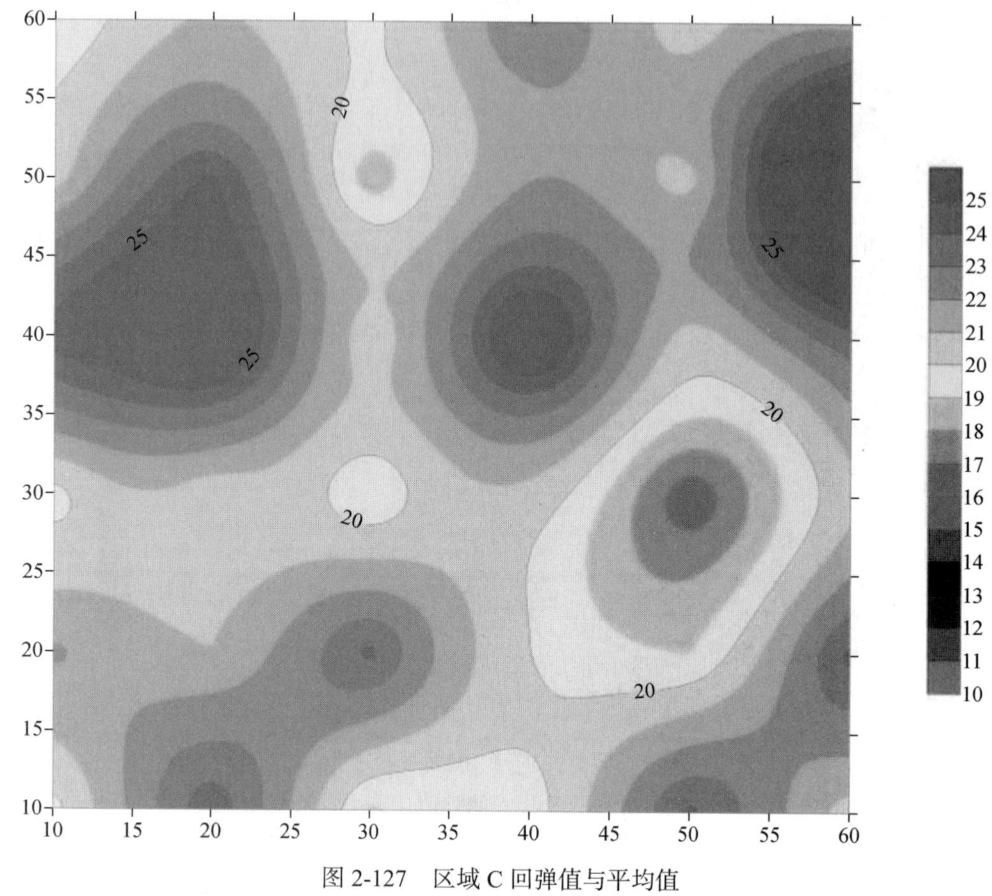

图 2-127　区域 C 回弹值与平均值

从图可以看出，与加固区域相比，原夯土体表面回弹值相对更大，即墙体整体的表面抗压强度值更大，此结果与贯入仪测试结果保持一致。同时，每个原夯土体区域内抗压强度高的区域（深色区域）分布不均，而加固区域的土体抗压强度相对平均，说明支顶加固土体较为均匀。

此原土体区域位于土体表面风化层下层，常年风蚀雨蚀后土体表面风化层脱落，裸露出坚实的原土体区域，从照片显示出该区域明显的夯筑层面，而贯入仪测试结果显示，该原夯土体区域的强度相对支顶加固区域更高，证明该区域土体在原始夯筑时就更加坚硬。

以上分布图可以看出，以 60cm×60cm 为选择区域，每个区域选择 36 个点进行测量，可以得到较为合适的区域强度分布图，此种选择测试区域与布点浓度设计是较为合理的。但是，现场检测时发现，由于选择区域较小，每个测试点距离小，测试次数多，部分测试数据重复，不便于现场快速检测。因此，设定使用回弹仪的测试区域面积仍为 60cm×60cm，但每个区域选择 16 个点进行测量，与贯入仪测试布点设置相同。

由于测试对象均为夯土表面，墙面较平整，也少有裂隙存在。因此，现场使用贯入仪的操作规范参考砂浆回弹仪的使用规范，稍加改动即可。具体使用规范如下：

1）在测试过程中回弹仪的轴线应始终垂直于测试对象表面，将回弹仪的弹击杆顶住砂浆表面，轻压回弹仪使按钮松开弹击杆伸出仪器壳体，并使挂钩挂上弹击锤。

2）将已伸出的弹击杆对测试表面均匀施压，待达到即将脱钩时，调整好回弹仪对测试表面的垂直度再轻微施压使弹击锤脱钩进行弹击，重复上述动作，在一个测点上连续弹击三次，且不能移位，然后读取记录第三次在刻度尺上标示的某一回弹值，如条件不利于读取回弹值时可按下按钮，锁住机芯，将回弹仪移离墙体砂浆表面，再读取回弹值。

3）将弹击杆重新伸出，恢复正常状态，以备下一点测试之用。

4）每次测试时均应按上述要求重复进行操作。

此时需要注意的是，由于改进的回弹仪弹击头为直径 40mm 的圆形平面，因此对检测土体表面的平整情况稍有要求。对于表面不平整的遗址土，在不改变遗址土外观、形貌的前提下，可以稍作平整处理，以使得使用回弹仪能得到更科学的回弹数据。

2.3.4.2.6　不同土体表面回弹测量与对比

确定了改进回弹仪的现场使用规范与布点方式后，对西夏陵建筑的原夯土表面、风化层表面与支顶加固表面回弹值进行测量，对比不同土体表面回弹值，并以此初步确定检测支顶加固土体强度值的阈值范围。

2.3.4.2.6.1　西夏陵七号陵陪葬陵北墙南立面加固土体测量

选择西夏陵七号陵陪葬陵北墙表面加固区域进行测量，测量同一墙体不同加固区域支顶加固后土体表面的回弹值。

两个加固区域选点见图 2-128。

图 2-128　支顶加固选择的两个区域

以上两个方框区域自西向东分别为区域 A 与区域 B，两个区域的贯入值测量结果见表 2-49、表 2-50。

表 2-49 区域 A 回弹值与平均值

行	列	测试值						平均值
A1	1	16	16	22	20	24	26	20.67
	2	12	18	16	14	16	19	15.83
	3	13	10	17	16	15	24	15.83
	4	13	17	17	18	17	17	16.50
A2	1	13	16	18	22	22	24	19.17
	2	19	18	23	23	28	24	22.50
	3	14	17	16	14	16	23	16.67
	4	14	18	20	21	24	22	19.83
A3	1	21	24	26	24	25	27	24.50
	2	14	18	17	22	21	20	18.67
	3	17	21	23	24	22	23	21.67
	4	18	11	16	18	22	20	17.50
A4	1	14	14	13	18	22	20	16.83
	2	18	14	13	13	16	14	14.67
	3	16	17	13	10	18	23	16.17
	4	14	12	14	24	19	22	17.50

表 2-50 区域 B 回弹值与平均值

行	列	测试值						平均值
B1	1	17	12	18	16	15	14	15.33
	2	14	11	14	13	20	16	14.67
	3	10	10	14	13	11	15	12.17
	4	10	11	16	11	20	14	13.67
B2	1	11	16	14	21	19	20	16.83
	2	12	16	16	19	18	21	17.00
	3	14	16	14	15	17	11	14.50
	4	10	17	16	20	18	16	16.17
B3	1	12	10	11	10	15	18	12.67
	2	18	15	13	14	18	18	16.00
	3	16	17	18	16	21	19	17.83
	4	12	24	19	18	22	23	19.67
B4	1	17	16	14	22	23	24	19.33
	2	10	21	14	12	18	20	15.83
	3	12	15	22	22	14	13	16.33
	4	13	20	14	21	28	26	20.33

对上述结果进行处理，得到回弹值在以上两个区域内的分布情况，如图 2-129、图 2-130 所示。

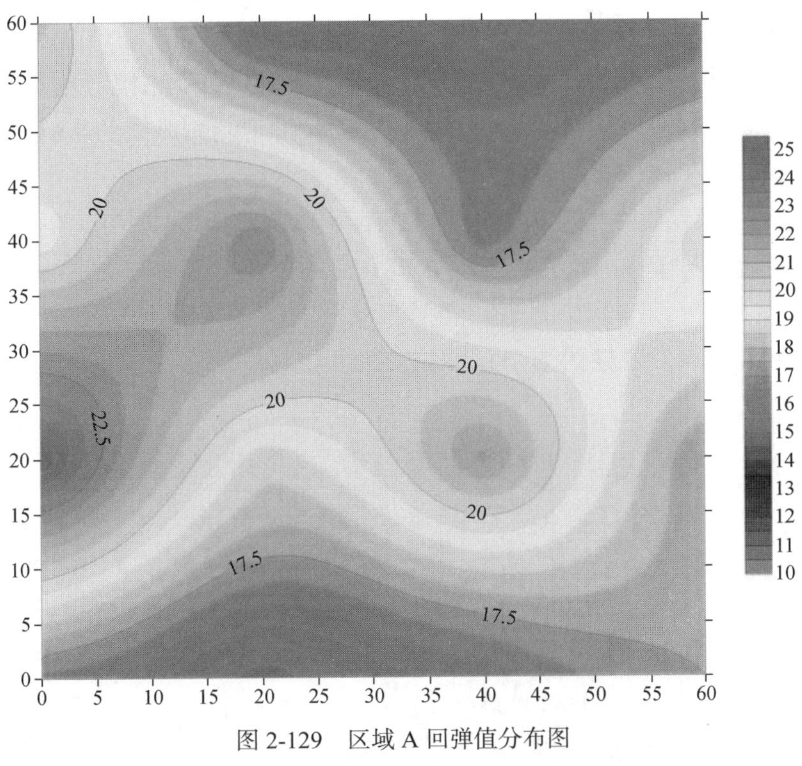

图 2-129　区域 A 回弹值分布图

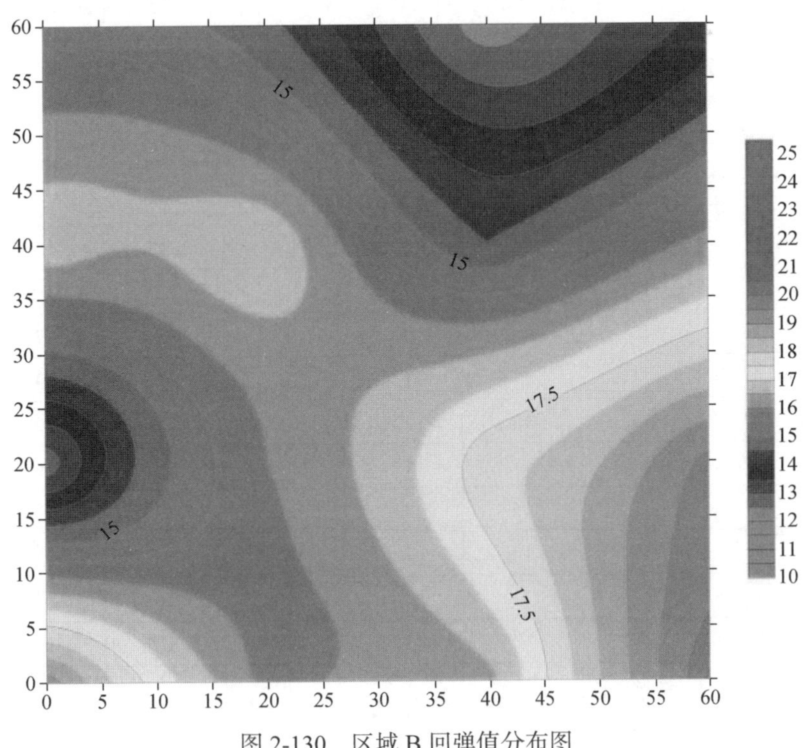

图 2-130　区域 B 回弹值分布图

从上图得知，西夏陵七号陵陪葬陵北墙南立面加固两个区域回弹值相对较大，即抗压强度较大。其中，区域A回弹值跨度相对较大，而区域B回弹值均匀度更加，表明加固区域土体表面强度较平均，且加固后土体表面强度较密实。区域A相比区域B土体表面抗压强度更大，但区域B表面土体密度较均匀。

从回弹仪测试结果得到，西夏陵七号陵支顶加固区域的土体强度较高，从现场检测照片又可得到该加固区域较为致密，土体表面较少地受到风蚀的影响，保存状况良好，保障了该区域土体较高的强度。

2.3.4.2.6.2　西夏陵一号陵内城南门东阙台土体测量

选择西夏陵一号陵内城南门东阙台东南立面的原夯土区域与支顶加固区域进行回弹值测量。

两个区域的选点位置见图2-131、图2-132。

图2-131　原夯土体表面选点区域

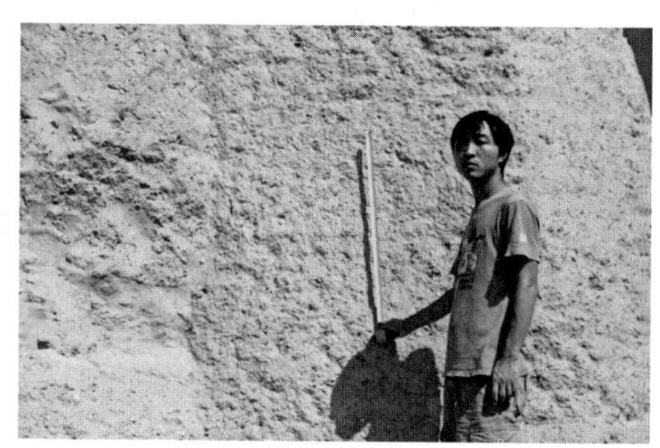

图2-132　支顶加固选点区域

以上两个区域测试回弹值及平均值见表2-51、表2-52。

表2-51　原夯土区域回弹值及平均值

行	列	测试值						平均值
A1	1	16	15	16	18	14	15	15.67
	2	18	17	15	16	17	16	16.50
	3	10	12	11	10	10	12	10.83
	4	13	11	17	15	16	14	14.33
A2	1	14	18	15	18	20	19	17.33
	2	12	15	12	14	16	15	14.00
	3	12	15	13	18	14	11	13.83
	4	13	14	12	15	12	15	13.50
A3	1	12	13	15	13	16	14	13.83
	2	11	13	15	15	16	13	13.83
	3	14	12	12	12	14	16	13.33
	4	15	20	18	19	15	13	16.67

续表

行	列	测试值						平均值
A4	1	14	12	13	15	16	20	15.00
	2	12	14	14	12	15	16	13.83
	3	12	16	18	15	17	16	15.67
	4	12	14	12	14	18	13	13.83

表 2-52　支顶加固区域回弹值及平均值

行	列	测试值						平均值
B1	1	16	22	24	25	30	20	22.83
	2	15	15	24	26	27	26	22.17
	3	16	18	16	16	18	18	17.00
	4	17	22	26	28	27	31	25.17
B2	1	16	18	16	23	26	22	20.17
	2	17	16	17	20	20	22	18.67
	3	18	22	21	27	24	23	22.50
	4	17	17	18	22	18	20	18.67
B3	1	18	21	25	22	19	21	21.00
	2	20	26	22	22	24	24	23.00
	3	21	23	25	22	18	24	22.17
	4	18	19	17	17	22	20	18.83
B4	1	28	25	23	28	24	22	25.00
	2	28	20	24	24	22	18	22.67
	3	16	20	21	22	23	25	21.17
	4	22	28	21	18	28	20	22.83

对上述结果进行处理，得到回弹值在以上两个区域内的分布情况，如图 2-133、图 2-134 所示。

由图可知，西夏陵一号陵园内城南门东阙台原夯土区域与支顶加固区域回弹值相差较大，测试结果与贯入仪测试结果一致。其中，原夯土区域回弹平均值为 14，而支顶加固区域回弹平均值为 22，远远高于前者。同时，相比原夯土区域，支顶加固区域土体强度更为均匀。

该区域原夯土土体强度相对较低，应与该区域表面附着有一层风化层有关，因此贯入仪贯入的深度受到表面风化层的影响，从数据表征上即可验证这点。

2.3.4.2.6.3　西夏陵二号陵园中心陵塔东北立面土体测量

选择西夏陵二号陵园中心陵塔东北立面土体原夯土区域与支顶加固区域进行回弹值测量。

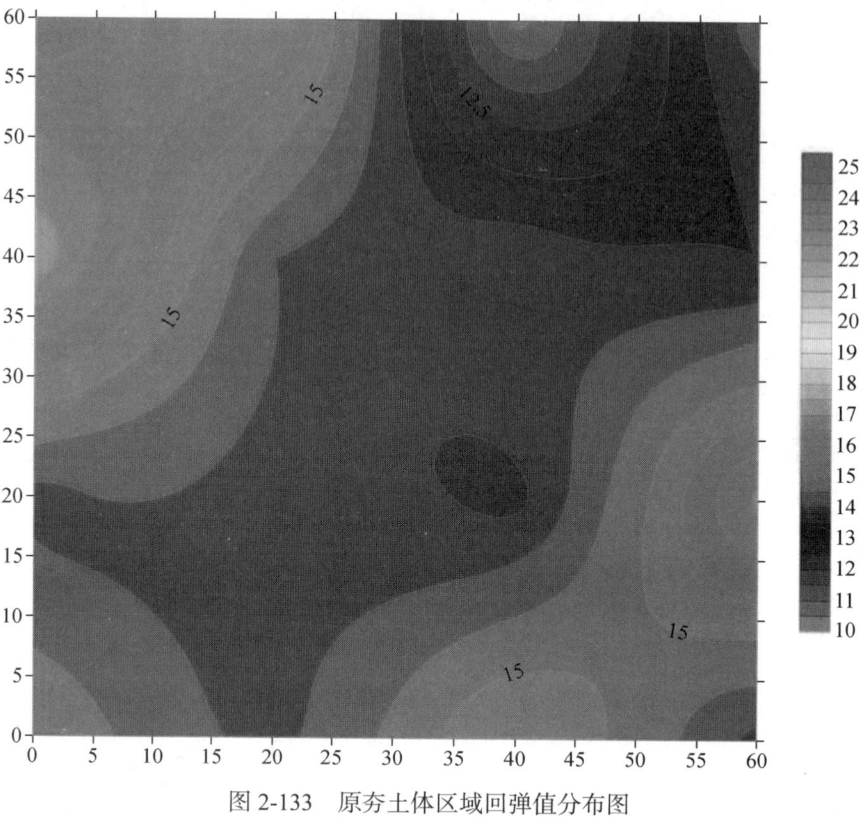

图 2-133 原夯土体区域回弹值分布图

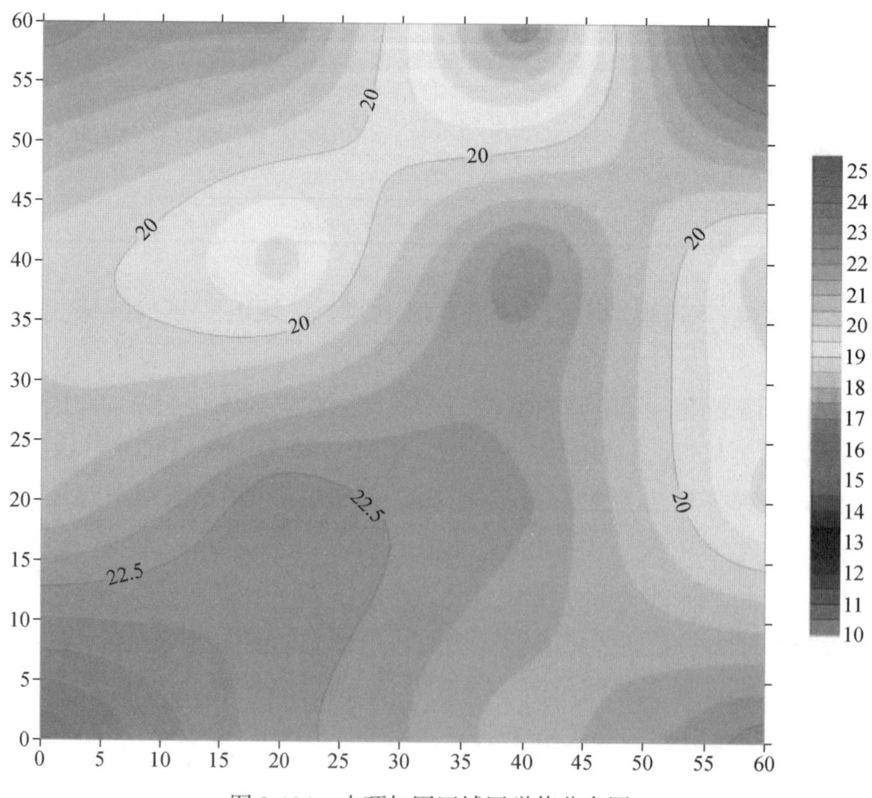

图 2-134 支顶加固区域回弹值分布图

两个区域选点位置见图 2-135、图 2-136。

图 2-135　原夯土体选点区域

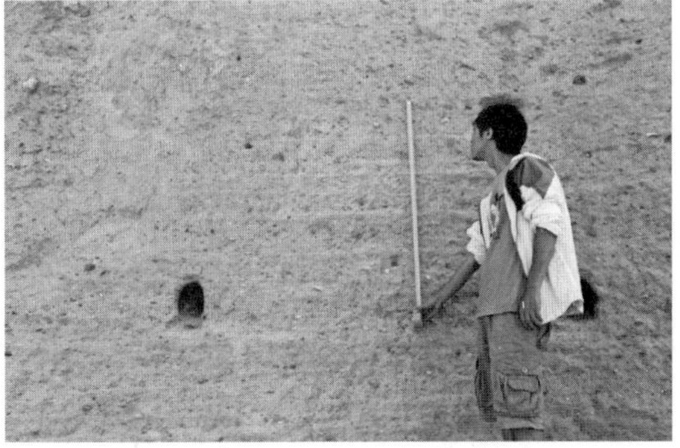

图 2-136　支顶加固选点区域

以上两个区域测试回弹值及平均值见表 2-53、表 2-54。

表 2-53　原夯土区域回弹值及平均值

行	列	测试值						平均值
A1	1	12	19	22	20	16	17	17.67
	2	14	12	14	13	16	14	13.83
	3	12	16	18	14	16	22	16.33
	4	14	17	19	22	23	26	20.17
A2	1	12	11	14	12	14	14	12.83
	2	12	14	17	14	18	16	15.17
	3	14	15	15	17	15	16	15.33
	4	13	12	18	16	14	16	14.83
A3	1	13	12	14	13	12	14	13.00
	2	13	14	15	17	15	16	15.00
	3	12	12	16	16	16	17	14.83
	4	15	19	18	16	16	14	16.33
A4	1	12	14	12	14	13	12	12.83
	2	11	13	14	11	14	12	12.50
	3	12	14	14	11	10	10	11.83
	4	12	11	14	13	14	15	13.17

表 2-54　支顶加固区域回弹值及平均值

行	列	测试值						平均值
B1	1	17	16	23	17	19	22	19.00
	2	18	18	24	24	21	24	21.50
	3	19	22	18	23	20	18	20.00
	4	20	24	26	25	28	23	24.33

续表

行	列	测试值						平均值
B2	1	21	24	23	26	26	25	24.17
	2	18	16	21	26	26	27	22.33
	3	17	22	21	22	24	22	21.33
	4	18	19	22	24	19	22	20.67
B3	1	16	21	20	22	23	24	21.00
	2	19	24	26	23	14	28	22.33
	3	22	28	26	30	22	25	25.50
	4	22	21	26	29	24	26	24.67
B4	1	24	24	26	26	20	20	23.33
	2	19	21	21	22	21	22	21.00
	3	18	19	21	24	21	22	20.83
	4	20	24	24	26	24	25	23.83

对上述结果进行处理，得到回弹值在以上两个区域内的分布情况，如图 2-137、图 2-138 所示。

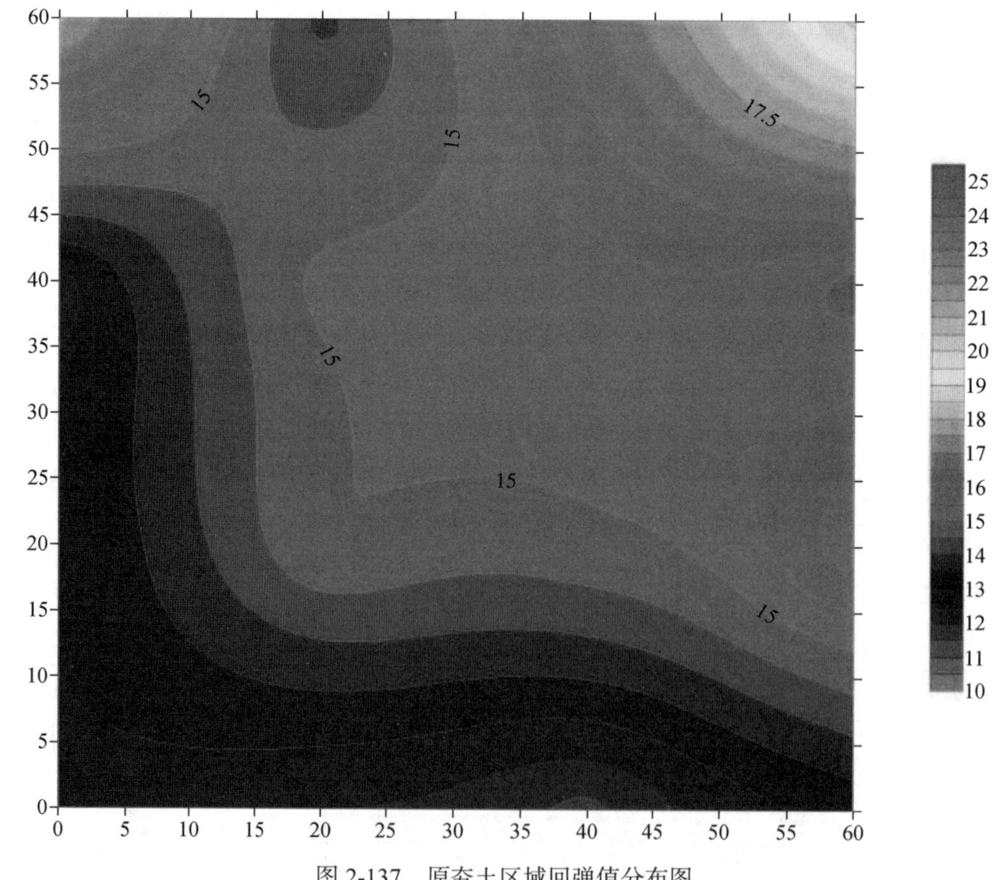

图 2-137　原夯土区域回弹值分布图

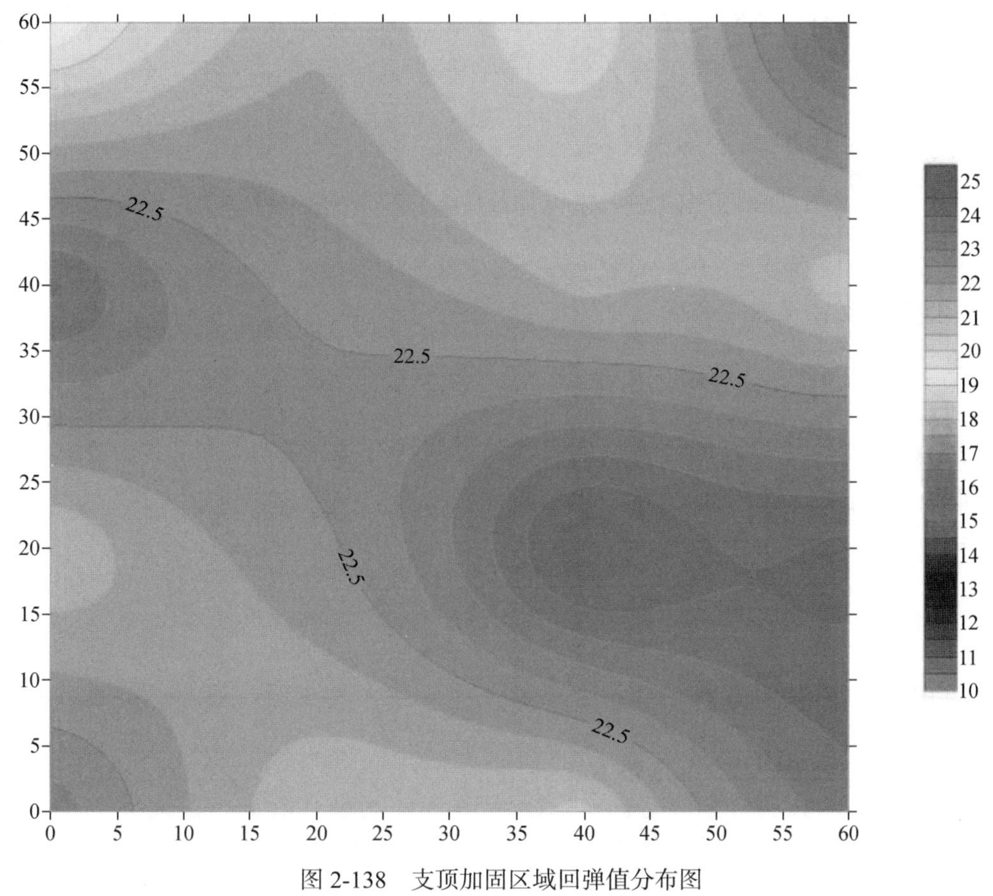

图 2-138 支顶加固区域回弹值分布图

由图可知，西夏陵二号陵陵塔原夯土区域与支顶加固区域土体表面强度不同，支顶加固区域土体表面强度高于原夯土区域，且均匀度也较高，测试结果与贯入仪测试结果一致。

以上两个区域的测试结果证明：支顶加固区域的土体强度既高于原土体的强度，同时又相对均匀，证明支顶加固效果良好。而原土体的数据图表明：原土体区域的强度值较大，且不同部分强度的均匀度不一，这应与其裸露于表面，每个部分风化程度不一有关。

2.3.4.2.7 回弹仪现场测量阈值的初步确定

根据在锁阳城与西夏陵的现场测试提出回弹仪现场测试数据的一些初步阈值。

1）若同一片区域测量回弹值值域小于等于 5，则认为该区域表面土体强度均匀；若同一片区域测量回弹值值域小于等于 8，则认为该区域表面土体强度较为均匀；若同一片区域测量回弹值值域大于 8，则认为该区域表面土体强度不均匀。

2）若两块不同区域的回弹平均值差的绝对值小于等于 3，则认为此两个区域表面土体强度较一致；若两块不同区域的回弹平均值差的绝对值小于等于 5，则认为此两个区域表面土体强度较像；若两块不同区域的回弹平均值差的绝对值大于 5，则认为此两个区域表面土体强度相差较大。

3）支顶加固区域的回弹值应与与之位置相近的原夯土区域回弹值对比。若满足支顶加固区域回弹值值域小于等于 8，且该区域贯入平均值与原夯土区域回弹平均值差的绝对值小于等于 5，则认为支顶加固区域土体表面强度满足要求。

2.4　土遗址本体物理性质室内试验研究

2.4.1　遗址土结构及形态分析

2.4.1.1　夯土遗址土样的选择

根据往年对夯土遗址的调查、勘察和取样的情况，共选择以下 27 个遗址土样进行调查分析，包括陕西 3 个遗址、内蒙古 6 个遗址、河南 2 个遗址、河北 2 个遗址、甘肃 6 个遗址、青海 2 个遗址、新疆 5 个遗址（交河故城土样 2 个）、宁夏 1 个遗址。具体取样遗址见表 2-55。

表 2-55　分析检测遗址编号及名称

遗址土样编号	遗址名称	遗址土样编号	遗址名称
1	甘肃寿昌城	15	青海贵德明长城
2	河南汉魏洛阳城	16	甘肃嘉峪关
3	甘肃锁阳城	17	内蒙古黑城遗址
4	新疆高昌故城	18	陕西西安凤栖原
5	河南洛阳天子驾六	19	内蒙古新忽热
6	新疆楼兰	20	甘肃骆驼城
7	青海湟中明长城	21	陕西魏长城
8	甘肃居延	22	内蒙古茫哈图段明长城
9	内蒙古园子沟	23	陕西西安丹凤门
10	甘肃玉门关	24	河北古城寨
11	宁夏西夏陵	25	内蒙古凉城
12	内蒙古城川	26	新疆交河故城粉土
13	新疆交河故城	27	河北燕下都
14	新疆北庭故城		

2.4.1.2　分析检测内容的选择

对以上 27 个遗址土样进行分析测试，测试内容包括微观形态的观察、土样成分的分析以及土样结构的分析检测。

2.4.1.3　分析检测使用仪器

观察遗址土样的微观形态，使用超景深三维视频显微系统观察 100 倍以下的显微照片，使用 SEM（扫描电镜）观察 100 倍以上的显微照片。超景深三维视频显微系统，型号 KH7700，厂家浩视公司，产地日本。扫描电镜—能谱分析（SEM-EDX），型号 VEGA-3XMU，厂家泰思肯公司，产地捷克。

分析检测遗址土样的成分，使用 XRF（X 射线荧光光谱分析）和 EDX（X 射线能量色散光谱仪）联合分析。可移动微区 X 荧光光谱仪（XRF），型号 ARTAX-400，厂家布鲁克公司，产地德国。扫描电镜—能谱分析（SEM-EDX），型号 VEGA-3XMU，厂家泰思肯公司，产地捷克。

分析检测遗址土样的结构，使用 XRD（X 射线衍射分析）进行分析。X 射线衍射仪（XRD），型号 Smartlab，厂家日本株式会社理学公司，产地日本。

2.4.1.4　分析检测结果

2.4.1.4.1　微观形态观察

2.4.1.4.1.1　低倍照相观察

使用超景深三维视频显微系统对遗址土样粉末进行 50 倍和 100 倍观察，显微照片见表 2-56。

表 2-56　遗址夯土样低倍显微照片

遗址名称	50 倍照相	100 倍照相
河南汉魏洛阳城	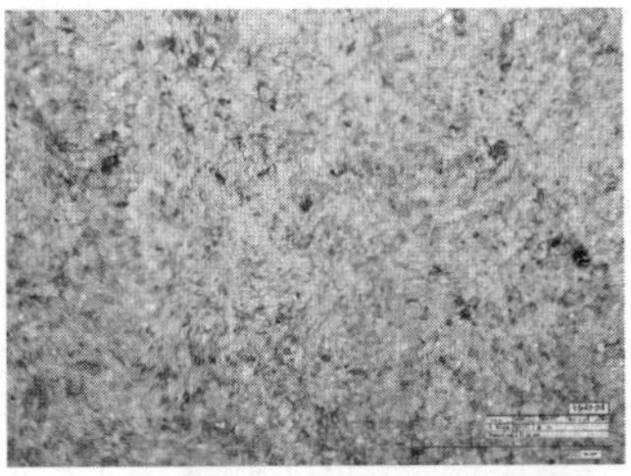	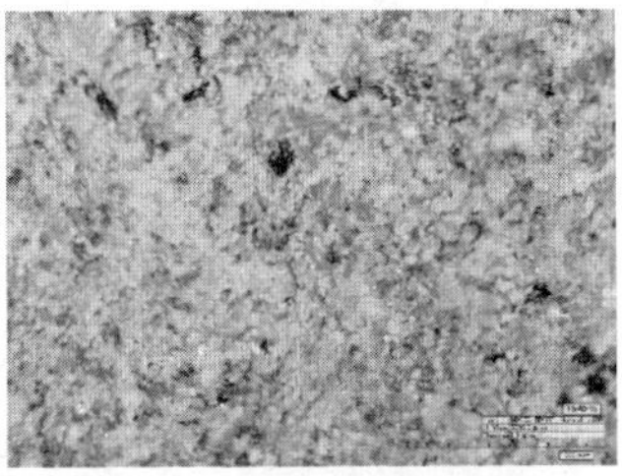
甘肃锁阳城		

续表

遗址名称	50倍照相	100倍照相
新疆高昌故城	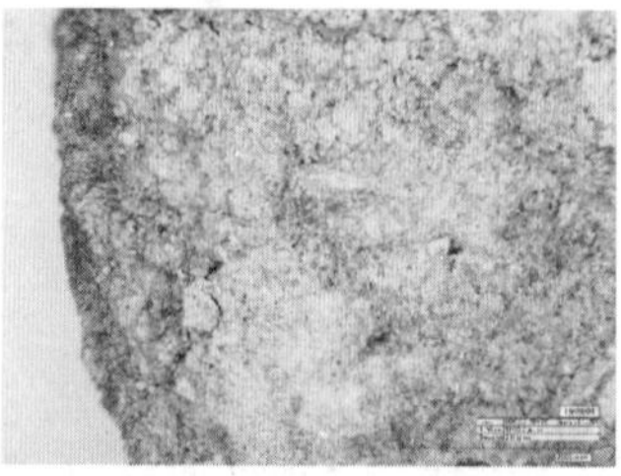	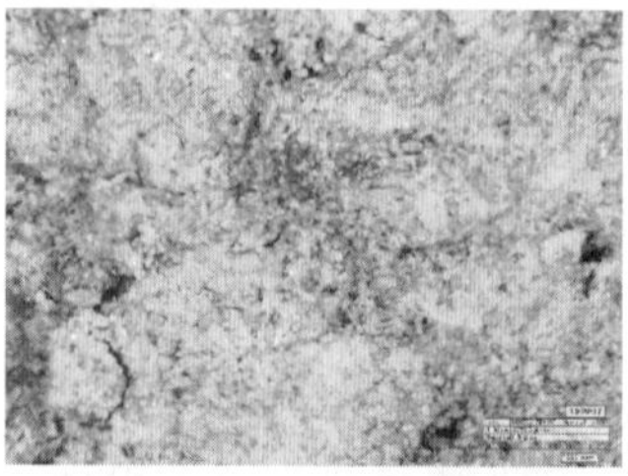
河南洛阳天子驾六		
新疆楼兰		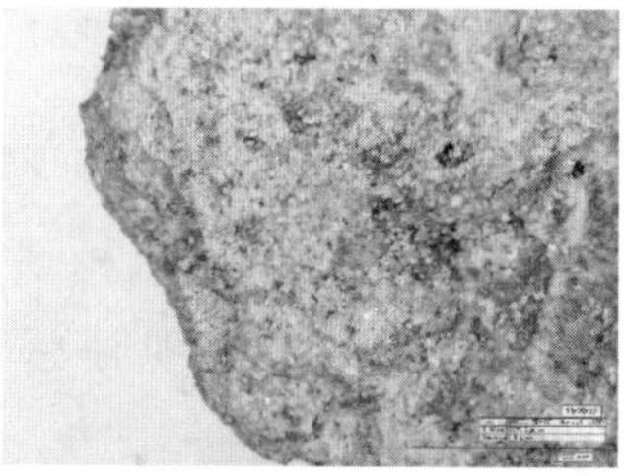
青海湟中明长城	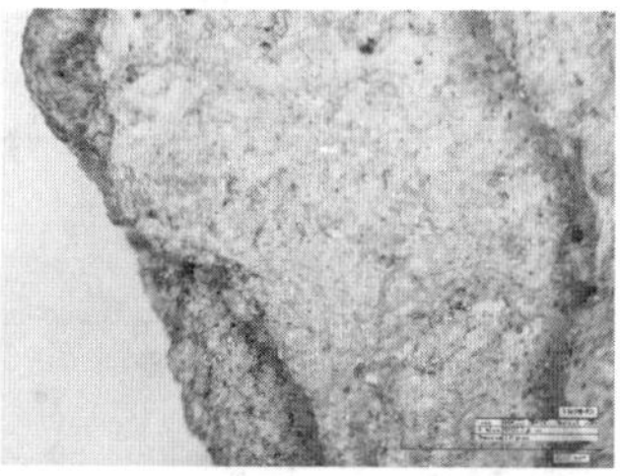	
甘肃居延		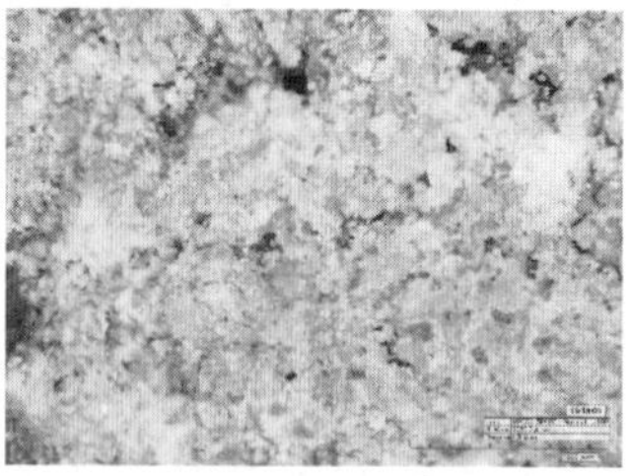
内蒙古园子沟		

续表

遗址名称	50 倍照相	100 倍照相
甘肃玉门关		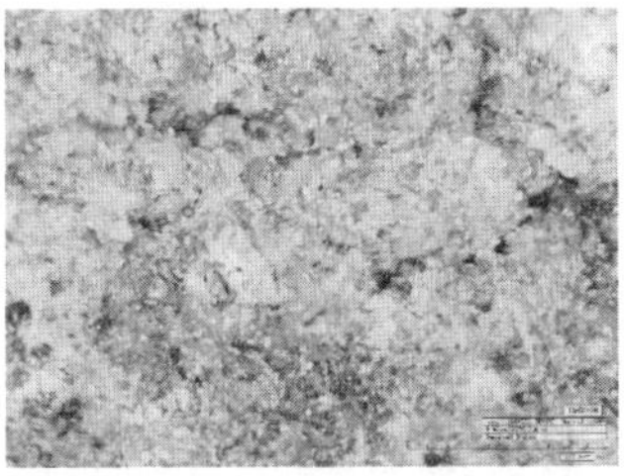
宁夏西夏陵		
内蒙古城川	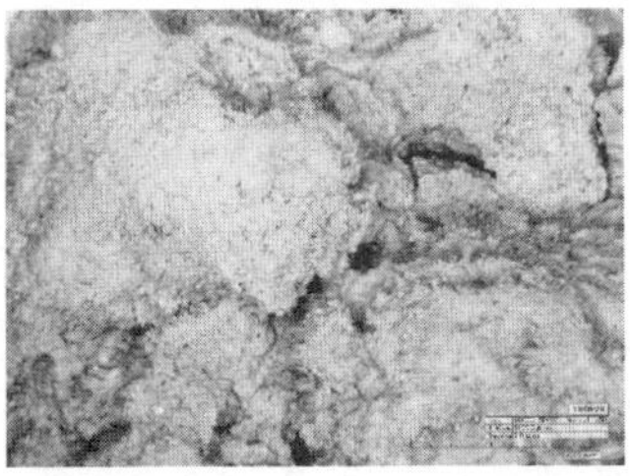	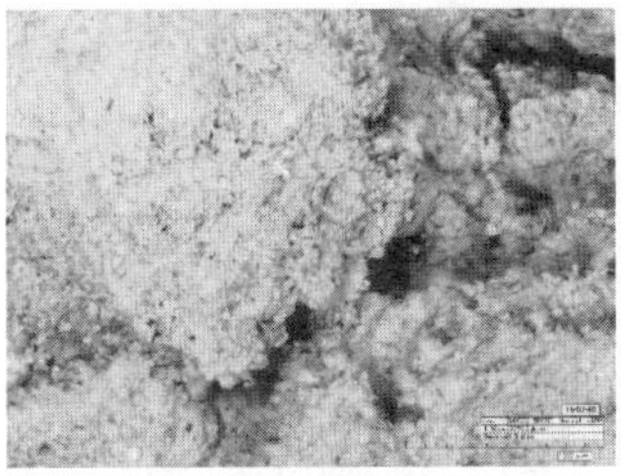
新疆交河故城		
新疆北庭故城		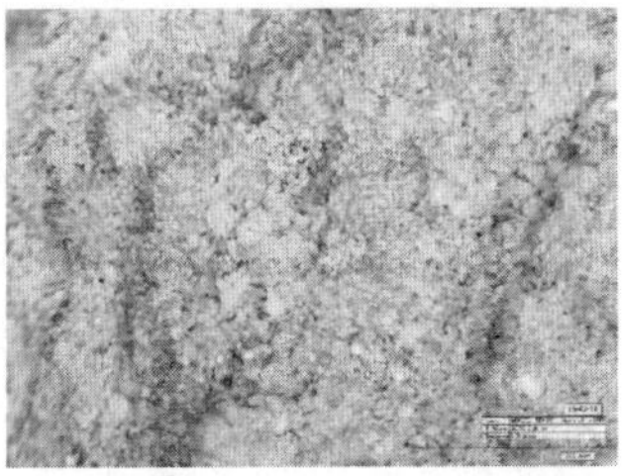
青海贵德明长城		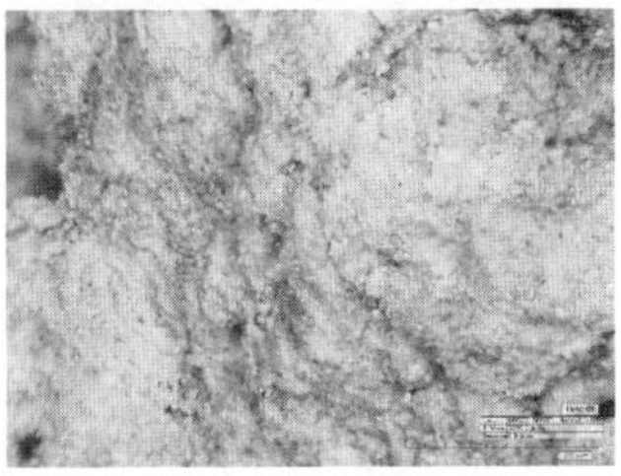

续表

遗址名称	50 倍照相	100 倍照相
甘肃嘉峪关		
内蒙古黑城遗址		
陕西西安凤栖原		
内蒙古新忽热		
甘肃骆驼城		
陕西魏长城		

续表

遗址名称	50倍照相	100倍照相
内蒙古茫哈图段明长城	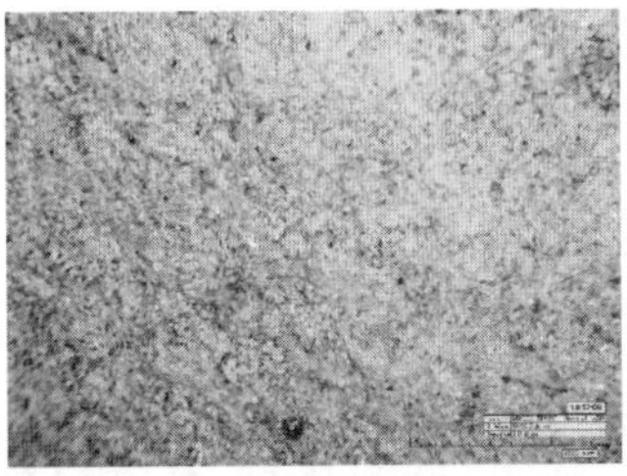	
陕西西安丹凤门	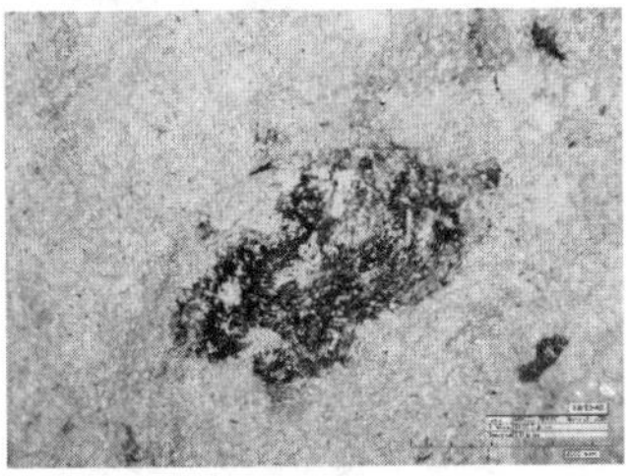	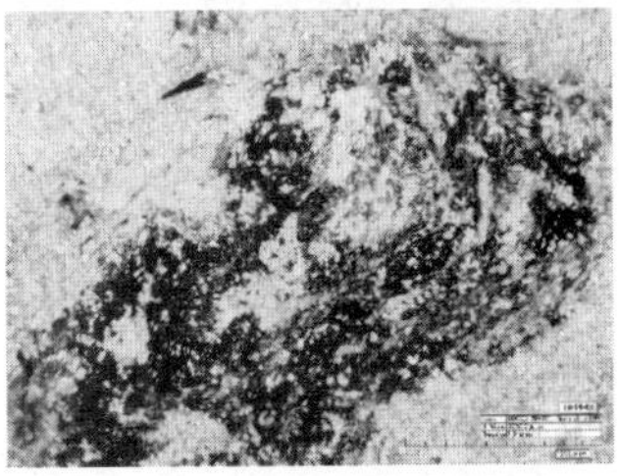
河北古城寨		
内蒙古凉城		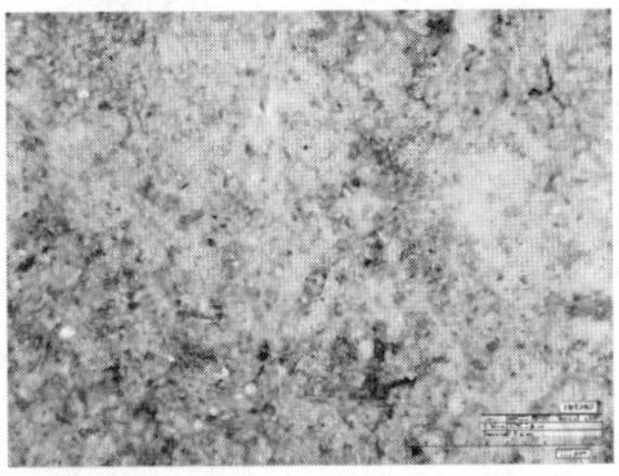
新疆交河故城粉土	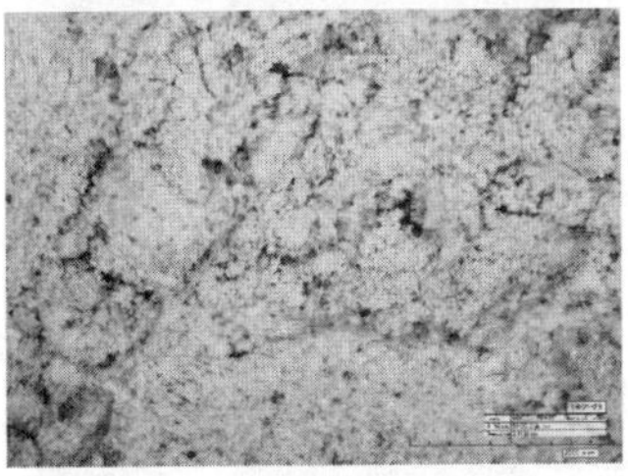	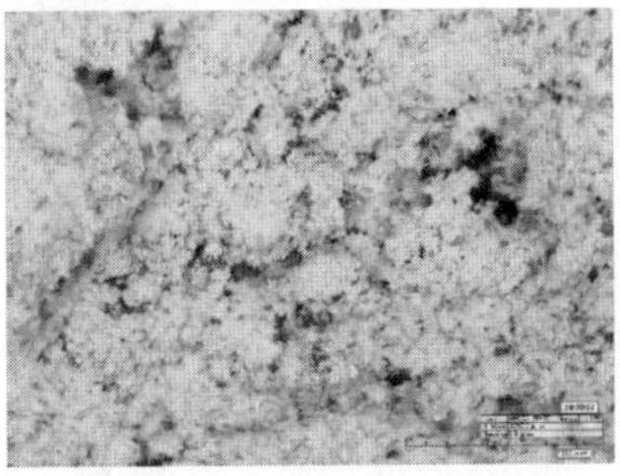
河北燕下都	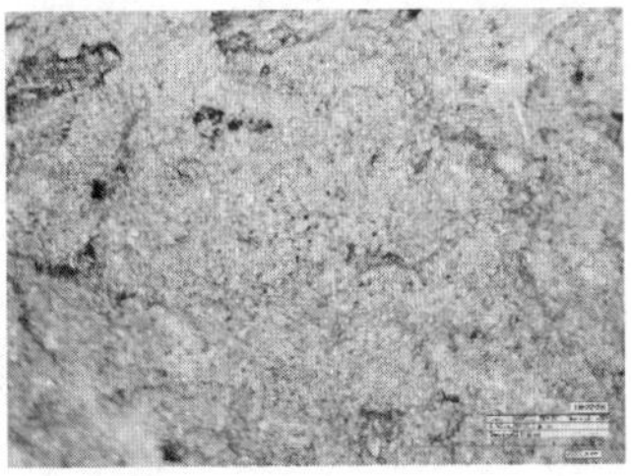	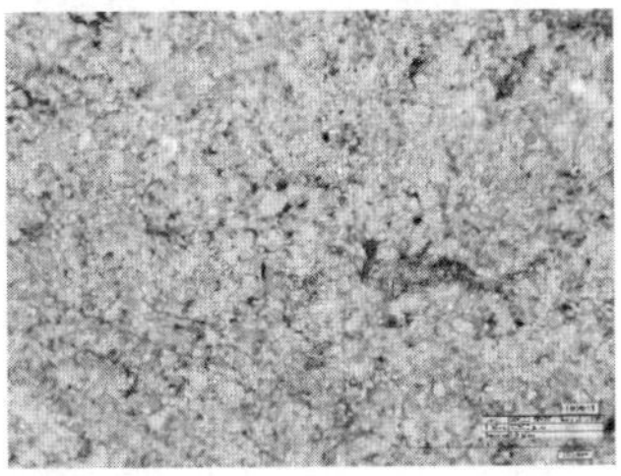

注：甘肃寿昌城土样显微照片遗失。

根据低倍显微照相，可以看出，所有遗址夯土样微观表面颜色均较为均一，无明显的杂色或夹杂物，且土质较为致密；其中，陕西魏长城土样、新疆交河故城土样、内蒙古茫哈图段明长城土样与黑城土样明显更为致密，土颗粒更为细小，黏结紧密；陕西西安丹凤门遗址土样中黑色夹杂物推测为黑色矿石颗粒表面。

2.4.1.4.1.2　高倍照相观察

使用扫描电镜（SEM）对遗址土样粉末相同区域进行 100 倍以上的照相观察，显微照片见表 2-57。

根据扫描电镜拍照结果，得到所有遗址土样粉末的规律：大块粉末形状较为规整，且棱角分明。而小块粉末或细小颗粒团聚或围绕在大型颗粒周围，呈团絮状排列分布。遗址土样的颗粒粒度组成可以大致分为以下四类：

1）大颗粒粉末土样，如新疆高昌故城土样和交河故城土样，如图 2-139 和图 2-140 所示。

表 2-57　遗址夯土样高倍显微照片表

遗址名称	500（200）倍	1000（500）倍
甘肃寿昌城		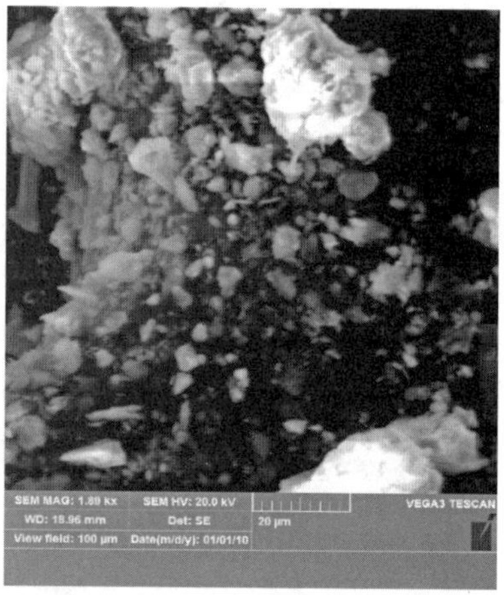
河南汉魏洛阳城	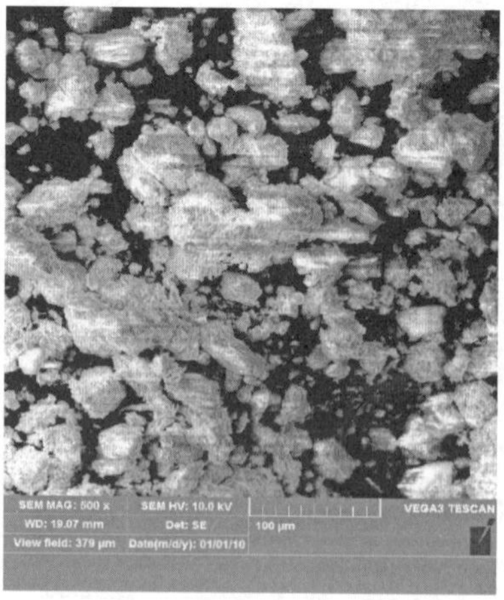	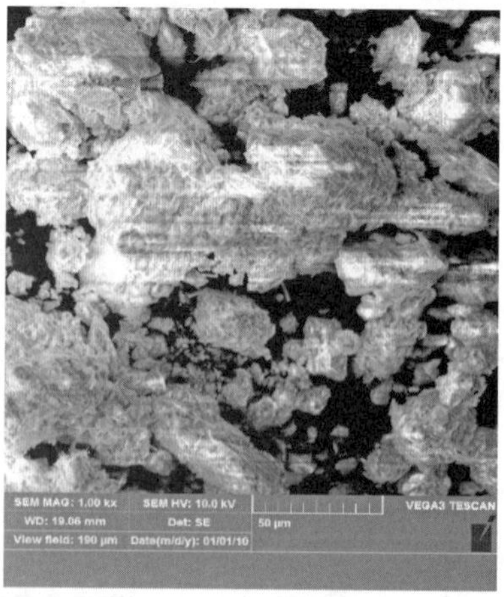

续表

遗址名称	500（200）倍	1000（500）倍
甘肃锁阳城		
新疆高昌故城		
河南洛阳天子驾六		

续表

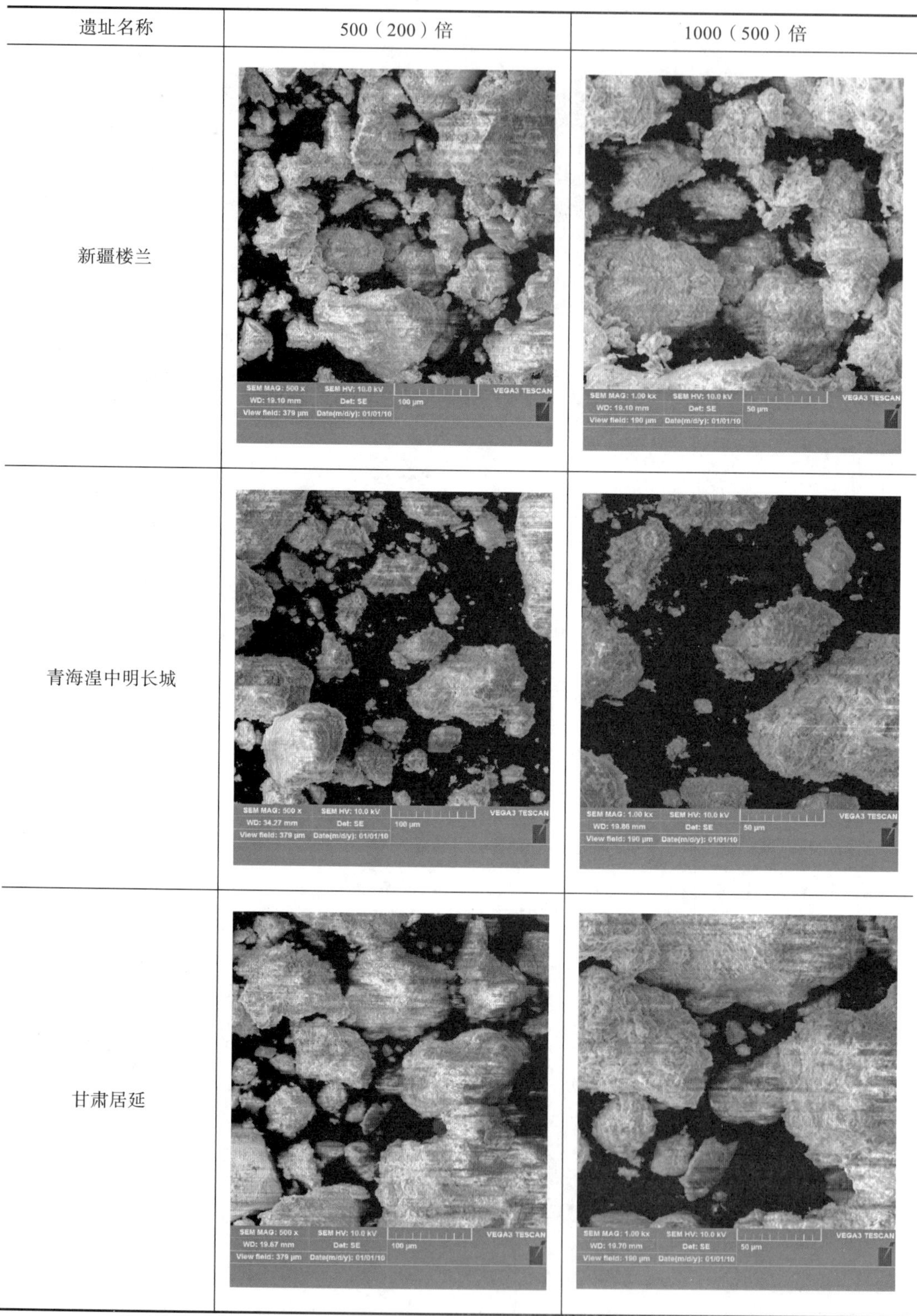

遗址名称	500（200）倍	1000（500）倍
新疆楼兰		
青海湟中明长城		
甘肃居延		

续表

遗址名称	500（200）倍	1000（500）倍
内蒙古园子沟		
甘肃玉门关		
宁夏西夏陵		

续表

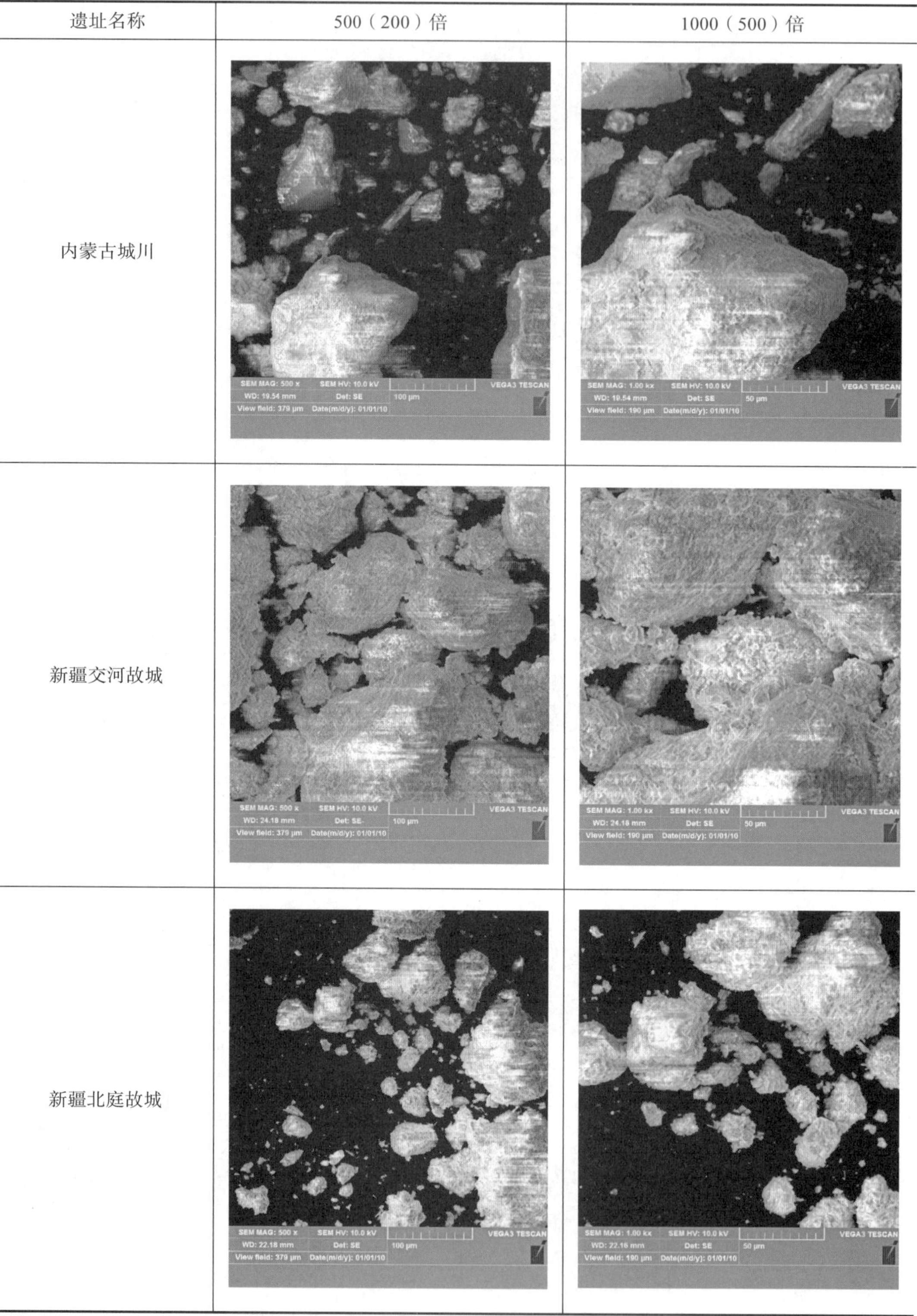

遗址名称	500（200）倍	1000（500）倍
内蒙古城川		
新疆交河故城		
新疆北庭故城		

续表

遗址名称	500（200）倍	1000（500）倍
青海贵德明长城	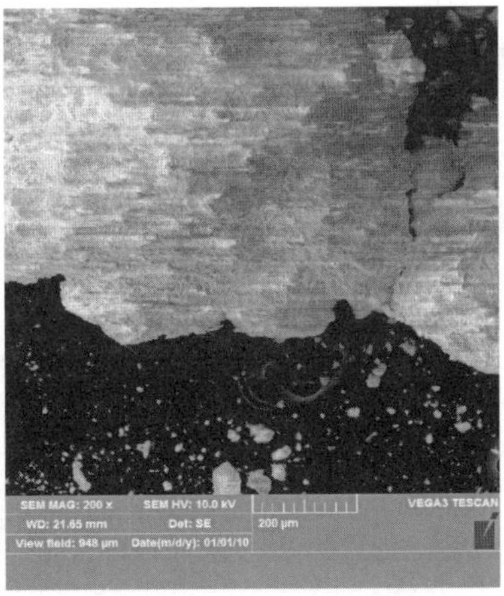	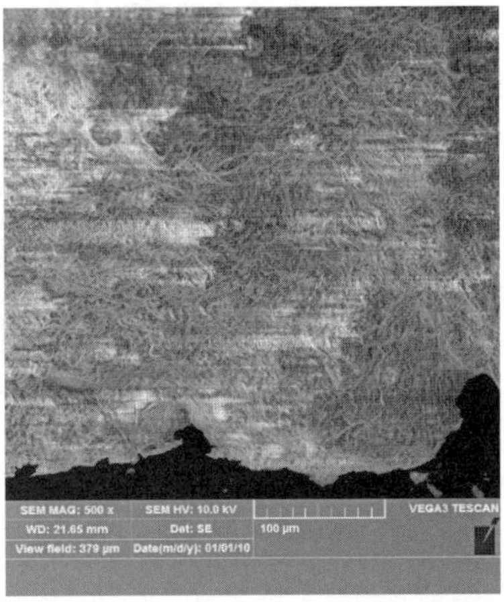
甘肃嘉峪关	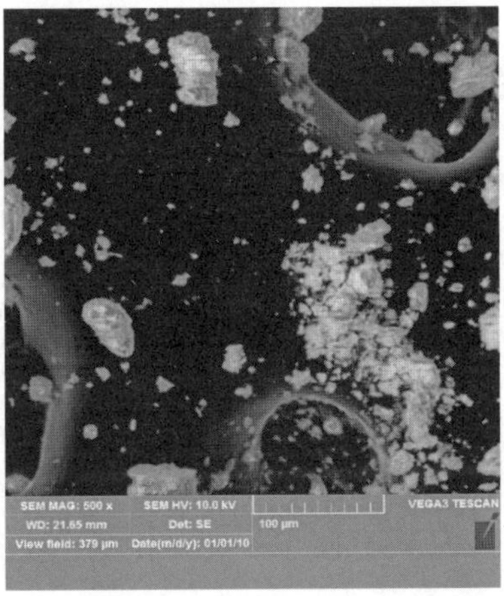	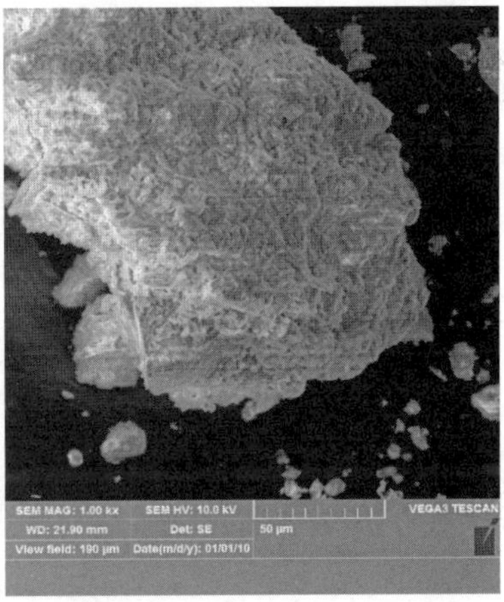
内蒙古黑城遗址	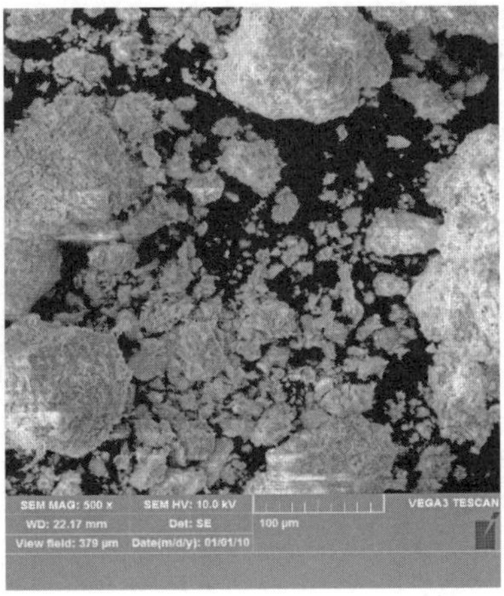	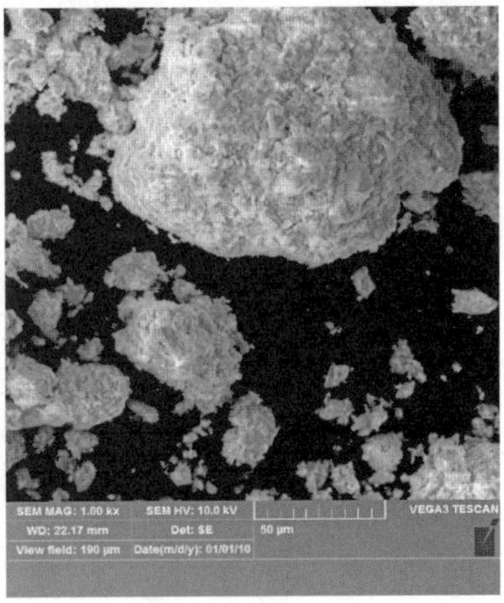

续表

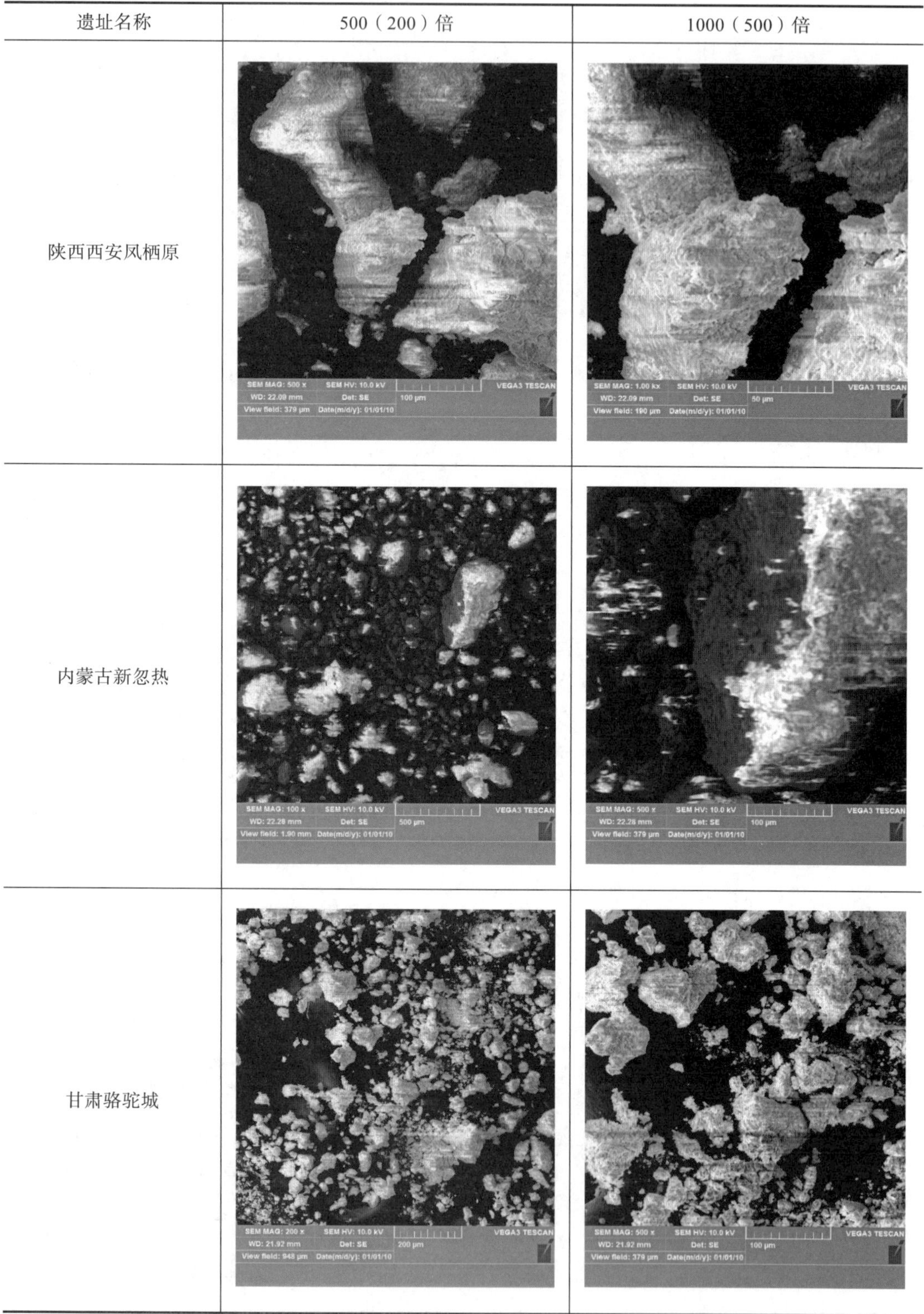

遗址名称	500（200）倍	1000（500）倍
陕西西安凤栖原		
内蒙古新忽热		
甘肃骆驼城		

续表

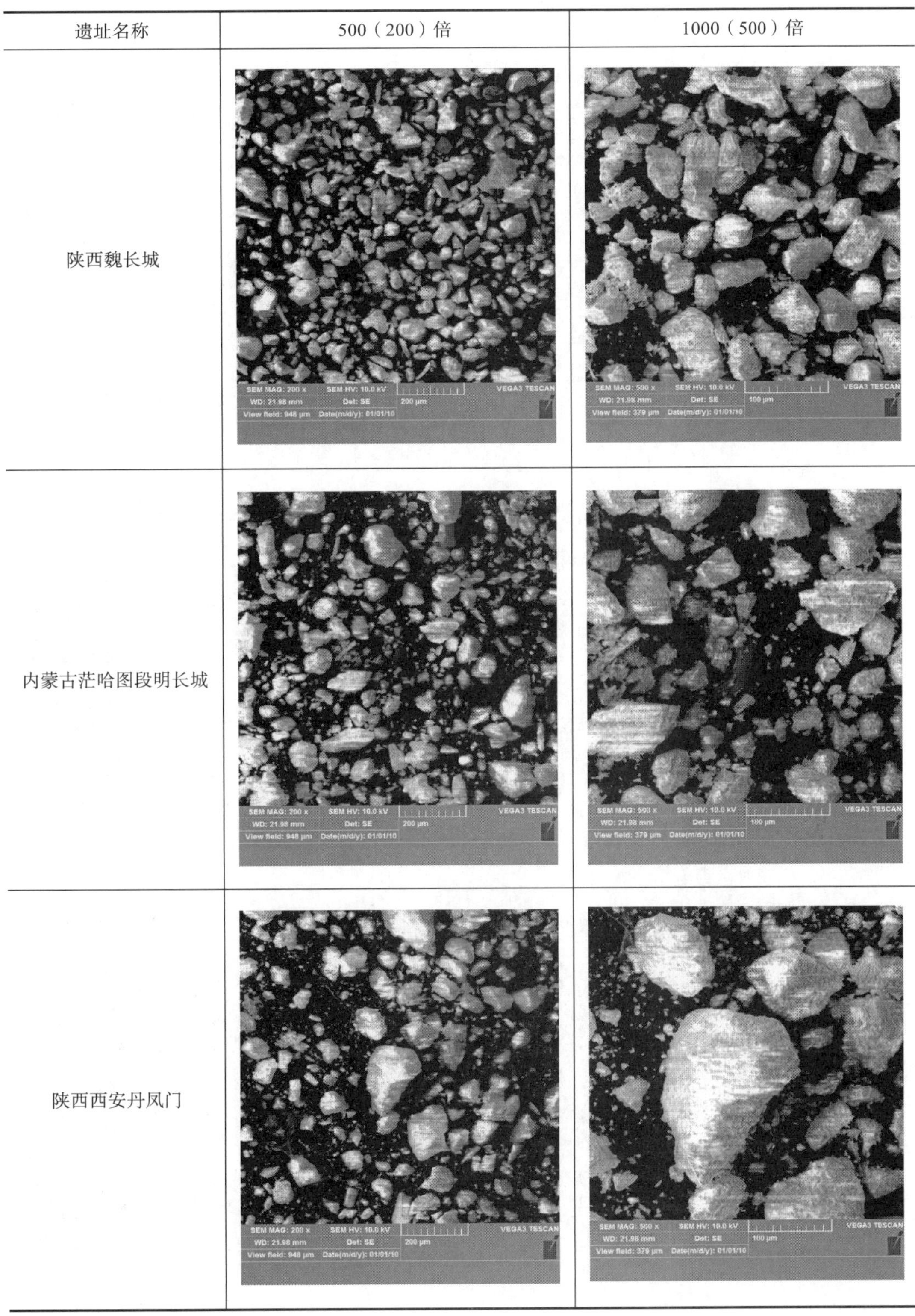

遗址名称	500（200）倍	1000（500）倍
陕西魏长城		
内蒙古茫哈图段明长城		
陕西西安丹凤门		

续表

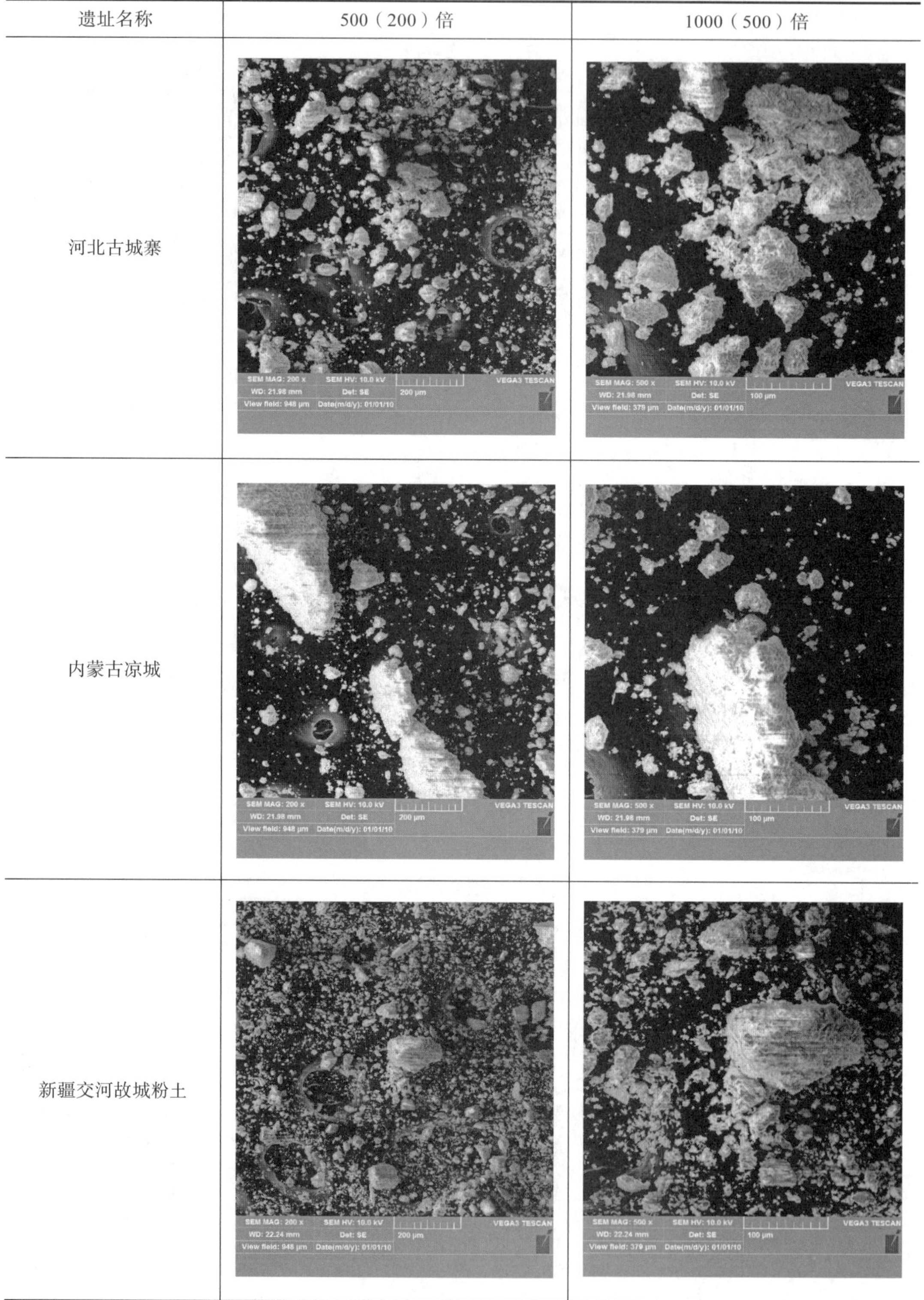

遗址名称	500（200）倍	1000（500）倍
河北古城寨		
内蒙古凉城		
新疆交河故城粉土		

续表

遗址名称	500（200）倍	1000（500）倍
河北燕下都		

注 1：由于 SEM 照相需要对土样粉末进行处理，因此照片显示有土颗粒上的细微划痕。

注 2：不同遗址土样颗粒大小成团情况不一，因此拍照倍数选择稍有区别。

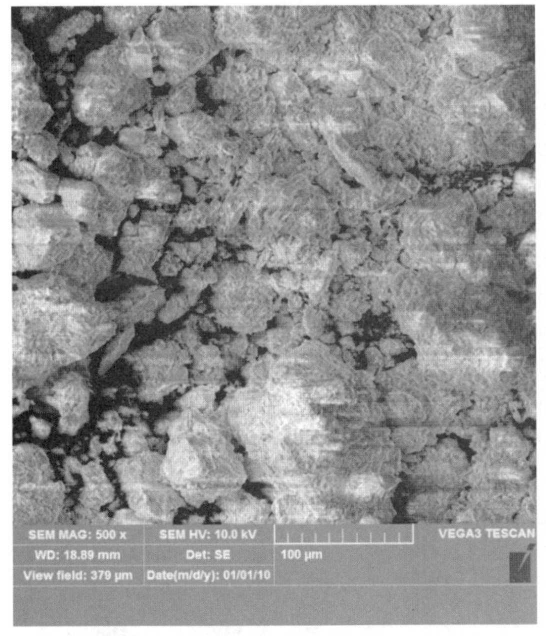

图 2-139　新疆高昌故城土样 500 倍照片

图 2-140　新疆交河故城土样 500 倍照片

由图 2-139、图 2-140 可见，此两个遗址土样颗粒均较大，且紧密团聚在一起。

2）中颗粒粉末土样，如甘肃居延遗址土样和青海明长城土样，如图 2-141 和图 2-142 所示。

由图可见，此两个遗址土样颗粒形状较为一致，且大小中等，团聚中间有些许空隙在一起。

3）小颗粒粉末土样，如内蒙古茫哈图段明长城土样和陕西西安丹凤门遗址土样，

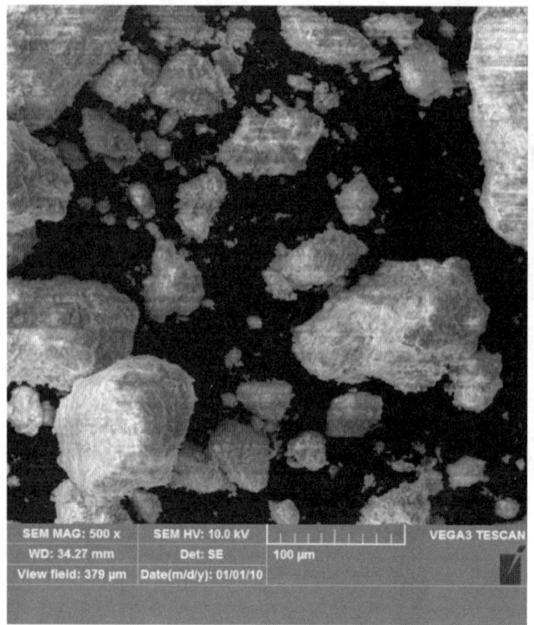

图 2-141 青海湟中明长城土样 500 倍照片

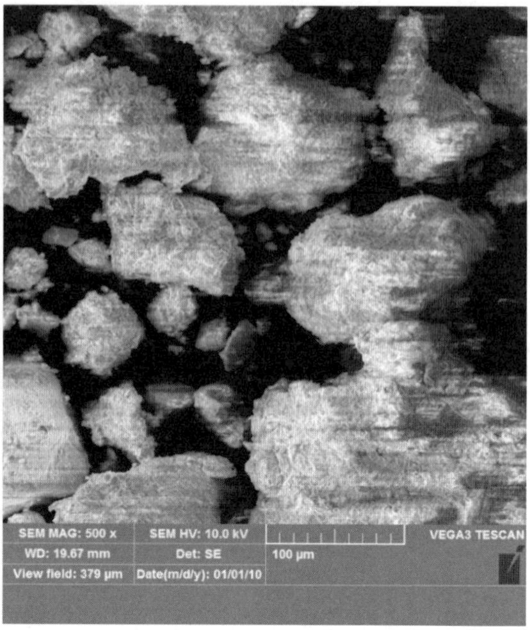

图 2-142 甘肃居延遗址土样 500 倍照片

如图 2-143 和图 2-144 所示。

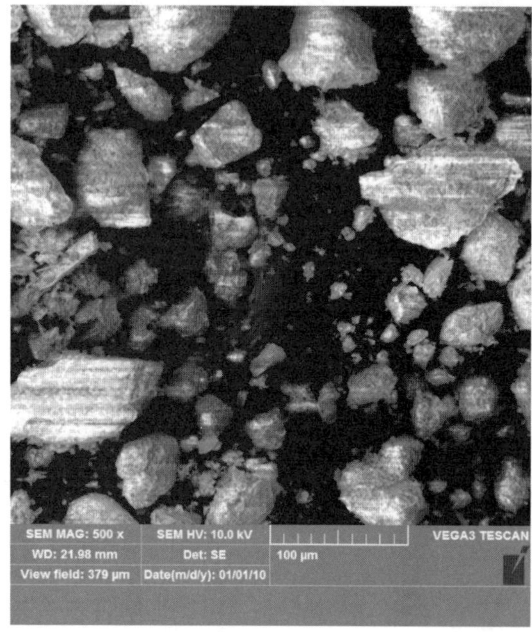

图 2-143 内蒙古茫哈图段明长城土样 500 倍照片

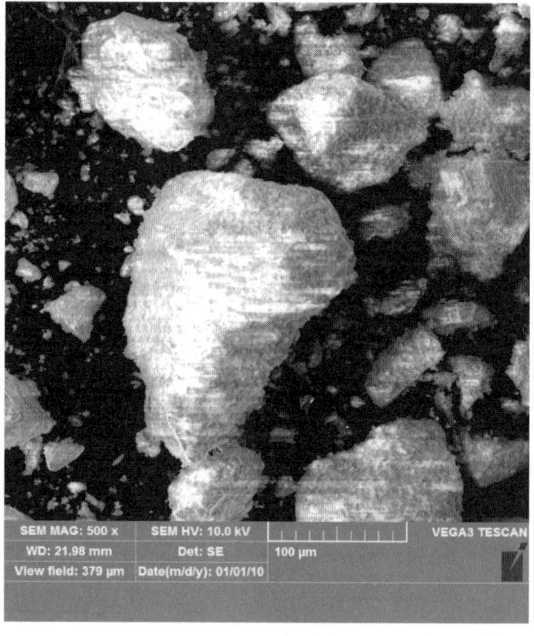

图 2-144 陕西西安丹凤门遗址土样 500 倍照片

4）土样中有大、小颗粒，小颗粒体型微小，团聚在大颗粒周围，如内蒙古凉城遗址土样和新疆交河故城粉土土样，如图 2-145 和图 2-146 所示。

2.4.1.4.2 成分分析

2.4.1.4.2.1 X 射线荧光光谱分析

本研究使用可移动微区 X 荧光光谱仪（XRF）对不同遗址土样块进行打点测试，

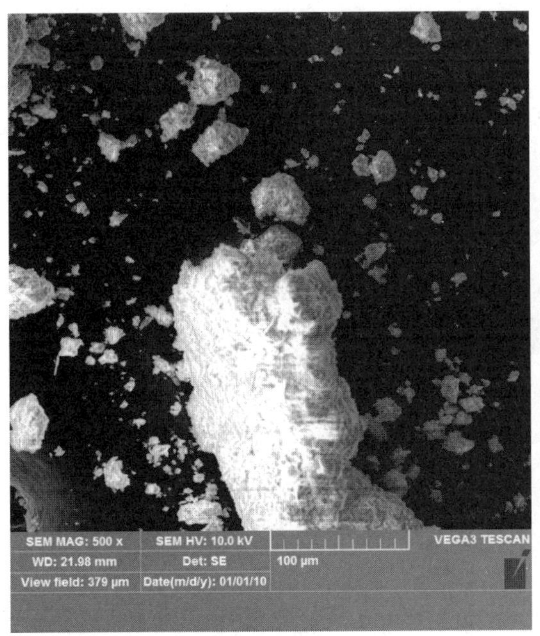

图 2-145　内蒙古凉城遗址土样 500 倍照片

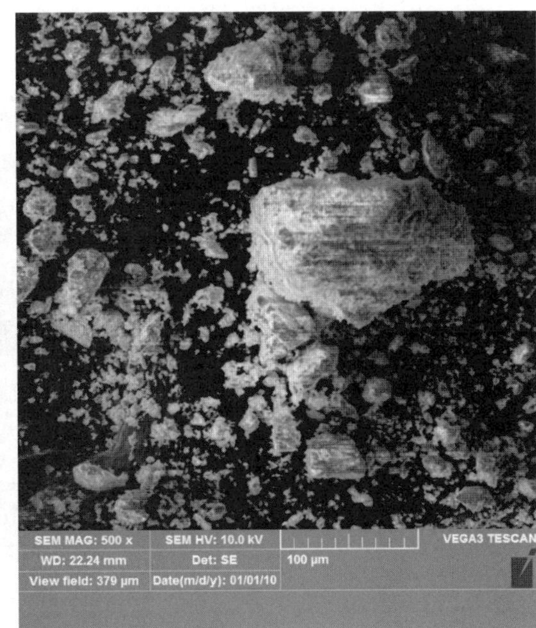

图 2-146　新疆交河故城粉土土样 500 倍照片

分析检测结果见表 2-58。

表 2-58　遗址夯土样 XRF 检测结果表

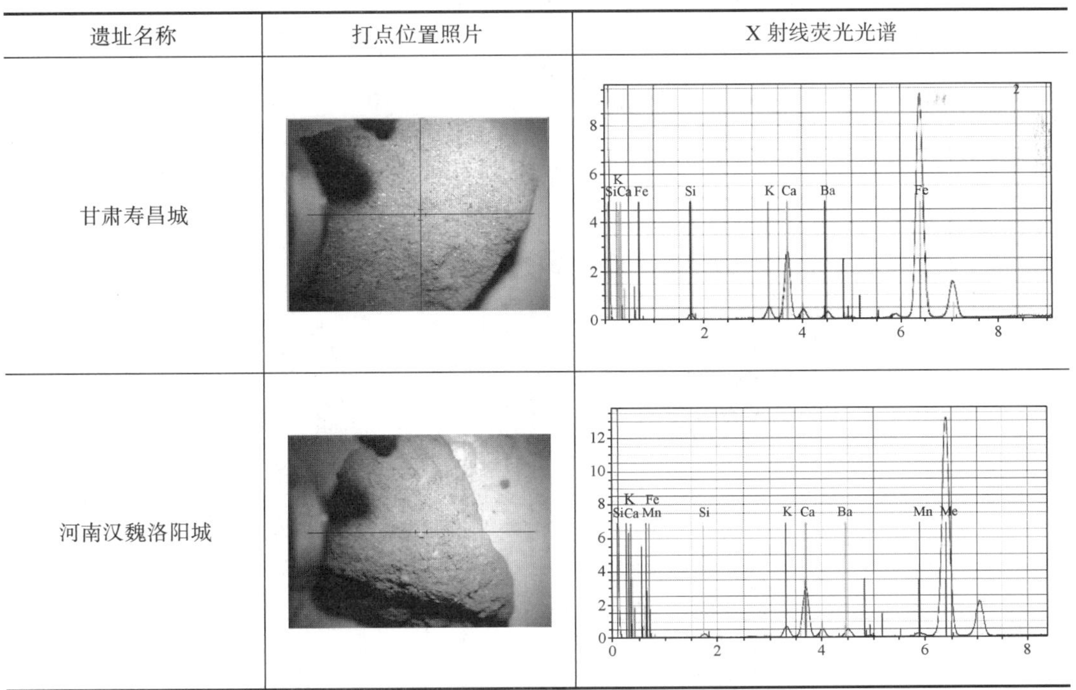

遗址名称	打点位置照片	X 射线荧光光谱
甘肃寿昌城		K SiCa Fe Si K Ca Ba Fe
河南汉魏洛阳城		K Fe SiCa Mn Si K Ca Ba Mn Me

续表

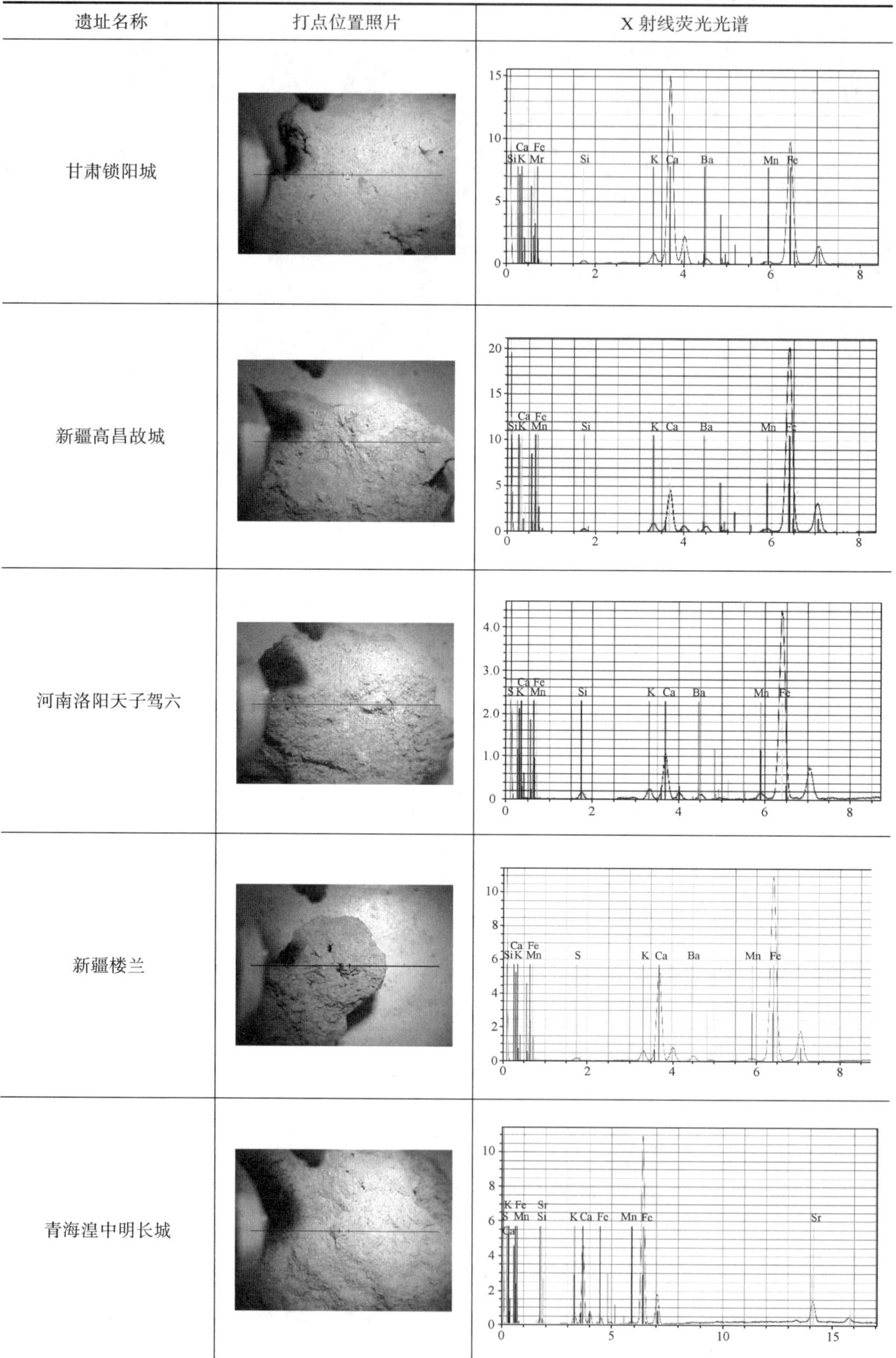

遗址名称	打点位置照片	X 射线荧光光谱
甘肃锁阳城		
新疆高昌故城		
河南洛阳天子驾六		
新疆楼兰		
青海湟中明长城		

续表

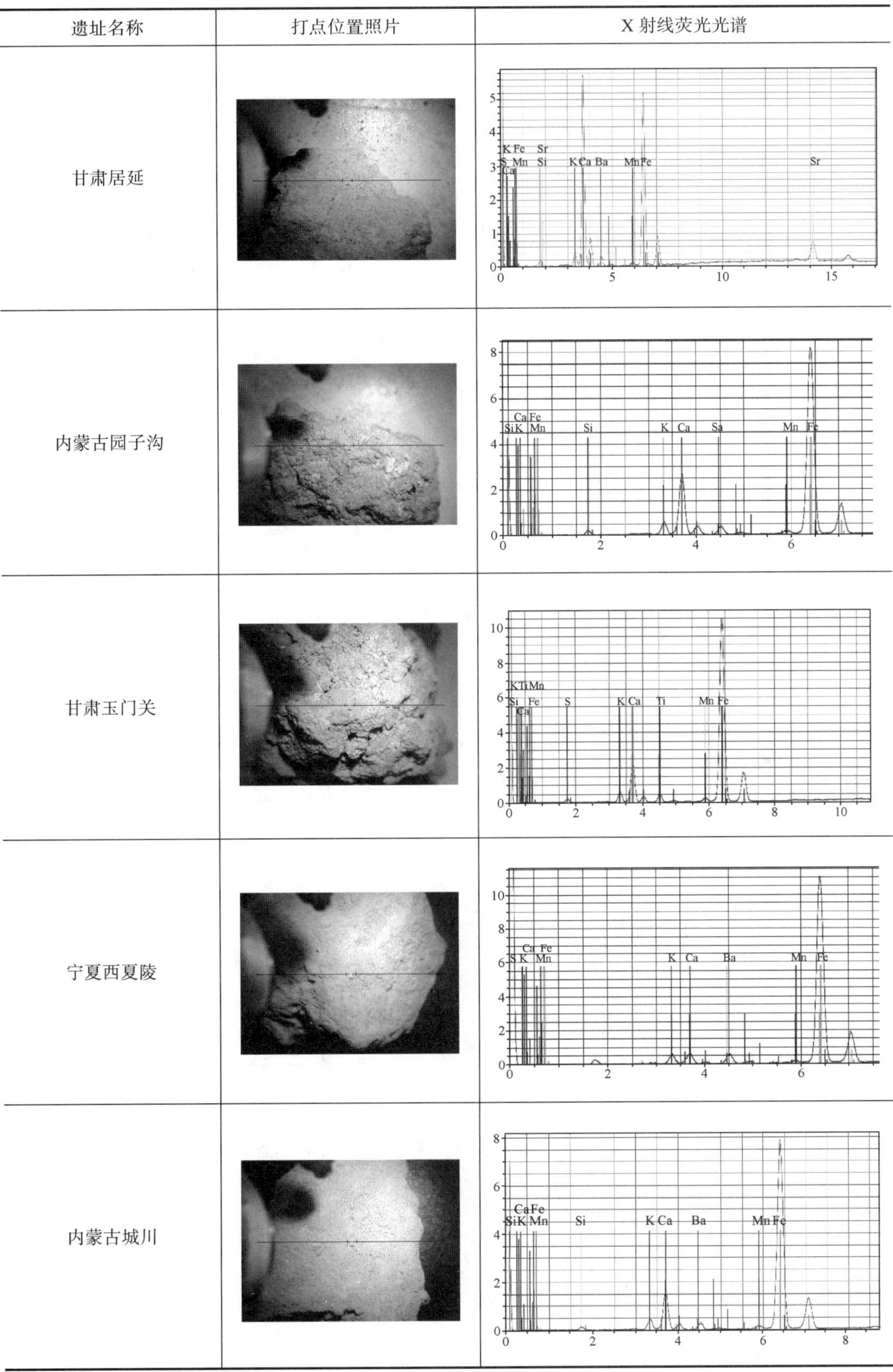

遗址名称	打点位置照片	X 射线荧光光谱
甘肃居延		
内蒙古园子沟		
甘肃玉门关		
宁夏西夏陵		
内蒙古城川		

续表

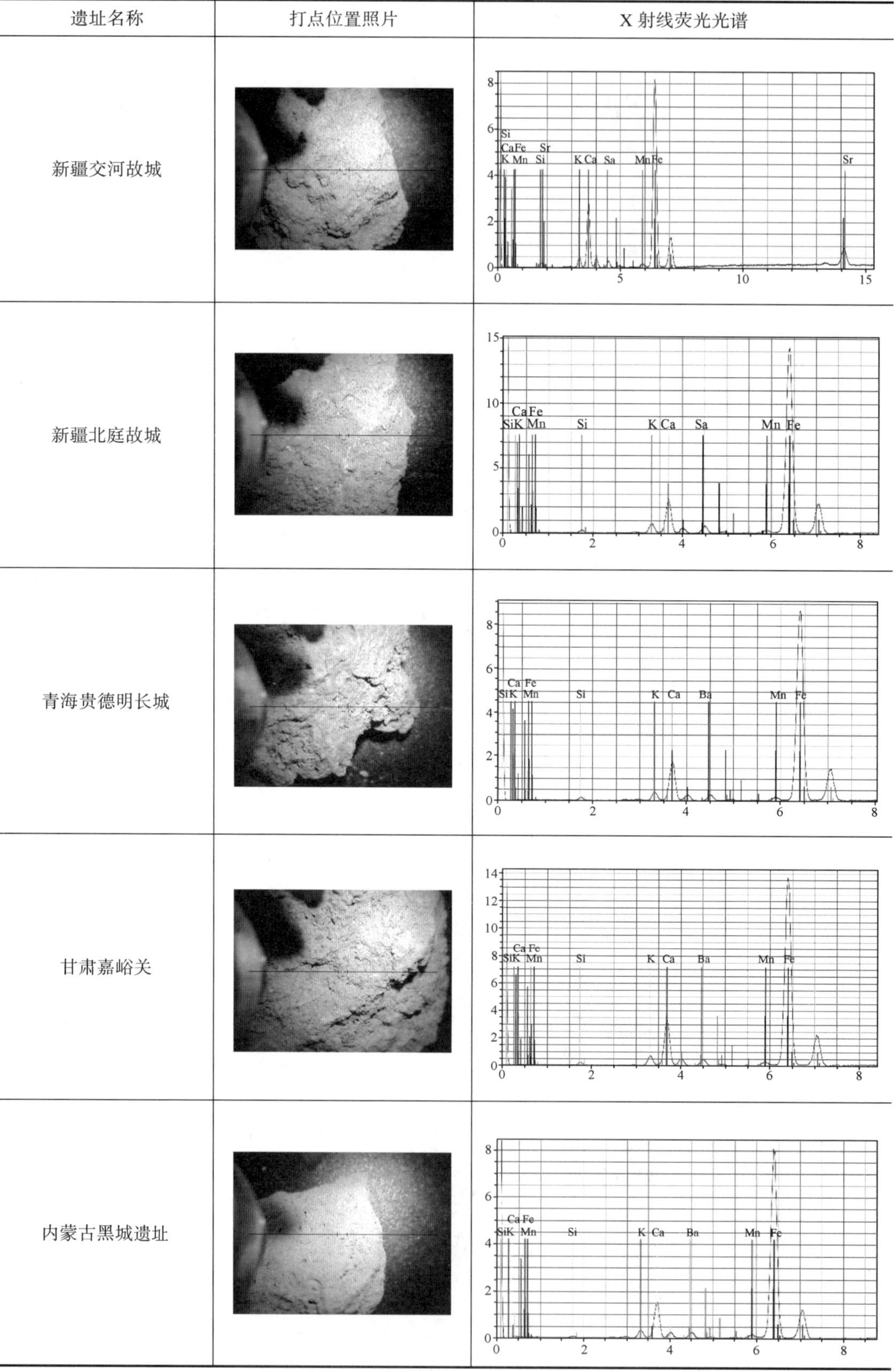

遗址名称	打点位置照片	X 射线荧光光谱
新疆交河故城		
新疆北庭故城		
青海贵德明长城		
甘肃嘉峪关		
内蒙古黑城遗址		

续表

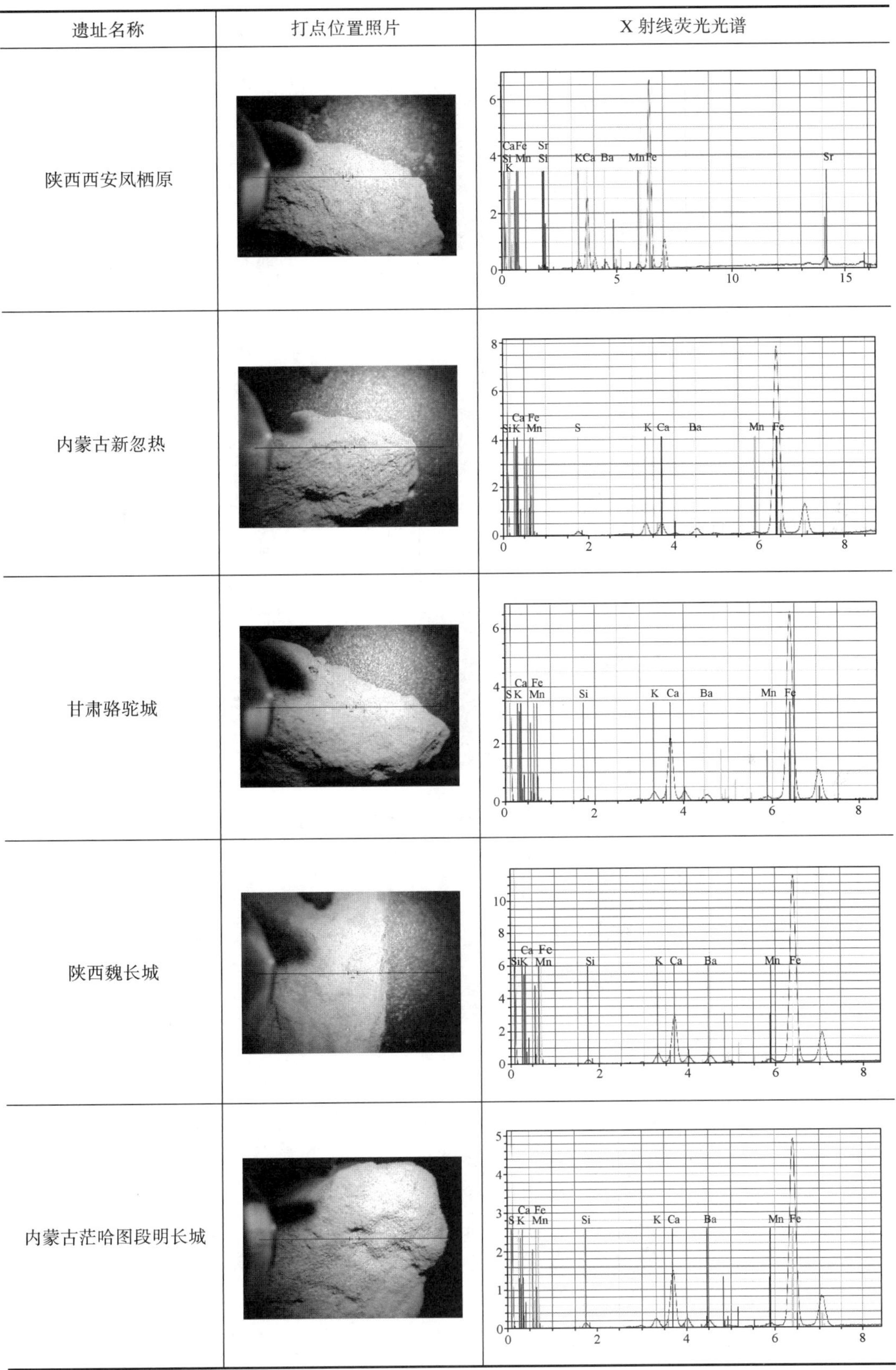

遗址名称	打点位置照片	X 射线荧光光谱
陕西西安凤栖原		
内蒙古新忽热		
甘肃骆驼城		
陕西魏长城		
内蒙古茫哈图段明长城		

续表

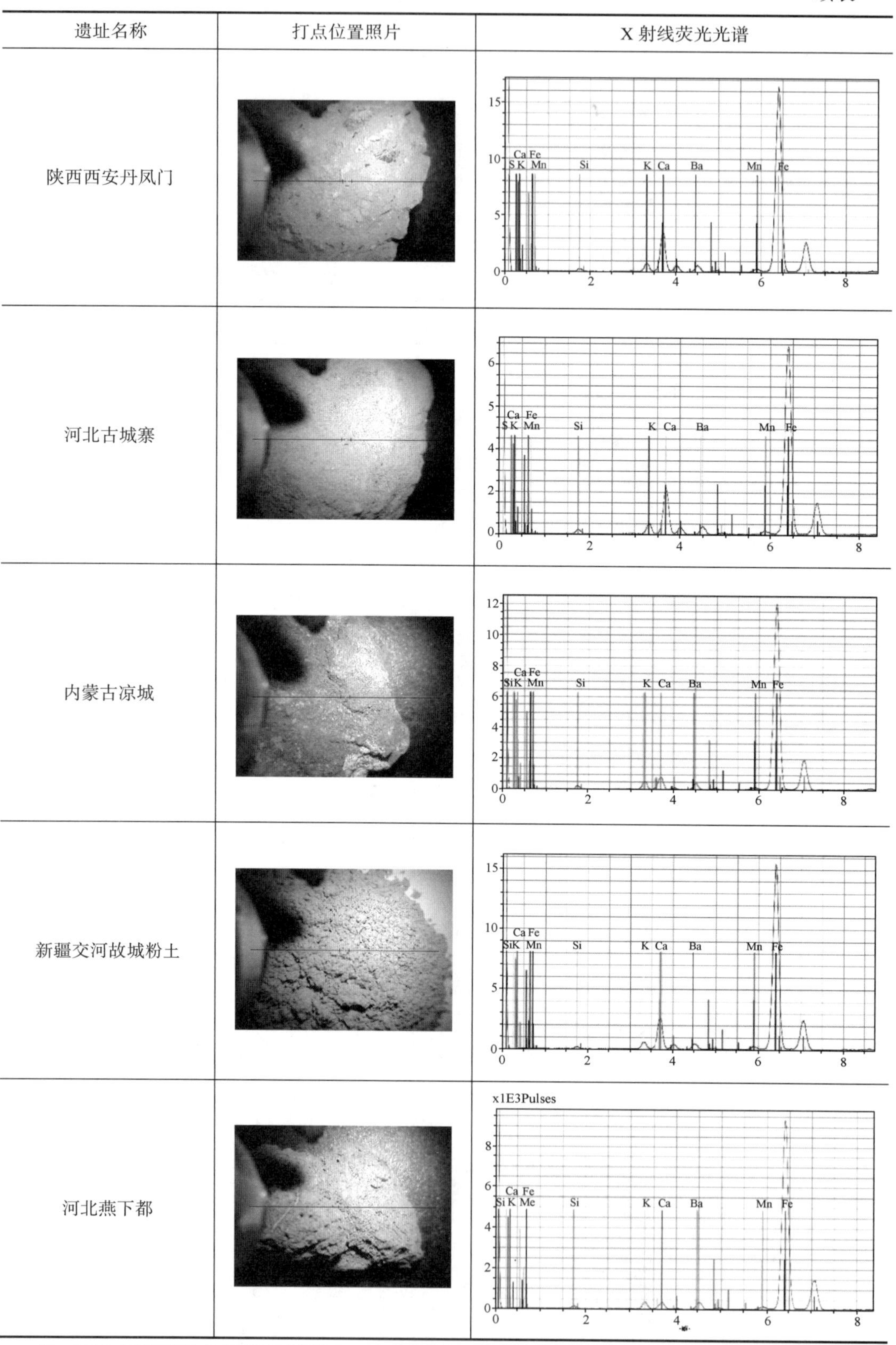

遗址名称	打点位置照片	X 射线荧光光谱
陕西西安丹凤门		
河北古城寨		
内蒙古凉城		
新疆交河故城粉土		
河北燕下都		

注：XRF 点扫描无法检测出原子序数在 O 之前的元素（包括 O）。

根据 XRF 分析检测结果，得出 27 个遗址土样的富含元素基本一致，相差不大，主要包括 K、Al、Ca、Si、Ba、Fe、Mn 等元素。由于 XRF 检测元素的缺陷，配合 EDX 检测，最后得到较为准确的不同遗址土样的成分情况。

2.4.1.4.2.2　X 射线能量色散光谱分析

本研究使用 EDX 配合 XRF 对不同遗址土样进行成分元素分析，分析检测数据见表 2-59。

表 2-59　遗址夯土样 EDX 测试结果表

遗址名称	检测位置照片	X 射线荧光光谱
甘肃寿昌城	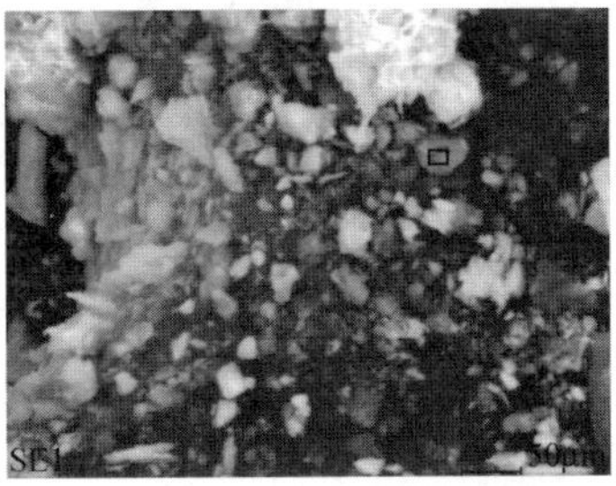	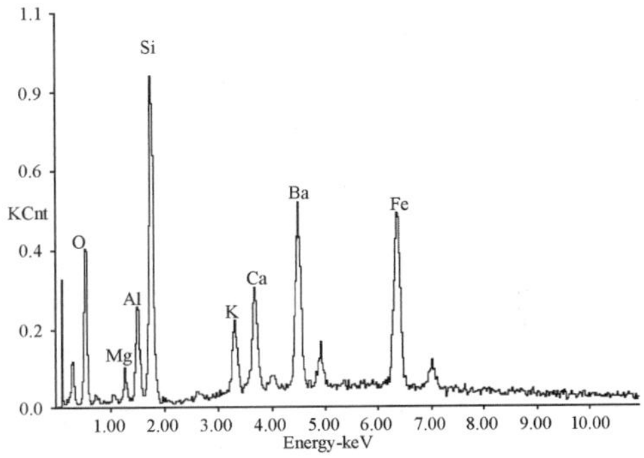
河南汉魏洛阳城	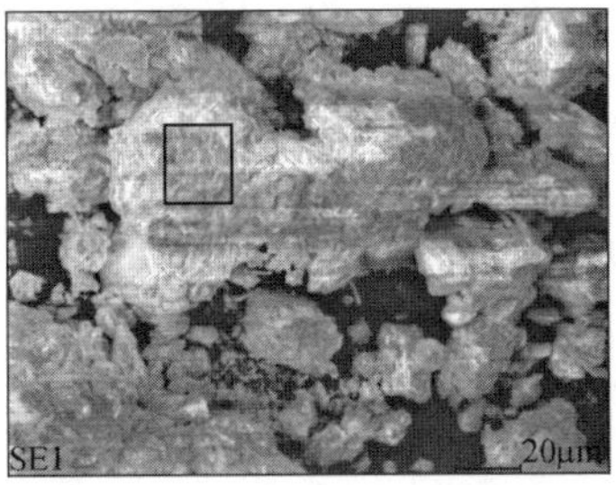	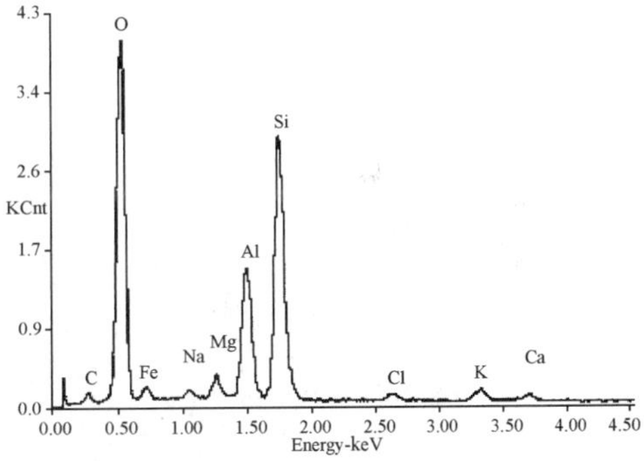
甘肃锁阳城		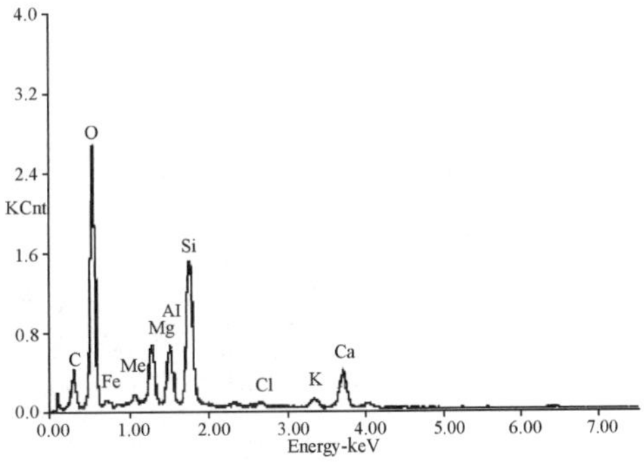

续表

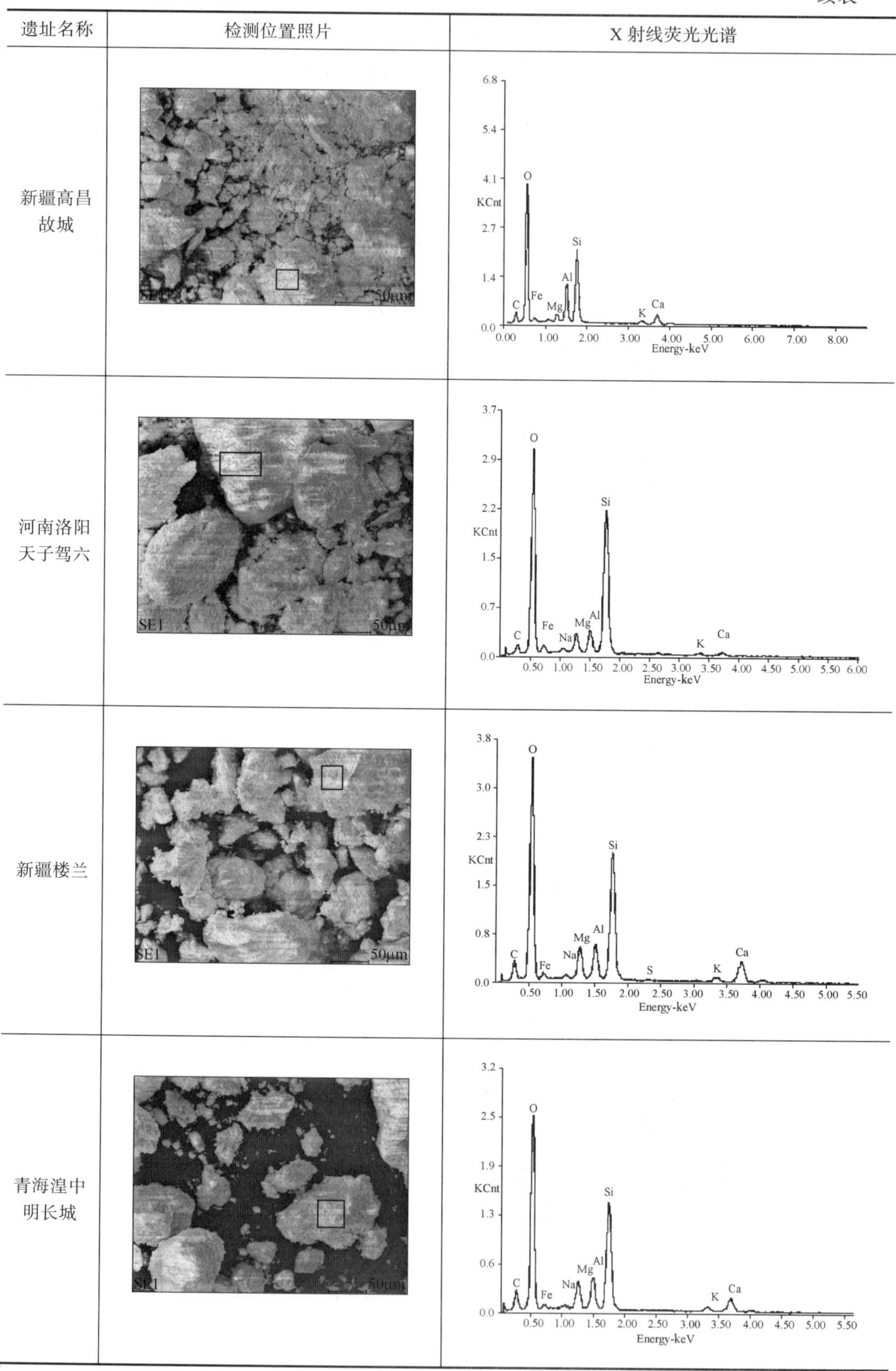

遗址名称	检测位置照片	X 射线荧光光谱
新疆高昌故城		
河南洛阳天子驾六		
新疆楼兰		
青海湟中明长城		

续表

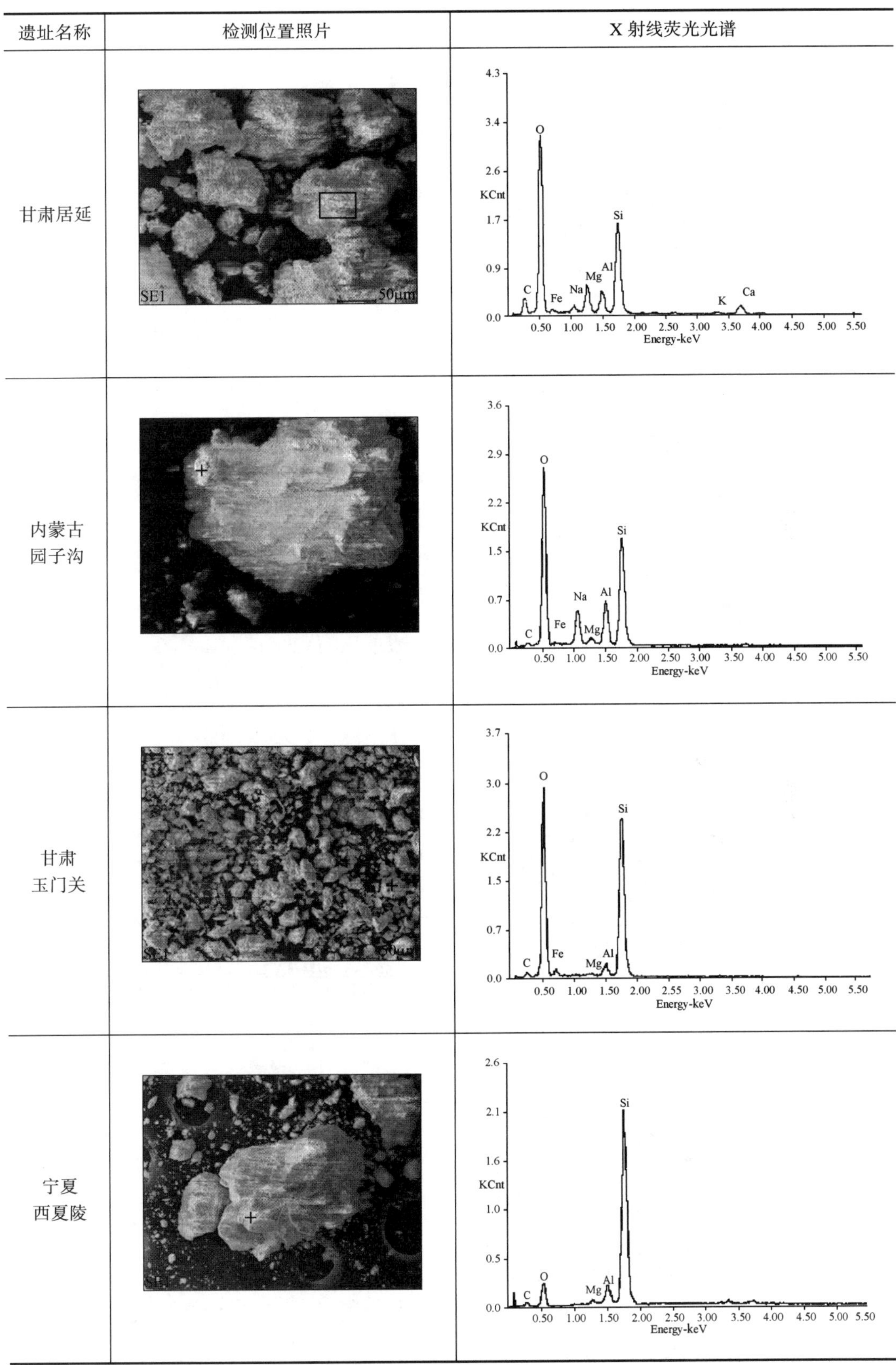

遗址名称	检测位置照片	X 射线荧光光谱
甘肃居延		
内蒙古 园子沟		
甘肃 玉门关		
宁夏 西夏陵		

续表

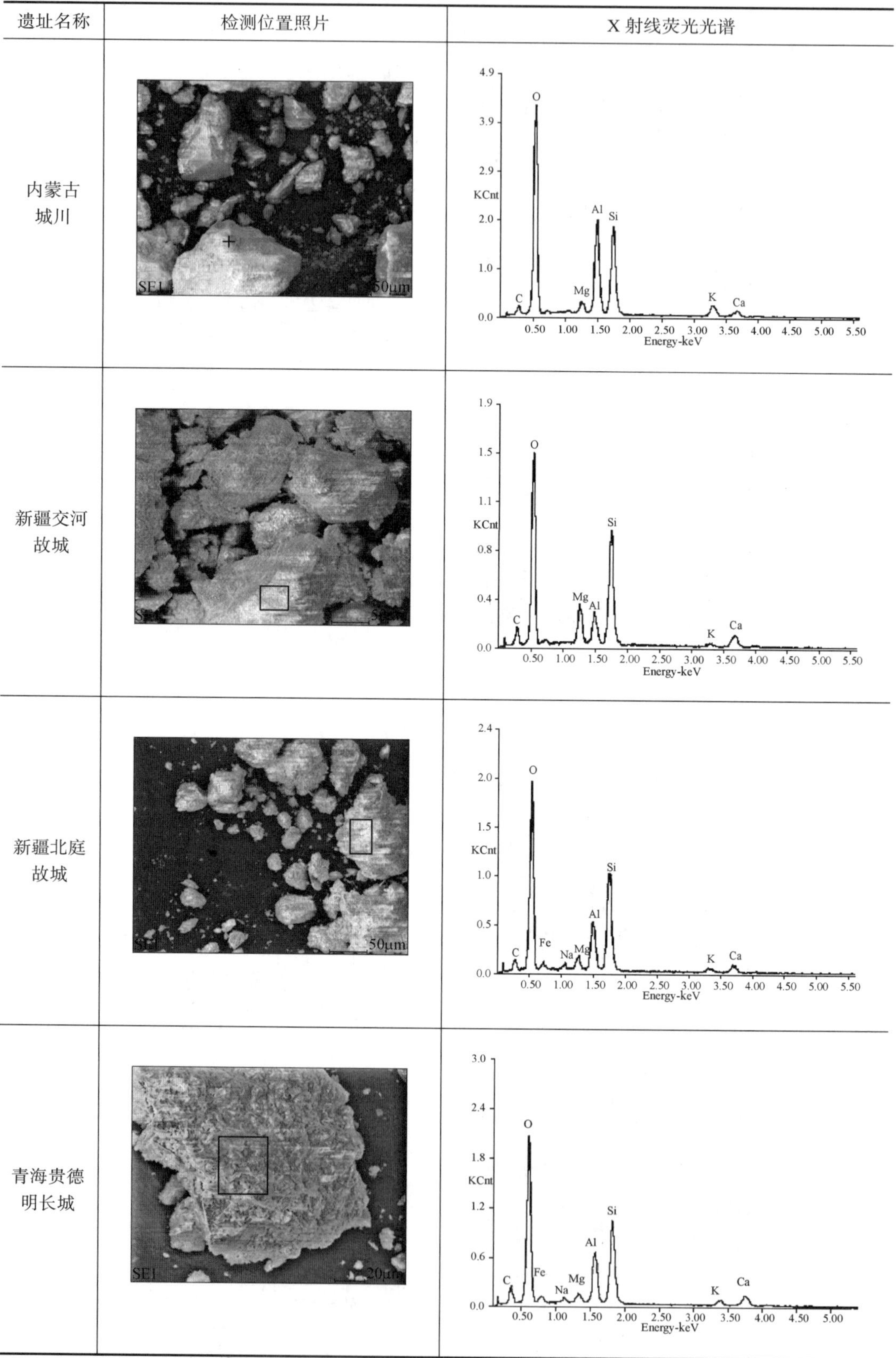

遗址名称	检测位置照片	X射线荧光光谱
内蒙古城川		
新疆交河故城		
新疆北庭故城		
青海贵德明长城		

续表

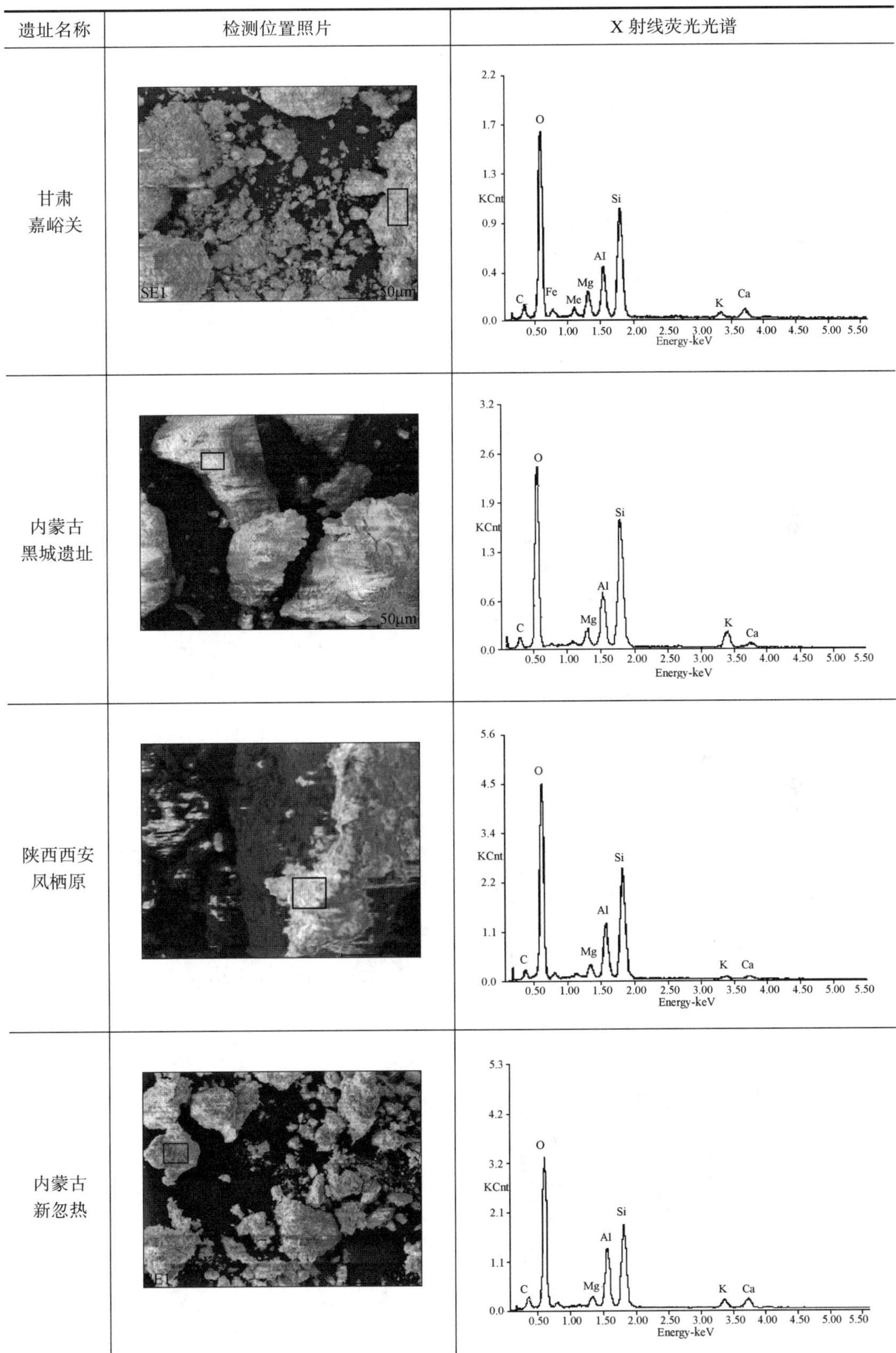

遗址名称	检测位置照片	X 射线荧光光谱
甘肃 嘉峪关		
内蒙古 黑城遗址		
陕西西安 凤栖原		
内蒙古 新忽热		

续表

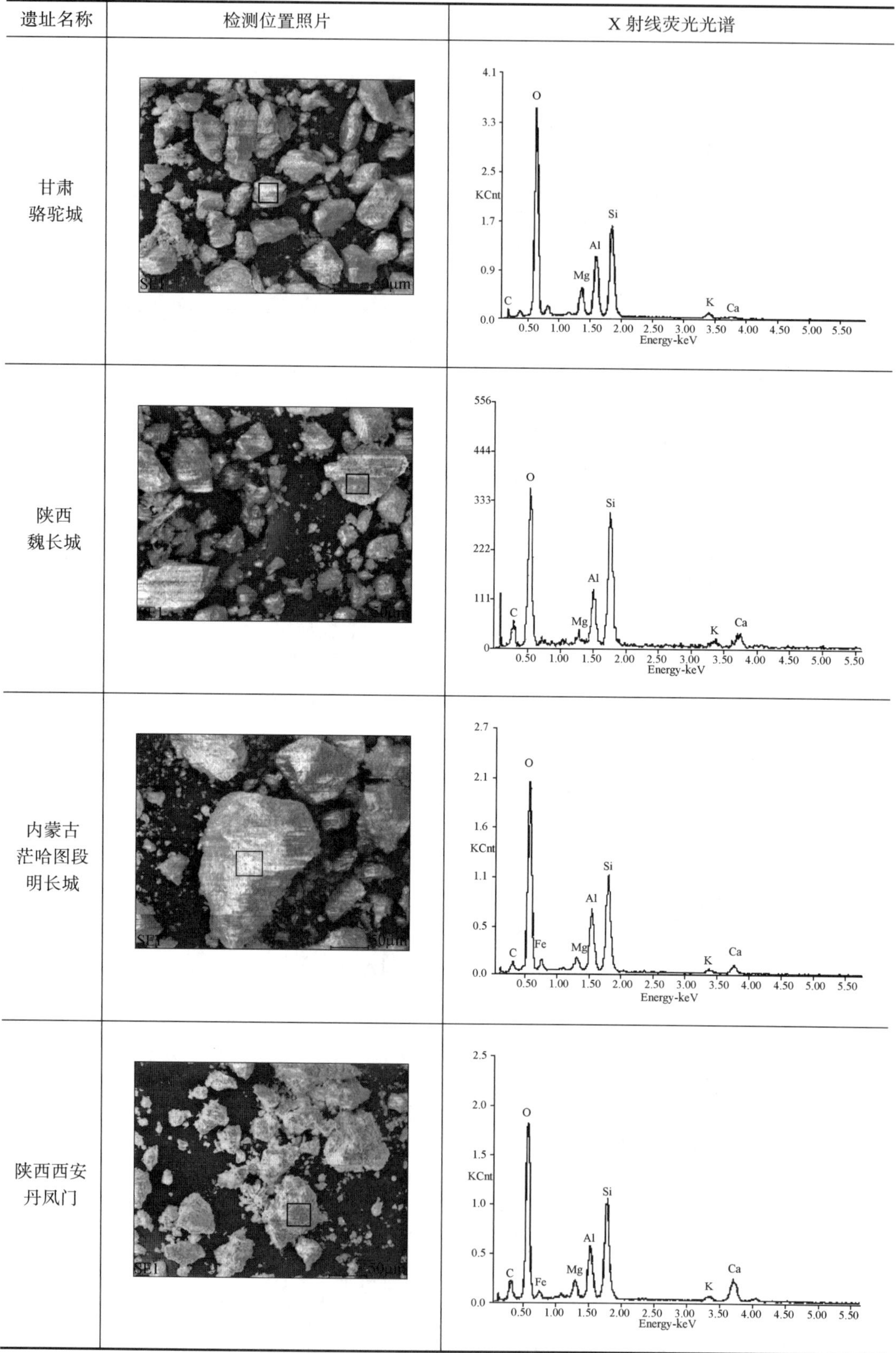

遗址名称	检测位置照片	X 射线荧光光谱
甘肃 骆驼城		
陕西 魏长城		
内蒙古 茫哈图段 明长城		
陕西西安 丹凤门		

续表

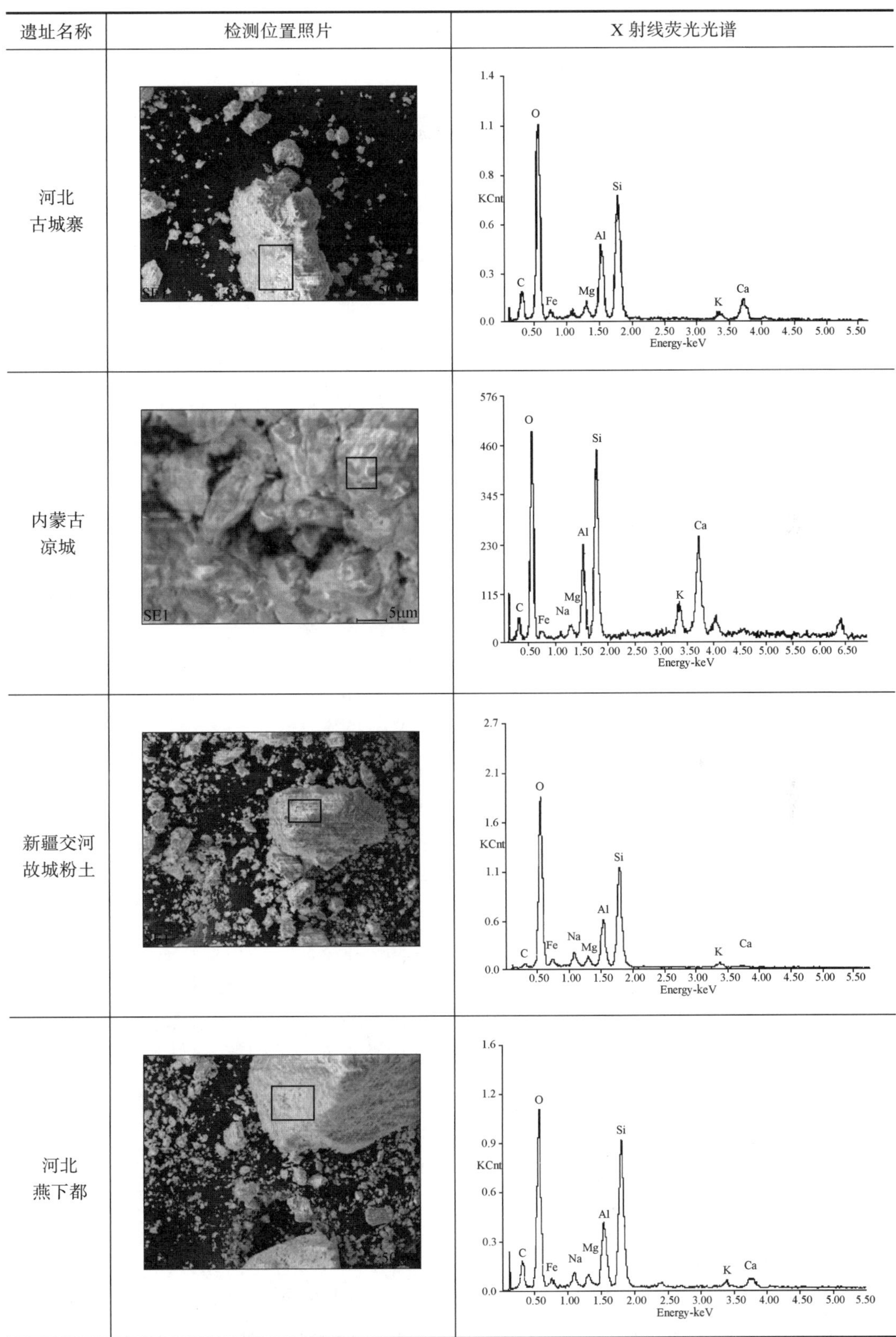

遗址名称	检测位置照片	X 射线荧光光谱
河北 古城寨		
内蒙古 凉城		
新疆交河 故城粉土		
河北 燕下都		

注 1：EDX 与 XRF 测试区域不尽相同，主要侧重微小区域，测试结果有所偏差。

注 2：土中十字或边框为检测区域，主要选择大颗粒表面作为检测区域。

根据 EDX 检测结果，得知 27 个遗址土样元素均含有 C、O 元素；包含的其余元素类型和种类与 XRF 检测结果相似。整合 XRF 与 EDX 检测数据（以 EDX 检测数据为主），将不同遗址所含元素情况列于表 2-60。

表 2-60 遗址夯土样所含元素列表

遗址＼元素	C	O	K	Ca	Ba	Al	Mg	Fe	S	Na	Si	Cl
甘肃寿昌城		√	√	√	√	√	√				√	
河南汉魏洛阳城	√	√	√	√		√	√	√		√	√	√
甘肃锁阳城	√	√	√	√		√		√		√	√	√
新疆高昌故城	√	√	√	√		√	√	√		√	√	
河南天子驾六	√	√	√	√		√	√	√		√	√	
新疆楼兰	√	√	√	√		√	√	√	√	√	√	
青海湟中明长城	√	√	√	√		√	√	√		√	√	
甘肃居延	√	√	√	√		√	√	√		√	√	
内蒙古园子沟	√	√				√	√	√		√	√	
甘肃玉门关	√	√				√	√	√			√	
宁夏西夏陵	√	√	√	√		√	√				√	
内蒙古城川	√	√	√	√		√	√				√	
新疆交河故城	√	√	√	√		√	√				√	
新疆北庭故城	√	√	√	√		√	√	√		√	√	
青海贵德明长城		√				√	√				√	
甘肃嘉峪关	√	√	√	√		√	√	√		√	√	
内蒙古黑城遗址	√	√	√	√		√	√	√		√	√	
西安凤栖原	√	√	√	√		√	√				√	
内蒙古新忽热	√	√	√	√		√	√				√	
甘肃骆驼城	√	√	√	√			√				√	
陕西魏长城	√	√	√	√		√	√				√	
内蒙古茫哈图段明长城	√	√	√	√		√	√				√	
西安丹凤门	√	√	√	√		√	√	√			√	
河北古城寨	√	√	√	√		√	√	√			√	
内蒙古凉城	√	√	√	√		√	√	√			√	
新疆交河故城粉土	√	√	√	√		√	√	√		√	√	
河北燕下都	√	√	√	√		√	√	√		√	√	

由表 2-60 得知，所有遗址土样所测区域所含基本元素基本相同，均含有 Si、C、O、K、Ca、Al、Mg 等元素；较多的含有 Fe、Na 元素；极少的含有 Cl、S、Ba 元素。由成分测试结果判断，所有遗址夯土样中应含有石英、钾长石、钠长石、方解石等物质。

2.4.1.4.3　结构分析

使用 X 射线衍射仪（XRD）对不同遗址土样粉末进行结构（物相）测试，分析检测结果见表 2-61。

表 2-61　遗址夯土样 XRD 检测结果表

<table>
<tr><th>遗址名称</th><th>检测图谱</th></tr>
<tr><td>甘肃寿昌城</td><td>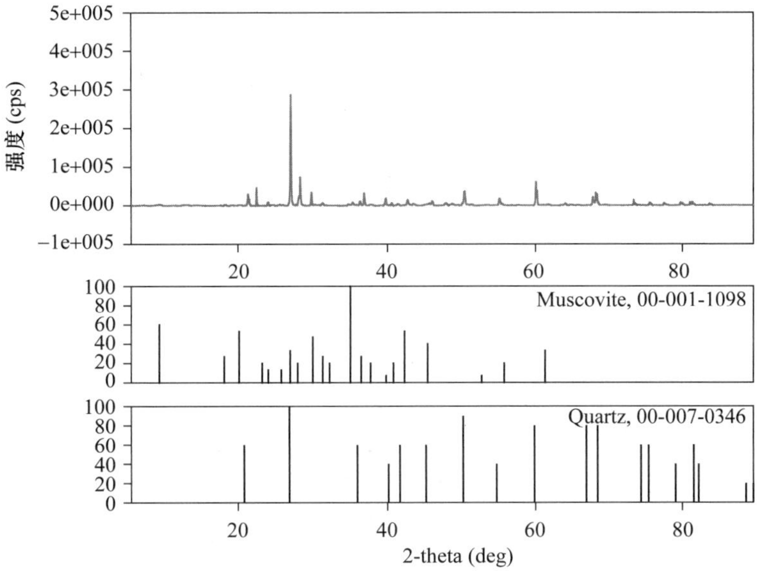
5e+005
4e+005
3e+005
2e+005
1e+005
0e+000
−1e+005
强度 (cps)
20
40
60
80
100
80
60
40
20
0
Muscovite, 00-001-1098
100
80
60
40
20
0
Quartz, 00-007-0346
20
40
60
80
2-theta (deg)</td></tr>
<tr><td>河南汉魏洛阳城</td><td>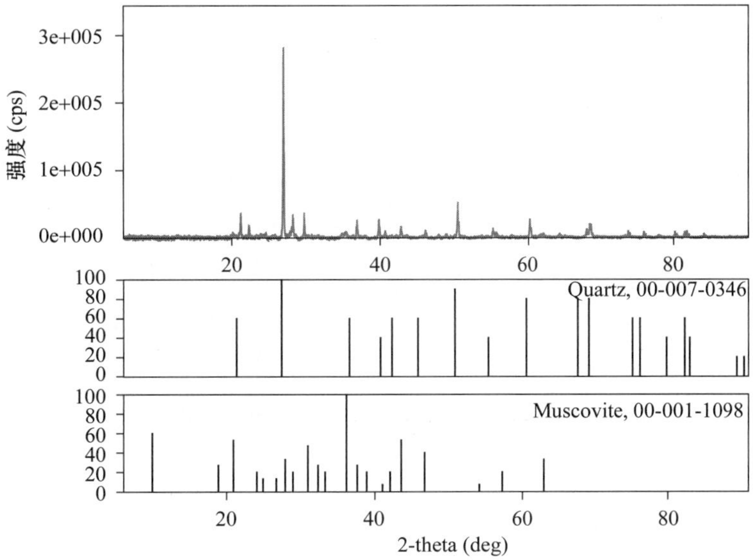
3e+005
2e+005
1e+005
0e+000
强度 (cps)
20
40
60
80
100
80
60
40
20
0
Quartz, 00-007-0346
100
80
60
40
20
0
Muscovite, 00-001-1098
20
40
60
80
2-theta (deg)</td></tr>
</table>

续表

遗址名称	检测图谱
甘肃锁阳城	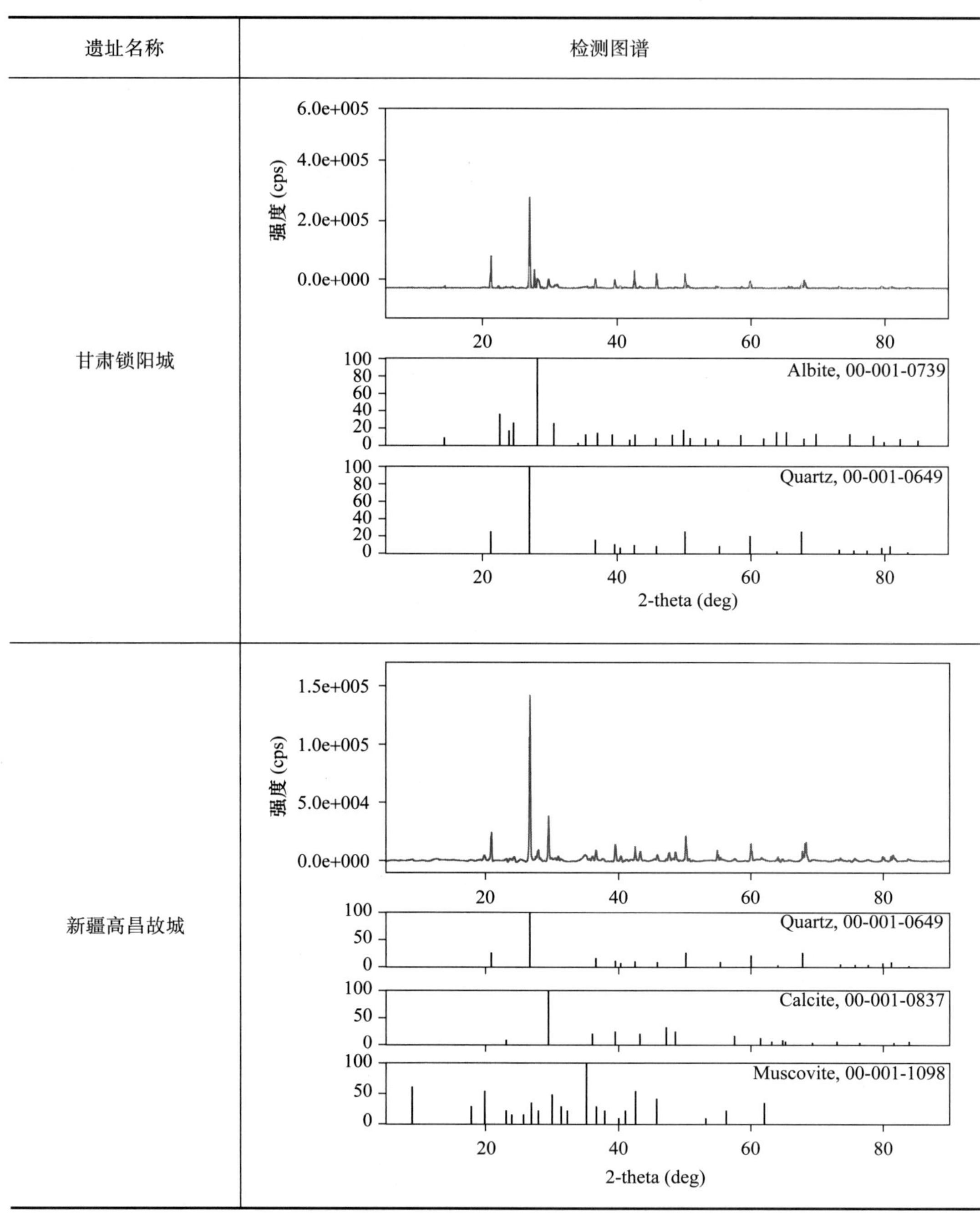
新疆高昌故城	

续表

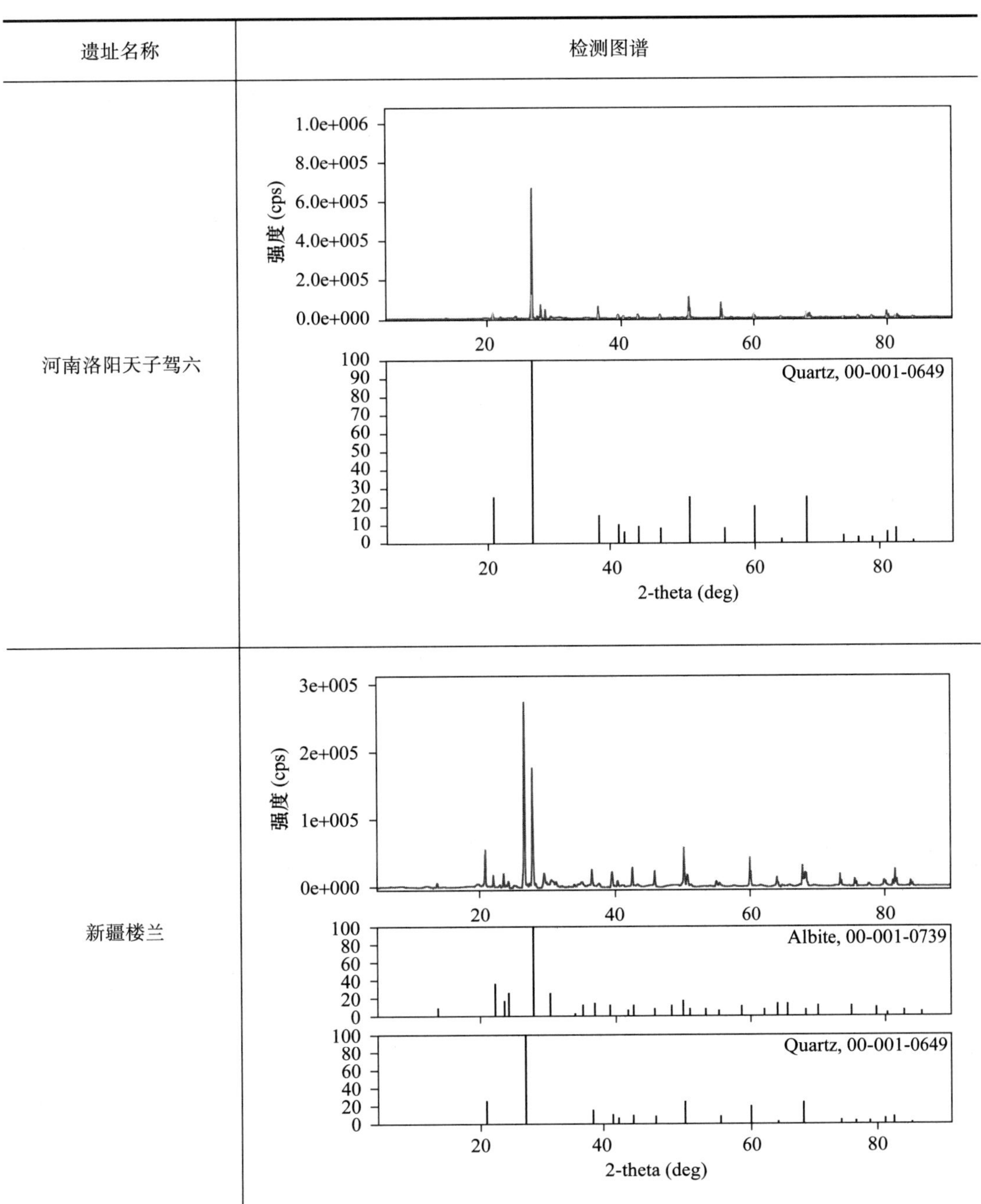

续表

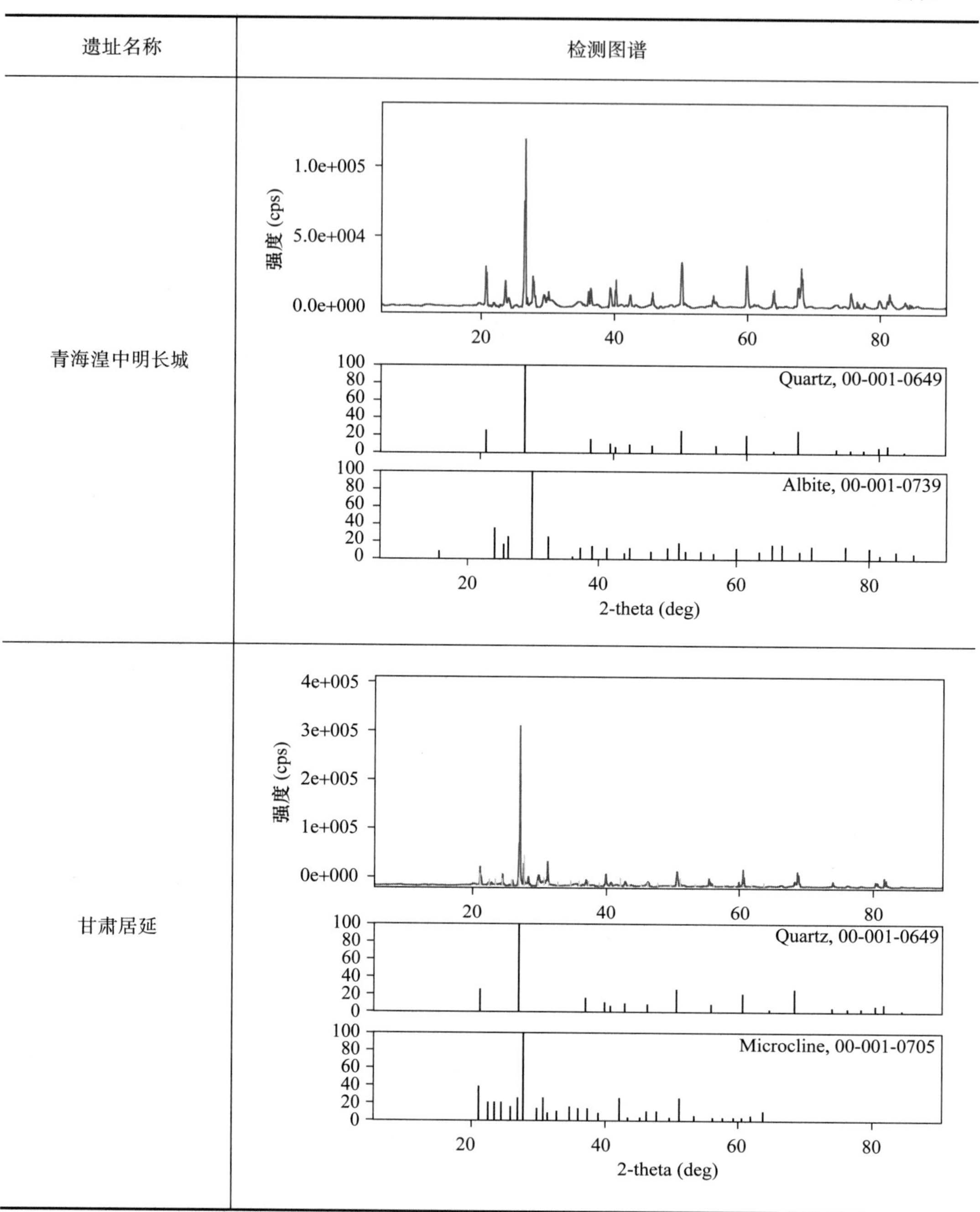

遗址名称
检测图谱
青海湟中明长城
强度 (cps)
1.0e+005
5.0e+004
0.0e+000
20
40
60
80
Quartz, 00-001-0649
Albite, 00-001-0739
100
80
60
40
20
0
2-theta (deg)
甘肃居延
强度 (cps)
4e+005
3e+005
2e+005
1e+005
0e+000
Quartz, 00-001-0649
Microcline, 00-001-0705
2-theta (deg)

续表

遗址名称	检测图谱
内蒙古园子沟	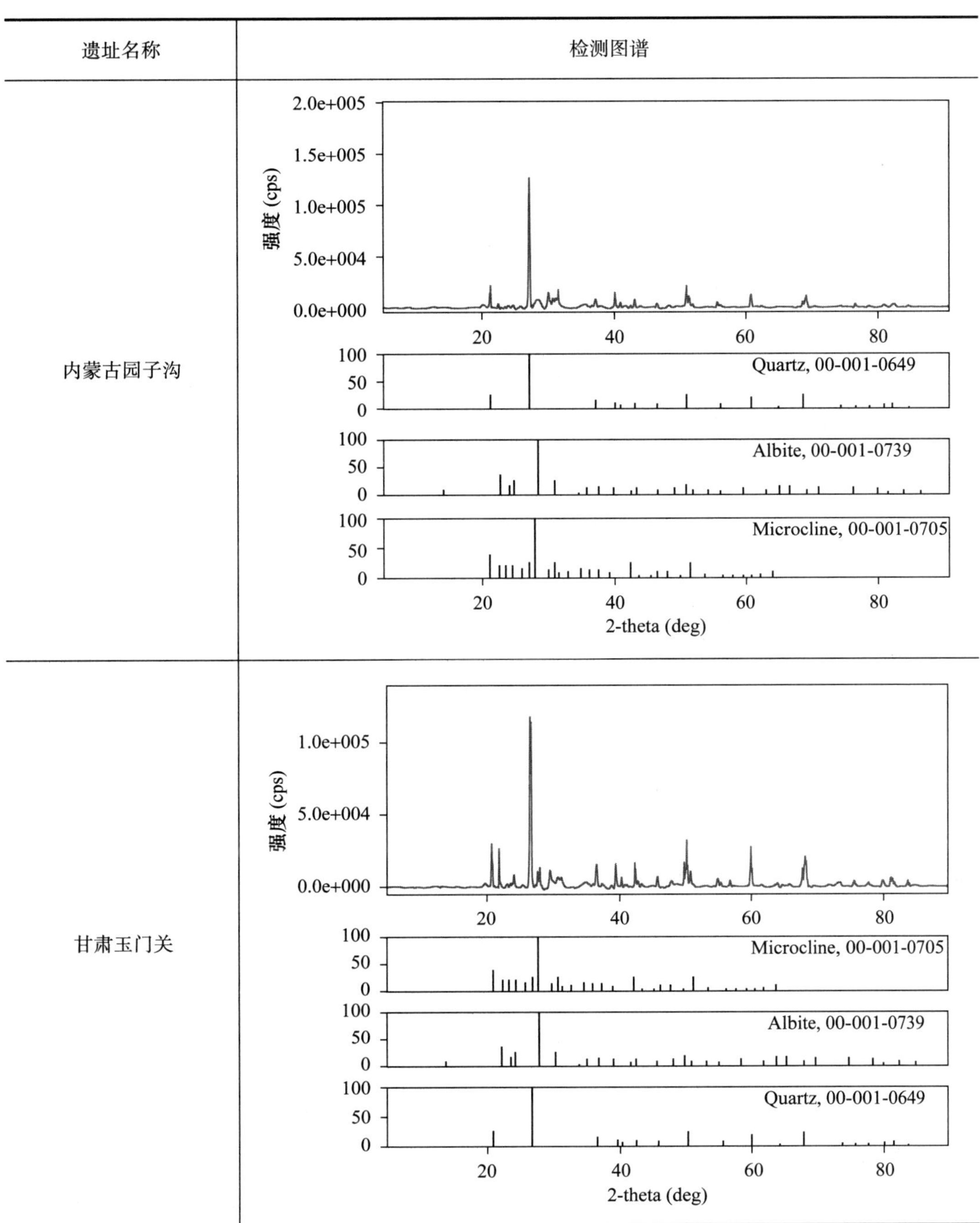
甘肃玉门关	

续表

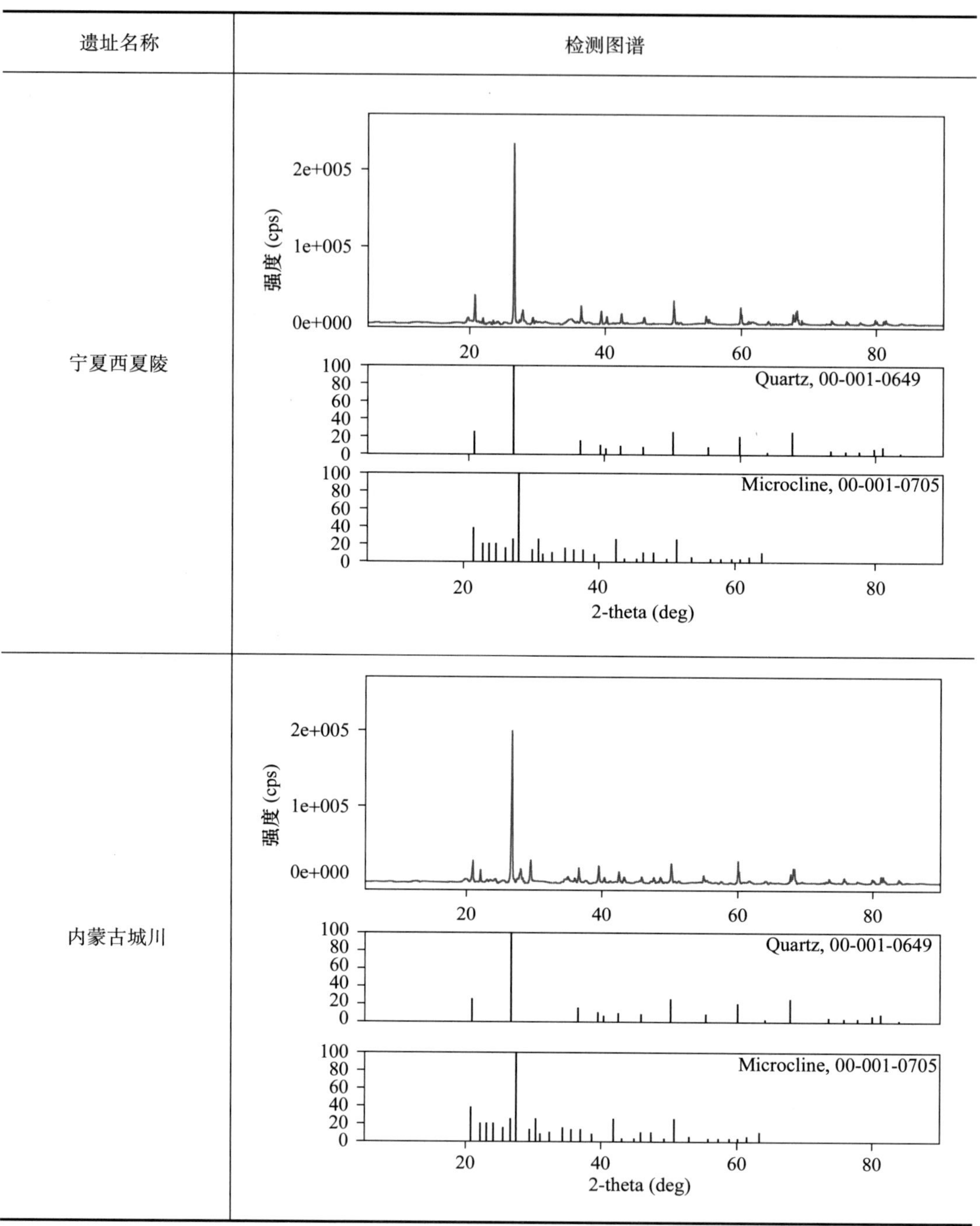

遗址名称	检测图谱
宁夏西夏陵	
内蒙古城川	

续表

遗址名称	检测图谱
新疆交河故城	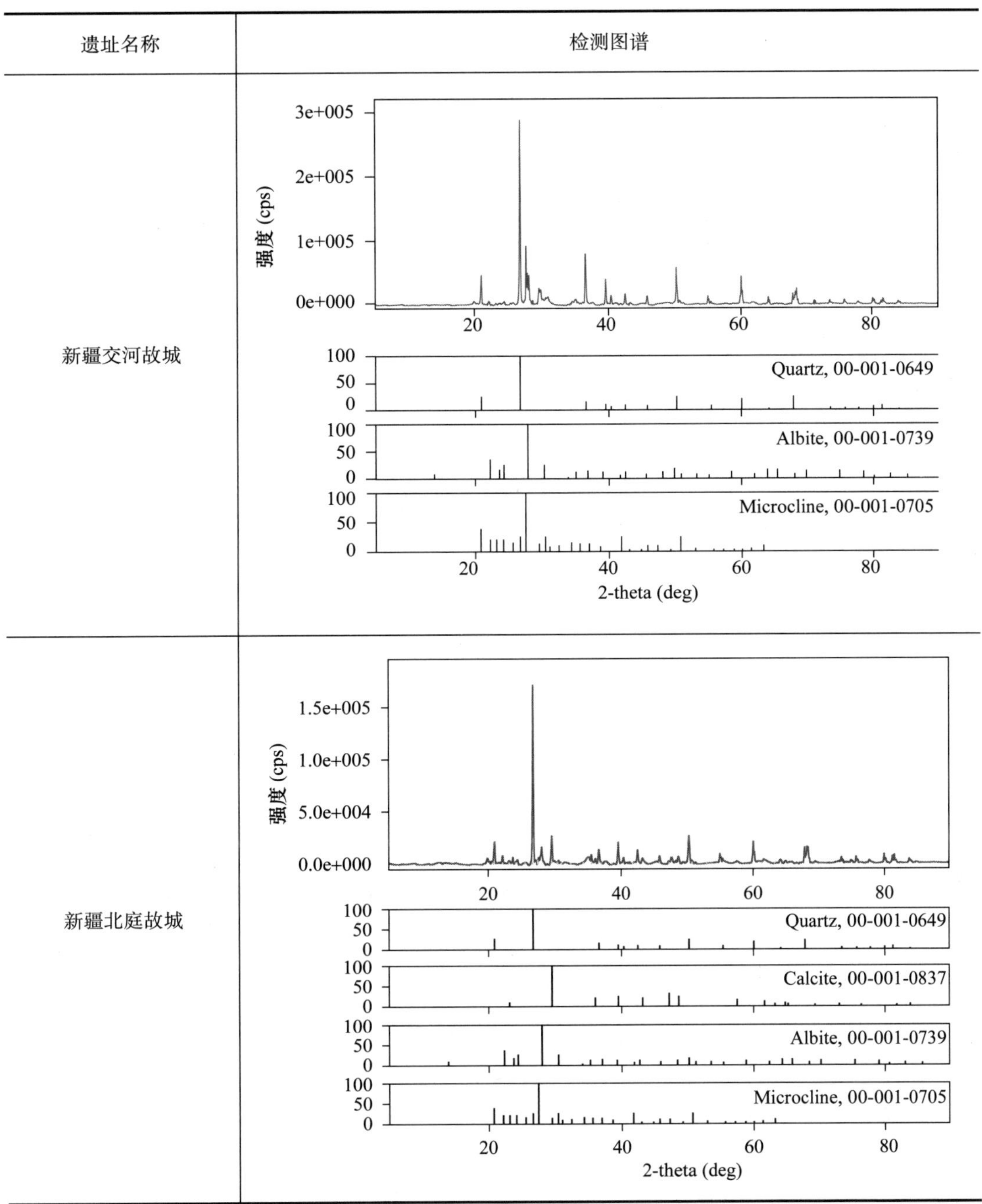
新疆北庭故城	

续表

遗址名称	检测图谱
青海贵德明长城	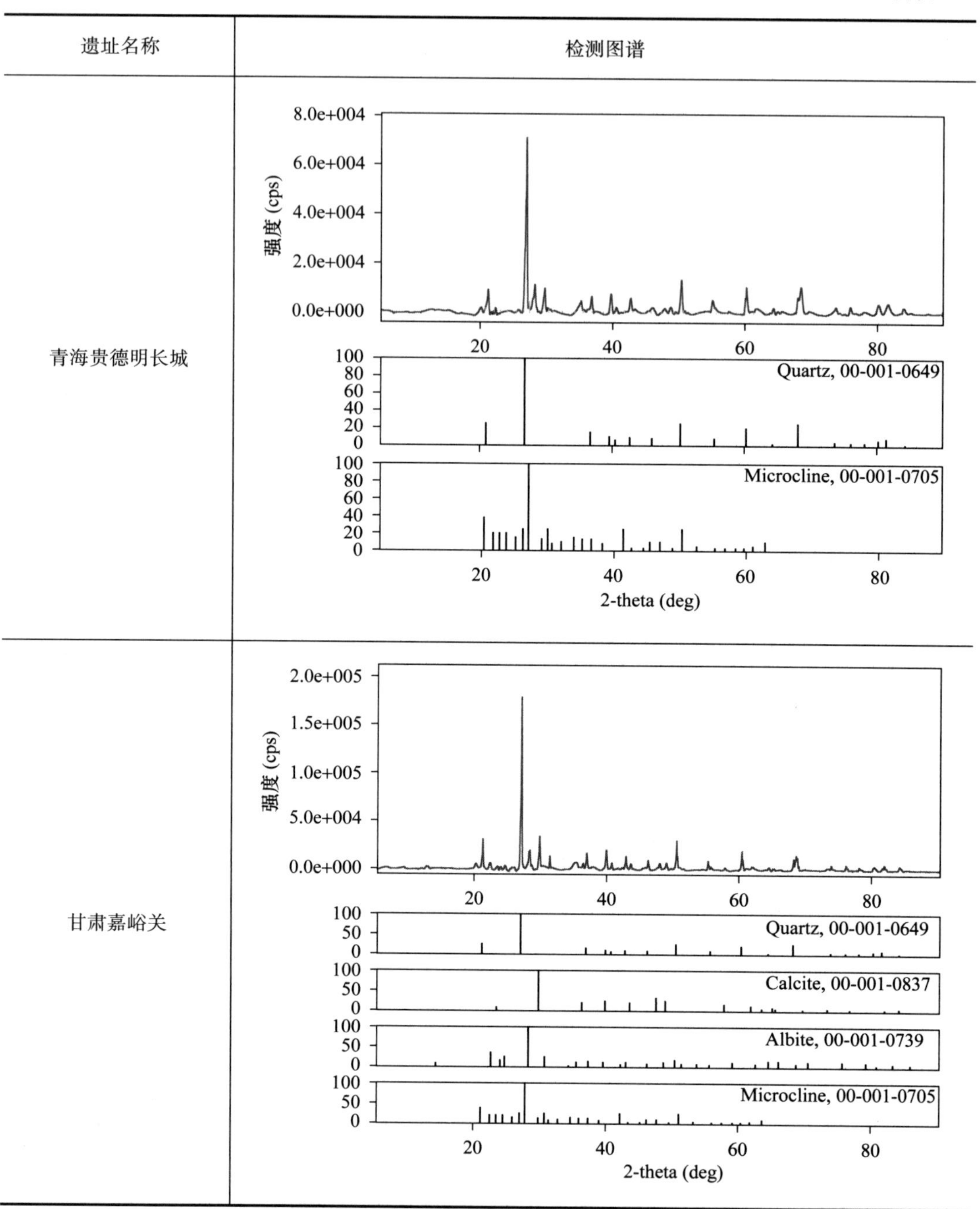
甘肃嘉峪关	

续表

遗址名称	检测图谱
内蒙古黑城遗址	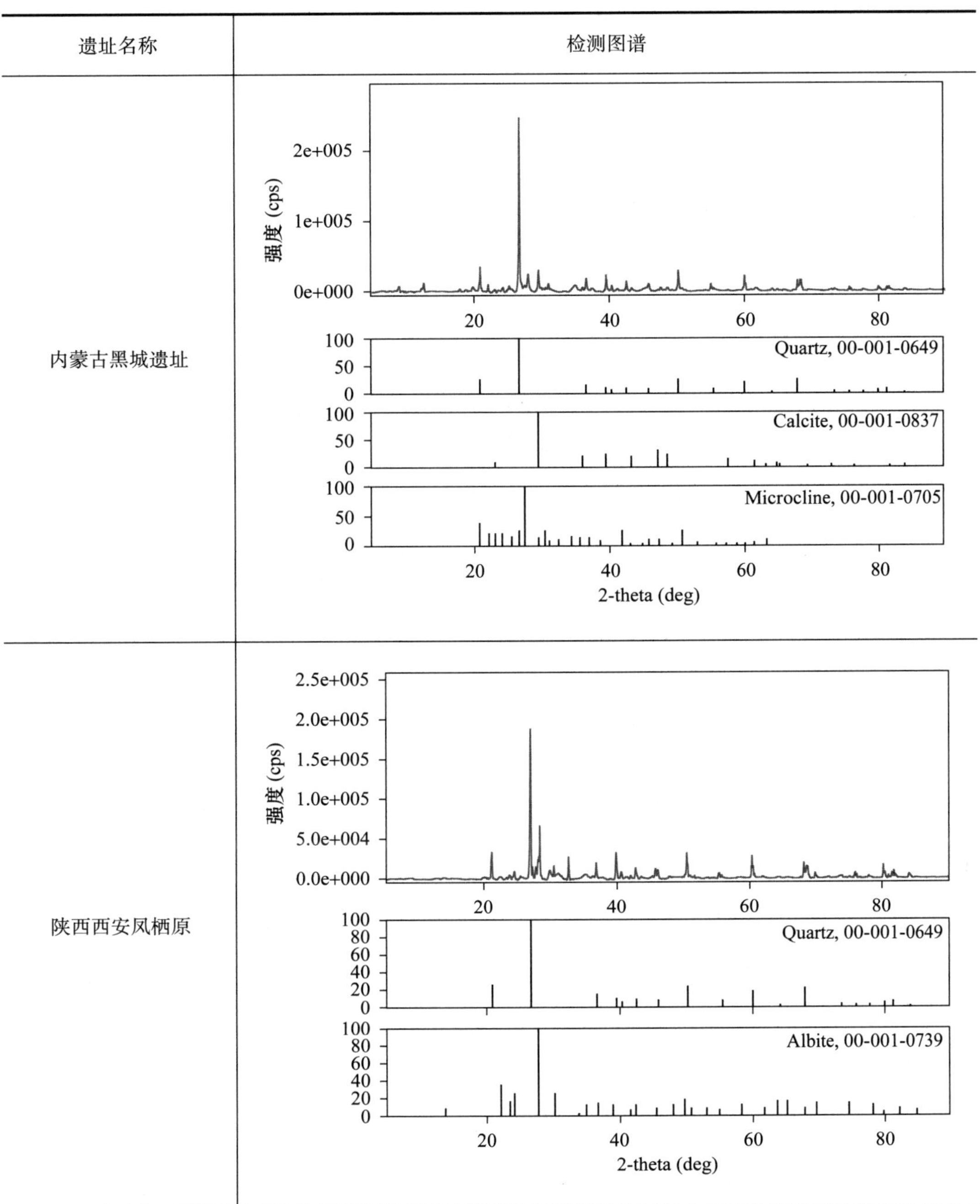
陕西西安凤栖原	

续表

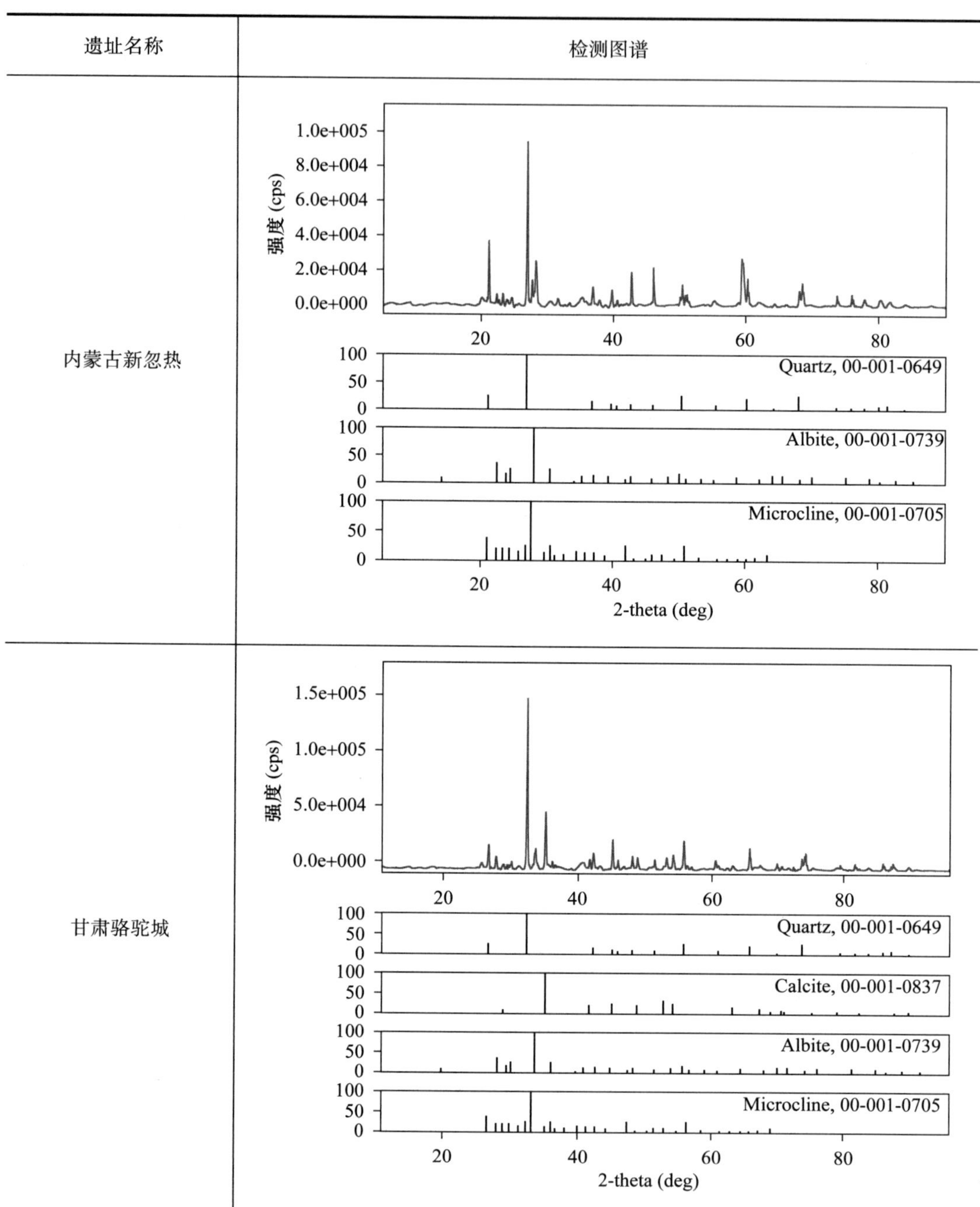

遗址名称	检测图谱
内蒙古新忽热	
甘肃骆驼城	

续表

遗址名称	检测图谱
陕西魏长城	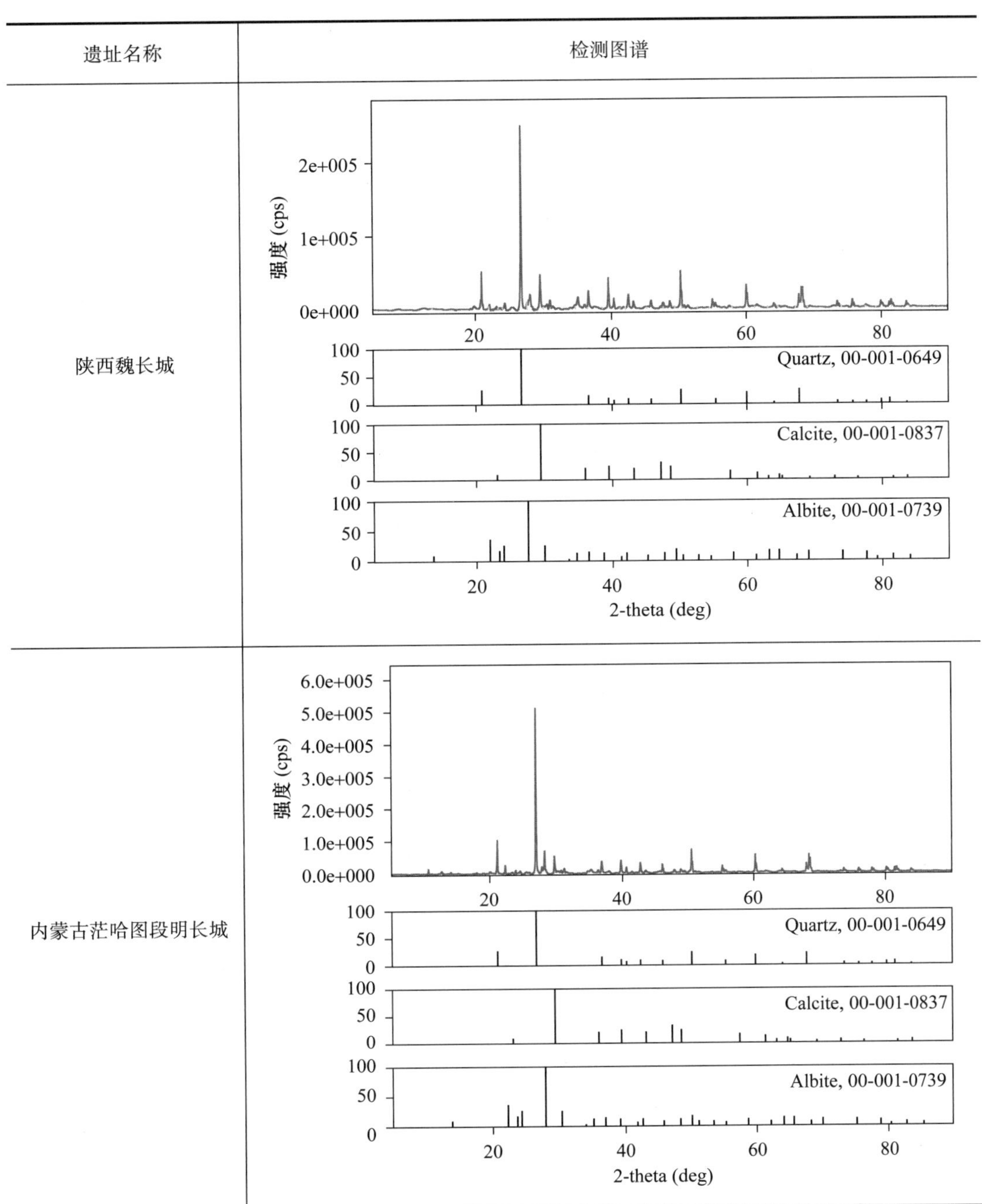
内蒙古茫哈图段明长城	

续表

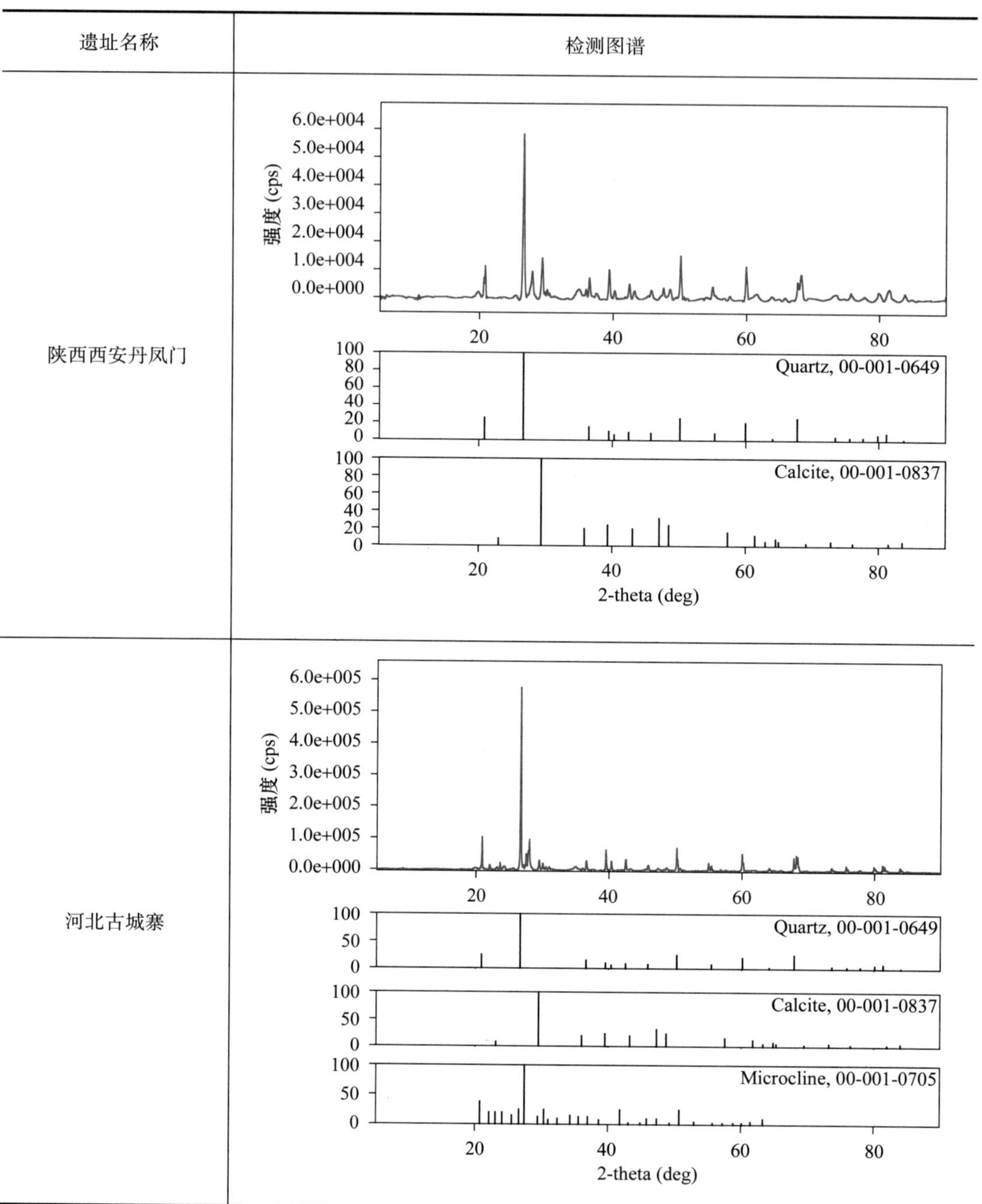

遗址名称	检测图谱
陕西西安丹凤门	
河北古城寨	

续表

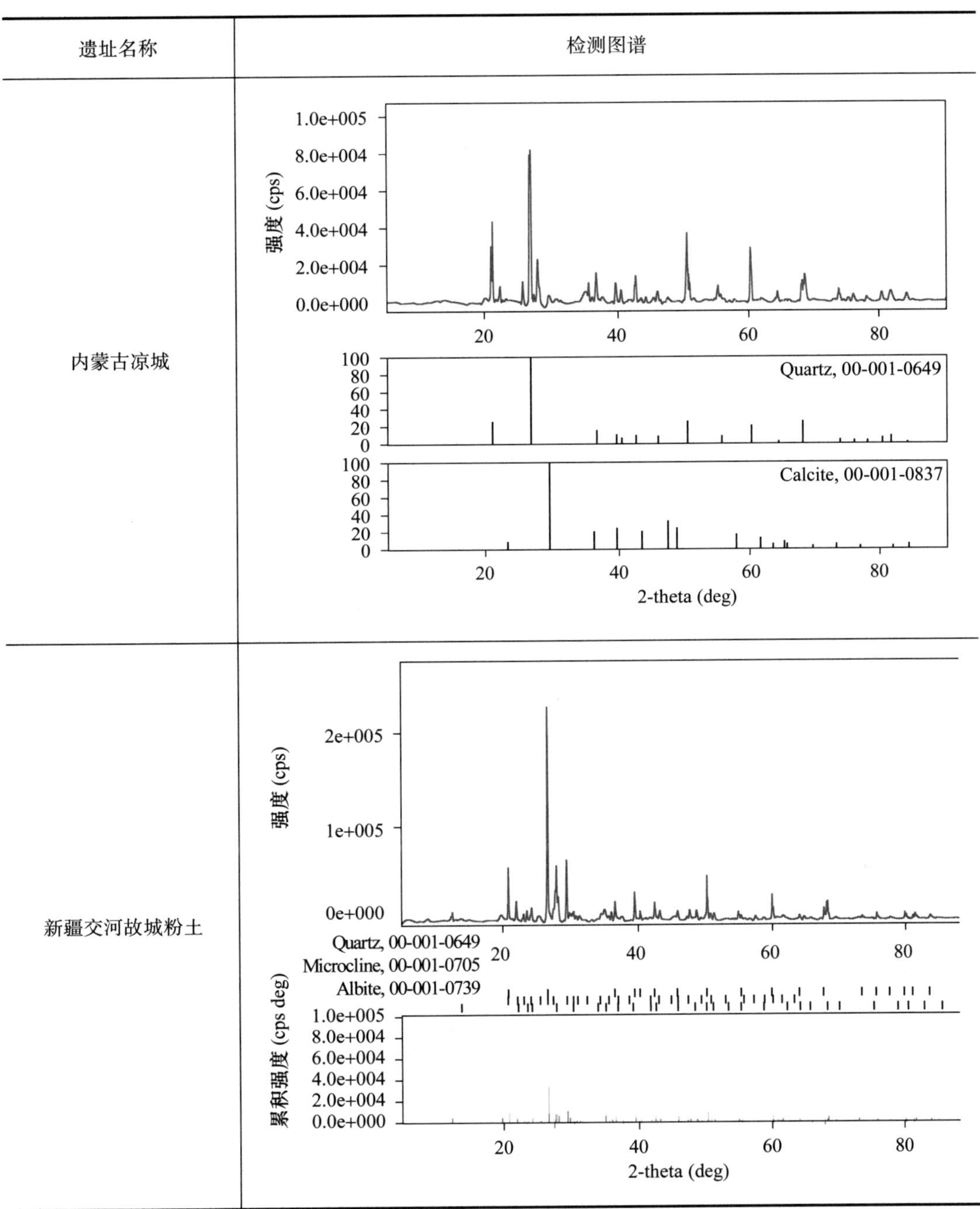

遗址名称
检测图谱
内蒙古凉城
强度 (cps)
1.0e+005
8.0e+004
6.0e+004
4.0e+004
2.0e+004
0.0e+000
20
40
60
80
Quartz, 00-001-0649
Calcite, 00-001-0837
100
80
60
40
20
0
2-theta (deg)
新疆交河故城粉土
2e+005
1e+005
0e+000
Quartz, 00-001-0649
Microcline, 00-001-0705
Albite, 00-001-0739
累积强度 (cps deg)

续表

遗址名称	检测图谱
河北燕下都	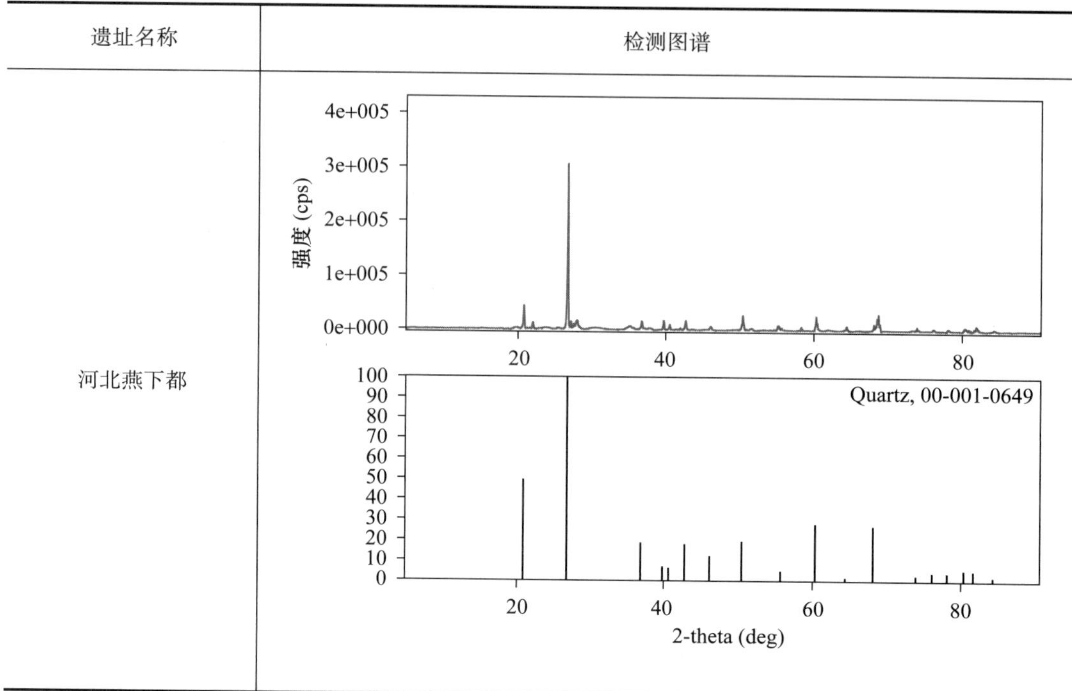

注：XRD 使用土样为粉末颗粒，与 EDX 测试结果可能有区别，但土样包含物质相似。

根据 XRD 分析检测图谱，总结不同遗址所测土样粉末所含物质情况，见表 2-62。

表 2-62　遗址夯土样所含物质列表

所含物质 / 遗址	Quartz 石英 SiO_2	Muscovite 云母 $KAl_2(SiAlO_{10})_n$	Calcite 方解石 $CaCO_3$	Albite 钠长石 $NaAlSi_3O_2$	Microcline 微斜长石 $K(AlSi_3O_8)$
甘肃寿昌城	√	√			
河南汉魏洛阳城	√	√			
甘肃锁阳城	√			√	
新疆高昌故城	√	√	√		
河南洛阳天子驾六	√				
新疆楼兰	√			√	
青海湟中明长城	√			√	
甘肃居延	√				√
内蒙古园子沟	√			√	√
甘肃玉门关	√			√	√
宁夏西夏陵	√				√
内蒙古城川	√				√
新疆交河故城	√			√	√
新疆北庭故城	√		√	√	√

续表

所含物质 / 遗址	Quartz 石英 SiO_2	Muscovite 云母 $KAl_2(SiAlO_{10})_n$	Calcite 方解石 $CaCO_3$	Albite 钠长石 $NaAlSi_3O_2$	Microcline 微斜长石 $K(AlSi_3O_8)$
青海贵德明长城	√				√
甘肃嘉峪关	√		√	√	√
内蒙古黑城遗址	√		√		√
陕西西安凤栖原	√			√	
内蒙古新忽热	√			√	√
甘肃骆驼城	√		√	√	√
陕西魏长城	√		√	√	
内蒙古茫哈图段明长城	√		√	√	
陕西西安丹凤门	√		√		
河北古城寨	√		√		√
内蒙古凉城	√		√		
新疆交河故城粉土	√	√		√	
河北燕下都	√				

根据表 2-62，所有遗址土样检测粉末均含有石英，60% 的遗址土样包含斜长石和钠长石，一半的遗址土样包含有方解石，较少的遗址土样含有云母或钾长石。从表中得知，所以检测土样的主体部分都相同，即为石英，其余为含 K、Na 元素的铝硅酸盐。XRD 检测结果基本与 EDX 检测结果一致。

2.4.2　遗址土物理力学性质研究

2.4.2.1　基本物理性质

2.4.2.1.1　粒度成分测试分析

为了分析干旱环境土遗址的粒度成分，本研究选取秦长城夯土（Q-H）、汉长城夯土（HCC-H）、河仓城夯土（HC-H）、玉门关夯土（Y-H）、交河故城生土（J-S）、西夏陵夯土（J-S）和莫高窟地仗层（M-D）等样品进行测试。

图 2-147 为几种遗址土的粒度成分三角图，可以看出：①夯土粉粒含量都比较高，只有西夏陵的稍微低一点，但大部分也超过了 40%，而砂粒分布则比较分散，从 2% 到 60% 之间都有分布，黏粒含量非常小，大都在 10% 左右或者更小，最多的也不超过 17%；②原生粒径分布比较分散，但仍可看出其粉粒占优势，黏粒含量不大；③地仗层土粉粒含量不及前两种土高，但砂粒含量有所增高，且黏粒含量总体也比前两种土稍高一些。

从图 2-147 中也可以看出，夯土大多数级配比较好，这也验证了夯土颗粒对级配的要求，级配越好则越容易夯实；生土比较分散，也验证了其选择性比较小的规律，

图例
Q-H
HCH-H
HC-H
Y-H
J-S
X-H
M-D
<0.005mm
0.005～0.074 (0.075)mm
>0.074 (0.075)mm
0
0.2
0.4
0.6
0.8
1

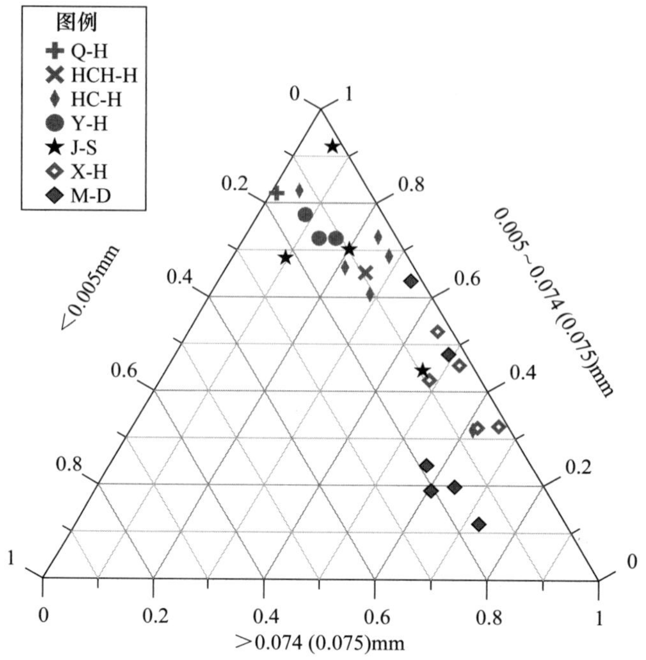

图 2-147　土的粒度成分三角图

它的土粒只能是先存的土体，不能对其改造和掺配；地仗层土由于其草泥、棉泥层粗细颗粒含量各不相同，故各种粒径含量都有分布，但总体黏粒含量较高，级配也较好一些。

2.4.2.1.2　基本物理性质指标测试分析

图 2-148 为不同施工技术条件下各种土的干密度分布图，可以看出：①夯土的干密度分布范围较宽，从 1.25g/cm^3 到 1.95g/cm^3 都有分布，但以 1.6g/cm^3 左右分布居

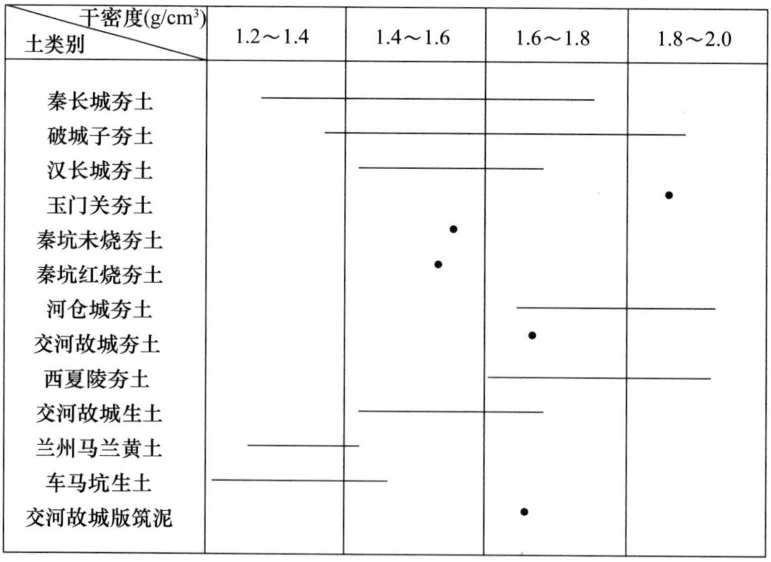

干密度(g/cm^3)
土类别
1.2～1.4
1.4～1.6
1.6～1.8
1.8～2.0
秦长城夯土
破城子夯土
汉长城夯土
玉门关夯土
秦坑未烧夯土
秦坑红烧夯土
河仓城夯土
交河故城夯土
西夏陵夯土
交河故城生土
兰州马兰黄土
车马坑生土
交河故城版筑泥

图 2-148　土的干密度分布图

注：—— 表示参数的分布范围 • 表示参数的平均值。

多，总体来说夯土的干密度大于生土，说明夯筑过程使得土体更为密实，提高了其力学性能；②生土的干密度较小，一般不超过 1.7g/cm^3，同一地区生土的干密度分布范围较夯土要小一些，且不同地方的生土干密度差异性比较大，充分说明了原状土体性质的地区差异性；③版筑泥的干密度大于生土，与夯土相当，说明其力学性能也有不少的提高。

夯土和版筑泥都是在施工手段上对生土的改造，它们在很大程度上使土体的密实度提高，这说明在较早的时期人们就认识到这种方法的可行性，因此在条件允许的情况下，可以对土体在施工技术上进行改造以达到所需的强度要求。

图 2-149 为不同施工技术条件下各种土的孔隙比分布图，可以看出：①夯土的孔隙比总体小于生土，这与它们的干密度大于生土相一致，但夯土孔隙比的分布范围比较宽，从 0.42 到 1.15 都有分布，这说明不同夯土条件下夯土的性质可以有很大差异；②不同地区生土的孔隙比差异比较大，尤其是兰州马兰黄土孔隙比可以达到 1.18，而交河故城最大不超过 0.78，也充分说明了土体性质的地区差异性；③版筑泥的干密度与夯土相当，但孔隙比却大于夯土，说明在同等条件下它的密实度远不及夯土好，但由于版筑泥的黏聚力大于夯土，因此它的力学性能不一定比夯土差。

孔隙比 / 土类别	0.4～0.6	0.6～0.8	0.8～1.0	1.0～1.2
秦长城夯土				
汉长城夯土				
玉门关夯土				
河仓城夯土				
交河故城夯土				
西夏陵夯土				
交河故城生土				
兰州马兰黄土				
车马坑生土				
交河故城版筑泥				

图 2-149　土的孔隙比分布图

注：—— 表示参数的分布范围 • 表示参数的平均值。

图 2-150 为不同施工技术条件下各种土的含水率分布图，可以看出：①总体来说几种土的含水量相差不是很大，这主要与土体所在地的气候环境相关，这些土样都取自我国北方地区纬度相当的地方，故气候差异不明显，使得含水量表现出相似性；②夯土的含水量分布范围较宽，说明在不同夯土条件下含水量各有所异，且阳面和阴面对土体含水量的影响也很大；③版筑泥的含水量与夯土相当或略大于夯土；④与干

土类别 \ 含水量 (%)	0～2	2～4	4～6	6～8	8～10
秦长城夯土	—	—	—	—	—
汉长城夯土	—	—	—	—	
玉门关夯土	—	—			
秦坑未烧夯土		•			
秦坑红烧夯土	•				
交河故城夯土	•				
交河故城生土	—	—			
兰州马兰黄土			—		
交河故城版筑泥	•				

图 2-150　土的含水量分布图

注：—— 表示参数的分布范围 • 表示参数的平均值。

密度、孔隙比相同，生土的含水量也表现出很大的地区差异性，交河生土最大含水量不超过 2.5%，而兰州马兰黄土在 5% 左右。

图 2-151～图 2-153 分别为不同施工技术条件下各种土的液限、塑限和塑性指数分布图，可以看出：①各种土的液、塑限分布范围宽度大致相当（液限都在 10 个百分点左右，塑限都在 5 个百分点左右），只有汉长城的夯土分布范围比较宽（液限 17%～38%，共 21 个百分点；塑限 9%～26%，共 17 个百分点），这与汉长城夯筑

土类别 \ 液限 (%)	15～20	20～25	25～30	30～35	35～40
秦长城夯土		—	—		
汉长城夯土	—	—	—	—	—
破城子夯土			•		
玉门关夯土		—	—		
秦坑未烧夯土			•		
秦坑红烧夯土				•	
河仓城夯土		—	—		
交河故城夯土			•		
西夏陵夯土	—	—			
交河故城生土			—	—	
兰州马兰黄土		—	—		
车马坑生土		—	—		
交河故城版筑泥		•			

图 2-151　土的液限分布图

注：—— 表示参数的分布范围 • 表示参数的平均值。

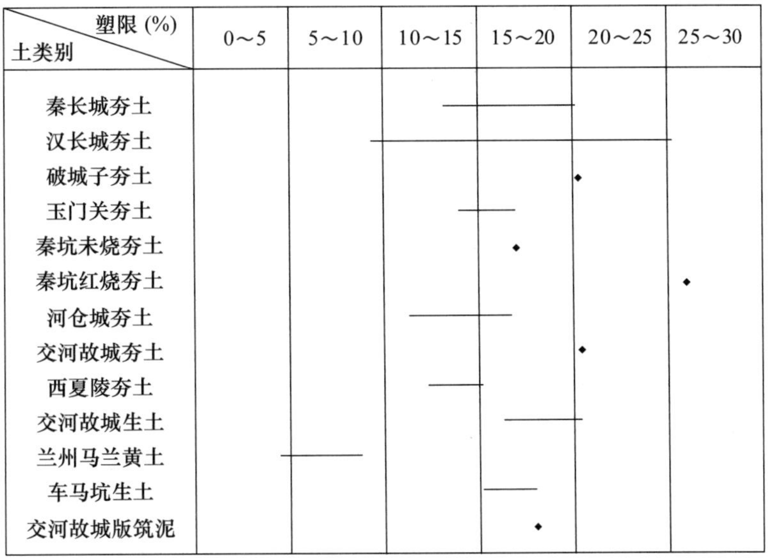

塑限 (%)
土类别
0～5　5～10　10～15　15～20　20～25　25～30
秦长城夯土
汉长城夯土
破城子夯土
玉门关夯土
秦坑未烧夯土
秦坑红烧夯土
河仓城夯土
交河故城夯土
西夏陵夯土
交河故城生土
兰州马兰黄土
车马坑生土
交河故城版筑泥

图 2-152　土的塑限分布图

注：—— 表示参数的分布范围 • 表示参数的平均值。

塑性指数(%)
土类别
0～4　4～8　8～12　12～16
秦长城夯土
汉长城夯土
破城子夯土
玉门关夯土
秦坑未烧夯土
秦坑红烧夯土
河仓城夯土
交河故城夯土
西夏陵夯土
交河故城生土
兰州马兰黄土
车马坑生土
交河故城版筑泥

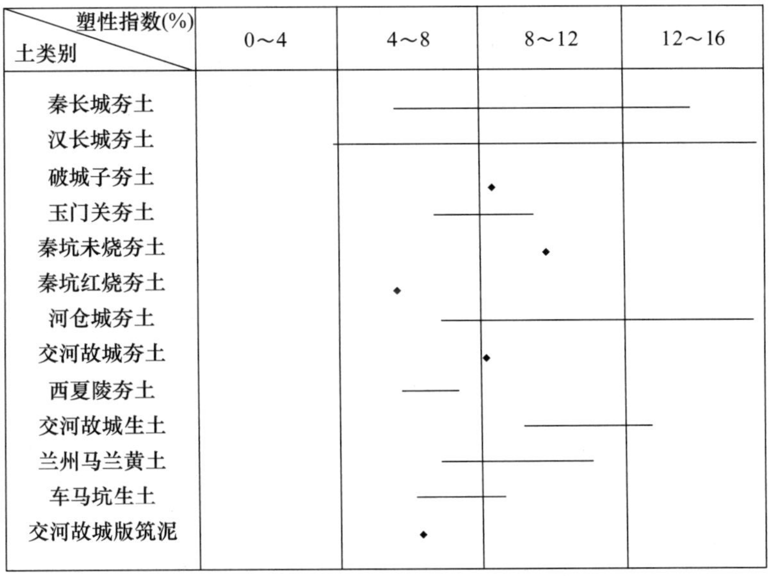

图 2-153　土的塑性指数分布图

注：—— 表示参数的分布范围 • 表示参数的平均值。

过程中土的类型变化关系比较密切，因为它在不同地段修筑时土的性质差别较大；②除兰州马兰黄土塑限在 4.5%～8.5% 以外，其余大都超过了 10%，以 16% 左右居多，结合含水量分布图，得知除兰州马兰黄土外其余土体都不容易达到它的塑限；③结合塑性指数和液限分布图，可以将这些土都划分到低塑性土的范围内；④大多数土的塑性指数都在 3～10 之间，以 8 左右居多，故可以判断为粉土系列，只有汉长城夯土、秦长城夯土、河仓城夯土、交河生土的部分土体大于 12，说明其中的黏粒含量稍多一些，这与土的粒度三角形分布图相一致；⑤总体来说，夯土的塑性指数分布范围宽度大于生土，这说明夯土粒度成分的变化大于生土，它可以掺合不同粒径的土，以达到更大的密实度。

2.4.2.2　收缩性测试

根据击实曲线确定遗址土改性前后的干密度 1.70g/cm^3 所对应的含水量制备试验所需的试样数量。原状土试样在室内自然风干，改性土试样在养护箱内养护 28 天后进行物理性能试验。收缩率见表 2-63 和图 2-154。

表 2-63　收缩率

试样	收缩率（%）
	28d
原状样	0.388
改性样	0.125

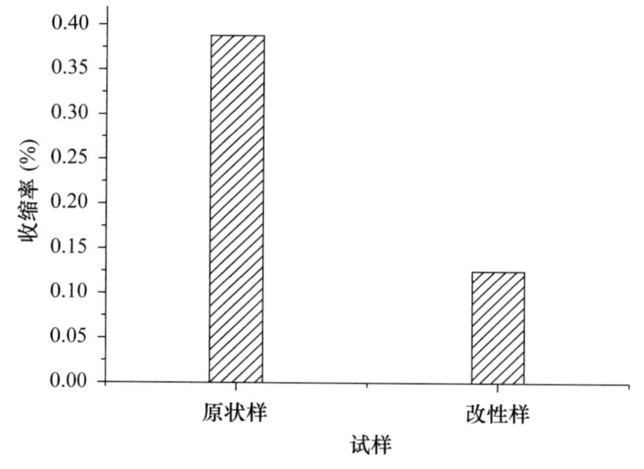

图 2-154　收缩变形性测试

2.4.2.3　击实试验

本试验采用 JDS-1 型电动数控击实仪和 JDS-3 型标准手提击实仪测定遗址土改性前后的最大干密度与对应的最优含水量，试验结果见表 2-64 和图 2-155、图 2-156。

表 2-64　原状土和改性土的最大干密度和最优含水率

名称	最大干密度（g/cm^3）	最优含水量（%）
原状土	1.94	11.47
改性土	1.83	14.3

2.4.2.4　弹性波速与龄期的关系

本试验采用 RSM 型岩土工程仪器，用 70mm×70mm×70mm 试样，测试其

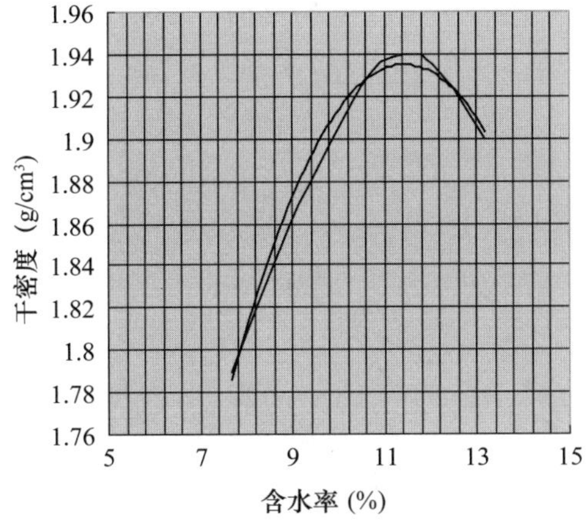

图 2-155　ρd-ω 关系曲线（原状土）

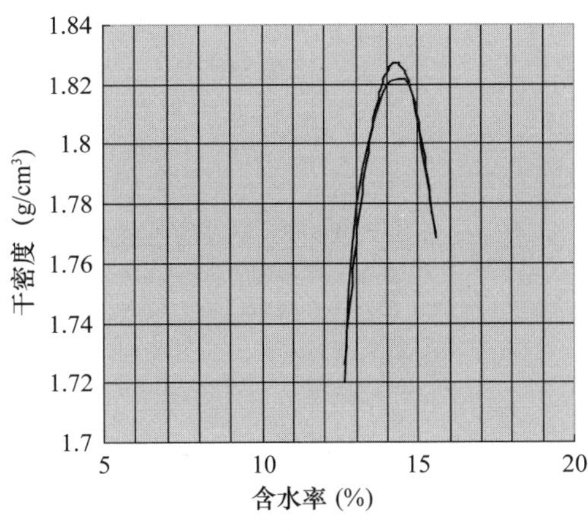

图 2-156　ρd-ω 关系曲线（改性土）

1～30 天的弹性波速。测试结果见图 2-157。

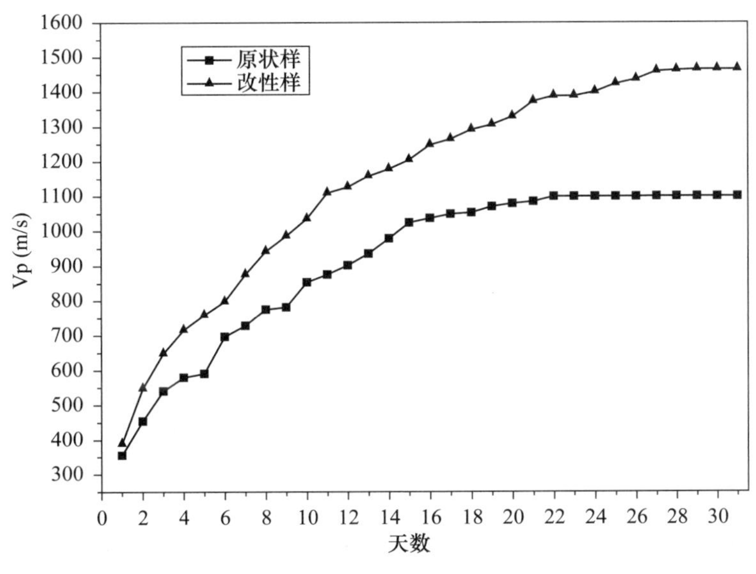

图 2-157　龄期—波速关系图

2.4.2.5　强度测试

（1）含水率变化对强度的影响

采用 WDW-200 型微机控制电子压力试验机，分别测试原状样与改性样不同含水状态下的抗压强度，测试结果见表 2-65 和图 2-158。

表 2-65　土样强度试验结果

含水率（%）		10	7.3	4.6	2.5
抗压强度（MPa）	原样	0.098	0.294	0.516	0.787
	改性	0.339	0.445	0.752	1.319

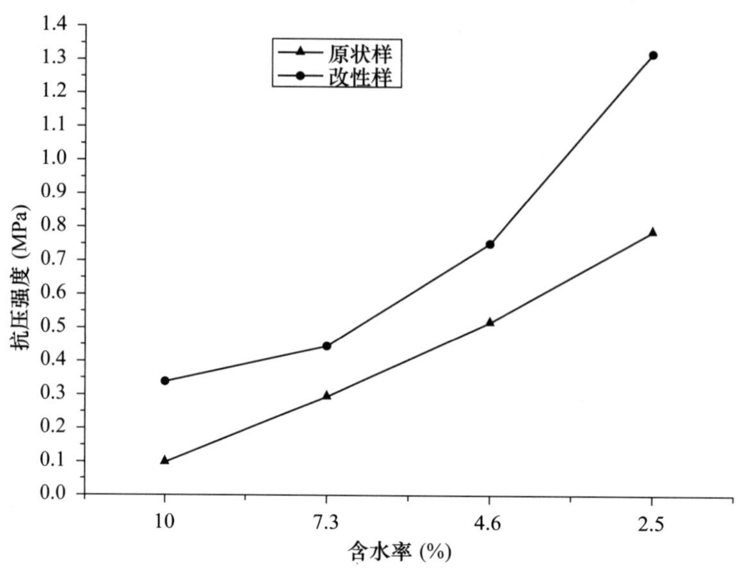

图 2-158　含水率抗压强度关系图

（2）冻融变化对强度的影响

采用 DW-FL90 型超低温冷冻储存箱、HBY-20 型恒温恒湿箱，先将试样在−30℃低温下冻 12 小时，然后在温度 25℃、相对湿度 70% 条件下融 12 小时，如此反复冻融 18 个循环后对试样进行抗压强度测试，每 6 个循环后观察试样并做外观描述。测试结果见表 2-66 和图 2-159。

表 2-66　冻融变化影响试验

类型	抗压强度（MPa）			
	原状样		改性样	
试验结果	试验前	试验后	试验前	试验后
	1.153	0.725	2.416	1.905

（3）温湿度变化对强度的影响

采用 ETH-1980-20-CP-AR 型恒温恒湿试验机，将试样先在 100℃条件下加热 12 小时，然后在温度 25℃、RH70% 的条件下放置 12 小时，如此反复循环 18 个周期后对试样进行抗压强度测试，结果见表 2-67 和图 2-160。

表 2-67　温湿度循环后对强度的影响

类型	抗压强度（MPa）			
	原状样		改性样	
试验结果	试验前	试验后	试验前	试验后
	1.153	0.761	2.416	2.403

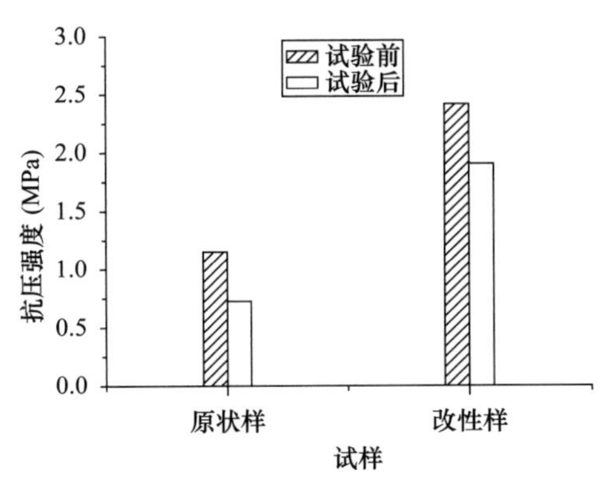

图 2-159　改性、原状样冻融前后抗压强度的变化

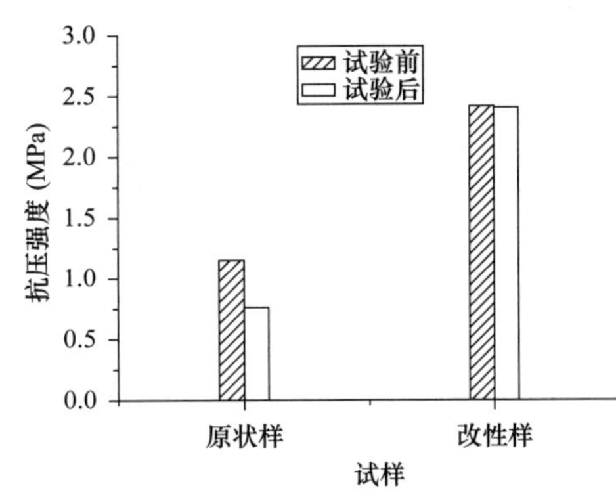

图 2-160　温湿度循环后对强度的影响

（4）温度变化对强度的影响

采用 HBY-20 型恒温恒湿箱，将试样在 100℃烘箱中加热 12 小时，后取出在常温下放置 12 小时，如此反复循环 18 个周期后对试样进行抗压强度测试，结果见表 2-68 和图 2-161。

表 2-68　温度变化对强度的影响

类型	抗压强度（MPa）			
	原状样		改性样	
试验结果	试验前	试验后	试验前	试验后
	1.153	0.787	2.416	2.383

（5）湿度变化对强度的影响

采用 ETH-1980-20-CP-AR 型恒温恒湿试验机，将试样在温度 25℃、RH70% 恒温恒湿状态下放置 12 小时，然后在室温状态下放置 12 小时。如此反复循环 18 个周期后对试样进行抗压强度测试，结果见表 2-69 和图 2-162。

表 2-69　湿度变化对强度的影响

类型	抗压强度（MPa）			
	原状样		改性样	
试验结果	试验前	试验后	试验前	试验后
	1.153	0.726	2.416	2.209

2.4.2.6　综合分析

生土建筑因地制宜，原材料都取自当地，因此其受地域限制比较大，而且地形地貌也在很大程度上控制着施工技术的选择，例如在台地和平原区一般可向下挖出空间或在地面上夯土、垛泥，而在有斜坡或陡面的地貌处则可以借用崖体挖出空间。在各种生土建筑中，通常情况下并不是单独使用一种施工工艺进行建造，而是几种施工技

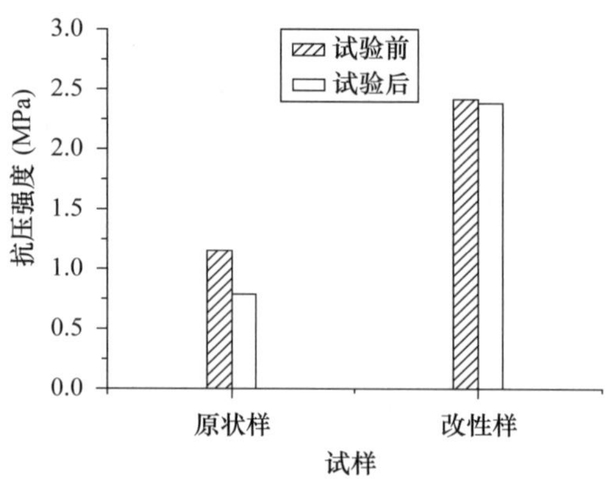

图 2-161　温度变化对强度的影响

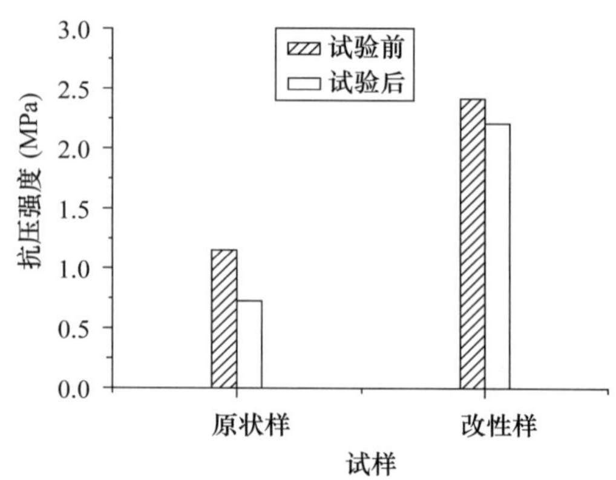

图 2-162　湿度变化对强度的影响

术相互结合。我国许多土遗址都是一般先在生土层中挖造基础，之上夯筑一定高度的墙体，之上再用土坯砌建。有些烽燧、土塔，周围先用土坯砌建，中心用粉土夯筑。有的在夯筑基础上垛泥和土坯砌筑，分层中间铺夹灌木枝条或芦苇一类的柴草。

此外，料礓石改性后的遗址土收缩变形小、强度增长快、耐候性能好、水中稳定好，耐风蚀雨蚀能力增强，尤其耐雨蚀能力较为显著。

2.5　干旱环境下土遗址保护调查技术研发与集成

通过对干旱环境下土遗址保护调查技术的研究，不难发现土遗址保护调查是一个由表及里、由宏观到微观的研究过程，在调查过程中主要涉及的技术包括：土遗址载体调查与评估技术、土遗址快速测绘成像技术、土遗址本体病害调查及评估技术、土遗址本体物理性质现场调查技术和土遗址本体物理性质室内试验技术。同时还包括了在遗址保护调查过程中涉及的仪器装备及新研发的装置。

2.5.1　干旱环境下土遗址保护调查技术集成

干旱环境下土遗址保护调查技术主要包括：

1）土遗址载体调查与评估技术，主要用于查明土遗址载体的地层信息及载体内部存在的安全隐患问题。

2）土遗址快速测绘成像技术，主要用于单体、关堡及长城等土遗址的三维快速成像及遗址本体的测绘，这一技术是对原有遗址现场调查时利用相机拍照获取遗址影像信息的升级，将原有照片影像进行拼接成像、正射投影、三维成像及等高线获取等一系列的升级。

3）土遗址本体病害调查及评估技术，主要包括在获取遗址影像和地形信息后，对遗址本体上包含的病害信息进行现场核对、病害信息统计、病害威胁评估等技术。

4）土遗址本体物理性质现场调查技术，主要是利用无损检测设备对遗址本体土的基本物理力学性质进行现场快测获取。

5）土遗址本体物理性质室内试验技术，主要是针对遗址土物理力学性质检测中制样技术及夯土性能影响因素的研究。

2.5.2　干旱环境下土遗址保护调查设备集成

干旱环境下土遗址保护调查的过程中，主要涉及的软硬件包括：

1）土遗址载体调查中的高密度电法仪、工程地震仪、探地雷达及相关分析软件。

2）土遗址快速测绘成像技术中的便携式无人航拍系统、全站仪、照相机、花杆及相关软件。

3）土遗址本体病害调查及评估中的电脑、照相机、打印机、花杆、卷尺及相关软件。

4）土遗址本体物理性质现场调查技术中的色度仪、微波测湿仪、电导率仪、高密度电法仪、改进砂浆灌入仪、改进砂浆回弹仪等。

5）土遗址本体物理性质室内试验中的自主研发制样机及基本土工试验仪器。

2.5.3　干旱环境下土遗址保护调查技术及装备（置）的集成

根据上述干旱环境下土遗址保护调查技术、保护调查设备及保护调查装置的研发，对干旱环境下土遗址保护调查技术集成如图 2-163 所示。

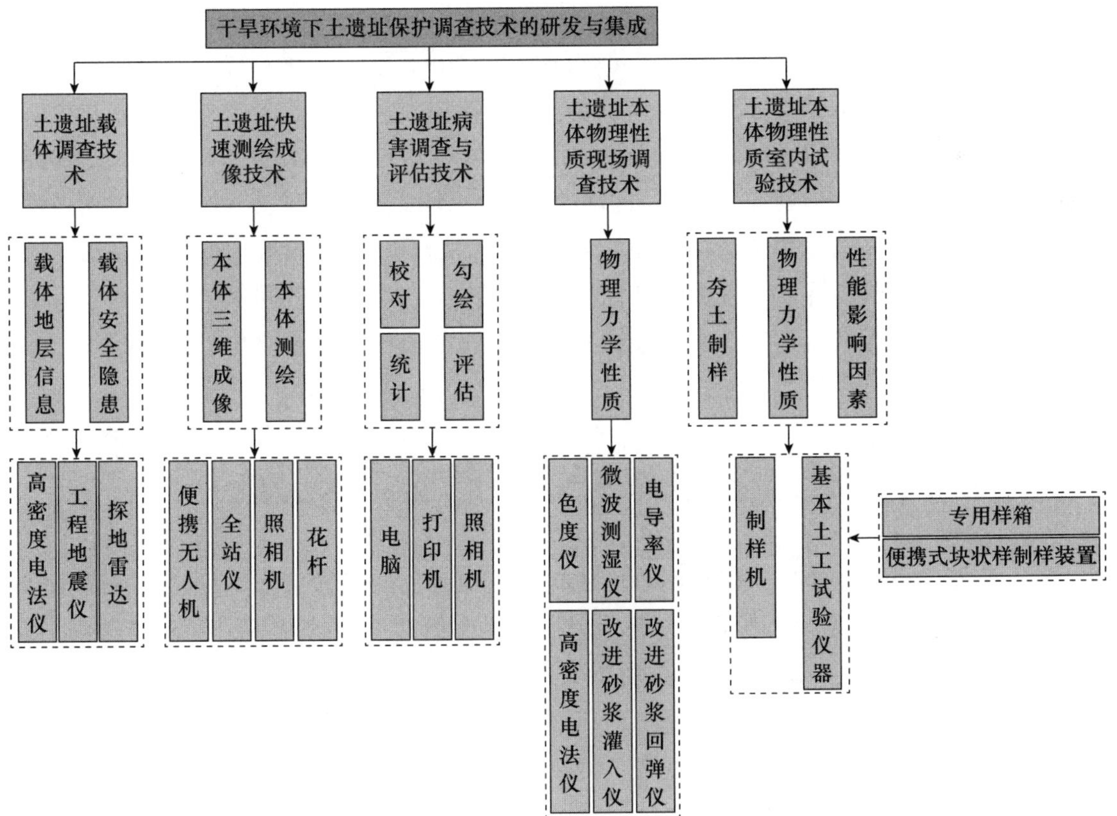

图 2-163　干旱环境下土遗址保护调查技术的研发与集成

第3章　土遗址锚固技术研发与集成

自 1872 年，首批现代意义上的锚杆在英国北威尔士露天页岩矿中获得成功运用以来，世界各国相继应用该技术于矿山巷道支护中。20 世纪 50 年代，随着工业技术的发展，高强钢丝和钢索的制造、钻孔以及注浆技术方面也取得了长足的进步，从而推动了锚固技术在土木工程上大规模的应用。边坡加固和整治工程中锚杆锚固在很大程度上取代了传统的浆砌片石挡墙或重力挡墙结构；在相当数量的深基坑工程中取代了横撑式支挡结构；在采用矿山法施工的地下工程中取代了分步开挖木支撑式临时支护结构。锚固技术快速在全世界范围内推广开来，广泛地应用于水利水电、金属矿山、交通隧道、深基坑、边坡防护等工程中，产生了巨大的社会和经济效益。我国于 1955 年前后开始运用现代锚固技术。20 世纪 60 年代，我国开始在铁路隧道、矿山巷道以及边坡治理工程中应用普通砂浆锚杆支护。改革开放以来，我国进入了大规模的基础建设时期，锚固技术广泛应用于各类岩土工程支护领域。经过 60 多年来的发展，我国形成了一套应用广泛的岩土锚固工程技术。

20 世纪 80 年代开始，我国尝试将锚固技术应用于不可移动文物的保护加固。20 世纪 90 年代和 21 世纪初在榆林窟和莫高窟北区崖体尝试利用锚固技术对濒危岩土体进行加固，并取得了较好的加固效果，而后随着土遗址加固技术的蓬勃发展，各种类型锚杆如雨后春笋般应用在土遗址加固领域。其中木锚杆锚固系统、楠竹锚杆锚固系统、玻璃纤维锚杆锚固系统、楠竹加筋复合锚杆锚固系统在土遗址加固领域应用比较广泛，也研究得较为深入；竹签锚杆锚固系统、土工长丝锚杆锚固系统也在土遗址加固领域中进行了有益的尝试。土遗址锚杆锚固系统的出现，为不可移动文物濒危岩土体提供了有效且可靠的加固方式。

3.1　土遗址锚杆锚固系统需求分析

土遗址保护研究较晚，正在逐步形成具有自身特色的保护理念。目前在遵循我国文物保护“保护为主、抢救第一、合理利用、加强管理”的方针下，注重日常维护，遵循文化多样性原则，运用一切有利技术，在不改变原状的前提下，对遗址进行整体保护。锚固是稳定性控制的关键技术，从最初薄壁钢管的尝试，到白蜡杆、楠竹锚杆、复合锚杆、GFRP 等，经历了筛选试验研究和工程实践，最终业界普遍认为玻璃纤维锚杆更加适宜于土遗址锚固。

3.1.1　土遗址常用锚杆体系需求分类

柴新军等利用微型土钉（竹签锚杆）微型化学注浆技术加固土质古窑；赵冬等利用土工长丝进行小型土建筑遗址夯土墙体的加固；王旭东等利用木锚杆对堆土式建筑进行加固；张景科、任非凡等分别利用木锚杆系统、楠竹锚杆系统、复合锚杆系统、玻璃纤维锚杆系统进行夯土构筑物加固；基于对于土遗址锚固系统进行梳理分析，得到土遗址领域使用的锚杆锚固基本情况，如表 3-1 所示。

表 3-1　土遗址锚杆分类表

<table>
<tr><th colspan="2">锚杆类型</th><th>杆长</th><th>直径</th><th>锚固浆液</th><th>应用范围</th></tr>
<tr><td colspan="2">竹签锚杆</td><td>5～20cm</td><td>宽、厚 5～15mm</td><td>PS-C</td><td>遗址本体，剥离体厚度不大于 150mm</td></tr>
<tr><td colspan="2">木锚杆</td><td>0.5～2.0m</td><td>粗端 3～4cm
细端 2～3cm</td><td>PS-（C+F）
或烧料礓石改性粉土</td><td>遗址本体，剥离体厚度介于 150～1000mm</td></tr>
<tr><td colspan="2">楠竹锚杆</td><td>0.5～2.5m</td><td>粗端 3～4cm
细端 2～3cm</td><td>PS-（C+F）
或烧料礓石改性粉土</td><td>遗址本体，剥离体厚度介于 150～1000mm</td></tr>
<tr><td rowspan="3">玻璃纤维锚杆</td><td>灌浆型锚杆</td><td>0.5～9m</td><td>16～25mm</td><td>10% 的烧料礓石改性粉土，不在不大于 2m 范围内安设对中支架</td><td>遗址本体，不小于 30cm 濒危体</td></tr>
<tr><td>非灌浆玻璃纤维螺旋式锚杆</td><td>不大于 1m</td><td>5～20mm</td><td>无浆液</td><td>遗址本体，剥离体厚度不大于 150mm</td></tr>
<tr><td>非灌浆螺旋式膨胀锚杆</td><td>0.5～2.0m</td><td>10～30mm</td><td>无浆液</td><td>遗址本体，剥离体厚度不大于 150～500mm</td></tr>
<tr><td rowspan="3">复合锚杆</td><td>钢筋</td><td>1～15m</td><td rowspan="3">粗端 10～12cm
细端 9～11cm</td><td>水泥锚固浆液</td><td>遗址载体，小于 3m 濒危遗址</td></tr>
<tr><td rowspan="2">钢绞线</td><td>1～15m 单</td><td>水泥锚固浆液</td><td>遗址载体，小于 3m 濒危遗址</td></tr>
<tr><td>5～15m 双</td><td>水泥锚固浆液</td><td>遗址载体，3～10m 濒危遗址</td></tr>
<tr><td colspan="2">土工长丝</td><td>0.8～1.5m</td><td>呈带状</td><td>有机硅改性丙烯酸树脂</td><td>小型建筑遗址墙体</td></tr>
</table>

由土遗址锚固系统梳理分析可知，土遗址锚固系统的需求可以通过两种方式进行判断：①根据剥离体的体量选择不同的锚固形式；②根据不同建筑形式选择不同的锚固形式。而通过不同建筑形式选择，主要集中在建筑遗址墙体的规模上，因土遗址年代都较为久远，所能残存至今的土遗址大部分均规模较大，体量宏伟，小型土遗址则出现较少，对于干燥类土遗址遗迹更是如此。

3.1.2　土遗址锚杆系统特性需求分析

20 世纪 90 年代以来，我国的预应力岩土锚固技术从理论研究、技术创新、工艺改良、材料开发、设备配套到工程应用都得到了飞速发展。其主要发展趋势集中在：

1）高性能锚杆的研发、生产及应用。研发主要集中在对锚杆承载力、寿命和与锚固体协调性等性能的要求。而锚杆生产的批量化、规范化、标准化的提高也利于锚固系统成本的降低。

2）应用于复杂地层的轻型、高效、快速及多功能钻机及测试设备的研发。

3）开发锚杆新品种和新工艺，加强锚杆及配套设备的标准化生产。

4）加强锚杆长期工作性能与锚固工程的安全评价、研发集成的锚固质量检测仪器和检测设备，加强施工控制控制和工程可靠性检测工作。

5）加强锚杆预应力损失的控制和防腐新技术的研究。

6）开发不同地质条件下锚喷支护设计的专家系统。

对于土遗址锚固而言，锚杆锚固系统具有一定特殊性。经过多年发展，在土遗址保护中形成了“不改变原状、最小干预、最大兼容、保留遗址信息”的保护理念。而土遗址锚固中常用的竹签锚杆、木锚杆、楠竹锚杆、楠竹复合锚杆、玻璃纤维锚杆等类型锚固系统，都是在土遗址加固体中起到加筋作用，以期在最小干扰的情况下尽量原状保持土遗址原有风貌，且这些锚杆基本属于全长黏结型或者类全长黏结型锚固系统，均无需张拉、不利用土遗址本体强度、插入土遗址体中利用加筋作用来提高土遗址强度。对比对穿锚杆（索）、预应力锚杆（索）等需要利用本体强度进行锚固的系统，全长黏结性锚固系统具有无须考虑锚固浆液徐变、锚索松弛等锚固病害对遗址产生二次破坏的优势。因此，全长黏结型锚杆系统的施工工艺是十分契合土遗址保护加固理念的。

由于土遗址锚固兴起时间较短，其施工工艺仍有需要完善的地方，结合传统岩土工程锚固技术的发展，土遗址锚固施工工艺的发展需求可作如下总结：

1）新型锚杆的研发、生产及应用。新型锚杆的研发主要集中在对锚杆与遗址体的协调性与耐久性，锚杆生产及应用向标准化、规范化发展。

2）应用于复杂遗址体的轻型、高效、快速、平稳、小扰动及多功能钻机及灌浆设备的研发。

3）加强锚杆长期工作性能与锚固遗址体的安全评价体系，研发集成锚固质量检测仪器和检测设备，加强施工控制和工程可靠性检测工作。

4）结合濒危岩土体文物属性，开发土遗址锚固设计与评价的专家系统。

3.2　土遗址锚杆锚固系统

3.2.1　竹签微型锚杆锚固系统

竹签微型锚杆锚固系统结构形式为非预应力全长黏结式，通过遗址体—浆体—锚杆三个界面的力学作用达到稳定外侧濒危遗址体的目的。锚杆杆体长度 5～20cm，宽度 1～3cm，厚度 8～15mm。杆体为楠竹（或毛竹）经过切削后制作而成，一般从楠竹的粗端、中部选材，尽量在竹节密度较大处。孔径 3～5cm，斜插角 3°～5°。浆液采用 PS-C（即模数为 3.7～3.8 的硅酸钾溶液与当地粉土混合，水灰比 0.4～0.6）。

竹签微型锚杆锚固系统主要用于遗址表面片状剥离体或表层空鼓（剥离体厚度不大于 150mm）。

3.2.2　楠竹锚杆锚固系统

楠竹锚杆锚固系统杆体长度 0.5～2.5m，粗端直径 5～7cm，细端直径 3～5cm。杆体为楠竹（或毛竹）经过切削后制作而成，一般从楠竹的粗端、中部选材，尽量在竹节密度较大处，同时保证所制作的楠竹顺直，无疤痕。孔径 7～9cm，斜插角 5°～10°。浆液采用 PS-（C＋F）（模数为 3.7～3.8 的硅酸钾溶液与当地粉土、粉煤灰混合，水灰比 0.4～0.6，C：F＝1）。

楠竹锚杆锚固系统主要用于遗址表面片状或块状剥离体（剥离体厚度介于 150～1000mm）。

3.2.3　木锚杆锚固系统

木锚杆锚固系统杆体长度 0.5～2m，粗端直径 3～6cm，细端直径 2～4cm。杆体为白蜡杆经过切削后制作而成，一般从杆体的粗端、中部选材，同时保证所制作的木锚杆顺直，无疤痕。孔径 5～7cm，斜插角 5°～10°。浆液采用 PS-（C＋F）（模数为 3.7～3.8 的硅酸钾溶液与当地粉土、粉煤灰混合，水灰比 0.4～0.6，C：F＝1）。

木锚杆锚固系统适用对象主要为遗址表面片状或块状剥离体（剥离体厚度介于 150～1000mm）。

3.2.4　复合锚杆锚固系统

复合锚杆又称之为楠竹加筋复合锚杆，根据所加筋体的类型不同又分为加普通螺纹钢复合锚杆和加钢绞线复合锚杆两种类型。锚固材料包括杆体、浆体、对中支架与锚具。根据加固需要，杆体长度可为 1～15m。

（1）筋体为普通螺纹钢的复合锚杆

杆体由两片楠竹、复合填充料、直径 16～22mm 的普通螺纹钢组成，钢筋处于杆体的中部，两片楠竹对接成圆形，内部充填复合填充料，用钢丝进行捆扎，杆体直径 60mm。楠竹选用无伤痕、无断裂、顺直的毛竹，经过切削加工后，内外表面均涂抹环氧树脂；复合填充料为粉煤灰、环氧树脂、石棉、酒精与固化剂的混合物；钢筋采用强度等级为 HRB335，端部外露 200mm。锚杆外表面包裹一层玻璃丝布，并用环氧树脂进行涂抹粘接。对中支架采用环形的 4 分钢管绑扎而成。锚具采用锚板与外露钢筋焊接的方式，根据杆体长度的不同，锚板采用边长为 150～300mm 的正方形钢板，厚度 16mm。锚孔孔径 120mm，斜插角 10°～15°。注浆体为水泥砂浆，水泥型号采用 32.5R，灰砂比 1：1，水灰比 0.4～0.6。锚杆端部采用涂抹沥青漆的方式防腐。

（2）筋体为钢绞线的复合锚杆

筋体为钢绞线的复合锚杆：杆体由两片楠竹、复合填充料、7Φ5mm 的钢绞线（抗拉强度 1860MPa）组成，钢绞线处于杆体的中部，两片楠竹对接成圆形，内部充填复合填充料，用钢丝进行捆扎，杆体直径 90mm。楠竹选用无伤痕、无断裂、顺直的毛竹，经过切削加工后，内外表面均涂抹环氧树脂；复合填充料为粉煤灰、环氧树脂、石棉、酒精与固化剂的混合物；钢绞线端部外露 200mm。根据加固的需要，可选择加一根或两根钢绞线。锚杆外表面包裹一层玻璃丝布，并用环氧树脂进行涂抹粘接。对中支架采用环形的 4 分钢管绑扎而成。锚具采用 HQM 型夹具，根据杆体长度的不同，锚板采用边长为 150～300mm 的正方形钢板，厚度 16mm。锚孔孔径 150mm，斜插角 10°～15°。注浆体为水泥砂浆，水泥型号采用 42.5R，灰砂比 1：1，水灰比 0.4～0.6。锚杆端部采用涂抹沥青漆的方式防腐。

因加钢筋复合锚杆和加单根钢绞线复合锚杆的控制长度在 1～5m，因此它们适宜于加固宽度小于 3m 濒危遗址体，以保证足够的锚固深度；加两个钢绞线的复合锚杆的控制长度在 5～15m，适宜于加固宽度 3～10m 的濒危土遗址体。

3.2.5　GFRP 锚杆锚固系统

GFRP 锚杆锚固系统采用玻璃纤维聚合物杆体作为锚杆，该杆体强度高、重量轻。高性能的玻璃纤维锚杆的抗拉强度可达到钢质锚杆的 1.5 倍；重量为同种规格钢质锚杆的 1/4～1/5；玻璃纤维杆体安全性好，防静电、阻燃、高度抗腐蚀、耐酸碱、耐低温等优点。常用土遗址玻璃纤维杆体长度 0.5～9m，杆体直径 16～25mm。孔径 5～7cm，斜插角 5°～10°。浆液采用 PS-（C＋F）（模数为 3.7～3.8 的硅酸钾溶液与当地粉土、粉煤灰混合，水灰比 0.4～0.6，C：F＝1）或水泥砂浆（水泥型号采用 42.5R，灰砂比 1：1，水灰比 0.4～0.6）。GFRP 锚杆锚固系统适宜于宽度不小于 30cm 的濒危体的锚固。

3.3　土遗址锚杆锚固系统的设计方法

对于锚杆锚固系统的设计，因岩土介质形成的地质年代、分布区域、构造特征的复杂多样及锚杆的空间分布位置、环境因素等影响，锚固工程在锚固机制、设计理论及计算本身都有一定的局限性。目前，大多数锚固工程的设计仍采用工程类比法或半理论、半经验的方法且注重传统经验。

土遗址常用锚杆其类型基本上全部属于全长黏结型锚杆。对于全长黏结型锚杆而言其定量设计方法一般分为两种：即基于锚杆受力情况进行设计和基于锚固系统变形协调进行设计。

在进行基于受力情况进行设计时，全长黏结型锚杆一般被划归为被动型锚杆，被动型锚杆设计一般分为“拉力型”被动锚杆和“剪力型”被动锚杆。对于“拉力型”被动锚杆，其设计一般依据锚杆达到抗拉极限屈服状态设计；对于“剪力型”被动锚杆，其设计一般依据锚杆达到抗剪极限状态设计。在常规设计计算中一般依据上述原则，由此可得相应锚杆加固作用计算公式：

“拉力型”被动锚杆对结构面的极限抗剪力：

$$C=N_0\sin\theta+N_0\sin\theta\tan\varphi \quad (式\ 3\text{-}1)$$

“剪力型”被动锚杆对结构面的极限抗剪力：

$$C=\mu N_0 \quad (式\ 3\text{-}2)$$

式中，N_0—杆体的极限抗拉轴力；

μN_0—杆体的极限抗剪力；

φ—结构的摩擦角；

θ—锚杆与结构面法向的夹角。

在上述基于受力情况进行的设计中，其假设虽具有一定的合理性，但是该种设计方法并没有考虑锚杆与节理岩体相互作用。实际上，在锚固结构面的变形过程中，由于锚杆与岩土体相互作用，结构面附近的锚杆不仅在薄弱层面厚度范围内发生了变形，而且在一个相当大的区域内（约为锚杆直径的 3～4 倍的区段内）也发生明显的变形。

基于锚固系统变形协调进行设计的方法则分析通过被动锚杆的受力情况和加固节理岩体的效果，给出了全长黏结型锚杆的设计计算方法。对于全长黏结型锚杆来说，其加固作用在于提高了结构面的“等效黏结力”，即结构面等效黏结力值得到了提高，通过计算结构面上各排锚杆对结构面所能提供的抗剪能力，即可得出整个滑面所提供的最大抗滑力。此时假设当该边坡沿滑移面上各根锚杆杆体本身均发生屈服，这时层面各根锚杆对层面提供的抗剪能力均达到极限值。

3.3.1　土遗址本体设计安全系数

土遗址本体设计安全系数参照表 3-2 中的规定执行。

表 3-2　土遗址本体设计安全系数表

土遗址等级	全国重点文物保护单位	省级文物保护单位	市县级文物保护单位和未定级遗址
安全系数 k	$1.15<k\leqslant 1.30$	$1.10<k\leqslant 1.15$	$1.05<k\leqslant 1.10$

3.3.2　抗滑移、倾倒锚固力计算

3.3.2.1　滑移破坏锚固力

加入锚杆后，根据抗滑力和下滑力受力分析，得出安全系数为 2.5 时加固所需的

锚固力，如下式：

$$N_t=\frac{K\left[G\sin\alpha+(F+P)\cos\alpha\right]-\left[G\cos\alpha-(F+P)\sin\alpha\right]\tan\varphi-cl}{\cos\theta\cos\alpha} \quad （式 3-3）$$

式中：

N—抗滑移锚固力，单位为 kN；

K—稳定性系数；

G—裂隙所切割的块体的重力，单位为 kN；

α—滑动面坡角，单位 °；

φ—内摩擦角，单位 °；

θ—锚杆倾角，单位 °；

F—裂缝处静水压力，单位 kN；

d—裂隙深度，单位 m；

c—内聚力，单位 kPa；

l—滑动面长度，单位 m；

P—土体所受到的地震力，单位为 kN。

3.3.2.2　倾倒破坏锚固力

加入锚杆后，根据弯矩平衡分析，得出安全系数为 2.5 时加固所需的锚固力，如下式：

$$N_t=\frac{K(Ph/2+Fh/3)-Gb}{K\cos\theta\times h/2} \quad （式 3-4）$$

式中：

N—抗倾倒锚固力，单位为 kN；

K—稳定性系数；

G—危险块体的重力，单位 kN；

θ—锚杆倾角，单位 °；

b—危险块体的重力力臂，单位 m；

h—裂隙高度，单位 m；

F—裂缝处静水压力，单位 kN；

P—土体所受到的地震力，单位为 kN。

3.3.3　锚杆根数计算

1）$L=Nt/C$，可根据不同锚杆的锚固力和抗滑移、倾倒锚固需求抗力，计算锚固区域锚固长度。

2）根据锚固区域面积按照锚杆间距不小于 2.5m，锚固深度的要求，布设总锚固长度＞计算锚干长度。

3）根据总长度和计算锚杆长度调整锚杆锚固深度和空间布置，直至符合 2）中的要求。

3.4　土遗址锚杆锚固系统施工工艺

自从 20 世纪 90 年代初，敦煌研究院开始探索我国西北干旱半干旱区土遗址加固中的锚固技术，最初借鉴其他领域的成熟锚固技术——金属锚杆锚固，经现场试验后发现其不适于土遗址本体的锚固。主要原因在：①金属锚杆的刚度远远大于经过数千年风化的土体，弹性模量和泊松比与土体的差异极大，造成在受力机制上出现变形不协调，相应的锚固效果极不理想。②采用金属锚杆需采用水泥砂浆作为浆体材料，而水泥砂浆材料是在古遗址本体加固中一般不予采用的材料（因水泥砂浆和遗址土体兼容性较差）；同时，凝固后的浆体与周围土体介质物性差别较大，在受力过程中产生不协调变形，容易发生锚固失效。③金属锚杆的锈蚀问题难以解决，被加固的遗址体已有近千年的历史，而金属锚杆的寿命相比之下极为短暂。随后，团队从传统建筑工艺的科学化为出发点，在西夏陵开始尝试采用白蜡杆（即木质杆材）作为杆体，用 PS-（C+F）作为注浆材料，力学机制为全长黏结型拉力锚固系统，取得了较为理想的锚固效果。

从土遗址锚固发展的大致历程可以看出，土遗址的加固最终还是需要基于传统的建筑材料和工艺进行加固，方能达到我国文物保护准则和加固的要求。其研究思路与目前我国文化遗产保护领域中倡导的传统保护材料及工艺科学化研究不谋而合。

3.4.1　土遗址锚固施工工艺概述

由于土遗址锚固加固保护是借鉴现代岩土工程锚固技术，故无论是木锚杆锚固系统、楠竹锚杆锚固系统、玻璃纤维锚杆锚固系统，还是楠竹加筋复合锚杆锚固系统等土遗址用锚杆锚固系统，其设计思路、施工工艺等都与其较为相似。竹签锚杆锚固系统、土工长丝锚杆锚固系统也在土遗址加固领域中进行了有益的尝试，其施工工法虽然较新颖，但整体来看，这种微细锚杆施工工艺也可大致与常用锚杆相类似，且在土遗址中此系列锚杆并未大面积应用。基于常用土遗址锚杆锚固系统及相关著作，可将土遗址锚杆锚固系统施工工艺进行如下梳理：

（1）现场准备

画孔位大样图，并进行编号，以便施工、记录、检查、存档使用，搭脚手架。

（2）定位放线

根据设计图纸，由专人统一放线，一次性完成。孔位确定后应标定明显，做好记录，绘制样图，各部门应复核。

（3）成孔

成孔即进行钻孔、清孔。锚杆孔一般可分为两类：一类是荷载较小的短锚杆的钻孔（孔径小于 45mm，长度小于 4.0m）；另一类是传递较大拉力的长锚杆（直径为 60～168mm，长度为 5.0～50m）。锚杆成孔前应复查孔位，钻孔的偏差不得超过 5cm；采用螺旋钻成孔，钻头直径不小于设计孔径；孔深应比锚杆设计长度长 100mm。根据不同锚固系统，钻孔时应对钻孔倾角进行控制：竹签锚杆倾角为 3°～5°、楠竹锚杆倾角为 5°～10°、木锚杆倾角为 5°～10°、复合锚杆倾角为 10°～15°。

对小直径浅孔，使用手动螺纹钻钻机即可。对大直径长锚杆钻孔，可以用风钻钻进，钻机的选用应根据所钻凿的地层性质、钻孔直径和深度、钻机安放空间条件等因素确定。钻孔时，应根据放线孔位位置固定钻机，按设计倾角以简易罗盘测定钻机倾角和方位，使钻机钻杆与加固岩体内的裂隙面垂直，误差不超过设计要求值。开孔应采用重压慢转，待钻具稳定后再正常钻进，以防出现钻头下垂，逐步偏离原来的直线。锚杆成孔全部采用无水干钻，钻孔深度需满足设计深度，并超钻一定深度。对于长锚杆钻孔采用机械钻孔时，为减少机械振动对崖体稳定性产生破坏，应采用轻型、高频钻机冲击钻进，在崖体风化严重部位，首先采用合金钻头或牙轮钻头开孔，准确定位，避免震动，确保文物安全，待通过强风化层后再以冲击方式钻进或用齿轮钻头旋转钻进。在钻进施工过程应对钻孔进行探测，准确判断隐蔽裂缝位置。

在施工过程中要求顶部第一排必须坚持“一孔一锚”、“跳跃钻孔”、“必要停工”等原则。在钻进施工过程中还应由现场人员分析、统计，特殊情况必须提交监理报业主请求设计代表参加进行动态设计，确保锚杆结构的工程作用有效性。

钻孔完成后，利用洛阳铲进行清孔，而后应当使用有一定风压的鼓风机，将钻孔残留的虚土、杂质清理干净，以防止对之后锚固施工产生干扰。对于细部应用吹瓶清理干净。清孔完成后，对锚孔进行复测，检核锚孔是否达到设计要求。

（4）孔壁固化

对于木锚杆、楠竹锚杆、复合锚杆、玻璃纤维锚杆，在成孔完成后应用模数为 3.7～3.8 的 5%PS 浆液进行渗透加固、固化孔壁。对于土工长丝而言应用 5% 有机硅改性丙烯酸树脂乳液渗透加固、固化孔壁。

（5）锚杆系统安装（插杆、灌浆和补浆）

短锚杆安装先灌浆后插杆，长锚杆先利用对中器插杆，后灌浆。锚固灌浆时施工变形监测对于安全、快速施工具有重要意义，因此施工过程中应进行变形监测。

对土工长丝锚杆来说，孔壁固化后，将锚杆插入注浆管中，然后将注浆管插入锚杆孔底部，用注浆机开始注浆，边注边退，锚杆将与浆液一起注入孔中，直至注满。锚杆锚固完成后养护 30 天即可。

对楠竹锚杆来说，灌浆采用注入 PS-C 锚固浆液，浆液采用模数为 3.7、浓度为 12%PS 与粉土、按水灰比 0.55～0.6 配置。注浆后应随即插入锚杆，待浆液初凝时再次击入杆体，以保证杆体与孔壁的锚固力。

对木质锚杆来说，安置锚固系统时，采取稳定措施临时支护被锚固遗址体，密切注意被锚固遗址体的性状，采取适度的力度，严防出现遗址土塌落，利用注浆泵或人工倾倒等方式进行注浆，浆液饱满后立即插入杆体，粗端在里，细端在外，插入过程中要控制锚杆杆体尽量保持在锚孔的中间，在孔口位置进行补浆。

对楠竹加筋复合锚杆来说，楠竹加筋复合锚杆选用竹竿直径为 90mm，串通节处内隔膜后，内插钢绞线制成，锚固段不小于 5.0m，粗端朝外，沿锚杆轴线方向每隔 1.5～2.0m 设置一个定位支架。锚杆制作完毕应报请现场监理验收且锚杆安装完毕不得随意敲击。灌浆采用水泥砂浆，水泥砂浆配合比水泥：砂：水＝1：1：0.43，水泥标号为 42.5R，其强度等级不宜低于 M10。灌浆材料应拌和均匀，随伴随用，过期浆液不得使用。

对玻璃纤维锚杆来说，采用质量分数为 10% 的烧料礓石改性粉土配成水灰比为 0.4 的浆液进行灌浆。注入浆液后应立即插入锚杆，待聚液初凝前再次击入杆体，击打过程中尽量避免对遗址本体的扰动，并保证锚杆的锚固力。根据描板的尺寸以锚杆中心为中心凿槽，深度 30mm 左右，并保持表面的平整。

（6）封锚与表面处理

文物保护要求遵循“不改变文物原状和尽量少干预的原则”。故而在锚固之后应当对表面进行处理。对于利用烧料礓石浆液的，可直接用 10% 烧料礓石改性粉土，按水灰比 0.3～0.4 配制成泥浆，抹 3～4 遍。对于利用水泥砂浆的，在锚杆孔内砂浆达到设计强度，对锚杆孔进行封闭，封闭时以水泥砂浆填平锚孔周围空间。对于利用 PS 浆液的锚孔封闭后用 3%PS 遗址土调制的泥浆抹平做旧。对于利用有机硅改性丙烯酸树脂乳液做锚固浆液，锚孔封闭后用 5% 有机硅改性丙烯酸树脂泥浆抹平做旧。

3.4.2　土遗址锚杆锚固系统质量检测

根据《干燥环境土遗址保护加固设计规范》（GBT 36747-2018）5.4.6 之规定：锚杆施工前应进行锚杆基本试验。规范中给出质量检测方法为拉拔试验方法。随着锚杆锚固系统质量检测技术的进步，无损检测试验在土遗址中也逐渐开展起来。土遗址锚杆锚固系统检测方法随着时间的推移也日渐丰富起来。

根据《干燥环境土遗址保护加固设计规范》（GBT 36747-2018）附录 A 之规定，土遗址锚杆锚固系统拉拔试验开展方式如下：

在试验准备阶段，土遗址锚杆锚固系统拉拔试验的锚杆参数、材料及施工工艺应与工程锚杆相同，锚杆试验部位应当选择在隐蔽或者不重要部位进行。每组试验锚杆不少于 3 根。

在试验加载阶段，因遵循如下规则：①最大试验荷载所产生的应力不应超过锚杆杆体强度标准值的 0.8 倍。②土层锚杆试验加载等级与测读锚头位移应遵循下列规定：a）采用循环加载，初始荷载宜取 Afptk 的 0.1 倍，每级加载增量宜取 Afptk 的 1/10～1/15；b）采用循环加载，土层加载等级与观测时间应符合表 3-3 中的规定；c）在每级加载观测时间内，测读锚头位移不应少于 3 次；d）在每级加载观测时间内，当锚头位移增量不大于 0.1mm 时，可施加下一级荷载；不满足时应在锚头位移增量 2h 以内小于 2mm 时，再施加下一级荷载。

表 3-3　锚杆拉拔试验荷载与持荷时间表

<table>
<tr><td colspan="2" rowspan="2">项目</td><td colspan="4">加载（kN）</td><td colspan="3">卸载（kN）</td></tr>
<tr><td>5min</td><td>5min</td><td>5min</td><td>10min</td><td>5min</td><td>5min</td><td>5min</td></tr>
<tr><td colspan="2">单级加载</td><td colspan="4">A（kN）</td><td colspan="3">—</td></tr>
<tr><td rowspan="8">每次循环累计加载量（A · f%）</td><td>初始荷载</td><td>—</td><td>—</td><td>—</td><td>10%</td><td>—</td><td>—</td><td>—</td></tr>
<tr><td>第一循环</td><td>10%</td><td>—</td><td>—</td><td>30%</td><td>—</td><td>—</td><td>10%</td></tr>
<tr><td>第二循环</td><td>10%</td><td>20%</td><td>30%</td><td>40%</td><td>30%</td><td>20%</td><td>10%</td></tr>
<tr><td>第三循环</td><td>10%</td><td>30%</td><td>40%</td><td>50%</td><td>40%</td><td>30%</td><td>10%</td></tr>
<tr><td>第四循环</td><td>10%</td><td>30%</td><td>50%</td><td>60%</td><td>50%</td><td>30%</td><td>10%</td></tr>
<tr><td>第五循环</td><td>10%</td><td>30%</td><td>50%</td><td>70%</td><td>50%</td><td>30%</td><td>10%</td></tr>
<tr><td>第六循环</td><td>10%</td><td>30%</td><td>60%</td><td>80%</td><td>60%</td><td>30%</td><td>10%</td></tr>
<tr><td>单级加载</td><td colspan="4">A kN～?（每级加载 1kN）</td><td colspan="3">—</td></tr>
</table>

试验终止条件：a）后一级荷载产生的锚头位移增量达到或超过前一级荷载增量的 2 倍；b）某级荷载下总位移不收敛；c）锚头总位移超过设计允许位移值。

试验常用指标：a）锚杆试验所得的总弹性位移应超过自由段长度的理论值理论弹性位移的 80%，且应小于自由段长度与 1/2 锚固段长度之和的理论弹性伸长量；b）锚杆的极限承载力应取终止试验荷载的前一级荷载的 95%；将锚杆极限承载力除以安全系数 2.2，即为锚杆抗拔承载力特征值；c）参加统计的试验锚杆，当满足其级差不超过平均值的 30% 时，可取其平均值为锚杆极限承载力。级差超过平均值的 30%，宜增加试验量并分析过大的原因，结合工程具体情况确定极限承载力。

3.4.3　土遗址锚杆施工工艺研究方案

为了查明土遗址锚杆的施工工艺，探索锚固施工质量、锚固力与影响因子之间的关系，选择玻璃纤维锚杆作为锚固系统，利用单因素变量法寻找玻璃纤维锚杆系统施工控制因素，在西夏陵北侧选择一处试验场地（图 3-1）。

本区出露地层主要有：第四系下更新统洪积层、上更新统洪积层、全新统洪积层、全新统冲积层、全新统风积层。测试点出现三个明显地层，表层为上更新统洪积层组成的山前洪积扇群，倾斜平面顶部为粗粒相，其主要为灰黄色、灰褐色灰色块石、碎石、砾石等，分选极差，粒径 0.5～100cm，呈棱角状或次棱角状。二层为浅黄色、灰黄色黏质砂土，夹灰白色、灰黄色砂砾石（图 3-2）。

3.4.3.1　试验仪器

试验仪器有 HC-30 锚杆数显综合拉拔仪、地质罗盘仪、卷尺、温度计。

图 3-1　锚杆拉拔试验位置图

图 3-2　锚杆现场试验图

3.4.3.2 试验方法

锚杆无损检测试验参考《锚杆锚固质量无损检测技术规程》（JGJ/T182-2009）进行。

锚杆拉拔试验参考《干燥环境土遗址保护加固设计规范》（GBT 36747-2018）附录 A 与《岩土锚杆与喷射混凝土支护工程技术规范》（GB50086-2015）进行。

3.4.3.3 研究实施方案

3.4.3.3.1 锚杆施工方案

本次试验采用烧料礓石改性遗址土配成浆液进行灌浆，注入浆液后应立即插入锚杆，插入过程中要控制锚杆杆体尽量保持在锚孔的中间。在施工中，对灌浆时施工变形进行监测以防止对岩土体扰动过大。本次施工灌浆方式采用静力注浆和压力注浆两种注浆方式。

锚杆的基本参数如表 3-4 所示。

表 3-4 锚杆基本参数表

序号	成孔直径（mm）	锚杆直径（mm）	材料比（烧：土）	注浆材料水灰比	注浆方式	注浆压力	是否安设对中支架	对中支架间隔（mm）
1	40	25	1 ： 5	0.55	人工	自重压力	无	无
2	45	25	1 ： 5	0.55	人工	自重压力	无	无
3	40	25	1 ： 5	0.55	人工	自重压力	有	500
4	40	25	1 ： 5	0.55	机械压力	0.4MPa	无	无
5	40	20	1 ： 5	0.55	机械压力	0.4MPa	无	无
6	45	25	1 ： 5	0.55	机械压力	0.4MPa	无	无
7	45	25	1 ： 5	0.4	机械压力	0.4MPa	无	无
8	45	25	1 ： 4	0.4	机械压力	0.4MPa	无	无
9	45	25	1 ： 4	0.45	机械压力	0.4MPa	无	无
10	45	25	1 ： 5	0.4	机械压力	0.3MPa	无	无
11	45	25	1 ： 5	0.4	机械压力	0.4MPa	有	500
12	45	25	1 ： 5	0.4	机械压力	0.4MPa	有	200
13	45	25	1 ： 5	0.4	机械压力	0.4MPa	有	100
14	50	25	1 ： 5	0.4	机械压力	0.4MPa	有	200
15	50	25	1 ： 5	0.4	机械压力	0.4MPa	有	200

3.4.3.3.2 锚杆的拉拔试验方案

拉拔试验应在锚固系统锚固浆液达到设计强度后进行，反力装置应结合钢板进行设置，其承载力和刚度应可以满足最大试验荷载要求。

本次试验采用 HC-30 拉拔试验仪加载，最大张拉力 300kN，加压方式采用手动加压，加载装置和计量仪器（压力表、传感器、位移计等）在试验前应进行计量检定合格，且满足测试精度要求。

1）试验准备。搭设脚手架，平整锚杆外露段底部墙体，使锚杆锚固系统与设备紧密结合。检查试验设备是否可用。

2）安装试验设备。将钢垫板套于锚杆外露段，使其紧贴于锚固系统岩土体；而后，将穿心千斤顶和压力传感器套在锚杆外露段，保证两仪器同心且保证锚杆居中于两者圆心；最后，安装锚固夹具和位移计。

3）加荷。将手压泵的卸荷荷载顺时针拧紧，松动加油螺栓上下摇动压泵杆加压。当压力表达到规定的数值后停止，在规定时长内持荷，并详细做好记录。锚杆基本试验对每组锚杆采用单根单级加载，其余循环加载的方式进行。并符合下列规定：

1）在每次加卸载时间内应测读锚头位移不少于 3 次，对于砂质土、硬黏性土，当锚杆位移小于 0.1mm 时，可施加下一级荷载。

2）加荷、卸荷等级以及测读时间按照《干燥环境土遗址保护加固设计规范》（GBT 36747-2018）附录 A 表 A.1 确定。

拆卸加力装置时必须先卸载。逆时针方向缓慢松开卸荷阀，使压力表降到零位，千斤顶活塞全部缩回方可。现场施工状况如图 3-3 所示。

A. 粗平

B. 精平

C. 开槽

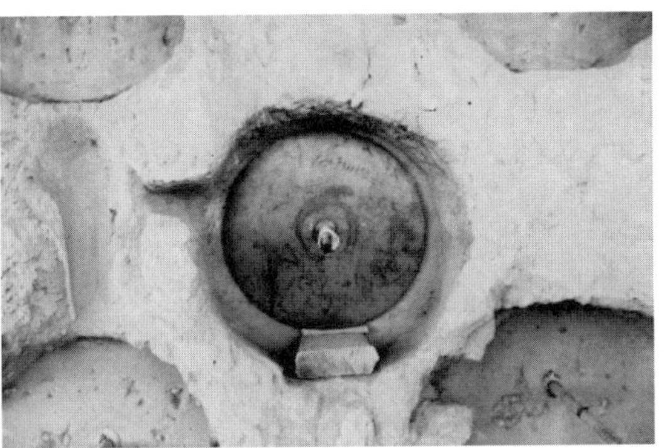

D. 架设钢板

图 3-3　拉拔试验实施过程图

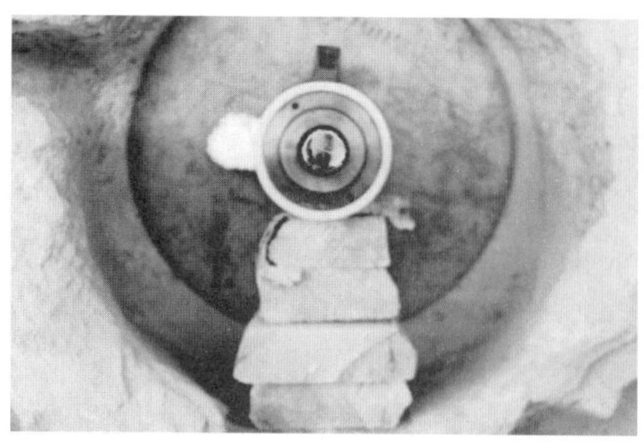

E．架设油缸

F．安装油泵管

G．安装测力计与夹具

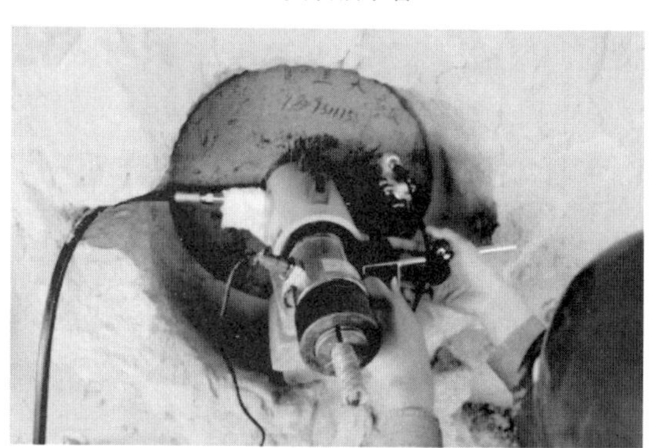

H．安装位移计

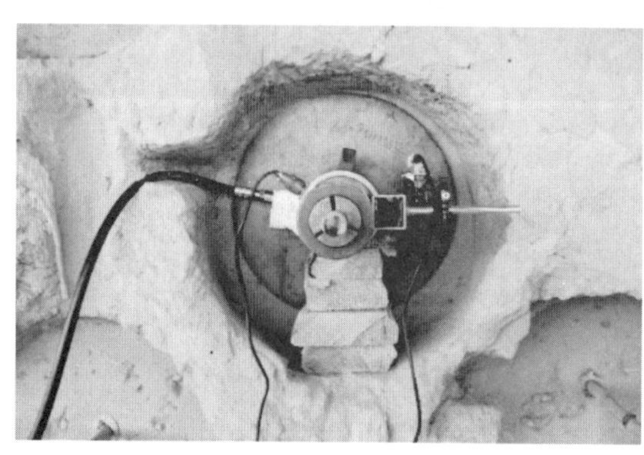

I．安装完成

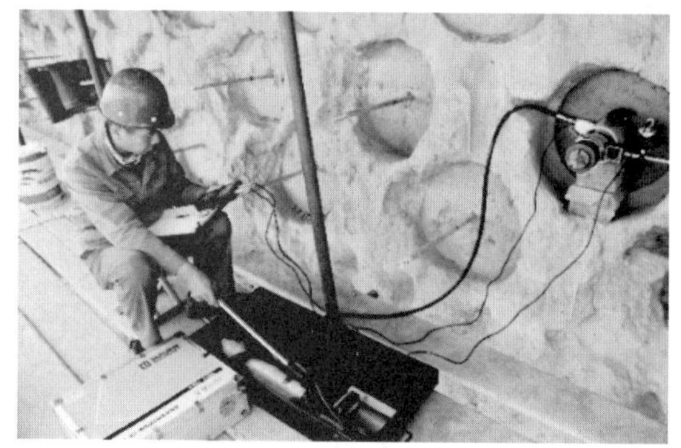

J．拉拔试验

图 3-3（续）

3.4.3.4　拉拔试验检测结果

通过拉拔试验得出 M1～M15 的荷载 - 位移曲线和荷载 - 弹塑性位移曲线，如图 3-4～图 3-14 所示。

3.4.3.5　试验结果分析

3.4.3.5.1　锚杆试验影响因素归类

根据现场大量的施工试验及已有经验，归纳整理了影响锚杆试验的基本因素，如表 3-5 所示。

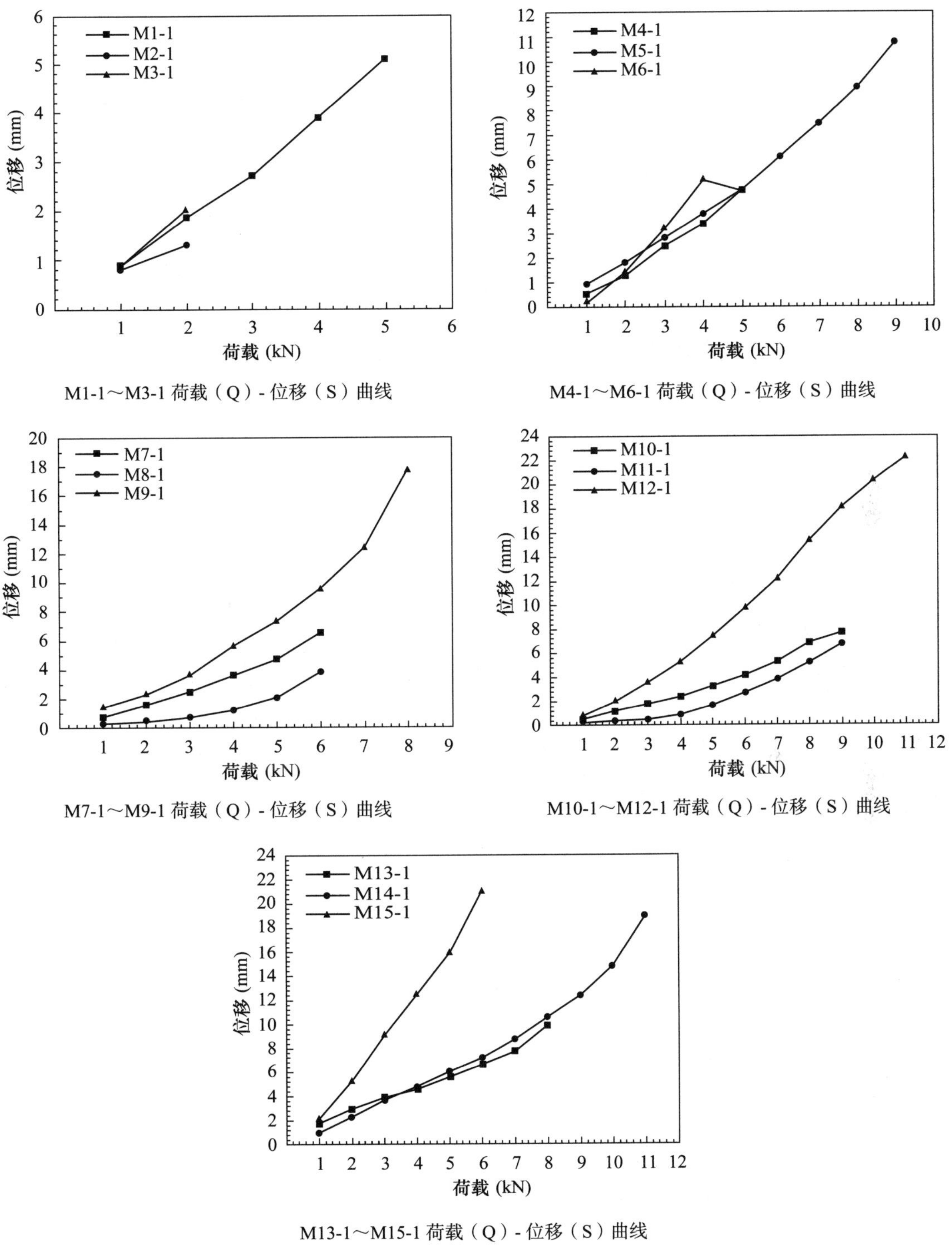

M1-1～M3-1 荷载（Q）- 位移（S）曲线

M4-1～M6-1 荷载（Q）- 位移（S）曲线

M7-1～M9-1 荷载（Q）- 位移（S）曲线

M10-1～M12-1 荷载（Q）- 位移（S）曲线

M13-1～M15-1 荷载（Q）- 位移（S）曲线

图 3-4　单级加载荷载（Q）- 位移（S）曲线

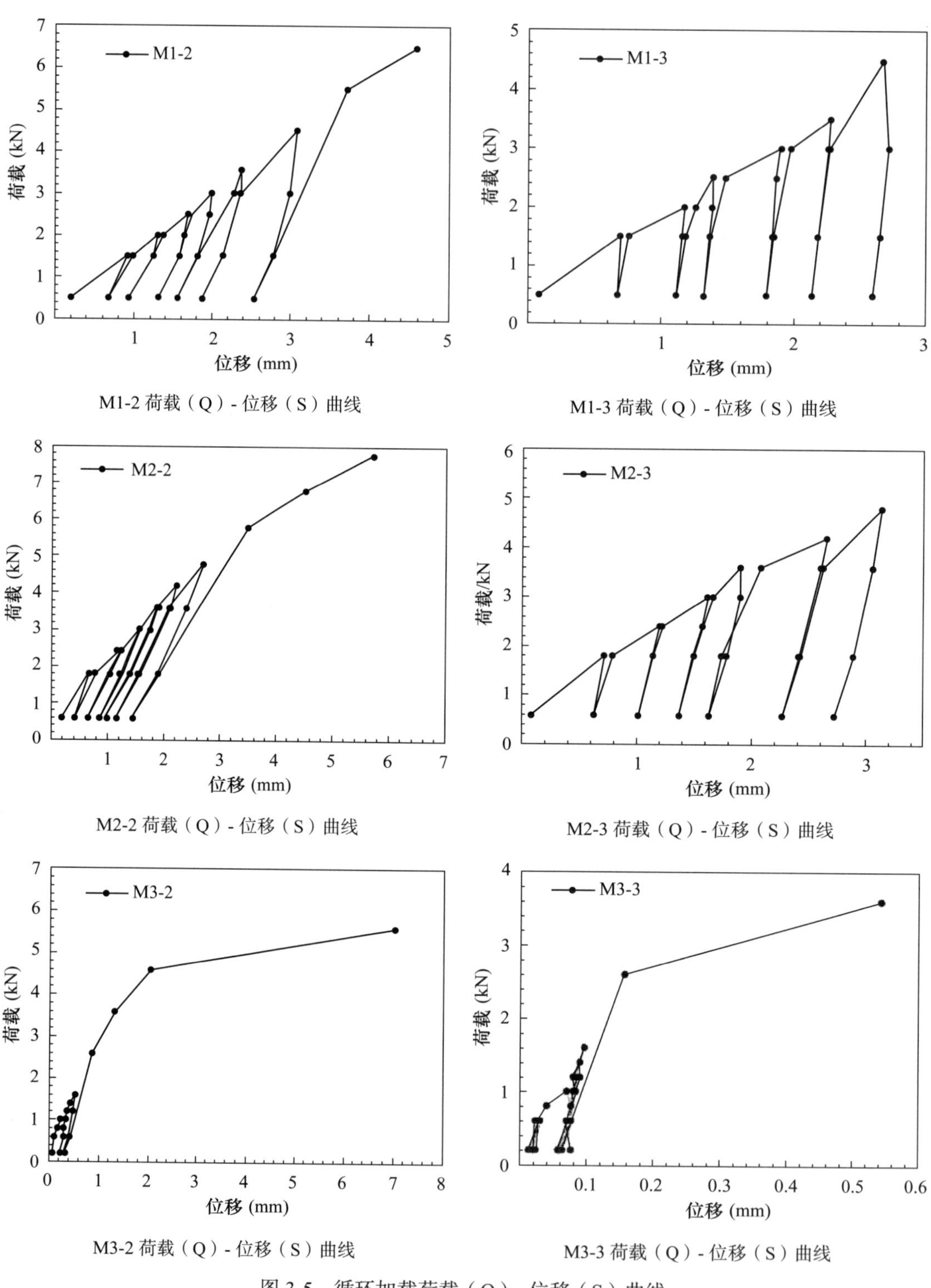

M1-2 荷载（Q）- 位移（S）曲线

M1-3 荷载（Q）- 位移（S）曲线

M2-2 荷载（Q）- 位移（S）曲线

M2-3 荷载（Q）- 位移（S）曲线

M3-2 荷载（Q）- 位移（S）曲线

M3-3 荷载（Q）- 位移（S）曲线

图 3-5　循环加载荷载（Q）- 位移（S）曲线

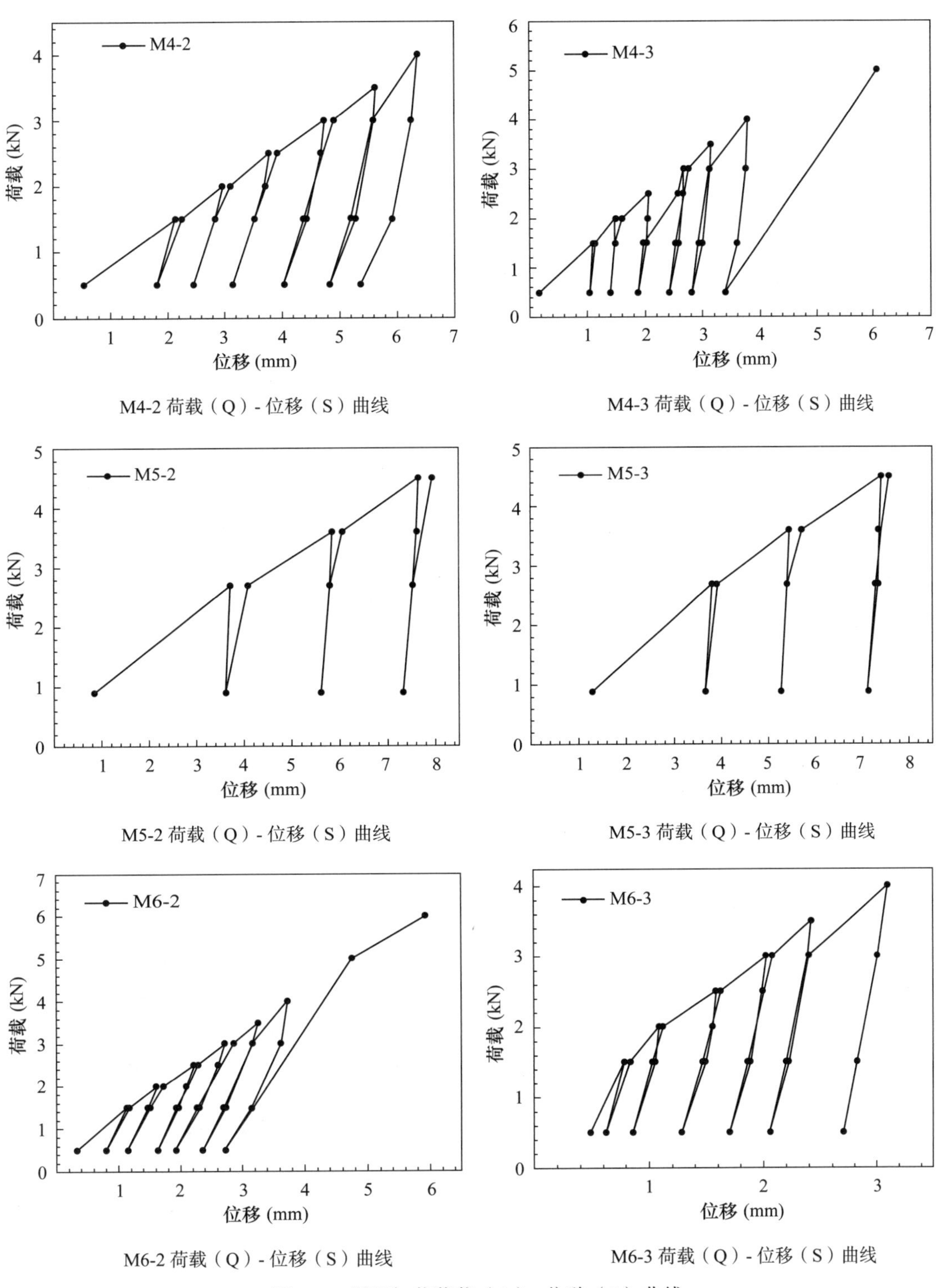

M4-2 荷载（Q）- 位移（S）曲线

M4-3 荷载（Q）- 位移（S）曲线

M5-2 荷载（Q）- 位移（S）曲线

M5-3 荷载（Q）- 位移（S）曲线

M6-2 荷载（Q）- 位移（S）曲线

M6-3 荷载（Q）- 位移（S）曲线

图 3-6　循环加载荷载（Q）- 位移（S）曲线

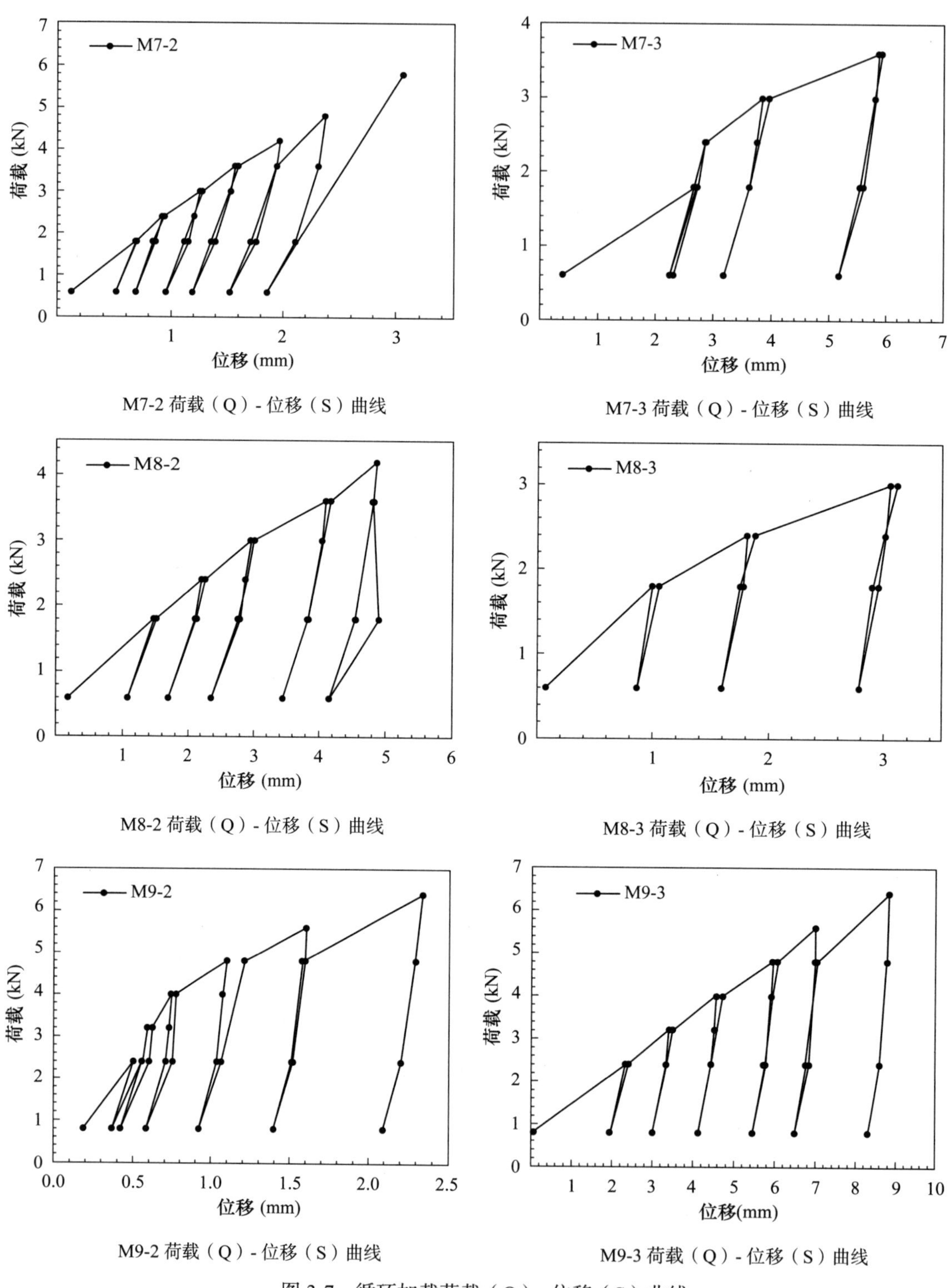

M7-2 荷载（Q）- 位移（S）曲线

M7-3 荷载（Q）- 位移（S）曲线

M8-2 荷载（Q）- 位移（S）曲线

M8-3 荷载（Q）- 位移（S）曲线

M9-2 荷载（Q）- 位移（S）曲线

M9-3 荷载（Q）- 位移（S）曲线

图 3-7　循环加载荷载（Q）- 位移（S）曲线

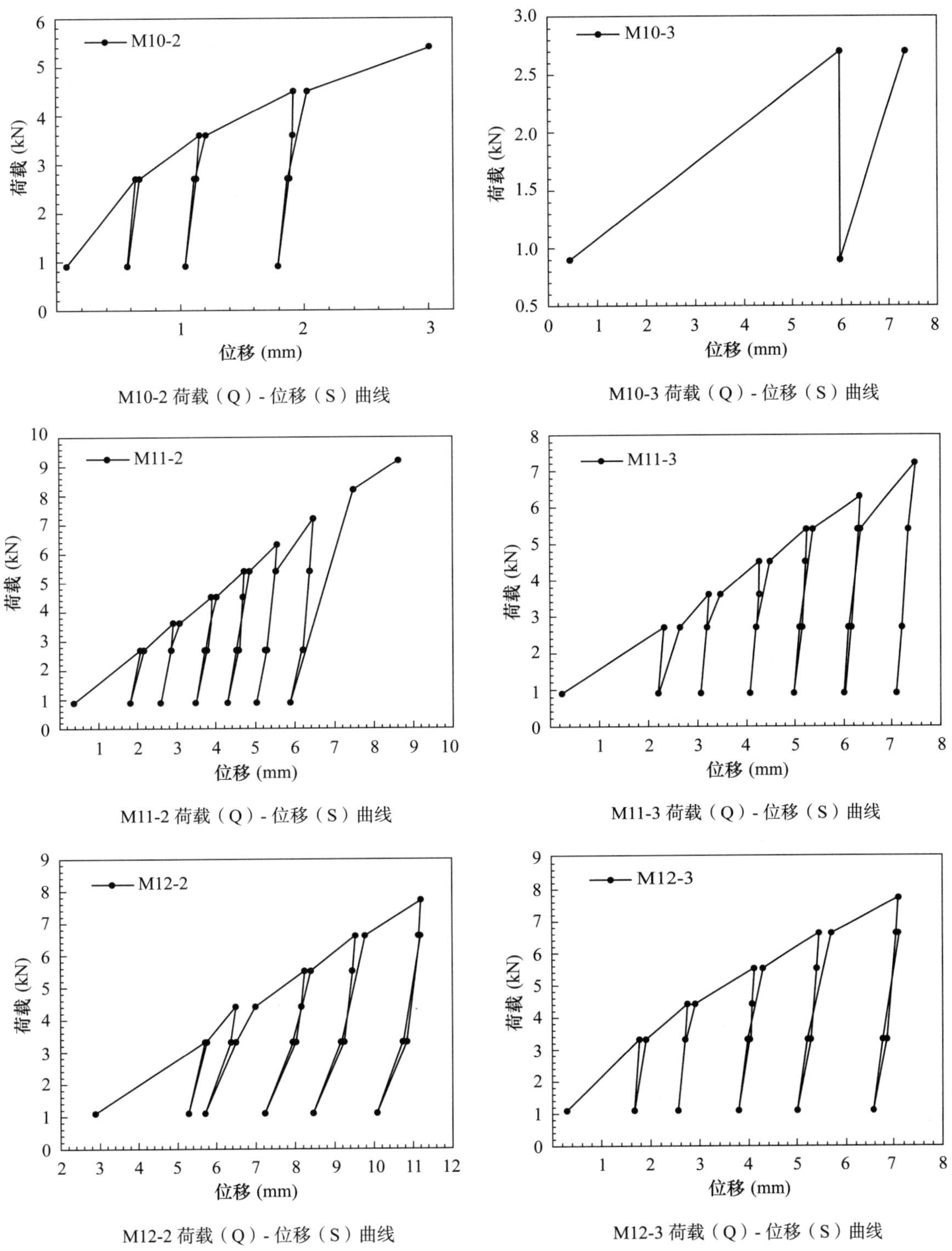

M10-2 荷载（Q）- 位移（S）曲线　　M10-3 荷载（Q）- 位移（S）曲线

M11-2 荷载（Q）- 位移（S）曲线　　M11-3 荷载（Q）- 位移（S）曲线

M12-2 荷载（Q）- 位移（S）曲线　　M12-3 荷载（Q）- 位移（S）曲线

图 3-8　循环加载荷载（Q）- 位移（S）曲线

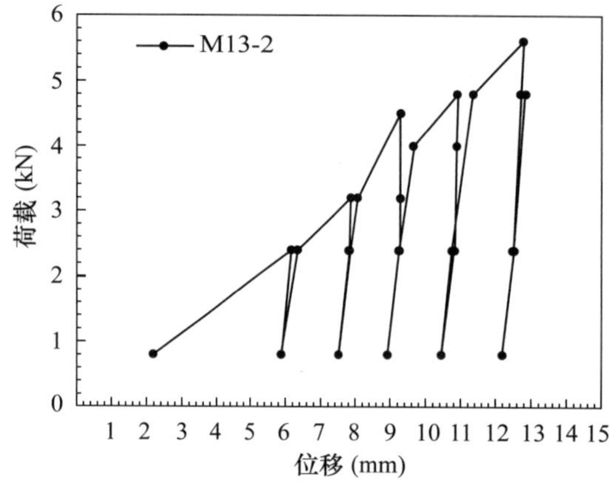

M13-2 荷载（Q）- 位移（S）曲线

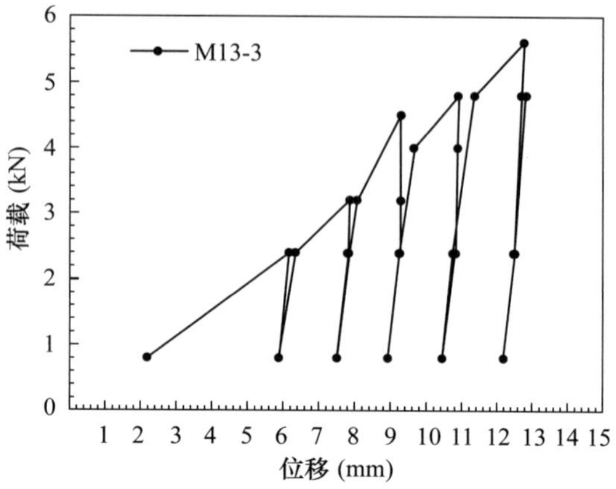

M13-3 荷载（Q）- 位移（S）曲线

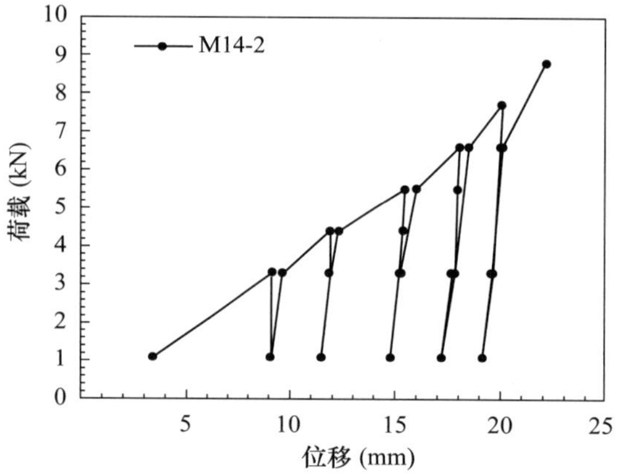

M14-2 荷载（Q）- 位移（S）曲线

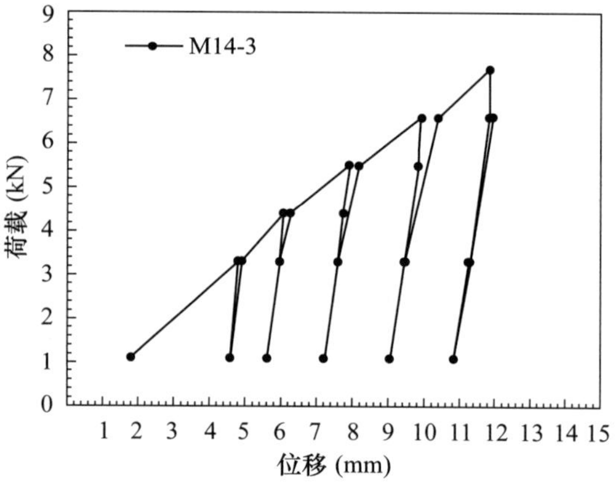

M14-3 荷载（Q）- 位移（S）曲线

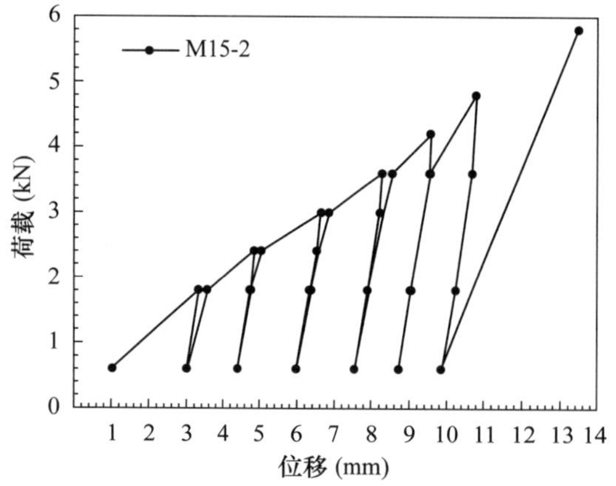

M15-2 荷载（Q）- 位移（S）曲线

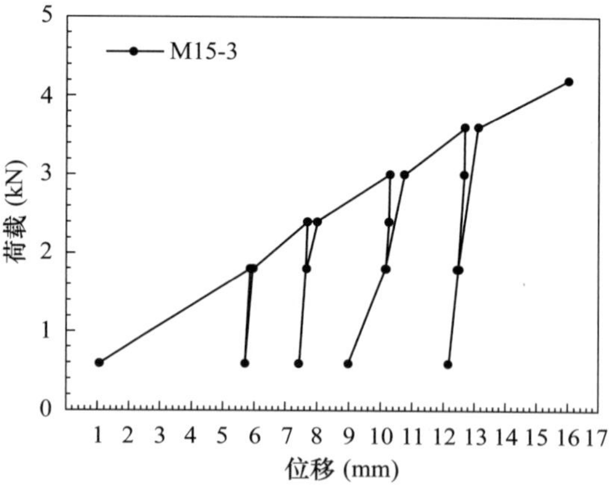

M15-3 荷载（Q）- 位移（S）曲线

图 3-9 循环加载荷载（Q）- 位移（S）曲线

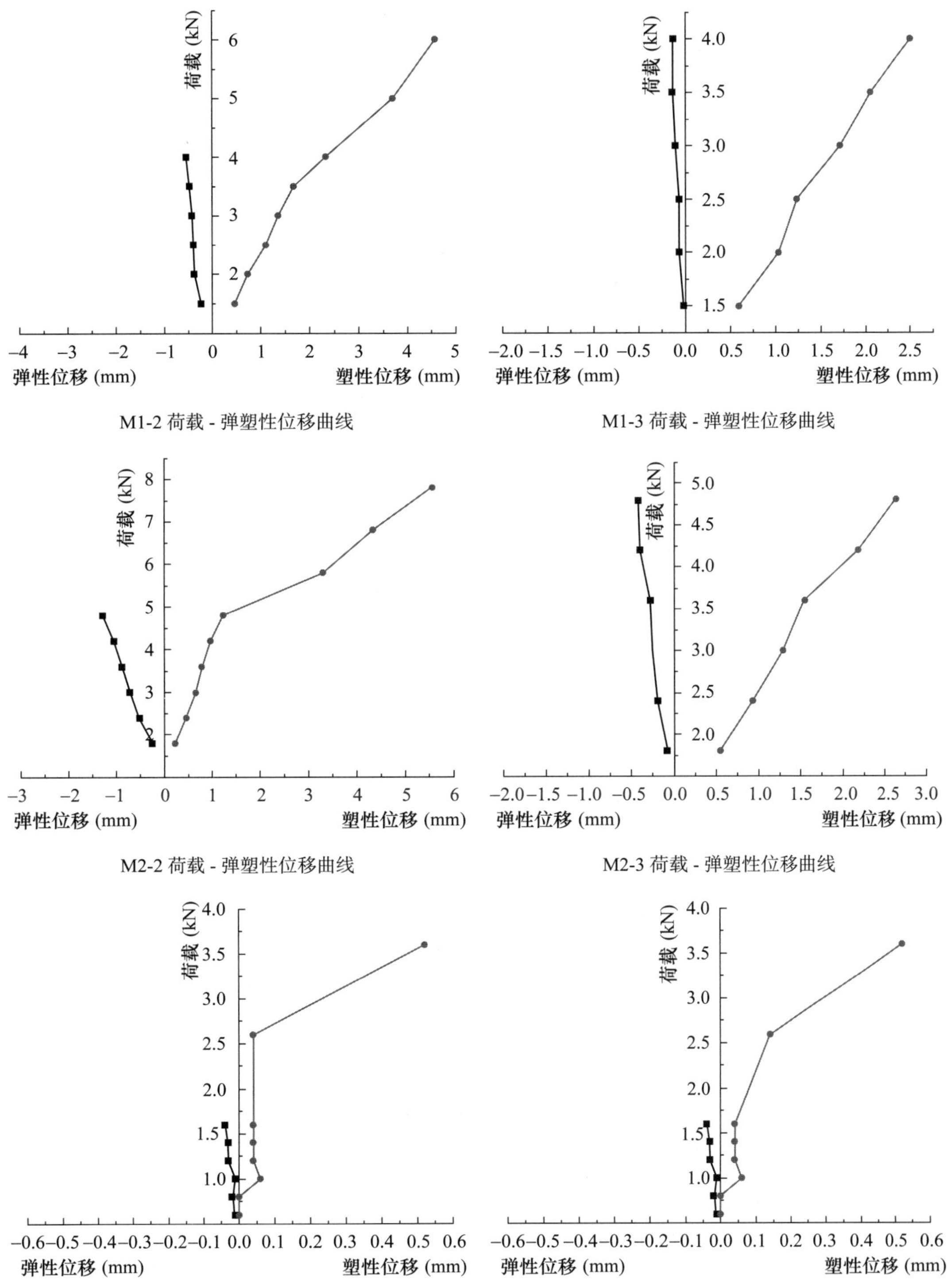

图 3-10　循环加载荷载 - 弹塑性位移曲线

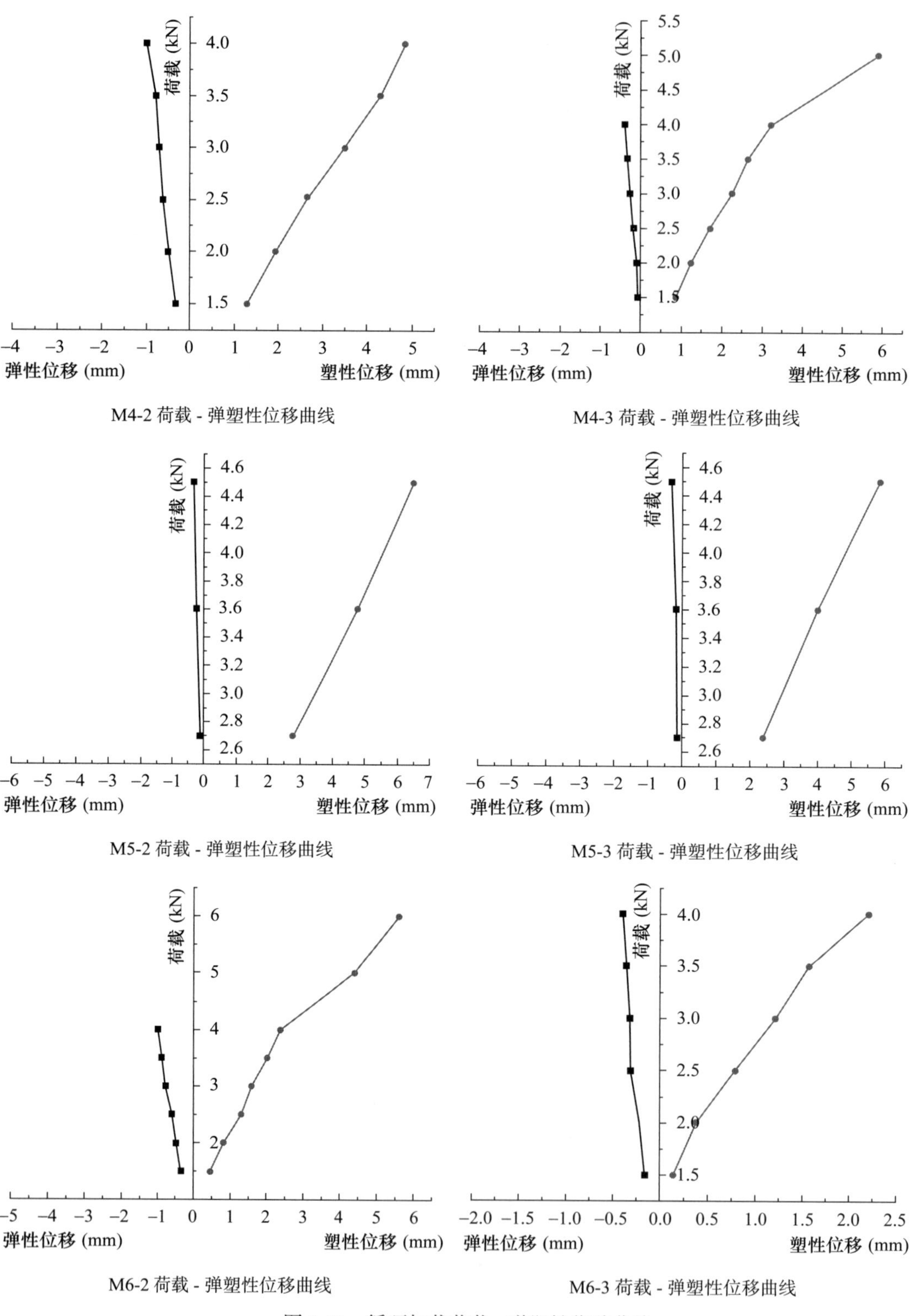

图 3-11 循环加载荷载 - 弹塑性位移曲线

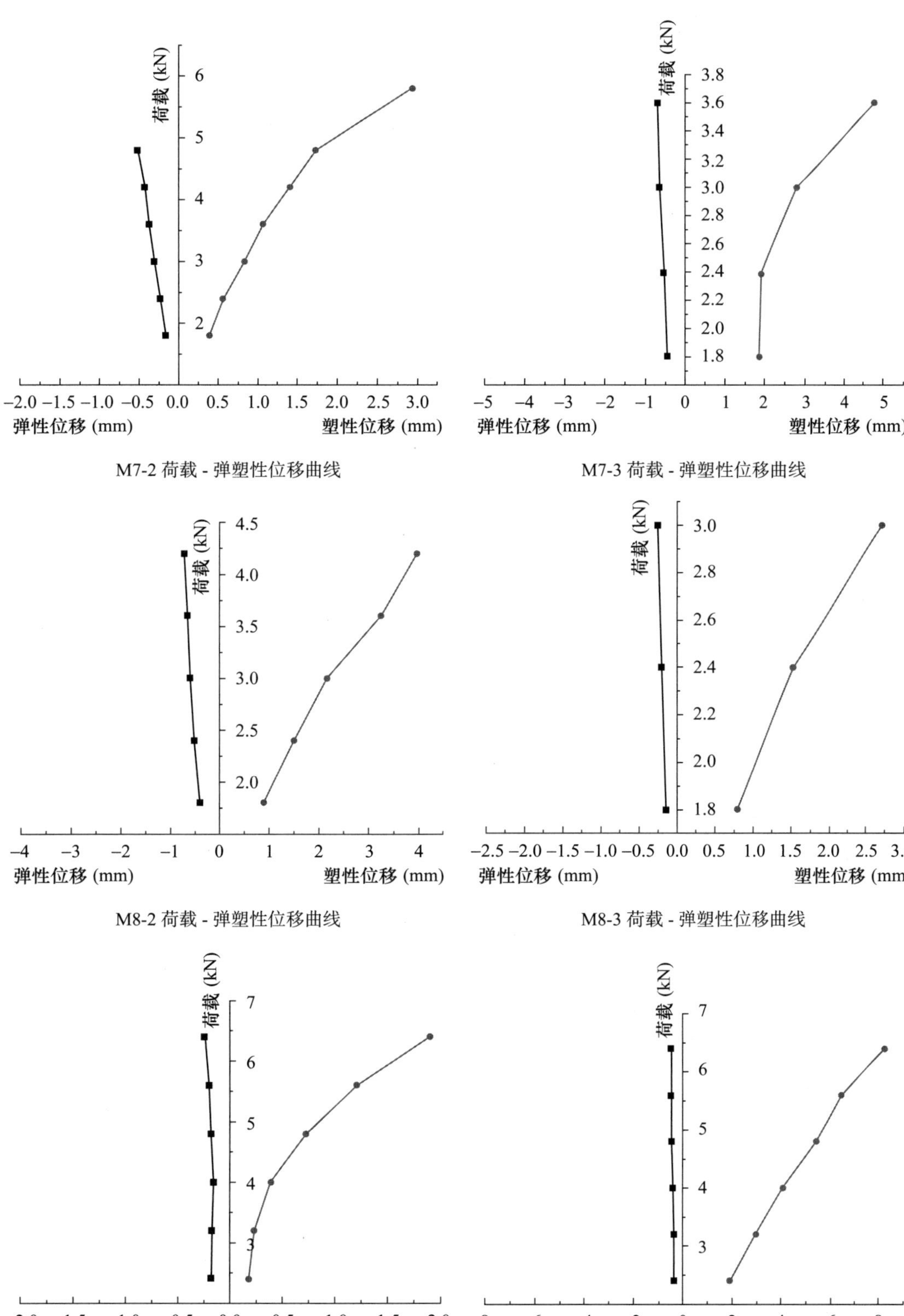

M7-2 荷载 - 弹塑性位移曲线

M7-3 荷载 - 弹塑性位移曲线

M8-2 荷载 - 弹塑性位移曲线

M8-3 荷载 - 弹塑性位移曲线

M9-2 荷载 - 弹塑性位移曲线

M9-3 荷载 - 弹塑性位移曲线

图 3-12　循环加载荷载 - 弹塑性位移曲线

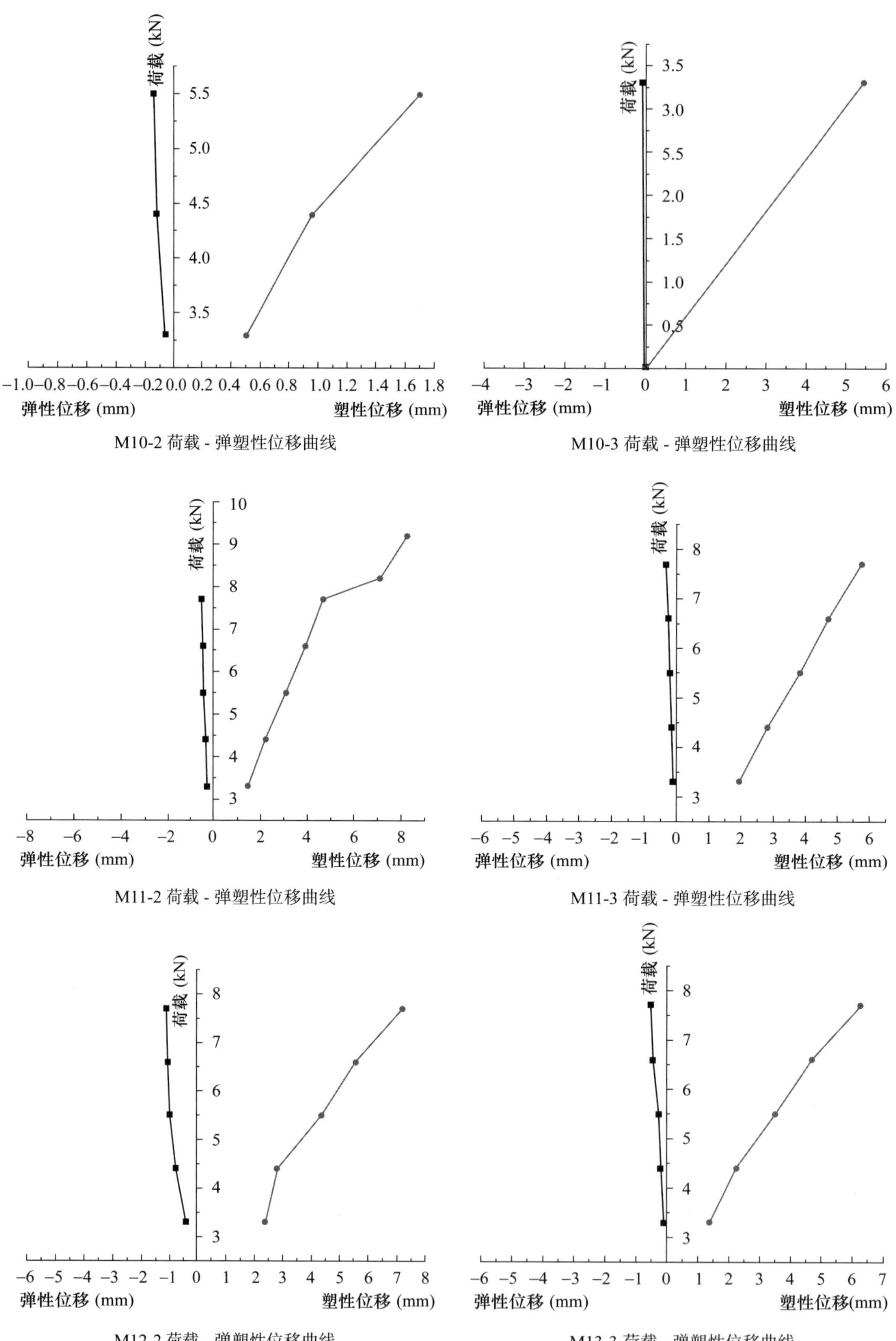

M10-2 荷载 - 弹塑性位移曲线

M10-3 荷载 - 弹塑性位移曲线

M11-2 荷载 - 弹塑性位移曲线

M11-3 荷载 - 弹塑性位移曲线

M12-2 荷载 - 弹塑性位移曲线

M13-3 荷载 - 弹塑性位移曲线

图 3-13　循环加载荷载 - 弹塑性位移曲线

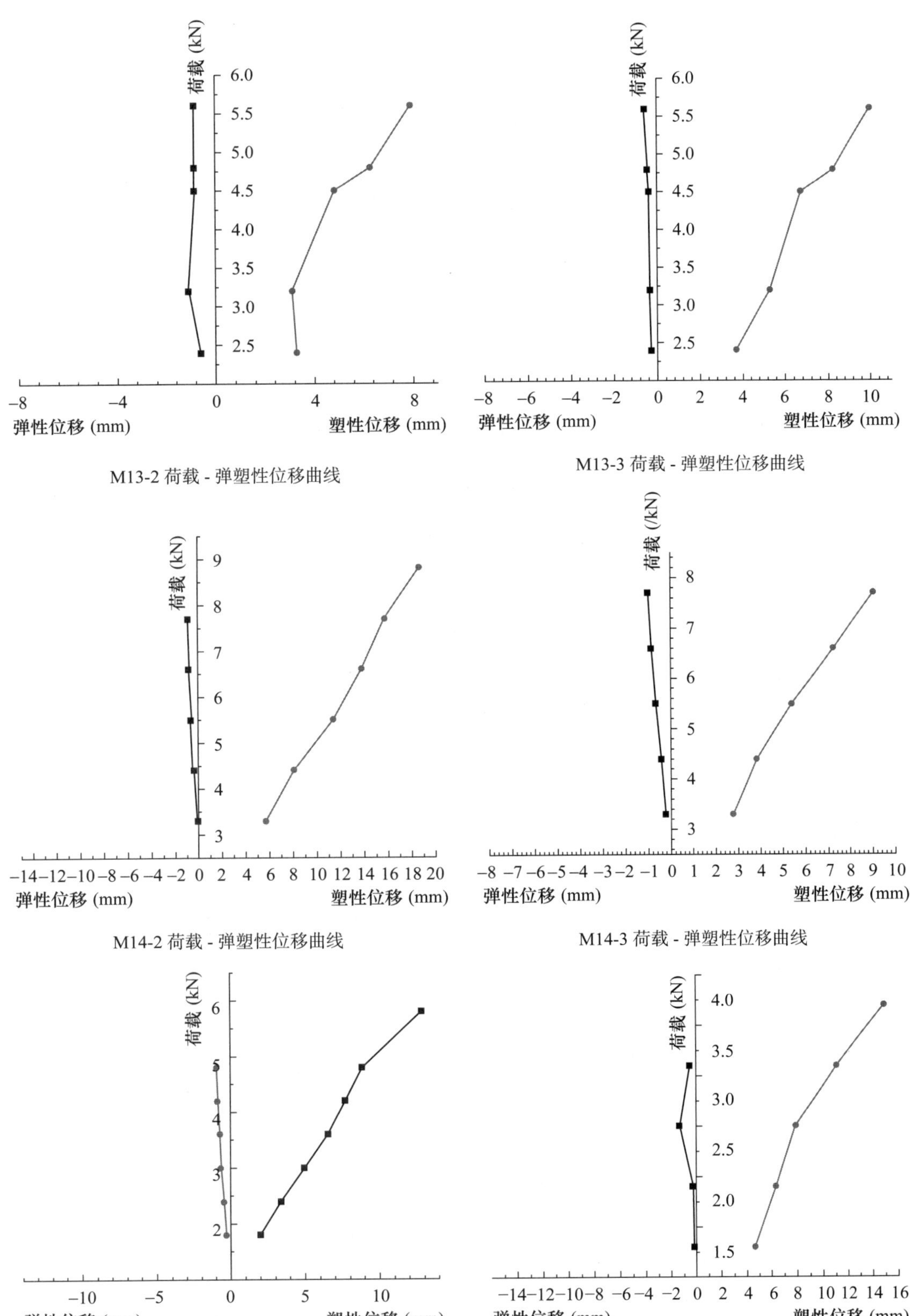

图 3-14　循环加载荷载 - 弹塑性位移曲线

表 3-5　锚杆试验影响因素

编号		对比因素		试验数目（组）	对应组
1	1-1	成孔直径	40mm	4	M1、M3、M4、M5
	1-2		45mm	8	M2、M6～M13
	1-3		50mm	2	M14、M15
2	2-1	锚杆直径	20mm	1	M15
	2-2		25mm	14	M1～M14
3	3-1	掺和比（烧料礓石：土）	1：5	13	M1～M7、M10～M15
	3-2		1：4	2	M8、M9
4	4-1	水灰比	0.4	8	M7、M8、M10～M15
	4-2		0.45	1	M9
	4-3		0.55	6	M1～M6
5	5-1	注浆方式	人工	3	M1～M3
	5-2		机械	12	M4～M15
6	6-1	注浆压力	0.3MPa	1	M10
	6-2		0.4MPa	11	M4～M9、M11～M15
	6-3		人工	3	M1～M3
7	7-1	对中支架	有	6	M3、M11～M15
	7-2		无	9	M1、M2、M4～M10
8	8-1	支架间隔	100mm	1	M13
	8-2		200mm	3	M12、M14、M15
	8-3		500mm	2	M3、M11

3.4.3.5.2　土遗址锚杆系统锚固施工工艺影响因子探讨

结合前人工程实践，本测试综合考虑了影响锚杆系统锚固质量的锚杆直径、对中支架、浆液成分掺和比、水灰比、成孔直径、注浆方式等六大因素，结合拉拔试验测试拉拔力（表 3-6），讨论施工工艺影响因子。

表 3-6　锚杆测试拉拔力表

序号	单级加载（kN）	循环加载（kN）	
M1	5.3	7.1	4.0
M2	2.8	8.2	5.43
M3	2.8	6.2	6.53
M4	5.6	6.0	5.52
M5	9	5.05	4.8
M6	5.88	6.8	4.3
M7	6.3	6.3	4

续表

序号	单级加载（kN）	循环加载（kN）	
M8	6.2	3.6	3.0
M9	8.4	6.84	6.57
M10	9.4	6.0	3.34
M11	9.23	9.56	7.7
M12	11.40	8.32	8.34
M13	8.35	4.8	6.23
M14	11	8.35	10
M15	6.2	5.9	3.6

1）成孔直径对锚固质量的影响：本次试验中体现出成孔直径对锚固质量影响较小，但是此结果应更加深入分析。本次试验设置孔径级差为 5mm，成孔方式为人工钻孔。结合表 3-5 与表 3-6 可知，其中 40mm 孔径测试拉拔力偏于 5kN、45mm 孔径测试拉拔力偏于 8kN、50mm 孔径测试拉拔力偏于 8kN，说明在一定范围内锚孔增大，对锚固力的提升有益。

2）锚杆直径对锚固质量影响：本次试验共涉及锚杆直径两种，分别为 20mm 与 25mm，其对照试验组为：M15 与 M4。据表 3-6 数据发现其测试拉拔力差别较小。

3）掺和比对锚固质量影响：本次试验共涉及掺和比两种，分别为 1∶5 与 1∶4。据表 3-6 数据发现其 1∶5 测试拉拔力与 1∶4 测试拉拔力相类似，即两种掺和比对锚固力的影响较小。

4）水灰比对锚固质量影响：本次试验共涉及三种水灰比，其级差分别为 0.40、0.45、0.55。据表 3-6 数据发现水灰比 0.4 与 0.45 的测试拉拔力约为 8kN，而水灰比 0.55 的测试拉拔力约为 5kN，说明随着水灰比的增加锚固力则减小。

5）锚固浆液性质与注浆方式对锚固质量的影响：本次试验体现出两者影响不大，本次试验在不同注浆压力下，锚杆力学性质相似，说明两种浆液力学性质相似，试验设置的级差可能过小。

6）对中支架对锚固质量的影响：本次试验对于对中支架共涉及两个因素的对比：有无对中器与对中器的疏密。通过表 3-6 发现，加对中器的锚杆其测试拉拔力值明显增大，且对中器间隔 100mm、200mm 疏密的测试拉拔力较为一致，间隔 500mm 测试拉拔力较小。

3.4.4　土遗址锚杆锚固施工工艺——以玻璃纤维锚杆为例

玻璃纤维锚杆具有质量轻、性能好的特点，近年来在土遗址的保护加固中得到了越来越广泛的应用。本节以玻璃纤维锚杆为例对土遗址的锚固工艺进行阐述。锚杆施工过程如图 3-15 所示，具体步骤及要求如下：

1）现场准备。在锚杆施工前应检查施工机具是否充足且工作性能是否良好，并根据施工实际情况安全稳定地搭设脚手架。

2）定位放线。根据设计图纸，由专人统一放线。孔位标定明显，做好记录并绘制样图。

3）成孔。钻孔时，应根据放线孔位位置固定钻杆，按设计倾角以简易罗盘测定钻机倾角和方位，使钻机钻杆与加固岩体内的裂隙面垂直，误差不超过设计要求值。开孔应重压慢转，待稳定后再正常钻进。防止出现钻头下垂，逐步偏离原来的直线。锚杆成孔全部采用无水干钻，钻孔深度需满足设计深度，并超钻一定深度。钻孔时应准确定位，避免震动，确保文物安全。在钻进施工过程应对钻孔进行探测，准确判断隐蔽裂缝位置。钻孔完成后，利用洛阳铲进行清孔，而后应当使用有一定风压的鼓风机，将钻孔残留的虚土、杂质清理干净，以防止对之后锚固施工产生干扰。对于细部应用吹瓶清理干净。清孔完成后，对锚孔进行复测，检核锚孔是否达到设计要求。

4）孔壁固化。成孔完成后应用模数为3.7～3.8的5%PS浆液进行渗透加固、固化孔壁。

5）锚杆系统安装（插杆、灌浆和补浆）。为保证锚杆锚固质量，沿锚杆轴线方向每隔1.5～2.0m设置一个对中定位支架。采用质量分数为50%的烧料礓石改性遗址土配成水灰比为0.7的浆液进行灌浆，注入浆液后应立即插入锚杆，插入过程中要控制锚杆杆体尽量保持在锚孔的中间，孔口位置补浆。

6）封锚。文物保护应遵循“不改变文物原状”的原则，在锚固之后应当对表面进行处理。

3.4.5　土遗址载体锚固施工工艺——以楠竹夹筋复合锚杆为例

楠竹加筋复合锚杆由于其自身的特性，很多方面不同于普通的锚杆、锚索施工，正确地认识、弄清复合锚杆的施工技术，对施工的效率性、安全性、经济性会起到很大的作用。结合楠竹加筋复合锚杆自身特性与土遗址加固的特殊性，其施工技术研究应主要从布孔定位、临时支护、钻孔、清孔、上锚杆、插入锚杆、注浆、安设锚具、锚孔封堵、表面处理、锚杆养护等方面来进行。本节以楠竹加筋复合锚杆在交河故城崖体的保护加固中的应用为例对载体的锚固工艺进行阐述。

（1）布孔定位

采用皮尺定位，由于遗址表面凹凸不平，定位时按水平距离考虑。考虑到锚杆的特性、防止群锚效应以达到最佳的锚固效果，进行梅花状布孔（图3-16），锚孔横向间距2m，竖向间距2.5m，如遇裂隙，应尽量避免将锚孔设置在裂隙上，可根据情况作适当调整，向左右偏移。对于被裂隙切割成孤岛状的危险土体，布孔时应尽量将锚孔放置在土体的背部，使其对危险土体起到良好的控制作用。另外布孔时应避免将锚孔放置在软弱夹层上，如交河故城中常见的黑色细砂层等，否则锚杆的锚固作用将被大大削弱。

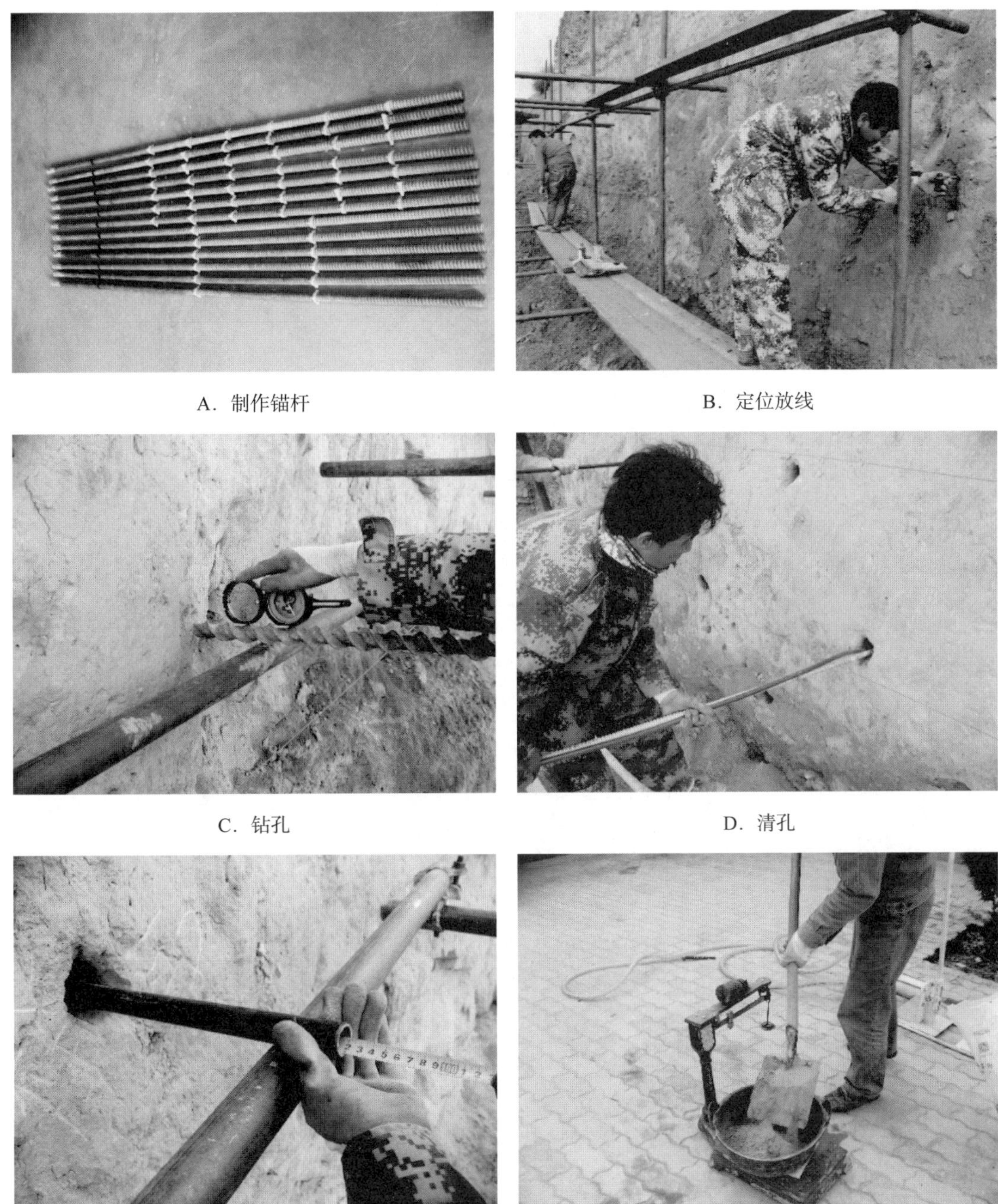

A．制作锚杆　B．定位放线

C．钻孔　D．清孔

E．复测孔深　F．拌合浆液材料

图3-15 锚杆锚固系统现场试验施工工艺

G．拌合浆液

H．固化锚孔

I．压力注浆

J．静力注浆

K．插杆

L．复核锚杆

图 3-15 （续）

（2）临时支护

为了有效地防止在钻孔、注浆过程中，人为扰动造成土体崩塌、倾倒等事故的发生，须对崖体上的危险土体进行临时支护。

a）对于弧状裂隙切割的孤岛状向外倾倒的土体，一般在其两侧稳定土体上各打入一根6m或9m的临时钢筋锚杆（Φ25的螺纹钢筋），头部焊上圆环，然后用双根钢丝绳穿过圆环将危险土体箍住，并在土体凸出部位垫上草苫子以防止对土体的破坏（图3-17）。另外，通过用钢丝绳连接钢筋锚杆与脚手架可以起到稳定脚手架的作用。

图3-16　梅花状布孔

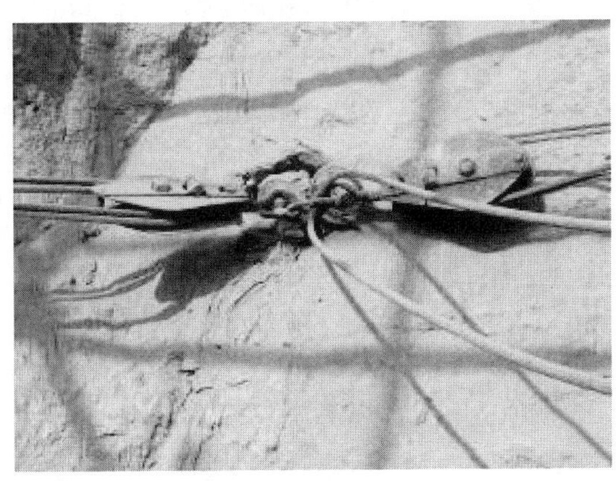

图3-17　钢筋锚杆临时支护

b）对于上部有构筑物的崖体，在临时支护即将倾倒的构筑物时，由于受到空间的局限性，无法打入钢筋锚杆，因此经常将钢管打入台地表面稳定的土体中（一般入土2m左右）作为地锚，然后通过钢丝绳将危险土体箍住起到临时支护的作用，钢丝绳与文物本体不得直接接触，要用草甸子隔离保护，加固完成之后再去掉临时支护（图3-18）。

图3-18　钢管地锚支护

对于上部土体向外倾倒一定角度且危险块体较大时（如 41-5 区的狮身人面像的危险土体），钢管地锚已经无法达到安全需要，这时可用 Φ150mm 的冲击钻头在台地稳定土体上呈 80°～85° 的 3 米钻孔，然后塞入 3 米长的 12# 槽钢并用水泥砂浆充填制作槽钢地锚，至少 24 小时后用双股钢丝绳将危险土体箍住起到临时支护的作用（图 3-19）。

A．3 米 12# 槽钢

B．钻机架设成孔

C．塞入锚孔的槽钢地锚

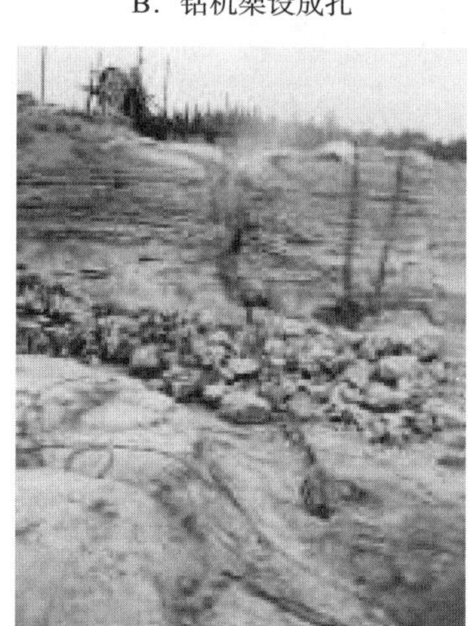

D．41-5 区 2# 地锚缆拉状况

图 3-19　槽钢地锚支护

（3）变形监测

为了保证锚固加固工程顺利安全地进行，需对各个宽大裂隙进行变形监测。变形检测主要有以下三种：

a）跨过所监测裂隙安装变形监测仪器。当变形监测仪器达到 0.2mm 的突变值或者连续三次达到 0.01～0.02mm（每十五秒采样一次）的逐变位移值时，应至少停工 15～30 分钟。如停工后仍然达不到稳定，至少停工半天，施工、设计负责人应亲临现场调查变形原因并采取相应措施（图 3-20）。

图 3-20　变形监测仪

b）跨过裂隙安装百分表进行变形适时监测。安装时，首先应将裂隙两侧安设支撑位置的地表找平，然后用砖、砂浆每侧各垒起小平台，在垒积的过程中，应将百分表端头与表针支撑面尽量放置在一个平面上（图 3-21）。

图 3-21　百分表变形监测

c）跨裂隙制作简易桩，并于两个简易桩间水平地拉上弹性模量极小的细绳，每间隔一段时间用米尺进行测量记录（图 3-22）。

（4）钻进成孔

锚孔采用电动潜孔钻机成孔，结合空压机边成孔边出渣。钻孔直径 68～130mm，经加工改造可达到 180mm，钻孔深度 20m，单次推进长度 1000mm，成孔时孔深应比锚杆设计长度大 500mm。

图 3-22　简易桩变形监测

一个钻机组一般由 4 人组成，其中，操作钻机一人，其他三人加卸钻杆、搬移钻机、配合其他人塞入锚杆。一般成 15m 钻孔需用时 2 个小时左右。

钻进时将钻机移置孔位前方后，先将钻架底座放稳，用短钢管将钻机固定在脚手架上。安装好后，支起钻架并逐渐调整到所需的打孔角度 15° 左右，对准孔位，拧紧扣件稳定钻机。

A．钻前检查与调试

a）仔细检查钻机放置是否稳固，各联结扣件是否拧紧，否则应按要求分别进行调整和拧紧。

b）仔细查看确保各管路连接无误，接头联结牢固，不会出现漏电、漏气等现象。

c）试机前操纵手柄全部放置中位，空气开关置关闭进气位。

d）打开空气开关，吹净管道内泥沙等脏物，然后关闭开关，分别接上钻杆过渡接头和冲击器，在此过程中应防止杂质进入冲击器内部，否则应将冲击器拆下清洗，轻推推进操作手柄，待杆头通过导轨前端固定套后装上定位套，将冲击器托起卡住以保证开孔时位置不偏移，则整机调试完毕，可以进行钻进作业。

e）推进压力的调整。推进压力一般调整至 0.25～0.35MPa，调整时先向外拔出调压手柄再逆时针松开减压阀调压手柄，然后操纵推进手柄，使减速器推进到导轨最前端，此时再顺时针缓慢旋转减压阀调压手柄，将推进压力调至额定值。调压时必须先将减压阀降至低压，从低压逐渐向额定压力调整，严禁盲目快速拧紧调压手柄，以免突然形成峰压，出现意外损伤事故。

B．开孔、钻进

打开控制开关，给冲击器送气，同时操作推进手柄以小推力缓慢推进（推进手柄不全部推到位），使钎头贴紧崖面，冲击器开始冲击开孔，旋转倒顺开关至正转位，则钻机一边旋转一边冲击。待凿进 0.2m 深以后，则可以给正常推力作业。对于崖面不平整的部位，为了开孔方便，开钻前须将崖面找平。开孔时先不加冲击采用干磨成孔，然后根据情况可以采取冲击钻进的方式。

a）对于宽大裂隙危险土体的锚固工程，为了施工安全，一般采用干磨方式钻进，直到跨过裂隙进入稳定土体后可以酌情进行冲击。交河故城危险区由于裂隙宽大，很多土体处于极限平衡状态，在崖体成孔时，一般上部土体（第一排、第二排）采用纯干磨钻进，下部土体酌情进行冲击成孔。

b）对于微小裂隙，在监测危险土体稳定的情况下，可采取冲击的方式进行钻进以增快施工进度。

c）钻进速度的大小与给风量的大小有关，风量越大，压力越大，进尺越快，反之进尺缓慢。对于在砂层上成孔时，由于砂土较松散，黏结性差，为了防止塌孔、孔径过大，应少用冲击钻进，多用干磨的方式成孔，且给风量要适当减少。

C．接钻杆

a）当钻杆过渡接头下扁方接近定位套端面时，停止进气冲击和旋转、推进。

b）将长扳手插入过渡接头下扁方卡牢。此时若扳手易松动，可以稍稍推进一点压紧扳手，但不要压得太死，然后将主轴反转。

c）当长扳手撞击挡块后，钻杆过渡接头与钻杆卡套（带扁方孔）连接丝扣松动，然后缓缓提升，待完全脱开后，可停止旋转，回转机构快速提升。

d）当提升到导轨上端时，停止提升，然后取下卡在过渡接头处的长扳手，准备接钻杆。

e）清除钻杆内脏物（以免进入冲击器内），一般对准钻机出气口吹出粉尘，然后将钻杆下端（内螺纹端）套在钻杆过渡接头上，用手稍稍拧几圈。气缸缓慢推进使钻杆上端（外螺纹端）伸到钻杆卡套内，再边正转边小推进使钻杆与卡套螺纹接牢。

f）同理，当钻杆下扁方接近固定套时，再按以上步骤依次接上钻杆，直到达到预定孔深。

D．卸钻杆

当钻孔至预定深度时，即可开始卸钻杆。将钻杆缓慢地从孔内抽出，在靠近固定套的下扁方上插入长扳手卡牢，然后反转主轴将卡套与钻杆上端卸松，随即插入短扳手将钻杆与卡套卡牢，反转主轴将一根钻杆卸下。重复上述步骤即可依次卸下全部钻杆。

一般 15 米的钻孔成孔需用时 2 个小时左右，10 米钻孔需用时 1 个小时左右，5 米需用时 30 分钟左右。接一根钻杆需用时 30 秒左右，卸一根钻杆需用时 1 分钟左右。

E．钻进过程中的注意事项

a）每次使用前需吹净供气管路、钻杆和接头处的脏物，以免进入冲击器内使零件磨损或卡死。

b．工作风压一定要保证在 0.5～0.7MPa 之间，若气压过高会降低零件的使用寿命，若气压过低，则严重影响成孔效率，甚至无法工作。

c）工作中随时检查气管接头及气缸、电机等是否松动，钻机各联接处是否牢固，否则应停机修复。

d）钻机钻孔时，不允许反转以避免钻杆松脱或钻杆螺纹磨损。

e）钻机的推力大小，应以保证冲击器工作时不产生跳动为宜。

f）钻孔时发现孔位偏移应及时修复，可上下往复移动钻具修整孔壁以免卡钻。

（5）上锚杆

崖体顶部锚杆施工时，由于高度很高，加之空间有限，15m 的锚杆经常发生折断，因此很有必要对上锚杆的工艺进行研究，通过对现有改进的工艺进行调查总结，有两种优化方案。

第一种锚杆上吊方式是用两个同高度的定滑轮，一个滑轮的绳子拴住锚杆的头部，一个拴住锚杆的靠头部的位置，然后用铁丝将绳子箍在锚杆上，并在接近锚杆尾部的地方加上了 6 米长的钢管来减少锚杆弯曲，随着锚杆的上升，依次剪断铁丝，并逐渐将锚杆尾部插入事先打好的钻孔，最终将锚杆安装完毕（图 3-23）。

A. 绳子拴帮方式

B. 滑轮拴帮方式

C. 上锚杆

图 3-23　上锚杆流程图

第二种锚杆上吊方式也是用两个定滑轮，但是两个定滑轮的高度不同，一高一低，两个定滑轮用套环分别挂住锚杆头部的两根钢绞线，然后分别用铁丝将两根绳子箍在锚杆上，随着锚杆的上升，依次剪断位置较低的定滑轮的绳子，以降低锚杆尾部高度，并逐渐将锚杆尾部插入事先打好的钻孔，最终将锚杆安装完毕（图 3-24）。

（6）锚孔注浆

经统计，15 米楠竹锚孔注浆需用时 30 分钟左右，5 米需用时 10 分钟左右，需用 2 个工人（不含注浆泵工人）。

$$理论灌浆量=成孔的体积-锚杆的体积$$

$$实际灌浆量=浆液的流速\times 灌浆时间$$

理论灌浆量与实际灌浆量有一定的误差，实际灌浆量总是大于理论灌浆量，经过分析有以下的原因：

1）由于浆液中水对洞壁的渗透，使实际灌浆量总是大于理论灌浆量。

2）由于裂隙存在的影响，常常出现漏浆的现象，在实际工程中如果裂隙比较小，一般不用下套管，直接用浆液充填，对于宽大裂隙则需要采取相应措施。

采用 1∶1∶0.43 的水泥砂浆，将注浆管与锚杆一同下入锚孔中，注浆管距孔底

A．锚杆头部套环

B．上锚杆

C．上锚杆

图 3-24　上锚杆流程图

0.5m，跨越宽裂隙时，需在跨裂隙部位放上 Φ150mm 的 PVC 套管，然后将注浆管连接到挤压式注浆泵上开始注浆，为了避免浆液将注浆管固结住，随着砂浆的注入缓慢需将注浆管匀速拔出，直到锚孔浆液溢出，这时用塞子将锚孔塞住，等待浆液固结（图 3-25）。

A．锚孔裂隙间套管

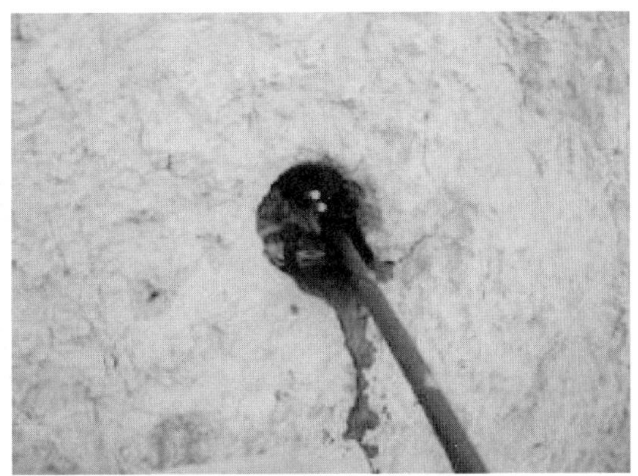

B．浆液注满溢出

图 3-25　锚杆注浆

对于宽大裂隙，为了保证锚固质量，如 41-5 区狮身人面像的宽大裂隙（可容一人进入）将跨越裂隙的锚孔两端分别用水泥砂浆封堵，然后进行分别注浆，以防止浆液流入裂隙中——避免造成不必要的浪费，避免给其他锚孔的成孔带来不便（图 3-26）。

A. 裂隙两侧锚孔水泥砂浆封堵　　B. 分别注浆

图 3-26　宽大裂隙锚杆注浆

（7）安设锚具

先用工具在锚孔周围凿一个尺寸比 30cm 稍大的一个四方槽，以便安装锚板，然后用较稠的水泥砂浆对注完浆的锚孔进行补浆，并在凿好的四方槽底部抹上水泥砂浆。然后将锚板穿过钢绞线与锚杆垂直安置，并轻击直到锚板周围有浆液溢出，以示锚板与浆液紧密接触；然后安装锚具，先将锚具中的销子取出，将锚具套在钢绞线上，并与锚板紧密接触，然后用锤子将销子砸入锚具孔中。

（8）锚孔封堵与表面处理

经统计，一个工人对一个锚孔进行封堵作旧需用时 30 分钟左右。

1）先用浓度较高的水泥砂浆将锚孔封堵严实，并保证锚板、锚具、钢绞线完全严实密封，以增加其锚固强度与防腐性能（图 3-27）。

图 3-27　水泥砂浆封堵锚孔

2）用加入麻刀的泥浆抹一层（麻刀 10%，用 3%PS 溶液和泥），然后将土块嵌入泥浆中，再用麻刀泥浆抹一层，如此循环往复直至将锚孔与崖面抹平。嵌入土块的目的一方面在于防止表面泥浆收缩干裂，另外还可以增加封堵强度，可以起到填补、充填的作用（图 3-28）。

A．嵌入土块

B．作旧完毕的锚孔

图 3-28　锚孔封堵

（9）锚杆养护

对锚杆进行养护是锚固工程中的一个重要环节：一方面，随着时间的推进水泥砂浆逐渐硬化，力学强度提高，锚固力也相应增大；另一方面，锚杆内的复合材料也随着时间的推进，力学强度不断提高，对钢绞线的握裹力不断增大。锚杆锚固完成后需养护 28 天，才能充分发挥其锚固作用，然后做锚杆验收试验。

3.5　干旱环境下土遗址锚固技术的集成与研发

锚固技术对于土遗址危险块体及剥离块体，尤其是不便于支顶夯筑加固的危险块体及剥离块体，具有良好的加固效果。在干旱环境下土遗址锚杆锚固过程中涉及的主要技术有：土遗址危险块体调查技术、土遗址锚杆锚固设计、土遗址锚固现场试验技术及土遗址锚固施工技术。同时还包括了在土遗址锚固过程中涉及的仪器设备及新装置的研发。

3.5.1　干旱环境下土遗址锚固技术的集成

干旱环境下土遗址锚固技术主要包括：

1）土遗址危险块体 / 剥离块体调查技术，主要是对土遗址体上发育的危险块体 / 剥离块体进行有效识别、准确测绘、稳定性分析及需求分析；

2）土遗址锚杆锚固设计，主要是针对已识别的危险块体进行锚杆锚固参数的设计，包括锚固力的计算、锚杆截面计算、杆体长度的计算、杆材的选取、浆液的选取等；

3）土遗址锚固现场试验技术，主要是在正式施工之前，在遗址所在地修筑试验墙体，对设计的锚杆进行拉拔试验验证，以确保设计的合理性及可靠性；

4）土遗址锚固施工技术，主要是对危险块体 / 剥离块体进行正式施工加固，这一过程主要包括现场准备、定位放线、成孔、孔壁固化、锚固系统的安装及封孔做旧，同时也需要对危险体进行临时支护及监测。

3.5.2　干旱环境下土遗址锚固设备的集成

根据干旱环境下土遗址锚固的各项技术，在其过程中涉及的仪器设备包括：

1）土遗址危险体调查技术中的全站仪、三维扫描仪、照相机、花杆、电脑及相关软件；

2）土遗址锚固现场试验中的锚杆拉拔仪、照相机及相关软件；

3）土遗址锚固施工技术中的钻机、注浆机、应力应变检测系统及照相机等。

3.5.3　干旱环境下土遗址锚固装置的研发

为了更科学地进行锚杆锚固技术的研究及实施，课题组研发并申报了用于干旱环境下土遗址锚固技术的相关装置：

（1）锚杆锚固相关试验装置

1）土遗址锚固室内试验系统；

2）一种土遗址锚固浆体 - 基体界面力学特性试验装置与方法；

3）夯土遗址群锚拉拔试验系统。

（2）新型锚杆

1）一种土遗址专用非灌浆玻璃纤维螺旋式锚杆；

2）一种土遗址专用非灌浆螺旋式膨胀锚杆。

（3）新型浆液

土遗址锚固用烧料礓石粉煤灰浆液。

（4）锚杆锚固相关工具

1）一种土遗址保护锚固专用液压注浆机；

2）一种土遗址专用玻璃纤维的对中支架；

3）一种土遗址钻机专用防尘装置。

3.5.4　干旱环境下土遗址锚固技术的集成

根据上述干旱环境下土遗址锚固技术、锚固设备及锚固装置的研发，对干旱环境下土遗址锚固技术集成如图 3-29 所示。

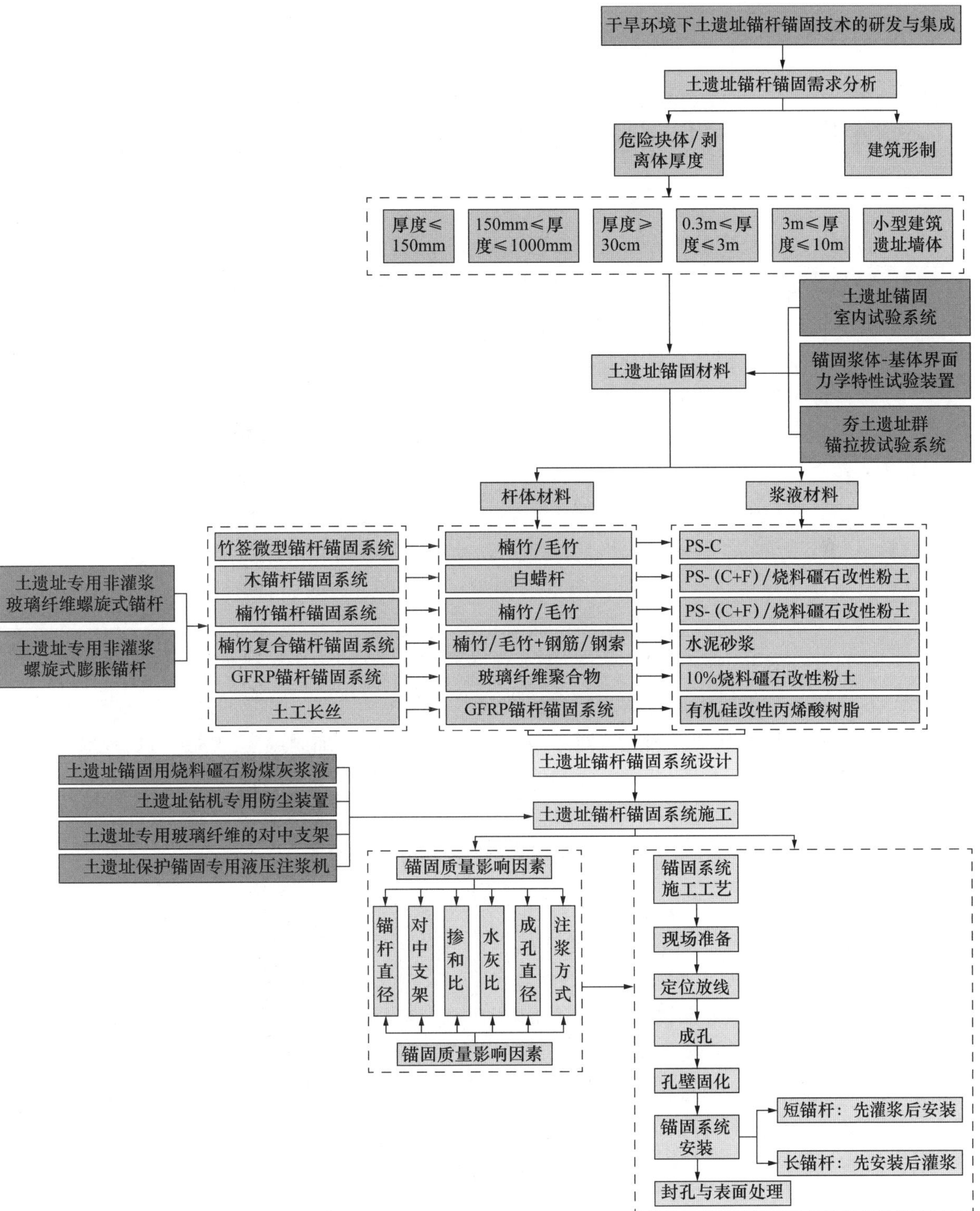

图 3-29　土遗址锚固技术研发与集成

第4章　土遗址裂隙灌浆加固技术研发与集成

影响土遗址稳定的主要病害中，较为典型的是不同规模的裂隙。裂隙的发育、发展会导致土遗址墙体和载体发生变形破坏。已有的研究成果和文物保护工程实践表明，灌浆加固对土遗址裂隙的治理具有良好的效果。对裂隙进行灌浆加固，可以防止裂隙进一步发展，提高土遗址的整体稳定性。

土遗址裂隙灌浆加固需求很大，采取什么样的灌浆材料是土遗址保护加固要研究的关键问题之一。当前可用于土遗址保护加固的材料种类较多，必须运用科学合理的方法，在完全熟知材料本身的结构特性和土遗址工程地质条件、病害发育类型、病害成因及相关制作材料与工艺，根据实际情况选择性研制可用于土遗址保护加固的灌浆材料，进行系统的、科学的分析检测试验，才有可能得到加固效果较好的土遗址灌浆材料。土遗址灌浆技术和效果检测也需要建立一套行之有效、符合实际情况的标准，而相关配套的灌浆与效果评价装备的研发也是十分必要的。

通过对土遗址加固技术的标准化与规范化研究，将加固技术进行深度融合和集成，将会进一步提升土遗址加固整套技术的系统性和科学性，为全面系统地保护土遗址奠定坚实的技术基础。因此，对干旱环境下土遗址灌浆加固成套技术进行研究具有重大的意义。

4.1　土遗址裂隙分类

土遗址裂隙分类方法较多，目前土遗址裂隙普遍按成因和发育规模进行分类。其中按成因将土遗址裂隙分为构造裂隙、卸荷裂隙、变形裂隙和建造工艺裂隙；按裂隙发育规模分为小裂隙和贯通性裂隙。裂隙的成因和发育规模是土遗址裂隙调查与研究的基础，也是指导工程施工的主要依据。裂隙发育规模影响遗址土体稳定性并决定裂隙加固方式，如发育规模较小的土遗址裂隙往往采用浆液注浆，裂隙发育规模较大的往往采用土块填充后再注浆。裂隙的成因往往也是裂隙继续发育、破坏的主要因素，如地基不均匀沉降不仅是形变裂隙的成因，往往也是其继续发育成为较大规模裂隙的主要诱因。

4.1.1　裂隙成因分类

土遗址裂隙成因多种多样，建筑物布局、建造工艺、建筑材料、构造作用、周围地质环境、气候条件等都是土遗址裂隙形成和进一步发展的主要影响因素。夯土建筑遗址作为土遗址中重要的组成部分，在长期内外营力作用下形成了各式各样的裂隙。

4.1.1.1　卸荷裂隙

卸荷裂隙指由于外力作用或外部原有状态改变使岩土体内部应力释放和调整而形成的产状与临空面近于平行的张拉裂隙。土遗址中常见的卸荷裂隙有三种：崖体或高台面卸荷裂隙、原有建筑坍塌卸荷裂隙、掏蚀卸荷裂隙。

4.1.1.1.1　崖体（台面）应力释放引起的卸荷裂隙

该类裂隙往往出现在高耸陡立的崖体或台面上，高陡崖体或台面土体向临空面移动，在崖体顶端形成张拉裂隙。该裂隙一般上部张开度较大、向下逐渐减小，呈“V”字形，裂隙走向与临空面近似平行。裂隙平均开口较宽，一般为几厘米到十几厘米，部分可达数十厘米；裂隙延伸长度一般较长，从几米到十几米不等，影响范围广，对土遗址载体或本体破坏性极大，往往影响建筑物局部乃至整体稳定性。

4.1.1.1.2　侧向坍塌引起的卸荷裂隙

此类裂隙伴随原有建筑物坍塌、被支撑建筑物向侧向临空方向卸荷，在土体向临空方向自由移动的过程中，支撑建筑物顶部产生卸荷裂隙，常见的如城墙角墩、马面坍塌后墙体形成的卸荷裂隙。原有坍塌建筑的规模和坍塌面的倾角往往决定了这种裂隙的规模，坍塌裂隙的形成影响着建筑物单体或单体的局部稳定性。该裂隙开口较宽，长度往往在几十厘米到几米之间。

4.1.1.1.3　底部掏蚀引起的卸荷裂隙

在毛细水作用、盐分和风力等因素综合作用下，土遗址建筑底部往往出现掏蚀现象，墙体底部失去支撑，上部土体在自重作用下发生倾斜拉裂或剪切破坏，产生裂隙，该裂隙走向常与底部掏蚀方向近似一致。此类裂隙发育规模与土遗址掏蚀深度和夯土本身力学性质有关。平均掏蚀深度为 0.21～0.65cm 之间，平均掏蚀高度 0.42～0.8cm 之间，夯土遗址本身具有成层性，因此这类裂隙的发育规模往往较前两者小，破坏能力也较小，破坏形式常表现为滑塌。

4.1.1.2　构造裂隙

构造裂隙指在构造作用下所产生的裂隙，或由构造活动产生的次生裂隙。地震、构造运动是土遗址发育构造裂隙的主要因素，根据构造裂隙形成原因可将其分为构造作用产生的裂隙和构造遗迹引起的裂隙。土遗址构造裂隙表现形式有三种：①构造裂隙仅出现在土遗址载体之上；②构造裂隙贯穿遗址体与遗址载体；③构造裂隙仅出现在上层建筑物内。

构造作用产生的裂隙指构造运动过程在土遗址本体或其载体上形成的裂隙，如在地震作用下上部墙体开裂，或断层作用下使得基础和上部建筑同时开裂，形成构造裂隙；构造遗迹引起的裂隙指构造活动完成后构造遗迹引起的次生裂隙，如土遗址修建于构造遗迹上，由于基础处理不理想导致上层建筑沿构造遗迹（断层）开裂，形成贯穿遗址体与遗址载体的贯通性裂隙，遗址本体裂隙与载体裂隙并非同一时期形成。

变形裂隙指遗址体由于周围或自身形变而引起应力重分布所产生的裂隙。其表现形式有两种：一种为遗址基础变形引起上层建筑变形开裂；另一种为墙体洞室开挖导致洞室周围应力调整，致使洞室顶部或洞室周围出现应力集中，进而产生的变形裂隙。

（1）不均匀沉降变形裂隙

土遗址在修建过程中往往都会对遗址底部基础进行处理，因而建筑区域基础的土体力学性质和水理性质往往优于周边土体，由于基础持力层的极限承载力不同，在外界作用下遗址基础产生不均匀沉降，从而引起土建筑遗址开裂，发育不均匀沉降变形裂隙。

（2）洞室变形裂隙

洞室或洞穴是土建筑遗址常见的构筑物形式，尤其是古城遗址，如交河故城、甘沟驿遗址等均发现大量形状各异、规模不一的洞室或洞穴。这些洞室或洞穴多是人们作为居住或储存空间遗留下的，部分是自然作用形成，它们为我们研究古代人类居住形式和生活习惯提供了宝贵的资料。然而由于洞室或洞穴的产生，使得建筑物出现了不同形式和不同规模的洞室变形裂隙。

常见的洞室主要有圆形洞穴、拱形洞室、平顶洞室，根据洞室形状的不同，遗址土体的受力状况不同，裂隙发育情况亦不相同。

4.1.1.3 工艺裂隙

工艺裂隙指建造过程或修复过程中由于建造工艺和修复工艺所产生的裂隙，根据其成因又可分为建筑工艺裂隙和修复工艺裂隙。

4.1.1.3.1 建筑工艺裂隙

夯土遗址中最常见的建造工艺裂隙有版筑缝和接茬缝，由于夯筑墙体需要搭设支架、捆扎模板、夯筑泥土和拆卸支架模板四步流程，墙体两版之间土体由于水分散失干缩、温度变化等因素影响形成版筑缝。

版筑缝在墙体中多为贯通性裂隙，后期随着温度、基础沉降等作用的不断影响，裂隙开口不断增宽，墙体稳定性变差。版筑缝往往成为雨水进入夯土内部的通道，随着版筑缝的不断发展，部分版筑缝逐渐发展为冲沟，严重影响遗址土体稳定性。

4.1.1.3.2 修复工艺裂隙

修复工艺裂隙指土遗址建成后，由于后期修复工艺所形成的裂隙，此类裂隙发育规模不仅与温度、基础沉降等外界环境有关，而且与修复工艺和修复体规模息息相关。

根据修复时间修复可分为历史加固性修复和近代保护性修复，其中历史加固性修复夯筑体量往往较大。一般为原有建筑物功能无法满足现有需求时，出于增强原有建筑功能的目的，对原有建筑物进行修复加固或扩建。

现代土遗址修复加固本着文物保护理念，出于“不改变原状”和“最低限度干预”原则，土遗址保护加固的体量一般相对较小，夯筑支顶、锚固、注浆等是土遗址常见的保护加固手段。如西夏陵遗址土体夯筑支顶完成后，由于干缩作用和温度变化等因素影响，夯筑支顶的加固体与原遗址间出现细小裂隙，该裂隙发育规模不大、易受雨水侵入，夯筑工程完成后往往需要对该类修复裂隙进行勾缝等工艺处理。

4.1.2　裂隙发育规模分类

在土遗址裂隙保护工程施工中，常用的注浆管规格有两种，直径分别为 0.5cm 和 1cm。土遗址中有较多细小裂隙，开口宽小于 0.5cm。这些裂隙无法进行注浆加固，然而它们对遗址土体具有一定的破坏作用，因而需使用其他加固手段。参考王旭东按裂隙规模的分类方法，结合工程实际施工，将土遗址裂隙进一步分类：微裂隙（开口宽小于 0.5cm）、小裂隙（开口宽介于 0.5～5cm 间）和大裂隙（开口宽大于 5cm）。

4.1.2.1　微裂隙

微裂隙开口宽小于 0.5cm，常见于墙体中的次生裂隙，夯筑支顶完成后或裂隙注浆完成后的干缩缝也多为此类裂隙。微裂隙开口宽小于常见注浆管直径或与之相差不大，在外力作用下逐渐发育为小裂隙和大裂隙，并且微裂隙周围土体风化情况较严重，因此应早发现早治理，工程实际中多采用勾缝工艺对微裂隙进行加固。

4.1.2.2　小裂隙

小裂隙开口宽介于 0.5～5cm 之间，大于常见注浆管直径，易成为水分渗入遗址土体的通道，促使遗址本体裂隙进一步发育或引起遗址土体坍塌和冲沟等病害发育，影响遗址土体稳定性。工程施工中对该类裂隙进行注浆或锚固注浆，注浆材料选用纯浆液注浆，由于裂隙宽度不大，不需要填充土块。

4.1.2.3　大裂隙

大裂隙开口宽大于 5cm，古城类土遗址中该裂隙多为贯通性裂隙，此类裂隙对遗址体危害性巨大，若直接对其进行裂隙注浆，浆液所产生的压力以及浆液中水分对土体软化效应易造成安全性问题，如遗址体倾倒、垮塌、坍塌等工程问题，尤其是张开度较大的贯通性缝隙。实际施工中需首先采取锚杆锚固、土坯砌补、夯筑支顶等技术措施加固，使局部遗址本体具有一定的约束力，整体稳定性提高后，再进行充填注浆；对于开度大、延伸长的裂隙，根据工程实际需采用分段、分时进行裂隙注浆。

4.2　裂隙灌浆材料研究

4.2.1　裂隙灌浆材料简介

以改良地基和岩体为目的，在地基或者岩石中注入的材料称为灌浆材料；在建筑物和地基的界面，如巷道和隧道的壁后充填堵水等使用的材料也被称为灌浆材料。灌浆材料在灌浆过程中经过一段可人工控制的时间，由液态转为固态，再到固结成有一定强度的结石体。裂隙充填后与岩土体边界发生化学反应或物理胶结，从而联结成为整体。灌浆材料的配制和作用一般包括原材料、浆液和结石体三个阶段。

灌浆材料应满足如下要求：

1）浆液的初始黏度低、流动性好、可注性强，能渗透到细小的裂隙或孔隙内；

2）凝胶时间可以在几秒至几十分钟范围内任意调整，并能准确控制；

3）稳定性好，在常温、常压下较长时间存放不改变其基本性质，存放受温度的影响小；

4）无毒、无臭、不污染环境；

5）浆液对注浆设备、管道、混凝土结构物等无腐蚀性，并容易清洗；

6）浆液固化时无收缩现象，固化后与岩体、混凝土等有一定的黏结力；

7）结石体具有一定的抗压、抗拉强度，抗渗性好，抗冲刷及耐老化性能好；

8）材料来源丰富，价格便宜；

9）配制方便、操作简单。

按照文物保护的要求，土遗址注浆材料需满足遗址赋存环境的要求，并且应有足够的强度，但强度不宜太高，应比被加固遗址体的新鲜土体强度略高即可，同时保护材料的颜色和风化产物等应和遗址土体有较好的相容性。以交河故城为例，考虑到交河故城夏季温度很高，加固材料的耐老化性能要求较高。

土遗址保护加固材料可分为无机、有机、无机和有机复合材料。当前可用于土遗址保护加固的材料种类较多，必须运用科学合理的分析方法，在完全熟知材料本身的结构特性和土遗址的工程地质条件、病害发育类型、发育原因和遗址质地后，根据实际情况选择性研制可用于土遗址保护加固的材料，再进行系统的、科学的、完善的试验，才有可能得到加固效果较好的土遗址保护材料。

4.2.1.1　无机材料 PS

在交河故城的保护中，使用了 PS 及其改进材料，根据土遗址灌浆材料的要求：填充材料密度较小、浆液与裂隙两侧土体黏结密实以及浆液结石体收缩较小。杨涛等通过筛选试验，得出一种最佳 SiO_2 ∶ K_2O 摩尔比的硅酸钾溶液，并对 PS 做了凝结时间、收缩变形特性、力学强度、耐候性等相关试验，得出 PS 是针对交河故城合适的灌浆材料。杨璐等以模数 3.8、浓度 12% 的 PS-C 浆液，从水灰比、灌浆压力还有当地粉土的选用上来分析使用 PS-C 灌浆加固该土遗址的效果，同时分析了不同宽度的裂隙的可灌性与浆液水灰比的关系，因此得出不同裂隙宽度的最优水灰比。王旭东介绍了国内外对土遗址保护的研究和发展现状，提出对土遗址保护理念的探索，包括土遗址的特性及影响其保存的因素。他以交河故城为例，阐述土遗址保护理念在工程中的实际应用。其所选择的灌浆材料为 PS-C，其中 C 为遗址坍塌后的土体，与遗址土体性质一致，经过机器研磨后，选择一定粒度的土体，去除土体中的大部分盐分，按照一定的水灰比配置成 PS-C 浆液，埋设注浆管，用注射器对土建筑遗址裂隙进行灌浆。这种浆液与环境不仅有很好的协调性，又较好地解决了灌浆材料与遗址土体之间的兼容问题。

苏巴什佛土遗址的加固保护材料以 PS 材料为主，不同的病害 PS 的浓度、模数不同，根据试验结果，对土遗址采用最优保护方式：以遗址风化表层加固中的裂隙注浆为例，先用模数为 3.8、浓度 5% 浆液对裂缝口两侧喷洒渗透加固，然后用 PS-C 浆液进行封闭裂隙，PS-C 浆液采用模数 3.8、浓度 5% 的 PS 与粉土、按水灰比 0.4～0.5 拌制，并沿裂缝按竖向间距埋设直径 1cm 的塑胶注浆管，先注入 5%PS 浆液，渗透加固裂隙中充填的沙土、碎石和裂隙两壁，然后再进行裂隙注浆，裂隙注浆采用 PS-C 浆液、按自下而上的次序通过注浆管进行注浆，当相邻的上方注浆管中出现浆液溢出时应停止注浆，并堵塞该注浆孔，再向上方的注浆管中注浆，若裂缝较窄小，可适当增大水灰比以减小浆液黏度，增大可灌性。注浆完成并达到胶凝固化状态后，切割露出墙面的塑胶管，并用 3%PS 和遗址土调制的泥浆填充注浆孔，抹平施工期间对工作面应采取防晒措施，使加固体缓慢阴干。对崖体裂隙注浆的配比，施工要求也有详细的介绍。

4.2.1.2　其他岩土体材料

随着人们对土遗址保护的不断重视，对土遗址灌浆加固材料的研究也不断深入。各类新材料也不断涌现，并应用到文物保护工程中。通过对 KD（硅丙乳液）加固前后的试样做 X 射线、扫描电镜、湿化试验、强度等测试分析得出：KD 加固后土遗址的各项指标都有不同程度的改善，这种材料是保护土遗址较好的选择。相关文献中通过对加固材料比选：水玻璃、丙烯酸树脂和有机硅树脂从物性上分析这些材料的优缺点，分析得出有机硅改性的丙烯酸树脂乳液性能较好，硅丙乳液克服了黏结性和成膜性较差的缺点，又继承有机硅耐候性强的优点，并对其进行无侧限抗压强度、耐水性能、耐腐蚀性能试验研究，通过比较认为硅丙乳液是理想的加固材料，不同浓度硅丙乳液可适当提高强度，明显改善耐水性能和耐盐腐蚀性，20% 体系硅丙乳液可指导实地加固保护。陈丽君等分析了现有土遗址加固材料：氢氧化钙 / 氢氧化钡，水玻璃，丙烯酸树脂，有机硅单体、预聚体、高聚物，聚氨酯树脂，有机氟类等现有材料的优缺点和遗址加固材料适用条件，并从渗透能力、表面颜色加深、表面泛白三个角度分析各材料的加固效果。使用硅溶胶、硅烷偶联剂、丙烯酸酯单体制备的复合材料，具有有机无机材料的优点，满足土遗址保护材料的条件，相关学者对加固前后力学性能变化也进行了相关试验研究，揭示了此类材料的加固机理。

在土遗址加固中也采用了其他加固材料，并且取得了很好的效果。研究者对山西怀仁烽火台裂隙注浆之前，先用硅丙树脂溶液渗透加固裂隙两壁和裂隙内填充的沙土，取得了较好的注浆效果。对硅丙乳液的改进使该材料加固土遗址效果更好，硅丙树脂溶液也成功应用到了土遗址中。

土遗址材料仍处于不断探索的过程中，需要我们更进一步的创新。

4.2.2　烧料礓石改性遗址土灌浆材料性能试验

大量工程实践经验与试验研究证明，掺和遗址土的保护材料与土遗址本体具有良好的物理力学兼容性。相比烧料礓石结石体力学强度过高，遗址土泥浆收缩率过大，烧料礓石改性遗址土材料能明显弥补各材料单独作为裂隙注浆材料的不足。但对烧料礓石改性遗址土材料物理力学性能研究还不够深入。为此，本研究选择烧料礓石与坍塌遗址土作为主要浆材，不同配比浆液凝结的结石体为研究对象，选择更接近现场注浆加固工程的室外土体掩埋养护，对结石体的物理力学龄期性能及其耐久性进行测试，测试地点选择在甘肃省武威市民勤县的红沙堡遗址。红沙堡遗址位于民勤县苏武乡泉水村东北 0.5 公里的沙丘间。残堡东西宽 160 米，南北长 180 米，东、南、西三面墙均局部有倾圮，如图 4-1 所示。试验遗址在建筑形制和病害类型上具有代表性。

图 4-1　红沙堡遗址

4.2.2.1　试验方法

试验参考土遗址裂隙注浆工程的实际情况，提高与遗址现场的相似度，将烧料礓石改性遗址土结石体掩埋于室外土体中养护。首先，在室外空地上夯筑厚度为 150mm 的下垫层；其次，将配制好的浆液材料浇筑在钢质模具中，24h 成型脱模后，布设在下垫层上；最后，覆盖土体掩埋养护，覆盖层厚度为 150mm。对于连续检测的结石体，在每天同一时间从覆盖层中挖出，检测后再次掩埋土体中继续养护。同时，采用美国 DECAGON 公司产土壤温湿度传感器（5TE）对养护土体温度、湿度变化情况进行监测，采样频率为 15min。

4.2.2.2　试样制备

基于注浆结石体与遗址体力学强度兼容性原则，结石体的强度应略高于遗址本体。鉴于土遗址分布广泛，遗址本体强度差异较大，确定烧料礓石与遗址土的 3 种较大跨度配比。对于浆液水灰比过高易产生离析且收缩性大，水灰比小浆液流动性差、不易注浆的特点，确定满足裂隙注浆施工工艺及浆体流动性要求 240mm 的适宜水灰比（表 4-1）。制作规格为 40mm×40mm×160mm 的结石体进行收缩率及抗折、抗压强度测定，70.7mm×70.7mm×70.7mm 的结石体进行波速、含水率、密度及孔隙率测定，Φ61.8mm×20mm 的结石体进行渗透性能测定。各项测试均制作 3 个平行试样。

表 4-1　结石体配比及水灰比

结石体编号	材料比例 烧料礓石：遗址土	水灰比
CGN-1	1：5	0.47
CGN-2	1：10	0.42
CGN-3	1：15	0.41

4.2.2.3　试样养护

本试验参考土遗址裂隙注浆工程的实际情况，为提高与遗址现场的相似度，将烧料礓石改性遗址土结石体掩埋于室外土体中养护。首先，在空地上夯筑厚度为 150mm 的下垫层，然后将脱模后的结石体布设在下垫层上，随后覆盖土体掩埋养护，覆盖层厚度为 150mm。对于每天都需要监测的结石体，在每天的同一时间从覆盖层中挖出，然后用小软毛刷将结石体表面的覆土刷干净，监测完成后将其再次掩埋于土体中继续养护，具体掩埋布设方案、养护情况如下所述（图 4-2、图 4-3）。

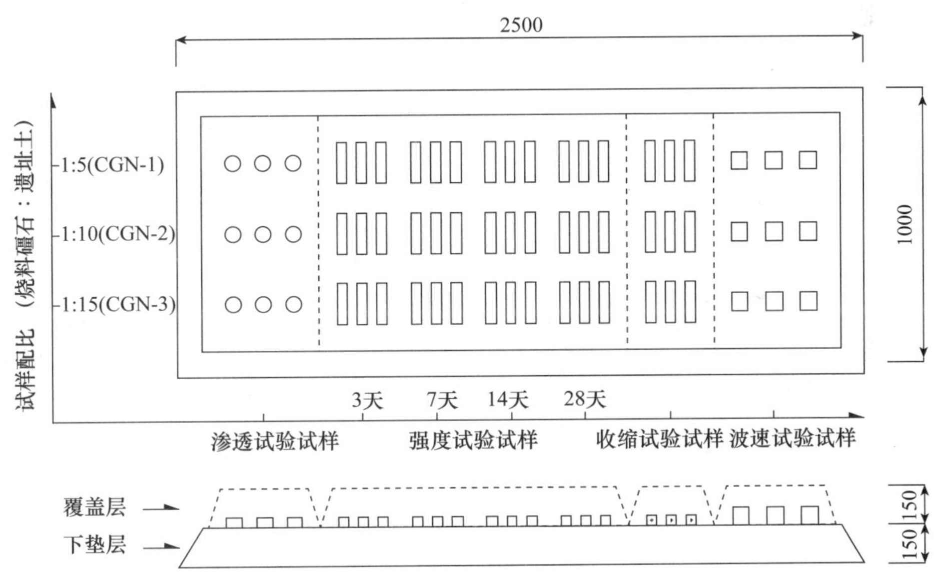

图 4-2　掩埋养护布设方案

图 4-3　掩埋养护过程

4.2.2.4 龄期性能试验

4.2.2.4.1 结石体收缩率试验

4.2.2.4.1.1 试验目的

对结石体进行收缩率试验是为了测定结石体收缩率的变化情况，由于其收缩变形会对遗址体加固工程质量产生一定的影响，对结石体收缩率的试验是很有必要的。

4.2.2.4.1.2 试验步骤

1）制样。收缩率试验试样与抗折、抗压强度试验试样还有些不同，收缩率试样需在试模两端面的孔洞中固定好由黄铜加工的收缩头，使收缩头露出试件端面 8（±1）mm，再将浆液倒入试模中振实。

2）试验测试。拆模后采用配有电子千分表、标准杆长度为 176mm、测量精度为 0.001mm 的比长仪，对结石体进行为期 28 天的收缩变形测试（图 4-4）。

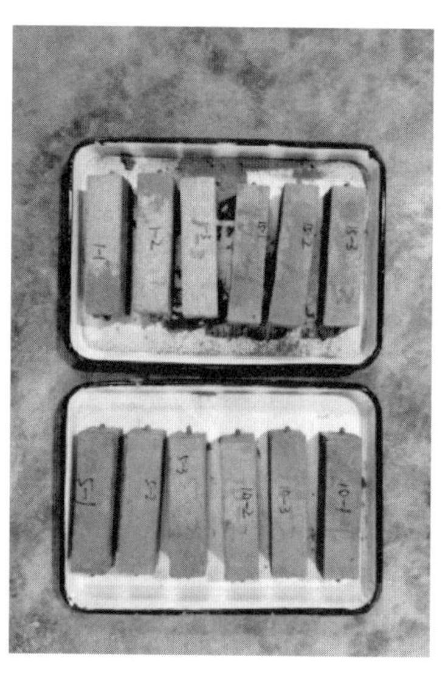

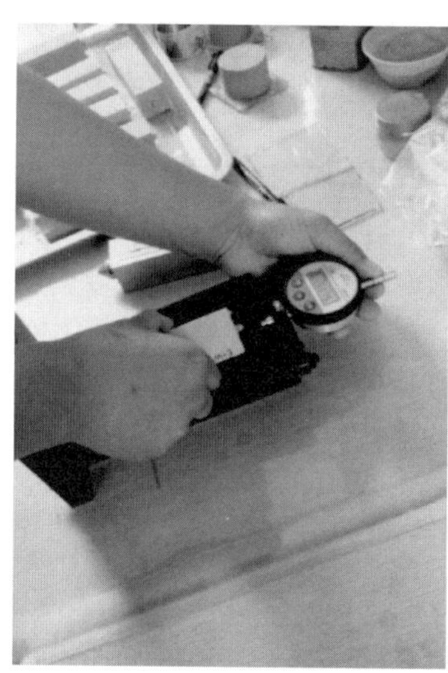

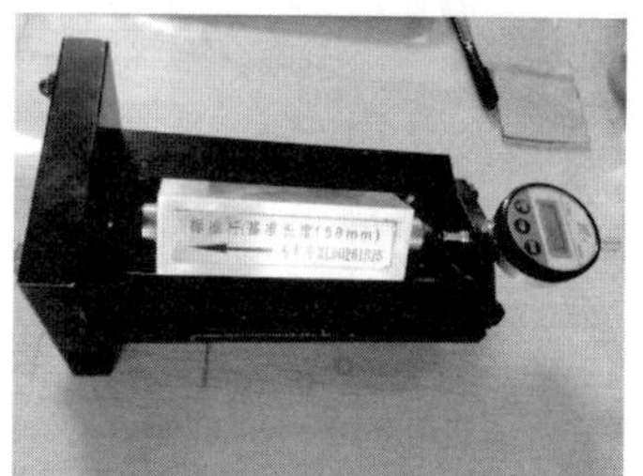

图 4-4 收缩率试验

4.2.2.4.1.3 试验数据处理

结石体收缩率可按下式计算，精确至 0.01%。

$$S_t=\left(\frac{l_0-l_t}{l_0+176}\right)\times 100 \qquad （式 4-1）$$

式中，l_0—0 天时试样长度（mm）；l_t—龄期 t 天（$t=0\sim28$）时试样长度（mm）。

以三个平行样收缩率的算术平均值作为测试结果，如果单个试验值超出算术平均值 15% 时，则将该测值剔除，取余下两个试验值的算术平均值作为该试验的结果。若一组中可用测值少于两个应重做。

4.2.2.4.1.4　试验结果

试验结果如图 4-5 所示。

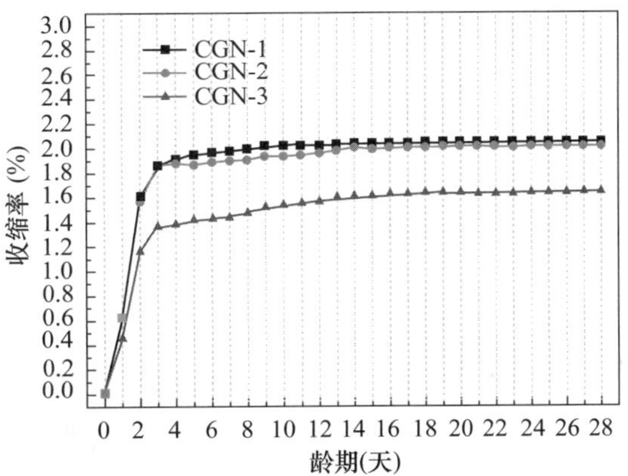

图 4-5　收缩率随龄期变化曲线

4.2.2.4.2　结石体含水率及密度试验

1）从 0 天即试样脱模时起，每天测量试样的质量，直到 28 天测量完成后，将试样置于烘箱内，在 105～110℃的恒温下烘至恒量，称量其干质量，精确至 0.01g。

2）试样的含水率按下式计算，准确至 0.1%。

$$\omega_0=(\frac{m_t-m_d}{m_d})\times 100 \quad （式 4-2）$$

式中，m_t—龄期 t 天（t=0～28）时试样质量（g）；m_d—试样干质量（g）。

3）由于试样为体积规则的结构，其体积可由长、宽、高乘积得出，记为 V；试样质量 m_t 每天均有测量。试样的湿密度按下式计算，准确至 0.01g/cm³。

$$\rho_t=\frac{m_t}{v} \quad （式 4-3）$$

式中，ρ_t—龄期 t 天（t=0～28）时试样湿密度（g/cm³）。

试验结果如图 4-6 所示。

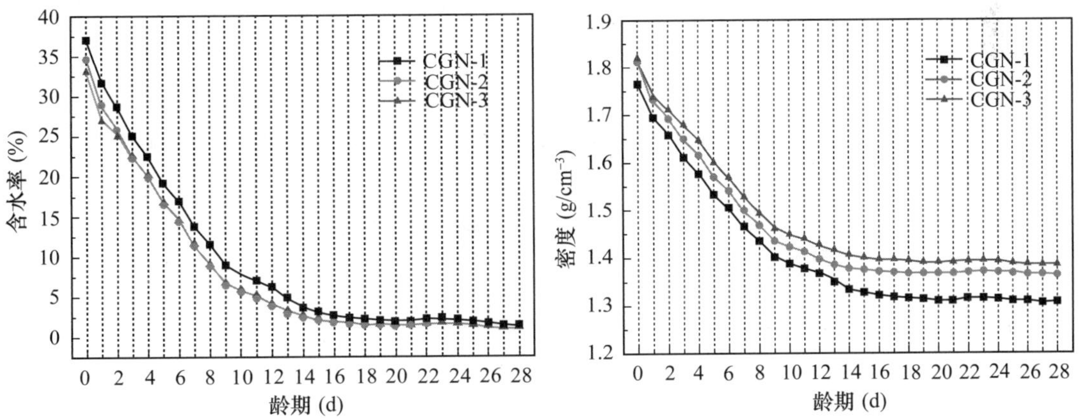

图 4-6　含水率及密度随龄期变化曲线

4.2.2.4.3　结石体弹性波速试验

4.2.2.4.3.1　试验目的

结石体弹性波速试验作为检测结石体质量及强度的一种辅助手段，用于检验结石体的强度特征、内部结构发展状况等。

4.2.2.4.3.2 试验步骤

1）按照标准制样。

2）龄期 28 天，每天对试样进行声波检测，每次进行试验前，应将试样表面覆土用软刷轻轻刷净。

3）将仪器发射器放下侧，接收器放试样上侧，每个试样取三个固定的面，每面测三次，如图 4-7 所示。

图 4-7 弹性波速测试

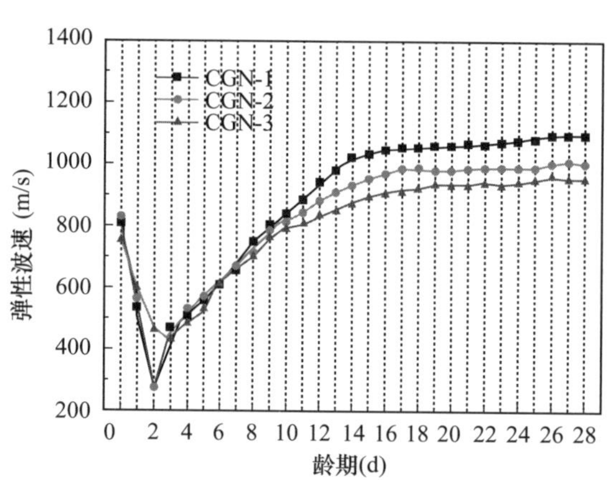

图 4-8 弹性波速随龄期变化曲线

4.2.2.4.3.3 数据处理

先将同一面的三个数据取平均值，其中较之算术平均值之差大于 15% 的数据舍弃；然后再将三个面的值取平均值，同样与算术平均值之差 15% 的数据舍弃；最后再取三个平行样波速的平均值，与上述情况相同的数据舍弃。如果每种情况下的试验可用数值少于 2 个时，均应重做试验。试验结果如图 4-8 所示。

4.2.2.4.4 结石体渗透系数测定

测定结石体的渗透系数，以评价结石体的抗渗性能，本试验用变水头渗透试验。

4.2.2.4.4.1 试验仪器设备

1）渗透容器：由环刀、透水石、套环、上盖及下盖组成。由于本次试验所用环刀的直径和高各有不同，则对每次所用环刀均用游标卡尺进行尺寸测量。

2）变水头装置：由渗透容器、变水头管、供应瓶、进水管等组成。其中变水头管管径为 8mm，管外壁有最小分度为 1.0mm 的刻度，长度约 2m，如图 4-9 所示。

4.2.2.4.4.2 试验步骤

1）参照《土工试验规程》制备试样。

2）将装有试样的环刀装入渗透容器（由于试样有收缩，为使试样与环刀间无缝

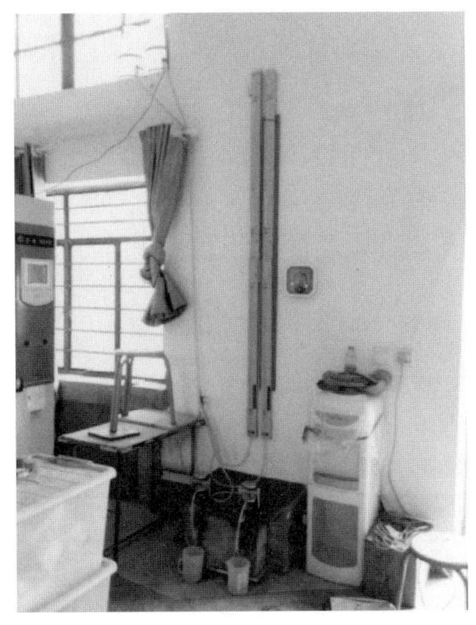
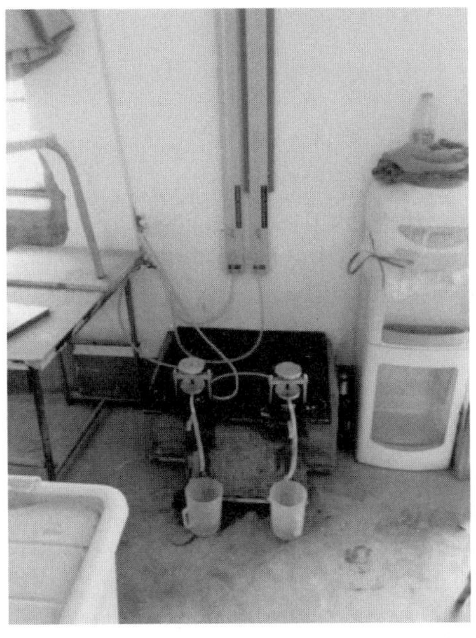

图 4-9　变水头渗透试验装置

隙，本试验在将试样放入环刀之前，用止水带均匀紧紧缠绕试样），用螺母旋紧，要求至不漏水不漏气。随后用变水头装置的水头进行试样饱和。

3）将渗透容器的进水口与变水头管连接，利用供水瓶中的纯水向进水管注满水，并渗入渗透容器，开排气阀，排出渗透容器底部的空气，直至溢出水中无气泡，关排水阀，放平渗透容器，关进水管夹。

4）向变水头管注入纯水，使水升至预定高度，水头高度不大于 2m，待水位稳定后切断水源，开进水管夹，使水通过试样，当出水口有水溢出时开始测记变水头管中起始水头高度和起始时间，本试验按 5 分钟的时间间隔测记水头和时间变化。

5）将变水头管中的水位变换高度，待水位稳定再进行测记水头和时间的变化，重复试验 6 次。当不同开始水位下测定的渗透系数在允许的差值范围时，结束试验。

具体试验过程如图 4-10 所示。

图 4-10　渗透试验过程

4.2.2.4.4.3　数据处理

变水头渗透系数应按下式计算：

$$k_T=2.3\frac{aL}{A(t_2-t_1)}\log\frac{H_1}{H_2}$$

式中，A—试样断面面积；a—变水头管的断面积（cm^2）；2.3—ln 和 log 的变换因数；L—渗径，即试样高度（cm）；t_1，t_2—分别为测读水头的起始和终止时间（s）；H_1，H_2—起始和终止水头。

4.2.2.4.4.4　试验结果

经处理得到 CGN-1、CGN-2 和 CGN-3 三类试样的渗透系数，如表 4-2 所示。

表 4-2　结石体渗透系数

结石体编号	渗透系数 /10^{-6}
CGN-1	1.29
CGN-2	3.18
CGN-3	5.79

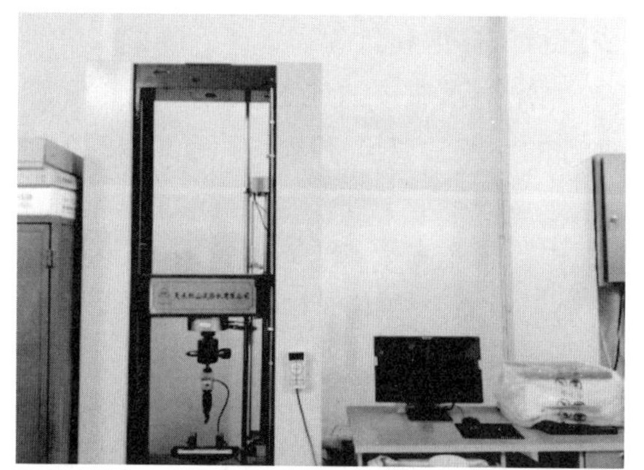

图 4-11　压力试验机

4.2.2.4.5　结石体龄期强度试验

本试验采用天水红山试验机有限公司生产的微机控制电子压力试验机（WDW-200）（图 4-11），来进行结石体龄期为 3 天、7 天、14 天、28 天的抗折强度、抗压强度试验（图 4-12）。

本试验设备是以中心加荷法测定抗折强度，再用折断后的棱柱体进行抗压试验，受压面是试件成型时的两个侧面，面积大约为 40mm×40mm。通过加荷柱

图 4-12　抗折试验和抗压试验

以 50N/s±10N/s 的速率均匀地将荷载垂直施加在棱柱体相对侧面上，直至试样折断。

抗压试验在整个加荷过程中以 2400N/s±200N/s 的速率均匀地加荷直至破坏。试验结果如图 4-13 所示。

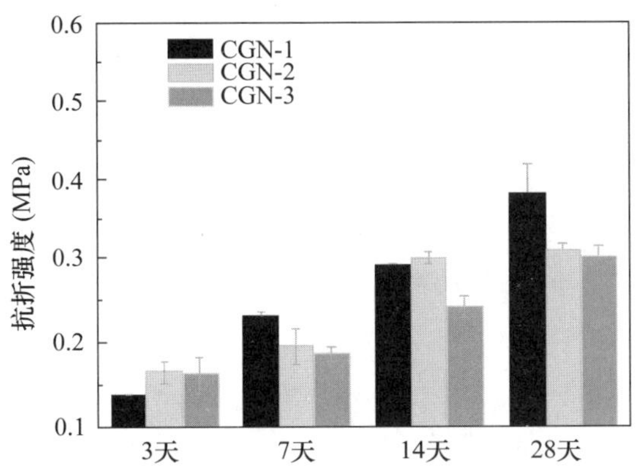

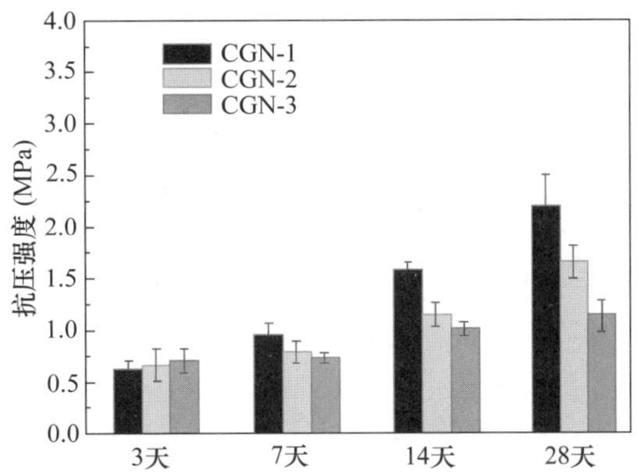

图 4-13　抗折强度和抗压强度随龄期变化曲线

4.2.2.4.6　结石体显微照片观测

本试验通过无线数字显微镜（3R-WM601PCTV）对 CGN-1、CGN-2 和 CGN-3 的同一结石体，同一位置进行为期 28 天的显微照片拍摄，以此来得到结石体的龄期显微照片，在此依次列出三种结石体 0～28 天显微照片，如图 4-14 所示。

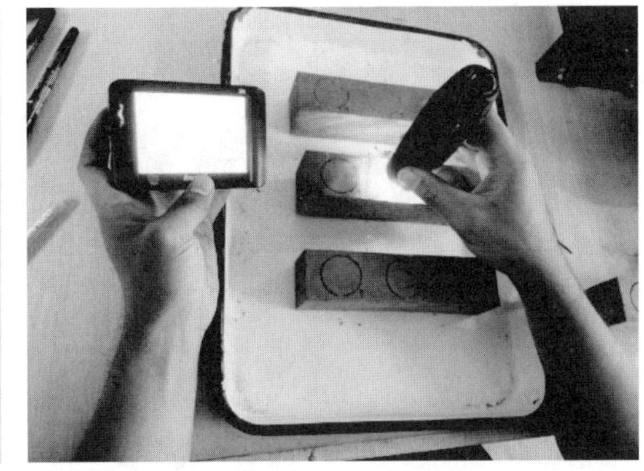

图 4-14　显微照片观测

在每个结石体上共标记有六个位置，标记了两个面，每个结石体在每天拍摄 6 张显微照片。把 CGN-1、CGN-2 和 CGN-3 同一位置、不同龄期的照片编制在同一文件夹中，以便于日后对其照片进行筛选。筛选时每个结石体各筛选出一组显微照片，然后再对其进行观察。

CGN-1、CGN-2 和 CGN-3 在 0 天和 28 天的照片如图 4-15 所示。

4.2.2.5　耐久耐候性能试验

对三种比例的烧料礓石改性遗址土进行了冻融循环试验、耐老化试验、耐盐耐碱试验。

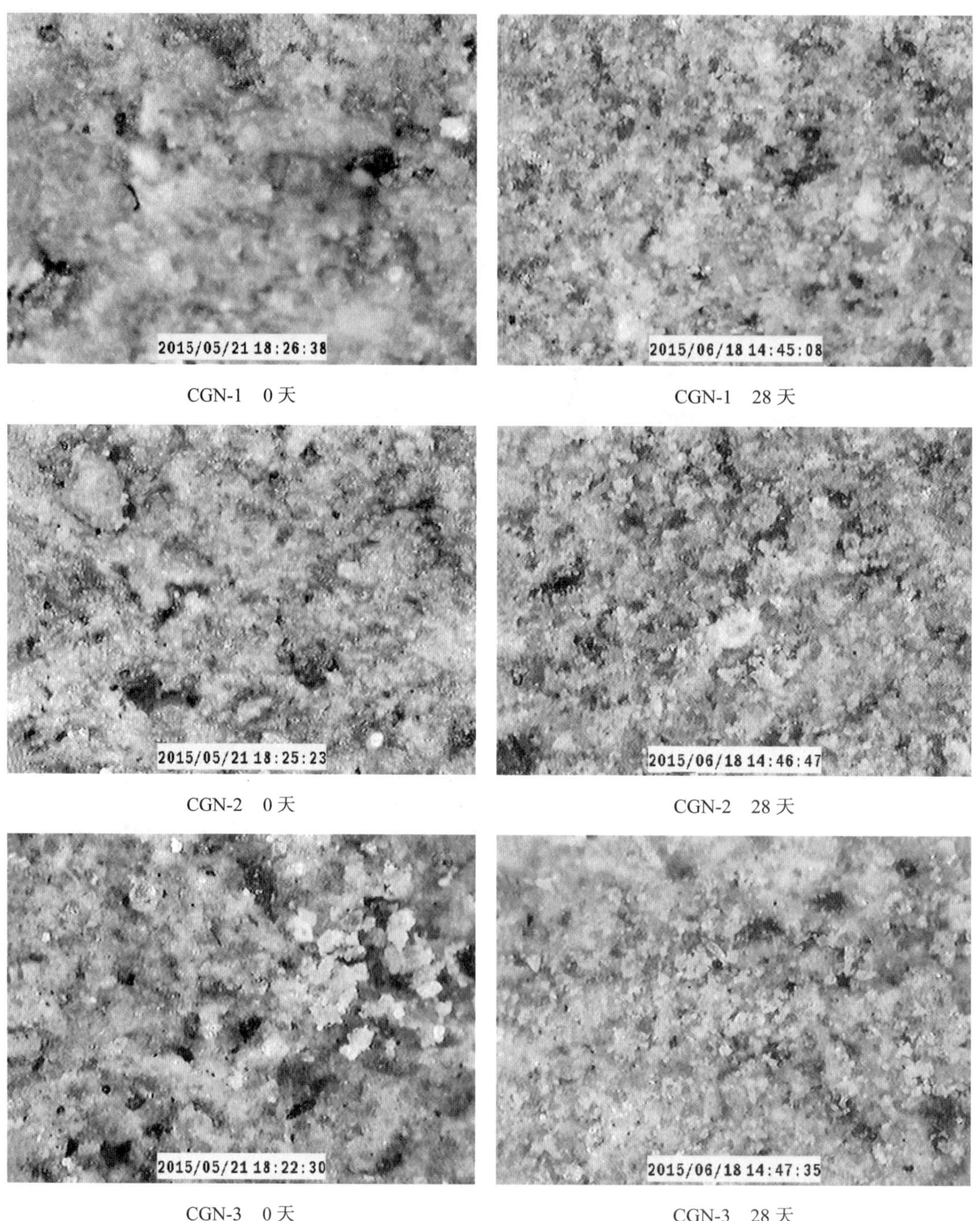

CGN-1　0天　　CGN-1　28天

CGN-2　0天　　CGN-2　28天

CGN-3　0天　　CGN-3　28天

图 4-15　显微照片（部分）

4.2.2.5.1　冻融循环试验

试样达到28d龄期后放入恒温恒湿养护箱2d，水蒸气充分湿润至恒重后开始试验，如图4-16所示。温差：低温箱内−20℃冻结，养护箱内20℃融解。时长：1型，冻4h+融4h，8h一循环；2型，冻12h+融12h，24h一循环。次数：不少于25次，结果如图4-17所示。

图 4-16　冻融循环试验

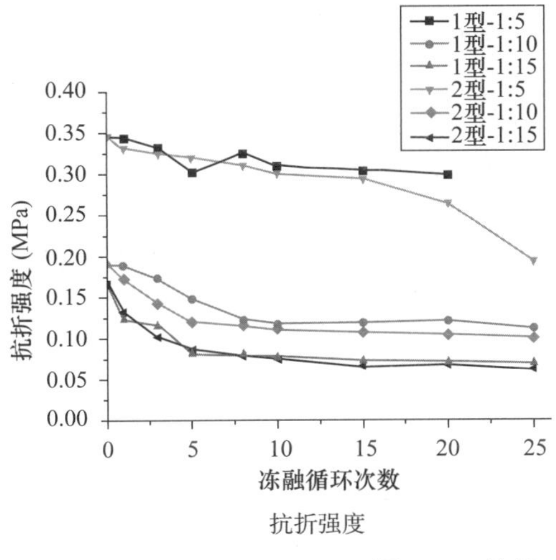

抗折强度

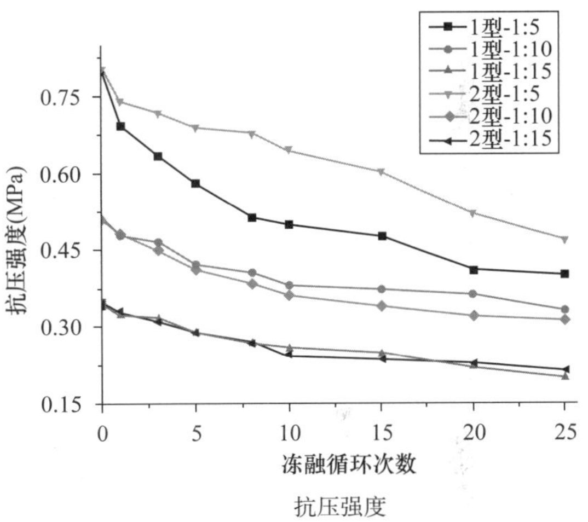

抗压强度

图 4-17　抗折、抗压强度与冻融次数关系

4.2.2.5.2　耐老化试验

试样达到 28 天龄期后放入老化箱。灯管：两个，各 15W。时长：箱内连续照射 144h（6d）、288h（12d）、432h（18d）、576h（24d）、720h（30d），结果如图 4-18 所示。

4.2.2.5.3　耐盐耐碱试验

试样达到 28d 龄期后放在托盘中，分别用蒸馏水、饱和 Na_2SO_4 溶液、2%NaOH 溶液以浸润方式腐蚀试样。时长：浸润 12h＋烘干 12h，24h 一循环。如图 4-19～图 4-21 所示。

4.2.2.6　分析与讨论

4.2.2.6.1　土体掩埋养护

已有的监测结果表明，土遗址所处环境气温的变化并不能代表土遗址本体温度的变化。所以相比传统室内恒温、恒湿的养护条件，将结石体置于室外土体中掩埋养

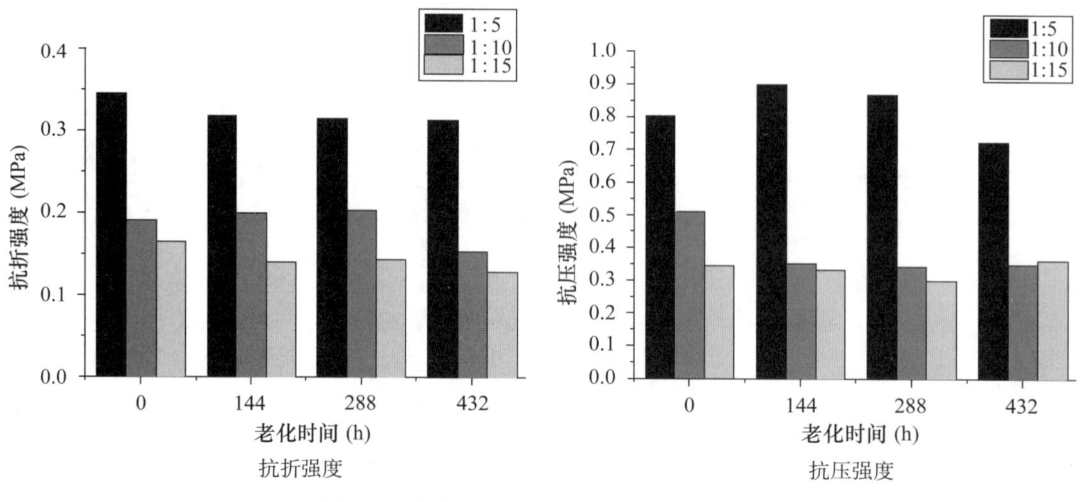

抗折强度　　　　抗压强度

图 4-18　抗折、抗压强度与老化次数关系

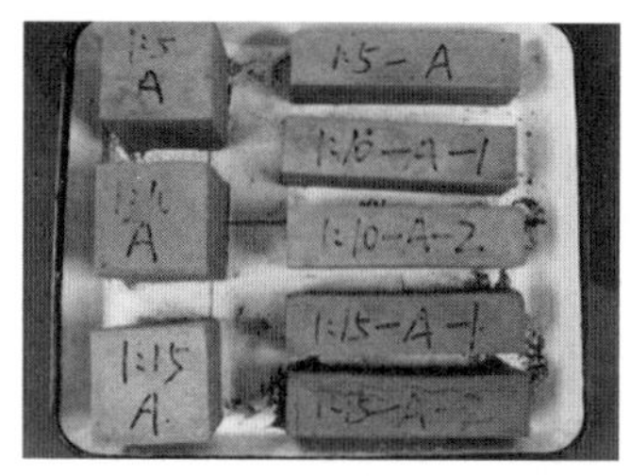

A. 对照组

B. 耐盐组

C. 耐碱组

图 4-19　浸润开始

A. 对照组

B. 耐盐组

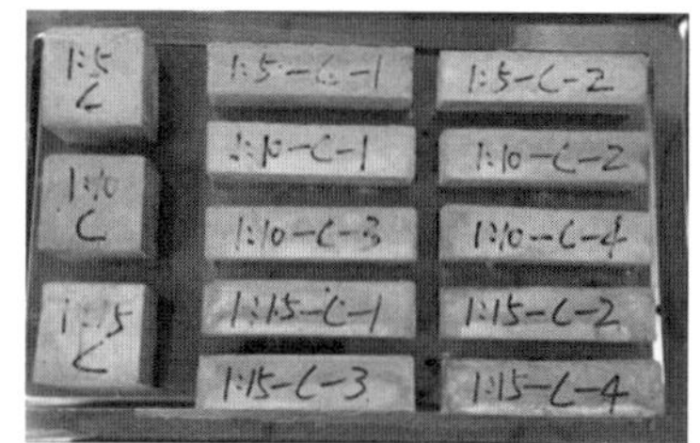

C. 耐碱组

图 4-20　2 次循环后

护，受到昼夜温差、天气变化等因素影响，其养护温度、湿度变化及物质交换作用更加剧烈。虽然在制样的前 24h 内需要在钢质模具中成型，不符合工程中直接注入裂隙的情况，但总体上，相比实验室养护更接近实际工作条件。养护土体温湿度变化曲线显示，养护龄期内最高温度为 39.9℃，最低温度为 17.6℃，最大温差 22.3℃，最大昼夜温差 16.2℃，相邻监测最大温差 1.2℃，符合西北地区昼夜温差大、湿度变化小的气候特点。温差导致结石体收缩率、含水率、密度、波速即使在龄期变化曲线稳定阶段，相邻龄期的量值仍然有小幅度的波动，但是这种小幅度的波动并不能影响结石体物理性能整体的变化规律。同时，在土体中掩埋养护，由于土体毛细力作用，覆盖

循环次数		A（对照组）			B（耐盐组）			C（耐碱组）		
		1∶5	1∶10	1∶15	1∶5	1∶10	1∶15	1∶5	1∶10	1∶15
1	浸润			纵向裂纹： 长 1∶15-2	断裂： 长 1∶5-2		断裂： 长 1∶15-3 纵向裂纹： 长 1∶15-1			
	烘干				断裂： 长 1∶5-2	纵向裂纹： 长 1∶10-4				掉角： 长 1∶15-4
2	浸润				方：崩塌碎裂 长：碎裂崩坏，粘在盘底	方：崩塌碎裂 长：碎裂崩坏，粘在盘底	方：崩塌碎裂 长：碎裂崩坏，粘在盘底			
	烘干				断裂： 长 1∶5-1					
3	浸润									
	烘干	方：小裂纹，底部掏蚀严重 长：断裂	方：小裂纹，底部掏蚀 长：断裂	长：多条纵向裂纹平行纵向，试样粉碎				长：断裂	方：小裂纹	长：脱皮
4	浸润									
	烘干	方：破坏 长，崩解呈粉末状	方：破坏 长，崩解呈粉末状	方：破坏 长，崩解呈粉末状					方：多条裂纹 长，裂纹	方：掉角 长，表面龟裂，局部内凹

图 4-21　耐盐耐碱试验记录

层土体对结石体孔隙中水分吸收能力远远大于在空气中养护，导致结石体初期干燥收缩强烈，使结石体收缩率随龄期变化曲线在养护第 3 天时明显发生转折。所以在土遗址裂隙注浆加固工程中，注浆初期一定要注意及时补浆，防止因浆体材料干燥收缩产生巨大裂隙，影响注浆质量。

4.2.2.6.2　固化机理

烧料礓石中含有的水硬性胶凝成分 β-$CaSiO_3$ 及 $Ca_2Al_2Si_2O_8$，其与浆液中 H_2O 快速进行水化反应，生成 β-$CaO\cdot SiO_2\cdot nH_2O$ 及 $2CaO\cdot Al_2O_3\cdot SiO_2\cdot nH_2O$，使结石体在水环境下快速胶结，产生初始强度；同时，气硬性胶凝成分 CaO，先与 H_2O 反应生成 $Ca(OH)_2$，再逐渐吸收土体中 CO_2，碳化生成 $CaCO_3$，使结石体强度长期内不断提高。随着水化过程的完成，水化硅酸钙也易逐渐分解生成 $CaCO_3$，形成遗址土主要成分之一的方解石。正因缓慢固化过程逐渐生成孔隙率大，透水、气性好的 $CaCO_3$，与水硬组分快速水化的强度互补，能完全满足裂隙注浆的要求，结石体逐渐碳化使其与遗址本体很好兼容且牢固结合，产生很好的耐候性。

试验后将试样持续掩埋 550 天，待其深度硬化后，进行 SEM 微观结构观察和 EDS 元素分析。SEM 结果（图 4-22）显示遗址土颗粒菱角分明，片层结构明显。其

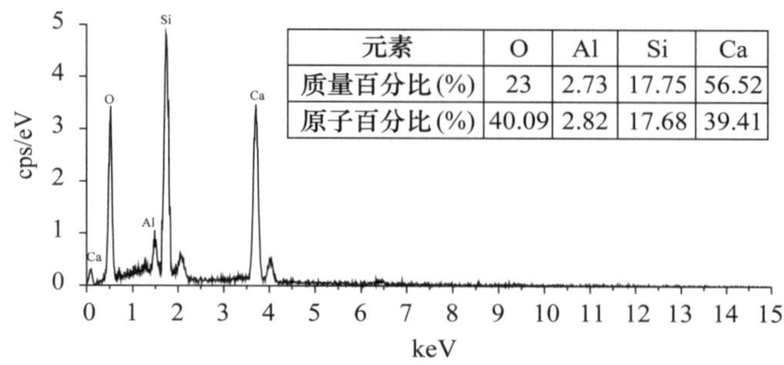

元素	O	Al	Si	Ca
质量百分比(%)	23	2.73	17.75	56.52
原子百分比(%)	40.09	2.82	17.68	39.41

（a）烧料礓石 SEM（5k）及 EDS 能谱

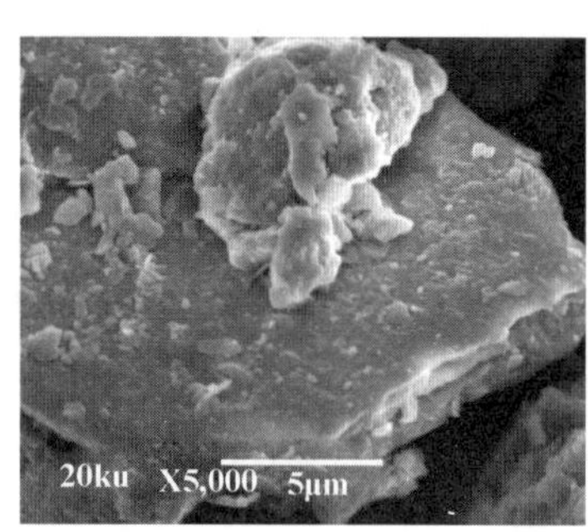

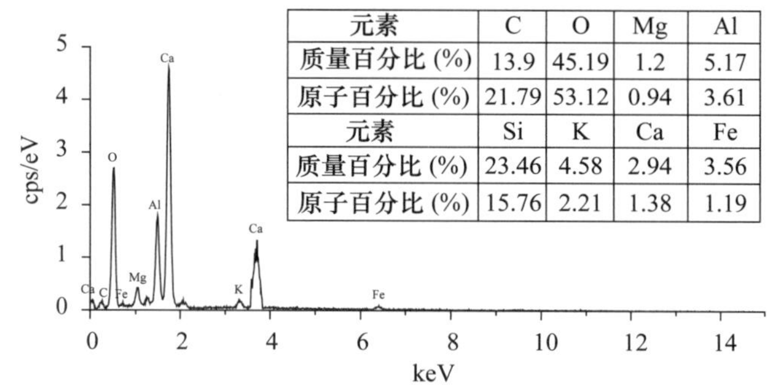

元素	C	O	Mg	Al
质量百分比 (%)	13.9	45.19	1.2	5.17
原子百分比 (%)	21.79	53.12	0.94	3.61
元素	Si	K	Ca	Fe
质量百分比 (%)	23.46	4.58	2.94	3.56
原子百分比 (%)	15.76	2.21	1.38	1.19

（b）遗址土 SEM（5k）及 EDS 能谱

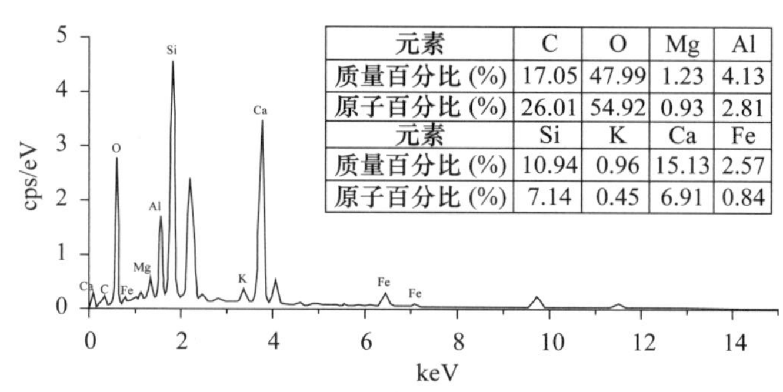

元素	C	O	Mg	Al
质量百分比 (%)	17.05	47.99	1.23	4.13
原子百分比 (%)	26.01	54.92	0.93	2.81
元素	Si	K	Ca	Fe
质量百分比 (%)	10.94	0.96	15.13	2.57
原子百分比 (%)	7.14	0.45	6.91	0.84

（c）CGN-1 结石体 SEM（5k）及 EDS 能谱

元素	C	O	Mg	Al
质量百分比 (%)	14.31	50.97	1.38	5.39
原子百分比 (%)	21.83	58.37	1.04	3.66
元素	Si	K	Ca	Fe
质量百分比 (%)	14.18	1.53	8.54	3.71
原子百分比 (%)	9.25	0.72	3.91	1.22

（d）CGN-2 结石体 SEM（5k）及 EDS 能谱

图 4-22　浆体材料、结石体 SEM 及 EDS 能谱

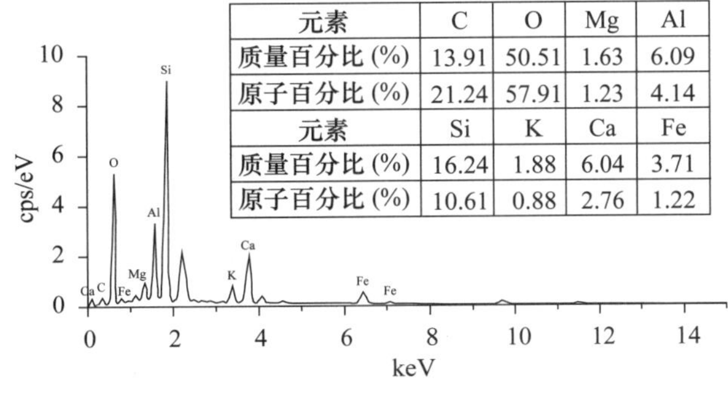

元素	C	O	Mg	Al
质量百分比 (%)	13.91	50.51	1.63	6.09
原子百分比 (%)	21.24	57.91	1.23	4.14
元素	Si	K	Ca	Fe
质量百分比 (%)	16.24	1.88	6.04	3.71
原子百分比 (%)	10.61	0.88	2.76	1.22

（e）CGN-3 结石体 SEM（5k）及 EDS 能谱

图 4-22 （续）

主要矿物石英、方解石、钾长石均属于稳定矿物，在结石体中体现出骨架作用。而结石体试样，表面形貌发生了显著变化，微小 $CaCO_3$ 颗粒沉积在片状结构的表面和孔隙间，随着烧料礓石配比的增加沉积物更加明显，使得土颗粒之间相互胶联，对土颗粒起到支撑作用，大大提高了试样的力学强度，改变了结石体的各项物理性能。100 倍放大下的局部 EDS 元素分析结果显示（图 4-22），随着烧料礓石配比的增加试样的钙元素和碳元素百分比含量逐渐增大，由此可以判断微小颗粒主要为钙质胶结。同时，遗址土腐蚀性检测显示为弱碱性（8.49），这利于 $CaCO_3$ 的稳定存在。因此，烧料礓石改性遗址土材料与遗址土体在结构与成分上均具有很好的兼容性。

4.2.2.6.3　硬化过程

在本试验中，土体掩埋养护初期结石体内含水率高，随着结石体中 H_2O 被覆盖层土体吸收并逐渐接触土体中 CO_2，可以推断结石体内部由开始的水化反应逐步向碳化反应过渡。而试验结果显示，养护前 3 天，结石体收缩率、波速受含水率影响显著，同时，受水灰比影响，高烧料礓石配比结石体初期力学强度较小；养护第 8 天时，结石体含水率、密度随龄期变化曲线开始转折，不同配比结石体波速龄期曲线开始分离，显微照片中颗粒结构明显致密；养护第 18 天时，所有物理性质曲线均基本稳定。通过以上物理性质的变化可以证明反应变化的过程，在 0 至 8 天养护期内，结石体主要为水化反应阶段；8 天至 18 天内，结石体为水化反应向碳化反应过渡阶段；而 18 天以后结石体含水率已较低，有限的含水率对水化反应的支持很少，此时主要为碳化反应阶段。

在西北地区的干旱半干旱环境下，土遗址含水率常年处于较低值，同样注浆结石体也会长期处于低含水率状态。由于后期水分难以补给，水化反应主要在注浆初期，力学强度的增加则主要依靠后期碳化反应。

4.2.2.6.4　不同配比物理性能对比分析

水灰比对结石体物理力学性能，尤其对收缩率、孔隙率及初期力学强度影响显著，但流动性是注浆工程可灌性的保证。因此，基于 240mm 流动度试验确定不同配比浆液的水灰比，在可灌性前提下，随烧料礓石配比的增加，以 CGN-3 性质为标准，CGN-2、CGN-1 结石体收缩率增加 22.04%、24.59%；含水率增加 8.07%、26.51%；波速增加

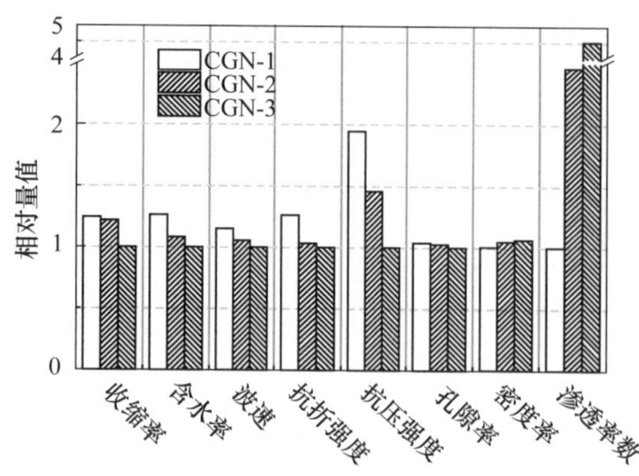

图 4-23　不同配比结石体物理性质对比

5.49%、15.38%；抗折强度增加 3.33%、26.67%；抗压强度增加 46.02%、94.69%；孔隙率增加 2.71%、3.80%。而结石体密度减小 1.55%、5.75%；渗透系数减小 45.08%、77.72%。不同配比物理性质对比（图 4-23）表明，结石体的抗压强度及渗透系数受烧料礓石配比影响显著。

随结石体孔隙率增加渗透系数出现减小现象，表明在结石体各种颗粒、微晶体和其他固体结构单元硬化的多孔非均质体系中，高配比结石体硬化过程中凝结形成更多的封闭孔隙，低配比结石体的有效孔隙度更高。龄期力学强度结果显示，在初期水化反应下，由于高水灰比，烧料礓石配比更高的结石体并不能比低配比结石体产生更高的力学强度；但是在后期低含水率的条件下，高烧料礓石配比结石体的力学强度明显更高，说明本试验中高烧料礓石配比结石体在碳化反应中更能表现出明显优势。同时抗折、抗压强度完成率曲线更说明，后期碳化反应为一个长期的过程。即使碳化反应延续很长的时间，力学强度不断提高，但是并没有造成结石体收缩率、密度及波速等物理性质的明显变化。这表明烧料礓石改性遗址土浆体材料具有很高的后期力学强度，同时物理性质稳定，适宜作为土遗址裂隙注浆材料。

4.2.2.6.5　适用性评价

由于浆体为烧料礓石改性遗址土材料，在试验配比中，遗址土依然为主要成分，所以浆体在颜色上能与土遗址本体很好地兼容，并不会产生明显的色差。浆体低收缩性的特点，能满足对裂隙的填充作用，增强遗址体的整体性。结石体的密度小于遗址土体天然密度，不会在遗址体内产生附加应力，造成土遗址的二次破坏。结石体的孔隙率高于遗址土体，不会阻断土遗址内部的水汽循环，保留土遗址本身的“呼吸功能”，使填充部分与本体更加兼容。同时结石体较高的抗折强度和抗压强度是提高土遗址力学稳定性的可靠保障。这些性质均表明烧料礓石改性遗址土材料适宜应用于土遗址裂隙注浆加固。但实际注浆工程中，应根据结石体与土遗址体物理性质最接近的原则，选择最适宜的烧料礓石与遗址土配比，满足不同土遗址体的兼容性要求。

4.2.2.7　小结

通过对三种不同配比烧料礓石改性遗址土结石体的物理力学性能测试及微观结构分析，可以得到如下结论：

1）本试验将注浆材料结石体在室外土体中掩埋养护，更接近于遗址裂隙注浆工程实际情况。养护条件受环境因素影响明显，导致结石体物理性质会在相邻龄期的量值有小幅波动，但并不影响物理性质整体的变化规律。

2）在可灌性前提下，不同配比结石体的收缩率、含水率、波速、抗折强度（28 天）、抗压强度（28 天）和孔隙率（28 天）随烧料礓石配比增加而增大，而密度、渗透系数（28 天）随烧料礓石配比增加而减小。

3）结石体在养护龄期前 3 天收缩率、波速变化显著，养护龄期 3 至 8 天含水率、密度及波速呈线性变化，养护龄期 18 天后物理性质保持稳定。

4）结石体硬化过程是由开始水化反应逐渐向碳化反应过渡的过程，水化反应过程使结石体强度快速提高，碳化反应过程使结石体具有很高的后期强度，同时物理性质稳定，适宜作为土遗址长期注浆材料。

5）结石体的加固机理是钙质胶结物质填充在土颗粒的孔隙间，使得土颗粒之间相互胶联，对土颗粒起到支撑作用，提高了结石体的力学强度。

4.3　裂隙灌浆试验研究

4.3.1　注浆浆液制备试验研究

4.3.1.1　浆液选择

4.3.1.1.1　浆液材料

灌浆浆液的性质不仅影响着浆液进入土体后对裂隙的填充效果，也影响着灌浆过程操作的难易程度，对裂隙灌浆工程来说十分重要。土遗址裂隙灌浆技术起步晚，同时土遗址的赋存环境较为复杂，且裂隙病害发育形式、尺度、原因等均不相同，因此不断开发适宜于土遗址裂隙灌浆的材料，完善灌浆浆液性能的检测方法，对土遗址保护意义重大。

文物保护的最低限度干预原则要求在对文物进行修复时，应当减小对文物本体的改变及影响。烧料礓石和土均为土建筑遗址的建筑材料，作为裂隙灌浆材料不会对遗址的结构和原貌做出改变，与原遗址建造材料同源，能与遗址本体良好地兼容，同时二者作为浆材制备的浆液也能满足土遗址裂隙灌浆浆液的要求，因此本次研究选择的浆液材料为烧料礓石和土。

4.3.1.1.2　材料基本性质

浆材基本物理性质：主要试验材料有烧料礓石和土，烧料礓石产自国家古代壁画与土遗址保护工程技术研究中心中试基地，试验用土取自西夏陵加固维修工程用土（图 4-24、图 4-25）。

材料物理性质及矿物成分不同，浆液的性能会产生差异。采用筛析法对土体粒径进行测定（表 4-3）。依据《土工试验方法标准》（GB/T50123-2019），采用液塑限联合测定法对液塑限进行测定，采用比重瓶法对比重进行测定（表 4-4）。料礓石的物理性质如表 4-6 所示，土的矿物成分和料礓石的矿物成分采用 XRD 分析（表 4-5、表 4-7）。

图 4-24　试验土（左）和烧料礓石（右）

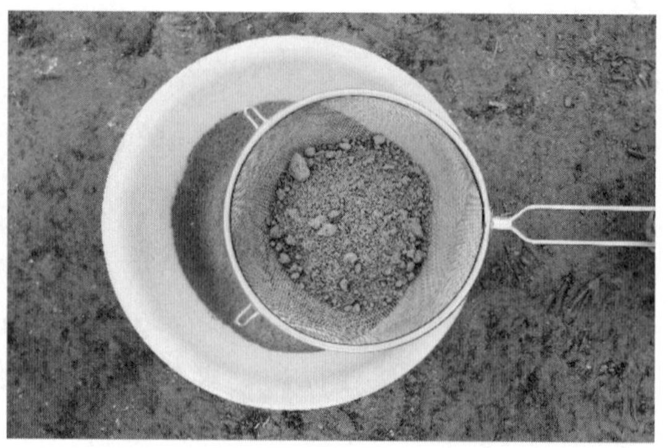

图 4-25　试验土过 1mm 筛

表 4-3　土的粒径分布

20～10（mm）	10～5（mm）	5～2（mm）	2～1（mm）	1～0.5（mm）	0.5～0.25（mm）	0.25～0.075（mm）	<0.075（mm）
1.71	4.24	5.68	0.27	2.89	1.77	28.63	54.66

表 4-4　土的基本物理性质

类型	含水率（%）	比重 *Gs*	稠度指标			级配特征	
			液限 *WL*（%）	塑限 *WP*（%）	塑性指数 *IP*	不均匀系数 *Cu*	曲率系数 *Cc*
试验土	1.84	2.718	25.9	17.6	8.3	8.27	1.17

表 4-5　土的 XRD 矿物成分分析

矿物成分	石英	长石	方解石	伊利石	绿泥石
含量（%）	58	11	11	13	7

表 4-6　料礓石物理性质

	密度（g/cm^3）	饱水系数（%）	抗压强度（MPa）
料礓石	2.52	5.58	10.9

表 4-7　料礓石的 XRD 分析结果

矿物成分	石英	长石	方解石	黏土
含量（%）	12.6	61.8	10.9	14.7

4.3.1.1.3　材料配比

用未改性土和掺有不同比例烧料礓石改性土制作试块，对养护后试块的基本物理力学性能和抗风蚀雨蚀能力进行测试，试验发现：

1）按照改性料礓石∶原状土＝1∶18 制成的试块，与未改性土试块相比，最大干密度变化不大，为 1.90～1.95g/cm^3，最优含水率 11%～12.5%，比重基本无变化，

28 天后收缩率仅是原状土制成试块的 32%，试块受自然温度、湿度、冻融循环等影响，强度变化极小，而原状样受其影响相对较大，随着改性料礓石配比的减小，试块耐水性呈减弱趋势。

2）改性料礓石：原状土＝1：25 时，其最大干密度变化不大，为 1.7～1.80g/cm^3，最优含水率 11%～15%，比重基本无变化，28 天后试块的体积收缩率与 1：18 比例制成的试块相差不大，试块受自然温度、湿度、冻融循环等影响，强度变化极小。

3）色度外观方面，掺加烧料礓石的土制成的试块与原土制成的试块无明显差异。以烧料礓石和土制成的浆液对裂隙进行加固，不会对遗址体的原貌造成改变。

烧料礓石比例越高，试块的物理力学性能及抗性越好，但性能的提升幅度较小。从土遗址裂隙加固的效果和工程中对材料的利用率考虑，本次研究选择烧料礓石和土的比例为 1：25 进行试验。

4.3.1.1.4　搅拌方式

通过实际调查，注浆工程现场均为人工手动搅拌浆液，这种方式的搅拌时间、速度等因人而异，不仅不能充分搅拌均匀，让浆液的性能达到最佳，也使得浆液搅拌过程不可控，不能通过调整搅拌的过程来控制浆液的性能。通过比较人工搅拌与机器搅拌制备的浆液，研究发现机器搅拌浆液不仅能提高浆液的流动能力，降低注浆所需要的压力及浆液的干缩性，也能提高浆液的力学强度及抵抗冻融和雨蚀的能力。

对人工搅拌与机器搅拌相同时间制成的浆液进行测试，试验发现：人工搅拌制成的浆液比机器搅拌浆液的流动性弱 15%，离析率大 19%，收缩率和离析率情况相类似，两者的抗压、抗折强度差别不大。养护后的试块在清水中浸泡 2h 后（图 4-26、图 4-27），机器搅拌浆液试块有气泡出现，除此之外无变化，而人工搅拌浆液试块结构遭受破坏，水变浑浊，说明人工搅拌制备的浆液结石体抵抗崩解的能力差。

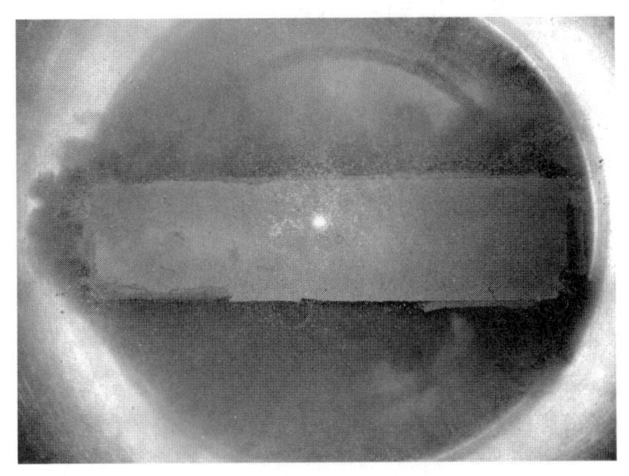

图 4-26　人工搅拌浆液试块水中浸泡 2h 后

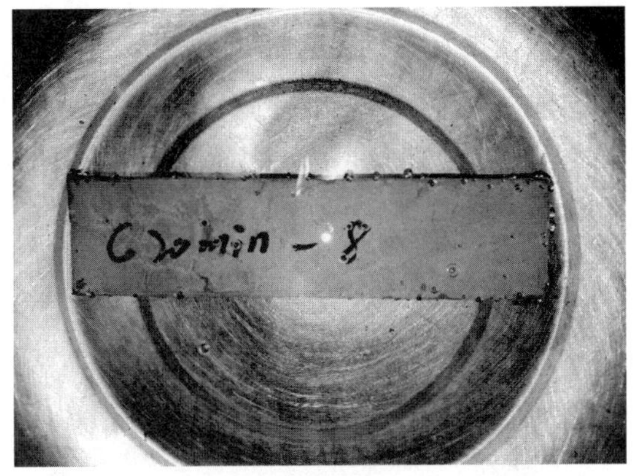

图 4-27　机器搅拌浆液试块水中浸泡 2h 后

4.3.1.1.5　浆液搅拌的影响因素

灌浆浆液性能主要受浆液材料和搅拌过程的影响，经过调查发现灌浆工程现场一般采用人工搅拌浆液，且搅拌的方式通常依靠现场人员的经验，因此灌浆浆液的性能稳定性不足。通过分析浆液搅拌过程，选定了以浆液水灰比、试验土的初始含水率、浆液搅拌速度、搅拌时间、二次搅拌间隔时间、土的级配作为本次研究的对象。

4.3.1.2　测试评价方法

4.3.1.2.1　注浆压力测试

4.3.1.2.1.1　测试方法

文物修复过程中需要我们保持谨慎的态度，对于裂隙的加固工作更是需要小心对待，同时感受注浆过程中浆液的状态以便随时调整，注浆工程多为人工操作。将制备的浆液吸入注射器，连接注浆管，人力推动注射器将浆液注入裂隙，完成注浆。这个过程是人力完成，推动注射器的难易程度是需要考虑的一个因素，注浆需要的人工推力以注浆压力来表示。注浆压力过大，注浆工程将难以实施，且不利于浆液对裂隙的填充。在浆液满足物理性能、力学强度及耐久性的条件下，适当降低注浆所需的推力，能够提高注浆工程的效率及质量。

在文物保护领域，以往对土遗址裂隙注浆的材料及注浆工艺的研究较多，但对悬浊状态下浆液的性能研究较少，注浆压力测试的方法和器材较为缺失。本次试验提出了一种注浆压力的测试方法，注浆压力的试验不仅是为了测试不同类型浆液的注浆压力大小，也为了验证此方法和仪器的可行性，为浆液性能的研究提供一种新的器材和方法。

注浆压力测试采用自制注浆压力测试仪，设备安装了香港艾固仪器仪表有限公司出产的 AIGU 电子数显拉力计 ZP（Z2）-100N（量程 100N，分辨率 0.01N）测试注浆压力。使用 100mL 标准医用注射器抽取新制浆液 100mL，将注射器水平固定于注浆压力测试仪，注射器出浆口连接长 1m 水平放置的注浆管，尾部连接拉力计，转动测试仪旋转手把，转动速度 55～60 圈每分钟，推动注射器，浆液流出，拉力计示数即为当前条件下的注浆压力。

注浆压力测试仪如图 4-28 和图 4-29 所示。在图 4-29 中，①是电子数显拉力计 ZP（Z2）-100N，②是卧式测试架，③是 100mL 标准医用注射器，④是长 1m 注浆管，⑤是承接流出浆液的容器。本器材可以测定不同类型浆液在同等条件下的注浆压力，其操作简便，重复性强。

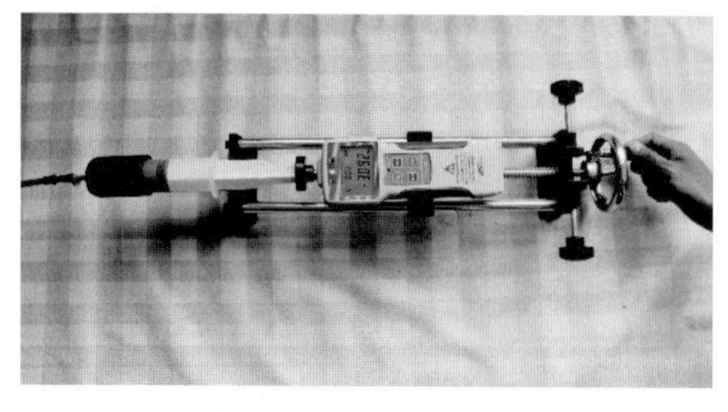

图 4-28　注浆压力测试仪

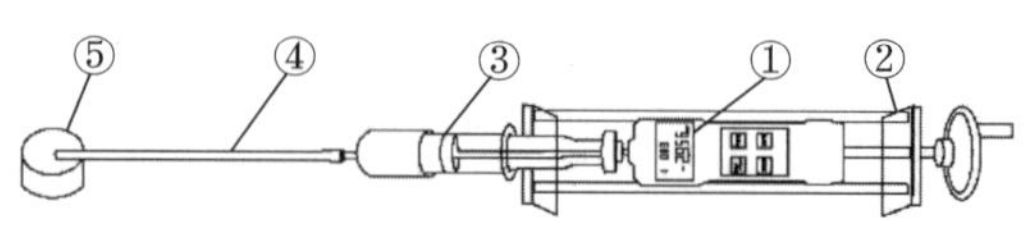

图 4-29　注浆压力测试仪模型图

4.3.1.2.1.2　适用性评价

注浆压力的变化规律为先上升然后逐渐趋于稳定，不同类型的浆液稳定时注浆压力不同，达到稳定注浆压力所需要的位移（时间）不同。注浆压力越高，人员操作难度越大，不利于注浆工程的实施。注浆压力曲线不平滑，呈锯齿状，其原因一是转动把手的速率不完全均匀，二是浆液组分不同，为非牛顿流体，因此注浆压力曲线非平滑曲线，浆液的均匀性越好，曲线越平滑。试验过程中注浆管尾端浆液自由流出，无压力，实际注浆过程中，已注入的浆液会对待注浆液产生影响，因此试验所测得注浆压力小于实际工程中注浆压力。

图 4-30 为烧料礓石与土 1∶25 混合，不同水灰比机器搅拌 5min（不同搅拌速度）

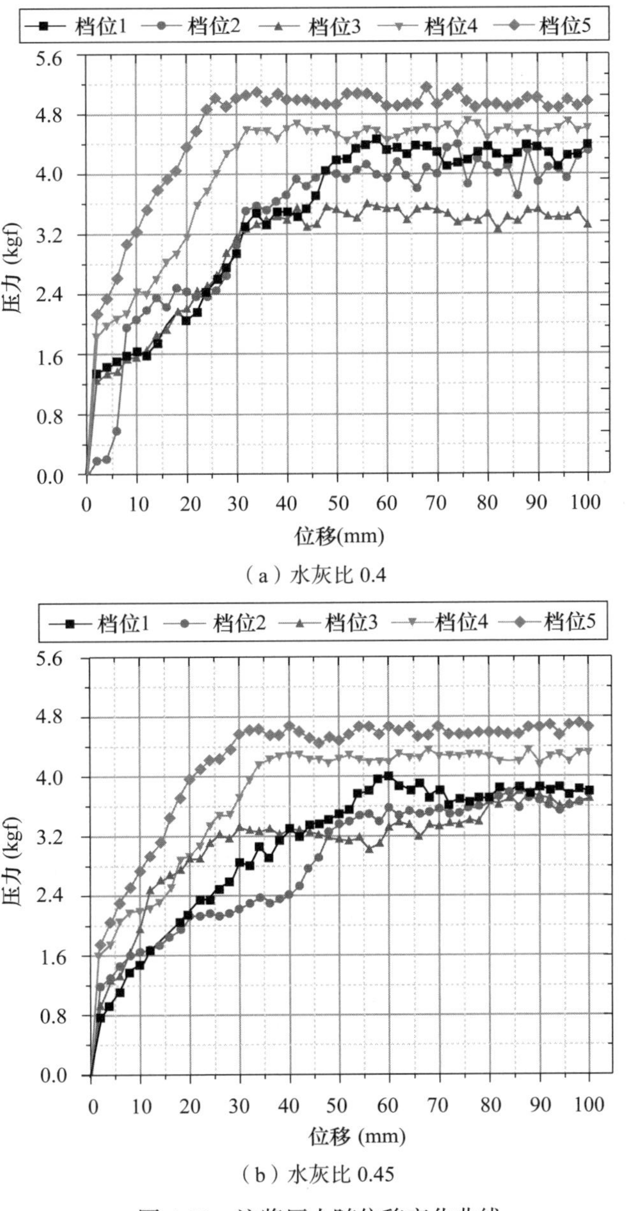

图 4-30　注浆压力随位移变化曲线

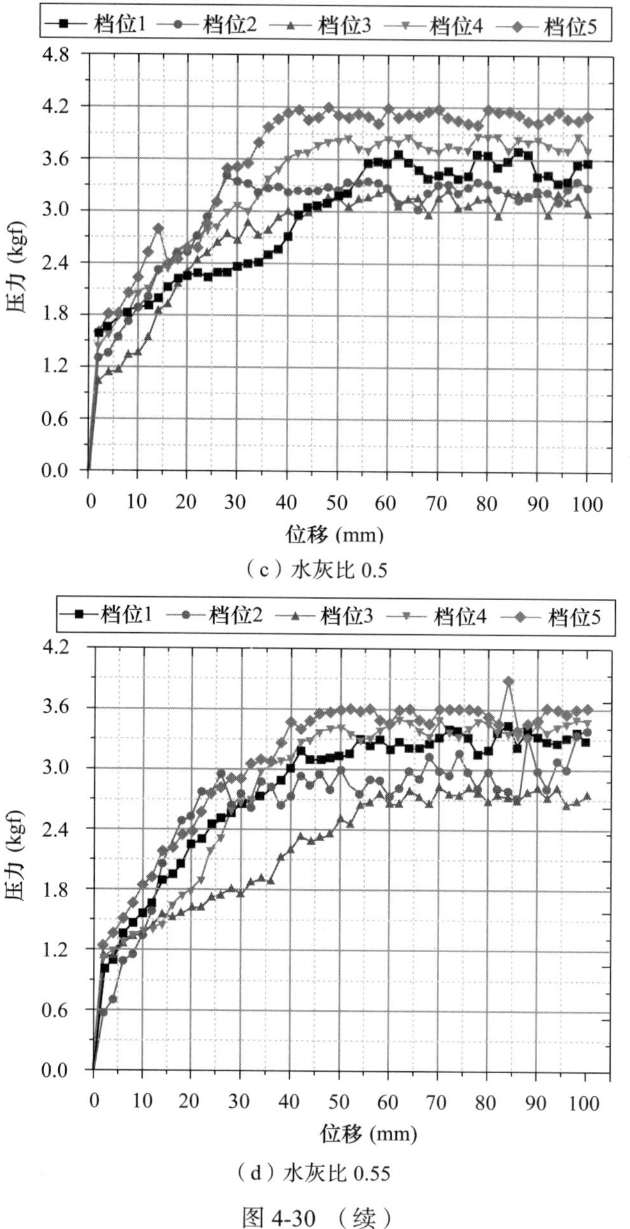

（c）水灰比 0.5

（d）水灰比 0.55

图 4-30 （续）

制成的浆液，注浆压力随位移的变化曲线。从图中可以看出，不同类型浆液的注浆压力不同，曲线是先上升，然后逐渐趋于稳定，稳定注浆压力对注浆工程的实施较为重要。四种水灰比，其稳定注浆压力均为档位 3＜档位 2＜档位 1＜档位 4＜档位 5。试验比较了不同类型浆液注浆所需压力的大小，也验证了注浆压力测试仪可用于浆液性能的检测。

注浆压力测试仪测试的注浆压力并非是实际注浆过程中所需的压力，但是可以对不同类型浆液的注浆压力进行比较，为工程现场提供理论的支撑。通过本次研究，验证了注浆压力测试仪对土遗址裂隙注浆浆液性能测试的适用性，但是由于研发时间短，且未进行大量的试验验证，因此该设备和测试方法还存在着一些缺点，需要在以后的研究工作和工程实际中不断完善。

4.3.1.2.2　流动能力测试

4.3.1.2.2.1　自由流动性测试

自由流动性测试采用自制自由流动性测试盘，由上部漏斗、下部玻璃圆盘和圆盘上的刻度三部分组成，漏斗口至玻璃圆盘 5cm，玻璃圆盘要求光滑度适中。用注射器抽取新制浆液 80mL，缓慢注入漏斗内，拔掉漏斗口的塞子，浆液流至玻璃圆盘，对 15min 后的浆液进行拍照记录，然后计算浆液形成的面积，以此表征浆液的自由流动性。

自由流动性测试盘如图 4-31 和图 4-32 所示。在图 4-32 中，①是带刻度的玻璃圆盘，②是漏斗，③是支架组成。其特征是玻璃圆盘置于支架下部，漏斗置于支架上部。

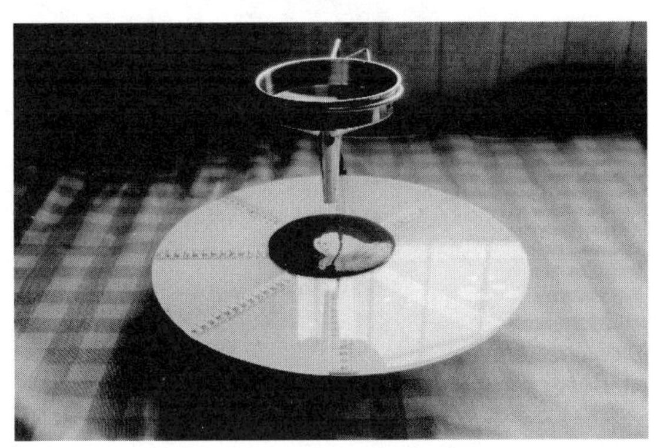

图 4-31　自由流动性测试盘

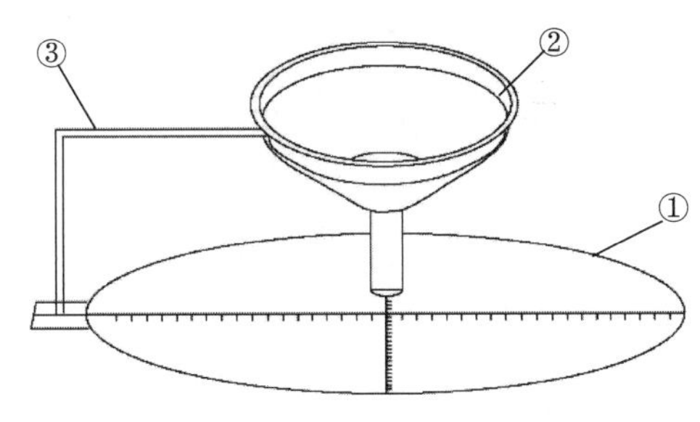

图 4-32　自由流动性测试盘仪器模型

上述的玻璃圆盘是装置的主体，浆液在圆盘上自由流动一定的时间，形成近圆形。玻璃圆盘半径 20cm，有足够的光滑度，带有十字刻度，刻度零点在圆盘的圆心处。上述的漏斗是浆液流至玻璃圆盘的容器，底部漏斗口距离玻璃圆盘的竖直高度为 5cm，其规格为 100mm，上部内径 88mm，下部内径 10mm，下部外径 19mm，下部长度 70mm，全高 140mm，重量 300g。上述的支架为固定漏斗和玻璃圆盘的部分，支架底部有三个可调节高度的支角，用于调节玻璃圆盘和漏斗水平。自由流动性测试盘结构简单，易操作，重复性强，是一种能够快速、可靠测定浆液自由流动性的装置。该装置填补了对土遗址体裂隙注浆浆液和易性研究的空白，为研究新制浆液自由流动能力提供了一种技术手段。缺点是自由流动性测试盘不宜用于流动性偏小的浆液。

4.3.1.2.2.2　适用性评价

烧料礓石与原土（风干过 1mm 筛）以 1∶25 混合，烧料礓石 40g，原土 1000g，水灰比为 0.45，先以 1 档搅拌 1min，然后以 3 档搅拌 5min 制备浆液。采用自由流动性测试盘对浆液进行测试。

由图 4-33 可知，浆液的放置时间越长，浆液的离析现象越明显，越不利于注

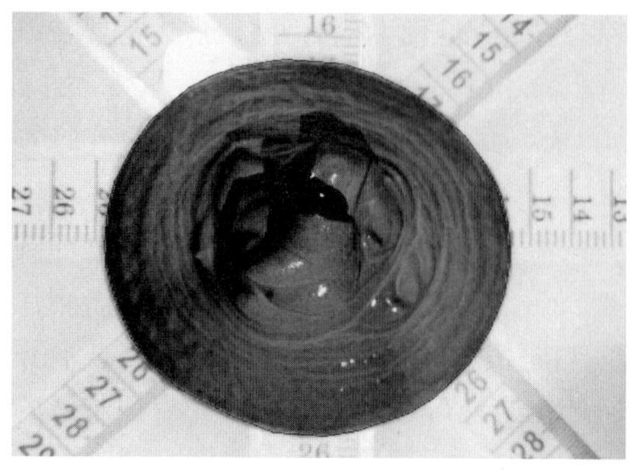

（a）放置 0min

（b）放置 5min

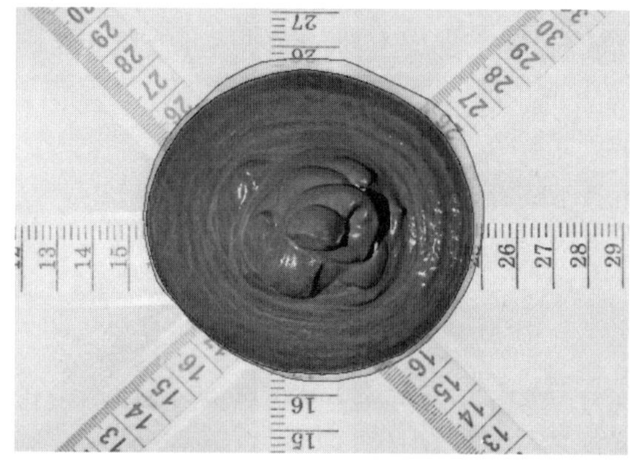

（c）放置 10min

（d）放置 15min

图 4-33 浆液放置不同时间后的流动状态

浆工程，浆液制备完成后应该一定的时间内完成注浆。统计浆液在玻璃圆盘上放置 0min、5min、10min、15min 时的流动面积及离析状况如表 4-8 所示。浆液在 5min 时离析率达到了 8.30%，而在放置 15min 时离析率为 9.55%，说明浆液的离析速度最快的时间段为刚制备完成的前 5min，浆液的流动面积在 15min 内的变化较为均匀。因此，浆液在制备后应该在较短的时间内完成注浆，当放置时间超过 5min 时，浆液离析现象严重，不利于注浆工程的实施，也会降低注浆的质量。

表 4-8 浆液在玻璃圆盘不同时间的流动情况

放置时长（min）	0	5	10	15
流动总面积（cm^2）	65.09	67.85	68.18	71.00
浆液面积（cm^2）	65.09	62.22	61.75	64.22
离析水的面积（cm^2）	0	5.63	6.35	6.78
离析率（%）	0	8.30	9.31	9.55

通过本次研究，验证了自由流动性测试盘可用来检测土遗址裂隙注浆浆液的自由流动性和离析率。本仪器不仅可以对不同类型浆液的流动性和离析率进行比较，也能

检测浆液在不同放置时间时离析率的变化情况，从而限定新制浆液的放置时长。离析率的测定对于规范土遗址裂隙注浆工程具有重要的意义。

4.3.1.2.2.3　跳桌试验

跳桌试验是测试水泥砂浆流动度的一种方法，文物保护研究中引入这种方法对浆液的流动度进行测试（图 4-34）。用湿抹布擦拭跳桌的台面、捣棒、截锥圆模及套筒内壁，并把他们置于跳桌台面。浆液制备完成，将浆液快速地分两次装入模具内，第一次装至截锥圆模的三分之二处，用捣棒自边缘向中心均匀捣 15 次，接着装第二层浆液，装至高出截锥圆模约 20mm，用捣棒捣 10 次。取下模套，用模刀将高出截锥圆模的浆液刮去抹平，随即将截锥圆模垂直向上提起置于台上，立即跳桌，以每秒一次的频率使跳桌连续跳动 5 次。跳动完成后，量出浆液流动的直径，取相互垂直的直径平均值为该状态下浆液的流动度（单位 mm）。

图 4-34　跳桌试验

4.3.1.2.2.4　两种方法的比较

跳桌试验是测试水泥砂浆流动度的一种方法，由于水泥砂浆的流动度小，因此可以使用这种方法进行测试。土遗址裂隙注浆浆液流动性强，且跳桌试验时的震动并不符合裂隙注浆过程中浆液在重力作用下的自由流动的过程，而自由流动性测试盘可以解决这个问题，且测试浆液最终形成的面积比跳桌试验的测试直径结果更为准确。

自由流动性测试盘的缺点是增加了工作量和试验难度。通过试验，自由流动性测试盘能够测试浆液的流动能力，也可以与跳桌试验的结果进行相互验证，然而仪器自由流动性测试盘仍然需要大量的试验进行改进和完善，为文物保护的研究工作增添新的仪器。

4.3.1.2.3　离析测试

混合物料中某一类分子由于物性相同而发生集聚，进而引起物料的相互分离的现象，叫离析。土遗址裂隙注浆浆液的离析现象是指浆液中自由流动的水分与其他物质分离，从浆液中析出，使得浆液的性能变差的现象。浆液的离析现象影响了浆液的均匀性和渗透能力，引起浆液的不均匀收缩，使得结石体出现孔洞，从而影响浆液的填充效果，且浆液离析影响了浆液失水干缩后结石体的强度及耐久性，进而影响注浆工程的质量，因此测试不同类型浆液的离析率具有重要的意义。

离析率采用上述的自由流动性测试盘测试，操作过程和自由流动性测试过程相同。使用自由流动性测试盘不仅可以测试浆液的流动能力，也能对放置不同时间的浆液的离析率进行测定，不仅可以得到不同类型浆液的离析程度，也能够得出浆液随着放置时间离析率的变化规律。随着浆液放置时间的增长，自由流动的水分与浆液的分层离析现象越明显。通过测定不同放置时间浆液的离析率，可以得出新制浆液随着时间变化的劣化规律，从而限定新制浆液的放置时长。

图 4-35 是浆液在玻璃圆盘上放置 15min 时的状况，图中浆液和最外侧黑线之间的区域为浆液 15min 后离析的水。根据图可以计算出浆液在玻璃圆盘上放置 15min 时的流动面积、离析水的面积及离析率。

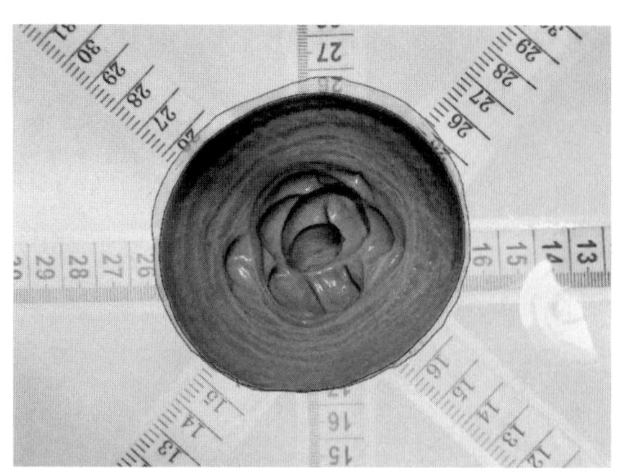

图 4-35 浆液在玻璃圆盘上放置 15min

4.3.1.2.4 收缩性测试

浆液在凝结成结石体的过程中，体积会注浆收缩。浆液体积收缩变形太大时，会与遗址两壁分离，达不到加固的目的。浆液收缩是干燥失水造成的，浆液中所含的水分越高，其收缩率越大。浆液注入裂隙中，裂隙两壁土体中的含水量少，为了使得水分平衡，浆液中的水分会向裂隙两壁迁移，在失水过程中土体中会产生毛细管负压，形成气液弯液面，对孔壁产生拉应力，颗粒间的相互吸引使基质吸力不断增强，进而发生收缩现象。

目前，土体体积的测量方法主要有直接测量法、液体体积置换法、数字图像处理、激光扫描成像等。直接测量法是指用游标卡尺等测量工具对被测物体直接进行测量，然后取均值，其容易受到精度及收缩各向异性等因素的影响；液体体积置换法可以分为直接浸入和包裹浸入，土体直接浸入液体（煤油、甲苯等）中时，液体会浸入到土体内部，填充孔隙中的空气，导致测得的土块体积值减小，而包裹浸入将土样用蜡进行包裹，然后再浸入水中，利用阿基米德原理通过排水法得到土体的体积；数字图像处理是通过计算机对所拍照片进行分析和计算，若试样不规则，表面有起伏，测量会有较大的误差；激光扫描三维成像测量土体体积主要受到测量精度的影响，若设备能够达到一定的精度，其结果非常准确，且能够判断其各向异性收缩的特点，缺点是设备精度要求高，软件后期处理难度大。

本研究采用三维激光扫描的方式进行体积收缩的测量，仪器使用型创公司 Handyscan700 三维激光扫描仪进行试验，仪器采用 7 束交叉激光线进行 480000 次 / 秒测量，分辨率达到 0.05mm，精度最高 0.03mm，体积精度 0.02～0.06mm，完全满足对小尺寸试块进行体变测量的需求（图 4-36、图 4-37）。

浆液收缩性测试过程如下：

1）采用不同方式制备浆液，将制成的浆液倒入 160mm×40mm×40mm 的金属试块模具（内壁涂油）中，然后固定于砂浆试模振动台，振动 25 次，浆液应高出试模顶面 6～8mm，然后将高出试模部分的砂浆沿着试模顶面削平。

2）试块制作后，在正常温湿度环境下放置 2d，然后对其进行拆模并编号，将脱模的试块放置于标准养护条件下（温度为 20±3℃，湿度为 60%～80%）连续养护至 28d。

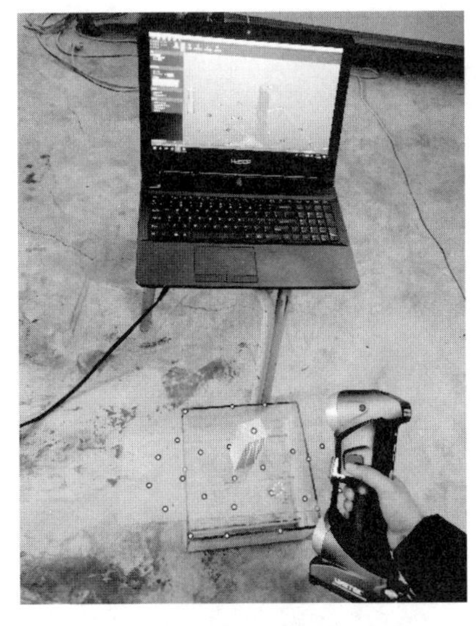

图 4-36　三维扫描数据采集

图 4-37　试块三维图像

3）使用 Handyscan700 三维激光扫描仪和 VXelements 软件通过定位标点方式对养护完成的浆液结石体进行三维数据采集，后期图形渲染及体变测量分别通过 Geomagic Wrap 和 Geomagic Control 进行处理。

4.3.1.2.5　浆液结石体力学性质试验

灌浆的主要目的是填充并加固遗址体的裂隙，浆液结石体的抗压、抗折强度是重要的指标。强度试验采用天水红山试验机有限公司生产的电子万能试验机（图 4-38～图 4-40）。

1）试块制作及养护步骤和注意事项如 4.3.1.2.4 节所述。

2）将养护完成的试块按照《水泥胶砂强度检验方法》(GB.T17671-1999)(ISO 法）进行抗折、抗压试验及数据处理。

4.3.1.2.6　浆液结石体水稳定性测试

浆液通过注射器与注浆管注入裂隙，失水收缩，发生一系列反应，最后硬化为结石体，填充裂隙，将遗址体重新连接成整体。西北干旱区降水总量不大，但特点是多为集中式强降雨，雨水会冲刷裂隙注浆后的封闭表面，同时也会渗入浆液结石体。雨水入渗会降低灌浆材料的性能，减弱裂隙的修复效果。因此，灌浆材料抵抗雨蚀能力的强弱是表征灌浆材料性能的一个重要指标，通过将养护后的结石体在水中浸泡模拟降雨后雨水入渗的环境，测试结石体力学性能的变化，以此检测这一指标（图 4-41、图 4-42）。

浆液水稳定性测试过程如下：

1）试块制作及养护步骤和注意事项如 4.3.1.2.4 节所述。

2）将试块浸泡于清水中，24h 后将试块取出，在室内环境下风干，测试干燥后试块的抗压、抗折强度，然后与未浸泡试块的强度进行比较，以评价不同类型浆液的抗雨蚀能力。

图 4-38　抗折强度试验

图 4-39　抗压强度试验

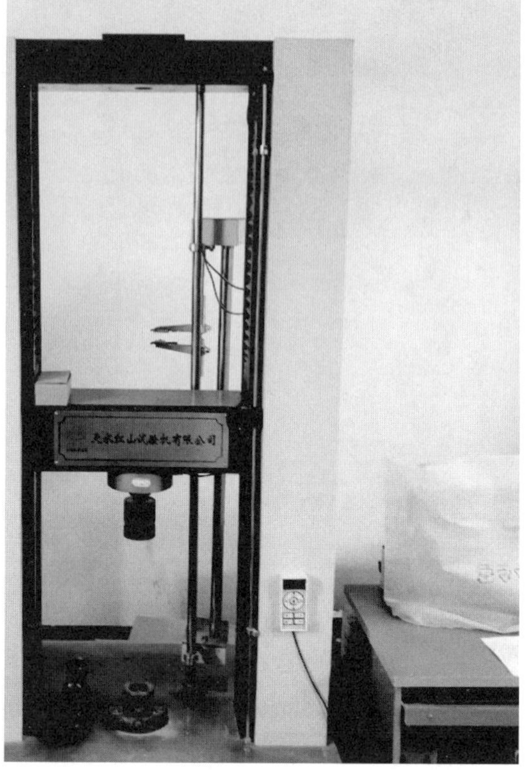

图 4-40　万能材料试验机

图 4-41　试块养护箱

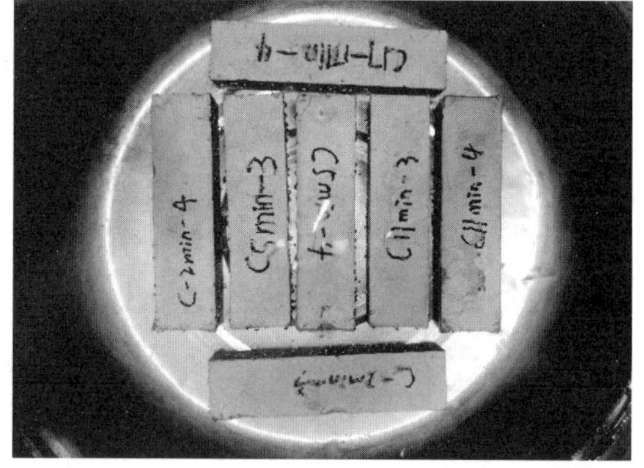

图 4-42　试块浸泡在水中

4.3.1.2.7　冻融循环下浆液结石体研究

冻融作用影响土体的结构，降低土体的力学性能，加速土体的劣化。在低温环境下，浆液结石体中的水分会发生凝结，容易在浆体中出现裂隙，温度较高时，浆体中的固体水分融化，向浆体移动。浆液结石体中的水分凝结和融化的反复发生，会加剧浆体的劣化，因此抗冻融稳定性是表征裂隙灌浆浆液结石体在低温环境下性能的重要指标。

浆液冻融循环试验过程如下：

1）采用不同方式制备浆液，将制成的浆液倒入 160mm×40mm×40mm 的金属试块模具（内壁涂油）中，然后固定于砂浆试模振动台，振动 25 次，浆液应高出试模顶面 6～8mm，然后将高出试模部分的砂浆沿着试模顶面削平。

2）试块制作后，在正常温湿度环境下放置 2d，然后对其进行拆模并编号，将脱模的试块放置于标准养护条件下（温度为 20±3℃，湿度为 60%～80%）连续养护至 28d。

3）试块养护好后开始进行冻融循环试验，试验所用设备为中科美菱所产的－40℃超低温系列 DW-FL90 型冰箱（图 4-43）。将试块放入低温箱中，将温度设置为－30℃，在此条件下冻 12h，再从低温箱中取出放置于室温 20℃、相对湿度 20% 的环境中融 12h 作为一个冻融循环。依照此共进行 18 次冻融循环试验，对完成冻融循环试验的试块分别测试其抗折、抗压强度，然后与进行冻融循环的试块的强度进行比较，分析浆液结石体抵抗冻融的能力。

图 4-43　超低温系列 DW-FL90 型冰箱

4.3.1.3　不同类型浆液性能测试评价

4.3.1.3.1　水灰比

浆液水灰比关系着浆液中所含水量的多少，是浆液性能一个很重要的影响因素。水灰比较大时，浆液中自由流动的水分多，浆液稳定性差，易离析，收缩性大，浆液的填充效果差。水灰比过小，浆液的自由流动性小，不利于浆液的渗透，影响注浆工程的质量，且注浆多为人工手推注射器完成，自由流动性太小不利于人工操作，增加了工程的难度。选择适当的水灰比不仅能提高注浆工程的质量，也能加快注浆工程的效率。

4.3.1.3.1.1　试验设计

烧料礓石与原土（风干过 1mm 筛）的比例为 1∶25，称量烧料礓石 40g，原土 1000g，水灰比及加水量分别如表 4-9 所示，浆液搅拌方式为机器搅拌。浆材混合后倒入搅拌容器，加水后立即开始搅拌，先以 1 档［转速 60/24（r/min）］搅拌 1min，然后 3 档［转速 132/48（r/min）］搅拌 5min，搅拌完成后进行试验。

表 4-9　不同类型浆液水灰比

编号	A1	A2	A3	A4
水灰比	0.4	0.45	0.5	0.55
加水量（g）	416	468	520	572

4.3.1.3.1.2　浆液的性能测试

随着水灰比的增大，浆液中的水分增多，注浆压力减小，流动性增大，近似呈线性变化。浆液在玻璃圆盘静置 15min 后，离析率随着浆液水灰比的增大而增大，变化过程中三个阶段速率不同：水灰比 0.4 至 0.45，这个阶段离析变化最快，离析率增加了 6.21%；水灰比 0.45 至 0.5，离析率变化较缓，仅变化 1.13%；水灰比 0.5 至 0.55，离析率变化较大，变化了 3.56%。收缩率和离析率的变化相类似。说明水灰比 0.45 浆液中的含水偏少，而水灰比 0.55 浆液中的含水量偏多，因此选择水灰比为 0.45～0.5 的浆液性能最佳，此时浆液流动性能好，注浆压力较小，同时离析率与收缩性也表现良好（本次试验体积收缩的计算方式为养护后试块体积与倒入模具的浆液体积相比较，因此收缩率值偏大，实际注浆过程中的收缩率小于试验所测）（表 4-10）。

表 4-10　不同水灰比新制浆液性能测试结果

编号	水灰比	注浆压力（kgf）	流动能力		离析率（%）	收缩率（%）
			自由流动性（cm^2）	跳桌试验（mm）		
A1	0.4	3.48	50.26	201	3.34	23.96
A2	0.45	3.35	71.00	266	9.55	26.47
A3	0.5	3.13	119.06	＞300	10.68	28.42
A4	0.55	2.79	169.26	＞300	13.12	32.42

0.4 水灰比浆液注浆压力高、流动性差，不利于现场施工时对裂隙的填充；0.55 水灰比浆液离析现象严重，稳定性差；0.45 和 0.5 水灰比浆液注浆压力适中，自由流动性优良，收缩率低，离析率小，适用于土遗址裂隙注浆。

浆液水灰比越大，浆液表面越平滑，浆液的均匀性越好，流动能力越佳，但是放置相同时间，较大水灰比浆液的离析程度越大，浆液的稳定性越差，不利于现场注浆，当水灰比为 0.55 时（图 4-44d），浆液离析现象较为严重，且浆液表面有水流痕迹。

4.3.1.3.1.3　浆液结石体的性能测试

烧料礓石和土（风干）以 1∶25 制成浆液，当水灰比为 0.45 时，浆液结石体的抗压、抗折强度最高，分别为 0.77MPa 和 0.419MPa，增加水量或者减少水量均会造成浆液结石体强度的降低，且此水灰比浆液结石体经过水浸泡和冻融循环后，强度改变不大，说明对于此浆材和配比来说，0.45 水灰比的含水率对于浆液的强度较为有利（表 4-11、图 4-45）。

4.3.1.3.2　试验土初始含水率

4.3.1.3.2.1　试验设计

以风干过 1mm 筛的土体加水分别配置含水率为 5%、10%、15%、20% 的试验用土，将水和土混合拌制均匀后密封闷制 48h。

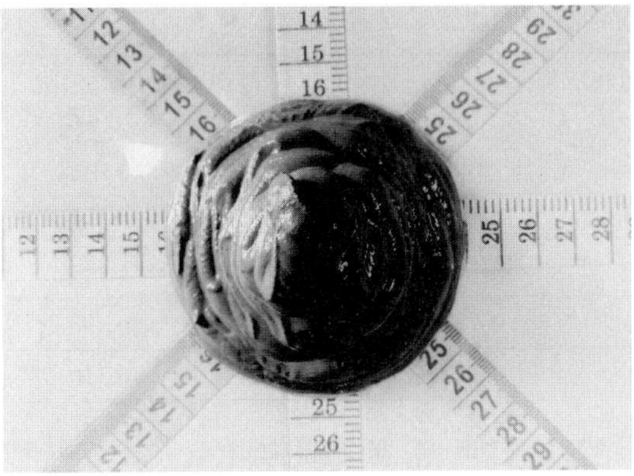

（a）水灰比 0.4 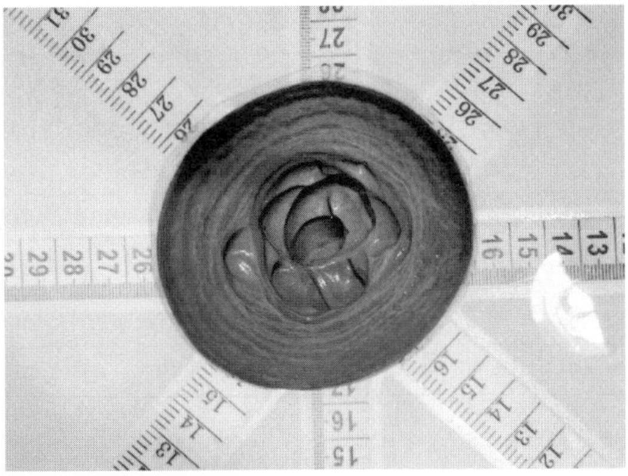　　（b）水灰比 0.45

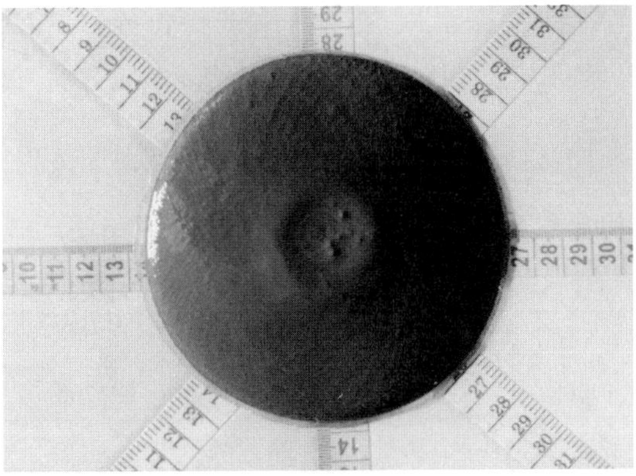

（c）水灰比 0.5 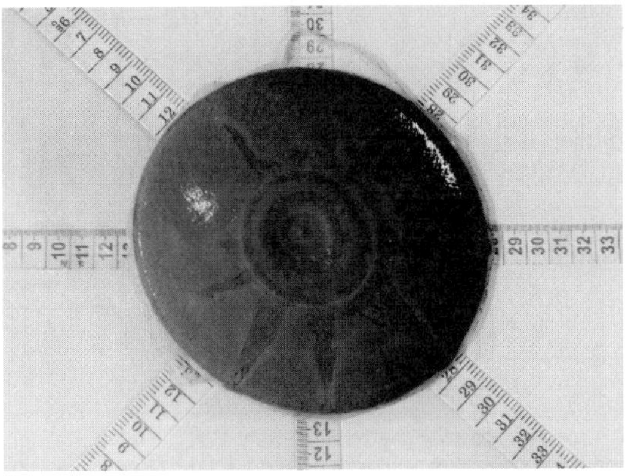　　（d）水灰比 0.55

图 4-44　四种水灰比浆液自由流动 15min 照片

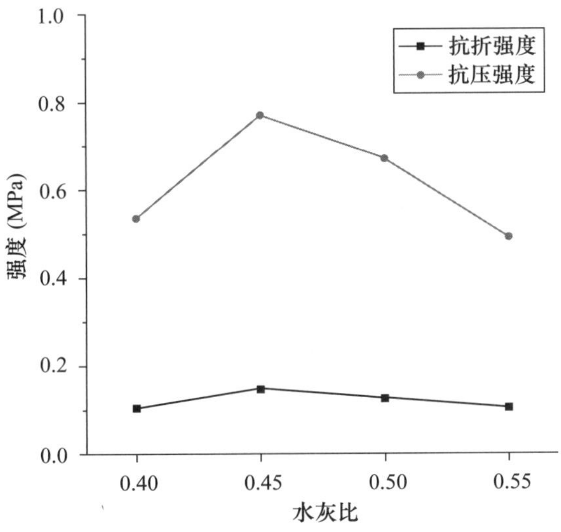

图 4-45　浆液结石体抗压、抗折强度随水灰比变化曲线

表 4-11 不同水灰比浆液结石体性能测试结果

编号	水灰比	原状样		水浸泡后		冻融循环后	
		抗折强度（MPa）	抗压强度（MPa）	抗折强度（MPa）	抗压强度（MPa）	抗折强度（MPa）	抗压强度（MPa）
A1	0.4	0.105	0.536	0.073	0.434	0.075	0.503
A2	0.45	0.149	0.770	0.140	0.716	0.138	0.705
A3	0.5	0.127	0.671	0.076	0.478	0.102	0.398
A4	0.55	0.104	0.492	0.068	0.327	0.056	0.310

烧料礓石与干土的比例为 1∶25，称量烧料礓石 40g，原土的初始含水率、所称取试验用土的量及搅拌时所加水量如表 4-12 所示，浆液最终的水灰比为 0.45，浆液搅拌方式为机器搅拌。浆材混合后倒入搅拌容器，加水后立即开始搅拌，先以 1 档（转速 60r/24min）搅拌 1min，然后以 3 档（转速 132r/48min）搅拌 5min，搅拌完成后进行试验。

表 4-12 不同浆液类型原土初始含水率及搅拌时的加水量

编号	D1	D2	D3	D4	D5
原土初始含水率（%）	0	5	10	15	20
试验用土量（g）	1000	1050	1100	1150	1200
加水量（g）	468	418	368	318	268

4.3.1.3.2.2 浆液的性能测试

增大土的初始含水率能够降低浆液的离析率和收缩率，但同时也减弱了浆液的流动能力，使得注浆压力增大，且对二者的影响较大。在实际工程中，可以通过增大土的初始含水率和提高浆液的水灰比来提高浆液的性能（表 4-13）。

表 4-13 不同材料初始含水状态新制浆液性能测试结果

编号	初始含水率（%）	注浆压力（kgf）	流动能力		离析率（%）	收缩性（%）
			自由流动性（cm^2）	跳桌试验（mm）		
D1	0	3.35	71.00	266	9.55	26.47
D2	5	5.56	60.23	239	9.21	25.48
D3	10	——	——	224	9.03	25.00
D4	15	——	——	217	9.01	24.72
D5	20	——	——	205	8.78	24.13

土体初始含水率大于 10% 时，注浆压力超出了仪器量程（10kgf），流动性偏小，自由流行性测试盘不适用。

4.3.1.3.2.3 浆液结石体的性能测试

不同材料初始含水状态浆液结石体力学强度及抗性如表 4-14 所示，随着原土初始含水率的增加，浆液结石体的抗压强度呈上升趋势，抗折强度变化幅度不大。原土中含有一定的水分对提高浆液的抗压强度有一定的作用。原土中初始含水率增多，经过冻融循环和受水侵蚀的试块强度损耗均有所降低。然而提高初始含水率会增大注浆所需压力减小浆液的流动能力，在工程现场应根据实际需要选择适当含水率的土体（图 4-46）。

表 4-14　不同材料初始含水率状态浆液结石体性能测试结果

编号	初始含水率（%）	原状样		水浸泡后		冻融循环后	
		抗折强度（MPa）	抗压强度（MPa）	抗折强度（MPa）	抗压强度（MPa）	抗折强度（MPa）	抗压强度（MPa）
D1	0	0.149	0.770	0.140	0.716	0.138	0.705
D2	5	0.131	0.737	0.053	0.431	0.048	0.410
D3	10	0.128	0.742	0.721	0.558	0.659	0.436
D4	15	0.164	0.908	0.142	0.870	0.125	0.847
D5	20	0.166	1.100	0.156	0.986	0.141	1.010

浆材中的土含有一定的水制成的浆液会降低其流动性能，但能减弱离析现象且提高结石体的力学性能及耐久性。适当增加土中含水率，同时提高水灰比，有利于注浆工程的实施并且提高注浆质量。

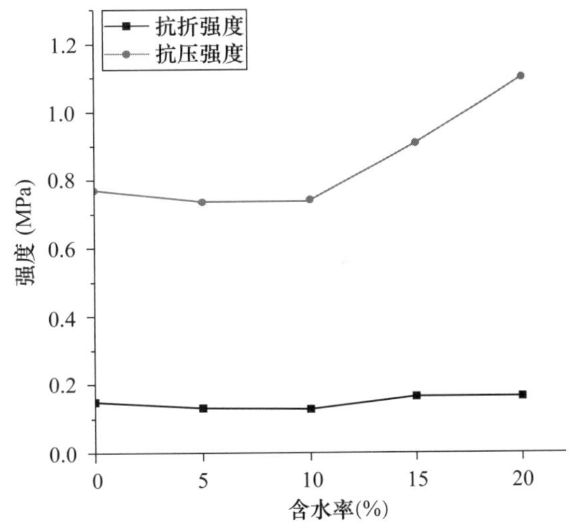

图 4-46　浆液结石体抗压、抗折强度随原土初始含水率变化曲线

4.3.1.3.3　搅拌速度

搅拌速度是搅拌机制备浆液过程中一个重要的参数，它不仅影响了搅拌机的利用效率，也会对浆液的均匀性和水化程度产生一定的影响。对于浆液制备而言，并非搅拌速度越高浆液的质量越好，搅拌速度过高，浆液容易分层离析；搅拌速度低，浆材不能充分地分散，若是延长搅拌时间，则会降低工程效率，且浆液的性能不能达到最佳。因此，选择科学合理的搅拌速度是浆液制备中一个不可忽略的问题。

4.3.1.3.3.1　试验设计

烧料礓石与原土（风干过 1mm 筛）的比例为 1∶25，称量烧料礓石 40g，原土 1000g，水灰比为 0.45，浆液搅拌方式为机器搅拌。浆材混合后倒入搅拌容器，加水 468g 后立即开始搅拌，先以 1 档［转速 60/24（r/min）］搅拌 1min，然后分别以表 4-15 所示搅拌速度搅拌 5min，搅拌完成后进行试验。

表 4-15　不同浆液类型搅拌速度

编号	B1	B2	B3	B4	B5
转速模式	档位 1	档位 2	档位 3	档位 4	档位 5
转速（自转 / 公转）（r/min）	60/24	96/36	132/48	168/60	204/74

4.3.1.3.3.2　浆液的性能测试

随着浆液搅拌速度的提高，稳定注浆压力的变化为先减小后增大，流动能力为先增大后减小，此二者变化的拐点均为 3 档（132r/48min），离析率随着搅拌速度的提高一直呈下降趋势，下降速率逐渐变小，而收缩性随着搅拌速度的提升变化不大。由此可知，选择 132r/48min 的搅拌速度，不仅有利于工程的利用率，也有助于提高浆液的质量。

浆液的收缩性和离析率与自由流动水的含量有关，浆液干缩失水和离析水均为自由流动水，因此随着水灰比的减小和搅拌速度的提高，浆液的收缩性及离析率变小；注浆压力、浆液自由流动性与弱结合水和自由水的含量有关，弱结合水能提供润滑的作用，降低浆液中土颗粒之间的摩擦力，同时，浆液自由流动依靠自由水的“推动”作用。1～3 档随着搅拌速度的提高，弱结合水的润滑作用对注浆压力的影响大于自由水的推动作用对注浆压力的影响，因此在这个转速区间内，随着转速的提高，表现为注浆压力降低、自由流动性增强；3～5 档随着搅拌速度的提高，弱结合水量充足，润滑作用的影响减弱，自由水的推动作用的影响增强，因此在这个转速区间内，表现为随着转速的提高，注浆压力提高、自由流动性减弱。因此档位 3［自转 / 公转 132/48（r/min）］搅拌的浆液，其注浆压力和自由流动性是极值点，以此增速或减速，均会使得注浆压力增大，自由流动性减弱（表 4-16）。

表 4-16　不同搅拌速度新制浆液性能测试结果

编号	转速（r/min）	注浆压力（kgf）	流动能力		离析率（%）	收缩性（%）
			自由流动性（cm^2）	跳桌试验（mm）		
B1	1 档 60/24	3.78	67.42	248	10.78	26.77
B2	2 档 96/36	3.59	70.65	258	9.89	26.74
B3	3 档 132/48	3.35	71.00	266	9.55	26.47
B4	4 档 168/60	4.38	68.60	259	8.71	26.53
B5	5 档 204/74	4.66	63.98	247	8.56	26.64

试验过程中发现，1、2 档浆液表面有水流痕迹且小颗粒多，浆液的均匀性差；3 档浆液表面无水流痕迹，但仍有小颗粒，较 1、2 档少，均匀性较好；4 档浆液表面的小颗粒极少；5 档浆液表面细腻、光滑，浆液所形成的圆最为规则，浆液的均匀性最佳。

4.3.1.3.3.3　浆液结石体的性能测试

随着搅拌速度的提高，抗压、抗折强度均为先增大后减小，其极大值点为 3 档［132/48（r/min）］，此时抗压强度为 0.77MPa，抗折强度为 0.149MPa，增大或者降低搅拌速度，都会使得浆液结石体的强度降低，抗压强度最小为 5 档［204/74（r/min）］时的 0.565MPa，比 3 档浆液结石体强度低 26.6%，抗折强度最小为 1 档［60/24（r/min）］时的 0.078MPa，比 3 档浆液结石体强度低 47.7%。在实际工程中，机器搅拌浆液能够提升浆液的可控性，通过控制搅拌方式可以获得工程需求的浆液。适当的搅拌速度不仅可以提高浆液的性能，也能提高工程效率，同时可以降低机器的损耗（表 4-17、图 4-47）。

表 4-17　不同搅拌速度浆液结石体性能测试结果

编号	转速（r/min）	原状样		水浸泡后		冻融循环后	
		抗折强度（MPa）	抗压强度（MPa）	抗折强度（MPa）	抗压强度（MPa）	抗折强度（MPa）	抗压强度（MPa）
B1	1 档 60/24	0.078	0.578	0.053	0.496	0.042	0.473
B2	2 档 96/36	0.114	0.699	0.986	0.596	0.685	0.592
B3	3 档 132/48	0.149	0.770	0.140	0.716	0.138	0.705
B4	4 档 168/60	0.125	0.629	0.106	0.586	0.113	0.600
B5	5 档 204/74	0.121	0.565	0.110	0.543	0.080	0.502

4.3.1.3.4　搅拌时间

浆液搅拌时间影响浆液的性能和生产效率。搅拌时间太短，浆液均匀性不佳，搅拌时间太长，既降低了浆液制备的效率，也易造成浆液浆材的分层离析。因此，本研究通过检测不同搅拌时间浆液的物理力学性能，分析达到最优的浆液质量所需的最短搅拌时间。

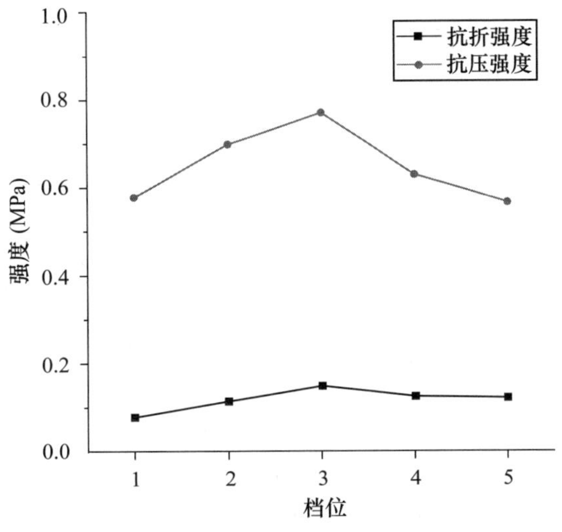

图 4-47　浆液结石体抗压、抗折强度随搅拌速度变化曲线

4.3.1.3.4.1　试验设计

烧料礓石与原土（风干过 1mm 筛）的比例为 1∶25，称量烧料礓石 40g，原土 1000g，水灰比为 0.45，浆液搅拌方式为机器搅拌。浆材混合后倒入搅拌容器，加水 468g 后立即开始搅拌，先以 1 档［转速 60/24（r/min）］搅拌 1min，然后以 3 档［转速 132/48（r/min）］搅拌，搅

拌时长分别为 2min、5min、8min、11min、14min、17min、20min，搅拌完成后进行试验。

4.3.1.3.4.2 浆液的性能测试

随着搅拌时间的增长，浆液流动能力逐渐减弱，离析率降低，此变化过程可以分为两个阶段，以 14min 为转折点，14min 之前变化幅度较大，搅拌时间增大至 14min 后，继续提高浆液的搅拌时间，对浆液的影响不大。离析率随着浆液搅拌时间的提升逐渐减小，变化的幅度较小，对浆液收缩性影响较小（表 4-18）。

表 4-18 不同搅拌时间新制浆液性能测试结果

编号	搅拌时间（min）	注浆压力（kgf）	流动能力		离析率（%）	收缩性（%）
			自由流动性（cm^2）	跳桌试验（mm）		
C1	2	3.01	70.85	257	9.63	27.03
C2	5	3.35	71.00	266	9.55	26.47
C3	8	3.77	64.65	261	8.86	26.46
C4	11	3.80	63.21	250	7.09	26.40
C5	14	3.91	57.33	248	7.27	26.21
C6	17	3.89	53.50	247	7.34	26.98
C7	20	3.86	53.21	248	7.05	26.01

不同搅拌时间制备的浆液在玻璃圆盘放置 15min 时的状态如图 4-48 所示，表面差距较小，但仍然可以看出搅拌时间为 11min 和 14min 的浆液均匀性优于其他浆液。从上述情况可知，这两种时长制备的浆液，悬浊状态下的性能也是最佳的。

4.3.1.3.4.3 浆液结石体的性能测试

抗压强度曲线随着搅拌时间的增加逐渐变大，在搅拌时间增加至 14min 时抗压强度达到最大 0.622MPa，此后增加搅拌时间抗压强度略有下降。抗折强度曲线的变化趋势和抗压强度曲线相近，也是在 14min 时达到峰值，然而抗折强度曲线的变化幅度很小。浆液的搅拌时长对浆液耐久性的影响不大，在一定的范围内增长浆液的搅拌时间能够提高浆液的抗压强度，对抗折强度的影响较小。因此，在实际的裂隙注浆工程中，可以通过控制浆液搅拌的时间，以此得到强度较为理想的灌浆浆液（表 4-19、图 4-49）。

表 4-19 不同搅拌时间浆液结石体性能测试结果

编号	搅拌时间（min）	原状样		水浸泡后		冻融循环后	
		抗折强度（MPa）	抗压强度（MPa）	抗折强度（MPa）	抗压强度（MPa）	抗折强度（MPa）	抗压强度（MPa）
C1	2	0.146	0.424	0.096	0.387	0.160	0.414
C2	5	0.149	0.770	0.140	0.716	0.138	0.805
C3	8	0.173	0.540	0.152	0.489	0.085	0.575
C4	11	0.182	0.568	0.170	0.494	0.114	0.495
C5	14	0.188	0.622	0.160	0.575	0.167	0.638
C6	17	0.186	0.581	0.168	0.696	0.134	0.683
C7	20	0.176	0.609	0.120	0.728	0.175	0.883

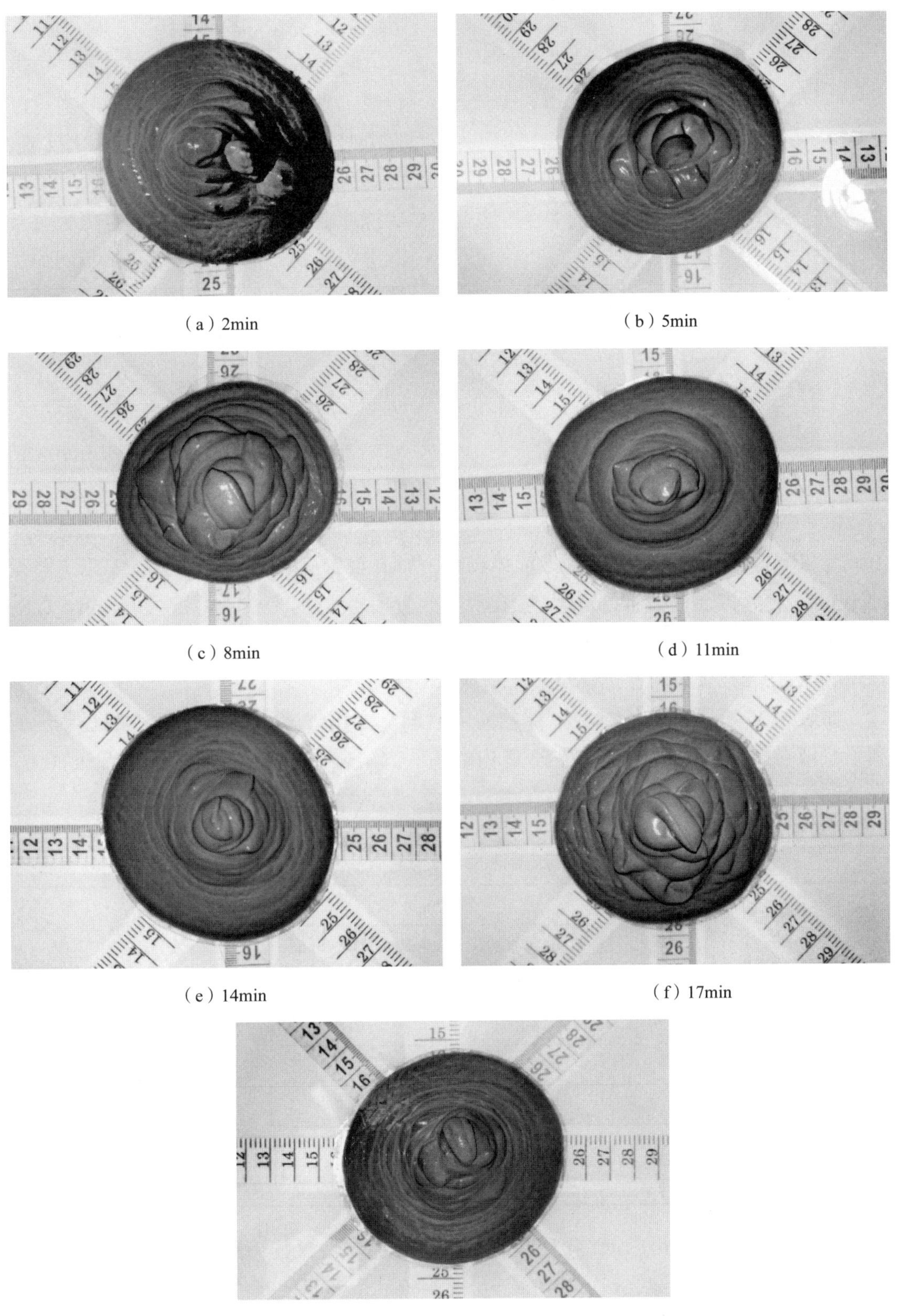

（a）2min　（b）5min

（c）8min　（d）11min

（e）14min　（f）17min

（g）20min

图 4-48　不同搅拌时间浆液自由流动 15min 照片

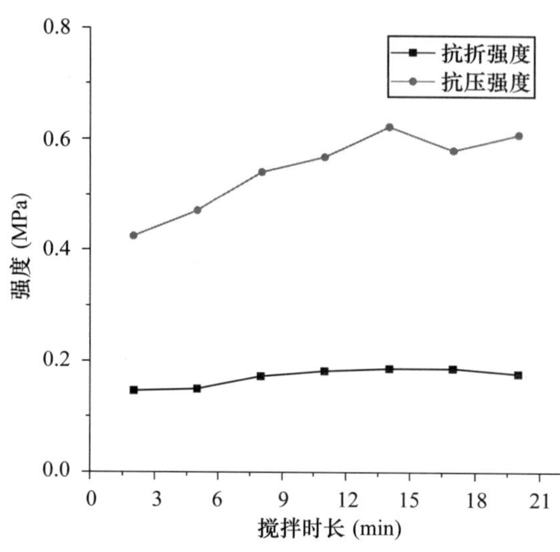

图 4-49　浆液结石体抗压、抗折强度随搅拌时间变化曲线

4.3.1.3.5　二次搅拌

将制备的浆液放置一段时间，再进行第二次搅拌，如此使得浆液材料可以充分吸收水分，增强浆液的水化反应，提高浆液的物理力学性质。然而浆液两次搅拌之间的放置时间并非是更长对浆液更为有利，本研究通过测试不同的二次搅拌间隔时长制成浆液的物理力学性能，以此说明不同放置时间的二次搅拌对于浆液性能的影响。

4.3.1.3.5.1　试验设计

烧料礓石与原土（风干过 1mm 筛）的比例为 1∶25，称量烧料礓石 40g，原土 1000g，水灰比为 0.45，浆液搅拌方式为机器搅拌。浆材混合后倒入搅拌容器，加水 468g 后立即开始搅拌，先以 1 档搅拌 1min，然后以 3 档搅拌 5min，浆液密封放置时间分别为 0h、1.5h、3h、6h、12h、24h，再以 3 档搅拌 5min，搅拌完成后进行试验。

4.3.1.3.5.2　浆液的性能测试

如表 4-20 所示，增长二次搅拌的间隔时间，会增大浆液的离析率和收缩率，不利于浆液对裂隙的填充，但间隔 6h 以内的浆液二次搅拌，能够提高浆液的流动能力，降低注浆所需的压力。

表 4-20　不同二次搅拌间隔时间新制浆液性能测试结果

编号	间隔时间（h）	注浆压力（kgf）	流动能力		离析率（%）	收缩性（%）
			自由流动性（cm^2）	跳桌试验（mm）		
E1	0	3.80	63.21	250	7.09	26.40
E2	1.5	3.79	62.21	260	8.1	22.80
E3	3	3.65	67.74	268	8.36	22.85
E4	6	3.63	67.73	270	8.56	23.07
E5	12	3.76	96.12	247	9.11	23.54
E6	24	3.77	59.77	242	9.06	24.78

从图 4-50 可以看出，间隔时间 6h 时浆液的均匀性最佳，减少或增大放置时间，浆液表面均变得粗糙，浆液均匀性降低，此现象和所测得的浆液流动性结果一致。

4.3.1.3.5.3　浆液结石体的性能测试

将制备的浆液放置若干时间再进行第二次搅拌，可以使得浆材充分吸收水分，再

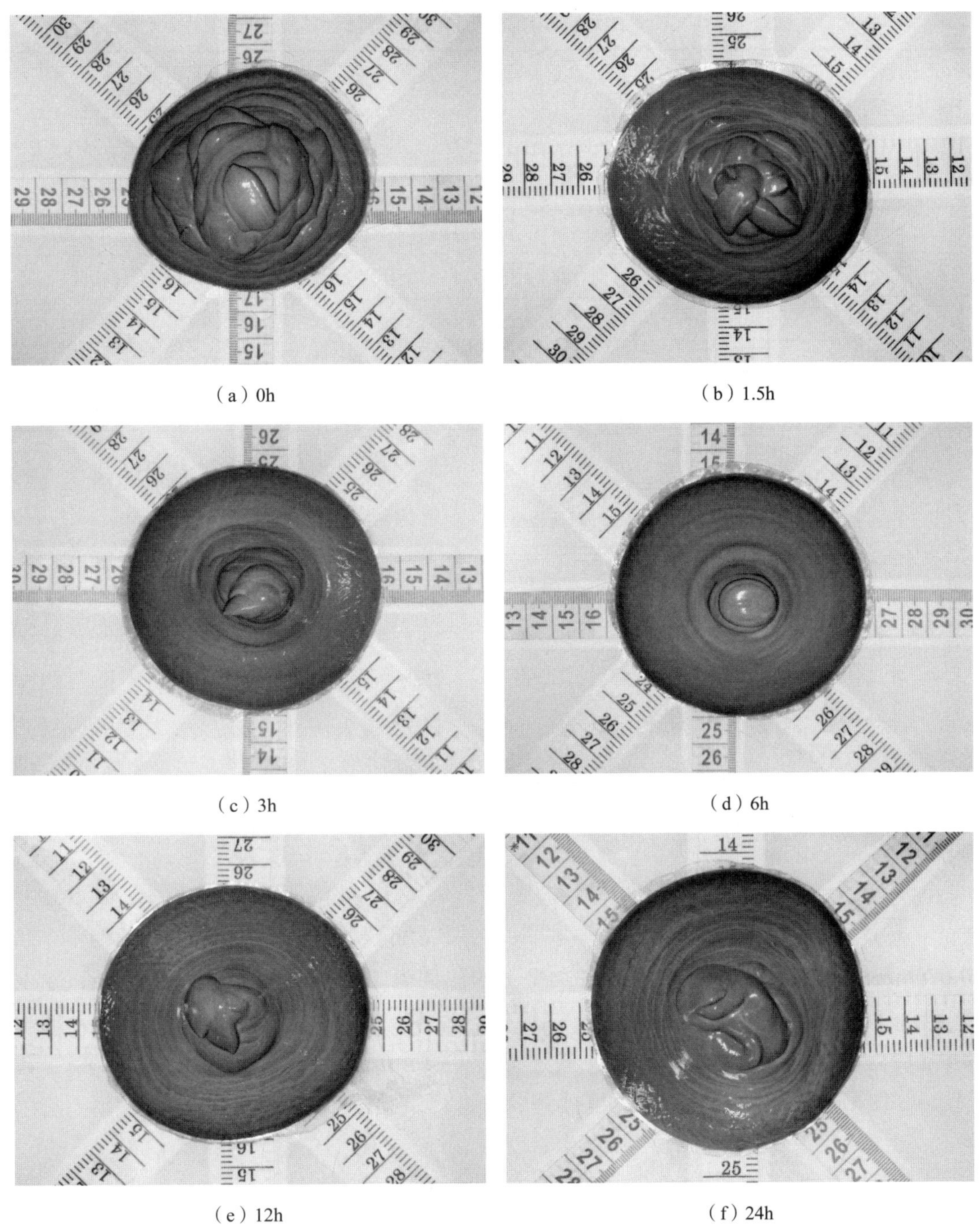

（a）0h　（b）1.5h

（c）3h　（d）6h

（e）12h　（f）24h

图 4-50　二次搅拌不同放置时间浆液自由流动 15min 照片

进行搅拌使浆液均匀。从图 4-51 可知，间隔时间 6h 内可以提高浆液结石体的强度，同时也有益于其抗雨蚀和抵抗冻融的能力，但同时也增长了浆液制备的工序，是否进行二次搅拌及间隔时间可以根据现场情况而定，本研究可以为其提供科学理论的支撑（表 4-21）。

表 4-21　不同二次搅拌间隔时间浆液结石体性能测试结果

编号	间隔时间（h）	原状样		水浸泡后		冻融循环后	
		抗折强度（MPa）	抗压强度（MPa）	抗折强度（MPa）	抗压强度（MPa）	抗折强度（MPa）	抗压强度（MPa）
E1	0	0.182	0.568	0.170	0.494	0.114	0.495
E2	1.5	0.183	0.576	0.154	0.451	0.143	0.436
E3	3	0.187	0.588	0.158	0.523	0.152	0.512
E4	6	0.191	0.595	0.180	0.538	0.168	0.492
E5	12	0.184	0.520	0.165	0.472	0.156	0.533
E6	24	0.178	0.528	0.173	0.475	0.147	0.504

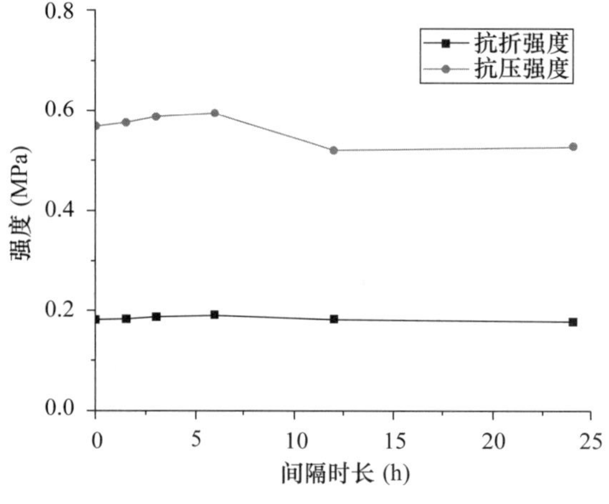

图 4-51　浆液结石体抗压、抗折强度随二次搅拌间隔时间变化曲线

4.3.1.3.6　土体粒径对浆液性能的影响

土的粒径不同，其流动能力、干缩和力学性能不同。虽然为了使浆液更好地与遗址本体进行兼容，对浆液添加材料的粒径有一定的要求，但测试不同级配土制成浆液性能的差异，可以研究土颗粒对于浆液性能产生的影响。

4.3.1.3.6.1　试验设计

烧料礓石与原土（风干，土的级配分别为小于 1mm、介于 1mm 和 0.075mm 之间、小于 0.075mm 三种类型）的比例为 1∶25，称量烧料礓石 40g，原土 1000g，水灰比为 0.45，浆液搅拌方式为机器搅拌。浆材混合后倒入搅拌容器，加水 468g 后立即开始搅拌，先以 1 档［转速 60/24（r/min）］搅拌 1min，然后以 3 档［转速 132/48（r/min）］搅拌 5min，搅拌完成后进行试验。

4.3.1.3.6.2　浆液的性能测试结果

本次试验浆液中添加土体过 1mm 筛，其中土体粒径小于 0.075mm 的土颗粒居多，占 62.15%，介于 1mm 和 0.075mm 之间仅占 37.85%。相同水灰比，粒径不同的土制成的浆液，其自由流动的水分表现出了明显的差别。小于 0.075mm 的土颗粒制成的浆液其流动性能比介于 1mm 和 0.075mm 之间仅占 37.85% 制成的浆液小，因而注浆所需压力大，然而其离析率及收缩性小，粒径小于 0.075mm 的土体制成的浆液物理性质介于二者之间（表 4-22）。

表 4-22　不同级配土新制浆液性能测试结果

编号	土的粒径（mm）	注浆压力（kgf）	流动能力		离析率（%）	收缩性（%）
			自由流动性（cm^2）	跳桌试验（mm）		
F0	<1	3.35	71.00	266	9.55	26.47
F1	1～0.075	2.82	88.23	＞300	10.08	32.54
F2	<0.075	6.98	—	213	5.13	18.15

小颗粒土体能够更好地吸收水分，使得浆液中自由流动的水分减少，结合水变多。浆液的流动能力主要依靠自由流动水的推力作用，而浆液的干缩过程失去的也是自由水，因此小颗粒土体制成的浆液流动性能差，注浆压力大，但离析率和收缩性小。

4.3.1.3.6.3　浆液结石体的性能测试结果

小粒径土体制备的浆液流动性能较差，然而其力学强度和抵抗冻融侵蚀和雨水侵蚀的能力优于较大粒径土体制备的浆液。如表 4-23 所示，对于不同级配土制成浆液的抗压抗折强度及抵抗冻融、雨蚀能力大小依次为为：介于 1mm 和 0.075mm 之间土制成的浆液、小于 1mm 制成的浆液、小于 0.075mm。

表 4-23　不同级配土浆液结石体性能测试结果

编号	土的粒径（mm）	原状样		水浸泡后		冻融循环后	
		抗折强度（MPa）	抗压强度（MPa）	抗折强度（MPa）	抗压强度（MPa）	抗折强度（MPa）	抗压强度（MPa）
F0	小于 1	0.149	0.770	0.140	0.716	0.138	0.705
F1	介于 1 和 0.075 之间	0.086	0.464	0.032	0.376	0.040	0.350
F2	小于 0.075	0.223	0.852	0.201	0.833	0.198	0.835

当土体小于 0.075mm，浆液的吸水性能强，浆液中的自由流动水变少，流动性变差，然而却能降低离析现象和收缩率，提高浆液结石体的力学强度和耐久性，这种情况下可以适当提升浆液的水灰比。

4.3.1.3.7　小结

1）烧料礓石和土（风干）以 1∶25 为比例制备浆液，当水灰比为 0.45～0.5 时，浆液的流动性优良，收缩率相对较低，注浆压力小，且浆液不会产生较大程度的离析，同时，此水灰比的浆液结石体的强度好，抵抗雨蚀和冻融侵蚀的能力较强，可适用于土遗址裂隙注浆；土体中含有一定的水分，能够降低浆液的收缩率和离析率，增强浆液结石体的强度及抵抗冻融及雨蚀的能力，但会提高注浆压力，降低浆液的流动能力。可通过提高浆液的水灰比，来增强浆液的性能。

2）提高搅拌速度可提高浆液的均匀性，同时降低浆液的收缩率，减弱其离析程度。1～3 档随着转速的提高，注浆压力减小，自由流动性增大；3～5 档随着转速的提高，注浆压力增大，自由流动性减小。同时 3 档制备的浆液强度最优，且经过冻融循环和清水侵蚀后的强度折损较小。因此，选择档位 3，即搅拌速度 132/48（r/min）对裂隙注浆工程较为有利；随着搅拌时间的增长，浆液流动能力逐渐减弱，注浆压力增大，离析率降低，浆液干缩率减小，此变化幅度以 14min 为转折点，14min 之前变化较快，14min 的变化较缓。在实际工程中，若是降低搅拌时间，可适当提高搅拌速度，以使得浆液达到注浆要求。

3）二次搅拌会影响浆液的性能，增长二次搅拌的间隔时间，会增大浆液的离析率和收缩率，不利于浆液对裂隙的填充，但间隔 6h 以内的浆液二次搅拌，能够提高浆液的流动能力，降低注浆所需的压力。

4）当土体颗粒小于 0.075mm 偏多时，会减少浆液中自由流动的水分。浆液的流动能力主要依靠自由流动水的推力作用，而浆液干缩过程失去的也是自由水，因此小颗粒土体制成的浆液流动性能差，注浆压力大，但离析率和收缩性小，且有利于浆液的力学强度和耐久性。

5）浆液搅拌过程中，水灰比、土体初始含水率、搅拌速度、搅拌时间、是否进行二次搅拌及土体粒径均会对浆液的性能产生影响，本书研究了单一因素改变时浆液的性能改变情况，在工程中可以根据此规律对这些影响因素进行合理适当的调整，以适应实际情况。

4.3.2　注浆工艺试验研究

4.3.2.1　试验流程与注浆效果评价

注浆工艺试验包括试验选材、小裂隙模拟、浆液制备与小裂隙注浆、注浆效果评价方法四部分，试验流程如图 4-52 所示。

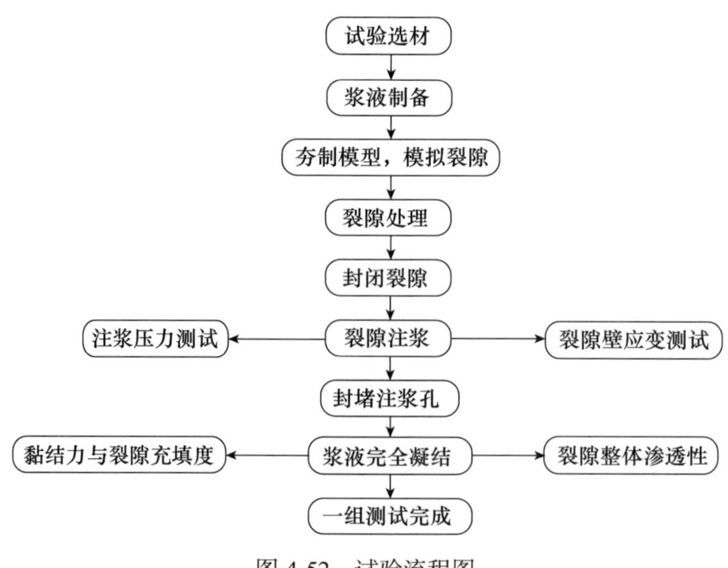

图 4-52　试验流程图

4.3.2.1.1　材料的基本性质与浆液制备

通过前期试验和参考现有资料，本试验选用以烧料礓石为主剂、西夏陵工程用土（过 1mm 筛）为原料、以一定比例混合配制浆液，工程用水为西夏陵遗址景区的地下水。

4.3.2.1.1.1　工程用土的基本性质

（1）土体易溶盐测试

土遗址往往遭受掏蚀、酥碱、表面脱落等病害的威胁，而易溶盐在这些病害发育中扮演了重要的角色。为避免因工程加固将盐分引入文物本体或载体，对其产生二次破坏，杨善龙在研究西北盐害对土遗址影响中给出工程加固用土盐分阈值为 3‰，当工程用土易溶盐含量超过该阈值时，就可能对文物本体造成损害，因此首先对工程用土的易溶盐含量及其成分进行测定。

将西夏陵工程用土取三份送到实验室进行盐分测试，求平行样的均值作为工程用土的易溶盐含量，测试结果如表 4-24 所示，盐分含量为 1110.03mg/kg，小于 3‰，满足工程要求。

表 4-24　工程用土易溶盐含量测试

pH 值	阴离子含量（mg/kg）					阳离子含量（mg/kg）			盐总量（mg/kg）
	NO_3^-	CO_3^{2-}	HCO_3^-	SO_4^{2-}	Cl^-	Ca^{2+}	Mg^{2+}	Na^++K^+	
9.52	0	127.44	259.21	205.76	159.53	85.85	29.74	242.5	1110.03

（2）土体颗粒特性

采用筛析法和密度计法对西夏陵工程加固用土进行颗分试验，严格按照《土工试验方法标准》（GB/T50123-2019）得到工程土样的颗分曲线（图 4-53）。根据颗分累积曲线，不均匀系数 Cu 为 9.23，曲率系数 Cc 为 1.03，含少量的碎石，无气味；土体天然含水率为 4.92%，含较多砂粒，塑性指数 8.27（小于 10），为砂质粉土（表 4-25）。

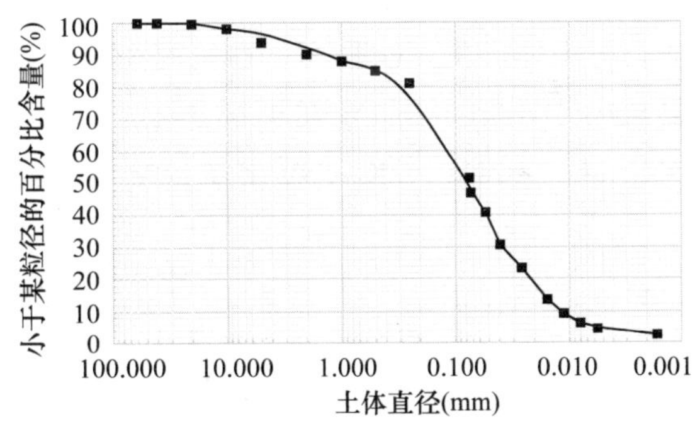

图 4-53　工程用土颗粒分析曲线

表 4-25　工程用土级配结果

$d60$（mm）	$d30$（mm）	$d10$（mm）	Cu	Cc
0.12	0.04	0.013	9.23	1.03

（3）击实特性

试验过程中裂隙模拟需要夯制一定规格夯土试样，因此，了解西夏陵工程用土的

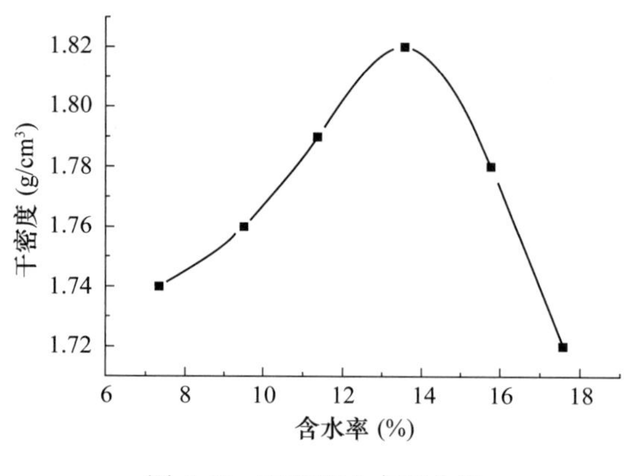

图 4-54　工程用土击实曲线

击实特性是必要的。使用手提式标准轻型击实仪进行击实试验，测得最优含水率约为 13.5%，此时最大干密度为 1.82g/cm³（图 4-54）。

（4）矿物成分测试

土体中不同的矿物成分影响工程用土的性质，尤其是膨胀性矿物。通过 XRD 试验分析，工程用土的主要矿物成分为石英、伊利石、长石和方解石，含量占总矿物成分的 93%，其中石英含量高达 58%，膨胀矿物伊利石含量为 13%。

4.3.2.1.1.2　烧料礓石基本性质

本试验所用烧料礓石来自国家古代壁画与土遗址保护工程技术研究中心，它以礓结石为原料，在 1000℃条件下煅烧 3 小时制成。研究表明，烧料礓石的主要成分为 CaO、$Ca_2Al_2Si_2O_8$ 和 β-$CaSiO_3$。一定比例的烧料礓石与土混合所制成的浆液结石体不仅具有较好的透气性、水理性质、耐久性、透水性和高强度特性，而且具有无毒无害、环境友好的优点，是较理想的土遗址加固材料。

4.3.2.1.1.3　工程用水基本性质

水是土遗址加固工程施工必不可少的原料之一，本试验用水为西夏陵工程用水，取自西夏陵景区地下水。然而不同地区水质不同，为防止将过多易溶盐引入到遗址土体，对土体产生二次破坏，本研究委托甘肃华辰检测技术有限公司对试验用水进行易溶盐成分分析，结果如表 4-26 所示。由表可知工程用水偏碱性，HCO_3^-含量最高，其次是 SO_4^{2-}和 Na^+、K^+，易溶盐含量为 1.4‰，满足工程试验要求。

表 4-26　工程用水易溶盐含量测试

pH 值	阴离子含量（mg/kg）					阳离子含量（mg/kg）				盐总量（mg/kg）
	OH^-	CO_3^{2-}	HCO_3^-	SO_4^{2-}	Cl^-	Ca^{2+}	NH_4^-	Mg^{2+}	Na^++K^+	
8.9	0	79	738	383	35	97	3	59	334	1399

4.3.2.1.2　小裂隙模拟

本试验研究对象为开口宽 3cm 的直立裂隙，裂隙采用室内模拟裂隙。模拟裂隙由试验平台和一定规格夯土试样组成（图 4-55），使用两块夯土试样拼成直立小裂隙，通过调整两试样间距控制试样的开口宽度，为尽可能使模拟小裂隙接近真实裂隙，对裂隙壁土体进行必要的刮毛处理，详细处理方式见后文裂隙模拟。小裂隙模拟主要包含三部分：试验平台设计、夯土块制备和夯土遗址裂隙模拟。

4.3.2.1.2.1　裂隙模拟试验平台设计

土遗址注浆加固工程属于典型的隐蔽性工程，浆液在土体中的流动情况以及浆液

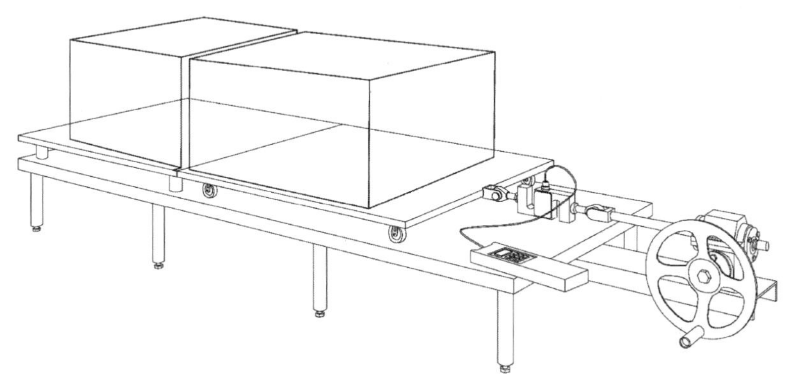

图 4-55　夯土遗址小裂隙模拟示意图

与土体的黏结情况一般无法直接探查。实际工程中多采用探地雷达、接触式高密度电阻率法、地震波检测等无损检测手段间接评价注浆效果，使用浆液制成的标准试块力学性质评价注浆的力学性质，然而浆液与土体间实际的黏结力无法直接测试。因此，模拟土遗址裂隙注浆试验研究是十分必要的，测试浆液与遗址裂隙土体实际的黏结力具有重要的意义。

鉴于上述，本试验提供一种模拟土遗址裂隙注浆、测试浆液与土体间黏结力的试验平台（图 4-56、图 4-57），以期用于评价不同注浆工艺对注浆效果的影响。

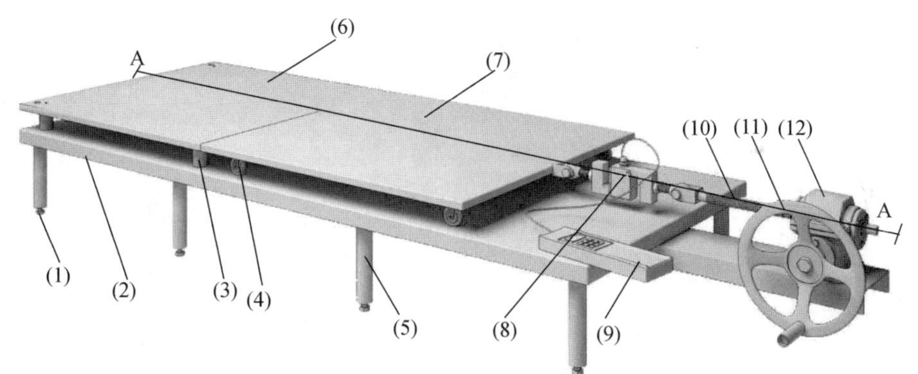

图 4-56　试验平台示意图

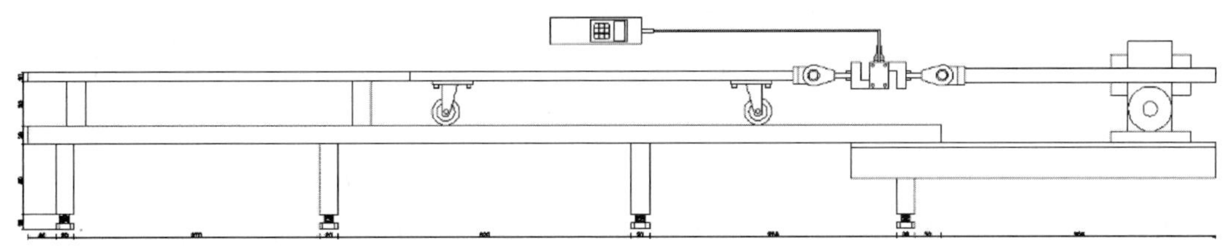

图 4-57　A-A 剖面示意图

试验平台由拉力测试平台、拉力测试装置、电子数显推拉力计 HP-3KN（量程 3000N，分辨率 1N）、动力装置和笔记本电脑五大部分组成。其特征是拉力测试平台为试验对象提供水平条件；动力装置、拉力测试装置和拉力测试平台相连，为试验提供动力和低速水平移动条件；数显式推拉力计、笔记本电脑和拉力测试装置连接，并与拉力测试装置共同测试加固后裂隙土体间黏结力的大小；笔记本电脑与数显式推拉力计连接，生成时间与裂隙土体拉力的曲线。

4.3.2.1.2.2　夯土试样制备

为了避免拌土过程中地表盐分污染试验土，拌土全程在塑料隔水布上进行。测试土体天然含水率，铺土约 5cm，洒一定量工程用水，将土浸湿后覆盖第二层干土，依次往复，最后用塑料布将湿土覆盖焖制约 24 小时。工程用土最优含水率为 13.5%，使用前将土再次拌制均匀，检测含水率，当其与最优含水率误差小于 ±0.5% 时进行后续试验。

试样采用模具夯制，模具尺寸为 30cm×30cm×30cm，夯锤为 1 号夯锤，夯锤直径 10cm、重 3.32kg。结合前期试验，每层铺虚土 10cm，夯筑 6 遍为一层，夯实后的土层厚度约为 5.5cm。共分六层夯筑，夯筑完成后土体略超出模具顶部，刮去超出模板顶部的土体并拆模。拆模后在室内自然养护，为防止地下水分与盐分对夯土试样的污染，整个养护过程试样置于水泥地坪之上（图 4-58）。养护完成后制作 5cm×5cm×5cm 的标准试样，测试夯土试样的抗压强度，同时采用蜡封法（图 4-59）测试夯实后土体密度。密度测试与强度测试均取 3 个平行样的平均值，夯土试样的基本参数如表 4-27 所示。

图 4-58　夯土试样自然养护

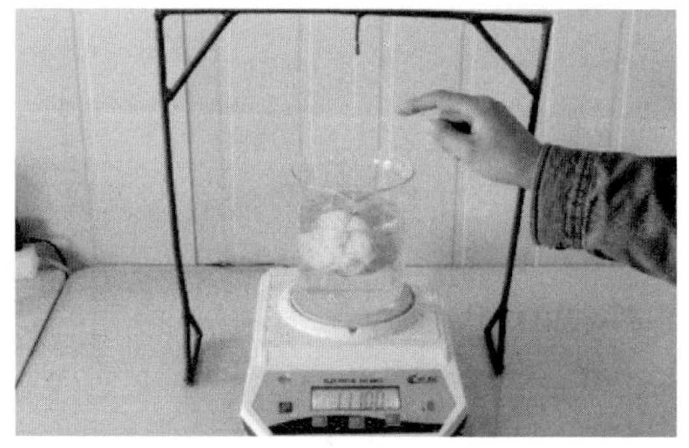

图 4-59　蜡封法测试夯土密度

表 4-27　夯土试样（5cm×5cm×5cm）基本物理力学指标

夯实率	含水率（%）	干密度（g/cm^3）	孔隙率	抗压强度（MPa）
0.45	1.13%	1.79	0.49	1.07

虽然夯土试样中水分随着时间逐渐散失，若水分含量过高则影响浆液中的水分向夯土中渗透，不满足实际注浆情况，影响试验效果。已测试遗址土体中天然含水率约为 1.04%，为使夯土试样更加接近遗址土体实际情况，在夯土试样不同位置布设 5TM 土壤水分传感器，同时使用 EM50 采集器监测夯土试样中水分变化情况，如图 4-60 所示。水分监测试样的尺寸与裂隙模拟所需试样尺寸完全一致，所处环境与养护试样的环境一致，确保试样水分检测可以有效指导试验研究。

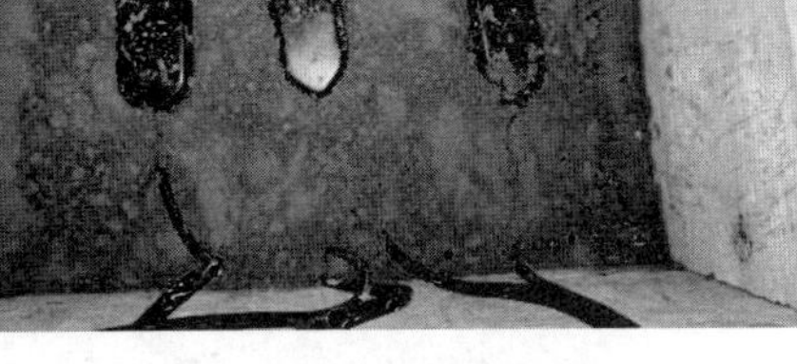

（a）5TM 土壤水分传感器布设　　（b）EM50 采集器监测试样中水分变化

图 4-60　夯土试样水分监测

试验结果表明（图 4-61），夯筑完成后夯土试样各测点初始含水率相差不大。0～6 天内，试样中轴线上各测点土的含水率快速下降，随测点高度的增加，其水分散失的速度越快，高度 30cm 测点水分散失速率最快，含水率降至 3%；6 天以后各测点水分散失速率明显降低，并且各测点含水率逐渐靠近 1% 土体含水率附近。90 天后各测点土体含水率的平均值为 1.13%，且 30cm 高度处的测点在后 78 天内含水率变化仅为 0.21%，此后夯土试样内土体含水率变化基本稳定，平均含水率接近遗址土体含水率（1.04%），满足试验要求。

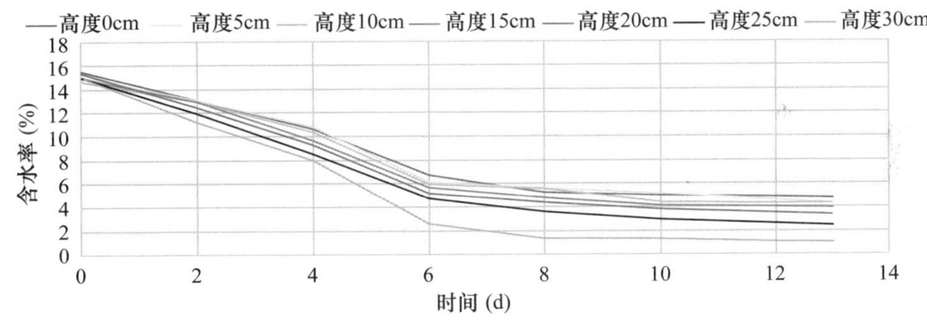

图 4-61　夯土试样中心轴线不同高度土体含水率随时间变化

4.3.2.1.2.3　小裂隙模拟

根据本书裂隙分类方法，本试验研究小裂隙注浆工艺对注浆效果的影响。小裂隙开口一般宽度为 0.5～5cm，本次试验选取开口宽 3cm 的裂隙为研究对象。将夯土试样放于试验平台上，调整夯土间距离为 3cm，模拟贯通性裂隙。为使裂隙更接近夯土遗址裂隙特征，对裂隙面进行刮毛处理（图 4-62）。

4.3.2.1.3　浆液制备与裂隙注浆

4.3.2.1.3.1　浆液制备

土样过 1mm 筛，使用烘箱将过筛土烘干，烧料礓石与过筛土的混合比为 1∶25。根据已有制浆工艺对浆液结石体力学性质影响进行研究，选择水灰比 0.45 配制浆液。采用机械搅浆，搅浆设备如图 4-63 所示，搅浆设备转头的转动形式为自转 / 公转，

（a）裂隙模拟图

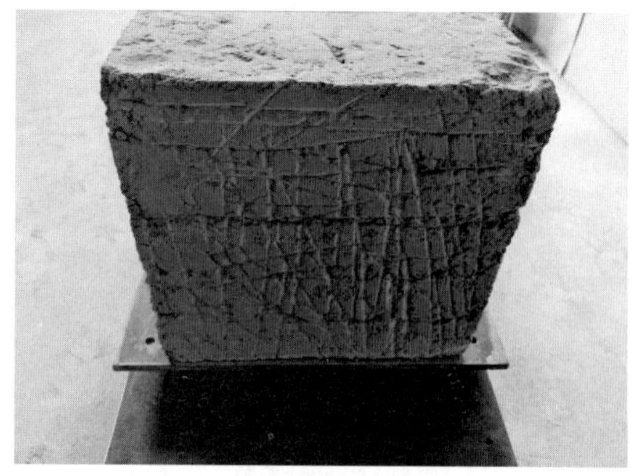

（b）裂隙壁面土体刮毛

图 4-62 裂隙模拟浆液制备与裂隙注浆

选择最优制浆工艺制备浆液，正式搅浆前先以 60/24（r/min）的转速预搅拌 1min，浆液成品如图 4-64 所示，制浆工艺表如表 4-28 所示。

图 4-63 搅浆设备

图 4-64 制浆成品

表 4-28 制浆工艺表

水灰比	预搅浆速度（r/min）	预搅浆时间（min）	搅浆速度（r/min）	搅浆时间（min）
0.45	60/24	1	132/48	8

4.3.2.1.3.2 小裂隙注浆

将透明有机玻璃板置于裂隙顶部和裂隙背面做裂隙封堵，使用木工夹具固定有机玻璃板，通过透明有机玻璃板便于观测浆液在裂隙中的流动情况。

首先称取过 1mm 筛的晒干土样 2kg，按烧料礓石与土样质量比 1∶25 称取烧料礓石 80g，将烧料礓石与烘干土体混合拌匀，再按 0.3 水灰比拌制抹泥。抹泥拌制完成后，使用喷壶将裂隙壁面喷湿，喷水时自下而上往复喷 2～3 次。随后使用 0.8cm 宽的修复刀对裂隙进行封孔，封孔过程中按要求严格控制封孔抹泥的厚度，并按试验设计布设注浆管，为了保证封孔抹泥具有一定的强度，防止浆液冲破抹泥层，封孔完成后自然养护 12 小时后进行裂隙注浆。土遗址裂隙注浆加固工程中常用 100mL 注射器作为注浆设备，注浆管采用 0.5cm 或 1cm 直径的注浆管，为确保试验研究与工程施工的契合，本试验注浆设备常采用 100mL 注射器、注浆管直径为 1cm（图 4-65）。

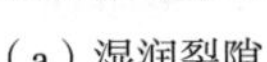
（a）湿润裂隙

（b）封闭裂隙

（c）注浆管布设

图 4-65　裂隙注浆流程图

4.3.2.1.4　注浆工艺试验方法

本试验以小裂隙为研究对象，以烧料礓石和过 1mm 筛的粉土为浆液材料，采用 100mL 注射器、直径为 1cm 的注浆管为注浆设备，按制浆工艺制备浆液，主要研究注浆管的布设间距、注浆管的埋设深度、注浆管的留置方式和裂隙封孔的抹泥层厚度对注浆效果的影响。

4.3.2.1.4.1　注浆管布设间距试验设计

工程用土过 1mm 筛并烘干后，按照烧料礓石与过筛土的混合质量比为 1∶25 拌和制备浆液，制浆工艺和参数见表 4-28。结合工程实际，裂隙封孔抹泥层厚度为裂隙开口宽（d）的 1.5 倍，注浆管埋设深度为裂隙深度（l）的 1/2，注浆完成半小时后，将注浆管抽出，并使用 0.5cm 直径的注浆管对裂隙补浆。研究注浆管布设间距对注浆压力、裂隙壁土体应变、黏结力和抗渗性的影响，注浆管布设间距（x）为 10cm、20cm 和 30cm，注浆工艺如表 4-29 所示。

表 4-29　注浆管埋设深度及注浆工艺表

注浆管布设间距（cm）	注浆管埋设深度	注浆管处置方式	封孔抹泥厚度
x	$0.5l$	抽出＋补浆	$1.5d$

4.3.2.1.4.2　注浆管埋设深度试验设计

使用烧料礓石与工程用土制备浆液，工程用土过 1mm 筛并烘干处理，烧料礓石与过筛土的混合质量比为 1∶25，浆液按表 4-28 制浆工艺制备。

结合注浆管布设间距研究，选择 10cm 的注浆管布设间距，参考工程实际，裂隙封孔抹泥厚度暂定为裂隙开口宽（d）的 1.5 倍，注浆管埋设深度（x）为裂隙深度（l）的 1/3、1/2、2/3 和 1，注浆完成半小时后，将注浆管抽出，并使用 0.5cm 直径的注浆管对裂隙补浆。研究注浆管埋设深度对注浆压力、裂隙壁土体应变、黏结力和抗渗性的影响，注浆工艺如表 4-30 所示。

表 4-30　注浆管埋设深度及注浆工艺表

注浆管布设间距	注浆管埋设深度	注浆管处置方式	封孔抹泥厚度
10cm	x	抽出＋补浆	1.5d

4.3.2.1.4.3　注浆管留置方式试验设计

使用烧料礓石与工程用土制备浆液，工程用土过 1mm 筛并烘干处理，烧料礓石与过筛土的混合质量比为 1∶25，浆液按表 4-28 制浆工艺制备。

结合工程实际和前期研究，注浆管布设间距为 10cm，注浆管埋设深度为裂隙深度 l 的 1/2，裂隙封孔抹泥厚度为裂隙开口宽（d）的 1.5 倍。实际注浆加固工程中，注浆完后注浆管有两种处置方式：一种为切断注浆管并将部分注浆管保留在裂隙土体内部，另一种方式为抽出注浆管，并在抽出的过程中向裂隙内进行补浆。

本试验基于注浆管布设间距和埋设深度的基础上进行，注浆完成后裂隙土体的注浆压力和应变测试变化不大，仅研究注浆管留置方式对裂隙壁土体黏结力和抗渗性的影响，注浆工艺如表 4-31 所示。

表 4-31　注浆管埋设深度及注浆工艺表

注浆管布设间距	注浆管埋设深度	注浆管处置方式	封孔抹泥厚度
10cm	l/2	x	1.5d

4.3.2.1.4.4　封孔抹泥层厚度试验设计

使用烧料礓石与工程用土制备浆液，工程用土过 1mm 筛并烘干处理，烧料礓石与过筛土的混合质量比为 1∶25，浆液按表 4-28 制浆工艺制备。结合工程实际和前期研究，注浆管布设间距为 10cm，注浆管埋设深度为裂隙深度 l 的 1/2，注浆完后注浆管处置方式为抽出注浆管，并使用较细的注浆管进行补浆。

本试验基于注浆管布设间距、埋设深度和注浆管处置方式的基础上进行，注浆完成后裂隙土体的注浆压力和应变测试变化不大，仅研究裂隙封孔抹泥层厚度对裂隙壁土体黏结力和抗渗性的影响，裂隙封孔抹泥层厚度为裂隙开口宽（d）的 1 倍、1.5 倍和 2 倍，注浆工艺如表 4-32 所示。

表 4-32　裂隙封闭抹泥层厚度及注浆工艺表

注浆管布设间距	注浆管埋设深度	注浆管处置方式	封孔抹泥厚度
10cm	l/2	抽出＋补浆	x

4.3.2.1.5　裂隙注浆工艺评价方法

土遗址裂隙注浆的主要作用是提高裂隙土体的整体性和抗渗性，因而评价裂隙土体整体的力学性质和水理性质是必要的，同时考虑注浆压力是评价裂隙注浆可灌性的重要指标，注浆压力的大小影响着浆液对裂隙壁土体的力学作用，进而影响注浆工程的安全施工，因此研究注浆压力和裂隙壁土体应变具有重要的意义。

4.3.2.1.5.1　注浆压力测试

岩土工程施工中随着注浆技术的发展，注浆技术由初级水泥注浆阶段逐渐向化学注浆阶段和现代注浆技术阶段转变。现代注浆方式主要分为充填注浆、渗透注浆、劈裂注浆和挤密注浆。土遗址裂隙注浆主要为充填注浆，同时应严禁出现劈裂注浆现象。为避免土遗址裂隙出现劈裂注浆，注浆过程中多为人工手动推注射器将浆液注入裂隙，本试验所使用注射器为 100mL 量程的医用注射器，注浆管直径 10mm。

研究表明一名成年男子手动推注射器的平均注浆压力为 22kgf。土遗址裂隙注浆压力的大小决定了现场注浆工程实施的可操作性，并且影响着注浆工程的安全进行。理论上讲，注浆压力越小，裂隙壁形变越小，可操作性越强，对裂隙注浆工程越有利。

本次试验的注浆压力由注浆压力测试机在注浆过程测定，注浆时将带有浆液的注射器安装于注浆压力测试机上，以 0.8～1.2rad/s 的转速旋转手把，将浆液注入裂隙，同时记录数显推拉力计显示的压力。标记模型和注浆压力测试仪的相对位置，保证整个试验过程中注浆压力测试仪和模型的相对位置一致，注浆管长度相同，注浆管内壁无异物阻塞（图 4-66）。

图 4-66　注浆压力测试示意图

为验证注浆过程中该设备注浆压力的适用性进行注浆压力测试，注浆压力测试仪与裂隙位置相对固定，测试结果如图 4-67 所示。注浆压力随注浆量的增大先增大，当达到峰值后略微降低，之后注浆压力逐渐趋于稳定，出现稳定注浆压力。推测注浆压力出现峰值的原因是：起始注浆时，注浆管管口浆液出现微凝固现象，浆液冲破注浆管管口浆液束缚产生一定压力，当新注入的浆液冲破束缚时，注浆压力降低并趋于平稳，这很好地解释了在工程实践中由于注射器更换不及时导致注浆管堵塞、注浆中断的现象。浆液的稳定注浆压力随注浆管布设高度增加而增大。由于整个试验过程中注浆压力测试仪和模型的相对位置一致，注浆管布设高度增加即表示将同

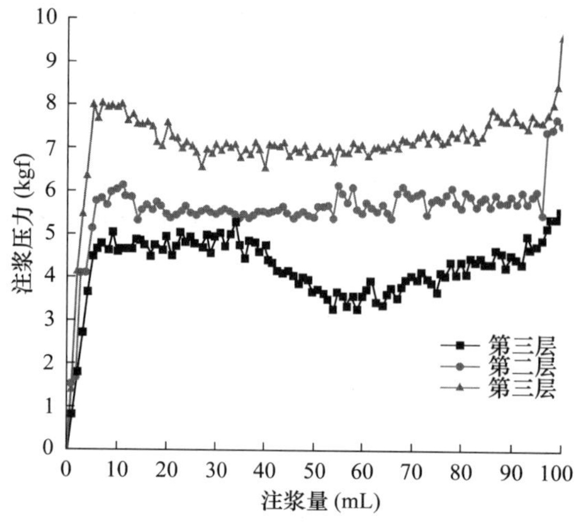

图 4-67　不同高度注浆压力测试曲线

质量浆液送入裂隙中需要更大的功，即需要更大的注浆压力，说明该方法测试注浆压力是可行的。

4.3.2.1.5.2　裂隙壁土体应变测试

浆液对于裂隙而言为“外来物”。注浆过程中，浆液对裂隙两壁土体产生压力；同时，裂隙注浆过程中，由于浆液内含有大量的水分，会使裂隙壁面软化，进而出现强度降低的现象。在软化效应和浆液压力共同作用下，使得注浆区域范围内两壁土体出现一定应变，从而对遗址体产生一定的影响，严重时可能形成劈裂注浆，甚至破坏裂隙土体整体稳定性（图 4-68）。

为探究水分对裂隙壁土体力学性质的影响，注浆完成 5min 后，取裂隙壁面不同位置土样测试其含水率，结果表明裂隙壁面土样最高含水率为 18.4%。室内制作 5cm×5cm×5cm 的立方试样，试样的初始含水率为 13.6%，干密度为 1.7g/cm^3，放于恒温箱自然养护，每三个标准试样分为一组，采用质量控制法控制含水率变化，测试不同含水率试样的抗压强度（图 4-69）。

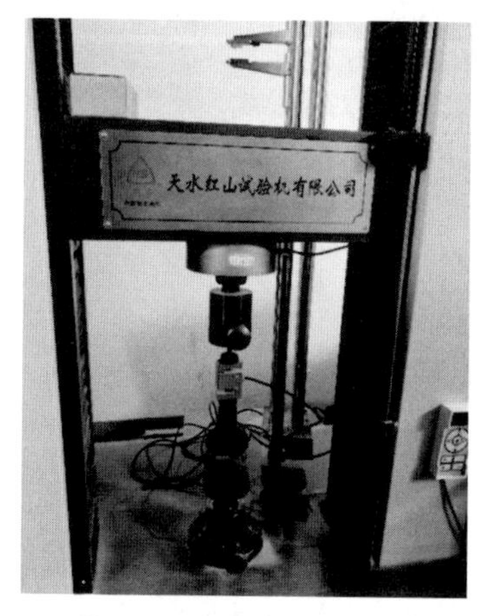

图 4-68　试样抗压强度测试

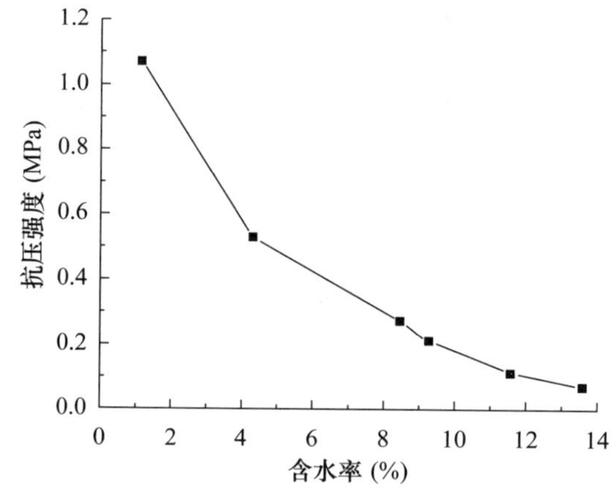

图 4-69　不同含水率试样抗压强度测试

结果表明，随着试样含水率的降低，其抗压强度不断提高。含水率为 13.6% 的试样抗压强度仅为含水率为 1.13% 试样抗压强度的 6.36%，表明水分含量对土体力学性质影响极大。当注浆所产生的压力大于软化后土体的抗压强度时，注浆加固工程将对遗址土体产生破坏，注浆工程将失去其本身的保护意义。因此，在对不同注浆工艺优劣评判中，裂隙壁土体的强度软化效应值得关注。

适合的水灰比、良好的注浆工艺在裂隙注浆时可以有效减小注浆加固过程对遗址土体变形产生的不利影响。应变片是现今检测遗址土体变形的有效测试工具之一，电阻式应变片配合动态应变仪或者静态应变仪进行微应变测量可取得较好的效果。应变片一般可分为金属电阻应变片和半导体电阻应变片，其中金属电阻应变片应用比较广泛，其原理是基于电阻应变效应，即导体产生机械形变时它的电阻值发生变化。本次试验使用 BE120-3AA（11）-P500 型箔式电阻应变片，该应变片具有高灵敏度（2.17±1%）、耐潮性好、适应性强等优点。动态应变仪为 DH5929 动态信号测试分析系统（图 4-70，128 通道），与应变片采用 1/4 桥连接方式，该设备可进行通道自检和导线电阻测试，监测注浆全过程以及浆液养护过程中裂隙壁土体的应变特征。

应变测试过程如下：

1）裂隙壁找平，首先选定应变片布设位置，使用修复刀对应变片粘贴位置进行找平，并使用刷子除去测点浮土，以便应变片与测点土体紧密贴合。应变片布设点应包括温度补偿应变片布点。

2）应变片粘贴，使应变片粘贴牢靠，对找平测点进行 PS 溶液渗透，防止注浆过程中应变片脱落；使用胶水将应变片固定于找平位置，固定后刷一层薄薄的防水乳胶做简单的防水处理（图 4-71），确保应变片能够正常工作。

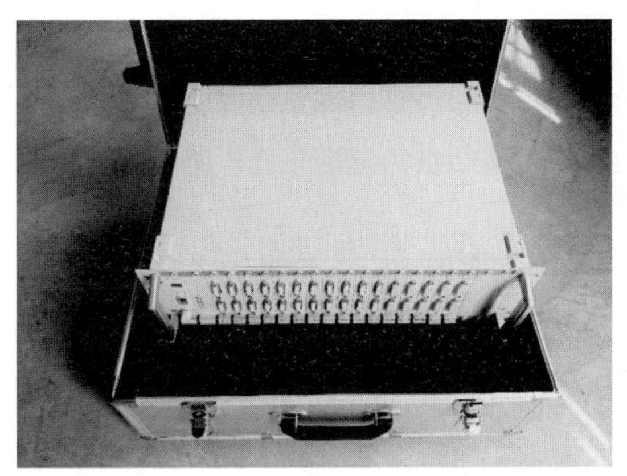

图 4-70　DH5929 动态信号测试分析系统

图 4-71　应变片粘贴

3）动态应变仪通道自检，连接应变片与动态应变仪，设置相应参数后进行通道自检，确保应变片无损坏，各通道正常工作。

4）裂隙壁土体应变监测，注浆检测前应最少提前半小时开机预热，保证机器稳定状态工作。

4.3.2.1.5.3　黏结力测试

裂隙会将土遗址由一个整体分割成数量不等的块体，导致遗址的稳定性变差。注浆的一个重要作用是将分割的块体重现黏结在一起，浆液结石体所产生的黏结力对将遗址体的完整性起着重要的作用。现今对浆液与裂隙壁土体黏结力测试的研究较少，多采用两块标准试样间用浆液黏结，养护完成后使用万能试验机做拉伸试验测试。该方法一定程度上可以评价浆液与裂隙土体的黏结力，然而两标准试样的黏结与裂隙注浆实际相差较多。邵东桥在研究香妃墓琉璃砖破坏机制时，使用陶瓷拉拔仪测试琉璃砖与墙柱体整体的黏结力，并取得较好的效果。

参考香妃墓琉璃砖黏结力测试原理，使用夯土裂隙模拟试验平台测试浆液与裂隙壁土体的黏结力。为保证测试的准确性，首先需要对试验平台调平，按一定施工工艺开始裂隙注浆，待 28 天养护完成后开始黏结力测试。

1）调平：将水平仪放于底层承载平台上，调整试验平台底部 8 个调平螺母，使水平仪气泡居中，调平后将水平仪放于上层固定平台和滑动平台验证其是否水平，确保整个测试系统处于水平状态。

2）设备连接：将拉力测试装置与拉杆和滑动平台连接，数显推拉力计与拉力测试装置和笔记本电脑相连。

3）黏结力测试：去除上层固定平台和滑动平台间的连接，匀速以 0.5r/s 速度转动转轮，上层滑动平台以 0.025mm/s 的速度移动，直至土体被完全拉开，获得浆液黏结力测试曲线、峰值拉力 F_{max} 和残余拉力 F_{min}，S 为浆液在裂隙中的充填面积，土体黏结应力大小计算公式为：

$$\sigma=\Delta F/S=(F_{max}-F_{min})/S \quad \text{（式 4-4）}$$

4.3.2.1.5.4　渗透性测试

防止雨水渗入裂隙土体是土遗址裂隙注浆的主要目的之一。工程实际中一般测试浆液结石体的渗透性能，通过测试浆液结石体的渗透系数来评价注浆后裂隙土体的抗渗性能。研究表明，遗址土体的抗渗性要远小于浆液结石体抗渗性能，所以，简单评价浆液结石体抗渗性是不够准确的。

为评价土遗址裂隙注浆完成后裂隙整体的抗渗能力，本试验采用变水头渗透试验，试验模型如图 4-72 和图 4-73 所示。盛水容器尺寸为 5cm×4cm×10cm，连接容器的渗透管直径为 1cm，渗透管埋深 0.5cm，初始水头高 20cm。分别记录 10s、30s、1min、5min、15min、30min、60min、3h、6h 和 12h 后水头下降的高度，通过水头下降高度计算不同时间段裂隙土体的平均渗透速率。

图 4-72　渗透性试验操作图

图 4-73　渗透性试验示意图

4.3.2.2　试验结果与讨论

4.3.2.2.1　注浆管布设深度

4.3.2.2.1.1　注浆压力测试

注浆压力不仅影响注浆过程中的可操作性，而且注浆压力过大时，土体在浆液水分软化效应下易产生劈裂现象；当裂隙封孔抹泥层厚度不符合工程要求时，易出现浆液冲破抹泥层，造成注浆失败现象。

成年男子手动推注射器的平均推力为 22kgf，由图 4-74 可知，当注浆工艺如表 4-33 时，注浆管布设间距在 10～30cm 内，注浆过程中注浆压力均小于 10kgf，远低于成年男子手动推注射器的平均推力，满足工程施工要求。

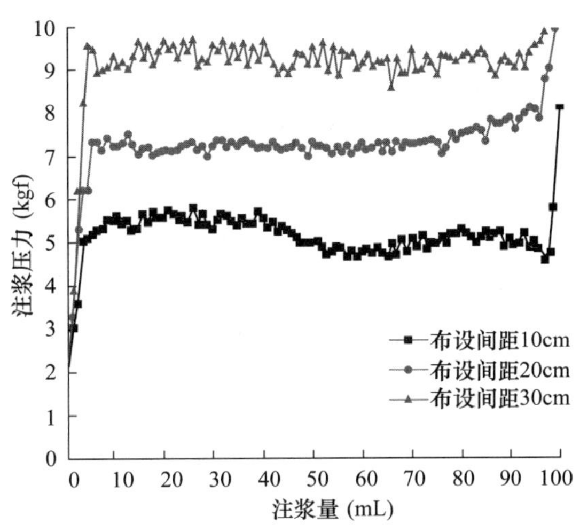

图 4-74　注浆管布设间距对注浆压力的影响

10cm 的注浆管布设间距注浆稳定压力约为 5.1kgf，20cm 的注浆管布设间距注浆稳定压力约为 7.2kgf，30cm 的注浆管布设间距注浆稳定压力约为 9.2kgf。随注浆管布设间距增大，稳定注浆压力明显增加，因而在工程许可条件下，为减小注浆压力可一定程度上减小注浆管布设间距。

注浆压力并非浆液对裂隙壁面土体的压力，考虑能量损耗，理论上注浆压力应大于浆液对裂隙壁面土体的作用力。

4.3.2.2.1.2　裂隙壁面土体应变测试

注浆过程中，当浆液注入裂隙中时，裂隙壁面土体受压变形，因而动态应变仪所测试应变为负值，不同注浆管布设间距条件下，裂隙壁面不同高度土体的应变值随时间变化如图 4-75 所示。

注浆完成后，裂隙壁面土体应变随时间先增大，约 3 天后应变逐渐趋于稳定，可使用土体的稳定应变值评价注浆管不同布设间距裂隙壁土体应变的状况（表 4-33）。同一注浆工艺条件下随着监测点位置增高，裂隙壁面土体的稳定应变值越小；当注浆管布设间距为 30cm 时，5cm 高与 25cm 高的监测点稳定应变值相差 75με。随着注浆管布设间距增大，裂隙壁面土体的稳定应变也逐渐增大，注浆管 30cm 布设间距比 10cm 布设间距的最大稳定应变值高 70με。

表 4-33　注浆管不同布设间距裂隙壁面土体的稳定应变值

注浆管布设间距	测点高度 5cm	测点高度 15cm	测点高度 25cm
10cm	−501με	−484με	−477με
20cm	−505με	−505με	−452με
30cm	−571με	−523με	−496με

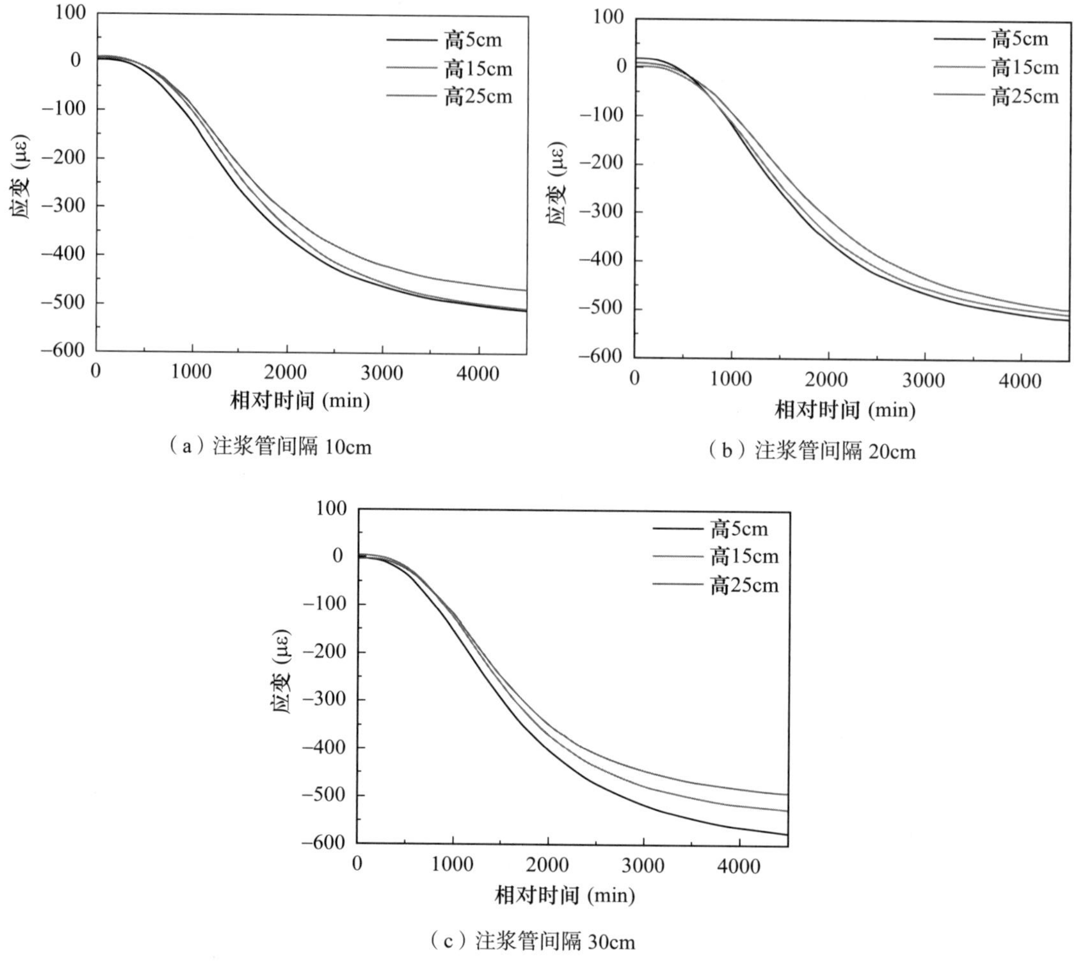

（a）注浆管间隔 10cm

（b）注浆管间隔 20cm

（c）注浆管间隔 30cm

图 4-75　不同注浆管布设间距对裂隙壁土体应变的影响

综上，土遗址裂隙注浆过程中，裂隙壁土体应变随时间先增大、后趋于稳定；同一注浆工艺所加固的裂隙靠近裂隙底部的土体应变较大，向上逐渐减小；注浆管布设间距越大，土体的稳定应变越大。参考注浆压力大小，对于危险性较大、避免出现较大应变的裂隙施工过程中，应在工程许可条件下尽可能减小注浆管布设间距，防止裂隙壁土体出现较大应变。

4.3.2.2.1.3　黏结力测试

提高裂隙土体稳定性是土遗址裂隙注浆的主要目的之一，注浆后浆液对裂隙壁土体的黏结力大小一定程度上可作为评价注浆加固土体整体稳定性的参考。注浆完成后室内自然养护 28 天，进行黏结力测试，不同注浆管布设间距对浆液与裂隙壁土体黏结力影响曲线如图 4-76 所示。

由图可知，随着试验平台动力装置启动，上层滑动平台在牵引力的作用下沿定向滑轮以 0.025mm/s 的速度缓慢移动，随之裂隙土体被拉开；随着上层滑动平台的移动，裂隙土体的拉力随位移快速增大，当拉力达到最大值时，裂隙土体拉力陡然降低，试验结果符合土体的脆性破坏特征。当试样完全拉开后拉力在 2～4N 间变化，该拉力主要为上层滑动平台和试样整体移动的摩擦力，因而拉开裂隙土体实际用力为 ΔF，结合浆液充填裂隙的截面积，计算得到实际裂隙土体黏结应力 σ（表 4-34）。

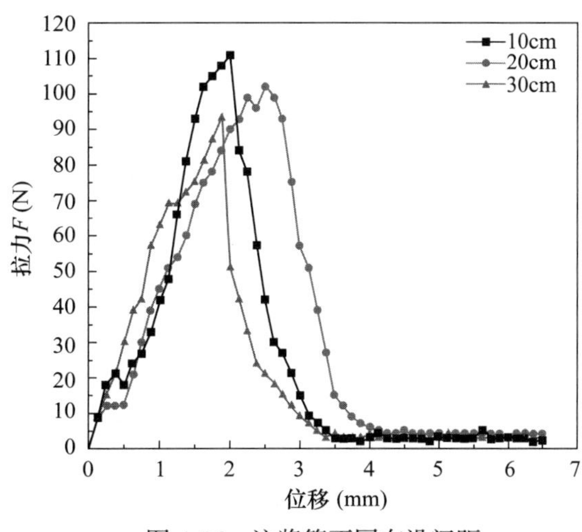

图 4-76　注浆管不同布设间距

由表 4-33 可知，10～30cm 的注浆管布设间距工艺下，裂隙土体的黏结应力在 1～1.2kPa 间。随着注浆管布设间距的增大，相同注浆工艺条件下裂隙土体黏结应力逐渐减小，10cm 相较于 30cm 注浆管布设间距的黏结力调高了近 20%，表明注浆管布设间距越小，注浆质量越高。因而注浆工程实际施工中，可通过减小注浆管布设间距提高裂隙土体黏结力。

表 4-34　注浆管不同布设间距裂隙黏结力测试

注浆管布设间距	10cm	20cm	30cm
ΔF	108N	98N	90N
黏结应力 σ	1.2kPa	1.09kPa	1kPa

4.3.2.2.1.4　渗透性测试

我国西北地区气候特征主要表现为降雨集中、持续时间较短，降雨主要集中在 7～9 月份。短暂、集中式降雨对我国西北地区土遗址保存和保护带来极大的危害，裂隙发育严重的土遗址尤甚，因而裂隙加固土体的防水要求成为施工要求的重中之重。

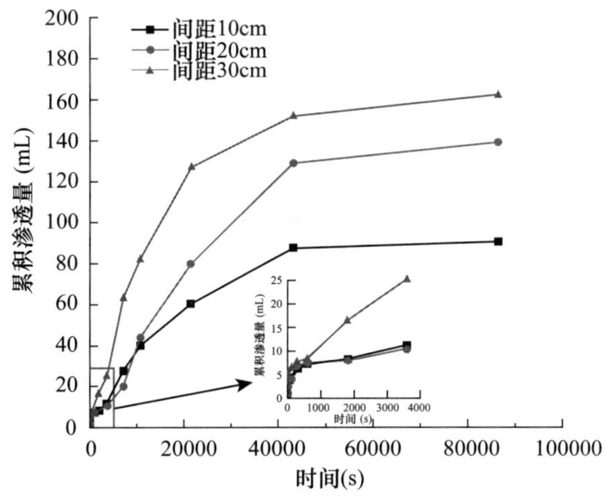

图 4-77　注浆管不同布设间距条件下裂隙土体累积渗透量与时间的关系

测试裂隙土体整体抗渗性，绘制土体累积渗透量随时间的变化曲线（图 4-77），并根据累积渗透量与时间变化关系绘制渗透速率随时间的变化曲线（图 4-78）。

0～600s 内三种工况下裂隙土体的累积渗水量相差不多，600～10800s 时，10cm 和 20cm 注浆管布设间距加固的裂隙土体累积渗水量相差不多，30cm 注浆管布设间距加固的裂隙土体累积渗水量明显增大，表明浸水 10800s 后 30cm 注浆管布设间距加固的裂隙土体

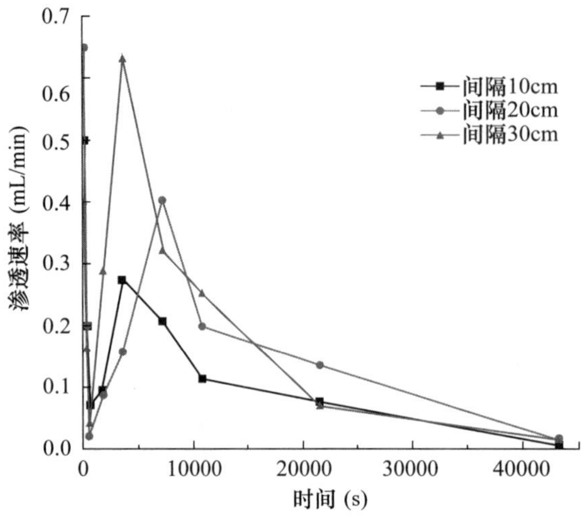

图 4-78　注浆管不同布设间距条件下裂隙土体渗透速率与时间的关系

抗渗性较 10cm 和 20cm 的差。10800～86400s 时，三种工况下的裂隙土体累积渗水量差距明显加大。综合可知，12h 内 10cm 注浆管布设间隔加固的裂隙土体渗水量最少，间隔 20cm 的次之，间隔 30cm 抗渗性相对最差。

随着时间的推移，裂隙土体渗透速率经过减小—增大—再减小的变化过程，在 0～1800s 内三种注浆工艺加固的裂隙土体渗水速率快速降低，由起初 3.84～5.76mL/min 的渗透速率快速降低至 0.02～0.07mL/min；当时间超过 1800s 时，三种注浆工艺加固的裂隙土体渗透速率先增大后减小，出现峰值渗透速率。裂隙宽度 3cm 而渗透管直径 1cm，推测起初水分主要对封孔的抹泥进行渗透，由于初始土体较干，水分快速渗透，当水分渗透达到一定程度时渗透速率降低；随后水分逐渐向抹泥层—夯土界面、抹泥层—浆液结石体界面进行渗透，平均渗透速率增大；当水分在抹泥、夯土、浆液结石体三者间形成相对稳定渗透场时，渗透速率减小并趋于稳定，实际情况有待进一步试验验证。

注浆管布设间距为 30cm 加固的裂隙土体峰值渗透速率达到 0.69mL/min，注浆管 20cm 布设间距加固的裂隙土体峰值渗透速率为 0.403mL/min，10cm 间隔的裂隙土体峰值渗透速率为 0.281mL/min。

4.3.2.2.2　注浆管埋设深度

4.3.2.2.2.1　注浆压力测试

按表 4-35 注浆工艺进行裂隙注浆加固，注浆管埋设深度为 $l/3$、$l/2$、$2l/3$ 和 l，注浆压力测试如图 4-79 所示。四种工况下的稳定注浆压力分别为 4.7kgf、5.1kgf、4kgf 和 6.5kgf，注浆压力远小于成年男子手动注浆的平均压力，其中注浆管埋设深度为 $l/3$、$l/2$、$2l/3$ 时稳定注浆压力相差不大；注浆管埋设深度为 l 时，裂隙稳定注浆压力最大。最大稳定注浆压力与最小稳定注浆压力仅相差 2.5kgf，相较于注浆间距而言注浆管埋设深度对注浆压力影响不大。

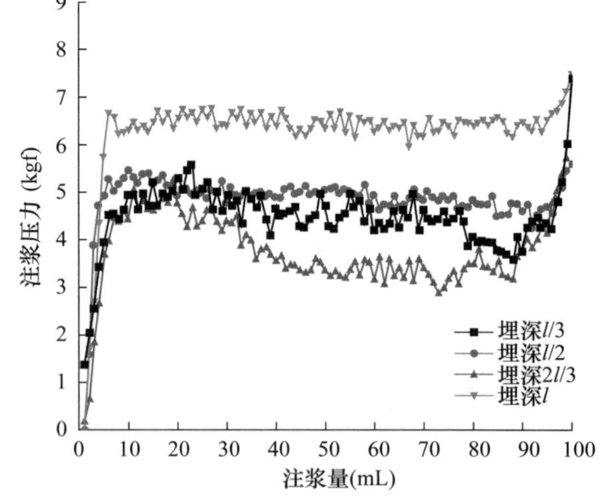

图 4-79　注浆管不同埋设深度对注浆压力的影响

表 4-35　注浆管不同埋设深度裂隙黏结力测试

注浆管埋设深度	$l/3$	$l/2$	l
ΔF	78N	108N	75N
黏结应力 σ	0.87Pa	1.2kPa	0.83kPa

4.3.2.2.2.2　裂隙壁面土体应变测试

注浆过程中，当浆液注入裂隙中时，裂隙壁土体受压变形，进而出现负值的土体应变，不同注浆管埋设深度条件下，裂隙壁面不同高度土体应变随时间变化如图 4-80 所示。

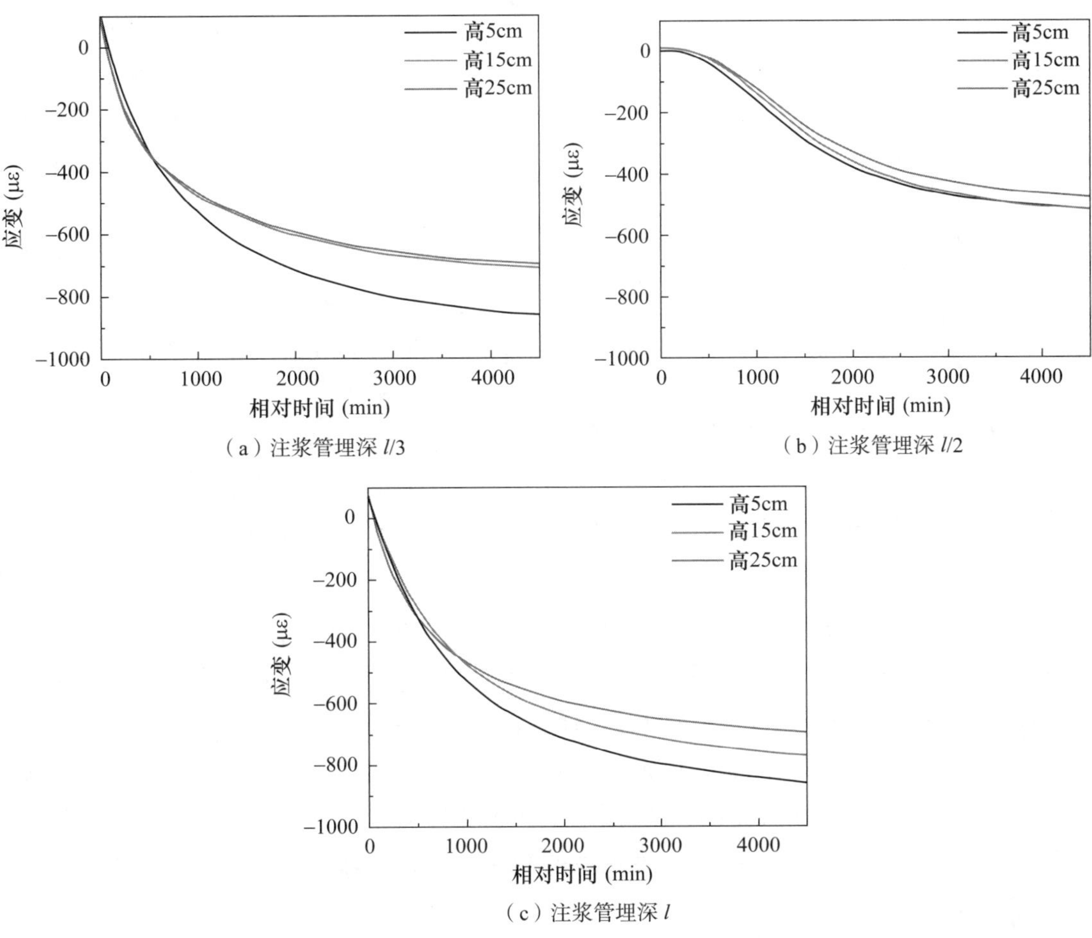

（a）注浆管埋深 $l/3$

（b）注浆管埋深 $l/2$

（c）注浆管埋深 l

图 4-80　注浆管埋设深度对裂隙壁土体应变的影响

注浆完成后，裂隙壁土体应变随时间先增大，约 3 天后应变逐渐趋于稳定，使用土体的稳定应变值作为评价注浆管不同埋设深度对裂隙壁面土体应变的影响（表 4-36）。注浆管埋设深度为裂隙深度 l 时，裂隙壁面土体的稳定应变值最大，且 5cm 测点高度的裂隙壁面土体的稳定应变值最大（－856με）；注浆管埋设深度为 $l/2$ 时，裂隙壁面土体的稳定应变值最小（－505με），两种裂隙壁土体的稳定应变值相差

351με，埋深为 *l* 的注浆方式相较于埋深 *l*/2 注浆方式土体的稳定应变增大了近 70%。结合工程实际，为保护土遗址裂隙加固工程的安全性，建议采用 *l*/2 注浆管埋设深度。

表 4-36 注浆管不同埋设深度裂隙壁土体稳定应变值

注浆管埋设深度	测点高度 5cm	测点高度 15cm	测点高度 25cm
l/3	−821με	−694με	−689με
l/2	−505με	−505με	−452με
l	−856με	−781με	−678με

4.3.2.2.2.3 黏结应力测试

按表 4-30 注浆工艺注浆，注浆完成后室内自然养护 28 天进行黏结力测试，不同注浆管埋设深度对裂隙壁土体黏结力影响曲线如图 4-81 所示，并据此计算注浆管不同埋设深度条件下裂隙土体的实际黏结应力（表 4-35）。

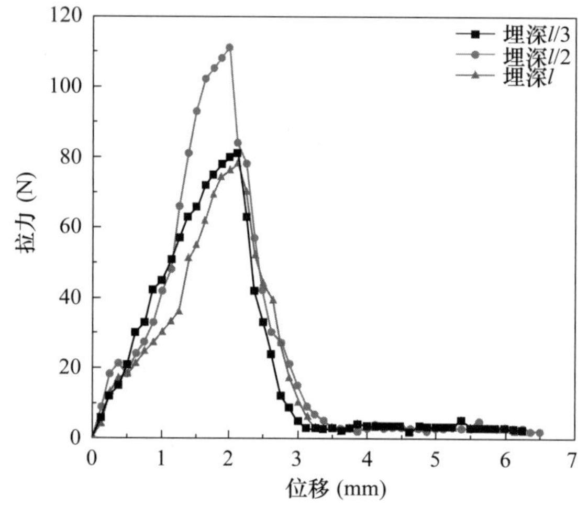

图 4-81 注浆管不同埋设深度裂隙土体拉力测试曲线

随着上层滑动平台移动距离的增大，浆液与裂隙壁土体的拉力先增大，随后达到峰值后迅速降低，最后稳定于一定拉力值附近。注浆管埋设深度为裂隙深度的一半时，裂隙土体拉力最大为 111N；注浆管埋设深度为裂隙深度的 *l*/3 和 *l*/2 时，两种注浆工艺下裂隙土体拉力相差不大，约为 80N。

由表 4-35 可知，注浆管埋设深度为 *l*/3～*l* 时，裂隙土体的黏结应力在 0.83～1.2kPa 间，相较于常见遗址土体的抗压强度较小。注浆管埋设深度为 *l*/2 时，加固裂隙土体的黏结应力最大，为 1.2kPa；注浆管埋深为 *l*/3 和 *l* 时，加固裂隙土体的黏结应力相对较小，约仅为 *l*/2 注浆管埋设深度加固土体的 70%。因而，注浆工程实际施工中，注浆管埋深靠近 *l*/2 时可获得较大的黏结应力，可通过调整注浆管埋设深度提高裂隙土体整体性。

4.3.2.2.2.4 渗透性能测试

测试不同埋设深度条件下裂隙土体的整体抗渗性，绘制土体累积渗透量随时间的变化曲线（图 4-82），并根据累积渗透量与时间变化关系绘制渗透速率随时间的变化曲线（图 4-83）。

0～3600s 内三种工况下加固的裂隙土体累积渗水量相差不多，注浆管埋设深度为 *l* 时加固的裂隙土体累积渗水量略高；3600～10800s 时，*l*/3 和 *l*/2 注浆管埋设深度

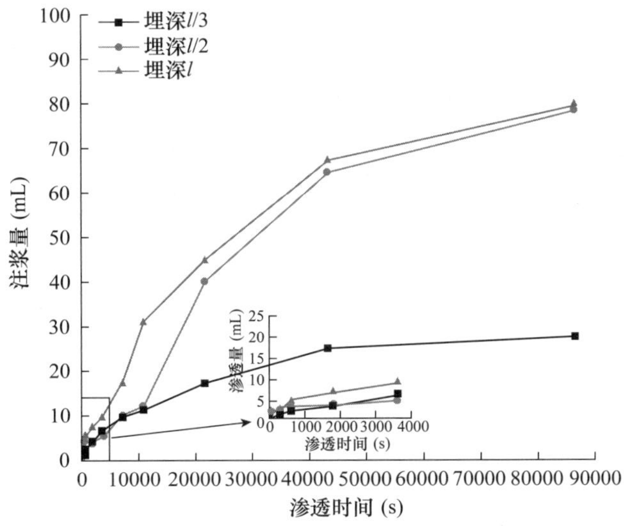

图 4-82　注浆管不同埋设深度条件下裂隙土体累积渗透量与时间的关系

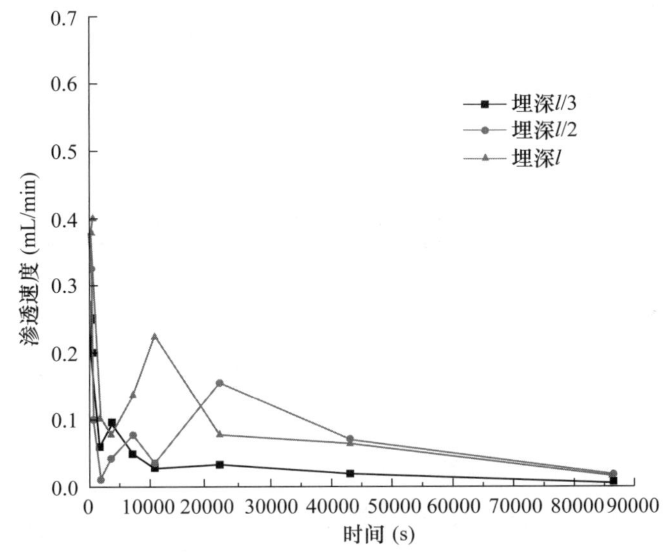

图 4-83　注浆管不同埋设深度条件下裂隙土体渗透速率与时间的关系

加固的裂隙土体累积渗水量相差不多，埋深为 l 的裂隙土体累积渗水量明显增大。当时间超过 10800s 时，注浆管埋深为 $l/2$ 的裂隙加固土体累积渗透量明显增大，表明 3h 后，注浆管埋深 l 和 $l/2$ 加固的裂隙土体渗透性变差。综合可知 12h 内，注浆管埋设深度越深，土体抗渗性越差。

随着时间的推移，裂隙土体渗透速率经过减小—增大—减小的变化过程，与注浆管不同布设间距加固裂隙土体渗透速率变化规律基本一致。在 0～1800s 内三种工艺加固的裂隙土体渗水速率快速降低，由起初 1～2mL/min 的渗透速率快速降低至 0.01～0.07mL/min；当时间超过 1800s 时，三种注浆工艺加固的裂隙土体渗透速率先增大后减小，出现峰值渗透速率。

注浆管埋设深度为裂隙深度（l）时，加固裂隙土体的峰值渗透速率达到0.223mL/min；埋设深度为 $l/2$ 时，加固裂隙土体的峰值渗透速率为0.156mL/min；埋设深度为 $l/3$ 时，加固裂隙土体的峰值渗透速率为0.093mL/min。相较于裂隙注浆管布设间距对裂隙土体抗渗性的影响，注浆管埋设深度对提高裂隙加固土体抗渗性具有更加显著的作用，工程实际上，可通过调整注浆管埋设深度达到提高土体抗渗性目的。

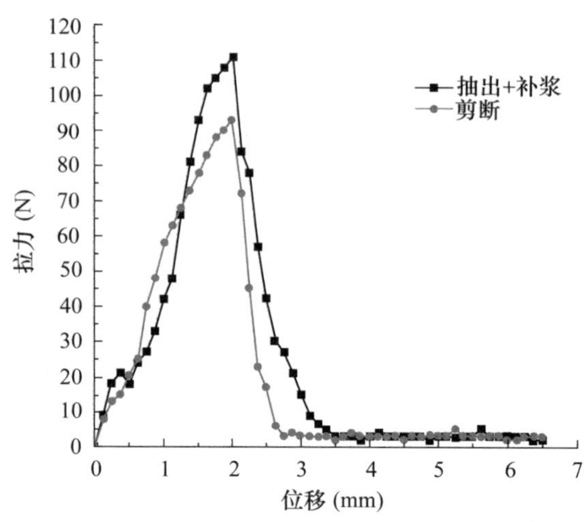

图 4-84　注浆管不同留置方式裂隙拉力测试曲线

4.3.2.2.3　注浆管留置

4.3.2.2.3.1　黏结应力测试

按注浆工艺注浆，注浆完成后室内自然养护28天进行黏结力测试，注浆管留置方式对裂隙壁土体拉力影响曲线如图4-84所示，并据此计算注浆管不同处置方式条件下裂隙土体的实际黏结应力（表4-37）。

表 4-37　注浆管处置方式裂隙黏结力测试

注浆管处置方式	抽出＋补浆	剪断
ΔF	108N	90N
黏结应力 σ	1.2kPa	1kPa

由图4-84可知，随着上层滑动平台移动距离的增大，浆液与裂隙壁面土体间的拉力先增大，随后达到峰值后迅速降低，最后稳定于一定拉力值附近。注浆管处置方式为抽出注浆管并使用直径较细的注浆管进行补浆，裂隙土体的拉力最大，为111N；将注浆管直接剪断、不进行补浆时，裂隙土体的拉力为90N，两种注浆工艺下裂隙土体拉力相差20N。

由表4-37可知，注浆管处置方式为抽出注浆管并进行补浆工艺时，裂隙土体的黏结应力为1.2kPa。直接剪断不做补浆处理时，裂隙土体的黏结应力为1kPa。结果表明，注浆管的抽出并补浆，可有效提高裂隙土体的黏结应力。

注浆管作为难降解材料，长期留在遗址土体内并不符合“最低限度干预”原则，结合注浆管处置方式对裂隙土体黏结力的影响，建议在土遗址裂隙注浆施工过程中应抽出注浆管并使用较细的注浆管补浆。该注浆工艺不仅满足土遗址“最小干预”的保护理念，且具有环保、经济优势，配合补浆可较大程度上提高注浆工程裂隙土体的抗渗性。

4.3.2.2.3.2　渗透性测试

测试注浆管不同处置方式条件下裂隙土体整体抗渗性，绘制土体累积渗透量随时间的变化曲线（图 4-85），并根据累积渗透量与时间变化关系绘制渗透速率随时间的变化曲线（图 4-86）。

0～600s 内注浆管两种处置方式条件下裂隙土体的累积渗水量相差不多，且 10min 内渗水量不超过 5mL。当时间超过 600s 时，注浆管处置方式为抽出并补浆的裂隙加固土体累积渗透量缓慢增加，12h 后裂隙土体渗水量仅为 78mL；直接剪断注浆管的施工方式累积渗水量快速增加，仅 3h 后 200mL 水分完全渗入到裂隙土体内。综合可知抽出注浆管并使用较细注浆管补浆的注浆方式可有效提高裂隙注浆加固土体的抗渗性。

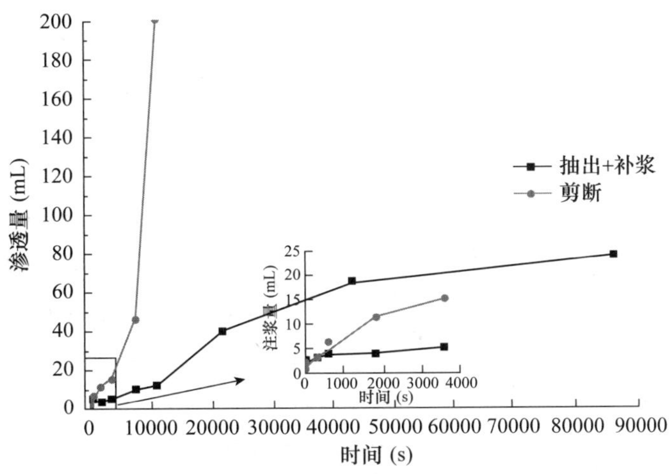

图 4-85　注浆管不同处置方式条件下裂隙土体累积渗透量随时间的变化关系

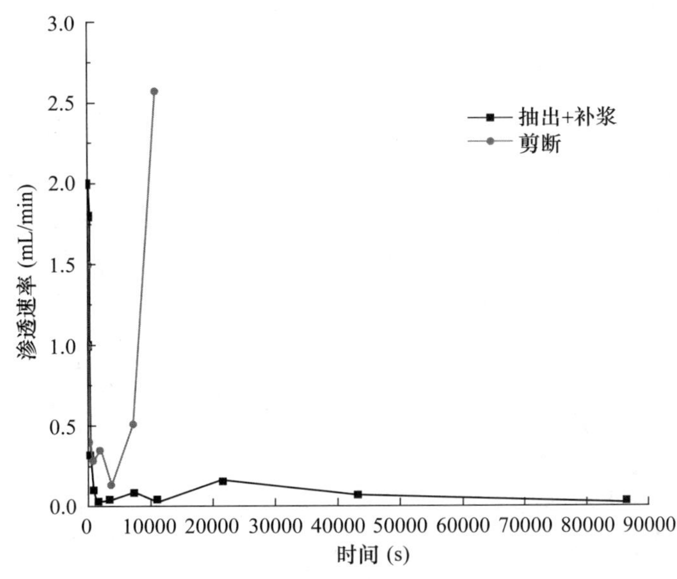

图 4-86　注浆管不同处置方式条件下裂隙土体渗透速率与时间的关系

随着时间的推移，注浆管抽出并补浆的注浆方式所加固的裂隙土体渗透速率经过减小—增大—减小的变化过程，与其他注浆工艺渗透速率变化规律基本一致。直接剪断注浆管的处置方式，裂隙土体的渗透速率先减小，随后在短时间内快速增大。

在 0～3600s 内两种工艺加固的裂隙土体渗水速率快速降低，由初始值 1.5～1.8mL/min 的渗透速率快速降低至 0.01～0.12mL/min；当时间超过 3600s 时，抽出注浆管并补浆的注浆方式裂隙加固土体渗透速率出现峰值渗透速率，峰值渗透速率为 0.156mL/min，直接剪断注浆管的加固方式裂隙土体渗透速率快速增大至 2.57mL/min。

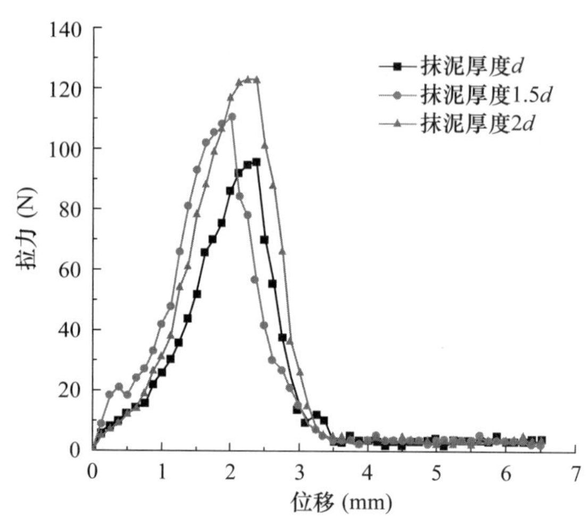

图 4-87　封孔抹泥厚度裂隙拉力测试曲线

4.3.2.2.4　封孔抹泥厚度

4.3.2.2.4.1　黏结力测试

按表 4-30 注浆工艺注浆，注浆完成后室内自然养护 28 天进行拉力测试，封孔抹泥层厚度对裂隙壁土体拉力影响曲线如图 4-87 所示，并据此计算不同封孔抹泥厚度条件下裂隙土体的实际黏结应力（表 4-38）。

表 4-38　注浆管不同埋设深度裂隙土体黏结力

封孔抹泥厚度	d	$1.5d$	$2d$
ΔF	92N	108N	120N
黏结应力 σ	1.02kPa	1.2kPa	1.33kPa

由图可知，随着上层滑动平台移动距离的增大，浆液与裂隙壁土体间的拉力先增大，随后达到峰值后迅速降低，最后稳定于一定拉力值附近。裂隙抹泥层厚度为 d、$1.5d$ 和 $2d$（d 为裂隙开口宽度），随着裂隙抹泥层厚度的增大，裂隙土体的拉力逐渐增大，抹泥层厚度为 $2d$ 时裂隙土体拉力为 123N；抹泥层厚度为 d 时，拉力为 95N。

综上可知，裂隙封孔抹泥层厚度越厚的加固裂隙土体黏结力越强，相对浆液对裂隙壁土体的黏结性而言，抹泥层对裂隙壁土体的黏结性更强。工程许可条件下，可尽量增大封孔抹泥厚度以提高裂隙土体黏结力。

4.3.2.2.4.2　渗透性测试

按测试注浆管不同抹泥厚度条件下裂隙土体整体抗渗性，绘制土体累积渗透量随时间的变化曲线（图 4-88），并根据累积渗透量与时间变化关系绘制渗透速率随时间

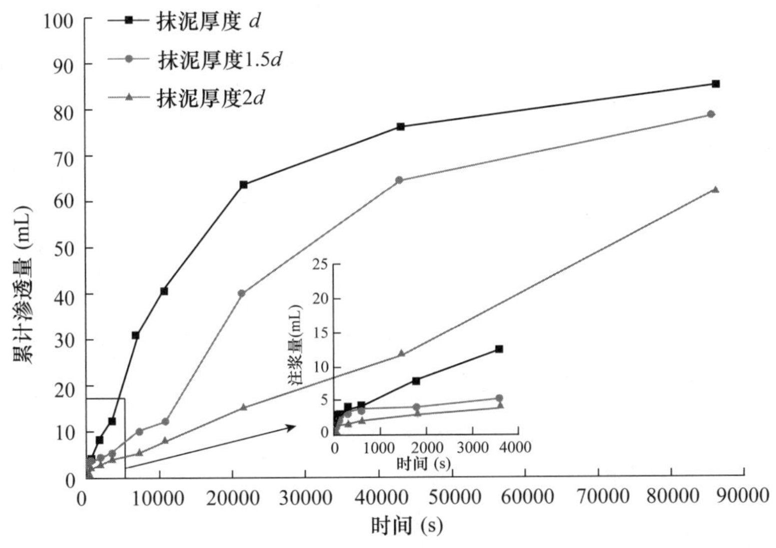

图 4-88　不同封孔抹泥厚度条件下裂隙加固土体累积渗透量随时间的变化关系

的变化曲线（图 4-89）。

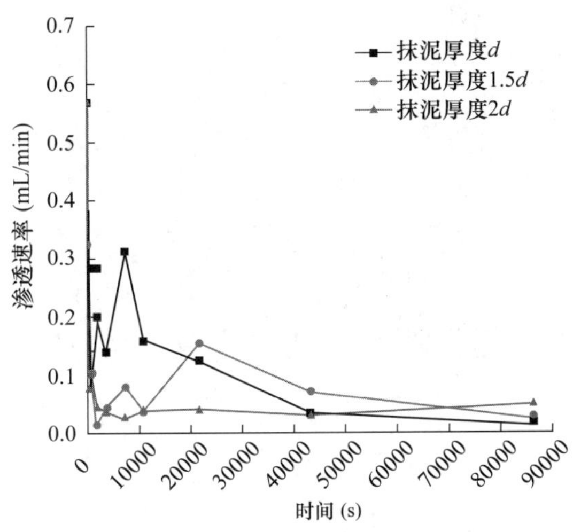

图 4-89　不同封孔抹泥厚度条件下裂隙土体渗透速率随时间的变化关系

0～600s 内不同封孔抹泥层厚度条件下裂隙土体的累积渗水量相差不多，且累积渗水量不超过 5mL。当时间为 600～3600s 时，抹泥层厚度为 1.5*d* 和 2*d* 加固的裂隙土体其渗透量相差不大（*d* 为裂隙开口宽），抹泥层厚度为 *d* 加固的裂隙土体渗透量明显增大。当时间超过 3600s 时，三种工况加固的裂隙土体渗透量迅速加大，且封孔抹泥厚度越厚，加固的裂隙土体渗透量越小。12h 后抹泥厚度为 2*d* 加固的裂隙土体渗水量仅为 62mL，此时抹泥厚度为 *d* 加固的裂隙土体渗透量最大为 85mL。结果表明提高裂隙的封孔模拟厚度可有效提高裂隙注浆加固土体的抗渗性。

随着时间的推移，三种工况下加固的裂隙土体渗透速率经过减小—增大—减小的变化过程。在 0～1800s 内三种工艺加固的裂隙土体渗水速率快速降低，由起初 3～4.5mL/min 的渗透速率快速降低至 0.01～0.08mL/min；当时间超过 1800s 时，三种注浆工艺加固的裂隙土体渗透速率先增大后减小，出现峰值渗透速率。

裂隙封孔抹泥厚度为裂隙开口宽（*d*）时，加固裂隙土体的峰值渗透速率达到 0.315mL/min；抹泥厚度为 1.5*d* 时，加固裂隙土体的峰值渗透速率为 0.155mL/min；

抹泥厚度为 $2d$ 时，加固裂隙土体的峰值渗透速率为 0.1mL/min。封孔抹泥厚度越厚，加固的裂隙土体峰值渗透速率越低，其抗渗性能越强，工程上可尽量提高裂隙的封孔抹泥厚度来提高加固土体的抗渗性。

4.3.2.2.5　试验结果讨论

注浆压力大小影响浆液在裂隙中的可灌性，且注浆工程中裂隙壁面土体的应变受注浆压力和土体含水率的双重影响，裂隙壁面土体应变的大小往往与注浆工程的安全施工息息相关。注浆管布设间距越小、埋设深度越接近裂隙深度的 1/2，注浆压力越小、裂隙壁面土体应变越小。由图 4-90a 可知，浆液在土体中的流动形态沿注浆管口近似正态分布（同一层浆液所形成的结石体在注浆管口正上方高度的较高，向两侧结石体高度逐渐降低，且靠近注浆管一侧结石体高度略高于另一侧），表明浆液在小裂隙中的流动状态为非牛顿流体。

（a）抽出注浆管＋补浆　　（b）剪断注浆管

图 4-90　不同注浆管处置方式条件下裂隙充填特征

注浆管间距越大，注浆后期需将浆液推送的高度越高，因而注浆压力明显增大，含水率变化不大时，裂隙壁面土体应变值越大。当注浆管埋设深度较浅时，浆液沿注浆管口向裂隙内部流动，逐渐充填裂隙；当浆液注浆管埋设深度较深时浆液流出注浆口后受阻，在阻力作用下浆液反向流动，因而注浆压力明显增大，同时裂隙壁面土体应变增大。

适宜的注浆工艺可有效提高加固后裂隙土体的黏结应力，增强注浆加固后裂隙土体的稳定性。试验表明注浆管埋深越接近 $l/2$（l 为裂隙深度）、裂隙的封孔抹泥厚度越厚、注浆管布设间距越小，注浆加固后裂隙土体的整体性越强，整体性主要受裂隙充填度、结石体与裂隙壁面土体接触特征作用的影响，裂隙充填越饱满、结石体与裂隙壁面土体接触越紧密，加固后裂隙土体的稳定性越好。

降雨是土遗址破坏的主要因素之一，加固后裂隙土体的抗渗性是评价裂隙加固效果的重要指标，试验表明注浆管布设间距越小、埋设深度越靠近抹泥层、抹泥层厚度越厚，其抗渗性却强，同时结合注浆管处置方式，抽出注浆管并补浆可有效提高加固后裂隙壁土体的整体抗渗性。减小注浆管布设间距可提高浆液充填裂隙的饱满性，埋设深度可有效增强结石体与抹泥层土体的接触，抽出注浆管并补浆极大地填充了结石体与抹泥层土体间的空隙，因而加固后裂隙土体的抗渗性得到提高；采用 Anyty 便携式显微镜观测礓结石体与抹泥层土体的微观结构，两者放大 500 倍的微观结构如图 4-91 与图 4-92 所示，由于结石体在充填裂隙过程中水分散失较慢，注浆完成后结石体中有较多水分，当这些水分散失后结石体中出现较多的孔隙，因而透水性相对较大。抹泥层土体水分较少，水分散失后孔隙较小，且抹泥过程中操作人员可均匀地将力施加于裂隙壁土体之上，因而抹泥层的微观结构较结石体的微观结构更加致密、孔隙更加小。因此，提高抹泥层厚度可有效增强裂隙土体的抗渗性。

图 4-91　抹泥层土体微观图

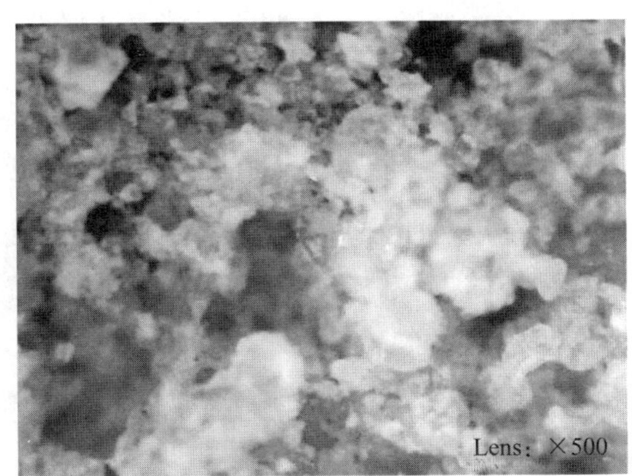

图 4-92　礓结石体微观图

4.3.2.3　小结

在土遗址裂隙的基本分类和浆液制浆工艺的研究基础上，课题组首先对夯土遗址裂隙进行更加科学细致的分类，并以烧料礓石为主剂、不同注浆工艺为研究对象，借助土遗址裂隙模拟平台研究注浆工艺对土遗址小裂隙注浆效果的影响，并得到以下结论：

1）土遗址裂隙更精细、科学有效的分类。根据成因将裂隙归纳为卸荷裂隙（崖体应力释放引起的卸荷裂隙、侧向坍塌引起的卸荷裂隙和底部掏蚀引起的卸荷裂隙）、构造裂隙（构造作用产生的裂隙和构造遗迹引起的裂隙）、变形裂隙（不均匀沉降变形裂隙、圆形洞穴变形裂隙、拱形洞室变形裂隙和矩形洞室变形裂隙）和工艺裂隙（建造工艺裂隙和修复工艺裂隙）；根据裂隙发育规模和加固方式将其分为微裂隙（开口宽 0～5mm）、小裂隙（5～50mm）和大裂隙（大于 50mm）。

2）夯土遗址裂隙模拟试验平台的研发。本研究研发夯土遗址裂隙模拟试验平台，通过裂隙模拟试验平台的搭建，可最大程度上模拟夯土遗址裂隙特征；结合土遗址裂隙加固目的，可有效评价土遗址裂隙注浆的可灌性（注浆压力评价）、加固后裂隙土体的整体性（裂隙土体的黏结力评价）、裂隙加固土体的抗渗性和加固工程的安全性施工（裂隙土体应变）。

3）注浆的可灌性与裂隙壁土体软化效应评价。注浆管布设间距越小、埋设深度越接近裂隙深度的 $l/2$，注浆压力越小且裂隙壁土体应变越小，表明浆液可灌性越好、裂隙壁土体的软化效应越低；注浆管的留置方式和裂隙封闭的抹泥层厚度对注浆压力影响不大。在工程施工允许的条件下，可通过减小注浆管埋设间距和避免将注浆管埋设至裂隙底部来减小注浆压力和提高注浆工程施工的安全性。

4）加固裂隙土体整体性评价。使用加固裂隙土体的黏结应力评价其整体性，研究表明不同注浆工艺加固的裂隙土体黏结应力在 0.83～1.33kPa 之间，注浆管布设间距越小、注浆管埋深越接近 $l/2$、裂隙的封孔抹泥厚度越厚，裂隙的加固土体黏结力越大，整体性也越强。同时，注浆完成后抽出注浆管并进行补浆可有效提高裂隙土体的整体性。

5）渗透性评价。利用变水头试验原理测试不同注浆工艺加固的裂隙土体抗渗性，加固土体的渗透速率普遍出现减小—增大—再减小的趋势，试验过程中出现峰值渗透速率。结果表明注浆管布设间距越小、埋设深度越靠近抹泥层、抹泥厚度越大，裂隙加固土体的抗渗性越强；同时结合注浆处置方式，抽出注浆管并补浆可较大程度降低裂隙土体的渗水量和渗透速率，提高裂隙土体的抗渗性。

6）研究表明，注浆工艺通过提高裂隙充填的饱满性提高裂隙壁土体的黏结力，通过浆液结石体与抹泥层土体的接触紧密程度影响裂隙土体抗渗性，两者间空隙越小，加固后裂隙土体抗渗性越好。同时，抹泥层土体微观结构较结石体微观结构更加致密，因而抹泥层土体的抗渗性优于浆液结石体。

4.4　裂隙灌浆工艺

裂隙是由于岩土体受到各种应力集中而导致的位移变形，属于应力释放的一种方式。而裂隙灌浆浆液为悬浊液，灌浆时浆液渗入遗址土体根部，遗址土在水的作用下强度将大幅度降低。此外，灌浆时浆液产生的静水压力也会影响墙体的稳定性。因此，对规模较大的土遗址裂隙灌浆前，应通过临时支护、支顶加固、锚杆锚固等措施对裂隙附近的危险因素进行防护，防止由于裂隙灌浆对土遗址带来次生破坏。

4.4.1　版筑缝隙的加固

由于版筑缝是两次夯筑墙体留下的结构性缝隙，是遗址建造工艺的重要组成部分，不宜对其进行完全的灌浆处理，以免工艺信息的缺失。而为了防止雨水灌入对遗址本体的破坏，应对版筑缝进行封护处理，工艺如下：

1）裂隙清理。将顶部裂隙的风化虚土清理，直至裂隙走向及张开度清晰明了。

2）裂隙填充。按照裂隙的宽度将与遗址墙体类似的土坯或土块嵌入裂隙，嵌入时需结合裂隙张开度对土块进行削切处理，一般镶嵌土块略高于墙体表面 1～2cm，并尽量挤密土块，防止表面封护过程中改性土的灌入。

3）裂隙封护。采用烧料礓石：当地土为 1：20 的改性土，在裂隙顶部两侧各自 20cm 的范围内夯筑厚度为不小 10cm 表面封护层，以裂隙中线向两侧倾斜，坡度不小于 5%。

4.4.2　变形及卸荷裂隙加固

由于开裂可能会导致遗址体结构失稳，也会导致其他病害在其基础上发育，因此，有必要对裂隙进行灌浆处理。根据裂隙发育的规模，对轻微裂隙、小裂隙和贯通裂隙三类裂隙如以下工艺进行加固。

4.4.2.1　轻微裂隙加固工艺

1）PS 溶液的表面渗透。采用模数 3.8、浓度 5%PS 溶液喷洒渗透，先加固裂隙两侧，一般喷洒 1～2 遍。

2）填补浆液的配置。采用烧料礓石和可溶盐含量低于 0.3% 的粉土配置比例为 1：15 的改性土配置水灰比为 0.3 的填补浆液备用。

3）裂隙填补。采用 5～10mm 修复刀，用已经配置好的浆液填充裂隙，注意填补过程中修复刀的力量大小，保证填补体具有足够的强度同时避免修复过程对遗址本体的破坏。

4.4.2.2　小裂隙加固工艺

1）灌浆浆液的配置。采用烧料礓石和可溶盐含量低于 0.3% 的粉土配置比例为 1：15 的改性土配置水灰比 0.5 的浆液，要保证一定的搅拌转动速率，搅拌时间一般不小于 20min，同时不能采用配置时间超过 24 小时的浆液。

2）用水灰比为 0.3 的烧料礓石和可溶盐含量低于 0.3% 的粉土配置比例为 1：15 的改性土浆液填补封闭裂隙，按照不小于 300mm 的间距，顺着裂隙的走势埋设注浆管。注浆管采用直径 10mm 的塑胶注浆管。注浆管埋深对穿透墙体的裂隙要求两侧在不同高度同时埋设，两侧相邻两注浆管的距离不大于 200mm，且两注浆管的末端的搭接长度不小于 100mm。

3）先注入模数为 3.8、浓度为 5% PS 溶液，渗透加固裂隙中的沙土、碎石和裂缝两壁，然后再进行裂缝注浆。

4）采用注射器将烧料礓石改性土浆液按自下而上的次序通过注浆管进行；注浆时，当相邻的上方注浆管中出现浆液溢出时应停止注浆，并堵塞该注浆孔，再向上方的注浆管中注浆；若裂缝较窄小，可适当增大水灰比以减小浆液黏度，增大可灌性。同时要掌握一次性注浆量不宜太大，按照实际情况进行注浆，一般采用不同裂隙间隔注浆法，防止注浆过量。

5）封闭注浆孔。拔除注浆管，采用烧料礓石和可溶盐含量低于 0.3% 的粉土配置比例为 1∶15 的改性土，以配置水灰比为 0.3 的浆液填塞封闭注浆孔。

4.4.2.3　贯通裂隙加固工艺

1）对已经外闪或倾斜的局部不稳定的遗址本体进行纠偏处理，或采取一定的支顶措施保证遗址本体的稳定。

2）对于已经有贯通张开度较大的缝隙，需采取锚杆锚固、土坯砌补等技术措施加固，使局部遗址本体具有一定的约束力，整体稳定性提高后，对贯通裂隙再进行充填注浆。

3）PS 溶液表面渗透。采用模数 3.8，浓度 5%PS 溶液渗透，先加固裂隙两侧，一般渗透 1～2 遍。

4）封闭裂隙：对裂隙缝隙较大处，可采用和遗址墙体类似的土坯或土块配合用封闭裂隙。对缝隙较小的采用 5～10mm 修复刀，将已经配置好的水灰比为 0.3 的烧料礓石和可溶盐含量低于 0.3% 的粉土配置比例为 1∶15 的改性土浆液，填补填充裂隙，注意砌补过程中修复刀力量的大小，保证砌补粉土泥有足够的强度，并保证砌补过程中遗址本体的安全。

5）埋设注浆管。砌补过程中按照不小于 300mm 的间距顺着裂隙的走势埋设注浆管。注浆管采用埋设直径 10mm 的塑胶注浆管。注浆管埋深对贯通裂隙要求两侧在不同高度同时埋设，两侧相邻两注浆管的距离不大于 200mm，且两注浆管的末端的搭接长度不小于 100mm。

6）灌浆浆液的配置。采用烧料礓石和可溶盐含量低于 0.3% 的粉土配置比例为 1∶15 的改性土配置水灰比 0.5 的浆液，搅拌过程中不能间断，同时一定要保证搅拌转动速率，搅拌时间一般不小于 20min，可根据实际情况确定，灌浆时一次灌浆量不能太大，所以一次性搅拌量不能太大，同时不能采用超过 24 小时泥浆。

7）灌浆。注浆采用 0.4MPa 下的压力注浆，先注入清水进行通管，继而进行裂缝注浆。采用 1∶15 的改性土、水灰比 0.5 的浆液按自下而上的次序通过注浆管进行；注浆时，当相邻的上方注浆管中出现浆液溢出时应停止注浆，并堵塞该注浆孔，再向上方的注浆管中注浆；若裂缝较窄小，可适当增大水灰比以减小浆液黏度，增大可灌性。同时要掌握一次性注浆量不宜太大，按照实际情况进行注浆，一般采用不同裂隙间隔注浆法，防止注浆过量带来的其他问题。

8）封闭注浆孔。拔除注浆管，采用烧料礓石和可溶盐含量低于 0.3% 的粉土配置比例为 1∶15 的改性土配置水灰比 0.3 的浆液，对注完浆的注浆孔进行填塞封闭。

4.5　土遗址裂隙灌浆技术的集成与研发

裂隙的发育不仅将遗址体切割成不同大小的块体，同时降雨可以沿裂隙入渗，使遗址土体软化，严重降低了遗址体的稳定性，对遗址的长久保存产生了极大的威胁。此外，裂隙的发育可引发冲沟、坍塌等次生病害。而土遗址裂隙灌浆技术不仅可以防止雨水的入渗，同时可以有效提高切割体与遗址本体之间的黏结力，将有效提高遗址体的稳定性。干旱环境下土遗址裂隙灌浆过程中涉及的主要技术有：土遗址裂隙调查技术、土遗址裂隙灌浆设计、土遗址裂隙灌浆现场试验技术及土遗址裂隙灌浆施工技术。同时还包括了在土遗址裂隙灌浆过程中涉及的仪器设备及新研发的装置。

4.5.1　土遗址裂隙灌浆技术的集成

干旱环境下土遗址裂隙灌浆技术主要包括：

1）土遗址裂隙调查技术，主要针对遗址体上发育的裂隙进行调查统计，对裂隙进行测绘并分类。

2）土遗址裂隙灌浆设计，主要是针对不同类型的裂隙，进行灌浆材料及灌浆工艺的设计。

3）土遗址裂隙灌浆现场试验技术，主要是在正式施工之前，在遗址所在地修筑试验墙体，对设计的裂隙灌浆方案进行验证，以确保设计的合理性及可靠性。

4）土遗址裂隙灌浆施工技术，主要是对裂隙进行灌浆施工，主要包括遗址支护、裂隙封堵、裂隙灌浆等方面。

4.5.2　土遗址裂隙灌浆设备的集成

干旱环境下土遗址裂隙灌浆技术主要涉及的设备如下：

1）土遗址裂隙调查技术中的全站仪、花杆、照相机、电脑及相关软件。

2）土遗址裂隙灌浆施工技术中的注浆机、钻机、应力应变检测系统及照相机等。

4.5.3　土遗址裂隙灌浆技术的集成与装置研发

根据上述干旱环境下土遗址裂隙灌浆技术、灌浆设备及装置的研发，对干旱环境下土遗址裂隙灌浆技术集成，如图 4-93 所示。

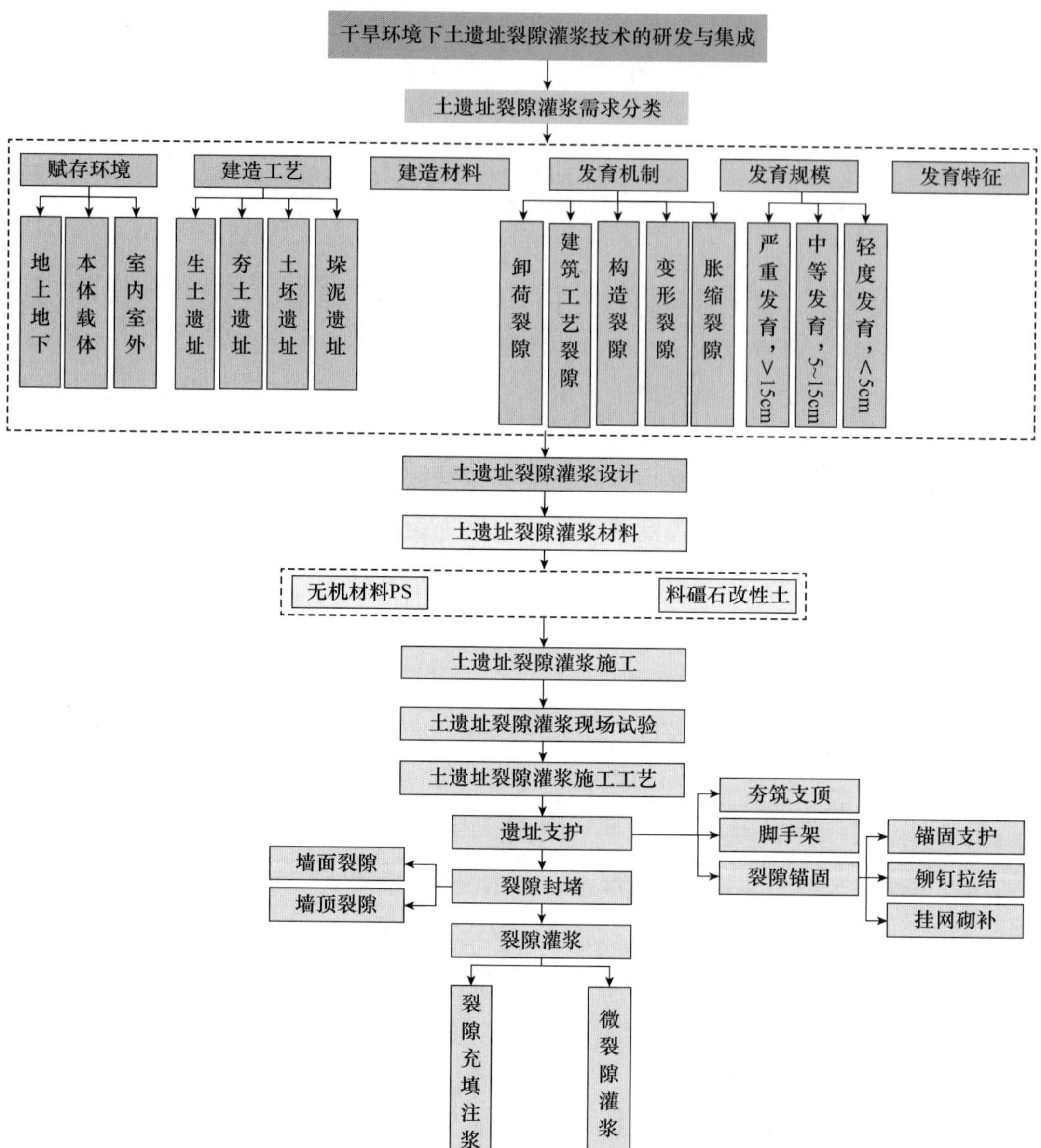

图 4-93　土遗址裂隙灌浆技术的集成与装置研发

第5章 土遗址支顶加固技术研发与集成

我国悠久的历史演进遗留下了极为丰厚的文化遗产。现存的建筑类遗产中，以土木结构为主，尤其是西北地区，遗留下大量的土遗址。由于土遗址本身强度低，水稳定性差等问题，很容易遭到破坏。长期以来，土遗址在自然因素和人为因素的影响下，不同程度地出现了各种病害，其中根部掏蚀是最为严重的病害之一。针对这类土遗址病害，一般采取根部夯筑砌补的方式进行加固。夯筑砌补技术的研发成为实现大体量危土体保护加固的关键与核心。本章在大量现场调查的基础上，利用数值模拟研究了悬空病害发育程度与遗址体危险性之间的关系，分析了不同类型根部悬空病害的加固需求，并在室内进行了制样、级配、密度、龄期、含盐量等对夯土性能影响的试验研究，研发了烧料礓石和烧阿嘎土改性夯筑支顶材料，在物理、力学试验的基础上优化出科学合理的传统夯筑工艺。

5.1 悬空区与坍塌危险度的关系研究

FLAC 3D 是美国 ITASCA 国际咨询与软件开发公司开发的三维有限差分数值模拟软件，被广泛运用于边坡稳定性评价、支护设计及评价、地下硐室、施工设计、河谷演化进程再现、拱坝稳定性分析、隧道工程、矿山工程、断层结构的影响和加固、岩土体材料变形局部化剪切带的演化模拟研究等领域。

近年来，FLAC 3D 在土遗址保护中的应用越来越广泛。如王旭东等人利用 FLAC 3D 对山丹明长城进行了掏蚀墙体的动力时程分析，得出在强震作用下，墙体掏蚀的部位比较危险，会出现失稳和局部坍塌；崔凯等人利用 FLAC 3D 对交河故城中的高陡层状土质边坡的风蚀失稳过程及其机理进行了模拟研究，指出差异风蚀作用在土层中形成空腔后，外挑块体的失稳机制利用由弹塑性材料组成的悬臂梁断裂机制进行表述最为贴切；程佳对交河故城崖体在自重应力和卸荷裂隙两种情况下进行了对比研究，表明崖体地层中的沙层和松散黏土层是发生崩塌破坏的关键层，一般都会发生应力应变集中；张宇翔同样利用 FLAC 3D 进行了锚杆拉拔试验数值模拟，指出锚杆张拉力会在锚头周边土体中形成压缩区，且锚头位置是土体的最大压应力区，并得出了随锚杆深度增加压应力减小等一系列结论，还对交河故城崖体的锚杆锚固进行研究，并进行了锚杆的设计参数优化；柴新军等人结合工程实际，对土钉的长度、倾斜角和间隔进行数值模拟，评价了不同工况对受拉裂缝的锚固效果，并推荐了补强设计方案；何满潮等人利用 FLAC 3D 对布达拉宫西印经院地基和高句丽将军坟进行数值模拟，并进行了动力响应分析；张登雨等人对临近古遗址的地铁建设进行了数值模拟；而孙博等人针对云冈石窟进行动力响应分析，结果表明，石窟在地震力作用下，有向外倾倒和塌落的趋势。

为此，选择 FLAC 3D 有限差分数值模拟软件模拟计算静力和动力条件下夯土墙体坍塌体悬空区深度与遗址体危险度之间的关系。

5.1.1　模型与计算参数

模型的选择对计算结果是否具有代表性非常重要，为此基于对大量夯土墙体的调查，选择古浪县土门林场 11 自然段的长城墙体作为模型依据。该段长城长 35m，高 5.1m，现存墙体底宽 2.6m，顶宽 1.15m。为了便于建模和计算，对该断面尺寸进行优化，得出如图 5-1 所示的计算模型剖面，模型高 5m，底宽 4m，顶宽 1.2m。根据对古浪县境内长城墙体建造工艺的调查，选择模型长度为 8m。

A．原始断面图

B．优化剖面

图 5-1　古浪县明长城土门林场 2 段 11 自然段西立面

为了更好地模拟不同的掏蚀深度对危险性的影响，将掏蚀病害简化成单侧墙体掏蚀进行模拟，选择土门林场 11 自然段南立面掏蚀高度作为掏蚀参照高度，最终确定模拟掏蚀高度为 2.14m，分别选择 60cm、90cm、120cm、150cm、180cm 和 210cm 作为最底层掏蚀深度。此外，为了减缓边界条件对模拟对象的影响，选择墙体地基深 5m，四周宽 7.5m，最终模型如图 5-2 所示。模型总共包含 28931 个节点和 157795 个单元，模型中地基部分最大网格尺寸为 1m，墙体及掏蚀部分最大网格尺寸为 0.2m。

根据古浪县长城墙体的物理力学性质，结合王旭东等人利用 FLAC 3D 对山丹明长城进行的掏蚀墙体模拟计算中的参数，最终选择如表 5-1 所示的模拟计算参数进行。

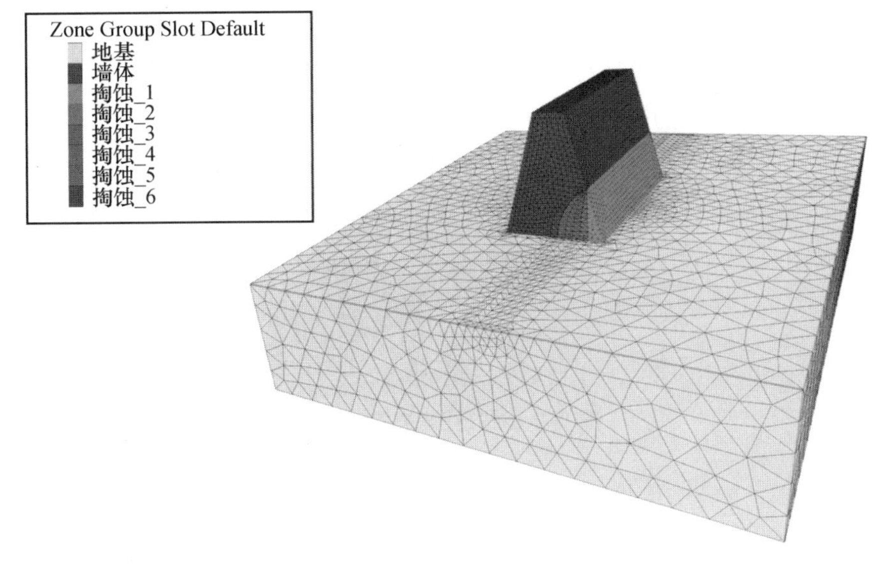

图 5-2　模型及分组图

表 5-1　模型材料参数

材料参数	密度（kg/m^3）	黏聚力（kPa）	内摩擦角（°）	泊松比	弹性模量（MPa）	抗拉强度（kPa）
基座	1426	25	22.7	0.3	97.12	50
墙体	1687	27	19	0.24	115.35	73

此外，模型原点位于墙体西断面北侧墙体根部，垂直于墙体向掏蚀一侧为 X 轴正方向，墙体轴线方向向东为 Y 轴正方向，竖直向上方向为 Z 轴正方向。

5.1.2　计算方案说明

5.1.2.1　边界条件及破坏准则

静力计算中，假设模型底部的速度和位移均为 0，模型四周水平方向（X、Y 轴方向）位移和速度为 0，四周竖直方向可自由运动。

动力计算中，由于模型地基为黄土地基，同时为了有效防止动荷载在边界处产生反弹，在模型底部设置静态边界，模型的四周设置自由场边界。自由场边界条件如图 5-3 所示，图中模型四周的网格即为自由场边界条件。

材料采用理想弹塑性模型，屈服准则采用 Mohr-Coulomb 强度准则。

5.1.2.2　动荷载的选择与输入

2003 年 10 月 25 日 20 时 41 分在甘肃省张掖市民乐发生的 6.1 级地震，震中分

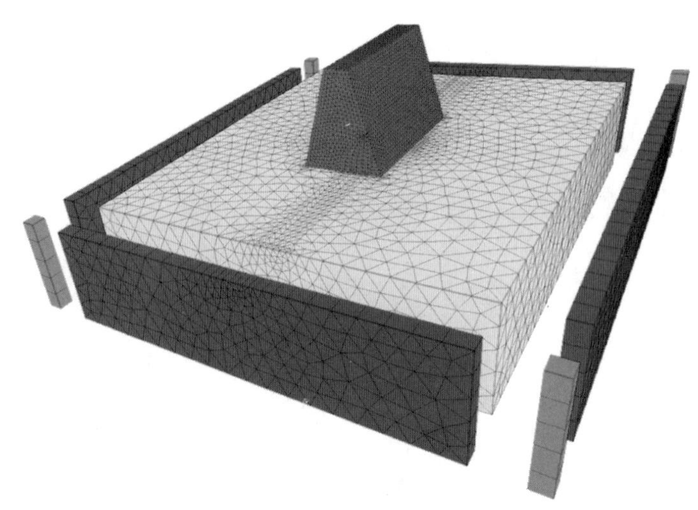

图 5-3 动力计算边界条件

别位于北纬 38.4°、东经 101.2°。该地震造成甘肃省境内的部分城墙墙体、烽燧发生倒塌、裂缝和倾斜。为此选取山丹民乐 6.1 级地震作为计算时程，其最大加速度为 253gal，显著周期在 0.2～0.3s。

截取 17.5s 的东西方向和南北方向的地震波作为本次模拟计算的动力荷载，调整 GPA 为 0.2g，过滤掉地震波中大于 10Hz 的部分后进行基线调整。由于地基和墙体均为黄土，Flac 软件中规定如果模型底部的单元为土体，尤其是软土，则不能直接施加加速度和速度，而需要将加速度、速度转换成应力时程，再施加到模型底部。为此，对加速度时程曲线进行积分后得到所对应的速度时程曲线，利用下式并结合表 5-1 中的参数将速度时程曲线转化为应力时程曲线。加速度、速度和应力时程曲线如图 5-4 所示。

$$\sigma_n = -2\,(\rho C_p)\,v_n \tag{式 5-1}$$

$$\sigma_s = -2\,(\rho C_s)\,v_s \tag{式 5-2}$$

σ_n、σ_s 分别为施加在静态边界上的法向应力和切向应力。式中，$C_p=\sqrt{\dfrac{K+4G/3}{\rho}}$，$C_S=\sqrt{\dfrac{G}{\rho}}$，$K=\dfrac{E}{3(1-2v)}$，$G=\dfrac{E}{2(1+v)}$。$\rho$ 为密度，C_p 通过介质传播的速度，C_s 通过介质传播的速度，v_n 输入正常粒子速度，v_s 输入剪切粒子速度。

经过转换过的应力时程曲线，法向应力在模型底部沿 Z 轴方向输入，剪切应力沿 X、Z 方向在模型底部输入。

5.1.2.3 掏蚀进程模拟

模拟计算过程中，在生成了初始应力之后，依次计算完整墙体、掏蚀 60cm、掏蚀 90cm、掏蚀 120cm、掏蚀 150cm、掏蚀 180cm 和掏蚀 210cm 的静力状态下的模拟计算，每进行一次新的计算时对墙体的运动速度进行清除，而保留模型在上次计算中

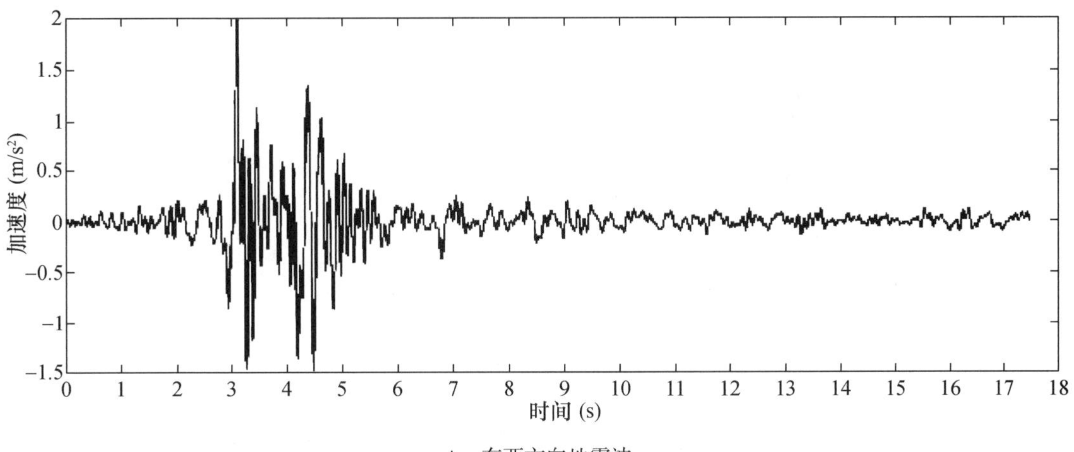

A．东西方向地震波

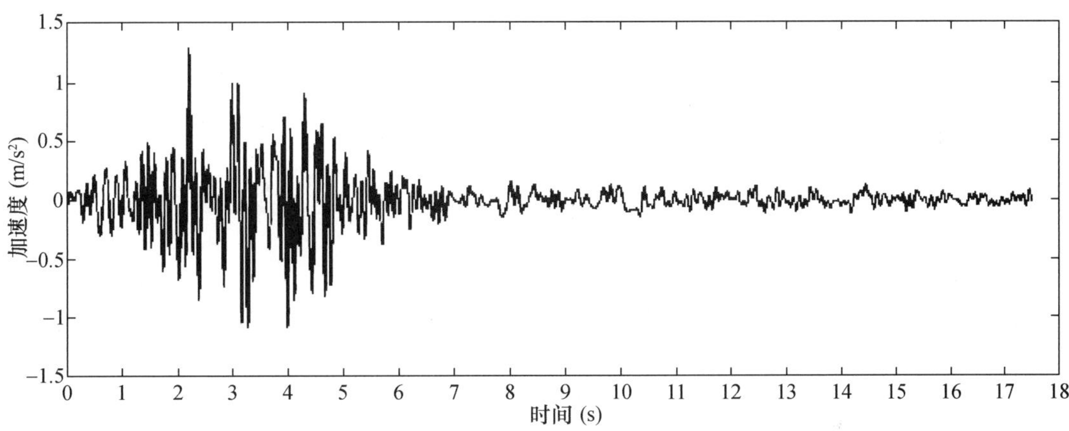

B．垂直方向地震波

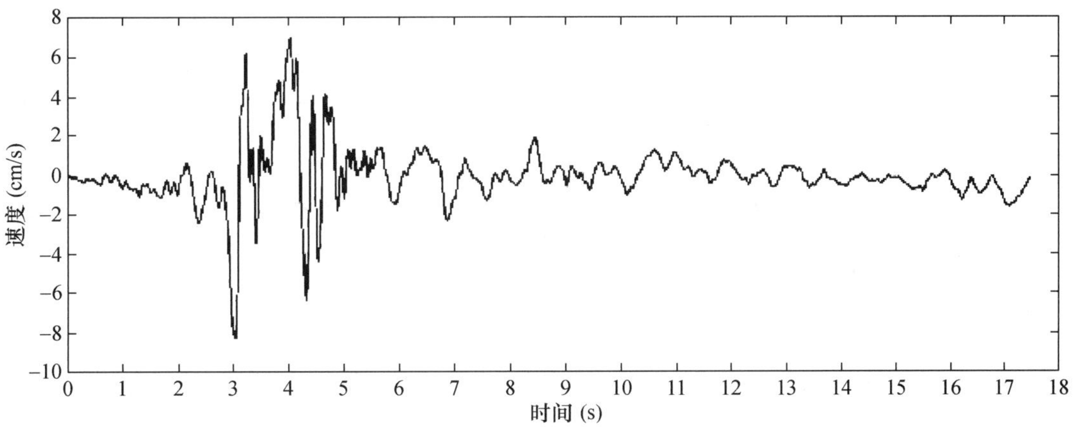

C．东西方向速度时程

图 5-4　输入动力荷载

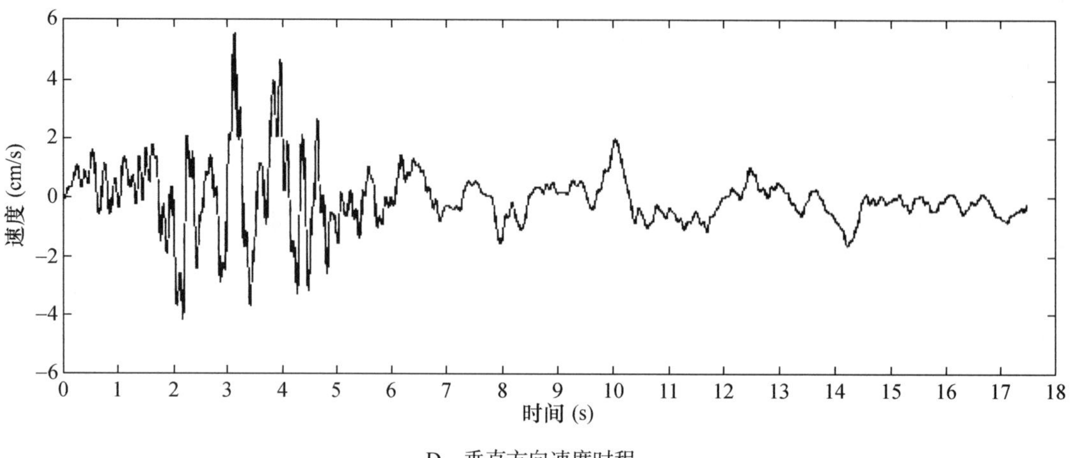

D. 垂直方向速度时程

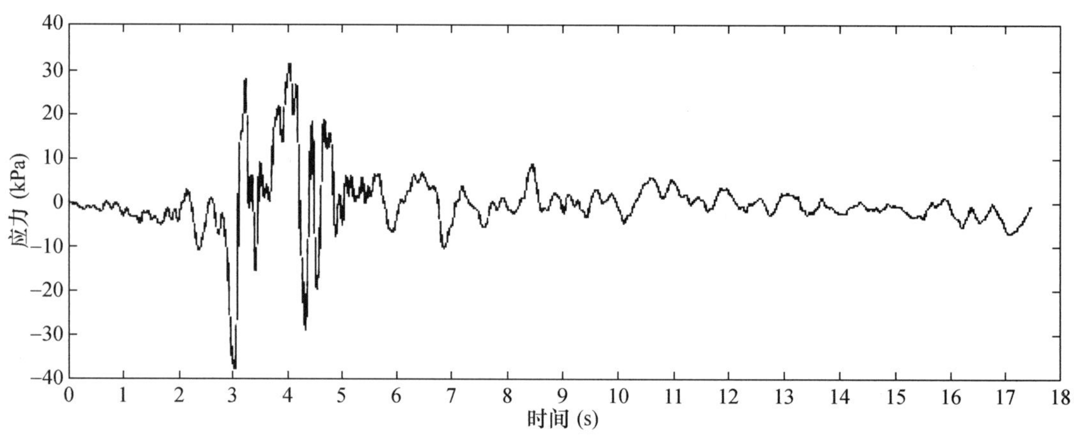

E. 剪应力时程

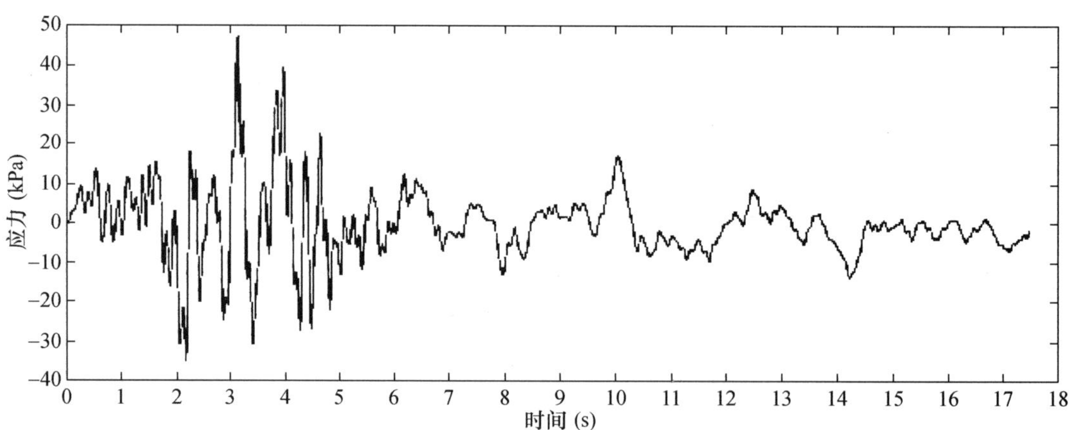

F. 法向应力时程

图 5-4 （续）

得到的位移，以模拟掏蚀病害发育较为缓慢的进程和每次发育后产生的位移。此后，对每个掏蚀深度下静力计算结果加载应力时程进行动力计算。

5.1.3　计算结果分析

墙体是线性构筑物，其墙面两侧的危险性远比其轴线方向危险，在研究掏蚀深度与危险性关系时，应更关注掏蚀病害墙面两侧的变化。因此，在分析计算结果时，主要关注掏蚀病害发育的方向（X 方向）和墙体高度方向（Z 方向）。其中，水平方向掏蚀病害发育一侧为正，墙背一侧为负，竖直向上为正、向下为负。

在动力计算过程中，为了能够动态地分析荷载加入后和模型墙体中不同位置产生位移、加速、应力等因素随时间的变化情况，动荷载计算过程中在墙体中部（Y=4m）的墙表面和墙体中线处布置了 7 层监测点，高度分别为 0cm、40cm、130cm（拉应力区域）、214cm（掏蚀区域顶部）、300cm（拉应力集中区）、400cm 和 500cm（墙顶），各工况的监测点分布图如图 5-5 所示。

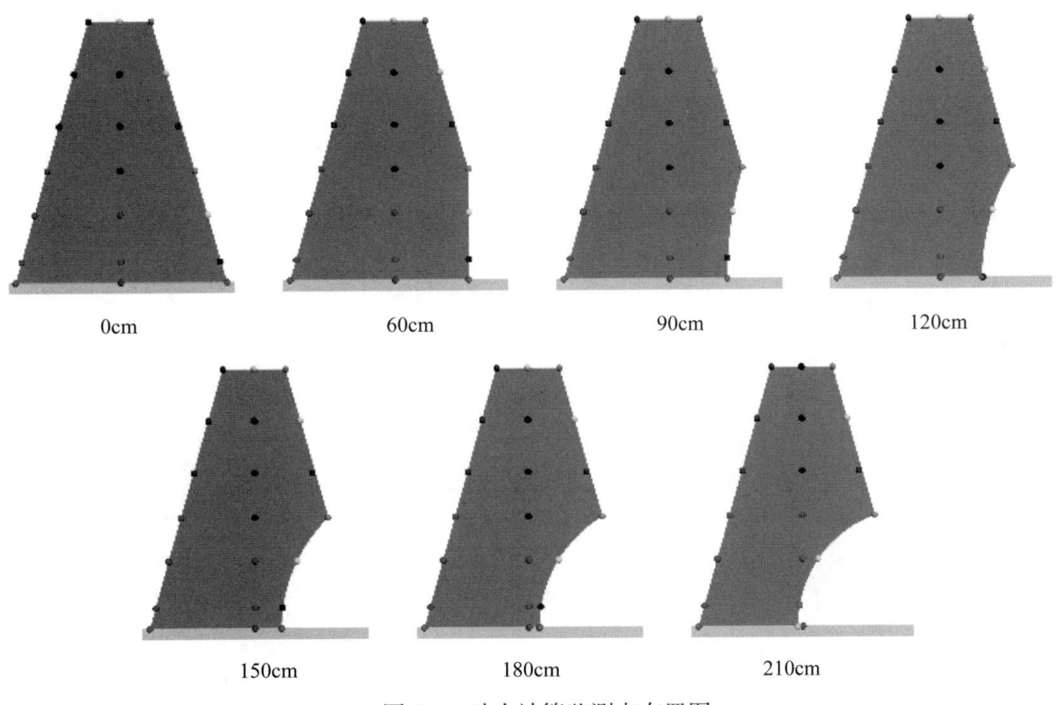

图 5-5　动力计算监测点布置图

根据对静力和动力计算结果的观察可知，在计算结果中，水平方向的最大位移主要集中在墙顶，竖直方向的最大位移主要集中在掏蚀病害的顶部，竖直方向的位移在掏蚀病害对侧墙背处产生了向上的位移，最大主应力在掏蚀病害的后侧上方和对侧墙背处产生了拉应力，而在掏蚀病害的墙脚处产生压应力集中。因此，为了系统分析掏蚀深度和危险性之间的关系，仅需主要针对模型中的上述位置进行分析。上述位置的监测点位置分布如图 5-6 所示。

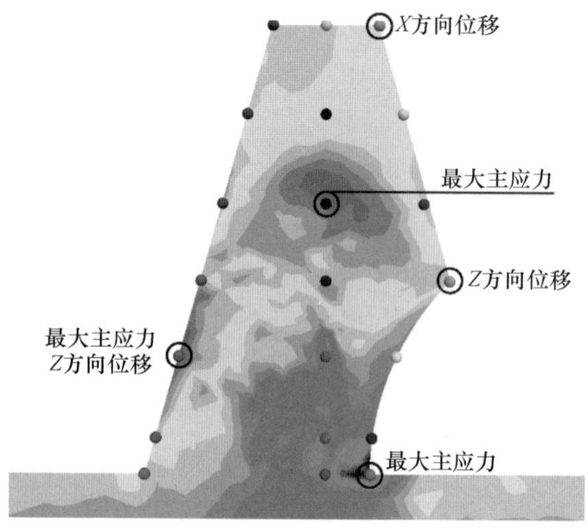

图 5-6 分析监测位置选择图

5.1.3.1 位移分析

图 5-7 为不同掏蚀深度病害的自重和动力计算的水平方向位移云图。由图可知，在掏蚀深度为 0cm 时，即墙体完整没发育掏蚀病害时，水平方向的位移主要集中在墙角处，但位移很小，自重作用下位移几乎为零，动力作用时位移为 2mm 左右；而在掏蚀病害发育后，水平方向的位移在自重和动力作用下最大位移均转到墙顶，且从下到上位移依次增大。随着掏蚀深度的增加，自重和动力作用下墙顶位移也依次增加。自重作用下，从掏蚀深度 60cm 至 210cm，墙顶位移从 1.2mm 增加至 9.9cm 左右；而在动荷载作用下，掏蚀深度从 60cm 至 180cm，墙顶位移从 1cm 依次增加至 25cm。掏蚀深度为 210cm 时，动荷载作用下的墙顶位移达到了米级，此时墙体应该已经发生了破坏。不管是自重荷载还是动力荷载作用下，掏蚀病害发育时最终位移均为正数，说明从下到上墙体均向发育掏蚀病害的一侧墙面运动，即墙体向掏蚀一侧翻转。

根据前文的分析结果，在掏蚀深度为 210cm 时，模型墙体在动荷载作用下的位移达到了米级，模型显然已经破坏，因此在分析动荷载作用下的位移和应力时仅针对掏蚀深度为 0～180cm 的墙体。

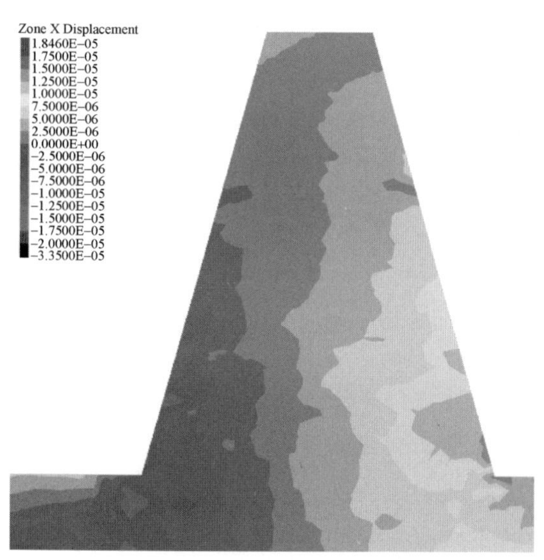

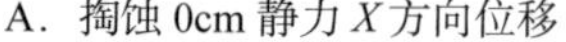
A．掏蚀 0cm 静力 X 方向位移

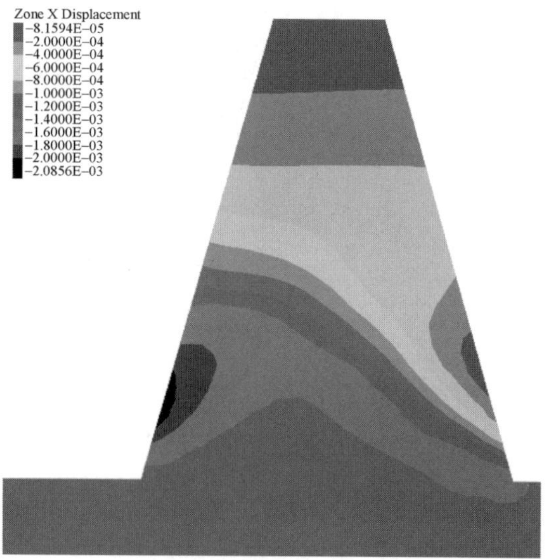

B．掏蚀 0cm 动力 X 方向位移

图 5-7 不同掏蚀深度自重和动力作用下的 X 方向位移

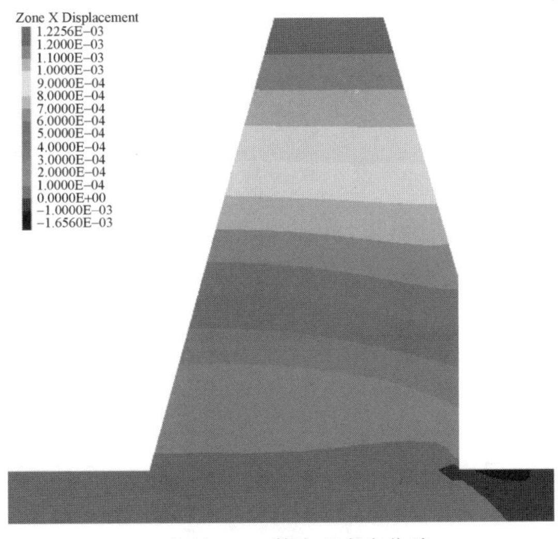

C．掏蚀 60cm 静力 *X* 方向位移

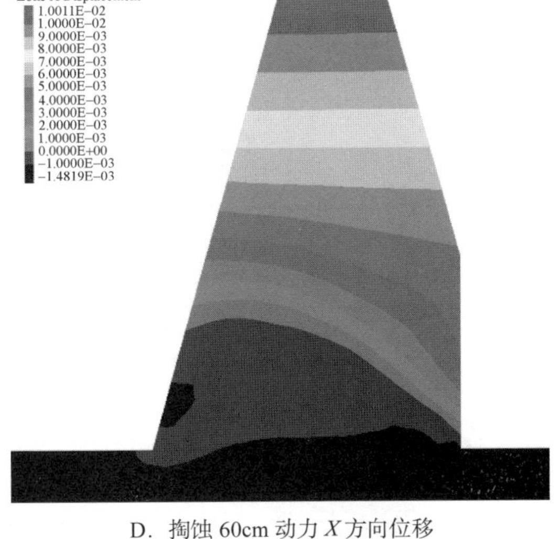

D．掏蚀 60cm 动力 *X* 方向位移

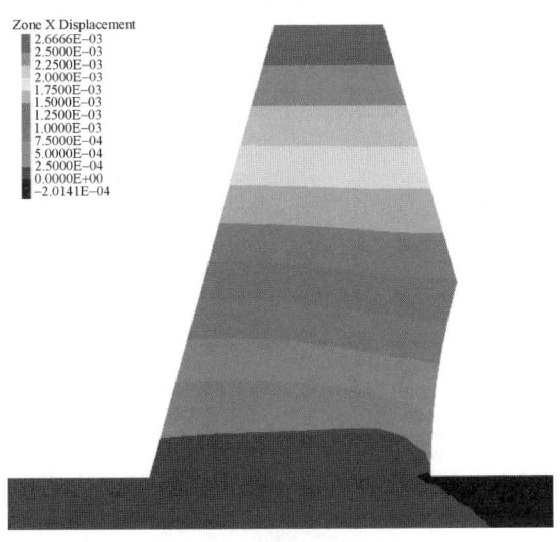

E．掏蚀 90cm 静力 *X* 方向位移

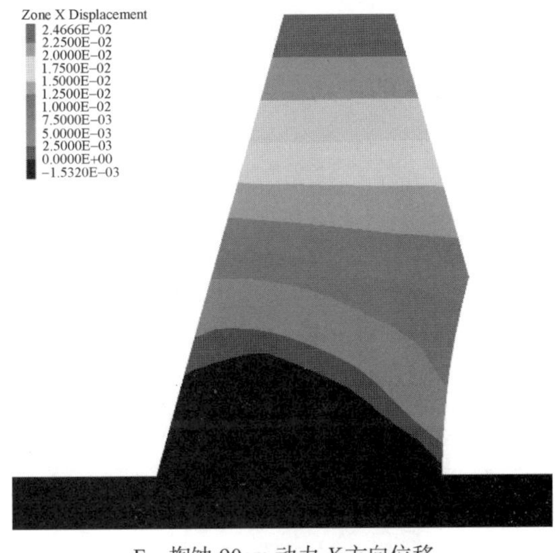

F．掏蚀 90cm 动力 *X* 方向位移

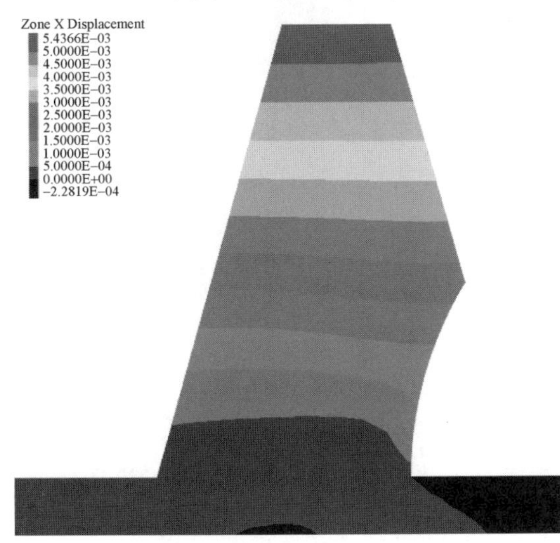

G．掏蚀 120cm 静力 *X* 方向位移

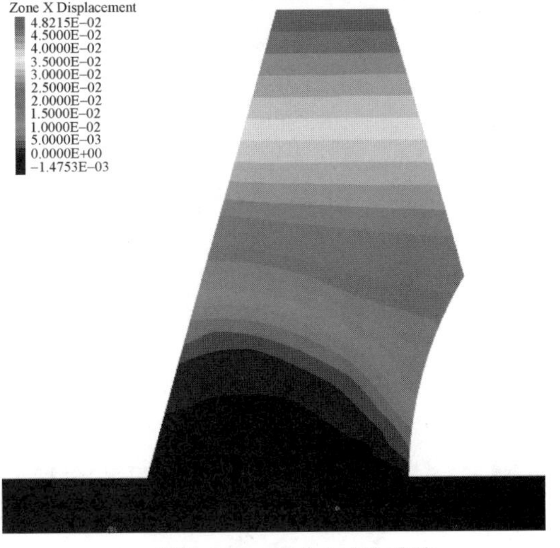

H．掏蚀 120cm 动力 *X* 方向位移

图 5-7（续）

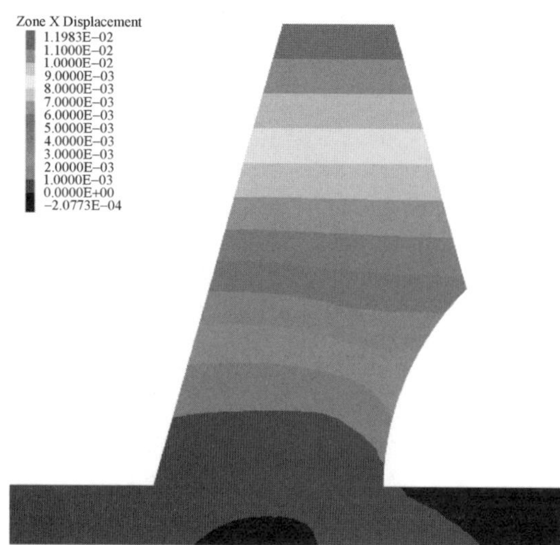

I. 掏蚀 150cm 静力 *X* 方向位移

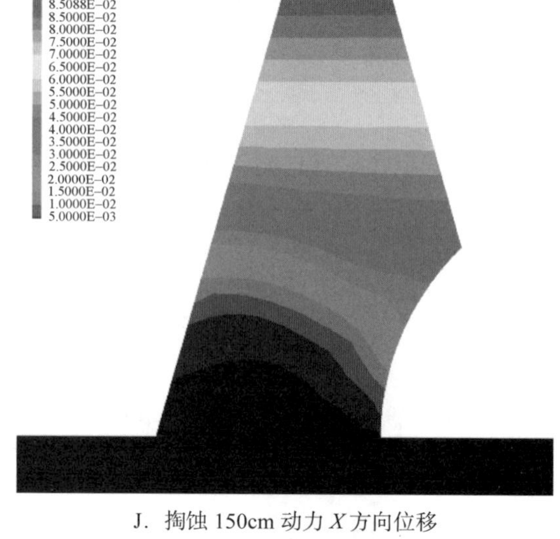

J. 掏蚀 150cm 动力 *X* 方向位移

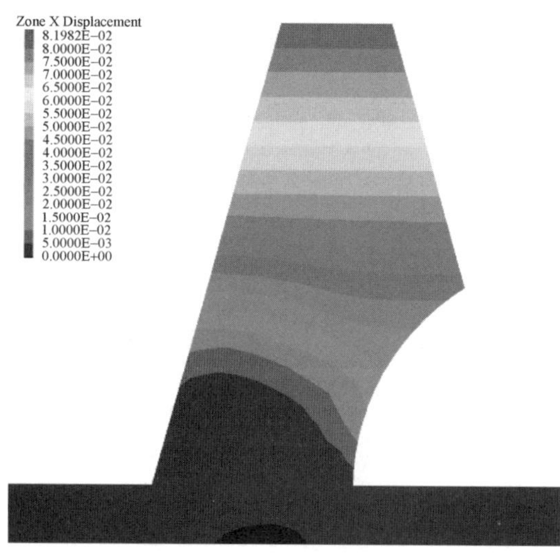

K. 掏蚀 180cm 静力 *X* 方向位移

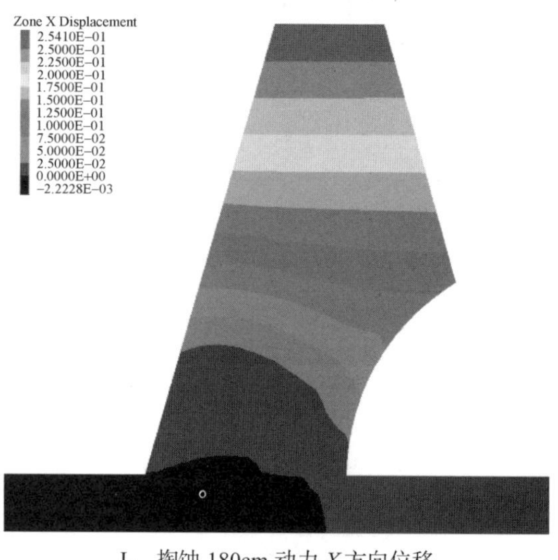

L. 掏蚀 180cm 动力 *X* 方向位移

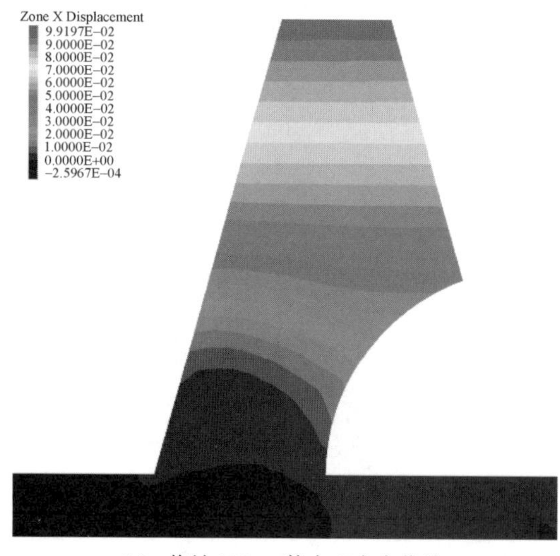

M. 掏蚀 210cm 静力 *X* 方向位移

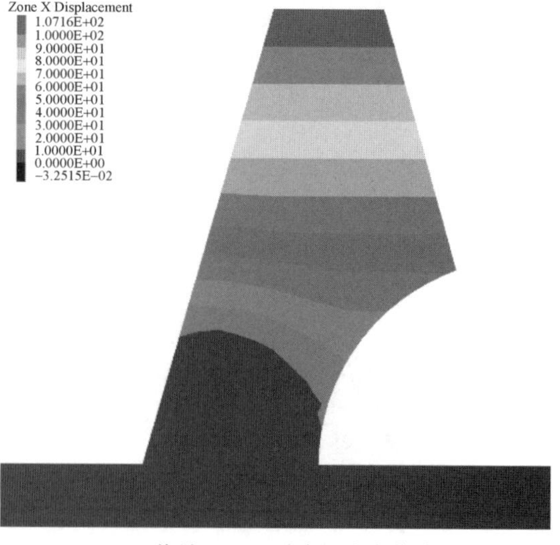

N. 掏蚀 210cm 动力 *X* 方向位移

图 5-7 （续）

图 5-8 为动荷载作用下不同深度掏蚀病害墙体顶部的水平方向位移。由图可知，随着动荷载的持续输入，0～3.1s 墙体顶部位移除掏蚀深度为 150cm 和 180cm 的工况均为向掏蚀病害背面增大，增大速度较为平缓，至 3.1s 左右达到最大，最大位移 5cm 左右；3.1～5s 之间位移逐步向掏蚀病害一侧发展，位移急剧增大；5～14s 各工况位移波动式缓慢上升；15～17.5s 间位移缓慢降低。

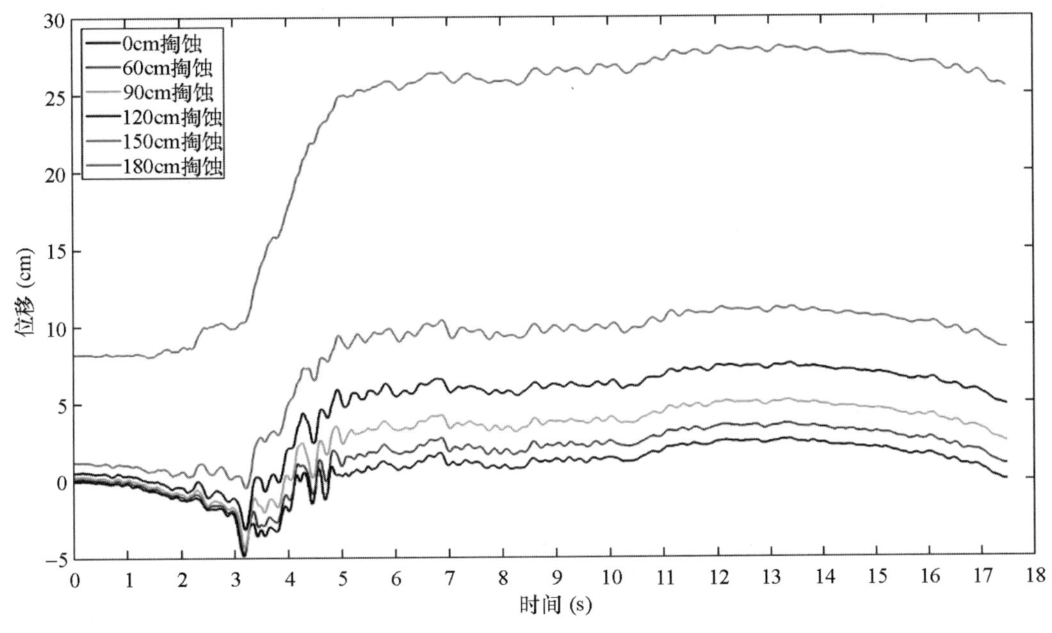

图 5-8　墙体顶部水平方向位移

此外，随着掏蚀深度的增加，墙顶的位移呈现出了明显的增大趋势，掏蚀深度 180cm 的墙体最大位移达 28.1cm，此时墙体接近破坏；其他工况的最大位移基本均小于 10cm，且掏蚀深度小于 90cm 时墙顶水平方向位移均小于正负 5cm。

在自重和动荷载作用下，竖直方向的位移云图如图 5-9 所示。由图可知，掏蚀病害未发育时，自重和动力荷载作用下竖直方向的位移基本为均匀向下沉降，从墙脚到墙顶位移依次增大，只是在动力荷载作用下南侧墙顶大于北侧墙顶。此外，自重作用下墙顶位移约 0.2mm，动力荷载作用下墙顶位移约 1.4cm。

而在掏蚀病害发育的过程中，从 60cm 至 210cm 竖向位移的基本规律为从未发育掏蚀病害的一侧向发育掏蚀病害的一侧逐渐增大，掏蚀病害顶部发生的竖向位移最大，部分深度情况墙背靠下位置发生局部区域的向上位移。自重荷载作用下，从 60cm 的 0.65mm 最大位移增加至 210cm 掏蚀病害时的 6.1cm，而在动荷载作用下从 60cm 至 180cm 竖向最大位移从 1.8cm 增加至 18cm，而 210cm 掏蚀病害的动荷载最大位移为米级，此时模型已经发生破坏。此外，墙背处竖向自重荷载时的向上最大位移为 7mm 左右，动荷载作用下的向上最大位移为 1.1cm。

图 5-10 为动荷载作用下掏蚀深度为 0～180cm 的墙体在掏蚀病害顶部产生的竖

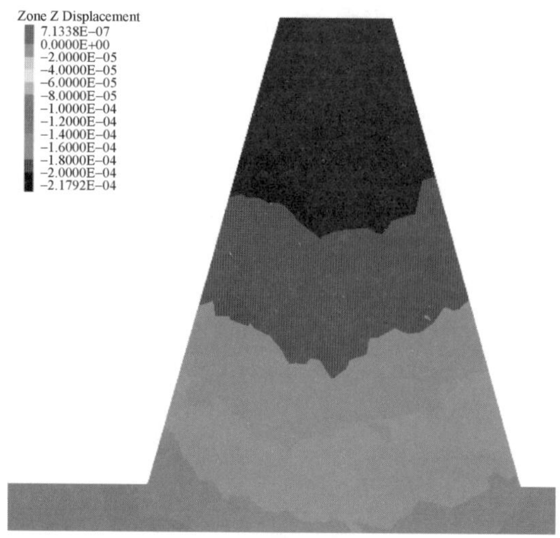

A．掏蚀 0cm 静力 Z 方向位移

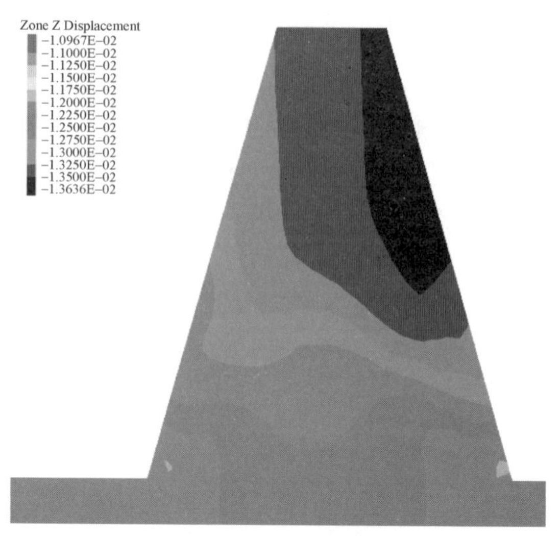

B．掏蚀 0cm 动力 Z 方向位移

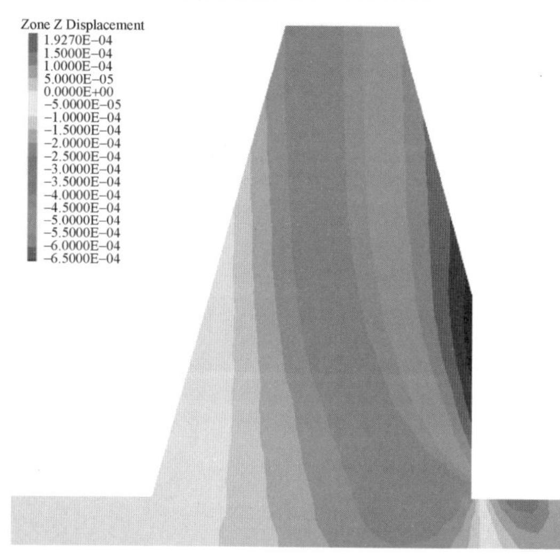

C．掏蚀 60cm 静力 Z 方向位移

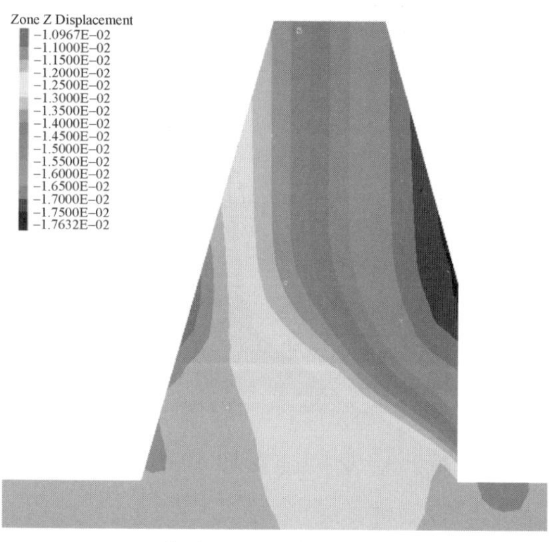

D．掏蚀 60cm 动力 Z 方向位移

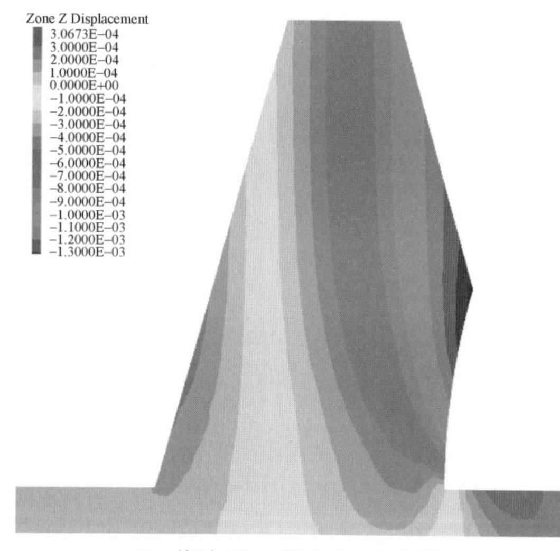

E．掏蚀 90cm 静力 Z 方向位移

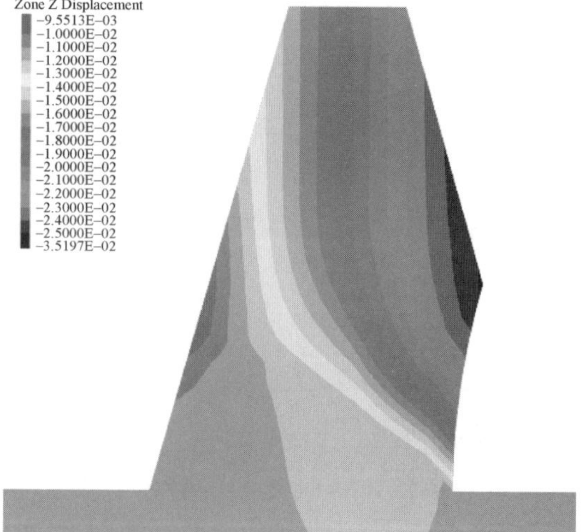

F．掏蚀 90cm 动力 Z 方向位移

图 5-9　不同掏蚀深度自重和动力作用下的 Z 方向位移

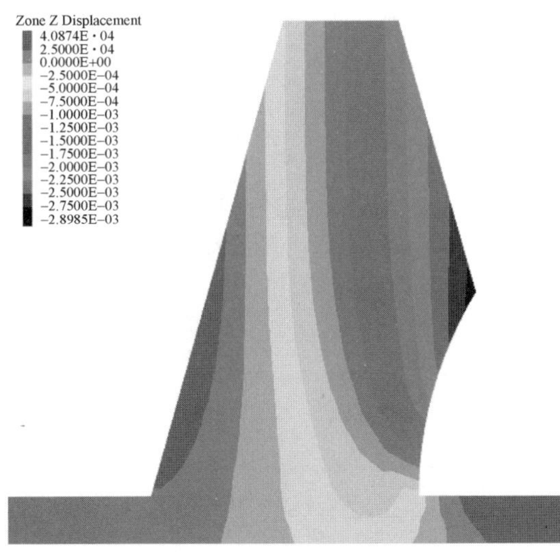

G．掏蚀 120cm 静力 *Z* 方向位移

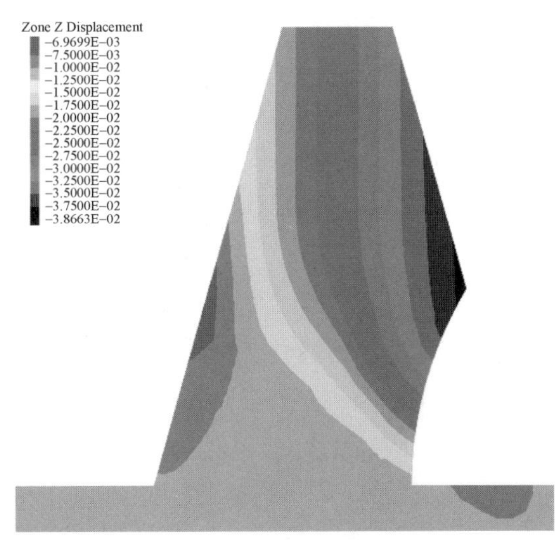

H．掏蚀 120cm 动力 *Z* 方向位移

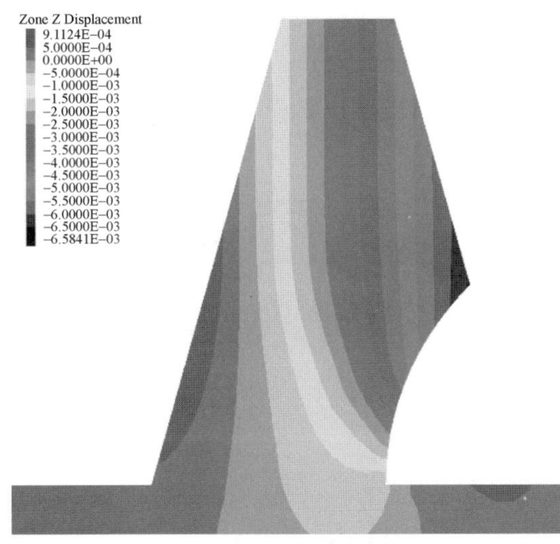

I．掏蚀 150cm 静力 *Z* 方向位移

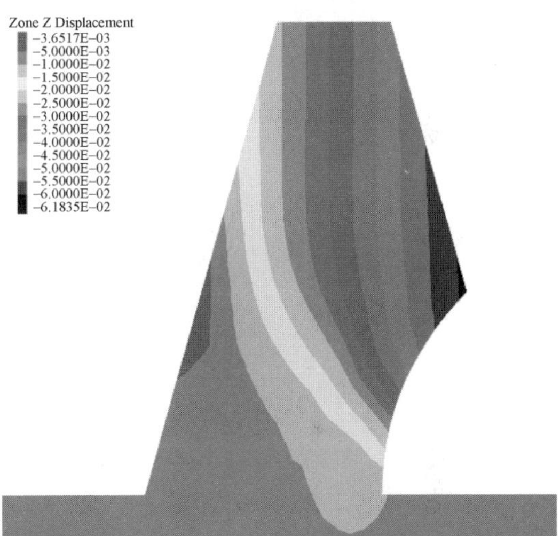

J．掏蚀 150cm 动力 *Z* 方向位移

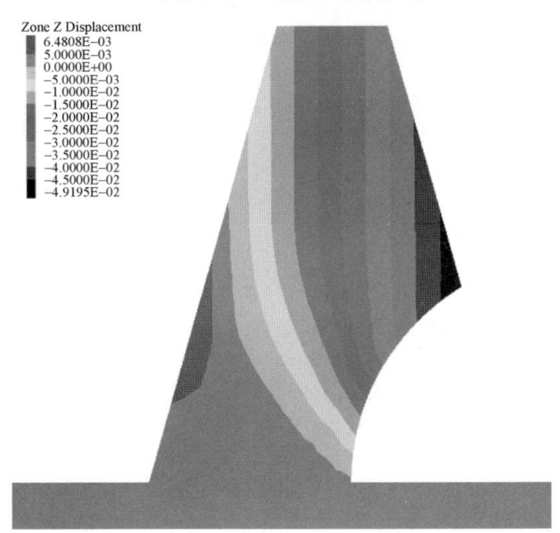

K．掏蚀 180cm 静力 *Z* 方向位移

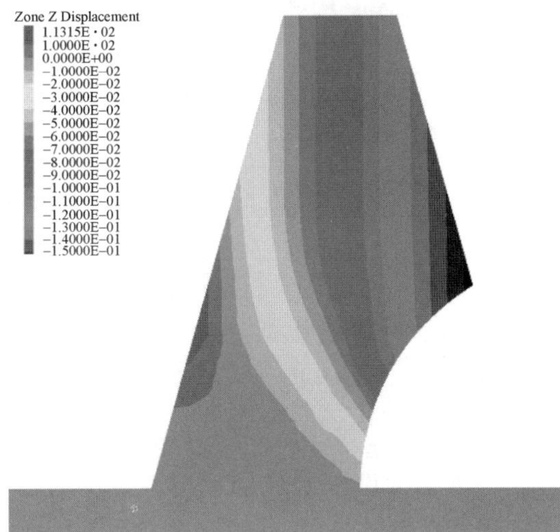

L．掏蚀 180cm 动力 *Z* 方向位移

图 5-9（续）

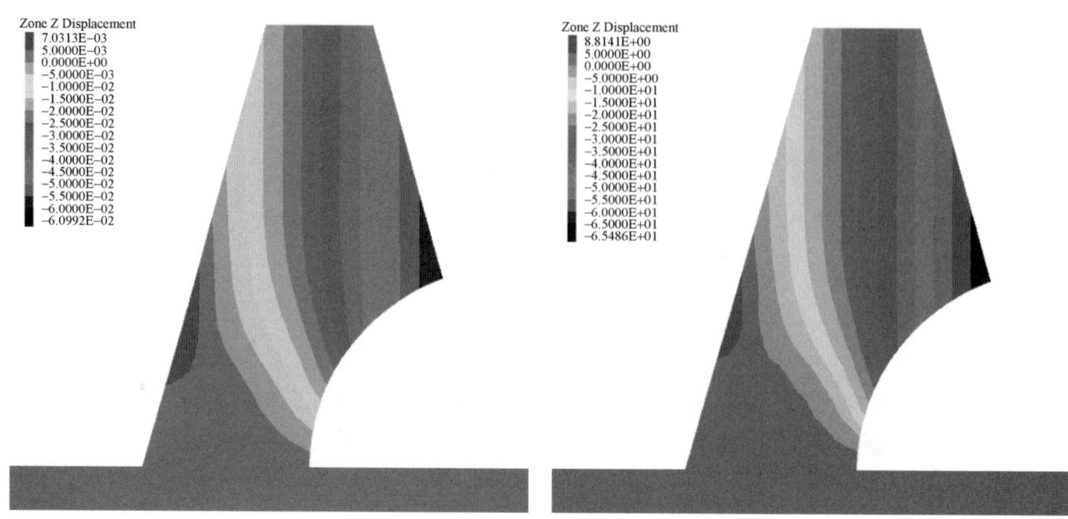

M. 掏蚀 210cm 静力 Z 方向位移　　　　N. 掏蚀 210cm 动力 Z 方向位移

图 5-9 （续）

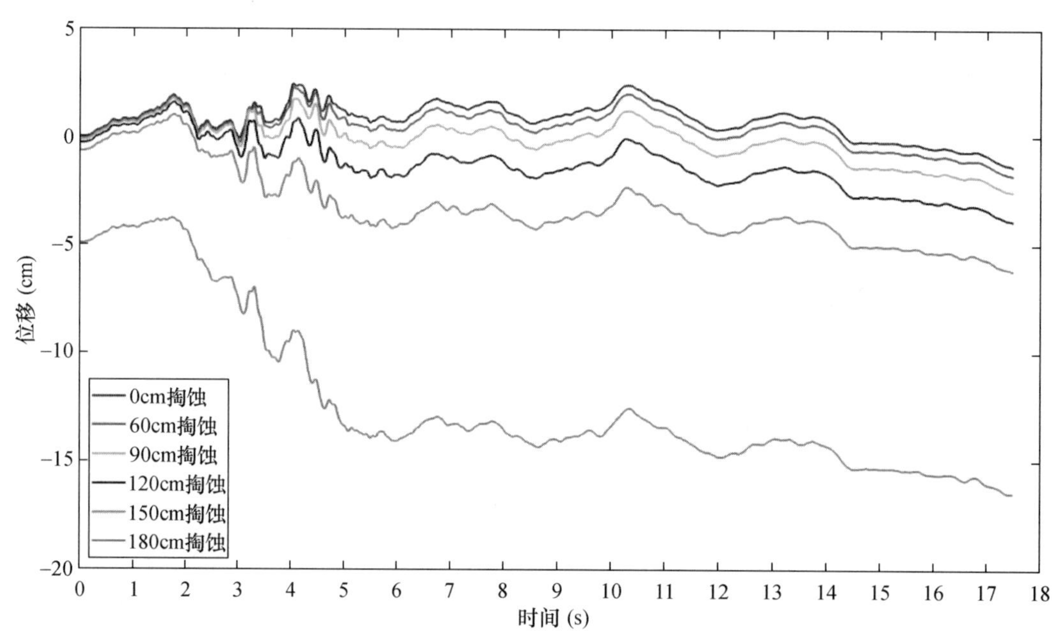

图 5-10　掏蚀病害顶部竖直方向位移

直方向位移。从图中可以看出，0～1.7s，所有工况均为向上的位移，此后位移波动式向下增加，且除掏蚀病害为 180cm 的工况外，竖向位移波动式增加，但最大位移均不超过 5cm。对于掏蚀深度为 180cm 的工况，在 1.7～5.5s 之间位移急剧向下增大至约 14cm，此后位移平缓波动增加至 16.4cm。此外，随着掏蚀病害深度的增加，掏蚀病害顶部的位移明显呈现出了增加的趋势。

动荷载作用下掏蚀深度为 0～180cm 的墙体在掏蚀病害对侧墙背处产生的竖直方向位移如图 5-11 所示。由图可知，0～14.8s 之间，墙背处位移几乎都大于零，即掏

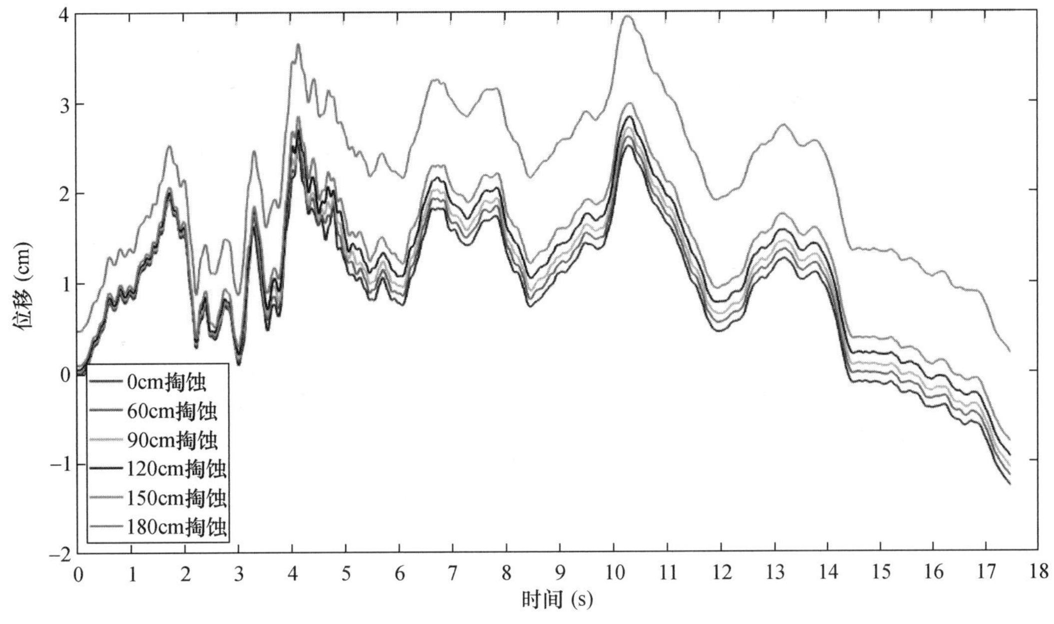

图 5-11　掏蚀病害对侧墙背处竖直方向位移

蚀病害对侧墙背发生了向上的位移，向上位移处掏蚀病害为 180cm 的工况外均小于 3cm，180cm 的最大位移为 3.9cm；14.8～17.5s 位移先急剧减小后缓慢减小，除深度为 180cm 的工况外，墙背处最终均产生了 1cm 左右的负向永久位移。

5.1.3.2　应力分析

不同掏蚀深度自重和动力作用下的最大主应力云图如图 5-12 所示，图中压应力为负，拉应力为正。由图可知，墙体中的压应力主要分布在墙体根部，拉应力最早出

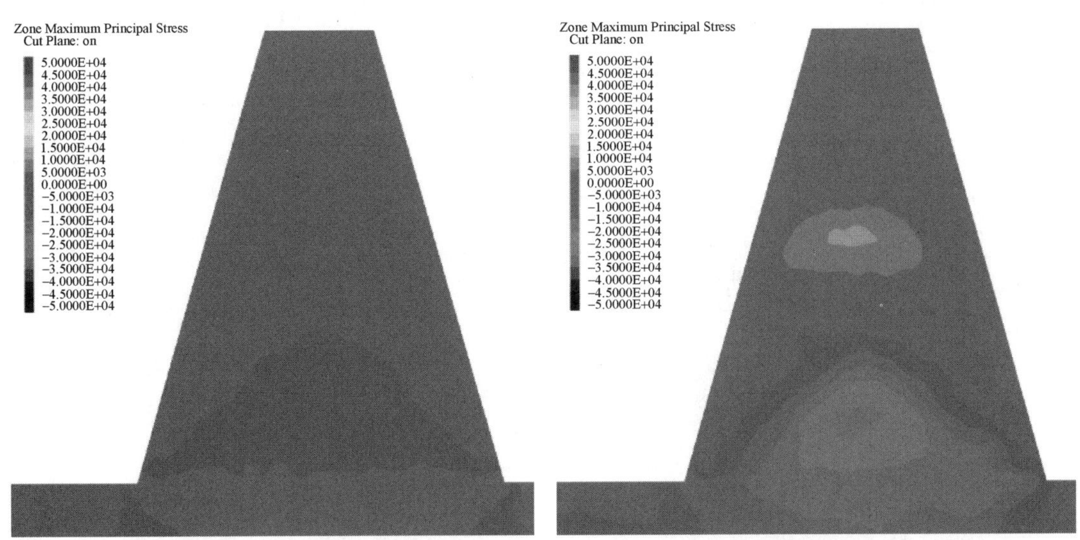

A．掏蚀 0cm 静力作用最大主应力　　B．掏蚀 0cm 动力作用最大主应力

图 5-12　不同掏蚀深度自重和动力作用下的最大主应力

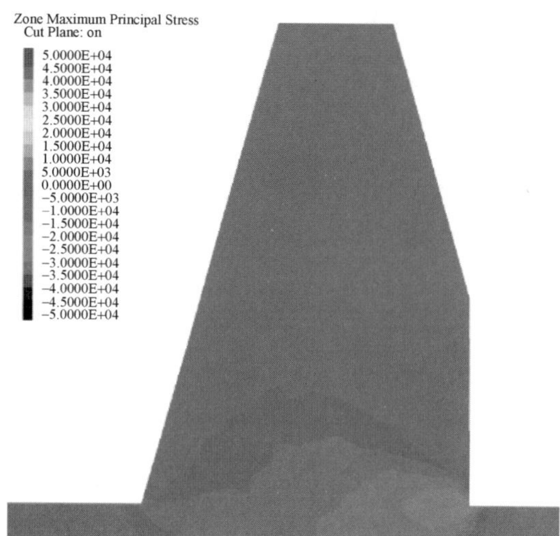

C．掏蚀 60cm 静力作用最大主应力

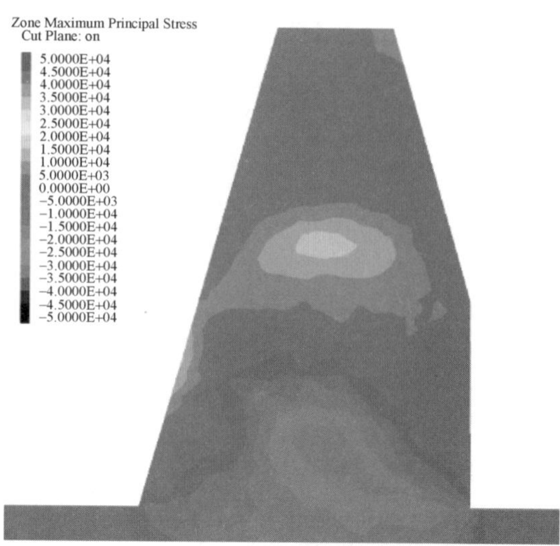

D．掏蚀 60cm 动力作用最大主应力

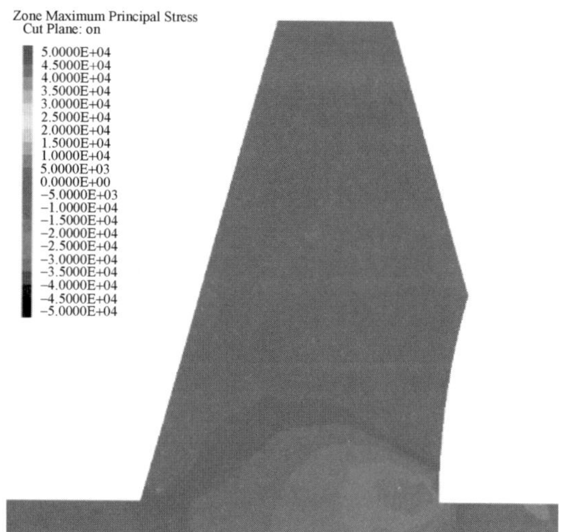

E．掏蚀 90cm 静力作用最大主应力

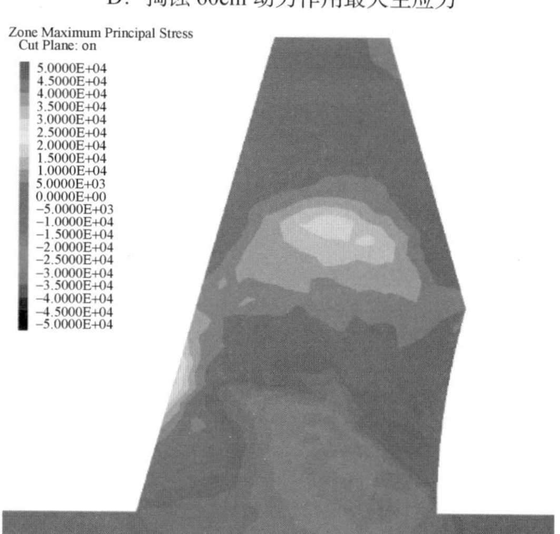

F．掏蚀 90cm 动力作用最大主应力

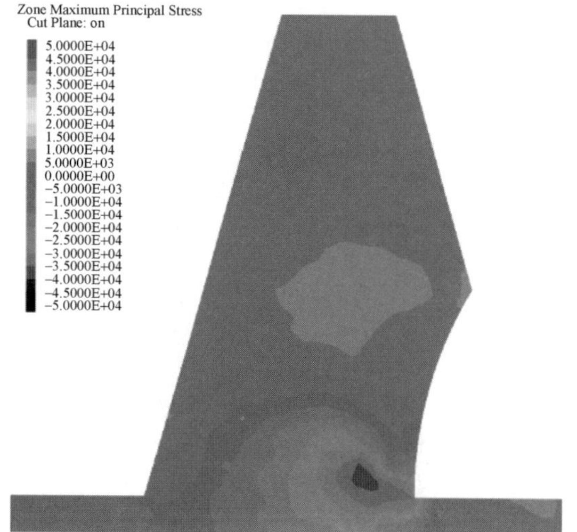

G．掏蚀 120cm 静力作用最大主应力

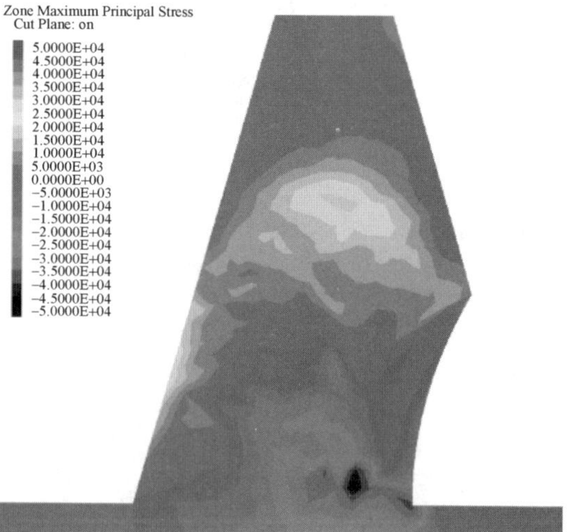

H．掏蚀 120cm 动力作用最大主应力

图 5-12 （续）

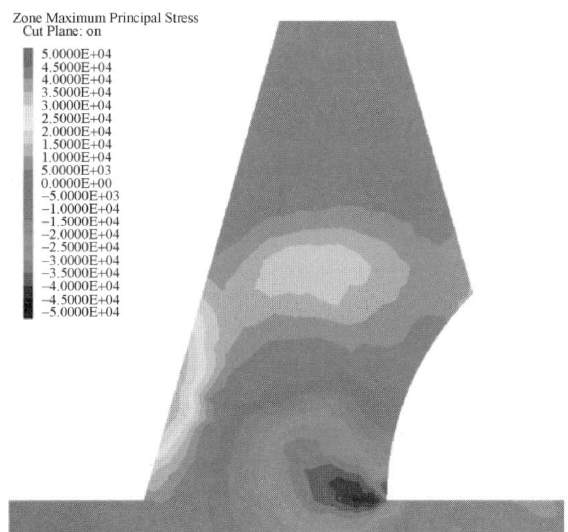

I．掏蚀 150cm 静力作用最大主应力

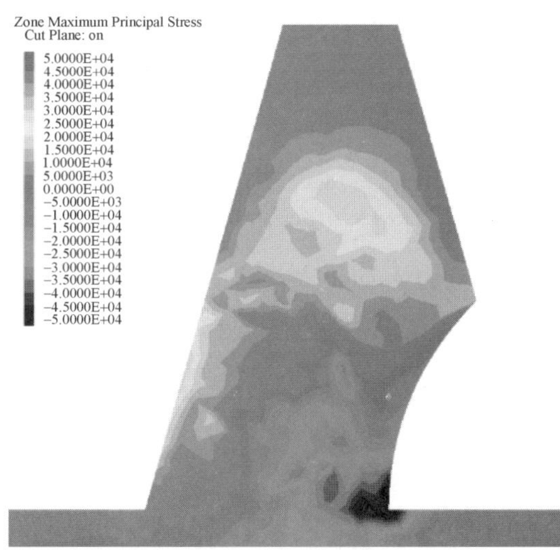

J．掏蚀 150cm 动力作用最大主应力

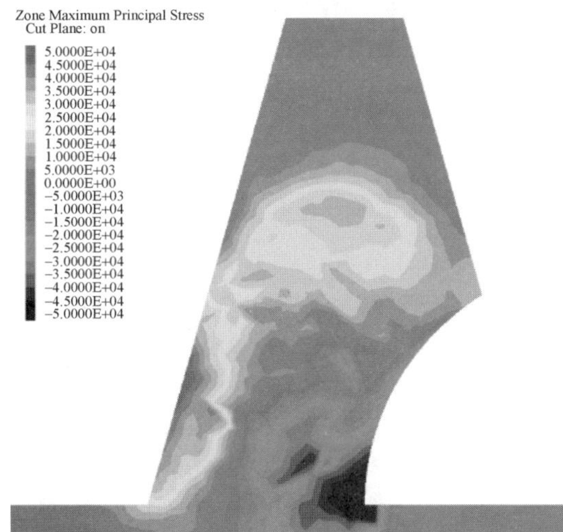

K．掏蚀 180cm 静力作用最大主应力

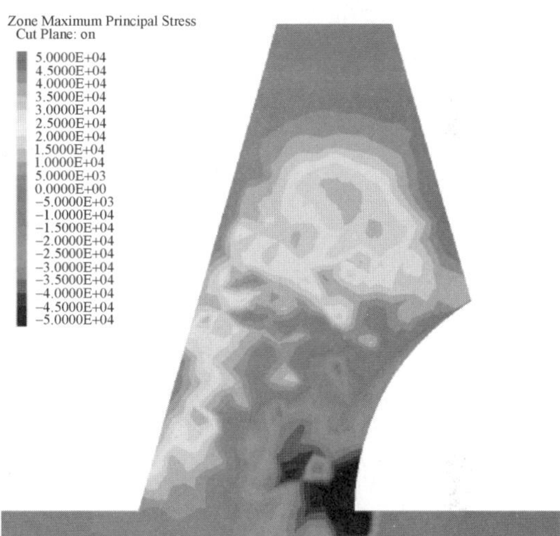

L．掏蚀 180cm 动力作用最大主应力

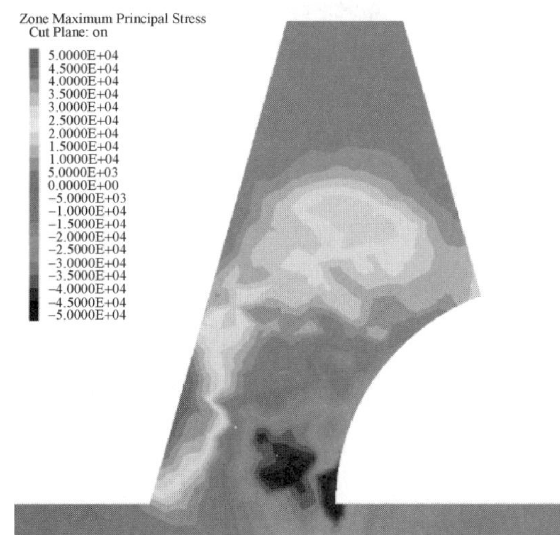

M．掏蚀 210cm 静力作用最大主应力

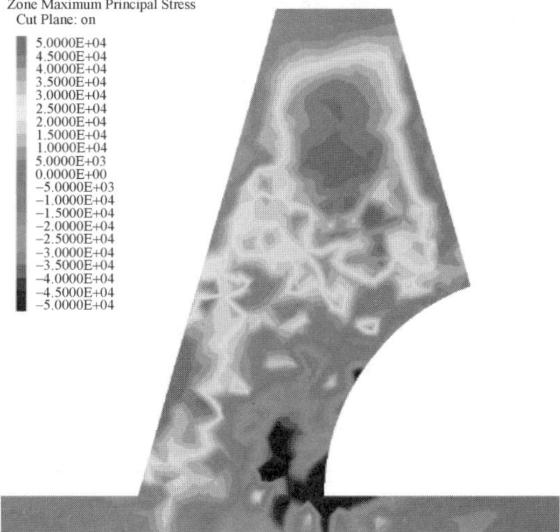

N．掏蚀 210cm 动力作用最大主应力

图 5-12 （续）

现在墙体中上部中心区域（高度为 3m 左右），压应力分布区域随着掏蚀深度的增加，压应力逐步增大且向掏蚀区域根部集中，而拉应力随着掏蚀深度的增加，中上部拉应力逐步增大、分布区域逐步增大且有向上运移的趋势。同时，随着掏蚀深度的增加，掏蚀区域的墙背上逐步出现拉应力集中区域，且墙背上的拉应力最大的区域为掏蚀高度的中间区域。比较自重作用和动荷载作用的云图，可以看出动荷载作用下的拉应力和压应力不管是大小还是分布区域都有明显增加。此外，从掏蚀深度 150cm 开始，墙体中上部的拉应力区域和墙背处的拉应力区域逐步连成一体。

图 5-13 为各工况掏蚀病害后方上部拉应力区域的应力时程曲线。由图可知，该区域产生的拉应力均小于 73kPa，因此可以判断该区域没有发生拉伸破坏。拉应力增长趋势整体呈“Z”字形，在 2～5s 之间应力集中上升，前后时间段内拉应力均在很小的范围内波动。此外，该区域的拉应力随着掏蚀深度的增加逐渐增大。

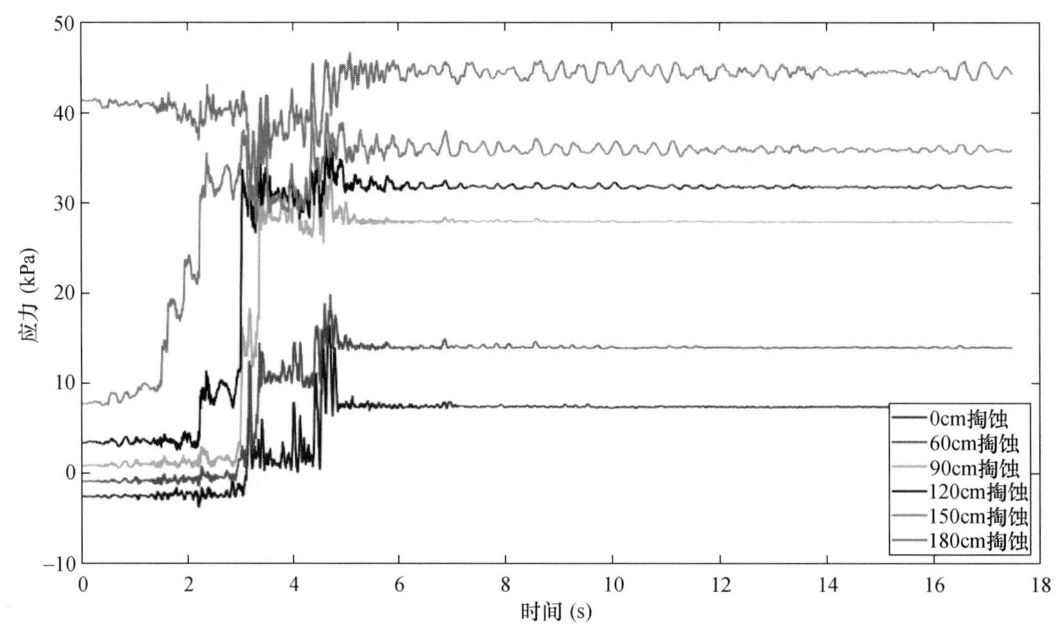

图 5-13　掏蚀病害后方上部拉应力

图 5-14 为掏蚀深度为 0～180cm 的墙体在动荷载作用下发生在掏蚀病害对侧墙背处的拉应力时程。由图可知，掏蚀深度为 180cm 的工况墙背处的拉应力一直在 70kPa 附近波动，可见该工况下墙背处可能发生了拉伸破坏；120cm 和 150cm 的工况中，仅有数次波峰超过了 70kPa，也可能发生了局部拉伸破坏。此外，此处的拉应力增长趋势整体与掏蚀病害后方上部的相似，均有一个迅速增长区，前后拉应力小范围波动。

动荷载作用下掏蚀深度为 0～180cm 工况的掏蚀病害根部的压应力时程曲线如图 5-15 所示。

由图可知，0～120cm 工况的压应力旨在很小的范围内波动，而 150cm 和 180cm

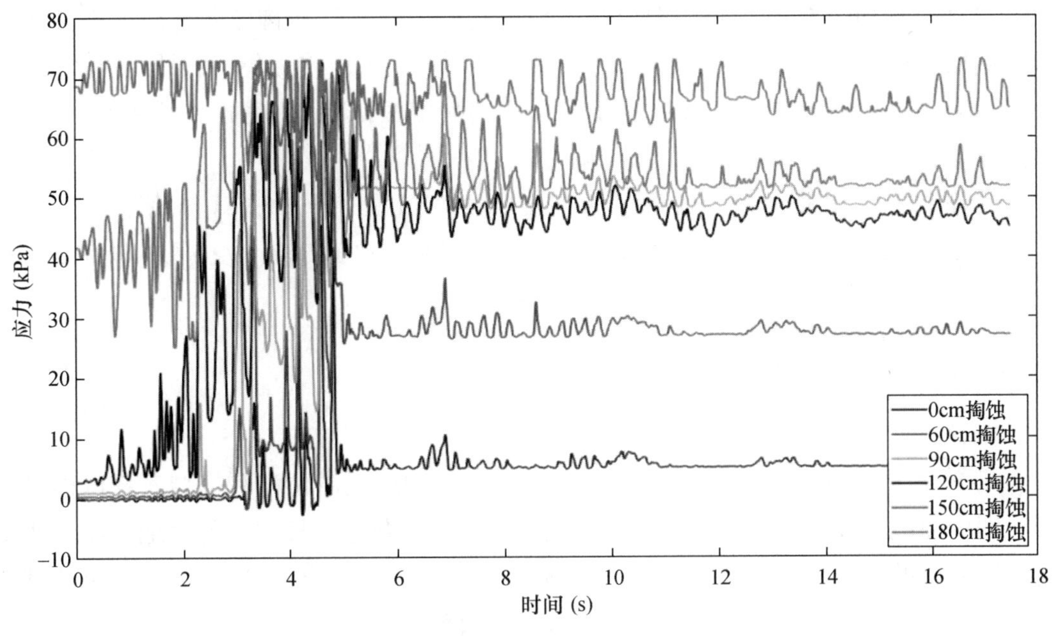

图 5-14　掏蚀病害对侧墙背处拉应力

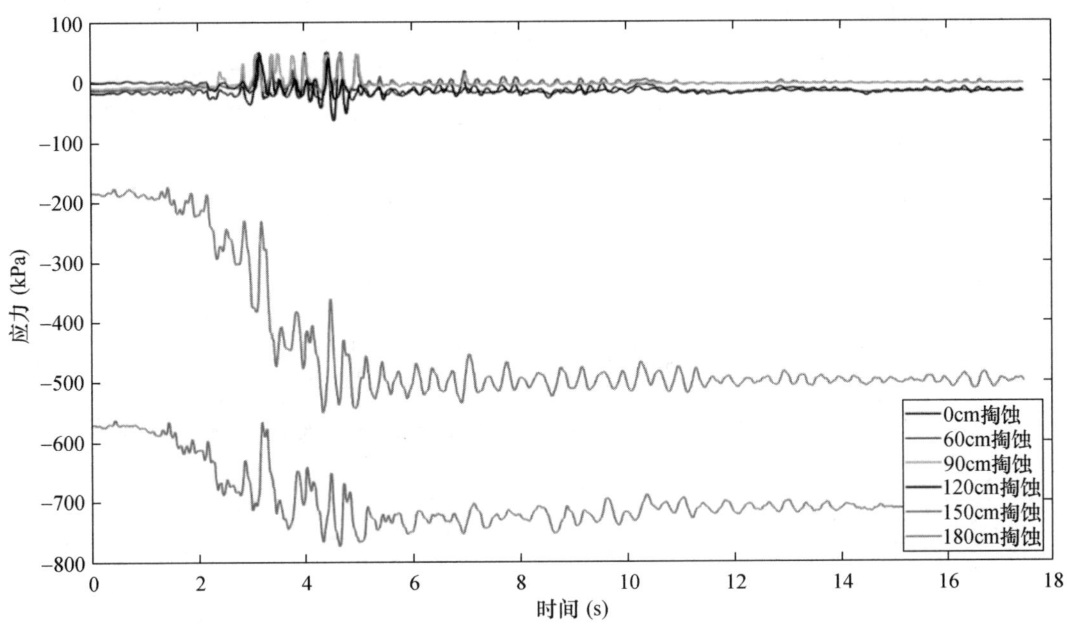

图 5-15　掏蚀病害根部压应力

工况的压应力在 2～5s 之间发生了较为剧烈的增加，前后时间内压应力均在小范围波动，150cm 和 180cm 工况的最大压应力均小于 0.77MPa。

综上所述，在自重荷载和动荷载作用下，不同掏蚀深度的工况的最大水平位移均在墙顶，最大竖直位移均发生在掏蚀病害的顶部，且水平位移为顺着掏蚀病害一侧，竖直位移均为向下；而在掏蚀对于最大主应力而言，在掏蚀病害后方上部区域和对侧墙背处产生了拉应力集中区域，病害根部发生了压应力集中区域。由此可见，在自重和在动荷载作用下，墙体发生了以掏蚀病害根部为支点的向掏蚀病害一侧倾倒的运动。

此外，根据位移判断，掏蚀病害深度为180cm的工况动荷载作用下发生了破坏；而根据拉应力判断，掏蚀深度为120cm、150cm和180cm的工况在动荷载的作用下局部发生了拉伸破坏。

5.1.3.3　讨论与分析

5.1.3.3.1　计算结果可靠性验证

图5-16和图5-17分布为水平和竖直方向输入的地震波位移和模型底部位移对比图，图中黑线为地震波加速度换算的地震波位移，浅灰色底部输入的由地震波加速度时程转换成的应力时程产生的位移，从图中可以看出水平方向和竖直方向的位移具有完全一致的趋势，说明动荷载成功地输入到了模型中。

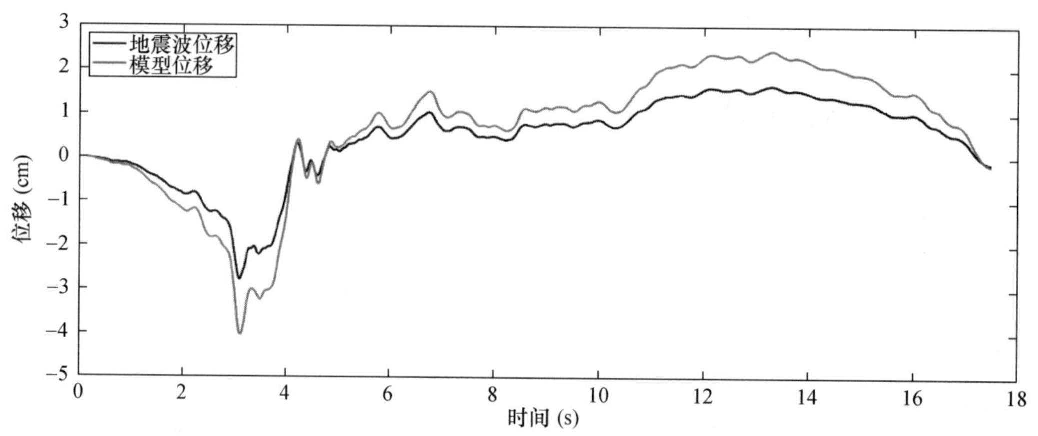

图5-16　水平方向输入的地震波位移和模型底部位移对比图

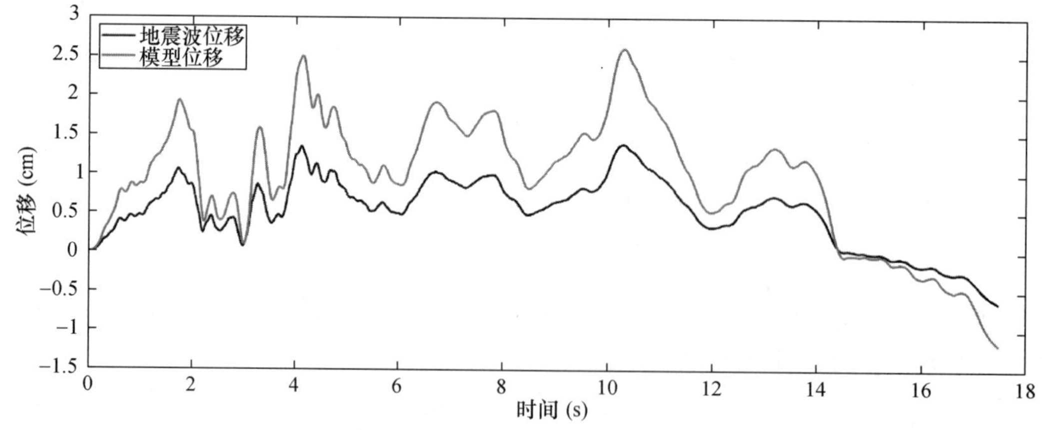

图5-17　竖直方向输入的地震波位移和模型底部位移对比图

图 5-18A 为模拟墙体掏蚀深度为 150cm 时动力作用下的最大主应力云图，图中掏蚀区域后方上侧和掏蚀区域对面墙背处均出现了拉应力区域，而在掏蚀区域墙角处出现了压应力集中区域；图 5-18B 为某震台试验对应的模型经数值模拟计算得到的最大主应力云图，从图中依然可以看出掏蚀区域后方上侧和掏蚀区域对侧墙背处出现了拉应力区域，掏蚀根部墙体出现了压应力集中区域；图 5-18C 为震台试验过程中监测到的墙体内部应变分布图，从图中可以看出掏蚀区域后方上侧存在拉应变区域，掏蚀根部存在压应变区域，墙背的拉应变没有在云图中体现是因为探头布置的时候，该区域探头没有布置足够的传感器。

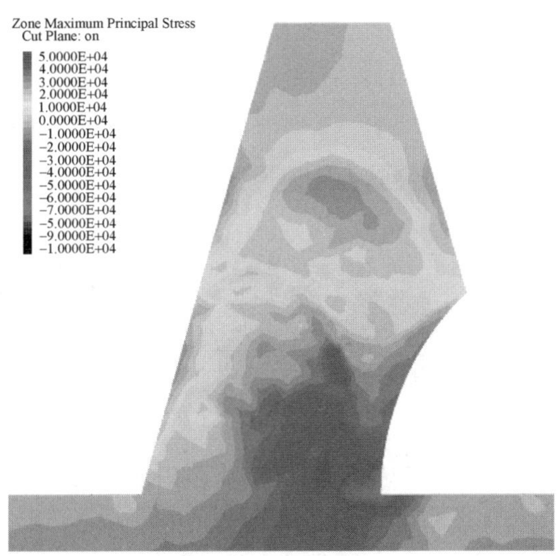

A. 模拟墙体最大主应力云图

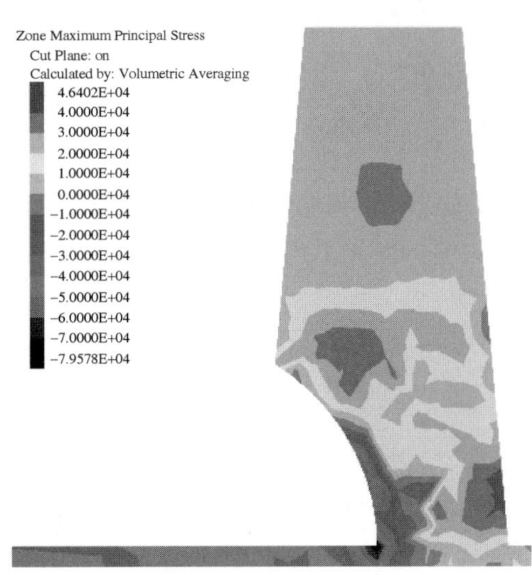

B. 震台墙体模拟计算最大主应力云图

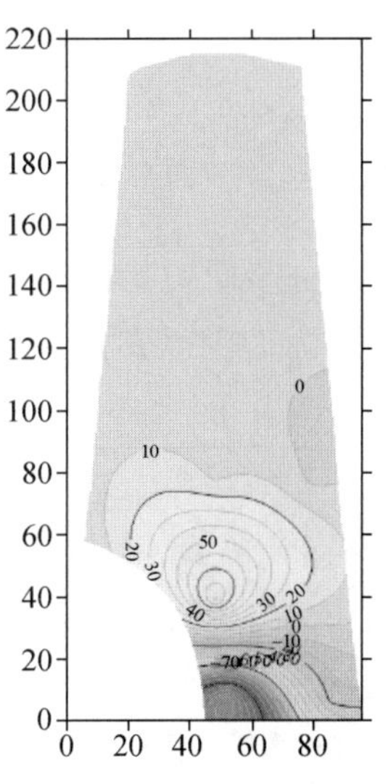

C. 震台墙体监测应变云图

图 5-18　不同工况的应力应变对比图

由此可见，本次模拟计算的墙体的主应力分布图、震台试验墙体模拟计算主应力分布图和震台试验监测到的应变分布图，存在较好的对应性。因此，可以认为本节中使用的墙体模型和计算结果具有较好的可靠性。

5.1.3.3.2　掏蚀凹进深度与危险度间的关系

为了系统模拟研究掏蚀凹进深度与危险度之间的关系，本研究在完成了静荷载计算后，对模型进行了安全系数计算，图 5-19 为静力作用下掏蚀深度与墙体安全系数之间的关系。由图可知，随着墙体掏蚀深度的增加安全系数下降，从完整墙体的 2.07 下降至掏蚀深度为 1.8m 时的 1.13，当墙体掏蚀深度为 2.1m 时，安全系数为 0.87。

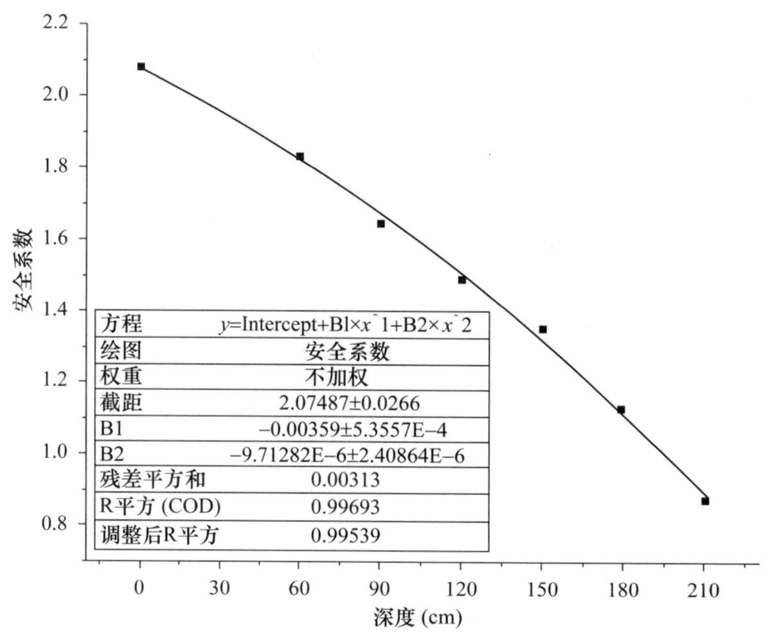

图 5-19　静力作用下掏蚀深度与安全系数关系的拟合曲线

为了进一步研究掏蚀深度与安全系数的关系，对掏蚀深度与安全系数的关系进行了拟合。静力作用下安全系数与墙体掏蚀深度的关系式为深度的一元二次函数，拟合公式为：

$$f=-9.2128x^2\times10^{-6}-0.0035x+2.0749 \qquad (\text{式 5-3})$$

式中，f 为安全系数，x 为掏蚀深度，单位 cm。

根据上式求解 $f=1$ 时的掏蚀深度为 200.9cm，由此可知，对于底宽 4m、顶宽 1.2m、高 5m、掏蚀高度为 2.14m 的墙体而言，在静力作用下，掏蚀深度到 200.9cm 时墙体在自重作用下处于临界状态。根据《干燥环境土遗址保护加固设计规范》（GB/T 36747-2018）中对全国重点文物保护单位安全系数的要求为 1.15～1.30，据此推算，$f=1.15$ 时的掏蚀深度为 179.5cm，$f=1.3$ 时的安全系数为 156.7cm。因此，当掏蚀深度大于 156.7cm 时，应对根部掏蚀病害进行支顶加固。

材料的破坏是指材料在荷载作用下发生了断裂或由于塑性变形过大而无法正常使用。对于岩土体而言，其破坏是在自重或外荷载作用下发生剪性破坏或张性破坏，对于剪切破坏，可根据其剪切面的特征分为剪断破坏、沿已有结构面或薄弱面的滑动破坏和沿某些密集交错的面发生的塑性破坏。根据模拟墙体的假定和计算破坏准则的选择，模型在对于长城墙体遗址的破坏，可通过分析墙体拉应力和剪应力作用下的塑性区分布情况来分析墙体是否发生破坏。

而在 FLAC 3D 的弹塑性模型计算中，对模型的屈服状态的描述分为 now 和 past 两种，now 代表单元体在当前计算时间下正处于屈服面上，而 psat 代表单元体曾经处于屈服面上，而当前计算时间下已经离开了屈服面且处于弹性状态。因此，分析不同掏蚀深度的墙体在动荷载加载过程各时间点在当前计算下的塑性区分布及体积大小（now），可判断墙体是否在该时间点发生破坏，进而研究掏蚀深度在动荷载作用下的危险性。

为此，在加载动荷载过程中，每隔 1s 钟保存一次计算模型的结果，17.5s 的响应时间可得到 17 个模型，并将自重荷载的计算结果看作动荷载时间为 0s，共计得到 18 个计算结果模型。此后利用 FLAC 3D 软件的 fish 语言编写程序提取计算结果中的剪切塑性区体积（shear-n）和拉伸塑性区体积（tension-n），用来分析在整个动荷载施加过程中塑性区（now）的大小，进而选择塑性区最大的时间点，分析塑性区的分布情况，判断模型是否发生破坏。由于在静力状态下掏蚀深度为 210cm 的墙体已经发生破坏，因此本处只针对掏蚀深度为 0～180cm 的模型进行分析。

图 5-20 和图 5-21 是各掏蚀深度的墙体在不同时间点的剪切塑性区（now）和拉伸塑性区（now）的体积曲线图。由图可知，整体而言不同掏蚀深度的模型中剪切塑性区的体积要远大于拉伸塑性区的体积，而对于体积为 112m^3 的模型墙体而言，拉伸塑性区的体积占比很小，因此主要针对剪切塑性区的情况进行分析。

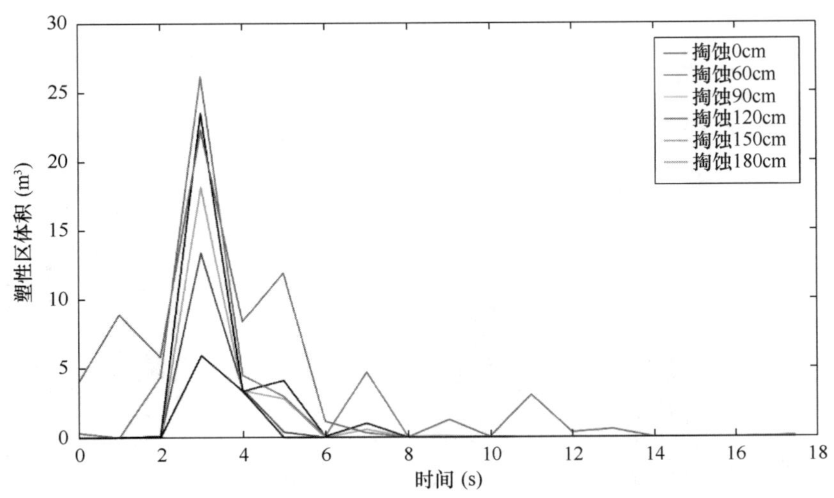

图 5-20　不同深度掏蚀墙体在剪切变形下产生的塑性区体积与时间的关系

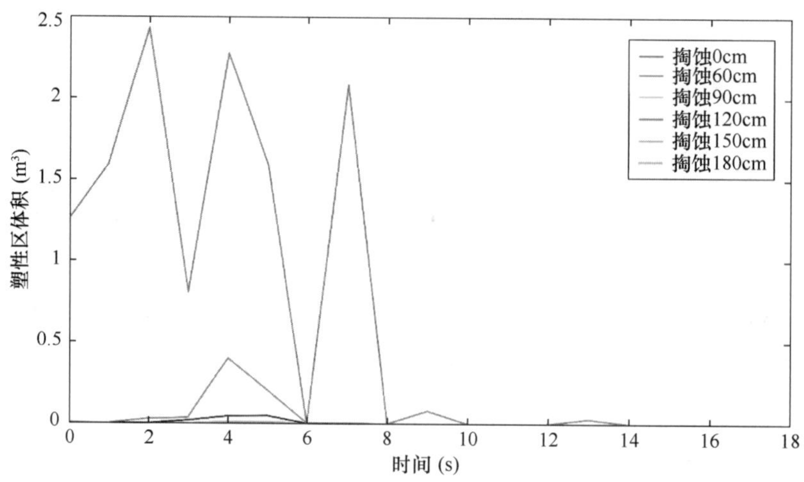

图 5-21　不同深度掏蚀墙体在拉伸变形下产生的塑性区体积与时间的关系

通过图 5-20 中各时间点的塑性区体积分布情况来看，在动荷载时间到 3s 的时候，各掏蚀深度模型中的塑性区体积均达到了峰值，在 3s 的前后时间段内，塑性区体积均远小于 3s，尤其是 3s 以后除掏蚀深度 180cm 的模型，各时间段的塑性区体积几乎均接近于零。因此，若 3s 时的塑性区并未连通，则模型并不会发生破坏。

为此，对不同掏蚀深度的自重作用下的塑性区分布图和动荷载作用下 3s 时的塑性区分布图进行对比，对比结果如表 5-2（彩版一）所示：绿色区域的单元体处于弹性状态，青色代表该区域的网格单元在自重荷载和 3s 之前的动荷载计算中曾经到达过屈服面，但现在已经离开屈服面处于弹性状态，红色区域代表单元体当前正出于剪切屈服面上，蓝色区域代表单元网格当前正处于拉伸屈服面上。因此，只需判断红色区域是否发生贯通即可知道模型是否发生破坏。

表 5-2　不同掏蚀深度模型自重作用和动荷载 3s 时的塑性区分布

深度	自重作用	动荷载作用（3s 时）
0cm	None shear-p	None shear-n shear-p shear-p

续表

深度	自重作用	动荷载作用（3s 时）
60cm	None shear-p	None shear-n shear-n shear-p shear-p
90cm	None shear-p	None shear-n shear-p shear-p
120cm	None shear-p	None shear-n shear-p shear-p shear-p tension-p tension-n shear-p tension
150cm	None shear-n shear-p shear-p shear-p tension-p	None shear-n shear-p shear-n shear-p tension-p shear-p shear-p tension-p tension-n shear-p tension

续表

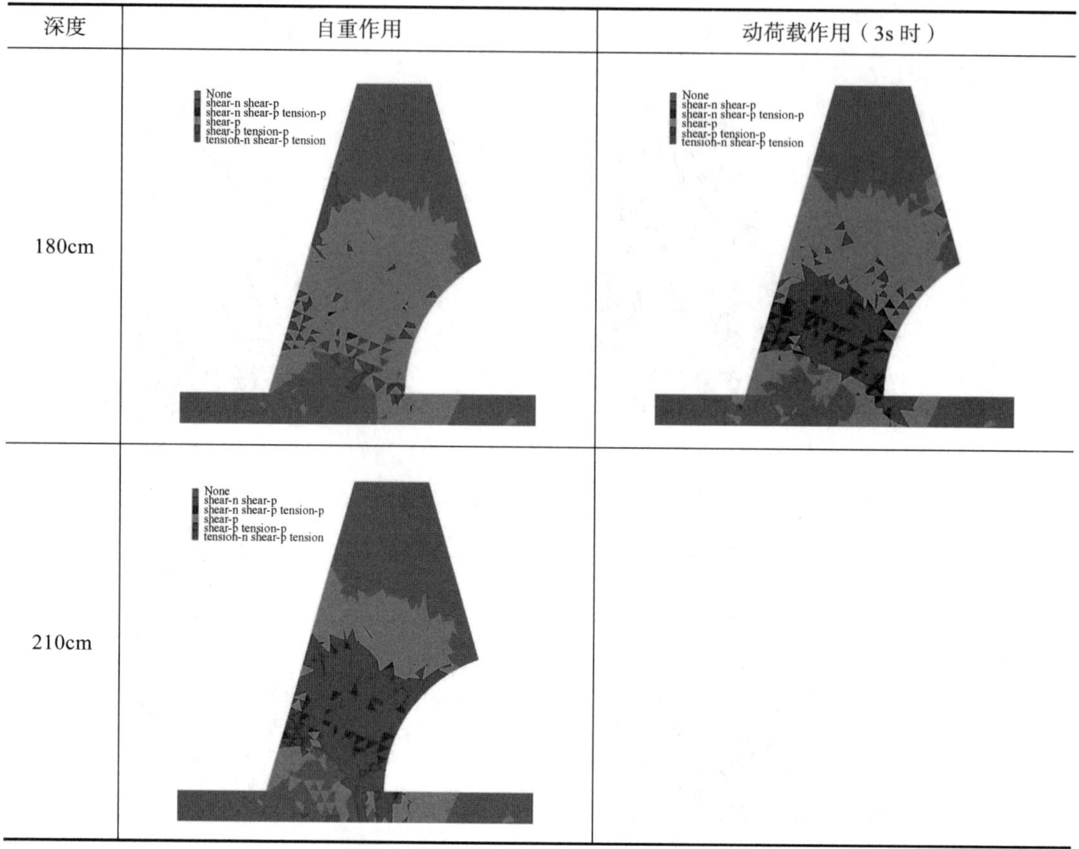

由表 5-2 可知，自重作用下，在自重荷载的平衡计算结束后，模型中曾经到达过屈服面的单元网格区域随着掏蚀深度的增加而扩大，当掏蚀深度为 210cm 时剪切塑性区贯通，代表模型在平衡计算过程中发生了破坏，这与前文自重荷载的安全系数为 0.87 相吻合。

而对于动荷载而言，3s 时的模型中不仅包含了曾经到达过屈服面的网格，而且也包括了当前正在屈服面上的网格，且随着掏蚀深度的增加，塑性区面积也逐步扩大。当掏蚀深度为 120cm 时塑性区即将连通，150cm 时塑性区基本连通，180cm 时塑性区完全连通。因此，可以判断对于底宽 4m，顶宽 1.2m，高 5m，掏蚀高度为 2.14m 的墙体而言，在民乐地震荷载作用 3s 下，掏蚀深度大于 120cm 的墙体均有发生破坏的可能。

5.1.4　小结

本研究选取古浪明长城土门林场段的典型长城墙体剖面，结合文献中的计算参数，使用民乐地震波作为动荷载条件，对墙体掏蚀深度为 0cm、60cm、90cm、120cm、150cm、180cm 和 210cm 的模型进行自重荷载和动荷载的模型计算，并对计算结果进行了可靠性分析。根据计算结果可以发现：

1）在掏蚀病害发育后，模型会整体向掏蚀侧发生偏转，水平方向的最大位移位于墙体顶部，竖直方向的最大位移位于掏蚀病害的顶部，同时掏蚀病害对侧的墙背处会产生向上的位移。

2）在掏蚀病害的影响下模型中会产生应力集中的现象，掏蚀病害的根部是压应力集中区域，掏蚀病害后方中部区域和掏蚀病害对侧墙体的墙背上会形成拉应力集中区域。

3）在自重荷载作用下，高 5m、底宽 4m、顶宽 1.2m 的土体，掏蚀深度为 200.9cm 是极限平衡状态，而掏蚀深度大于 156.7cm 时就应该采取保护加固措施；而在动荷载作用下，大于 120cm 掏蚀深度的墙体在荷载时程为 3s 时可能发生破坏。

5.2　夯筑支顶材料研究

5.2.1　级配及密度对夯土性能影响的研究

在长期自然和人为因素影响下，根部掏蚀凹进是威胁遗址本体长期保存的主要病害（图 5-22）。近年来，通过多项土遗址保护工程实践，夯筑支顶加固技术已经成功地应用于西北地区大面积根部掏蚀坍塌区域，并取得了显著的加固效果。受地区环境因素的影响，大体积夯筑支顶砌体总是随着失水过程收缩变形，垂直方向变形往往在与支顶原遗址接触面顶部形成裂缝，从现场观测来看，垂直方向变形主要包括固结沉降、干缩变形和地基沉降三种类型，地基沉降可以通过必要的工程措施避免。本研究根据现场实测数据，选取相关参数，通过室内制作不同密度和不同级配的试块进行固结试验，以及不同形状土样试验的失水收缩量的数据统计，对比分析不同密度、不同土颗粒级配条件固结变形、干缩变形的规律，分析和拟合基于传统夯筑工艺的夯补支顶体固结、干缩变形的阈值和实验室经验式，为预判大体积夯筑支顶体沉降机制提供理论依据。

（a）甘肃嘉峪关长城野麻湾堡子内墙

（b）甘肃景泰永泰城址南墙外侧

图 5-22　土遗址本体根部掏蚀凹进

夯土在夯筑完成后，短时间内墙体内部水分并不能散失，在自重应力的作用下，夯土会发生一定程度的固结沉降和干缩变形。传统夯土其含水率较低，不存在孔隙水压消散的过程，其固结主要指体积压缩、密度增大的过程。不同密度土体的密实程度不同，在不同荷载下形变量也不同。而干燥收缩是土体的又一变形基本特性，遗址土体的收缩通常造成土体开裂，为土遗址的保存留下了隐患。引起土体干缩的原因一般为失水收缩与温度变化导致的收缩，其中失水收缩是引起土体收缩的主要原因。

5.2.1.1　级配及密度对夯土力学性能影响的研究

土的强度是指土体在外力作用下达到屈服或破坏时的极限应力。土的强度一般是由它的应力—应变关系曲线上某些特征应力值来确定的，如屈服应力、破坏应力（或峰值应力）等，这些特征应力值与土的种类和试验物理条件（如加载时间、加载速率和排水条件等）有关。

对于无黏性土，排列越紧密，在外荷载作用下变形越小，强度越大；对于黏性土，因黏土矿物含量高，颗粒细小，其物理状态与含水量关系非常密切，从而影响力学特性。对于夯土来说，其属于黏性土，在西北地区，夯土在天然状态下含水率均非常低，大约 2% 以内，因此在室内试验测试强度均在土样自然失水状态下进行。

土的强度指标室内测定方法有以下几种：直接剪切试验、无侧限抗压强度试验、三轴压缩试验。使用直接剪切对不同密度及不同粒径土体、固结后不同密度及不同粒径土体以及滴加 PS 的不同密度及不同粒径土体力学参数进行确定。

不同级配土体均按照 1.60g/cm^3 的干密度进行制样，试验土经筛分后按一定比例混合；不同密度土体直剪试验均使用素土进行试验，含水率控制在 13.1%，试验土体样品参数见表 5-3。

表 5-3　直剪试验样品参数

土体类型	干密度（g/cm^3）	制样含水率（%）	土样类型		
			参照样	固结	5%PS 渗透
不同级配（细粒土：细砂：中砂）	1.60	18	100% 细粒土	100% 细粒土	100% 细粒土
	1.60	16.5	8：1：1	8：1：1	8：1：1
	1.60	13.5	7：2：1	7：2：1	7：2：1
	1.60	12	6：3：1	6：3：1	6：3：1
	1.60	10.5	5：4：1	5：4：1	5：4：1
	1.60	9	4：5：1	4：5：1	4：5：1
	1.60	7.5	3：6：1	3：6：1	3：6：1
不同密度	1.50	13.1	素土	素土	素土
	1.55	13.1	素土	素土	素土
	1.60	13.1	素土	素土	素土
	1.65	13.1	素土	素土	素土
	1.70	13.1	素土	素土	素土

直接剪切实验一般可分为慢剪、固结快剪和快剪三种试验方法。夯土含水率低，渗透系数小，适用于快剪试验，即以每分钟 0.8mm 的剪切速率施加剪力，直至剪坏。

5.2.1.1.1　试验步骤

（1）制样

试验用土样依据表 5-3 进行制样，参照样不进行任何处理，风干后进行试验；固结样在制样完成后在固结仪内逐级加载 50kPa、100kPa、150kPa、200kPa，待固结稳定、样品风干后进行试验；PS 加固试样在样品失水完成后，滴加 5% 的 PS 溶液，风干后进行试验。

（2）剪切

每组样品取 4 个试样在四种不同垂直应力 P 下进行剪切试验。取垂直应力分别为 P_1（100kPa）、P_2（200kPa）、P_3（300kPa）、P_4（400kPa），记录剪应力与剪切位移。

5.2.1.1.2　不同级配及不同干密度夯土力学性质

5.2.1.1.2.1　不同级配夯土力学性质

根据夯土特点，把夯土可以看做是粗粒土和细粒土两部分，不同地区不同遗址这两种组分含量有所不同，粗粒土中主要以砂和砾为主。一般认为粗料形成骨架，细料填充孔隙，填充越好，土体密度越大，抗剪强度越高，沉降变形越小，颗粒的组成及密实度是决定夯土性质的主要因素。

通过剪应力 - 剪切位移曲线可以明显看出（图 5-23），随着细粒含量的减少，峰值强度也随着降低，而残余强度变化并不随着细粒含量的改变而发生变化。通过计算得到不同级配夯土的 C、φ 参数（表 5-4），可以看到当含砂量大于 30% 时，内摩擦角的变化并不明显，含砂量从 0 到 30% 变化时，内摩擦角是增大的，可以认为含砂量 30% 为内摩擦角变化的临界值。黏聚力是黏性土的特性指标，黏聚力包括土粒间分子引力形成的原始黏聚力和土中化合物的胶结作用形成的固化黏聚力，当细粒含量

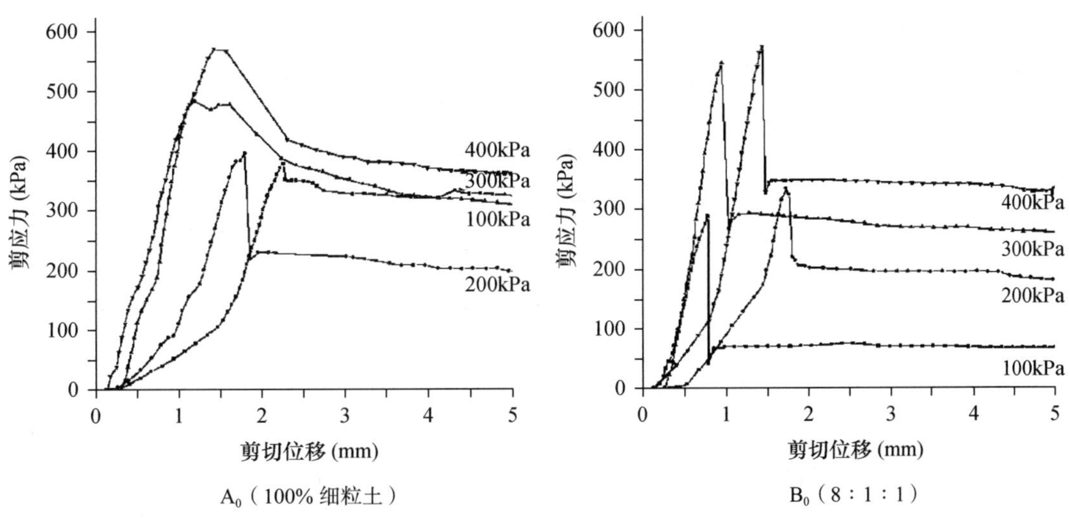

图 5-23　不同级配剪应力 - 剪切位移曲线

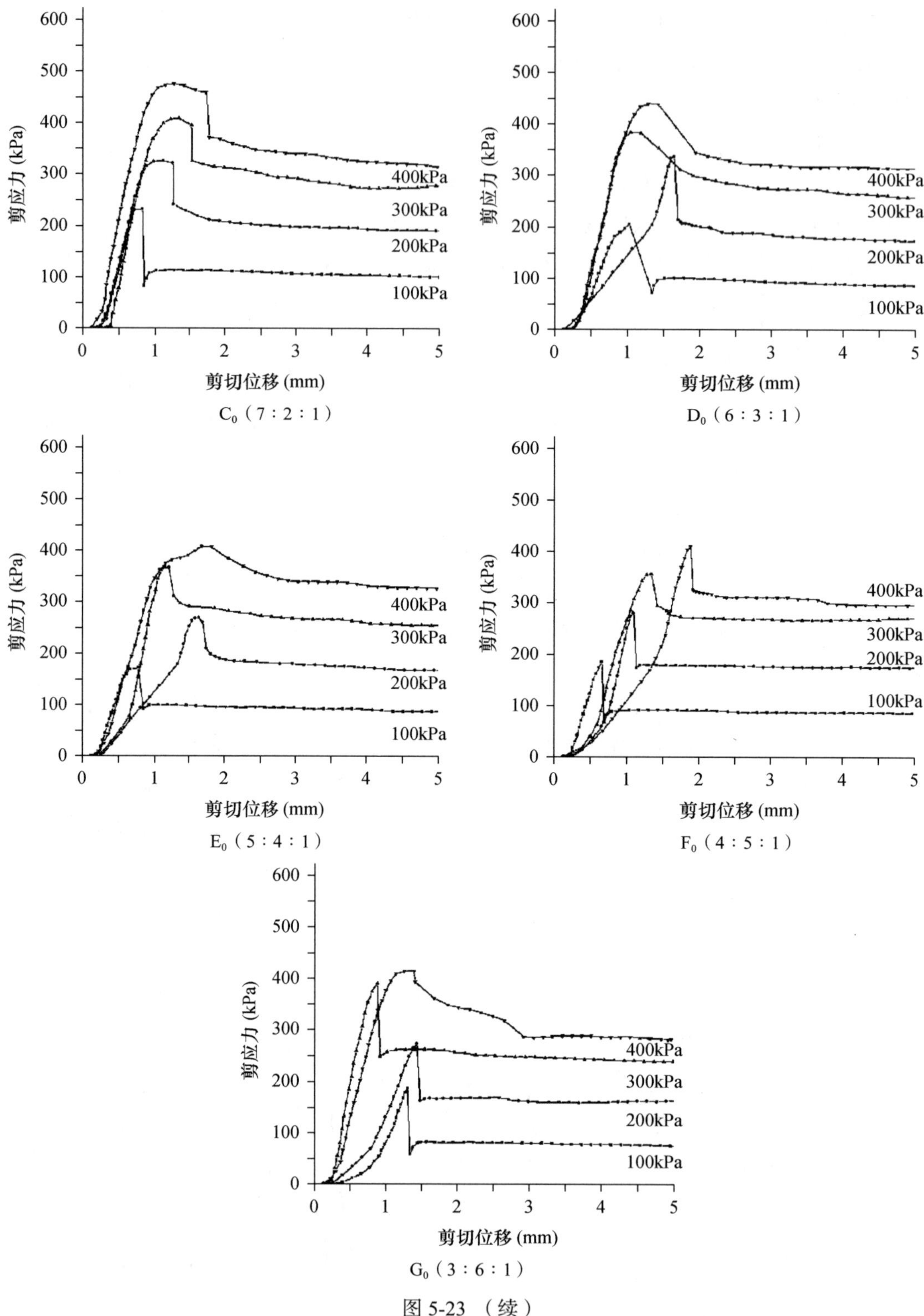

图 5-23 （续）

达 100% 时，具有较高的黏聚力，随着细粒含量的减少，含砂量的增大，黏聚力整体呈降低趋势。

表 5-4　不同级配夯土力学参数

序号	配比（细粒：中砂：粗砂）	C_0 值	φ_0 值
A_0	100 细粒	290.9	33.6
B_0	8：1：1（20% 砂）	169.2	46.7
C_0	7：2：1（30% 砂）	156.7	39.2
D_0	6：3：1（40% 砂）	155.2	36.7
E_0	5：4：1（50% 砂）	102.2	38.9
F_0	4：5：1（60% 砂）	120.3	36.9
G_0	3：6：1（70% 砂）	117.4	38.5

5.2.1.1.2.2　不同干密度夯土力学性质

干密度的大小从另一方面也能反映出夯土的密实度，密实度不同其内摩擦角与黏聚力也会表现出不同的特点。

通过图 5-24 可以看出，随着干密度的增大，峰值强度增大，干密度大于 $1.60g/cm^3$ 时，峰值强度增幅变小；而残余强度在不同密度下变化并不明显，这是由于土样含水

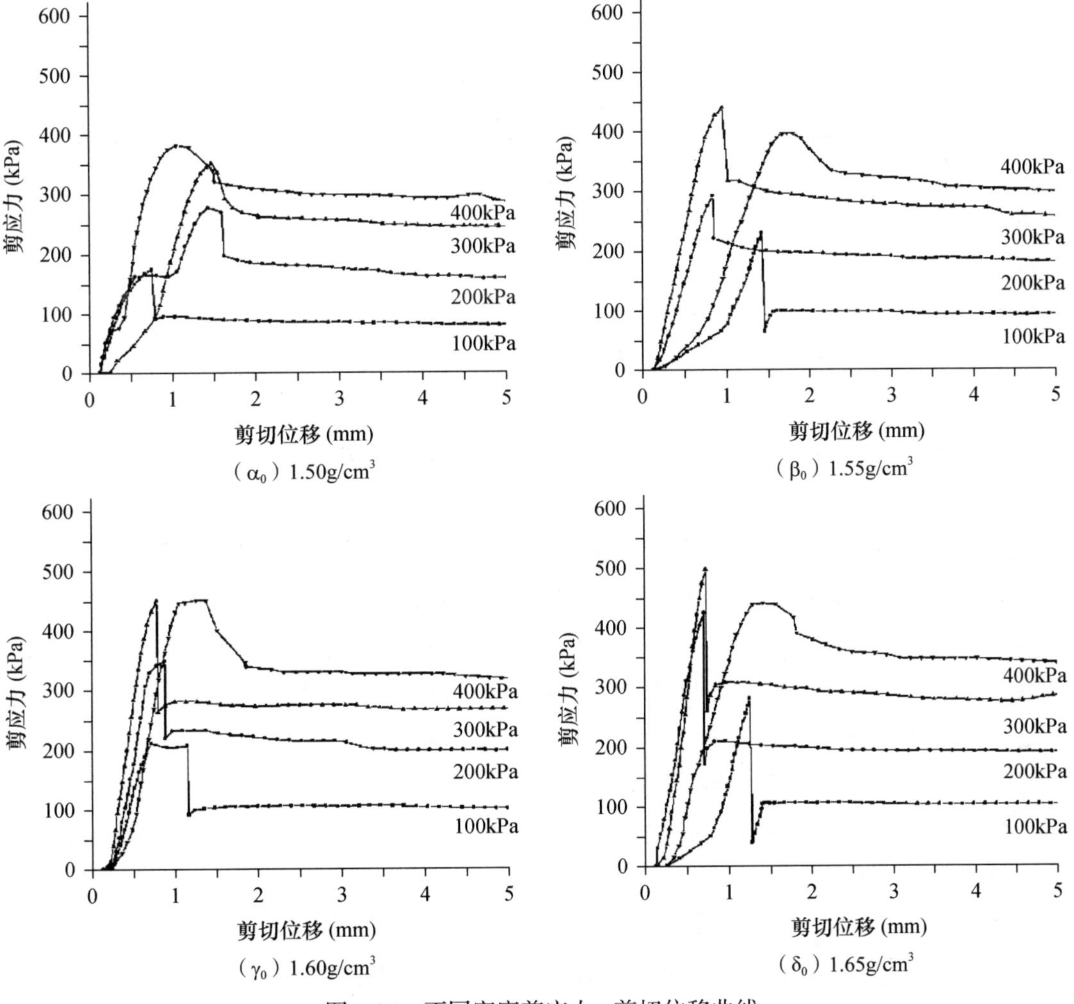

图 5-24　不同密度剪应力 - 剪切位移曲线

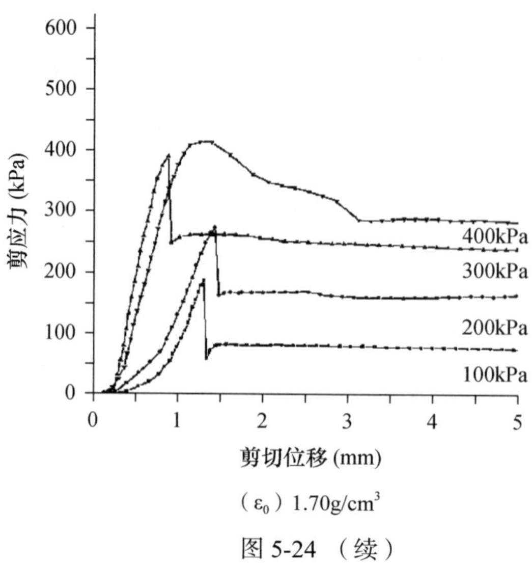

（ε_0）1.70g/cm^3

图 5-24 （续）

率较低，被剪切破坏以后沿破坏面滑动，破坏面相对较光滑，没有粗颗粒。随着干密度的增大，夯土密实度也增大，孔隙比减小，颗粒间的接触更加紧密，内摩擦角与黏聚力都随之增大（表 5-5）。

表 5-5 不同密度夯土力学参数

序号	干密度	C_0 值	φ_0 值
α_0	1.50g/cm^3	122.5	34.8
β_0	1.55g/cm^3	178.1	32.9
γ_0	1.60g/cm^3	160.7	39.3
δ_0	1.65g/cm^3	183.3	38.2
ε_0	1.70g/cm^3	229.52	42.09

5.2.1.1.3 固结后不同级配及不同干密度夯土力学性质

5.2.1.1.3.1 固结后不同级配夯土力学性质

固结，指在荷载或其他因素作用下，土体孔隙中水分逐渐排出、体积压缩、密度增大的现象。广义的固结指土的压缩过程，但大多数情况下，固结仅指饱和土的排水压密过程，分主固结与次固结。对于夯土来说，其在夯筑过程中含水率较低，在夯筑结束后，土体中的水分在短时间内并不能够迅速消散，而上覆土体会对下部夯土产生一定荷载，使得下部土体产生固结作用，进一步使得夯土密实，其力学性质也会发生一定的改变。不同级配夯土与不同密度夯土固结后力学性能表现不同。

不同级配夯土在经过固结后峰值强度变化并不明显（图 5-25），样品在制样时密度已经达 1.60g/cm^3，在固结压力下夯土被压缩幅度已经很小，力学性能上并没有表现出太大差异；通过比较固结后的内摩擦角与黏聚力，固结前后变化并不明显（表 5-6），因此在高密度的条件下固结作用对不同级配土体影响并不大。

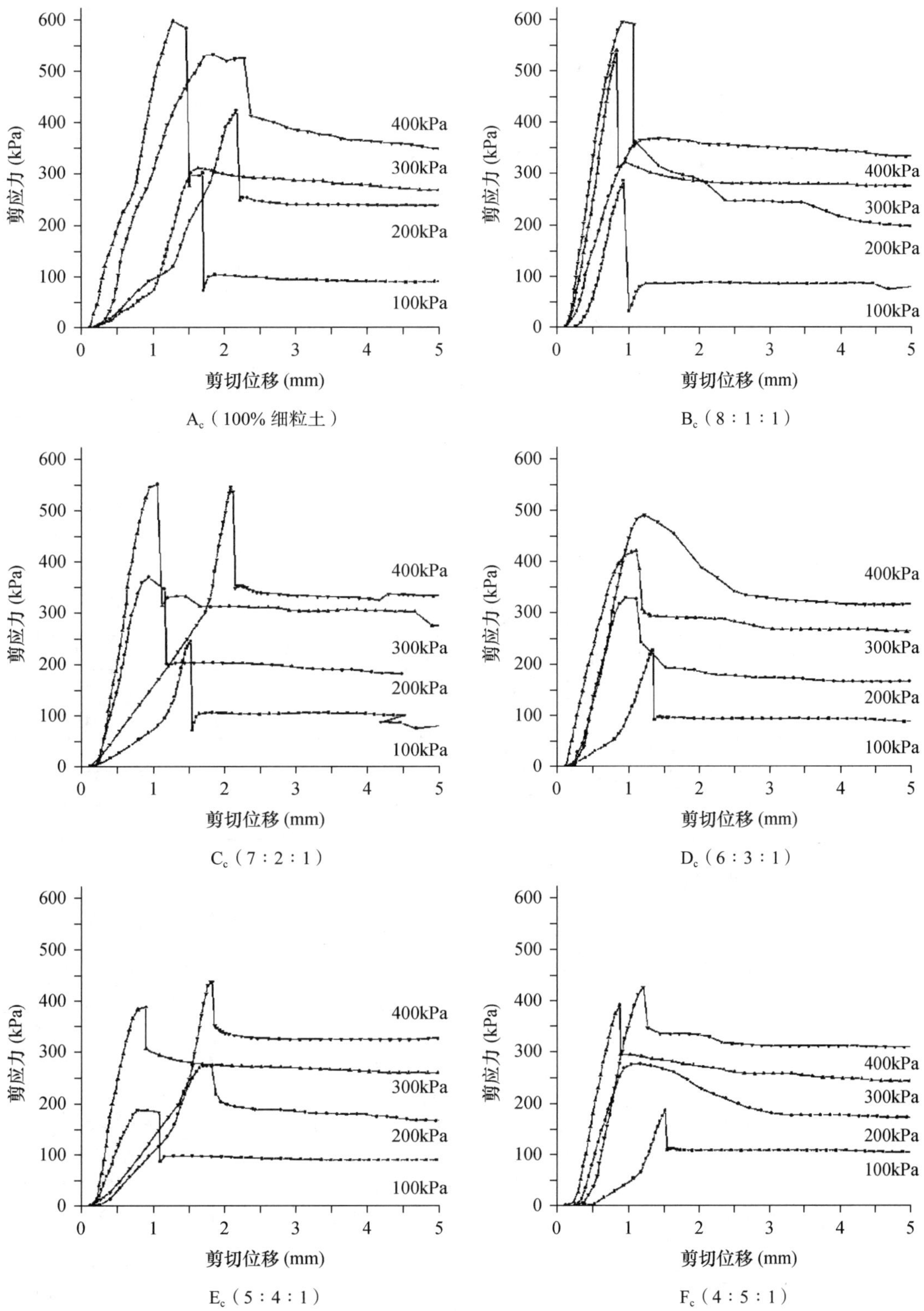

图 5-25　固结后不同级配剪应力 - 剪切位移曲线

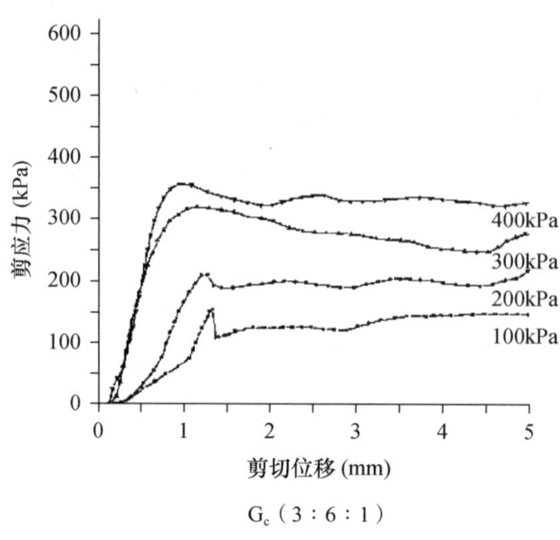

G_c（3：6：1）

图 5-25 （续）

表 5-6　固结后不同级配夯土力学参数

序号	配比（细粒：中砂：粗砂）	参照样		固结样	
		C_0	φ_0	C_c	φ_c
A	100 细粒	290.9	33.6	246.1	41
B	8：1：1（20% 砂）	169.2	46.7	168.7	47.9
C	7：2：1（30% 砂）	156.7	39.2	157.5	47.3
D	6：3：1（40% 砂）	155.2	36.7	145.9	41.5
E	5：4：1（50% 砂）	102.2	38.9	104.9	40.9
F	4：5：1（60% 砂）	120.3	36.9	111	39.9
G	3：6：1（70% 砂）	117.4	38.5	80.3	35.8

5.2.1.1.3.2　固结后不同干密度夯土力学性质

在级配相同的条件下，干密度不同夯土密实度也不同，干密度低的样品在含水状态下经固结后会进一步密实，强度在一定程度上也会发生改变（图 5-26）。

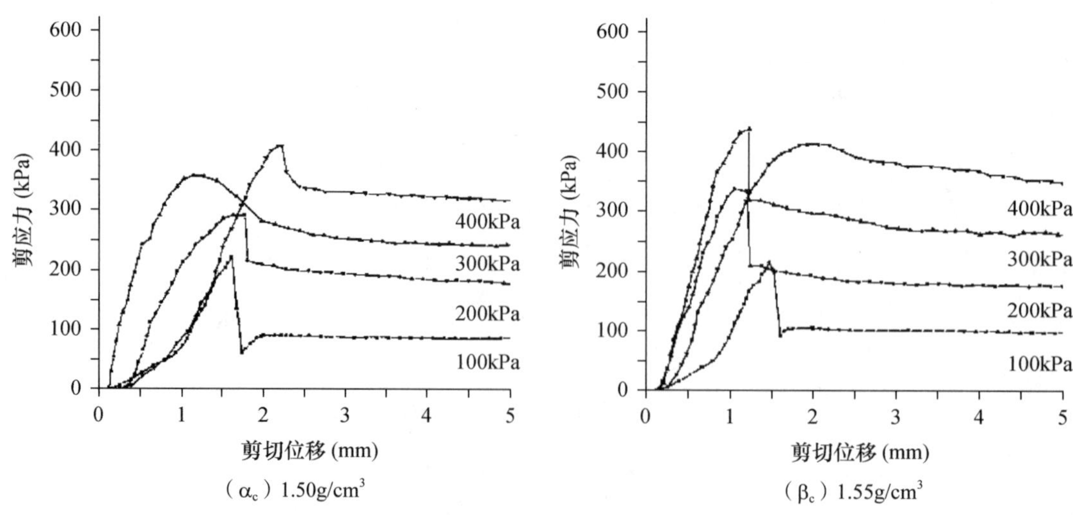

（α_c）1.50g/cm^3　（β_c）1.55g/cm^3

图 5-26　固结后不同干密度土体剪应力 - 剪切位移曲线

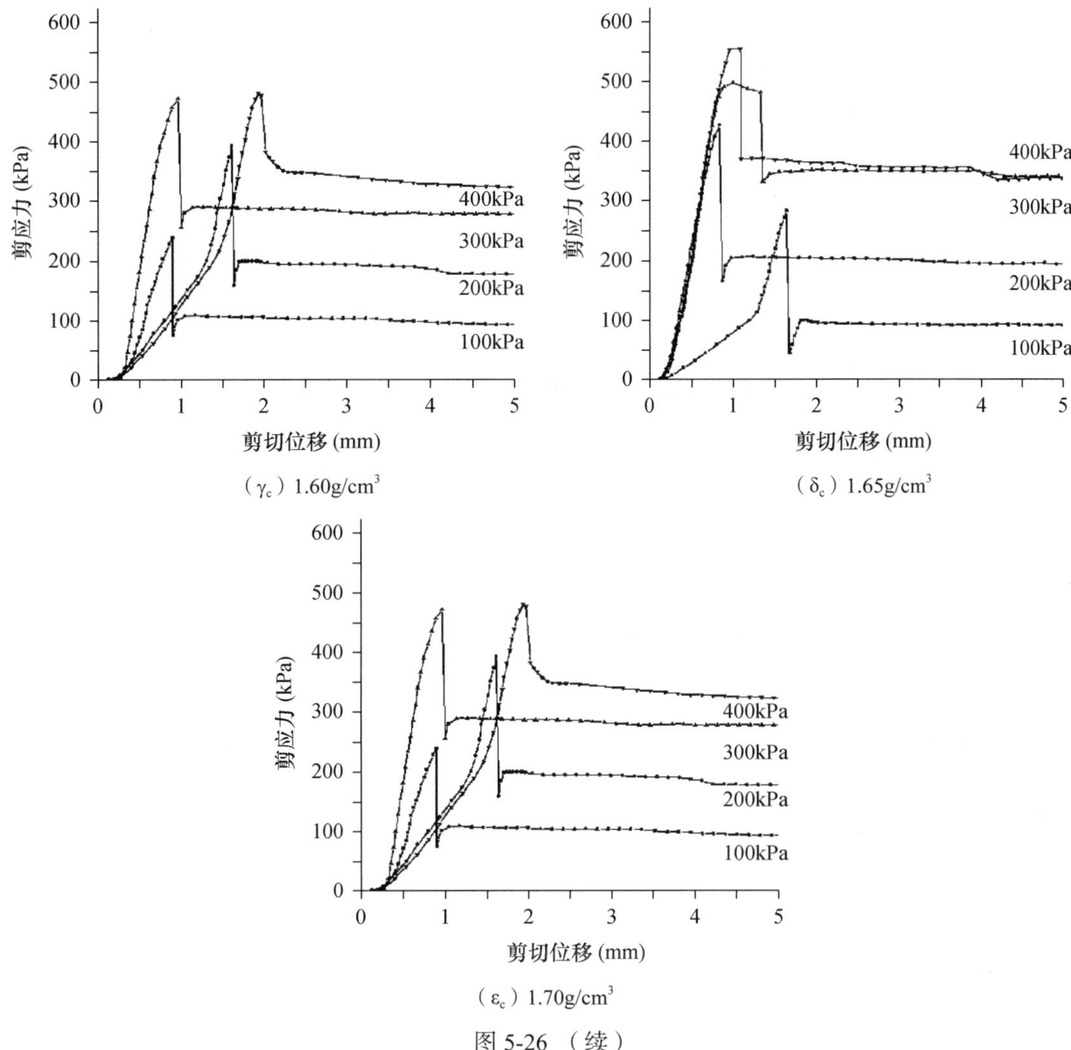

图 5-26 （续）

土样在经过 200kPa 的固结压力稳定后，峰值强度都有所提高，说明在固结压力下，孔隙被压缩，黏土颗粒连接更加紧密，但土样被剪切破坏后，残余强度并没有改变；经计算，固结后土体的黏聚力提升较明显，干密度越小提升越明显，但内摩擦角变化较小。因此墙体在夯筑过程中，上覆土体荷载对下部土体有一定的固结作用，使得土体进一步密实，强度提升（表 5-7）。

表 5-7　固结后不同密度夯土力学参数

序号	干密度	参照样		固结样	
		C_0 值	φ_0 值	C_c 值	φ_c 值
α	1.50g/cm³	122.5	34.8	163.2	36.1
β	1.55g/cm³	178.1	32.9	177.1	34.9
γ	1.60g/cm³	160.7	39.3	194.8	38.8
δ	1.65g/cm³	183.3	38.2	219	41.5
ε	1.70g/cm³	229.52	42.09	259.6	31.5

5.2.1.1.4　PS 加固后不同级配夯土力学性质

5.2.1.1.4.1　PS 加固后不同级配夯土力学性质

PS 作用于黏土矿物后，改变了分离的、片状的晶态黏土矿物的微观结构，形成了一种致密的非晶态凝胶网状结构，这种结构的变化决定了其物理强度和抗风化能力的增强。黏土颗粒与 PS 溶液的作用分为两个方面：一个方面是 PS 离解产物对黏土颗粒的金属阳离子的静电吸附作用，这种作用的结果破坏了黏土颗粒的结构，形成了非晶态的硅铝酸盐；另一方面是黏土颗粒与 PS 中钾离子的交换和吸附作用，使分散的黏土颗粒形成较大的团粒，形成了整体的联结。

PS 对黏土矿物作用十分明显，随着细粒含量的减少，粗粒含量的增多，为验证 PS 的加固效果是否会发生变化，对不同级配的土体滴加模数为 3.8、浓度为 5%PS 溶液进行直接剪切试验（图 5-27）。

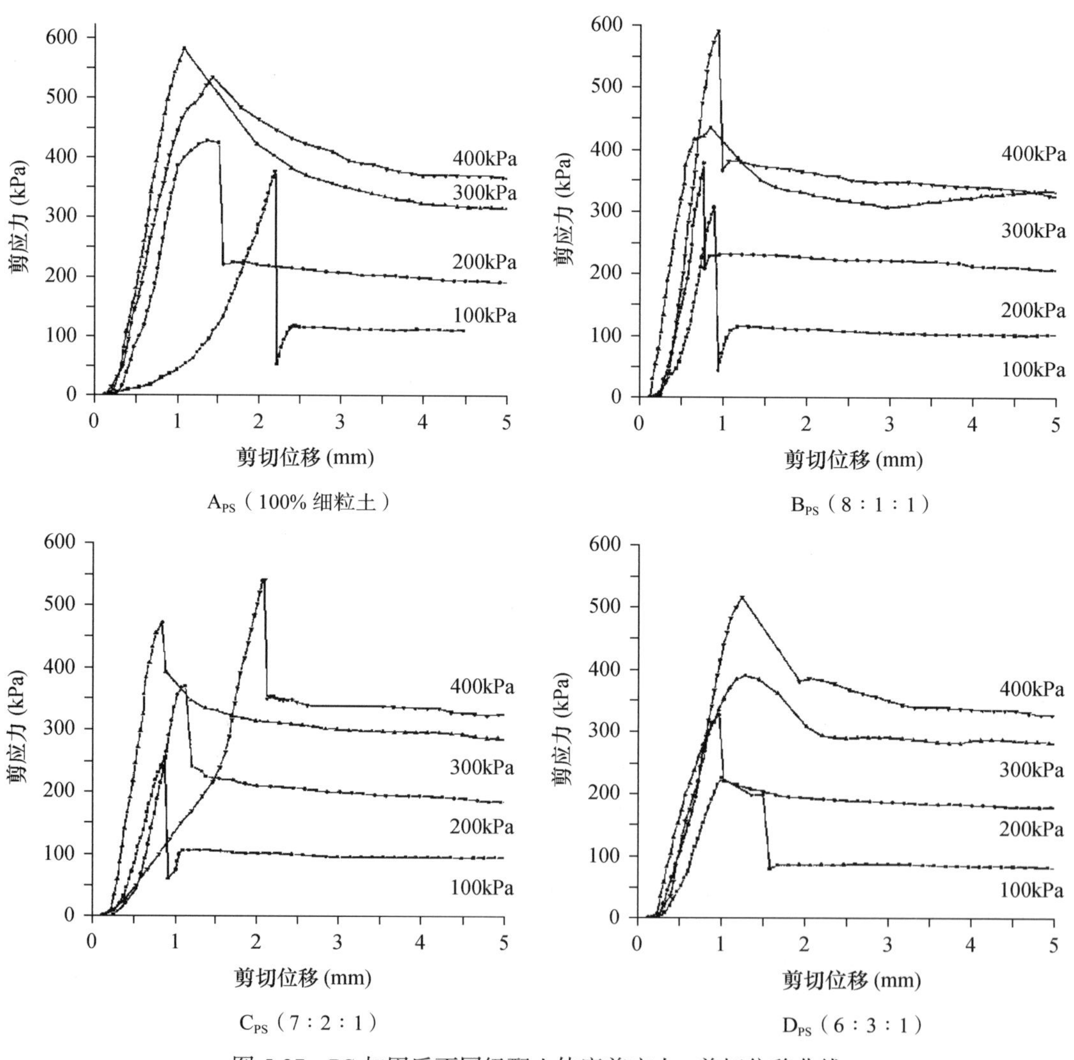

图 5-27　PS 加固后不同级配土体度剪应力 - 剪切位移曲线

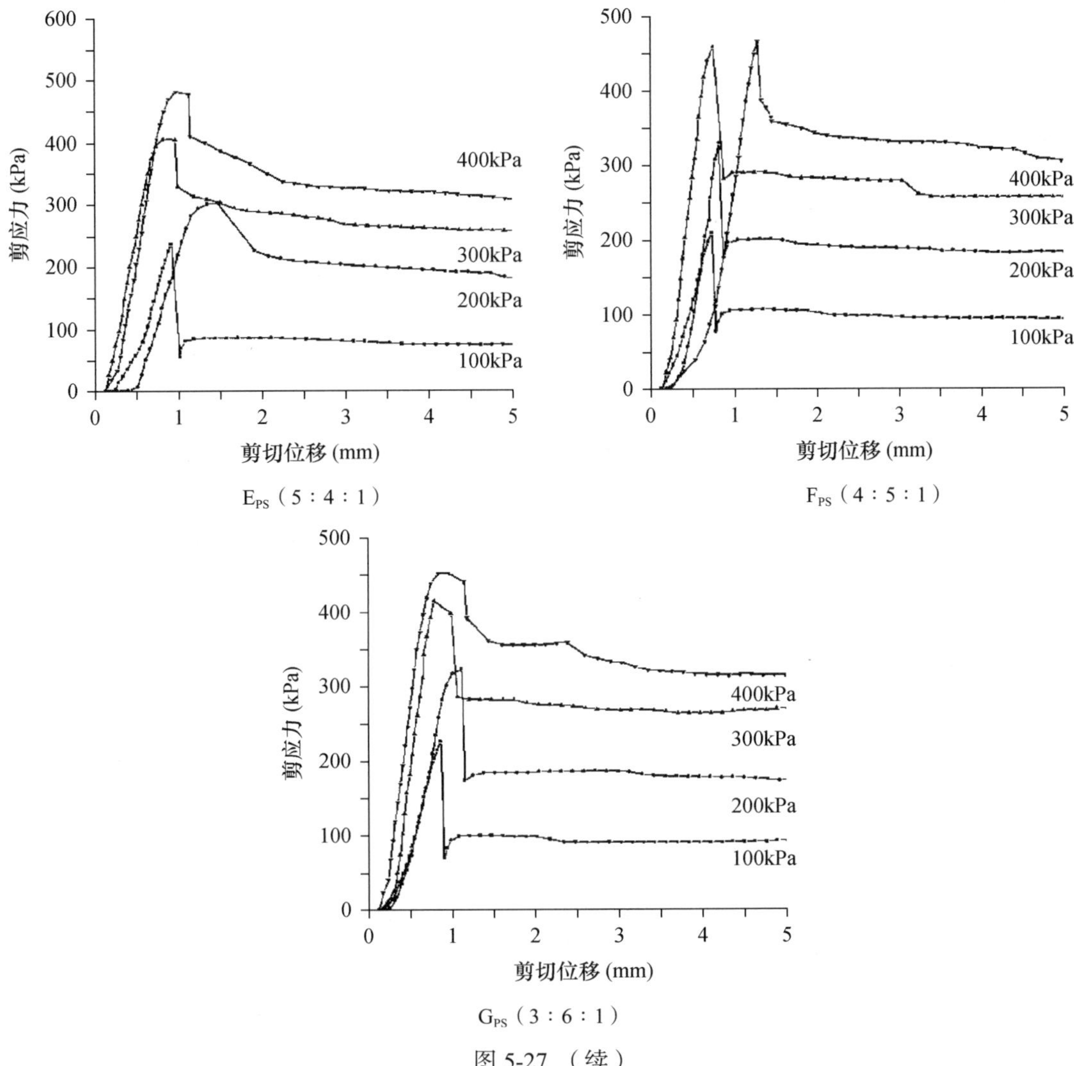

图 5-27 （续）

经 PS 加固后土样强度提升明显，细粒含量越高，峰值强度提升越明显，细粒之间的黏结作用越强，当含砂量增大时，PS 的加固作用显著降低；PS 强度的提升主要表现在黏聚力的增大（表 5-8），这种改变是由于 PS 改变了分离的、片状的晶态黏土矿物的微观结构。

表 5-8　PS 加固不同级配夯土力学参数

序号	配比（细粒：中砂：粗砂）	参照样		PS 加固样	
		C_0	φ_0	C_{PS}	φ_{PS}
A	100 细粒	290.9	33.6	323.4	32.1
B	8：1：1（20% 砂）	169.2	46.7	200.3	42.2
C	7：2：1（30% 砂）	156.7	39.2	168.5	43.9
D	6：3：1（40% 砂）	155.2	36.7	130.8	43.1

续表

序号	配比（细粒：中砂：粗砂）	参照样		PS 加固样	
		C_0	φ_0	C_{PS}	φ_{PS}
E	5：4：1（50% 砂）	102.2	38.9	147.4	40
F	4：5：1（60% 砂）	120.3	36.9	142.3	41.9
G	3：6：1（70% 砂）	117.4	38.5	161.8	37.6

5.2.1.1.4.2　PS 加固后不同干密度夯土力学性质

干密度不同，孔隙比不同，PS 的渗透范围也会不同，PS 的加固效果也会不同（图 5-28）。

通过试验可以看出 PS 对密度在 1.60～1.65g/cm^3 时 PS 加固效果最明显，当密度太小时，孔隙比过大，PS 并不能使分离的、片状的晶态黏土矿物形成致密的网状结构；当土体密度过大，孔隙比较小，PS 渗透深度有限，不能完全渗透土体，在剪切破坏面 PS 几乎没有渗入，对于密度过大的土体 PS 加固效果仅限于表层（表 5-9）。

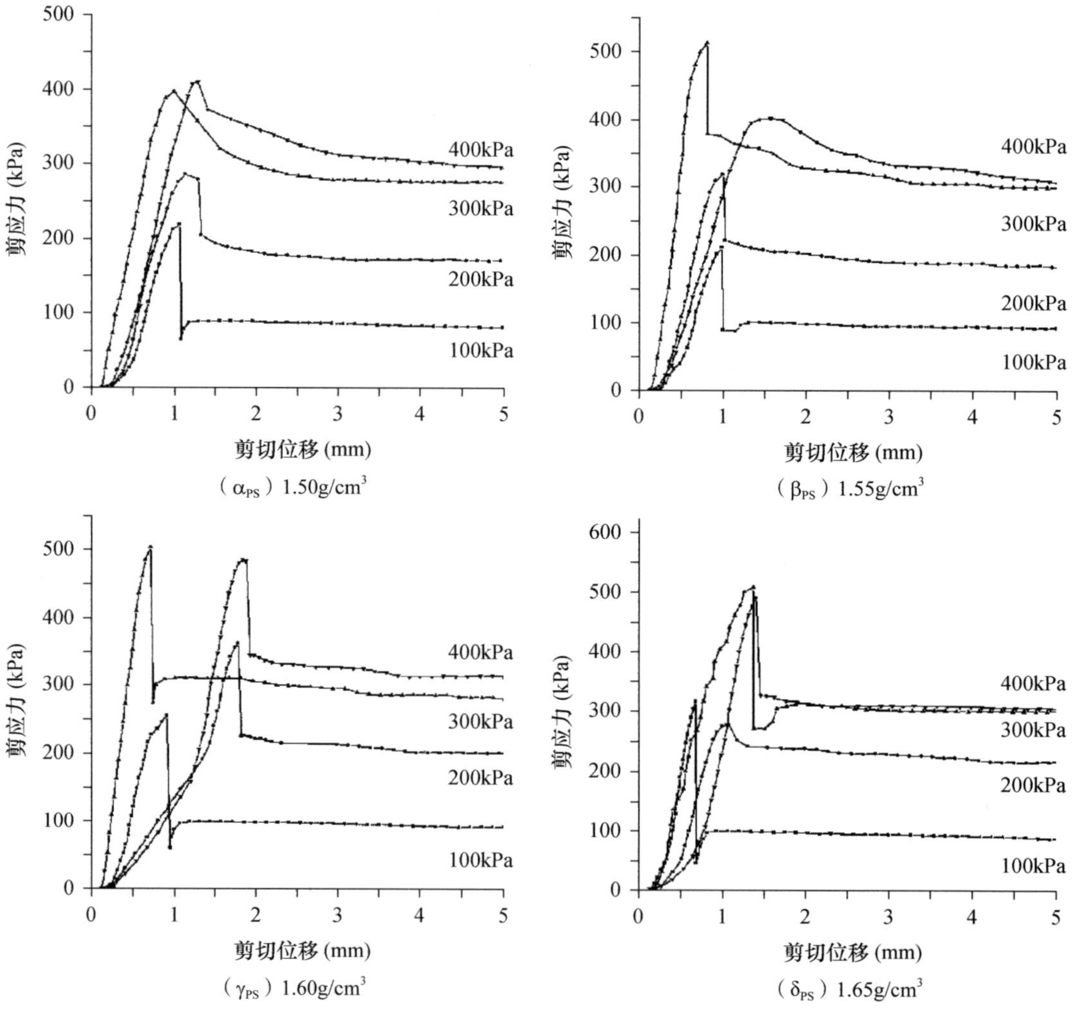

图 5-28　PS 加固后不同干密度剪应力 - 剪切位移曲线

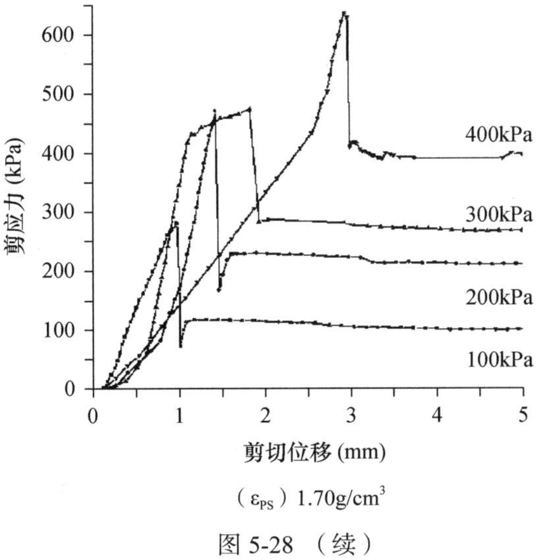

（ε_{PS}）1.70g/cm³

图 5-28 （续）

表 5-9　PS 加固后不同密度夯土力学参数

序号	干密度	参照样		PS 加固样	
		C_0 值	φ_0 值	C_{PS} 值	φ_{PS} 值
α	1.50g/cm³	122.5	34.8	156.8	34.4
β	1.55g/cm³	178.1	32.9	169.6	37.5
γ	1.60g/cm³	160.7	39.3	194	39.7
δ	1.65g/cm³	183.3	38.2	211.06	36.84
ε	1.70g/cm³	229.52	42.09	197.1	47

5.2.1.1.5　小结

1）当土体中不含有大于 2mm 砾石时，土体级配的改变对内摩擦角的影响并不显著，但黏聚力与细粒含量关系较为密切，细粒含量越多，黏聚力越大（图 5-29）。当级配相同时，干密度越大，黏聚力越大。

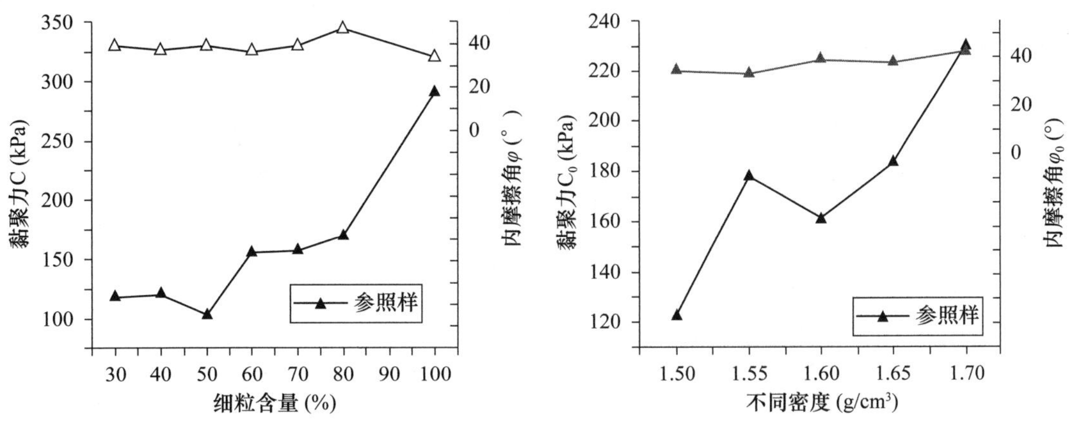

图 5-29　参照样力学参数

2）因不同级配的土样制样密度为 1.60g/cm^3，土体本身较为密实，在经过固结作用后，孔隙比变化不大，内摩擦角和黏聚力变化并不明显（图 5-30a），当级配相同，密度不同时，经过固结作用后，孔隙被压缩，低密度的变化较为明显，黏聚力变化要远远大于高密度土体，因此在级配不变的条件下，固结作用可以提高土体强度，低密度土体提升更为明显。

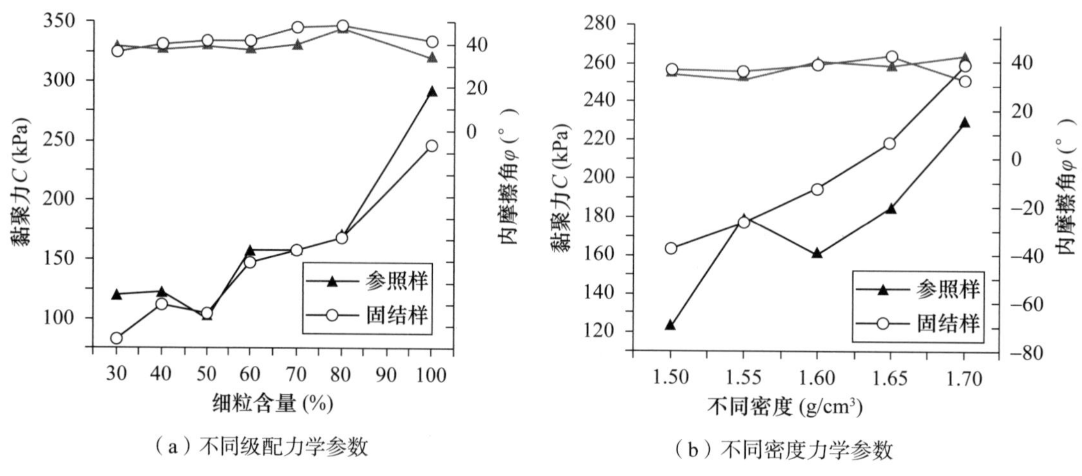

（a）不同级配力学参数　（b）不同密度力学参数

图 5-30　经固结后夯土力学参数

3）土样经 PS 加过后，内摩擦角变化并不明显，但黏聚力变化因级配和干密度不同而变化不同。在相同密度条件下，含砂量越多，黏聚力提升越明显，但改性后黏聚力仍比细粒含量高的土体黏聚力小（图 5-31a）；在级配相同的条件下，干密度越小，PS 加固对黏聚力提升越明显，高密度土体 PS 渗透效果较差，内聚力变化不明显。

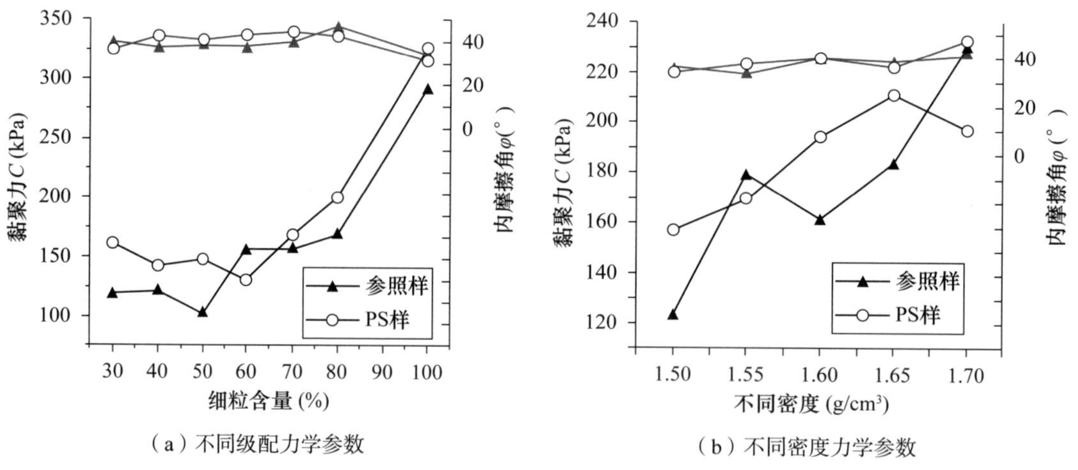

（a）不同级配力学参数　（b）不同密度力学参数

图 5-31　PS 加固后夯土力学参数

5.2.1.2　粒径及密度对夯土渗透性研究

土体的渗透性同强度、变形特征等是土力学中的几个主要力学性质，岩土工程各个领域都与土的渗透性密切相关。影响黏性土渗透性的因素很复杂，主要有黏粒含量、矿物成分、溶液性质、孔隙大小、孔隙形状与连通性等。我国西北地区土遗址受到建筑工艺、原材料的限制，不同遗址夯土的级配与干密度均存在差异，PS 加固后其表现特征也不相同，因此针对不同级配与不同干密度土体渗透性研究十分必要。

到目前为止，土体渗透性的研究都是以达西定律为基础的，室内一般采用变水头法来测定黏性土的渗透系数。

5.2.1.2.1 试验设计

本试验采用《土工试验规程》（SL237-1999）“变水头渗透方法”进行试验，试验过程中水头差一直随时间而变化。水从一根直立的带有刻度的玻璃管和 U 形管自下而上流经土样。试验时，将玻璃管充水至需要高度后，开动秒表，测记起始水头差 Δh_1，经时间 t 后，再测记最终水头差 Δh_2，通过建立瞬时达西定律，即可推出渗透系数 k 的表达式：

$$k=2.3\left(aL/At\right)\log\left(\Delta h_1/\Delta h_2\right) \quad （式 5-4）$$

试验样品参数与表 5-3 一致，试验内容主要以下两方面：

1）测定密度分别为 1.50g/cm^3、1.55g/cm^3、1.60g/cm^3、1.65g/cm^3、1.70g/cm^3 的试样及滴加 PS 的渗透系数；

2）测定不同级配试样及滴加 PS 的渗透系数。

5.2.1.2.2 试验过程

（1）制样

渗透试验依据不同级配和不同干密度进行制样，制样参数见表 5-4、表 5-5，制样使用土遗址保护土样制备仪（图 5-32），该仪器利用液压传动来控制上下模的运动制样成型，理论最大压力为 6.2MPa。该机采用独特的专利技术，实现均匀双面加压，使成型样块致密度均匀，成型效果更好。制样机按照直径 7cm、高 12cm 进行制样（图 5-33），待土样完全失水后，按照试验规范（SL237-014-1999）将样品用环刀制好后分为两组，一组为参照样，一组滴加 PS 进行渗透试验，每组两个平行样。

图 5-32 土遗址保护土样制备仪

图 5-33 制样机压制土样

（2）渗透试验

试验按照试验规范（SL237-014-1999）使用 TST-50 进行变水头渗透试验（图 5-34）。

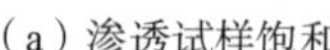

（a）渗透试样饱和

（b）渗透试验

图 5-34　变水头渗透试验

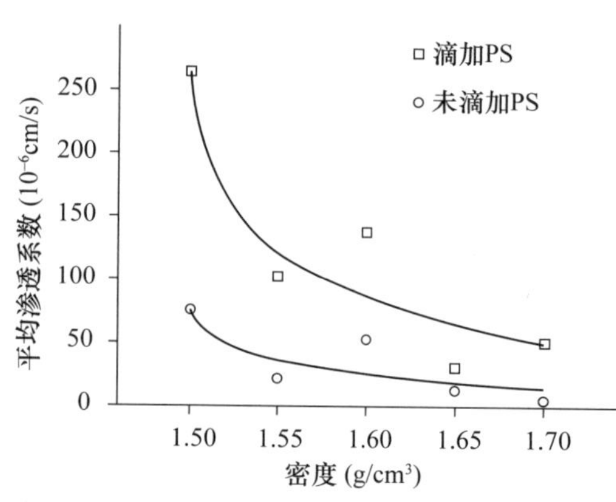

图 5-35　不同密度土体 PS 加固前后渗透性差异

5.2.1.2.3　试验结果分析

5.2.1.2.3.1　不同密度渗透试验

不同密度夯土渗透试验均采用同一种级配进行试验，试验土类型为粉质黏土，其经验渗透系数接近于 1×10^{-6}cm/s，夯土因密度差异渗透性呈规律性变化。通过试验可以明显看到（图 5-35），渗透性随着干密度的减小而增大。

滴加 PS 溶液后，渗透系数大幅提升，提升幅度 2～3 倍。干密度越小，孔隙越大，PS 加固时渗透性也越好，PS 作用于黏土矿物后，改变了分离的、片状的晶态黏土矿物的微观结构，形成了一种致密的非晶态凝胶网状结构，这种结构导致原土体孔隙变大，水通过土体时受到的黏滞力就越小，加固后的网状结构大幅度提升了土体的渗透系数（表 5-10）。

表 5-10　PS 加固不同密度土体渗透系数增幅

干密度（g/cm³）	参照样渗透系数（10^{-6}cm/s）	PS 加固样渗透系数（10^{-6}cm/s）	渗透系数增幅（%）
1.50	76.5	264	245
1.55	22	102	364
1.60	52.7	138	162
1.65	13.2	31.4	138
1.70	5.77	52.8	815

5.2.1.2.3.2　不同配比渗透试验

当级配相同，干密度不同时，渗透性受孔隙大小、形状、连通性的影响较大；当干密度相同，级配不同时，除了受孔隙因素影响外，还受到黏粒含量、矿物成分的影响。表 5-11 为常见土的经验渗透系数，西北地区夯土建造因地制宜，夯土类型包括黏土、粉质黏土和粉砂等，因夯土不同于天然素土，其渗透性与经验系数略有不同，在 PS 加固后渗透性变化也不同。

表 5-11　常见土经验渗透系数

土的类型	渗透系数经验值（cm/s）
黏土	$<1.2\times10^{-6}$
粉质黏土	1.2×10^{-6} ~ 6.0×10^{-5}
黄土	6.0×10^{-5} ~ 6.0×10^{-4}
粉砂	3.0×10^{-4} ~ 6.0×10^{-4}
细砂	1.2×10^{-3} ~ 6.0×10^{-3}
中砂	6.0×10^{-2} ~ 2.4×10^{-2}
粗砂	6.0×10^{-2} ~ 1.8×10^{-1}

本次试验通过调整细粒组和砂的含量形成不同土的类型，范围涵盖黏土、粉质黏土和粉砂（图 5-36）。

通过试验我们可以看到，级配对渗透系数的影响非常大，当细粒含量为 100% 时，渗透系数为 4.2×10^{-6}cm/s，随着细粒含量的减少，渗透系数呈指数增长；PS 加固后，渗透系数均增大，细粒含量越多，增幅百分比越大，细粒含量越少，增幅越大（表 5-12）。

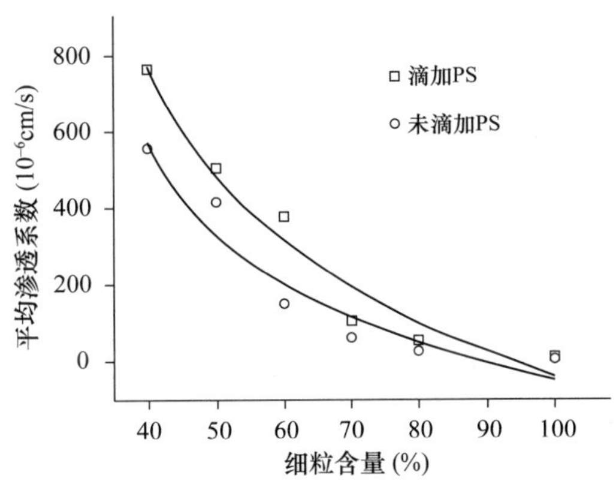

图 5-36　不同级配土体 PS 加固前后渗透性差异

表 5-12　PS 加固不同密度土体渗透系数增幅

细粒含量（%）	参照样渗透系数（10^{-6}cm/s）	PS 加固样渗透系数（10^{-6}cm/s）	渗透系数相对增幅（10^{-6}cm/s）	增幅渗透系数相对增幅比（%）
100	4.29	12.9	8.61	201
80	27.2	55	27.8	102
70	61.5	107	45.5	74
60	149	379	230	154
50	417	504	87	21
40	555	761	206	37

通过对不同级配及 PS 加固后土样渗透系数分析，拟合出经验公式，适用于干密度接近 1.60g/cm^3，细粒组成（<0.075）与含砂（0.075～0.25mm）相似的土体，式中

y为渗透系数（10^{-6}cm/s），x为细粒含量（%），细粒含量适用区间为40%～100%，经验公式如表5-13。

表5-13 不同级配土体渗透系数经验公式

土体类型	拟合公式	相关系数
不同级配土体（PS未加固）	$y=2.15\times104\mathrm{e}-0.084x$	$R^2=0.9894$
不同级配土体（PS加固）	$y=1.71104\mathrm{e}-0.071x$	$R^2=0.9752$

5.2.1.2.4 试验结论

1）当级配相同时，渗透系数随着干密度的增大而减小；土样经PS渗透加固后，渗透系数大幅增加，含砂量越大，渗透系数变化越大。

2）当干密度相同，级配变化时，土体渗透系数随着细粒含量的减少呈指数式增长，PS加固后，渗透系数均增大，细粒含量越多，增幅百分比越小，细粒含量越少，增幅越大。

5.2.1.3 固结试验

5.2.1.3.1 试验目的

1）测定密度分别为1.50g/cm^3、1.55g/cm^3、1.60g/cm^3、1.65g/cm^3、1.70g/cm^{3}的试样在侧限与轴向排水条件下的变形和压力（或孔隙比和压力）的关系、变形和时间的关系，以便于计算土的压缩系数、压缩指数、固结系数等。

2）测定不同级配的试样在侧限与轴向排水条件下的变形和压力（或孔隙比和压力）的关系、变形和时间的关系，以便计算土的压缩系数、压缩指数、固结系数等。

5.2.1.3.2 试验设备与试验步骤

5.2.1.3.2.1 试验设备

试验设备包括土样制备仪、削土器、全自动气压固结仪。

5.2.1.3.2.2 试验步骤

（1）制样

1）称取筛好的土，拌土后闷制半小时，然后用制样机制备高度为30mm、直径70mm土样，含水率为13.1%，密度分别为1.50g/cm^3、1.55g/cm^3、1.60g/cm^3、1.65g/cm^3、1.70g/cm^{3}的试样，每组四个平行样。

2）称取筛好的土，拌土后闷制半小时，然后用制样机制备高度为30mm、直径为70mm、密度为1.6g/cm^{3}的试样，制样级配及含水率参数见表5-4。

3）削取直径为61.8mm、高为20mm的土样进行试验。

（2）固结试验步骤

1）变形量测设备固结仪及加压设备应先定期校准。

2）测定试样的含水率和密度，取切下的余土测定土粒比重。

3）在固结容器内放置护环、透水板和薄型滤纸，将环刀样放入护环内，放上导环，依次放上薄型滤纸、透水板、加压上盖，并将固结容器置于加压框架正中，使加压上盖与加压框架中心对准，安装百分表或位移传感器。

4）施加一个预压力使试样与仪器上下各部件之间接触，将百分表或传感器调整零或初始读数。

5）确定需要施加的各级压力，第一级压力的大小应根据土的软硬程度而定，最后一级压力应大于土的自重压力与附加压力之和。具体固结压力按50kPa、100kPa、150kPa、200kPa逐级加载。

6）电脑操作整个试验过程，记录数据。

7）试验结束后迅速拆除仪器各部件，取出整块试样（图5-37）。

（a）固结试验试样

（b）固结试验

图5-37　固结试验过程

5.2.1.3.3　试验结果

5.2.1.3.3.1　不同密度对固结沉降量的影响

试验分别采用密度为1.50g/cm³、1.55g/cm³、1.60g/cm³、1.65g/cm³、1.70g/cm³的试样进行固结试验，含水率均为13.1%，采用50kPa、100kPa、150kPa、200kPa进行逐级加压固结。

5.2.1.3.3.1.1　固结变形量

通过试验得出每组试样在不同压力下的总变形量$\sum\Delta h_i$，试验结果见表5-14。

表5-14　不同密度试样在不同级压力下的总变形量（mm）

	50kPa	100kPa	150kPa	200kPa
1.50g/cm³	0.261	0.348	0.429	0.498
1.55g/cm³	0.258	0.349	0.417	0.478
1.60g/cm³	0.252	0.334	0.392	0.454
1.65g/cm³	0.191	0.301	0.329	0.386
1.70g/cm³	0.087	0.188	0.241	0.305

可以得出：施加同一级载荷，随着密度从1.50g/cm³到1.70g/cm³的增加，试块在固结过程中的总变形量逐渐减小；各密度的试样均随着逐级荷载的加载，总沉降量

逐渐增大；试块密度在 1.50～1.60g/cm^3 时，变形量较大，密度大于 1.60g/cm^3 时，变形量明显减小。

密度为 1.50g/cm^3 的试样在第一级压力下的变形量占总变形量的 52.4%；密度为 1.55g/cm^3 的试样在第一级压力下的变形量占总变形量的 53.97%；密度为 1.60g/cm^3 的试样在第一级压力下的变形量占总变形量的 55.5%；1.65g/cm^3 下第一级压力下的变形量占总变形量的 49.48%；密度为 1.70g/cm^3 的试样在第一级压力下的变形量占总变形量的 28.52%。密度 1.50～1.60g/cm^3 的试样，试块首次变形量占总变形量的 50% 以上，并且处于递增状态；密度为 1.65～1.70g/cm^3 的试样，试块首次变形量占总变形量的 50% 以下，并处于递减状态。

各级压力下试样固结稳定后的单位沉降量应按下式计算：

$$S_i = \frac{\sum \Delta h_i}{h_0} \times 10^3 \qquad (式 5\text{-}5)$$

式中：S_i—某级压力下的单位沉降量，mm/m；

h_0—试样初始高度，mm；

$\sum\Delta h_i$—某级压力下试样固结稳定后的总变形量，mm（等于该级压力下固结稳定读数减去仪器变形量）；

10^3—单位换算系数。

通过试验得出不同密度不同固结压力下的单位沉降量，试验结果见表 5-15。

表 5-15　不同密度试样在不同级压力下的单位形变量（‰）

	50kPa	100kPa	150kPa	200kPa
1.50g/cm^3	13.03	17.41	21.44	24.89
1.55g/cm^3	12.88	17.45	20.85	23.89
1.60g/cm^3	12.58	16.69	19.58	22.70
1.65g/cm^3	9.56	15.03	16.46	19.30
1.70g/cm^3	4.36	9.38	12.04	15.24

在同级压力下，干密度越小，固结变形量越大，随着压力的逐级施加，单位形变量也逐级增大，并且不同密度试样在不同级压力下固结变形量呈对数增长（图 5-38）。

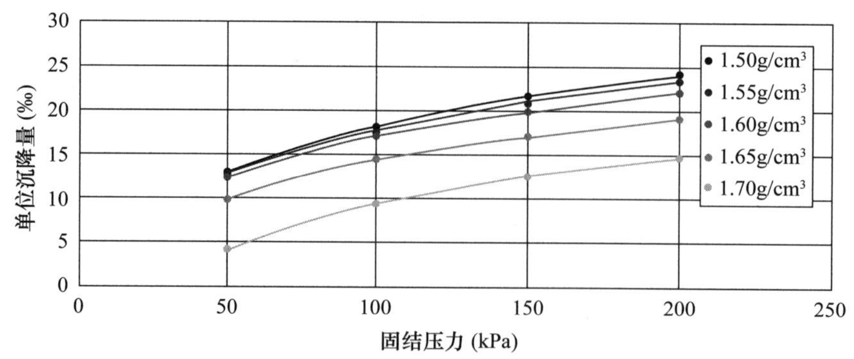

图 5-38　不同密度试样在不同级压力下单位形变量

通过固结压力和变形量进行拟合，得到如表 5-16 曲线方程，不同密度试块沉降曲线函数符合，$f(x)=A\ln(x)-B$，其中 X 为固结压力，$f(x)$ 为单位厚度下沉降量。在拟合曲线中，当 H 小于一定高度时，沉降量非常小，这个高度定义为有效高度。

表 5-16　不同密度土体固结沉降拟合方程

密度（g/cm^3）	拟合曲线方程	有效高度	相关系数 R^2
1.70	$f(x)=7.6370\ln(x)-25.6812$	$H>1.44$	$R^2=0.9916$
1.65	$f(x)=6.7428\ln(x)-16.6480$	$H>0.59$	$R^2=0.9807$
1.60	$f(x)=7.0928\ln(x)-15.4830$	$H>0.45$	$R^2=0.9835$
1.55	$f(x)=7.8084\ln(x)-17.9760$	$H>0.50$	$R^2=0.9890$
1.50	$f(x)=8.4173\ln(x)-20.4160$	$H>0.57$	$R^2=0.9771$

5.2.1.3.3.1.2　固结孔隙比变化

固结沉降的主要因素是水分的排出以及孔隙的减小，在荷载作用下，土体体积压缩，孔隙比减小。

试样的初始孔隙比 e_0 应按下式计算：

$$e_0=\frac{(1+0.01w_0)G_s\rho_w}{\rho_0}-1 \tag{式 5-6}$$

式中：G_s—土粒比重；

ρ_w—水的密度，g/cm^3；

ρ_0—试样的初始密度，g/cm^3；

w_0—试样的初始含水率，%。

各级压力作用下试样固结稳定后的孔隙比应按下式计算：

$$e_i=e_0-\frac{1+e_0}{h_0}\sum\Delta h_i \tag{式 5-7}$$

式中：e_i—某级压力下的孔隙比；

$\sum\Delta h_i$—某级压力下的试样总变化量，cm；

h_0—试样初始高度，cm。

孔隙比在固结过程中的变化如表 5-17 所示。

表 5-17　不同密度不同固结压力下孔隙比变化

	$1.50g/cm^3$	$1.55g/cm^3$	$1.60g/cm^3$	$1.65g/cm^3$	$1.70g/cm^3$
初始孔隙比 e_0	0.823	0.764	0.709	0.657	0.608
50kPa 固结孔隙比	0.799	0.741	0.687	0.641	0.601
100kPa 固结孔隙比	0.791	0.733	0.680	0.632	0.593
150kPa 固结孔隙比	0.783	0.727	0.675	0.630	0.589
200kPa 固结孔隙比	0.777	0.722	0.670	0.625	0.584

1）随着试样密度的增加，试样固结稳定后的孔隙比在逐级递减，从 50kPa 到 200kPa，孔隙比下降了约 25%。

2）随着逐级压力的增加，试样的孔隙比也在下降，说明随着压力的增加，试样的孔隙在减小（图 5-39）。

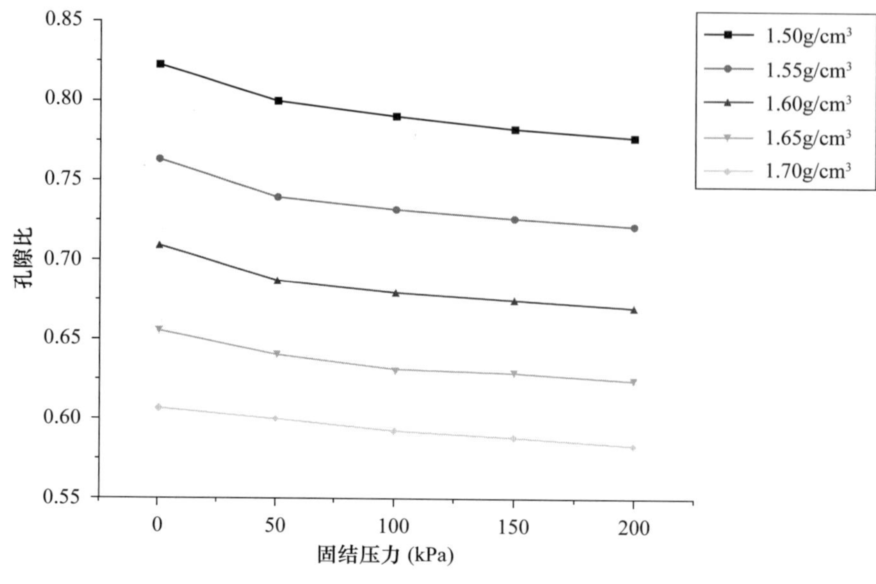

图 5-39　不同密度不同固结压力下孔隙比变化

5.2.1.3.3.1.3　压缩系数变化

某一压力范围内的压缩系数应按下式计算：

$$a_v = \frac{e_i - e_{i+1}}{P_{i+1} - p_i} \qquad \text{（式 5-8）}$$

式中：a_v—压缩系数（MPa^{-1}）；

P_i—某级压力值（MPa）。

将 e_i 代入公式可得不同密度的试样在某一压力范围内的压缩系数，如表 5-18、图 5-40 所示。

表 5-18　不同密度试样的压缩系数

	50kPa	100kPa	150kPa	200kPa
1.50g/cm³	0.4757	0.1586	0.1476	0.1258
1.55g/cm³	0.4550	0.1605	0.1199	0.1076
1.60g/cm³	0.4306	0.1401	0.0991	0.1059
1.65g/cm³	0.3164	0.1822	0.0464	0.0944
1.70g/cm³	0.1399	0.1624	0.0852	0.1029

施加第一级载荷后，除密度为 1.70g/cm³ 的试样外，其他试样的压缩系数均最大，说明第一次加载对试块的影响最大；随着试样密度的增加，其压缩系数逐渐减小，说明密度越大越难被压缩。

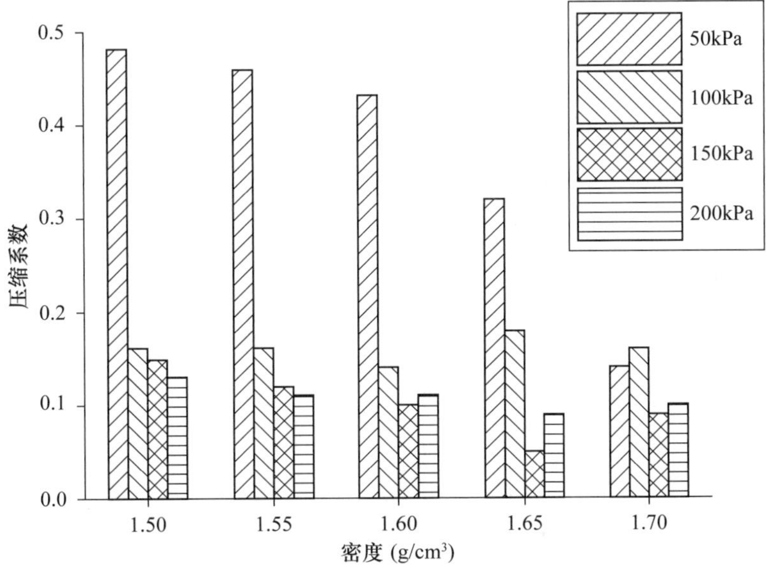

图 5-40　不同密度试样的压缩系数

5.2.1.3.3.1.4　压缩模量变化

某一压力范围内的压缩模量应按下式计算：

$$E_S = \frac{1 + e_0}{a_v} \qquad （式 5-9）$$

式中：E_S—某压力下范围内的压缩模量（MPa），e_0—孔隙比，a_v—某一压力范围内的压缩系数。

将计算所得的 e_i 代入公式可得不同密度的试样在某一压力范围内的压缩模量 E_s，如表 5-19、图 5-41 所示。

表 5-19　不同密度试样的压缩模量（MPa）

	50kPa	100kPa	150kPa	200kPa
1.50g/cm³	11.49	11.49	12.35	14.49
1.55g/cm³	3.88	10.99	14.71	16.39
1.60g/cm³	3.97	12.20	17.24	16.13
1.65g/cm³	5.24	9.09	35.71	17.54
1.70g/cm³	11.49	9.90	18.87	15.63

1）施加第一级载荷后，除密度为 1.70g/cm³ 的试样外，其他试样的压缩模量均最小，且之后逐级加载的荷载压缩模量变化不大，说明第一次加载对试块的影响最大。

2）密度小于 1.6g/cm³ 的试样，压缩模量随加载压力的增大而增大，密度大于 1.6g/cm³ 的试样，当加载压力大于 150kPa 时，压缩模量随加载压力的增大而减小。

5.2.1.3.3.1.5　体积压缩系数的变化

某一压力范围内的体积压缩系数应按下式计算：

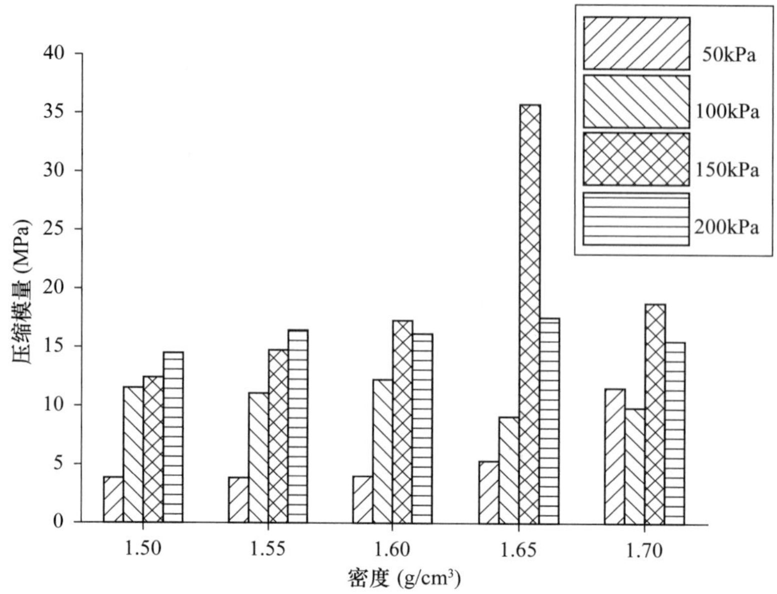

图 5-41　不同密度试样的压缩模量（MPa）

$$m_v = \frac{1}{E_s} = \frac{a_v}{1+e_0} \quad （式 5-10）$$

式中：m_v—某压力下范围内的体积压缩系数（MPa^{-1}）。

将前文计算所得的 $e_i E_s$ 代入公式可得不同密度的试样在某一压力范围内的体积压缩系数 m_v，如表 5-20、图 5-42 所示。

表 5-20　不同密度试样的体积压缩系数

	50kPa	100kPa	150kPa	200kPa
1.50g/cm³	0.261	0.087	0.0810	0.069
1.55g/cm³	0.258	0.091	0.0680	0.061
1.60g/cm³	0.252	0.082	0.0580	0.062
1.65g/cm³	0.191	0.110	0.0280	0.057
1.70g/cm³	0.087	0.101	0.0530	0.064

1）施加第一级载荷后，除密度为 1.70g/cm³ 的试样外，其他试样的体积压缩系数均最大，说明第一次加载对试块的影响最大。

2）随着试样密度的增加，其压缩系数逐渐减小，说明密度越大越难被压缩。

3）逐级加载到 200kPa 后，各密度试样的最终体积压缩系数均在 0.00006 左右，这说明各种密度的试样在 200kPa 压力作用下体积压缩系数趋于相同。

5.2.1.3.3.2　不同级配对固结沉降量的影响

试验分别采用不同级配土进行固结试验，试样级配如表 5-3。固结试验试块密度均为 1.60g/cm³，含水率 A～G 组依次为 18.78%、14.5%、13.2%、11.4%、9.7%、8.8%、8.4%。采用 50kPa、100kPa、150kPa、200kPa 进行逐级加压固结。

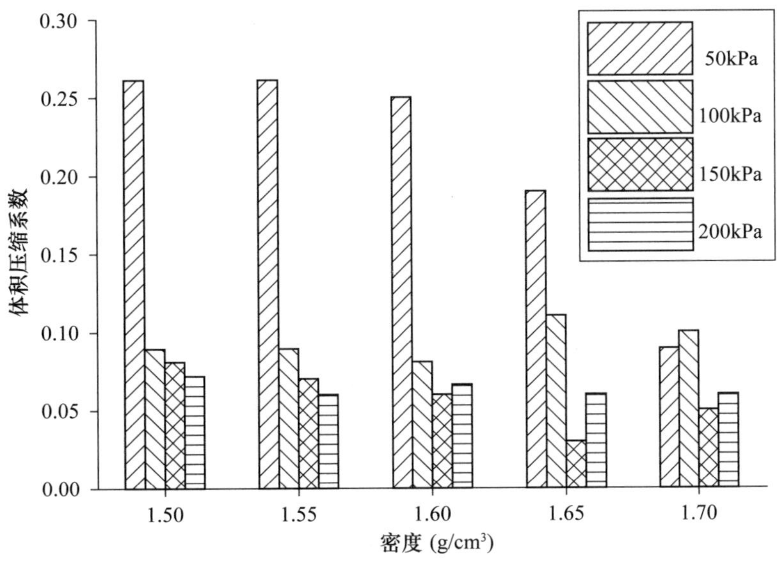

图 5-42　不同密度试样的体积压缩系数

5.2.1.3.3.2.1　固结变形量的改变

级配不同，粗颗粒形成的骨架结构不同，孔隙在上覆荷载下的最终变形量也有所不同。固结总变形量的改变如表 5-21 所示。

表 5-21　不同级配及不同固结压力下总沉降量（mm）

	50kPa	100kPa	150kPa	200kPa
A（不含砂）	0.285	0.404	0.510	0.604
B（含砂 20%）	0.237	0.337	0.421	0.496
C（含砂 30%）	0.311	0.402	0.476	0.559
D（含砂 40%）	0.247	0.349	0.436	0.519
E（含砂 50%）	0.303	0.398	0.477	0.553
F（含砂 60%）	0.241	0.321	0.390	0.451
G（含砂 70%）	0.272	0.354	0.393	0.430

通过观察图 5-43 可以得出：50kPa 压力作用下，含砂量 30% 和含砂量 50% 的土样总变形量最大；100kPa、150kPa 和 200kPa 压力作用下，含砂量 0% 的土样总变形最大；150kPa 和 200kPa 压力作用下，含砂量 60% 和含砂量 70% 的土样总变形最小。

试样每级压力下的变形量 Δh_i 如表 5-22 所示。

施加第一级载荷时，试样的变形量最大；经过初次沉降后，试样的变形量会大幅度减小，说明土样密度为 1.60g/cm^3 时，初次加载对试样的影响最大。

各级压力下试样固结稳定后的单位沉降量应按式 5-5 计算，其单位沉降量如表 5-23 所示。

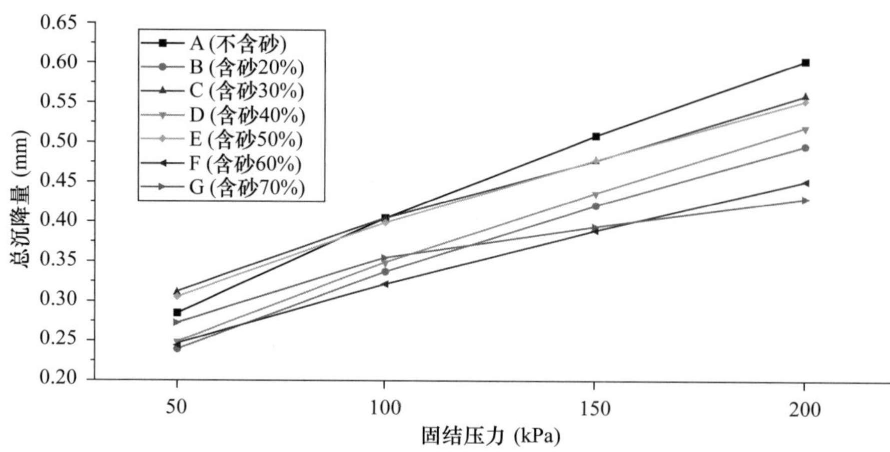

图 5-43　不同级配及不同固结压力下总沉降量（mm）

表 5-22　不同级配及不同固结压力下变形量（mm）

	50kPa	100kPa	150kPa	200kPa
A（不含砂）	0.285	0.120	0.106	0.094
B（含砂 20%）	0.237	0.100	0.084	0.074
C（含砂 30%）	0.311	0.092	0.074	0.083
D（含砂 40%）	0.247	0.102	0.087	0.083
E（含砂 50%）	0.303	0.095	0.080	0.076
F（含砂 60%）	0.241	0.079	0.070	0.060
G（含砂 70%）	0.272	0.082	0.038	0.038

表 5-23　不同含砂量试样在各级压力作用下的单位沉降量（‰）

	50kPa	100kPa	150kPa	200kPa
A（不含砂）	14.23	20.21	25.49	30.18
B（含砂 20%）	11.87	16.85	21.07	24.78
C（含砂 30%）	15.53	20.10	23.78	27.93
D（含砂 40%）	12.34	17.45	21.79	25.94
E（含砂 50%）	15.13	19.88	23.85	27.65
F（含砂 60%）	12.06	16.03	19.51	22.53
G（含砂 70%）	13.60	17.71	19.63	21.51

不同级配试样单位沉降量的变化趋势与试样总变化量的趋势一样，初始孔隙比 A 最大，G 最小，在固结压力作用下土体的孔隙比总体呈线性变形，0～50kPa 总体变化较 50～200kPa 更剧烈。因级配不同，在相同干密度条件下，初始孔隙比也不同，孔隙比随着级配比变化由 A、C、E、B、F、D、G 依次减小；在不同级固结压力下沉降量的规律与孔隙比基本一致，四级荷载作用下总沉降量由大到小依次为 A、C、E、D、B、F、G。不同级配试样的固结沉降与初始孔隙比密切相关，总体呈现初始孔隙比越大，沉降量越大。

不同级配土体沉降规律也符合 $f(x)=A\ln(x)-B$，如表 5-24 所示。

表 5-24　不同级配土体固结沉降拟合方程

级配	拟合曲线方程	有效高度 h_0	相关系数 R^2
A（不含砂）	$f(x)=11.305\ln(x)-30.670$	0.75	$R^2=0.9783$
B（含砂 20%）	$f(x)=9.1813\ln(x)-24.575$	0.73	$R^2=0.9821$
C（含砂 30%）	$f(x)=8.6567\ln(x)-18.893$	0.44	$R^2=0.9700$
D（含砂 40%）	$f(x)=9.5969\ln(x)-25.780$	0.73	$R^2=0.9774$
E（含砂 50%）	$f(x)=8.8188\ln(x)-19.869$	0.48	$R^2=0.9787$
F（含砂 60%）	$f(x)=7.4467\ln(x)-17.511$	0.53	$R^2=0.9808$
G（含砂 70%）	$f(x)=5.6256\ln(x)-8.3644$	0.22	$R^2=0.9983$

5.2.1.3.3.2.2　固结孔隙比变化

试样的初始孔隙比 e_0 应按式 5-6 计算，各级压力作用下试样固结稳定后的孔隙比如表 5-25 所示。

表 5-25　不同配比的试样固结稳定后的孔隙比

	50kPa	100kPa	150kPa	200kPa
A（不含砂）	0.693	0.683	0.674	0.666
B（含砂 20%）	0.680	0.672	0.665	0.658
C（含砂 30%）	0.678	0.671	0.664	0.657
D（含砂 40%）	0.676	0.667	0.660	0.653
E（含砂 50%）	0.677	0.669	0.663	0.656
F（含砂 60%）	0.679	0.672	0.666	0.661
G（含砂 70%）	0.673	0.666	0.663	0.659

通过观察图 5-44 可以得出，随着含砂量的增加，试样的孔隙比先减小，后增大，再减小。含砂量为 0～40% 时，孔隙比减小；含砂量为 40%～60% 时，孔隙比增大；

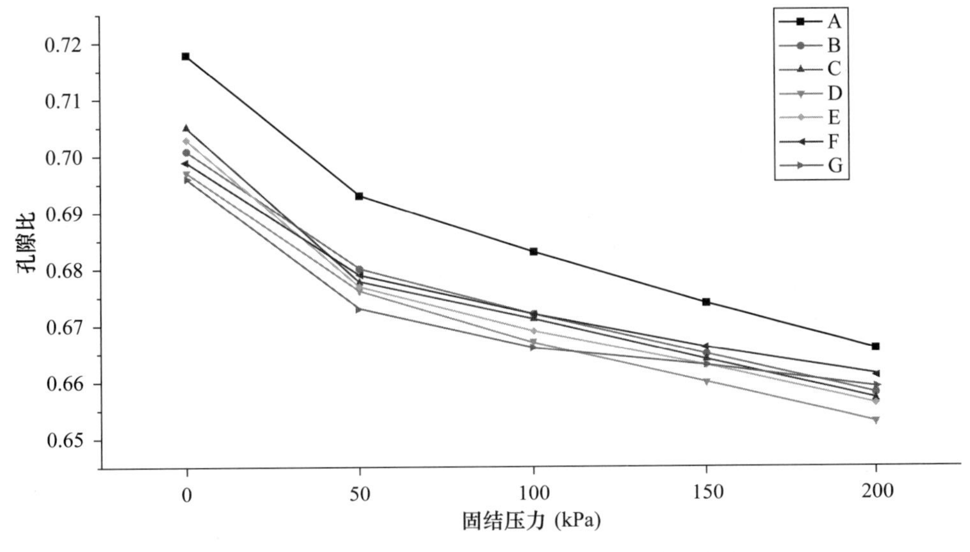

图 5-44　不同级配及不同固结压力下孔隙比变化

含砂量为 60%～70% 时，孔隙比减小。施加 50～100kPa 载荷时，含砂量为 70% 的试样孔隙比最小，说明试样此时被压缩得最大；施加 150～200kPa 载荷时，含砂量为 40% 的试样孔隙比最小。

5.2.1.3.3.3　压缩指数

5.2.1.3.3.3.1　压缩系数的变化

某一压力范围内的压缩系数见表 5-26。

表 5-26　不同配比试样的压缩系数

	50kPa	100kPa	150kPa	200kPa
A（不含砂）	0.4896	0.2044	0.1821	0.1615
B（含砂 20%）	0.4031	0.1701	0.1429	0.1275
C（含砂 30%）	0.5302	0.1551	0.1262	0.1415
D（含砂 40%）	0.4191	0.1731	0.1476	0.1408
E（含砂 50%）	0.5161	0.1618	0.1346	0.1294
F（含砂 60%）	0.4095	0.1359	0.1172	0.1037
G（含砂 70%）	0.4613	0.1391	0.0661	0.0628

施加第一级载荷时，试样的压缩系数变化最大（图 5-45），经过初次沉降后，试样的压缩系数会大幅度减小，说明土样密度为 $1.60g/cm^3$ 时，初次加载对试样的影响最大。

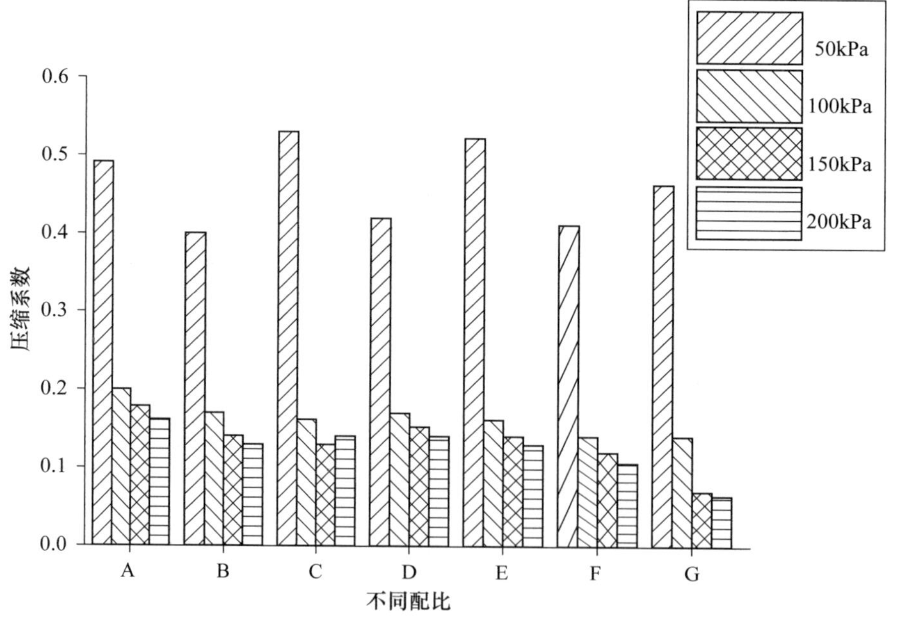

图 5-45　不同配比试样的压缩系数

5.2.1.3.3.3.2　压缩模量的变化

某一压力范围内的压缩模量如表 5-27 所示。

表 5-27　不同配比试样的压缩模量（MPa）

	50kPa	100kPa	150kPa	200kPa
A（不含砂）	3.51	8.40	9.43	10.64
B（含砂 20%）	4.22	10.00	11.90	13.33
C（含砂 30%）	3.22	10.99	13.51	12.05
D（含砂 40%）	4.05	9.80	11.49	12.05
E（含砂 50%）	3.30	10.53	12.66	13.16
F（含砂 60%）	4.15	12.50	14.49	16.39
G（含砂 70%）	3.68	12.20	25.64	27.03

逐级施加荷载，试样的压缩模量大体呈递增状态；土样在 100kPa 范围内压缩模量变化较大，当压力大于 100kPa 时，细粒含量越多，压缩模量增幅变小；含砂量增大时，压缩模量变化要大于含砂量小的土体（图 5-46）。

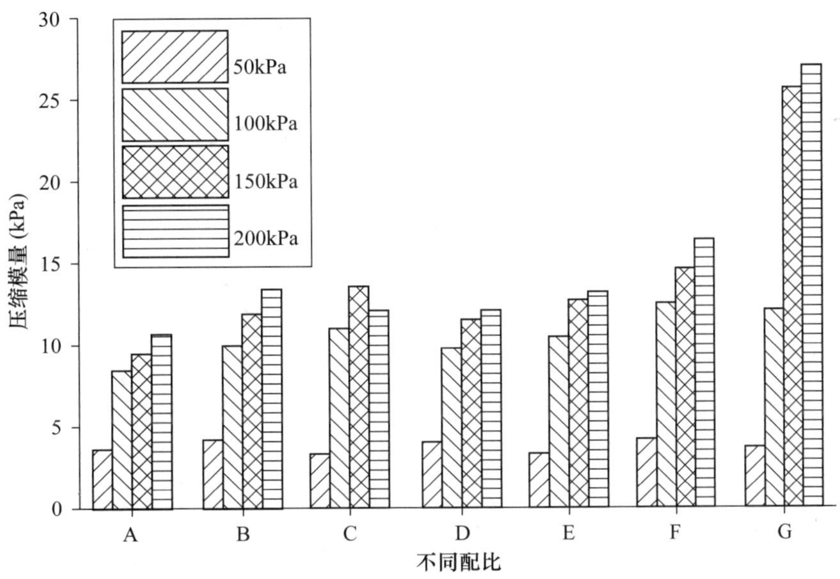

图 5-46　不同配比试样的压缩模量

5.2.1.3.3.3.3　体积压缩系数的变化

某一压力范围内的体积压缩系数如表 5-28 所示。

表 5-28　不同配比试样的体积压缩系数

	50kPa	100kPa	150kPa	200kPa
A（不含砂）	0.2850	0.1190	0.1060	0.0940
B（含砂 20%）	0.2370	0.1	0.00500840	0.0750
C（含砂 30%）	0.3110	0.0910	0.0740	0.0830
D（含砂 40%）	0.2470	0.1020	0.0870	0.0830
E（含砂 50%）	0.3030	0.0950	0.0790	0.0760
F（含砂 60%）	0.2410	0.0800	0.0690	0.0610
G（含砂 70%）	0.2720	0.0820	0.0390	0.0370

施加第一级载荷时，试样的体积压缩系数变化最大；经过 50kPa 压缩后，试样的体积压缩系数会大幅度减小（图 5-47）。

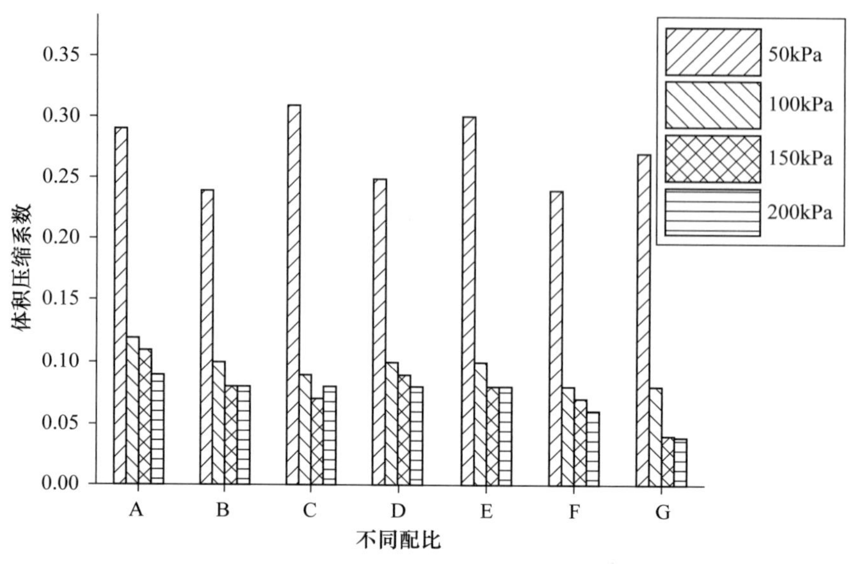

图 5-47 不同配比试样的体积压缩系数

5.2.1.3.3.4 小结

1）施加同一级载荷，随着密度从 1.50g/cm^3 到 1.70g/cm^3 与级配从 A—G 的增加，试块在固结过程中的总变形量、单位沉降量均逐渐减小；各密度与级配的试样随着逐级荷载的加载，总沉降量逐渐增大，其中第一次加载均对试块的影响最大。

2）随着试样密度与逐级压力的增加，试样固结稳定后的孔隙比在逐级递减；随着含砂量的增加，试样的孔隙比先减小，后增大，再减小。

3）随着试样密度的增加，其压缩系数逐渐减小，说明密度越大越难被压缩。

4）施加第一级载荷后，除密度为 1.70g/cm^3 的试样外，其他试样的压缩模量均最小，体积压缩系数均最大；各级配试样的压缩系数变化最大，经过初次沉降后，试样的压缩系数会大幅度减小，说明第一次加载对试块的影响最大。

5.2.1.4 失水收缩试验

5.2.1.4.1 试验目的

研究利用三维扫描仪对不同干密度、不同级配的遗址土重塑样在失水过程中的干缩体积变进行实测，观测不同干密度、不同级配的遗址土的失水率、体积、密度变化，为后期大尺寸夯土墙体的干缩试验及土遗址保护工程提供理论基础。

5.2.1.4.2 试验内容及仪器

5.2.1.4.2.1 试验内容

试验选用锁阳城遗址土，通过分析遗址土体的干密度及级配，设计不同的干密度和级配梯度制作试块，试块的初始含水率均为击实试验所得的最优含水率。以试块制作完成时为起始时间，测定在试块干燥过程中的质量与体积变化。此外，本次试验还设置圆柱状土体试验，研究同一个圆柱试样在干缩过程中不同位置的干缩程度。方试样为 50mm×50mm×50mm 立方体，圆试样为直径 70mm、高 120mm 圆柱体。

5.2.1.4.2.2　试验设备

试验设备：制样机，Handyscan 3D 便携式扫描仪等。

分析软件：VXelements 扫描软件，Geomagic Control 2014 分析软件等。

5.2.1.4.3　试块制备

5.2.1.4.3.1　不同干密度试块

取锁阳城遗址土，碾碎过 5mm 筛，以 13.1% 含水率拌制好 2 块平行土样，密度梯度如表 5-29 所示。

表 5-29　不同干密度土样基础信息表

密度（g/cm^3）	形状	干土质量（g）	初始含水率（%）	含水质量（g）	总质量（g）
1.5	圆柱样	692.72	13.10	90.75	783.47
	立方体样	187.50	13.10	24.56	212.06
1.55	圆柱样	715.81	13.10	93.77	809.58
	立方体样	193.75	13.10	25.38	219.13
1.6	圆柱样	738.90	13.10	96.80	835.70
	立方体样	200.00	13.10	26.20	226.20
1.65	圆柱样	761.99	13.10	99.82	861.81
	立方体样	206.25	13.10	27.02	233.27
1.7	圆柱样	785.08	13.10	102.85	887.93
	立方体样	212.50	13.10	27.84	240.34

5.2.1.4.3.2　不同级配试块

取锁阳城遗址土，碾碎过 0.075mm 筛，配合事先筛好的中砂和细砂，以下表 5-30 中的配比和含水率制拌 2 块平行砂样。

表 5-30　不同级配试样基础信息表

序号	形状	干土质量（g）	初始含水率（%）	含水质量（g）	总质量（g）
A	圆柱样	738.90	18.00	133.00	871.91
	立方体样	200.00	18.00	36.00	236.00
B	圆柱样	738.90	7.50	55.42	794.32
	立方体样	200.00	7.50	15.00	215.00
C	圆柱样	738.90	15.00	110.84	849.74
	立方体样	200.00	15.00	30.00	230.00
D	圆柱样	738.90	13.50	99.75	838.65
	立方体样	200.00	13.50	27.00	227.00

续表

序号	形状	干土质量（g）	初始含水率（%）	含水质量（g）	总质量（g）
E	圆柱样	738.90	12.00	88.67	827.57
	立方体样	200.00	12.00	24.00	224.00
F	圆柱样	738.90	10.50	77.58	816.49
	立方体样	200.00	10.50	21.00	221.00
G	圆柱样	738.90	9.00	66.50	805.40
	立方体样	200.00	9.00	18.00	218.00

5.2.1.4.4　不同试样干缩试验结果分析

5.2.1.4.4.1　干缩过程中失水率变化分析

干缩过程中失水率的计算公式为：

$$失水率=\frac{试样初始质量-某一时刻试样质量}{试样初始质量}\times 100\% \qquad （式 5-11）$$

5.2.1.4.4.1.1　不同干密度试样干缩过程中失水率随时间变化

由图 5-48 中可以看出，不同干密度圆形试样的失水率曲线基本上可分为三个阶段：直线段、减速段和稳定段，其最终失水率保持在 95% 左右。在前 20h，失水率曲线近似呈直线，为直线等速收缩阶段，失水率随着时间增长而迅速增长；在 20～70 小时之内，失水率曲线近似呈外凸弧线，为减速收缩阶段，随着时间增长土体收缩速度减缓。在 70 小时以后失水率曲线近似水平，为收缩稳定阶段，失水率缓慢变化并几乎保持一致，土体几乎不再收缩。

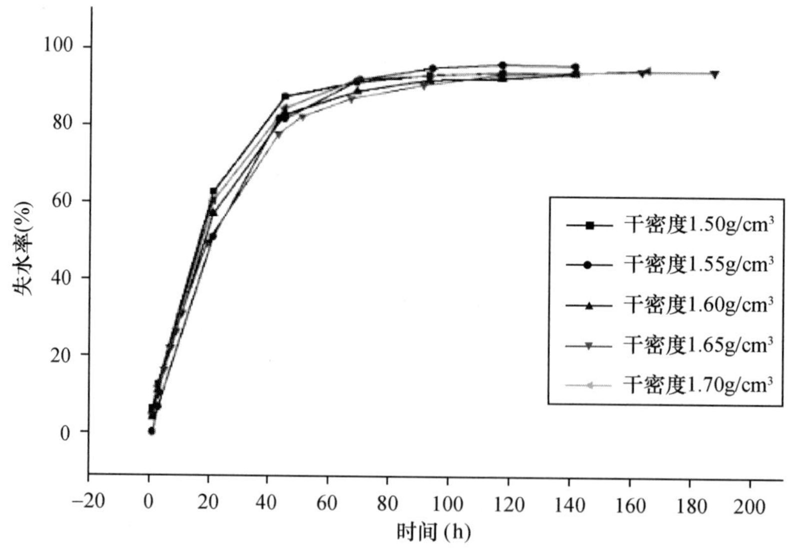

图 5-48　不同干密度圆形试样失水率随时间变化

由图 5-49 中可以看出，和圆柱体式样一样，不同干密度方形试样的失水率曲线基本上也可分为三个阶段：直线段、减速段和稳定段，其最终失水率保持在 95% 左

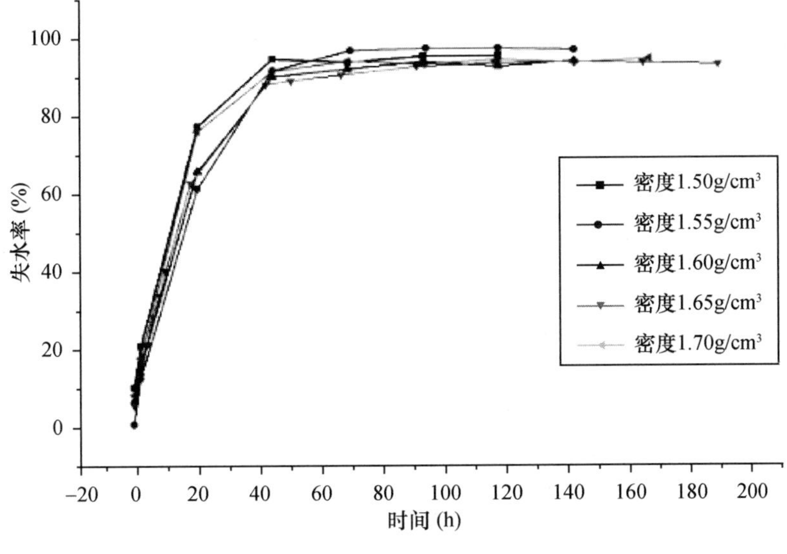

图 5-49　不同干密度方形试样失水率

右。在前 25h，失水率曲线近似呈直线，为直线等速收缩阶段，失水率随着时间增长而迅速增长；在 25～50 小时之内，失水率曲线近似呈外凸弧线，为减速收缩阶段，随着时间增长土体收缩速度减缓。在 50 小时以后失水率曲线近似水平，为收缩稳定阶段，失水率缓慢变化并几乎保持一致，土体几乎不再收缩。

同密度的方样与圆样相比，方样的最终失水率略高于圆样，且方形试样的失水率进入稳定阶段的时间较短，圆形试样较长，方样约 50 小时，圆样约 70 小时，说明试样的体积越小将会越快干燥并且完成干缩过程。

5.2.1.4.4.1.2　不同配比试样干缩过程中失水率随时间变化

由图 5-50 与图 5-51 中可以看出，不同配比圆形试样与方形试样的失水率曲线基

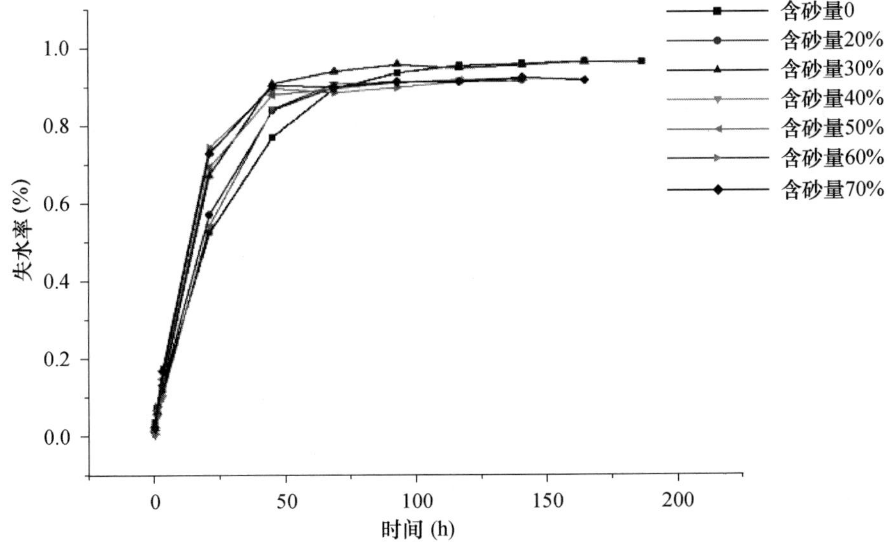

图 5-50　不同含砂量圆形试块失水率随时间变化

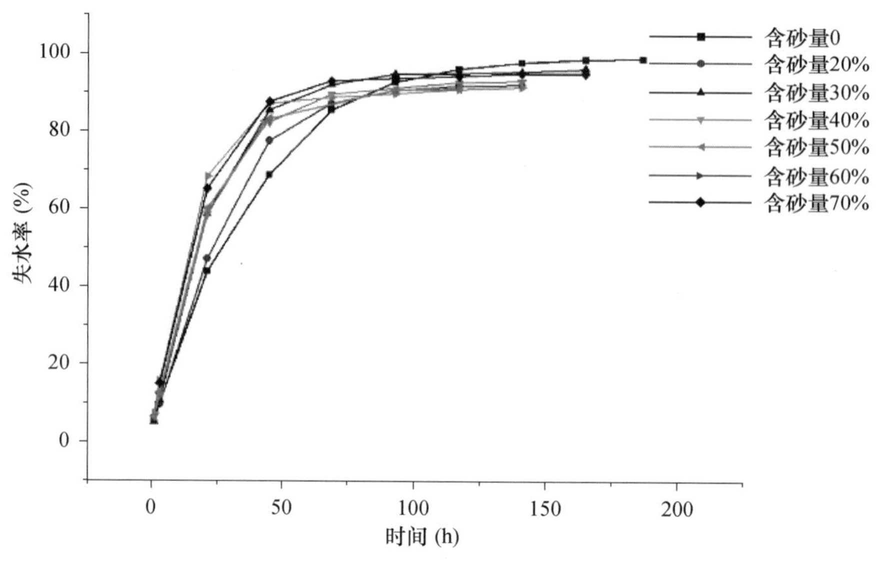

图 5-51　不同含砂量方形试块失水率随时间变化

本上可分为三个阶段：直线段、减速段和稳定段，其最终失水率保持在 95% 左右。在前 20h，失水率曲线近似呈直线，为直线等速收缩阶段，失水率随着时间增长而迅速增长；在 20～90 小时之内，失水率曲线近似呈外凸弧线，为减速收缩阶段，随着时间增长土体收缩速度减缓。在 90 小时以后失水率曲线近似水平，为收缩稳定阶段，失水率缓慢变化并几乎保持一致，土体几乎不再收缩。

不同配比方形与圆形试样在前 90 小时失水率随着时间增长而迅速增长，在 90 小时以后失水率缓慢变化并几乎保持一致，各不同密度试样的最终含水率呈无规则波动，但其最终失水率保持在 95% 左右。

5.2.1.4.4.1.3　干缩过程中失水率变化分析

不同干密度与不同含砂量的试样在干缩过程中的失水率随时间变化曲线基本相同，均表现出在初始一段时间内失水率迅速增长，随后失水率基本稳定并趋近于 95% 左右，最终干缩过程结束后稳定的失水率与试样所处的环境温湿度有关，可以推测失水率随试样干密度与级配的改变不明显。只有在方样与圆样相比时，方形试样的失水率进入稳定阶段的时间较短，圆形试样较长，方样约 50 小时，圆样约 70 小时，说明试样的体积越小将会越快干燥并且完成干缩过程。

5.2.1.4.4.2　干缩过程中体积变化结果分析

5.2.1.4.4.2.1　干缩机理

干燥收缩是土体的基本特性之一。遗址土体的收缩通常造成土体开裂，为土遗址的保存留下了隐患。引起土体干缩的原因一般为干燥收缩与温度变化导致的收缩，其中干燥收缩是引起土体收缩的主要原因。

现今关于土体干缩机理的猜想有很多种，普遍被认可的一种解释认为：土样发生干缩的根本原因是在干燥过程中，水分在土样内部的迁移导致土颗粒之间的受力平衡被打破，导致土颗粒发生位移。在土体中，大孔隙中的水分首先蒸发，在这个阶段不会引起土体颗粒变形，随后土体中毛细管内水分蒸发，在气－液交界处形成弯液面，弯液面内外压力不同，毛细孔内压力低于毛细孔外压力，这种压力差造成了土体颗粒趋于致密，发生收缩。也就是说，促使土体颗粒收缩的力来源于水分在毛细孔内蒸发时引起的压力差，造成了土体干燥过程中发生收缩的现象。一般情况下，在黏土中加入沙粒可以有效减小干缩，其一是减小了小孔在材料孔隙中的比例，其二是粗粒料的支撑作用能够抵抗更大的变形。

5.2.1.4.4.2.2　不同干密度试样干缩过程中体积随时间变化

（1）体积随时间变化曲线的拟合方程及相关系数

对不同干密度试样体积随时间变化进行拟合，表 5-31 所示为拟合曲线方程及其相关系数。

表 5-31　不同干密度体积随时间变化曲线的拟合曲线方程及其相关系数

干密度（g/cm^3）	圆样		方样	
	拟合曲线方程	相关系数 R^2	拟合曲线方程	相关系数 R^2
1.5	$y=-612.8\ln(x)+465408$	$R^2=0.94075$	$y=-156.8\ln(x)+123055$	$R^2=0.94055$
1.55	$y=-1210\ln(x)+466581$	$R^2=0.97392$	$y=-259.9\ln(x)+123493$	$R^2=0.96818$
1.6	$y=-821\ln(x)+466426$	$R^2=0.92481$	$y=-136\ln(x)+123488$	$R^2=0.90314$
1.65	$y=-812.1\ln(x)+467964$	$R^2=0.94198$	$y=-165.7\ln(x)+123711$	$R^2=0.88024$
1.7	$y=-653.8\ln(x)+459214$	$R^2=0.89198$	$y=-111.5\ln(x)+123704$	$R^2=0.73008$

（2）干缩率计算结果

利用试验结束后所测得的体积作为干缩后试样的体积，计算试样的干缩率，试样干缩率的计算公式为：

$$\text{干缩率}=\frac{\text{试样初始体积}-\text{试样干缩体积}}{\text{试样初始体积}}\times 100\% \qquad \text{（式 5-12）}$$

不同干密度试样干缩后的体积以及干缩率计算结果如表 5-32 所示。

表 5-32　不同干密度试样干缩后的体积以及干缩率计算结果

干密度（g/cm^3）	方样初始体积（mm^3）	方样干缩后体积（mm^3）	方样干缩率	圆样初始体积（mm^3）	圆样干缩后体积（mm^3）	圆样干缩率
1.5	123330.54	122419.59	0.73862	466731.78	460508.09	0.67311
1.55	123607.48	122273.24	1.07941	468371.22	464086.21	1.33346
1.6	123873.22	122847.96	0.82767	465804.96	462669.56	1.1021
1.65	123870.11	122935.50	0.75451	467442.87	462291.18	0.91488
1.7	124347.00	123176.57	0.94126	460802.67	456010.02	1.04007

（3）体积随时间变化曲线

由试验结果可以看出，方形试样干密度越大，体积变化越小，即干缩率越小。干密度较大的试样，土体结构本身已非常致密，水分蒸发过程中在毛细管中产生的压力差不足以使土颗粒进一步发生位移；而干密度较小的试样，土体结构疏松，土体孔隙尺寸较大，水分蒸发过程中，毛细管内产生的压力差使孔隙尺寸逐渐减小，趋于致密（图 5-52、图 5-53）。

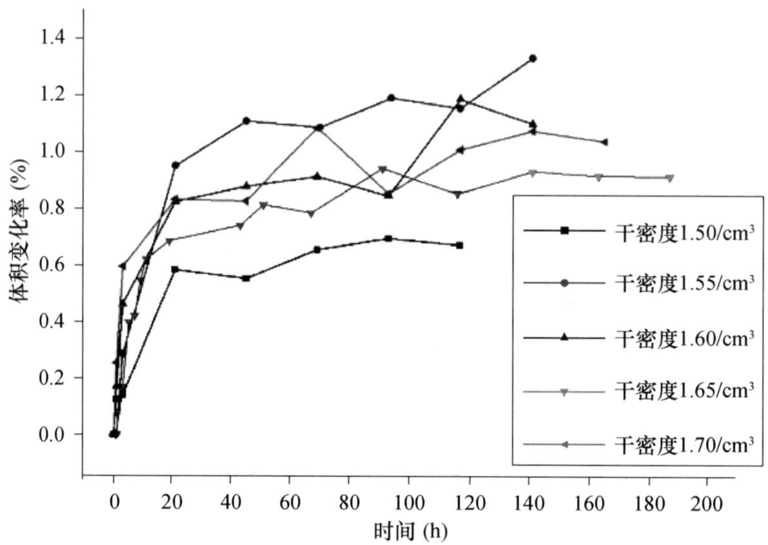

图 5-52 不同干密度圆形土样体积变化率

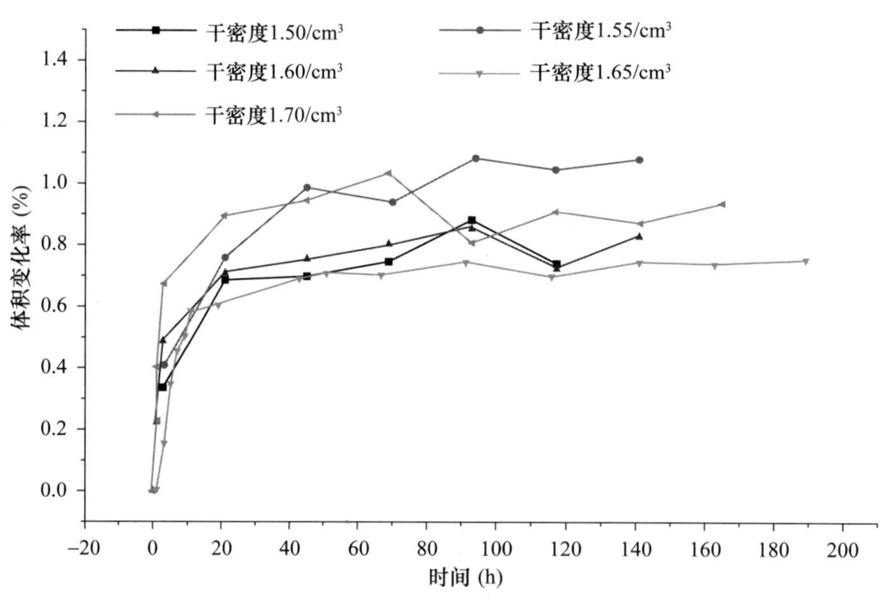

图 5-53 不同干密度方形试块体积随时间变化

5.2.1.4.4.2.3 不同配比试样干缩过程中体积随时间变化

表 5-33 为不同含沙量样品体积随时间变化曲线的拟合方程及相关系数。

（1）干缩率计算结果

干缩率计算方法同上文所述，表 5-34 即为不同含砂量试样的干缩率计算结果。

表 5-33　不同含砂量样品体积随时间变化曲线的拟合曲线方程及其相关系数

不同含砂量（%）	圆样		方样	
	拟合曲线方程	相关系数 R^2	拟合曲线方程	相关系数 R^2
0	$y=-2209\ln(x)+466894$	$R^2=0.94139$	$y=-378.8\ln(x)+121755$	$R^2=0.93798$
20	$y=-1420\ln(x)+467402$	$R^2=0.99267$	$y=-346\ln(x)+123185$	$R^2=0.97527$
30	$y=-1322\ln(x)+466147$	$R^2=0.95574$	$y=-301.2\ln(x)+122686$	$R^2=0.92949$
40	$y=-891.5\ln(x)+461651$	$R^2=0.91673$	$y=-265\ln(x)+122086$	$R^2=0.96246$
50	$y=-796.7\ln(x)+460130$	$R^2=0.96879$	$y=-235.1\ln(x)+121607$	$R^2=0.92672$
60	$y=-559.4\ln(x)+463119$	$R^2=0.86409$	$y=-181.1\ln(x)+122513$	$R^2=0.87681$
70	$y=-400.2\ln(x)+461457$	$R^2=0.85692$	$y=-67.22\ln(x)+122030$	$R^2=0.53953$

表 5-34　不同含砂量试样干缩后的体积以及干缩率计算结果

含砂量（%）	方样初始体积（mm^3）	方样干缩后体积（mm^3）	方样干缩率	圆样初始体积（mm^3）	圆样干缩后体积（mm^3）	圆样干缩率
0	122445.53	119916.58	2.06537	469459.22	456057.17	2.85478
20	123531.07	121646.16	1.52586	468369.13	460420.14	1.6972
30	123133.02	120943.61	1.77809	467105.25	459310.23	1.66879
40	122555.42	120879.91	1.36715	463260.84	457730.28	1.19383
50	121900.13	120504.84	1.14461	461366.42	456502.76	1.05418
60	122702.30	121443.49	1.0259	464077.62	459857.76	0.9093
70	122297.59	121620.91	0.55331	462185.77	459479.00	0.58565

（2）体积随时间变化曲线

根据图 5-54、图 5-55 拟合曲线的趋势大致推测出体积变化率由大到小依次为：含砂量 0＞含砂量 20%＞含砂量 30%＞含砂量 40%＞含砂量 50%＞含砂量 60%＞含砂量 70%。

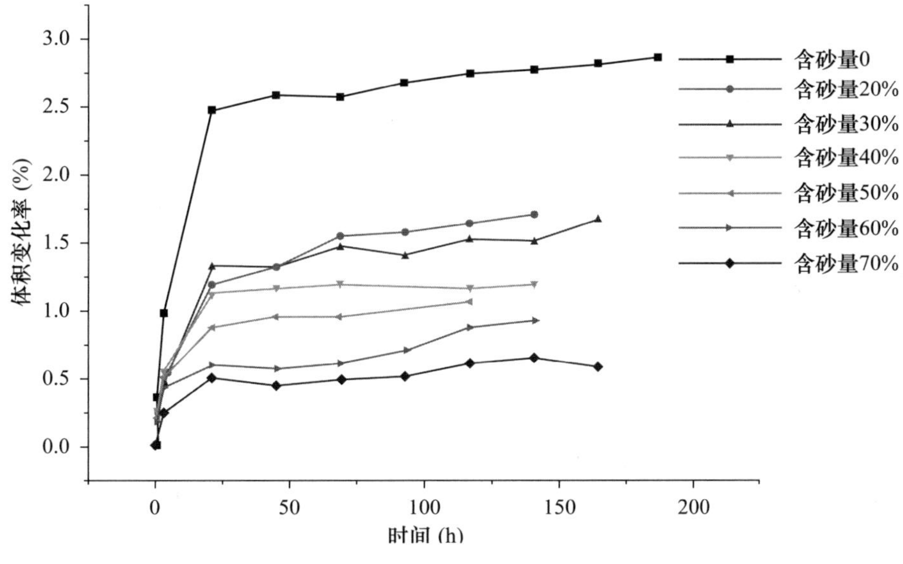

图 5-54　不同配比圆形土样体积变化率

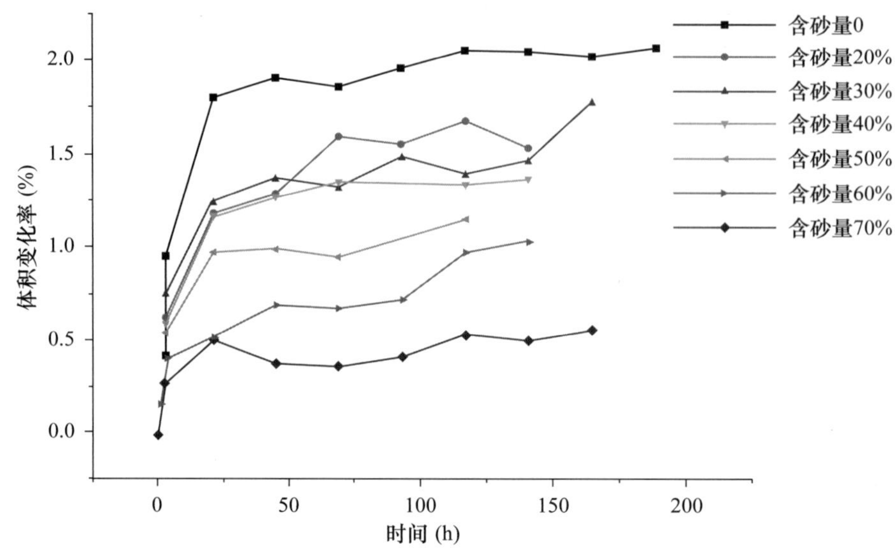

图 5-55　不同配比方形试块体积随时间变化

拟合曲线方程大致可以表述体变规律，但是部分拟合曲线的相关系数较小。

虽然计算了各试样的干缩率，但是计算中所使用的试样干缩后体积是在不同时间测定的，所以计算中使用的可能不是试样干缩过程完成后稳定的体积。

若假设上述推测的规律成立，含土量最大的试样（含砂量 0）体积变化最大，含土量最小的试样（含砂量 70%）体积变化最小，介于之间的是含砂量 60%、50%、40%、30%、20% 的试样，所以可以大致看出含土量越大体变越大的规律，即试样中加入更多的砂可以有效抑制干缩。

此外，方样与圆样之间进行比较时，圆样干缩率较小。土体干缩是发生在土体内部水分蒸发的过程中，若水分蒸发逐渐趋于稳定，干缩也将停止，所以土体干缩度是有限的。

5.2.1.4.4.3　圆柱试样不同高度干缩试验

5.2.1.4.4.3.1　试验方法

通过分析圆柱样不同高度直径的变化规律，判断试块整体的体积变化特征和规律，具体直径测量方法如图 5-56 所示。

5.2.1.4.4.3.2　试验结果及分析

选取含土量 100% 与含土量 30% 的圆柱试块，除了测量过程中的倒转，一直保持顶面向上的位置放置让其自然风干，测得不同高度处直径（图 5-57、图 5-58）。

选取含土量 40% 的其中一个圆柱试样，在制样后 69 小时将其翻转，同样选取干密度为 1.55g/cm^3 的其中一个圆柱样，在制样后 92 小时翻转，底面向上放置 24 小时后。数据显示圆柱样靠近底面部分（底面向上）直径变小，另一端直径变大，如图 5-59、图 5-60 所示。

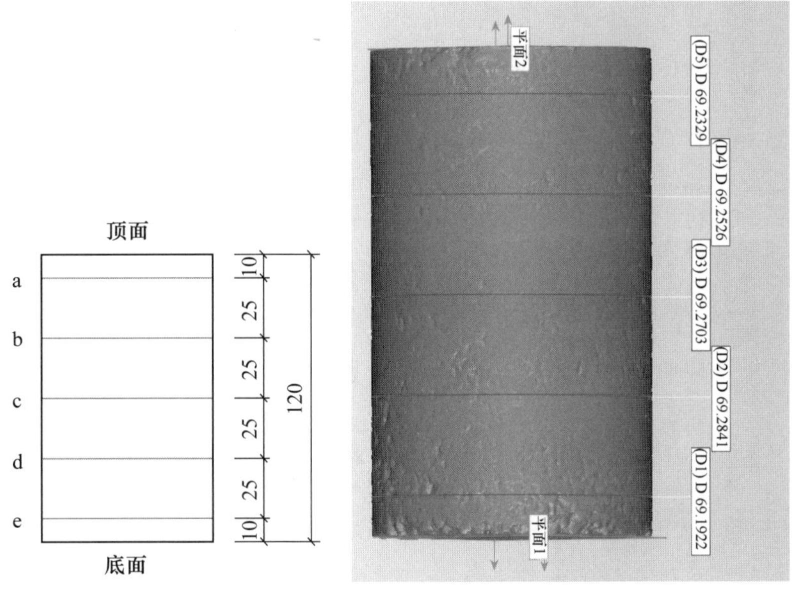

图 5-56　圆柱试样干缩试验示意图

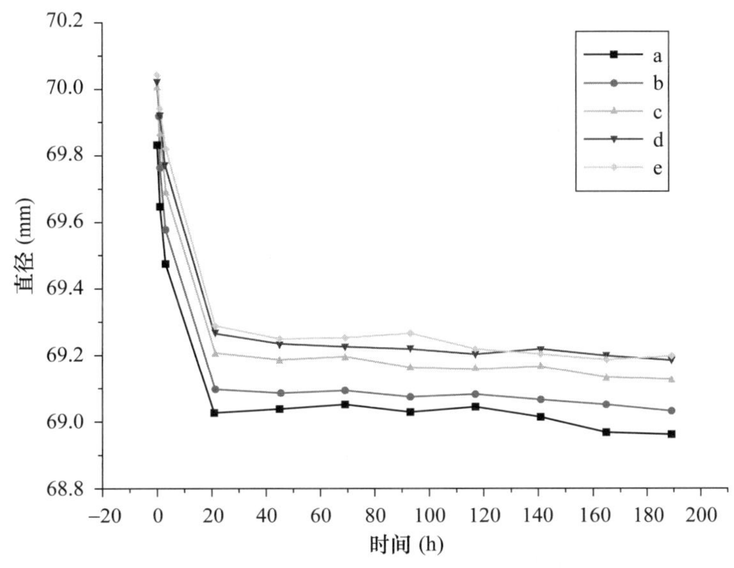

图 5-57　含土量 100% 圆柱试块不同高度直径变化曲线

由以上试验结果可以得出，圆柱试样自上至下，体变程度逐渐减小，当倒转圆柱试样后，原本处于下方的试样表面成为试样的上方，体变程度也开始增大。所以，干缩过程中体积变化大小与试样内水分蒸发有关，处于试样上方的表面更容易接触外界环境，与外界环境的接触面积也更大，水分容易蒸发，体积收缩更大。

5.2.1.4.4.4　小结

1）不同干密度与不同级配的土体试样在干缩过程中失水率基本相同，可以推测失水率与土体自身性质关系不大，影响土体失水率的主要因素可能还是外界温湿度环境。此外，试样体积越小，失水率达到稳定的时间越短。

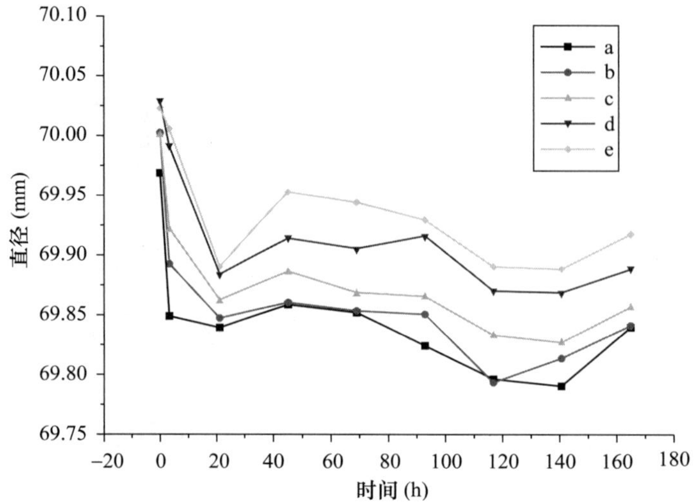

图 5-58　含土量 30% 圆柱试块不同高度直径变化曲线

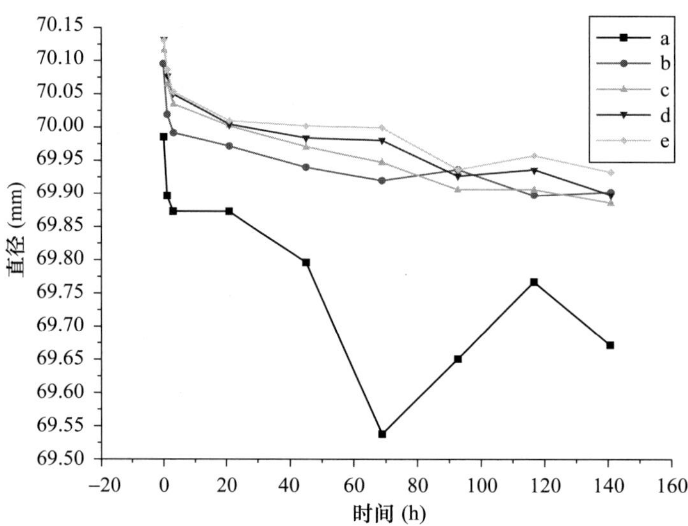

图 5-59　含土量 40% 圆柱试块不同高度直径变化曲线

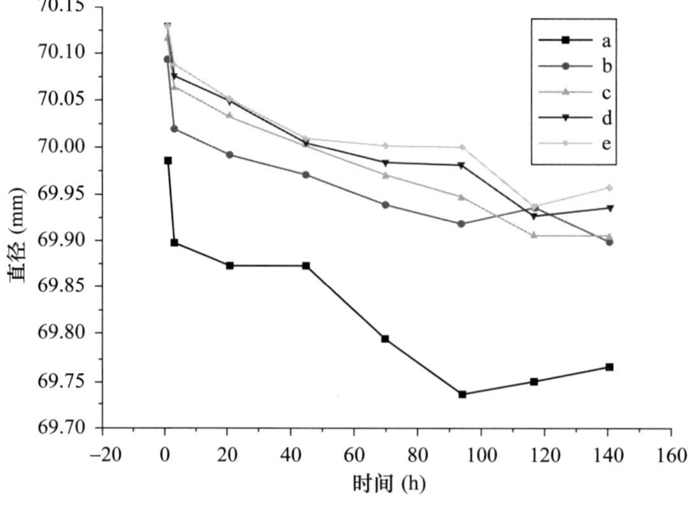

图 5-60　干密度 1.55g/cm^3 圆柱试块不同高度直径变化曲线

2）不同干密度的土样，土样干密度越大，干缩后的体变越小。

3）不同级配的土样，大致表现出含土量越多干缩体变越大的规律，即土样加入较多的砂可以抑制干缩。

4）由单一圆柱试样不同高度干缩程度的试验可以得出干缩程度与土体内水分的蒸发速率有关，试样中与空气接触面积更大的位置干缩程度更大。

5）关于三维扫描技术应用到土遗址室内试验中有以下几点建议：三维扫描仪操作简便，数据精确，但由于三维扫描仪所测数据过于精确，试验过程中一些无法避免的人为因素可能影响所测的数据，例如移动试样时造成试样部分缺失，所以建议利用三维扫描仪进行室内试验时尽量避免人为因素的影响。另外，利用三维扫描仪进行室内试验时，尽可能增大数据量，有利于归纳总结一般规律，剔除不符合规律的数据。

5.2.1.5　沉降量估算

5.2.1.5.1　固结沉降量估算

夯筑支顶加固体往往通过多层夯筑形成，墙体不同高度固结压力并不相同，自上而下线性增大，墙体不同高度固结压力 x 是连续变化的，沉降量 $f(x)$ 在很小的一个高度变化范围内，固结压力变化很小，近似均匀变化，夯层小段范围内墙体是均匀沉降的，可结合实际表达为如下数学模型。

$$f(x) = A\ln x - B \qquad \text{（式 5-13）}$$

$$x = 10\rho_s h \qquad \text{（式 5-14）}$$

$$S_{固} = \int_{h_0}^{h} f(x)\,\mathrm{d}h = \int_{h_0}^{h} f(10\rho_s h)\,\mathrm{d}h \qquad \text{（式 5-15）}$$

$f(x)$ 为单位厚度沉降千分比，‰；x 为当前厚度下固结压力，单位 kPa；h 为墙体高度，单位 m；A，B 为试验所确定参数；ρ_s 为墙体的湿密度，单位 g/cm^3，h_0 为有效高度，单位 m；于是墙体总的沉降量 S 就是对 $f(x)$ 在［h_0，h］区间内对 h 进行积分得到总沉降量 $S_{固}$，即

$$S_{固} = A \cdot ln\frac{h^{h}}{h_0^{\,h0}} + (2.3A\rho_s - A - B)(h - h_0) \qquad \text{（式 5-16）}$$

按以上试验参数可得 4m 高的墙体夯筑支顶砌体密度从 1.5～1.7g/cm^3 的试样固结沉降量在 0.7～34.08mm 之间，较符合工程实际。

5.2.1.5.2　干缩变形沉降量估算

无论是不同级配还是不同密度试块，方形试样试块较小，收缩较均匀，在理想条件下，夯土的收缩规律可以通过方形试样的收缩规律来计算，即可得到单向收缩率。

$$S_{干缩} = h \cdot C \qquad \text{（式 5-17）}$$

$S_{干缩}$ 为由失水收缩引起的沉降，h 为墙体高度，C 为单向收缩率，不同密度土体单向收缩率差异并不明显，单向收缩率在 2.5‰～3.6‰ 之间，不同级配单向收缩率差异明显，收缩率见表 5-35。

表 5-35　不同级配土体单向收缩率

序号	A	B	C	D	E	F	G
细粒含量（%）	100	80	70	60	50	40	30
单向收缩率（‰）	6.93	5.59	5.96	4.58	3.83	3.43	1.85

5.2.1.5.3　总沉降量估算

广义的固结指土的压缩过程，夯土含水率较低，在固结试验过程中，含水量变化并不大，仅仅是土体压密，这个过程并不包含失水收缩，因此夯土的总沉降量为固结沉降量与干缩变形量之和，即

$$S_{总}=S_{固}+S_{干缩}=A\cdot ln\frac{h^{h}}{h_{0}^{h0}}+（2.3A\rho_{s}-A-B）(h-h_{0})+h\cdot C \qquad （式 5-18）$$

5.2.1.6　结论

1）夯土固结沉降随墙体高度呈对数式增长，干密度越小，固结沉降量越大，级配不同时，沉降量与孔隙比密切相关，孔隙比越大，相对沉降量越大。

2）试样干缩变形速率最快的阶段一般在为失水率 20% 之前，即前 5 小时体变达总体变的 70%～80%；失水率在 20%～85%，即 5～48 小时达总体变的 10%～20%，呈线性缓慢增长，48 小时之后收缩基本停止，仅占总体变的 5%。

3）试样干缩变形受空气接触面和位高的影响，空气接触面积越大，水分散失的速率越快，体变越大；位高不同，试样内水受重力影响，位高越低，失水越慢，体变越小，导致差异性收缩。

4）不同干密度的土样，土样干密度越大，固结和干缩变形均越小，4m 高的墙体夯筑支顶砌体密度 1.5～1.7g/cm^3 的试样固结沉降量在 11.69～34.08mm 之间，干缩变形在 10～14.4mm 之间，总变形量在 20～50mm 之间。

5）不同级配的土样，基本呈现细粒含量越多、固结和干缩体变越大的规律，含砂量增大，可以抑制其固结和干缩变形，同时也表现出级配越好的土样其固结和干缩变形越小的特点。

6）大体积夯筑支顶砌体变形，可通过调整土的级配，控制初始含水率，提高夯实密度，减缓失水速率抑制其形变。

7）通过室内试验研究的经验估算式有待进一步现场试验的验证和统计修正。

5.2.2　夯筑支顶改性土性能研究

20 世纪 70 年末，在中国甘肃秦安大地湾发现了一大批仰韶时期人类居住的房址。其中有一座被考古界誉称为“原始宫殿”（编号 F901）的房址，是中国史前时期面积最大、工艺水平最高的房屋建筑（图 5-61）。研究者对其房址的地面建筑材料研究后发现，在建造地面时，大量应用了烧钙结核轻骨料和烧料礓石胶凝材料，并以烧钙结核轻骨料为集料，烧料礓石制成的粉状物掺加少量红黏土为胶凝材料制做

房屋地面。这种地面材料经历了五千多年的漫长岁月，现在的抗压强度还和 100 号水泥砂浆地面强度相近（图 5-62）。考古现场发现在烧陶的窑址附近有烧钙结核的堆积和烧料礓石的遗存，又经过大地湾二期、三期、四期及五期出土陶片烧制温度测定，显示当时烧陶的温度为 840～1040℃。经过对房址地面材料分析和室内模拟试验证明，烧料礓石是在烧陶的窑中约 900℃温度条件下烧制而成（图 5-63、图 5-64）。料礓石是一种第四纪黄土中沉积礓结石（当地称料礓石），其主要矿物成分为 60%～80% 的 $CaCO_3$，10%～20% 的黏土（20%SiO_2）。料礓石在 900℃焙烧时，生成约 25.8% 的 β- 硅酸钙（β-$CaSiO_3$）、17.6% 铝硅酸钙（$Ca_2Al_2Si_2O_7$）和约 33.9% 的生石灰（CaO）。β- 硅酸钙和铝硅酸钙是一种水硬性胶凝材料，氧化钙是一种气硬性胶凝材料。因此，F901 地面建筑材料中已经应用了人工烧制的水硬性胶凝材料，称之为世界上最早的“水泥”。

图 5-61　秦安大地湾 F901 房址

图 5-62　F901 房址地面材料抗压试块

图 5-63　烧钙结核

图 5-64　大地湾出土的彩陶

另一种我国古代建筑中的硅酸盐材料是西藏传统用于寺院房屋地面及屋（顶）面建筑材料的阿嘎土。阿嘎土是一种含约 70%～93% 的 $CaCO_3$、7%～30% SiO_2 的硅质石灰石，做地面及屋（顶）面建筑材料时，将阿嘎土破碎为不同粒级的小块做骨料，以 40% 粒径 5.6mm、30% 粒径 2.6mm 和 30%100 目没有经过焙烧的阿嘎土粉状物拌和，约 0.32 的水灰比配制成浆，然后用一种特制的杵石夯筑而成。待浆液完全结石后，先用砂石打磨平整，然后在羊皮上蘸酥油反复擦磨抛光。这一建造工艺藏族同胞称“打阿嘎”（图 5-65）。西藏传统用于寺院屋（顶）面的建筑材料是将没有经过

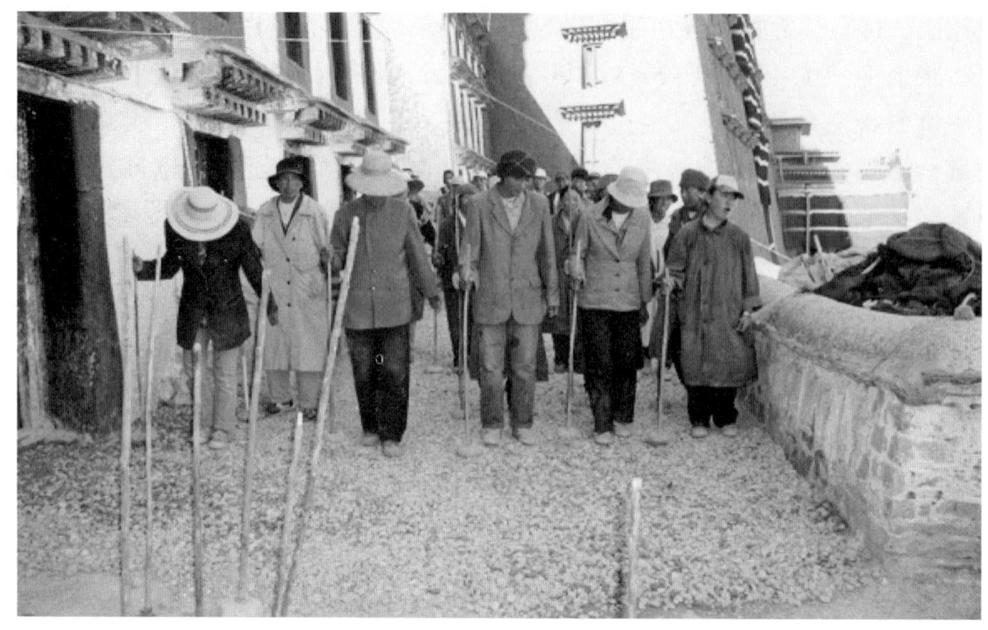

图 5-65　西藏建筑屋面打阿嘎的场面

焙烧的阿嘎土直接破碎成约 100 目的粉状物作“胶凝材料”，做灰浆时加入适量天然树胶。但是，阿嘎土不经过一定高温焙烧并不具有化学胶凝特性，做建筑材料强度很低，耐候性也很差，经 3～5 年冻融、温湿度反复变化等环境因素的影响，天然树胶很快老化而产生龟裂、松散破碎而渗漏雨水，导致殿堂屋面渗漏雨水，造成木构件糟朽而建筑散架甚至倾倒，壁画地仗大面积与墙体脱离空鼓或画面酥碱、起甲而严重毁坏壁画。

因此，研究这两种中国古代建筑中应用的硅酸盐材料，对其进行科学改性，对中国岩土质文物保护修复具有非常重要的意义。

5.2.2.1　料礓石和阿嘎土的特性

5.2.2.1.1　料礓石和阿嘎土物理力学特性

试验中，对天然料礓石和阿嘎土的密度、饱和吸水率进行了测试，同时制作 5cm×5cm×5cm 的岩样，对抗压强度进行了测试，结果见表 5-36。

表 5-36　天然料礓石和阿嘎土的物理力学特性

名称	密度（g/cm^3）	饱和吸水率（%）	抗压强度（MPa）
料礓石（L）	2.52	5.58	55.78
阿嘎土（A）	2.61	4.60	66.02

5.2.2.1.2　料礓石和阿嘎土的化学组成

研究采用 X 荧光分析了料礓石和阿嘎土的化学组成，结果见表 5-37。

表 5-37　料礓石和阿嘎土的化学组成

样品名称	Na_2O	MgO	Al_2O_3	SiO_2	P_2O_5	K_2O
料礓石（L）	0.90	1.49	6.44	22.06	0.11	0.98
阿嘎土（A）	0.32	1.10	4.23	16.37	0.08	0.85
样品名称	CaO	Fe_2O_3	TiO_2	MnO	CO_2	总计
料礓石（L）	36.82	2.07	0.35	0.08	28.60	99.90
阿嘎土（A）	41.87	0.87	0.21	0.02	34.07	99.99

5.2.2.1.3　料礓石和阿嘎土的矿物组成

5.2.2.1.3.1　偏光显微镜岩矿鉴定

本研究对料礓石和阿嘎土采用了显微镜岩矿鉴定，分析了其矿物组成及微观特征，分析结果如下所述。

（1）料礓石

① 构造：泥晶结构，块状构造。

② 矿物组成：陆源碎屑物占 9%（石英 8%，斜长石、白云母和电气石占 1%），泥晶方解石占 73%，亮晶方解石占 18%。

③ 微观分析：料礓石由陆源碎屑物和方解石组成，二者各占 9% 和 91%。由于薄片中有大量的空洞，该空洞的成因不详，因而对组分的正确估计可能有一定的影响（图 5-66）。

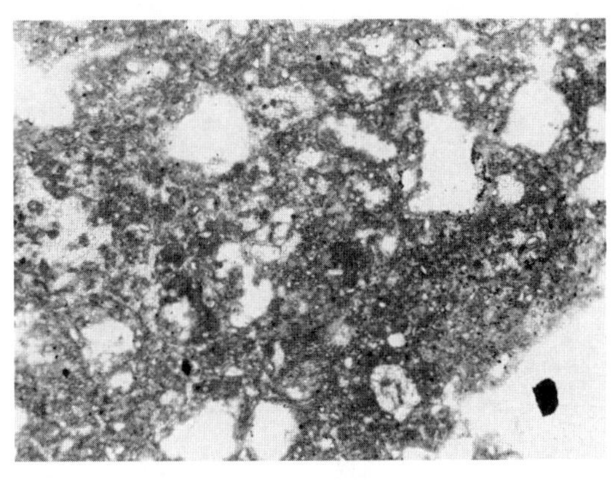

图 5-66　料礓石的显微镜照片（单偏光，10×10）

陆源碎屑物的组分包括斜长石、电气石、石英和白云母等，粒径大小主要在 0.02～0.08mm 间，大小连续，长英质碎屑物的形态复杂，从尖棱角状到次圆状均有，白云母则呈针状和鳞片状，电气石浑圆状。斜长石的聚片双晶发育且细密，石英晶面量晶，但普遍消光不均匀，消光影和消光程度有差异，偶见的电气石反吸收性明显。碎屑物在岩石中均一杂乱分布。

泥晶方解石为粒径小于 0.005mm 的隐晶质，一般以集合体的形态存在，集合状消光，泥晶方解石多呈致密团块状（图 5-67），有时构成 0.03～0.1mm 的球状团粒。微晶方解石以不规则粒状为主，粒径大小主要在 0.015～0.08mm 间，晶面量晶，微晶方解石以集合体的形态分布于团粒的周围。

（2）阿嘎土

① 构造：粒屑结构，块状构造。

② 矿物组成：陆源碎屑物占 21%（其中石英 18%，斜长石 1%，钾长石 1%，黑云母 1%），鲕粒占 60%，亮晶方解石占 19%。

③ 微观分析：阿嘎土的组成物较复杂，由陆源碎屑物、鲕粒和亮晶方解石等组

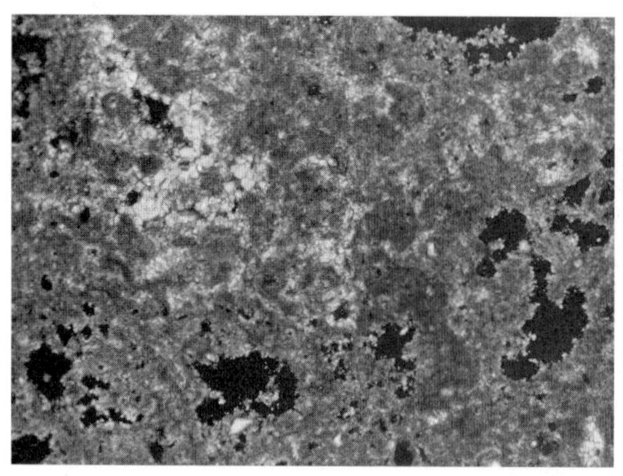

图 5-67　料礓石中的方解石（正交偏光，10×10）

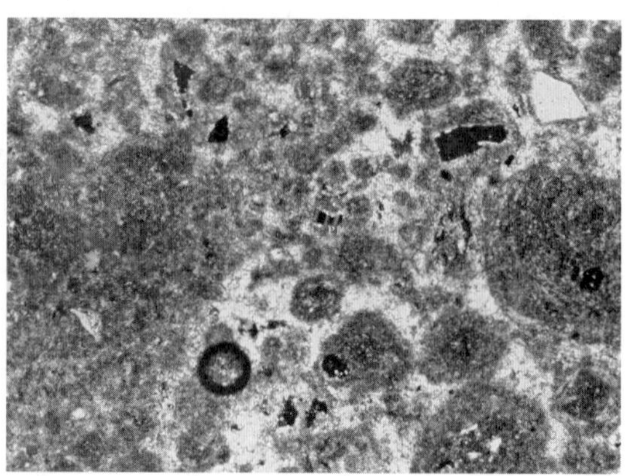

图 5-68　阿嘎土的显微镜照片（正交偏光，10×10）

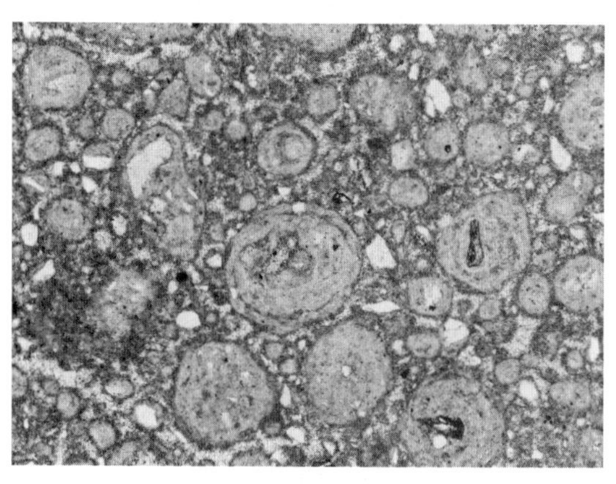

图 5-69　阿嘎土中的鲕粒（单偏光，10×10）

成（图 5-68），其中鲕粒占主体。

陆源碎屑物的组分包括斜长石、钾长石、石英和黑云母等，粒径大小主要在 0.02～0.15mm 间，大小连续。长英质以尖棱角状为主，斜长石的聚片双晶发育且细密；钾长石具格子双晶和条纹构造；黑云母则呈针状、鳞片状；石英晶面量晶，但普遍消光不均匀，消光影复杂。碎屑物在岩石中均一分布，长轴无定向性。

鲕粒多为规则的圆状切面，大小在 0.05～3.0mm 间，鲕粒类型主要为真鲕和复鲕，复鲕的粒径明显大于真鲕，鲕粒的组成物除微量的陆源砂粒外，主要为隐晶状的泥晶方解石集合体，色暗致密，有的鲕粒中可见由泥晶套形成的同心圈层构造（图 5-69），鲕粒总体较脏。

亮晶方解石以不规则粒状、柱状为主，粒径大小主要在 0.015～0.04mm 间，晶面量晶，靠近鲕粒的边缘亮晶方解石呈柱状垂直鲕粒分布，在远离鲕粒区亮晶方解石则以大小不等的粒状彼此紧密镶嵌。

5.2.2.1.3.2　X 衍射分析

本研究采用 X 射线衍射分析了料礓石和阿嘎土的矿物组成，分析结果见表 5-38 和图 5-70、图 5-71。

表 5-38　料礓石和阿嘎土的 X 射线衍射分析结果

分析结果 / 样品名称	半定量分析结果（%）			
	石英	方解石	长石	黏土
料礓石（L）	12.6	61.8	10.9	14.7
阿嘎土（A）	10.5	75.1	11.2	3.0

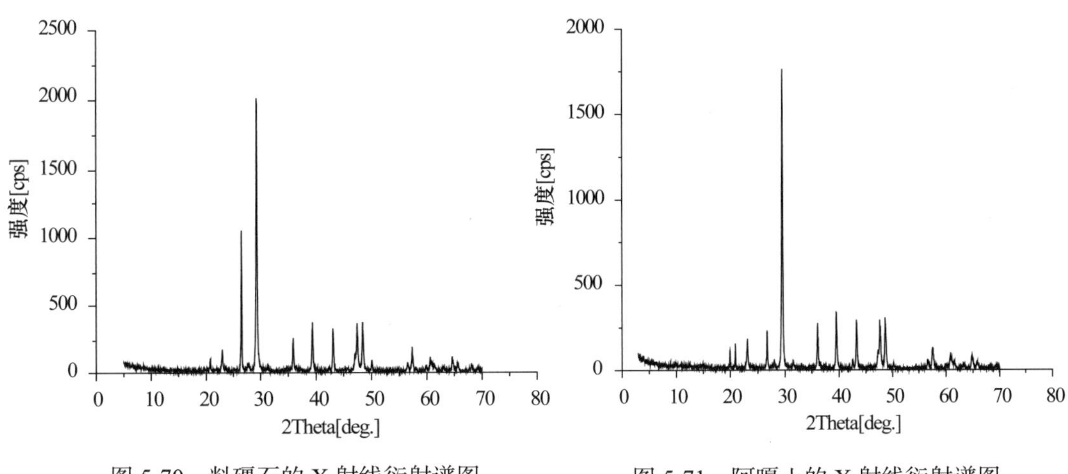

图 5-70　料礓石的 X 射线衍射谱图　　图 5-71　阿嘎土的 X 射线衍射谱图

5.2.2.2　烧料礓石和烧阿嘎土的特性

5.2.2.2.1　焙烧温度对生成物的影响

料礓石和阿嘎土高温焙烧时生成两种胶凝材料，一种是气硬性胶凝材料 CaO，另一种是水硬性胶凝材料 β-$CaSiO_3$ 和 $Ca_2Al_2Si_2O_7$。焙烧温度直接影响这两种胶凝材料生成的比例发生有规律的变化，生成物的性质也发生相应的变化。

对料礓石和阿嘎土经 1000℃焙烧 3 小时的生成物做 X 射线衍射和扫描电镜分析，以研究其化学特性。图 5-72、图 5-73 是甘肃秦安大地湾料礓石和西藏山南阿嘎土分

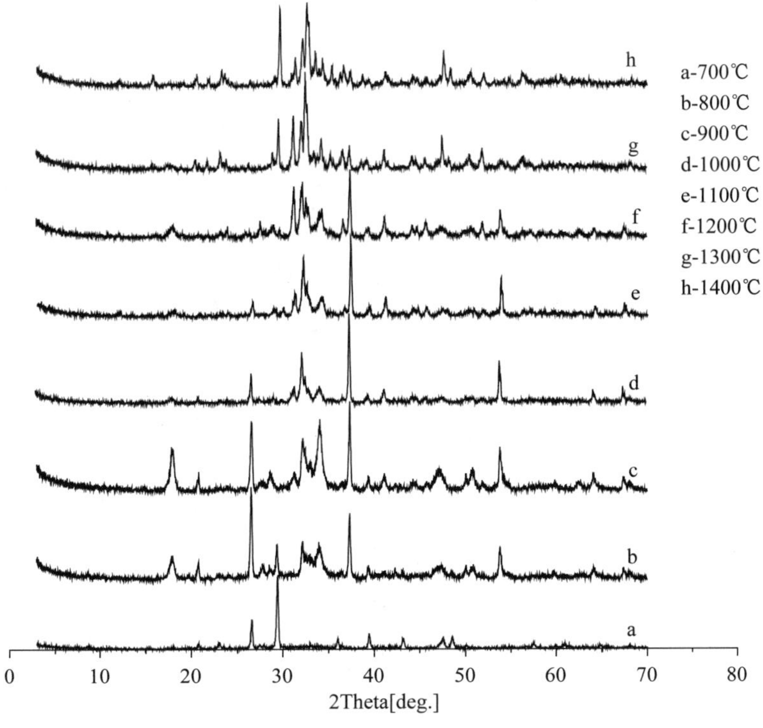

图 5-72　700～1400℃烧料礓石的 X 射线衍射谱图及生成物比较图

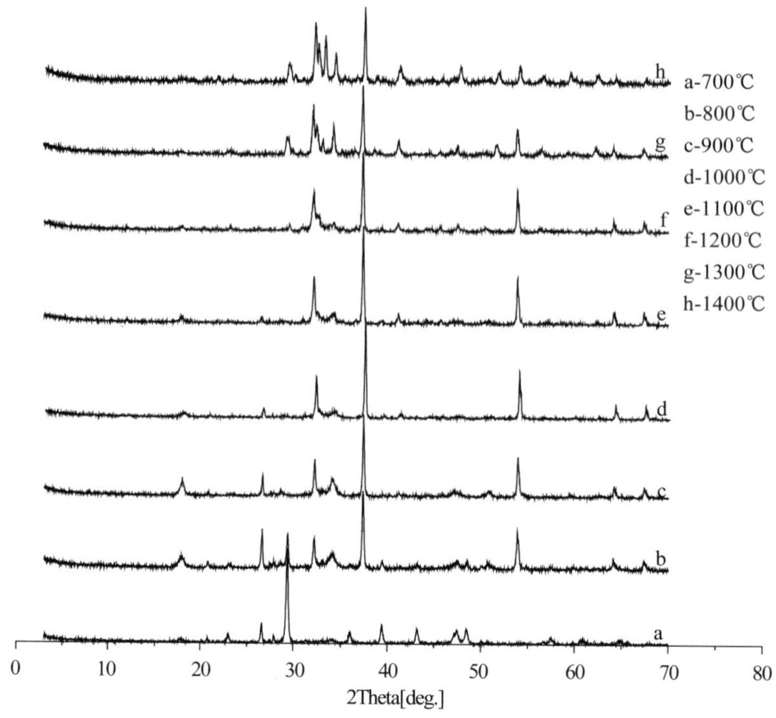

图 5-73　700～1400℃烧阿嘎土的 X 射线衍射谱图及生成物比较图

别在 700～1400℃焙烧 3 小时后产物的 X 射线衍射谱图。

对烧料礓石和烧阿嘎土不同温度的主要生成物氧化钙、β- 硅酸钙和铝硅酸钙半定量分析结果进行比较（表 5-39），并作生成物随温度的变化曲线（图 5-74、图 5-75）。

表 5-39　料礓石和阿嘎土经 700～1400℃焙烧 3 小时后主要生成物的百分含量

条件	相对百分含量（%）					
焙烧温度（℃）	烧料礓石			烧阿嘎土		
	氧化钙	β - 硅酸钙	铝硅酸钙	氧化钙	β - 硅酸钙	铝硅酸钙
700	0.00	7.30	5.20	0.00	13.30	10.60
800	17.20	24.70	16.30	32.10	21.20	17.60
900	33.90	25.80	17.60	38.40	27.80	17.80
1000	39.20	26.70	18.90	42.50	29.40	18.00
1100	42.10	28.40	19.10	44.60	30.10	19.20
1200	38.70	35.60	23.40	39.80	34.60	20.70
1300	18.10	44.50	33.10	35.80	38.50	25.70
1400	16.70	47.70	35.50	33.90	40.60	25.40

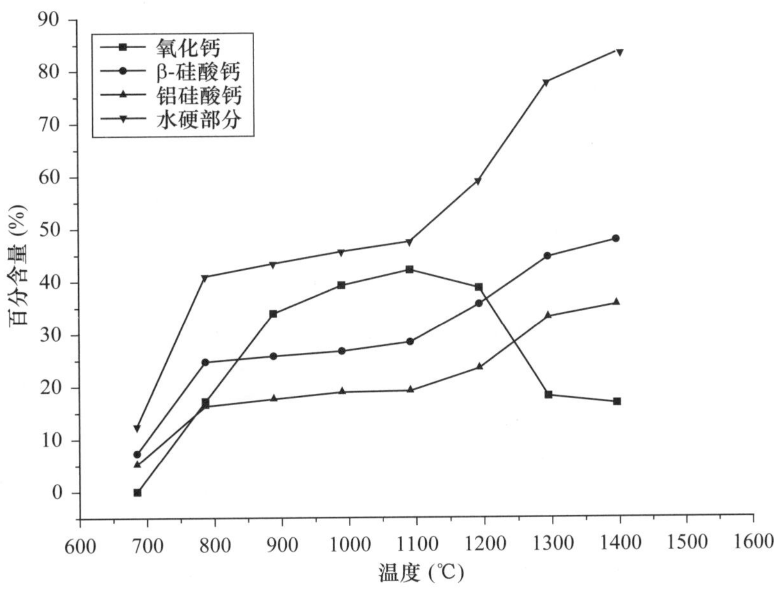

图 5-74　料礓石经 700～1400℃焙烧 3 小时主要生成物变化趋势图

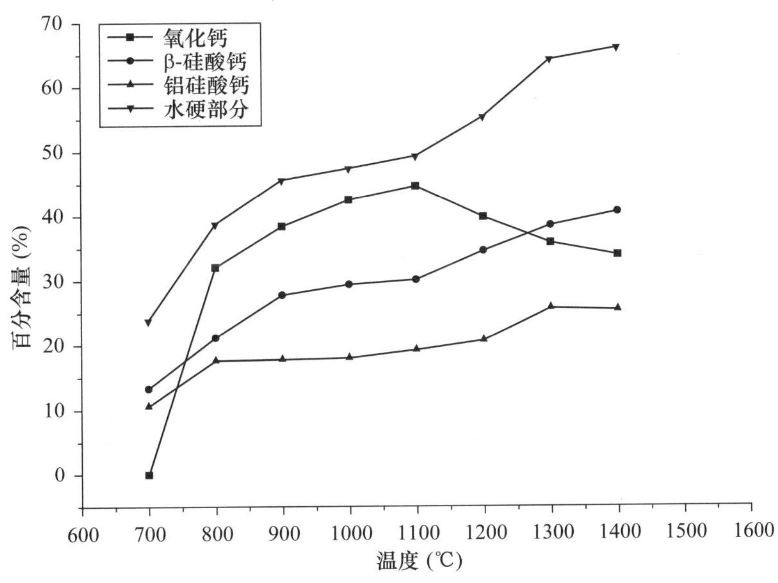

图 5-75　阿嘎土经 700～1400℃焙烧 3 小时主要生成物变化趋势图

从图 5-72～图 5-75 及表 5-39 可以看出，料礓石在 700℃时，生成 7.3% β-$CaSiO_3$ 和 5.2% $Ca_2Al_2Si_2O_7$，无 CaO 生成；800 ℃ 时，生成 17.2%CaO、24.7%β-$CaSiO_3$ 及 16.3%$Ca_2Al_2Si_2O_7$。从 800～1100℃，生成 CaO 的速度明显增大，达最大值 42.1%，看来这一温度范围是生成 CaO 的最佳温度。生成 β-$CaSiO_3$ 的速度增大不明显，从 24.7% 增至 28.4%，生成 $Ca_2Al_2Si_2O_7$ 的速度增大更不明显，从 16.3% 增至 19.1%，看来这一温度范围不利于 β-$CaSiO_3$ 和 $Ca_2Al_2Si_2O_7$ 的生成。从 1100～1400℃时，CaO 的生成量急剧下降，从 42.1% 降至 16.7%，这主要是 CaO 逐渐消耗，贡献于生成 β-$CaSiO_3$ 及

$Ca_2Al_2Si_2O_7$，生成 β-$CaSiO_3$ 和 $Ca_2Al_2Si_2O_7$ 的速度明显增大，β-$CaSiO_3$ 从 28.4% 增至 47.7%，$Ca_2Al_2Si_2O_7$ 从 19.1% 增至 35.5%。

烧阿嘎土的情况与烧料礓石的情况基本相似，700℃时，生成 13.3% β-$CaSiO_3$ 和 10.6% $Ca_2Al_2Si_2O_7$，同样无 CaO 生成。800℃时，生成 32.1%CaO，这差不多比料礓石在同一温度生成的 CaO 增多一倍，这主要是阿嘎土中 $CaCO_3$ 的含量较料礓石高，而 SiO_2 的含量比料礓石差不多低一倍，这有利于 CaO 生成。从 800～1100℃和从 1100～1400℃时，CaO 的生成量有所下降，但下降没有料礓石明显，从 44.6% 降至 33.9%，生成 β-$CaSiO_3$ 和 $Ca_2Al_2Si_2O_7$ 的速度也有所增大，但增大没有料礓石明显，β-$CaSiO_3$ 从 30.1% 增至 40.6%，$Ca_2Al_2Si_2O_7$ 从 19.2% 增至 25.4%，其原因与上述相同，也是阿嘎土中 SiO_2 的含量较料礓石低，而 $CaCO_3$ 的含量较料礓石高。

5.2.2.2.2　烧料礓石和烧阿嘎土的化学特性

选择 1000℃焙烧 3 小时的料礓石和阿嘎土，采用 X 射线衍射分析法（XRD）和扫描电镜分析（SEM），对其水化、碳化过程进行分析研究。

5.2.2.2.2.1　X 射线衍射分析

图 5-76、图 5-77 是 1000℃烧料礓石和烧阿嘎土及其水化、碳化产物的 X 射线衍射谱图。

X 射线衍射分析结果显示，料礓石经 1000℃烧 3 小时，生成 39.20% 的 CaO、26.70% 的 β-CS 及 18.90% 的 C_2AS（图 5-76A）。在 RH80% 水化 5 天后生成 32.6% 的 $CaCO_3$、22.7% 的 $Ca(OH)_2$ 及 21.6% 的 C_2ASH_n（图 5-76B）。水化 300 天后，试样表层生成 86.2% 的 $CaCO_3$ 及 3.2% 的 C_2ASH_n（图 5-76C），试样 2～3mm 深处生成 54.6% 的 $CaCO_3$、2.1% 的 $Ca(OH)_2$、22.6% 的 β-CSH_n 及 13.2% 的 C_2ASH_n。

阿嘎土经 1000℃烧 3 小时，生成 42.50% 的 CaO、29.40% 的 β-CS 及 18.00% 的 C_2AS（图 5-77A）。在 RH80% 水化 5 天后生成 47.6% 的 $CaCO_3$、13.1% 的 $Ca(OH)_2$ 及 16.7% 的 C_2ASH_n（图 5-77B）。水化 300 天后，试样表层生成 74.2% 的 $CaCO_3$（图 5-77C），试样 2～3mm 深处生成 48.4% 的 $CaCO_3$、24.6% 的 $Ca(OH)_2$ 及 5.3% 的 β-CSH_n。

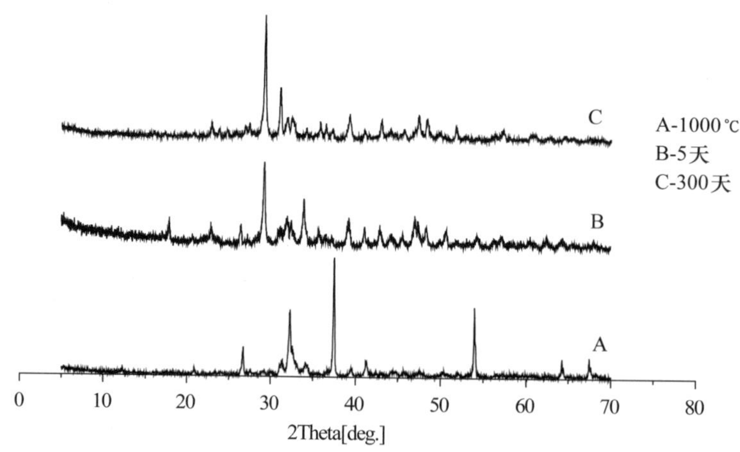

图 5-76　1000℃烧料礓石与水化 5 天和 300 天后比较的 X 射线衍射谱图

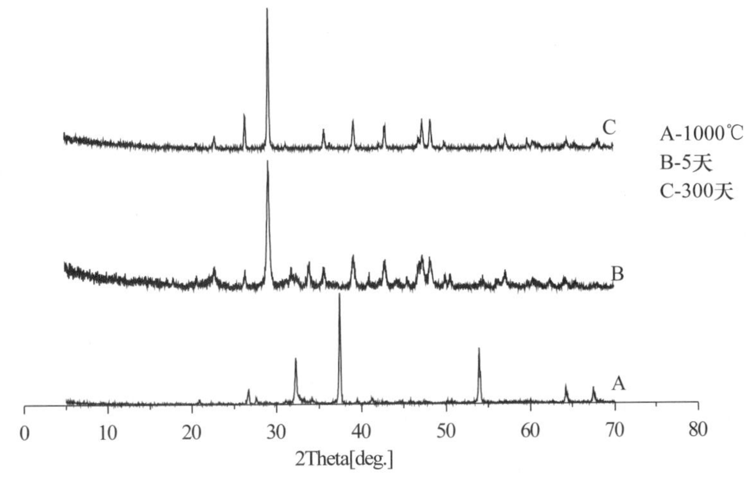

图 5-77　1000℃烧阿嘎土与水化 5 天和 300 天后比较的 X 射线衍射谱图

X 射线衍射半定量分析证明，经 1000℃烧 3 小时的料礓石和阿嘎土，在相对湿度 80% 的环境中，都有较快的水化及碳化速度，5 天后分别生成 32.6% 和 47.6% 的、22.7% 和 13.1% 的 $Ca(OH)_2$ 及 21.6% 和 16.7% 的 C_2ASH_n。300 天后，料礓石和阿嘎土试样碳化层厚度约 3mm，分别生成 86.2% 和 74.2% 的 $CaCO_3$。在 3mm 深处分别生成 54.6% 和 48.4% 的 $CaCO_3$。相比较，烧料礓石的碳化速度要大于烧阿嘎土的碳化速度。

5.2.2.2.2.2　扫描电镜分析

图 5-78～图 5-82 是 1000℃烧料礓石和烧阿嘎土及其水化、碳化产物的扫描电镜分析照片。

a．烧料礓石中的氧化钙、硅酸钙和铝硅酸钙的细小结晶集合体

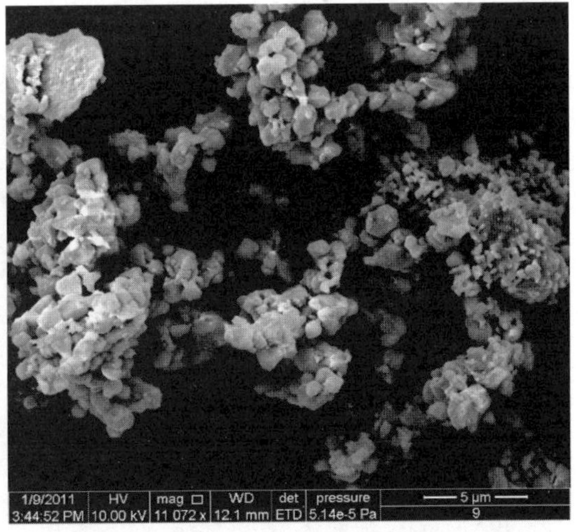

b．烧阿嘎土中的氧化钙、硅酸钙和铝硅酸钙的细小结晶集合体

图 5-78　1000℃烧料礓石和烧阿嘎土的 SEM 照片

a．表面形成的少量的碳酸钙重结晶体及硅酸钙和铝硅酸钙晶体的集合体

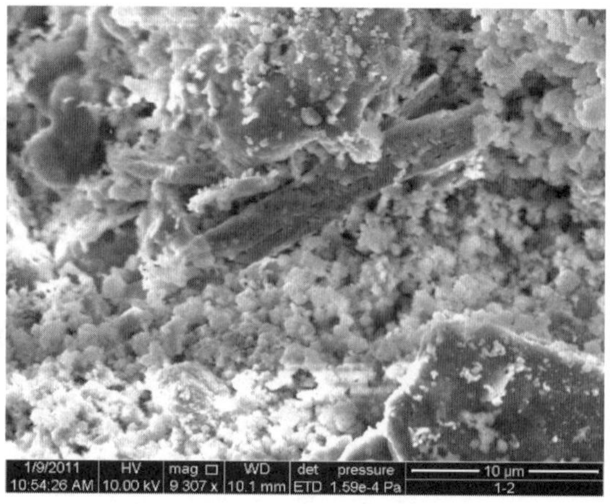

b．深层形成少量的水合硅酸钙和水合铝硅酸钙晶体包裹在大的石英颗粒上

图 5-79　1000℃烧料礓石经水化和碳化 5 天后的 SEM 照片

a．表面形成大量致密的碳酸钙重结晶体

b．深层形成少量的碳酸钙重结晶体和大量的水合硅酸钙及水合铝硅酸钙晶体

图 5-80　1000℃烧料礓石经水化和碳化 300 天后的 SEM 照片

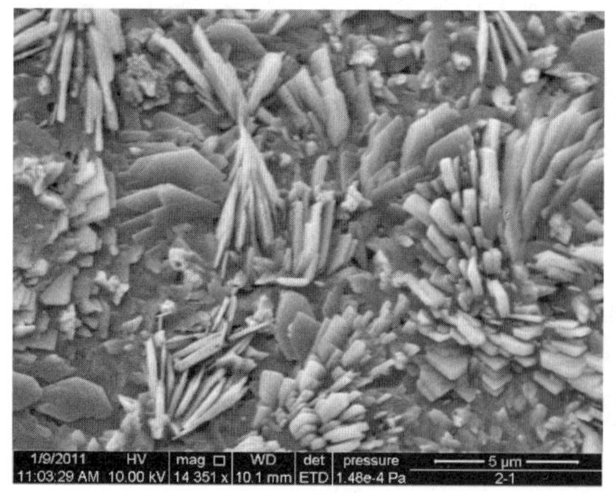

a．表面形成少量的碳酸钙重结晶体

b．深层形成少量的碳酸钙晶体及硅酸钙、铝硅酸钙晶体和部分水化产物

图 5-81　1000℃烧阿嘎土经水化和碳化 5 天后的 SEM 照片

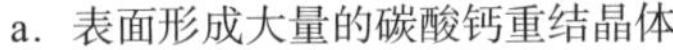
a．表面形成大量的碳酸钙重结晶体

b．深层形成少量的碳酸钙重结晶体和大量的水合硅酸钙及水合铝硅酸钙晶体

图 5-82　1000℃烧阿嘎土经水化和碳化 300 天后的 SEM 照片

扫描电镜照片显示，料礓石和阿嘎土经 1000℃焙烧 3 小时后，生成 CaO、β-CS 和 C_2AS 的细小结晶集合体（图 5-78a、图 5-78b）。水化 5 天后，在样品表面形成少量的 $CaCO_3$ 重结晶体（图 5-79a、图 5-81a），深层形成少量的 β-CSH_n 和 C_2ASH_n 晶体包裹在大颗粒的石英表面（图 5-79b、图 5-81b）。300 天后，样品表面已经形成大量致密的 $CaCO_3$ 重结晶体（图 5-80a、图 5-82a），而深层形成少量的碳酸钙重结晶体和大量的 β-CSH_n 及 C_2ASH_n 晶体集合体（图 5-80b、图 5-82b）。同时，随着水化过程的进行，水化产物中的 $Ca(OH)_2$ 不断吸收 CO_2，逐渐形成 $CaCO_3$ 结晶。

5.2.2.3　讨论

中国在五千多年前的仰韶时期就将烧料礓石用于房屋地面的建筑材料，西藏将阿嘎土用于寺院地面及屋（顶）面建筑材料也有一千多年的历史。料礓石也可称黏土质石灰石，阿嘎土称硅质石灰石，不同地区的料礓石和阿嘎土其黏土和 SiO_2 的含量有所差异。不论料礓石中黏土的成分占多少，或者阿嘎土中硅质的成分占多少，不经过高温焙烧，都不可能产生胶凝材料，都不适宜做建筑胶结材料。料礓石和阿嘎土中所含硅质或黏土不同，只是高温焙烧时产生的胶凝材料中气硬性组分和水硬性组分所占比例不同，会影响不同温度烧制成的料礓石或阿嘎土的特性。

通过以上的研究证明，甘肃秦安大地湾料礓石和西藏山南阿嘎土分别在 700～1400℃八个不同温度焙烧 3 小时后，其生成物中气硬性胶凝材料 CaO 和水硬性胶凝材料 β-$CaSiO_3$ 及 $Ca_2Al_2Si_2O_7$ 的比例发生了有规律的变化。由于两者的比例不同，材料的特性也有所差别。例如，若水硬性成分多一点，其优点是材料早期强度增长快，很快与被修复文物本体牢固结合，但其最大的缺点是形成的胶凝体孔隙率小。因此，材料的透水、透气性差，在环境温度、湿度等因素的影响下，短时期内（一般 3～5 年）

修复材料与被修复文物本体产生剥离，即材料的耐久性差。若生成物中气硬性成分多一点，其缺点是材料早期强度增长缓慢，短时间内与被修复文物本体不能牢固结合，对修复效果造成一些影响。如果气硬性胶凝材料 CaO 和水硬性胶凝材料比例适宜，这种材料既具有一定的早期强度，能够满足修复的要求，同时又在缓慢的碳化过程中形成孔隙率大、耐候性好及最终强度高的结石体，与石质文物的本体紧密牢固结合。

烧料礓石和烧阿嘎土在岩土质文物修复中有一个很重要的特性，就是 CaO 先与水作用生成 $Ca(OH)_2$ 胶凝体，$Ca(OH)_2$ 再与大气中的 CO_2、H_2O 作用，逐渐生成孔隙率较大的 $CaCO_3$ 胶凝体。这一过程欧洲学者称“水硬石灰的自修复作用”。虽然气硬性组分的整个碳化过程比较缓慢，但是整个碳化过程从胶凝体的表面开始，并逐渐向里延伸。只要环境的相对湿度在 80% 左右时，表面的水化和碳化过程都是非常快的，之后越向深层，由于接触的 CO_2 越来越少，碳化的过程越来越慢。正因为这样，缓慢的碳化过程逐渐形成隙率大、透水气性好的 $CaCO_3$ 胶凝体。这种表面快速碳化所产生的 $CaCO_3$ 胶凝体与水硬组分快速水化产生的 CSH_n 和 C_2ASH_n 结石体的强度互补，能完全满足文物修复的要求，之后胶凝体逐渐碳化使其与修复加固的文物本体很好兼容及牢固结合，产生很好的耐候性。欧洲文物保护专家早已发现了黏土质石灰石和硅质石灰石烧制的胶凝材料（称“水硬石灰”）在石质文物修复中的优点，已于 20 世纪 70 年代将这种与中国古代烧料礓石相近似的胶凝材料应用于石质文物的修复，获得很好的保护效果。他们指出：水硬石灰“特别是在古建筑或是旧建筑的修复中，有水泥和气硬性石灰不可替代的特殊用处”。

甘肃秦安大地湾仰韶时期的房屋地面建造时应用了烧料礓石胶凝材料，不论当时烧料礓石中 CaO、β-$CaSiO_3$ 及 $Ca_2Al_2Si_2O_7$ 所占比例是多少，但几千年来，房址一直埋在山坡耕地下的黄土中，气硬性和水硬性胶凝材料都已基本在 CO_2 和 H_2O 作用下转变成多孔隙的 $CaCO_3$，大地湾 F901 地面材料经历了五千多年的漫长岁月，其抗压强度依然和现代的 100 号水泥砂浆地面强度相近。但是，千百年来，西藏寺院建造地面和屋面时一直采用没有经过高温焙烧的阿嘎土，因此，这种材料中既不含气硬性胶凝材料，也不含水硬性胶凝材料，做成的建筑材料强度很低，耐候性也很差，寺院的屋面一般 3～5 年就得重新维修，这不但费工、费时而且加大了成本，同时也对文物造成了严重损害。初步试验证明，在制作地面、屋面的材料中掺加 30% 的烧阿嘎土的粉状物做胶凝材料，能非常明显地提高材料的强度和耐候性。

5.2.2.4　小结

根据以上试验，可得出如下结论：

1）控制焙烧温度，同时选择含适量黏土或 SiO_2 料礓石及阿嘎土可烧制出生成物中含气硬性胶凝材料 CaO 和水硬性胶凝材料 β-$CaSiO_3$ 及 $Ca_2Al_2Si_2O_7$ 各种不同配比的胶凝材料。

2）甘肃秦安的料礓石在 1000℃温度条件下焙烧 3 小时，会生成约 39.2% 的

CaO、约 45.6% 的 β-$CaSiO_3$ 和 $Ca_2Al_2Si_2O_7$。西藏山南阿嘎土在 1000℃条件下焙烧 3 小时，会生成约 42.5% 的 CaO、约 47.4% 的 β-$CaSiO_3$ 和 $Ca_2Al_2Si_2O_7$。

3）随着焙烧温度的升高（700～1400℃），气硬组分在 1100℃时达到最高，之后逐渐降低，在 1400℃时达到最低，而水硬组分一直在增加，在 1400℃时达到最高。

4）烧料礓石和烧阿嘎土在相对湿度 80% 的环境中，都有较快的水化及碳化速度。烧料礓石水化 5 天后生成 32.6% 的 $CaCO_3$ 和 21.6%C_2ASH_n。烧阿嘎土水化 5 天后生成 47.6% 的 $CaCO_3$ 和 16.7% 的 C_2ASH_n。水化、碳化 300 天后，试样表层的碳化厚度达 3mm，生成的 $CaCO_3$ 达 80% 左右。即使 3mm 之下也生成约 50%$CaCO_3$ 及约 34% 的 β-CSH_n 和 C_2ASH_n，这样的强度完全可以满足文物保护加固要求。

5）控制胶凝材料中气硬性组分 CaO 和水硬性组分 β-$CaSiO_3$ 及 $Ca_2Al_2Si_2O_7$ 适当的比例，可控制胶凝材料适宜的早期强度，使之适合岩土类文物的保护加固。

5.3　夯筑工艺的现场试验研究

5.3.1　研究内容

本次试验采用现场人工夯筑墙体的方式，开展不同类型传统夯筑工艺的研究，以物理力学理论为基础，评估不同夯筑类型的优劣，为土遗址保护优化出最佳的夯筑工艺。

研究内容主要包括四个方面。

1）不同夯筑类型，墙体密度评估：通过实测夯筑墙体的密度，可以得到夯土的物质组成和结构特征，也可通过密度计算出土的孔隙比、孔隙率、饱和度等其他物理指标，以此反映土粒密度、墙体内部孔隙的体积和大小及含水量的多少，从而评价不同夯筑类型墙体的夯筑质量。

2）不同夯筑类型，墙体抗压强度评估：抗压强度是评价墙体质量一个比较重要的力学指标，其大小可影响墙体的稳定性。测试不同夯筑类型墙体的抗压强度，可作为评价不同夯筑工艺一个重要的因素。

3）利用三维扫描技术，检测不同夯筑类型夯窝形态及夯锤入土深度的差异，结合其他物理力学指标，以此评价不同夯筑类型墙体的实际夯筑效果。

4）通过电阻式应变片对不同夯筑类型的墙体夯筑过程中的力学变化过程进行监测，从而研究土体受力变形过程，为传统夯筑工艺的研究提供微观的机理基础。

5.3.2　试验设计

5.3.2.1　试验器材

（1）集成夯筑工具一套：包括一组夯锤和夯筑模具

夯土所用的夯锤由木棒和夯头组成，夯头通过生铁浇铸制作而成，一组共五个（图 5-83），采用不同的直径和质量，其参数如表 5-40 所示。

图 5-83　不同种类夯锤

表 5-40　不同种类夯锤

	一号锤	二号锤	三号锤	四号锤	五号锤
直径（cm）	10	12	14	16	18
质量（kg）	3.32	4.03	5.5	9.97	15.02

夯筑模具使用敦煌研究院根据我国古代传统夯筑模具研发的土遗址夯筑模具，模具包含 6 根木椽，4 根支撑木，两头数块模板支档，两侧使用木椽进行夯筑。夯筑模具底部长 3.2m，宽 1m，高 2m，顶部宽 0.7m，夯土版筑墙体一般都有收分，即墙的下部较宽，向上逐渐变窄（图 5-84）。

（2）密度试验器材

蜡封设备（石蜡、融蜡加热器），天平（称量 1000g，分度值 0.01g），铝盒（共计 300 个），削土刀，烧杯，细线，密封塑料袋等（图 5-85）。

图 5-84　夯筑模具

图 5-85　融蜡加热器

（3）Creaform HandySCAN 3D ™手持式三维扫描仪

参数：测量速率：480000 次测量/秒

扫描区域：275×250mm

分辨率：0.050mm

精确度：最高 0.030mm

优点：精度高，精确度最高可达 0.03mm，体积精确度 0.02mm＋0.06mm/m。

缺点：扫描时需要定位标点辅助，而定位标点每平方米至少需要 100 个，贴点费时费力；贴点和扫描需要的时间长，扫描持续时间内的变化不能保证；扫描文件持续时间长（图 5-86）。

定位标点
USB密钥
电源
HandySCAN 3D
USB 3.0 电缆

图 5-86　三维扫描

5.3.2.2　试验选址

本次试验位置选择在贺兰山脚西夏陵四号陵与六号陵中间一块无遗址的平整土地上。试验选择的场地应远离遗址区，不能对原遗址及周围环境产生影响，同时为确保试验的科学性和可信性，选址区环境应与遗址区环境保持一致。进行试验时，应该将对试验选区的影响降至最小，试验完成后，须将场地清理干净，并且尽可能恢复原貌（图 5-87）。

图 5-87　试验选址

5.3.2.3　地基处理

地基处理是遗址保护中的可控因素之一，地基的稳定将会保证遗址土体的夯筑质量，在夯筑支顶保护工程中，地基在不影响本体稳定性的前提下，要尽可能高地提高其稳定性。

在本次试验中，夯筑基础通过铲去风化层，找平，浇水，石杵夯实等过程处理（图 5-88）。

图 5-88　地基处理

5.3.2.4 土样制备

通过室内击实试验，确定现场用土的最优含水率为 13.3%，考虑到现场夯筑过程中的水分蒸发，将土样的含水率增加 0.7%，即夯筑模拟试验墙体的土样按照含水率 14% 配制。取西夏陵原遗址土样及试验用土做颗粒分析试验，确保夯筑模拟试验墙体的土体颗粒之间级配尽量接近西夏陵遗址墙体的颗粒级配。

为避免拌土过程中地表盐分污染试验土，在拌土过程中需用塑料布将土与地面隔离开，铺干土约 5cm，洒水数瓢，将土浸湿后覆盖第二次干土，依次往复，最后用塑料布将湿土覆盖闷制约 20 小时，在使用前将土再次拌制均匀，检测含水率后进行试验（图 5-89）。

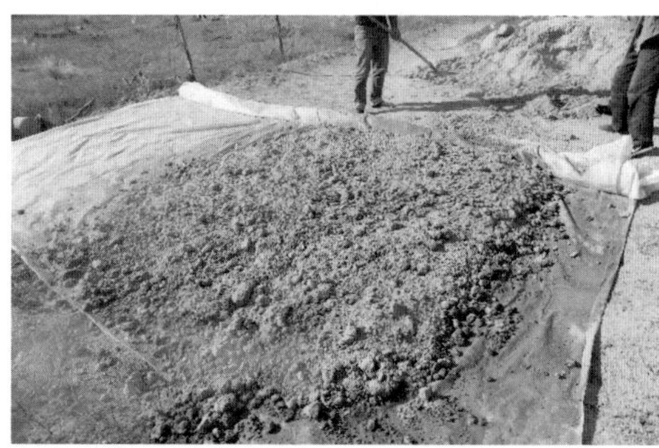

图 5-89 现场土样制备

5.3.2.5 墙体夯筑

（1）墙体夯筑方案

本次试验按照七种不同的夯筑遍数，将试验分为七组，分别为 A 组（8 遍）、B 组（7 遍）、C 组（6 遍）、D 组（5 遍）、E 组（4 遍）、G 组（9 遍）、H 组（10 遍），每一组中按照不同铺土厚度分为四种，铺土 20cm、铺土 16cm、铺土 12cm、铺土 8cm，共有 28 种，以每一种为一个试验单元，每一个试验单元完成后，将夯土清理干净，以待下一个试验单元的进行。夯筑工具设置五种不同直径和质量的夯锤，据此将夯筑区域划分为五个区域。因此，本次试验共计夯筑类型为 140 类，具体设置如表 5-41 所示。

表 5-41 墙体夯筑参数设置

分组	编号	夯筑遍数	铺土厚度（cm）	夯筑层数
A 组	A-20	8	20	1
	A-16		16	1
	A-12		12	2
	A-8		8	2

续表

分组	编号	夯筑遍数	铺土厚度（cm）	夯筑层数
B 组	B-20	7	20	1
	B-16		16	1
	B-12		12	2
	B-8		8	2
C 组	C-20	6	20	1
	C-16		16	1
	C-12		12	2
	C-8		8	2
D 组	D-20	5	20	1
	D-16		16	1
	D-12		12	2
	D-8		8	2
E 组	E-20	4	20	1
	E-16		16	1
	E-12		12	2
	E-8		8	2
G 组	G-20	9	20	1
	G-16		16	1
	G-12		12	2
	G-8		8	2
H 组	H-20	10	20	1
	H-16		16	1
	H-12		12	2
	H-8		8	2

每一个单元夯筑过程及夯筑结束后，均需要做三维扫描试验、密度试验和单轴抗压强度试验。每一个单元每一遍夯筑完成后，进行三维扫描试验，扫描的区域共五个。每一个单元夯筑完后，取样做密度试验、单轴抗压强度试验。

夯筑第一次为冲海窝，相邻海窝紧挨，第二次为打银锭，后续夯筑依次重复此步骤（图 5-90、图 5-91）。

（2）支模

夯筑墙体之前，在墙基边缘栽立六根高大结实的柱子，深入地下 30～50cm，两边平行，长宽距离相等，古代称之为桢，是墙体夯筑的支柱，将制好木板和圆木固定在平行立柱的内侧，以限定墙基的方位和墙体的长度、宽度及高度，是为“版”（图 5-92）。

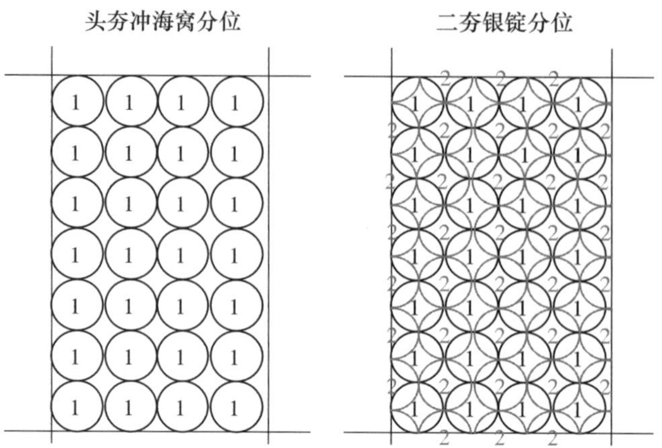

图 5-90　夯筑方法

图 5-91　现场夯筑

图 5-92　夯筑墙体木框架

（3）铺虚土

所铺虚土来自现场试验拌制好的土样，铺土厚度以试验方案为准（误差≤0.5cm）。先进行粗铺，将虚土用铁锹轻覆于基础之上，此时，不得有人员在基础上走动，以免造成较大的铺土误差，影响试验的准确性。当基础上的土量接近待铺土量时，进行细微调整。用准备好的木板将铺土抹平，并用钢尺测量抹平后的铺土厚度，大于待铺高度时将多余土量移出，小于待铺高度时分次添加土量，使得铺土高度与方案设计一致（图 5-93）。

每个试验单元虚土铺设达到要求后，测试其含水率。将铺土区域按照长度均分成三个部分，每个部分进行含水率测试（图 5-94）。

（4）纳虚盘踩

纳虚盘踩是指人脚踩实虚土的过程。中国古代传统夯筑工艺中有“童子夯”之说，

图 5-93　铺虚土

是以众多的童工纳虚盘踩，由于孩童脚小，所以童子夯可以说是纳虚中的“小夯”作法。为吸引童子们不断前进，常有一人脸涂粉脂，身穿戏装，辫子上系一铜铃，扮相可笑，此人在槽内嘻唱而行，吸引众童子在后面追逐，以完成童子夯之功。“童子夯”带有一定的神秘色彩，虽然做法特殊，但对夯土质量似无特殊影响，现代传统夯筑工艺中已无“童子夯”，但仍有盘虚纳踩。虚土铺好之后，用脚初步踩实。踩实的目的是减少第一遍夯筑时夯锤入土之后提出时的阻力，也可防止虚土飞溅（图 5-95）。

图 5-94　含水率试验取样

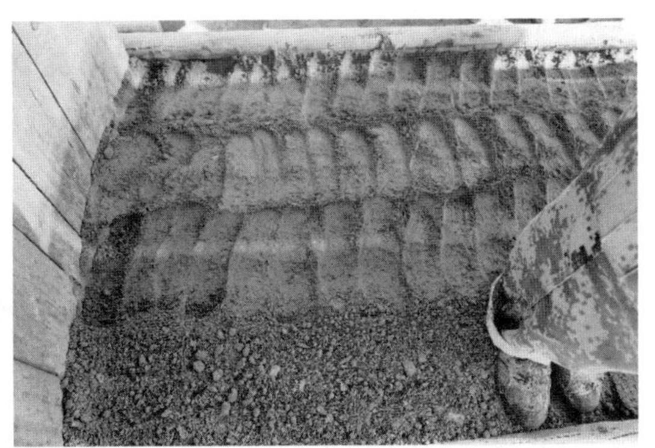

图 5-95　纳虚盘踩

（5）夯锤夯筑

夯筑区域按照不同种类夯锤共分为五个区域，夯筑人员共有三人，夯筑人员的身高、体重、身体素质不同，提锤高度和给夯锤施加的力也会不同，进而对试验结果产生影响。因此，对试验结果进行分析时应考虑夯筑人员身体因素，三者身高体重如表 5-42 所示。

表 5-42　夯筑人员身高体重

	身高（cm）	体重（kg）
甲	175	65
乙	163	65
丙	165	60

开始夯筑时，第一遍为冲海窝，相邻海窝紧挨，夯筑人员甲夯筑一号锤区域，乙夯筑二号锤区域，丙夯筑四号锤区域，三人同时开始夯筑，乙、丙换至三号锤区域、五号锤区域进行夯筑，5 个区域全部夯筑完成是为一遍，接着夯筑第二遍。第二遍为打银锭，夯筑人员负责夯筑的区域与第一遍相同。第三遍开始，人员甲夯筑前两遍人员乙的区域，人员乙夯筑前两遍人员丙的区域，人员丙夯筑前两遍人员甲的区域，至第四遍结束，第五遍再进行人员夯筑区域轮换，即夯筑两遍之后进行变换，直至夯筑完成。

铺土厚度共有四种，20cm、16cm、12cm、8cm，其中 20cm 和 16cm 为一层夯筑，12cm 和 8cm 为两层夯筑。单层夯筑，铺完土后取含水率样，然后夯筑完相应遍数即可，两层夯筑时，第一层铺完土后取含水率样，然后夯筑完相应遍数后，在夯筑完的墙体上再进行铺土夯筑，铺土厚度、夯筑遍数均与第一层相同，因所用土样与第一层所用土样为同一批土且时间间隔不大，所以第二层不再测试虚土含水率，默认与第一层含水率相同。

每个区域按照海窝、银锭的方式逐行依次进行夯筑，每行的夯筑顺序为从东至西。在夯筑的过程中，夯锤提升高度应尽量保持一致，用力均匀，避免漏夯或重夯，记录好每遍夯筑每个区域的夯击次数。

5.3.3　不同夯筑类型夯土物理、力学性质分析

5.3.3.1　干密度测试

5.3.3.1.1　试验过程

（1）密度试验概述

土的密度是土的总质量与其体积之比，它的大小取决于土粒密度、孔隙体积大小和空隙中水的质量多少，综合反映了土的物质组成和结构特征，是极为重要的实测物理指标，用于计算土的干密度、孔隙比、孔隙率、饱和度等其他物理指标，评价土的工程地质性质。

密度测试方法共有四种，环刀法、蜡封法、灌水法和灌砂法，这四种测试方法适用于不同类型土体密度测试。夯土中含有大量砾石，如果用环刀测密度不仅操作不方便，还有会有比较大的误差。故本次试验采用蜡封法进行密度测量（图 5-96），为了消除砾石造成的试验误差，块状样质量取 300～500g，每个区域进行三次平行测定，取三次测值的平均值。

（2）取样

单层夯筑，每个夯锤区域取三个平行样，两层夯筑，上下两层各取三个平行样，分别测试密度。为了减少水分损失，影响试验结果的准确性，密度试验应该在取样之后短时间内完成。根据试验要求，用削土刀切取质量 300～500g 的代表性试样，清除表面浮土及尖锐棱角，送至现场试验室进行密度试验（图 5-97、图 5-98）。

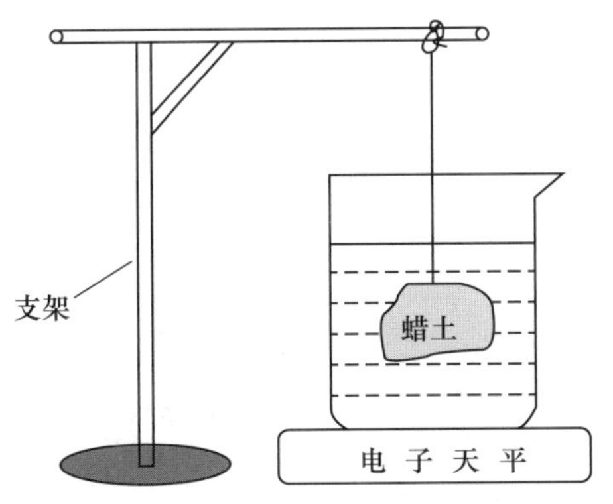

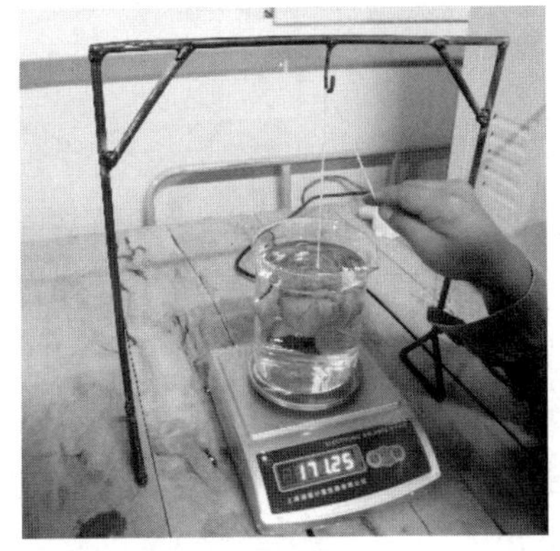

图 5-96　电子天平蜡封法

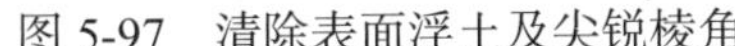

图 5-97　清除表面浮土及尖锐棱角

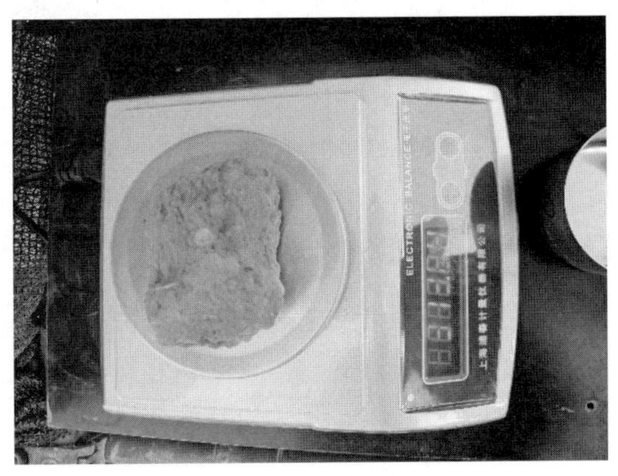

图 5-98　称量试样质量

（3）电子天平蜡封法试验

蜡封法测试密度是将待测试样浸没于融化的液态石蜡中，取出试样，附着于试样表面的石蜡凝固，在试样表面形成密封层，阻止试样悬于纯水中称量质量时水分渗入。因此，电子天平蜡封法试验能否成功及测试结果是否准确的关键是石蜡有没有完全包裹待测试样、膜中不宜有气泡且密封层不宜太厚（图 5-99）。

试样系上细绳称量质量，准确至 0.01g，持线将试样缓缓浸入刚过溶点（65℃）的蜡液中，浸没后立即提出，重复上述步骤，然后检查试样周围的蜡膜，当有气泡时用针轻轻刺破再用蜡液补平，冷却后称蜡封试样质量。将烧杯中盛满 2/3 的纯水，放在电子天平上校准去皮，测量烧杯中纯水的温度，将蜡封试样缓慢放入烧杯中，使试样完全浸没，并且悬浮于水中不与烧杯壁接触，待示数稳定后读数记录，若试样在水中稳定后读数仍发生变化，则说明试样未完全蜡封，则另取试样重做试验。

（4）试样密度计算

密度计算如式 5-19 和 5-20 所示

$$\rho_0=\frac{m_0}{\dfrac{m_{nw}}{\rho_{wT}}-\dfrac{m_n-m_0}{\rho_n}}\qquad（式 5-19）$$

A．水浴加热石蜡至熔点

B．试样裹蜡

C．检查试样蜡封质量

D．称量蜡封试样质量

E．密度试验试样

F．试验器材

图 5-99　现场密度试验

式中：ρ_0 试样的湿密度；

m_0 试样质量；

m_{nw} 试样放入烧杯中增加的质量；

m_n 试样蜡封后的质量；

ρ_{wT} 在 T 摄氏度时纯水的密度；

ρ_n 石蜡的密度。

$$\rho = \frac{\rho_0}{1 + 0.01\omega_0} \quad （式 5-20）$$

式中：ρ 试样的干密度；

ρ_0 试样的湿密度；

ω_0 试样含水率。

本试验应进行三次平行测定，取三次测值的平均值。

5.3.3.1.2　结果分析

土的干密度常被用来作为评价黏性土密实度的标准，用以控制填土夯（压）实的质量。干密度越大，土体越密实，工程质量越好。孔隙比为土中孔隙与固体颗粒体积之比，其作为一个非常重要的物理指标，反映了土的密实程度，对土的物理、力学指标都有重要的影响。天然土的孔隙比变化范围很大，有的小于 0.1，有的大于 0.1，有的甚至远远大于 10.0，黏性土的孔隙比一般在 0.4～1.2 之间。对同一种土而言，孔隙比越大，土越松，在荷载作用下变形越大。孔隙比越小，对夯土墙体的稳定性越有利。土体的孔隙比与干密度相关，通过孔隙比可以更直观且本质地反映土体夯筑时的挤压密实过程。

5.3.3.1.2.1　夯筑遍数评价

（1）一号夯锤区所测干密度与孔隙比分析

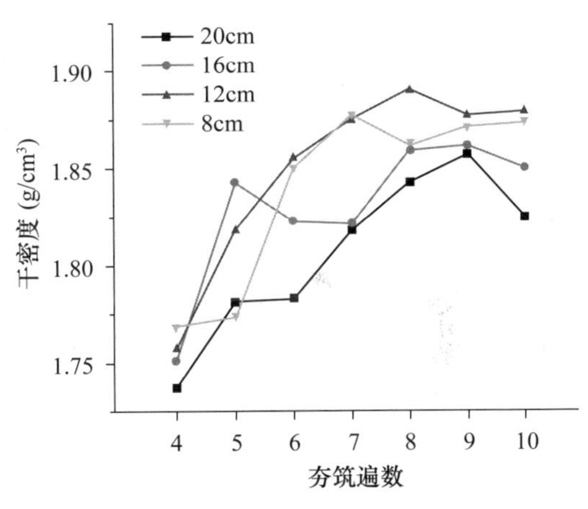

图 5-100　干密度变化曲线

图 5-100 为一号夯锤作用下，随着铺土厚度的不同及夯筑遍数的增加，墙体干密度的变化规律。一号夯锤区域相同铺土厚度随着夯筑遍数的增加，夯土干密度曲线整体呈上升趋势，增大趋势先迅速再缓慢，夯击击数为 8 开始所测干密度除铺土 8cm 的上升，其余铺土厚度所测得干密度几乎呈下降趋势，不再上升，从图中可以看出铺土为 20cm 所测得的干密度除在夯击第五遍时所测值大于 8cm 时所测得的干密度外。其他夯击遍数所测得的干密度相较其他铺土厚度时所测得的干密度为小，铺土 12cm 时所测得的干密度最大，铺土 8cm 和铺土 16cm 所测得的干密度介于铺土 12cm 与铺土 20cm 之间。

图 5-101 为一号夯锤作用下，随着铺土厚度的不同及夯筑遍数的增加，墙体孔隙比的变化规律。对于同一种铺土厚度，随着夯筑遍数增加，孔隙比曲线整体趋势下降，表明墙体内部孔隙比逐渐减小。铺土 20cm 和 16cm 的曲线变化与铺土 12cm 和 8cm 的曲线变化略有不同。铺土 20cm 和铺土 16cm 的曲线变化可分为三个阶段：第一阶段为夯筑四遍增加至夯筑五遍，此阶段曲线下降较为迅速，说明从第四遍至第五遍墙体内部孔隙减少较快，从而可知第五遍夯筑对墙体的挤压密实作用明显；第二

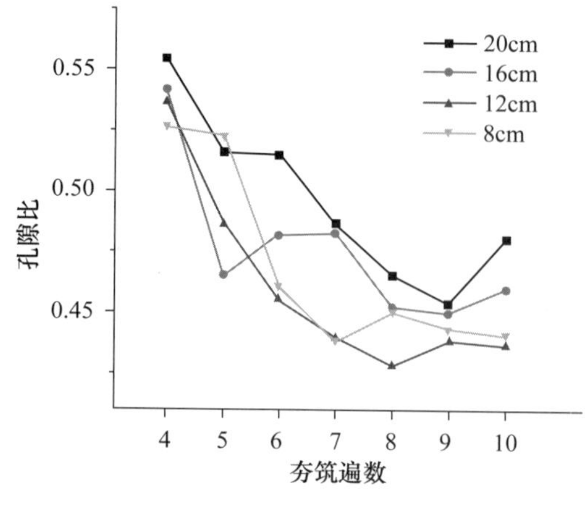

图 5-101　孔隙比变化曲线

个阶段为第五遍至第九遍，此阶段曲线整体下降但幅度较小且偶有上升，说明夯筑第五遍之后土体的密实度已达到一定程度，增加遍数对土体的压密作用变小；第三个阶段为九遍至十遍，此阶段曲线下降，原因为第十遍夯筑破坏了土体的整体性。铺土 12cm 和铺土 8cm 的曲线变化可分为两个阶段：第一阶段为四遍至七遍，此阶段曲线持续下降，第二个阶段为七遍至十遍，此阶段曲线不再下降，且有上升趋势，但幅度较小，整体几乎水平，说明对于一号夯锤、铺土 12cm 和 8cm，最佳的夯筑遍数为七遍，继续夯筑对墙体作用较小且可能破坏其稳定性。

四种铺土厚度，在一号夯锤及相同的夯筑遍数下，孔隙比最小的为铺土 12cm，孔隙比最大的为铺土 20cm，由于孔隙比越大，土越松，在荷载作用下变形越大，因此四种铺土厚度中 12cm 最为适宜。

（2）二号夯锤区所测干密度与孔隙比分析

图 5-102 为二号夯锤作用下，随着铺土厚度及夯筑遍数的增加，墙体干密度的变化规律。铺土 8cm 的曲线夯击第四遍时干密度比第五遍时的干密度大很多，可能是取样时造成的误差，使其干密度增大。

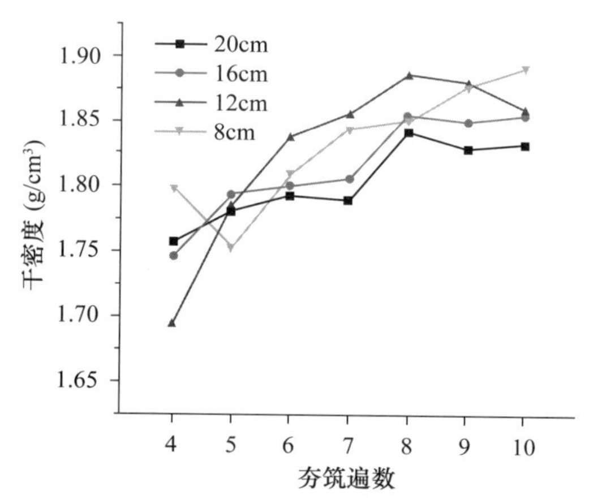

图 5-102　干密度变化曲线

铺土 20cm 的曲线位于其他曲线下方，干密度最小，铺土为 12cm 时土体所测干密度几乎位于其他几条曲线上方，其干密度几乎大于其他铺土厚度的土的干密度。而铺土 16cm 和铺土 8cm 位于铺土 12cm 和铺土 8cm 两条曲线中间。二号夯锤区域同一铺土厚度的土随着夯击击数的增加，土变得密实，干密度总体增大，除铺土 8cm 时夯击数为八遍之后还呈增大趋势，其他铺土厚度到击数为八遍时变得平缓不再上升。

图 5-103 为二号夯锤作用下，随着铺土厚度及夯筑遍数的增加，墙体孔隙比的变化规律。对于同一种铺土厚度，随着夯筑遍数增加，孔隙比曲线整体趋势下降，表明墙体内部孔隙比逐渐减小。铺土 20cm 和 16cm 的曲线变化与铺土 12cm 和 8cm 的曲线变化略有不同。铺土 20cm 和铺土 16cm 的曲线变化可分为四个阶段：第一阶段为夯筑四遍增加至夯筑五遍，曲线下降较为迅速，说明从第四至第五遍墙体内部孔隙减

少较快，可见第五遍夯筑对墙体的挤压密实作用明显；第二个阶段为第五至第七遍，此阶段曲线整体呈下降趋势但幅度较小，说明夯筑第五遍之后土体的密实度已达到一定程度，增加遍数对土体的压密作用变小；第三阶段为第七至第八遍，此阶段曲线下降迅速；第四阶段为第八至第十遍，曲线呈上升趋势，但上升幅度很小，原因为第九遍开始夯筑破坏了土体的整体性，出现了新的孔隙及裂隙。铺土 12cm 的曲线变化可分为两个阶段：第一阶段为第四至第八遍，曲线持续下降；第二个阶段为第八至十遍，曲线不再下降，且有上升趋势，但幅度较小，整体几乎水平。铺土 8cm 的曲线变化可分为两个阶段：第一个阶段为第四遍至第五遍，曲线上升迅速，可能为试验误差导致，第二个阶段为第五遍至第十遍，曲线持续下降。

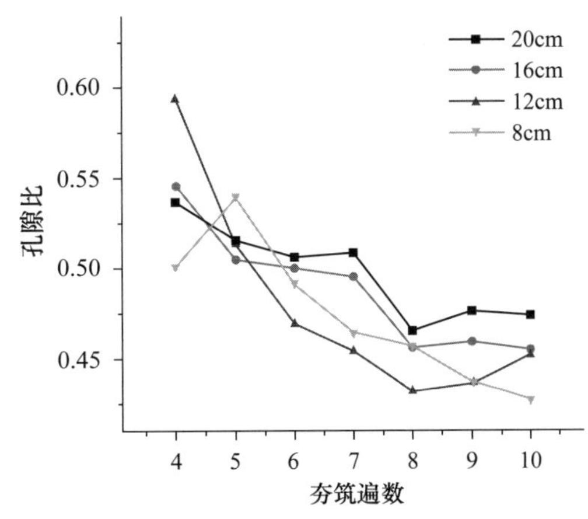

图 5-103　孔隙比变化曲线

四种铺土厚度，在二号夯锤及相同的夯筑遍数下，孔隙比最小的为铺土 12cm，孔隙比最大的为铺土 20cm，由于孔隙比越大，土越松。可见，在这种人工荷载作用下，选择铺土厚度 12cm 最为适宜。

（3）三号夯锤区所测干密度与孔隙比分析

图 5-104 为三号夯锤作用下，随着铺土厚度的不同及夯筑遍数的增加，墙体干密度的变化规律。除铺土 8cm 时夯击数为八遍之后增大趋势比较明显之外，三号夯锤区域同一铺土厚度随着夯击遍数增加，土变得密实，干密度增大，到夯击遍数为九遍时趋于平缓不再上升。铺土 12cm、16cm、20cm 所得的干密度曲线在夯击第七遍时都比夯击第六遍时小，但在夯击第八遍时均又增大。铺土 16cm 所测干密度波动幅度比较大，但总体还是呈增大趋势。铺土 20cm 的曲线在夯击第六遍后曲线位于其他曲线下方，干密度最小。铺土为 12cm 的土体时所测干密度曲线位于其他几条曲线上方，其干密度大于其他铺土厚度的土的干密度。

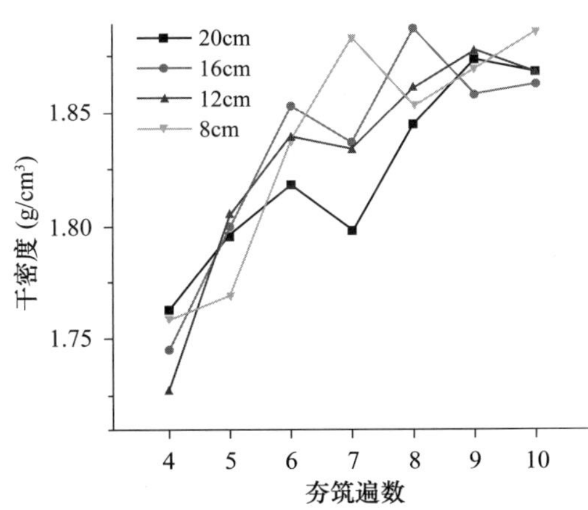

图 5-104　干密度变化曲线

图 5-105 为三号夯锤作用下，随着铺土厚度及夯筑遍数的增加，墙体孔隙比的变化规律。对于同一铺土厚度，随着夯筑遍数增加，孔隙比曲线整体呈下降趋势，表明墙体内部孔隙比逐渐减小。铺土 20cm 的曲线变化可分为三个阶段：第一阶段为夯筑四遍增加至夯筑六遍，此阶段曲线下降较为迅速，说明从第四遍至第六遍墙体内部孔

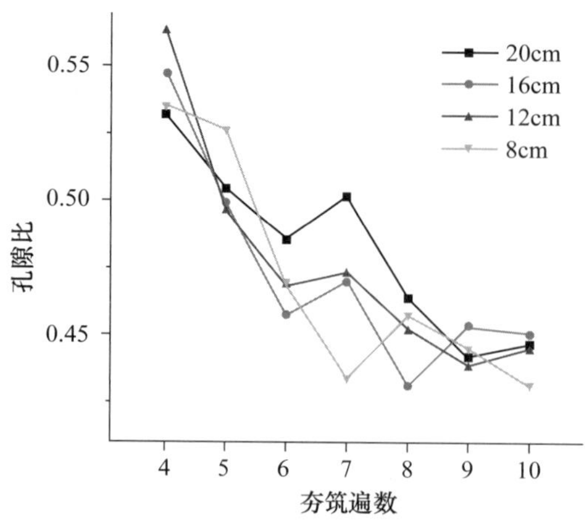

图 5-105　孔隙比变化曲线

隙减少较快，压实作用明显；第二个阶段为第六至第七遍，此阶段曲线呈上升趋势；第三个阶段为七至十遍，此阶段曲线持续下降。铺土 16cm 的曲线变化可分为五个阶段：第一个阶段为夯筑第四遍至第六遍，曲线下降迅速，墙体内部孔隙降低较快，压实作用明显；第二个阶段为夯筑第六至第七遍，曲线呈上升趋势；第三个阶段为第七到第八遍，曲线又呈下降趋势，且下降比较迅速；第四个阶段为第八到第九遍，曲线又开始回升；第五个阶段为第九到第十遍，曲线呈缓慢下降。铺土 12cm 的曲线变化可分为两个阶段：第一阶段为四至九遍，此阶段曲线持续下降；第二个阶段为九遍至十遍，此阶段曲线不再下降，且有小幅上升趋势。

四种铺土厚度，在三号夯锤及相同的夯筑遍数下，孔隙比最小的为铺土 16cm，孔隙比最大的为铺土 20cm。因此，在三号锤作用下，四种铺土厚度中 16cm 最为适宜。

（4）四号夯锤区所测干密度与孔隙比分析

图 5-106 为四号夯锤作用下，随着铺土厚度及夯筑遍数的增加墙体干密度的变化规律。四号夯锤区域同一铺土厚度下随着夯击遍数的增加，土越变得密实，干密度总体增大，到击数为 8 时增加趋于平缓，铺土 12cm 的曲线在夯击第十遍时减小。铺土 8cm、16cm、20cm 所测得的干密度在夯击第七遍时比夯击第六遍时小，而铺土 8cm 和铺土 20cm 的干密度在夯击第八遍时恢复增大趋势，铺土 16cm 在夯击第八遍时继续减小至夯击第九遍时又增大。

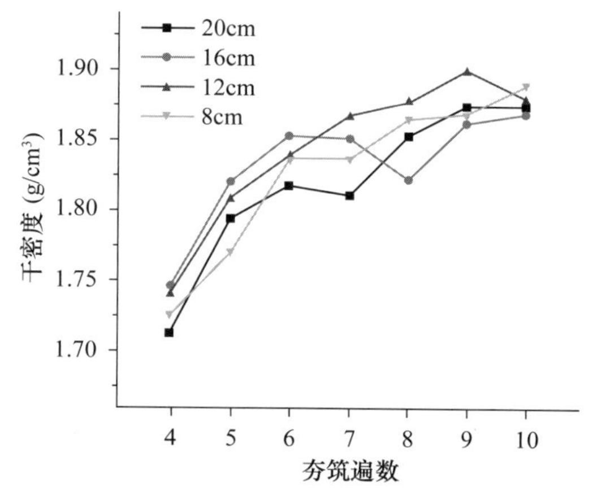

图 5-106　干密度变化曲线

图 5-107 为四号夯锤作用下随着铺土厚度及夯筑遍数的增加，墙体孔隙比的变化规律。对于同一种铺土厚度，随着夯筑遍数增加，孔隙比曲线整体呈下降趋势，内部孔隙比逐渐减小。铺土 20cm 曲线变化可分为四个阶段：第一阶段为夯筑四遍增加至夯筑六遍，此阶段曲线下降先快后慢，说明从第四遍至第五遍墙体内部孔隙减少较快，压实作用明显；第二阶段为第六至第七遍，此阶段曲线呈上升趋势但幅度较小；第三阶段为第七至八遍，此阶段曲线明显呈下降趋势；第四阶段为夯筑第八到十遍，曲线为平缓下降趋势。铺土 16cm 的变化曲线分为三个阶段：第一个阶段为夯筑第四到六遍，此阶段曲线下降迅速，内部孔隙减少较快，压实作用明显；第二阶段为第

六到八遍，此阶段曲线呈上升趋势；第三阶段为夯筑第八遍到第十遍，曲线总体呈下降趋势。铺土 12cm 曲线变化可分为两阶段：第一阶段为四遍至九遍，曲线持续下降；第二个阶段为九遍至十遍，曲线不再下降，且有上升趋势，原因为第十遍夯筑破坏了土体的整体性，又出现了新的孔隙及裂隙。说明当铺土厚度为 8cm 和 12cm 时，对于四号夯锤最佳的夯筑遍数为九遍，继续夯筑反而会破坏其稳定性。

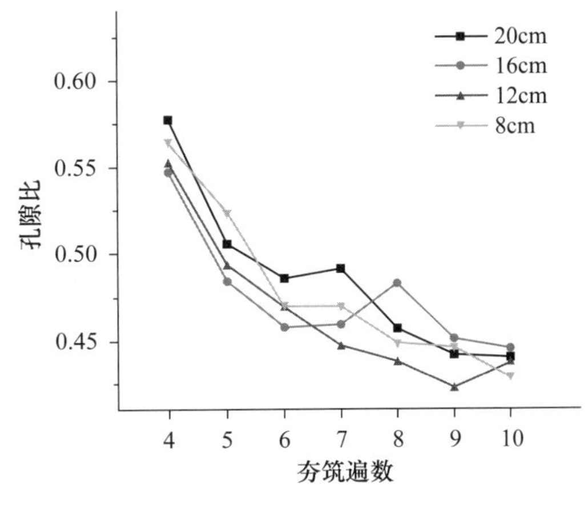

图 5-107　孔隙比变化曲线

四种铺土厚度，在四号夯锤及相同的夯筑遍数下，孔隙比最小的为铺土 12cm，孔隙比最大的为铺土 20cm，由于孔隙比越大，土越松，在荷载作用下变形越大，因此对于四号锤，适合的夯筑铺土厚度为 12cm。

（5）五号夯锤区所测干密度与孔隙比分析

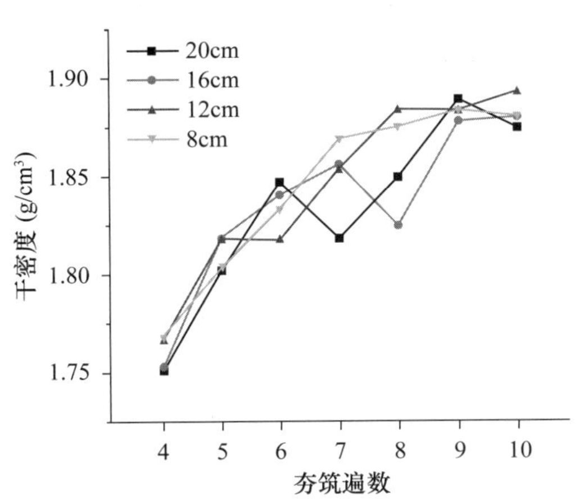

图 5-108　干密度变化曲线

图 5-108 为五号夯锤作用下，随着铺土厚度夯筑遍数的增加墙体干密度变化规律。五号夯锤区域同一铺土厚度随着夯击击数的增加，土变得密实，干密度总体增大，除铺土 8cm 时夯击八遍后还呈增大趋势，其他铺土厚度击数为九遍时几乎不再上升。铺土 20cm 的曲线位于其他曲线下方，干密度最小，铺土 12cm 的土体时所测干密度曲线位于其他几条曲线上方，其干密度大于其他铺土厚度的土的干密度。而铺土 16cm 和铺土 8cm 位于铺土 12cm 和铺土 8cm 两条曲线中间。

图 5-109 为五号夯锤作用下，随着铺土厚度及夯筑遍数增加墙体孔隙比的变化规律。对于同一种铺土厚度，随着夯筑遍数增加，孔隙比曲线整体趋势下降，内部孔隙比逐渐减小。铺土 20cm 的曲线变化可分为四个阶段：第一阶段为夯筑四遍增加至夯筑六遍，曲线下降较为迅速，说明从第四遍至第六遍墙体内部孔隙减小较快，墙体压实作用明显；第二阶段为第六至七遍，此阶段曲线上升，说明夯筑第五遍之后土体的密实度已达到一定程度，增加遍数对土体的压密作用变小；第三阶段为第七至九遍，曲线呈下降趋势；第四阶段为夯筑第九到十遍，此阶段曲线上升，说明过度夯筑破坏了土体整体性，出现了新孔隙及裂隙。铺土 16cm 曲线变化可分为三个阶段，第一阶段为第四遍到第七遍，曲线下降迅速，说明从第四遍至第七遍墙体内

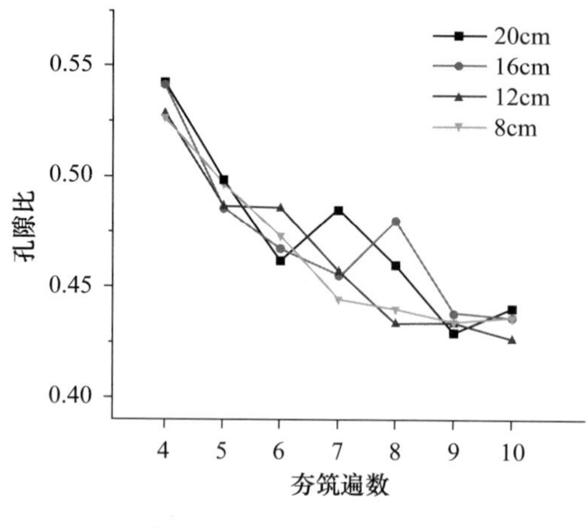

图 5-109　孔隙比变化曲线

部孔隙减小较快，压实作用明显；第二阶段为第七遍到第八遍，曲线呈明显上升趋势；第三个阶段为第八遍到第十遍，曲线下降，第八到九遍下降趋势明显，第九到十遍比较平缓。铺土 12cm 的曲线变化总体呈持续下降趋势。而铺土 8cm 的可分为两个阶段：第一阶段为第四至九遍，此阶段曲线持续下降，第二个阶段为九遍至十遍，此阶段曲线呈上升趋势，但幅度较小，整体几乎水平。

四种铺土厚度在五号夯锤及相同的夯筑遍数下，孔隙比最小的为铺土 12cm，孔隙比最大的为铺土 20cm。五号锤用于铺土厚度 12cm 的夯筑中比较适宜。

5.3.3.1.2.2　多层夯筑评价

（1）一号夯锤区双层所测干密度与孔隙比分析

图 5-110A 为一号夯锤作用下，铺土 12cm 双层土随着夯筑遍数的增加，墙体干密度的变化规律。一号夯锤区铺土 12cm 的土随着夯击击数的增加，土变得密实，干密度总体增大，到击数为八遍时开始呈下降趋势。下层夯击第七遍之前所测干密度增加迅速，夯击七遍至八遍干密度值增加缓慢，到八遍之后开始缓慢减小，上层土的干密度曲线位于下层土的干密度曲线下方，说明上层土的干密度小于下层土的干密度，下层土比上层土密实，强度高。

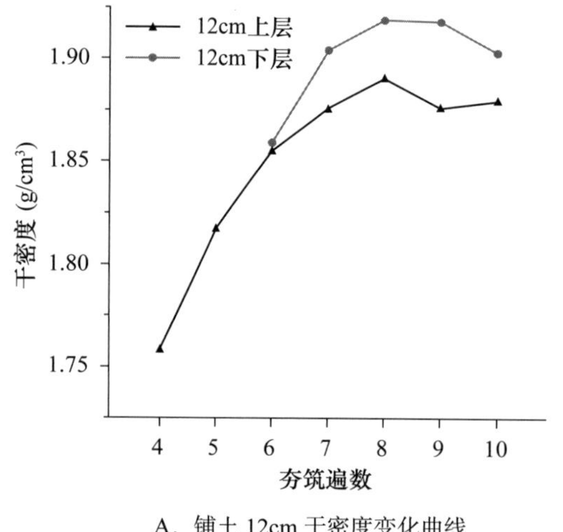

A. 铺土 12cm 干密度变化曲线

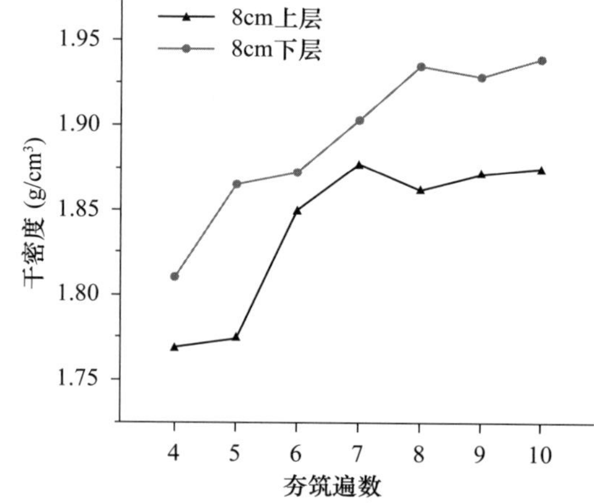

B. 铺土 8cm 干密度变化曲线

图 5-110　一号锤不同铺土厚度的干密度变化曲线

图 5-110B 为一号夯锤作用下，铺土 8cm 双层土随着夯筑遍数的增加，墙体干密度的变化规律，一号夯锤区铺土 8cm 的土随着夯击击数的增加，土变得密实，干密

度总体增大，上层到击数为八遍时开始变得平缓，而下层在夯击七遍之前土的干密度持续增长，趋势比较迅速，而夯击第八遍干密度比第七遍小很多，到夯击八遍之后干密度变化幅度很小，趋于稳定。上层土的干密度曲线整体位于下层土的干密度曲线下方，说明下层土比上层土密实，强度高。

图 5-111A 为一号夯锤作用下，铺土 12cm 双层土随着夯筑遍数的增加墙体孔隙比的变化规律。曲线随着夯筑遍数的增加整体呈下降趋势。12cm 上下两层孔隙比曲线变化几乎一致，可以分为两个阶段，第一个阶段为夯筑第四遍到第八遍，曲线持续下降，前部分下降迅速，后部分下降缓慢；第二个阶段为夯筑第八遍到第十遍，上层从第八遍到九遍曲线上升，幅度较小，从第九遍到第十遍曲线下降，但趋势较小，几乎平直，下层曲线从第八遍至第十遍曲线上升，但上升幅度较小。下层曲线位于上层曲线下方，说明下层土体比上层土体密实。

图 5-111B 为一号夯锤作用下，铺土 8cm 双层土随着夯筑遍数的增加墙体孔隙比的变化规律。曲线随着夯筑遍数的增加整体呈下降趋势。上层曲线变化可分为四个阶段，第一阶段为第四遍到第五遍，曲线下降但平缓；第二阶段为第五遍到第七遍，曲线下降趋势明显，墙体内部孔隙减少较快，压实作用明显；第三阶段为第七遍到第八遍，曲线小幅度上升；第四阶段为夯筑第八遍到第十遍，曲线呈下降趋势，但趋势平缓。下层曲线变化可分为三个阶段，第一个阶段为第四遍到第八遍，曲线呈迅速下降趋势；第二个阶段为第八遍到第九遍，曲线呈缓慢上升趋势；第三阶段为第九遍到第十遍，曲线呈下降趋势。下层曲线位于上层曲线下方，说明下层土体比上层土体密实。

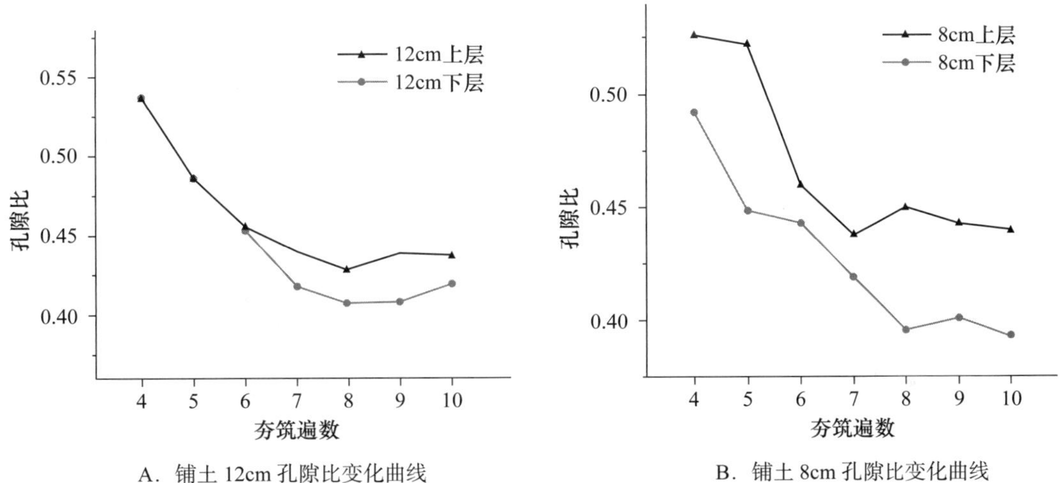

A. 铺土 12cm 孔隙比变化曲线　　B. 铺土 8cm 孔隙比变化曲线

图 5-111　一号锤不同铺土厚度的孔隙比变化曲线

（2）二号夯锤区双层所测干密度与孔隙比分析

图 5-112A 为二号夯锤作用下，铺土 12cm 双层土随着夯筑遍数的增加墙体干密度的变化规律。二号夯锤区铺土 12cm 的土随着夯击击数的增加，土变得密实，干密度增大，到击数为八遍时开始呈下降趋势。下层夯击第四遍所测干密度增加迅速，夯

击第五遍的所测干密度比第四遍小，五遍之后干密度又开始增大，增加趋势比较迅速，至夯击第八遍开始呈下降趋势。上层夯击第四到五遍时所测干密度增加迅速，第六遍之后增大但趋势减缓，从夯击第八遍呈平缓下降趋势。上层土的干密度曲线位于下层土的干密度曲线下方，说明上层土的干密度小于下层土的干密度。

图 5-112B 为二号夯锤作用下，铺土 8cm 双层土随着夯筑遍数的增加墙体干密度的变化规律。二号夯锤区铺土 8cm 随着夯击击数的增加，土变得密实，干密度增大，上层到击数第五遍时所测干密度比夯击第四遍和第六遍小得多，为异常数据，可能是取样烘干时出现操作误差，之后整条曲线缓慢增加，而下层在夯击七遍之前土的干密度持续增长，趋势比较迅速，到夯击八遍之后干密度变化幅度很小，趋于稳定。上层土的干密度曲线位于下层土的曲线下方，说明上层土的干密度小于下层土的干密度。

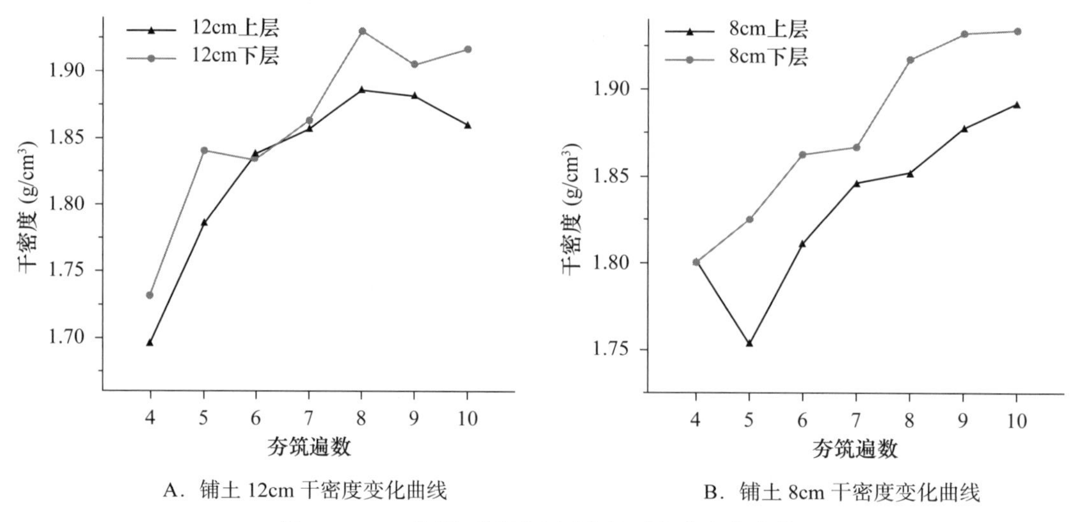

A. 铺土 12cm 干密度变化曲线　　B. 铺土 8cm 干密度变化曲线

图 5-112　二号锤不同铺土厚度的干密度变化曲线

图 5-113A 为二号夯锤作用下，铺土 12cm 双层土随着夯筑遍数的增加墙体孔隙比的变化规律。曲线随着夯筑遍数的增加整体呈下降趋势。上层曲线的变化可分为两个阶段：第一阶段为夯筑四遍增加至夯筑八遍，曲线持续下降，前部分下降较为迅速，后部分较为平缓，说明从第四遍至第六遍墙体内部孔隙减少较快，压实作用明显；第二个阶段为第八遍至第十遍，此阶段曲线整体呈小幅上升，原因为第十遍夯筑破坏了土体的整体性，出现了新的孔隙及裂隙。下层曲线变化可分为五个阶段，第一阶段为夯击四遍至五遍，曲线下降迅速，说明从第四遍至第五遍墙体内部孔隙减小较快，压实作用明显；第二阶段为第五遍至第六遍，曲线上升趋势不明显，变化较小；第三个阶段为六遍至八遍，曲线呈明显下降；第四阶段为第八遍至九遍，曲线上升；第五阶段为九遍至十遍，曲线下降。下层曲线位于上层曲线下方，说明下层土体比上层密实。

图 5-113B 为二号夯锤作用下，铺土 8cm 双层土随着夯筑遍数的增加墙体孔隙比的变化规律。曲线随着夯筑遍数的增加整体呈下降趋势。上下层曲线变化几乎一致，总体持续下降。下层曲线位于上层曲线下方，说明下层土体比上层土体密实。

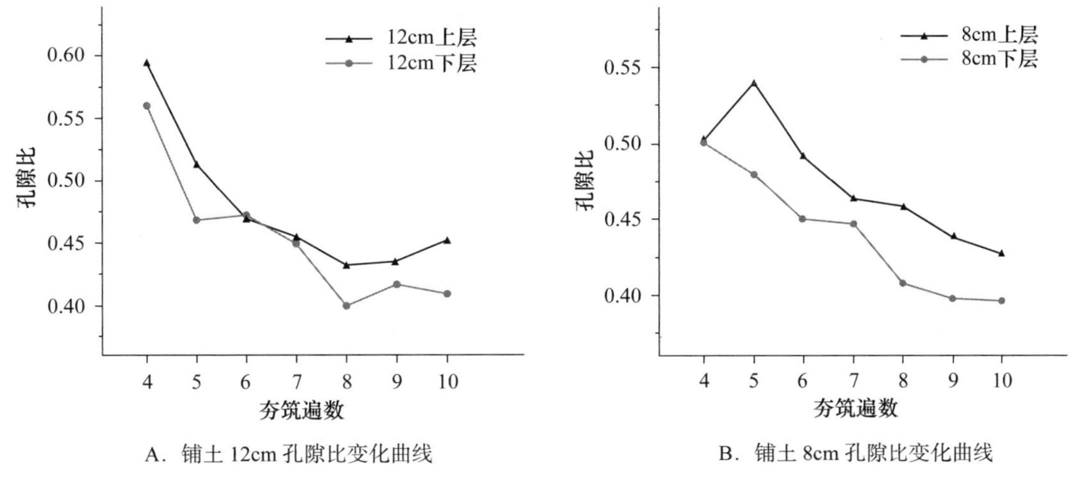

A．铺土 12cm 孔隙比变化曲线　　B．铺土 8cm 孔隙比变化曲线

图 5-113　二号锤不同铺土厚度的孔隙比变化曲线

（3）三号夯锤区双层所测干密度与孔隙比分析

图 5-114A 为三号夯锤作用下，铺土 12cm 双层土随着夯筑遍数的增加墙体干密度的变化规律，三号夯锤区铺土 12cm 的土随着夯击击数的增加，土变得密实，干密度总体增大，到击数为八遍时开始呈下降趋势。下层夯击第四遍所测干密度增加迅速，夯击第五遍至第七遍曲线平缓，干密度增加缓慢，夯击第八遍所得干密度比夯击第七遍所得干密度大得多，曲线比较陡，第八遍到第十遍之间的干密度曲线平缓，几乎水平。上层夯击第四遍所测干密度增加迅速，夯击第五遍至第九遍所得的干密度曲线平缓上升，第九遍到第十遍呈下降趋势。上层土的干密度曲线位于下层土的干密度曲线下方，说明上层土的干密度小于下层土的干密度，下层土比上层土密实，强度高。

图 5-114B 为三号夯锤作用下，铺土 8cm 双层土随着夯筑遍数的增加墙体干密度的变化规律，三号夯锤区铺土 8cm 土随着夯击击数的增加，土变得密实，干密度总体增大，上层到夯击第四遍到第五遍所测土的干密度增加较小，而夯击第六遍所测干密度比第五遍所测干密度大得多。夯击第七遍所测干密度跟第六遍相差不大，第八遍跟第七遍之间的曲线呈下降趋势，到第九遍和第十遍呈上升趋势，但比较平缓。下层土在夯击第四遍到第八遍之间曲线上升迅速，在夯击第八遍之后土的干密度几乎不再增加，曲线平缓。上层土的干密度曲线除夯击第五遍到第七遍之间位于下层土的干密度曲线上方，其余段都位于下层土曲线下方，说明上层土的干密度小于下层土的干密度，下层土比上层土密实，强度高。

图 5-115A 为三号夯锤作用下，铺土 12cm 双层土随着夯筑遍数的增加墙体孔隙比的变化规律。曲线随着夯筑遍数的增加整体呈下降趋势。上下两层土体孔隙比曲线

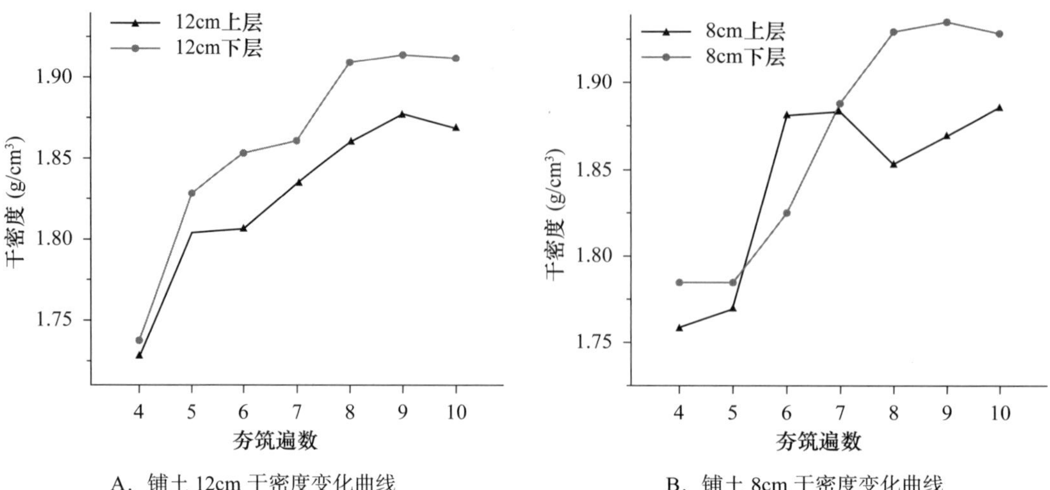

A．铺土 12cm 干密度变化曲线　　B．铺土 8cm 干密度变化曲线

图 5-114　三号锤不同铺土厚度的干密度变化曲线

变化几乎一致，曲线变化可分为三个阶段：第一阶段为夯筑第四遍至五遍，曲线下降迅速，墙体内部孔隙减小较快，压实作用明显；第二个阶段为夯筑五遍至九遍，曲线呈下降趋势，且持续下降，但下降趋势较为缓慢；第三个阶段为夯筑九遍至十遍，曲线上升，但上升缓慢，原因为第十遍夯筑破坏了土体的整体性，出现了新的孔隙及裂隙。下层曲线位于上层曲线下方，说明下层土体比上层土体密实。

图 5-115B 为三号夯锤作用下，铺土 8cm 双层土随着夯筑遍数的增加墙体孔隙比的变化规律。曲线随着夯筑遍数的增加整体呈下降趋势。上层曲线变化可分为三个阶段：第一阶段为夯筑四遍至七遍，在四遍至五遍时曲线下降缓慢，五遍至六遍曲线下降迅速，六遍至七遍曲线几乎平直，从而可知第六遍夯筑对墙体的挤压密实作用明显；第二阶段为第七遍至第八遍，曲线呈上升趋势，且幅度较大；第三阶段为第八遍至第十遍，曲线下降。下层曲线变化可分为三个阶段：第一阶段为夯筑第四遍至第五

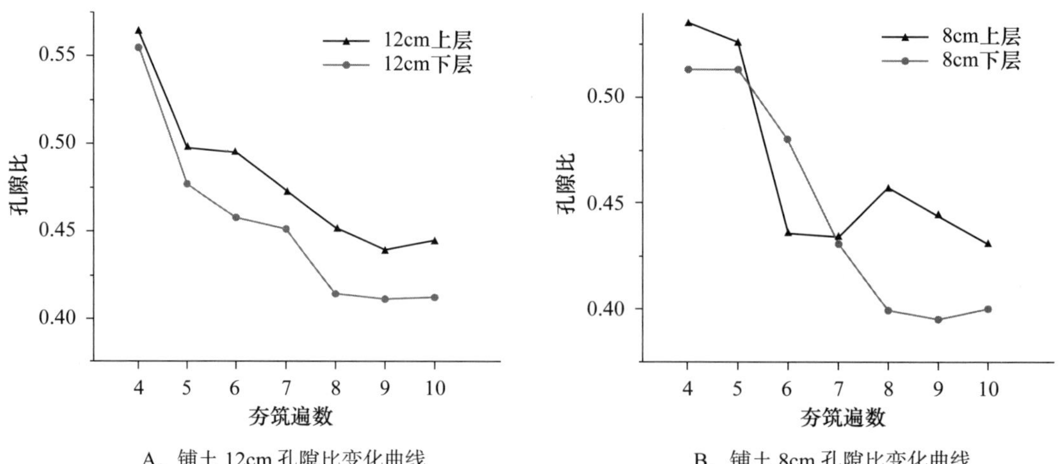

A．铺土 12cm 孔隙比变化曲线　　B．铺土 8cm 孔隙比变化曲线

图 5-115　三号锤不同铺土厚度的孔隙比变化曲线

遍，曲线平直，几乎无变化；第二阶段为第五遍至第八遍，曲线持续迅速下降，说明从第五遍至第八遍墙体内部孔隙减小较快；第三阶段为夯筑第八遍至第十遍，曲线上升，原因为夯筑破坏了土体的整体性，出现了新的孔隙及裂隙。下层曲线除夯筑第六遍位于上层曲线上方外其余均位于上层曲线下方，说明下层土体总体比上层土体密实。

（4）四号夯锤区双层所测干密度与孔隙比分析

图 5-116A 为四号夯锤作用下，铺土 12cm 双层土随着夯筑遍数的增加墙体干密度的变化规律，四号夯锤区铺土 12cm 的土随着夯击击数的增加，土变得密实，干密度总体增大，到击数为八遍时开始呈下降趋势。下层夯击第四遍到第六遍所测干密度曲线增加迅速，夯击第六遍至第七遍曲线小幅下降，夯击第七遍到第八遍所得干密度曲线又呈上升趋势，从夯击第八遍开始曲线呈小幅下降趋势。上层夯击第五遍所测干密度比夯击第四遍大很多，增加迅速，夯击第五遍至第六遍所得的干密度曲线平缓，几乎没有增加，夯击第六遍到第九遍曲线缓慢上升，到夯击第十遍干密度减小。上层土的干密度曲线位于下层土的干密度曲线下方，说明上层土的干密度小于下层土的干密度，下层土比上层土密实，强度高。

图 5-116B 为四号夯锤作用下，铺土 8cm 双层土随着夯筑遍数的增加墙体干密度的变化规律。四号夯锤区铺土 8cm 的土随着夯击击数的增加，土变得密实，干密度总体增大。上层到夯击第四遍到第五遍所测土的干密度曲线迅速上升，而夯击第五遍至第十遍所测干密度曲线平缓上升，干密度随着夯击次数的增加而逐渐增大。夯击第五遍所测干密度跟第六遍、第七遍相差不大，第八遍跟第七遍之间的曲线呈上升趋势，到第九遍和第十遍呈上升趋势，但比较平缓。下层在夯击第四遍到第五遍之间曲线平缓，在夯击第五遍至第九遍之间干密度呈上升趋势，第十遍曲线开始下降，干密度减小。上层的干密度曲线整体位于下层的干密度曲线下方，说明上层土的干密度小于下层土的干密度，下层土比上层土密实，强度高。

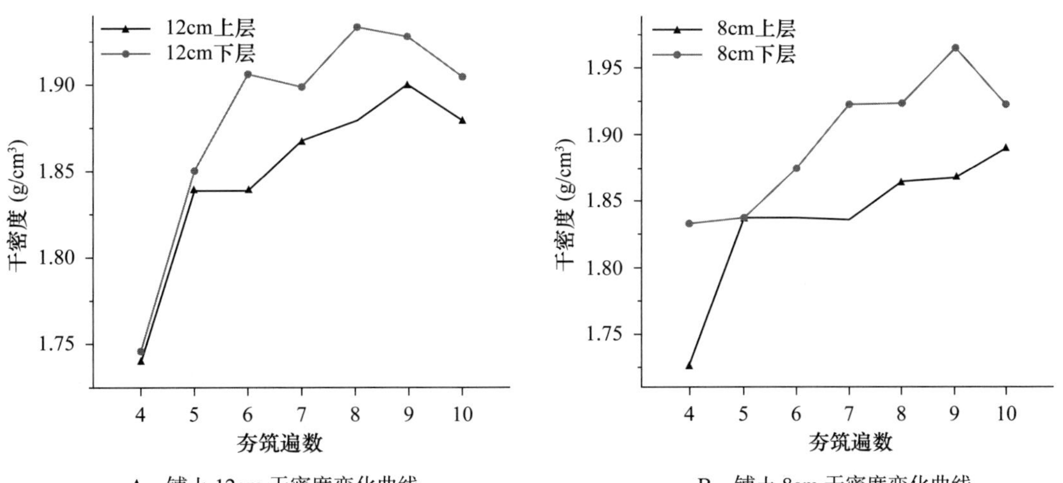

A. 铺土 12cm 干密度变化曲线　　B. 铺土 8cm 干密度变化曲线

图 5-116　四号锤不同铺土厚度的干密度变化曲线

图 5-117A 为四号夯锤作用下，铺土 12cm 双层土随着夯筑遍数的增加，墙体孔隙比的变化规律。曲线随着夯筑遍数的增加整体呈下降趋势。上层曲线变化可分为四个阶段：第一阶段为夯筑四遍至五遍，曲线下降迅速，说明从第四遍至第五遍墙体内部孔隙减小较快，压实作用明显；第二阶段为五遍至六遍，曲线平缓，几乎无变化；第三阶段为夯筑六遍至九遍，曲线持续缓慢下降；第四阶段为九遍至十遍，曲线上升。下层曲线变化可分为四个阶段：第一阶段为第四遍至第六遍，曲线下降迅速，墙体内部孔隙减小较快，从而可知第六遍夯筑对墙体的压实作用明显；第二阶段为第六遍至第七遍，曲线上升幅度不大；第三阶段七遍至八遍，曲线下降；第四阶段为八遍至十遍曲线上升。下层曲线位于上层曲线下方，说明下层土体比上层土体密实。

图 5-117B 为四号夯锤作用下，铺土 8cm 双层土随着夯筑遍数的增加墙体孔隙比的变化规律。曲线随着夯筑遍数的增加整体呈下降趋势。上层曲线变化可分为两个阶段：第一阶段为夯筑四遍至五遍，曲线下降迅速，墙体内部孔隙减少较快，压实作用明显；第二个阶段为五遍至十遍，曲线持续平缓下降。下层曲线变化可分为两个阶段：第一阶段为四遍至九遍，曲线持续下降；第二阶段为九遍至十遍，曲线上升。下层曲线位于上层曲线下方，说明下层土体比上层土体密实。

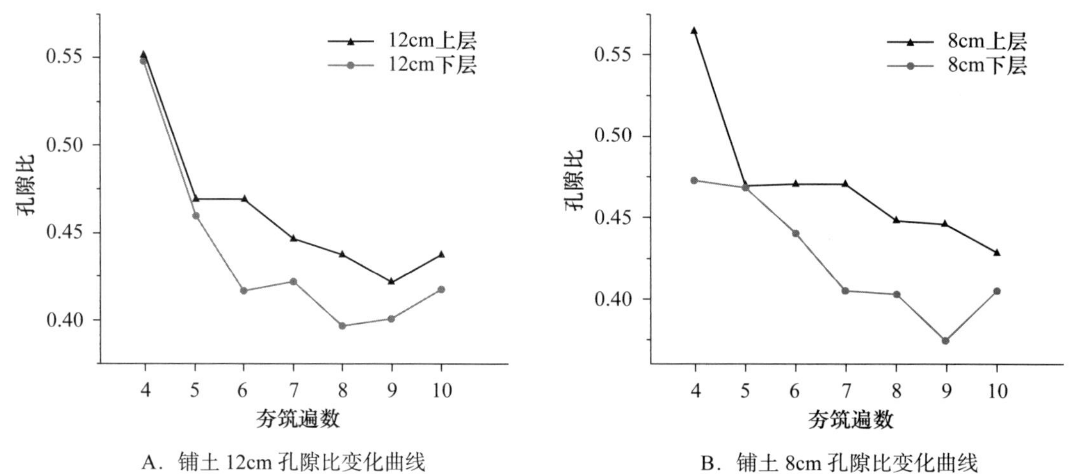

A．铺土 12cm 孔隙比变化曲线　　B．铺土 8cm 孔隙比变化曲线

图 5-117　四号锤不同铺土厚度的孔隙比变化曲线

（5）五号夯锤区双层所测干密度与孔隙比分析

图 5-118A 为五号夯锤作用下，铺土 12cm 双层土随着夯筑遍数的增加墙体干密度的变化规律。五号夯锤区铺土 12cm 的土随着夯击击数的增加，土变得密实，干密度总体增大，到击数为 8 时开始呈下降趋势。下层夯击第四遍所测干密度增加迅速，夯击第五遍至第七遍曲线平缓，干密度增加缓慢，夯击第八遍所得干密度比夯击第七遍所得干密度大得多，曲线比较陡，第八遍到第十遍之间的干密度曲线平缓，几乎水平。上层夯击第四遍所测干密度增加迅速，夯击第五遍至第八遍所得的干密度曲线平缓上升，第八遍到第十遍趋于平缓。上层土的干密度曲线位于下层土的干密度曲线下方，

说明上层土的干密度小于下层土的干密度，下层土比上层土密实、强度高。

图 5-118B 为五号夯锤作用下，铺土 8cm 双层土随着夯筑遍数的增加墙体干密度的变化规律。五号夯锤区铺土 8cm 的土随着夯击击数的增加，土变得密实干密度总体增大，上层到夯击第四遍到第七遍所测土的干密度迅速增大，第七遍到第九遍干密度平缓上升，到第九遍和第十遍呈下降趋势，但比较平缓。下层土在夯击第四遍到第七遍之间曲线上升迅速，在夯击第七遍之后土的干密度增加较慢，曲线平缓。上层土的干密度曲线位于下层土的干密度曲线下方，说明上层土的干密度小于下层土的干密度，下层土比上层土密实、强度高。

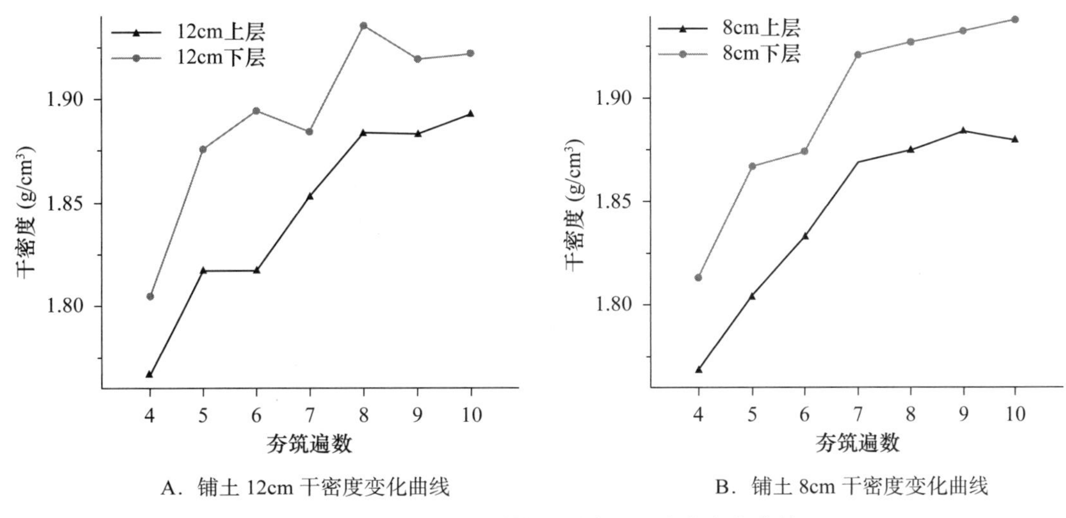

A．铺土 12cm 干密度变化曲线　B．铺土 8cm 干密度变化曲线

图 5-118　五号锤不同铺土厚度的干密度变化曲线

图 5-119A 为五号夯锤作用下，铺土 12cm 双层土随着夯筑遍数的增加墙体孔隙比的变化规律。曲线随着夯筑遍数的增加整体呈下降趋势。上层曲线变化可分为两个阶段：第一阶段为夯筑四遍至八遍，曲线下降迅速，说明从第四遍至第八遍墙体内部孔隙减少较快，从而可知第五遍夯筑对墙体的挤压密实作用明显；第二个阶段为八遍至十遍，曲线下降平缓，几乎无变化。下层曲线变化可分为四个阶段：第一个阶段为第四遍至第六遍，曲线下降迅速，说明从第四遍至第六遍墙体内部孔隙减少较快，从而可知第五遍夯筑对墙体的挤压密实作用明显；第二阶段为第六遍至第七遍，曲线上升，但幅度不大；第三个阶段七遍至八遍，曲线下降；第四个阶段为八遍至十遍曲线上升，原因为第十遍夯筑破坏了土体的整体性，出现了新的孔隙及裂隙。下层曲线位于上层曲线下方，说明下层土体比上层土体密实。

图 5-119B 为五号夯锤作用下，铺土 8cm 双层土随着夯筑遍数的增加墙体孔隙比的变化规律。曲线随着夯筑遍数的增加整体呈下降趋势。上层曲线变化可分为三个阶段：第一阶段为夯筑四遍至七遍，曲线下降迅速，说明从第四遍至第七遍墙体内部孔隙减小较快；第二个阶段为七遍至九遍，曲线持续下降，但下降趋势平缓；第三个阶段为第九遍至十遍，曲线小幅上升。下层曲线变化可分为两个阶段：第一个阶段为四

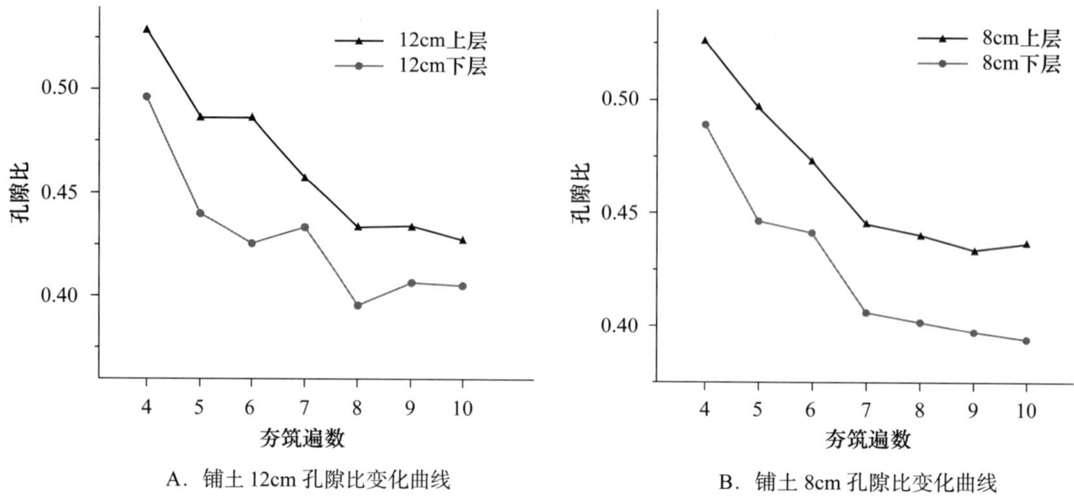

A．铺土 12cm 孔隙比变化曲线　　B．铺土 8cm 孔隙比变化曲线

图 5-119　五号锤不同铺土厚度的孔隙比变化曲线

遍至七遍，曲线持续下降；第二阶段为七遍至十遍，曲线呈下降趋势，但趋势缓慢。下层曲线位于上层曲线下方，说明下层土体比上层土体密实。

5.3.3.1.2.3　不同夯锤评价

（1）铺土 20cm 不同击数不同夯锤所测干密度与孔隙比分析

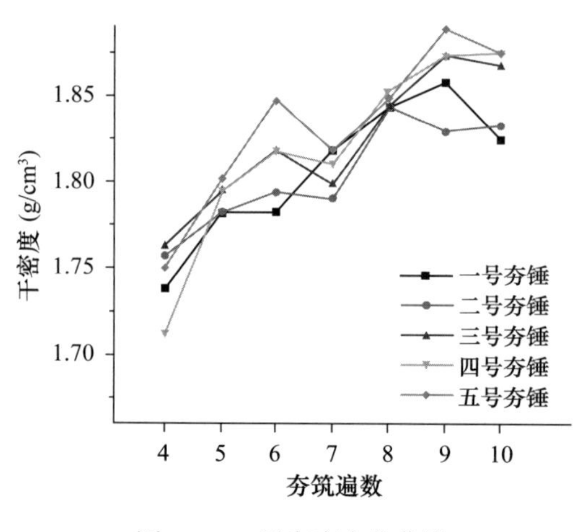

图 5-120　干密度变化曲线

图 5-120 为铺土 20cm 时，随着夯筑遍数与夯锤质量的增加墙体干密度的变化规律。整体干密度随着夯击遍数的增加逐渐增大，到夯击第九遍时不再增大，呈下降趋势。一号夯锤在夯击第四遍到第五遍之间所得干密度曲线比较陡，而在夯击第五遍到第六遍之间曲线平缓，第六遍到第九遍之间曲线呈增长趋势，在夯击第十遍时所得的干密度比第九遍小很多。二号夯锤在夯击第四遍到第六遍之间曲线呈上升趋势，夯击第六遍到第七遍呈减小趋势，但减小得缓慢，在第七到第八遍之间曲线又上升，在第八遍到第十遍之间干密度曲线呈减小趋势，但曲线比较平缓。三号夯锤区土在夯击第四遍到夯击第六遍之间曲线呈上升趋势，夯击第七遍比夯击第六遍测得干密度小，从夯击第七遍到夯击第九遍又呈上升趋势，到夯击第十遍开始减小。四号夯锤区土在夯击第四遍到夯击第六遍之间曲线呈上升趋势，夯击第七遍比夯击第六遍测得干密度小，从夯击第七遍到夯击第九遍干密度曲线又呈上升趋势，到夯击第十遍干密度持续增大，但增大的幅度很小，趋于稳定。五号夯锤在夯击第四遍到第六遍之间曲线呈趋势，夯击第六遍到第七遍呈减小趋势，但减小得缓慢，在第七到第八遍之间曲线又上升，在第八

遍到第十遍之间干密度曲线呈减小趋势，但曲线比较平缓。

图 5-121 为铺土 20cm 时，随着夯筑遍数与夯锤质量的增加，墙体孔隙比的变化规律。一号夯锤曲线变化可以分为两个阶段：第一个阶段为第四遍至第九遍，曲线呈下降趋势，其中五遍至六遍较为平缓；第二个阶段为第九遍至第十遍，曲线上升，原因为第十遍夯筑破坏了土体的整体性，出现了新的孔隙及裂隙。二号夯锤曲线变化可分为四个阶段：第一个阶段为夯筑四遍至七遍，曲线下降，下降趋势逐渐缓慢，第二阶段为七遍至八遍，曲线下降明显；第三阶段为八遍至九遍，曲线上升，原因为第九遍夯筑破坏了土体的整体性，出现了新的孔隙及裂隙；第四阶段为九遍至十遍，曲线回升。三号夯锤曲线变化可分为四个阶段：第一阶段为四遍至六遍，曲线下降迅速，说明从第四遍至第六遍墙体内部孔隙减小较快，压实作用明显；第二个阶段为六编至七遍，曲线上升；第三个阶段为七遍至九遍，曲线呈迅速下降趋势；第四阶段为九遍至十遍，曲线上升，原因为第十遍夯筑破坏了土体的整体性，出现了新的孔隙及裂隙。四号夯锤曲线变化可分为三个阶段：第一个阶段为夯筑四遍至六遍，曲线下降迅速，说明从第四遍至第六遍墙体内部孔隙减小较快，压实作用明显；第二阶段为六遍至七遍，曲线上升，但趋势缓慢，几乎平直；第三个阶段为七遍至十遍，曲线持续下降，但趋势减缓。五号夯锤曲线变化可以分为四个阶段：第一阶段为四遍至六遍，曲线下降迅速，说明从第四遍至第六遍墙体内部孔隙减小较快，压实作用明显；第二个阶段为六遍至七遍，曲线上升趋势明显；第三个阶段为七遍至九遍，曲线持续迅速下降；第四个阶段为九遍至十遍，曲线上升，压实作用失效。

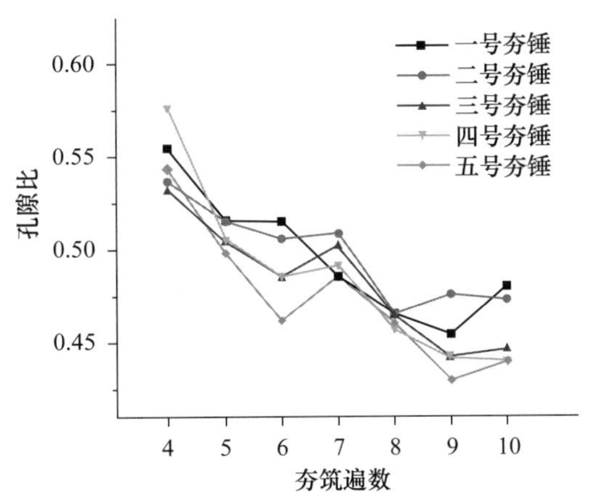

图 5-121　孔隙比变化曲线

铺土 20cm 在相同的夯筑遍数下获得孔隙比最小的为五号夯锤区，孔隙比最大的为一号夯锤区，因此对于铺土 20cm 的工况而言，五种夯锤中五号夯锤最为适宜。

（2）铺土 16cm 不同击数不同夯锤所测干密度与孔隙比分析

图 5-122 为铺土 16cm 时，随着夯筑遍数与夯锤质量的增加墙体干密度的变化规律。整体干密度随着夯击遍数的增加逐渐增大，一、二号夯锤区测得的干

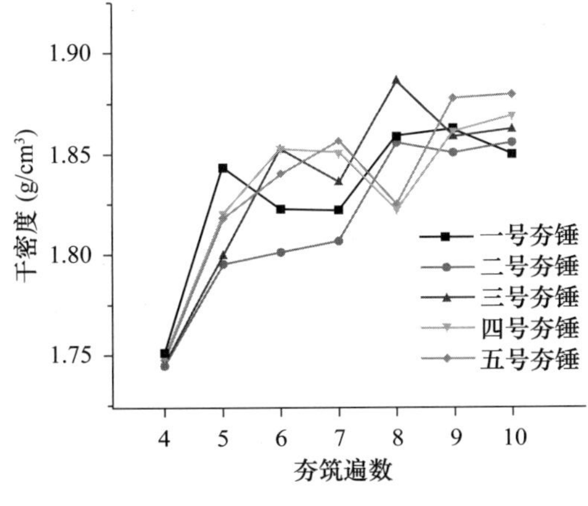

图 5-122　干密度变化曲线

密度到夯击第八遍时增大趋势减缓，趋于稳定；三到五号夯锤区测得的干密度到夯击第九遍时趋于稳定。一号夯锤在夯击第四遍到第五遍之间所得干密度曲线比较陡，而在夯击第五遍到第七遍之间曲线呈平缓下降趋势，第七遍到第八遍曲线呈增长趋势，在夯击第八遍到第十遍干密度曲线增长缓慢，趋于稳定。二号夯锤在夯击第四遍到第五遍之间曲线比较陡，第五遍到第七遍呈缓慢增大趋势，在第七到第八遍之间曲线又上升较陡，在第八遍到第十遍之间干密度曲线平缓，几乎没有增大。三号夯锤区土在夯击第四遍到夯击第六遍时曲线呈较陡上升趋势，夯击第七遍比夯击第六遍测得干密度小，从夯击第七遍到夯击第八遍又呈较陡上升趋势，到夯击第九遍开始减小，到第十遍趋于稳定。四号夯锤区土在夯击第四遍到夯击第六遍之间曲线呈上升趋势，夯击第六遍到夯击第八遍干密度曲线呈下降趋势，从夯击第八遍到夯击第九遍干密度曲线又呈上升趋势，到夯击第十遍干密度持续增大，但增大的幅度很小，趋于稳定。五号夯锤区土在夯击第四遍到夯击第六遍之间曲线呈上升趋，夯击第六遍到第八遍干密度曲线呈下降趋势，从夯击第八遍到第九遍干密度曲线又呈上升趋势，到夯击第十遍干密度增大的幅度很小。

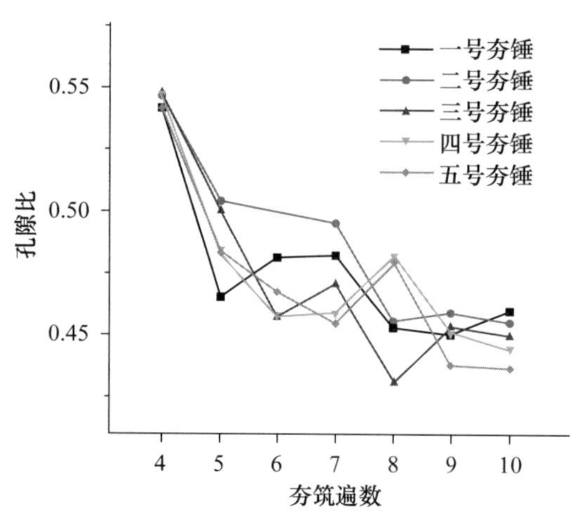

图 5-123 孔隙比变化曲线

图 5-123 为铺土 16cm 时，随着夯筑遍数与夯锤质量的增加墙体孔隙比的变化规律。一号夯锤曲线变化可以分为四个阶段：第一阶段为第四遍至第五遍，曲线呈大幅下降趋势，墙体内部孔隙减小较快，压实作用明显；第二阶段为第五遍至第七遍，曲线呈缓慢上升趋势；第三个阶段为七遍至九遍，曲线呈先迅速后缓慢下降；第四阶段为九遍至十遍，曲线上升，孔隙比增大，原因为过多夯筑破坏了土体的整体性。二号夯锤曲线变化可分为四个阶段：第一阶段为夯筑四遍至七遍，曲线呈缓慢下降趋势；第二阶段为七遍至八遍，曲线下降明显；第三阶段为八遍至九遍，曲线上升；第四阶段为九遍至十遍，曲线下降。三号夯锤曲线变化可分为五个阶段：第一个阶段为四遍至六遍，曲线下降迅速，说明从第四遍至第六遍墙体内部孔隙减少较快，从而可知第六遍夯筑对墙体的挤压密实作用明显；第二个阶段为六遍至七遍，曲线上升；第三个阶段为七遍至八遍，曲线呈下降趋势，且下降得迅速；第四阶段为八遍至九遍，曲线上升，原因为第九遍夯筑破坏了土体的整体性，出现了新的孔隙及裂隙；第五个阶段为九遍至十遍，曲线下降。四号夯锤曲线变化可分为三个阶段：第一个阶段为夯筑四遍至六遍，曲线下降迅速，墙体内部孔隙减小较快，压实作用明显；第二个阶段为六遍至八遍，曲线趋势为先缓慢后迅速上升；第三个阶段为八遍至十遍，曲线持续下降。五号夯锤曲线变化可以分为三个阶

段：第一阶段为四遍至七遍，曲线下降迅速，墙体内部孔隙减小较快，压实作用明显；第二阶段为七遍至八遍，曲线呈明显上升趋势；第三个阶段为八遍至十遍，曲线持续下降。

铺土 16cm 在相同的夯筑遍数下，孔隙比最小的为三号夯锤区，孔隙比最大的为二号夯锤区。因此在铺土 16cm 厚的夯筑工况下，五种夯锤中三号夯锤最为适宜。

（3）铺土 12cm 不同击数不同夯锤所测干密度与孔隙比分析

图 5-124 为铺土 12cm 时，随着夯筑遍数与夯锤质量的增加墙体干密度的变化规律。整体干密度随着夯击击数的增加逐渐增大，到夯击第八遍时趋于平稳。一号夯锤在夯击第四遍到第八遍之间所得干密度曲线平缓上升，而在夯击第八遍到第十遍之间曲线平缓，呈递减趋势。二号夯锤在夯击第四遍到第六遍之间曲线呈增大趋势，曲线比较陡，夯击第六遍到第八遍呈缓慢增大趋势，在夯击第八遍到第十遍之间曲线开始下降。三号夯锤区土在夯击第四遍到夯击第六遍之间曲线呈上升趋势，夯击第七遍比夯击第六遍所测得干密度小，从夯击第七遍到夯击第九遍又呈上升趋势，到夯击第十遍开始减小。四号夯锤区土在夯击第四遍到夯击第九遍之间曲线呈上升趋势，到夯击第十遍干密度比夯击第九遍干密度小。五号夯锤在夯击第四遍到第五遍之间曲线呈上升趋势，夯击第五遍到第六遍曲线平直，干密度没有变化，在夯击第六遍到第八遍之间曲线又上升，在第八遍到第十遍之间干密度曲线呈增大趋势，但曲线平缓，干密度几乎没增大。

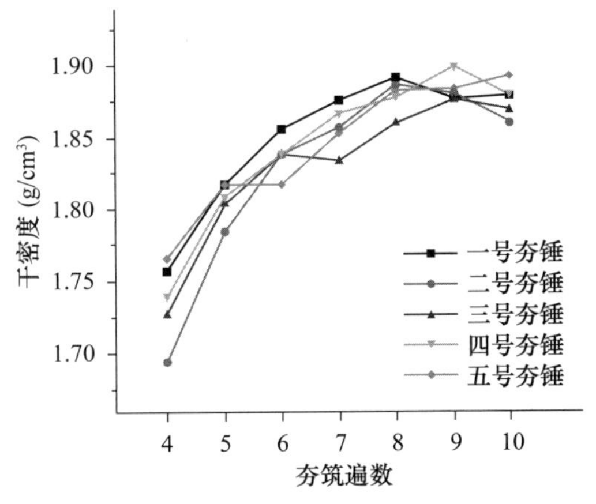

图 5-124　干密度变化曲线

图 5-125 为铺土 12cm 时，随着夯筑遍数与夯锤质量的增加墙体孔隙比的变化规律。一号夯锤曲线变化可以分为两个阶段：第一阶段为第四遍至第八遍，曲线呈下降趋势，其中六遍至八遍较为平缓；第二个阶段为第八遍至第十遍，曲线上升，夯筑失效。二号夯锤曲线变化可分为两个阶段：第一个阶段为夯筑四遍至八遍，曲线下降，下降趋势逐渐缓慢，第二阶段为八遍至十遍，曲线上升明显，夯筑失效。三号夯锤曲线变化可分为四个阶段：第一阶段为四遍至六遍，曲线下降迅速；第二阶段为六遍至七遍，曲线上升；第三阶段为七遍至九

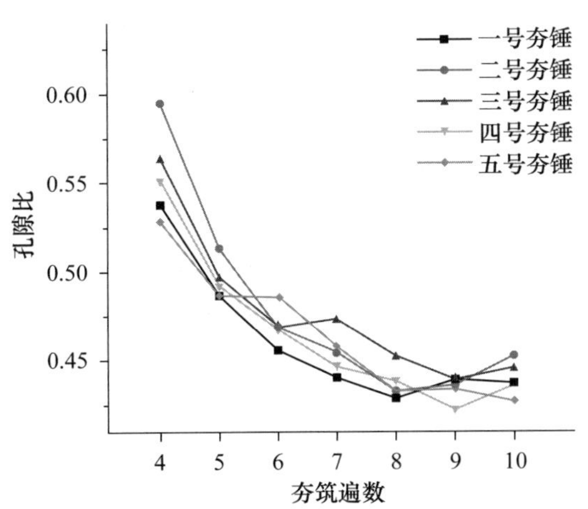

图 5-125　孔隙比变化曲线

遍，曲线呈下降趋势，且下降得迅速；第四阶段为九遍至十遍，曲线上升，夯筑失效。四号夯锤曲线变化可分为两个阶段：第一个阶段为夯筑四遍至九遍，曲线先迅速而后缓慢下降，对墙体压实作用明显；第二个阶段为九遍至十遍，曲线上升，夯筑失效。五号夯锤曲线变化可以分为三个阶段：第一个阶段为四遍至八遍，曲线下降迅速，其中五遍至六遍曲线平缓，说明从第四遍至第八遍墙体内部孔隙减小较快，对墙体的压实作用明显；第二个阶段为八遍至九遍，曲线上升，趋势不明显，几乎平直；第三个阶段为九遍至十遍，曲线下降，夯筑失效。

铺土 12cm 在相同的夯筑遍数下，孔隙比最小的为一号夯锤区，孔隙比最大的为三号夯锤区。因此在铺土 12cm 厚的夯筑工况下，五种夯锤中一号夯锤最为适宜。

（4）铺土 8cm 不同击数不同夯锤所测干密度与孔隙比分析

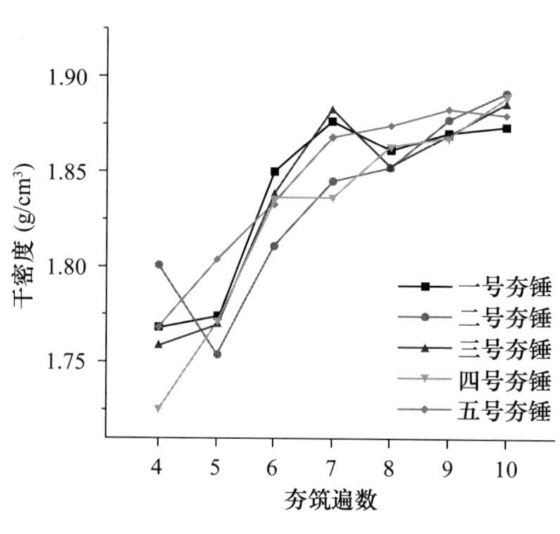

图 5-126　干密度变化曲线

图 5-126 为铺土 8cm 时，随着夯筑遍数与夯锤质量的增加墙体干密度的变化规律。整体干密度随着夯击遍数的增加逐渐增大，夯击第八遍时趋于稳定。一号夯锤在夯击第四遍到第五遍之间所得干密度曲线比较平缓，干密度增加小，而在夯击第五遍到第七遍之间干密度曲线继续上升但曲线比较陡，干密度增加得迅速，第七遍到第八遍之间曲线呈减小趋势，在夯击第八遍到第十遍时所得的干密度也呈增大趋势，但曲线上升缓慢，干密度几乎不再增大。二号夯锤在夯击第六遍比第四遍所得干密度大，但夯击第五遍时的干密度比第四遍和第六遍小很多，为异常数据，可能为取样烘干时造成的误差；夯击第六遍到第十遍呈增大趋势。三号夯锤区土在夯击第四遍到夯击第五遍之间曲线呈上升趋势，曲线平缓，夯击第五遍比夯击第七遍曲线呈上升趋势，曲线比较陡，夯击第八遍比夯击第七遍干密度曲线呈减小趋势，从夯击第八遍开始到夯击第十遍曲线又上升，但上升得缓慢。四号夯锤区土在夯击第四遍到夯击第六遍之间曲线呈较快上升趋势，干密度增加较大；夯击第六遍和夯击第七遍测得干密度相差很小，从夯击第七遍到夯击第八遍干密度曲线又呈上升趋势，从夯击第八遍到第十遍干密度持续增大，但增大的幅度很小，趋于稳定。五号夯锤在夯击第四遍到第七遍之间曲线呈增大趋势，曲线上升较快，夯击第七遍到第九遍干密度曲线呈增大趋势，但增加得缓慢，几乎平稳，夯击第十遍比第九遍干密度小，曲线减小，但减小得非常小，趋于平稳。

图 5-127 为铺土 8cm 时，随着夯筑遍数与夯锤质量的增加墙体孔隙比的变化规律。一号夯锤曲线变化可以分为四个阶段：第一阶段为第四遍至第五遍，曲线呈平缓下降趋势；第二个阶段为第五遍至第七遍，曲线持续下降，压实作用明显；第三个阶

段为第七遍至八遍，曲线上升；第四个阶段为八遍至十遍，曲线下降，但下降趋势不明显。二号夯锤曲线变化可分为两个阶段：第一阶段为夯筑四遍至五遍，曲线上升迅速，数据异常，可能为试验误差；第二阶段为五遍至十遍，曲线连续下降且趋势明显。三号夯锤曲线变化可分为三个阶段：第一阶段为四遍至七遍，曲线下降迅速，压实作用明显；第二个阶段为七遍至八遍，曲线上升；第三个阶段为八遍至十遍，曲线呈下降趋势，且下降缓慢。四号夯锤曲线变化可分为三个阶段：第一个阶段为夯筑四遍至六遍，曲线下降迅速，压实作用明显；第二个阶段为六遍至七遍，曲线缓慢上升；第三个阶段为七遍至十遍，曲线持续下降。五号夯锤曲线变化可以分为两个阶段：第一阶段为四遍至九遍，曲线先迅速而后缓慢下降；第二阶段为九遍至十遍，曲线上升。

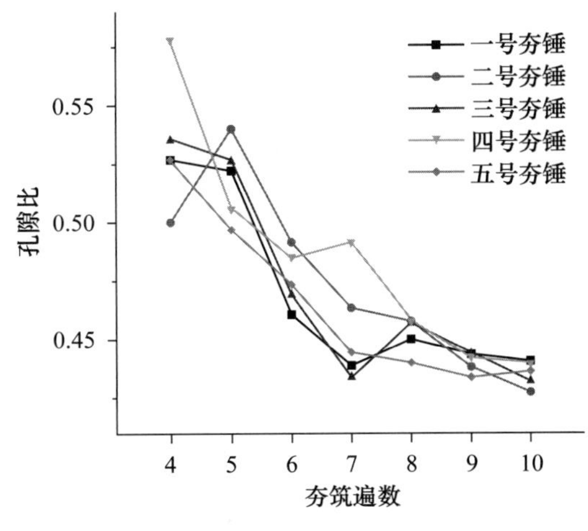

图 5-127　孔隙比变化曲线

铺土 8cm 在相同的夯筑遍数下，孔隙比最小的为五号夯锤区，孔隙比最大的为二号夯锤区。因此在铺土 8cm 厚的夯筑工况下，五种夯锤中五号夯锤最为适宜。

5.3.3.1.3　小结

1）通过对比不同夯锤作用下四种铺土厚度随夯筑遍数增加对应的干密度及孔隙比曲线的变化，可得出不同夯锤类型所对应的最佳铺土类型和夯筑遍数，结果如表 5-43 所示。

表 5-43　各夯锤作用下的最优铺土厚度和夯筑遍数

夯锤号	铺土厚度	夯筑遍数	干密度（g/cm^3）
一号夯锤	12cm	8	1.89
二号夯锤	12cm	8	1.88
三号夯锤	16cm	8	1.87
四号夯锤	12cm	7	1.87
五号夯锤	12cm	8	1.88

三号夯锤干密度最佳时的铺土厚度为 16cm，其余四种夯锤的最佳铺土厚度均为 12cm，夯筑遍数 7～8 遍为宜，五种夯锤最大的干密度近乎相同，为 1.87～1.89g/cm^3。

2）多层夯筑铺土 12cm 和铺土 8cm 时，通过分析不同夯锤及铺土厚度上下两层土体的干密度及孔隙比，可以得出上层夯筑对下层夯土的密实度有积极影响。两种铺土厚度五种夯锤类型，下层夯土的干密度始终大于上层，说明上层夯筑时，会对下层夯土产生挤压密实的作用，且由于夯锤未与下层夯土直接接触，因此夯筑遍数较多时，上层夯筑对下层夯土结构的破坏不明显。因此，对夯筑遍数的评估，上层夯筑的影响因素也十分重要。

3）通过对比不同铺土厚度、五种夯锤随夯筑遍数增加所对应的单轴抗压强度曲线的变化，可得出不同夯锤类型所对应的最佳夯锤类型和夯筑遍数，结果见表 5-44。

表 5-44　不同铺土厚度的最优夯锤和夯筑遍数

铺土厚度	夯锤号	夯筑遍数	干密度（g/cm^3）
20cm	四号夯锤	8	1.87
16cm	三号夯锤	8	1.88
12cm	四号夯锤	7	1.87
8cm	三号夯锤	7	1.885

四种铺土厚度在三号夯锤或是四号夯锤作用下，夯筑遍数为 8 遍或 7 遍时夯土的干密度最大，四种铺土厚度的最大干密度均在 1.8g/cm^3 左右。实际夯筑时，上层夯筑会对下层夯土的密实度产生积极的影响，因此夯筑遍数以 6～7 遍为宜。四号夯锤质量约为 10kg，不适宜用于工程实践中，因此最佳夯锤类型为三号夯锤。

4）由于试验在现场进行，且所有试验并非在同一天完成，受制于环境温度较高，温差大、水分蒸发较快等因素作用，干密度测试存在部分异常点，但不影响整体测试结果的准确性和可靠性。

5.3.3.2　抗压强度测试

5.3.3.2.1　试验过程

无侧限抗压强度试验所用的试样有两种类型：一种是圆样，一种是方样。本次试验取样在现场进行，为了提高取样质量及效率，制作方样进行无侧限抗压强度测试。单层夯筑每个区域制作 4 组平行样，两层夯筑每个区域上下两层各取 3 组平行样，试验按照不同夯筑遍数共分为 7 组，每组共 4 个夯筑单元，2 个单层夯筑，2 个双层夯筑，每个单元分为 5 个夯锤区域。因此，每组共制作方形试样 100 块，整个无侧限抗压强度试验共有试样 700 块。铺土 20cm、16cm、12cm 三种夯筑类型所取方样尺寸为 5cm×5cm×5cm，共有试块 490 块；铺土厚度 8cm 夯筑完成后其厚度不足 5cm，所取试样尺寸为 4cm×4cm×4cm，共有试块 210 块。

现场墙体夯筑结束后，先切取试样的粗坯，粗坯长宽约 35cm 或 25cm，将切取的粗坯依次放置在修整后的空场地上，让其自然风干。将风干后的粗坯试样平均划分成四部分（双层的为三部分），然后切出符合尺寸及要求的方形试样（图 5-128、图 5-129）。由于土块中存在较多的砾石，切样的过程中，极易破坏土体结构，因此，先切出稍大于要求尺寸的方样，然后进行细微修整。将切好的试样贴上标签，依次排列整齐，为防止运送过程中影响试块的物理性能，用质地较软的纸包裹，送至室内实验室进行无侧限抗压强度试验。

图 5-128　试样粗坯

图 5-129　抗压强度试样

5.3.3.2.2　结果分析

5.3.3.2.2.1　夯筑遍数评价

（1）一号锤作用下不同铺土厚度随夯筑遍数增加抗压强度的变化

一号夯锤作用下，四种铺土厚度夯筑四遍时的抗压强度为 0.6～0.8MPa，随着夯筑遍数的增加，抗压强度曲线均表现为先上升后下降（图 5-130）。铺土 12cm 的曲线上升阶段为夯筑 4～8 遍，其余三种铺土厚度的曲线上升阶段为夯筑 4～9 遍，土的强度主要由颗粒之间的相互作用力决定，此阶段夯土逐渐被挤压密实，强度不断变大，其后曲线下降，抗压强度降低，原因可能为继续夯筑破坏了土体结构，影响了夯土的整体性，因此，对于一号夯锤，铺土 12cm 时，夯筑八遍可达到最佳抗压强度，为 1.3MPa，铺土 20cm、12cm、8cm 时，夯筑九遍可达到最佳抗压强度。

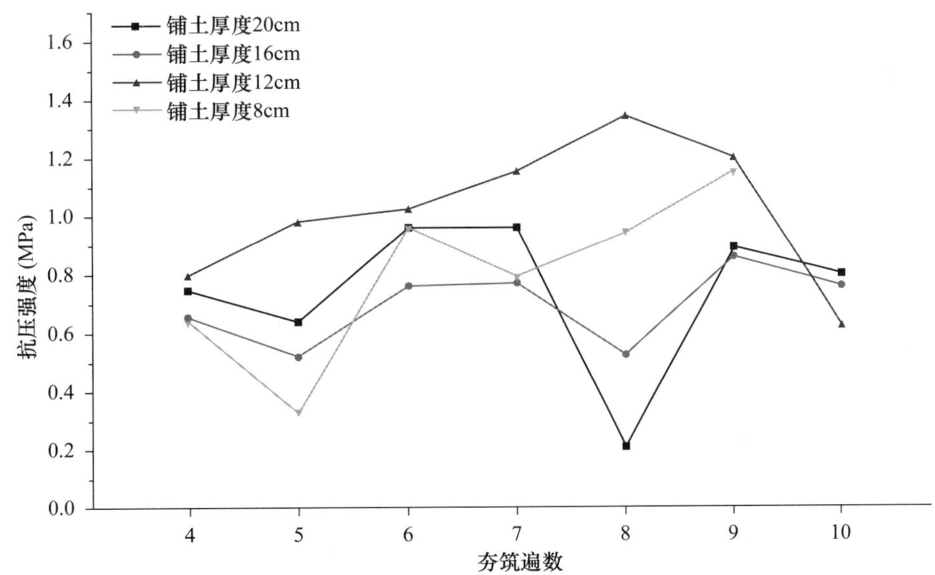

图 5-130　一号锤作用下不同铺土厚度随夯筑遍数增加抗压强度的变化

由图可知，相同夯筑遍数，一号夯锤，铺土 12cm 夯土的抗压强度明显优于其他铺土厚度，且铺土 12cm 比其他铺土厚度达到最佳抗压强度所需要的夯筑遍数少，结合工程实际，一号锤铺土 12cm 最为适宜，且在夯筑八遍后夯土可达到最佳抗压强度。

（2）二号锤作用下不同铺土厚度随夯筑遍数增加抗压强度的变化

二号夯锤作用下，四种铺土厚度夯筑四遍时的抗压强度为 0.35～0.55MPa，曲线变化趋势大致相同，夯筑四至七遍曲线上升迅速，说明此阶段夯筑过程中对土体的挤压效果明显，抗压强度增长快，夯筑七至九遍曲线上升变缓，说明七遍之后继续夯筑对土体抗压强度的影响变小，九至十遍曲线下降，原因为第十遍夯筑破坏了土体的结构，九遍之后继续夯筑会使得夯土的抗压强度降低（图 5-131）。因此，对于二号锤，这四种铺土厚度的最佳夯筑遍数均为七遍。

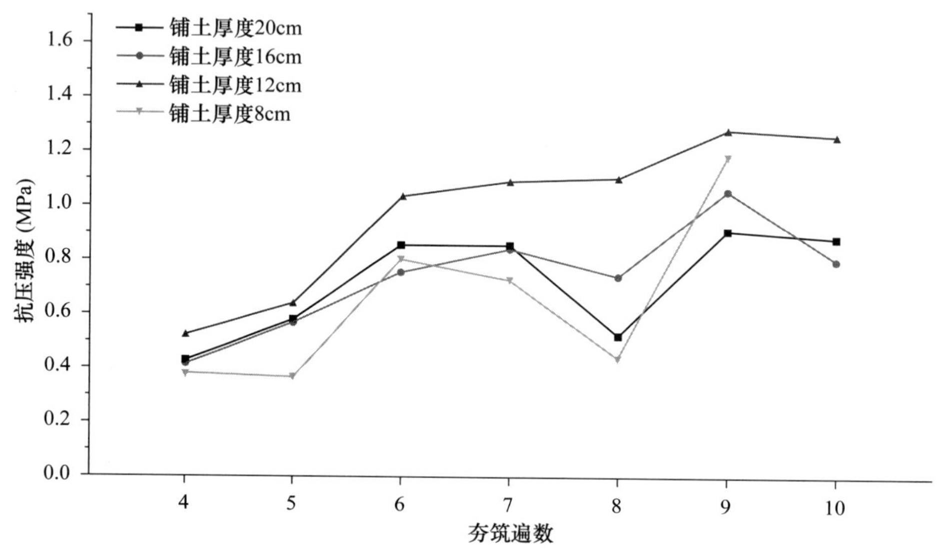

图 5-131　二号锤作用下不同铺土厚度随夯筑遍数增加抗压强度的变化

由图可知，二号夯锤与一号锤相似，相同夯筑遍数，虽然铺土 12cm 与其他铺土厚度达到最佳抗压强度所需要的夯筑遍数相同，但铺土 12cm 夯土的抗压强度明显优于其他铺土厚度。由此可知，二号锤铺土 12cm 最为适宜，且在夯筑七遍后夯土抗压强度基本稳定。

（3）三号锤作用下不同铺土厚度随夯筑遍数增加抗压强度的变化

三号锤作用下，除铺土 16cm，其他三种铺土厚度夯筑四遍抗压强度在 0.4MPa 左右，由图 5-132 可知，在相同夯筑遍数时，铺土 12cm 夯土的抗压强度明显优于其他三种铺土厚度，且在夯筑七遍时抗压强度趋于稳定，约为 1.3MPa。铺土 16cm、12cm、8cm 抗压强度曲线变化较缓，夯筑七遍时在 0.8MPa 左右，且增加夯筑遍数对抗压强度的影响不大。同时，这四种铺土厚度在第十遍夯筑之后抗压强度均有下降。因此可知，三号锤同样是铺土 12cm 较为适宜，且在夯筑七遍时抗压强度基本稳定。

（4）四号锤作用下不同铺土厚度随夯筑遍数增加抗压强度的变化

四号夯锤作用下，铺土 16cm 和 20cm 在夯筑七遍之后抗压强度趋于稳定，值为 0.4～0.6MPa。铺土 12cm 夯筑五遍之后曲线稳定，值为 1.0MPa。铺土 8cm 在夯筑六

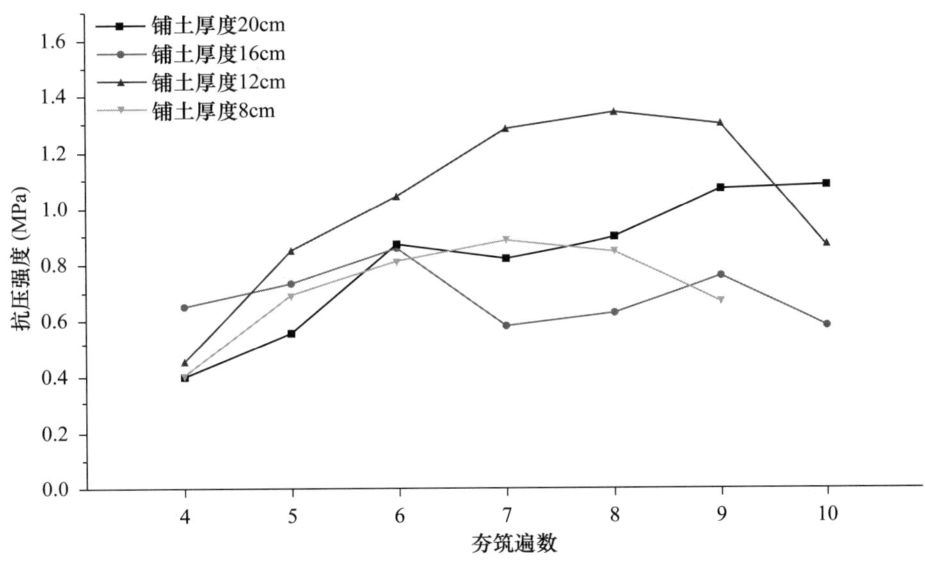

图 5-132　三号锤作用下不同铺土厚度随夯筑遍数增加抗压强度的变化

遍之后曲线趋于稳定，值为 1.2MPa。此时铺土 12cm 的抗压强度为 0.9MPa，虽然铺土 12cm 比铺土 8cm 达到稳定抗压强度所需要的夯筑遍数少，但铺土 8cm 的抗压强度大。第十遍夯筑后，四种铺土厚度夯土的抗压强度均下降，原因为第十遍夯筑破坏了土体的结构（图 5-133）。由此可知，对于四号夯锤，最佳铺土厚度为 8cm，夯筑遍数以六遍为宜。

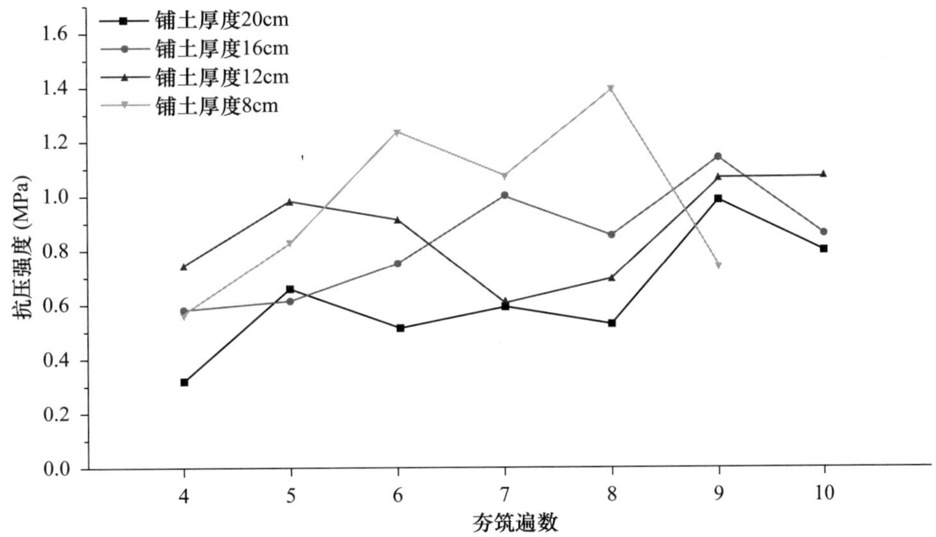

图 5-133　四号锤作用下不同铺土厚度随各级夯筑遍数增加抗压强度的变化

（5）五号锤作用下不同铺土厚度随夯筑遍数增加抗压强度的变化

五号锤作用下，夯筑四遍时，铺土厚度 12cm 和铺土 16cm 的抗压强度为 0.6MPa，铺土 20cm 和铺土 8cm 的抗压强度为 0.4MPa。四条曲线均在夯筑六遍时抗压强度达到最大值，铺土 8cm 在此过程中抗压强度比较高，最大值约 1.2MPa。夯筑六遍之后，继续夯筑对土体的抗压强度影响较小，部分曲线有略微的下降，说明对五号夯锤来说，夯筑六遍时夯土有最大的抗压强度，且最为适宜的铺土厚度为 8cm（图 5-134）。

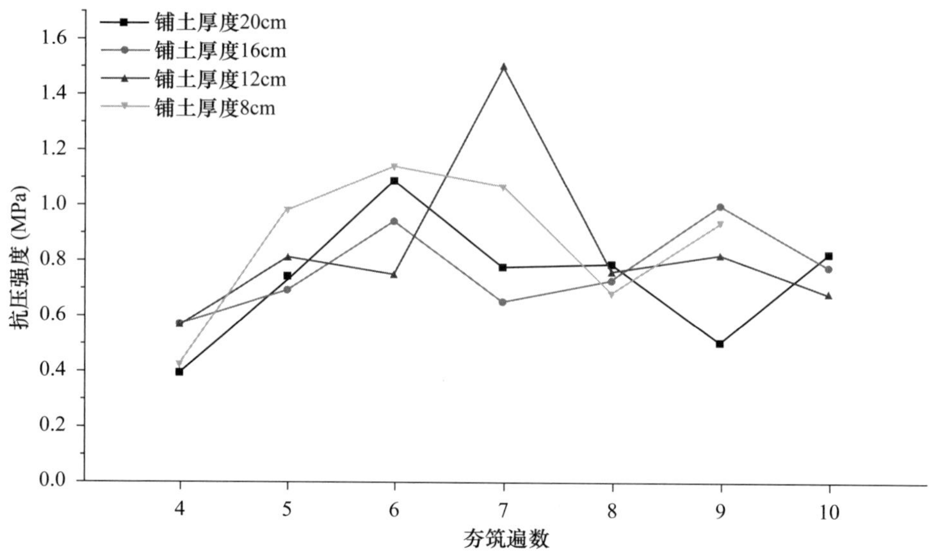

图 5-134　五号锤作用下不同铺土厚度随各级夯筑遍数增加抗压强度的变化

5.3.3.2.2.2　多层夯筑评价

（1）一号锤作用下铺土 12cm 与 8cm 上下层的抗压强度

由图 5-135 可知，在一号锤作用下，铺土 12cm 和铺土 8cm 夯筑四遍时，夯土上下两层的抗压强度基本相同，铺土 12cm 抗压强度约为 0.8MPa，铺土 8cm 约为 0.6MPa。随着夯筑遍数的增加，两种铺土厚度上下两层抗压强度曲线的变化趋势均为先增大后减小，下层土体的抗压强度增长速率快于上层土体，其原因为进行上层夯筑的同时，会对下层土体也有影响，且夯锤并未与下层夯土直接接触，不会因为直接

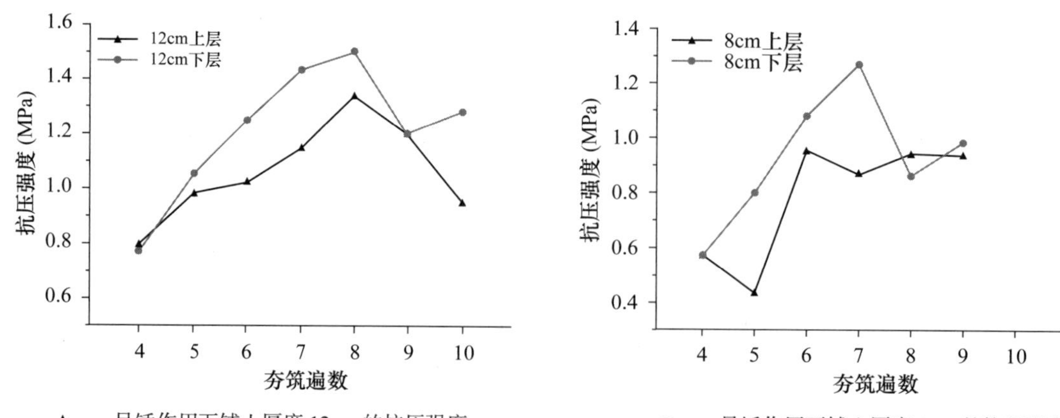

A．一号锤作用下铺土厚度 12cm 的抗压强度　　B．一号锤作用下铺土厚度 8cm 的抗压强度

图 5-135　一号锤作用下不同铺土厚度的抗压强度

接触产生的局部夯锤冲击力破坏土体的整体性，夯筑上层时对下层土体抗压强度的影响比上层影响小，但由于下层土体已夯实过一次，因此下层土体的抗压强度曲线的增长速率大于上层曲线。

铺土 12cm 上下两层在夯筑八遍后抗压强度达到最大值，下层抗压强度为 1.5MPa，上层为 1.3MPa，八遍之后曲线下降，下层的下降速率小于上层，说明上层继续夯筑，对下层土体的抗压强度仍有积极作用。铺土 8cm 的上下两层变化与 12cm 相类似。由此可知，上层夯筑在一定范围内对下层夯土的抗压强度有累积的作用，相同的夯筑类型，下部夯层的抗压强度大于上部夯层，其原因不仅是墙体干缩固结过程中，上部土层在自重作用下对下部土层的影响，也有夯筑过程中上层夯筑对下层土体的作用。因此，上层夯筑对下层夯土的影响不可忽略。

由上节可知，一号夯锤的最佳铺土厚度为 12cm，且最优的夯筑遍数为八遍，若是考虑上层夯筑的影响，夯筑六至七遍最为适宜。

（2）二号锤作用下铺土 12cm 与 8cm 上下层的抗压强度

由图 5-136 可知，铺土 12cm 在二号夯锤作用下，夯筑四遍，上下两层的抗压强度基本相同，为 0.5MPa，随着夯筑遍数的增加，上层土体的抗压强度在第七遍时达到稳定值 1.1MPa，而下层土体的抗压强度继续上升且上升速率较大，至八到九遍时达到最大值 1.6MPa，说明夯锤质量越大，夯筑时对下层夯土的影响越大。

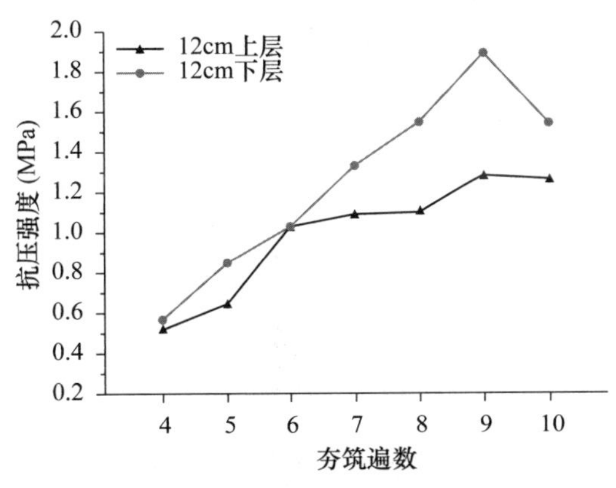

A．二号锤作用下铺土厚度 12cm 的抗压强度

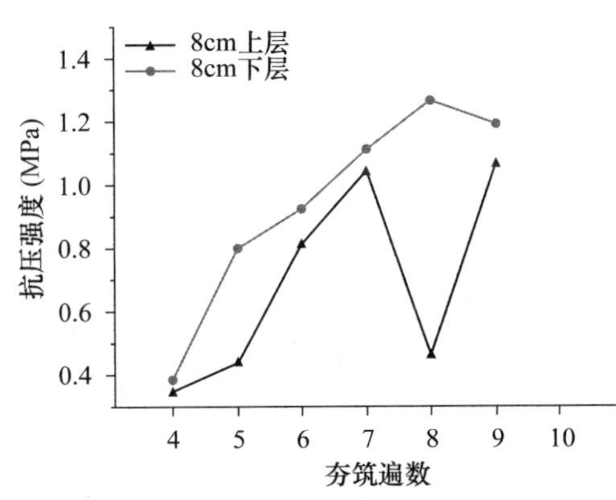

B．二号锤作用下铺土厚度 8cm 的抗压强度

图 5-136　二号锤作用下不同铺土厚度的抗压强度

铺土 8cm 在二号夯锤作用下，夯筑四遍，上下两层的抗压强度基本相同，为 0.3MPa，增加遍数，下层夯土的抗压强度曲线一直处于上层曲线的上方，但二者的变化情况较为一致，说明夯筑类型相同时，下层夯土的抗压强度高于上层土体，上层夯筑不仅影响本层土体，也会影响已夯的下层土体。上下两层在夯筑七遍时抗压强度同时达到最高，此后逐渐降低。

（3）三号锤作用下铺土 12cm 与 8cm 上下层的抗压强度

由图 5-137 所示，铺土 12cm 在三号夯锤作用下，夯筑四遍，下层土体的抗压

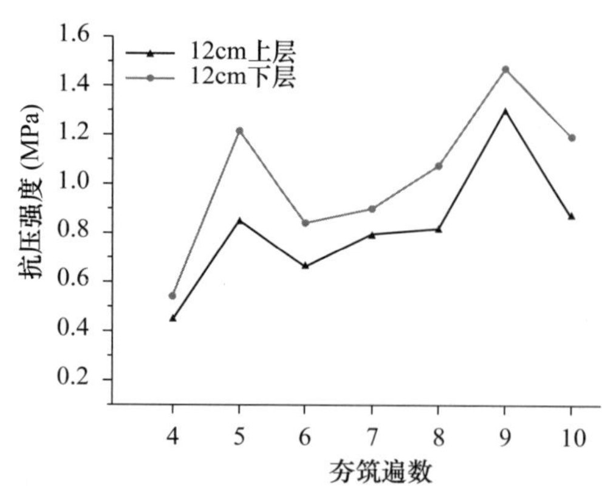

A．三号锤作用下铺土厚度 12cm 的抗压强度

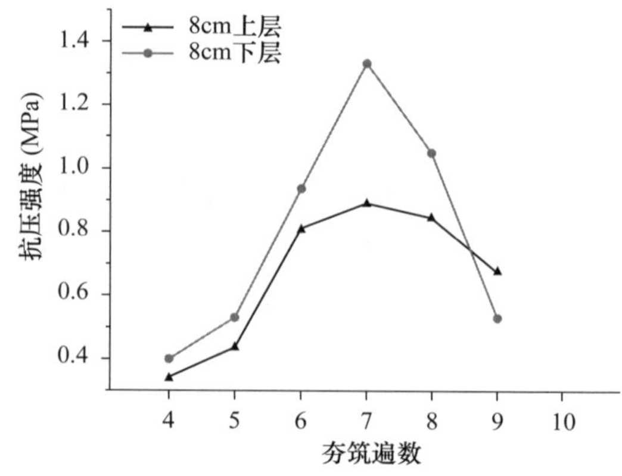

B．三号锤作用下铺土厚度 8cm 的抗压强度

图 5-137　三号锤作用下不同铺土厚度的抗压强度

强度比上层土体约高 0.5MPa。上层土体在夯筑七遍时抗压强度达到稳定值，而下层土体在夯筑八遍时抗压强度仍继续升高，夯筑八遍下层土体的抗压强度比上层约高 0.25MPa，此为上层夯筑时对下层夯土的影响累积的结果。

铺土 8cm 在三号夯锤作用下，夯筑四遍，下层土体的抗压强度比上层土体高约 0.5MPa。随着夯筑遍数的增加，两者的曲线差变化较小，说明上层夯筑对下层夯土的影响比较稳定。上下两层在夯筑七遍时抗压强度同时达到最高，此后逐渐降低。墙体夯筑时，下层夯土有上层夯筑效应的叠加，因此实际夯筑中，对于三号锤，铺土 12cm 和 8cm 夯筑六至七遍为宜。

（4）四号锤作用下铺土 12cm 与 8cm 上下层的抗压强度

由图 5-138 所示，四号夯锤作用下，铺土 12cm 上层土体在夯筑七遍时抗压强度达到稳定值 0.9MPa，下层土体在八至九遍夯筑之后抗压强度继续上升，达到 1.4MPa，而上层土体在九遍时的抗压强度为 0.95MPa 左右，说明上层夯筑对下层夯土抗压强度的影响较大。第十遍夯筑之后上下两层的抗压强度同时下降。铺土 8cm

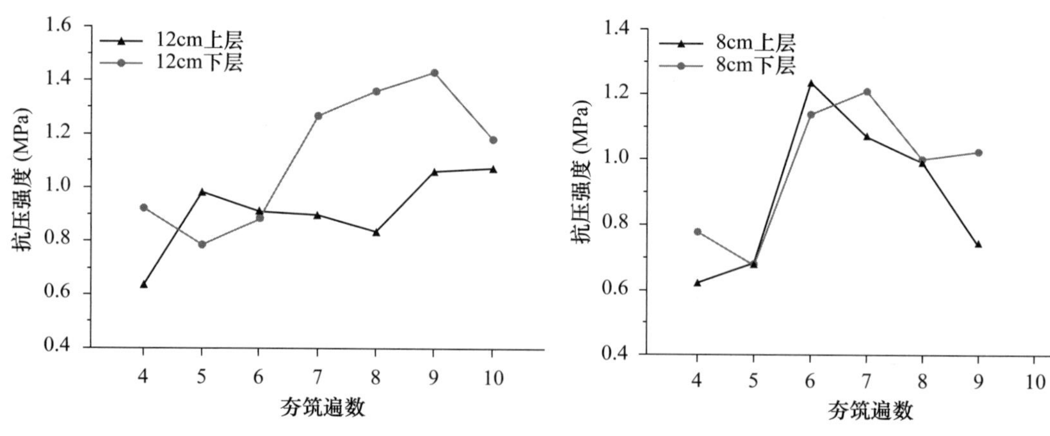

A．四号锤作用下铺土厚度 12cm 的抗压强度　　B．四号锤作用下铺土厚度 8cm 的抗压强度

图 5-138　四号锤作用下不同铺土厚度的抗压强度

上下两层土体夯筑四至六遍抗压强度曲线变化大致相同，上层在六遍时抗压强度达到稳定值，其后增加夯筑遍数，抗压强度不断降低，下层在夯筑六遍后，继续增加夯筑遍数，其抗压强度持续升高，原因为四号夯锤上层夯筑对下层的影响较大。

（5）五号锤作用下铺土 12cm 与 8cm 上下层的抗压强度

由图 5-139 所示，五号夯锤作用下，夯筑四遍，上下两层土体的抗压强度差距较大，铺土 12cm 下层土体比上层抗压强度约高 0.25MPa，铺土 8cm 下层土体比上层抗压强度约高 0.25MPa。铺土 12cm 上下两层在夯筑七遍时抗压强度均达到最大值，继续增加夯筑遍数，上层土体抗压强度降低幅度较大，而下层土体变化小可不计。铺土 8cm 上下两层也是在夯筑七遍时抗压强度达到最大值，增加夯筑遍数，上层土体抗压强度下降，但下层几乎无变化。由此可知，在一定范围内，夯锤质量越大，上层夯筑对下层的影响也越大。

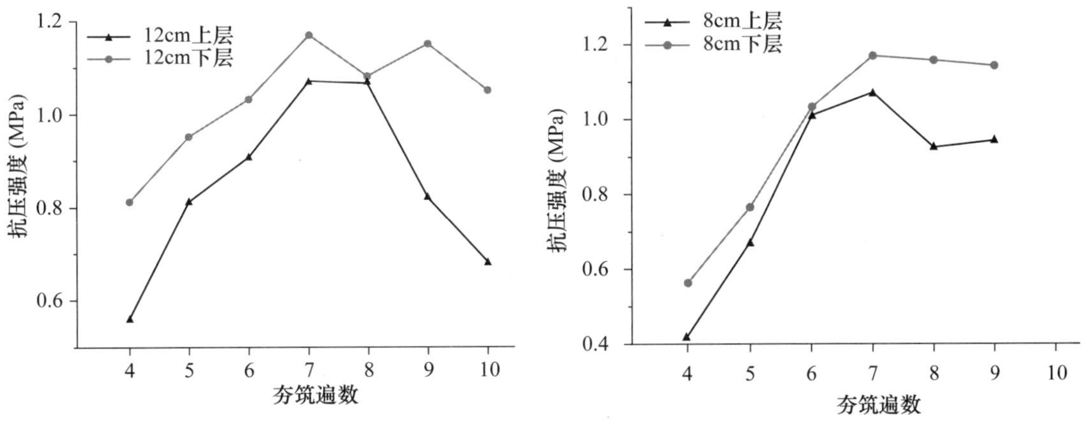

A. 五号锤作用下铺土厚度 12cm 的抗压强度　　B. 五号锤作用下铺土厚度 8cm 的抗压强度

图 5-139　五号锤作用下不同铺土厚度的抗压强度

5.3.3.2.2.3　不同夯锤评价

（1）铺土厚度 20cm 时不同夯锤作用下随各级夯筑遍数的抗压强度变化

铺土 20cm，五种夯锤夯筑四遍时，土体的抗压强度基本相同，为 0.4MPa 左右，除了四号夯锤，其他四种夯锤夯筑四至七遍的抗压强度曲线变化较为接近。七遍之后增加夯筑遍数，三号夯锤区域土体的抗压强度继续上升，其他夯锤抗压强度变低。说明铺土 20cm 厚时，三号夯锤较为适宜（图 5-140）。

（2）铺土厚度 16cm 时不同夯锤作用下随各级夯筑遍数的抗压强度变化

铺土 16cm，五种夯锤夯筑四遍时，土体的抗压强度相差较大，夯筑六遍时，五种夯锤的抗压强度差值达到最小，此后二号锤和四号锤抗压强度曲线继续上升，其他三种夯锤曲线下降。四号锤在六遍之后继续增加夯筑遍数其抗压强度曲线优势较明显，由上节可知上层夯筑对下层夯土的抗压强度有积极的影响。因此，对于铺土 16cm，四号夯锤最为适宜，最佳夯筑遍数为七遍（图 5-141）。

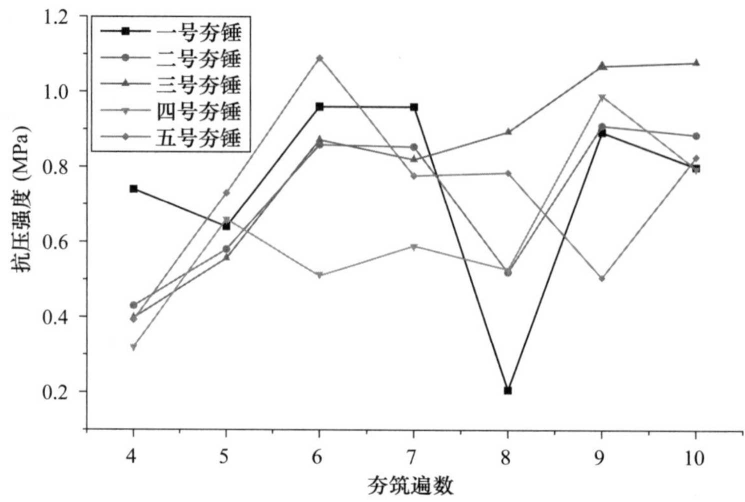

图 5-140　铺土厚度 20cm 时不同夯锤作用下随各级夯筑遍数的抗压强度变化

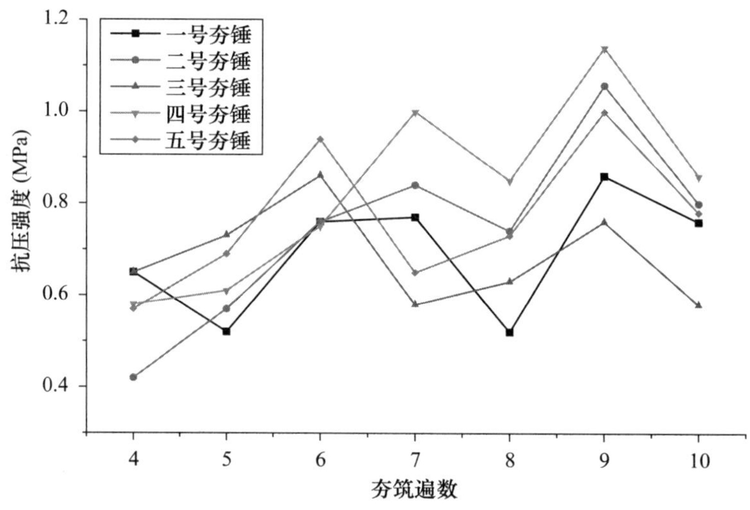

图 5-141　铺土厚度 16cm 时不同夯锤作用下随各级夯筑遍数的抗压强度变化

（3）铺土厚度 12cm 时不同夯锤作用下随各级夯筑遍数的抗压强度变化

铺土 12cm，五种夯锤夯筑四遍时，土体的抗压强度相差较大，最大抗压强度为 0.8MPa，说明铺土 12cm 时，土体抗压强度变化较快。单层夯筑在七遍时五个夯锤区域的土体抗压强度基本稳定，二号夯锤抗压强度曲线继续上升，且曲线较为稳定。因此，对于铺土 12cm，二号夯锤最为适宜，最佳夯筑遍数为七遍（图 5-142）。

（4）铺土厚度 8cm 时不同夯锤作用下随各级夯筑遍数的抗压强度变化

铺土厚度为 8cm 时，夯筑遍数相同，土体抗压强度最佳的为四号夯锤。四号夯锤在夯筑六遍时土体的抗压强度达到最大值，其他四种夯锤在夯筑七遍时抗压强度达到稳定值。由此可知，铺土 8cm 时，四号夯锤最为适宜，单层夯筑六遍抗压强度达到最大值（图 5-143）。

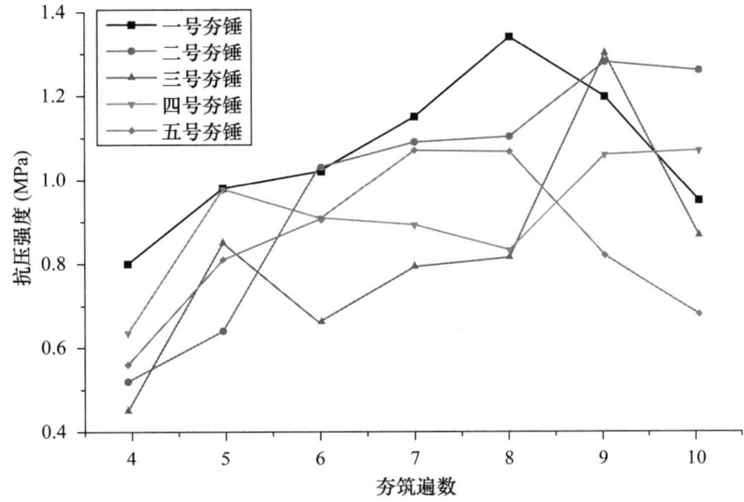

图 5-142　铺土厚度 12cm 时不同夯锤作用下随各级夯筑遍数的抗压强度变化

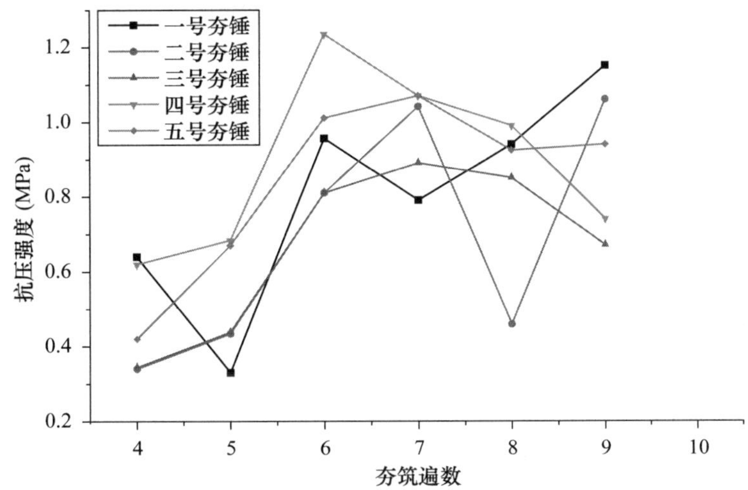

图 5-143　铺土厚度 8cm 时不同夯锤作用下随各级夯筑遍数的抗压强度变化

5.3.3.2.3　小结

1）通过对比不同夯锤作用下四种铺土厚度随夯筑遍数增加对应的单轴抗压强度曲线的变化，可得出不同夯锤类型所对应的最佳铺土类型和夯筑遍数，结果如表 5-45 所示。

表 5-45　各夯锤作用下的最优铺土厚度和夯筑遍数

夯锤号	铺土厚度（cm）	夯筑遍数	单轴抗压强度（MPa）
一号夯锤	12	8	1.34
二号夯锤	12	7	1.12
三号夯锤	12	7	1.30
四号夯锤	8	6	1.25
五号夯锤	8	6	1.12

单层夯筑时，从夯土抗压强度来看，每种夯锤都有其所对应的最优铺土厚度和夯筑遍数，由表 5-46 可以看出，随着夯锤直径和质量的增大，最佳夯筑遍数是逐渐减少的，其原因为夯锤质量增大，在提锤高度相差不大时，重力势能转化的动能更大，因而对土体的挤压密实作用更大，而且夯锤的直径变大，对土体的作用范围会变大，每遍夯筑夯击数相同时，土体的抗压强度能更早地达到最佳状态。抗压强度最佳时夯筑遍数和铺土厚度有着一定的联系，夯锤质量和直径变大，所对应的夯筑遍数变小，当铺土厚度较小时，夯土抗压强度会更快达到稳定值。由一号夯锤至五号夯锤，土体的最佳抗压强度逐渐变小，结合最佳夯筑遍数和抗压强度稳定值，三号锤或四号锤较为适宜，且最佳夯筑遍数三号锤为七遍，四号锤为六遍。

2）铺土 12cm 和铺土 8cm 多层夯筑时，通过分析不同夯锤及不同铺土厚度上下两层土体的抗压强度，可以得出上层夯筑对下层夯土的抗压强度有积极影响。夯锤质量较小时，夯筑四遍上下两层的抗压强度基本一致，随着夯筑遍数的增加，下层土体的抗压强度增加速度明显大于上层土体，其原因为进行上层夯筑的同时，会对下层土体也有影响，且夯锤并未与下层夯土直接接触，不会因为直接接触而产生的局部夯锤冲击力破坏土体的整体性，夯筑上层对下层土体抗压强度的影响比上层影响小，但由于有前一次夯筑的叠加，因此下层土体的抗压强度曲线的增长速率大于上层曲线。夯锤直径和质量变大，夯筑四遍时下层土体的抗压强度比上层土体大，原因为此种夯锤对土体的影响程度及范围大，大夯锤夯筑上层时对下层夯土的影响大于小质量和直径的夯锤。结论为，最佳夯筑遍数为六至七遍，考虑上层夯筑对下层夯土的影响，可将夯筑遍数优化为五至六遍。

3）通过对比不同铺土厚度五种夯锤随夯筑遍数增加所对应的单轴抗压强度曲线的变化，可得出不同夯锤类型所对应的最佳夯锤类型和夯筑遍数，结果如表 5-46 所示。

表 5-46　各夯锤作用下的最优铺土厚度和夯筑遍数

铺土厚度（cm）	夯锤号	夯筑遍数	单轴抗压强度（MPa）
20	三号夯锤	9	1.05
16	四号夯锤	7	1.02
12	二号夯锤	7	1.12
8	四号夯锤	6	1.25

结合前两个结论可知，最佳的夯锤类型为三号夯锤或是四号夯锤，但由于四号夯锤质量接近 10kg，在实际工程中，会影响夯筑效率。三号夯锤质量为 5.5kg，其重量适合于人工操作，夯锤的作用力越集中，对土体的抗压强度越有利，因此可在质量不变的情况下适当减小夯锤的直径。最优的铺土厚度为 12cm，夯筑遍数为五或六遍。

4）土的抗压强度主要由颗粒之间的相互作用力决定，在不断夯筑的过程中，土颗粒不断被挤压密实，所以其抗压强度会变高，到一定值时，继续夯筑会对土体产生夯实作用，同时也会对土体的整体性产生破坏，因此抗压强度会在一定范围内保持相对不变的状态，基本在夯筑九遍之后，土体的抗压强度都会下降，此时的夯实作用已经很小，破坏作用反而变大，从而使抗压强度降低。

5）由于夯土中有形状及分布不规则的片状砾石，会对无侧限抗压强度试验产生影响。因此，抗压强度曲线会出现异常值。

5.3.3.3　三维扫描试验

5.3.3.3.1　数据采集及分析

5.3.3.3.1.1　直径数据采集及分析

通过对三维扫描的数据进行分析比对，测量出一个能代表某铺土厚度下，对应夯锤夯实相应遍数的夯窝直径，为了能统一观察其规律性，我们通过夯锤的直径数据将夯窝直径转换为夯窝入土深度与夯锤半径的比值，即入土率，其计算如下所述。

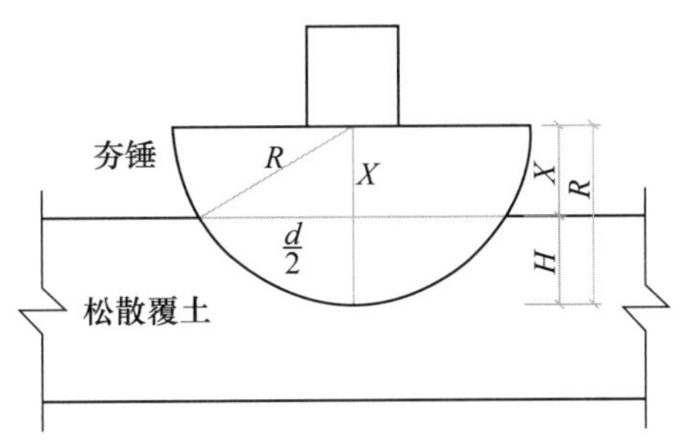

图 5-144　夯窝直径与夯锤入土深度关系图

如图 5-144 所示，夯窝直径 d 和夯锤半径 R 之间存在如下关系：

$$R^2=\left(\frac{d}{2}\right)^2+X^2 \tag{式 5-21}$$

即

$$X=\sqrt{R^2-\left(\frac{d}{2}\right)^2} \tag{式 5-22}$$

则入土深度

$$H=R-X=R-\sqrt{R^2-\left(\frac{d}{2}\right)^2} \tag{式 5-23}$$

则夯锤入土深度占夯锤半径的百分比

$$\eta=\frac{H}{R}=\frac{R-\sqrt{R^2-\left(\frac{d}{2}\right)^2}}{R}\times100\% \tag{式 5-24}$$

5.3.3.3.1.2　固定区域内夯锤次数采集及分析

试验中对固定区域内的夯击次数做了统计，通过计算面积和次数的比值，可以得到单个夯窝所占投影面积，由于使用了夯窝挨夯窝的夯实方法，因此说投影面积即为夯窝所在圆的外切正方形面积，对此面积开方求得的边长为夯窝的直径，以此直径对三维扫描测得的直径进行比对和校核，并观察其规律的统一性。

5.3.3.3.1.3　以直径评价夯实效果

相同铺土厚度时，不同夯锤在不同夯筑遍数下的夯实效果以夯锤入土深度作为评价指标，分别整理铺土厚度为 8cm、12cm、16cm 和 20cm 时，夯锤夯筑不同遍数时的入土深度占夯锤直径的百分比，如图 5-145～图 5-148 所示。

通过对不同铺土厚度夯层之间的比较可以发现：

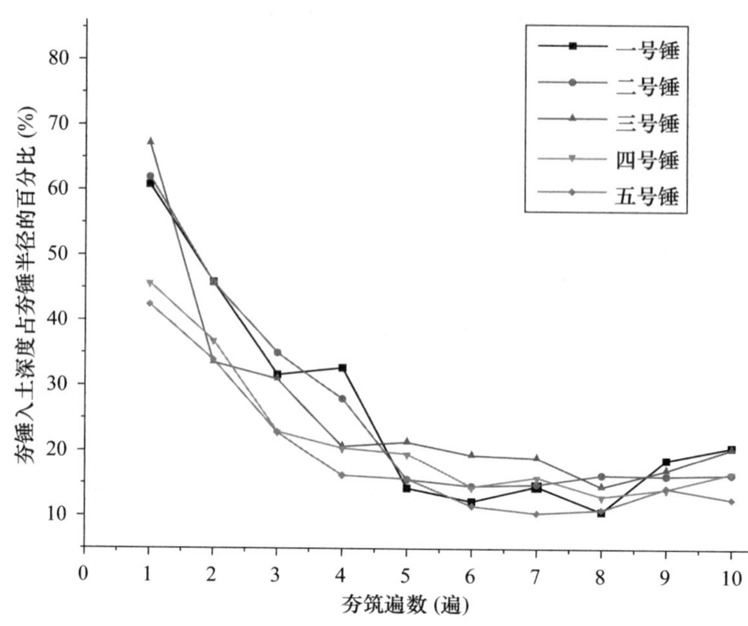

图 5-145　铺土 8cm 时不同夯锤入土深度占夯锤半径百分比随夯筑遍数变化曲线

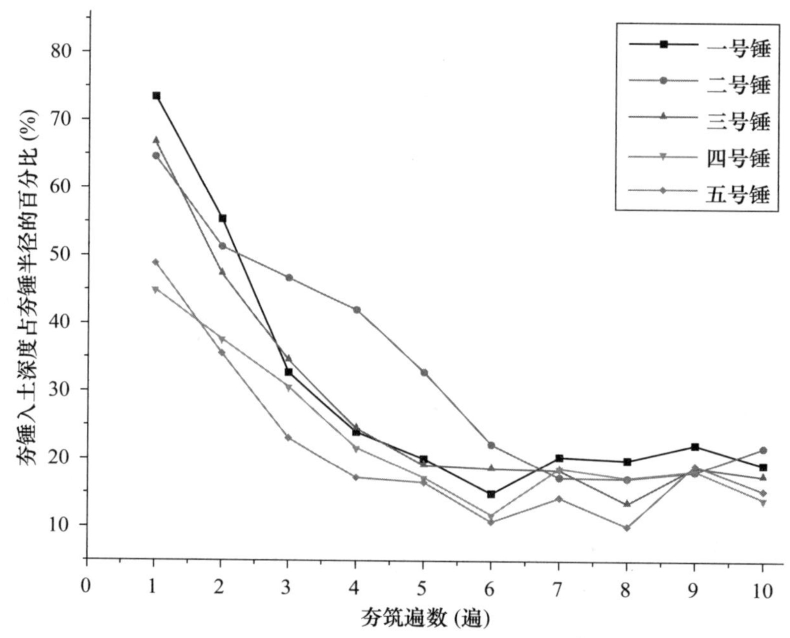

图 5-146　铺土 12cm 时不同夯锤入土深度占夯锤半径百分比随夯筑遍数变化曲线

1）第一遍夯击过程中，小锤（一号锤、二号锤、三号锤）的入土深度占夯锤半径的百分比普遍大于大锤（四号锤、五号锤）。试验过程中发现，西夏陵区域的松散堆积土夯成密实状态的夯层后，其体积变化为松散堆积土的 55% 左右，故铺土厚度为 20cm 时，只有上层的 9cm 是夯锤能够直接施力的土层。而夯锤的直径越大，同样入土率更接近夯实后夯层上表面，阻力也越大。所以随着直径的变大，夯锤的初始入

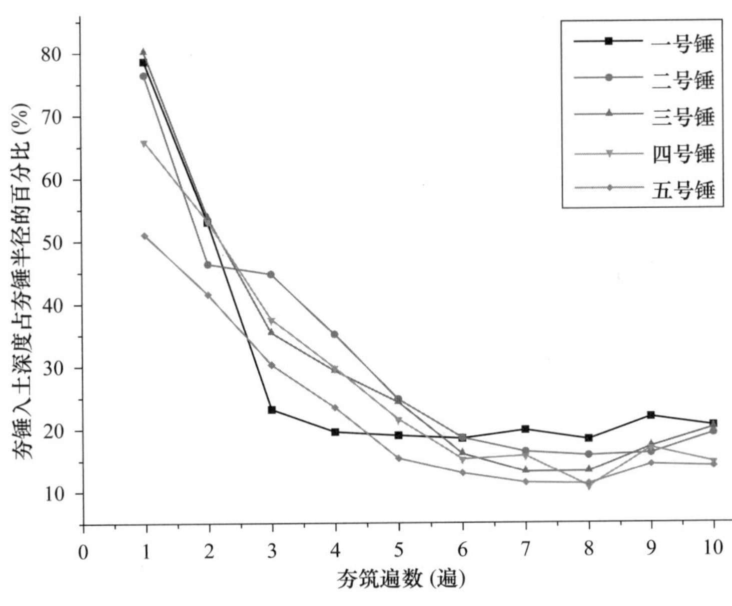

图 5-147　铺土 16cm 时不同夯锤入土深度占夯锤半径百分比随夯筑遍数变化曲线

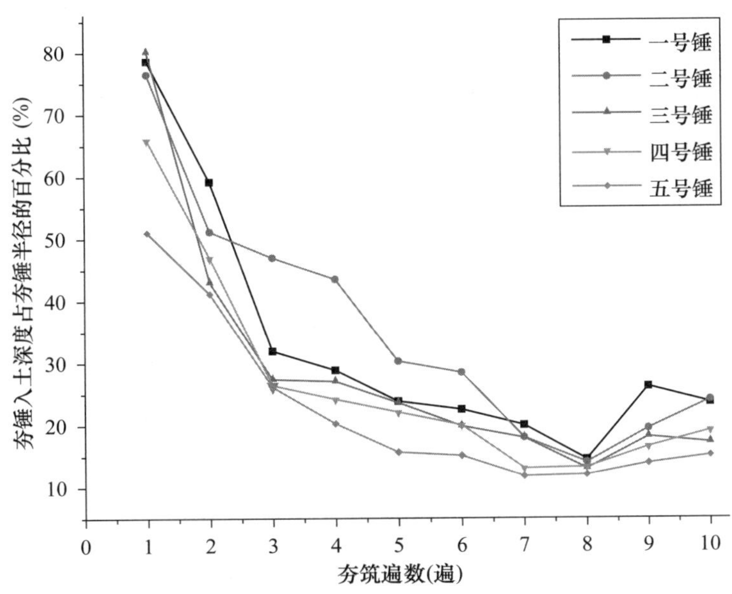

图 5-148　铺土 20cm 时不同夯锤入土深度占夯锤半径百分比随夯筑遍数变化曲线

土率就越小。

2）由于小锤第一遍入土深度所占夯锤直径的比值较大，且在一定的遍数之后，整体趋于稳定，入土深度保持在了 12%～22% 之间，小锤稳定速率大于大锤。

3）对于不同的铺土厚度，其相对稳定的遍数也是不尽相同的。以 22% 为限，当入土率小于 22% 时认为夯实达到了较好的效果，而此时对应的夯筑遍数为最密实的夯筑遍数，对应不同的铺土厚度，其需要稳定的遍数如表 5-47 所示。

表 5-47　不同铺土厚度需要稳定的夯击遍数

铺土厚度	8cm	12cm	16cm	20cm
对应最密实夯筑遍数	5	6	6	7

由表 5-48 可知，随着铺土厚度的增加，其需要稳定的夯筑遍数也在不断增加，随着铺土厚度的增加，需要对夯层土体所做的功越多，达到稳定的夯筑遍数越多。故 20cm 的铺土厚度曲线应普遍比 8cm 的铺土厚度曲线缓，即铺土越薄，曲线前期下降越快，斜率越大，率先达到稳定状态。

4）由单个夯锤的曲线对比得出，夯锤直径（质量）越小，其趋于稳定的速率越快。

5.3.3.3.1.4　以每遍的夯击次数评价夯实效果

在夯筑过程中，对固定面积的五个夯锤在不同夯实遍数时的夯击数进行了统计，以铺土厚度 0.2m 为例，不同夯锤夯实区域面积和每遍夯实的夯击数如表 5-48 所示。

表 5-48　不同夯锤夯实区域面积和每遍夯实的夯击数统计表

夯锤编号	一号夯锤	二号夯锤	三号夯锤	四号夯锤	五号夯锤
夯实区域面积（m^2）	0.71	0.6	0.58	0.59	0.78
第一遍夯击数	61	36	35	30	30
第二遍夯击数	58	41	37	30	31
第三遍夯击数	131	61	56	41	43
第四遍夯击数	152	63	67	47	41
第五遍夯击数	150	103	81	59	59
第六遍夯击数	159	107	83	59	56
第七遍夯击数	120	99	79	70	57
第八遍夯击数	115	112	97	72	61
第九遍夯击数	160	79	70	59	59
第十遍夯击数	165	84	85	75	68

因为设计的试验区域大小不相同，故简单比较夯击数多少，并没有实际意义，通过对不同夯锤现场夯窝形态的扫描数据分析（0.5m×0.5m 方格内的夯锤分布情况），一号锤夯窝形态三维扫描情况如图 5-149 所示。

虚土在一号锤第一遍夯击后，出现了较为清晰的夯窝，可以看到夯窝紧密排列。前三遍夯筑的夯窝三维扫描图中夯土表面有粗糙感，这是由于夯击次数少，夯土表面分布着松散的土颗粒，此时其密实度也较小。随着夯筑遍数的增加，夯土的密实度逐渐变大，松散的土颗粒也越来越少，夯窝的三维扫描图逐渐变得光滑，同时夯锤的入土深度减小，继续夯筑对土体的作用变小。从图 5-149 可以看出从夯筑第五遍开始，夯窝形态的变化极小，说明土体的密实度逐渐趋于稳定。

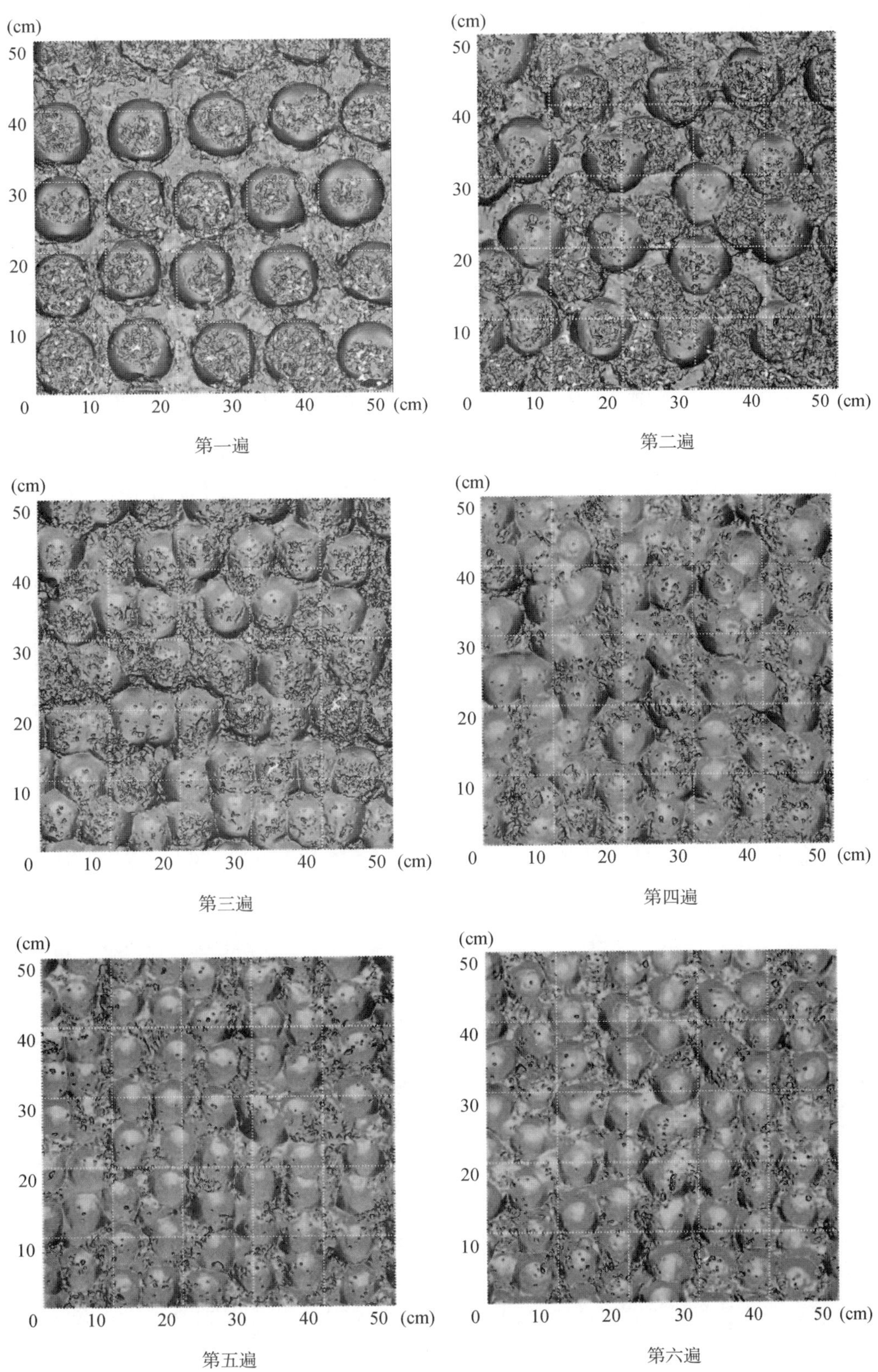

图 5-149　一号锤夯窝形态三维扫描预览图

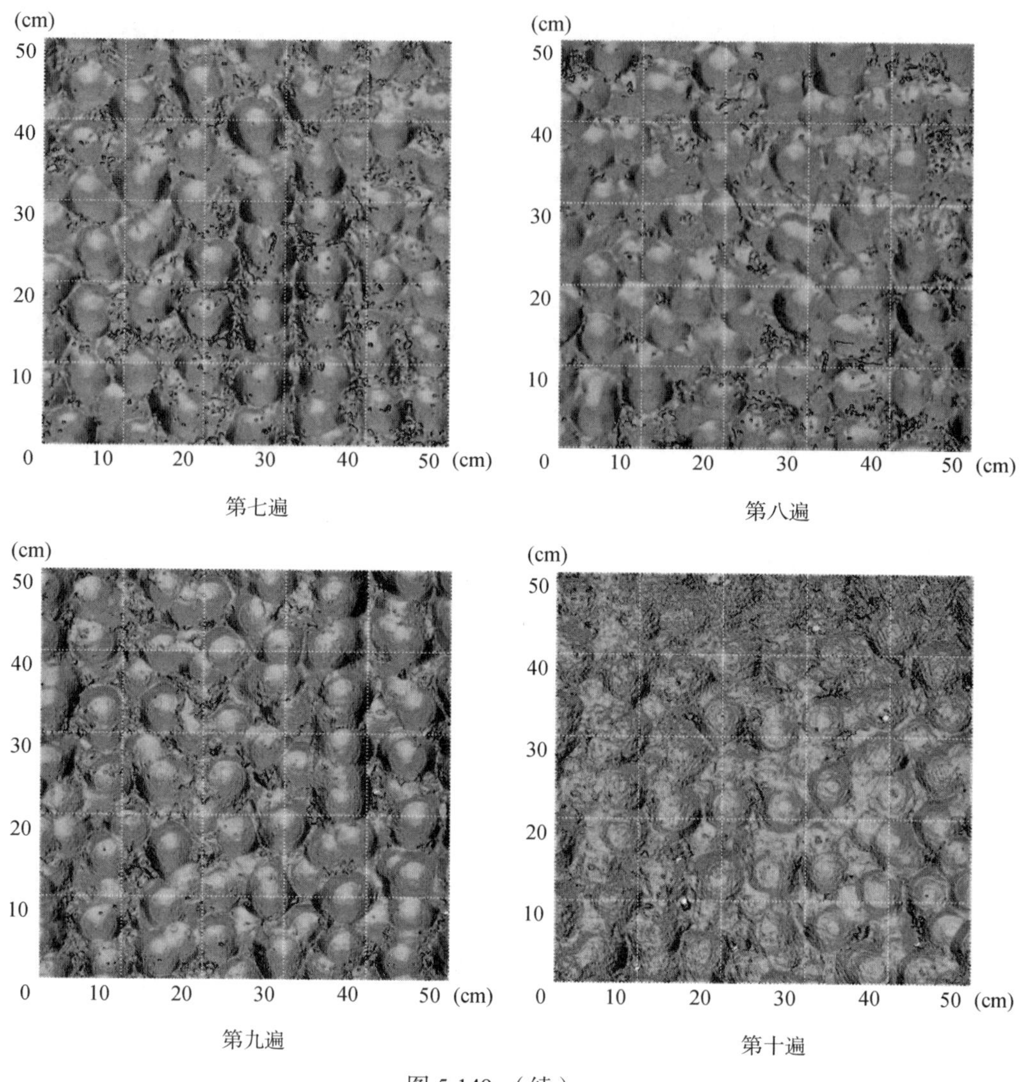

图 5-149 （续）

与一号锤类似，二号锤夯在前三遍夯筑之后，三维扫描图上都可以观察到粗糙感，此时土体表面有土颗粒，土体密实度小，随着夯筑变数的增加，土体表面变得平滑，其密实程度变大。二号锤从第六遍夯筑之后开始，夯窝形态的变化程度减小，说明六遍夯筑之后，土体的结构开始稳定，密实度变化很小，继续夯筑对土体的影响很小（图 5-150）。

三号锤在第三遍夯筑完后，土体表面变得较为光滑，这是由于三号锤的直径比一、二号锤大，夯击时与土体的接触面积大，在相同的夯击次数下，夯锤与土体总的接触面积大，因此在第三遍夯筑完成后，土体表面已经开始变得光滑。在三号锤作用下，夯筑五遍后，继续夯筑夯窝形态上的变化幅度变小，说明五遍之后夯土的密实度开始稳定，继续夯筑对土体的作用变小（图 5-151）。

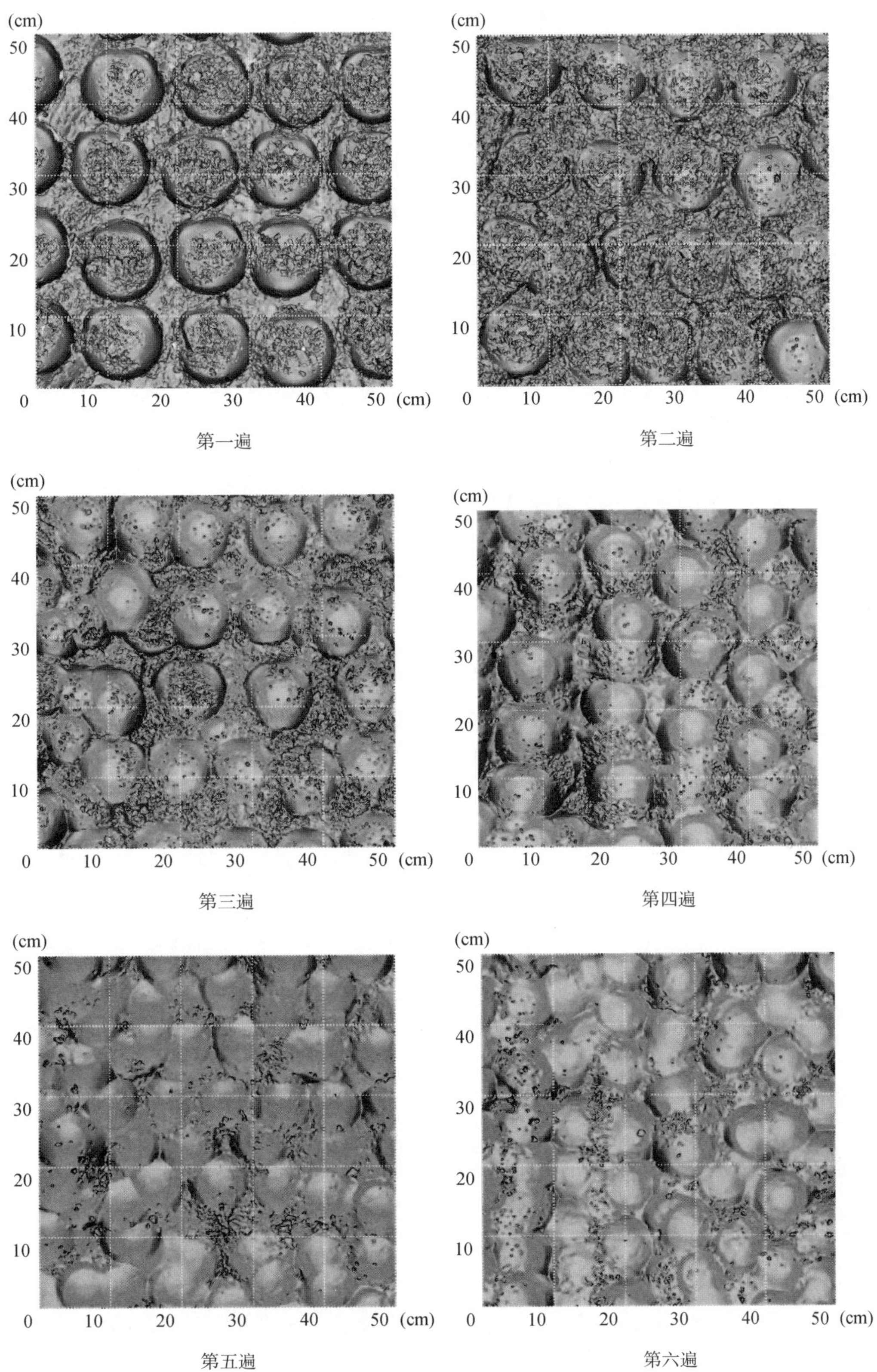

图 5-150　二号锤夯窝形态三维扫描预览图

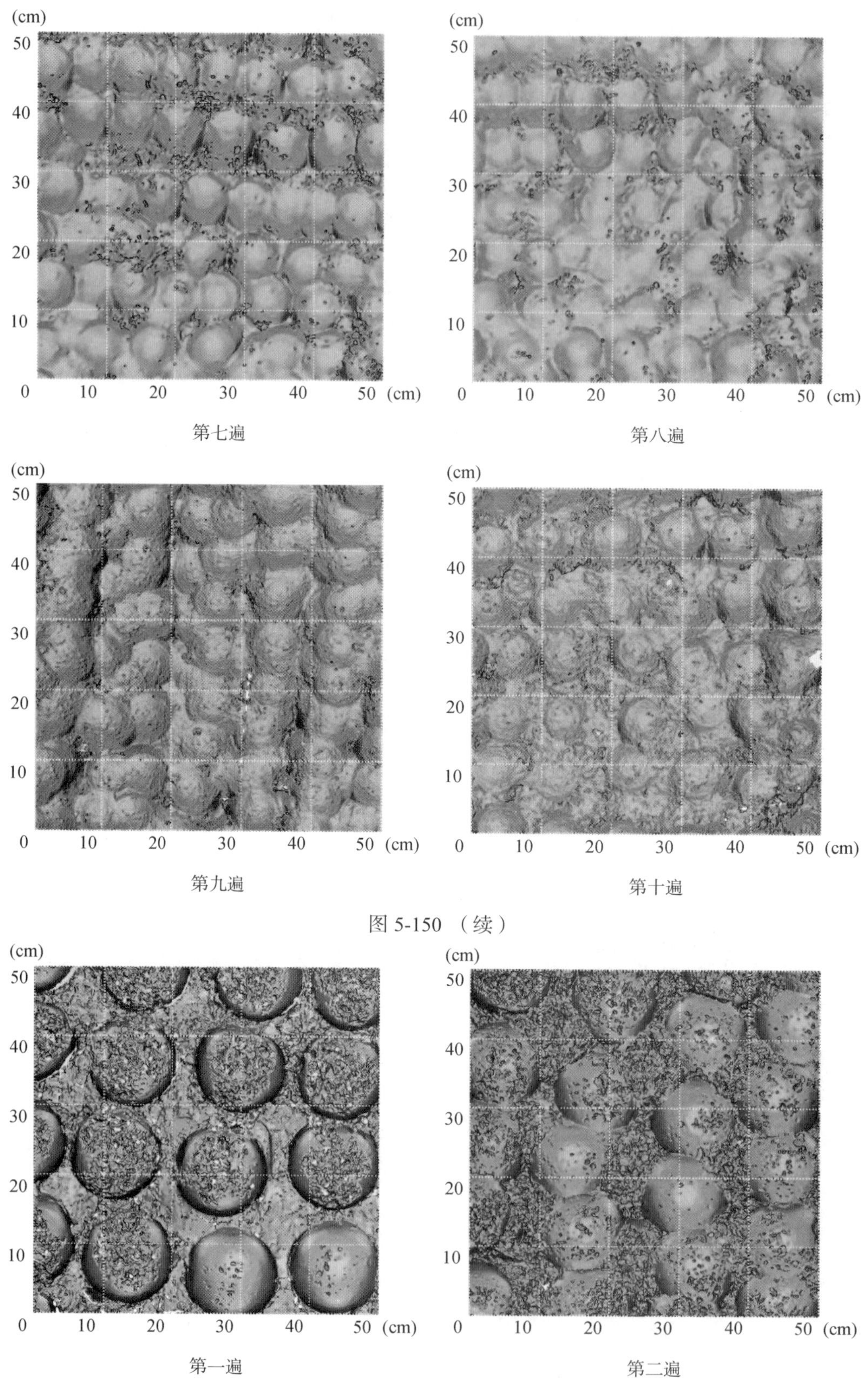

图 5-150 （续）

图 5-151 三号锤夯窝形态三维扫描预览图

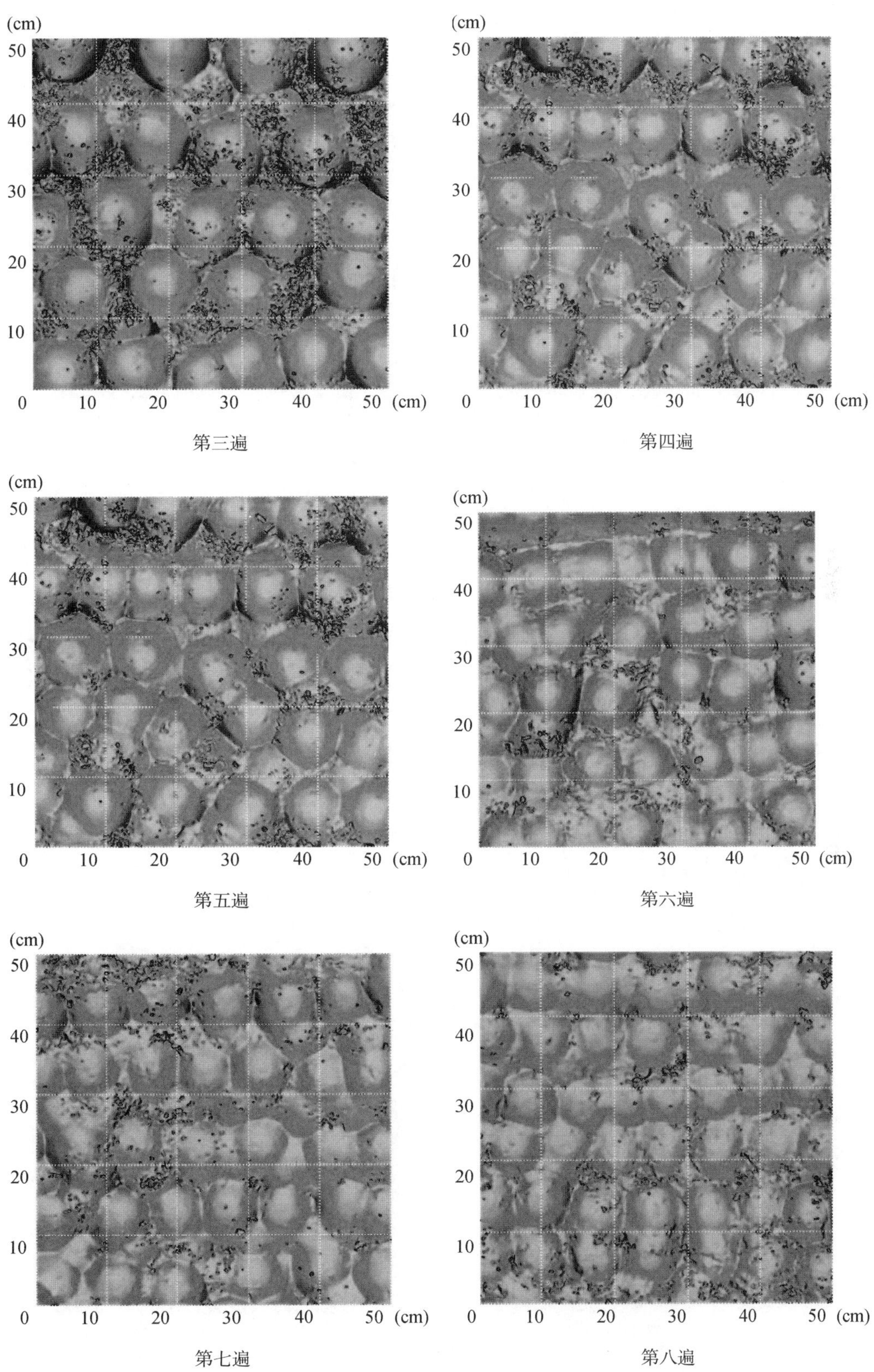

图 5-151（续）

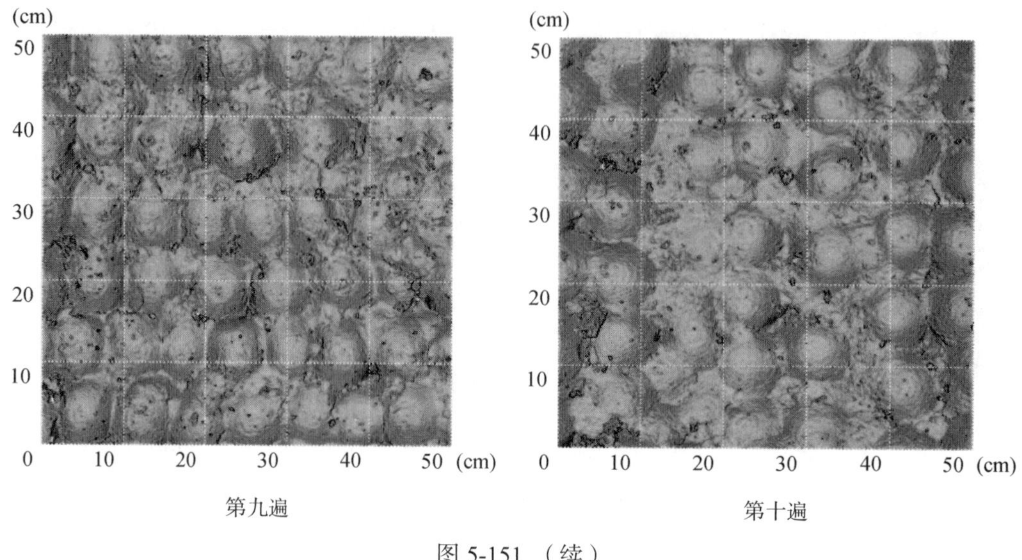

图 5-151 （续）

四号锤第二遍夯筑完成后的三维扫描图与一、二、三号锤有明显的差别，四号锤前两遍夯筑之后，三维扫描图的粗糙程度小，四号锤比前三种夯锤的直径和质量大，前几遍夯筑对土体的作用效果也更明显。从图中可以看出，在夯筑完五遍之后，夯窝形态几乎不再变化，此时土体的密实度逐渐稳定，增加夯筑遍数对土体的密实作用减弱（图 5-152）。

五号夯锤与四号夯锤的扫描结果类似，也是在第二遍夯筑之后其粗糙程度变小，五号锤的直径和质量在五种夯锤中是最大的，在第五遍夯筑之后，夯窝在形态上也趋于稳定，说明五号锤在第五遍夯筑之后，夯土的结构开始稳定，其密实程度变化减小，继续夯筑意义很小（图 5-153）。

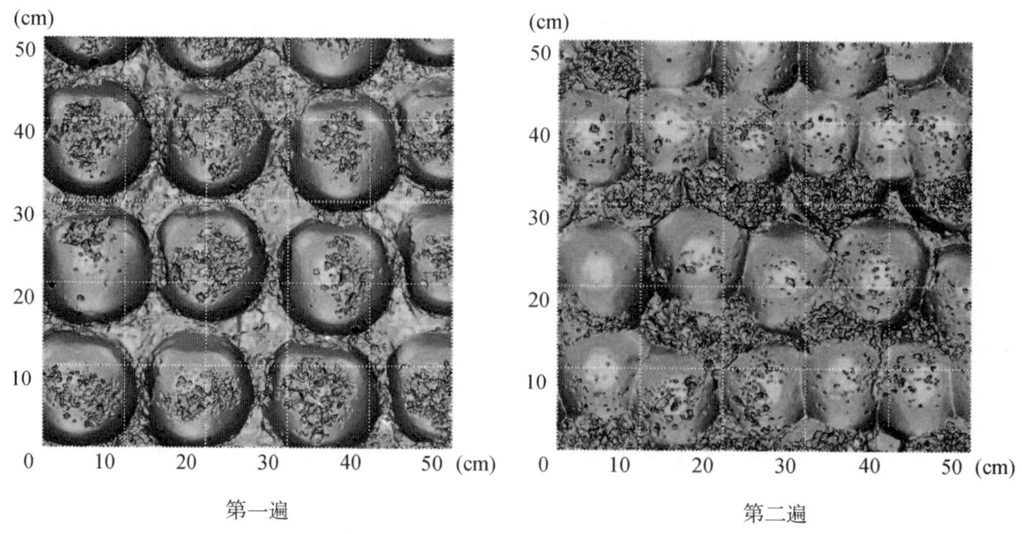

图 5-152　四号锤夯窝形态三维扫描预览图

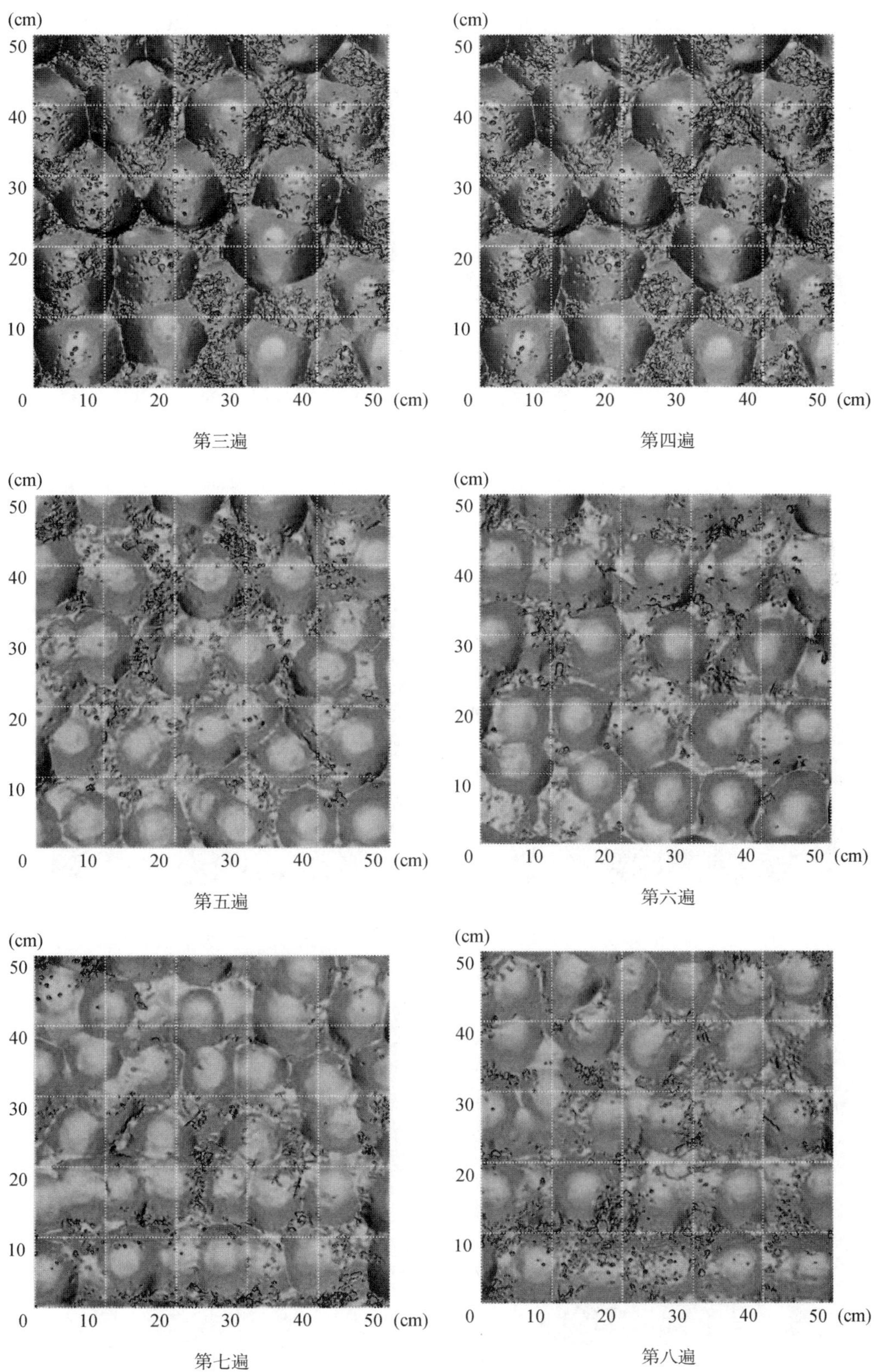

图 5-152 （续）

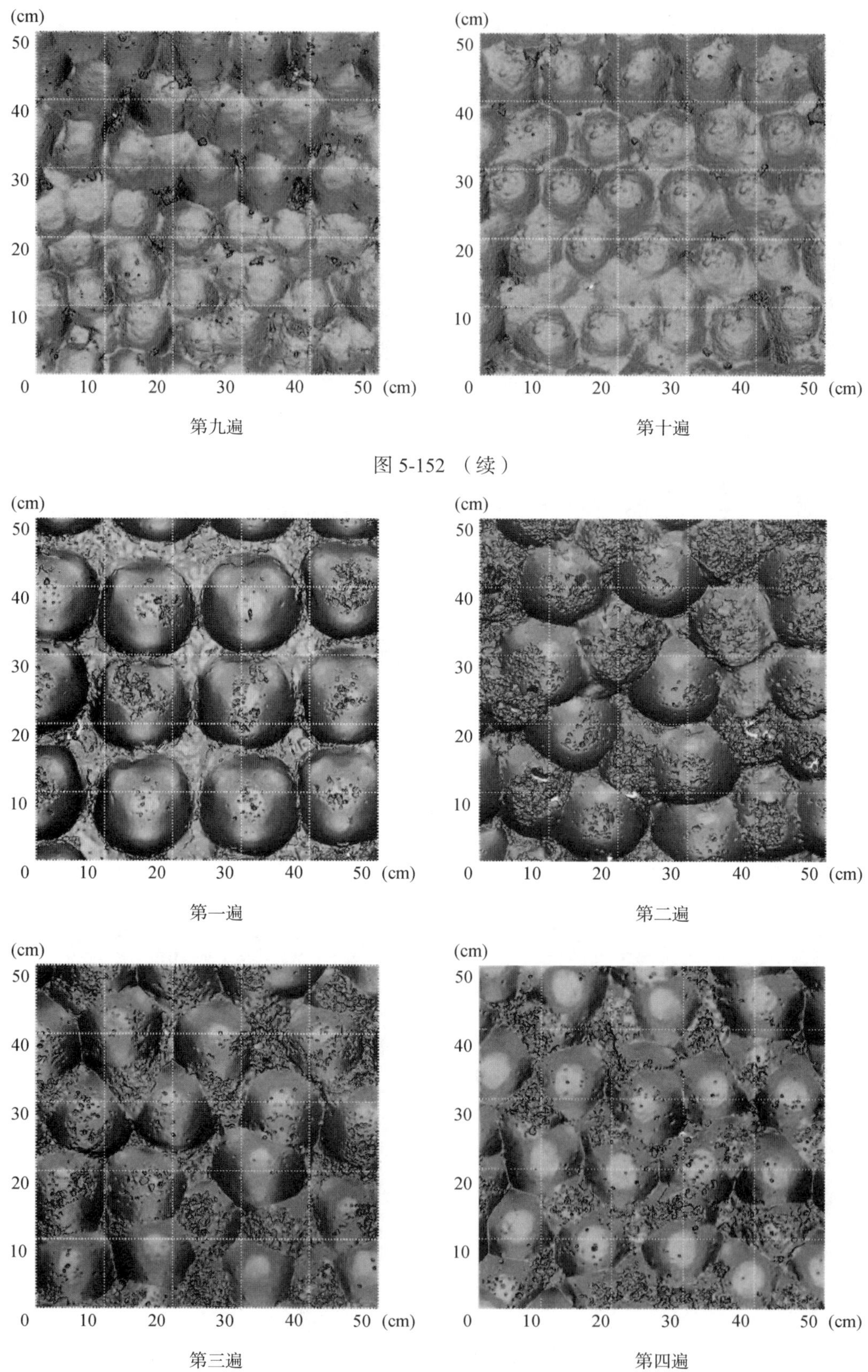

图 5-152 （续）

图 5-153　五号锤夯窝形态三维扫描预览图

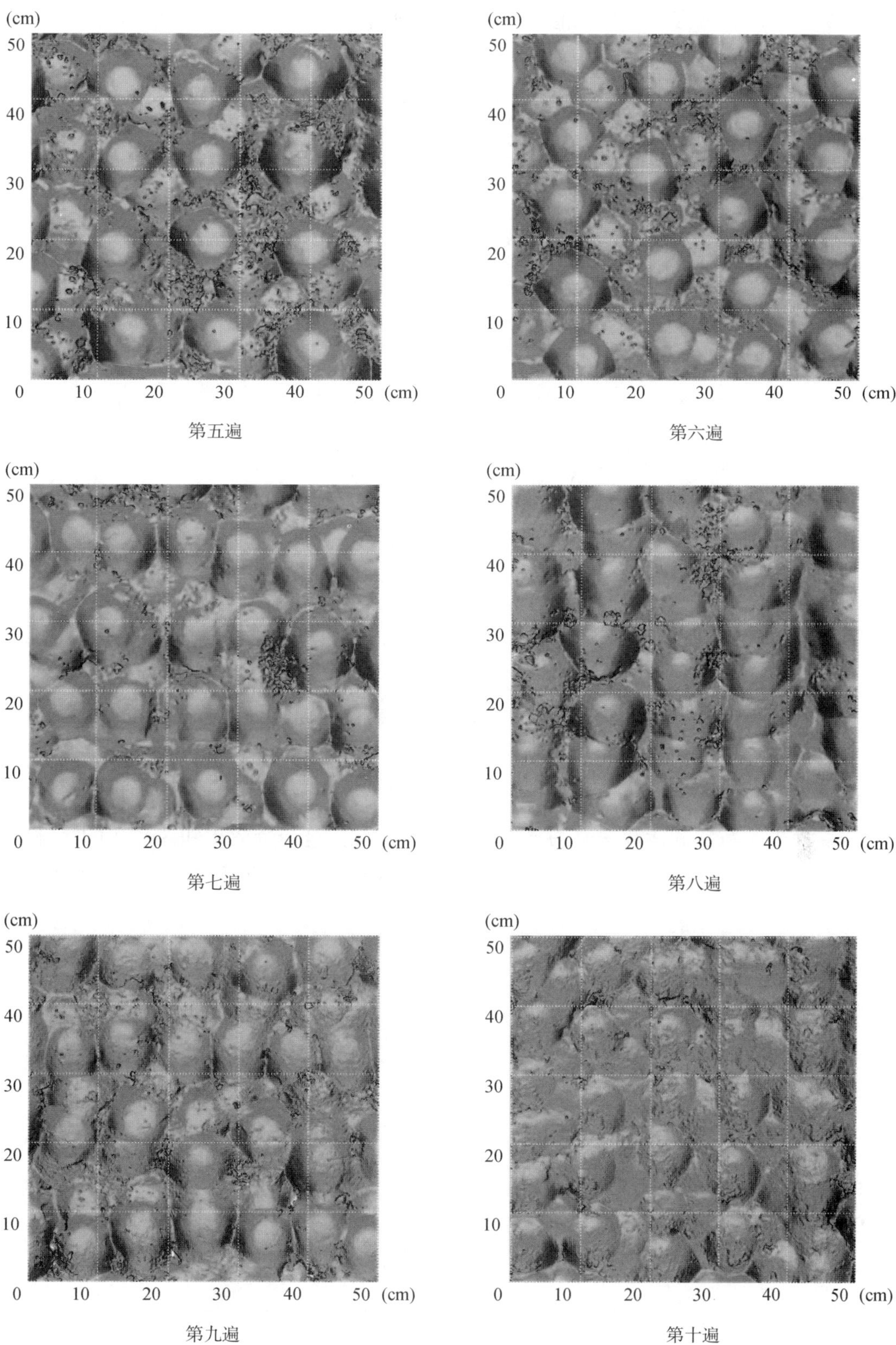

图 5-153 （续）

夯实区域面积和夯击数的比值，即每次夯击所占的面积大小的算术平方根即为夯窝直径，即夯窝直径可表示为：

$$d=\sqrt{\frac{\text{夯实区域面积}}{\text{夯击击数}}} \quad \text{（式 5-25）}$$

根据得出的夯窝直径数据作图 5-154。

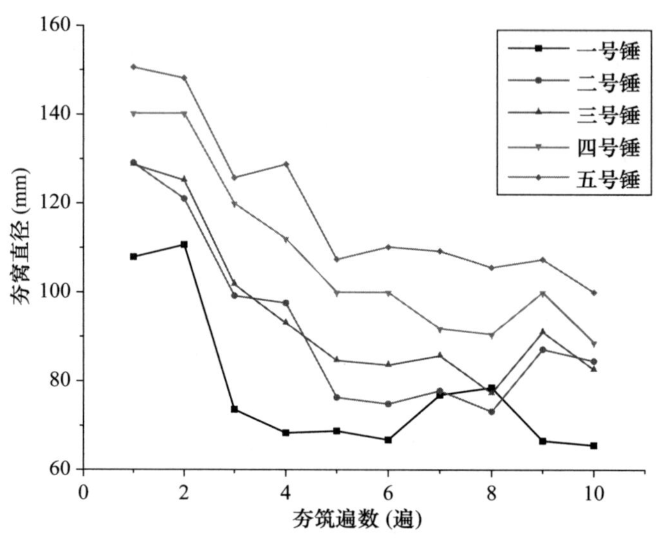

图 5-154　20cm 铺土厚度下折算的夯窝直径随夯筑遍数的关系曲线

通过对不同直径夯锤的夯窝大小随夯筑遍数的变化曲线分析可得，一号锤（直径 100mm）在夯筑过程中在第三遍就趋于稳定，而五号锤在第十遍时夯窝直径仍然有下降趋势。此外奇数次和偶数次有明显的锯齿分布情况，这与奇数次和偶数次的落锤点不同密不可分，故对完成一套夯筑体系的数据，筛选偶数次锤直径作图 5-155 分析。

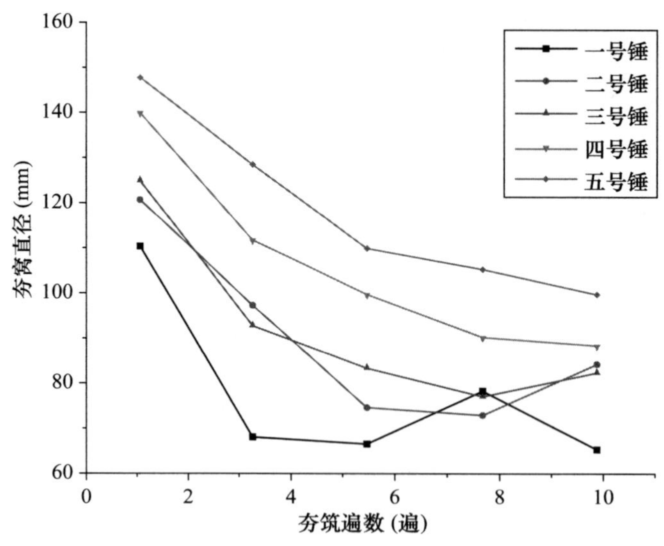

图 5-155　20cm 铺土厚度下折算的夯窝直径随偶数夯筑遍数的关系曲线

通过对完成一套夯筑的偶数遍关系曲线分析发现，一号锤在第四遍时曲线已经趋于稳定，二号锤在第六遍时其曲线趋于稳定，三号锤在第八遍时趋于稳定，而四号锤、五号锤在十遍内仍未见稳定趋势。做出其稳定趋势线如图 5-156 所示。

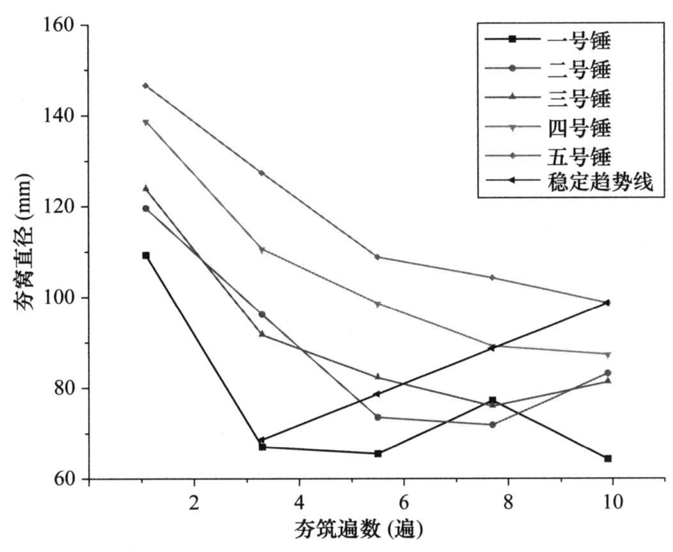

图 5-156　20cm 铺土厚度下折算的夯窝直径随奇数夯筑遍数稳定趋势线

通过分析发现，并不是单位面积击实功越大稳定越快；相反，夯锤越小其直径趋于稳定越快。

5.3.3.3.2　小结

1）铺土厚度和夯锤直径相差不超过一个数量级时，随着夯锤直径变大，夯锤的初始入土率变小。

2）由于小锤第一遍入土深度所占夯锤直径的比值较大，且在一定的遍数之后，整体趋于稳定，入土深度占夯锤半径保持在了 12%～22% 之间，所以相比之下，小锤稳定速率大于大锤；夯锤直径（质量）越小，其趋于稳定的速率越快。

3）20cm 的铺土厚度曲线应普遍比 8cm 的铺土厚度曲线缓，即铺土越薄，曲线前期下降越快，斜率越大，达到稳定状态越快。

5.3.4　应变片在传统夯筑工艺研究中的应用测试

电阻式应变片测量法在土木工程和岩土工程等各类工程中均有着广泛的用途。这种检测方法使用方便且准确性高，在了解结构的微小变形方面发挥着重要作用。将电阻式应变片测量技术应用于传统夯筑工艺探究中，监测夯土墙体干缩固结过程中的土体变形情况，了解墙体的微观变形方面及其力学过程，可为宏观的工艺研究提供微观的机理基础。电阻式应变片在土遗址的锚杆锚固技术中有过应用，且有了一定的成果，但在传统夯筑技术中的应用本次试验尚属首例。此次试验初步探讨并测试了应变片在夯土技术研究中的使用，为后续的深入研究提供借鉴。

5.3.4.1　仪器设备

（1）电阻式应变片

电阻式应变片配合动态应变仪或者静态应变仪进行测量，一般可分为金属电阻应变片和半导体电阻应变片，其中金属电阻应变片应用比较广泛，是基于电阻应变效应，即导体产生机械形变时它的电阻值发生变化。金属应变片又可以分为三种：①丝绕式电阻应变片，用直径0.025mm金属丝（康铜、镍铬合金、贵金属）做敏感栅。②箔式电阻应变片，用光刻腐蚀工艺、照相制版制作成厚0.003～0.01mm的金属箔栅。③薄膜式电阻应变片，用真空溅射或真空沉积技术，在绝缘基片上蒸度几纳米至几百纳米的金属电阻薄膜。

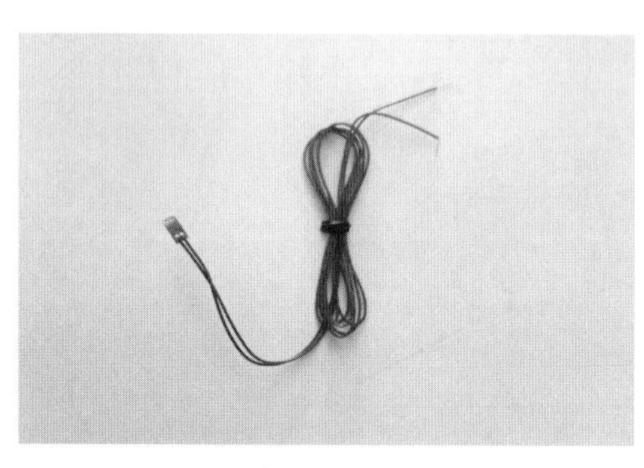

图 5-157　电阻式应变片

本次试验使用箔式电阻应变片，其具有散热条件好、允许电流大，横向效应小，抗疲劳性好，寿命长、生产过程简单等优势，有着很广泛的使用（图 5-157）。

1）参数：型号，BE120-3AA（11）-P500；接桥方式，1/4 桥；电阻值（Ω），119.9±0.1；灵敏系数，2.17±1%。

2）优点：①尺寸精确，线条均匀，灵敏系数、电阻式离散小。②耐潮湿，绝缘性好，蠕变计机械滞后小，准确性高。③粘贴面积大，可以牢固的粘贴，有良好的散热性。④灵敏度和精确度高，性能稳定，测量数值可靠。⑤应变片尺寸小、重量轻、结构简单、使用方便、响应速度快。⑥测量范围大。既可测量弹性变形，也可测量塑性变形。⑦适应性强。可在高温、超低温、高压、水下、强磁场及核辐射等恶劣环境下使用。

图 5-158　DH5929 动态信号测试分析系统

（2）DH5929 动态信号测试分析系统（32 通道）（图 5-158）

1）应用范围：①根据测量需求，可完成全桥、半桥，1/4 桥（三线制自补偿）的应变应力多点高速并行采样；②配接各种桥式传感器，实现各种物理量的测试和分析；③可直接对输入的电压信号进行多点高速并行采样；④配接各种热电阻（如铂电阻、铜电阻等）温度传感器，对温度进行测试和分析。

2）特点：①可通过以太网通讯，使系统实现边采样，边传输，边存盘，边显示，利用计算机海量的存储硬盘，长时间实时、无间断记录所有通道信号（本次使用 USB 连接）；②能够进行通道自检，快速获知仪器通道状态；③具有导线电阻自动测量和修正功能；④可设置任意一个测点作为公用补偿测点；⑤先进的隔离技术和合理的接地，使系统具有极强的抗干扰能力，适用于各种工程现场检测。

3）注意事项：①系统预热半小时后开始测量；②为减少信号干扰，需通过仪器接地端进行接地。

4）软件：DHDAS 动态信号采集分析系统。

5.3.4.2　测试原理

（1）电阻式应变片

将应变片粘贴或者焊接在被测物上，使其随着被测定物的应变一起伸缩，这样应变片的金属箔材就随被测物的应变发生伸缩变化，其电阻值也随伸缩开始变化。一般应变片的敏感栅所使用的材料是铜铬合金，其电阻变化率为常数，由于电阻值变化与箔材的伸缩长度成正比，通过测量应变电阻值的变化，可以测量出被测物应变的变化，关系式如下：

$$\frac{\Delta R}{R}=k\cdot\varepsilon\cdot 100\% \qquad \text{（式 5-26）}$$

式中：$\frac{\Delta R}{R}$ 为电阻变化率；k 为灵敏系数；ε 为应变值。

应变片所贴物件受到荷载作用发生形变时，应变片电阻值随之改变，应变大小与荷载有关，这样就将机械变化与电流变化联系了起来。

（2）DH5929 动态信号测试分析系统（32 通道）

DH5929 动态信号测试分析系统是以计算机为基础、高智能化的动态应变测试分析系统。每个机箱可内置 32 或 64 通道，适用于测量结构应力及其形成的各种物理量，如力、压力、扭矩等。

5.3.4.3　测试过程

5.3.4.3.1　应变片粘贴、连接方法

应变片一般是粘贴在物体表面进行测量。由于应变片的灵敏度高，因此对粘贴质量的要求也高，应变片的粘贴质量是决定测试能否成功的关键因素之一。在粘贴应变片时，应严格按照工艺流程进行。

1）应变片准备：在选定应变片后，粘贴之前需要对其做好检查，检查内容包括基底和盖层是否有破损，敏感栅是否有异状、排列是否整齐，引线是否完好，有无短路、缺口、变形，基底是否有气泡、褶皱、坑点。检查之后，要用脱脂棉浸无水乙醇擦洗。

2）粘贴物件表面处理：为了使应变片和粘贴物件更好地贴合，需要对物件表面进行处理，处理面积一般为应变片面积的 3～5 倍。先用刀片将待处理区域刮平，根据试件材料选用适宜的砂纸打磨，打出与贴片方向呈 45° 角的交叉条纹，然后用浸有丁酮或丙酮的脱脂棉球清洗打磨部位，并用无水乙醇清洗至棉球上不见任何污

渍为止。需要注意的是，擦洗时应该沿着单一方向进行，不可来回交替擦拭，清洗干净的表面要避免再次污染，如以手触之或是用嘴吹之，待溶剂挥发表面干燥后立即贴片。

为保证应变片粘贴位置的准确，可用无油圆珠笔芯或针轻轻划出定位线。划线时，线不能划到应变片贴片部位下面，避免对应变片产生损伤。经过划线的试件表面需用无水乙醇等溶剂对贴片试件表面单向清洗，并及时擦干或烘烤干，避免表面有油污残留或是溶剂残留，对贴片质量产生影响；贴片时，尽量保证应变片的位置准确，刷胶的均匀性，用胶适量等，用手指均匀挤压应变片，排除多余的胶液和气泡，同时，轻轻拨动应变片，调整应变片位置，使其定位准确，真实反应测量点的应变。

应变片粘贴完成后，要对所贴应变片进行认真检查，发现基底有损坏，敏感栅有变形、短路、短路，贴片位置不正确，有气泡，局部没贴出，绝缘强度不够等问题，应及时排除或铲除重贴。

5.3.4.3.2　不同贴片介质测试

5.3.4.3.2.1　四种不同介质材料测试

电阻式应变片须附着于物体表面以完成测量，由于夯筑之前，土体呈颗粒状，无法直接将应变片贴到土体表面，所以需要优选出一种能较好地将土体所受到的力传递至应变片的介质。根据力的平衡理论和牛顿第三定律，若贴片介质无塑性变形，土体所受作用力与贴片介质相同，介质产生应变带动应变片伸缩，测得介质应力，通过介质材料的物理力学特征可得到土体的应力应变状态。

研究共选择了钢筋、钢锯条、木板、橡胶条等材料作为介质进行测试（图 5-159）。

应变片介质材料测试选用的夯筑类型为铺土 12cm，夯筑八遍，三号锤（直径 14cm、质量 5.50kg），四种介质材料每种材料粘接应变片两个，均放置在三号锤区域，为防止介质材料产生横向位移，先在基础上面铺洒 3～5mm 的虚土，然后摆放粘接应变片的介质材料，铺设虚土，按照前述墙体夯筑要求夯筑，整个过程由一人完成。测试结果如图 5-160 所示。

电阻式应变片通过动态信号测试分析系统采集数据，采样频率为 1k，波动表示夯锤夯击瞬间应变片受力情况，正数表示该应变片受到拉伸力，负数表示该应变片受到压缩力。

图 5-160A 为介质材料钢筋在墙体夯筑过程中所粘连的两个应变片的应力应变情况。1、2 号应变片在第二遍夯筑结束之后应变曲线同时持续下降，至 3 分钟后恢复至零点附近，说明钢筋受压且在一段时间内未得到恢复。1 号应变片在夯筑第六遍（327s）时，应变曲线异常，且第七遍和第八遍都异常，表示 1 号应变片在夯筑第六遍时已经损坏。由此可知，钢筋不适合作为应变片的介质材料。

图 5-160B 为介质材料钢锯条在墙体夯筑过程中所粘连的两个应变片的应力应变情况。3、4 号应变片每次夯击时应力应变曲线有波动响应且波动在合理范围内，但

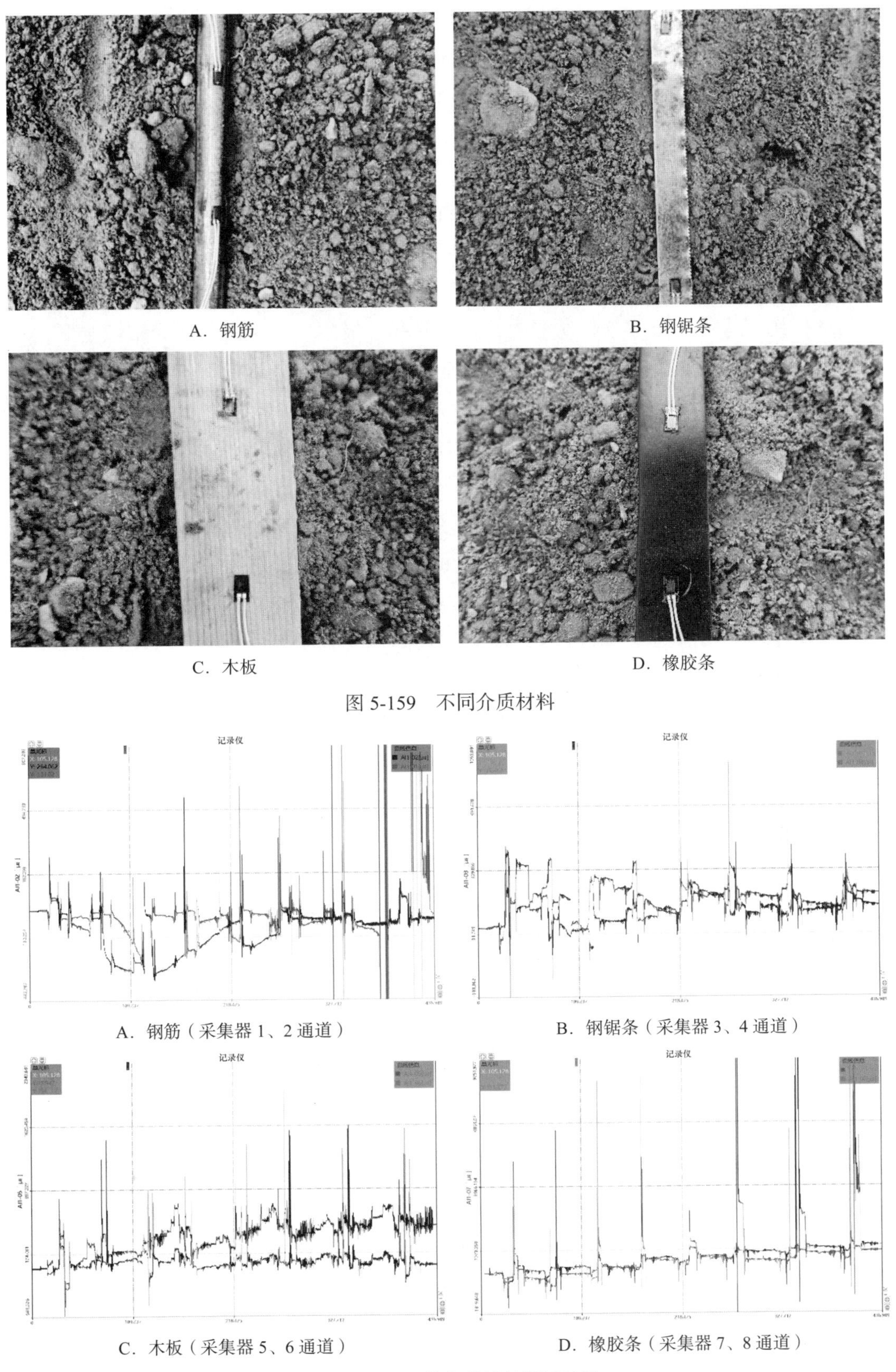

A．钢筋　B．钢锯条　C．木板　D．橡胶条

图 5-159　不同介质材料

A．钢筋（采集器 1、2 通道）　B．钢锯条（采集器 3、4 通道）　C．木板（采集器 5、6 通道）　D．橡胶条（采集器 7、8 通道）

图 5-160　四种介质材料测试结果

钢锯条所黏结的两个应变片从第一次夯击之后，夯击间歇，在不受力的情况下，其自然波动并不是在零点附近，而是在 140με 左右，表示应变片处于拉伸状态，说明钢锯条在第一次夯击之后受弯变形，且一直未恢复初始状态。由此可知，钢锯条不适合作为应变片的介质材料。

图 5-160C 为介质材料木板在墙体夯筑过程中所粘连的两个应变片的应力应变情况。5 号应变片整体波动稳定，夯锤夯击间隔数值波动在零点附近，但是每次夯击瞬间，应变片波动之后不能很快回弹，第一遍和第二遍夯击过后，应变片向负方向波动，峰值达到－520με。6 号应变片测试数值整体呈上升趋势，原因为木板在夯锤冲击力的作用下弯曲变形，木板所受外力超过其弹性极限，发生的变形为塑性变形，且随着夯筑遍数的增加，木板弯曲程度越来越大，因此应变片时间 - 应变曲线整体缓慢上升。6 号应变片每次夯击瞬间的波动同 5 号应变片类似，不能在极短时间内回弹至零点。由此可知，木板不适合作为应变片的介质材料。

图 5-160D 为介质材料橡胶条在墙体夯筑过程中所粘连的两个应变片的应力应变情况。橡胶条所黏结的 7 号应变片夯击瞬间波动良好，8 号应变片在一至五遍夯筑时夯击瞬间波动同 7 号一样，但在第六遍夯筑之后波动数值开始异常，说明应变片已损坏。7、8 号应变片整体波动较好，有上升趋势但上升幅度很小，说明所受力也超过其弹性极限。由此可知，橡胶条虽不适合作为应变片的介质材料，但其材料属性已比较接近最佳介质材料。

本次测试的四种介质材料因材料属性及试验要求，均不适合作为黏结应变片的介质材料，但我们从上述测试中找到了一种比较接近适宜介质的材料，即橡胶条。橡胶条硬度符合要求但弹性模量略有不足，因此需要寻找一种材料属性和橡胶条类似但弹性模量比它更大的材料，塑胶棒可满足这种要求。

5.3.4.3.2.2　塑胶棒测试

根据上次测试结果，选取塑胶棒作为介质材料进行测试。夯筑类型为铺土 12cm，夯筑八遍，三号锤（直径 14cm、质量 5.50kg）。共设置两组，每根塑胶棒长约 6cm，形状为圆柱体的二分之一，直径 1cm。每组塑胶棒粘接两个应变片，均放置在三号锤区域，为防止塑胶棒产生横向位移，先在基础上面铺洒 3～5mm 的虚土，然后摆放制作好的黏结有应变片的塑胶棒，铺设虚土，按照前述墙体夯筑要求夯筑，整个过程由一人完成（图 5-161～图 5-164）。

测试结果如下所述。

从图 5-165 时间 - 应变曲线可知，除了 2 号应变片在第二遍夯筑之后曲线整体有较小幅度的下降，1、3、4 号应变片的整体波动均在零点附近。此外，四个应变片在每次夯击瞬间产生波动之后都能在极短时间回弹至初始值附近，曲线无异常变化，说明应变片都能正常工作。因此，塑胶棒可以作为介质材料应用于传统夯筑工艺的研究中。

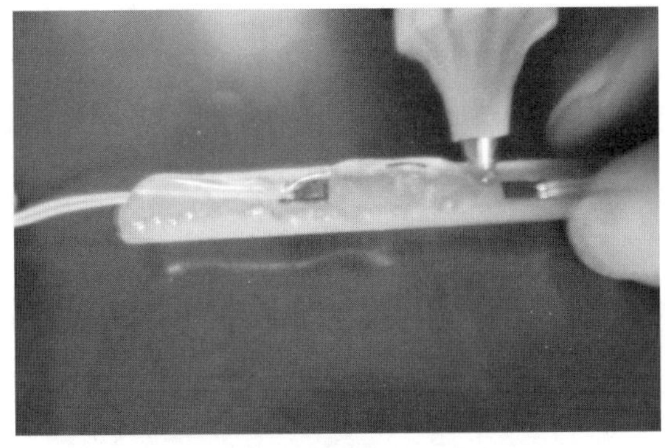

图 5-161　粘接应变片

图 5-162　以塑胶棒为介质材料

图 5-163　塑胶棒测试

图 5-164　现场夯筑测试

5.3.4.3.3　结果分析

试验在待夯土体中埋置电阻式应变片监测墙体夯筑过程中夯锤冲击力的变化情况，以反映不同夯筑类型对土体的影响程度，从而可对传统夯筑工艺从力学方面做出评价。

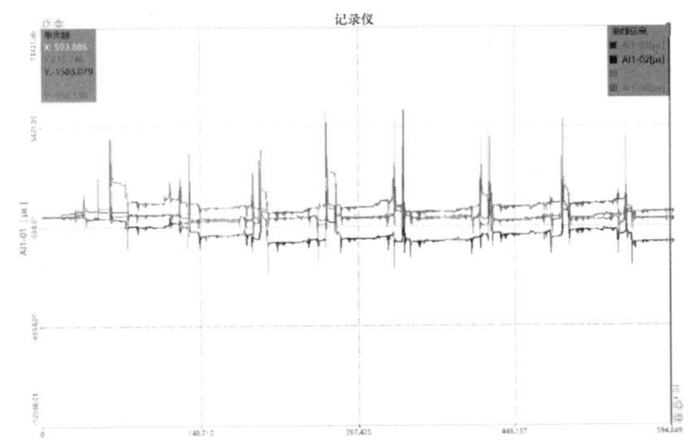

图 5-165　以塑胶棒为介质材料测试结果

动态信号采集分析系统时间 - 应变曲线上的一次波动为夯锤接触土体瞬间至夯锤完成一次夯击离开土体这个过程，波动持续时间为这一过程所需要的时间。通过检测波动持续时间的变化规律，可以了解土体的物理微观变化。其监测结果如下。

（1）铺土 8cm 波动持续时间变化规律

通过图 5-166 可以得出：

1）铺土厚度为 8cm 时，同一夯锤作用下，随着夯筑遍数从一遍到八遍的增加，土变得密实，夯锤作用下，应变片波动持续时间整体逐渐下降，下降趋势先迅速后缓慢，而应变片波动时间代表一次夯击完成所需要的时间，即随着夯筑遍数从一遍到八遍的增加，一次夯击完成所需要的时间逐渐缩短。

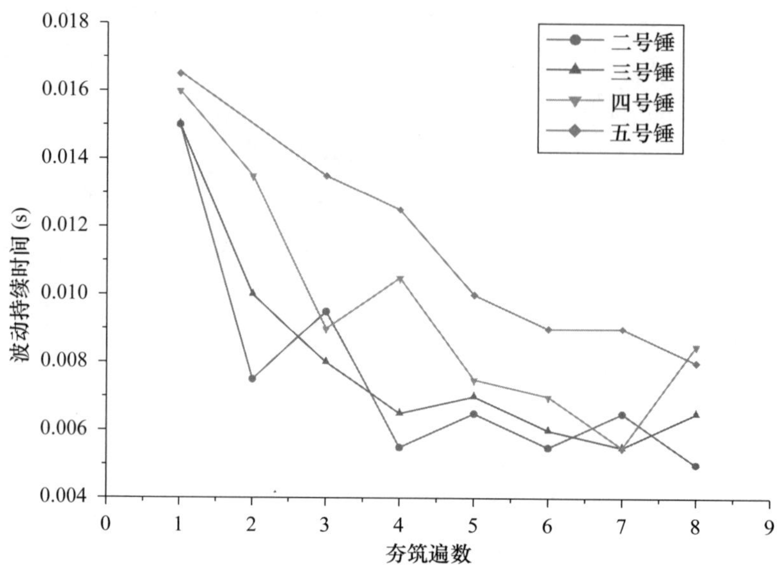

图 5-166　铺土 8cm 波动持续时间的变化

2）夯筑一遍到夯筑二遍，应变片波动持续时间下降速度较快，原因是夯筑一遍增加到二遍，土体的松散程度变化较快，四号夯锤夯筑四遍跟八遍，二号夯锤夯筑三遍，应变片波动持续时间异常上升，可能是夯筑人员夯筑完一次后没有及时提走夯锤。

3）铺土厚度为 8cm 时，同一夯筑遍数，应变片波动时间即一次夯击完成所需要的时间由大到小大致趋势依次为五号锤、四号锤、三号锤、二号锤。

（2）铺土 12cm 波动持续时间变化规律

通过图 5-167 可以得出：

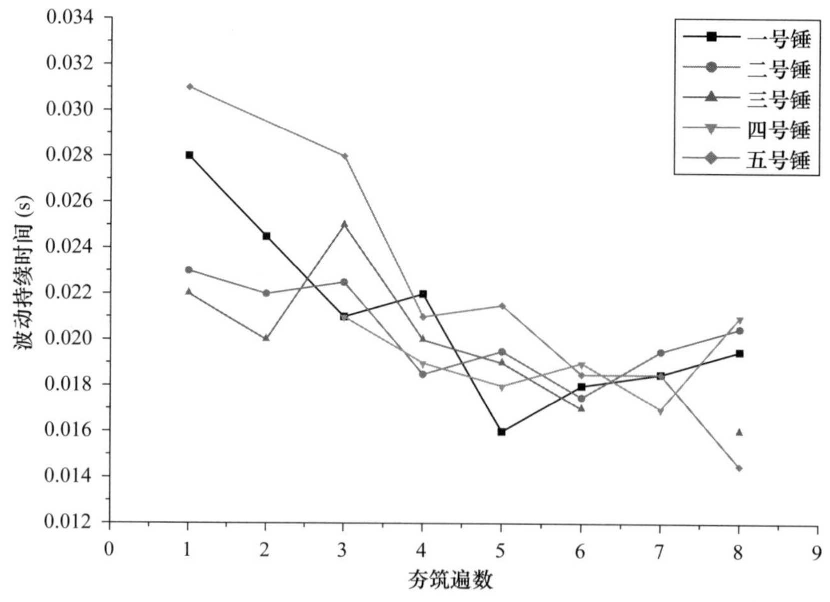

图 5-167　铺土 12cm 波动持续时间的变化

1）铺土厚度为 12cm 时，三号跟五号夯锤作用下，随着夯筑遍数从一遍到八遍的增加，土变得密实，夯锤作用下，应变片波动持续时间整体逐渐下降，下降趋势先迅速后缓慢，而应变片波动时间代表一次夯击完成所需要的时间，即随着夯筑遍数从一遍到八遍的增加一次夯击完成所需要的时间逐渐缩短；一号、二号和四号夯锤，随夯筑遍数从一遍到八遍的增加，应变片波动持续时间整体先下降后上升，下降趋势先迅速后缓慢，上升趋势缓慢，而应变片波动时间代表一次夯击完成所需要的时间，即随着夯筑遍数从一遍到八遍的增加一次夯击完成所需要的时间逐渐缩短后略微上升。

2）三号锤夯筑三遍时、五号锤夯筑五遍，应变片波动持续时间异常上升，可能是夯筑人员夯筑完一次后没有迅速及时地提走夯锤。

3）铺土厚度为 12cm 时，夯筑一遍时，应变片波动时间即一次夯击完成所需要的时间由大到小大致趋势依次为五号锤、一号锤、二号锤、三号锤。夯筑八遍时，应变片波动时间即一次夯击完成所需要的时间由大到小大致趋势依次为四号锤、二号锤、一号锤、三号锤、五号锤。

（3）铺土 16cm 波动持续时间变化规律

通过图 5-168 可以得出：

1）铺土厚度为 16cm 时，同一夯锤，随着夯筑遍数从一遍到八遍的增加，土变得密实，夯锤作用下，应变片波动持续时间整体先下降后上升，下降趋势先迅速再缓慢，上升趋势缓慢，而应变片波动时间代表一次夯击完成所需要的时间，即随着夯筑遍数从一遍到八遍的增加一次夯击完成所需要的时间逐渐缩短后略微上升。

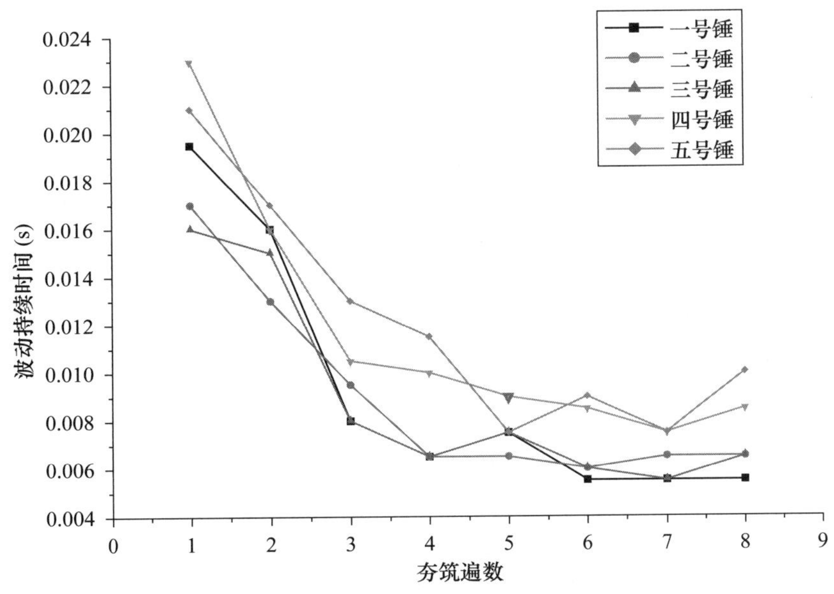

图 5-168　铺土 16cm 波动持续时间的变化

2）夯筑一遍到夯筑四遍，应变片波动持续时间下降速度较快，原因是从夯筑一遍增加到四遍，土体的松散程度变化较快；五号锤夯筑六遍与三号锤夯筑五遍，应变片波动持续时间异常上升，可能是夯筑人员夯筑完一次后没有迅速及时地提走夯锤；夯锤夯筑四遍到七遍，应变片波动持续时间几乎保持平稳，夯筑遍数大于七遍时，应变片波动持续时间呈上升趋势，可能是夯筑七遍时已经达到土体结构最优，夯筑八遍时破坏了土体结构。

3）铺土厚度为 16cm 时，夯筑一遍时，应变片波动时间即一次夯击完成所需要的时间由大到小大致趋势依次为四号锤、五号锤、一号锤、二号锤、三号锤。夯筑八遍时，应变片波动时间即一次夯击完成所需要的时间由大到小大致趋势依次为五号锤、四号锤、三号锤、二号锤、一号锤。

（4）铺土 20cm 波动持续时间变化规律

通过图 5-169 可以得出：

1）铺土厚度为 20cm 时，同一夯锤，随着夯筑遍数从一遍到八遍的增加，土变得密实，夯锤作用下，应变片波动持续时间整体先下降后上升，下降趋势先迅速后缓慢，上升趋势大于缓慢下降趋势，而应变片波动时间代表一次夯击完成所需要的时间，即随着夯筑遍数从一遍到八遍的增加一次夯击完成所需要的时间逐渐缩短又增加。

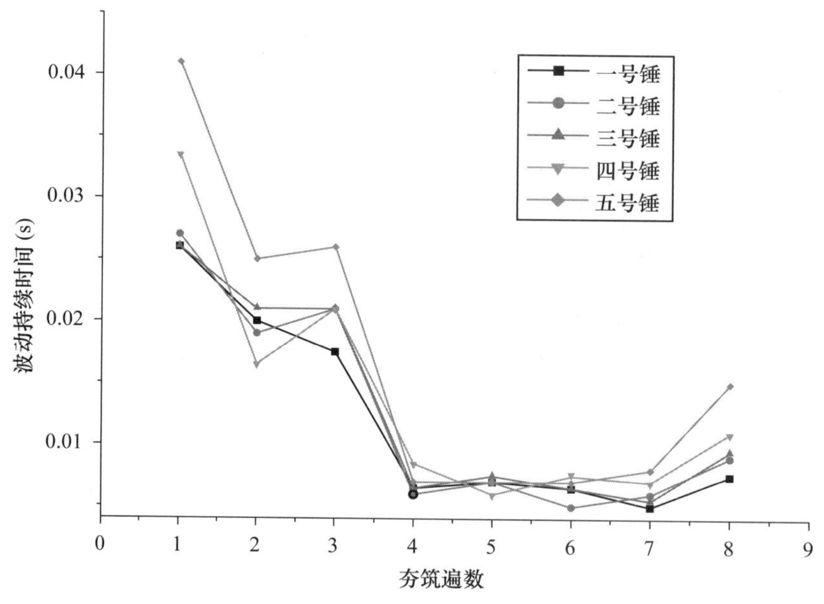

图 5-169　铺土 20cm 波动持续时间的变化

2）夯筑一遍到夯筑二遍，应变片波动持续时间下降速度较快，原因是从夯筑一遍增加到二遍，土体的松散程度变化较快；除一号夯锤外，其余四个夯锤夯筑二遍到夯筑三遍，应变片波动持续时间有略微上升趋势，夯锤夯筑三遍到夯筑四遍，应变片波动持续时间迅速下降；夯锤夯筑四遍到七遍，应变片波动持续时间几乎保持平稳；夯筑遍数大于七遍时，应变片波动持续时间呈上升趋势，可能是夯筑七遍时已经达到土体结构最优，夯筑八遍时破坏了土体结构。

3）铺土厚度为 20cm，夯筑一遍时，应变片波动时间即一次夯击完成所需要的时间由大到小大致趋势依次为五号锤、四号锤、二号锤、三号锤、一号锤；夯筑四遍至七遍时，各夯锤作用下，应变片波动时间即一次夯击完成所需要的时间几乎保持一致；夯筑八遍时，应变片波动时间即一次夯击完成所需要的时间由大到小大致趋势依次为五号锤、四号锤、三号锤、二号锤、一号锤。

5.3.5　小结

通过对不同夯筑类型的夯土进行干密度测试、无侧限抗压强度试验、对夯窝形态的三维扫描、夯击瞬间应变片测试，为夯筑砌补工程评估出最优的夯筑工艺。

1）通过对多层夯筑夯土的干密度和抗压强度分析，可以得出在一定的范围内，上层夯筑会对下层夯土产生积极的影响，因此，夯土建筑遗址下部夯层的干密度和抗压强度一般大于上部夯层。此外，研究最佳夯筑遍数时，应考虑到此方面的影响，对单层夯筑所得出的结论适当优化。

2）对不同夯筑类型夯土的干密度和抗压强度进行分析，可以评估出最佳夯筑类型，结合工程实际，夯锤类型最佳的为三号夯锤，其直径为 14cm、质量为 5.5kg，为提高夯筑的质量，可保持三号夯锤质量不变，适当减小其直径；结合上层夯筑对下层夯土的影响，最优的夯筑遍数为五、六遍，这两种夯筑遍数可保证夯土有较好的干密度及抗压强度；最佳的铺土厚度为 12cm。

3）通过电阻式应变片测试，可得到不同夯筑类型时，每次夯击一次所需要的时间（从夯锤接触土体到夯锤离开土体所需要的时间），此时间可以反映土体密实度的变化（土体密实度越大，所需要的时间越短），可以为干密度和抗压强度的分析提供参照。

4）三维扫描试验可以反映随夯筑遍数的增加，土体表层密实度的变化规律。通过分析可以发现，夯锤质量和直径越小，夯窝形态稳定越快。小夯锤的土体表面形态稳定快，但表部下面仍然在继续发生形变，而大夯锤虽然表面形态稳定较慢，但由于其影响范围较深，因此对下层土体的密实作用会更好。

5.4　夯筑支顶加固工艺

夯筑支顶主要针对遗址体根部大面积坍塌或根部掏蚀凹进的危险块体底部，根据遗址土的工程特性一般选用当地土体，并按照遗址土的特性配置改性土作为主材。夯筑的施工工艺应在保证遗址原建筑工艺的前提下，尽可能满足设计要求进行。在保证遗址安全稳定的前提下，按照最优含水率控制夯土的含水率，制作好夯筑条板，备用。具体施工工艺如图 5-170 所示。

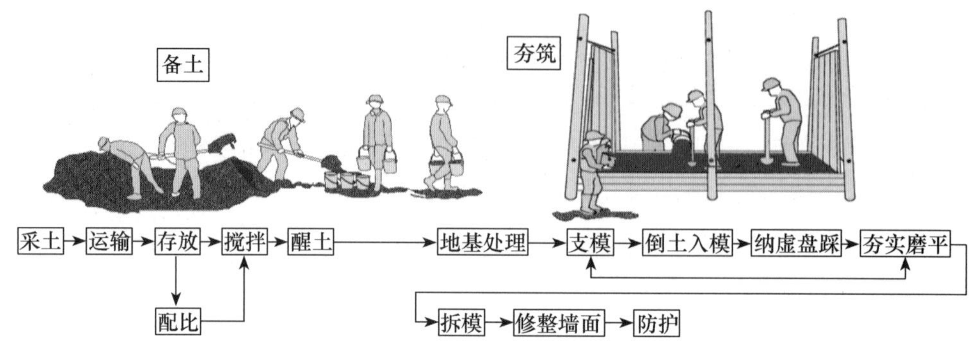

图 5-170　夯筑支顶加固工艺流程图

（1）准备工作

1）以当地黏土为主材，选可溶盐含量低于 0.3% 土按照不同区域的材料成分，掺入不同配比的砂、石等。以控制水灰比为 1∶0.2 拌制，并根据不同材料适当调节，封闭浸泡 24 小时。具体含水夯筑依据现场测试的最优含水率确定。

2）采用与遗址本体相同或相近的浸泡土，测试夯土是否达到夯筑所需的最优含水状态。

3）布设变形监测仪器，观测实施前后遗址本体的位移。

4）根据遗址本体的实际情况，对遗址本体作刚柔性安全支护，确保施工过程中人身安全及遗址本体的安全。遗址本体支护不能与操作脚手架连接，要形成独立稳定的支护体系，避免施工过程中操作扰动的不利影响。

（2）夯筑砌补

1）清理遗址本体根部，直至持力层，并进行必要的夯筑。

2）喷洒一定量的水在遗址本体的根部，完全浸湿遗址本体坍塌区域和根部，确保夯筑砌补墙体与原墙体有足够的黏结力。

3）布设夯筑砌补区域夯筑模板，并采用桩体支模，以保证有足够的强度。

4）成孔埋设麻撮，在原有遗址墙体上成孔，直径不大于 2cm，深度不小于 10cm，埋设麻撮间距控制在 30～50cm 之间，且呈梅花形布置。

5）夯筑，夯筑层厚不超过 15cm，尽量控制与原墙体夯层厚度相近，夯筑宽度一般超出原墙面 20cm 以上，以方便后期修整。

（3）表面修整

通过对遗址本体结构、形状、线条、色泽等的理解与认识，按照原有遗址墙体修整夯筑砌补区域的遗址表面，表面尽量凸凹不平，防止夯筑砌补墙体局部开裂，并使得表面与原有夯土墙体协调一致，随势就形。

现场夯筑支顶流程如图 5-171 所示。

a．土料准备

b．配比称量

c．改性土料拌和

d．加水润湿

e．清理浮土

f．支模

g．内表面渗透 PS 溶液

h．填土

图 5-171　夯筑砌补施工工艺

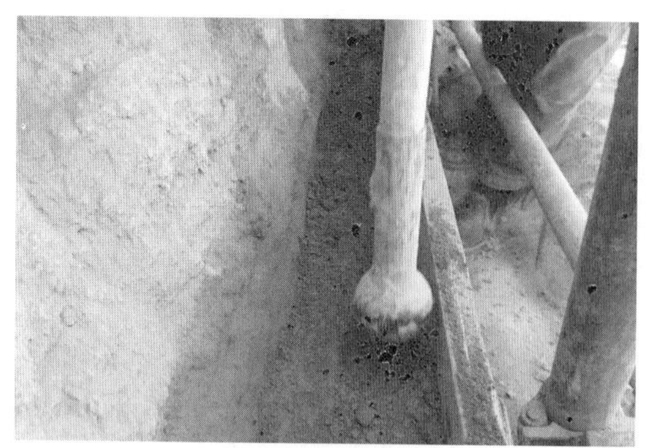
i. 专用工具夯击

j. 制作加筋

k. 加筋竹签

l. 成孔

m. 安装加筋体

n. 横筋扎接

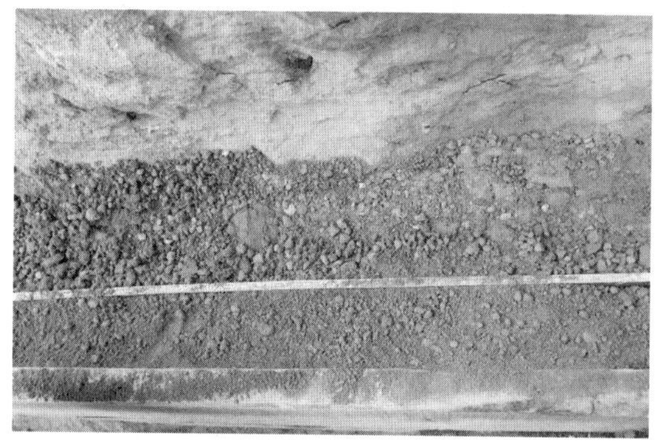
o. 分层填料

p. 抽取分层板

图 5-171 （续）

q．人工夯实

r．取样检测

s．接茬处横向夯击

t．夯筑完成

u．拆模

v．拆模后的表面整修

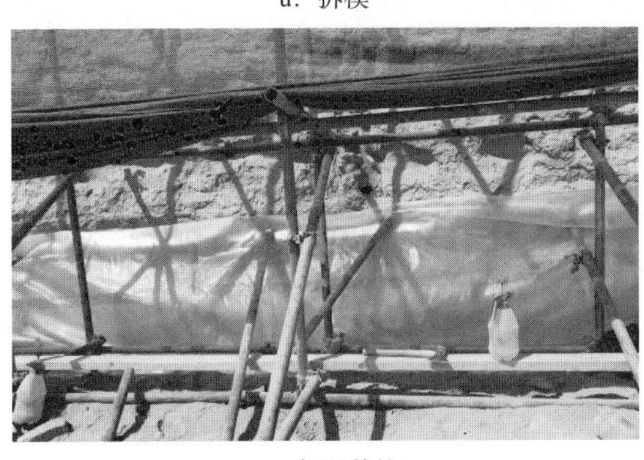

w．保湿养护

x．最终的夯补效果

图 5-171（续）

5.5 土遗址支顶加固技术集成与研发

遗址体上的危险块体和坍塌空缺区，均会对遗址体的稳定性存在一定威胁，而且往往都会造成毁灭性的破坏，应对这种情况大多对其采取可靠的支顶加固。支顶加固技术主要涉及的技术措施包括支顶加固前的调查技术、支顶加固设计、支顶加固施工技术，同时也包括这些技术实施过程中涉及的仪器及研发的装置。

5.5.1 土遗址支顶加固技术集成

干旱环境下土遗址保护中支顶加固涉及的技术包括：

1）土遗址危险块体调查技术，主要针对土遗址上发育的掏蚀、坍塌等病害进行测绘、取样调查、危险性评估等。

2）土遗址支顶加固设计，主要针对威胁遗址体稳定性的危险块体进行稳定性分析计算，并对其进行支顶加固设计。

3）土遗址支顶加固施工技术，主要包括普通夯土性能室内研究、改性土（烧料礓石改性土、烧阿嘎土改性土及糯米浆改性土）性能研究、夯筑工艺现场研究，以及在这些研究的基础上形成的土遗址支顶夯筑工艺，包括备土、地基处理、支模、夯筑等步骤。

5.5.2 土遗址支顶加固设备的集成

干旱环境下土遗址保护中支顶加固涉及的设备包括：

1）土遗址危险块体调查技术中的全站仪、花杆、皮尺、照相机、取样设备等。

2）土遗址支顶加固施工技术中的称量设备、含水量测试设备、烘箱、夯锤等。

5.5.3 土遗址支顶加固装置的研发

（1）夯筑工具

1）土遗址夯筑加固的专用电动工具。

2）土遗址夯筑加固的专用工具。

（2）夯土墙体取样装置

土遗址专用夯筑墙体钻芯取样装置。

（3）夯筑用改性土及其方法

1）烧料礓石改性土夯筑加固土遗址支顶的方法。

2）糯米浆改性土夯筑砌补土遗址支顶加固的方法。

（4）支顶夯筑相关模具

1）制作土建筑遗址高含砂量土坯的模具。

2）砌筑土建筑遗址专用土坯制备成套模具。

5.5.4　土遗址支顶加固技术的集成与装置研发

根据上述干旱环境下土遗址支顶加固技术、设备及装置的研发，对干旱环境下土遗址支顶加固技术集成如图 5-172 所示。

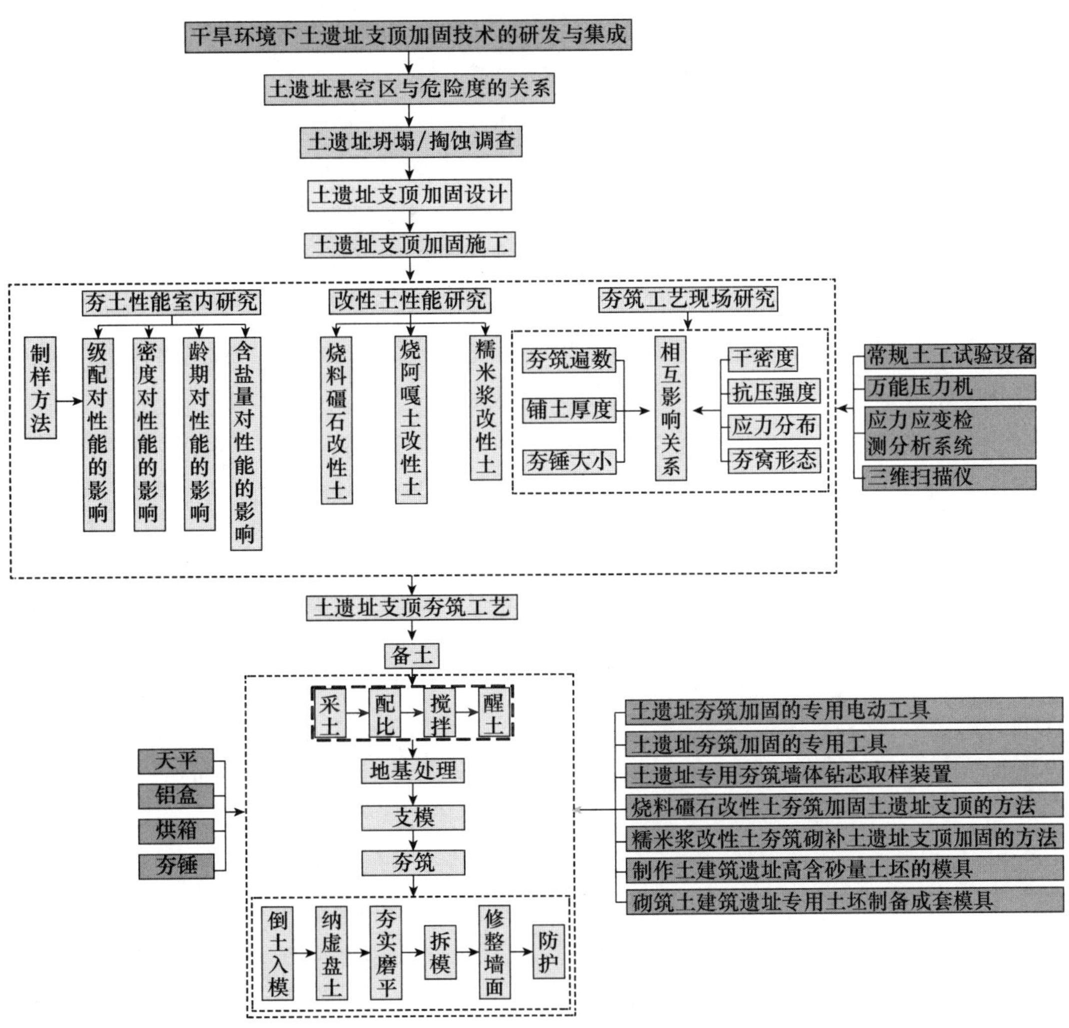

图 5-172　土遗址支顶加固技术的集成与研发

第6章　土遗址表面防风化技术研发与集成

6.1　表面风化的程度及类型

表面风化是土遗址病害中最常见的一种，阻止遗址表面风化是保护的重要内容之一，对表面防风化加固材料和加固措施的研究更是土遗址保护研究的热点。在使用适宜材料和措施的情况下，土遗址表面防风化成功实施的关键是要有匹配工艺，而施工工艺与表面风化层的风化程度和类型等特征关系密切，根据不同的表面风化特征选用不同的防风化措施与工艺是保证加固效果的关键。因此，深入研究土遗址表面风化类型和程度对于开展土遗址防风化加固具有重要意义。

从保护加固的角度出发，按照风化层厚度、表面风化层密度、表面风化层整体均匀性以及风化层的结构等四个方面，可将干旱环境下土遗址表面风化分为三个类型七种形式。

6.1.1　轻微表面风化

轻微表面风化的风化层厚度一般小于 1cm，主要有两种情况：坍塌的新鲜面、风蚀的剥离面。

1）坍塌的新鲜面：墙体的坍塌经常发生，一些墙体坍塌的新鲜面表面风化层厚度较薄，颗粒间胶结程度差，夯筑较密实，夯层明显，表面整体性好，均匀性好。

2）风蚀剥离面：风化层厚度小于 1cm 的，基于土的性质不同，分为三种类型。

①土性为浅黄色粉质黏土，夯筑密实，表面较致密，整体性好。风化疏松层已经被风吹蚀脱落，基本无残留，表面平整，均匀性好。该类病害可采用 PS 喷洒一遍，即可达到加固要求。②土性为褐红色粉质黏土，夯筑较密实，夹有大量黏土块，因此均匀性较差，表面较致密。风化疏松层已经被风吹蚀脱落，基本无残留，表面整体性较差，比较破碎，黏土块突出墙面，墙面凹凸不平。③土性为浅灰色粉土，含沙量较大，夹有少量砾石，夯筑较密实，颗粒间黏结力较弱，易风蚀。风化疏松层已经被风吹蚀脱落，仅少量残留。

6.1.2　一般表面风化

一般表面风化层的厚度通常为 1～2cm，主要包括如下两种类型：

1）土性为浅灰色粉土，比较致密，夹有大量小砾石，砾石颗粒小的 1～2mm，大的 5mm。表面呈小片状剥离脱落，薄片厚 1～2cm，表面疏松破碎，土颗粒胶结性差，层薄，分层剥落，剥落特征明显。该类病害加固保护难度较大，由于剥离小片和母体之间往往存在裂隙，而且裂隙间多充填粉细沙，致使加固时上层薄片很难和母体很好地连接。

2）土性为褐红色粉质黏土，夯筑不密实，表面破碎疏松，有许多黏土块的凸出体，颗粒间胶结程度差，整体性差，均匀性差，主要出现在褐红色粉质黏土夯筑的墙体上。

6.1.3　严重表面风化

严重表面风化层的厚度一般都大于 2cm，主要包括如下三种类型：

1）土性为褐红色粉质黏土，杂质较多，夹有大量黏土块和碎石，夯筑不密实，夯层明显，颗粒间胶结程度差。风化层疏松，表面破碎粗糙，整体性差，均匀性差。此类病害由于表面破碎，滴渗成孔困难，加之黏土块的作用，渗透性较差。

2）土性为浅黄色粉沙土，含沙量较大，夯筑不密实，表面疏松，不均匀，破碎严重，颗粒间胶结性差。有些表面疏松层可达 5～10cm，一些表面原有一层薄壳，大部已经脱落，其下疏松层为粉沙土，厚度可达 10cm。

3）遗址墙体表面形成硬壳，密度、厚度不一，主要有四种形式。

①遗址墙体表面形成一层硬壳，表面致密坚硬，厚度在 1～2mm，为一整体，且整体性好，均匀性好，土性为暗灰色粉土，夯筑密实，硬壳下部疏松。②遗址墙体表面形成一层硬壳，厚度在 1～2mm，较致密，风化层呈块体开裂，厚度 5～10cm，部分脱落，有的与墙体脱离，无充填物。③土性为褐红色粉质黏土，表面有一层硬壳，较致密，厚度 1～2mm。风化层厚度在 2～5cm，部分开裂脱落，整体性差，其内部疏松破碎，表面粗糙，均匀性差。④遗址墙体表面有密集蜂巢，其风化层较厚，表面粗糙且坚硬，整体性好，均匀性较好。蜂巢可保护墙体内部不被风化，然而由于表面坚硬，一旦脱落就为大块体脱落。

6.2　表面防风化技术

根据多年土遗址保护经验，遗址防风化问题不能仅局限于化学材料加固，国内外相关学者已经开始植物防护、牺牲层和保护棚防护等多种措施，并取得了一些阶段性研究成果。

根据风化病害的发育程度和遗址所处的区域环境，对于干旱环境下土遗址的表面风化病害，可以通过化学材料加固的方法来解决。而对于风化层较厚、集中降雨较多、单次降雨量较大的遗址，仅靠化学材料防风化是无法解决的。对此，敦煌研究院提出了牺牲层防护的概念，在大量室内研究的基础上，开展了相关现场试验，取得了一定的进展。此外，对于降雨量较大地区，还可以考虑在防护雨棚及保护棚解决雨水直接冲刷的问题之后，再考虑遗址表面防风化的问题。

6.2.1　化学防风化加固：以嘉峪关长城 PS 表面防风化加固为例

表面风化剥离是遗址本体中常见的病害之一，可使遗址表层病变导致文物信息的缺失和毁灭。裂隙为风化提供了有利的通道，从而加剧了裂隙的发育，最终导致墙体坍塌；墙体表部由于毛细水作用和可溶盐的结晶—溶解—再结晶作用，造成墙体根部发生不同程度的酥碱，使该处表层土体发生剥落，最终造成遗址墙体文物信息丢失。

PS 是一种高模数的硅酸钾溶液，具有渗透性好、有效提高遗址土强度和施工方便等特点，在西北地区干旱环境下土遗址的表面防风化加固中得到了广泛应用。本研究根据十多年来 PS 防风化加固的相关经验，针对不同类型的表面风化病害在嘉峪关长城上实施了系列现场试验，总结并丰富了 PS 防风化的施工工艺。

6.2.1.1　PS 喷洒渗透

表面喷洒渗透简称喷渗，系采用喷壶直接向发育轻微表面风化病害的墙体喷洒适当模数和浓度的 PS 溶液，主要工艺如下：

1）用软刷对遗址本体表面的虚土进行清扫。

2）根据墙体病害，在喷洒 PS 溶液前，先用清水喷洒一遍，清水完全渗透后，用棉球对墙体表面剥离片状压实，待表面有一定强度后进行表面防风化加固。

3）使用喷壶人工喷洒渗透模数为 3.8、浓度为 3% 的 PS 溶液，须自上而下逐层喷洒，保持喷壶距墙面 15～20cm 之间，喷洒半径在 20～25cm 之间。

4）待第一次喷洒的 PS 完全凝固干燥后，采用模数为 3.8、浓度为 5% 的 PS 溶液进行第二遍喷洒。每次间隔时间一般为 1～2 天，喷洒渗透时的气温在 25℃左右最佳。

5）为了保持施工区域与周围遗址本体协调一致，对施工区域进行表面处理，采用粉土加模数 3.8、浓度为 3%PS 溶液拌制的泥浆进行喷涂，灰水比为 0.12～0.15。

6）在表面喷洒加固过程中采取防晒措施，使加固体缓慢阴干，以免形成加固过程中的龟裂。

6.2.1.2　PS 溶液滴液渗透

滴渗主要是通过在风化层上开设注浆孔，使溶液在重力作用下沿着注射针头或者细胶管缓慢渗入土层加固墙体，以获得更好的加固深度。滴渗主要针对墙体发育的两类表面风化病害：①表面风化层疏松的一般表面风化病害；②表面致密，内部疏松，表现为“外硬内软”的严重风化病害。

针对风化层较厚、表面与内部同等松散、黏粒少、胶结差、强度低的一般表面风化病害，首先进行遗址表面加固，待表面有一定强度后再以滴渗方式加固内部土体。具体工艺如下：

1）使用喷壶人工喷洒 PS 溶液渗透加固表面松散土体，保证表面土体在滴渗加固中的强度与稳定性，做好防晒措施，需干燥 2～3 天。

2）使用自制工具开设滴渗孔，孔径略大于针头直径，间距在 8～10cm 之间，深度略大于风化层厚度。

3）用 PS 溶液自内而外、自上至下滴渗加固，逐层逐步缓慢进行，渗透量控制在每秒 2～4 滴。

4）渗透完成后，用垫板给予土体一定压力，使松散土体与原土体结合密实。

5）待完全干燥密实后，用 PS 溶液与当地粉土按水灰比 0.28 配制泥浆封闭滴渗孔。

“外硬内软”的风化病害表现为表面较为致密、内部十分松散，遇水极易风化并大面积脱落，这种类型可直接开设滴渗孔进行滴渗加固。主要工艺如下：

1）使用自制工具选取需加固墙体自身裂缝或小孔洞部位开设滴渗孔，没有裂缝与小孔的墙体选取较松散部位成孔，成孔间距在 8～10cm 之间，深度略大于风化层厚度。

2）用 PS 溶液自内而外、自上至下滴渗加固，逐层逐步缓慢进行，渗透量控制在每秒 2～4 滴。

3）渗透完成后，用垫板给予土体一定压力，使松散土体与原土体结合密实。

4）待完全干燥密实后，用 PS 溶液与当地粉土按水灰比 0.28 配制泥浆封闭滴渗孔。

6.2.1.3　清水压实 PS 溶液渗透

对于发育较厚且表面疏松的严重表面风化病害，其表面破碎且整体性差，不易成孔滴渗，须先用清水喷洒压实，再用 PS 溶液渗透，具体工艺如下：

1）使用喷壶人工喷洒清水，以单位面积 6L/m^2 进行喷渗，喷洒时自上至下，逐层逐步均匀喷洒，应避免面流产生，且不能发生脱落现象。

2）待喷洒完成后，使用制作好的高密度海绵垫板支顶压实。

3）支顶 24 小时后取下垫板，避免阳光直接照射在墙面上引起墙面升温过快而产生严重收缩现象。

4）待完全干燥后，进行 PS 溶液喷渗。

6.2.2　土遗址牺牲层防风保护技术研究

对于风化层较厚、降水相对较多，尤其是冬天降雪较多的半干旱区，化学加固不能抵御严冬降雪之后的反复冻融循环，使得部分加固区域不能取得较好效果，为此尝试通过在遗址顶部建造覆盖层来达到防风化的目的。目前较为常见的是添加植被覆盖层，但植被覆盖层对植被种类以及赋存环境要求苛刻，在西北半干旱区适应性差。在覆盖层的基础上提出了牺牲层（sacrificial layer）的概念，通过在遗址表面覆盖与遗址本体性质类似的泥敷层，让外营力优先破坏保护层，从而达到保护遗址本体的目的。

6.2.2.1　牺牲层材料和工艺的选择

6.2.2.1.1　牺牲层性能需求

北庭故城年降雨量相对较大，冬季降雪较多，日温差大，冻融病害十分严重，导致遗址表面风化层厚度较大，极易受到外营力的破坏。针对北庭故城特殊的赋存条件及遗址现状，理想的牺牲层应具有以下特点：

1）牺牲层首先要具备一定的抗雨蚀能力。

2）牺牲层需要具有一定的抗冻融能力。

3）牺牲层透气性能好，以保证液态水和气态水的自由出入。

4）失水干缩体积变化小。

5）牺牲层需要具有一定的强度和延展性。

6）不改变遗址本体的颜色，色差要小。

7）热膨胀系数小，对温度的敏感性要低。

8）应用简单，价格便宜。

9）对人体和环境无害。

10）牺牲层应具有一定的可逆性。

6.2.2.1.2　牺牲层材料的选取

对于牺牲层来说，其收缩率越小，越能减小雨后干缩对其造成的破坏，通常减小黏土收缩率的方法有三种：第一种是加固化剂，如水玻璃、火碱、高分子材料等，从而提高加固土的密实度和凝聚力；第二种是在黏土中添加植物纤维，分散土体中因收缩产生的应力；第三种是改变土体级配，减小黏粒含量。考虑到固化剂对于添加植物纤维来说是一种“硬覆盖”，容易在遗址表面形成结壳，在北庭这种降水条件下，雨水和雪水能够轻易渗透固化层，周期性的干湿冻融循环会导致加固界面强度快速疲劳，最终造成脱落，故本次试验只考虑后两种方法，即添加植物纤维以及加砂改变其级配。

6.2.2.1.3　植物纤维的选择

通过采用添加植物纤维的方式来加强牺牲层的抗雨蚀能力及抗收缩能力，根据植物纤维的粗细和长短，本研究分别采用了麦糠、麻刀、麦草以及马连草作为添加物，在北庭故城外城西墙 W19 段进行了小范围牺牲层覆盖试验（图 6-1）。

经过了两年的现场老化试验，牺牲层表现出了不同的特点，四种植物纤维中，较长的植物纤维好于较短的植物纤维，较细的植物纤维优于较粗的植物纤维。首先从外观上评价，麻刀牺牲层和麦糠牺牲层要优于另外两组，麦草和马连草纤维较粗较长，易出露，尤其在雨后十分明显；其次麦糠和麻刀牺牲层表面强度也要高于另外两组，风化程度相对较弱，通过使用 PS-MPT-A 微型贯入仪对其表面强度进行测试，测试结果如图 6-2 所示。

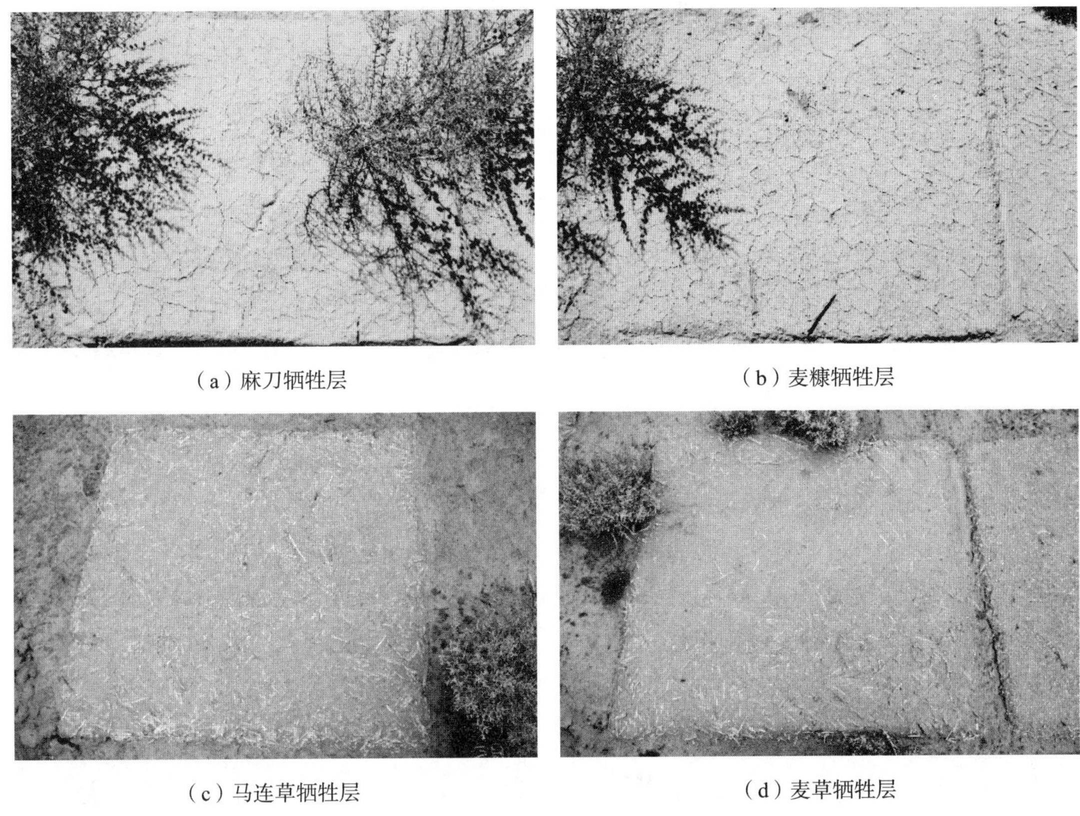

（a）麻刀牺牲层　（b）麦糠牺牲层

（c）马连草牺牲层　（d）麦草牺牲层

图 6-1　不同植物纤维添加物牺牲层现场老化试验（2013～2015 年）

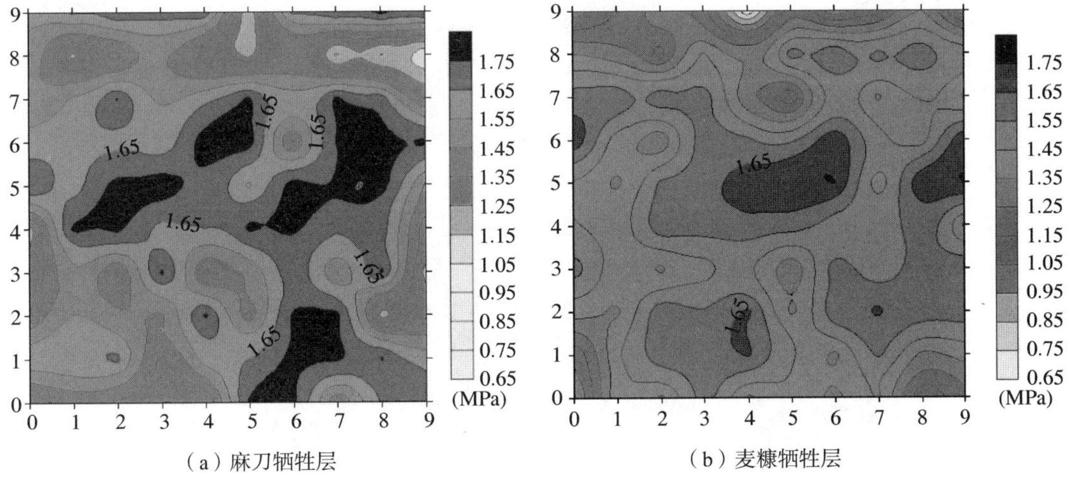

（a）麻刀牺牲层　（b）麦糠牺牲层

图 6-2　牺牲层表面强度

试验区域遗址本体表面风化层较厚，贯入阻力为 0.5～1.2MPa；牺牲层强度略好，中部贯入阻力较大，约 1.6～1.7MPa；四周贯入阻力较低，约 1.2MPa。因为试验区域在顶部，雨水会向四周汇流，导致四周强度降低。

牺牲层依旧会出现龟裂纹（图 6-3A），但添加植物纤维后，龟裂纹宽度相比于遗址本体明显减小，且在降雨过程中由于黏土矿物膨胀作用，这些微裂纹遇水会迅速闭合（图 6-3B）。

A．麻刀牺牲层龟裂纹

B．麻刀牺牲层雨后龟裂纹闭合

图 6-3　不同材料牺牲层的龟裂纹

这些微裂隙平均宽度 0.5～1mm，从裂隙上方加少量水，通过便携式显微镜观察，60 倍显微镜下连续拍照，裂隙在遇水 12s 之内就能够迅速闭合（图 6-4）。因此在降雨过程中，这些微裂隙在降雨初始就能够闭合，能够有效减少雨水灌入；同时，在雨后牺牲层失水的过程中，裂隙又能够缓慢张开，保证足够的透气性，使内部水汽能够快速蒸发出来。

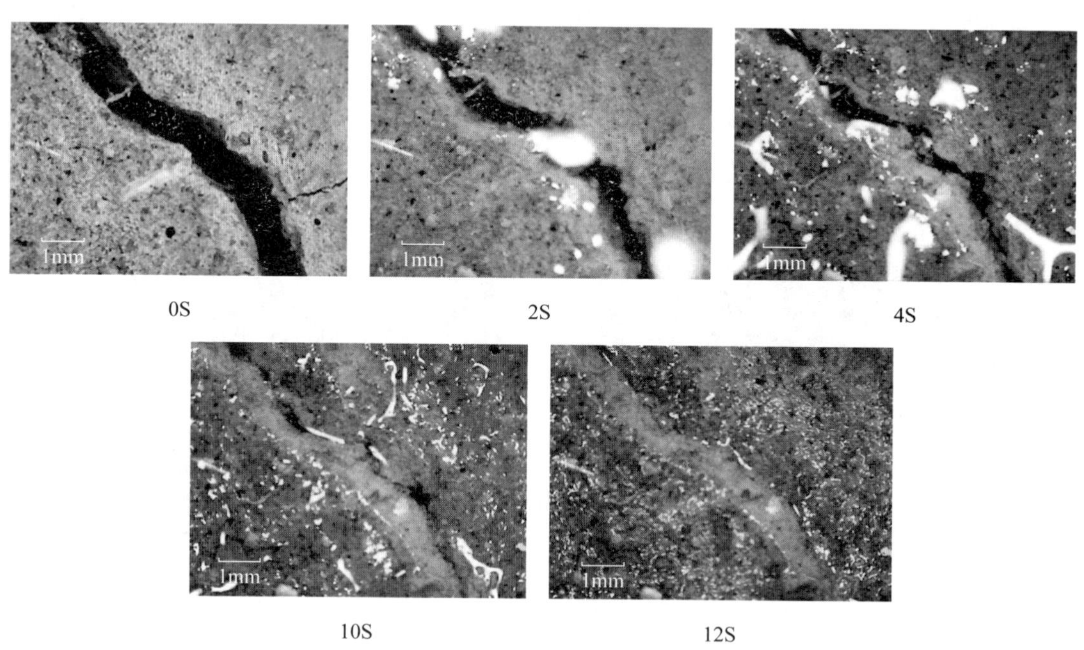

图 6-4　微裂隙遇水随时间快速闭合

通过两年的现场初步探索性试验，麦糠和麻刀具有良好的效果，初步确定麦糠和麻刀为植物纤维添加物。

6.2.2.1.4　加砂比例的选择

砂不仅能够影响土体的强度，还能够减小土体失水后的收缩，除此之外砂对土体的透气性、渗透性、色度等也有一定程度的影响。土体内部粗粒含量和粒径控制着孔隙结构的变化，从而影响着其宏观的力学性能。当粗粒含量超过某一临界值时，混合土的物理特性将随着粗粒含量的增加而变化。郭庆国认为，决定粗粒土渗透的因素除了渗流介质、温度的影响外，粗粒含量和细粒性质是内在因素。当黏土中掺入少量粗粒时，粗粒在土中全部被细粒所包裹，加上粗粒本身不透水，从而减小了土体的渗透面积，延长了渗透路径，渗透系数不但不增大，反而会减小；当粗粒含量超过 30%～40% 以后，粗粒开始有局部接触，并开始起到骨架作用，引起渗透系数的增大；其次粗粒土含量还影响到土体的抗剪强度，粗粒含量 30% 与 70% 是较明显的界限。

因此在牺牲层中添加一定量的砂不仅能够降低牺牲层的强度，避免硬覆盖，还能够提升透气性。牺牲层工艺与莫高窟地仗层工艺类似，莫高窟地仗层的制作方法是通过向澄板土中加一定量的砂和植物纤维，地仗层的级配在一些洞窟中分布较为一致。北庭故城遗址土粒径与莫高窟地仗层粒径较为接近，但粗粒含量相对偏多，含砂量为 55%。为了研究砂对牺牲层的影响，通过添加砂，使试验土含砂量达 55%、65%、75% 进行试验。

6.2.2.1.5　工艺选择

在前期探索性试验中，研究采取了两种施工工艺：一种是夯筑，将植物纤维拌入土中后夯筑在墙体表面；另外一种是泥敷工艺，将土调成糊状后加入植物纤维，涂抹在遗址表面。经过现场试验，两种不同的施工工艺效果不同。首先泥敷要明显好于夯筑效果，由于遗址表面风化层过厚，强度较低，在夯筑过程会对遗址本体产生影响，夯筑施力过程会改变遗址风化层的孔隙结构，改变其透气性；其次夯筑层过薄会使得夯层不能有效黏结，夯筑工艺的牺牲层厚度至少需要 5cm 以上，而且夯筑土的含水率较低，添加进去的植物纤维不能有效地与土接触，黏结效果差；而泥敷工艺可以很好地控制牺牲层的厚度，同时也能够使其与遗址本体很好地接触。综合比较，泥敷工艺要优于夯筑工艺。

6.2.2.2　不同材料牺牲层物理性能研究

物理性能研究主要包括试验土基本物理性质、收缩率、热敏感性及热膨胀性、色差、力学性能、透气性和渗透性。

6.2.2.2.1　牺牲层材料基本物理性质

6.2.2.2.1.1　土的基本物理性质

为使牺牲层外观颜色及物理性质更接近于遗址本体，所有试验均采用取自遗址附近的素土，其与北庭故城保护维修工程一期与二期所用土相同。

土的矿物成分的种类以及含量对牺牲层的各种基本物理力学都有一定的影响，本研究对遗址土以及试验素土进行了 XRD 分析，本次试验在定量分析的基础上进行半定量分析，半定量分析的方法采用 K 值法。通过 XRD 分析，遗址土与试验用土的矿物成分与含量基本一样（表 6-1、图 6-5、图 6-6）。

表 6-1 试验土 XRD 分析结果（%）

	石英	钠长石	角闪石	绿泥石	方解石	伊利石	白云石	白云母
试验土	42.3	32.5	/	7.3	9.6	4.2	/	4.1
遗址土	42.5	31.6	6.9	6.3	5.8	3.5	3.4	/

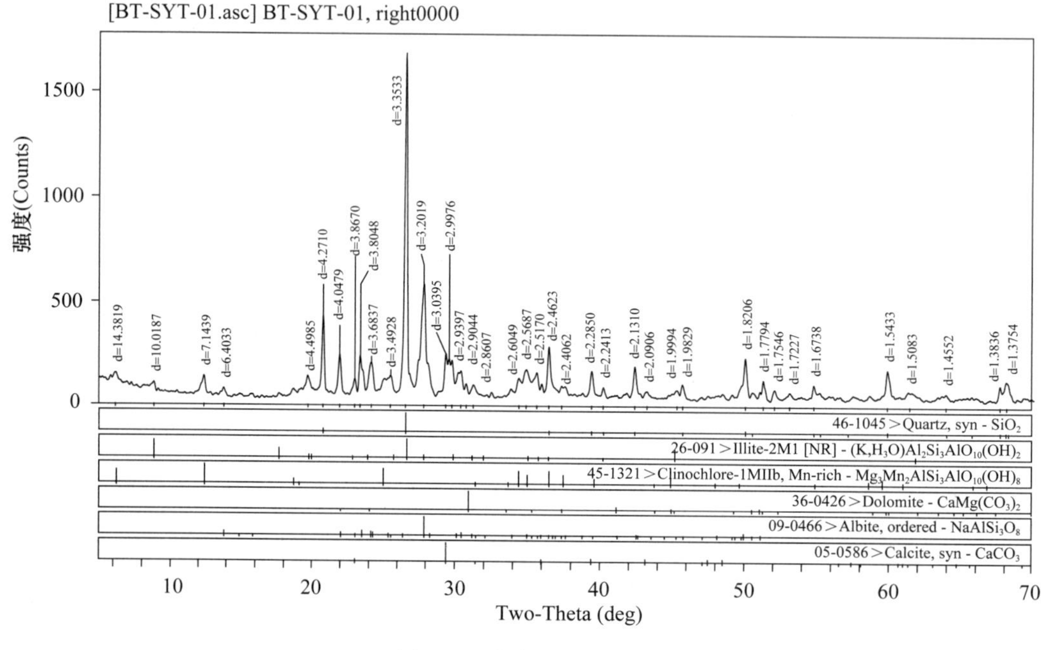

图 6-5 试验土解析结果

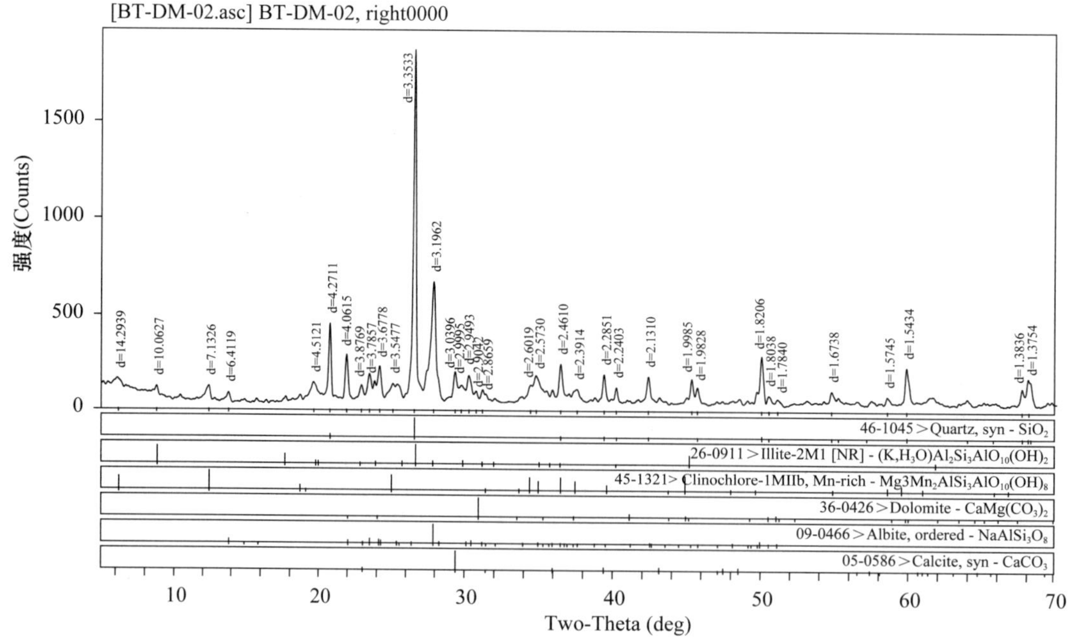

图 6-6 遗址土解析结果

依据《土工试验方法标准》(GB/T 50123-1999)，本研究采用液塑限联合测定法对液塑限进行测定，采用比重瓶法对比重进行测定，采用筛析法和密度计法对粒径进行测定。试验结果如表 6-2、图 6-7 所示。

表 6-2　试验土的基本物理性质

天然含水率（%）	比重	液限 W_L（%）	塑限 W_P（%）	塑限指数 IP
1.23	2.733	24.8	14.4	10.3

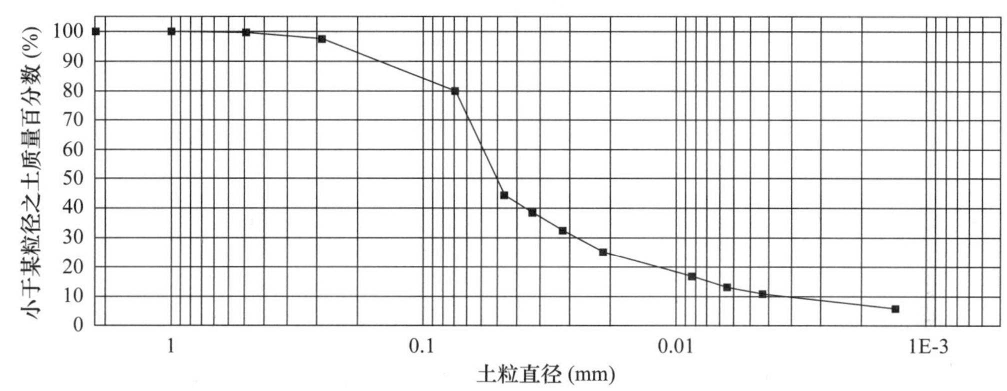

图 6-7　试验土粒径分布图

6.2.2.2.1.2　植物纤维的基本物理性质

试验添加的植物纤维为麦糠和麻刀（图 6-8），二者物理性质并不相同。麦糠是指麦子的纤维壳。麦糠壳内外结构有一定的区别，内部呈连续多孔隙结构，外部表面较为光滑平整（图 6-9），其多孔隙结构可以增大土体的孔隙率，改善土体的透气性，并从一定程度上影响土体的力学性能。

（a）麦糠

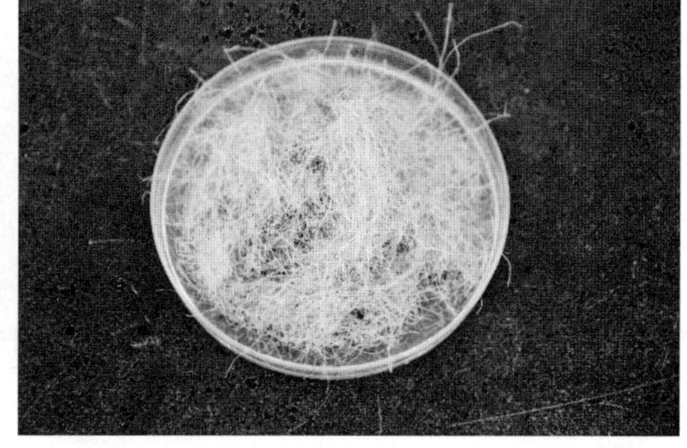

（b）麻刀

图 6-8　植物纤维麦糠和麻刀

麻刀是一种植物纤维，其制作方法是将韧皮纤维作物用麻刀机或竹条抽打成絮状的麻丝团。麻刀呈层状排列（图 6-10），具有较高的韧性，添加进土体可以有效分散

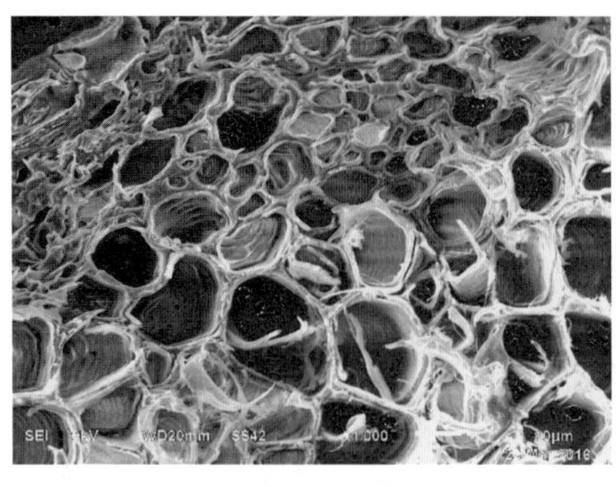

(a) 麦糠内部（×1000）

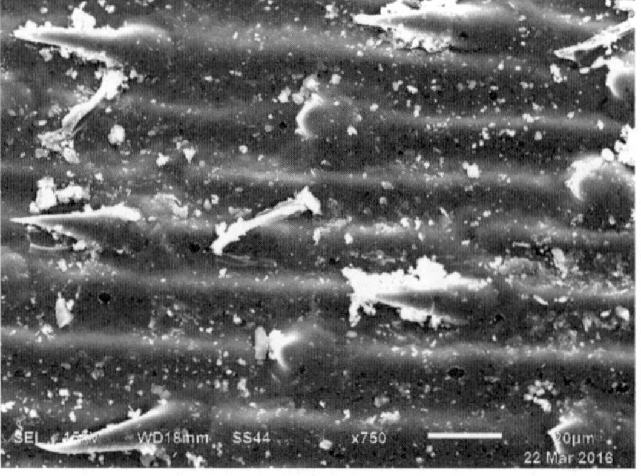

(b) 麦糠表面（×750）

图 6-9　麦糠扫描电镜结构

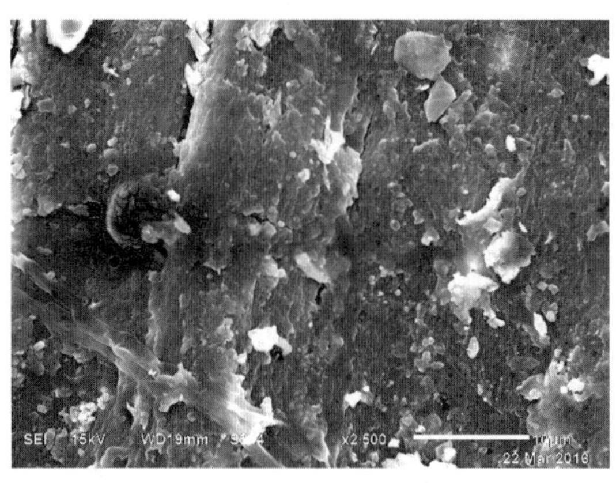

(a) 麻刀（×2500）

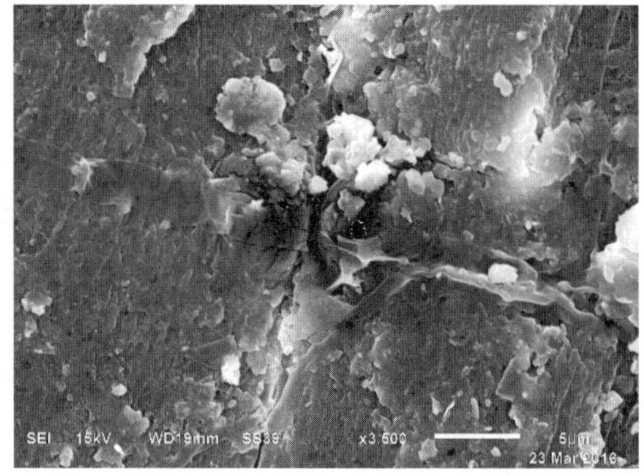

(b) 麻刀（×3500）

图 6-10　麻刀扫描电镜结构

土体内部的应力，从一定程度上提高土体的强度及延展性，其次细纤维结构能够将土体中的孔隙连通，增大透气性。

6.2.2.2.2　体积收缩率

收缩是土体失水造成的，土体的初始含水量越高，土体的干缩越大。牺牲层需要将土调成糊状敷盖在墙体表面，土体的初始含水量相对较高，外界相对湿度相对较低，为了达到新的平衡，土体中的水将会向外界运移，在失水过程中土体中会产生毛细管负压，形成气液弯液面，对孔壁产生拉应力，颗粒间相互吸引，基质吸力不断增强，进而发生收缩现象。

目前，土体体积的测量方法有很多种，主要有直接测量法、液体体积置换法、数字图像处理、激光扫描成像等方法。直接测量法是指用游标卡尺等测量工具对被测物体取均值，但容易受到精度及收缩各向异性等因素的影响；液体体积置换法可以分为直接浸入和包裹浸入，土体直接浸入液体（煤油、甲苯等）中时，液体会浸入到土体内部，填充孔隙中的空气，导致测得的土块体积值减小，而包裹浸入将土样用蜡进行包裹，然后再浸入水中，利用阿基米德原理通过排水法得到土体的体积，此方法是学术界公认的较为准确测量土体体积的方法；数字图像处理是通过计算机对所拍照片进行分析和计算，若试样不规则，表面有起伏，测量会有较大的误差；激光扫描三维成像测量土体收缩主要受到测量精度的影响，若设备能够达到一定的精度，其结果将是非常准确的，且能够判断其各向异性收缩的特点，其缺点是设备精度要求高，软件后期处理难度大。

本测试采用三维激光扫描的方式进行体积收缩的测量，仪器使用型创公司 Handyscan700 三维激光扫描仪进行试验，仪器采用 7 束交叉激光线进行 480000 次每秒测量，分辨率达到 0.05mm，精度最高 0.03mm，体积精度 0.02～0.06mm，完全满足对小尺寸试块进行体变测量的需求。试验使用 Handyscan700 三维激光扫描仪和 VXelements 软件通过定位标点方式进行三维数据采集，后期图形渲染及体变测量分别通过 Geomagic Wrap 和 Geomagic Control 进行处理。

6.2.2.2.2.1　试验设计

1）将不同配比的土样加水达到液限的 1.1～1.2 倍，含水率控制在 28% 左右，添加砂的试块依据液限略有调整，采用直径 61.8mm、高 20mm 的环刀进行制样，环刀下依次放置滤纸及透水石，将配好的土膏填满环刀，压实抹平，试块的配比如表 6-3 所示。

表 6-3　干缩试验牺牲层试块配比

配比	比例		
参照样	原土		
麦糠：土	1：40	1：60	1：80
麻刀：土	1：50	1：100	1：200
麻刀：麦糠：土	1：2.5：100	1：2.5：200	/
砂：土	30：100	70：100	/
麻刀：麦糠：砂：土	1：2.5：70：200	/	/

2）在室温下待试样完全失水后对其进行三维激光扫描（图 6-11），在数据采集及图形渲染结束后对试块的体积进行计算，试验进行两次平行测定，取两次测定的平均值。

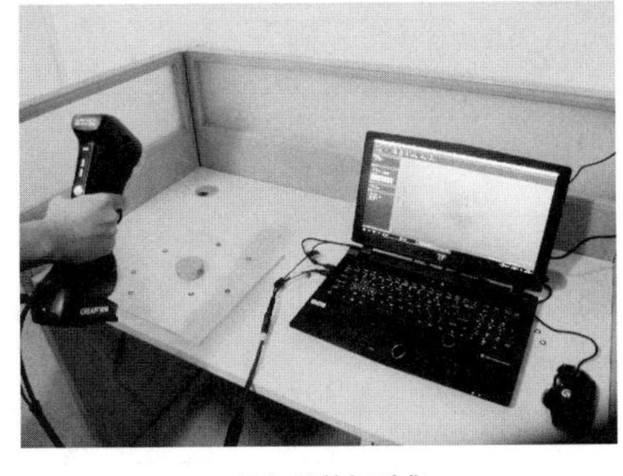

三维扫描数据采集

试块三维图像

图 6-11　三维扫描数据采集过程

3）使用 Geomagic Control 软件对试块体积与环刀体积进行 3D 比较和 2D 比较，判断试块收缩的各向异性。

6.2.2.2.2.2　试验结果

（1）体积收缩率

体积收缩率=（初始体积－失水后体积）/ 初始体积，标准环刀体积为 99978.228mm³，不同环刀体积差较小，可以忽略。测量结果如表 6-4 所示。可以看出，添加砂、麦糠以及麻刀在一定程度上都能够减小收缩率。原土在 28% 含水率时，体积收缩率达到 16.51%，加砂 30% 与 70% 后收缩率分别降至 13.36% 和 9.11%，砂的含量越高，体积收缩率越小，但其抗雨蚀能力会减弱；麻刀质量分数分别为 2%、1%、0.5% 时，体积收缩率分别为 9.69%、10.49%、14.36%，麻的含量越高，体积收缩率越小，但麻含量达到 2% 时，麻泥已经很难搅拌均匀；麦糠质量分数分别为 2.5%、1.7%、1.25% 时，体积收缩率分别为 10.27%、13.95%、13.44%，同样麦糠含量越高，体积收缩率越小，但麦糠含量太高雨蚀后易出露，影响外观。

表 6-4　不同牺牲层体积收缩率

配比	序号	制样含水率（%）	收缩后体积（mm³）	收缩率（%）	平均收缩率（%）
原土	1	28	83802.297	16.18	16.51
	2		83148.542	16.83	
砂：土 30：100	1	22.7	87504.248	12.48	13.36
	2		85728.863	14.25	
砂：土 70：100	1	20.6	90175.932	9.80	9.11
	2		91571.647	8.41	
麻刀：土 1：50	1	28	91082.807	8.90	9.69
	2		89494.562	10.49	
麻刀：土 1：100	1	28	89488.891	10.49	10.49
	2		89499.748	10.48	
麻刀：土 1：200	1	28	85398.261	14.58	14.36
	2		85854.148	14.13	
麦糠：土 1：40	1	28	89821.484	10.16	10.27
	2		89602.944	10.38	
麦糠：土 1：60	1	28	86309.804	13.67	13.95
	2		85761.430	14.22	
麦糠：土 1：80	1	28	85667.229	14.31	13.44
	2		87413.702	12.57	
麻刀：麦糠：土 1：2.5：100	1	28	91436.050	8.54	8.03
	2		92454.894	7.52	
麻刀：麦糠：土 1：2.5：200	1	28	87882.723	12.10	12.15
	2		87781.430	12.20	
麻刀：麦糠：砂：土 1：2.5：70：200	1	25.9	89355.873	10.62	11.11
	2		88379.311	11.60	

高含量的砂、麦糠及麻刀都能够有效降低收缩率，但单独使用均存在一定问题，将麦糠和麻刀的最大含量分别降低混合后制样，可以方便泥膏的制作，其麻刀、麦糠、土配比变为 1∶2.5∶100 和 1∶2.5∶200，其收缩率变为 8.03% 和 12.15%，其收缩率均比单独添加麦糠和麻刀小。在 1∶2.5∶200 的配比上再加 35% 的砂，其收缩率再降低约 1%。

（2）干缩特性

通过比较发现，试块的收缩是各向异性的，不同方向的收缩是不均匀的。将试块失水后的模型与环刀模型进行三维数据对比，试块的顶面以及侧面收缩都表现出不同特点。

原土试块的收缩率最大，其收缩有以下特点：

1）顶面收缩不均匀（图 6-12、彩版二），中部收缩较大，最大收缩量约 2mm，四周收缩量较小，为 0.15～1mm。

2）水平方向收缩量也不同，从图 6-13（彩版三）中可以看出，试块的侧壁上部和下部的收缩量不同，顶部的收缩量要大于底部的收缩量，顶部比底部收缩量平均大 0.2mm。

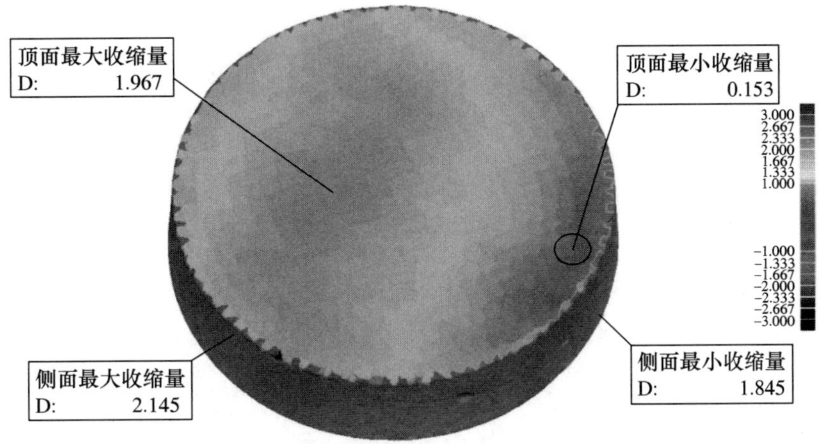

图 6-12　原土试块失水后 3D 模型

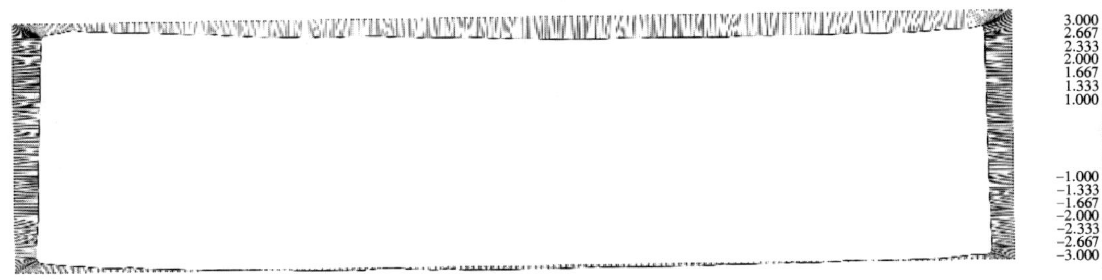

图 6-13　原土试块失水后剖面 2D 模型

3）试块四周由于收缩整体向上翘起，翘起幅度 0.2～1.0mm。

不同配比的牺牲层试块收缩均表现出了各向异性（图 6-14～图 6-18、彩版四～

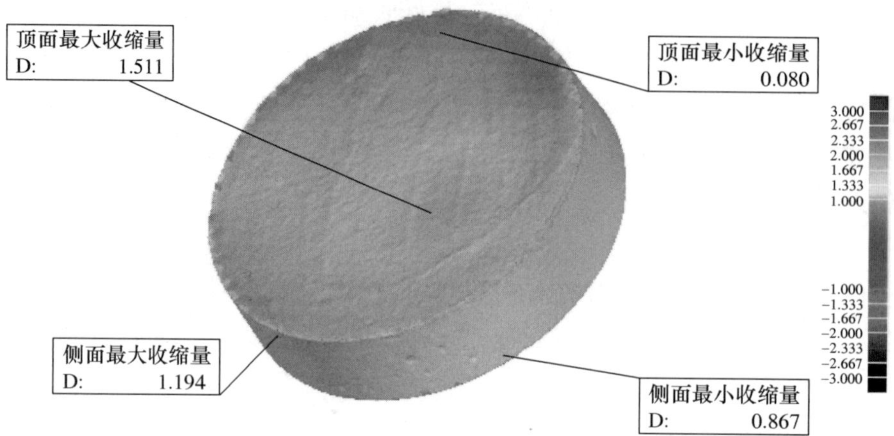

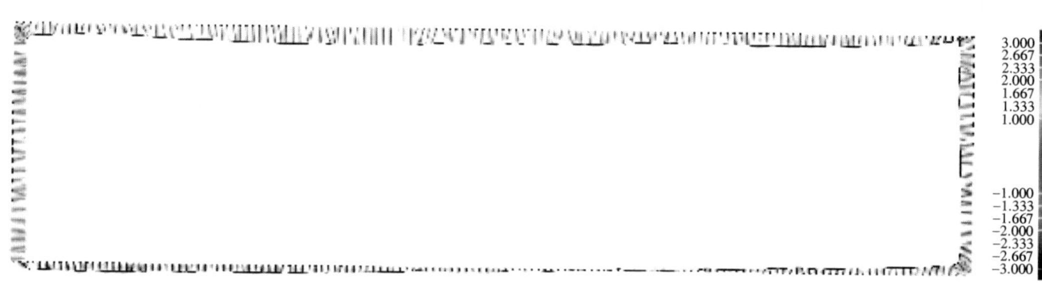

图 6-14　加砂（30%）试块三维及二维剖面

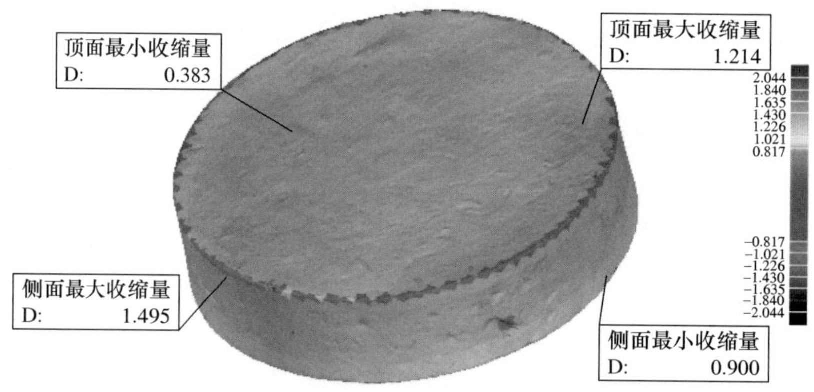

图 6-15　麦糠：土（1：40）试块三维及二维剖面

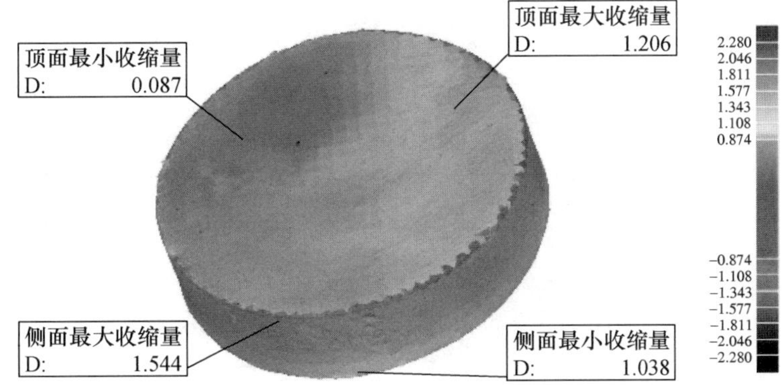

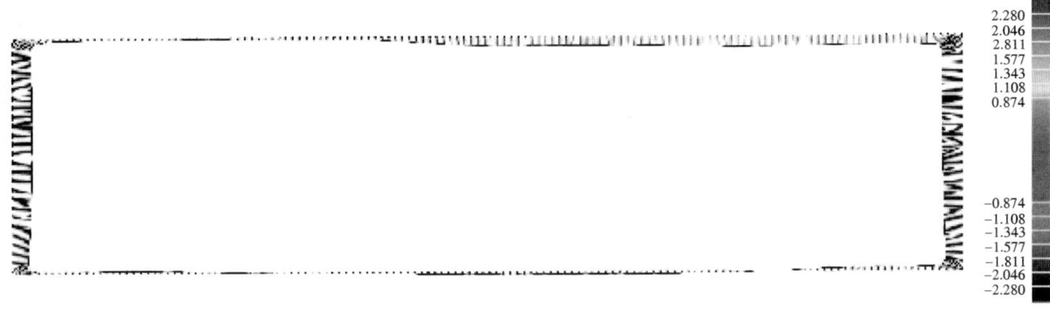

图 6-16　麻刀：土（1：100）试块三维及二维剖面

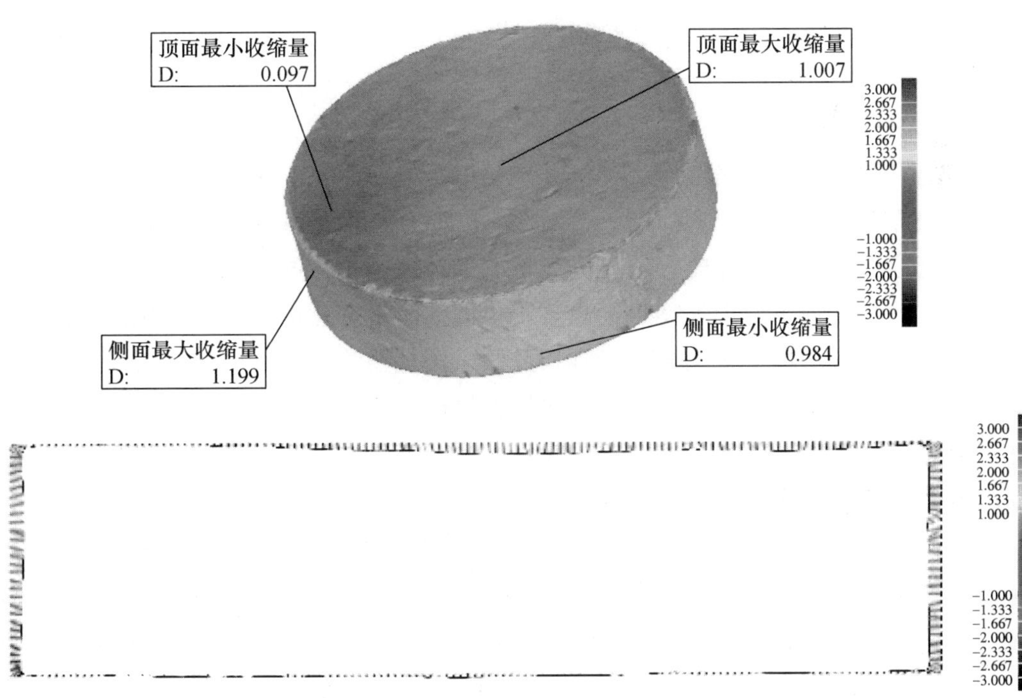

图 6-17　麻刀：麦糠：土（1：2.5：100）试块三维及二维剖面

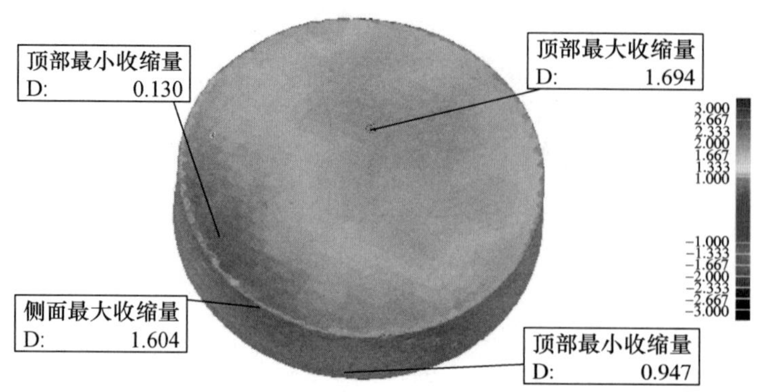

图 6-18　麻刀：麦糠：土（1：2.5：200）试块三维及二维剖面

彩版七），基本特征为竖向收缩率远远大于水平向收缩，且顶面中部收缩大于边缘收缩，侧面顶部收缩大于侧面底部收缩，加砂试块与麻刀试块失水收缩较为均匀，收缩各向异性较好，麦糠试块收缩不均匀，麦糠和麻刀混合试块不仅收缩率小，收缩也更均匀。

6.2.2.2.3　热敏感性

6.2.2.2.3.1　升温速率

添加植物纤维以及砂都会改变其热敏感性，石英的比热容为 0.8kJ/(kg · K)，植物纤维的比热容一般在 1.7～2.1kJ/(kg · K)，添加植物纤维和砂后不仅会改变试块的孔隙结构还会改变试块的比热容。北庭故城温差较大，不同配比的牺牲层由于热敏感性不同，在太阳照射下升温速率也会表现出不同。温度变化的速率会直接影响到牺牲层收缩性，过高的温度变化会导致牺牲层开裂，添加植物纤维和砂也会改变其保水性及失水性，尤其在降雨后，失水速率的快慢也将影响牺牲层的干缩。

按照表 6-3 制作好的试块完全饱和后，放置在太阳下曝晒，记录温度和湿度（图 6-19），同时用红外照相机观察试块的温度变化。

当试块完全饱和后，早晨 9:00 放置在户外，试块处于饱水状态，温度均为 7℃左右，到中午 12:00 的时候，地表温度升至近 40℃，相对湿度达到 10%，试块开始快速失水并且开始升温，加砂较多的一组升温较快，温度明显高于其他组（图 6-20），至下午 14:00，加砂的两个试块表面已完全失水，且温度高于加植物纤维试块 4～5℃；随着试块的继续失水，试块的温度继续升高，添加植物纤维的试块温度始终低于原土及加砂试块，添加植物纤维的试块温度相差不大，均比原土温度低 2～3℃，比加砂试块温度低 5～6℃。

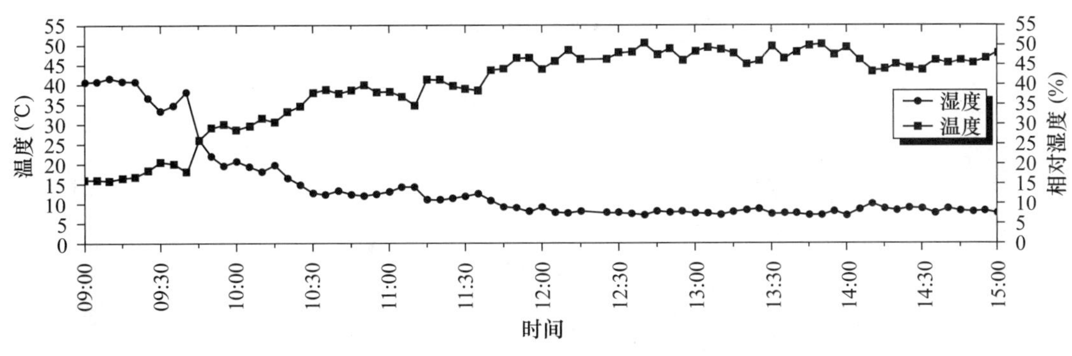

图 6-19　热敏感试验温度与湿度变化

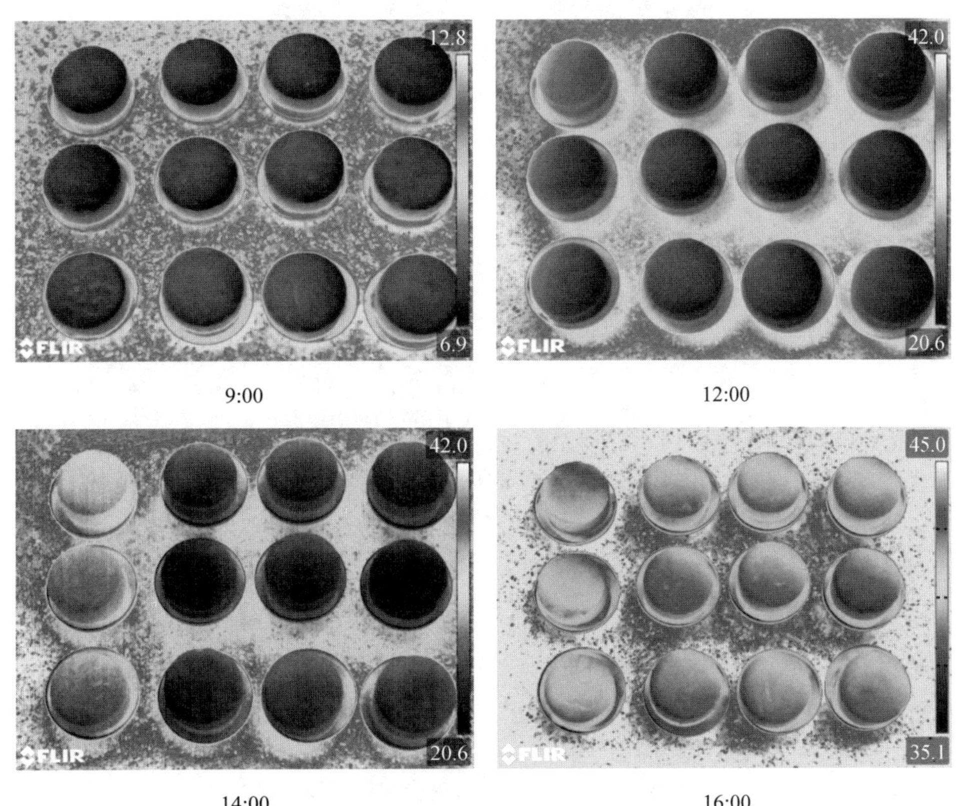

图 6-20　饱和试块升温失水温度变化速率

气温的快速升高影响试块的温度，同时当温度下降时，不同配比的试块对温度的敏感性也是不一样的，将试块放置在背阴处，继续观察其温度变化。同样加砂试块由于其较低的比热容，其散失热量的速率大于其他试块（图 6-21），添加纤维试块温度变化相对缓慢。

6.2.2.2.3.2　体积热膨胀

西北干旱区昼夜温差大，夏季最高气温接近 40℃，昼夜温差达近 20℃，白天除了气温会导致遗址表面温度升高外，太阳的红外辐射能够让遗址表面温度升至 50～60℃，这样遗址表面的温度变化要远远大于气温的变化。由于添加植物纤维及砂

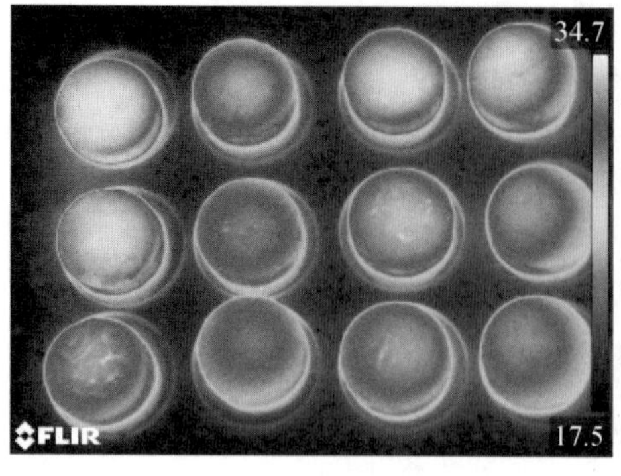

（a）16:00

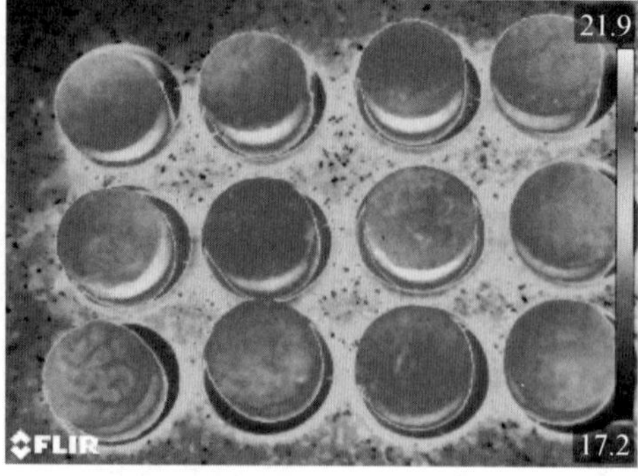

（b）18:00

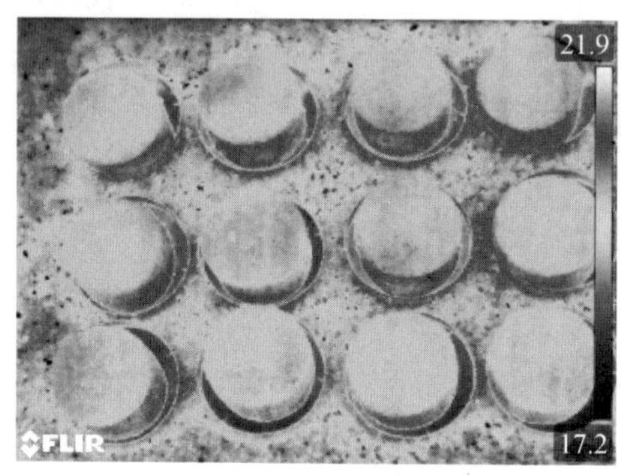

（c）19:00

图 6-21　低环境温度下试块放热速率

改变了土体的孔隙结构、比热容及收缩特性，其在低含水率条件下，由于温度的剧烈变化也会存在不同程度的体积变化，每天都会经历由于温度造成的体积变化。为了探究温度对土体热胀缩的影响，设计如下试验：

待不同配比的试块完全收缩完成后，在 20℃及 20% 相对湿度的环境下放置 7d，待试块质量稳定后称得试块质量，将试块放置在 60℃的烘箱内 24h，从烘箱内拿出试块迅速称重及三维扫描测体积，求得失水率及体积膨胀率。测得结果如表 6-5 所示。

表 6-5　天然含水率下温度变化体积膨胀量

配比	20℃及 20% 相对湿度体积（mm^3）	60℃体积（mm^3）	失水率（%）	体积变化（‰）
原土	83148.542	82947.36	0.65	−2.42
砂：土　30：100	87504.248	87297.96	0.56	−2.36
砂：土　70：100	90175.932	90101.25	0.43	−0.83
麻刀：土　1：50	91082.807	91171.77	0.78	0.98
麻刀：土　1：100	89488.891	89508.27	0.79	0.22
麻刀：土　1：200	85398.261	85360.17	0.72	−0.45
麦糠：土　1：40	89821.484	89579.11	0.88	−2.70
麦糠：土　1：60	86309.804	86156.01	0.84	−1.78

续表

配比	20℃及 20% 相对湿度体积（mm^3）	60℃体积（mm^3）	失水率（%）	体积变化（‰）
麦糠：土　1：80	85667.229	85595.23	0.86	−0.84
麻刀：麦糠：土 1：2.5：100	91436.05	91187.53	0.73	−2.72
麻刀：麦糠：土 1：2.5：200	87882.723	87666.1	0.78	−2.46
麻刀：麦糠：砂：土 1：2.5：70：200	88379.311	88310.21	0.57	−0.78

可以认为试块在 60℃的温度下 24h 内能够完全失水，即所测得失水率为 20℃及 20% 相对湿度下最大吸湿量。原土试块的最大吸湿量为 0.65%，加砂后吸湿量降低，砂越多，吸湿量越低；添加麻刀和麦糠后吸湿量均增大，麦糠的吸湿量比麻刀的高，在低湿度下，植物纤维含量不同吸湿量区别并不明显。

由于试块含有极少的水分，其升温失水后并不是所有试块都表现出膨胀的特性，一些试块表现为收缩。原土试块表现为收缩，收缩率为 2.42‰，加砂后黏粒含量减少，其收缩率也降低，加砂 30% 与 70% 后均表现为收缩状态，收缩率分别为 2.36‰和 0.83‰；添加麻刀后相对于原土试块来说，升温后体积表现为膨胀，且膨胀量随麻刀的含量增大而增大，当麻刀含量为 1% 时，其体积受热变化仅有 0.22‰；添加麦糠后，其体积变化也表现为收缩，且麦糠含量越高，收缩率越大，当麦糠含量达到 1/40 时，其收缩率与原土几乎一样，是因为麦糠试块含水率相对原土较高；麻刀能够有效控制低湿度下由温度剧烈变化所造成的收缩，且当麻刀含量为 1/100 时，由温度造成的体积变化非常小，仅为 0.22‰。

6.2.2.2.4　色度变化

植物纤维与遗址本体的颜色是有一定区别的，麦糠呈金黄色，麻刀呈灰褐色，纤维添加进去后是否会改变牺牲层的颜色，需要通过色差来评价色度的变化。

本次采用 3NH 口径 20mm 的 NR20XE 精密色差仪作为试验仪器。试验过程中分别进行 4 次平行测量，色差分析结果如表 6-6 所示。

表 6-6　不同配比试块色差分析

	L	a	b	ΔL^*	Δa^*	Δb^*	ΔE^*ab	色差分析
原土	53.94	6.13	14.18	/	/	/	/	/
麦糠：土 1：40	51.41	6.34	14.77	2.53	0.21	0.59	2.61	偏明、偏黄
麦糠：土 1：60	50.33	6.06	14.31	1.61	−0.07	0.13	1.62	偏明、偏黄
麦糠：土 1：80	51.93	5.98	14.27	1.01	−0.15	0.09	1.03	偏明、偏黄

续表

	L	a	b	ΔL*	Δa*	Δb*	ΔE*ab	色差分析
麻刀：土 1：50	52.4	5.89	13.46	−1.54	−0.24	−0.72	1.72	偏暗、少红、少黄
麻刀：土 1：100	52.6	6.06	13.66	−1.34	−0.07	−0.52	1.44	偏暗、少红、少黄
麻刀：土 1：200	53.65	5.92	13.45	−0.29	−0.21	−0.73	0.81	偏暗、少红、少黄
麻刀：麦糠：土 1：2.5：200	52.66	5.87	13.47	−1.28	−0.26	−0.71	1.49	偏暗
麻刀：麦糠：土 1：2.5：100	50.52	6.33	14.24	−2.42	0.2	0.06	2.43	偏暗
砂：土 35：100	52.19	5.79	13.18	−1.75	−0.34	−1	2.04	偏暗
砂：土 70：100	50.71	6.12	13.61	−3.23	−0.01	−0.57	3.28	偏暗
麻刀：麦糠：土 1：2.5：35：200	53.31	6.15	13.92	−1.63	0.02	−0.26	1.65	偏暗

由分析结果可以看出原状土在添加麦糠后，其明度和黄度值都有所增加，增加幅度都比较小，且色差均随麦糠含量增大而增大；添加麻刀后色差主要表现在明度值降低，颜色偏暗；添加砂以后，明度值也呈降低趋势，黄度值也有所降低，红度值变化不大；将麦糠、麻刀和砂以不同比例混合后，其表面色主要差依旧为明度值的变化，明度值都有不同幅度的降低。

色差肉眼分辨范围在 5 以内，通过现场对遗址的色差比较，遗址本体色差最大差值为 9，而添加麦糠、麻刀及砂色差变化均在 5 以内，说明其满足色差要求。

6.2.2.2.5　力学性能

土的强度指标室内测定方法有以下几种：直接剪切试验、无侧限抗压强度试验、三轴压缩试验。本研究采用了前两种方法进行强度测定。对于牺牲层来说，希望其有一定的强度和延展性，但强度不能太高，也不能过低。

6.2.2.2.5.1　无侧限单轴抗压强度

本次试验先制作为 15cm×15cm×5cm 的方形试块，待试块干缩完成后，取试块中部制成 5cm×5cm×5cm 的方样进行无侧限单轴抗压强度试验，每组试块进行三组平行试验取均值，试验结果如表 6-7 所示。

表 6-7　无侧限单轴抗压强度

试块质量配比	抗压强度（MPa）	试块质量配比	抗压强度（MPa）
原土	3	麦糠：土 1：80	2.7
麦糠：土　1：40	2.1	麻刀：土 1：50	5.6
麦糠：土　1：60	2.5	麻刀：土 1：100	5.1

续表

试块质量配比	抗压强度（MPa）	试块质量配比	抗压强度（MPa）
麻刀：土　1：200	4.7	砂：土 30：100	2.9
麻刀：麦糠：土 1：2.5：100	2.9	砂：土 70：100	2.3
麻刀：麦糠：土 1：2.5：200	2.7	麻刀：麦糠：砂：土 1：2.5：70：200	2.8

将泥调制成糊状做出来的试块强度明显要高于低含水率压制试块，原土试块抗压强度可以达到 3MPa。添加麦糠后，试块的抗压强度明显下降，且麦糠的量添加越多，强度降低越大。试而麻刀恰好相反，强度随着麻刀含量的增大而增大，当麻刀质量分数为 0.5%、1%、2% 时，强度分别提高 57%、70%、87%，当麻刀含量达 2% 时，试块甚至呈塑性破坏，在 20% 轴向应变过程中，并未发生脆性破坏，取应变 10% 时的抗压强度为其单轴抗压强度。原土细粒含量达到了 45%，适当增加砂的含量强度变化不大，当砂的含量达到 75%，强度降低 23%。当麻刀与麦糠不同比例混合起来时，抗压强度接近于原土，但其孔隙率、孔隙连通率都发生了明显的变化。

6.2.2.2.5.2　直接剪切试验

土体抗剪强度特性可从黏聚力和内摩擦角两个指标来分析。通过向土体中添加加筋材料，可以分散土体的应力，改变其弹性模量，并且能够限制土体的侧向位移等，从而改变土的物理力学指标。加筋材料的弹性模量对加筋土的强度提高有很大作用，连续的植物纤维能够有效地分散应力，多孔隙的纤维能够增大孔隙率，从而降低土体强度。本次试验均采用快剪的方式在土体完全失水后进行试验。测试结果如图 6-22 所示。

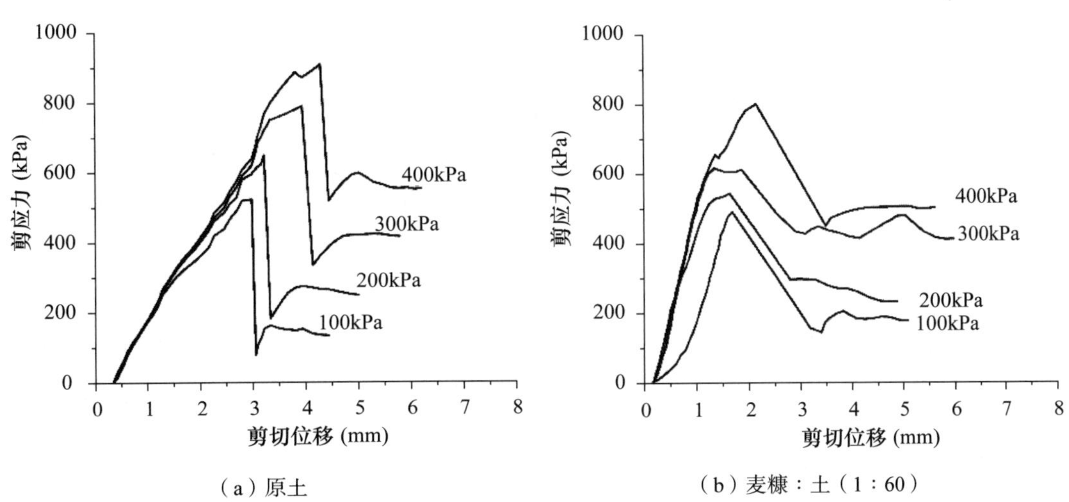

（a）原土　　（b）麦糠：土（1：60）

图 6-22　剪应力 - 剪切位移曲线

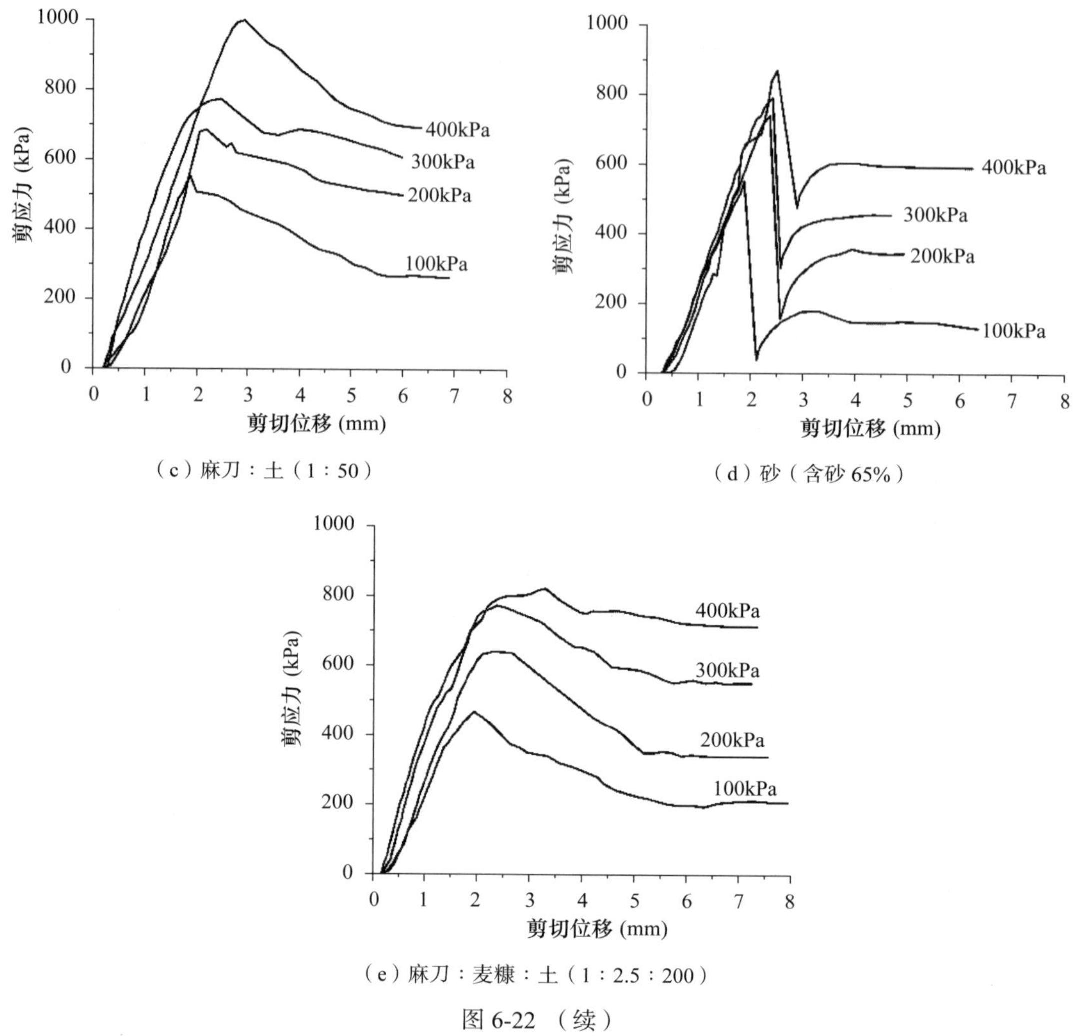

（c）麻刀：土（1：50）

（d）砂（含砂 65%）

（e）麻刀：麦糠：土（1：2.5：200）

图 6-22 （续）

添加麦糠后，使得土体孔隙率增大，峰值强度降低，但残余强度变化不大；加麻刀后，土体峰值和残余强度均有比较明显的提高，峰值强度提高 25%，残余强度提高约 30%。加筋的存在，使得应力位移曲线在达到峰值后趋于平缓，大大提高了牺牲层的延展性。麦糠和麻刀含量减半混合使用后，强度接近于原土，但延展性大大极高。

6.2.2.2.6 牺牲层透气性研究

植物纤维中有许多的微孔隙，且植物纤维的密度要远小于土，相同质量下土与麦糠的体积比约为 1：5，土与麻刀在蓬松状态下的体积比约为 1：10，植物纤维添加进土体以后有可能会增大孔隙率以及孔隙的连通性，其透气性和透水性有可能会发生改变。加砂粒也会改变孔隙结构，透气性也会随之改变。

6.2.2.2.6.1 试验设计

1）使用直径 79.8mm、高 20mm 环刀制作圆形试块，试块的配比如表 6-8 所示。

表 6-8　透气性试验试块配比

	原土	麦糠：土	麻刀：土	麻刀：麦糠：土	砂：土
未老化	100%	1：40	1：100	1：2.5：200	30：100
老化	100%	1：40	1：100	1：2.5：200	30：100

2）试样分为老化组和未老化组，因为试样在老化过程中孔隙结构会发生变化，一些配比会产生微裂隙（图 6-23），改变其蒸气渗透性。试验共 10 组，每组两块平行样。老化组进行干湿及冻融交替循环，干湿循环周期为 24h，每个循环开始加水 10g，冻融循环周期为 24h，−20℃保持 12h，20℃保持 12h，循环初始加水 10g。一个完整的老化周期为 48h，共计进行 5 次老化循环。

（a）未老化试样　　（b）老化后麦糠试样

图 6-23　透气性试验试样

3）准备 120mm 高、内径 75mm、外径 85mm 的亚克力水杯，将试块内侧使用 20mm 宽的生料带包裹数圈，使用密封胶将试块直径包裹至 85mm 时，水杯装水至 2/3 处，再使用 50mm 宽耐热防水胶带将试块固定在亚克力杯上部，最后使用硅酮密封胶将边缘密封，保证密封效果（图 6-24）。

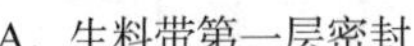

A．生料带第一层密封　　B．蒸气渗透杯

图 6-24　渗透性试验试样密封过程

4）将试块放置在恒温恒湿箱内，分别在表 6-9的温度及湿度条件下放置在恒温恒湿箱内 24 小时（图 6-25），待质量变化恒定时记录亚克力杯单位时间内的质量变化。

表 6-9　透气性试验温度及相对湿度

温度（℃）	10	15	20	25	30	38	45
湿度（%）	20	20	20	20	20	20	20

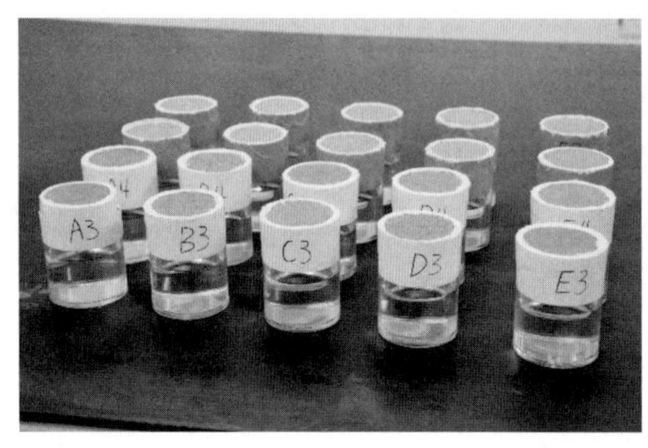

A．蒸气渗透杯

B．恒温恒湿箱

图 6-25　透气性试验过程

6.2.2.2.6.2　试验结果及分析

本研究在 20% 相对湿度不同温度下，对试块的透气性进行了试验，结果见图 6-26，不同添加物的试块表现出了不同的特点，麦糠试块的透气性比原土试块高 1%～3%；加麻的试块透气性提高比较明显，在不同温度下平均高 15%～20%，效果较为明显；添加麻和麦糠的试块透气性提高 6%～8%，因为麻刀和麦糠含量减半，透气性相对有所降低；加砂试块透气性并没有升高，反而有所降低，降低 6%～8%。试块在较低温度时透气性区别很明显，透气性都非常低；温度升高幅度越大，透气性差异越明显。在 10℃时，5℃的温度差变化使得透气性约有 25% 的增幅，在 40℃附近时，气温升高 5℃，透气性增幅约 45%。

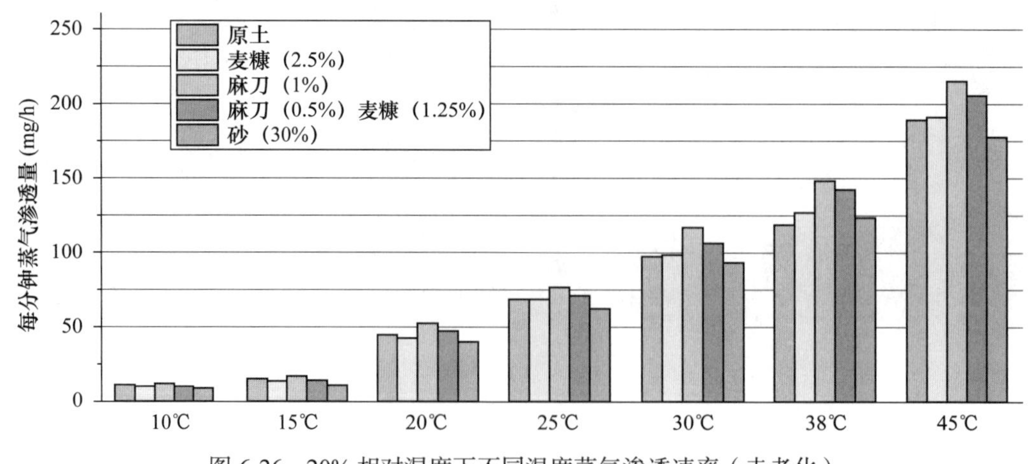

图 6-26　20% 相对湿度下不同温度蒸气渗透速率（未老化）

可以认为牺牲层试块由“四相”组成，气体、水、植物纤维、固体四相（图 6-27），植物纤维在试块中所占质量少且为多孔介质，可以假定植物纤维在试块中所占据的体积完全为孔隙，因此便可以求出不同试块的孔隙比 e。

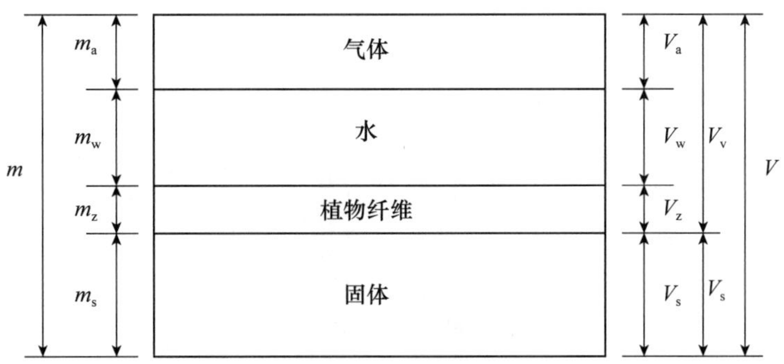

图 6-27　牺牲层土“四相”组成示意图

通过试验可以求得 V，m，m_w，m_z，d_s，根据公式 6-1、公式 6-2、公式 6-3 便可以求得孔隙比 e，表 6-10 为不同配比试块孔隙比。

$$e=\frac{v_v}{v_s} \quad \text{（式 6-1）}$$

$$v_v=v-v_s \quad \text{（式 6-2）}$$

$$v_s=\frac{m-m_w-m_z}{d_s\cdot\rho_w} \quad \text{（式 6-3）}$$

式中：

e 为孔隙比；

v_v 为试块体积，cm^3；

v_s 为土颗粒体积，cm^3；

d_s 为土粒相对密度，g/cm^3；

ρ_w 为水的密度，g/cm^3。

表 6-10　不同配比试块孔隙比

配比	孔隙比 e	配比	孔隙比 e
原土	0.43	麻刀：土　1：50	0.51
砂：土　30：100	0.39	麻刀：土　1：100	0.45
砂：土　70：100	0.38	麻刀：土　1：200	0.44
麦糠：土　1：40	0.59	麻刀：麦糠：土　1：2.5：100	0.59
麦糠：土　1：60	0.50	麻刀：麦糠：土　1：2.5：200	0.52
麦糠：土　1：80	0.48	麻刀：麦糠：砂：土　1：2.5：70：200	0.48

灰色背景色为试验所用配比。试块中加砂后孔隙比有所降低，所加砂为中砂和细砂 1：1 混合，这种加砂方式并没有在试块中形成大孔隙骨架，反而使得试块更加密实，导致透气性降低。麻刀含量较少，且纤维结构孔隙少，对孔隙比的改变也小，但

麻刀的纤维结构使得孔隙能够有效地连通，使得透气性大幅度提高；麦糠较大幅度提高了孔隙比，但这些孔隙并没有连通，透气性提升较小，但较高的孔隙比降低了其强度。

试块经过干湿及冻融循环其孔隙结构会发生变化，表面会有一些微裂纹，这些变化会直接改变牺牲层的透气性，经过 5 次交替干湿及冻融循环后，原土试块在渗透界面开裂（图 6-28a），麦糠试块表面有明显微裂纹（图 6-28b），麻刀试块肉眼看不到裂纹，麻刀、麦糠试块有裂纹，但裂纹较纯麦糠试块少。

（a）原土　（b）麦糠

（c）麻刀　（d）麦糠、麻刀

图 6-28　经老化后的试块

以同样的方式对老化过的试块进行透气性试验，得到结果如图 6-29 所示。

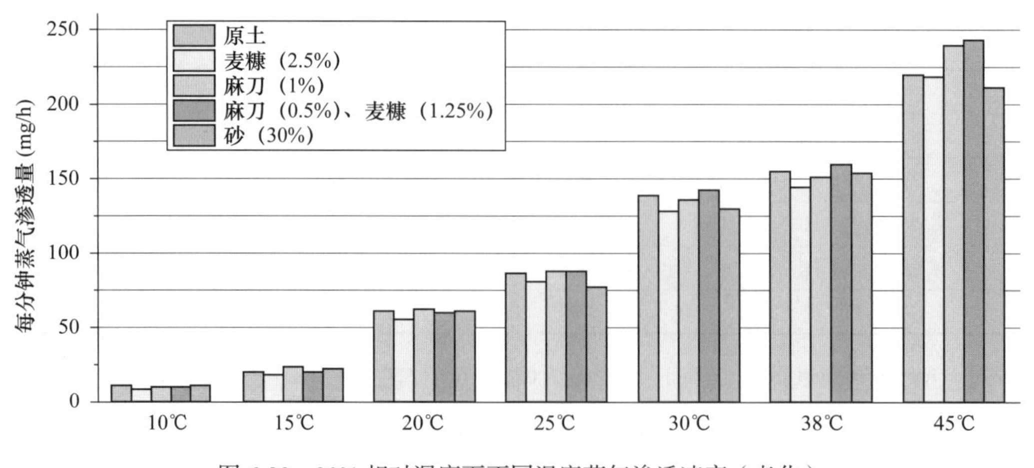

图 6-29　20% 相对湿度下不同温度蒸气渗透速率（老化）

相比于未老化试块，老化后的试块透气性明显提高，在 15～30℃时，透气性提升幅度约 30%，当气温继续升高时，透气性增幅降低，但仍有约 15% 的提升。原土试块因为中间的裂缝存在，因此相比较于其他试块水汽散失较快；麦糠试块的增幅最大，其大孔隙结构在冻融过程中因水结晶膨胀而连通，使得透气性明显提高；麻刀试块透气性增幅较小，但添加麦糠经老化后增幅明显；加砂粒试块增幅相对较小，在老化后的透气性最低。

6.2.2.2.7　牺牲层渗透性研究

遗址土粒径范围主要集中在细粒组，添加植物纤维及砂粒后改变了其孔隙结构，其渗透性必定会发生变化，北庭故城降雨量相对较多，雨水的渗透在一定程度上会影响遗址表面风化层，有必要对不同配比的牺牲层渗透性进行研究。测试采用变水头渗透试验对牺牲层渗透性进行评价。

6.2.2.2.7.1　试验设计

本试验分别探究细粒土添加麦糠、麻刀以及砂后渗透性变化，试验采用 TST-5 变水头渗透仪进行试验，制作 15cm×15cm×5cm 的正方形试块，待试块干缩完成后，再使用环刀削样，本试验按照 SL-237-014-1999 规范进行。试验试块配比如表 6-11 所示。

表 6-11　渗透试验试块配比

配比	比例	配比	比例
原土	1	麦糠：土	1：40
麻刀：土	1：100	麻刀：麦糠：土	1：2.5：200
砂：土	35：100	砂：土	70：100

6.2.2.2.7.2　试验结果

从表 6-12 不同配比牺牲层渗透系数可以看出，牺牲层透水性较低，接近黏土的渗透系数，添加麦糠后渗透性降低较为明显，仅为原土的 1/5，麻刀对其影响并不明显，麦糠与麻刀含量减半后渗透性小幅度增大；加砂明显改变其渗透性，且砂的含量越高，渗透系数越大。添加砂后砂颗粒形成骨架，细颗粒不能完全将孔隙填满，渗透性增幅明显。

表 6-12　不同配比牺牲层渗透系数

配比	孔隙比 e	饱和渗透系数（10^{-6}cm/s）
原土	0.43	0.11
麦糠：土　1：40	0.59	0.02
麻刀：土　1：100	0.45	0.12
麻刀：麦糠：土　1：2.5：200	0.52	0.19
砂：土　35：100	0.39	0.44
砂：土　70：100	0.38	0.85

6.2.2.2.8　小结

1）通过现场初步探索性试验，确定泥敷工艺为牺牲层最佳工艺，并且添加适量的植物纤维可以改善牺牲层的性质。

2）在含水率 28% 时，原土的收缩率达 16.51%，添加麦糠、麻刀及砂都能从一定程度上减小土体的收缩率，且添加量越大，收缩率越小，当麻刀、麦糠和土的比例为 1∶2.5∶100 时，收缩率最小，仅为 8%。

3）添加植物纤维对牺牲层的热敏性改变并不明显，加砂后热敏感性提高，温度变化更加敏感；在 20℃、20% 的相对湿度下，不同配比的天然含水率均在 1% 以下，添加植物纤维的试块含水率略高于原土，加砂试块略低于原土试块，在 60℃条件下失水后，原土试块发生约 2.4‰ 的体积收缩，加砂能够减小收缩率，添加麻刀体积基本保持不变，麦糠由于天然含水率较高，收缩率接近于原土。

4）麦糠、麻刀及砂粒对牺牲层色度的影响非常小，颜色不会有明显变化。

5）添加麻刀能够明显提高土体的强度，且含量越高，强度提升越明显，在发生剪切破坏时，麻刀对残余强度的提升也十分显著；添加麦糠增大了土体的孔隙结构，使得强度降低，残余强度与原土试块相当。

6）添加麦糠及麻刀都能改善牺牲层的透气性，加少量砂的情况下，透气性提升并不明显；在未老化状态下，麻刀的透气性要明显好于麦糠试块；老化试验后麦糠试块透气性大幅增加，二者共同作用时，效果好于单一配比。

7）添加麦糠后渗透性降低较为明显，麻刀对渗透性影响不大，加砂明显改变其渗透性，且砂的含量越高，渗透系数越大。

6.2.2.3　牺牲层抗风化能力研究

6.2.2.3.1　干湿循环下牺牲层变化研究

裂隙的发育对于牺牲层的破坏尤为重要，一旦雨水直接灌入裂隙，有可能会冲蚀牺牲层与遗址的接触面，造成更大的破坏。为了探究牺牲层中加入植物纤维以及砂粒是否会对裂隙的发育产生影响，试验分别添加不同比例的麦糠、麻刀以及砂，制作 15cm×15cm×5cm 的试块，进行室内干湿循环试验，并对试块的裂隙发育规律进行统计。

6.2.2.3.1.1　试验设计

1）试验采用北庭故城遗址加固用土，分别添加麦糠、麻刀以及砂制成 15cm×15cm×5cm 的方形试块，添加物配比如表 6-13 所示，将含水率控制在 28%，使土呈糊状。

表 6-13　抗风化试验试块配比

配比	比例		
参照样	原土		
麦糠∶土	1∶40	1∶60	1∶80
麻刀∶土	1∶50	1∶100	1∶200
麻刀∶麦糠∶土	1∶2.5∶100	1∶2.5∶200	/
砂∶土	30∶100	70∶100	/
麻刀∶麦糠∶砂∶土	1∶2.5∶70∶200	/	/

2）试样制好风干后，开始进行干湿循环试验，在每个循环初始向试块表面加水共100g，30min 内分 10 次完成，保证水完全渗入，将试块放置在恒温恒湿箱内（图 6-30），温度设定为 38℃，相对湿度设定为 20%，历时 24h，每一个循环结束后对试块进行拍照及微观显微镜拍照记录，观察裂隙发育及微观结构的变化。依次反复，共进行 10 次干湿循环。

（a）恒温恒湿箱

（b）干湿循环试块

图 6-30　干湿循环试验过程

6.2.2.3.1.2　试验结果及分析

（1）干湿循环后的宏观结构

麦糠的多孔隙结构具有一定的保水性，其在一定程度上可以减缓水分蒸发的速率，从而达到减小裂隙发育的目的，图 6-31 为 10 次干湿循环完成后原土及添加不同配比麦糠裂隙发育照片。从图片中看到，添加麦糠可以改善试块的裂隙发育程度，且随着麦糠比例的增大裂隙发育越来越少，裂隙长度变短，宽度变窄。

（a）原土

（b）1∶80

（c）1∶60

（d）1∶40

图 6-31　原土及添加不同配比麦糠循环后裂隙发育图

麻刀是一种极细且具有韧性的植物纤维，当麻刀加入土中时，可以提高土体的抗拉性能，当水分散失时，能够有效抵消收缩造成的拉力，从而避免裂隙的发育。在制作麻刀泥的过程中，需要将土先调成膏状，将麻刀打散后一点一点添加进去，制拌过程较其他添加物较费时，麻刀含量越高制作难度越大。图 6-32 为原土及添加不同配比麻刀循环后裂隙发育图。通过对比，添加麻刀后试块的抗收缩性能得到极大的提高，裂隙发育明显减少，当麻刀与土的比例达到 1∶100 时，仅有几条宽度很小的微

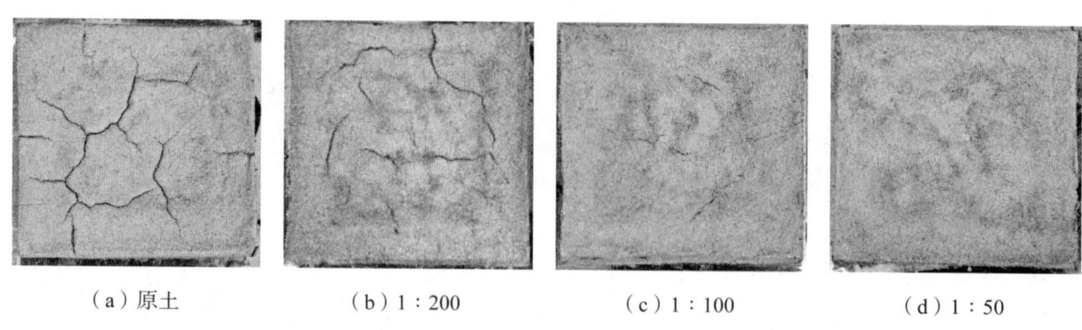

（a）原土　（b）1∶200　（c）1∶100　（d）1∶50

图 6-32　原土及添加不同配比麻刀循环后裂隙发育图

裂隙，比例达到 1∶50 时几乎没有肉眼可见的裂隙。但当麻刀比例达到 1∶50 时，麻刀泥制作已十分困难。

改变原土的级配，添加适量的砂也是改善土体收缩的一种方法，原土的细粒含量为 45%，将细砂和中砂按照 1∶1 的比例混合在一起，然后按照砂土比 30∶100 和 70∶100 制作成试块，图 6-33 为原土及添加不同配比砂裂隙发育照片。

（a）原土　（b）砂土 30∶100　（c）砂土 70∶100

图 6-33　原土及添加不同配比砂循环后裂隙发育图

通过添加砂也可以达到减少收缩的目的，且随着砂的含量增大，其裂隙发育也随之减少，但砂含量增大存在的一个问题就是其抗雨蚀能力非常弱，砂只能适量添加，在一定程度范围内改变收缩性，但不能过度。

麦糠、麻刀和砂都可以达到减少裂隙发育的目的，麻刀的效果要明显优于麦糠，但麻刀泥制作非常费时费工，且麻刀比例越大，其制作越费时。期望将两种植物纤维以及适量砂混合后制作试块，以减少麻刀含量，达到同等的防收缩效果。通过前期试验，本研究又添加了如下配比，试块：麻刀：麦糠：土的比例为 1∶40∶80 和 1∶80∶200，以及麻刀：麦糠：砂：土为 1∶80∶35∶200。图 6-34 为多种添加物裂隙发育照片。

当麻刀、麦糠、土比例为 1∶40∶100 时，其抗收缩能力非常好，基本可以达到麻刀与土 1∶50 的抗收缩效果；将麻刀和麦糠含量同时减半后，虽然效果略差于前者，但明显优于添加单植物纤维时的效果；在麻刀、麦糠、土 1∶80∶200 的基础上添加了适量的砂后，其效果进一步改善，裂隙发育已非常少，此时麻刀的含量变为只加麻刀最佳效果的 1/4，大大方便了麻刀泥的制作。

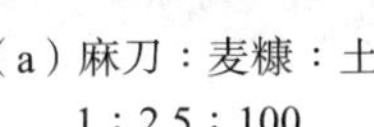
（a）麻刀：麦糠：土
1：2.5：100

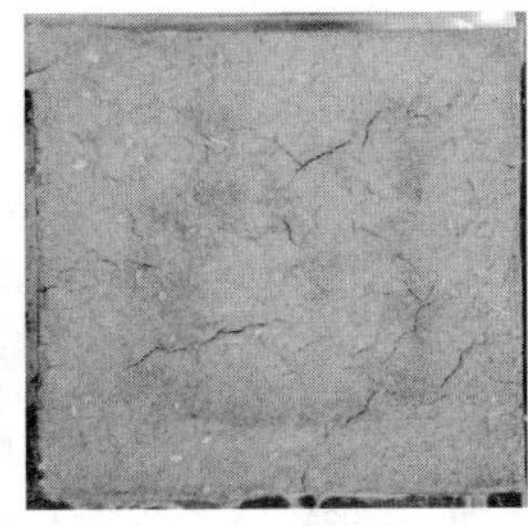
（b）麻刀：麦糠：土
1：2.5：200

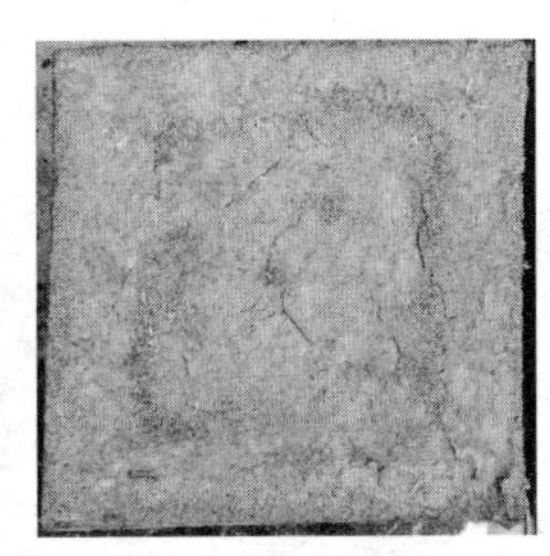
（c）麻刀：麦糠：砂：土
1：2.5：70：200

图 6-34　多种添加物裂隙发育图

（2）宏观裂隙发育规律

添加麦糠、植物纤维和砂对裂隙发育影响不同，主要表现在长度及宽度上，通过统计裂隙，得到结果如表 6-14 所示。

表 6-14　裂隙发育统计

配比	裂隙长度（mm）	裂隙描述
原土	668	长度长，宽度大，较连续
麦糠：土　1：80	988	长度短，宽度小，分枝多
麦糠：土　1：60	820	长度短，宽度小，分枝多
麦糠：土　1：40	349	长度短，宽度小，分枝多
麻刀：土　1：200	371	长度短，宽度小，分枝少
麻刀：土　1：100	190	长度短，宽度小，分枝少
麻刀：土　1：50	0	无裂隙
土：砂　30：100	530	长度长，宽度大，分枝少，较连续
土：砂　70：100	292	长度长，宽度大，分枝少，较连续
麻刀：麦糠：土　1：2.5：100	187	长度短，宽度小，分枝少，不连续
麻刀：麦糠：土　1：2.5：200	559	长度短，宽度小，分枝少，不连续
麻刀：麦糠：砂：土　1：2.5：70：200	252	长度短，宽度小，分枝少，不连续

通过统计发现，原土试块裂隙较为连续，宽度大；在添加麦糠后，裂隙总长度增大，但单条裂隙长度变短、宽度变小、分枝增多；添加麻刀后裂隙发育总长度变短、分枝减少，能够有效控制裂隙的发育，当麻刀含量为 2% 时，在 10 次干湿循环后几乎无明显裂隙发育；麻刀与麦糠混合使用也能够控制裂隙发育，在添加约 30% 的砂后，效果更为明显。

另外，剧烈的干湿循环不仅仅会造成不同程度的裂隙，而且会在表层下 1～2cm 的位置形成薄弱面（图 6-35），由于黏性土的渗透性较差，水并不能够完全渗透试块，只能达到中间某一位置，在强烈的干湿循环下这个界面强度疲劳而软化，在第 5 次干湿循环结束后，原土试块在这个界面已经发生开裂，其他配比试块只能看出渗透痕迹，没有明显裂纹，但在这个界面上实际强度已经发生变化，至 10 次干湿循环结束，仅有原土试块在此界面上开裂，其余试块无裂纹。

原土试块

麻刀试块

图 6-35　第五次循环结束后试块渗透层界面

6.2.2.3.2　冻融循环下牺牲层变化研究

冻融作用作为强风化过程，强烈地改变着土的结构性，是土体劣化的重要原因，对土的工程性质会产生较大的影响。吉木萨尔地区降雪较多，冬季积雪覆盖厚度最大可达 40cm，冻融破坏是北庭故城遗址风化的最严重因素。日间积雪融化后入渗遗址表面，夜间温度下降，孔隙水在结冰的过程中，体积膨胀，往复的冻融循环，造成遗址表面土体强度降低，风化严重。孔隙水结冰不仅造成体积膨胀，水分还会向冻结锋面冻结成冰，水分迁移后冻结往往形成冰透镜体。

6.2.2.3.2.1　试验设计

1）试验采用北庭故城遗址加固用土，与干湿循环一样，分别添加麦糠、麻刀以及砂制成 15cm×15cm×5cm 的方形试块，添加物配比如表 6-13 所示，将含水率控制在 28%，使土呈糊状制成方样。

2）试样制好风干后开始试验，开始进行冻融循环试验，试验所用冰箱为三洋所产的 MDF-U442（N）型低温箱，在每个循环初始向试块表面加水共 100g，30min 内分 10 次完成，保证水完全渗入，将试块放置在低温箱，温度设定为－20℃，历时 24h，然后将试块放置在室温 20℃，相对湿度 20% 的环境中，历时 24h。每一个冻、融循环结束后对试块进行宏观拍照及微观显微镜拍照记录，观察裂隙发育及微观结构的变化。依次反复进行试验，共进行 10 次冻融循环。

6.2.2.3.2.2　试验结果及分析

相对于干湿循环，在前 5 次循环过程中，试块的宏观裂隙发育并不明显（图 6-36），原土试块裂隙发育程度最大，麦糠试块次之；其余试块发育更多的是微裂隙，且裂隙发育形态也不同。原土试块裂隙数量少，长度 5～8cm，宽度 0.5～1mm，麦糠试块裂隙发育条数多，但都发育较短，宽度较窄，均在 0.1～0.3mm 左右，添加了麻刀试块仅有微裂隙发育，在 60 倍显微镜下可以观察到，加砂试块基本无裂隙发育（图 6-37）。

在连续 5 次冻融循环结束后，微观及宏观变化并不明显。实际环境中遗址表面中的水冻结后在白天并不能完全消融，而白天雪水融化后继续向遗址表面入渗，在夜间继续结冰，二次融水对表面的风化尤为明显。后 5 次冻融循环加水 50g 冷冻 24h，在试块未消融的状态下继续加水 50g 冷冻 24h，最后在 20℃的常温下消融 24h，冻融周

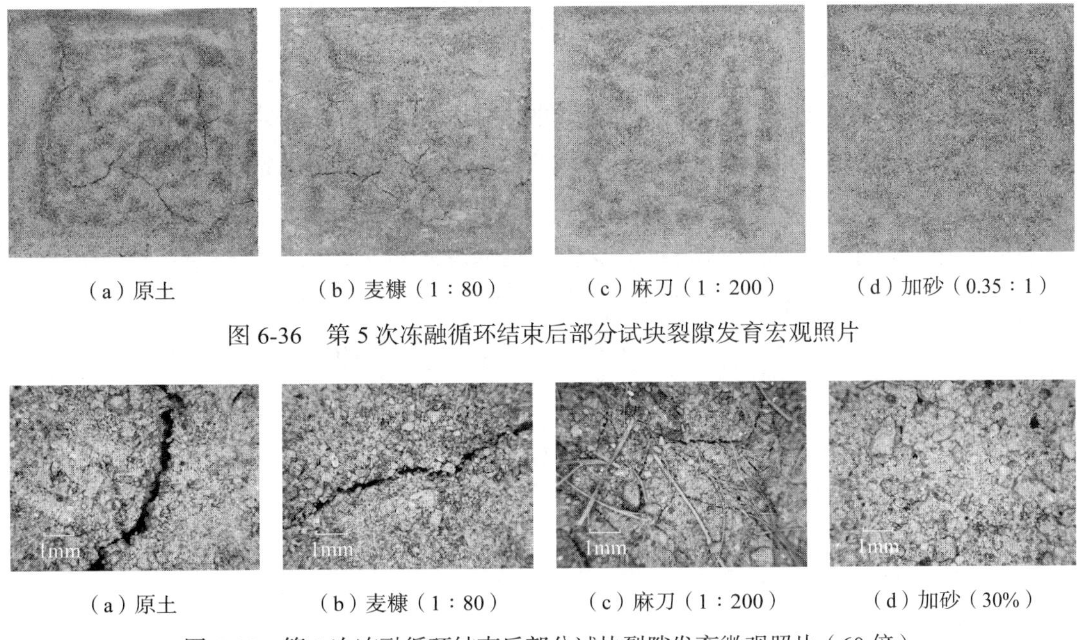

（a）原土　（b）麦糠（1∶80）　（c）麻刀（1∶200）　（d）加砂（0.35∶1）

图 6-36　第 5 次冻融循环结束后部分试块裂隙发育宏观照片

（a）原土　（b）麦糠（1∶80）　（c）麻刀（1∶200）　（d）加砂（30%）

图 6-37　第 5 次冻融循环结束后部分试块裂隙发育微观照片（60 倍）

期为 72h。在 10 次冻融循环试验结束时，表面风化比较严重。显微镜拍摄时，为了突出表面的风化特征，表面微观形态采用正光及侧光的方式对比拍摄，侧光可以更加明显地反映出试块表面的风化形态（图 6-38）。

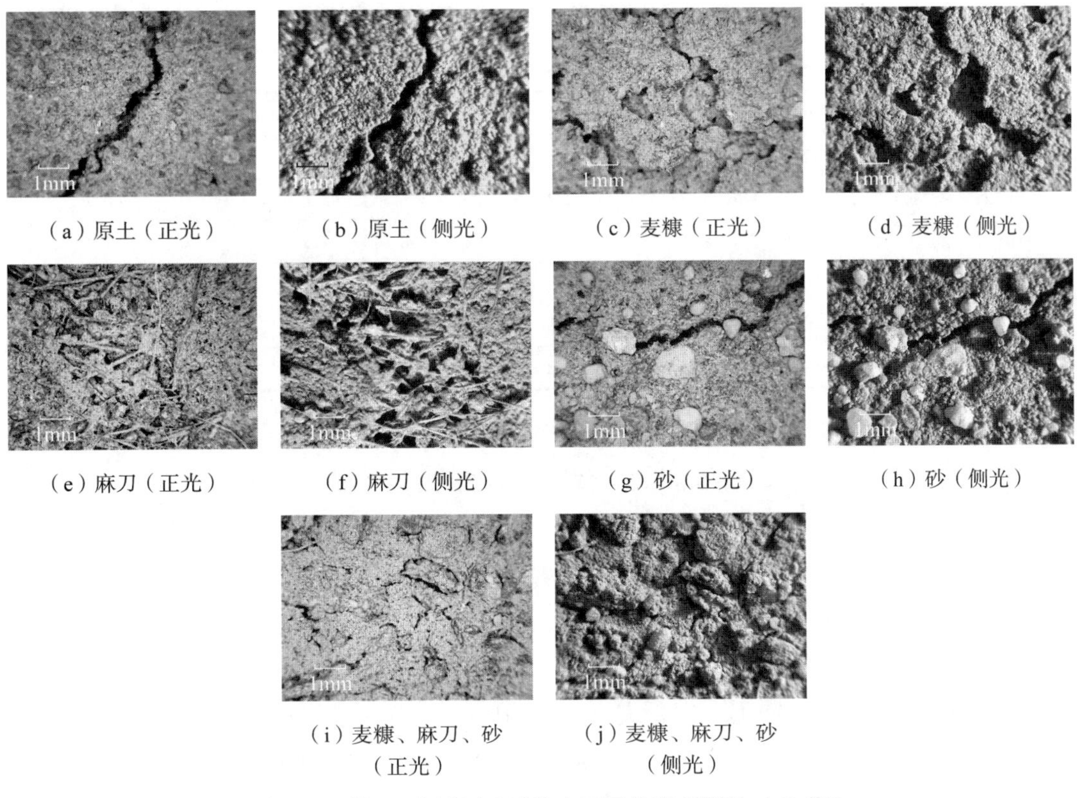

（a）原土（正光）　（b）原土（侧光）　（c）麦糠（正光）　（d）麦糠（侧光）

（e）麻刀（正光）　（f）麻刀（侧光）　（g）砂（正光）　（h）砂（侧光）

（i）麦糠、麻刀、砂（正光）　（j）麦糠、麻刀、砂（侧光）

图 6-38　第 10 次循环后试块表面风化微观照片（60 倍）

通过对比可以发现，二次加水冻融的破坏要远远大于单次加水冻融循环，在 10 次冻融循环结束后，试块表面结构破坏严重，表面结构疏松、多孔、多微裂隙，部分呈现片状剥落。麦糠的破坏最为严重，主要原因是麦糠试块的透水性比较差，液态水不能够完全渗入试块，导致自由水在表面积聚，在冻融过程中，冰结晶膨胀量就更大，破坏更严重。麻刀因为有纤维的固定作用，表面并没有形成较严重的脱落层；加砂试块渗透性好，表面自由水含量相对较少，冰结晶膨胀量小，表面风化并不严重，仅有砂颗粒堆积在表面。冻融是表面风化的最主要因素，且二次加水冻融破坏更严重。

在干湿及冻融循环过程中，每个循环加水量始终为 100g，但干湿循环过程中裂隙发育更为明显，冻融循环并未有明显宏观裂隙发育，仅在消融过程中失水发育少量裂纹，这也间接反映出裂隙发育与失水速率有明显关系。

6.2.2.3.2.3　强度变化

在 10 次冻融循环结束后对试块进行单轴抗压强度试验，不同配比试块强度变化不同，试验结果如表 6-15 所示。

表 6-15　10 次冻融循环结束后单轴抗压强度

	初始强度（MPa）	冻融循环后强度（MPa）	下降幅度（%）
原土	3	2.7	10.00
麦糠：土　1：40	2.1	1.8	14.29
麦糠：土　1：60	2.5	2	20.00
麦糠：土　1：80	2.7	2.2	18.52
麻刀：土　1：50	5.6	5.04	10.00
麻刀：土　1：100	5.1	4.4	13.73
麻刀：土　1：200	4.7	4.1	12.77
麻刀：麦糠：土　1：2.5：100	2.9	2.7	6.90
麻刀：麦糠：土　1：2.5：200	2.7	2.5	7.41
砂：土　35：100	2.9	2.8	3.45
砂：土　80：100	2.3	2.2	4.35
麻刀：麦糠：砂：土　1：2.5：70：200	2.6	2.5	3.85

冻融后，试块表面风化严重，但下部基本完好，强度的减弱主要集中在表面，表面黏聚力在土体冻结时生长的冰晶引起结构弱化。通过单轴抗压强度试验，试验结果与表面风化程度相符，风化越严重，强度下降幅度越大，麦糠下降尤为明显，将近 20%，麻刀次之，下降约 12%，当二者含量减半混合使用时强度下降 7%，再加入一定量砂时，强度下降仅 3.85%。

6.2.2.3.3　雨蚀试验

北庭故城年均降雨量不大，但是单次降雨量最大能达到 34.3mm，牺牲层的抗雨蚀能力是一个重要指标，牺牲层的“牺牲”能力主要是在降雨条件下体现的，干湿及冻融影响牺牲层表面的强度，而降雨则是将强度降低的牺牲层表面冲蚀。

6.2.2.3.3.1　试验设计

为了检验不同添加物对雨蚀能力的影响，研究制作了不同配比 15cm×15cm×5cm 的方形试块，在雨蚀箱（图 6-39）内通过控制总流量与更换不同的雨蚀模拟喷嘴（图 6-40）达到不同雨量的目的。

图 6-39　雨蚀试验箱

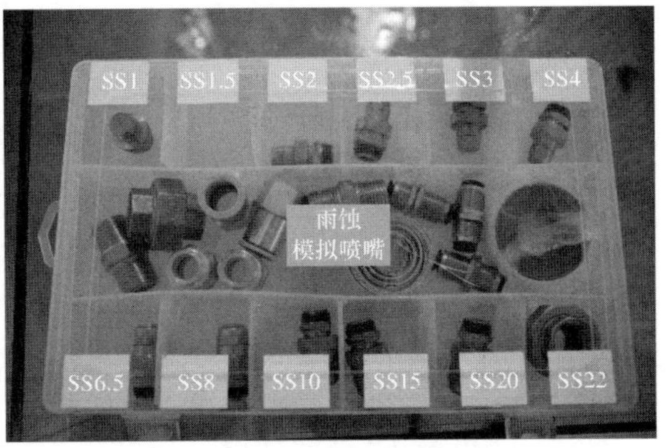

图 6-40　不同型号雨蚀模拟喷嘴

1）试验分别模拟 5mm/min 以及 10mm/min 的降雨量降雨 20min，在试验前需对降雨量进行校准，通过每分钟流量、雨蚀喷嘴高度以及有效降雨范围进行计算，从而得出相对准确的单位时间降雨量。

2）为了准确测量每次雨蚀后试块的质量减少量，在试验开始前将所有试块放置在 40℃的烘箱内，当试块质量变化小于 0.5% 时，记录初始质量并开始雨蚀试验；在雨蚀后，待试块自然干透后放置在 40℃的烘箱内，当试块质量变化小于 0.5% 时记录试块质量。

6.2.2.3.3.2　试验结果及分析

在第一次雨蚀过程中，原土试块在 5min 的时候四周开始被表面积水冲蚀出凹槽；加砂粒试块 3min 左右被冲蚀出沟槽，加砂越多，四周土颗粒流失越严重。添加植物纤维的试块抗雨蚀能力要明显优于其他试块，试块棱角保持完整，但添加了麦糠的试块表层土颗粒被带走后，麦糠显露出来，水滴溅落在麦糠上减缓了冲蚀，但试块的表面外观发生了改变；添加麻刀的试块外观最为完整（图 6-41）。

（a）原土试块

（b）麻刀试块

图 6-41　5mm/min 模拟降雨持续 20 分钟后试块外观

从试验数据表 6-16 中可以明显地看出，添加植物纤维的试块质量损失率要远远小于其他组。

表 6-16　模拟降雨持续 20 分钟试块质量损失率

配比	5mm/min 雨蚀后质量损失（%）	10mm/min 雨蚀后质量损失（%）
原土	15.47	33.81
麦糠：土　1：40	4.34	7.28
麻刀：土　1：100	1.66	4.44
含沙：土　70%	22.17	38.37
砂：土　30：100	19.28	25.15
麻刀：麦糠：土　1：2.5：200	1.91	2.83
麻刀：麦糠：砂：土　1：2.5：70：200	1.07	2.42

5mm/min 的降雨持续 20min，相当于暴雨；10mm/min 的降雨持续 20min，相当于大暴雨。在以上两种降雨强度下，原土及含砂试块几乎被完全破坏，含砂量越大，质量损失越多。麦糠试块和麻刀试块效果较好，麻刀的效果更优于麦糠，在外观方面，麦糠在雨蚀之后会出露，影响外观，而麻刀试块外观几乎无影响，在试块失水后也无裂隙发育，添加麻刀具有极佳的抗雨蚀效果。但考虑到 1/100 的麻泥制作烦琐，将麻刀和麦糠含量减半后混合加入土中，雨蚀后质量损失率略低于麻刀试块。加砂可以提高牺牲层的抗收缩能力，但单独加砂并不能提高其抗雨蚀能力。在麻刀和麦糠减半的基础上，添加 35% 的砂，其在 5mm/min 的降雨条件下，20min 后质量损失仅 1.07%；在 10mm/min 的降雨条件下，20min 后质量损失 2.42%，是所有牺牲层配比中质量损失最少的一组。这组配比不仅兼顾抗雨蚀能力，还考虑到制作的烦琐程度及抗干缩能力，麻刀：麦糠：土配比 1：2.5：200 是最好的一组配比。

6.2.2.3.4　小结

1）在干湿循环条件下，牺牲层主要表现为收缩开裂，原土试块最为严重，添加麦糠能够缓解裂纹发育，但仍会有微裂隙发育，添加麻刀能够极大地消除裂纹，且含量越高效果越明显。

2）冻融循环对宏观裂纹发育贡献并不大，冻融主要表现在牺牲层表面结构破坏，使其变得疏松，牺牲层在未消融时继续加水冻融对其破坏更大。

3）原土的抗雨蚀能力非常差，添加砂后抗雨蚀能力更弱，添加麦糠对抗雨蚀能力有一定的提高，但雨蚀后麦糠出露，影响外观。麻刀的抗雨蚀能力最佳。

6.2.2.4　牺牲层现场试验研究

牺牲层的现场试验共进行了两期，起初是探索性试验，目的在于找到一种合适的覆盖方式以及选择合适的添加材料。后期是科学化试验，结合室内试验及现场长期数据观测给予牺牲层科学的评价。

2015 年 7 月初，在北庭故城外城北墙 N6 段西侧进行了牺牲层覆盖试验，分别采用含麦糠 2.5%，含麻刀 1% 与含麦糠 1.25% 加麻刀 0.5% 混合牺牲层采用泥敷工艺进行试验。加固前遗址顶面龟裂纹较为发育，缓坡面冲沟发育严重（图 6-42）。

（a）

（b）

图 6-42　加固前缓坡面

牺牲层覆盖试验在 7 月初进行，当时气温较高，在覆盖过程中采用遮阳网避免土体迅速失水，但因牺牲层覆盖结束第二天遭遇强沙尘天气，遮阳网被破坏，改用表面覆盖干土的方式（图 6-43）以减缓失水速度。

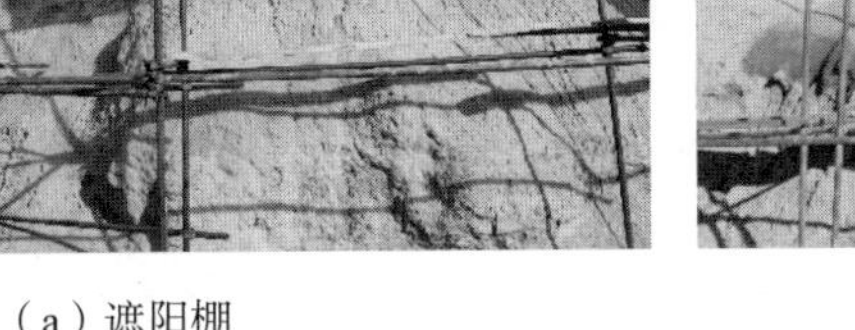

（a）遮阳棚

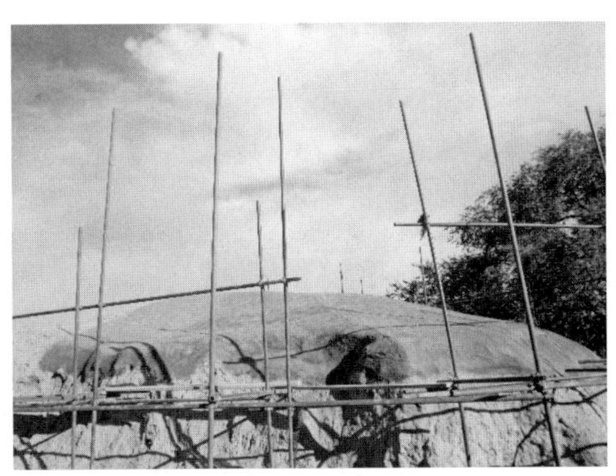

（b）表层覆盖干土

图 6-43　牺牲层减缓失水措施

牺牲层在历经了夏季降雨与冬季冻融过程后，目前仍保持完整的结构并发挥作用，仅北侧坡面局部牺牲层未覆盖区域出现冲蚀破坏（图 6-44）。在牺牲层覆盖的同时，分别采用 3 种配比制作 15cm×15cm×5cm 的方形试块，在现场进行老化试验，试块放置在 N6 段南侧遗址顶部缓坡面，对其进行长期监测，观察试块外观及力学性能变化。原土试块已经风化非常严重，裂隙贯通发育，底部的一侧已经出现崩塌（图 6-45），而添加植物纤维的麦糠试块与麻刀试块结构依旧完整，风化程度较弱。

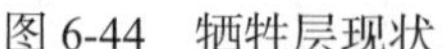

图 6-44　牺牲层现状

图 6-45　现场老化试块现状（原土）

6.2.2.4.1　牺牲层温度敏感性

在牺牲层覆盖结束一个月后，牺牲层表面已完全失水，在 8 月 22 日从早晨 10:00 开始记录牺牲层表面与遗址本体的温度变化（图 6-46）。在夜间，牺牲层表面温度在 15～18℃之间，在白天，由于气温及太阳红外辐射的作用，牺牲层表面逐渐升高。太阳入射角度的不同，使得牺牲层顶部的温度最先发生变化，随着入射角度的变化，牺牲层覆盖区域温度自上而下，自东向西开始升高，当正午 12:00 阳光直射时，三种牺牲层基本温度趋于一致，但顶面温度依旧高于缓坡面 2～3℃。阳光未照射到的背阴面，其温度变化较小，从 15℃升至 25℃，温度变化仅 10℃，阳光直射区域昼夜温度变化超过 25℃。

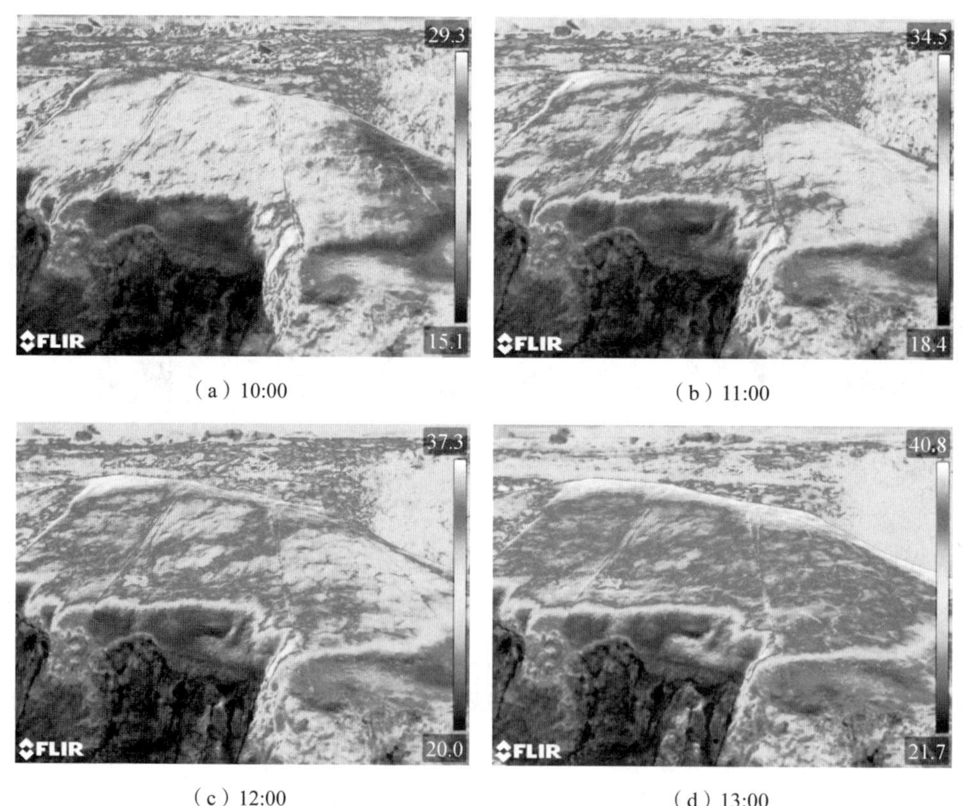

（a）10:00　（b）11:00

（c）12:00　（d）13:00

图 6-46　夏季牺牲层表面不同时段温度变化

6.2.2.4.2　牺牲层典型界面检测

牺牲层的三个界面是需要重点关注的。第一个界面就是牺牲层表面，即牺牲层最先受到外营力破坏的面层，在室内试验中，牺牲层试块在干湿及冻融循环作用下，试块的表面强度降低，这种性质决定了牺牲层的耐久度。第二个界面是渗透界面，在降雨过程中，雨水并不能在短时间内完全渗透牺牲层，其渗透深度一般只有 2cm 左右，在夏季降雨之后迅速失水，往复的干湿循环会在此界面形成强度弱化层。在室内试验中，原土试块在这个界面发生了开裂。第三个界面是牺牲层与遗址土的接触面，牺牲层避免不了裂隙的发生，只能设法减小裂隙的发育，因为这些裂隙的存在必然为雨水的入渗提供了通道，一旦雨水通过裂隙入渗进入遗址体，这个界面上的薄弱风化层就会被雨水冲蚀，一旦形成冲蚀间隙，牺牲层就完全失去其保护遗址本体的作用。

牺牲层的表面采用微型贯入仪进行强度检测，贯入阻力均大于 2MPa，并无明显弱化，第二、第三界面采用高频探地雷达对其进行检测。

高频的探地雷达可以检测深度浅的地质体，并提供高分辨率的扫描图。牺牲层的厚度较薄，本次检测使用瑞典 MALA 地球科学公司生产的 MALA GX 高动态雷达系统进行检测。检测设备照片如图 6-47 所示。

750MHz 屏蔽式一体天线

1600MHz 屏蔽式一体天线

图 6-47　GX 不同频率探地雷达

本次测试针对牺牲层的“三个界面”进行检测，测线由从牺牲层顶面向下延伸至坡面边缘，分别用 GX750 与 GX1600 分别进行测试，测线长 5m。

在数据处理时用 Reflexw 软件进行了 Subtract-DC-Shift（1 维滤波 / 去直流漂移）、Move-start-time（静校正 / 移动开始时间）、Energy decay（增益 / 能量衰减）、Subtracting average（二维滤波 / 抽取平均道）、bandpassbutterworth（1 维滤波 / 巴特沃斯带通滤波）和 Running average（二维滤波 / 滑动平均）处理。

测试剖面自上而下大致可以分为三层（图 6-48），第一层为牺牲层，厚度 4～5cm，在牺牲层之下为 15cm 厚的风化层，风化层之下为遗址墙体。在 GX750 雷达探测数据上可以看到这三层的界面比较明显。

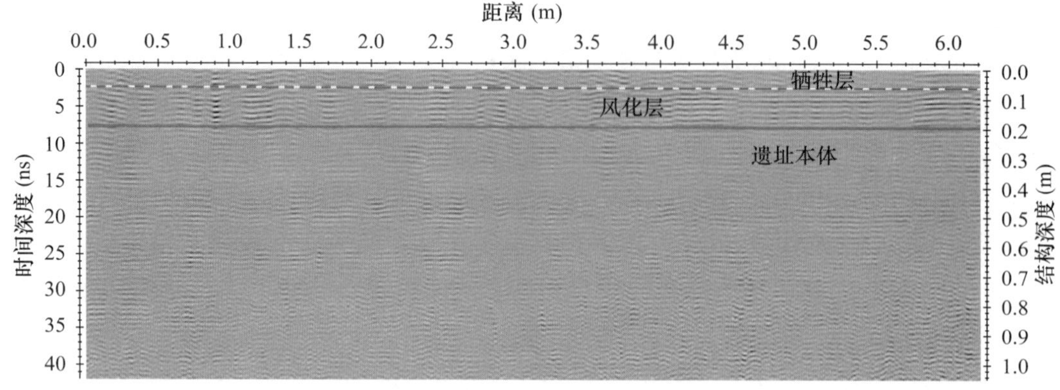

图 6-48　GX750 测试结果

GX1600 分辨率更高，能够分辨出在牺牲层和遗址表面存在部分空洞（图 6-49），但这些空洞并不连续，为了探究这种空洞成因，在牺牲层表面开 10cm×10cm 的窗口（图 6-50），发现空洞周围为封闭结构，没有裂隙，说明其是在牺牲层覆盖过程中没有完全与墙体接触所形成，但不影响牺牲层的效果。牺牲层与墙体的接触面有结冰现象，但表层并没有结冰，说明冻融风化表层很明显，底层热交换较慢，始终处于结冰状态，但表层因气温变化而频繁发生冻融，说明冻融风化是从表层开始。开窗过程中并未对本体造成明显影响，也反正了牺牲层的可逆性。

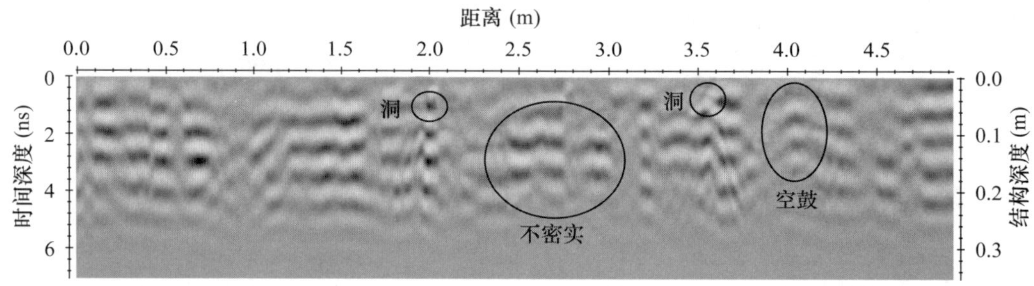

图 6-49　GX1600 测试结果

（a）开窗检测

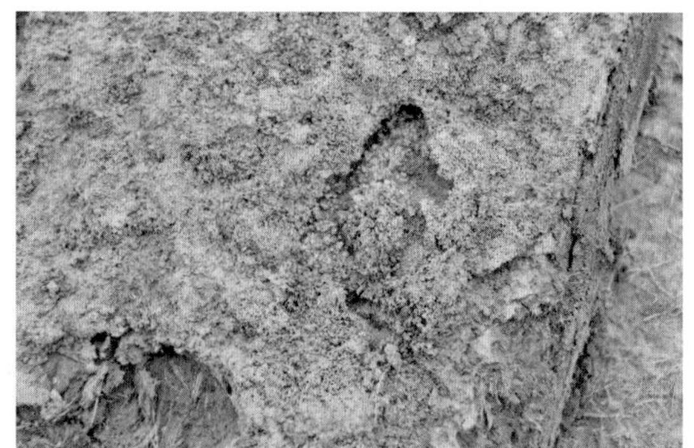

（b）接触面结冰

图 6-50　牺牲层开窗检测接触效果

在近一年的现场试验观测过程中，牺牲层表现出了良好的效果，添加植物纤维效果明显要好，干湿及冻融后未大规模开裂，牺牲层与遗址表面也没有发生分层现象，但现场仍需要进行更长时间的观测，对牺牲层做出更科学的适用性评价。

6.2.3　防护雨棚和保护棚

北庭故城西寺是全国重点文物保护单位北庭故城遗址的附属建筑。1979 年 6 月，中国社会科学院考古研究所新疆队在北庭故城遗址西约 1 千米处发现这座高昌回鹘时期的佛教寺院遗址，并先后多次进行考古调查。受北庭特殊气候环境影响，为防止雨水和风对西大寺的破坏，2008 年修建了保护大棚，对于减缓自然破坏起到了重要作用，尤其避免了强降雨与冬季降雪融雪过程的冻融冲蚀破坏。5 号佛塔本体为八角八面体的高昌回鹘时期具有独特建筑艺术形制的佛塔。2011 年考古发掘过程中，为有效地保护 5 号佛塔及 6 号佛寺的考古文化层面，搭建临时保护棚。根据近几年的观察发现，遗址本体避免了雨水和降雪等特殊气候天气的影响，大大减缓了遗址表面的风化剥离，几乎没有损伤（图 6-51、图 6-52）。有关防雨棚和保护棚对遗址的影响将在今后的研究中作为重点工作开展。

图 6-51　北庭西大寺封闭式保存现状

图 6-52　5 号佛塔敞开式防雨棚保存现状

6.3　土遗址防风化加固技术的集成与研发

土遗址的表面风化在遗址表面无时无刻地进行着，侵蚀遗址体表面，致使遗址体表面不断退缩，遗址体缩小，直至消亡。因此，土遗址的表面防风化，对于保证土遗址珍贵历史信息和价值具有重要意义。土遗址表面防风化加固过程中涉及的技术主要包括：表面风化类型的调查技术、表面防风化设计、表面防风化现场试验及测试方法、表面防风化施工工艺等，同时也包括各技术在实施过程中涉及的仪器及设备。

6.3.1　土遗址防风化加固技术的集成

干旱环境下土遗址防风化加固主要涉及的技术包括：

1）土遗址风化类型的调查技术，主要针对遗址体发育的风化类型、风化层厚度、风化层密度、风化层均匀性及其结构进行调查。

2）土遗址防风化设计，主要针对不同的风化类型进行防风化设计，现有的表面防风化技术主要包括降雨量少区域使用的PS防风化技术，同时也包括防雨棚、保护棚及牺牲层防风化技术。

3）土遗址防风化现场试验，主要是针对防风化加固在正式大面积实施之前，在遗址体上小面积小范围的试验的方法和规程，以确保保护措施的合理性及可靠性。

4）土遗址防风化施工，主要是根据不同类型、不同发育程度的表面风化采取不同的措施进行施工。

6.3.2　土遗址防风化加固设备的集成

干旱环境下土遗址防风化加固主要涉及的设备包括：

1）土遗址风化类型调查技术中的色度仪、便携式显微镜、表面硬度测试仪、离子色谱分析仪、照相机等。

2）土遗址防风化现场试验及施工中的照相机、喷壶及称量设备等。

6.3.3　土遗址防风化加固装置的研发

6.3.3.1　土遗址专用表面风化程度检测装置

土遗址是我国早期典型的传统建筑营造方式之一，其由于纯属土质建筑，在长期自然和人为因素影响下，遗址本体突显不同类型的病害，尤其表面风化脱落更为普遍，表面在风蚀、雨蚀、生物侵蚀等综合作用下形成明显疏松层，并在外力作用下逐步剥离脱落，侵蚀破坏遗址本体，成为遗址本体破坏消失的主要病害类型之一。然而，遗址本体表面风化受遗址本体材料、施工工艺和赋存环境等多重因素的影响，风化速度、风化程度和风化范围往往是遗址本体表面防风化保护的主要调查指标。风化程度却是最为难以定量评估和判识的。为了更加简单有效地评价和测定遗址本体表面的风化程度，同时充分考虑遗址本体无损伤或微损伤的原则，近年来，本研究通过大量的土遗址保护工程实践摸索，形成了一套比较适合土遗址表面风化程度量化测试和评定的专用装置。该装置可以方便快捷地测定遗址本体风化疏松的厚度和程度，并可通过风化疏松深度和程度确定是否有必要采取具体的防风化措施，为工程实践提供可靠的科学参数，并在此过程中确保对遗址本体几乎无损伤，也可通过多点探测评估遗址本体风化的范围和不同区域风化程度规律。

为准确量化定性评价土遗址表面风化程度，以及为风化层加固前后表面疏松程度的定量分析提供可靠的参数，研究研发了土遗址表面风化程度专用测试装置，用于遗址本体表面风化层厚度、疏松程度的探测，全面量化评价遗址本体表面风化的程度。该装置通过接触式不同等级变磁力施力装置，以及端头钢针应力应变探测装置，综合量化分析遗址表面风化层厚度、风化类型及风化层的疏松程度（图6-53～图6-56）。

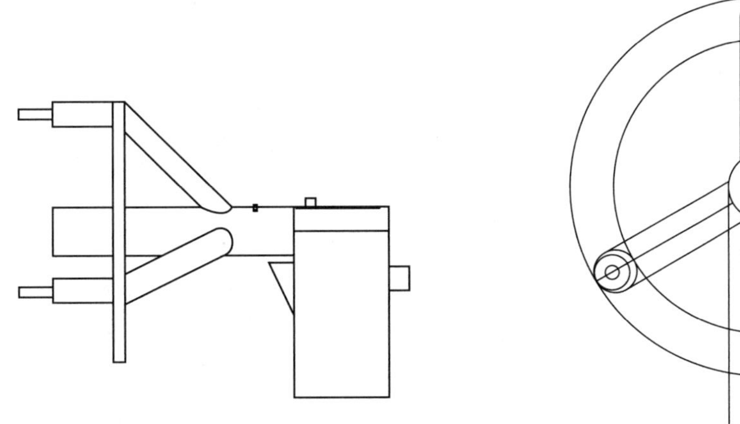

图 6-53　一种土遗址专用表面风化程度检测装置（正视图）　图 6-54　一种土遗址专用表面风化程度检测装置（右视图）

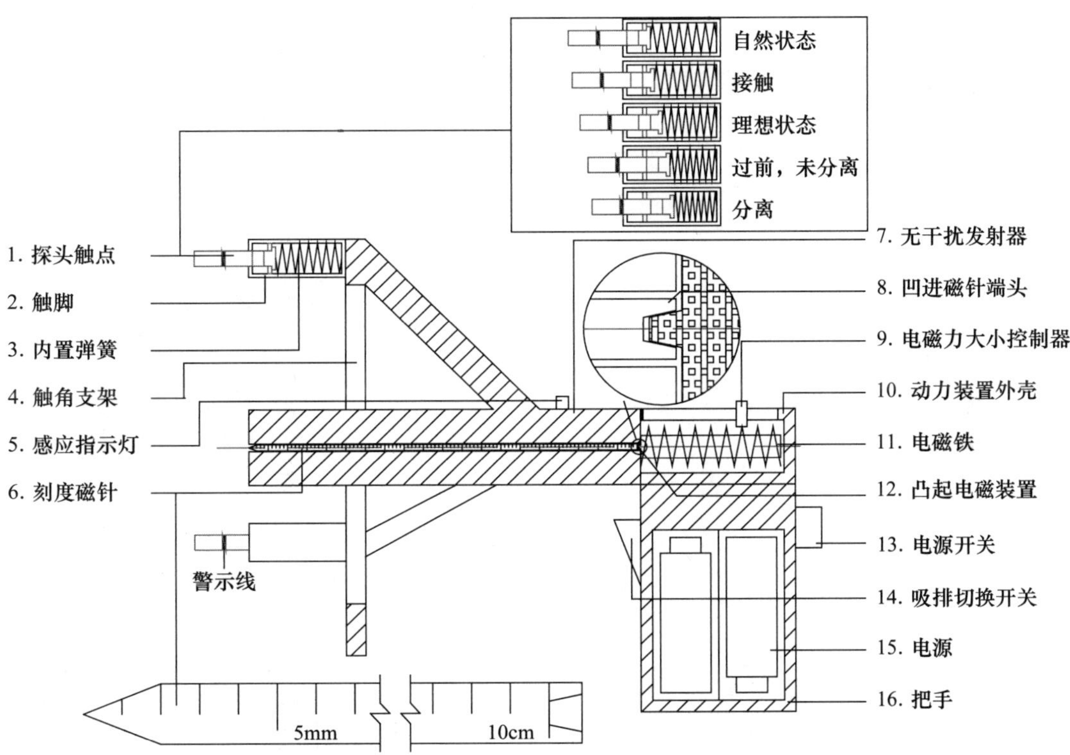

图 6-55　一种土遗址专用表面风化程度检测装置（剖面图）

6.3.3.2　便携式土体表面强度测试仪

土遗址保护修复现场通常需要测定表面强度来对修复效果进行评估。而目前所有的仪器均不能满足土遗址表面效果监测的要求。为此，研发了一种便携式土体表面强度测试仪，该仪器能实时监测探杆在压入土体过程的力及位移，能间接测定土体的强度，是一种有效简便易操作的仪器。

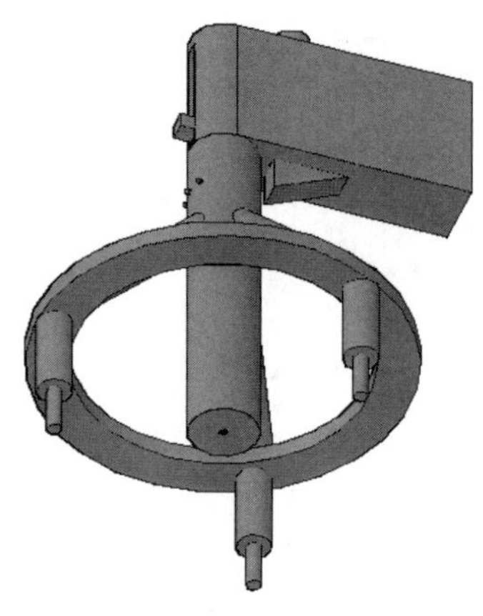

图 6-56　一种土遗址专用表面风化程度检测装置（效果图）

便携式土体表面强度测试仪主要由六部分组成，主要功能介绍如下：

1）套筒，用于限制探头、手柄的运动。底部采用喇叭形态（直径为 10cm）。

2）手柄，通过手柄传递外力。

3）压力传感器，直接与手柄连接（螺纹），在压入过程中，不同压力下会产生不同的电压 / 电流型号。

4）位移传感器，在压入过程中，套筒和探杆发生相对位移，该位移由位移传感器记录。

5）锥形探头，为便于探头压入土体，探头采用锥形（直径为 2cm，夹角为 60°）。

6）压力 / 位移信号记录仪，实时记录压力、位移信号。

测试仪示意图见图 6-57，设计图纸见图 6-58。

图 6-57　便携式土体表面强度测试仪示意图

6.3.4　土遗址防风化加固技术的集成与装置研发

根据上述干旱环境下土遗址防风化加固技术、设备及装置的研发，对干旱环境下土遗址支顶加固技术集成如图 6-59 所示。

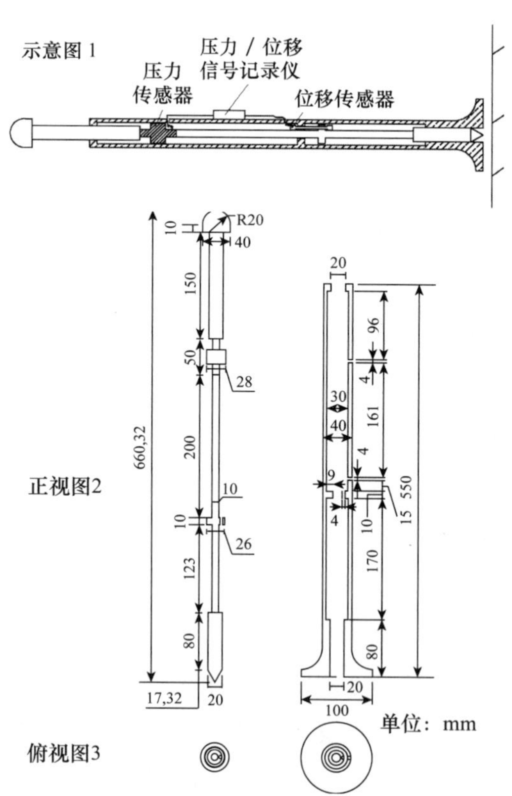

图 6-58　便携式土体表面强度测试仪设计图纸

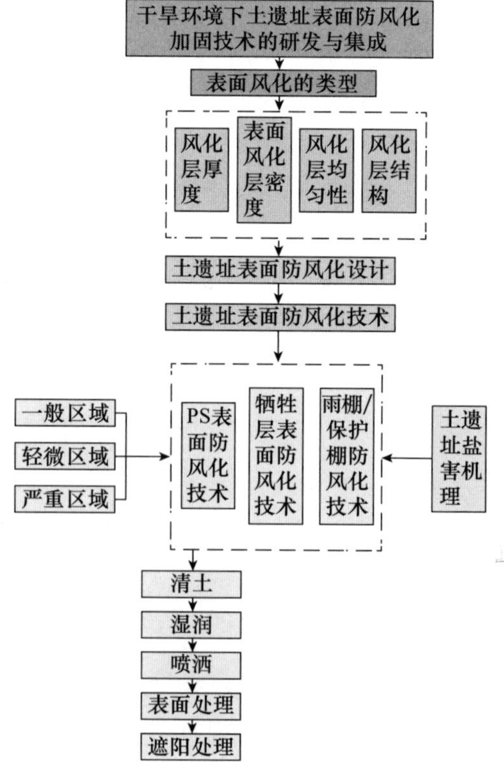

图 6-59　土遗址防风化加固技术的集成与装置研发

第7章　土遗址锚固技术加固效果评价方法

锚固无损检测技术在传统岩土工程实践中得到广泛应用，其理论与实践都取得了大量成果。然而，土遗址不单是简单的岩土体，更是具有丰富历史价值、艺术价值、科学价值、社会价值和文化价值的文物，因此土遗址锚杆锚固技术区别于传统岩土工程锚固技术，在成孔工艺、注浆材料、注浆工艺、杆体材料与结构、锚固系统体系与兼容性等各个方面有其独特性。这使得土遗址锚固系统所用的检测方法、检测步骤、检测指标都有特殊之处，导致岩土工程锚杆检测研究成果无法直接移植到土遗址中。因此，研究土遗址锚杆体系无损检测技术十分必要，且是土遗址保护加固效果评价中亟须解决的问题。

鉴于此，本章以玻璃纤维锚杆为例，针对土遗址锚杆无损检测理论进行探究，并基于现场拉拔试验和锚杆无损检测结果比对，探索构建土遗址锚杆系统锚固效果无损检测体系。

7.1　土遗址锚杆系统检测需求分析

随着土遗址锚固技术的应用与推广，对锚杆锚固效果评价的需求也日益迫切。目前，土遗址锚杆锚固系统检测主要利用液压千斤顶进行破坏性的拉拔检测。此法虽然效果直观、结果可靠，但存在施力时间长、加载大、检测周期长、操作不便，且具有一定破坏性的缺点。因此，寻求一种能快速、实时、无损（微损）检测土遗址锚杆锚固系统锚固效果的评价和检测技术，以防拉拔试验可能对遗址体造成的不利影响，是保证土遗址加固工程质量的必要前提，也是目前土遗址锚固效果评价亟须解决的关键问题。

近年来，在土木工程领域出现了以波动理论为基础，借鉴桩基动测方法来检测锚杆锚固状况的锚杆无损检测方法，此法将健康检测与智能诊断系统引入现有锚固技术，使得锚杆锚固系统的安全监控和工作性能改善得到了质的飞跃。将以上技术引入土遗址锚杆锚固系统中，进行适用性研究，不仅符合“不改变原状、最小干预”的保护原则，还可以实时、动态地对锚固系统进行健康监测与评估，保障文物安全。

此外，土遗址加固中常用的锚杆锚固系统多为全长黏结型锚杆锚固系统，其锚杆与浆液的黏结效果、浆液与周围介质黏结效果在锚杆系统中起着重要作用。一旦锚杆与浆液、浆液与遗址体这两个界面处的黏结作用失效，整个锚固系统会受到重大影响，进而影响遗址体整体稳定性。因此，锚杆系统无损检测界面传递衰减机理成为土遗址锚杆无损检测机理的重点。

相比众多的锚杆无损检测方法，声频应力波法不仅操作简便、破坏性小，即使重复多次进行检测，也仅对土遗址锚杆端头造成微小的损伤。同时声频应力波法检测设备种类繁多且精度高，易携带，可防水、防潮、防高温，质量十分可靠。然而，应力波在锚杆界面的传递机理是一种复杂的相互作用，其衰减机理较复杂，影响因素较多。在扰动作用下，土遗址锚固系统应力应变状态复杂，且波动衰减又呈现出一定的规律性，对于土遗址锚杆系统应力波衰减机理国内研究较少。相对于岩土锚杆的“三体一面”界面系统，土遗址锚杆呈现出“三体两面”界面特征，而该特征导致土遗址锚杆锚固系统无损检测特征有较大的不同。另外，土遗址锚杆各界面的黏结 - 滑移本构关系还不尽完善，浆液 - 土体界面应力量测体系尚不完备，给应力波传递机理分析造成了较大的困难。

7.2　土遗址锚固技术加固效果评价指标的确定

传统的锚杆质量主要通过设计、试验、施工等过程控制。设计阶段中锚杆杆体长度、类型、锚杆与浆液的匹配程度均为控制锚固效果的重要因素；试验一般通过材料外观观察与性能检测、锚固力试验等指标综合评价；而施工过程中锚孔的钻进、锚杆的安装、浆液的注射和锚具的安装均对锚固效果有重要影响。结合近年来土遗址保护加固中锚固的设计、试验和施工经验，本研究筛选和总结了具体锚杆锚固效果控制指标，如表 7-1 所示。

表 7-1　土遗址体与载体锚杆安装检查表

<table>
<tr><th colspan="2" rowspan="2">锚杆类型</th><th colspan="2">孔距误差（mm）</th><th rowspan="2">钻孔倾角（°）</th><th rowspan="2">成孔深度（mm）</th><th rowspan="2">锚杆安装误差（mm）</th></tr>
<tr><th>水平方向</th><th>垂直方向</th></tr>
<tr><td colspan="2">竹签锚杆</td><td>±5</td><td>±10</td><td>1</td><td>≤100</td><td>≤50</td></tr>
<tr><td colspan="2">木锚杆</td><td>±20</td><td>±30</td><td>2</td><td>≤300</td><td>≤100</td></tr>
<tr><td colspan="2">楠竹锚杆</td><td>±20</td><td>±30</td><td>2</td><td>≤300</td><td>≤100</td></tr>
<tr><td rowspan="3">玻璃纤维锚杆</td><td>灌浆型锚杆</td><td>±20</td><td>±30</td><td>2</td><td>≤300</td><td>≤100</td></tr>
<tr><td>非灌浆玻璃纤维螺旋式锚杆</td><td>±5</td><td>±10</td><td>1</td><td>≤100</td><td>≤50</td></tr>
<tr><td>非灌浆螺旋式膨胀锚杆</td><td>±5</td><td>±10</td><td>2</td><td>≤300</td><td>≤100</td></tr>
<tr><td rowspan="3">复合锚杆</td><td>钢筋</td><td>50</td><td>100</td><td>2</td><td>≤500</td><td>≤200</td></tr>
<tr><td rowspan="2">钢绞线</td><td>50</td><td>100</td><td>22</td><td>≤500</td><td>≤200</td></tr>
<tr><td>50</td><td>100</td><td>22</td><td>≤500</td><td>≤200</td></tr>
<tr><td colspan="2">锚索</td><td>50</td><td>100</td><td>2</td><td>≤500</td><td>≤200</td></tr>
</table>

7.3　土遗址锚固技术加固效果评价

7.3.1　设备原理

7.3.1.1　锚杆无损检测仪仪器原理

7.3.1.1.1　仪器基本原理概述

锚杆无损检测仪设备包括激振器、接收器、采集分析仪三大部分，利用起振器发射检测波，通过接收器接收应力波反射信号，利用采集分析仪采集信号，并对信号进行分析处理。

当锚杆端头受瞬态力作用后，引起锚杆头质点振动，并以应力波的形式向锚杆底传播。当波阵面达到波阻抗变化的界面时，能量就要重新分配，一部分能量穿过界面继续向前传播，称为透射波；而另一部分能量反射回原介质，称为反射波。因此锚固系统中存在变阻抗界面时，应力波就要在界面处发生反射和透射。对于底端自由的锚杆，接收到的锚杆底端反射波与入射波同相；对于被锚固剂锚固的锚杆，当应力波传播到锚固段的上界面时，反射波与初始波反相，而锚固段下界面的反射波与入射波同相。一般来说，当锚杆底端与坚硬岩土体黏结时，可近似认为波阻抗增大，反射波与入射波相位相反；当锚杆底端未充分黏结时，则认为波阻抗减小，反射波与入射波同相。因此，根据反射波相位特征，可以分析反射部位阻抗变化的特征及锚杆实际锚固情况。若锚杆系统施工质量良好，那么锚固浆液应均匀密实，故而其波阻抗差异不大，反射信号应具有较强的规律性，反映在仪器采集软件上则会出现采集软件上波形规则且快速衰减。当锚固系统施工质量较差时，浆体不均匀分布而使得锚固系统波阻抗差异明显，其反射信号较杂乱，反映在仪器采集软件上则会出现波形杂乱或突变点。基于此种现象，可对锚固效果进行评价，且可以依据反射信号衰减状况与突变产生位置对锚固效果进行分级。此外，可以基于信号反射时间与波速来校核锚杆长度。

7.3.1.1.2　一维弹性应力波传播的规律

假设锚杆是弹性连续体且质量是均匀分布，在分析锚杆的纵向振动时，系统具有无穷多个自由度，故其具有无穷多个固有振型，它的动力反应可以按诸振型影响之和来计算。在考虑锚杆的纵向振动时，假设激发后锚杆的反应总是线性弹性的，且纵波的波长比锚杆的横截面尺寸大得多，而锚杆的横截面是平面，因此每个截面上的应力是均匀分布的。此外，对玻璃纤维锚杆而言，横向位移对纵向运动的效应可忽略不计。

如图 7-1 所示取锚杆微元体，其原始横截面积为 A_0，密度为 ρ_0。假定杆在变形前横截面保持为平面，沿截面只有均匀分布的轴向应力。

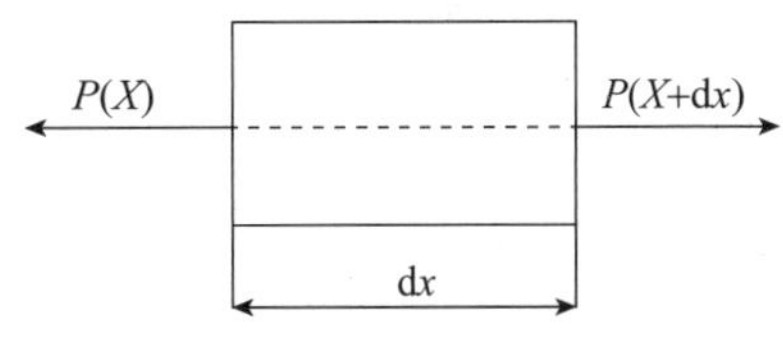

图 7-1　锚杆微元体受力图

假设左截面上总的作用力为 $P(X, t)$，则在右截面上总的作用力为：

$$P(X+\mathrm{d}X, t)=P(X, t)+\frac{\partial P(X, t)}{\partial X}\mathrm{d}X \qquad （式 7-1）$$

根据牛顿第二定律，可得：

$$\rho_0 A_0 \mathrm{dX}\frac{\partial v}{\partial t}=P(X+\mathrm{d}X, t)-P(X, t)=\frac{\partial P}{\partial X}\mathrm{d}X \qquad （式 7-2）$$

引入工程应力：

$$\sigma=P/A_0 \qquad （式 7-3）$$

可得运动方程：

$$\rho_0\frac{\partial v}{\partial t}=\frac{\partial \sigma}{\partial X} \qquad （式 7-4）$$

根据材料的本构关系，假定应力只是应变的单值函数（应变率无关理论），即材料的本构关系可以写成

$$\sigma=\sigma(\varepsilon) \qquad （式 7-5）$$

$\sigma(\varepsilon)$ 是连续可微函数，引入

$$C^2=\frac{1}{\rho_0}\frac{\mathrm{d}\sigma}{\mathrm{d}\varepsilon} \qquad （式 7-6）$$

对于单值函数有：

$$\frac{\mathrm{d}\sigma}{\mathrm{d}\varepsilon}=\frac{\partial \sigma}{\partial \varepsilon} \qquad （式 7-7）$$

故运动方程可进行如下变换：

$$\frac{\partial}{\partial t}v=\frac{l}{\rho_0}\frac{\partial \sigma}{\partial X}=\frac{l}{\rho_0}\frac{\partial \sigma}{\partial \varepsilon}\frac{\partial \varepsilon}{\partial X}=C^2\frac{\partial \varepsilon}{\partial X}=C^2\frac{\partial}{\partial X}\varepsilon \qquad （式 7-8）$$

而

$$v=\frac{\partial u}{\partial t} \qquad （式 7-9）$$

$$\varepsilon=\frac{\partial u}{\partial X} \qquad （式 7-10）$$

其中 $u(x, t)$ 代表截面位置 x 处 t 时的截面纵向位移。

则固波动方程为：

$$\frac{\partial^2 u}{\partial t^2}-C^2\frac{\partial^2 u}{\partial X^2}=0 \qquad （式 7-11）$$

该方程为双曲线型偏微分方程，根据偏微分方程的数学理论，存在两族特征曲线，沿着这些曲线，能把原来的偏微分方程化成沿曲线的全微分。而在锚杆中检测波主要沿 X 正方向传播，且玻璃纤维锚杆应力应变关系符合胡克定律（$\sigma=E\varepsilon$），即：

$$C^2=\frac{1}{\rho_0}\frac{\mathrm{d}\sigma}{\mathrm{d}\varepsilon}\approx\frac{1}{\rho_0}\frac{E\mathrm{d}\varepsilon}{\mathrm{d}\varepsilon}=\frac{E}{\rho_0} \qquad （式 7-12）$$

式中，E 为杨氏模量。

假设

$$C_0^2=\frac{E}{\rho_0}（常数）\quad（式 7-13）$$

则波动方程可改写成：

$$\frac{\partial^2 u}{\partial t^2}-C_0^2\frac{\partial^2 u}{\partial X^2}=0\quad（式 7-14）$$

方程由此转化为线性微分方程，此时特征线和相容条件分别为（X，t）平面和（X，ε）平面上斜率为 $\pm C$ 的两族直线：

$$\mathrm{d}X=\pm C_0\mathrm{d}t\quad（式 7-15）$$

$$\mathrm{d}v=\pm C_0\mathrm{d}\varepsilon\quad（式 7-16）$$

引入积分常数 η_1、η_2、R_1、R_2，积分得：

右行波：

$$X-C_0t=\eta_1\quad（式 7-17）$$

$$X-C_0\varepsilon=R_1\quad（式 7-18）$$

左行波：

$$X+C_0t=\eta_2\quad（式 7-19）$$

$$X+C_0\varepsilon=R_2\quad（式 7-20）$$

R_1、R_2 为黎曼不变量。

当杆件初始处于静止的自然状态时，若 $t=0$ 时刻在杆端 $X=0$ 处受到一个给定条件的激励，假设杆端质点速度随时间的变化 v_0（τ）已知，则问题归结可为在初始条件 v（X，0）$=\varepsilon$（X，0）$=0$ 和边界条件 v（X，0）$=v_0$（τ）下求解波动方程与特征线方程的问题。

因此，（x，t）平面上经任一点有正向和负向两特征线，其中 0A 经过 0（0，0）点的正向特征线（图 7-2）。在 OA 下方 AOX 区，沿 OX 轴的 v 和 ε 按初始条件是已知的，而经 AOX 区 P 的正向特征线 QP 和负向特征线 RP 都与 OX 轴相交，于是沿这两条特征线黎曼不变量。

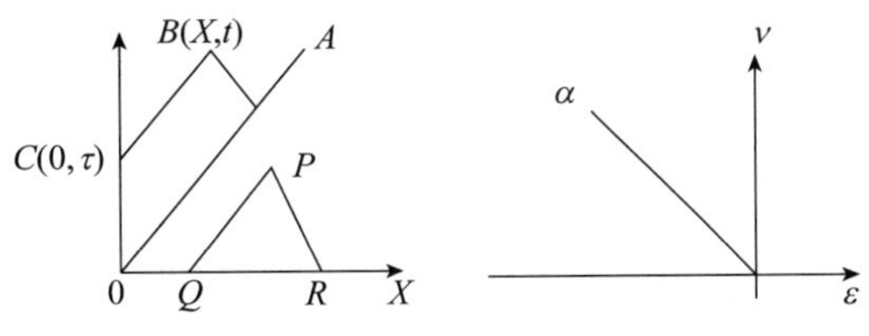

图 7-2　正负特征线

R_1 和 R_2 可由初始条件确定：

沿 QP

$$v-C_0\varepsilon=v（Q）-C_0\varepsilon（Q）\quad（式 7-21）$$

沿 RP

$$v+C_0\varepsilon=v（R）+C_0\varepsilon（R）\quad（式 7-22）$$

因而 QP 和 RP 的交点 P 点处的 v（P）和 ε（P）即可由上两式解得：

$$v(P)=\frac{1}{2}\{[v(R)+v(Q)]+C_0[\varepsilon(R)-\varepsilon(Q)]\}\quad（式 7-23）$$

$$\varepsilon(P)=\frac{1}{2}\{[v(R)-v(Q)]+C_0[\varepsilon(R)+\varepsilon(Q)]\}\quad（式 7-24）$$

由给定的初始条件知，$v(Q)=\varepsilon(Q)=v(R)=\varepsilon(R)=0$，因此 $v(P)=\varepsilon(P)=0$。因为 P 点 AOX 区任意一点，因此整个 AOX 区是 $v=\varepsilon=0$ 的恒值区。而只要是恒值初始条件，即：

$$v(Q)=v(R)=\text{常数} \quad (\text{式 7-25})$$

$$\varepsilon(Q)=\varepsilon(R)=\text{常数} \quad (\text{式 7-26})$$

则 AOX 总是恒值区，总有 $v(P)=v(Q)=v(R)$，$\varepsilon(P)=\varepsilon(Q)=\varepsilon(R)$。

在 OA 的上方，即 AOT 区，经任一点 B 的负向特征线 BD 总是交于 OA，而沿 OA 已知 $v=\varepsilon=0$，因此在此区域中恒有 $R_2=0$，在该区域中恒有：

$$v=-C_0\varepsilon=-\frac{\sigma}{\rho_0 C_0} \quad (\text{式 7-27})$$

正向特征线 CB 总交于 O_t 轴，而沿 O_t 轴的 v 按边界条件是已知的，于是 R_1 可由点 $C(0,\tau)$ 上的 $v_0(\tau)$ 来确定，即沿 CB 有：

$$R_1=v-C_0\varepsilon=2v=-2C_0\varepsilon=2v_0(\tau) \quad (\text{式 7-28})$$

正向特征线 CB 的数学表达式为 $X=C_0(t-\tau)$，τ 为此正向特征线在 t 轴的截距，所以 AOT 区中任一点 $B(X,t)$ 处的 v 和 ε 可确定为：

$$v=-C_0\varepsilon=v_0\left(t-\frac{X}{C_0}\right) \quad (\text{式 7-29})$$

这说明 τ 时刻加于杆端的扰动是以 C_0 的速度在杆体中传播，于 t 时刻到达 X 截面。由此可见，特征线在物理意义上表示扰动（波阵面）的传播轨迹。C_0 是杆体中弹性纵波波速，其大小完全由材料的常数 E 和 ρ_0 决定。

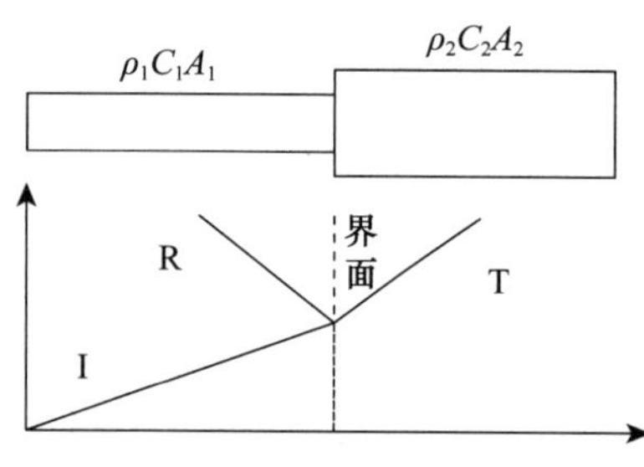

图 7-3　应力波反射与透射波示意图

如果弹性应力波从一种介质传播到另一种介质，则当弹性波到达两种介质的分界面时，无论对于第一种介质还是对于第二种介质，都引起了一个扰动，分别向两种介质传播，即反射波与透射波，如图 7-3 所示。图中 ρ、C、A 分别代表介质的原始密度、固有波速和截面积；标“1”、“2”代表两种介质，I、R、T 分别代表入射波、反射波和透射波。

因为这两种介质在界面处接触，根据连续条件和牛顿第三定律，界面两侧质点速度相等，总的作用力相等，于是有：

$$v_I+v_R=v_T \quad (\text{式 7-30})$$

$$A_I(\sigma_I+\sigma_R)=A_2\sigma_T \quad (\text{式 7-31})$$

引入弹性波传播中质点速度与应变、应力的关系：

$$v-v_0=\mp C_0(\varepsilon-\varepsilon_0)=\mp\frac{\sigma-\sigma_0}{\rho_0 C_0} \quad (\text{式 7-32})$$

得：

$$\frac{\sigma_1}{\rho_1 C_1}-\frac{\sigma_R}{\rho_1 C_1}=\frac{\sigma_T}{\rho_2 C_2} \quad (\text{式 7-33})$$

由上述式子可得反射与透射应力波和入射应力波的关系：

$$\sigma_R=\frac{\rho_2C_2A_2-\rho_1C_1A_1}{\rho_1C_1A_1+\rho_2C_2A_2}\sigma_1 \tag{式 7-34}$$

$$\sigma_T=\frac{2\rho_2C_2A_{21}}{\rho_1C_1A_1+\rho_2C_2A_2}\sigma_1 \tag{式 7-35}$$

故其反射系数 R 和透射系数 T_t

$$R=\frac{\rho_2C_2A_2-\rho_1C_1A_1}{\rho_1C_1A_1+\rho_2C_2A_2} \tag{式 7-36}$$

$$T=\frac{2\rho_2C_2A_{21}}{\rho_1C_1A_1+\rho_2C_2A_2} \tag{式 7-37}$$

ρCA 称为广义波阻抗。由上两式可以看出，当应力波由广义波阻抗低的物体传入广义波阻抗高的物体，即 $\rho_2C_2A_2>\rho_1C_1A_1$ 时，反射系数大于 0，此时反射波与入射波同相；当应力波由广义波阻抗高的物体传入广义波阻抗低的物体，即 $\rho_2C_2A_2<\rho_1C_1A_1$ 时，反射系数小于 0，此时反射波与入射波反相。当界面两侧的广义波阻抗相同时，透射系数为 1 而反射系数为 0，即此时没有反射现象，相当于应力波在均匀介质中传播。

7.3.1.2　锚杆拉拔试验原理

7.3.1.2.1　仪器基本原理概述

传统锚杆传统检测方法主要是采用拉拔试验法。进行拉拔试验时，将液压千斤顶放在托板和螺母之间，拧紧螺母，施加一定的预应力，然后用手液压泵加压，同时记录液压表和位移计上的对应读数，当压力或者位移读数达到预定值，或者当压力计读数下降而位移计读数迅速增大时，停止加压。测试后，可整理出锚杆的位移 - 荷载曲线进而分析得出锚杆的锚固质量。锚杆拉拔试验分为基本试验、验收试验、蠕变试验。基本试验是为了确定锚固锚杆的极限承载力，掌握锚杆抗破坏的安全程度，以便在正式使用锚杆前调整锚杆机构参数或改进锚杆制作工艺。验收试验旨在确定锚杆是否具备足够的承载力、自由段程度是否满足要求、锚杆蠕变在规定范围内是否稳定。对于塑性指数大于 17 的软土层和蠕变明显的岩体中的锚杆还应进行蠕变试验，以观察锚杆在定荷载下随时间的蠕变特性。

与传统锚杆相类似，土遗址锚杆系统的质量传统检测方法也是拉拔试验法。基于土遗址文物属性与所处岩土环境，土遗址锚杆系统大多为全长黏结型锚杆，故而检测时一般采用锚杆拉拔试验中的基本试验。根据土遗址锚杆特点，锚杆锚固系统能够较为集中地在锚杆与锚固浆液面，锚杆拉拔基本试验通过测得锚杆 - 锚固浆液界面的荷载 - 位移曲线以表征锚杆系统锚固性能。

7.3.1.2.2　锚固系统受力过程分析

拉拔试验中，锚固系统受力过程分析采用两线型理论模型。有如下基本假设：

1）浆体仅仅在剪切作用下发生变形。

2）杆体和浆体均为线弹性材料，相应的弹性模量为 E_s 与 E_c。沿着锚杆横截面，应力和应变是均匀分布的；在土体中，应力与应变沿着径向线性分布。

3）浆体和土体黏结非常好，无剪滑现象。

4）锚固深度相对于锚固直径足够长。

5）忽略中间介质材料的泊松效应、径向和四周的变形。

6）锚杆 - 浆体界面的力学模型为

$$\tau=k\delta\ (0\leqslant\delta\leqslant\delta_m) \quad (式 7\text{-}38)$$

$$\tau=\tau_s\ (\delta\geqslant\delta_m) \quad (式 7\text{-}39)$$

其中 $k=\dfrac{\tau_u}{\delta_m}$ - 界面剪切模量。

7）锚固系统破坏为锚杆被拔出。

锚固系统受力图示及各参数表征如图 7-4～图 7-7 所示。

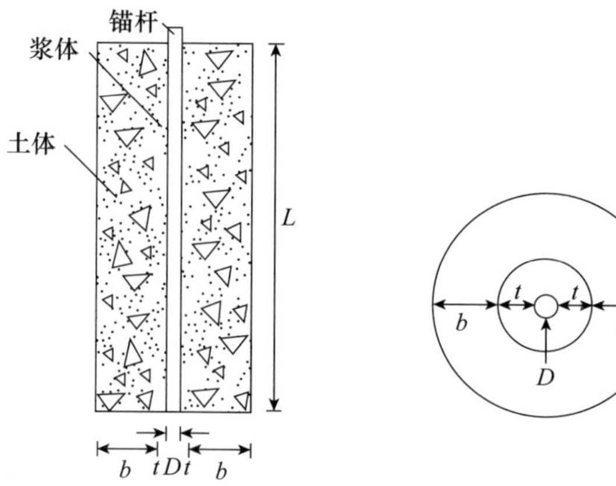

a．锚杆 - 浆体 - 土体锚固系统　　b．横截面

图 7-4　简化锚固系统示意图

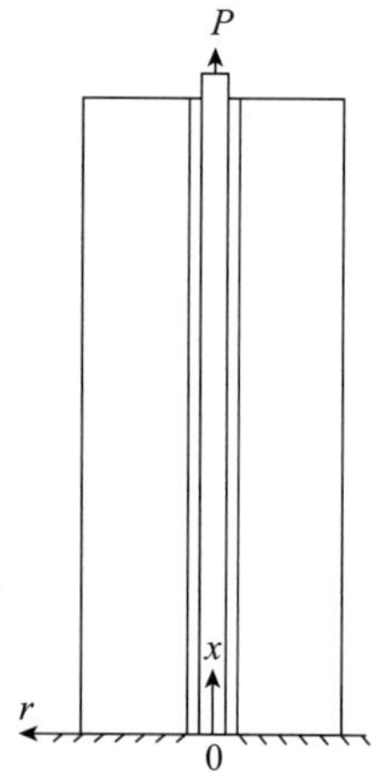

图 7-5　简化锚固系统的边界受力模型

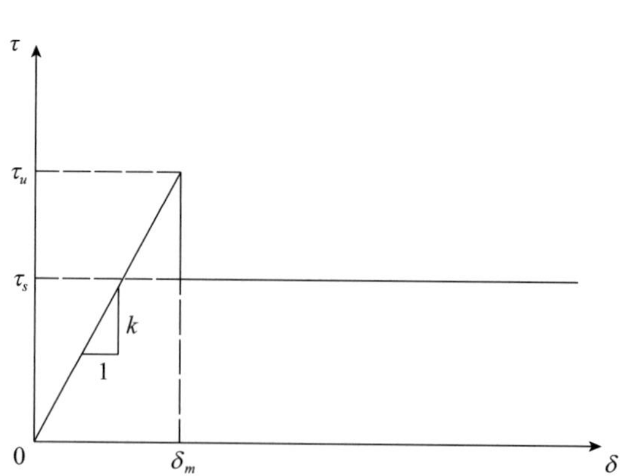

图 7-6　杆体 - 浆体界面的剪滑本构模型

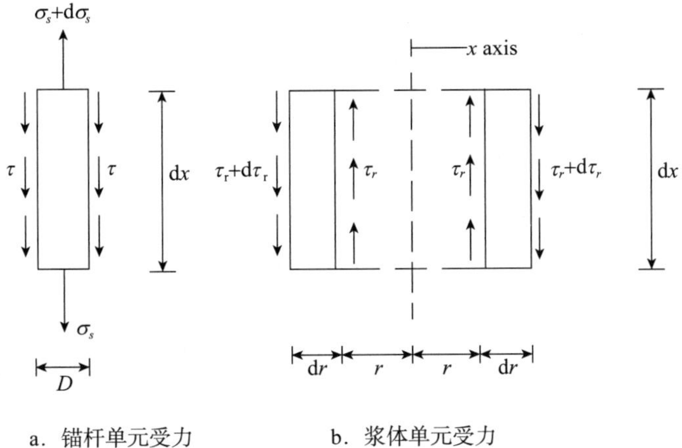

a. 锚杆单元受力　　b. 浆体单元受力

图 7-7　锚杆和浆体单元受力简图

7.3.2　锚固效果评价室内模拟试验研究

7.3.2.1　模拟研究试验方法

借鉴岩土工程的锚杆无损检测规范，根据土遗址锚杆锚固工程实际，对土遗址锚杆锚固系统无损检测模拟室内试验设计如下：

1）根据土遗址常用锚杆形制，制作长度为 1.5m 的玻璃纤维锚杆，利用内径为 75mm、长度为 2m 的 PVC 管模拟锚孔。对外露杆头进行修整，加工平整。

2）采用机械搅拌制作锚固浆液（遗址土：料礓石＝1：1，水灰比为 0.65），随拌随用。

3）根据图 7-8 的锚杆样式、编号、尺寸制作无缺陷锚杆与缺陷锚杆。缺陷锚杆中的缺陷体两端用生料带密封防止浆液渗入。

4）PVC 管应一端封堵，锚杆插入 PVC 管中，然后注浆、封口，浆液凝固前不得敲击、碰撞或拉拔锚杆，自然养护。

5）锚固系统养护 1 天后，逐天利用声波反射法进行无损检测至测量波形稳定，探讨浆液的评价龄期。

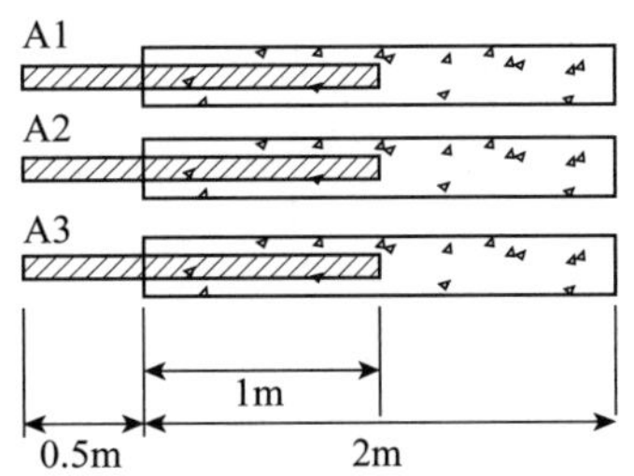

图 7-8　土遗址锚杆锚固系统无损模拟试验锚杆制作样式、编号、尺寸示意图

7.3.2.2　结果及讨论

在模拟锚杆无损检测的 38 天中，每根锚杆每天独立检测 18 次，对每根锚杆的监测数据进行分析归纳，形成图 7-9 所示的衰减曲线。

对于每条衰减曲线而言，其与所测数据的相关程度均大于 95%。分析锚杆衰减曲线发现：

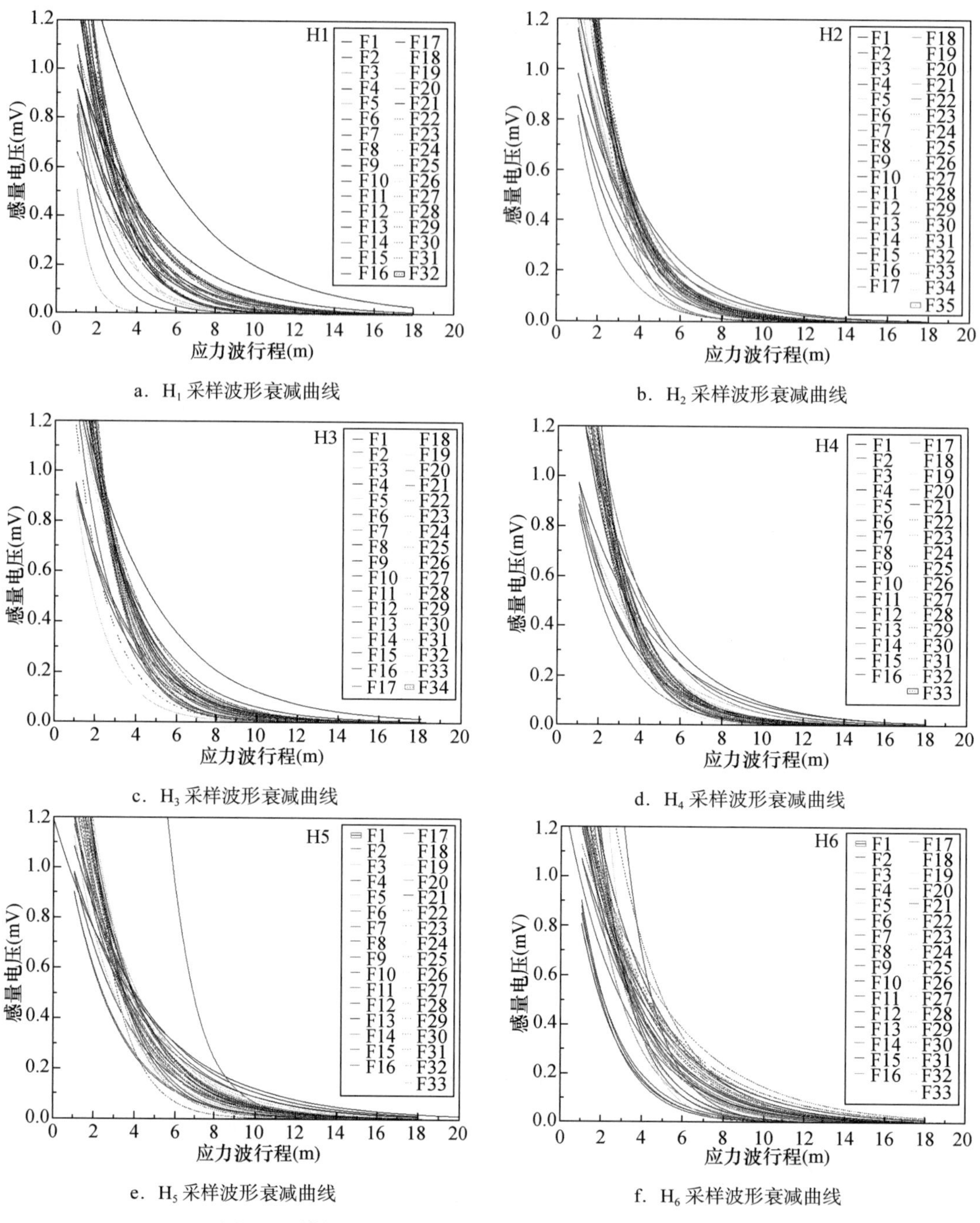

a. H_1 采样波形衰减曲线

b. H_2 采样波形衰减曲线

c. H_3 采样波形衰减曲线

d. H_4 采样波形衰减曲线

e. H_5 采样波形衰减曲线

f. H_6 采样波形衰减曲线

图 7-9　模拟试验锚杆采样波形峰值衰减曲线（0～38d）

1）H_1～H_6 波形衰减规则。衰减曲线具有较为良好的相似性，曲线呈指数型衰减。通过拟合方式得到应力波在土遗址用玻璃纤维锚杆系统传播过程衰减形式为 $Y=ae^{-bx}$（a、b 为常数），而三种衰减形式只有扩散衰减形式呈现单指数型衰减，故应力波在土遗址用玻璃纤维锚杆锚固系统传播过程中其主要呈现扩散衰减形式。

2）分别比较 H_1～H_6 锚杆 1 至 32 天衰减曲线发现，H_1 曲线在 1～21d（实线所示）时其衰减曲线离散度较大，在 22～32d（虚线所示），其衰减曲线收束性较好；

但整体来看，H_1 锚杆衰减曲线均为指数型衰减。对于 H_2～H_6 锚杆，其衰减曲线衰减趋势与 H_1 相似。对比 H_1～H_6 锚杆，可以看出在 1～38d，H_1～H_6 锚杆中，其衰减曲线的收束性为 H_4＞H_2＞H_5＞H_3＞H_6＞H_1；在 22～38d，H_1～H_6 锚杆中，其衰减曲线的收束性为 H_4＞H_3＞H_2＞H_1＞H_5＞H_6。H_4 在 16～21d 时，明显出现不同的衰减曲线族。由上述现象不难得出检测土遗址锚杆时间应集中在 16～21d、21～38d 两个时间段中，相比岩土锚杆无损检测要求的 3d、7d、14d、28d 有较大差异。即对于土遗址玻璃纤维锚杆锚固系统来说，其无损检测较为适宜的时间段为锚固浆液凝结的后期，21～38d 是最佳检测时段。

对声频应力法衰减曲线进行研究，比较得出衰减曲线递归公式：$y=ae^{bx}$，通过对锚固系统固化过程递归公式系数的研究，总结其系数的统计规律，以得出适宜于土遗址用锚杆锚固系统无损评价指标。

土遗址玻璃纤维锚杆系统传播过程衰减形式为：$Y=ae^{-bx}$，将 H_1～H_6 锚杆衰减曲线中的 a、b 提取出得到 H_1～H_6 锚杆衰减系数图（图 7-10），图中 H_1～H_6 锚杆的 a 值在整个检测时间段显现出杂乱跳跃趋势，且跳跃整体趋势也不明显，并未出现随着

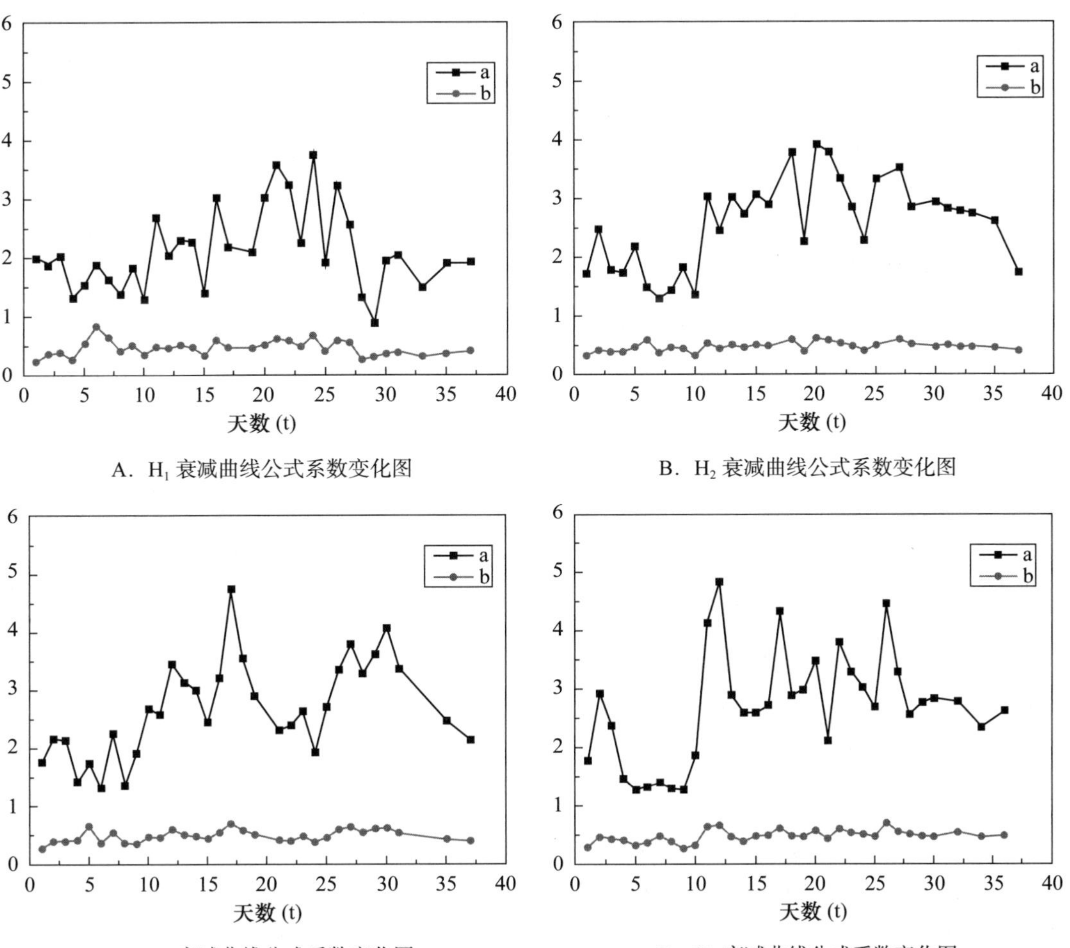

A．H_1 衰减曲线公式系数变化图

B．H_2 衰减曲线公式系数变化图

C．H_3 衰减曲线公式系数变化图

D．H_4 衰减曲线公式系数变化图

图 7-10　衰减曲线公式系数变化图

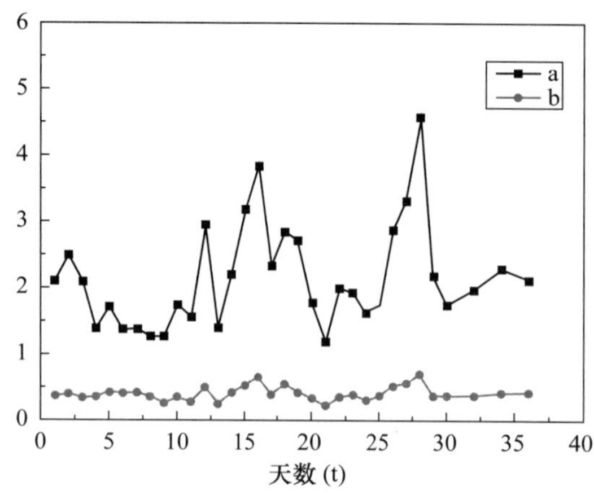

E．H_5 衰减曲线公式系数变化图

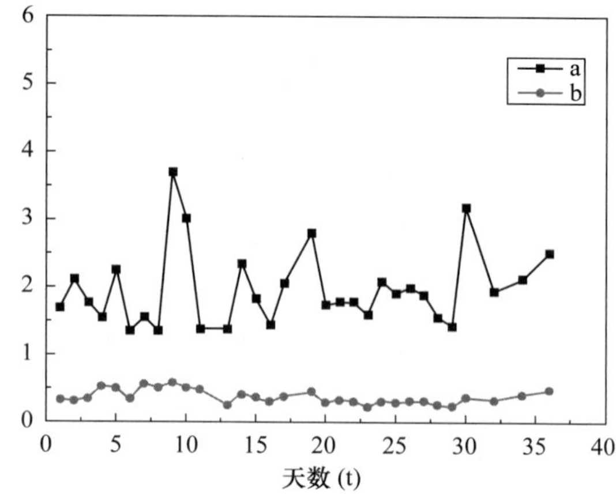

F．H_6 衰减曲线公式系数变化图

图 7-10 （续）

时间增长 *a* 值随之跳跃增长（减小）。整体来看，土遗址用玻璃纤维锚杆系统的 *a* 值变化的规律性较不明显。相反的，H_1～H_6 锚杆的 *b* 值在整个检测时间段显现出较为稳定趋势，且跳跃不明显，特别在 30d 以后，其基本呈现稳定的趋势。而 *b* 值跳跃部分基本位于 5～25d 区间内，即对于 *b* 值来说，当土遗址玻璃纤维锚杆锚固系统形成后即为固定值，且于不同土遗址玻璃纤维锚杆其有相对应的 *b* 值，*b* 值的变化并不受无损检测激励时的不同激振力的影响。由此分析可知，衰减曲线中 *b* 值比较适合作为土遗址玻璃纤维锚杆锚固系统的特征指标。

7.3.3　锚固效果评价现场试验研究

基于土遗址锚固效果评价室内模拟试验的结果，结合保护项目对土遗址锚杆锚固系统进行现场无损检测试验研究。

7.3.3.1　现场试验场地概况

（1）红沙堡试验现场

红沙堡遗址（图 7-11）位于民勤县城东北 7.5km 的沙丘间，初建于明嘉靖七年，万历九年因地窄墙卑不堪固守，展筑东、西、北三面。除东、南、西三面墙垣局部有倾倒外，其他墙体保存基本完好。现场试验场地位于红沙堡北外城北墙内侧（N 38°41′03.42″，E103°11′40.56″），该段墙体坍塌严重，残墙高 1～1.5m。

（2）永泰城址试验现场

永泰城址（图 7-12）位于甘肃省景泰县寺滩乡永泰村，城平面似乌龟，又名龟城。它是一座明清时期驻军防务的大型土筑古城。该城始建于明代，清代曾补筑。城址保存较好，对研究明清两代军事防务和城建史、建筑技术及建筑思想文化有重要价值。现场试验场地位于永泰城址城墙马面处（N37°08′25.40″，E103°51′35.27″）。

图 7-11　红沙堡试验场地

图 7-12　永泰城址试验场地

（3）交河古城试验场地

交河故城遗址（图 7-13）是第一批全国重点文物保护单位，位于新疆维吾尔自治区吐鲁番市西 10km 的雅尔乃孜沟村。交河故城自公元前 2 世纪到公元 14 世纪一直是西域重镇，在东西方文化交流中起到过十分重要的作用。交河故城测试位置点位于交河故城 41-3 亚区崖边（N42°57′32.22″，E103°51′35.27″）。

（4）北庭故城试验场地

北庭故城（图 7-14）于 1988 年被列为全国重点文物保护单位，其位于昌吉回族自治州吉木萨尔县以北 10km，是唐代设立的北庭都护府所在地。北庭故城是一座历史悠久古代城址。盛唐时期，北庭都护府是天山以北军政中心，在历史上具有重要地位。

图 7-13　交河古城试验场地

图 7-14　北庭故城试验场地

（5）嘉峪关长城试验场地

嘉峪关长城 1961 年被国务院公布为第一批全国重点文物保护单位，1987 年被联合国教科文组织列入《世界文化遗产地名录》。现场试验场地（图 7-15）位于断山口村附近，距国家重点保护文物明长城边山墩烽火台（N 39°55′33.06″，E 98°11′40.62″）1.5km。三角坐标分别为：1 号点—N 39°55′38.06″，E 98°11′24.24″；2 号点—N 39°55′37.98″，E 98°11′37.98″；3 号点—N 39°55′38.10″，E 98°11′24.42″。

图 7-15　嘉峪关长城试验场地

7.3.3.2　现场试验仪器设备

（1）遗址锚杆锚固系统无损检测仪器设备

遗址锚杆锚固系统无损检测仪器设备有 LHMG（G1）型无损检测仪（图 7-16）、RSM-RBT 型无损检测仪（图 7-17）、地质罗盘仪、卷尺、温度计。

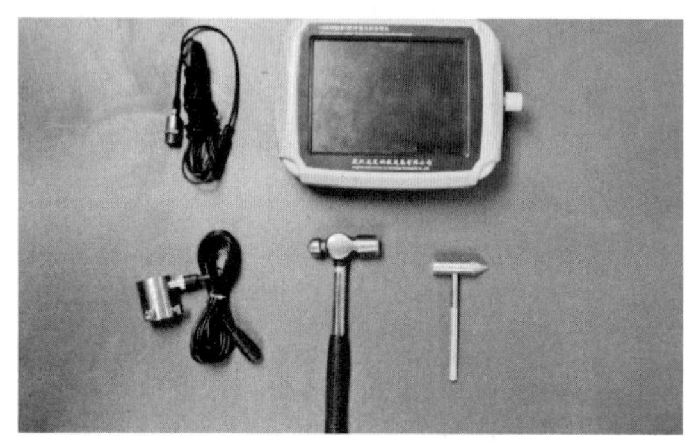

图 7-16　LHMG（G1）型无损检测仪

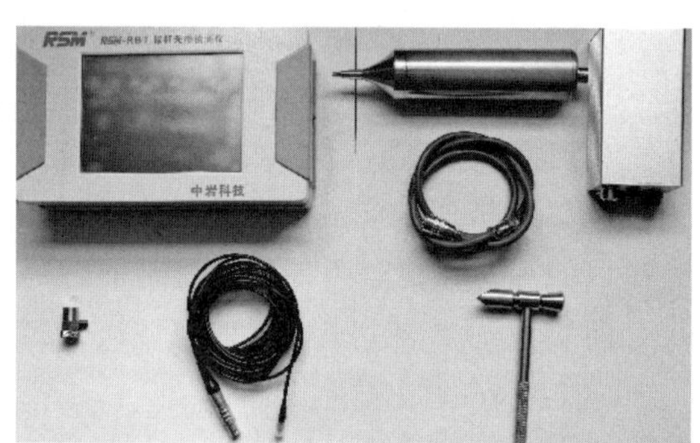

图 7-17　RSM-RBT 型无损检测仪

（2）土遗址锚杆拉拔设备

土遗址锚杆拉拔设备有 HCYL-60 锚杆综合参数测定仪、HC 系列一体式锚杆拉拔仪、宏基 ASPIRE 手提电脑等（图 7-18）。

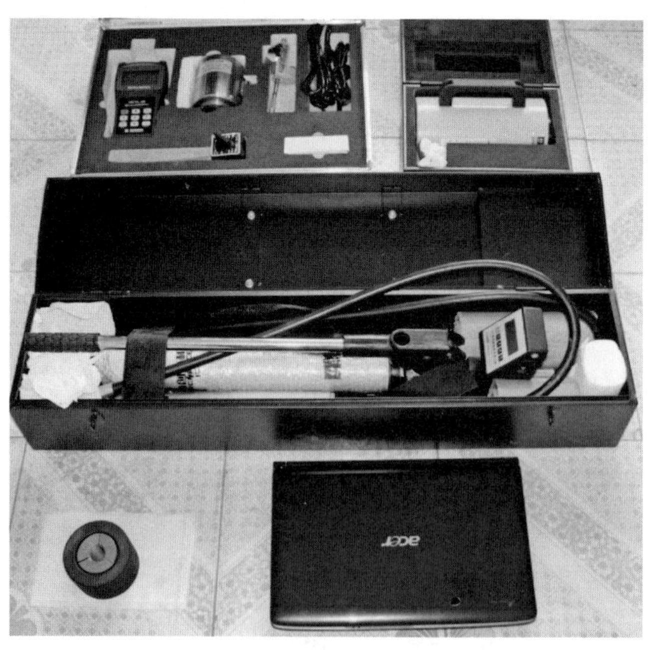

图 7-18　拉拔试验设备图

7.3.3.3　现场试验方案

7.3.3.3.1　现场无损检测流程与要求

现场无损检测过程（图 7-19、图 7-20）分为如下步骤：

1）检测前，应清除外露段周围浮浆，分离待检锚杆与外界的连接；同时，测量外露自由段长度和孔口段锚固情况。

2）仪器测试参数设定原则为同一工程相同规格锚杆，检测时仪器宜保持相同的技术参数；测试参数应根据现场锚杆模拟试验或类似工程设定；时域信号记录时间不宜少于杆底 2 次反射所需时间。

3）激振器安装符合规定，激振器与激振点充分接触，并通过试验选择适度的激振力；振源激振方向应与锚杆轴线平行，分体式探头应避免激振器触击接收传感器；实芯锚杆的激振点宜选择在杆端靠近中心位置。

4）接收传感器宜安装在锚杆杆端部位，接收面应与锚杆轴线垂直。

5）检测现场周边不能有机械振动等对检测数据有干扰的施工作业。

图 7-19　现场无损检测（手敲）

图 7-20　现场无损检测（机敲）

7.3.3.3.2　拉拔试验

拉拔试验应在锚固系统锚固浆液达到设计强度后进行，反力装置应结合钢板进行设置，其承载力和刚度应可以满足最大试验荷载要求。本次试验采用 HC-30 拉拔试验仪加载，最大张拉力 300kN，加压方式采用手动加压，加载装置和计量仪器（压力表、传感器、位移计等）在试验前应进行计量检定合格，且满足测试精度要求。

根据《干燥环境土遗址保护加固设计规范》（GBT 36747-2018）对土遗址锚杆锚固系统进行拉拔试验，其检测试验（图 7-21）要点如下。

1）试验准备。搭设脚手架，平整锚杆外露段底部墙体，使锚杆锚固系统与设备紧密结合，检查设备是否可用。

2）安装试验设备。将钢垫板套于锚杆外露段，使其紧贴于锚固系统岩土体；将穿心千斤顶和压力传感器套在锚杆外露段，保证两仪器同心且保证锚杆居中于两者圆心；安装锚固夹具和位移计。

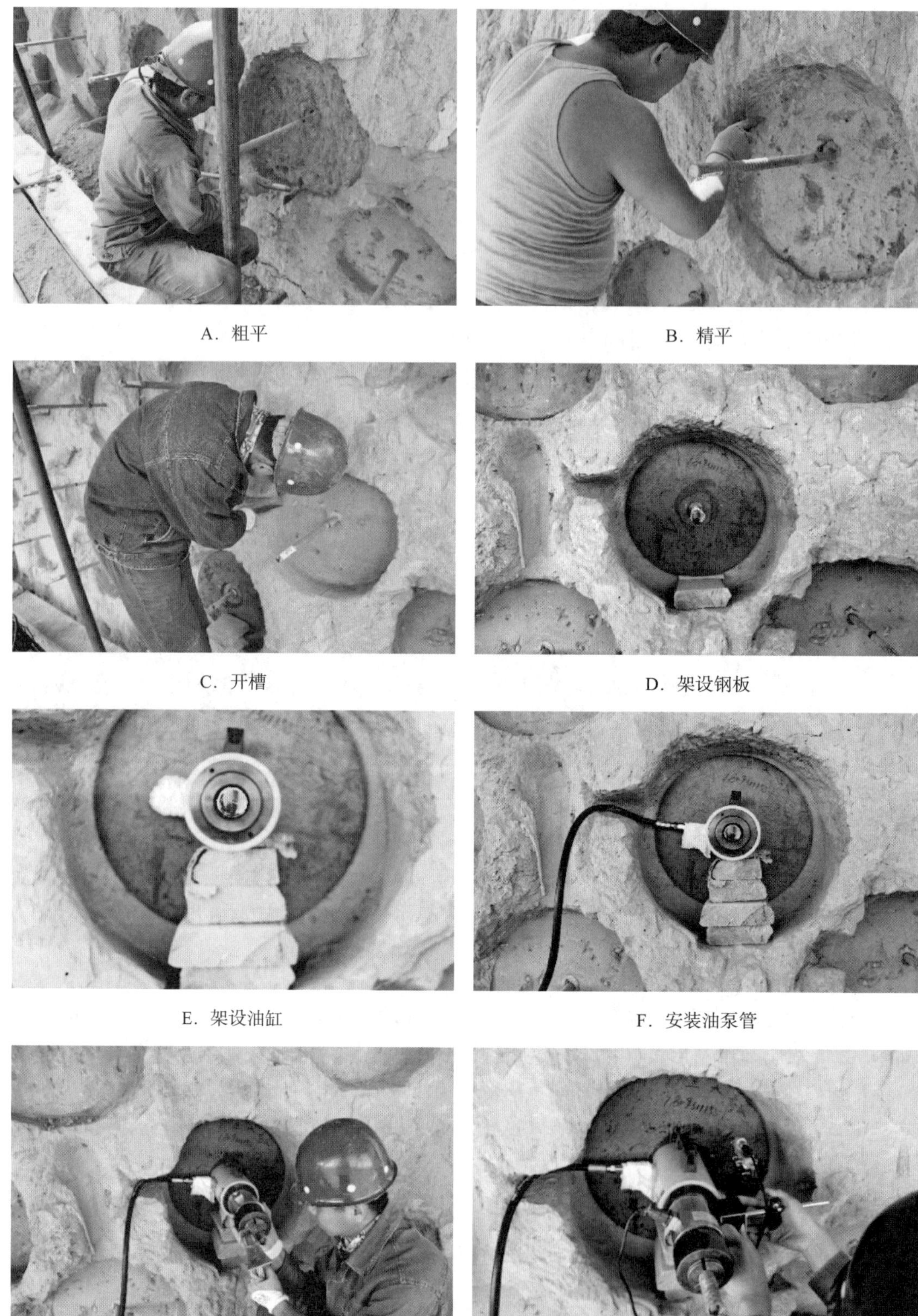

A．粗平　　B．精平

C．开槽　　D．架设钢板

E．架设油缸　　F．安装油泵管

G．安装测力计与夹具　　H．安装位移计

图 7-21　拉拔试验步骤

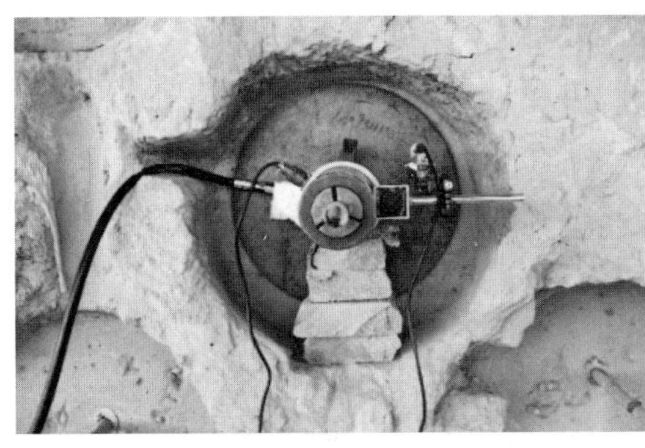

I. 安装完成

J. 拉拔试验

图 7-21 （续）

3）加荷。摇动压泵杆加压，当压力表达到规定的数值后停止，并在规定时长内持荷；每组锚杆采用单根单级加载，其余以循环加载的方式进行。并符合规定：在每次加卸载时间内应测读锚头位移不少于 3 次，对于砂质土、硬黏性土，当锚杆位移小于 0.1mm 时，可施加下一级荷载；加荷、卸荷等级以及测读时间按照《干燥环境土遗址保护加固设计规范》（GBT 36747-2018）附录 A 表 A.1 确定。

7.3.3.4　试验结果及分析

7.3.3.4.1　红沙堡土遗址锚杆锚固系统试验结果

红沙堡土遗址锚杆锚固系统试验结果如图 7-22 所示。

在红沙堡无损试验结果中（图 7-23～图 7-25），h_1、h_2 波形规则，首波位置具有较为良好的相似性，其后周期波形相似性则不明显，波峰值呈指数型衰减。波形差异主要体现在衰减速率与各个周期零值的位置。h_3 波形不规则，衰减较快且较波折，衰减形式无明显规律，各周期峰值和波动形态较为跳跃、不规律。h_3 无损检测采样曲线总体与 h_1、h_2 不协调，即首波位置较其他波形差异较大。但首波采集前半周期的第一

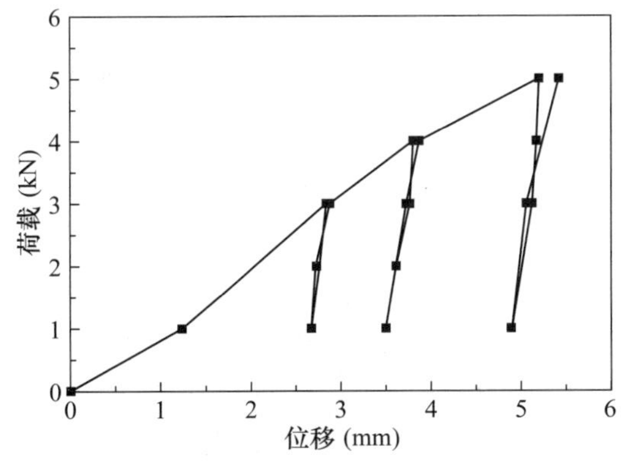

A. h_1 拉拔试验荷载 - 位移曲线

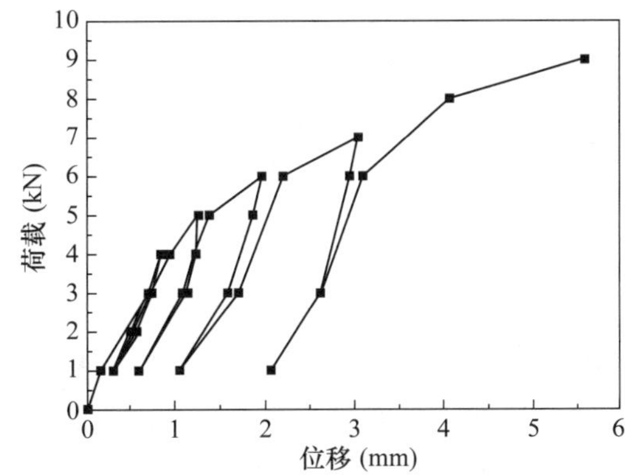

B. h_2 拉拔试验荷载 - 位移曲线

图 7-22　红沙堡土遗址锚杆锚固系统试验结果

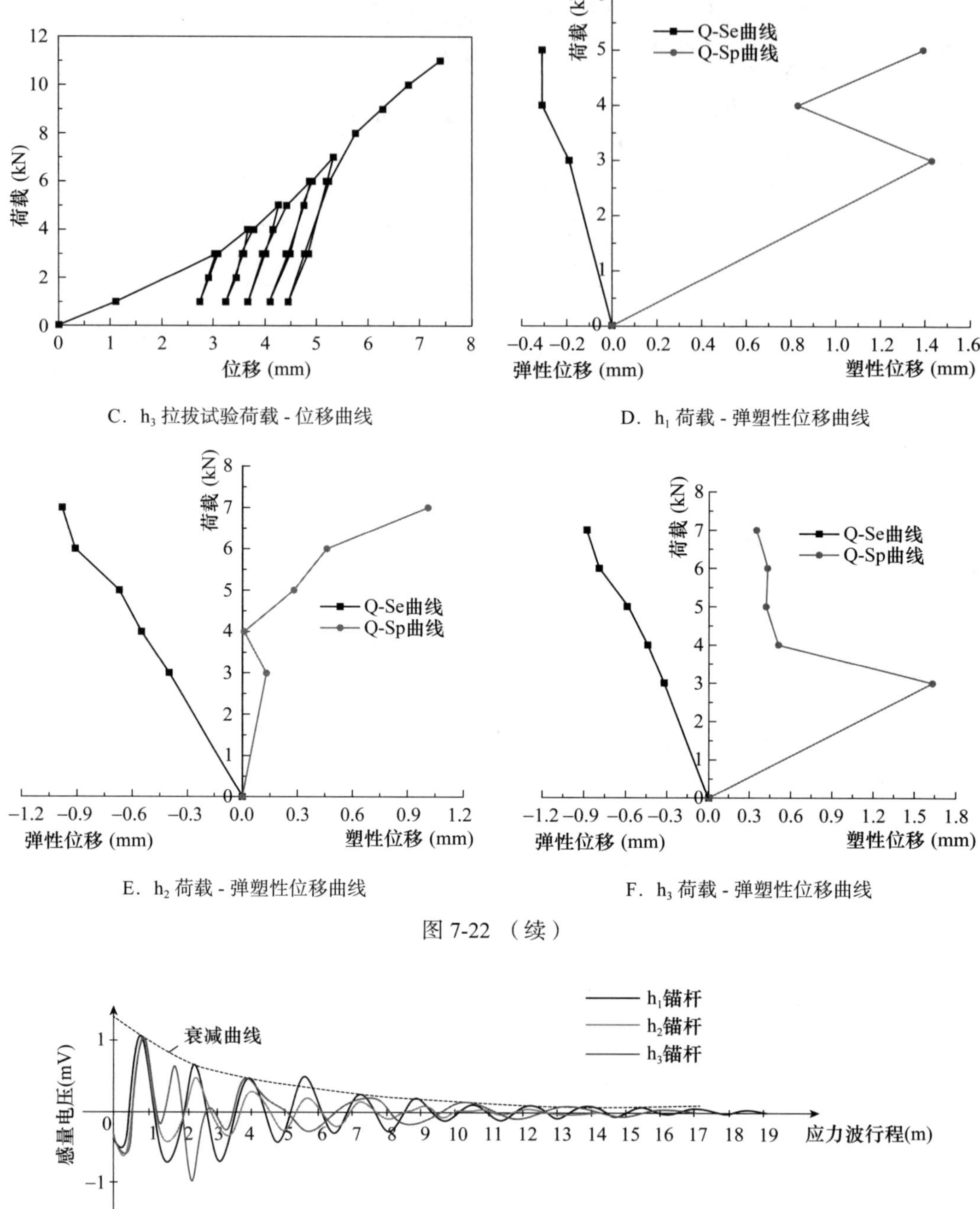

C．h_3 拉拔试验荷载 - 位移曲线

D．h_1 荷载 - 弹塑性位移曲线

E．h_2 荷载 - 弹塑性位移曲线

F．h_3 荷载 - 弹塑性位移曲线

图 7-22 （续）

图 7-23　无损检测采样曲线图

次波峰位置与 h_1、h_2 无损检测采样曲线重合度较好。h_1 锚杆仪器所测结果表明杆长指标全部落入杆长允许误差范围内，无一落入速度允许误差内；h_2 锚杆仪器所测结果表明杆长指标 80.0% 落入杆长允许误差范围内，所测速度指标无落入速度允许误差内；h_3 锚杆仪器所测杆长、所测速度均未落入允许误差内。

编号
拟合函数
相关系数
h1锚杆
y=1.12exp(−0.2x)
0.97
h2锚杆
y=1.34exp(−0.38x)
0.98
h3锚杆
y=1.47exp(−0.49x)
0.71
感量电压(mV)
应力波行程(m)

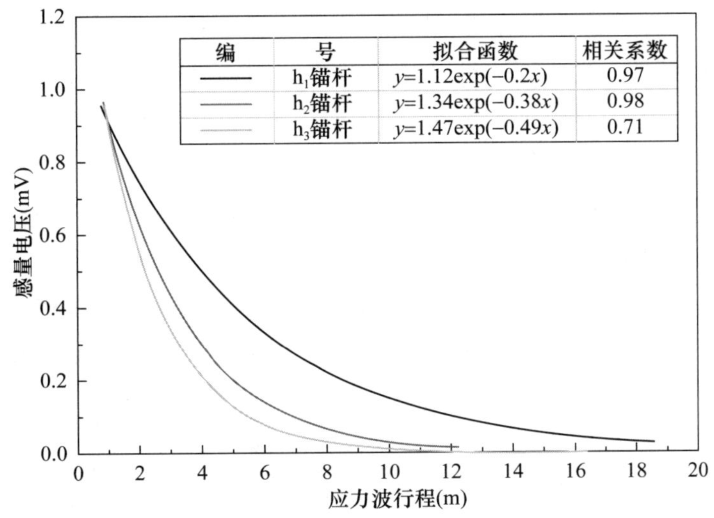

图 7-24　红沙堡锚杆采样波形峰值衰减曲线

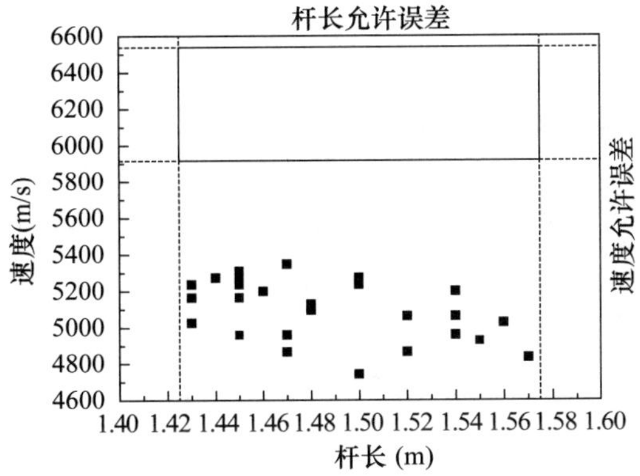
杆长允许误差
速度允许误差
速度(m/s)
杆长 (m)

A．h_1 杆长 - 速度图

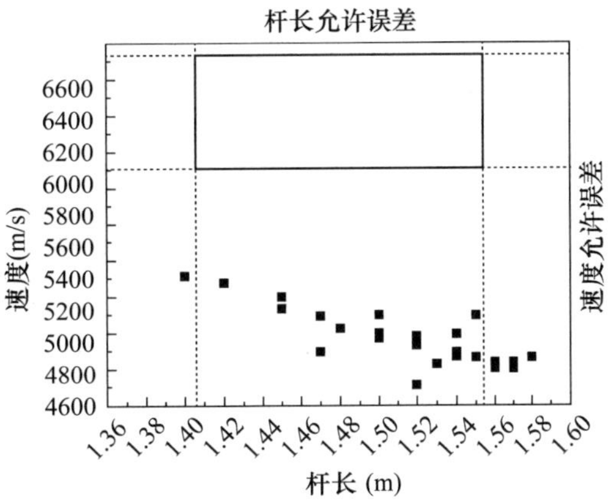
杆长允许误差
速度允许误差
速度(m/s)
杆长 (m)

B．h_2 杆长 - 速度图

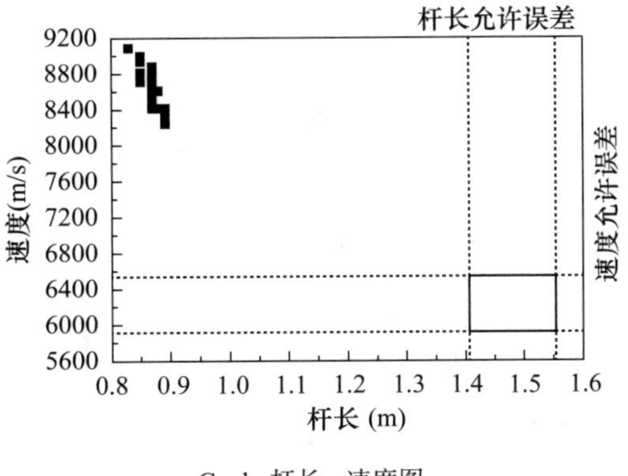
杆长允许误差
速度允许误差
速度(m/s)
杆长 (m)

C．h_3 杆长 - 速度图

图 7-25　红沙堡锚杆无损检测杆长 - 速度图

7.3.3.4.2　永泰城址土遗址锚杆锚固系统试验结果

Y_1、Y_2、Y_3、Y_5 波形规律与 h_1、h_2 相似（图 7-23）。Y_4、Y_6 波形不规则（图 7-26）且衰减规律性较差（图 7-27），各周期波峰值不规律出现和波动形态跳跃无明显规律性。Y_4的采样曲线在第一周期内与其他锚杆无损检测波形较为一致。后续周期曲线较不规整，波形跳跃，波峰、波谷呈现不规律地靠近横轴趋势。Y_6采样曲线在第一周期内与其他锚杆无损检测波形相似，其第二周期记录波形十分不规则：波峰间距过小，波谷呈非负值，峰值与谷值跳动剧烈。由图 7-28 可知，Y_1锚杆仪器所测结果杆长指标 41.7% 落入杆长允许误差范围内。而速度指标 45.8% 落入速度允许误差内，其中对应波形反映正确杆长的占 81.8%。Y_2、Y_3、Y_5锚杆测量结果所反映现象与Y_1相同，即落入速度允许范围内的波形部分无法正确检测出真实杆长值。Y_4、Y_6杆仪器所测结果表明仅部分杆长指标落入杆长允许误差范围内，而无一落入速度允许误差内。

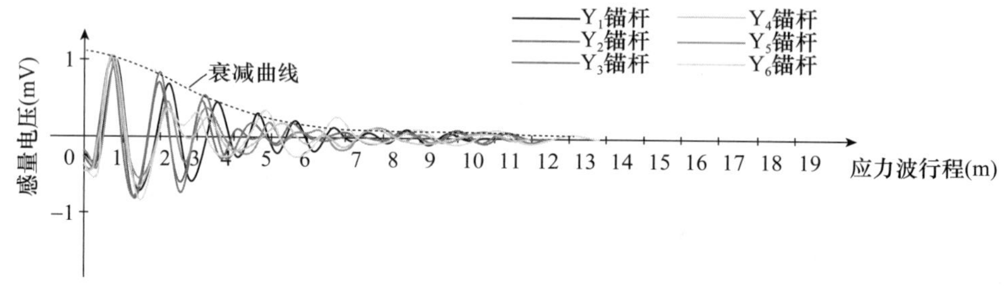

图 7-26　永泰城址锚杆无损检测采样曲线

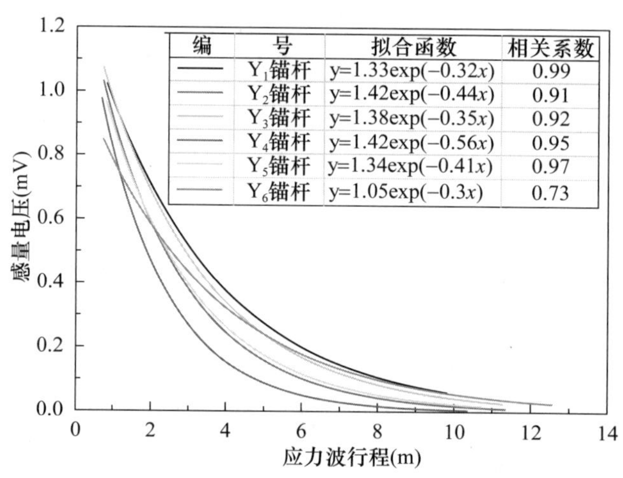

图 7-27　永泰城址锚杆采样波形峰值衰减曲线

比较红沙堡与永泰城址试验数据可以看出：红沙堡波速的离散性较强，永泰城址利用波速遴选出的波形杆长仅部分合格。由此看出，速度指标无法稳定、真实地反映出杆系锚固质量的真实情况。因此，在土遗址用 GFRP 锚杆系统中利用允许波速误差指标无法得到真实波形，在土遗址锚杆系统无损检测中，杆长更适宜作为仪器所测结果的真实性判据。

速度指标不能够甄别土遗址锚杆系统无损检测信号的真实性，这并不证明岩土工程固结波速的指标不具有普适性，而是土遗址锚杆系统的特殊性造成的。岩土工程锚杆几乎全部采用的是钢筋锚杆系统，与土遗址玻璃纤维锚杆锚固系统锚固浆液相比，

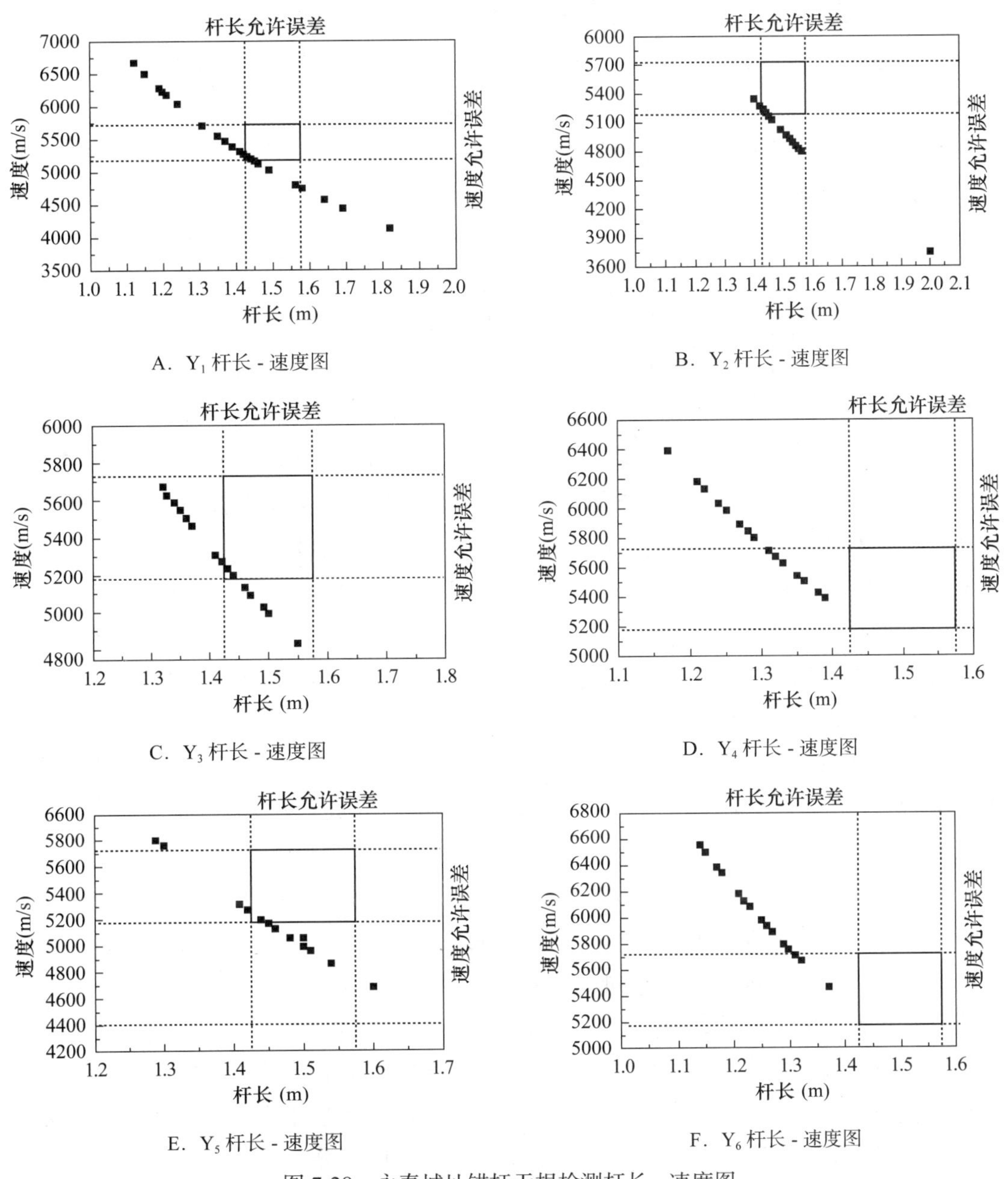

A. Y_1 杆长 - 速度图　　B. Y_2 杆长 - 速度图

C. Y_3 杆长 - 速度图　　D. Y_4 杆长 - 速度图

E. Y_5 杆长 - 速度图　　F. Y_6 杆长 - 速度图

图 7-28　永泰城址锚杆无损检测杆长 - 速度图

混凝土的各种理化性质都研究得十分透彻。反观土遗址玻璃纤维锚杆锚固系统，因文物加固中“最大兼容”的原则，对锚杆系统的标准化与可控化要求则相应降低，锚杆系统中玻璃纤维锚杆可进行标准化生产，且锚固浆液成分中有一半是利用加固工程中塌落的遗址土，土遗址玻璃纤维锚杆锚固系统施工以人工作业为主，从而导致了土遗址玻璃纤维锚杆锚固系统锚固浆液性质的不确定性，本研究中将其归结为同一根锚杆不同位置处的泊松比会变化，固结波速会随着波阵面的位置不同而随之变化，故而固结波速在同类锚杆中就不存在相对真值，波速就不适宜作为仪器所测结果的真实性判据。

杆长指标能够作为甄别土遗址锚杆系统无损检测信号的真实性，也是由于土遗址锚杆文物属性的特殊性所造成的。对于杆长来说，锚杆长度指标由反射应力波的走时和波速共同确定，这就保证了在正确的锚杆底部响应信号下，其对应的锚杆长度应为该锚杆真实长度，土遗址锚杆锚固工程由于每次使用的锚杆量较小，故而对于每根锚杆可保证正确测量出其值，判断出采样曲线的真实性。

7.3.3.4.3　交河故城与北庭故城土遗址锚杆锚固系统试验结果

本次共检测五根锚杆，其中交河故城三根，北庭都护府两根。交河故城三根锚杆锚固浆液类型分别为：1 号锚杆烧料礓石与粉煤灰 1∶1 配比；2 号锚杆烧料礓石与遗址土 2∶1 配比；3 号锚杆烧料礓石与遗址土 1∶1 配比。北庭故城两根锚杆锚固浆液类型相同，均为水泥土。北庭故城锚杆长 3m，交河故城锚杆为 1.5m。

分析交河故城波形图，不论是何种浆液，其波形都呈衰减趋势；三根锚杆在 3～4 个周期内完成衰减。比较来看，三种浆液衰减曲线的整体规整程度差异较大：1 号锚杆（烧料礓石：粉煤灰：遗址土＝1：1：1）波形衰减较快但十分跳跃，整体衰减时不稳定；2 号锚杆（烧料礓石：遗址土＝2：1）波形十分稳定，整体衰减快；3 号锚杆（烧料礓石：遗址土＝1：1）波形较稳定，整体衰减较快。对比三种浆液的波形图可以发现，锚固浆液中掺入粉煤灰的波形最不规整。而锚固浆液掺入比例较高烧料礓石的波形在三者之中最为规整。

对于北庭故城测试波形图，可以看出不论 1 号锚杆还是 2 号锚杆其波形均呈现急速衰减趋势，在 2～3 个周期内基本完成衰减，除急速衰减波形部位起伏较大外，衰减完成后基本无振动。

对比交河故城与北庭故城波形图，由于交河故城锚固浆液以烧料礓石与遗址土为主料，浆液结石体强度、硬度都明显弱于水泥，所以北庭故城锚杆波形衰减较交河故城迅速。交河故城三根锚杆虽锚固浆液以烧料礓石与遗址土为主料，但配比不同，导致波形差异也较大。因此，不同锚固浆液波形会存在较大差异。

交河故城锚杆实际长度为 1.5m，利用无损设备测得长度在 1.22～1.31m 之间，和实际相差 0.20～0.28m。根据《锚杆锚固质量无损检测技术规程》要求“不符合测量长度与设计长度相对误差不能超过 5% 的规定”。现场分析原因，三根锚杆都产生了左右偏孔情况，夹角 20° 左右，推测该锚杆测量长度有差异的主要原因可能是偏孔造成的。北庭故城无损设备测量长度与锚杆实际长度相对误差均满足不超过 5% 的要求（图 7-29、表 7-2、图 7-30、表 7-3）。

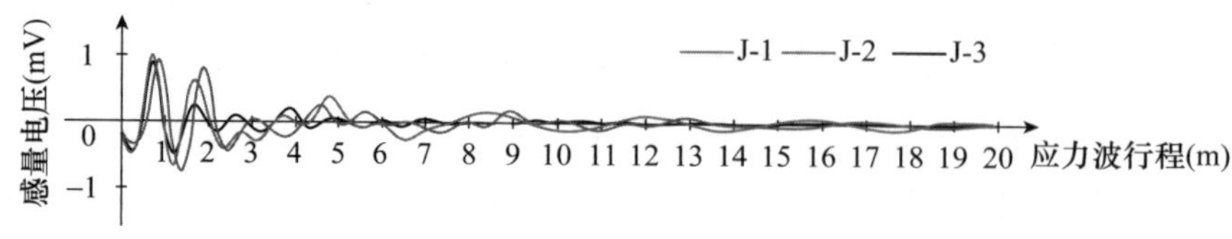

图 7-29　交河故城锚杆波形图

表 7-2　交河故城代表锚杆测量长度统计表

锚杆编号	波形编号	实际长度（m）	测量长度（m）	测长误差	
				绝对误差（m）	相对误差（%）
1	1-1	1.50	1.23	0.27	18.00
	1-2		1.25	0.25	16.67
	1-3		1.26	0.24	16.00
2	2-1		1.29	0.21	14.00
	2-2		1.22	0.28	18.67
	2-3		1.27	0.23	15.33
3	3-1		1.30	0.20	13.33
	3-2		1.33	0.17	11.33
	3-3		1.31	0.19	12.67

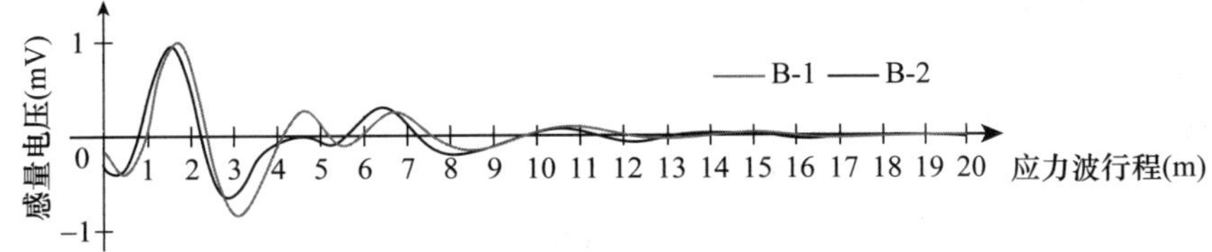

图 7-30　北庭都护府锚杆波形图

表 7-3　北庭故城代表锚杆测量长度统计表

锚杆编号	波形编号	实际长度（m）	测量长度（m）	测长误差	
				绝对误差（m）	相对误差（%）
1	1-1	3.00	2.95	0.05	1.67
	1-2		2.98	0.02	0.67
	1-3		2.95	0.05	1.67
2	2-1		2.97	0.03	0.30
	2-2		2.99	0.01	0.33
	2-3		2.94	0.06	2.00

7.3.3.4.4　嘉峪关土遗址锚杆锚固系统试验结果

嘉峪关无损检测试验的目的主要是通过声频应力法检测结果与拉拔试验检测结果的对比分析，对声频应力波法检测土遗址玻璃纤维锚杆锚固系统存在的问题进行初步研究。其中 J-1～J-3 为室内锚杆，J-4～J-8 为现场锚杆（图 7-31）。

嘉峪关拉拔试验（图 7-32）主要用于对无损测试结果校核，通过比对无损试验与拉拔试验结果，验证无损测试的可靠性。

嘉峪关与红沙堡无损检测试验完成后，分别对两地的锚杆进行了拉拔试验，通过声频应力法检测结果与拉拔试验检测结果的对比分析，对声频应力波法检测土遗址玻璃纤维锚杆锚固系统存在的问题进行初步研究。

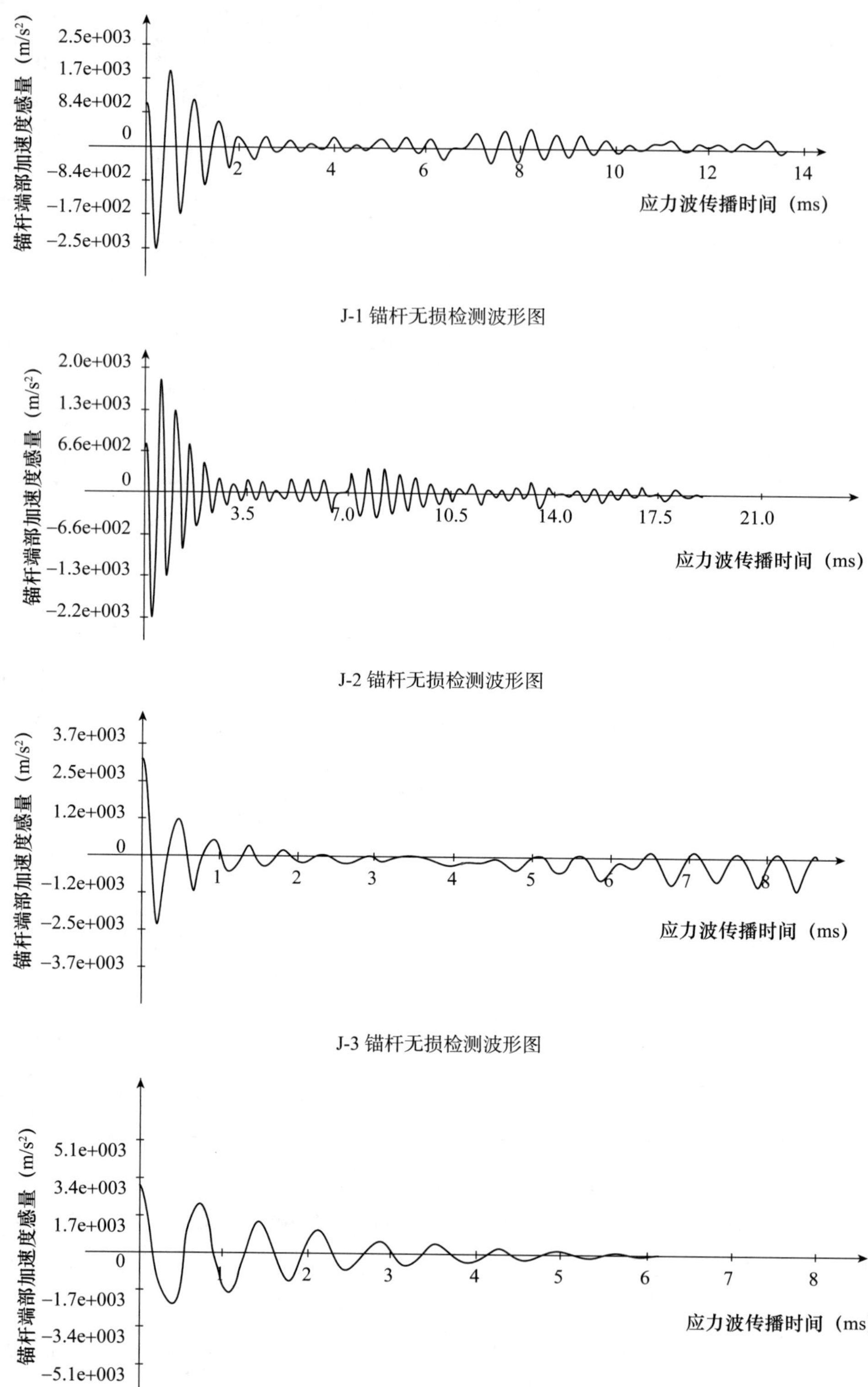

图 7-31　嘉峪关锚杆无损检测波形图

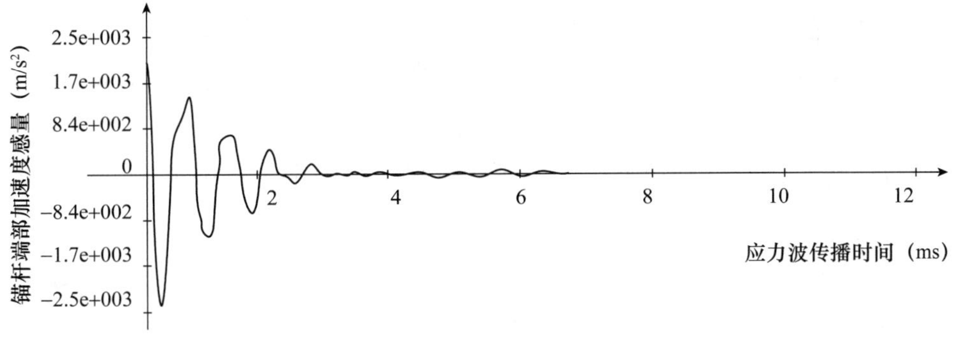

J-5 锚杆无损检测波形图

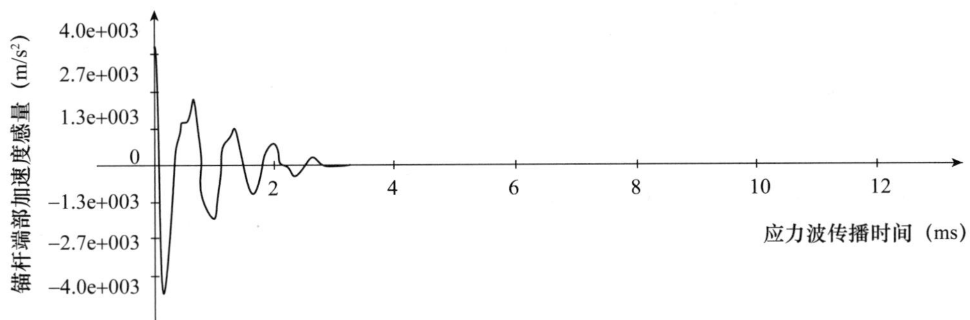

J-6 锚杆无损检测波形图

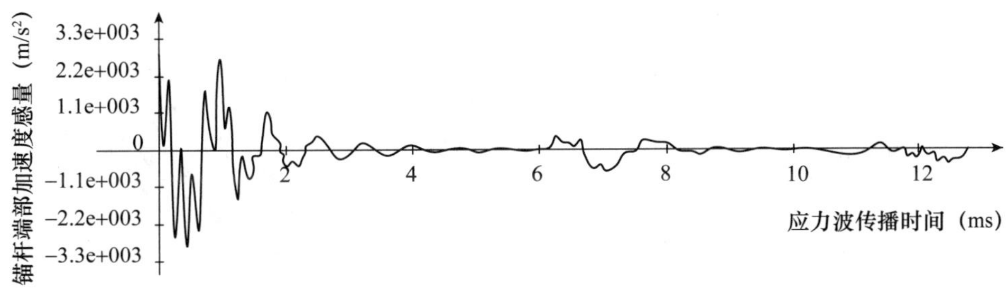

J-7 锚杆无损检测波形图

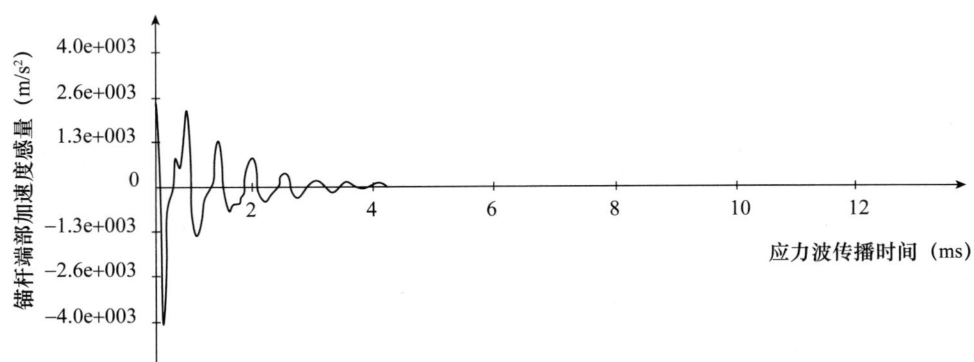

J-8 锚杆无损检测波形图

图 7-31 （续）

通过锚杆的荷载（Q）- 位移（S）曲线可以看出：①红沙堡锚杆与嘉峪关锚杆的极限测试拉拔力都满足土遗址玻璃纤维锚杆锚固系统的满设计要求（≥4kN/m），所有锚杆合格；②对红沙堡与嘉峪关锚杆循环加载检测中，即在极限荷载内，锚杆体现出较好的抗疲劳特性，其中最差的锚杆也在拉拔试验中至少经历了 3 个循环破坏；

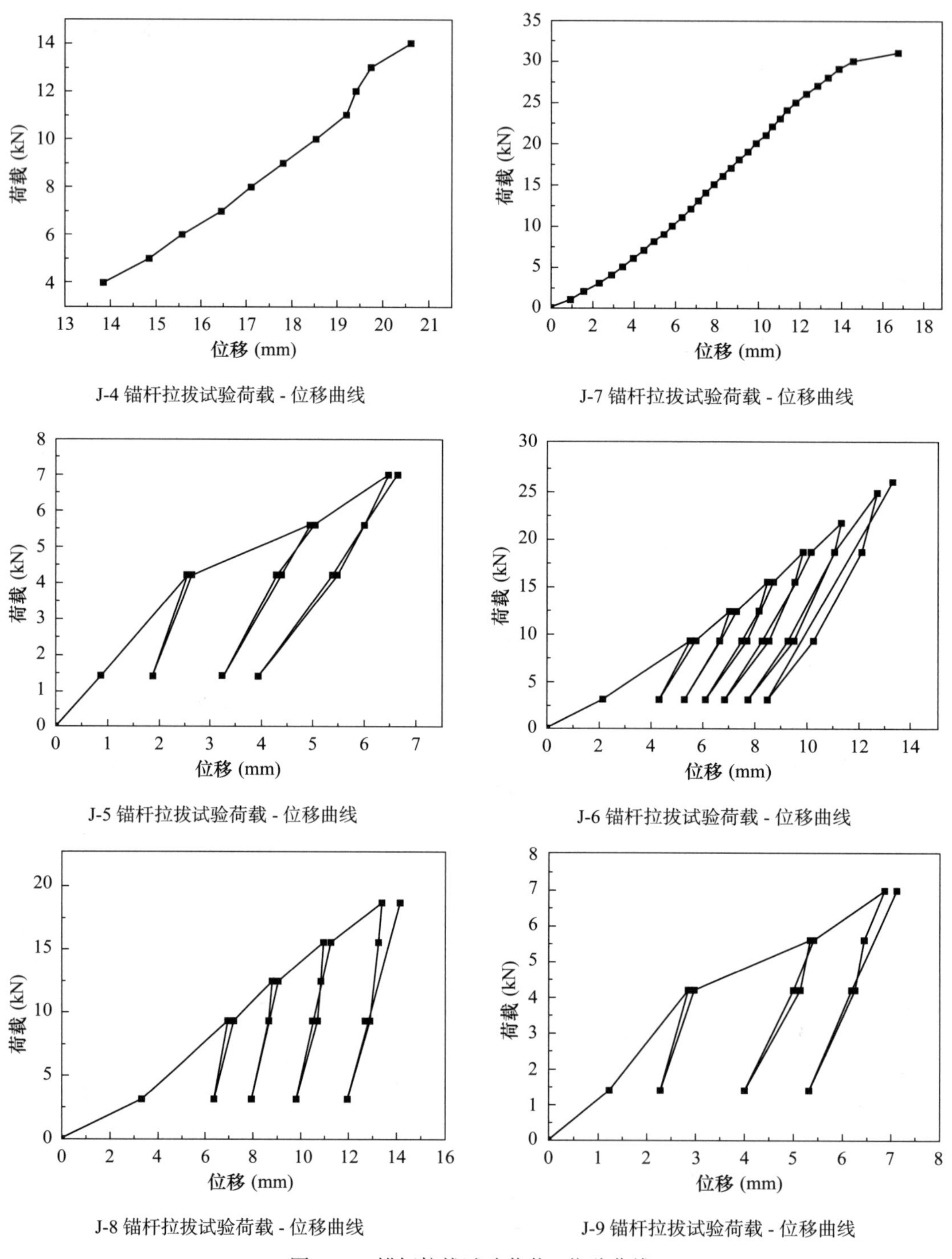

图 7-32　锚杆拉拔试验荷载 - 位移曲线

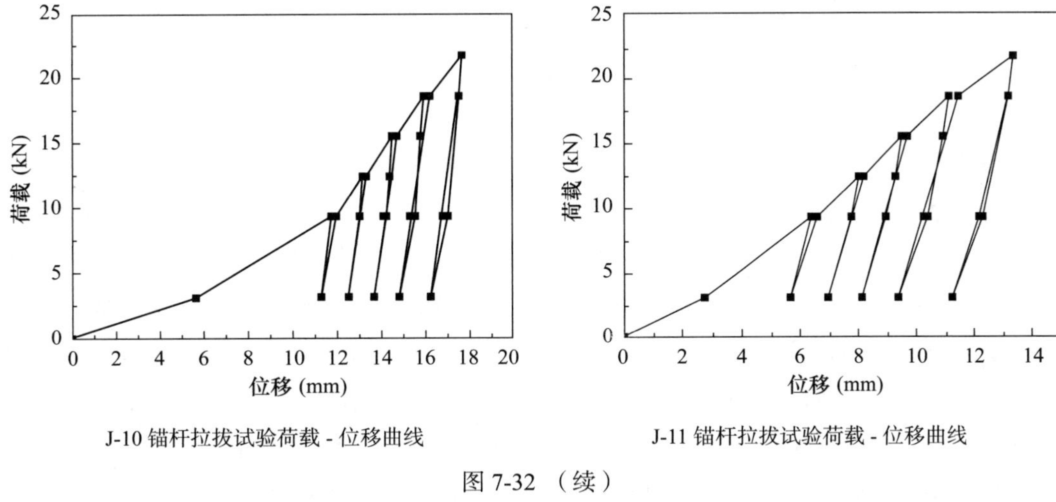

J-10 锚杆拉拔试验荷载 - 位移曲线　　J-11 锚杆拉拔试验荷载 - 位移曲线

图 7-32 （续）

③上述锚杆的荷载（Q）- 位移（S）曲线的滞回环面积较小，呈现出线型特征，对于土遗址玻璃纤维锚杆锚固系统，其塑性较差。

根据嘉峪关试验与红沙堡试验无损采样波形进行分析，可以发现嘉峪关 9 根锚杆与红沙堡 h_1、h_2 锚杆采样波形规则，衰减快速，波峰波谷对称且面积均匀，可以判断其锚杆质量合格。但红沙堡锚杆中 h_3 锚杆波形不规则且衰减规律性较差，各周期波峰值不规律出现，波动形态跳跃，无明显规律性。在第一周期内与其他锚杆无损检测波形较为一致。后续周期曲线较不规整，波形跳跃，波峰、波谷呈现不规律地靠近横轴趋势。故而 h_3 为问题锚杆，在进行拉拔试验后发现，h_3 锚杆出现沉底现象，因此造成锚杆无损检测结果失真。

对比锚杆拉拔试验与声频应力法无损检测结果，可以看出：①相比于声频应力法无损检测结果，拉拔试验结果的可靠性较强；②在锚杆杆体均匀、顺直且居中时，声频应力波法检测结果较为真实；③对于土遗址玻璃纤维锚杆锚固系统来说，其无损检测指标反映的锚杆系统内部情况更加精细，因此在检测时会出现无损检测不合格的锚杆，其拉拔力满足土遗址保护规范要求的情况。对于该种情况，应对所检测的锚杆系统进一步进行研究，综合两种检测方式进行综合分析，以期更加科学地对其进行评价。

7.3.3.5　试验结果综合分析

1）相对于无损检测，锚杆拉拔试验检测破坏性强、检测试验周期长、工序烦琐，且检测后对锚杆有损伤。因此，拉拔试验不可大批量在同一遗址体上进行。

2）锚杆拉拔试验检测结果准确、可信度高。从试验结果不难看出，对于施工中的“带病”锚杆，无损检测往往不能够准确反映；而通过拉拔试验进行检测时，检出率高达 90% 以上。

3）在土遗址锚杆锚固质量的监测中无损检测和拉拔试验可以配合使用。

7.4 小　　结

本研究通过理论分析得出了土遗址锚杆锚固系统激振机理与声频应力波在土遗址锚杆锚固系统内纵向振动传播机制，探讨了声频应力法检测土遗址锚杆的激励机制，提出了土遗址锚杆声频应力法检测土遗址锚杆的特征值——衰减曲线系数；研究并初步形成了土遗址锚杆系统无损检测方法，借助于采样波形图评价土遗址锚杆锚固系统密实度；同时对两种检测方法的兼容性进行了讨论，并给出检测结果不兼容时的解决方法。本研究不仅解决了锚杆无损检测适用性问题，也为进一步研究土遗址锚杆无损检测打下了坚实的理论基础。该无损诊断技术不仅可为土遗址锚杆锚固系统的检测提供依据，也可为运营期土遗址锚杆健康诊断开辟新的道路，从而使得土遗址能够在现有技术条件下，尽可能长地延续其存续寿命。

主要结论如下：

1）声频应力法可以应用于土遗址用锚杆锚固系统的检测。锚杆无损检测仪利用应力波反射法对土遗址加固用玻璃纤维锚杆锚固系统进行无损检测时，指标清晰明确，实测数据差异明显，对同类型锚杆首波凸显出较好的规律性，波形衰减特征可用于定性评价锚杆系统锚固质量。

2）玻璃纤维锚杆锚固系统的声频应力法衰减形式为扩散衰减形式。上文通过拟合方式得到应力波在土遗址用玻璃纤维锚杆系统传播过程衰减形式为$y=ae^{bx}$，而三种衰减形式只有扩散衰减形式呈现单指数型衰减，故应力波在土遗址用玻璃纤维锚杆系统传播过程中其主要呈现扩散衰减形式。

3）衰减曲线是土遗址用锚杆锚固系统声频应力法的评价指标。土遗址玻璃纤维锚杆系统与水泥锚固浆液的全长黏结型锚杆的锚固浆液差异性强，其具有独特的规律。现阶段，若想将该无损检测方法投入应用，应对土遗址玻璃纤维锚杆系统的标准锚杆模拟试验进行深入研究，以期建立标准波形库从而科学地对该锚杆系统进行质量评价。

4）锚杆测试拉拔力与衰减指数具有相关性。对于具有规则采样曲线的土遗址用玻璃纤维锚杆系统，采样曲线衰减越快则测试拉拔力越高。对于非规则波形锚杆，本次试验测试拉拔力离散，说明对信号复杂、波形凌乱的土遗址用玻璃纤维锚杆系统仅利用无损检测手段较难判断该类锚杆锚固质量，应结合其他检测方法进行检测。

第8章　土遗址裂隙灌浆技术加固效果评价方法

8.1　土遗址裂隙灌浆技术加固效果评价指标的确定

根据裂隙发育规模，土遗址裂隙灌浆加固主要包括微裂隙的填补封护、小裂隙的注浆和大裂隙的充填注浆三种类型。填补封护主要是利用PS溶液渗透加固后改性土浆液对裂隙进行充填，因此影响该类裂隙加固效果的主要指标包括填补浆液与遗址体的黏结性能、填补浆液的强度性能、填补浆液的耐候性和填补浆液的色度；针对小裂隙的注浆主要包括裂隙封护、裂隙注浆和注浆孔封护等步骤，因此影响该类裂隙加固效果的主要指标包括裂隙注浆的密实度、裂隙封护密实性、裂隙封护及裂隙注浆的耐候性、裂隙封护的色度等；针对大裂隙的充填注浆主要包括土坯或土块的充填封护、充填体注浆、注浆孔封护等步骤，影响其加固效果的主要指标包括充填体的整体性、耐候性和色度等；而针对版筑缝等工艺缝隙而言，仅需对裂隙进行封护，防止雨水灌入，保留缝隙的存在，其主要影响因素包括封护体的密实性、耐候性和防水性能。相关指标如表8-1所示。

表8-1　裂隙灌浆技术加固效果评价指标

	项目		允许值		检查方法 / 说明
			单位	数值	
微裂隙	黏结性		mm	＜1	填补体与遗址体之间的缝隙不超过1mm
	强度性能				填补体与遗址体的强度接近
	耐候性	风蚀	mm	＜1	净风17m/s持续1h，风蚀深度小于1mm
			mm	＜5	携砂风17m/s持续0.5h，风蚀深度小于5mm
		雨蚀	mm		10mm/h持续0.5h，表面无泥流现象
			mm	＜5	30mm/h持续0.5h，雨蚀平均深度小于5mm
	色度			≤4	填补体与周边遗址的色差不大于4
小裂隙	密实度		mm	＜1	灌浆结石体与遗址体紧密接触
	强度性能				填补体与遗址体的强度接近
	耐候性	风蚀	mm	＜1	净风17m/s持续1h，风蚀深度小于1mm
			mm	＜5	携砂风17m/s持续0.5h，风蚀深度小于5mm
		雨蚀	mm		10mm/h持续0.5h，表面无泥流现象
			mm	＜5	30mm/h持续0.5h，雨蚀平均深度小于5mm
	色度			≤4	填补体与周边遗址的色差不大于4

续表

	项目		允许值		检查方法 / 说明
			单位	数值	
大裂隙	整体性				确保充填体护维整体，灌浆充实
	耐候性	风蚀	mm	＜1	净风 17m/s 持续 1h，风蚀深度小于 1mm
			mm	＜5	携砂风 17m/s 持续 0.5h，风蚀深度小于 5mm
		雨蚀	mm		10mm/h 持续 0.5h，表面无泥流现象
			mm	＜5	30mm/h 持续 0.5h，雨蚀平均深度小于 5mm
	色度			≤4	填补体与周边遗址的色差不大于 4
版筑缝	防水性				能够有效防止雨水灌入
	耐候性	风蚀	mm	＜1	净风 17m/s 持续 1h，风蚀深度小于 1mm
			mm	＜5	携砂风 17m/s 持续 0.5h，风蚀深度小于 5mm
		雨蚀	mm		10mm/h 持续 0.5h，表面无泥流现象
			mm	＜5	30mm/h 持续 0.5h，雨蚀平均深度小于 5mm
	色度			≤4	填补体与周边遗址的色差不大于 4

8.2　土遗址裂隙灌浆技术加固效果评价方法

高密度电阻率法是以岩土体导电性差异为基础的一类电探方法。电阻率等于电流垂直流过单位横截面条件下，单位长度导体的电阻，其是表征导体材料导电性的物理量。就岩土体而言，其电阻率的影响因素主要包括矿物成分与结构、岩石的孔隙性、含水量、水的矿化度和温度等，而空气的电阻率极大。因此，高密度电法可以用于裂隙灌浆前后灌浆效果的对比评价。

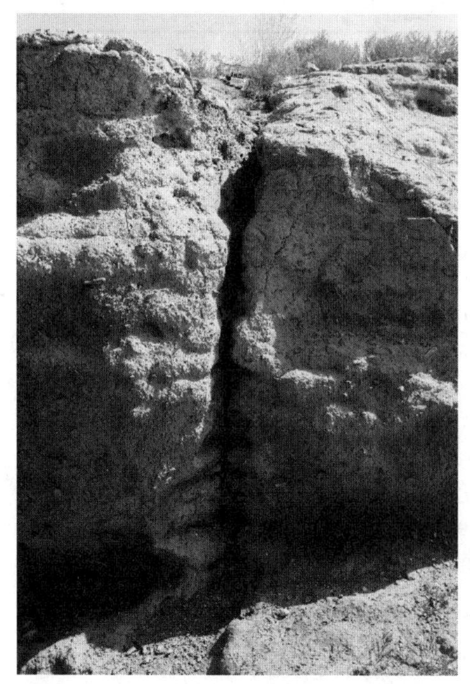

图 8-1　西夏陵 49 号陪葬墓西侧裂隙

探地雷达利用目标体及周围介质的电磁波的反射特性，对目标体内部的构造和缺陷（或其他不均匀体）进行探测。因此，探地雷达亦可用于裂隙灌浆前后灌浆效果的对比评价。

由此可见，利用高密度电法和探地雷达综合评价裂隙灌浆的效果是可行的。基于此，本研究选取西夏陵 49 号陪葬墓西立面上的裂隙作为研究对象（图 8-1），对比研究灌浆前后的测试结果，以查明综合物探在裂隙灌浆加固效果评价中的使用方法和评价方法。

为了研究高密度电法及探地雷达在裂隙灌浆

加固效果评价中的可行性，在该裂隙顶部——49 号陪葬墓顶部靠西侧边缘区域布置长 2.3m 的测线进行高密度电法及探地雷达的测试，高密度电法极距为 10cm，探地雷达选取频率为 750MHz 的 MALA GX 天线。首先利用三维扫描仪对裂隙及 49 号墓顶部靠西侧边缘区域进行扫描建模，并对既定测线位置进行剖析，得到测线的剖面（图 8-2）；其次，用高密度电法和探地雷达对既定剖面进行探测；再次，对裂隙进行封护灌浆加固处理；最后，待浆液干燥后利用高密度电法和探地雷达对剖面再次进行检测。两次测试结果如图 8-3、图 8-4 所示。

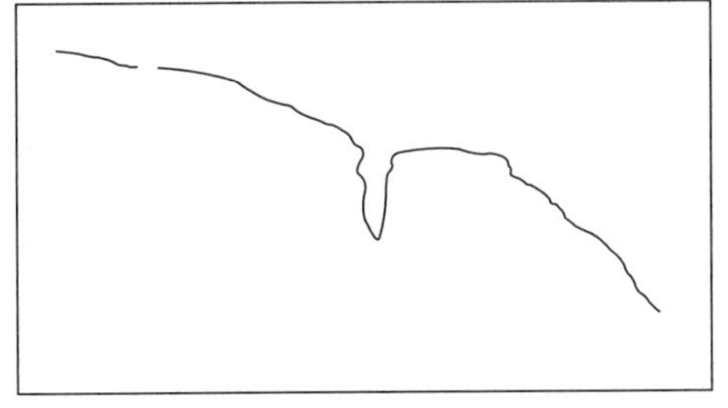

图 8-2　西夏陵 49 号陪葬墓西侧裂隙剖面图

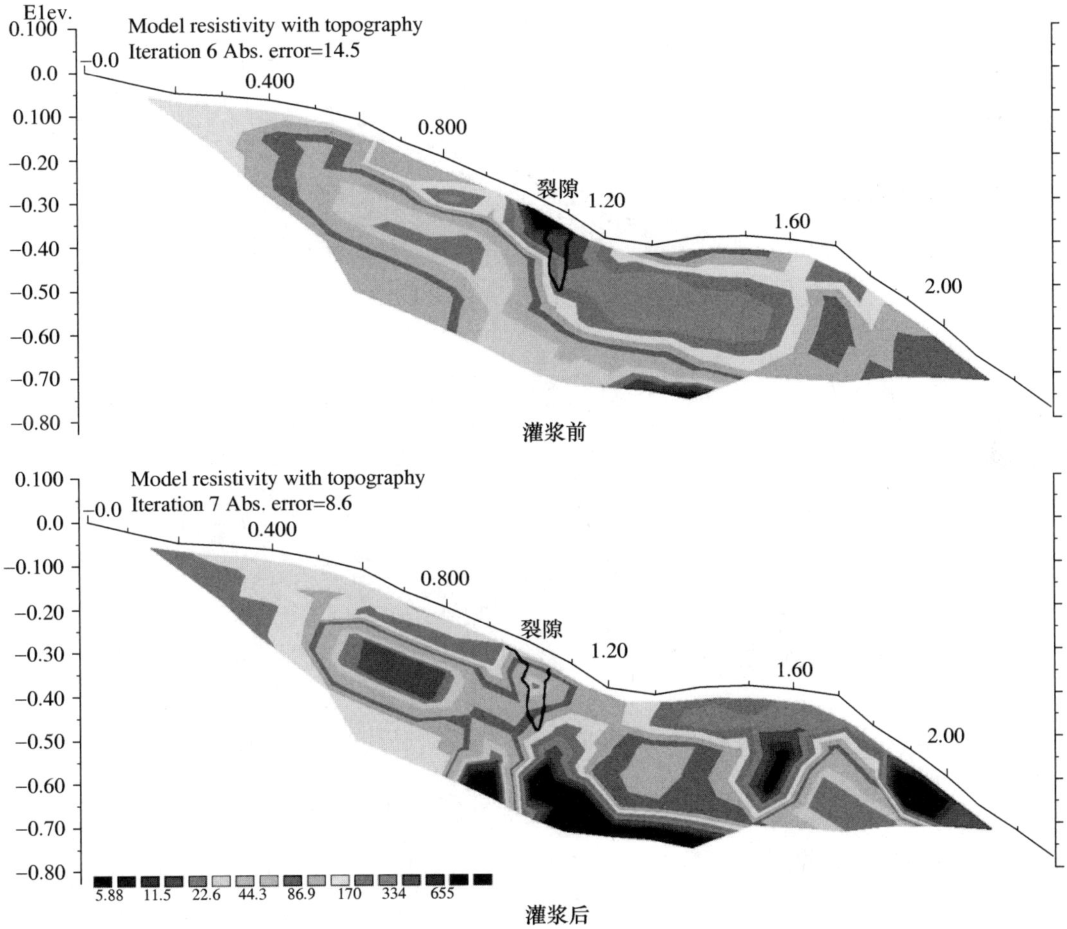

灌浆前

灌浆后

图 8-3　西夏陵 49 号陪葬墓西侧裂隙灌浆前后高密度电法对比图

从图中可以看出灌浆之前裂隙所在部位有明显的高阻区域，但高阻区域的分布面积大于实际裂隙剖面的面积，这是由于测试过程中随着探测深度的增加，针对裂隙区域的两组供电电极和测试电极间的极距均会增大，实际探测区域的面积比裂隙剖面面积大，导致反演剖面中裂隙区域的面积被放大。而在灌浆之后，该高阻区的电阻率显著降低，说明仪器成功检测到了灌浆体，由于灌浆体并未完全干燥至与周边遗址体相同的状态，所以该区域比周边区域的电阻率还要低。待灌浆体完全干燥后，裂隙区域电阻值与周边遗址体电阻趋于接近。

为了进一步评价裂隙灌浆的效果，利用 MALA GX 750MHz 天线在高密度电法测线上进行检测，反演结果如图 8-4 所示。

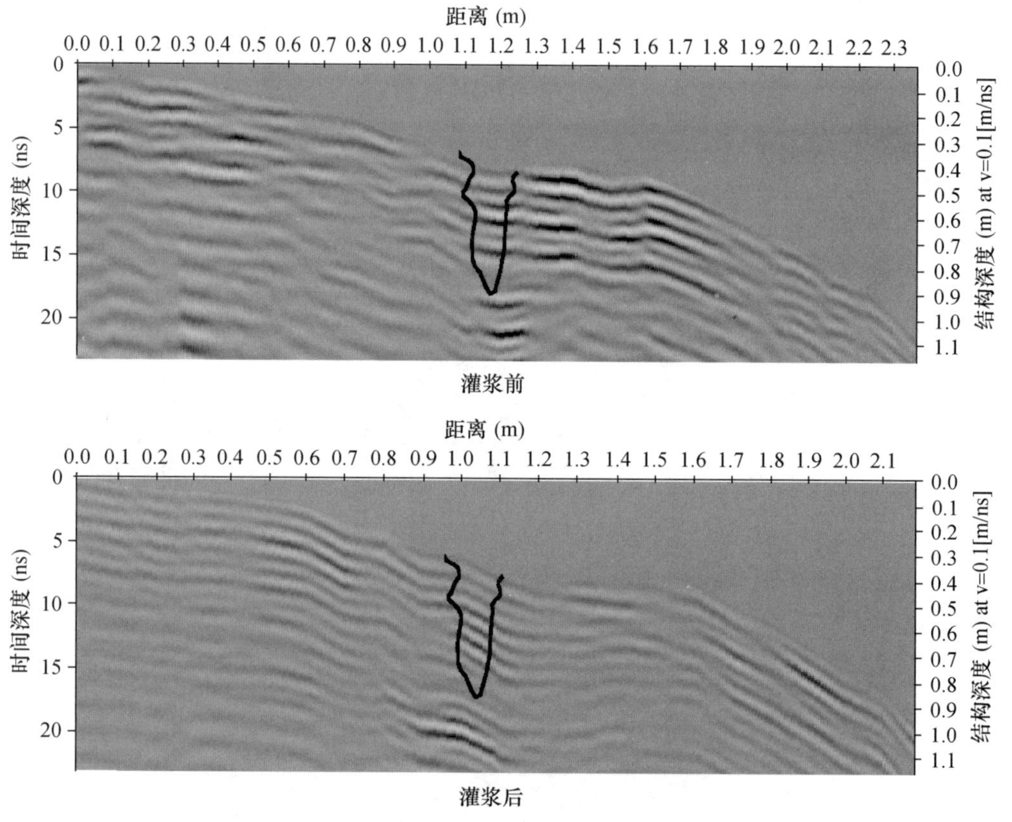

图 8-4　西夏陵 49 号陪葬墓西侧裂隙灌浆前后探地雷达对比图

根据灌浆前的测试结果，可以看出灌浆前裂隙区域有明显的振幅增强现象，而灌浆之后该区域的振幅增强明显减弱，说明灌浆比较饱满地填充了裂隙，灌浆效果良好。

第9章　土遗址支顶技术加固效果评价方法

9.1　土遗址支顶技术加固效果评价指标的确定

考虑到遗址悬空区的特征和赋存环境，在充分认知遗址本体传统工艺和材料的基础上，结合文物保护修复应依据原形制、原结构、原工艺、原材料的原则，依悬空区遗址夯筑支顶工艺的特点，提出事先材料评价、事中质量控制和事后夯筑效果评价的综合质量评价指标，以确保夯筑支顶的质量。易溶盐是遗址本体破坏的主要因素之一，因此是材料筛选的重点，通过室内试验和现场试验，发现易溶盐含量低于 0.3%时，对遗址本体的破坏甚微；同时土料有机质的含量、颗粒级配及含量、含水率和色度等均是土质量控制的重要指标。在实施阶段应加强施工过程控制，应对夯实密度、夯实层高和夯实体强度，土坯强度、灰浆的收缩和干密度等基本物理力学参数，通过微型贯入仪、探针、静力触探、环刀取样等方式快速抽检评价确保施工质量；待夯筑完成后针对新夯筑体和遗址本体从夯层吻合性和色度等方面进行测试评价，基于大量现场试验，发现二者色差不大于 4。相关指标详见表 9-1。

表 9-1　支顶夯筑质量检验标准

	项目	允许偏差和允许值		检查方法 / 说明
		单位	数值	
土体性质	级配		＞80%	颗分试验测定粒径组成相似度大于 80%
	易溶盐含量	%	0.3	利用意大利哈纳 HI98331 手持式土壤电导率测定仪测试，或取样分析测试
	有机质含量	%	2	焙烧法
	颗粒含量	%	砂 ±2 砂 ±3 粉土、黏土 ±5	颗分
	最优含水率	%	±1	生产于德国 Sensor Moist B350 微波测湿仪、插针式土壤水分仪或直接取样分析
	黏土矿物	‰	5	最优含水率制标准样，单方向收缩小于 5‰
	色度		4	取相同重量土样烘干后加入相同质量水，利用色差仪评价土料与需加固遗址的色差
工艺控制	强度	倍	1.2～1.5	略高于原遗址墙体强度（1.2～1.5 倍）
	干密度	倍	1.2～1.5	略高于原遗址墙体密度（1.2～1.5 倍）

续表

	项目	允许偏差和允许值		检查方法 / 说明
		单位	数值	
工艺控制	夯筑密实度		≤0.55	夯筑厚度：铺土厚度≤0.55
	夯筑遍数	次	≥6	夯筑遍数不少于 6 次
	夯层密度差	%	≤5	相邻两层的密度差不大于 5%
	夯层厚度	mm	≤3	平均误差不大于 3mm
	含水率	%	±1	备土含水率应为最佳含水率 ±1%
耐候性	风蚀	mm	＜1	净风 17m/s 持续 1h，风蚀深度小于 1mm
		mm	＜5	携砂风 17m/s 持续 0.5h，风蚀深度小于 5mm
	雨蚀	mm		10mm/h 持续 0.5h，表面无泥流现象
		mm	＜5	30mm/h 持续 0.5h，雨蚀平均深度小于 5mm
养护	养护时间			夯筑体表层含水率低于 4%
	收缩沉降缝			第一次出现干缩，固结裂缝不大于 20mm，修整后第二次出现裂缝不大于 5mm，修整后第三次一般不出现明显贯通性裂缝
修整	厚度	cm	±0.5	边界过度自然，高差 ±0.5cm
	角度	°	≤2	与原遗址收分角不大于 2°
外观	色度		4	$\Delta E<4$
	夯层			平整且清晰
	外观兼容性			与原遗址协调一致，不突兀
	硬度			不低于前期室内标准试验
	贯入阻力			不低于前期室内标准试验

另外，针对大面积夯筑支顶区域，主要通过无损和破坏性试验综合评价夯筑或砌筑支顶与原遗址的结合程度与抗风化能力。探地雷达的成功应用有效地解决了无损状态评价新旧夯筑或土坯砌补体之间的结合程度，同时可以评价砌补完成后灌浆密实度。针对改性土或不同密度的夯筑体抗风化能力评价，一般采用平行样风蚀、雨蚀模拟试验综合评价，通过相同时间的静风、携砂风和降雨冲刷夯筑体，量测冲蚀深度和面积，以及出现病变的时间，综合评价夯筑支顶体的抗风化能力。

9.2　土遗址支顶技术加固效果评价方法

土遗址支顶技术的评价方法还处于半定型半定量的综合评价阶段。针对材料性能、夯筑质量控制等本研究已经提出了具体的控制参数和方法，主要以设备检验为主。夯筑支顶效果、土坯摆砌方式、搭接方式等均需要通过长期累积的施工经验进行评价。效果评价主要包括以下几种方法：

1）人为观察感知（以专家意见为主）。

2）人工量测。

3）借助仪器设备检测。

4）破坏性试验评价。

9.2.1　探地雷达支顶加固效果评价研究

探地雷达的工作原理是基于电磁波在介质中不同电性界面处的反射来探测岩土体内部不同构造的位置及深度等信息。由于加固体与原土体之间是有一定电性差异的，如果支顶加固体与原土体之间存在孔隙时，由于空气的电性性质（介电常数：1，电磁波速 300mm/ns）与土体的电性性质［介电常数：5～8（干燥黏土），电磁波速 110mm/ns］有差异，因此会在界面处有明显差异，可以利用这一原理来实现探地雷达对支顶加固效果的现场评价。如果支顶加固效果理想，电磁波在介质中的反射就少，当支顶加固与界面处有脱空或者不密实等缺陷情况存在，就会在缺陷处出现发射波。

根据上述原理，课题组选取西夏陵七号陵南门东阙南立面进行测试，检测工具选取 MALA GX 750MHz 天线进行，扫描速度设置为 110mm/ns，测线布置如图 9-1 所示。

图 9-2 和图 9-3 分别为西夏陵七号陵南门东阙南立面加固前现状图和施工图，从图中可以看出，立面剖面中，掏蚀凹进的深度上部为 10cm 左右，根部为 40cm 左右。

图 9-1　西夏陵七号陵南门东阙南立面测线布置图

图 9-2　西夏陵七号陵南门东阙南立面加固前现状图

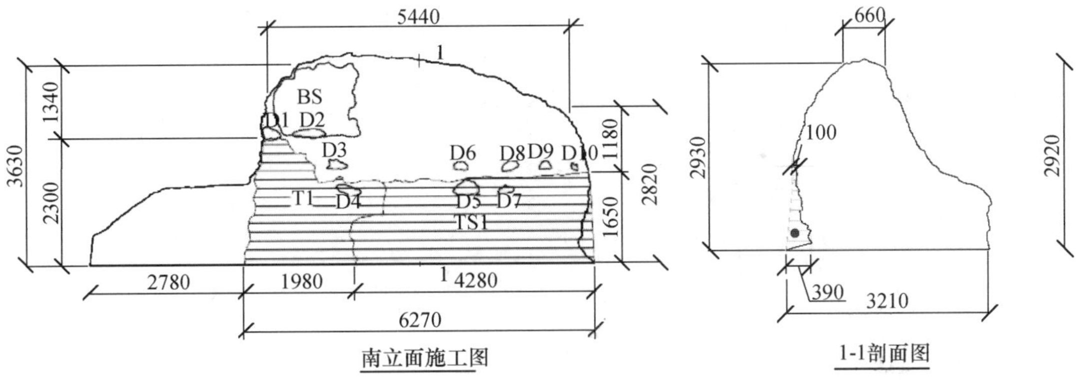

图 9-3　西夏陵七号陵南门东阙南立面施工图及剖面图

利用 Reflex 软件历经去直流漂移、设置深度零点、设置深部信号显示效果、去除水平信号、去除带滞滤波和去除毛刺噪声等操作，对检测结果进行反演，结果如图 9-4 所示。

由图 9-4A 可以看出，地面向上 1.5m，表面向内 40cm 范围内有一个明显的向上倾斜的反射波界面，结合剖面图可知，该反射界面就是支顶加固体与原墙体之间的界

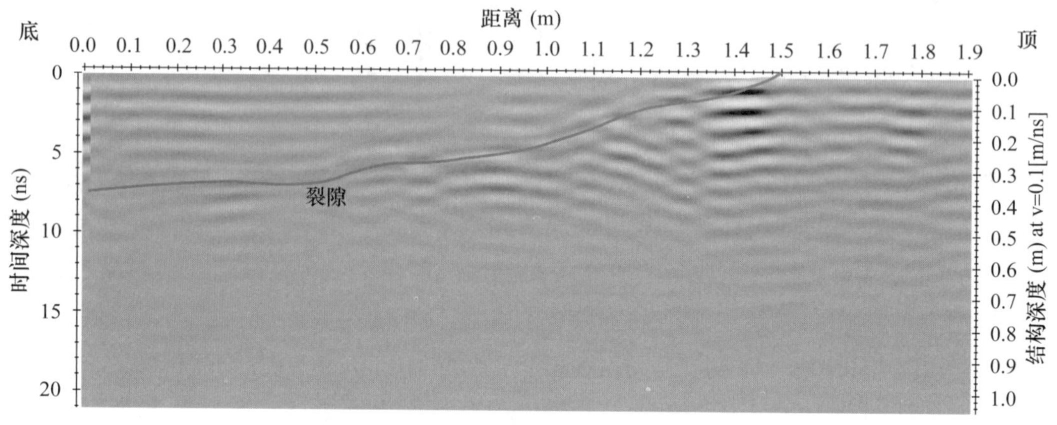

A．L1 反演结果

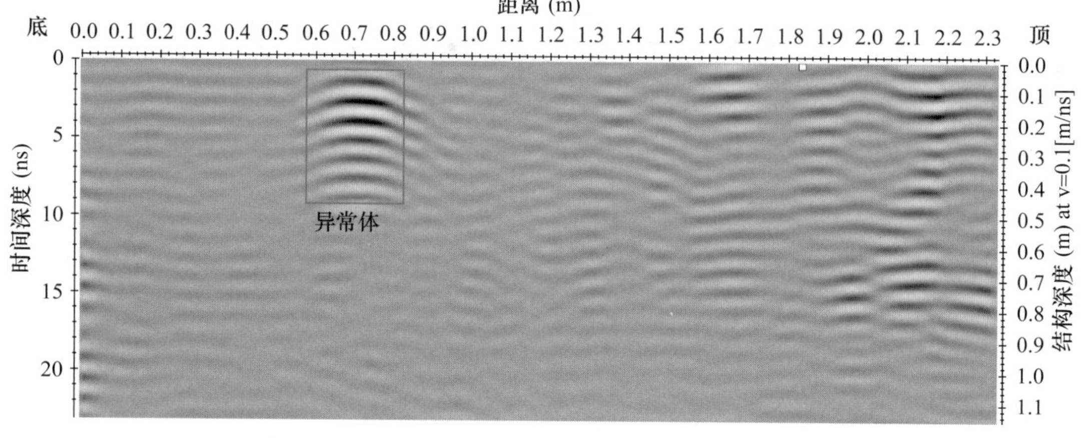

B．L2 反演结果

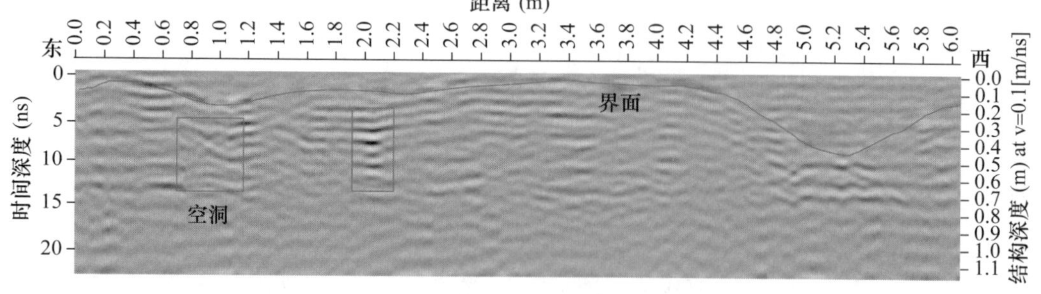

C．L3 反演结果

图 9-4　西夏陵七号陵南门东阙南立面探地雷达测试结果

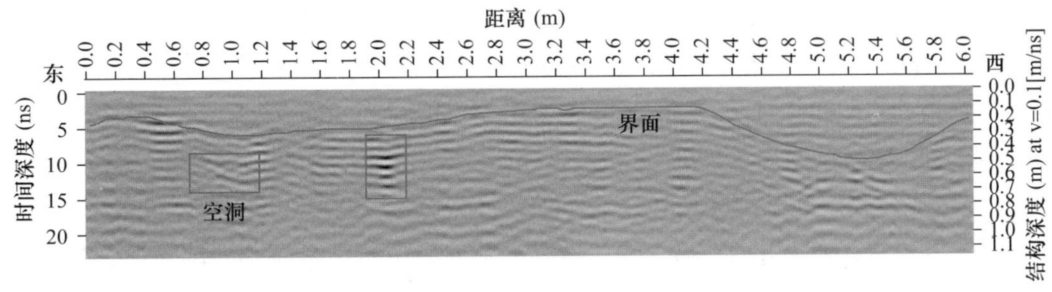

D. L4 反演结果

图 9-4 （续）

面，说明该界面处可能存在缝隙；而图 9-4B 在加固体与原土体之间并无明显界面，这说明支顶加固体的靠东侧不密实，而靠西侧接触较为紧密。由图 9-4C 可以看出，整个剖面表层有一个明显的反射波界面，所以可以判定靠近加固体上边缘的区域加固体与原土体之间有开裂脱落的现象；根据图 9-4D，在较深的部位（40cm 左右的区域），也有一道连续的反射波界面，即也存在加固体与原土体接触不紧密的区域。

9.2.2　夯筑支顶风蚀雨蚀效果评价研究

夯筑支顶加固中夯筑体本身质量直接影响着加固效果。为此，以嘉峪关长城当地生土为主料，与原墙体坍塌夯土组成不同配比的夯筑材料进行了夯筑支顶加固，对不同工况下夯筑支顶体通过风蚀雨蚀试验实施了效果评价。

9.2.2.1　试验方法

选择含盐量低于 0.3% 的当地黄土，原夯土使用墙体的坍塌堆积物，在对土进行初步粉碎、拌合、闷制后，按照前述相关章节中的夯筑工艺实施夯筑支顶加固。本次试验选取的原夯土与生土的配比见表 9-2。表中各墙体的夯筑材料配比均为原夯土与生土的比例。

表 9-2　夯筑支顶土配比表

序号	墙体编号	配比	序号	墙体编号	配比
1	JYG-1	1 : 1	6	JYG-6	2 : 1
2	JYG-2	1 : 2	7	JYG-7	3 : 1
3	JYG-3	1 : 3	8	JYG-8	4 : 1
4	JYG-4	1 : 4	9	JYG-9	5 : 1
5	JYG-5	1 : 5			

设置风蚀、雨蚀和先风蚀后雨蚀三种工况对夯筑支顶体进行夯筑效果检测，试验过程中记录各工况下夯筑制定体上的破坏深度。风蚀试验设置静风吹蚀 2min 和 5mm 砂携砂风吹蚀 5min 两种工况；而雨蚀试验采用雨蚀 5min；先风蚀后雨蚀试验设备设置与单一试验一致，只是针对同一检测区域先实施风蚀试验再实施雨蚀试验。

风蚀试验采用自行研发的功率为570W的鼓风机，以长0.8m、小口直径9cm、大口直径15cm的喇叭形筒为风砂运移路径，风速设定为25.4m/s，试验所用砂定量控制，装砂在高10cm、上口面积为135cm^2，下口面积为30cm^{2}的斗形容器中，吹蚀时间控制基本相同，距墙面距离设定为0.4m，风蚀试验用砂选用粒径小于5mm砂。风蚀试验主要有以下几个步骤：

1）备砂，选用粒径小于5mm砂，试验之前对砂进行了颗粒分析试验。

2）安装鼓风机，保证鼓风机有正常稳定的风速及风力，风力匀速地吹蚀墙面。

3）以净风吹蚀2min，观察墙面的变化，并进行实际风蚀情况拍照及量化描述。

4）以携沙风吹蚀5min，观察墙面变化情况，并进行实际风蚀情况拍照及量化描述。

雨蚀试验设备由水泵及淋浴喷头组成，出水量为5m^3/h的潜水泵。采用定时间试验，喷头与试验墙面距离一致，保持在30cm。雨滴与墙面夹角保持为30°左右。雨蚀试验主要有以下几个步骤：

1）确定雨蚀的位置、角度，雨滴与墙面的夹角控制在30°左右，喷头与墙面的垂直距离为30cm左右。

2）打开降雨器，固定1min的恒定雨量，测定1min雨强。

3）按照确定的降水强度进行恒定5min雨蚀试验，观察墙面的变化情况，并进行详细记录。

9.2.2.2　试验结果

9.2.2.2.1　抗风蚀模拟试验

各工况夯筑支顶的风蚀效果评价试验结果与风蚀前后外观效果对比图如表9-3和图9-5所示。

表9-3　原状土与生土混合配比风蚀试验结果表

编号	风蚀条件	开始破坏时间（s）	用砂量（kg）	破坏深度（mm）	状态描述
JYG-1	净风				无明显破坏，表面浮尘被吹走
	携砂风	20	24	2	试验开始后，表面无明显变化，20s后表面有细颗粒被吹走，1min后偶见粒径为5mm的颗粒被吹走，试验结束时，整体表面出现点状破坏
JYG-2	净风				无明显变化，表面浮尘被吹走
	携砂风	50	20	8	5s中心部位表层小颗粒掉落，1分45秒中心部位小颗粒掉落，表面出现点状蜂窝麻面，整体变化较小
JYG-3	净风				无明显变化，表面浮尘被吹走
	携砂风	20	18	6	20s中心表层小颗粒掉落，缝隙逐渐明显，60s表面出现点状蜂窝麻面，4分钟时下方掉落增加，试验结束后，缝隙更加明显

续表

编号	风蚀条件	开始破坏时间（s）	用砂量（kg）	破坏深度（mm）	状态描述
JYG-4	净风				无明显变化，表面浮尘被吹走
	携砂风	10	22	6	表面从净风状态点状破坏区域逐渐扩大，表面在砂石作用下，15s 形成明显蜂窝麻面区域，1 分 50 秒逐渐扩大，在携砂风侵蚀作用中心区域比较明显，并且出现缝隙
JYG-5	净风				无明显变化，表面浮尘被吹走
	携砂风	50	22	9	40s 表面逐渐掉落，2 分钟之后掉落增加，5 分 50 秒形成明显的蜂窝麻面区域，并逐渐扩大，在携砂风侵蚀作用中心区域较为明显，整体变化较小
JYG-6	净风				无明显破坏，表面浮尘被吹走
	携砂风	40	28	2	试验开始后，表面无明显变化，20s 后表面慢慢出现点状破坏，并逐渐扩大区域，4min 后在携砂风侵蚀作用中心区域逐渐扩大，形成明显的点状蜂窝麻面区域
JYG-7	净风				无明显破坏，表面浮尘被吹走
	携砂风	18	24	15	试验开始后，表面无明显变化，18s 后缝隙露出，缝隙边缘处细颗粒被慢慢吹走，并逐渐扩大，1min 后在携砂风侵蚀作用缝隙区域迅速形成明显的掏蚀区域，掉落颗粒逐渐由小颗粒增大，形成明显 25cm×12cm 的破坏区域，破坏深度达 15mm
JYG-8	净风				无明显破坏，表面浮尘被吹走
	携砂风	10	20	5	试验开始后，表面无明显变化，10s 后表面小颗粒被吹走，1min 后在携砂风侵蚀作用中心区域迅速形成明显的掏蚀区域，掉落颗粒逐渐由小颗粒增大；试验结束后，表面的小颗粒被吹走，露出几道缝隙，破坏深度为 5mm
JYG-9	净风				无明显破坏，表面浮尘被吹走
	携砂风	10	24	25	试验开始后，表面无明显变化，10s 后表面小颗粒被吹走，1min 后在携砂风侵蚀作用中心区域迅速形成明显的掏蚀区域，掉落颗粒逐渐由小颗粒增大；试验结束后，表面的小颗粒被吹走，露出几道缝隙，破坏深度为 25mm

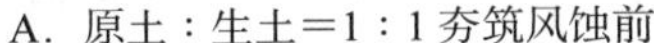
A．原土：生土=1：1 夯筑风蚀前

B．原土：生土=1：1 夯筑风蚀后

图 9-5　不同配比夯筑体风蚀前后效果对比图

C．原土：生土＝1：2 夯筑风蚀前

D．原土：生土＝1：2 夯筑风蚀后

E．原土：生土＝1：3 夯筑风蚀前

F．原土：生土＝1：3 夯筑风蚀后

G．原土：生土＝1：4 夯筑风蚀前

H．原土：生土＝1：4 夯筑风蚀后

I．原土：生土＝1：5 夯筑风蚀前

J．原土：生土＝1：5 夯筑风蚀后

图 9-5（续）

K．原土：生土＝2：1 夯筑风蚀前

L．原土：生土＝2：1 夯筑风蚀后

M．原土：生土＝3：1 夯筑风蚀前

N．原土：生土＝3：1 夯筑风蚀后

O．原土：生土＝4：1 夯筑风蚀前

P．原土：生土＝4：1 夯筑风蚀后

Q．原土：生土＝5：1 夯筑风蚀前

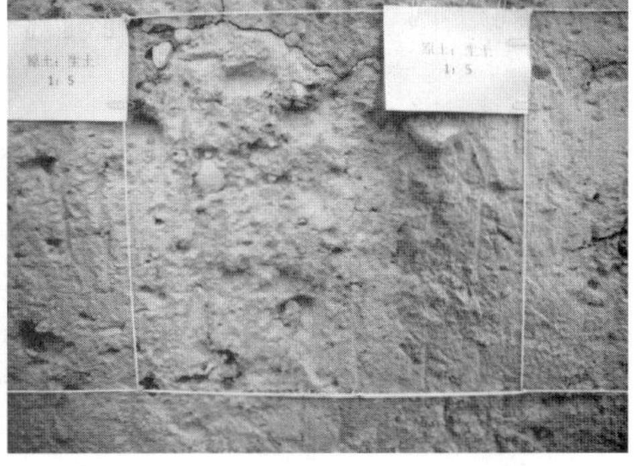

R．原土：生土＝5：1 夯筑风蚀后

图 9-5　（续）

9.2.2.2.2　抗雨蚀模拟试验

各工况夯筑支顶的雨蚀效果评价试验结果与雨蚀前后外观效果对比图如表 9-4 和图 9-6 所示。

表 9-4　原状土与生土混合配比雨蚀试验结果表

试验区号	开始破坏时间（s）	水量（mL/min）	入渗深度（mm）	破坏深度（mm）	状态描述
JYG-1		51100	11	21	5s 后形成明显的雨水径流，遗址本体表面径流逐渐变得浑浊，100s 后随着径流表面很多小颗粒被冲走，大颗粒开始掉落，试验结束时，水流造成表面大面积雨水冲刷，破坏最深处达 21mm
JYG-2	50	4100	5	12	20s 表面径流逐渐变得浑浊，随着水冲，小颗粒不断掉落，试验结束时，只有表面土质掉落
JYG-3	60	4100	6	15	5s 右下部分开始掉落，随着水冲，小颗粒不断掉落，形成径流，135s 掉落加速，试验结束时，只有表面土质掉落
JYG-4	10	4100	7	9	20s 表面径流逐渐变得浑浊，随着水冲，60s 上方颗粒不断掉落，试验结束时，只有表面土质掉落，总体变化较小
JYG-5	50	4100	8	8	50s 表面径流逐渐变得浑浊，随着水冲，110s 小颗粒不断掉落，形成表面冲刷，试验结束时，只有表面土质掉落
JYG-6	20	51100	14	42	5s 后形成明显的雨水径流，遗址本体表面径流逐渐变得浑浊，40s 后随着小颗粒被冲走，大颗粒开始掉落，随着水冲，颗粒不断掉落，试验结束时，水流造成表面大面积雨水冲刷，破坏最深处达 42mm
JYG-7	5	5900	5	24	5s 后形成明显的雨水径流，遗址本体表面径流逐渐变得浑浊，带走表面的泥土，50s 后随着小颗粒被冲走，大颗粒开始掉落，随着水冲，颗粒不断掉落，试验结束时，随着水冲后表面露出很多大颗粒，破坏最深处达 24mm
JYG-8	5	5900	42	65	5s 后形成明显的雨水径流，遗址本体表面径流逐渐变得浑浊，带走表面的泥土，1min 后随着小颗粒被冲走，大颗粒开始掉落，随着水冲，颗粒不断掉落，试验结束时，水冲形成一个明显的冲沟，破坏最深处达 65mm
JYG-9	5	5900	15	62	5s 后形成明显的雨水径流，遗址本体表面径流逐渐变得浑浊，带走表面的泥土，1min 后随着小颗粒被冲走，大颗粒开始掉落，随着水冲，颗粒不断掉落，试验结束时，水冲形成一个明显的冲沟，破坏最深处达 62mm

A．原土：生土=1：1 夯筑雨蚀前

B．原土：生土 1：1 夯筑雨蚀后

C．原土：生土=1：2 夯筑雨蚀前

D．原土：生土=1：2 夯筑雨蚀后

E．原土：生土=1：3 夯筑雨蚀前

F．原土：生土=1：3 夯筑雨蚀后

G．原土：生土=1：4 夯筑雨蚀前

H．原土：生土=1：4 夯筑雨蚀后

图 9-6　不同配比夯筑体雨蚀前后对比图

I. 原土：生土=1：5 夯筑雨蚀前

J. 原土：生土=1：5 夯筑雨蚀后

K. 原土：生土=2：1 夯筑雨蚀前

L. 原土：生土=2：1 夯筑雨蚀后

M. 原土：生土=3：1 夯筑雨蚀前

N. 原土：生土=3：1 夯筑雨蚀后

O. 原土：生土=4：1 夯筑雨蚀前

P. 原土：生土=4：1 夯筑雨蚀后

图 9-6 （续）

Q. 原土：生土=5：1 夯筑雨蚀前

R. 原土：生土=5：1 夯筑雨蚀后

图 9-6 （续）

9.2.2.2.3　先风蚀后雨蚀模拟试验

为了试验风蚀和雨蚀对长城墙体综合破坏，选择特定区域进行了先风蚀后雨蚀的综合试验。各工况夯筑支顶的效果评价试验结果与试验前后外观效果对比图如表 9-5 和图 9-7 所示。

表 9-5　原状土与生土混合配比先风蚀后雨蚀试验结果表

编号	试验条件	开始破坏时间（s）	砂（kg）/水量（mL/min）	破坏深度（mm）	状态描述
JYG-1	净风				无明显破坏，表面浮尘被吹走
	携砂风	20	20	2	试验开始后，表面无明显变化，50s 后表面出现点状蜂窝麻面区域，并逐渐扩大，4min 后在携砂风侵蚀作用中心区域逐渐扩大，形成明显点状蜂窝麻面区域
	雨蚀	5	5900	15	5s 后形成明显的雨水径流，遗址本体表面径流逐渐变得浑浊，随着径流表面很多小颗粒被冲走，试验结束时，水流造成表面大面积雨水冲刷，破坏最深处达 15mm
JYG-2	净风				无明显变化，表面浮尘被吹走
	携砂风	40	22	6	20s 中心部位表层小颗粒掉落，110s 左方表面部分掉落，整体表面出现点状蜂窝麻面，整体变化较小
	雨蚀	5	4100	50	10s 形成径流，50s 上方开始逐渐掉落，70s 下方开始逐渐掉落，后随着小颗粒被冲走，试验结束时，造成大面积雨水冲刷
JYG-3	净风				无明显变化，表面浮尘被吹走
	携砂风	50	18	10	10s 表层小颗粒开始掉落，1min 时面积开始逐渐增大，80s 中心部分掉落增加，表面出现点状蜂窝麻面，整体变化较小
	雨蚀	5	4100	12	50s 右部逐渐掉落，60s 开始中心部分逐渐掉落，80s 上方掉落增加形成径流，之后随着小颗粒被冲走，试验结束时，造成大面积雨水冲刷

续表

编号	试验条件	开始破坏时间（s）	砂（kg）/ 水量（mL/min）	破坏深度（mm）	状态描述
JYG-4	净风				无明显变化，表面浮尘被吹走
	携砂风	5	20	7	表面在砂石作用下，40s 形成明显麻面区域，并逐渐扩大，340s 时，出现较大点窝状痕迹，风蚀试验结束后，表层被砂石破坏，有点窝状的痕迹
	雨蚀	5	4100	12	40s 后形成明显的雨水冲刷区域，表面径流逐渐变得浑浊，60s 后随着小颗粒被冲走，110s 下方表层土质掉落逐渐增大，试验结束时，中心部位变化较大
JYG-5	净风				无明显变化，表面浮尘被吹走
	携砂风	40	24	5	10s 中心部位开始逐渐掉落，20s 出现一条缝隙，60s 中心部位出现坑窝，宽度 6cm、深度 5mm，其他部位变化较小
	雨蚀	5	4100	22	7s 缝隙处开始掉落，60s 中心部位开始掉落，之后随着表层整体小颗粒被冲走，试验结束时，中心部位变化较大
JYG-6	净风				无明显破坏，表面浮尘被吹走
	携砂风	20	22	2	试验开始后，表面无明显变化，50s 后表面出现点状蜂窝麻面区域，并逐渐扩大，4min 后在携砂风侵蚀作用中心区域逐渐扩大，形成明显点状蜂窝麻面区域
	雨蚀	5	5900	26	5s 后形成明显的雨水径流，遗址本体表面径流逐渐变得浑浊，40s 后随着小颗粒被冲走，大颗粒开始掉落，随着水冲，颗粒不断掉落，试验结束时，水流造成表面大面积雨水冲刷，破坏最深处达 26mm
JYG-7	净风				无明显破坏，表面浮尘被吹走
	携砂风	20	24	22	试验开始后，表面无明显变化，2min 后缝隙明显增大，缝隙边缘处细颗粒被慢慢吹走，并逐渐扩大，局部表面出现点状破坏，形成明显点状蜂窝麻面区域，破坏最深处达 22mm
	雨蚀	5	5900	55	5s 后形成明显的雨水径流，遗址本体表面径流逐渐变得浑浊，40s 后随着小颗粒被冲走，大颗粒开始掉落，局部区域由于强降雨作用使小颗粒被冲走后失去了支撑作用，局部出现大面积的软化塌落，随着水冲，颗粒不断掉落，试验结束时，水冲形成一个明显的掏蚀坑洞，破坏深度达 55mm
JYG-8	净风				无明显破坏，表面浮尘被吹走
	携砂风	60	22	26	试验开始后，表面无明显变化，表面在砂石作用下，1min 后形成蜂窝麻面区域，掉落的颗粒逐渐由小颗粒增大，点状较深掏蚀区域逐渐打通形成明显的较大掏蚀区域，试验结束后，在携砂风侵蚀作用下，表面形成 21cm×25cm 的破坏区，破坏处最深达 26mm

续表

编号	试验条件	开始破坏时间（s）	砂（kg）/ 水量（mL/min）	破坏深度（mm）	状态描述
JYG-8	5	52	5900	51	5s 后形成明显的雨水径流，遗址本体表面径流逐渐变得浑浊，带走表面的泥土，50s 后随着小颗粒被冲走，大颗粒开始掉落，随着水冲，颗粒不断掉落，试验结束时，水冲形成一个明显的冲沟，破坏最深处达 51mm
JYG-9	净风				无明显破坏，表面浮尘被吹走
	携砂风	60	24	21	试验开始后，表面无明显变化，表面在砂石作用下 1min 后形成蜂窝麻面区域，掉落的颗粒逐渐由小颗粒增大，点状较深掏蚀区域逐渐打通形成明显的较大掏蚀区域，试验结束后，在携砂风侵蚀作用下，表面形成 21cm×25cm 的破坏区，破坏处最深达 26mm
	雨蚀	5	5900	45	5s 后形成明显的雨水径流，遗址本体表面径流逐渐变得浑浊，带走表面的泥土，50s 后随着小颗粒被冲走，大颗粒开始掉落，随着水冲，颗粒不断掉落，试验结束时，水冲形成一个明显的冲沟，破坏最深处达 45mm

A．原土：生土=1：1 风蚀前

B．原土：生土=1：1 风蚀后

C．原土：生土=1：1 雨蚀后

D．原土：生土=1：2 风蚀前

图 9-7　不同配比夯体先风蚀后雨蚀前后对比图

E. 原土：生土=1：2 风蚀后

F. 原土：生土=1：2 雨蚀后

G. 原土：生土=1：3 风蚀前

H. 原土：生土=1：3 风蚀后

I. 原土：生土=1：3 雨蚀后

J. 原土：生土=1：4 风蚀前

K. 原土：生土=1：4 风蚀后

L. 原土：生土=1：4 雨蚀后

图 9-7 （续）

M．原土：生土＝1：5 风蚀前

N．原土：生土＝1：5 风蚀后

O．原土：生土＝1：5 雨蚀后

P．原土：生土＝2：1 风蚀前

Q．原土：生土＝2：1 风蚀后

R．原土：生土＝2：1 雨蚀后

S．原土：生土＝3：1 风蚀前

T．原土：生土＝3：1 风蚀后

图 9-7 （续）

U．原土：生土=3：1 雨蚀后

V．原土：生土=4：1 风蚀前

W．原土：生土=4：1 风蚀后

X．原土：生土=4：1 雨蚀后

Y．原土：生土=5：1 风蚀前

Z．原土：生土=5：1 风蚀后

AA．原土：生土=5：1 雨蚀后

图 9-7 （续）

9.2.2.3　支顶夯筑风蚀雨蚀效果评价

图 9-8 为各工况下不同夯筑支顶体遭受的破坏深度图。由图可知不同配比的夯筑支顶体受到的风蚀破坏程度各有不同，JYG-1 和 JYG-6 受到的携砂风侵蚀最弱，破坏深度仅 2mm，JYG-9 受到携砂风的侵蚀最严重，破坏深度达 25mm；在雨蚀试验中，不同配比的夯筑支顶体遭受的破坏情况各不相同，JYG-5 受到的雨蚀破坏最弱，深度为 8mm，JYG-8 受到的雨蚀破坏最严重，深度为 65mm；而在先风蚀后雨蚀试验中，不同配比的夯筑支顶体遭受的破坏也不相同，JYG-1 受到的破坏最弱，深度为 17mm，JYG-7 和 JYG-8 受到的破坏最严重，深度为 77mm。

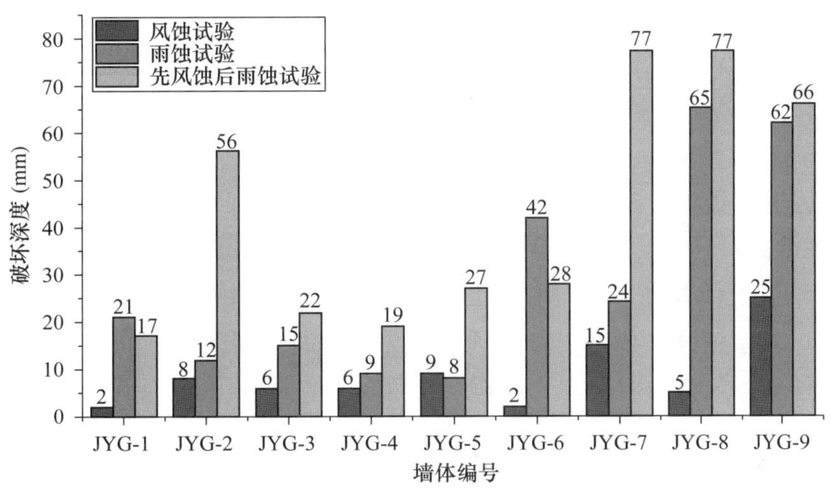

图 9-8　不同试验工况下夯筑支顶体破坏深度图

此外，对比不同工况的侵蚀深度可以发现，静风吹蚀仅仅能够将夯筑支顶体上的尘土除掉，而携砂风可以将支顶体破坏掉，但破坏程度较弱，雨蚀和先风蚀后雨蚀对支顶体的破坏明显严重，破坏深度是携砂风破坏深度的数倍至十数倍不等；而先风蚀后雨蚀试验的破坏深度与雨蚀试验的破坏深度相比，除 JYG-1 和 JYG-6 的雨蚀破坏深度比先风蚀后雨蚀试验的破坏深度深以外，其他配比的夯筑支顶体均为先风蚀后雨蚀试验造成的破坏深度更大一些。

综上所述，不同配比夯筑支顶体的耐候性，仅在抗风蚀过程有一定的作用，抗雨蚀作用均很弱。同时，除 JYG-1 和 JYG-6 两组夯筑支顶体的携砂风蚀深度小于 5mm 外，其他工况的侵蚀深度均大于 5mm。因此，这些原夯土与生土配比实施的夯筑支顶效果较差。

第10章　土遗址防风化加固效果评价方法

10.1　土遗址防风化加固效果评价指标的确定

目前用于土遗址防风化加固的主要保护措施是化学材料加固和保护棚两类措施。近年来软覆盖防风化、生物矿化防风化和牺牲层防风化等新理念的提出，拓宽了土遗址防风化的思路。然而，新理念还在探索阶段，因此对土遗址防风化加固效果评价仍集中在化学材料加固和保护棚防护上。而保护棚防护主要依靠风化速率测定、定期精确量测等手段来评估防风化效果，试验周期长，且干旱环境下土遗址保护棚防风化应用也较少。基于此，本章主要针对化学防风化加固，基于多年来应用较为成熟的PS防风化加固经验，提出土遗址防风化加固效果评价的指标及方法。

PS防风化加固，主要有PS溶液喷渗、滴渗和清水压实后PS渗透防风化加固三种手段。对于这三种方法，其加固主要针对土遗址表面的风化层进行，通过PS溶液的渗入使得风化层的强度增高，以达到防风化的目的。因此影响PS防风化加固效果的主要指标包括防风化加固层抗风蚀雨蚀的耐候性和防风化加固后加固层与周边遗址体之间的色差两方面。PS防风化加固效果评估相关指标如表10-1所示。

表10-1　裂隙灌浆技术加固效果评价指标

项目		允许值		检查方法 / 说明
		单位	数值	
耐候性	风蚀	mm	<1	净风17m/s持续1h，风蚀深度小于1mm
		mm	<5	携砂风17m/s持续0.5h，风蚀深度小于5mm
	雨蚀	mm		10mm/h持续0.5h，表面无泥流现象
		mm	<5	30mm/h持续0.5h，雨蚀平均深度小于5mm
色度			≤4	填补体与周边遗址的色差不大于4

10.2　土遗址防风化加固效果评价

10.2.1　防风蚀雨蚀效果评价

10.2.1.1　试验方法

为了评价防风化加固抗风蚀、雨蚀能力，针对PS喷渗、滴渗和清水压实后PS

渗透三种工艺的不同类型的表面风化病害加固，在嘉峪关明长城进行现场风蚀、雨蚀试验。试验设备、试验步骤和前述章节中支顶加固体风蚀雨蚀试验一致，仅风蚀雨蚀时间不同，静风吹蚀时间为 2 分钟，携砂风吹蚀时间为 3 分钟，雨水侵蚀时间为 2 分钟。此外雨蚀试验使用 $3m^3/h$ 的潜水泵。具体试验方案如表 10-2 所示。

表 10-2　表面防风化加固效果评价试验设计表

编号	工艺类型	材料配比	试验内容		
			风蚀试验	雨蚀试验	先风蚀后雨蚀试验
1	PS 溶液喷渗	3%PS 溶液	●	●	●
2		5%PS 溶液	●	●	●
3		7%PS 溶液	●	●	●
4	PS 溶液滴渗	3%PS 溶液			●
5		5%PS 溶液			●
6		7%PS 溶液			●
7	清水压实 PS 渗透	清水＋PS	●	●	●

10.2.1.2　试验结果

10.2.1.2.1　风蚀试验

PS 溶液喷渗和清水压实 PS 渗透加固抗风蚀效果评估试验结果如表 10-3、图 10-1 所示。

表 10-3　长城墙体 PS 溶液喷渗风蚀试验结果表

编号	风蚀条件	历时（min）	开始破坏时间（s）	用砂量（kg）	破坏深度（mm）	状态描述
3%PS 溶液喷洒渗透风蚀试验	净风	2	6	0		净风开始表面浮尘被吹走，6s 时表面有细颗粒被吹走，14s 后偶见粒径为 5mm 的颗粒被吹走，试验结束后，表面局部区域出现点状破坏，整体表面变化没有太大差别
	携砂风	3	12	18	10	试验刚开始，表面有微小颗粒开始脱落，表面在砂石作用下，7s 后沿墙体表面凹进区域周边形成点窝状，并逐渐扩大，有直径约 5mm 的颗粒脱落，凹进区域向周围缓慢扩大，吹蚀深度为 10mm，并无明显表层脱落，试验区域整体无明显变化
5%PS 溶液喷洒渗透风蚀试验	净风	2	5	0		不断有小颗粒被吹走，20s 时有直径约 30mm 颗粒脱落，之后无明显破坏
	携砂风	3	7	14	7	试验开始后，有小颗粒被吹走，18s 时有直径约 15mm 颗粒脱落，25s 后表面出现凹进区域，并逐渐扩大，但扩大速度较缓慢，3min 后在携砂风侵蚀作用中心区域逐渐扩大，形成明显掏蚀区域，掉落颗粒逐渐由小颗粒增大，掏蚀区域最深处为 7mm

续表

编号	风蚀条件	历时（min）	开始破坏时间（s）	用砂量（kg）	破坏深度（mm）	状态描述
7%PS 溶液喷洒渗透风蚀试验	净风	2		0		表面无明显变化
	携砂风	3	7	14	4	试验开始后，不断有小颗粒被吹走，8s 时有直径约 20mm 颗粒脱落，之后不断有颗粒被吹走，但无明显掏蚀凹进，仅在原凹进区域有缓慢深化，风蚀破坏较小
清水喷渗压实风蚀试验	净风	2		0		无明显变化
	携砂风	3	80	10	20	试验开始后，有小颗粒被吹走，80s 时有直径约 15mm 颗粒脱落，25s 后表面出现点窝状掏蚀区域，并逐渐扩大，但扩大速度较缓慢，3min 后在携砂风侵蚀作用中心区域逐渐扩大，形成明显掏蚀区域，掉落颗粒逐渐由小颗粒增大，掏蚀区域最深处为 20mm

A．3%PS 溶液喷洒渗透风蚀前

B．3%PS 溶液喷洒渗透风蚀后

C．5%PS 溶液喷洒渗透风蚀前

D．5%PS 溶液喷洒渗透风蚀后

图 10-1　不同浓度 PS 溶液喷洒渗透风蚀效果前后对比图

E．7%PS 溶液喷洒渗透风蚀前

F．7%PS 溶液喷洒渗透风蚀后

图 10-1 （续）

10.2.1.2.2　雨蚀试验

PS 溶液喷渗和清水压实 PS 渗透加固抗雨蚀效果评估试验结果如表 10-4 所示，雨蚀对比照片如图 10-2 所示。

表 10-4　长城墙体 PS 溶液喷渗雨蚀试验结果表

试验区号	历时（min）	开始破坏时间（s）	水量（mL/min）	入渗深度（mm）	破坏深度（mm）	状态描述
3%PS 溶液喷洒渗透雨蚀试验	2	9	3800	6	85	试验刚开始，模拟雨水接触遗址体 3%PS 喷渗区域，入渗速度很快，7s 时出现明显泥流，9s 后墙体表层开始有直径为 30～40mm 泥皮层脱落，34s 时表层有直径为 70mm 泥皮层脱落，脱落区域逐渐向四周扩大，雨水接触的中心部位向内冲蚀，有石头脱落，冲蚀区域为 50mm×35mm
5%PS 溶液喷洒渗透雨蚀试验	2	10	3800	6	50	试验刚开始，模拟雨水接触遗址体 3%PS 喷渗区域，入渗速度很快，7s 时出现明显泥流，10s 后遗址本体表面径流逐渐变得浑浊，有小块泥皮层脱落，30s 时下部泥层因泥流冲蚀开始脱落，43s 时冲蚀区域中部有 30mm 泥层脱落，50s 时有直径约 60mm 泥层脱落，试验结束时，形成一个明显的掏蚀区域，掏蚀区域成明显的 18mm×15mm 长方体状，上大下小
7%PS 溶液喷洒渗透雨蚀试验	2	10	3800	40	3	试验刚开始，模拟雨水接触遗址体 3%PS 喷渗区域，入渗速度很快，7s 时出现明显泥流，10s 后遗址本体表面径流逐渐变得浑浊，区域下部有小块泥皮层脱落，其他部位并无明显变化

续表

试验区号	历时（min）	开始破坏时间（s）	水量（mL/min）	入渗深度（mm）	破坏深度（mm）	状态描述
清水喷渗压实	2	10	4100	10	50	试验刚开始，入渗速度很快，10s 时出现明显泥流，15s 后遗址本体表面径流逐渐变得浑浊，有小块泥皮层脱落，30s 时泥层因泥流冲蚀开始脱落，表层泥皮脱落后，内部砂石也开始脱落，形成一个冲蚀凹进区域

A．3%PS 溶液喷洒渗透雨蚀前

B．3%PS 溶液喷洒渗透雨蚀后

C．5%PS 溶液喷洒渗透雨蚀前

D．5%PS 溶液喷洒渗透雨蚀后

E．7%PS 溶液喷洒渗透雨蚀前

F．7%PS 溶液喷洒渗透雨蚀后

图 10-2　不同浓度 PS 喷渗雨蚀前后对比图

10.2.1.2.3　先风蚀后雨蚀试验

PS 溶液喷渗加固先风蚀后雨蚀效果评估试验结果如表 10-5 和图 10-3 所示。

表 10-5　长城墙体 PS 溶液喷渗先风蚀后雨蚀试验结果表

编号	试验条件	历时（min）	开始破坏时间（s）	砂（kg）/水量（mL/min）	破坏深度（mm）	状态描述
3%PS 溶液	净风	2	5	0		净风开始表面浮尘以及反碱层被吹走，5s 时表面有细颗粒被吹走，1min 后偶见粒径为 5mm 的颗粒被吹走，试验结束后，表面局部区域出现点状破坏，整体表面变化没有太大差别
	携砂风	3	6	16	10	试验刚开始，表面从净风状态点状破坏区域逐渐扩大，表面在砂石作用下，6s 形成明显蜂窝麻面区域，并逐渐扩大，在携砂风侵蚀作用中心区域迅速形成明显掏蚀区域，掉落颗粒逐渐由小颗粒增大，甚至在掏蚀作用下，有块体塌落，1min 后破坏深度已达 6mm，再此基础上风蚀速度加快，掏蚀中心区逐渐扩大，形成点状较深掏蚀区域，逐渐形成明显的较大掏蚀区域，3min 由于掏蚀距离增加、墙体内部密实度增加等原因风蚀速度减缓，风蚀试验结束后，掏蚀区域形成明显的掏蚀坑洞，表面形成 40mm×36mm 的破坏区，破坏深度最深处达 10mm
	雨蚀	2	9	3800	58	试验刚开始，模拟雨水接触遗址体夯实砌补区域，入渗速度很快，10s 后形成明显的雨水冲刷掏蚀区域，遗址本体表面径流逐渐变得浑浊，并有小颗粒脱落，16s 后随着小颗粒被冲走，大颗粒开始掉落，局部区域由于强降雨作用，局部区域出现大面积的软化塌落，随着水冲，颗粒不断掉落，56s 时，掉落一直径约 3cm 的颗粒，试验结束时，水形成一个明显的掏蚀坑洞，掏蚀区域呈明显的圆锥台状，外大内小
5%PS 溶液	净风	2		0		净风开始表面浮尘被吹走，无明显变化
	携砂风	3	150	18	5	试验刚开始，表面无明显变化，90s 时有小块颗粒脱落，150s 后由于掏蚀距离增加、墙体内部密实度增加等原因风蚀速度减缓，风蚀试验结束后，掏蚀区域形成较小的掏蚀坑洞，表面形成 160mm×35mm 的破坏区，破坏深度最深处达 5mm
	雨蚀	2	70	3800	8	试验刚开始，模拟雨水接触遗址体夯实砌补区域，入渗速度很快，10s 后形成明显的泥流，遗址本体表面径流逐渐变得浑浊，70s 后随着小颗粒被冲走，大颗粒开始掉落，局部区域由于强降雨作用，局部区域出现直径约 60mm 的软化塌落，随着水冲，颗粒不断掉落，之后再无明显变化
7%PS 溶液	净风	2		0		净风开始表面浮尘被吹走，无明显变化
	携砂风	3	140	16	3	试验刚开始，表面无明显变化，140s 时有小块颗粒脱落，之后并无明显变化，风蚀试验结束后，掏蚀区域形成较小的掏蚀坑洞

续表

编号	试验条件	历时（min）	开始破坏时间（s）	砂（kg）/水量（mL/min）	破坏深度（mm）	状态描述
7%PS溶液	雨蚀	2	70	3800	5	试验刚开始，模拟雨水接触遗址体夯实砌补区域，入渗速度较慢，130s后形成明显的泥流，遗址本体表面径流逐渐变得浑浊，之后再无明显变化

A．3%PS 溶液喷洒渗透风蚀前

B．3%PS 溶液喷洒渗透风蚀后

C．3%PS 溶液喷洒渗透雨蚀后

D．5%PS 溶液喷洒渗透风蚀前

E．5%PS 溶液喷洒渗透风蚀后

F．5%PS 溶液喷洒渗透雨蚀后

图 10-3　不同浓度 PS 溶液喷洒渗透风雨蚀前后对比图

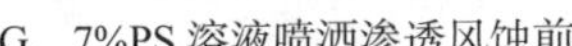

G．7%PS 溶液喷洒渗透风蚀前

H．7%PS 溶液喷洒渗透风蚀后

I．7%PS 溶液喷洒渗透雨蚀后

图 10-3 （续）

PS 溶液滴渗压实加固先风蚀后雨蚀效果评估试验结果如表 10-6 和图 10-4 所示。

表 10-6　长城墙体 PS 溶液滴渗区域先风蚀后雨蚀试验结果表

编号	试验条件	历时（min）	开始破坏时间（s）	砂（kg）/水量（mL/min）	破坏深度（mm）	状态描述
3%PS 溶液滴渗后压实风蚀	净风	2		0		净风开始表面浮尘被吹走，缓慢吹蚀向内凹进
	携砂风	3	15	8	10	试验开始后，不断有小颗粒被吹走，15s 时有直径约 10mm 颗粒脱落，之后不断有颗粒被吹走，但无明显掏蚀凹进，仅出现几处较小坑洞，风蚀破坏较小
3%PS 溶液滴渗后压实雨蚀	雨蚀	2	70	3800	25	试验刚开始，模拟雨水接触遗址体夯实砌补区域，入渗速度较慢，130s 后形成明显的泥流，遗址本体表面径流逐渐变得浑浊，之后再无明显变化
5%PS 溶液滴渗后压实风蚀	净风	2		0		净风开始表面有微小颗粒被吹走，并无明显变化
	携砂风	3	62	10	5	试验开始后，不断有小颗粒被吹走，62s 时有直径约 15mm 颗粒脱落，之后不断有颗粒被吹走，但无明显掏蚀凹进，仅出现几处较小坑洞，风蚀破坏较小

续表

编号	试验条件	历时（min）	开始破坏时间（s）	砂（kg）/水量（mL/min）	破坏深度（mm）	状态描述
5%PS溶液滴渗后压实雨蚀	雨蚀	2	70	3800	35	试验刚开始，模拟雨水接触遗址体夯实砌补区域，入渗速度较慢，10s后形成明显的泥流，遗址本体表面径流逐渐变得浑浊，20s时有直径约15mm的颗粒脱落，之后再无明显变化
7%PS溶液滴渗后压实风蚀	净风	2		0		无明显变化，仅有浮尘被吹走
	携砂风	3		12	0	试验开始后，有小颗粒被吹走，无明显掏蚀凹进，风蚀破坏较小
7%PS溶液滴渗后压实雨蚀	雨蚀	2	70	3800	30	试验刚开始，模拟雨水接触遗址体夯实砌补区域，入渗速度较慢，70s后形成明显的泥流，遗址本体表面径流逐渐变得浑浊，90s时区域下部有直径约25mm的泥皮层脱落，之后不断有泥皮层脱落，形成三角形冲蚀凹进，其中明显有裂隙出现

A. 3%PS滴渗后压实风蚀前

B. 3%PS滴渗后压实风蚀后

C. 3%PS滴渗后压实雨蚀后

D. 5%PS滴渗后压实风蚀前

图10-4 不同浓度PS滴渗风雨蚀前后对比图

E．5%PS 滴渗后压实风蚀后

F．5%PS 滴渗后压实雨蚀后

G．7%PS 滴渗后压实风蚀前

H．7%PS 滴渗后压实风蚀后

I．7%PS 滴渗后压实雨蚀后

图 10-4 （续）

PS 溶液喷渗压实加固先风蚀后雨蚀效果评估试验结果如表 10-7 和图 10-5 所示。

表 10-7　长城墙体 PS 溶液喷渗后压实先风蚀后雨蚀试验结果表

编号	试验条件	历时（min）	开始破坏时间（s）	砂（kg）/水量（mL/min）	破坏深度（mm）	状态描述
3%PS 溶液喷渗后压实风蚀	净风	2	6s 后	0		净风开始表面浮尘被吹走，6s 时表面有细颗粒被吹走，14s 后偶见粒径为 5mm 的颗粒被吹走，试验结束后，表面局部区域出现点状破坏，整体表面变化没有太大差别

续表

编号	试验条件	历时（min）	开始破坏时间（s）	砂（kg）/水量（mL/min）	破坏深度（mm）	状态描述
3%PS 溶液喷渗后压实风蚀	携砂风	3	15s 后	12	50	试验刚开始，表面有微小颗粒开始脱落，表面在砂石作用下，16s 后沿墙体表面凹进区域周边形成点窝状，并逐渐扩大，有直径约为 20mm 的颗粒脱落，凹进区域向周围缓慢扩大，吹蚀深度为 50mm，出现掏蚀凹进并有裂隙
3%PS 溶液喷渗后压实雨蚀	雨蚀	2	7	3800	80	试验刚开始，模拟雨水接触遗址体 3%PS 喷渗区域，入渗速度很快，7s 时出现明显泥流，并向内不断掏蚀凹进，50s 时表层有直径为 30mm 泥皮层脱落，脱落区域逐渐向四周扩大并深入，雨水接触的中心部位向内冲蚀，有石头脱落
5%PS 溶液喷渗后压实风蚀	净风	2		0		净风开始表面浮尘被吹走，无明显变化
	携砂风	3	20	8	20	试验刚开始，表面无明显变化，20s 时有小块颗粒脱落，后由于掏蚀距离增加、墙体内部密实度增加等原因风蚀速度减缓，风蚀试验结束后，掏蚀区域形成较小的掏蚀坑洞
5%PS 溶液喷渗后压实雨蚀	雨蚀	2	70	4200	40	试验刚开始，模拟雨水接触遗址体夯实砌补区域，入渗速度很快，10s 后形成明显的泥流，遗址本体表面径流逐渐变得浑浊，70s 后随着小颗粒被冲走，大颗粒开始掉落，之后再无明显变化
7%PS 溶液喷渗后压实风蚀	净风	2		0		净风开始表面浮尘被吹走，无明显变化
	携砂风	3	20	14	10	试验刚开始，表面无明显变化，20s 时有小块颗粒脱落，墙体凹进处向内掏蚀，但不见有扩大迹象，之后无明显变化
7%PS 溶液喷渗后压实雨蚀	雨蚀	2	10	4200	30	试验刚开始，模拟雨水接触遗址体夯实砌补区域，入渗速度很快，10s 后形成明显的泥流，遗址本体表面径流逐渐变得浑浊，70s 后随着小颗粒被冲走，大颗粒开始掉落，之后再无明显变化

A．3%PS 喷渗后压实风蚀前

B．3%PS 喷渗后压实风蚀后

图 10-5　不同浓度 PS 溶液喷渗后压实先风蚀后雨蚀对比照片

C．3%PS 喷渗后压实雨蚀后

D．5%PS 喷渗后压实风蚀前

E．5%PS 喷渗后压实风蚀后

F．5%PS 喷渗后压实雨蚀后

G．7%PS 喷渗后压实风蚀前

H．7%PS 喷渗后压实风蚀后

I．7%PS 喷渗后压实雨蚀后

图 10-5 （续）

PS 溶液清水压实及 PS 渗透加固先风蚀后雨蚀效果评估试验结果如表 10-8 和图 10-6 所示。

表 10-8　长城墙体清水渗透压实 PS 溶液喷渗后先风蚀后雨蚀试验结果表

编号	试验条件	历时（min）	开始破坏时间（s）	砂（kg）/水量（mL/min）	破坏深度（mm）	状态描述
清水喷渗压实	净风	2		0		净风开始表面浮尘被吹走，无明显变化
	携砂风	5	90	10	50	试验刚开始，表面无明显变化，90s 时有小块颗粒脱落，随后加大沙量，表面形成蜂窝状凹进，并向周围扩大
清水喷渗压实	雨蚀	2	70	5800	85	试验刚开始，模拟雨水接触遗址体，入渗速度很快，10s 后形成明显的泥流，遗址本体表面径流逐渐变得浑浊，40s 后随着小颗粒被冲走，大颗粒开始掉落，表层泥皮脱落后，内部砂石由于强降雨作用，局部区域出现直径约 40mm 的软化塌落，随着水冲，颗粒不断掉落
清水喷渗压实后喷渗 3%PS 溶液风蚀	净风	2	4	0		试验开始时，不断有小颗粒脱落，再无其他明显变化
	携砂风	5	10	8	50	试验开始后，有小颗粒被吹走，10s 时有直径约 10mm 颗粒脱落，16s 时有直径约 50mm 泥皮层脱落，65s 时形成一个凹进处，并逐渐向四周扩张，和其他较小凹进处打通变为长条状掏蚀凹进，约为 150mm×25mm
清水喷渗压实后喷渗 3%PS 溶液雨蚀	雨蚀	2	70	5800	90	试验刚开始，模拟雨水接触遗址体夯实砌补区域，入渗速度较快，6s 时沿携砂风掏蚀脱落一块直径约 50mm 的泥皮层，10s 后形成明显的泥流，较大泥皮层软化塌落，之后不断有泥皮层及墙体表层下砂石快速冲蚀脱落，形成较深的三角形冲蚀凹进
清水喷渗压实后喷渗 5%PS 溶液风蚀	净风	2		0		试验开始时，表明浮尘被吹走，再无其他明显变化
	携砂风	5	10	10	10	试验开始后，10s 时墙体表面出现蜂窝点状坑洞，逐渐变大，并有小颗粒不断脱落，之后再无明显的变化
清水喷渗压实后喷渗 5%PS 溶液雨蚀	雨蚀	2	70	5800	55	试验刚开始，模拟雨水接触遗址体夯实砌补区域，入渗速度较快，6s 后形成明显的泥流，逐渐冲蚀出小的坑洞，70s 后逐渐在区域下部出现裂隙，但并未快速扩大
清水喷渗压实后喷渗 7%PS 溶液风蚀	净风	2		0		试验开始时，表明浮尘被吹走，再无其他明显变化
	携砂风	5	5	14	7	试验开始后，墙体表面不断有小颗粒脱落，80s 后逐渐加大砂量，墙体表面无明显的变化
清水喷渗压实后喷渗 7%PS 溶液雨蚀	雨蚀	2	70	5800	50	试验刚开始，模拟雨水接触遗址体夯实区域，入渗速度较快，6s 后形成明显的泥流，逐渐冲蚀出小的坑洞，50s 后逐渐在区域中部出现裂隙，但并未快速扩大

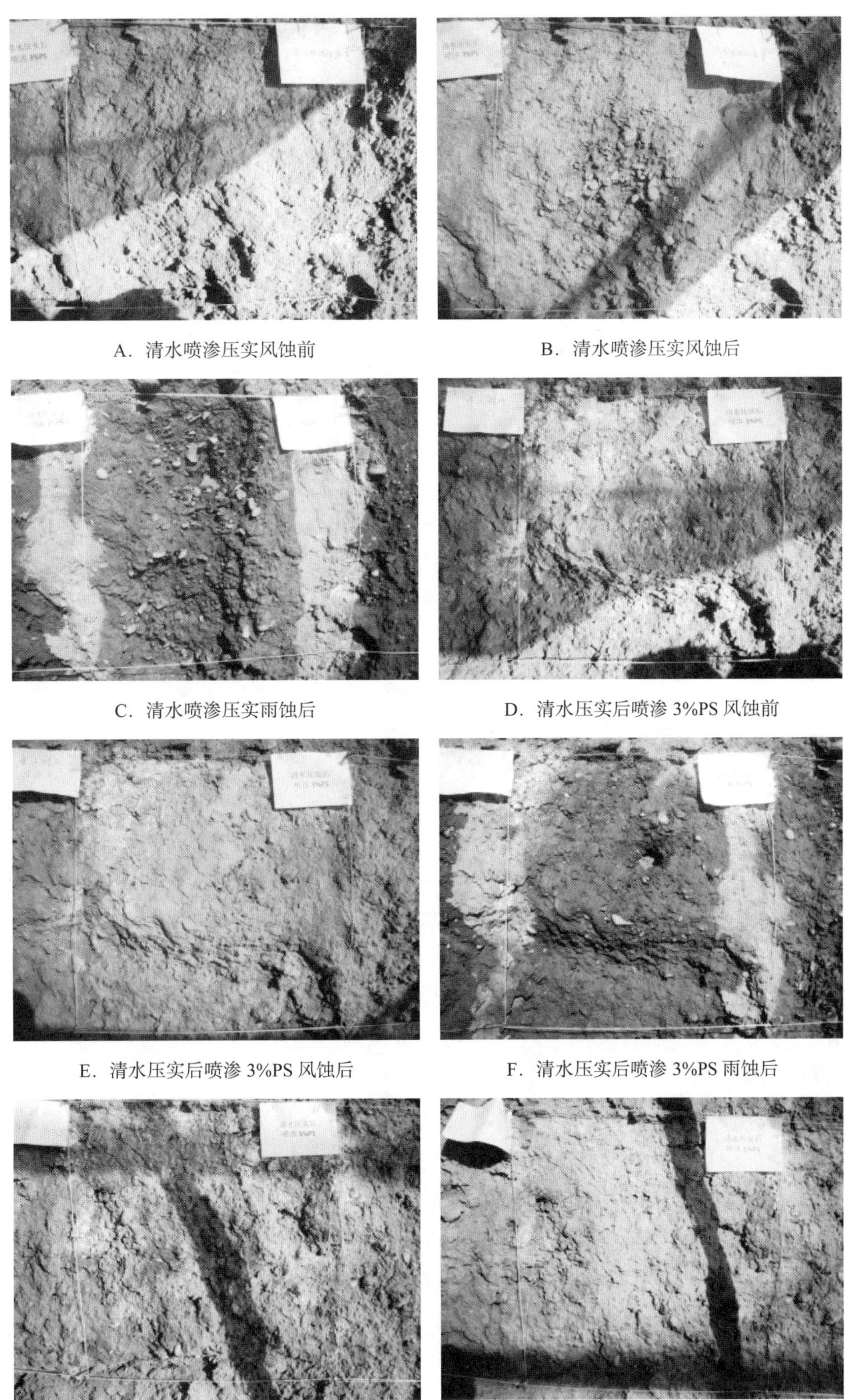

A．清水喷渗压实风蚀前　B．清水喷渗压实风蚀后

C．清水喷渗压实雨蚀后　D．清水压实后喷渗 3%PS 风蚀前

E．清水压实后喷渗 3%PS 风蚀后　F．清水压实后喷渗 3%PS 雨蚀后

G．清水压实后喷渗 5%PS 风蚀前　H．清水压实后喷渗 5%PS 风蚀后

图 10-6　清水渗透压实不同浓度 PS 溶液喷渗后先风蚀后雨蚀对比照片

I. 清水压实后喷渗 5%PS 雨蚀后

J. 清水压实后喷渗 7%PS 风蚀前

K. 清水压实后喷渗 7%PS 风蚀后

L. 清水压实后喷渗 7%PS 雨蚀后

图 10-6 （续）

10.2.1.3　加固效果评价

通过风蚀和雨蚀试验以及现场加固效果发现，PS 加固材料具有一定的防风化加固效果，虽然携砂风对加固前后墙体都能造成破坏，但相比未加固墙体，加固后的墙体抗风蚀雨蚀能力明显提升。

先风蚀后雨蚀试验证明，墙体受到外界环境因素破坏时，尽管表层强风化层均受到破坏，加固后底部的微风化层及未风化层抗风雨蚀能力比加固前有所增强，具有一定的加固效果。

通过综合分析，3%PS 溶液喷洒一遍、5%PS 溶液喷洒一遍的区域明显渗透深度较低，表面有一层硬壳，未能与母体有机结合起来，效果不够理想；3%PS 溶液喷洒两遍、5%PS 溶液喷洒两遍的区域加固效果较好，风化层与母体能够有机融合，未出现空腔；3%PS 溶液喷洒一遍后 5%PS 溶液再喷洒一遍的区域明显优于其他区域，不仅风化层与母体融合形成整体，而且色泽与未加固前差别很小，对原状的干预较小。结果表明，PS 溶液适合嘉峪关长城遗址补强加固，通过工艺对比发现，3%PS 溶液喷洒一遍、5%PS 溶液喷洒一遍的工艺效果较好。

10.2.2　色度的评估

色度调查可以很好地评价土遗址加固前后的颜色变化，当总色差为 4 时，可以认为色差和谐统一，因此色度仪完全可以用于表面防风化加固效果的评价。本研究选择西夏陵七号陵内墙面两个加固区域，更进一步验证色差仪在遗址土体上应用的可行性。选点区域如图 10-7 所示，图中左边为测试区域 A，右边为测试区域 B。为了排除表面平整度、裂隙以及强光对测试的影响，调查所选区域较为平整，基本无裂隙，且在阴影下测试。

图 10-7　七号陵陪陵北墙南立面加固土体布点区域

区域 A、B 为 60cm×60cm 的正方形区域，区域内每隔 15cm 选一个测点，选取 4 行每行 4 个点进行测试，从左到右换行依次编号为 1～16。试验测试每点值并进行 200 倍显微拍照，以每个区域 Lab 值的平均值为标准值计算各点的Δ L、Δ a 和Δ b 值 Lab。

以上两个区域的色度测量值与显微照片见表 10-9、表 10-10。

表 10-9　加固区域 A 各点色差值及显微照片

<table>
<tr><td rowspan="2">标准值</td><td colspan="2">L</td><td colspan="2">a</td><td>b</td></tr>
<tr><td colspan="2">50.87</td><td colspan="2">8.5</td><td>14.81</td></tr>
<tr><td>测试点</td><td>ΔL</td><td colspan="2">Δa</td><td>Δb</td><td>显微照片</td></tr>
<tr><td>1</td><td>2.68</td><td colspan="2">−0.08</td><td>0.15</td><td></td></tr>
</table>

续表

标准值	L		a	b
	50.87		8.5	14.81
测试点	ΔL	Δa	Δb	显微照片
2	−5.54	3.91	1.34	
3	−0.55	0.09	0.62	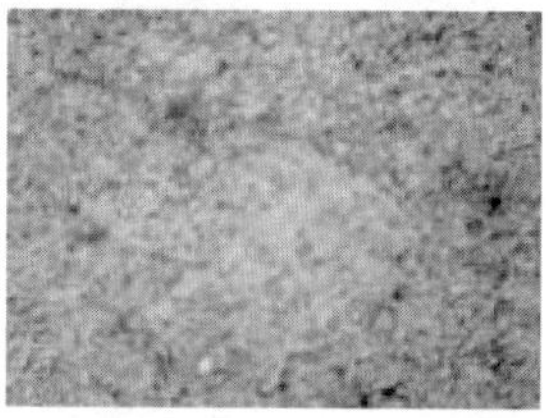
4	−2.41	0.12	−0.28	
5	0.26	0.25	0.63	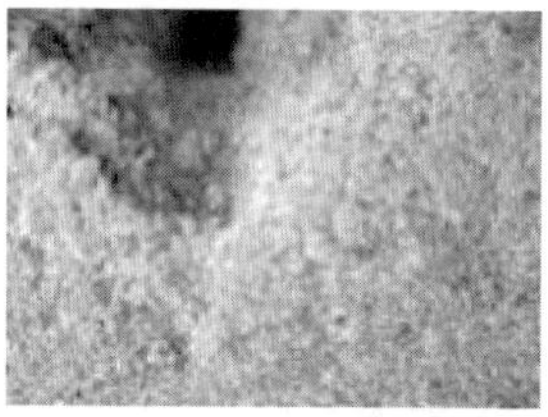
6	1.24	−0.21	0.28	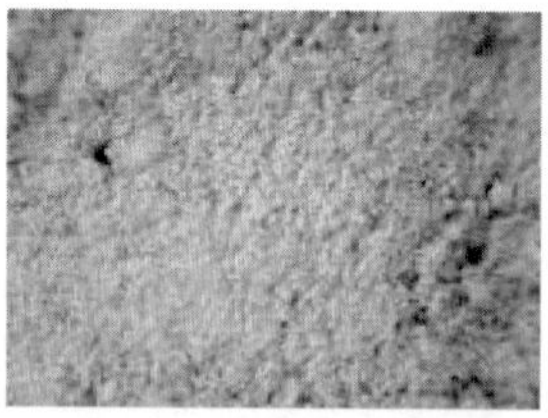
7	−3.75	−0.51	−0.99	

续表

标准值	L		a	b
	50.87		8.5	14.81
测试点	ΔL	Δa	Δb	显微照片
8	1.04	−0.19	0.05	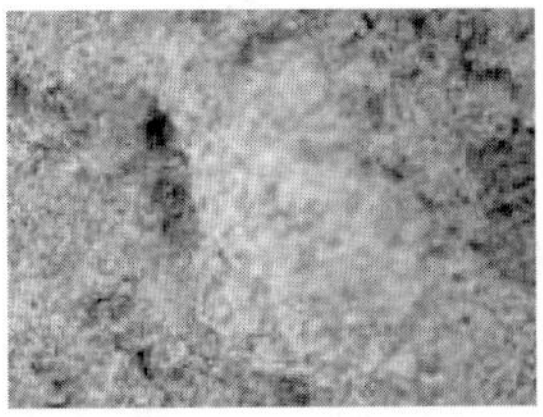
9	5.00	−0.87	−0.87	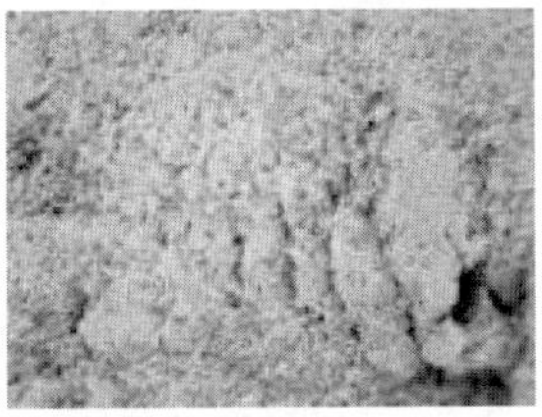
10	−1.58	−0.13	−0.09	
11	4.00	−0.20	0.32	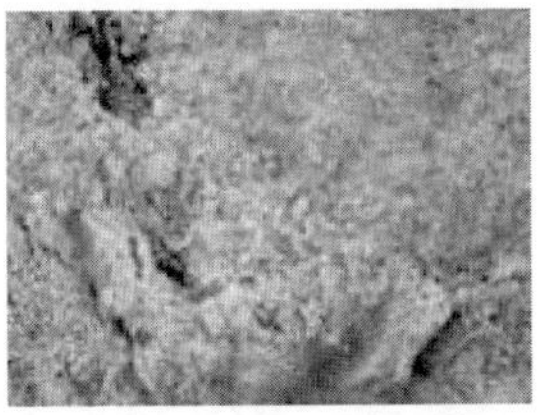
12	1.59	−0.33	0.52	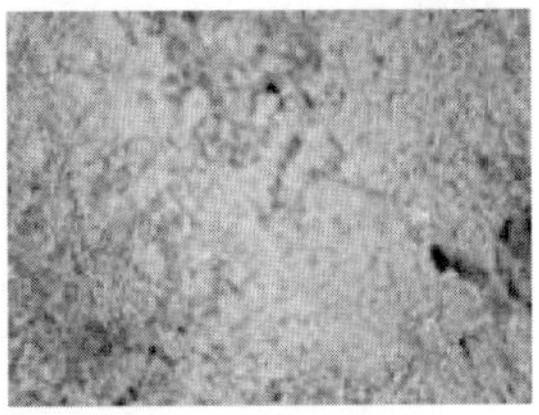
13	−1.70	−1.02	−1.36	

续表

标准值	L	a	b	
	50.87	8.5	14.81	
测试点	ΔL	Δa	Δb	显微照片
14	−1.00	−0.26	−0.45	
15	−1.08	−0.15	0.00	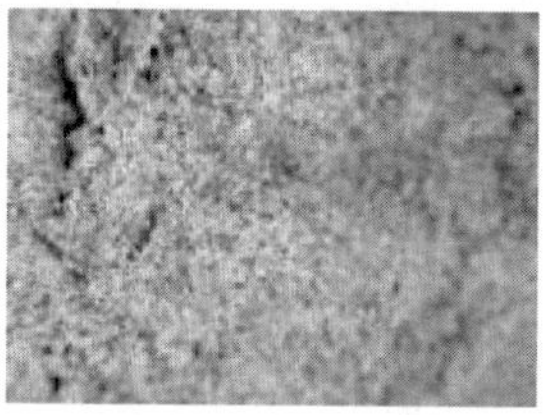
16	1.92	−0.42	0.19	

表 10-10　加固区域 B 各点色差值及显微照片

标准值	L	a	b	
	51.86	8.76	13.06	
测试点编号	ΔL	Δa	Δb	显微照片
1	3.01	−0.16	3.55	
2	1.69	0.54	−3.84	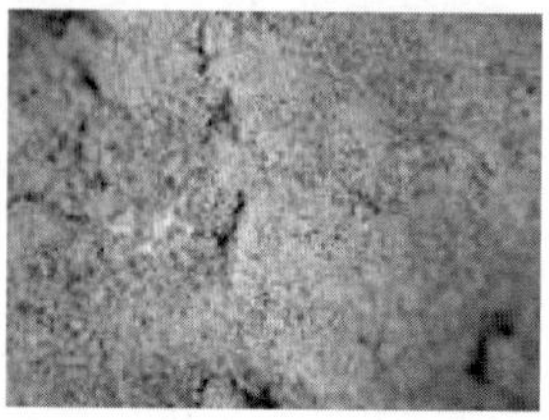

续表

标准值	L	a	b	
	51.86	8.76	13.06	
测试点编号	ΔL	Δa	Δb	显微照片
3	−0.48	2.19	−4.01	
4	4.69	−0.44	1.25	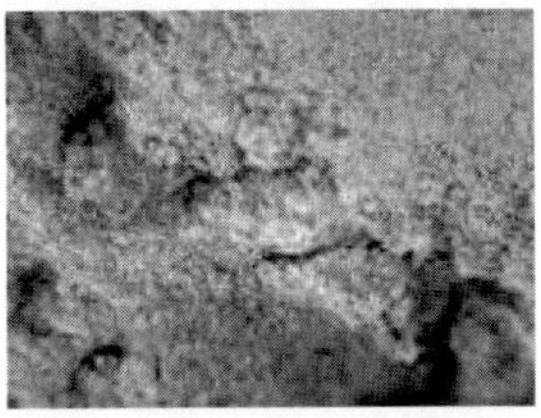
5	−2.46	−0.59	0.57	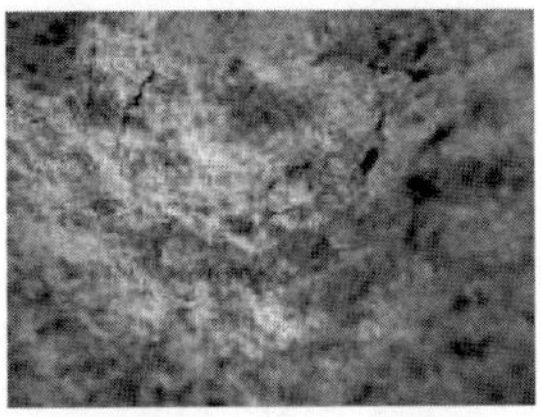
6	−0.30	−0.75	0.49	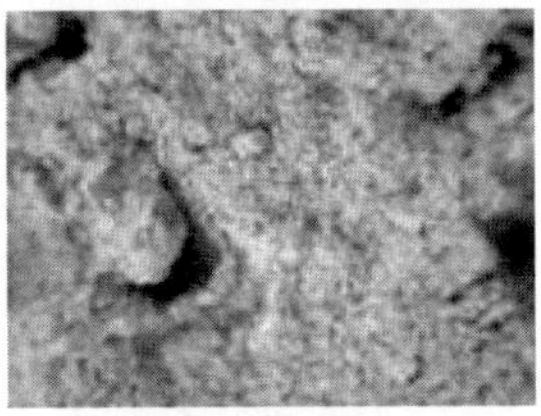
7	0.24	−0.80	0.03	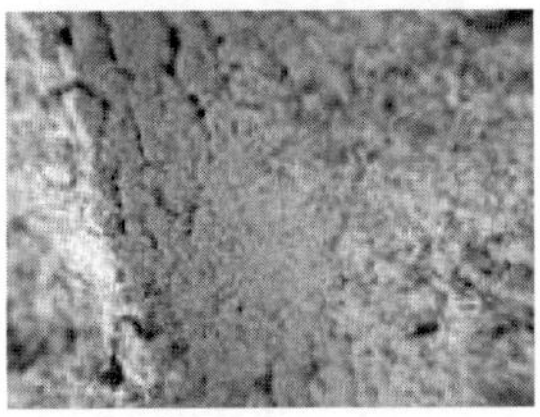
8	−3.25	−0.62	−0.07	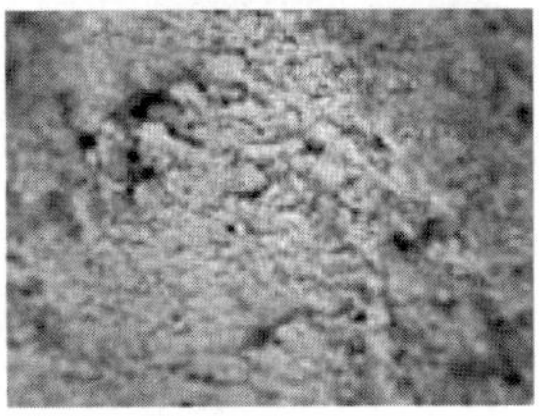

续表

标准值	L		a		b
	51.86		8.76		13.06
测试点编号	ΔL	Δa		Δb	显微照片
9	2.16	−0.23		0.23	
10	2.02	−0.14		0.46	
11	−2.72	0.41		−0.11	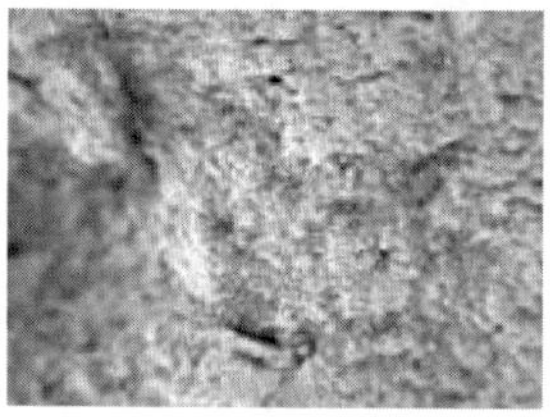
12	−0.29	−0.03		0.37	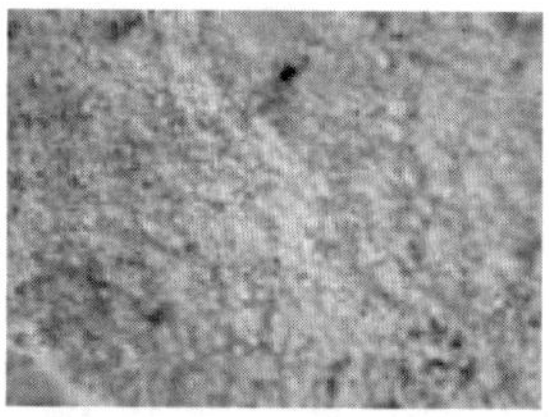
13	−1.96	0.26		0.06	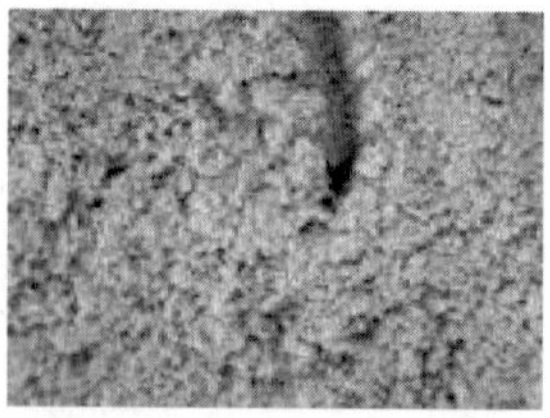
14	2.70	−0.58		0.79	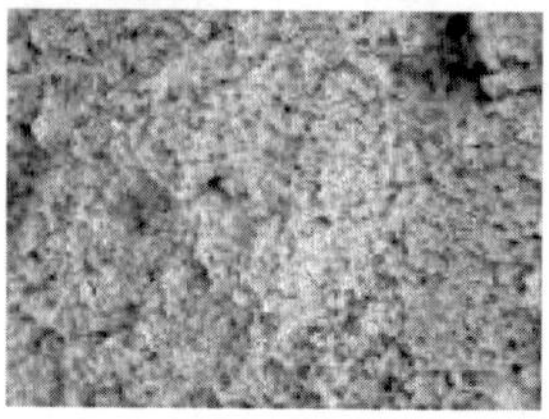

续表

标准值	L		a	b
	51.86		8.76	13.06
测试点编号	ΔL	Δa	Δb	显微照片
15	0.33	−0.08	0.38	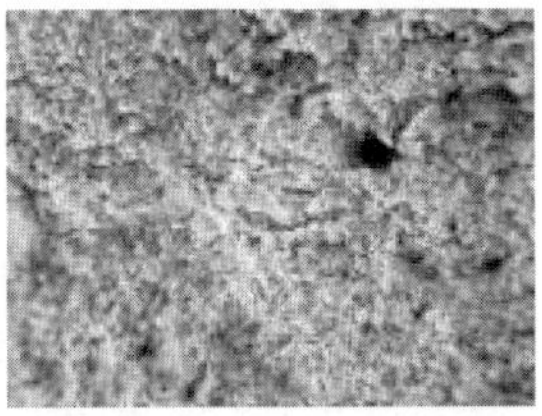
16	−5.42	1.12	−0.14	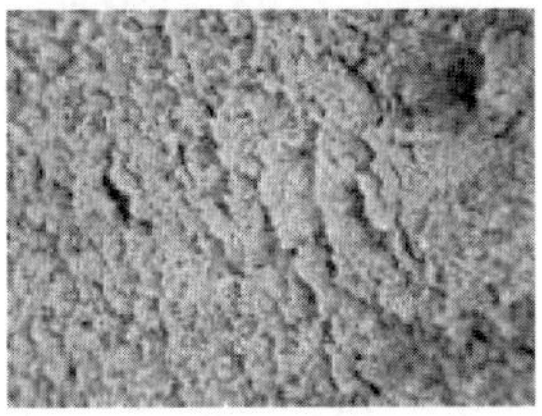

使用以上各点的色度值，与各个区域色度平均值作对比，得到表 10-11、表 10-12。

表 10-11　加固区域 A 色差分布值

行＼列	1	2	3	4
1	2.69	6.91	0.83	2.43
2	0.73	1.29	3.91	1.06
3	5.15	1.59	4.02	1.71
4	2.4	1.13	1.09	1.97

表 10-12　加固区域 B 色差分布值

行＼列	1	2	3	4
1	4.66	4.23	4.59	4.87
2	2.59	0.94	0.84	3.31
3	2.18	2.08	2.75	0.47
4	1.98	2.87	0.51	5.54

根据表 10-11、表 10-12，制作出两个区域的色差分布图（图 10-8、图 10-9）。

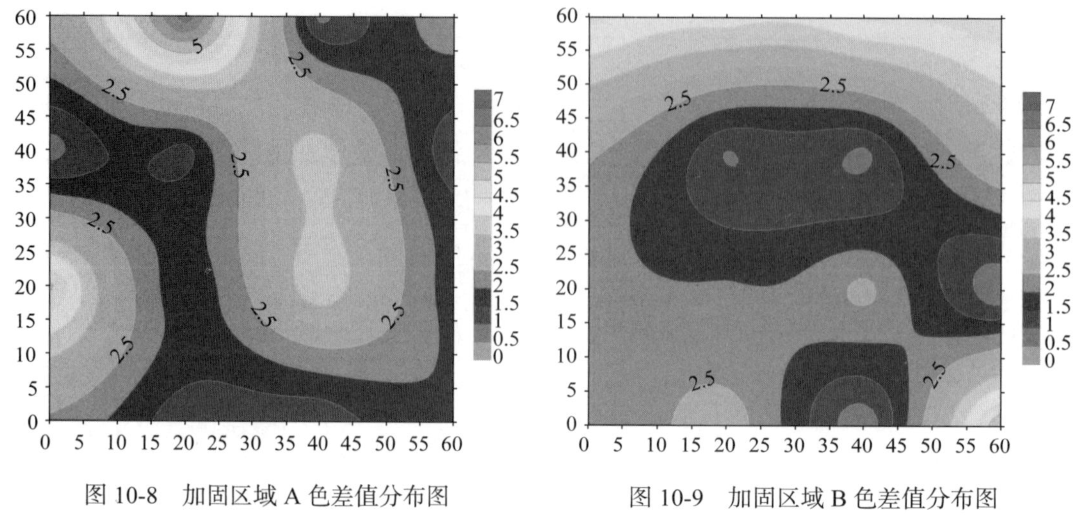

图 10-8　加固区域 A 色差值分布图

图 10-9　加固区域 B 色差值分布图

通过显微照片可以看出相似加固区域土体表面近似且较平整。而由色差值分布表与分布图可以看出，区域 A、B 总色差ΔE波动范围较小且平均值非常接近，且 70%区域的色度值与标准值的差值小于 4，说明区域 A、B 色度值较为均一且色度值非常接近。

第11章　土遗址保护加固成套技术适用性及可靠性验证

通过对干旱环境下土遗址保护加固和效果评价的研究，形成了由锚杆锚固、裂隙灌浆、支顶加固和表面防风化为主要内容的土遗址保护成套技术以及相对应的效果评价技术，研发和筛选了保护加固材料和效果评价指标和装置。为了解土遗址保护加固及评价技术体系的实际效果，选择永泰城址进行技术适用性与可靠性验证。

永泰城址位于甘肃景泰县西南27公里处的寺滩乡永泰村，老虎山之阴，水磨沟口东侧，海拔2200米。因其城堡形似金龟，也称永泰龟城（图11-1）。城址始建于明万历三十六年（1608年），周长1700多米，墙高12米，夯层厚12至18厘米，城基厚5米。整个城平面呈椭圆形，四面筑有半月形瓮城，城门向南开，门稍偏西，形似龟头，城四周有护城河，宽约6米，深约1至2.5米，是一道完备的军事屏障和防御工事，在明清两代具有重要的战略地位。城内原有大佛寺、诸神阁、玉皇殿和数道

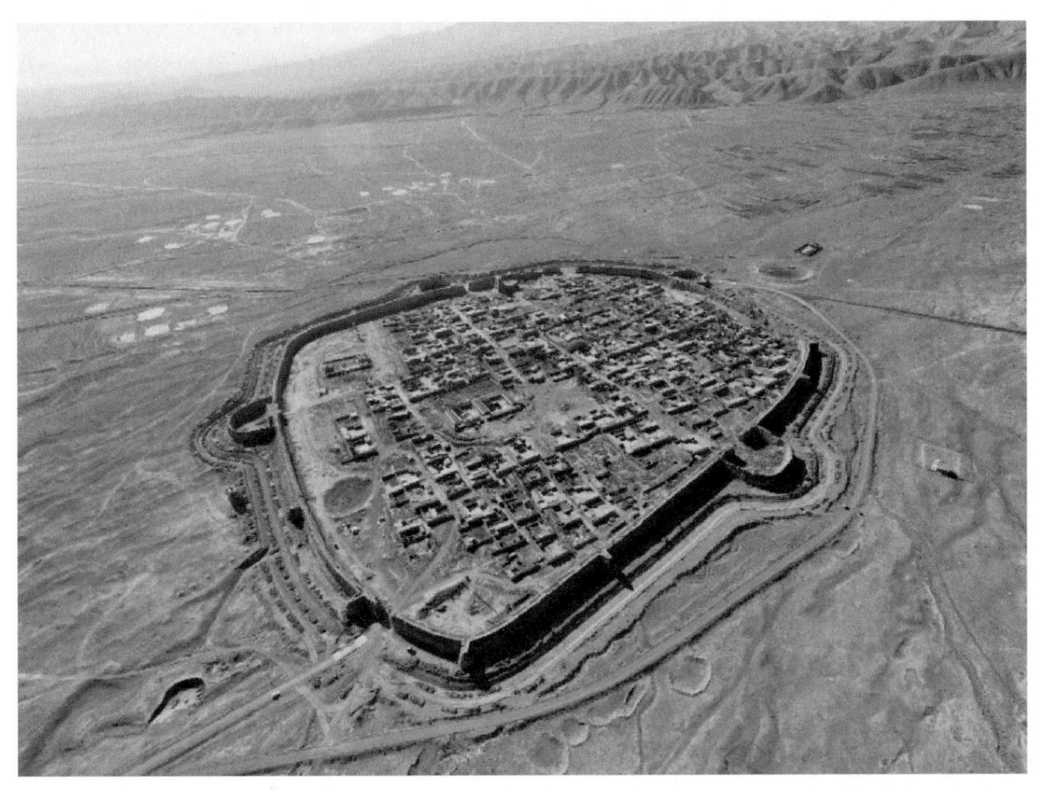

图11-1　永泰故城俯瞰图

牌楼等古建筑群，在20世纪五六十年代被拆除，现存“永泰小学”建成于民国三年，是中西式结合的哥特式建筑。永泰城址向本坎离，体兼四维，户纳北极，门对南山。其北川滩交错，登高望远，可瞭望于北里之外。从西到东，横亘百里的数十村庄可一览无余，其南紧依崇山遮天、树林蔽日的老虎山脉，在层峦叠嶂、茂林沟壑中可藏百万雄兵。水磨沟大峡有一夫当关万夫莫开之险。此地依山傍水，居高临下，故被历代视为军事要塞。

11.1 锚杆锚固的适用性及可靠性验证

图11-2 南墙2段南立面锚固试验现场

试验锚杆共设计二组6根，采用直径25mm的玻璃纤维锚杆。试验场地选择在城址南墙2段南立面东西走向50米处（图11-2）。

锚杆采用人工螺纹钻成孔，孔径Φ70mm。成孔后，首先向孔内喷洒浓度5%的PS溶液对孔壁进行静压渗透加固。灌浆用的浆液为烧料礓石粉土浆液，烧料礓石：粉土为（质量比）2：1和烧料礓石：粉土为（质量比）1：1，两种浆液。水灰比分别为0.65和0.60。此次试验属于隐蔽工程，其锚杆自植入后需至少30d，锚杆与浆液、浆液和遗址本体才能紧密结合，握裹力达95%以上。试验通过现场无损检测和极限抗拉强度测试，评价遗址本体锚杆锚固力的时效性。各锚杆的基本参数见表11-1。

表11-1 试验锚杆基本参数

杆编号	锚杆类型	孔径（m）	倾角（°）	锚固长度（m）	锚固浆液		
					类型	质量比	水灰比
A1	Φ25mm玻璃纤维锚杆	70	13	1.0	料礓石加粉土	2：1	0.65
A2	Φ25mm玻璃纤维锚杆	70	13	1.0	料礓石加粉土	2：1	0.65
A3	Φ25mm玻璃纤维锚杆	70	13	1.0	料礓石加粉土	2：1	0.65
B1	Φ25mm玻璃纤维锚杆	70	13	1.0	料礓石加粉土	1：1	0.60
B2	Φ25mm玻璃纤维锚杆	70	13	1.0	料礓石加粉土	1：1	0.60
B3	Φ25mm玻璃纤维锚杆	70	13	1.0	料礓石加粉土	1：1	0.60

11.1.1　锚杆无损检测试验

试验仪器为 LHMG（G1）式锚杆无损检测仪，采用端发端收、小锤激励方式进行检测。

1）对锚杆端部进行复查，确保端头测试部位平整光滑，且与轴线垂直。

2）记录锚杆与锚固体外部特征，对锚杆外露段根部进行平整后，对锚杆外露段进行多次测量后取均值。

3）对 LHMG（G1）式锚杆无损检测仪进行调整校正，准备测量。

4）将接收器置于测量位置，利用端发端收、小锤激励方式对锚杆进行检测。

5）现场对波形进行判断取舍，每根锚杆多次测量，结果稳定后保存测试结果，测试过程见图 11-3。

A．组锚杆

B．组锚杆

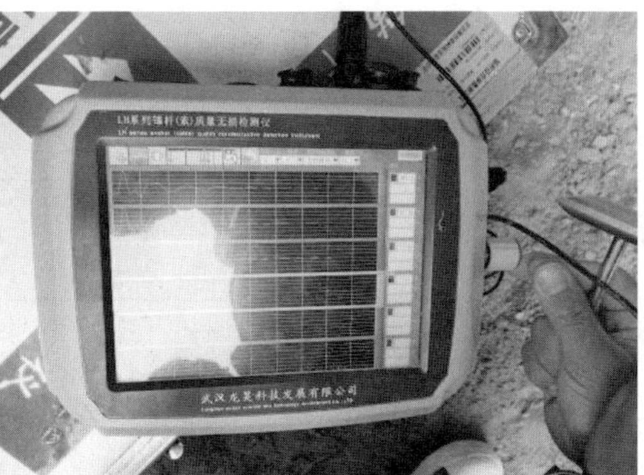

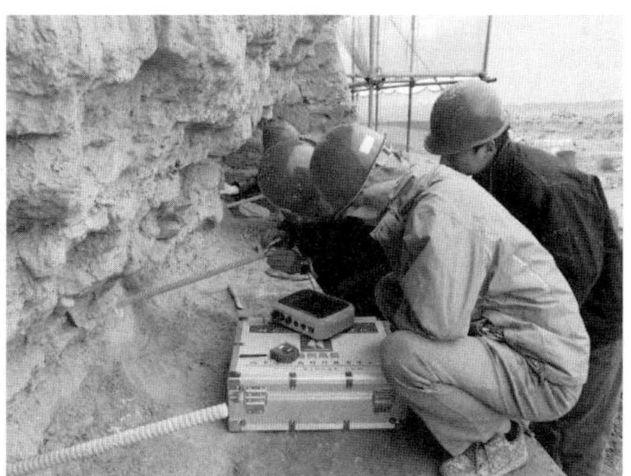

图 11-3　无损检测

锚杆无损检测结果如图 11-4～图 11-9 和表 11-2 所示。

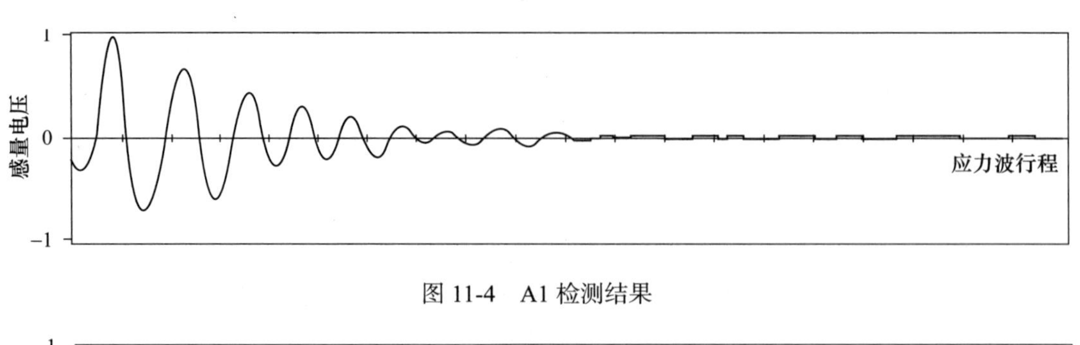

图 11-4　A1 检测结果

图 11-5　A2 检测结果

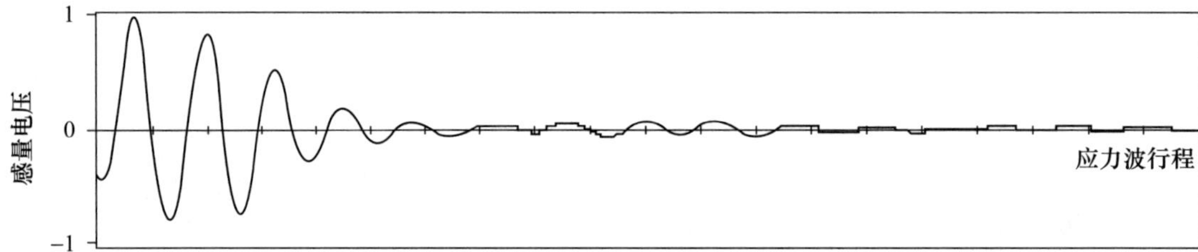

图 11-6　A3 检测结果

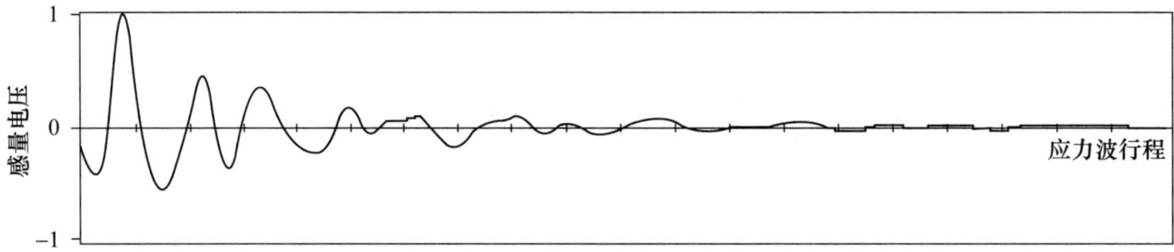

图 11-7　B1 检测结果

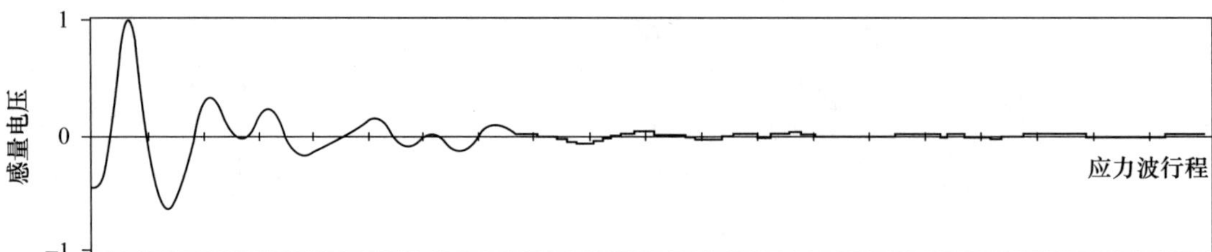

图 11-8　B2 检测结果

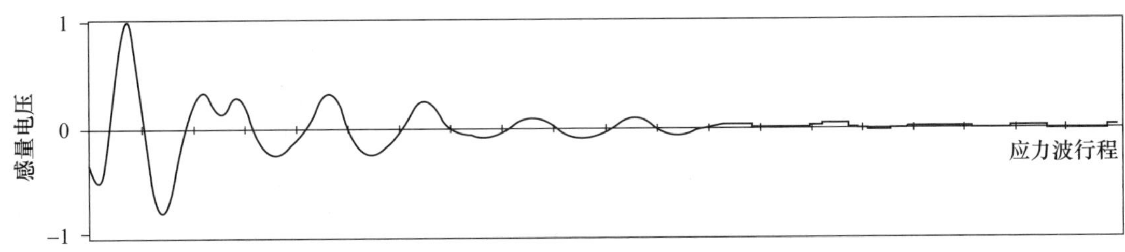

图 11-9　B3 检测结果

表 11-2　锚杆无损质量检测结果

编号	分类	杆体直径（mm）	杆体长度（m）	外露长度（mm）	实测比率（%）	长度检测	锚杆质量
A1	设计	25	1.500	—	96.7	合格	合格
	实测	25	1.450	525			
A2	设计	25	1.500	—	85	不合格	合格
	实测	25	1.270	488			
A3	设计	25	1.500	—	86	不合格	合格
	实测	25	1.290	444			
B1	设计	25	1.500	—	97	合格	合格
	实测	25	1.460	530			
B2	设计	25	1.500	—	99	合格	合格
	实测	25	1.480	535			
B3	设计	25	1.500	—	100	合格	合格
	实测	25	1.500	545			

11.1.2　锚杆拉拔试验

1）采用一台 YCD200 型穿心式千斤顶加载，最大张拉力为 30kN，灌浆采用人工重力灌浆。加载装置（千斤顶、油泵）和计量仪表（压力表、传感器和位移计等）在试验前进行计量检定合格，且满足测试精度要求。

2）锚固体灌浆强度达到设计强度的 90% 后（60d 以后），进行锚杆拉拔试验。

3）反力装置采用钢板相结合的方法设置，其承载力和刚度满足最大试验荷载要求。

4）锚杆基本试验的地质条件、锚杆材料和施工工艺等与工程设计锚杆一致。

5）基本试验时的最大试验荷载不超过锚杆杆体承载力标准值的 0.9 倍。

6）加荷方式：锚杆基本试验采用循环加卸荷法，并符合下列规定：①每级荷载施加或卸除后，立即测读变形量；②在每次加、卸荷时间内应测读锚头位移两次，连续两次测读的变形量：砂质土、硬黏性土中锚杆小于 0.1mm 时，可施加下一级荷载；③加、卸荷等级、测读间隔时间按照《干燥环境土遗址保护加固设计规范》（GBT 36747-2018）附录 A 表 A.1 确定。

7）锚杆破坏标准。锚杆的破坏通常有下列三种情况，试验过程中，无论哪一种情况发生，均视为破坏：①锚杆位移长时间不稳定，或者不收敛；②锚头总位移超过实际允许位移值；③锚杆试验中本级荷载产生的锚头位移增量超过上一级荷载位移增量的 2 倍，试验过程见图 11-10。

A. 安装反力垫板

B. 安装空心千斤顶

C. 力值传感器

D. 锚索及位移传感器

E. 加载

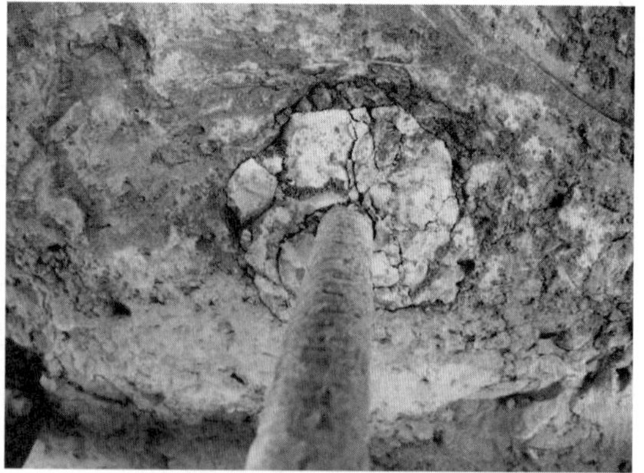

F. 破坏状况

图 11-10　锚杆拉拔试验过程

11.1.2.1　试验数据

试验数据如表 11-3～表 11-5 所示。

表 11-3　拉拔力数据汇总表

锚杆编号	锚杆杆体材料	锚固段长度	自由段长度	锚杆长度	加荷方式	破坏荷载（kN）	极限荷载（kN）
		（m）					
A1	玻璃纤维	1	0.5	1.5	循环	7	6
A2	玻璃纤维	1	0.5	1.5	循环	7	6
A3	玻璃纤维	1	0.5	1.5	循环	7	6
B1	玻璃纤维	1	0.5	1.5	循环	6	5
B2	玻璃纤维	1	0.5	1.5	循环	7	6
B3	玻璃纤维	1	0.5	1.5	循环	7	6

表 11-4　锚杆试验荷载位移数据表 A 组

循环	观测时间（min）	循环荷载（%）	荷载（kN）	位移（mm）		
				A1	A2	A3
初始荷载	10	10	1	0	0	0
第一循环	5	10	1	0	0	0
	10	30	3	1.32	2.89	3.24
	5	10	1	1.29	2.84	3.17
第二循环	5	10	1	1.29	2.84	3.17
	5	30	3	1.37	3.11	3.39
	10	40	4	1.48	3.24	3.66
	5	30	3	1.46	3.16	3.62
	5	10	1	1.42	3.07	3.53
第三循环	5	10	1	1.42	3.07	3.53
	5	30	3	1.59	3.27	3.69
	5	40	4	1.89	3.52	3.83
	10	50	5	2.26	3.84	4.06
	5	40	4	2.23	3.74	3.98
	5	30	3	2.21	3.72	3.92
	5	10	1	2.16	3.55	3.81
第四循环	5	10	1	2.16	3.55	3.81
	5	30	3	2.31	3.77	3.94
	5	50	5	2.59	4.01	4.19
	10	60	6	3.13	4.19	4.65
	5	50	5	3.09	4.12	4.61
	5	30	3	3.03	3.92	4.47
	5	10	1	2.96	4.23	4.22

续表

循环	观测时间（min）	循环荷载（%）	荷载（kN）	位移（mm）		
				A1	A2	A3
第五循环	5	10	1	2.96	4.23	4.22
	5	30	3	3.03	4.56	4.51
	5	60	6	3.13	5.04	4.97
	10	70	7	5.16	6.96	6.07
	5	60	6	/	/	/

表 11-5　锚杆试验荷载位移数据表 B 组

循环	观测时间（min）	循环荷载（%）	荷载（kN）	位移（mm）		
				B1	B2	B3
初始荷载	10	10	1	0	0	0
第一循环	5	10	1	0	0	0
	10	30	3	2.59	1.88	2.25
	5	10	1	2.53	1.83	2.01
第二循环	5	10	1	2.53	1.83	2.01
	5	30	3	2.67	1.97	2.36
	10	40	4	2.89	2.63	3.13
	5	30	3	2.77	2.63	3.05
	5	10	1	2.66	2.54	2.73
第三循环	5	10	1	2.66	2.54	2.73
	5	30	3	2.84	2.65	3.07
	5	40	4	2.98	2.75	3.26
	10	50	5	3.21	3.33	4.05
	5	40	4	3.21	3.29	3.95
	5	30	3	3.18	3.27	3.83
	5	10	1	3.01	3.17	3.49
第四循环	5	10	1	3.01	3.17	3.49
	5	30	3	3.13	3.25	3.74
	5	50	5	3.33	3.48	4.14
	10	60	6	4.74	3.95	4.79
	5	50	5	/	3.92	4.67
	5	30	3	/	3.84	4.52
	5	10	1	/	3.72	4.14
第五循环	5	10	1	/	3.72	4.14
	5	30	3	/	3.81	4.53
	5	60	6	/	3.91	4.76
	10	70	7	/	5.16	5.68
	5	60	6	/	/	/

11.1.2.2 荷载与位移曲线

荷载与位移曲线如图 11-11～图 11-22 所示。

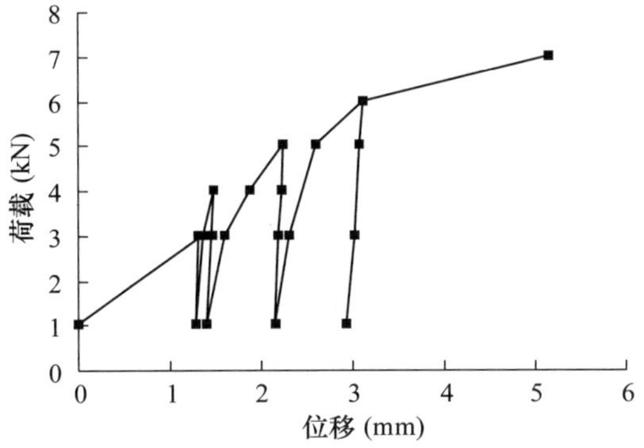

图 11-11 A1 荷载（Q）- 位移（S）曲线

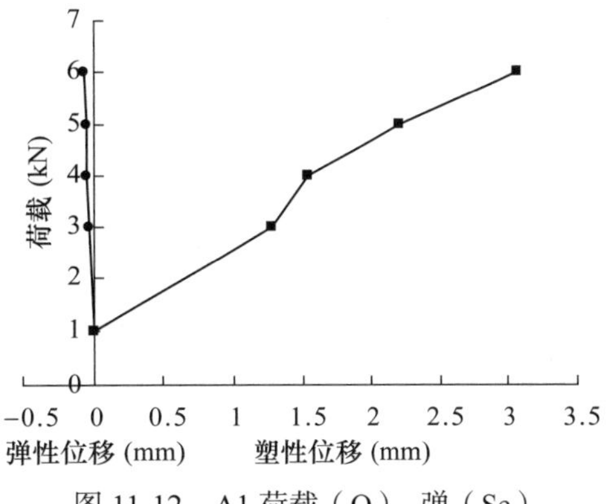

图 11-12 A1 荷载（Q）- 弹（Se）塑（Sp）性位移曲线

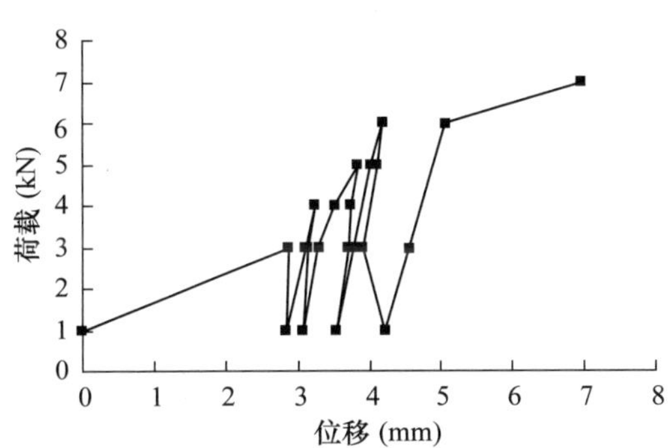

图 11-13 A2 荷载（Q）- 位移（S）曲线

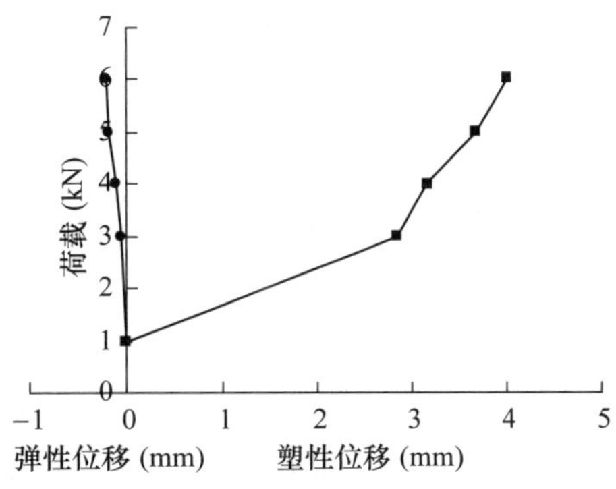

图 11-14 A2 荷载（Q）- 弹（Se）塑（Sp）性位移曲线

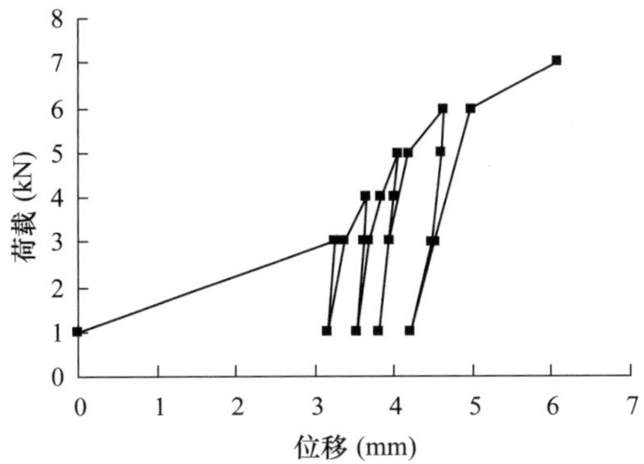

图 11-15 A3 荷载（Q）- 位移（S）曲线

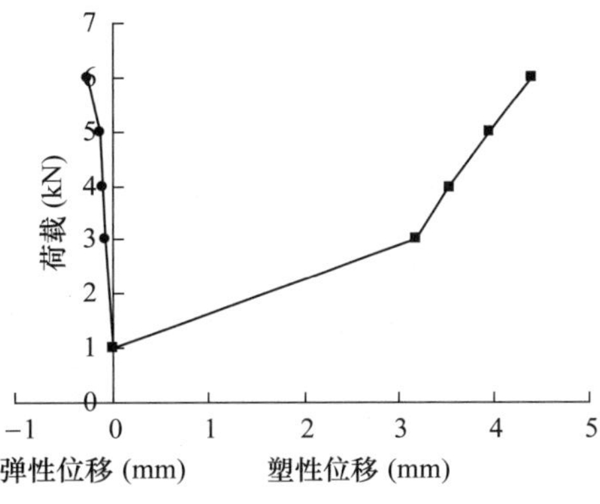

图 11-16 A3 荷载（Q）- 弹（Se）塑（Sp）性位移曲线

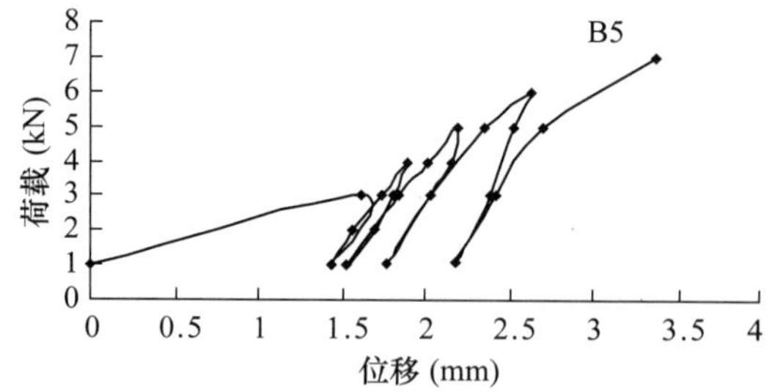

图 11-17　B1 荷载（Q）- 位移（S）曲线

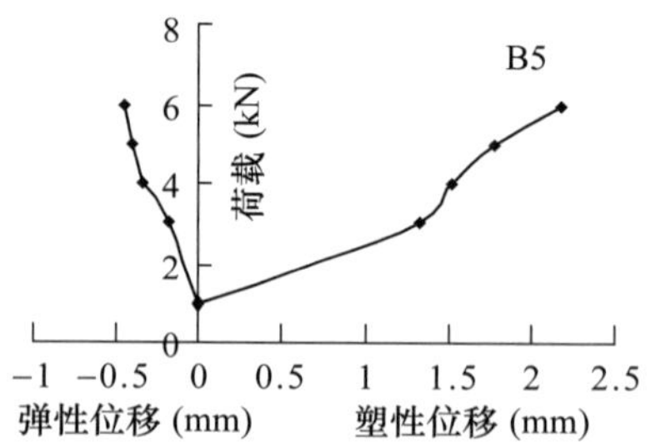

图 11-18　B1 荷载（Q）- 弹（Se）塑（Sp）性位移曲线

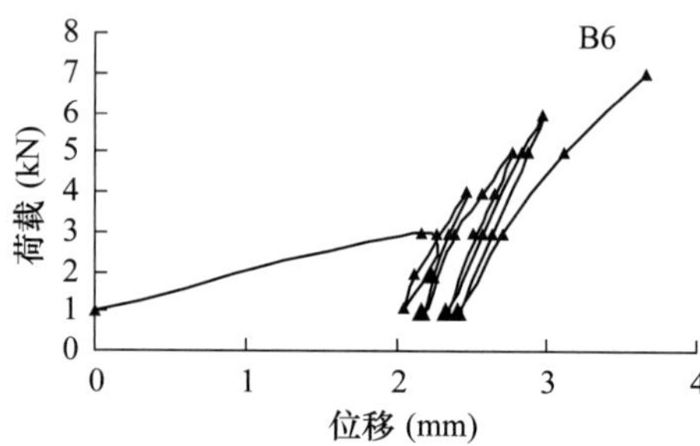

图 11-19　B2 荷载（Q）- 位移（S）曲线

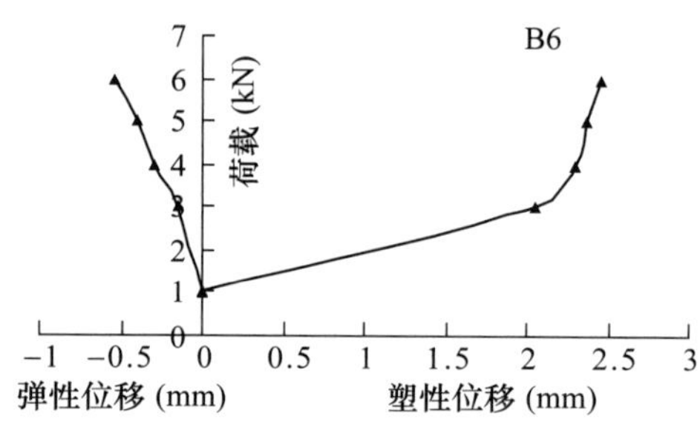

图 11-20　B2 荷载（Q）- 弹（Se）塑（Sp）性位移曲线

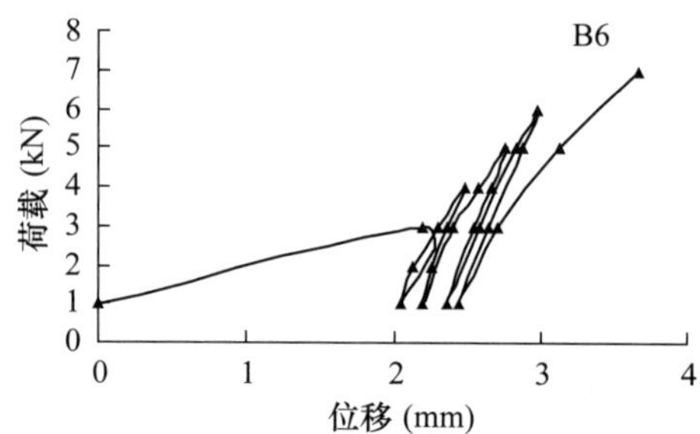

图 11-21　B3 荷载（Q）- 位移（S）曲线

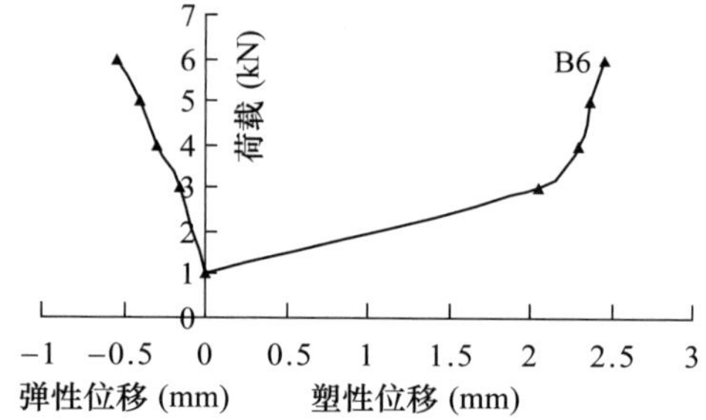

图 11-22　B3 荷载（Q）- 弹（Se）塑（Sp）性位移曲线

11.1.2.3　试验结论

本次测试共设 6 根基本试验锚杆，其中 B4 为单级加载方式，目的是为后续锚杆加载量确定参数，其余锚杆采用循环加卸荷的方式进行试验。测试锚固力均能达到设计要求（≥4kN），从锚杆破坏断面试验观察锚杆与浆液、浆液与土体的结合情况看，改性烧料礓石浆液、玻璃纤维锚杆及土体结合密实，能够很好地与原遗址本体紧密结合，形成更强的握裹力。综上所述，玻璃锚杆极限抗拉强度满足试验设计要求，改性料礓石浆液与锚杆及土体黏结较好，收缩小，设计工艺和材料均能满足工程需求。

11.2　裂隙灌浆的适用性及可靠性验证

裂隙灌浆选择南墙 1 号马面 L1（图 11-23、图 11-24）作为验证对象，该裂隙长 5.7 米，张开度 30cm，裂隙内部有碎石、风沙、粉土填充。

图 11-23　试验裂隙

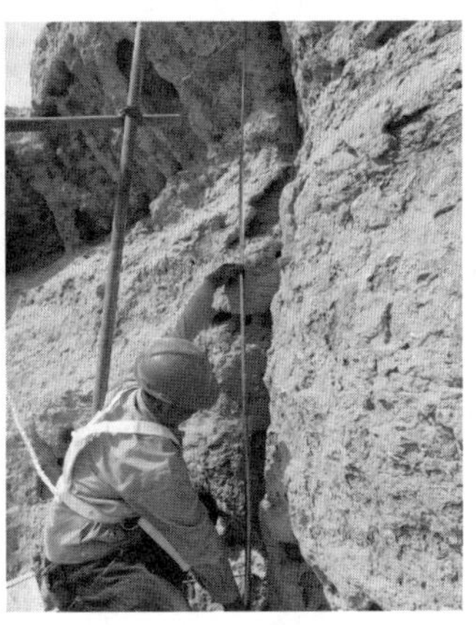

图 11-24　裂隙测量

首先对裂隙内部的碎石、风沙、粉土等填充物进行清理；用模数为 3.8、浓度 5%PS 浆液对裂缝口两侧的风化层进行喷洒渗透加固；封补裂隙用烧料礓石改性泥（质量比 1∶25），以竖向间距 15～20cm 埋设注浆管，采用注射器进行注浆；灌浆材料选取烧料礓石、过筛粉土和山泉水按水灰比 0.4～0.45 拌制；按自下而上的次序进行注浆，首先向注浆管内注入少量的水，注浆时当相邻的上方注浆管中出现浆液溢出时应停止注浆，并堵塞该注浆孔，再向上方的注浆管中注浆。

通过现场试验，发现该裂隙灌浆材料（料礓石加粉土）流动性好，可以填充全部裂隙；微收缩性好，能与裂隙两侧紧密结合；灌浆工艺能够满足施工要求（图 11-25、图 11-26）。

图 11-25　裂隙灌浆前

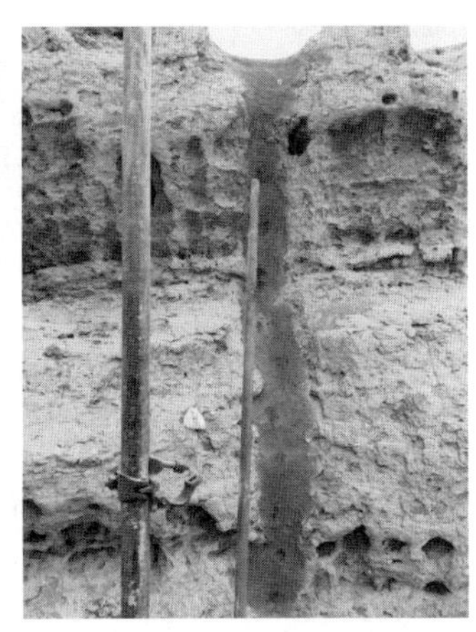

图 11-26　裂隙灌浆后

11.3　支顶加固的适用性及可靠性验证

图 11-27　永泰城址抢险加固工程现场夯补加固试验区

夯补试验区域选择在南墙 4 段南立面的坍塌凹进区（图 11-27）。夯筑砌补工艺及夯筑材料能够较大范围地代表遗址本体区域的配比，该段在自然环境、遗址建筑形式、病害特征及发育机理等方面均具有典型性和代表性。

结合前期室内试验原遗址墙体颗粒成分、材料配比及夯筑工艺，依据室内试验综合评价结论，选用由兰州扎玛文保材料有限公司生产的烧料礓石作为外加剂。按照遗址本体土质的特性，试验及施工用土选择在离遗址较远的教场取土，试验用水为城址内的山泉水。

11.3.1　夯筑支顶

1）将选择好的土过 5mm 筛，取除筛上部的土颗粒，将筛下土用塑料布盖好并测定其含水率，严格控制含水率，确保遗址本体的夯筑质量。

2）按照室内试验预先确定的原状土和烧料礓石的质量配比（烧料礓石：原状土＝1：25）将烧料礓石与准备好的土拌和均匀后润湿，湿化后夯筑砌补土封闭闷制时间不少于 3 小时。

3）清理试验区域遗址本体的虚土，清理过程中避免对遗址本体造成更大伤害，整体清理至原基础层。

4）表面预加固，采用模数 3.8、浓度 5% 的 PS 溶液一遍喷洒渗透加固坍塌掏蚀区域（图 11-28）。

5）采用硬质圆木和木楔在夯筑区域支模，对于掏蚀深度大于 20cm 的地方采用分层夯筑，一般情况夯筑砌补模板均要较墙体长出 5cm，确保夯筑砌补区域的强度，并为后续遗址本体表面修整留有足够的空间（图 11-29、图 11-30）。

6）夯筑以专用工具人工夯筑的方法，一般每层土虚铺厚度 10～15cm，夯实厚度为 6～8cm，尽量结合原遗址本体夯层厚度施夯，夯实厚度检查后将层面刨毛方可进行下道工序（图 11-31、图 11-32）。

7）按照高度 20cm 在夯筑层面用白蜡杆和竹签加筋，使新夯筑层与原墙体紧密结合（图 11-33）。

8）测定夯筑砌补区域夯筑密实度，采用蜡封法对每一个试验点测试不少于二组。

图 11-28　夯补区 PS 渗透加固

图 11-29　支模

图 11-30　分层夯筑

图 11-31　夯筑专用工具

图 11-32　成孔

图 11-33　白蜡杆和竹签加筋

9）夯筑完毕 60 分钟后方可拆模，拆模后对夯筑表面进行修整。

10）试验完毕后对夯筑区域用塑料薄膜保湿养护，保养时间不少于 15 天，并对遗址本体夯筑砌补区域长期观察，有异常情况可结合现场情况采取必要的维修措施。

分别从遗址本体和加固区取样，做干密度试验，测定遗址本体和加固体的干密度，核查夯筑加固施工是否符合标准，确保工程质量（图 11-34、图 11-35）。

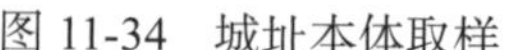

图 11-34　城址本体取样

图 11-35　现场加固区取样

11.3.2　夯补质量检测

本次干密度试验共做四组，城墙原状样 2 组，现场加固样 2 组，每组试验大于两组，平行样取均值（图 11-36）。

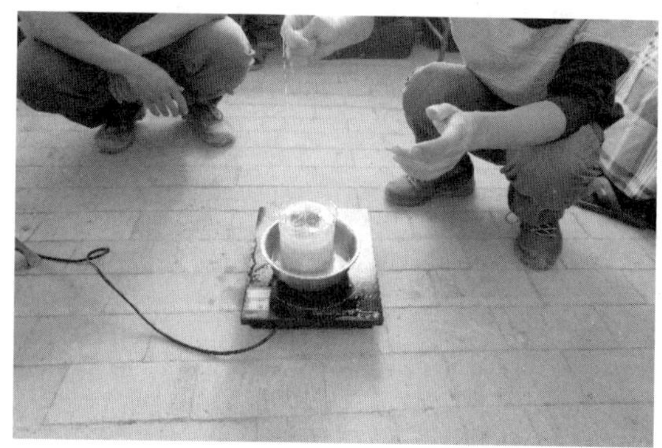

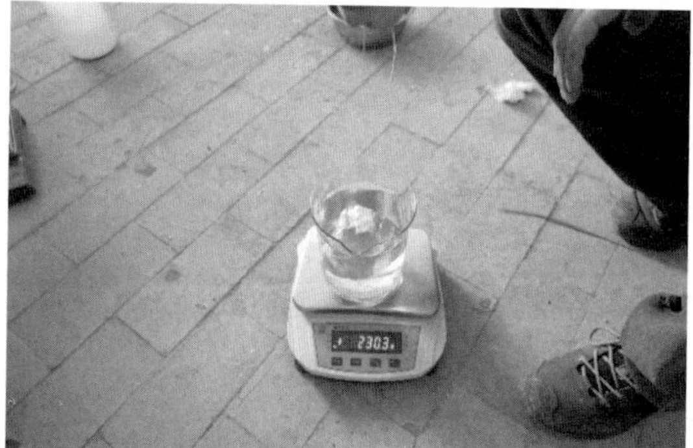

图 11-36　干密度试验

11.3.3　试验结果

干密度试验结果如表 11-6 所示。

表 11-6　干密度试验结果

试样编号	样品描述	湿密度（g/cm^3）	含水率（%）	干密度（g/cm^3）
1 号样 -1（顶）	南墙三段	1.69	0.91	1.68
1 号样 -2（底）	北立面原状样	1.57	1.08	1.55
2 号样 -1（顶）	南墙四段	1.69	0.74	1.68
2 号样 -2（底）	南立面原状样	1.44	1.00	1.43
3-1	南墙四段	1.87	17.03	1.6
3-2	南立面加固样	1.92	17.35	1.64
3-3		1.92	15.11	1.67
4-1	南墙四段	1.80	16.97	1.54
4-2	南立面加固样	1.86	17.72	1.58
4-3		1.64	14.15	1.43

11.3.4　结果分析

原遗址夯层较厚，在取样过程中，每组样分为夯层顶部和夯层底部两组试样，根据试验结果，夯层顶部干密度较大，达到 1.68g/cm^3，而底部由于夯层较厚，夯筑并不密实，干密度远小于夯层顶部土体干密度。因此，施工现场夯筑墙体干密度大于 1.68g/cm^3 即可满足要求。

通过在遗址夯筑支顶加固现场取样进行干密度测试，加固体的干密度均在 1.70g/cm^3 以上，完全符合设计要求。

11.4　表面防风化加固的适用性及可靠性验证

根据永泰城址自然环境特征和类似工程的现场试验经验，并考虑到永泰城址土体的性质和风化程度，采用三种试验方案进行比选。

1）方案 1：对城址墙体喷洒一遍 3%PS、5%PS、7%PS 表面防风化加固；

2）方案 2：对城址墙体喷洒两遍 3%PS、5%PS、7%PS 表面防风化加固；

3）方案 3：对城址墙体各喷洒三遍 3%PS、5%PS、7%PS 表面防风化加固。

试验场地选择在南墙 1 段南立面，该处城址墙体表面病害较为典型，土体为典型的粉质黏土，墙体表面产生片状剥落，剥落厚度 2～3cm。试验区域的环境条件在永泰城址的自然环境中也具有代表性（图 11-37）。

A．试验区域选择

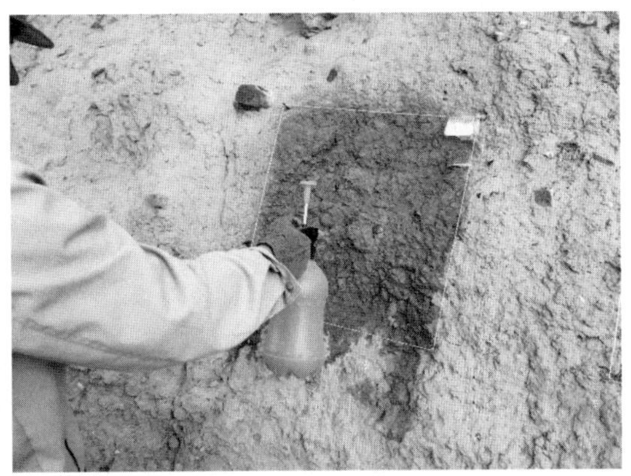

B．试验区域划分

图 11-37　试验区段

11.4.1　工艺及步骤

1）喷洒工具，采用电动空压机喷枪或喷壶进行喷洒，电动空压机喷枪的分散性好，喷洒相对均匀。本次试验采用喷壶进行喷洒（图 11-38）。

2）PS 模数、浓度：采用浓度为 3%、5%、7%，模数 3.7～3.8 的 PS 溶液。

3）喷洒条件要求：温度控制在20～30℃之间，气温控制在15～25℃左右，因试验区域选择在南立面所以在下午3点以后喷渗较为合适。

4）喷洒区域设计：根据试验要求将试验区域分为9段，每区域面积为0.25m²，分别包括未加固区、3%浓度PS一次喷洒区、5%浓度PS一次喷洒区、7%浓度PS一次喷洒区、3%浓度PS两次喷洒区、5%浓度PS两次喷洒区、7%浓度PS两次喷洒区、3%浓度PS三次喷洒区、5%浓度PS三次喷洒区、7%浓度PS三次喷洒区。对于2～3次喷洒的方案，两次喷洒时间间隔为72h（3天）。

5）PS溶液的喷洒：先在试验段表面上喷洒水使之渗透3cm左右，待墙体半干时，喷洒PS溶液，喷洒时要注意喷洒的均匀性，保证喷壶缓慢平稳的移动，同时注意观察，当PS溶液明显不渗透时，第一次喷洒完毕（图11-39）。

图11-38　试验用喷洒工具

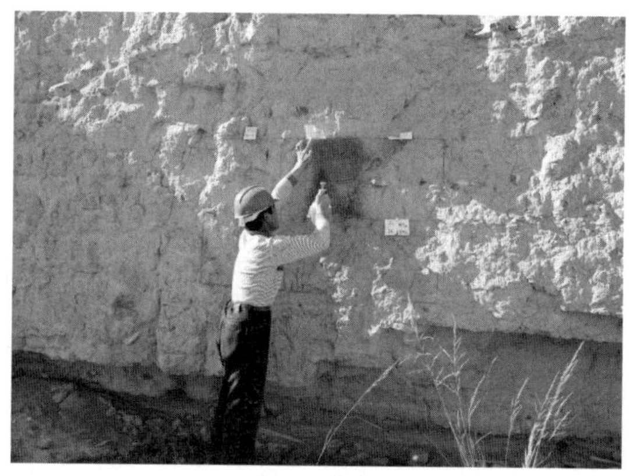

图11-39　PS溶液喷洒

6）喷洒后养护：喷洒后要阴干养护，基本保证墙面养护温度在20～30℃之间，防止没有达到一定强度使墙面出现龟裂。

7）加固结束后，根据不同时间的加固效果进行评估，最终确定施工所采用的工艺。

11.4.2　试验效果评价

11.4.2.1　人工判断

因为本试验在遗址本体的表面进行，微创的手段会损坏遗址体，因此本试验的效果评价最终采用感官和经验评价的方式。分别对试验区域喷洒渗透前和渗透后3天、7天、30天的加固效果进行拍照和经验评价记录（图11-40）。

PS渗透加固后30天，从人工敲击加固区域的声音和触感评价，3%PS溶液喷洒一遍、5%PS溶液喷洒一遍和7%PS溶液喷洒一遍的区域明显感觉到渗透深度非常浅，表面有一层硬壳，渗透效果较差，未能与母体有机地加固起来；3%PS溶液喷洒两遍、5%PS溶液喷洒两遍和7%PS溶液喷洒两遍的区域加固效果较好，风化层与母体能够有机地融合，未出现空腔；3%PS溶液喷洒三遍、5%PS溶液喷洒三遍和7%PS溶液喷洒三遍的区域加固效果较好，风化层与母体能够有机地融合，未出现空腔，但加固后的色泽与未加固前反差过大，严重干扰遗址的原状。经过仔细对比发现 5%PS 喷洒两遍的区域明显优于其他区域，不仅风化层与母体有机融合，形成整体，而且色泽与未加固前差别很小，对原状的干预极小。

试验结果表明，PS 溶液适合永泰遗址抢险加固表面防风化技术；通过工艺对比发现，5%PS 溶液喷洒两遍的表面防风化加固的方案加固效果最优。建议采用 5% 喷

3% 喷洒一遍　　5% 喷洒一遍

7% 喷洒一遍　　3% 喷洒两遍

5% 喷洒两遍　　7% 喷洒两遍

图 11-40　PS 渗透效果对比

3% 喷洒三遍

5% 喷洒三遍

7% 喷洒三遍

图 11-40 （续）

洒两遍的方案进行永泰遗址抢险加固工程的表面防风化加固。

11.4.2.2　风蚀雨蚀效果评价

为了评价试验区抗风蚀、雨蚀能力，本研究在现场进行了风蚀和雨蚀试验，试验设备采用自制设备。通过现场试验，对前期的加固效果进行了评价，选取较适合的PS浓度和施工工艺。

11.4.2.2.1　风蚀试验

风蚀试验采用自制的功率为370W的鼓风机，以长为0.8m、小口直径为9cm及大口直径15cm的喇叭形筒为砂砾运移的路径，风速23.4m/s。试验时所用的砂量进行定量控制，砂装在容积为高10cm、上口面积为135cm^2，下口面积为18cm^{2}的斗形容器，吹蚀时间控制基本相同，距墙面距离控制在0.4m，风蚀试验用砂为河谷中的沉积砂，选用粒径小于5mm砂土。

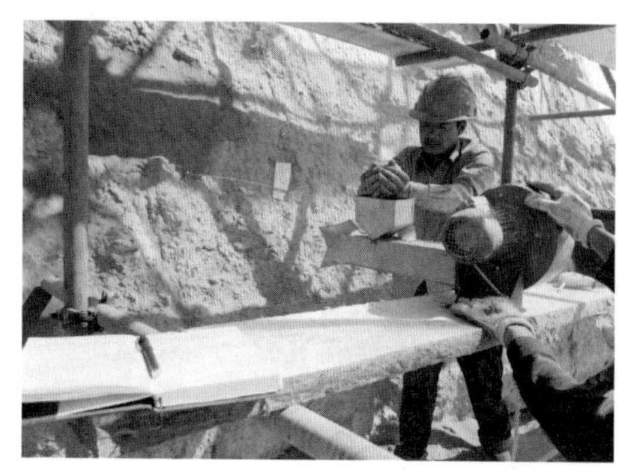

图 11-41　风蚀试验现场

图 11-41 为风蚀试验现场，经过净风和携

砂风吹蚀后，各试验区风蚀结果如表 11-7 所示，风蚀对比照片如图 11-42～图 11-44 所示。

表 11-7　墙体 PS 溶液喷渗风蚀试验结果

编号	风蚀条件	历时（min）	开始破坏时间	用砂量（kg）	破坏深度（mm）	状态描述
3%PS 溶液喷洒渗透两遍风蚀试验	净风	2	6s 后	0		净风开始表面浮尘被吹走，6s 时表面有细颗粒被吹走，14s 后偶见粒径为 12mm 的颗粒被吹走，试验结束后，表面局部区域出现点状破坏，整体表面变化没有太大差别
	携砂风	3	12s 后	18	10	试验刚开始，表面有微小颗粒开始脱落，表面在砂石作用下，7s 后沿墙体表面凹进区域周边形成点窝状，并逐渐扩大，有直径约 5mm 的颗粒脱落，凹进区域向周围缓慢扩大，吹蚀深度为 10mm，并无明显表层脱落，试验区域整体无明显变化
5%PS 溶液喷洒渗透两遍风蚀试验	净风	2	5s	0		有少许小颗粒被吹走，20s 时有直径约 30mm 颗粒脱落，之后无明显破坏
	携砂风	3	7s	14	7	试验开始后，有小颗粒被吹走，18s 时有直径约 3～8mm 颗粒脱落，2min 后基本无明显变化，风蚀深度为 2～5mm，风蚀破坏较小
7%PS 溶液喷洒渗透两遍风蚀试验	净风	2		0		表面无明显变化
	携砂风	3	7s	14	4	试验开始后，不断有小颗粒被吹走，8s 时有直径约 2～5mm 颗粒脱落，之后不断有颗粒被吹走，但无明显掏蚀凹进，仅在原凹进区域有缓慢深化，风蚀破坏较小
清水喷渗压实风蚀试验	净风	2		0		无明显变化
	携砂风	3	80s	10	20	试验开始后，有小颗粒被吹走，80s 时有直径约 15mm 颗粒脱落，25s 后表面出现点窝状掏蚀区域，并逐渐扩大，但扩大速度较缓慢，3min 后在携砂风侵蚀作用中心区域逐渐扩大，形成明显掏蚀区域，掉落颗粒逐渐由小颗粒变为大颗粒，掏蚀区域最深处为 20mm

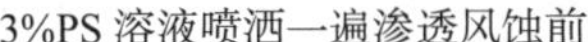
3%PS 溶液喷洒一遍渗透风蚀前

3%PS 溶液喷洒一遍渗透风蚀后

图 11-42　3%、5%、7% 喷渗一遍风蚀前后照片

5%PS 溶液喷洒一遍渗透风蚀前

5%PS 溶液喷洒一遍渗透风蚀后

7%PS 溶液喷洒一遍渗透风蚀前

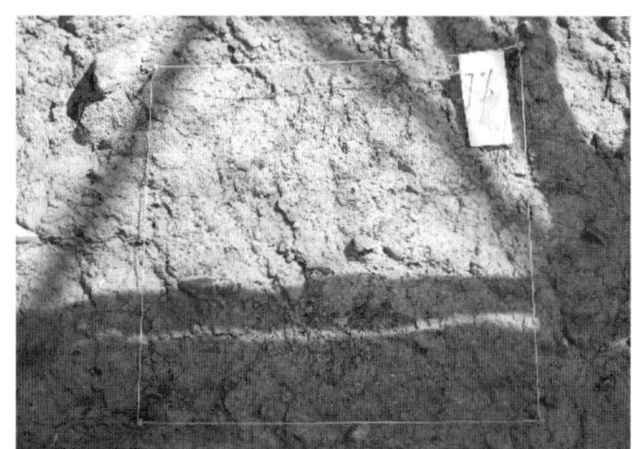

7%PS 溶液喷洒一遍渗透风蚀后

图 11-42 （续）

3%PS 溶液喷洒两遍渗透风蚀前

3%PS 溶液喷洒两遍渗透风蚀后

5%PS 溶液喷洒两遍渗透风蚀前

5%PS 溶液喷洒两遍渗透风蚀后

图 11-43　3%、5%、7% 喷渗两遍风蚀前后照片

7%PS 溶液喷洒两遍渗透风蚀前

7%PS 溶液喷洒两遍渗透风蚀后

图 11-43 （续）

3%PS 溶液喷洒三遍渗透风蚀前

3%PS 溶液喷洒三遍渗透风蚀后

5%PS 溶液喷洒三遍渗透风蚀前

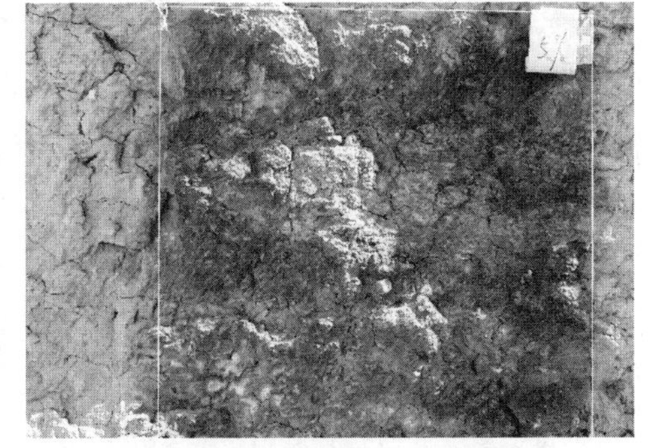

5%PS 溶液喷洒三遍渗透风蚀后

7%PS 溶液喷洒三遍渗透风蚀前

7%PS 溶液喷洒三遍渗透风蚀后

图 11-44　3%、5%、7% 喷渗三遍风蚀前后照片

图 11-45　雨蚀试验现场

11.4.2.2.2　雨蚀试验

现场雨蚀试验设备由水泵及淋浴喷头组成，出水量为 $3m^3/h$。采用定时间试验，喷头与试验墙面距离一致，保持在 30cm。雨滴与墙面夹角保持为 30° 左右。

图 11-45 为雨蚀试验现场，经过 2 分钟的模拟雨蚀后，各试验区雨蚀结果如表 11-8 所示，雨蚀对比照片如图 11-46～图 11-48 所示。

表 11-8　墙体 PS 溶液喷渗雨蚀试验结果表

试验区号	历时（min）	状态描述
3%PS 溶液喷洒渗透两遍雨蚀试验	2	试验刚开始，模拟雨水接触遗址体 3%PS 喷渗区域，入渗速度很快，7s 时出现明显泥流，9s 后墙体表层开始有直径为 30～40mm 泥皮层脱落，34s 时表层有直径为 70mm 泥皮层脱落，脱落区域逐渐向四周扩大，雨水接触的中心部位向内冲蚀，有石头脱落，冲蚀区域为 50mm×35mm
5%PS 溶液喷洒渗透两遍雨蚀试验	2	试验刚开始，入渗速度较慢，7s 时出现少量泥流，10s 后遗址本体表面径流变小，有小块泥皮层脱落，试验结束时，水形成一个明显的掏蚀区域，掏蚀区域呈明显的 18mm×15mm 长方体状，上大下小，明显比 3%PS 喷渗区域效果好得多
7%PS 溶液喷洒渗透两遍雨蚀试验	2	试验刚开始，模拟雨水接触遗址体 3%PS 喷渗区域，入渗速度很快，7s 时出现明显泥流，10s 后遗址本体表面径流逐渐变得浑浊，区域下部有小块泥皮层脱落，其他部位并无明显变化

3%PS 溶液喷洒一遍渗透雨蚀前

3%PS 溶液喷洒一遍渗透雨蚀后

5%PS 溶液喷洒一遍渗透雨蚀前

5%PS 溶液喷洒一遍渗透雨蚀后

图 11-46　3%、5%、7% 喷渗一遍雨蚀前后对比相片

7%PS 溶液喷洒一遍渗透雨蚀前

7%PS 溶液喷洒一遍渗透雨蚀后

图 11-46 （续）

3%PS 溶液喷洒两遍渗透雨蚀前

3%PS 溶液喷洒两遍渗透雨蚀后

5%PS 溶液喷洒两遍渗透雨蚀前

5%PS 溶液喷洒两遍渗透雨蚀后

7%PS 溶液喷洒两遍渗透雨蚀前

7%PS 溶液喷洒两遍渗透雨蚀后

图 11-47　3%、5%、7% 喷渗两遍雨蚀前后对比相片

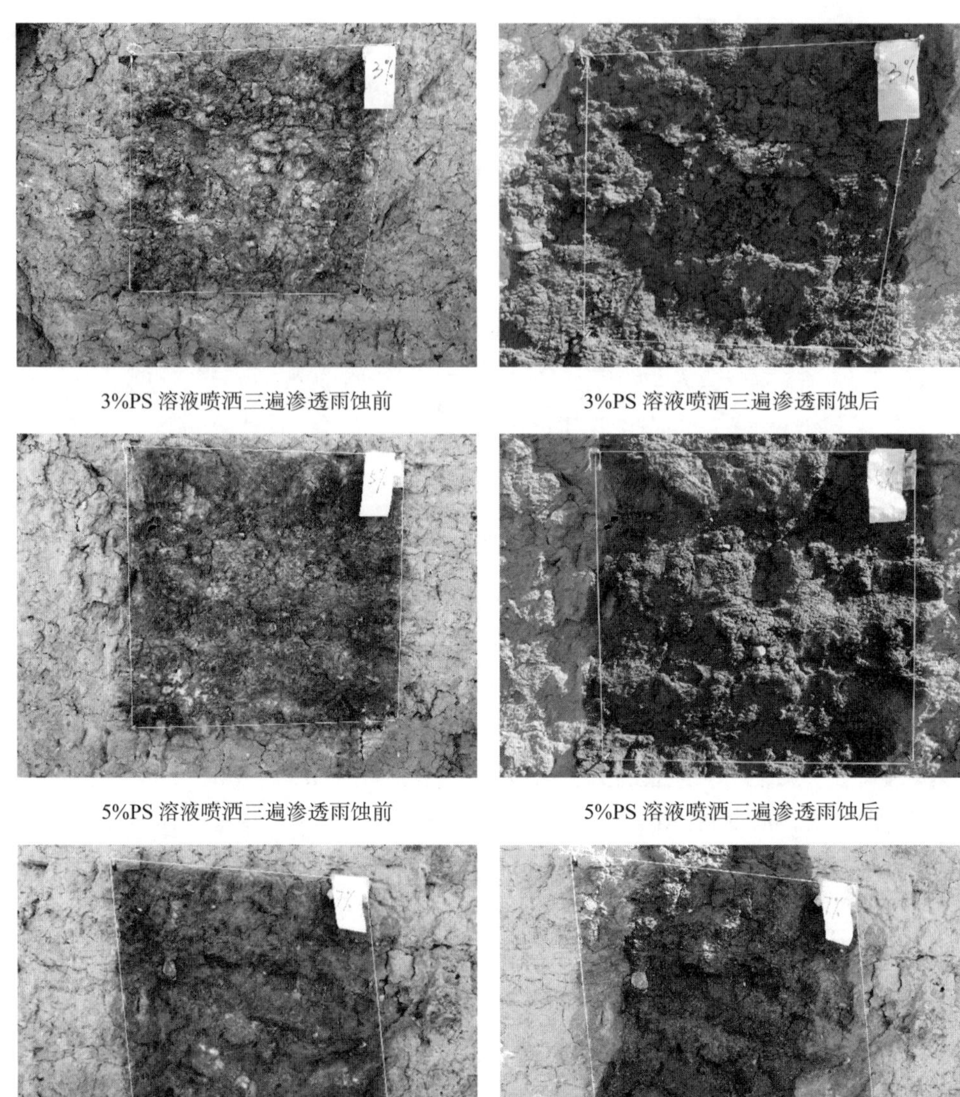

3%PS 溶液喷洒三遍渗透雨蚀前　3%PS 溶液喷洒三遍渗透雨蚀后

5%PS 溶液喷洒三遍渗透雨蚀前　5%PS 溶液喷洒三遍渗透雨蚀后

7%PS 溶液喷洒三遍渗透雨蚀前　7%PS 溶液喷洒三遍渗透雨蚀后

图 11-48　3%、5%、7% 喷渗三遍雨蚀前后对比相片

11.4.2.3　结果评价

经过风蚀雨蚀试验观察后，发现 5% 的 PS 喷洒两遍抗风蚀雨蚀效果较好，因此在永泰城址抢险加固采用该浓度与施工工艺。

第12章　结论与展望

12.1　结　　论

本书对我国土遗址的分类与营造技法演化进行了系统梳理，系统归纳了土遗址的营造技法和建造工艺分类，并以糯米灰浆为例，深入研究了糯米粉的结构及糊化、糯米灰浆改性土加固土遗址及其劣化机制，阐释了传统材料在古代建筑中的作用和科学意义。在已有土遗址保护研究和工程实践的基础上，通过快速测绘、遗址本体的传统工艺认知、无损检测分析、遗址体基本物理化学和力学性质测定等多种方法的有机结合，形成了一套完备的土遗址信息采集方法和技术。通过对失稳遗址本体的特征分类研究，基于锚固需求分析，对锚杆系列的适应性进行了界定，研发和改良锚固装置，提出了锚杆锚固工艺的技术控制指标及锚固效果评价方法；通过对土遗址裂隙灌浆需求的分类及现有灌浆材料的梳理，基于改性土的性能研究，提出了新型灌浆材料的施工关键技术及灌浆加固效果评价方法；通过对不同深度风蚀凹进悬空区的静力及动力模拟分析，从传统工艺入手，深入分析研究夯土遗址的基本性能，研发了不同工艺实施的传统工具和机械设备，结合夯筑工艺的现场试验研究，改良了支顶夯筑的施工工艺并提出了相应的加固效果评价手段。通过对遗址赋存环境和表面风化类型的归类分析，提出了多种可能用于遗址防风化的技术手段与效果评价方法，最终选择永泰城址对干旱环境下土遗址保护成套技术进行了集成与效果评价的验证。主要得出如下结论：

1）土质建筑传统营造技法是集相土验土、工艺技法、模数制度和专用工具为一体，通过学习和总结传统营造技法，不仅对我国土遗址保护技术研发有很大启发，也对土遗址的价值认识更加深入。通过首次在西北地区开展糯米改性土研究发现，在遗址土中加入糊化糯米浆可使液限、塑限和塑性指数整体提升，强度、耐水性、抗冻融性等性能明显增加，其在土遗址加固中有较好的应用前景。

2）通过研发多视图立体匹配的三维重建技术，地面和无人机拍摄结合的空地联合快速成像技术能够帮助遗址保护人员高效获取遗址测绘信息，并使准确性大幅提升；利用探地雷达、高密度电法及工程综合物探等检测技术，提高了遗址载体调查的效率及科学性；通过使用色度仪、微波测湿仪、电导率仪、表面强度测试仪、便携式微观显微镜、改进砂浆贯入仪及砂浆回弹仪等便携式无损检测设备使得现场快速获取遗址体基本性质成为可能，通过和遗址土微观性质、成分组成、基本物理力学及水理性质检测方法相结合，极大地丰富了我们调查和认知土遗址的手段，初步构成了我国土遗址保护现状调查技术体系。

3）针对竹签微型锚杆、楠竹锚杆、木锚杆、楠竹复合锚杆及 GFRP 玻璃纤维锚杆等 5 类土遗址常用锚固系统，利用多种室内和现场测试技术，全面分析了锚杆直径、对中支架、浆液成分掺和比、水灰比、成孔直径、注浆方式等对土遗址锚杆质量的影响，通过对玻璃纤维中支架和注浆压力可视化研发、锚固工艺的改良，有效地提升了锚固系统协同工作性能和施工质量。在前人研究基础上，研发了多种新型锚杆和浆液、锚杆锚固相关试验装置，形成了锚固效果的系统评价方法，集成出了干旱环境下土遗址锚固技术与效果评价体系。

4）总结和梳理了土遗址常用的灌浆材料，并在此基础上对灌浆材料进行二次研发与改良，研发的烧料礓石＋遗址土浆液在收缩率、含水率、波速、抗折强度、抗压强度、孔隙率、密度及渗透系数等方面均具有较好的可控性，适宜作为土遗址长期注浆材料。此外，根据新型灌浆材料的特性对灌浆工艺与工具进行了研发和改良，总结出了利用高密度电法及探地雷达综合物探、声波检测仪及色差仪对加固效果进行评价的成套方法，集成了一套可用于土遗址灌浆加固效果评价的技术体系。

5）基于不同深度悬空区与坍塌危险度之间的静力和动力模拟计算，对影响夯土性能的级配、密度、含盐量及龄期等因素进行了系统研究，同时对烧料礓石、烧阿嘎土改性土等夯筑添加材料性能进行研究；通过对夯材准备、夯锤大小、铺土厚度、夯筑遍数等方面的大量试验，利用三维扫描仪及应力应变监测，完善和改进了夯筑支顶加固的施工工艺，提出了支顶加固的质量控制指标，并利用探地雷达、风蚀雨蚀设备对夯筑效果进行了评价，形成了一套土遗址支顶加固效果评价的方法和指标体系，集成出了干旱环境土遗址支顶加固技术及效果评价体系。

6）归纳和梳理了土遗址表面风化类型，提出了适用于不同环境及风化类型的化学加固、牺牲层防护、防雨棚及保护棚综合土遗址防风化技术体系，开展了利用牺牲层、保护棚及防雨棚进行遗址防风化的探索性研究。以 PS 材料为代表的化学加固为例，利用色度仪及风蚀雨蚀设备进行了系统试验，形成了化学加固效果量化评价方法。

7）以永泰古城作为试点，对干旱环境土遗址保护成套技术及效果评价方法进行了适用性验证。

12.2　展　　望

本书以干旱环境下土遗址保护加固技术和加固效果评价的集成和示范应用作为研究目标，期望通过对已有加固技术和方法的系统总结和梳理，改进和完善现有加固技术，形成保护加固效果的科学评价体系，推进我国干旱环境土遗址保护工作。经过三年时间研究，虽然取得了一些研究成果，但受限于研究难度大、时间紧等多方面的客观因素，依然有很多问题需进一步深入开展。

（1）传统工艺与材料研究

我国土遗址分布范围广且形制多样，需要更深入地调查和认知我国各类遗址的建造工艺、建筑形制和布局。此外，《营造法式》中的传统凝胶材料包括糯米灰浆、血料灰浆、蛋清灰浆和糖水灰浆四种，本书只对糯米浆的结构、糊化、加固土遗址及其破坏机制进行了探索性研究，血料灰浆、蛋清灰浆和糖水灰浆的研究尚未涉及。后续研究工作中，在深入研究糯米浆的基础上，还将逐步开展血料灰浆、蛋清灰浆和糖水灰浆等传统材料的价值认知，探讨其加固土遗址的可能性。

（2）干旱环境下土坯砌筑工艺的研究

土坯砌筑是土遗址支顶加固的有效方法之一，本书的重点放在了夯补支顶加固技术的工艺和流程研发，对于砌补的传统工艺和力学稳定性机制研究尚未开展，下一步研究将参考夯补支顶加固的相关研究成果，开展土坯砌补支顶加固工艺与力学作用机制研究。

（3）干旱环境下土遗址防风化的研究

工程实施中经常遇到强降雨和降雪后导致遗址土体的冲蚀和冻融，针对这些问题，提出了构建牺牲层来抵御强降水冲刷和降雪冻融导致的快速风化。本书中虽提出了利用牺牲层和保护棚解决强降雨和冻融导致的快速风化，但目前还停留在小范围试验阶段，建议后续针对这些问题开展专题研究。

参 考 文 献

[1] 国际古遗址理事会中国国家委员会．中国文物古迹保护准则［M］．北京：文物出版社，2015.
[2] 王旭东．中国干旱环境中土遗址保护关键技术研究新进展［J］．敦煌研究，2008，6（7）.
[3] 张虎元，赵天宇，王旭东．中国古代土工建造方法［J］．敦煌研究，2008（5）.
[4] 李诫．营造法式［M］．上海：上海商务印书馆，1954.
[5] 潘谷西．中国建筑史［M］．北京：中国建筑工业出版社，2006.
[6] 裴强强，郭青林，赵林毅，等．岩土类遗址保护加固工程档案编写研究［J］．文物保护与考古科学，2015（4）.
[7] 中国科学院自然科学史研究所．中国古代建筑技术史［M］．北京：科学出版社，1985.
[8] 中国科学院自然科学史研究所．中国古代建筑技术史［M］．北京：科学出版社，2000.
[9] 王魏总．中国考古学大辞典［M］．上海：上海辞书出版社，2014.
[10] 张学海．龙山文化［M］．北京：文物出版社，2006.
[11] 朱启鈐．梓人遗制［M］．北京：中国营造学社，1933.
[12] 梁思成．清式营造则例［M］．北京：中国建筑工业出版社，1980.
[13] 孟凡人．交河故城形制布局特点研究［J］．考古学报，2001（4）.
[14] 李斗．工段营造录［M］．上海：科学技术出版社，1984.
[15] 杨永生．哲匠录［M］．北京：中国建筑工业出版社，2005.
[16] 吴立行．考工记［M］．北京：社会科学文献出版社，2013.
[17] 牛来颖．《天圣令·赋役令》丁匠条释读举例——兼与《营缮令》比较［C］．唐史论丛（第十三辑）．西安：三秦出版社，2011.
[18] 郭岩．《工部则例》之工程规制研究［D］．呼和浩特：内蒙古大学，2014.
[19] 程国政．中国古代建筑文献集要［M］．上海：同济大学出版社，2013.
[20] 杨春春．中国古代传统建筑土工技术研究［D］．郑州：河南大学，2014.
[21] 闫超，杨国忠．中国古代地基基础技术研究［J］．岩土工程学报，2011，33（增刊）.
[22] 赵晔．中国历代名著全译丛书：吴越春秋全译［M］．贵阳：贵州人民出版社，1993.
[23] 高见南．相宅经纂［M］．台北：育林出版社，1999.
[24] 潘吉星．《天工开物》版本考［J］．自然科学史研究，1982，1（1）.
[25] 袁守定．地理啖蔗录［M］．北京：世界知识出版社，2010.
[26] 崔鸿．十六国春秋［M］．上海：商务印书馆，1937.
[27] 张大可．史记全本新注［M］．西安：三秦出版社，1990.
[28] 姜亮夫．先秦诗鉴赏辞典［M］．上海：上海辞书出版社，1998.
[29] 公羊高撰，顾馨、徐明校点．春秋公羊传［M］．沈阳：辽宁教育出版社，1997.
[30] 李浈．中国传统建筑形制与工艺［M］．上海：同济大学出版社，2015.
[31] 郎树德，许永杰，水涛．试论大地湾仰韶晚期遗存［J］．文物，1983（11）.
[32] 赵芝荃，郑光．河南偃师二里头二号宫殿遗址［J］．考古学报，1983（3）.
[33] 高天麟，李健民．陶寺遗址 1983—1984 年ⅲ区居住址发掘的主要收获［J］．考古学报，1986（9）.
[34] 魏聚锋．陶寺聚落与酋邦社会［D］．石家庄：河北师范大学，2011.
[35] 严志斌，陈国梁，李志鹏．山西襄汾县陶寺遗址ⅱ区居住址 1999-2000 年发掘简报［J］．考古学报，2003（3）.
[36] 范晔．后汉书志［M］．北京：中华书局，1965.
[37] 郭德维．郑州大河村仰韶文化的房基遗址［J］．考古，1973（6）.
[38] 袁广阔，潘伟斌，杨文胜，等．河南辉县市孟庄龙山文化遗址发掘简报［J］．考古，2000（3）.
[39] 李桃元．应城门板湾遗址大型房屋建筑［J］．江汉考古，2000（1）.
[40] 费国平．余杭大观山果园及反山周围良渚文化遗址调查［J］．南方文物，1995（2）.
[41] 王依依，王宁远．仙坛庙干栏式建筑图案试析［J］．东方博物，2005（3）.
[42] 戴仕炳，钟燕，胡战勇，等．明《天工开物》之“风吹成粉”工法初步研究［J］．文物保护与考古科学，2018，

30（1）.
［43］ 陈铁民译．十三经［M］．西安：三秦出版社，2004.
［44］ 顾颉刚，刘起釪．尚书校释译论［M］．北京：中华书局，2005.
［45］ 周振甫．诗经译注［M］．北京：中华书局，2002.
［46］ 王海燕．营造法式译解（卷一）［M］．武汉：华中科技大学出版社，2015.
［47］ 刘尚慈．春秋公羊传译注［M］．北京：中华书局，2010.
［48］ 顾迁译注．淮南子［M］．北京：中华书局，2009.
［49］ 段玉裁．说文解字注［M］．上海：上海古籍出版社，1988.
［50］ 徐正英，常佩雨．周礼［M］．北京：中华书局，1980.
［51］ 杨伯峻．春秋左传注［M］．北京：中华书局，2009.
［52］ 湖南省文物考古研究所，湖南省澧县文物管理所．澧县城头山屈家岭文化城址调查与试掘［J］．文物，1993（12）.
［53］ 山东省博物馆，日照县文化馆，东海峪发掘小组．一九七五年东海峪遗址的发掘［J］．考古，1976（6）.
［54］ 河南省文物研究所，中国历史博物馆考古部．登封王城岗遗址的发掘［J］．文物，1983（4）.
［55］ 李振光，于忠胜，姚秀华．早期长城的判定——以山东省齐长城为例［C］// 国家文物局．长城资源调查工作文集．北京：文物出版社，2012.
［56］ 河南省文物研究所，周口地区文化局文物科．河南淮阳平粮台龙山文化城址试掘简报［J］．文物，1983（3）.
［57］ 中国大百科全书总编辑委员会．中国大百科全书·考古卷［M］．北京：中国大百科全书出版社，2004.
［58］ 安阳地区文物管理委员会．河南汤阴白营龙山文化遗址［J］．考古，1980（3）.
［59］ 张锴生．郑州商城城墙结构及筑法探析［J］．中原文物，1988（3）.
［60］ 武汉市博物馆，湖北省文物考古研究所，黄陂县文物管理所所．1997～1998 年盘龙城发掘简报［J］．江汉考古，1998（3）.
［61］ 山东省济宁市文物管理局．薛国故城勘察与墓葬发掘报告［J］．考古学报，1991（4）.
［62］ 宁夏回族自治区博物馆，固原县文物工作站．宁夏境内战国秦汉长城遗迹［C］// 文物编辑委员会．中国长城遗迹调查报告集．北京：文物出版社，1981.
［63］（宋）李诫．营造法式·卷 3·壕寨制度筑基（朱启钤刻印本）［M］．北京：人民出版社，2006：20.
［64］ 夏鼐．碳 14 测定年代和中国史前考古学［J］．考古，1977（4）.
［65］ 延安地区文物普查队．延安地区战国秦长域考察简报［J］．考古与文物，1990（6）.
［66］ 李红雄．甘肃庆阳地区境内长城调查与探索［J］．考古与文物，1990（6）.
［67］ 吴礽骧．河西汉塞调查与研究［M］．北京：文物出版社，2005.
［68］ 马建华．长城［M］．兰州：敦煌文艺出版社，2004：107.
［69］ 嘉峪关文物管理所．嘉峪关及其附近的长域［C］// 文物编辑委员会．中国长城遗迹调查报告集．北京：文物出版社，1981.
［70］ 景爱，苗天娥．剖析长城夯土版筑的技术方法［J］．纵观全局，2008（2）.
［71］ 宁夏文物考古研究所，银川西夏陵区管理处．地面遗迹发掘报告［M］．北京：科学出版社，2007.
［72］ 宁夏文物考古研究所，盐池县博物馆．宁夏盐池县古长域调查与发掘［J］．考古与文物，2000（3）.
［73］ 山西省文物工作委员会考古队．山西省境内长城简况［M］．北京：文物出版社，1981：103.
［74］ 杨富巍，张秉坚，潘昌初，等．以糯米灰浆为代表的传统灰浆——中国古代的重大发明之一［J］．中国科学（E 辑：技术科学），2009（1）.
［75］ 张坤，张秉坚，方世强．中国传统血料灰浆的应用历史和科学性［J］．文物保护与考古科学，2013，25（2）.
［76］ 方世强，杨涛，张秉坚，等．中国传统糖水灰浆和蛋清灰浆科学性研究［J］．中国科学（E 辑：技术科学），2009，45（8）.
［77］ 曾余瑶，张秉坚，梁晓林．传统建筑泥灰类加固材料的性能研究与机理探讨［J］．文物保护与考古科学，2008，20（2）.
［78］ 杨富巍，张秉坚，曾余瑶，等．传统糯米灰浆科学原理及其现代应用的探索性研究［J］．故宫博物院院刊，2008（5）.
［79］ Yang F W, Zhang B J, Ma Q L. Study of Sticky Rice- Lime Mortar Technology for the Restoration of Historical Masonry Construction [J]. Accounts of Chemical Research, 2010, 43 (6).
［80］ 李绪洪，邓其生．石经幢的艺术鉴赏［J］．古建园林技术，2005（3）.
［81］ 林建生，林子健，陈俊峰．历史大震与泉州古建筑塔寺桥类的结构抗震［J］．世界地震工程，2005，21（2）.
［82］ 陈俊良．古迹文物灰浆材料之配比与强度关系之研究［D］．台南：成功大学，2004.
［83］ 魏国锋，张秉坚，方世强．添加剂对传统糯米灰浆性能的影响及其机理［J］．土木建筑与环境工程，2011，33（5）.
［84］ Zeng Y Y, Zhang B J, Liang X L. A Case Study and Mechanism Investigation of Typical Mortars Used on Ancient

Architecture in China [J]. Thermochimica Acta, 2008, 473 (1-2).
[85] Xiao Y, Fu X, Gu H, et al. Properties, Characterization, and Decay of Sticky Rice–Lime Mortars from the Wugang Ming Dynasty City Wall (China) [J]. Materials Characterization, 2014, 90.
[86] Yang R W, Zhang Z L, Xie M J, et al. Microstructural Insights into the Lime Mortars Mixed with Sticky Rice Sol–gel or Water: A Comparative Study [J]. Construction Building Materials, 2016, 125.
[87] 刘强，刘勋，裴重华. 糯米浆对仿生碳酸钙形貌的影响 [J]. 人工晶体学报，2014，43 (2).
[88] 杨富巍. 无机胶凝材料在不可移动文物保护中的应用 [D]. 杭州：浙江大学，2011.
[89] Yang L, Ding W J, An Y G, et al. Control Synthesis of Aragonite Calcium Carbonate with Glucan as the Template [J]. Chemical Journal of Chinese Universities (Chinese Edition) , 2004, 25 (8).
[90] 张秀英，廖照江，杨林，等. B-环糊精与碳酸钙结晶的相互作用 [J]. 化学学报，2003，61 (1).
[91] 刘强，张秉坚. 石质文物表面生物矿化保护材料的仿生制备 [J]. 化学学报，2006，64 (15).
[92] 杨华山，车玉君，马小满. 中国传统糯米-石灰砂浆的原材料和结构 [J]. 混凝土，2015 (1).
[93] 胡沁. 淀粉类医用海绵的制备及结构性能研究 [D]. 上海：东华大学，2010.
[94] 张骅骞. 荞麦淀粉抗老化研究及应用 [D]. 天津：天津科技大学，2008.
[95] 冯健，刘文秀，林亚玲，等. 淀粉抗回生的研究进展 [J]. 食品科学，2011，32 (9).
[96] Yu L, Christie G. Microstructure and Mechanical Properties of Orientated Thermoplastic Starches [J]. Journal of Materials Science, 2005, 40 (1).
[97] 张俐娜. 基于生物质的环境友好材料 [M]. 北京：化学工业出版社，2011.
[98] 林美娟，宋江峰，李大婧，等. 用双波长分光光度法测定鲜食玉米中直链淀粉和支链淀粉含量 [J]. 江西农业学报，2010，22 (12).
[99] Pankasemsuk T, Apichartsrangkoon A, Worametrachanon S, et al. Encapsulation of Lactobacillus Casei 01 by Alginate along with Hi-maize Starch for Exposure to a Simulated Gut Model [J]. Food Bioscience. 2016, 16.
[100] 庄坤，丁文平，徐远阳，等. 臭氧处理对糯米品质的影响及其机理 [J]. 食品科学，2014，35 (1).
[101] Liu C Z, Jiang S S, Han Z J, et al. In Vitro Digestion of Nanoscale Starch Particles and Evolution of Thermal, Morphological, and Structural Characteristics [J]. Food Hydrocolloids, 2016, 61.
[102] Liu X X, Yu L, Liu H S, et al. Thermal Decomposition of Corn Starch with Different Amylose/Amylopectin Ratios in Open and Sealed Systems [J]. Cereal Chemistry, 2009, 86 (4).
[103] 韩文芳，熊善柏，李江涛，等. 糯米淀粉的晶体性质和糊化特性 [J]. 中国粮油学报，2015，30 (8).
[104] 金鑫，周裔彬. 不同糊化度糯米淀粉在贮藏过程中结晶性和消化性研究 [J]. 农产品加工（学刊），2013 (18).
[105] Lara S C, Salcedo F. Gelatinization and Retrogradation Phenomena in Starch/Montmorillonite Nanocomposites Plasticized with Different Glycerol/Water Ratios [J]. Carbohydrate Polymers, 2016, 151.
[106] Marinopoulou A, Papastergiadis E , Raphaelides S N. An Investigation into the Structure, Morphology and Thermal Properties of amylomaize Starch-fatty Acid Complexes Prepared at Different Temperatures [J]. Food Research International, 2016, 90.
[107] Wang W H, Wang K, Xiao J D, et al. Performance of High Amylose Starch-composited Gelatin Films Influenced by Gelatinization and Concentration [J]. International Journal of Biological Macromolecules, 2017, 94.
[108] 寇芳. 发酵小米菌株的鉴定及其对淀粉结构，老化性质的影响 [D]. 大庆：黑龙江八一农垦大学，2018.
[109] 彭凯，吴薇，龙蕾，等. 非淀粉成分对淀粉糊化特性的影响 [J]. 粮食与饲料工业，2015 (5).
[110] 丁志理，刘长虹，王远辉. 蒸制对馒头品质的影响 [J]. 粮食加工，2018 (4).
[111] Srichuwong S, Isono N, Jiang H, et al. Freeze–thaw Stability of Starches from Different Botanical Sources: Correlation with Structural Features [J]. Carbohydrate polymers, 2012, 87 (2).
[112] 程科，陈季旺，许永亮，等. 大米淀粉物化特性与糊化曲线的相关性研究 [J]. 中国粮油学报，2006，21 (6).
[113] 张红建，张晶晶，邹易，等. 利川山药淀粉糊化特性研究 [J]. 武汉轻工大学学报，2014，33 (4).
[114] Boligon A A, Pereira R P, Feltrin A C, et al. Antioxidant Activities of Flavonol Derivatives from the Leaves and Stem Bark of Scutia Buxifolia Reiss [J]. Bioresource Technology, 2009, 100 (24).
[115] 梁丽松，张柏林，林顺顺，等. 淀粉表面结合脂对板栗淀粉糊化特性的影响 [J]. 林业科学，2011，47 (11).
[116] 谢新华，赵悄然，朱鸿帅，等. 亚麻籽胶对糯米淀粉凝胶冻融稳定性的影响 [J]. 中国粮油学报，2017，32 (8).
[117] 严娟，杨哪，焦爱权，等. 冻融对糯米淀粉性质的影响 [J]. 2012，33.
[118] 白洁，彭义交，李玉美，等. 铝盐对豌豆淀粉凝胶理化性质的影响研究 [J]. 中国酿造，2016，35 (6).
[119] 郭晓娟，刘成梅，吴建永，等. 亲水胶体对淀粉理化性质影响的研究进展 [J]. 食品工业科技，2016，37 (6).
[120] Georis J, Esteves F D L, Lamotte-Brasseur J, et al. An Additional Aromatic Interaction Improves the Thermostability and Thermophilicity of a Mesophilic Family 11 Xylanase: Structural Basis and Molecular Study [J]. Protein Science,

2000, 9 (3).

[121] Liu L, Dong H, Wang S, et al. Computational Analysis of Di-peptides Correlated with the Optimal Temperature in g/11 Xylanase [J]. Process Biochemistry, 2006, 41 (2).

[122] 蔡旭冉，顾正彪，洪雁，等. 盐对马铃薯淀粉及马铃薯淀粉 - 黄原胶复配体系特性的影响［J］. 食品科学，2012，33（9）.

[123] 黄金城，颜梦婷，曾华斌，等. 盐对玉米淀粉 - 黄原胶复配体系的影响［J］. 农产品加工. 学刊，2013（7）.

[124] 莫紫梅. 糯米淀粉分子结构及其物化性质的研究［D］. 武汉：华中农业大学，2010.

[125] 林廷松，唐晓武，应小丰. 经过桐油，糯米汁改性粘土的土工特性［J］. 建筑技术，2009，40（7）：631-632.

[126] 翟广玉，朱玮，候钰佩，等. 膨化糯米淀粉的制备及应用研究［J］. 中国胶粘剂，2012，21（1）.

[127] 李喜安，黄润秋，彭建兵. 黄土崩解性试验研究［J］. 岩石力学与工程学报，2009，28（增刊）.

[128] 赵佩. 糯米灰浆对遗址土的加固效果及机理研究［D］. 兰州：兰州大学，2017.

[129] 谭鑑益. 广西覆盖型岩溶区土层崩解机理研究［J］. 工程地质学报，2001，9（3）.

[130] 张晓媛，范昊明，杨晓珍，等. 容重与含水率对砂质黏壤土静水崩解速率影响研究［J］. 土壤学报，2013，50（1）.

[131] 吕学伟. 红层泥岩崩解机理的实验研究［D］. 重庆：西南交通大学，2013.

[132] 叶万军，杨更社，彭建兵，等. 冻融循环导致洛川黄土边坡剥落病害产生机制的试验研究［J］. 岩石力学与工程学报，2012，31（1）.

[133] 刘亚辉，申春妮，方祥位，等. 溶液浓度和温度对混凝土硫酸盐侵蚀速度影响［J］. 重庆建筑大学学报，2008，30（1）.

[134] 黎衍文. 混凝土抗硫酸盐侵蚀的试验研究［J］. 建材发展导向（上），2017，15（7）.

[135] 王海龙，董宜森，孙晓燕，等. 干湿交替环境下混凝土受硫酸盐侵蚀劣化机理［J］. 浙江大学学报（工学版），2012，46（7）.

[136] 王亮，詹予忠，沈国鹏，等. 粘土砖的腐蚀劣化机理［J］. 四川建筑科学研究，2008，34（1）.

[137] 张景科，郭青林，李最雄. 土遗址锚固机理初探［M］. 兰州：兰州大学出版社，2014.

[138] 孙满利，王旭东，李最雄. 土遗址保护初论［M］. 北京：科学出版社，2010.

[139] 金磊. 中国建筑文化遗产［M］. 天津：天津大学出版社，2011.

[140] 李最雄. 丝绸之路古遗址保护［M］. 北京：科学出版社，2008.

[141] 孙满利. 土遗址保护研究现状与进展［J］. 文物保护与考古科学，2008，19（4）.

[142] 李最雄，王旭东. 古代土建筑遗址保护加固研究的新进展［J］. 敦煌研究，1997（4）.

[143] 柴新军，钱七虎，罗嗣海，等. 微型土钉微型化学注浆技术加固土质古窑［J］. 岩石力学与工程学报，2008（2）.

[144] 赵冬，毛筱霏，陈平. 土工长丝锚杆加固土建筑遗址研究［J］. 工业建筑，2008，38（1）.

[145] 王旭东，李最雄，郭青林. 干旱环境下土遗址防风化加固室内实验研究［C］. 中国文物保护技术协会第二届学术年会，西安，2002.

[146] 王旭东，张鲁，李最雄，等. 银川西夏 3 号陵的现状及保护加固研究［J］. 敦煌研究，2002，（4）.

[147] 张景科，谌文武，李最雄，等. 土遗址加固中木锚杆锚固机理的现场试验研究［J］. 岩土工程学报，2013（6）.

[148] 李最雄，王旭东. 中国古丝绸之路上的土质、石质文物加固保护［C］. 中国岩石力学与工程学会第五届学术大会，上海，1998.

[149] 孙满利，王旭东，李最雄，等. 交河故城的裂隙特征研究［J］. 岩土工程学报，2007，29（4）.

[150] 王旭东，李最雄，谌文武，等. 土遗址保护关键技术研究［M］. 北京：科学出版社，2014.

[151] 裴强强，王旭东，郭青林，等. 干旱环境下土遗址夯补支顶加固变形机制室内试验研究［J］. 岩土力学，2018，39（8）.

[152] 夏可风. 关于稳定浆液及其应用条件的商榷［C］. 中国水利学会地基与基础工程专业委员会 2004 年学术会议，2004.

[153] 孙满利，李最雄，王旭东，等. 交河故城垛泥墙体裂隙注浆工艺研究［J］. 文物保护与考古科学，2013（1）.

[154] 王旭东. 土建筑遗址保护理念探索与实践——以交河故城保护为例［J］. 敦煌研究，2010（6）.

[155] 杨璐，孙满利，黄建华，等. 交河故城 ps-c 灌浆加固材料可灌性的实验室研究［J］. 岩土工程学报，2010（3）.

[156] 杨涛，李最雄，汪万福. 交河故城土体裂隙灌浆材料性能试验［J］. 岩石力学与工程学报，2009（增刊）.

[157] 梁涛. 新疆苏巴什佛寺遗址保护加固研究［D］. 兰州：兰州大学，2010.

[158] 赵胜杰. 高昌故城土遗址病害分析及化学保护研究［D］. 西安：西安建筑科技大学，2008.

[159] 王赟. 土遗址加固材料比选及试验研究［J］. 陕西理工学院学报（自然科学版），2010（2）.

[160] 陈利君. 硅溶胶 / 硅丙复合土遗址加固剂的合成与应用［D］. 西安：西安建筑科技大学，2012.

[161] 韩炳华，张喜斌，郭银堂. 河曲坪头遗址新石器时代房址的现场保护与提取［J］. 文物保护与考古科学，2012（3）.
[162] 王朝强，谭克锋，王培新，等. 我国灌浆材料的研究现状［J］. 粘接，2013（11）.
[163] 张艳聪，王大鹏，田波，等. 道路混凝土离析评价方法［J］. 公路交通科技，2012，29（1）.
[164] 刘平，张虎元，严耿升，等. 土建筑遗址表部土体收缩特征曲线测定［J］. 2010，29（4）.
[165] 赵天宇，张虎元，严耿升，等. 电子天平在蜡封法密度试验中的应用［J］. 工程勘察，2009，37（5）.
[166] 杨善龙，王旭东，郭青林，等. 中国西北地区土遗址盐害阈值试验研究［J］. 兰州大学学报（自然科学版），2018（1）.
[167] 张景科，谌文武，李最雄，等. 交河故城东北佛寺墙体裂隙发育程度反演研究［J］. 敦煌研究，2007（5）.
[168] 陈育民. Flac/flac 3d 基础与工程实例［M］. 北京：中国水利水电出版社，2009.
[169] 彭文斌. Flac 3d 实用教程［M］. 北京：机械工业出版社，2011.
[170] 王旭东，石玉成，刘琨. 夯土长城墙体掏蚀失稳机理研究［J］. 西北地震学报，2011（增刊）.
[171] 崔凯，谌文武，韩文峰，等. 差异性风蚀作用下多元层状土质边坡演化机理［J］. 兰州大学学报（自然科学版），2011（1）.
[172] 崔凯，朱彦鹏，谌文武，等. 高陡层状土质边坡风蚀失稳过程及机理研究［J］. 工程地质学报，2011（2）.
[173] 程佳. 交河故城崖体破坏机理及数值模拟［D］. 兰州：兰州大学，2009.
[174] 张宇翔. 交河故城崖体锚杆加固数值模拟与设计参数优化研究［D］. 兰州：兰州大学，2011.
[175] 柴新军，林重德，杨泽平，等. 土钉技术补强土质古窑受拉破坏裂缝［J］. 岩土力学，2009（1）.
[176] 何满潮，韩雪，刘成禹，等. 布达拉宫西印经院地基应力特征与结构变形分析［J］. 岩土力学，2007（2）.
[177] 何满潮，刘成禹，王树仁，等. 国家重点文物保护工程——高句丽将军坟变形破坏机理研究［J］. 岩石力学与工程学报，2005（13）.
[178] 何满潮，王树仁，杨国兴，等. 高句丽将军坟稳定性评价及防护对策［J］. 岩土力学，2004（增刊）.
[179] 张登雨，张子新，吴昌将. 盾构侧穿邻近古建筑地表长期沉降预测与分析［J］. 岩石力学与工程学报，2011（10）.
[180] 孙博，彭宁波，王逢睿. 云冈石窟第 19 窟西耳窟地震动力响应［J］. 西南交通大学学报，2012（4）.
[181] 萧汶.《秦安大地湾——新石器时代遗址发掘报告》出版发行［J］. 考古，2006（8）.
[182] 赵建龙. 秦安大地湾 405 号新石器时代房屋遗址［J］. 文物，1983（11）.
[183] 李最雄. 我国古代建筑史上的奇迹关于秦安大地湾仰韶文化房屋地面建筑材料及其工艺的研究［J］. 考古，1985（8）.
[184] 李最雄. 世界上最古老的混凝土［J］. 考古，1988（8）.
[185] 李玉香. 话说"阿嘎土"［J］. 中国西藏，1995（1）.
[186] 辛夷. 西藏布达拉宫壁画保护修复工程报告［J］. 敦煌研究，2009（6）.
[187] 姜怀英，葛苏・彭措朗杰，王明星. 西藏布达拉宫修缮工程报告［M］. 北京：文物出版社，1994.
[188] Malinowski R. Concretes and Mortars in Ancient Aque-ducts [J]. Concrete International, 1979, 1 (1).
[189] Moorehead D. Cementation by the Carbonation of Hydrated Lime [J]. Cement and Concrete Research, 1986, 16 (5).
[190] Rassineux F, Petit J C, Meunier A. Ancient Analogues of Modern Cement: Calcium Hydrosilicates in Mortars And Concretes from Gallo–roman Thermal Baths of Western France [J]. Journal of the American Ceramic Society, 1989, 72 (6).
[191] Snethlage R. Leitfaden steinkonservierung [J]. Fraunhofer IRB, Stuttgart, 2005, 289
[192] Moropoulou A, Biscontin G, Bakolas A, et al. Technology and Behavior of Rubble Masonry Mortars [J]. Construction and Building Materials, 1997, 11 (2).
[193] Strübel G. Hydraulische kalke für die denkmalpflege [M]. IFS. 1992.
[194] Pingarrón Alvarez V I. Performance Analysis of Hydraulic Lime Grouts for Masonry Repair [D]. Pennsylvania: University of Pennsylvania, 2006.
[195] Moropoulou A, Bakolas A, Bisbikou K. Physico-chemical Adhesion and Cohesion Bonds in Joint Mortars Imparting Durability to the Historic Structures [J]. Construction and Building Materials, 2000, 14 (1).
[196] Moropoulou A, Bakolas A, Bisbikou K. Investigation of the Technology of Historic Mortars [J]. Journal of Cultural Heritage, 2000, 1 (1).
[197] Sabbioni C, Zappia G, Riontino C, et al. Atmospheric Deterioration of Ancient and Modern Hydraulic Mortars [J]. Atmospheric Environment, 2001, 35 (3).
[198] Sabbioni C, Bonazza A, Zappia G. Damage on Hydraulic Mortars: The Venice Arsenal [J]. Journal of Cultural Heritage, 2002, 3 (1).

[199] Biscontin G, Birelli M P, Zendri E. Characterization of Binders Employed in the Manufacture of Venetian Historical Mortars [J]. Journal of Cultural Heritage, 2002, 3 (1).

[200] Fasssina V, Favaro M, Naccari A, et al. Evaluation of Compatibility and Durability of a Hydraulic Lime-based Plasters Applied on Brick Wall Masonry of Historical Buildings Affected by Rising Damp Phenomena [J]. Journal of Cultural Heritage, 2002, 3 (1).

[201] Mosquera M J, BenıTez D, Perry S H. Pore Structure in Mortars Applied on Restoration: Effect on Properties Relevant to Decay of Granite Buildings [J]. Cement and Concrete Research, 2002, 32 (12).

[202] Lanas J, Bernal J L P, Bello M A, et al. Mechanical Properties of Natural Hydraulic Lime-based Mortars [J]. Cement and Concrete Research, 2004, 34 (12).

[203] Pavía S, Toomey B. Influence of the Aggregate Quality on the Physical Properties of Natural Feebly-hydraulic Lime Mortars [J]. Materials and Structures, 2008, 41 (3).

[204] 彭反三. 天然水硬性石灰 [J]. 2009 冶金石灰技术交流会议，2009.

[205] Cavarretta, M. Coop, C. O'sullivan. The Influence of Particle Characteristics on the Behaviour of Coarse Grained Soils [J]. Géotechnique, 2010, 60 (6).

[206] 陈希哲. 粗粒土的强度与咬合力的试验研究 [J]. 工程力学，1994，11 (4).

[207] 郭庆国. 粗粒土的工程特性及应用 [M]. 郑州：黄河水利出版社，1998.

[208] 李最雄. 丝绸之路石窟壁画彩塑保护 [M]. 北京：科学出版社，2005.

[209] 陈仲颐. 土力学 [M]. 北京：清华大学出版社，1994.

[210] 雷胜友，陈辉. 不同筋材和布筋形式对加筋土强度影响的试验研究 [J]. 西南大学学报 (自然科学版)，2013，35 (8).

[211] 齐吉琳，马巍. 冻融作用对超固结土强度的影响 [J]. 岩土工程学报，2006，28 (12).

后　记

2019年8月19～22日，中共中央总书记、国家主席、中央军委主席习近平在甘肃考察时，考察和调研了世界文化遗产、全国重点文物保护单位莫高窟和嘉峪关，并对我国的文物保护事业的发展做了重要部署，提出了文化遗产保护主要依靠科技的重要观点。

我国土遗址的科技保护起步于20世纪90年代，面对大量岩土质文物损毁却无法有效保护的现状，李最雄先生带领团队开启了艰苦卓绝的土遗址保护技术研发之路。1992年，先生及其团队主持开展了国家文物局课题“古代土建筑遗址的加固研究”，基本形成了我国土遗址保护的总体框架和技术体系，并获国家文物局科技进步与创新奖。相关科研成果在西夏王陵三号陵、玉门关遗址、锁阳城遗址等遗址的保护加固工程得到了成功应用。

“十一五”以来，国家开始投入大量资金开展文物科技保护研究，以王旭东研究员为首的土遗址保护团队承担了国家科技支撑计划课题“土遗址保护关键技术研究”，该课题结合交河故城抢险加固工程实践，在干旱环境下土遗址病害类型划分、病害机理、加固材料、保护技术等研究方面取得了突破性进展，研究成果成功应用于我国西北地区大量土遗址保护工程实践。基于以上成果，2018年1月8日，由敦煌研究院联合兰州大学、西北大学、中国文化遗产研究院和敦煌研究院文物保护技术服务中心共同完成的“干旱环境下土遗址保护关键技术研发与应用”荣获2017年度国家科学技术进步奖二等奖。

本书是在原有研究与工程实践的基础上，梳理和整合“基于传统材料与工艺科学认知的土遗址保护工程技术研究”、“干旱环境下土遗址保护成套技术集成与应用示范”两项课题研究内容后撰写而成的。在两项课题的实施过程中，得到了科技部、国家文物局、甘肃省科技厅、甘肃省文物局、新疆维吾尔自治区文物局、银川西夏陵区管理处、吐鲁番学研究院、北庭故城国家级遗址公园建设管理局、景泰县文物局等管理机构和相关文博单位的鼎力支持，作者代表研究团队在此表示由衷的谢意。

课题研究是在课题组各承担单位的通力协作下完成的。主要包括：由课题负责人郭青林研究员领导的敦煌研究院研究团队及其成员裴强强、杨善龙、王彦武、刘洪丽、朱晶等；由谌文武教授领导的兰州大学研究团队及其成员张景科、和法国、孙冠平、王娟、马亚维、王南、郭庆等；由孙满利教授领导的西北大学研究团队及其成员沈云霞、毛维佳、付菲、刘逸堃等；由董亚波领导的浙江大学研究团队及其成员周剑、刁常宇、靳帅召、涂春龙、田健、何杰等；由王思敬院士领导的中科院地质与地球物理研究所团队及其成员王彦兵、李星星、陈卫昌、肖锐铧、程骋等；由许宏生总经理领导的甘肃莫高窟文化遗产保护设计咨询有限公司团队及其成员张博、赵国靖、朱毓、赵建忠、刘晓颖、尚东娟等；由赵林毅研究员领导的敦煌研究院文物保护技术服务中心团队及其成员李志强、李志鹏、王新卿、李吉让、杨扬、李元芳、马潇等。作者对课题组所有成员的辛勤付出和艰苦努力表示真挚的感谢。

在课题的研究过程中，敦煌研究院前院长、故宫博物院院长王旭东研究员为课题申报和顺利开展提出了具体框架及相关研究思路，本书相关研究均是他已完成多项课题内容的推进和延伸；更为荣幸的是研究过程中承蒙我国著名文物保护专家和土遗址保护奠基人李最雄先生、著名工程地质和岩土质文物保护专家韩文峰教授的全程悉心指导和倾囊相授。本书作者均是他们培养的学生，两位先生不仅将我们引入文保行业，并用无私提携后辈和甘为人梯的奉献精神，打造出了一支西北干旱环境土遗址保护的优秀团队。另外，研究还得到了苏伯民研究员、陈港泉研究员、黄克忠研究员、陆寿麟研究员、马家郁研究员、李化元研究员、铁付德研究员、黄滋研究员、何双全研究员、何玲教授、赵西晨研究员、郭宏研究员等专家的指导和帮助，作者代表课题组在此深表敬意。

非常不幸的是李最雄研究员、韩文峰教授于2019年先后永远离开了我们，这是整个团队乃至整个中国文物保护界的重大损失。二位先生治学严谨、忘我工作的精神时常激励着我们。谨以此书，表达对两位老师的崇高敬意和深切缅怀。

作　者

2019年11月于莫高窟

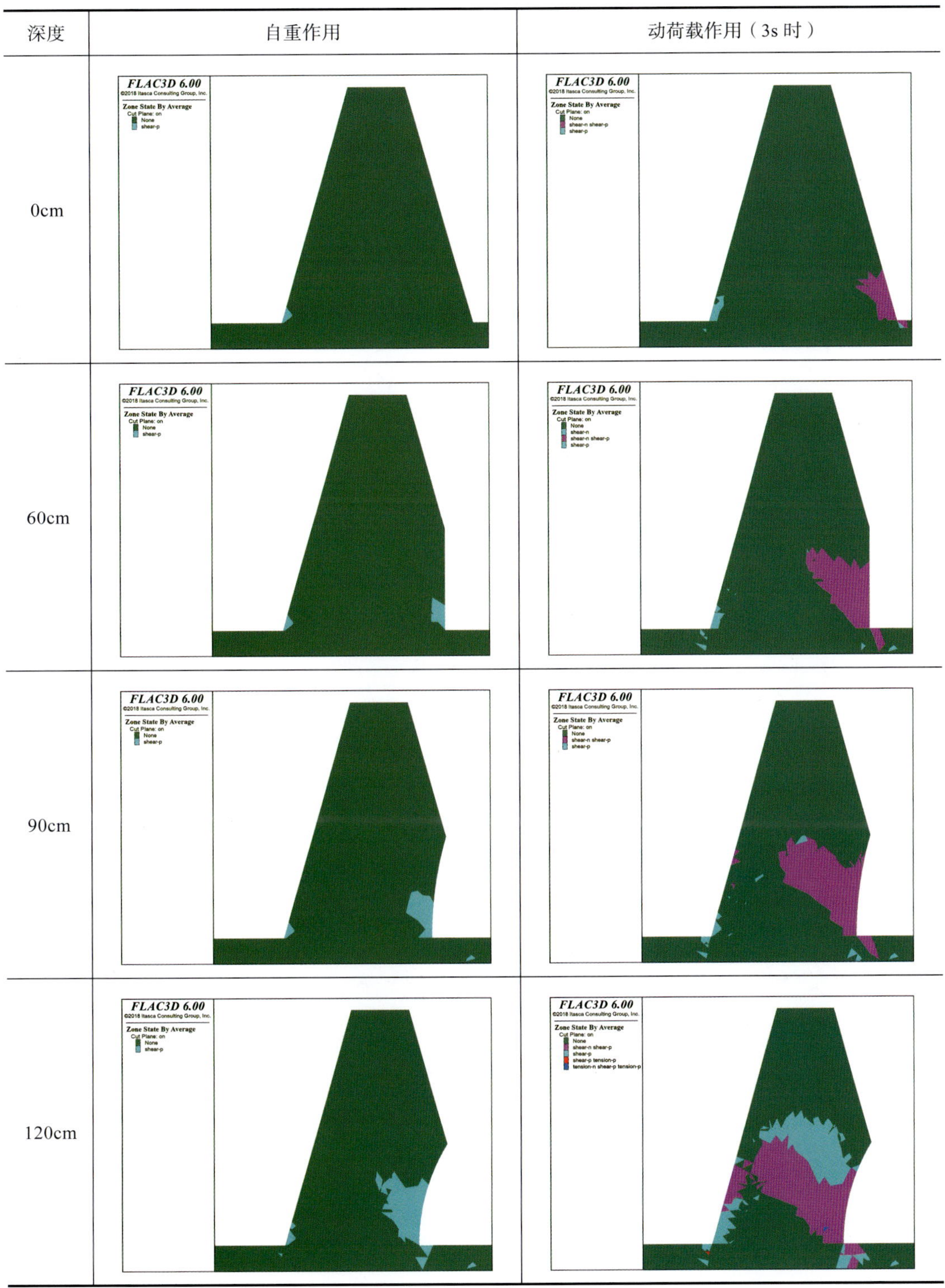

彩版一　不同掏蚀深度模型自重作用和动荷载 3s 时的塑性区分布

深度	自重作用	动荷载作用（3s 时）
150cm		
180cm	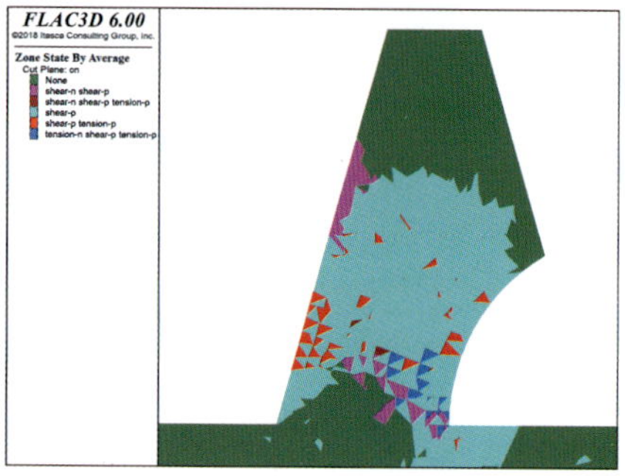	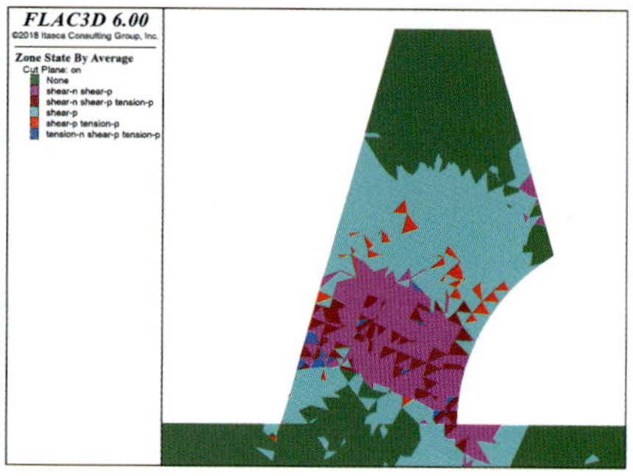
210cm	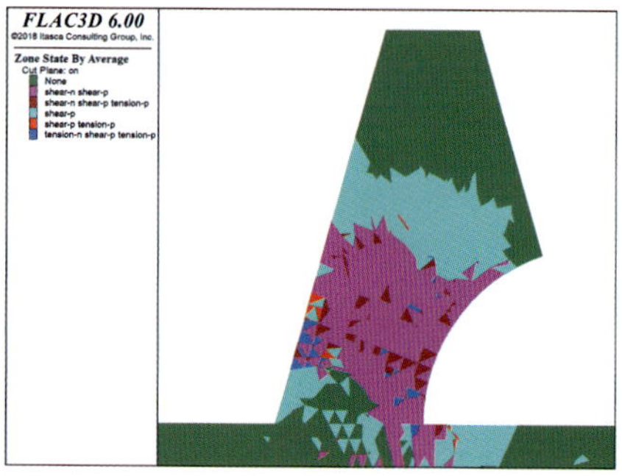	

彩版一（续）

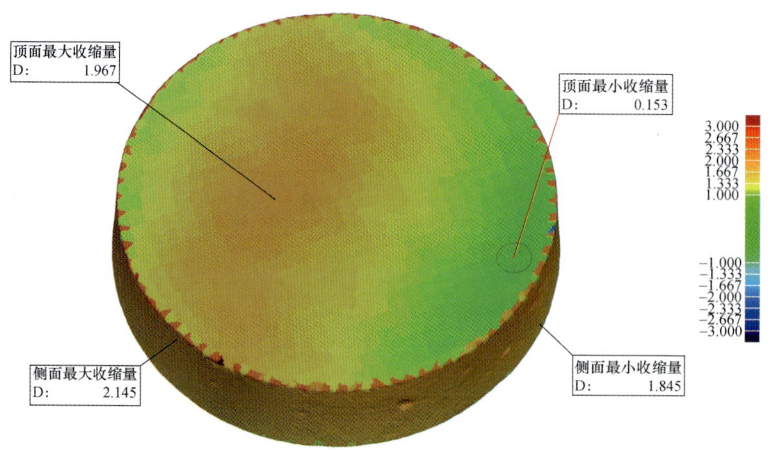

彩版二　原土试块失水后 3D 模型

彩版三　原土试块失水后剖面 2D 模型

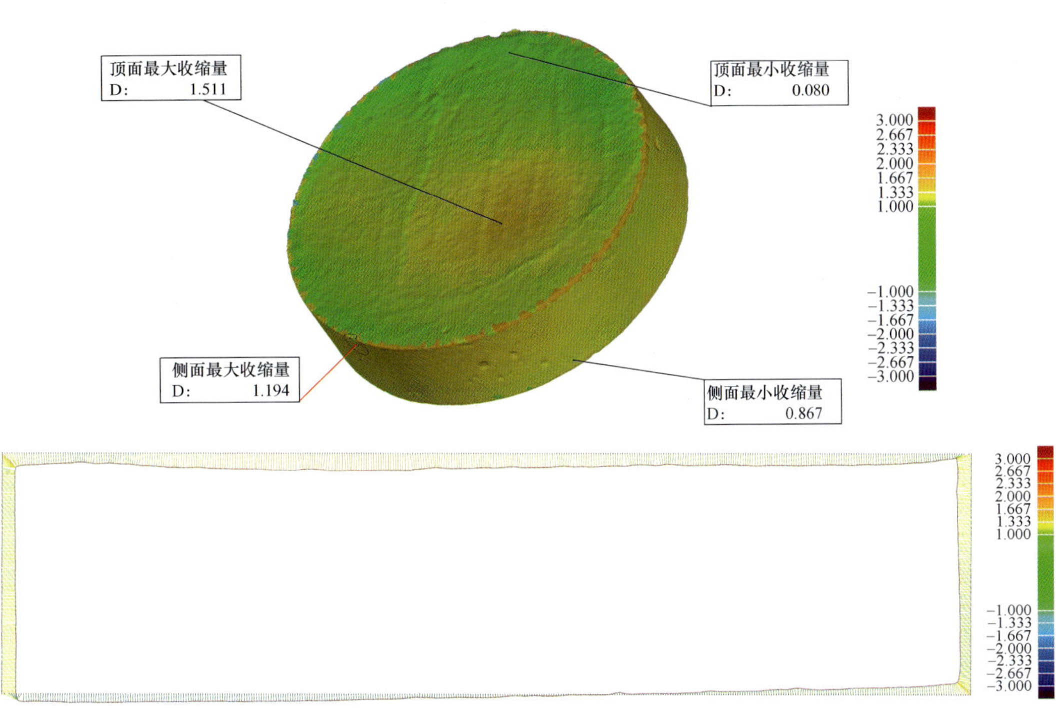

彩版四　加砂（30%）试块三维及二维剖面

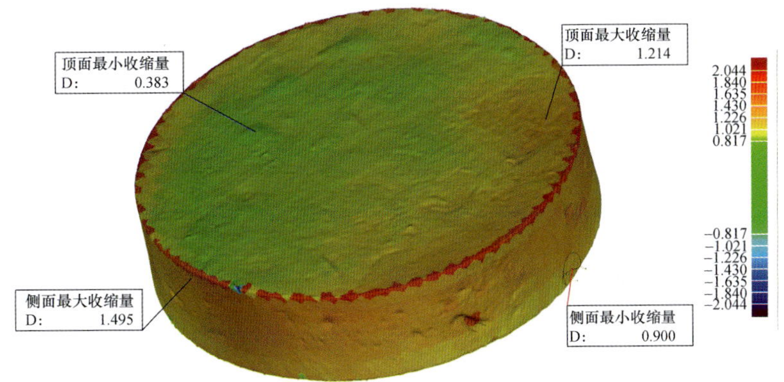

彩版五　麦糠：土（1：40）试块三维及二维剖面

2.057
1.853
1.648
1.448
1.238
1.034
0.829
−0.829
−1.034
−1.234
−1.443
−1.643
−1.853
−2.057

彩版五（续）

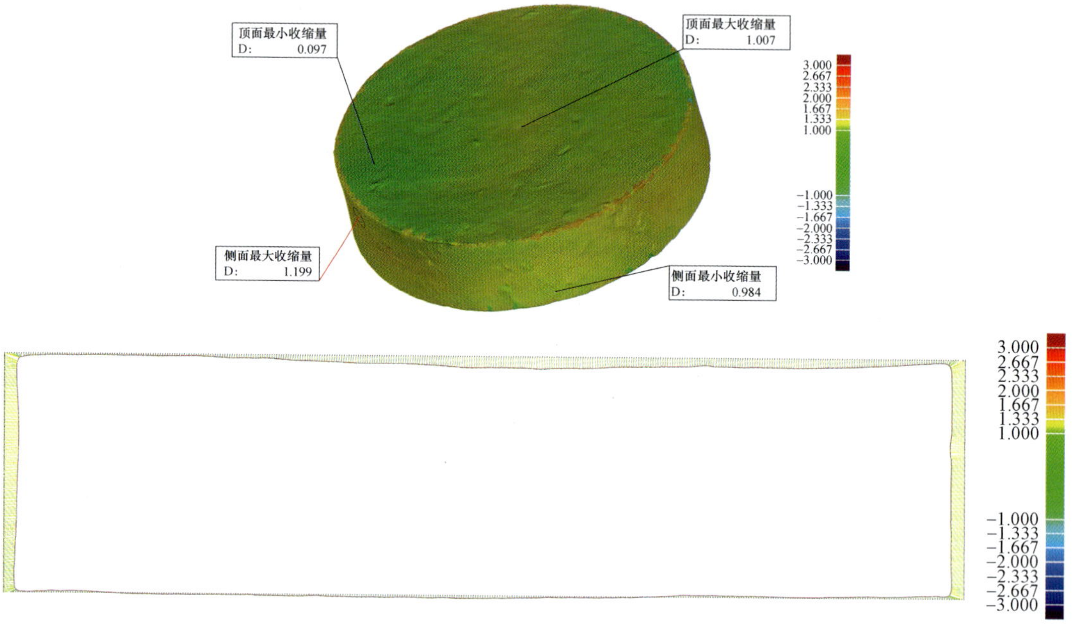

顶面最小收缩量
D: 0.097
顶面最大收缩量
D: 1.007
侧面最大收缩量
D: 1.199
侧面最小收缩量
D: 0.984
3.000
2.667
2.333
2.000
1.667
1.333
1.000
−1.000
−1.333
−1.667
−2.000
−2.333
−2.667
−3.000

3.000
2.667
2.333
2.000
1.667
1.333
1.000
−1.000
−1.333
−1.667
−2.000
−2.333
−2.667
−3.000

彩版六　麻刀：麦糠：土（1：2.5：100）试块三维及二维剖面

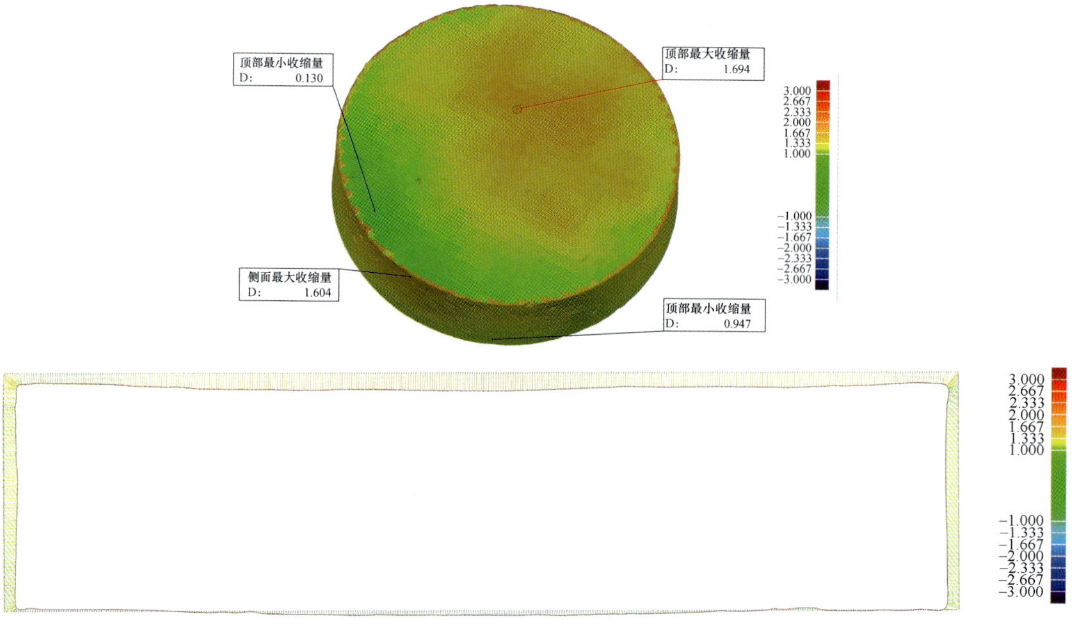

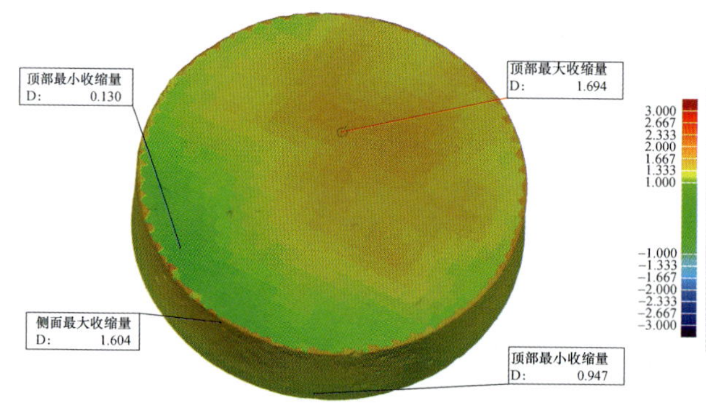

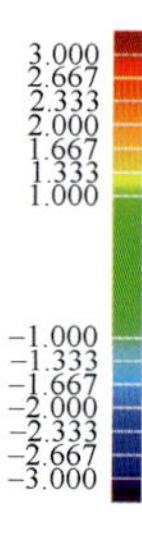

彩版七　麻刀：麦糠：土（1：2.5：200）试块三维及二维剖面